Großkommentare der Praxis

Subskription: ISBN 3 11 004846 9
ISBN 3 11 004670 9

Printed in Germany.

Satz und Druck: H. Heenemann KG, Berlin 42
Bindearbeiten: Lüderitz & Bauer, Berlin 61

Das Bürgerliche Gesetzbuch

mit besonderer Berücksichtigung der Rechtsprechung des Reichsgerichts und des Bundesgerichtshofes

Kommentar

herausgegeben von Mitgliedern des Bundesgerichtshofes

12. neubearbeitete Auflage

Band V, 1. Teil

§§ 1922 bis 2146

bearbeitet von

Professor Kurt Herbert Johannsen, Richter am Bundesgerichtshof

und

Dr. Wilhelm Kregel, Präsident des Oberlandesgerichts Celle

(Zitierweise: BGB – RGRK)

1974

Walter de Gruyter · Berlin · New York

Es haben bearbeitet

Einleitung, §§ 1922 bis 1941, 2018 bis 2063: Kregel
§§ 1942 bis 2017, 2064 bis 2146: Johannsen

Inhalt

FÜNFTES BUCH

Erbrecht

FÜNFTES BUCH

Erbrecht

Einleitung

Übersicht

I. Gliederung der Erbrechtsvorschriften des 5. Buches 1

1. Erbfolge §§ 1922—1941
2. Rechtliche Stellung des Erben §§ 1942—2063
   a) Annahme und Ausschlagung der Erbschaft. Fürsorge des Nachlaßgerichts §§ 1942—1966
   b) Haftung des Erben für die Nachlaßverbindlichkeiten §§ 1967—2017
   c) Erbschaftsanspruch §§ 2018—2031
   d) Mehrheit von Erben §§ 2032—2063
3. Testament §§ 2064—2273
   a) Allgemeine Vorschriften §§ 2064—2086
   b) Erbeinsetzung §§ 2087—2099
   c) Einsetzung eines Nacherben §§ 2100—2146
   d) Vermächtnis §§ 2147—2191
   e) Auflage §§ 2192—2196
   f) Testamentsvollstrecker §§ 2197—2228
   g) Errichtung und Aufhebung eines Testaments §§ 2229—2264
   h) Gemeinschaftliches Testament §§ 2265—2273
4. Erbvertrag §§ 2274—2302
5. Pflichtteil §§ 2203—2338
6. Erbunwürdigkeit §§ 2339—2345
7. Erbverzicht §§ 2346—2352
8. Erbschein §§ 2353—2370
9. Erbschaftskauf §§ 2371—2385

II. Übersicht über Gesetzesänderungen 2

1. Durch das GleichberechtigungsG vom 18. 6. 1957 (BGBl. I 609) wurden

a) geändert: §§ 1932, 2008, 2054, 2311 Abs. 1 Satz 2, 2331, 2356 Abs. 2 Satz 1,

b) eingefügt: §§ 1931 Abs. 3, 2303 Abs. 2 Satz 2.
2. Durch das FamilienrechtsänderungsG vom 11. 8. 1961 (BGBl. I 1221) wurden geändert: §§ 1963, 2335.
3. Durch das G über die rechtliche Stellung der nichtehelichen Kinder (NeG) vom 19. 8. 1969 (BGBl. I 1243) wurden
   a) geändert: §§ 1930, 2043 Abs. 2, 2316 Abs. 1 Satz 1,
   b) eingefügt: §§ 1931 Abs. 4, 1934a—1934e, 2057 a, 2331 a, 2338 a.
4. Durch das BeurkundungsG vom 28. 8. 1969 (BGBl. I 1513) wurden
   a) geändert: §§ 1945, 2033 Abs. 1 Satz 2, 2231—2233, 2247 Abs. 1, 2249 Abs. 1,2 und 6, 2250 Abs. 1 und 3, 2252 Abs. 2, 2256 Abs. 1 Satz 1, 2258a Abs. 2, 2276 Abs. 1, 2277, 2282 Abs. 3, 2291 Abs. 2, 2296 Abs. 2 Satz 2, 2348, 2371,
   b) eingefügt: § 2258 b Abs. 3,
   c) aufgehoben: §§ 2234—2246, 2258a Abs. 4, 2258b Abs. 2 Satz 2.
5. Durch das G zur Änderung des RPflegerG, des BeurkundungsG und zur Umwandlung des Offenbarungseids in eine eidesstattliche Versicherung vom 27. 6. 1970 (BGBl. I 1745) wurden geändert:
   §§ 2006, 2028 Abs. 2, 2057 Satz 2.

3 **III. Schrifttum**

Aus der Literatur zum Erbrecht im allgemeinen (weitere Nachweise bei den jeweiligen Teilgebieten; zum NeG insbes. bei § 1924) sind folgende Arbeiten hervorzuheben: *Bartholomeyczik*, Erbrecht (Kurzlehrbuch) 9. Aufl. 1971; ders. in Erman BGB Bd. II 5. Aufl. 1972; *Brand/Kleef/Finke*, Die Nachlaßsachen in der gerichtl. Praxis, 2. Aufl. 1961; *Brox*, Erbrecht, 2. Aufl. 1972; *Dittmann/Reimann/Bengel*, Testament und Erbvertrag, Handkomm. zum Recht der Verfügungen von Todes wegen, 1972; *Ebert*, Die rechtsfunktionelle Kompetenzabgrenzung von Gesellschaftsrecht und Erbrecht, 1972; *Firsching*, Nachlaßrecht (Handbuch der Rechtspraxis Bd. 6), 4. Aufl. 1971; ders., Zur Reform des deutschen Erbrechts, JZ **72**, 449; *Friedrich*, Testament und Erbrecht, 3. Aufl. 1972; *Haegele*, Das Privattestament, 3. Aufl. 1970; ders., Der Testamentsvollstrecker nach bürgerlichem und steuerlichem Recht, 3. Aufl. 1967; *Hassenpflug/Haegele*, Testamente und Schenkungen, 1968; *Herold/Kirmse*, Vorteilhafte Testamentsgestaltung, 2. Aufl. 1972; *Hirschwald/Karger*, Das Testament, 5. Aufl. 1965; *Hoeres*, Das Testament und die Erbschaft, 1965; *Johannsen*, Die Rechtsprechung des BGH auf dem Gebiet des Erbrechts, WM **69**, 1222, 1314, 1402; **70**, 2, 110,234,570, 573, 738, SB 3; **71**, 402, 918; **72**, 62, 642, 866, 914, 1046; *Karger*, Steuerlich zweckmäßige Testamente und Schenkungen, 6. Aufl. 1960; *Keidel* in Palandt BGB, 32. Aufl. 1973; *Kessler*, Rechtsprechung des BGH zum Erbrecht seit 1964, DRiZ **66**, 395; **69**, 278; *Kipp/Coing*, Erbrecht, 12 Bearb. 1965/1971; *Lange*, Lehrbuch des Erbrechts, 1962; *Lübtow*, Erbrecht, 1971, 2 Bd.; ders., Probleme des Erbrechts, 1967; *Lutter*, Das Erbrecht des nichtehelichen Kindes, 2. Aufl. 1972; *Mattern*, Erbrechtliche Fragen in der Rechtspr. des BGH, BWNotZ **61**, 277; *Model/Haegele*, Testament u. Güterstand des Unternehmers, 5. Aufl. 1966; *Model*, Testamentsrecht, 2. Aufl. 1964; *Möhring*, Vermögensverwaltung in Vormundschafts- und Nachlaßsachen, 5. Aufl. 1963; *Mönnich*, Vererben und Erben, 1970; *Odersky*, Kommentar zum Nichtehelichengesetz, 3. Aufl. 1973; *Peter*, Unternehmernachfolge, Testamente u. Gesellschaftsverträge i. d. Praxis, 1964; *Rheinstein/Knapp* u. a., Das Erbrecht v. Familienangehörigen in positivrechtl. und rechtspolit. Sicht, 1971; *Schäfer/Lehmann*, Testament u. Erbe, 12. Aufl. 1970; *Schmitz/Herscheid*, Die Unternehmensnachfolge in der OHG von Todes wegen, 1969; *Schneider/Martin*, Familienunternehmen und Unternehmertestament, 4. Aufl. 1963; *Sudhoff*, Handbuch der Unternehmenshachfolge, 1972; *Wagner/Müller-Gugenberger*, Familien-, Erbrecht, 1970; *Wiedemann*, Die Übertragung und Vererbung von Mitgliedsrechten bei Handelsgesellschaften, 1965; *Wilke*, Unternehmer-Nachfolger, Unternehmer-Testament, 1967.

4 **IV. Ergänzende Erbrechtsvorschriften**

Die Erbrechtsregelung des 5. Buches wird durch eine große Anzahl von **Einzelbestimmungen** ergänzt, die in anderen Büchern des BGB und in sonstigen Gesetzen verstreut sind. Es handelt sich zum Teil um Bestimmungen, welche die *sachlich-erbrechtlichen Vorschriften erläutern, erweitern oder einschränken* (vgl. BGB §§ 673, 847, 857, 884, 1371, 1461, 1482, 1483 ff, 1509, 1511 ff, 1638 ff, 1698b, 1759, 1767, 1777; EheG §§

69, 70; HGB §§ 22, 27, 139; GenG § 77; PatG § 9; GebrMG § 13; WZG § 8; VerlG § 34; VVG § 167), zum Teil um solche, welche der *technischen Durchführung der sachlichrechtlichen Erbrechtsregelung* dienen (vgl. den das Verfahren in Nachlaß- und Teilungssachen regelnden Abschn. 5 des FGG — §§ 72 ff — mit den dazugehörigen Vorschriften der KostO — §§ 101ff — sowie zahlreiche Vorschriften der ZPO, KO, VerglO, der GBO und der SchiffsRegO vom 26. 5. 1951, des ZVG und des AnfG). Zu den *erbrechtlichen Verfahrensvorschriften* gehören insbesondere auch die Bestimmungen der VO zur Vereinheitlichung der Zuständigkeit in Familien- und Nachlaßsachen vom 31. 5. 1934 (RGBl. I 472) sowie der VO über die Zuständigkeit der Amtsgerichte in Vormundschafts- und Nachlaßsachen vom 10. 6. 1936 (RGBl. I 488), gegebenenfalls in Verbindung mit dem Zuständigkeitsergänzungsgesetz vom 7. 8. 1952 (BGBl. I 407). Vgl. auch im Hinblick auf die Errichtung von Testamenten und Erbverträgen vor deutschen Konsuln §§ 16a, 37a des Gesetzes über die Organisation der Bundeskonsulate usw. vom 8. 11. 1867 idF der Gesetze vom 14. 5. 1936 (RGBl. I 447) und vom 16. 12. 1950 (BGBl. I 784). In engerem Zusammenhang mit dem Erbrecht steht das *Verschollenheitsgesetz* vom 15. 1. 1951 (BGBl. I 63).

Von erheblicher Bedeutung sind ferner die erbrechtlichen Vorschriften der **Rückerstattungsgesetze,** insbesondere diejenigen über die Anfechtbarkeit von letztwilligen Verfügungen, Erbverträgen und Erbschaftsausschlagungen verfolgter Personen neben den allgemeinen Anfechtungsmöglichkeiten nach den §§ 2078 ff (BGH NJW **54,** 118) und über den Nichteintritt von Erbverdrängungen während der Verfolgungszeit (AmREG Art. 10, 34, 41, 51, 78ff; BrREG Art. 8, 33, 43, 65ff; BerlREAO Art 9, 34, 44, 67ff; FrMilRegVO Nr. 20 — FrREVO — Art. 9). Wichtige erbrechtliche Bestimmungen enthalten weiterhin die **Entschädigungsgesetze** (vgl. vor allem §§ 13, 26, 39, 46, 140 BEG vom 29. 6. 1956 (BGBl. I 562) mit Änderungen durch BEG-Schlußgesetz vom 14. 9. 1965 (BGBl. I 1315); §§ 2, 2b BWGöD vom 23. 12. 1955 (BGBl. I 820); vgl. auch Rdn. 11 und das **Lastenausgleichsgesetz** (LAG) in der Fassung vom 1. 10. 1969 (BGBl. I 1909 §§ 67, 69 ff, 122 Abs. 3; vgl. auch Rdn. 10).

Das **Gesetz zur Wiederherstellung der Gesetzeseinheit** auf dem Gebiete des bürgerlichen Rechts v. 5. 3. 1953 (BGBl. I 33) hat aufgehoben: a) das Gesetz über erbrechtliche Beschränkungen wegen gemeinschaftswidrigen Verhaltens vom 5. 11. 1937 (RGBl. I 1161), b) das Gesetz über die Errichtung von Testamenten und Erbverträgen (TestG) vom 31. 7. 1938 (RGBl. I 973) mit Ausnahme des § 51 (die Vorschriften des TestG wurden durch Teil I Art. 5 Nr. 5—10 aaO mit geringen Änderungen wieder in das BGB eingefügt) und c) die Verordnung über den Anwendungsbereich erbrechtlicher Vorschriften vom 12. 12. 1941 (RGBl. I 765).

Auf Grund der §§ 1, 30 des Gesetzes über das Erlöschen der Familienfideikommisse und sonstiger gebundener Vermögen v. 6. 7. 1938 (RGBl. I 825) sind mit Beginn des 1. 1. 1939 alle in diesem Zeitpunkt noch bestehenden Familienfideikommisse und sonstigen gebundenen Vermögen erloschen. Zur Bildung eines sog. **Familienguts** durch letztwillige Verfügung vgl. *Kohler* NJW **57,** 1173 und DNotZ **58,** 245.

Unberührt bleiben nach den Art. 62—64 EG ferner die landesgesetzlichen Vorschriften über **Rentengüter,** über **das Erbpachtrecht** und das **Anerbenrecht.** Vgl. zum Anerbenrecht Rdn. 6. Hinsichtlich der Rentengüter und das Erbpachtrechts vgl. ErbhofrechtsVO (EHRV) §§ 45,46.

Weitere Vorbehalte des EG für die landesgesetzliche Regelung: Erwerbsbeschränkungen der *juristischen Personen und Ordensangehörigen,* Art. 86, 87 (aufgehoben durch Teil II Art. 2 Abs. 1, 3 des Gesetzes vom 5. 3. 1953 BGBl. I 33; Art. 86 und die danach erlassenen landesgesetzlichen Vorschriften sind jedoch nur aufgehoben worden, soweit sie den Erwerb von Rechten durch juristische Personen mit dem *Sitz im Inland* von einer staatlichen Genehmigung abhängig machen); Feststellung des *Ertragswerts eines Land-*

guts, Art. 137; gewisse *fiskalische* und ähnliche *Erbrechte,* Art. 138, 139; die Voraussetzungen für das *Eingreifen des Nachlaßgerichts* bei der Nachlaßfürsorge, Art. 140, vgl. § 1960; (Die Vorbehalte für erbrechtliche Beurkundungen in Art. 141, 151 sind durch § 57 IV 1 und 2 des Beurkundungsgesetzes vom 28. 8. 1969 (BGBl. I 1513), die Vorbehalte der Art. 149, 150 durch TestG § 50 Abs. 3 Nr. 1 aufgehoben worden; sie sind auch nach dem 1. 4. 1953 aufgehoben geblieben; vgl. Art. 3 der Schlußvorschriften des Gesetzes vom 5. 3. 1953 — BGBl. I 41) und die Zuständigkeit zur *Aufnahme des Inventars,* Art. 148 (aufrechterhalten durch BNotO v. 24. 2. 1961 (BGBl. I 97) § 20 IV; vgl. auch § 61 I Nr. 2 BeurkG). Die auf Grund des Art. 147 durch die Landesgesetze bestimmte Zuständigkeit anderer als gerichtlicher Behörden für die Verrichtungen des Nachlaßgerichts ist durch die in Abs. 1 angeführte VO über die Zuständigkeit der Amtsgerichte in Vormundschafts- und Nachlaßsachen v. 10. 6. 1936 grundsätzlich beseitigt worden.

Art. 14 Abs. 1 GrundG (GG) enthält eine **Erbrechtsgarantie;** der Gesetzgeber erkennt damit das private Erbrecht als einen für die rechtsstaatliche Ordnung lebenswichtigen gemeinschaftsbildenden Faktor an (vgl. zur Bedeutung und Aufgabe des privaten Erbrechts im einzelnen *Bartholomeyczik in Erman* BGB 5. Aufl. Einl. Rdn. 12—17. Über Erbrechtsgarantie in Hinblick auf das Erbrecht des nichtehelichen Kindes *Lutter* FamRZ **67,** 69. Der **Anteil des Staates** am Erbgut ist abweichend vom Art. 154 Abs. 2 WeimRV **nicht** mehr ausdrücklich gewährleistet. Nur die **Testierfreiheit** genießt verfassungsrechtlichen Schutz (*Staudinger/Boehmer* 11. Aufl. Einl. § 23 Rdn. 18). Ein staatliches Erbrecht, das über das bisherige nur subsidiäre Erbrecht des Fiskus (§ 1936) hinausgeht und die Verwandten fernerstehender Ordnungen von der gesetzlichen Erbfolge ausschließt, ist aus staatswirtschaftlichen und sozialen Gründen schon früher vielfach gefordert worden, hat sich aber bis jetzt nicht durchsetzen können (über die früheren und neueren Reformbestrebungen s. *Staudinger/Boehmer* Einl. § 9 Rdn. 2—6). Die **steuerlichen Verhältnisse** bei Eintritt eines Erbfalls sind jetzt durch das Erbschaftssteuergesetz in der Fassung vom 1. 4. 1959 (BGBl. I 188, 667), geändert durch ReparSchadensges. vom 12. 2. 1969 (BGBl. I 105) und Art. 5, 6 des Steueränderungsgesetzes v. 23. 12. 1970 geregelt; vgl. dazu im einzelnen *Bartholomeyczik in Erman* 5. Aufl. Rdn. 26—47 Einl. § 1922.

Die grundlegenden Vorschriften des **Allgemeinen Teils** des BGB (Erstes Buch), zumal diejenigen über die Geschäftsfähigkeit und die Wirksamkeit rechtsgeschäftlicher Willenserklärungen, sind, soweit nichts anderes bestimmt ist (vgl. z. B. § 2229 Abs. 1), durchweg auch im Erbrecht anzuwenden. Ebenso gilt der Allgemeine Teil des **Rechts der Schuldverhältnisse** (Zweites Buch, 1.—6. Abschnitt) für erbrechtliche Schuldverhältnisse, insbesondere auch § 242 und die aus ihm folgenden *Aufwertungsgrundsätze* (vgl. 9. Aufl. § 242 Anm. 5 dγ Abs. 5). Vgl. zur **Währungsreform** § 18 Abs. 1 Nr. 3 UmstG vom 20. 6. 1948 (WiGBl. 48 Beil. 5—13) und hierzu BGH **5,** 12; **7,** 134; ferner BGH RdL **53,** 10; Betrieb **52,** 287. Näheres § 2042 Rdn. 32.

5 **V. Erbrechtliche Grundbegriffe**

Während unter **„Erbrecht"** in **objektivem** Sinne die Gesamtheit der Rechtssätze verstanden wird, welche die Rechte und Pflichten des Erben regeln, bezeichnet das **subjektive Erbrecht** die mit einer Summe von Rechten und Befugnissen ausgestattete Rechtsstellung des Erben. Von ihr ist die **Erbaussicht** des gesetzlich oder testamentarisch vorgesehenen Erben zu unterscheiden (bedingtes oder künftiges Erbrecht). Sie ist weder übertragbar noch pfändbar, läßt sich auch nicht sichern (vgl. BGH **12,** 115 zur Rechtsstellung des Vermächtnisnehmers vor Eintritt des Erbfalls), kann aber Gegenstand eines wirksamen Erbverzichts (§§ 2346 ff) oder eines Vertrages unter Lebenden im Fall des **§ 312 Abs. 2** sein. Einen besonderen gesetzlichen Schutz genießt die Erbaussicht des

Nacherben (§§ 2100ff); sie ist zu einer rechtlich gesicherten Erbanwartschaft verdichtet (RG **139**, 347). Von grundlegender Bedeutung für das System der erbrechtlichen Vorschriften und für die Entstehung eines subjektiven Erbrechts sind die Bestimmungen über die **Erbfolge** (§§ 1922ff). Erbfolge ist der im Wege der Gesamtrechtsnachfolge stattfindende Vermögensübergang, der bei dem Tode einer Person (Erbfall) deren Vermögen (Erbschaft) als Ganzes auf andere Personen (Erben) übergehen läßt (vgl. RG **61**, 76; **64**, 173). Der Erwerb der Erbschaft tritt grundsätzlich kraft Gesetzes ein, wobei zunächst die Verwandten und der überlebende Ehegatte als Erben in Betracht kommen (Verwandten- und Ehegattenerbfolge), erst danach der Fiskus. Dem Erblasser bleibt es jedoch unbenommen, die Erbfolge durch letztwillige Verfügung oder Erbvertrag anderweitig zu regeln (vgl. die Rdn. zu §§ 1922, 1937ff).

VI. Anerbenrecht **6**

Abweichend von den Erbfolgegrundsätzen des allgemeinen bürgerlichen Rechts bezweckt das Anerbenrecht eine **Sonderregelung der Erbfolge in land- und forstwirtschaftliche Grundstücke** mit dem Ziele, insoweit ein dinglich gebundenes und einen größeren Verwandtenkreis umfassendes Familienvermögen ungeteilt zu erhalten. Dieses Ziel suchte die Landesgesetzgebung von jeher vor allem auf zwei Wegen zu erreichen: a) durch Änderung der gesetzlichen Erbfolge in der Richtung, daß das dem Anerbenrecht unterliegende Grundstück nur einem unter mehreren sonst berufenen Erben zugewiesen wurde, und b) durch Einschränkung der Verfügungs- und Testierbefugnis des Grundstückseigentümers zugunsten des Anerben. EGBGB Art. 64 hielt diese landesgesetzlichen Regelungen mit der Maßgabe aufrecht, daß das Recht des Erblassers, über die dem Anerbenrecht unterliegenden Grundstücke von Todes wegen zu verfügen, nicht durch Landesrecht beschränkt werden konnte. Die **Erbhofrechtsgesetzgebung** versuchte, das Anerbenrecht im ganzen Reichsgebiet uneingeschränkt durchzusetzen. Die Lösung des RErbhG vom 29. 9. 1933 (RGBl. I 685), das die Anerbenfolge zwangsweise für alle „Erbhöfe" einführte und die Rechte der weichenden Erben stark verkürzte (vgl. RG **155**, 387), stieß jedoch trotz der in verschiedenen Änderungsvorschriften enthaltenen Zugeständnisse an praktische Bedürfnisse (vgl. vor allem die ErbhofrechtsfortbildungsVO — EHFV — vom 30. 9. 1943) in den beteiligten bäuerlichen Kreisen auf wachsenden Widerstand. Vgl. im übrigen wegen der Grundsätze des Erbhofrechts die 9. Aufl. dieses Kommentars.

Das RErbhG ist einschließlich aller Ergänzungsvorschriften durch das **Kontrollratsgesetz Nr. 45** vom 20. 2. 1947 aufgehoben worden. Gleichzeitig hat dieses Gesetz hinsichtlich der Erbfolge in Höfe das am 1. 1. 1933 bestehende Landesrecht wieder in Kraft gesetzt und die Zonenbefehlshaber ermächtigt, Änderungs- und Durchführungsbestimmungen zu erlassen. Auf Grund dieser Ermächtigung hat die britische Militärregierung für ihre ganze Zone durch die MilRegVO Nr. 84 die *Höfeordnung* vom 24. 4. 1947 erlassen (BVerfGE **15,** 339; BGH **33,** 213 erachten die HöfeO nach Art. 125 Nr. 1 GG als partielles Bundesrecht). Im übrigen hat die Landesgesetzgebung teils alte anerbenrechtliche Vorschriften mit oder ohne Änderungen wiedereingeführt (so das Badische Gesetz über geschlossene Hofgüter vom 20. 8. 1898, wiedereingeführt in Südbaden durch Badisches Landesgesetz vom 12. 7. 1949, das Bremische Höfegesetz vom 18. 7. 1899 idF des Gesetzes vom 19. 7. 1948, die frühere Landgüterordnung für den Regierungsbezirk Kassel vom 1. 7. 1887 als hessische Landgüterordnung vom 1. 12. 1947, das Württembergische Gesetz über das Anerbenrecht vom 14. 2. 1930, eingeführt in Württemberg-Baden durch VO Nr. 166 vom 16. 7. 1947 idF vom 13. 1. 1950 und in Württember-Hohenzollern durch Gesetz vom 13. 6. 1950), teils neue Regelungen getroffen (so die an das Vorbild der Höfeordnung der brit. Zone angelehnte Höfeordnung für Rheinland-Pfalz vom 7. 10. 1935). In Bayern ist das mit Gesetz vom 28. 3. 1919 ausgesprochene Verbot der Errichtung sog. landwirtschaftlicher Erbgüter wiederhergestellt worden. Vgl. im einzelnen *Wöhrmann/Herminghausen*, § 1 LwVG Anm. 115—117.

Den geltenden landesgesetzlichen Regelungen des Anerbenrechts ist gemeinsam, daß eine *Hoferbenordnung* aufgestellt wird, die von der gesetzlichen Erbfolgeordnung des BGB abweicht. Dagegen bleibt die durch Art. 64 Abs. 2 EGBGB gewährleistete **Testierfreiheit** aufrechterhalten, allerdings regelmäßig mit der Maßgabe, daß der ungeteilte Übergang des Hofes an einen Anerben nicht durch testamentarische Anordnung ausgeschlossen werden kann (vgl. § 16 HöfeOBrZ). Die Testierfreiheit gestattet dem Hofeigentümer insbesondere, auch einen anderen als einen gesetzlichen Hoferben testamentarisch zum Erben zu bestimmen. Dies ist in § 6 des BadGesetzes, Art. 6 des WürttGesetzes, § 27 der HessLandgüterO, §§ 14, 15 der RheinpfälzHöfeO ausdrücklich festgelegt worden, gilt aber auch für die Höfeordnung der brit. Zone (*Staudinger/Boehmer* Einl. § 19 Rdn. 13; OGH **3**, 173 ff = RdL **50**, 88; BGH **1**, 116 = RdL **51**, 96; aM *Lange/Wulff*, Komm. zu § 7 HöfeO 6. Aufl. Bem. 94d 3).

Die Änderungen des Kontrollratsgesetzes Nr. 45 gelten vorbehaltlich rechtskräftiger gerichtlicher Entscheidungen sowie vorher getroffener rechtsgültiger Vereinbarungen für alle Nachlässe, die bei seinem Inkrafttreten (20. 4. 1947) *noch nicht geregelt* waren (Art. XII Abs. 2 aaO). Im Sinne dieser Bestimmung ist ein Nachlaß auch dann geregelt, wenn jemand drei Jahre nach dem Tode des Hofeigentümers den Hof als Erbe in unbestrittenem Besitz gehabt hat (vgl. zur Frage des ungeregelten Nachlasses BGH **1**, 116; **1**, 200; **7**, 339; **10**, 115). Wegen anerbenrechtlicher Einzelfragen wird auf das Fachschrifttum verwiesen (vgl. *Wöhrmann*, Das Landwirtschaftsrecht mit ausführlicher Erläuterung der Höfeordnung, 2. Aufl. 1966; *Wöhrmann/Herminghausen*, Gesetz über das gerichtliche Verfahren in Landwirtschaftssachen, 1954; *Lange/Wulff*, Höfeordnung, 6. Aufl. 1965; *Lange/Wulff*, Ges. üb. d. gerichtliche Verfahren in Landwirtschaftssachen, 1954; *Friese*, Landwirtschaftsrecht der amerik. Besatzungszone, 1949; *Kahlke/Stern*, Der Hof in der Erbfolge, 1961; *Scheyhing*, Höfeordnung, 1967; *Schulte*, Sondererbrechtsordnung des Höferechts in ihrem Verhältnis zum allgemeinen Erbrecht, JZ **62**, 563). Vgl. ferner *Piepenbrock*, Die Rechtsprechung des Bundesgerichtshofs in Landwirtschaftssachen, DRiZ **54**, 210; **55**, 152; **56**, 192; **57**, 254; **58**, 333; **59**, 369; *Lange*, Über den Einfluß des Gleichberechtigungsgesetzes auf die Höfeordnung, NJW **57**, 1503.

Der Bundesgerichtshof hat den Vorzug des männlichen Geschlechts bei der gesetzlichen Hoferbfolge mit dem Grundsatz der **Gleichberechtigung** der Geschlechter für vereinbar erklärt (BGH **30**, 50 = NJW **59**, 1173 mit Anm. von *Dürig* = JZ **59**, 441 mit ablehnender Anm. von *Baur;* aM auch OLG Oldenburg 26. 2. 1959 NdsRpfl **59**, 102; *Krüger* DÖV **59**, 494; wie BGH jedoch *Hedemann* JR **59**, 448).

Aus der umfangreichen Rechtsprechung zum Höferecht mag im übrigen hervorgehoben werden: Regelung der Erbfolge: BayObLGZ **61**, 289; **67**, 137 u. 338; BGH NJW **60**, 1251; **65**, 2201. Über den Geltungsbereich der Höfeordnung: BGH **57**, 186. Zur Zuständigkeit des Nachlaßgerichts für die Ausstellung von Testamentsvollstreckerzeugnissen bei Vorhandensein eines Hofes i. S. der HöfeO: BGH **58**, 105. Zum Ausgleichsanspruch unter Miterben bei Veräußerung von Hofgrundstücken: BGH **39**, 275; **40**, 172; **40**, 169; **40**, 334; **55**, 82; BGH NJW **72**, 1757. Zur vorweggenommenen Erbfolge: BGHZ **37**, 192; **40**, 334. Zur Stellung der weichenden Erben im Höferecht: OLG Celle AgrarR **72**, 99. Außerhalb des Höferechts gelten die Grundsätze über den sog. formlosen Hofüberlassungsvertrag nicht (BGH **47**, 184 in Abgrenzung zu BGH **12**, 286; **23**, 249). Keine Anwendung des Erbhofrechts für Lastenausgleichsansprüche (OLG Hamm Rpfleger **71**, 219). Zur Erbfolge in Ost-Höfe vgl. KG RdL **64**, 151.

VII. Zeitliche Grenzen für die Erbrechtsvorschriften des BGB **7**

Nach Art. 213 EG gilt der Grundsatz, daß, je nachdem ob der Erblasser vor oder nach Inkrafttreten des BGB gestorben ist, wegen der *erbrechtlichen Verhältnisse* das ältere oder das neuere Recht maßgebend ist (RG **50**, 186; **87**, 124). Jedoch wird die *Errichtung und Aufhebung* einer Verfügung von Todes wegen, wenn sie vor dem 1. 1. 1900 erfolgt ist, sowie die unter dem älteren Rechte bereits eingetretene Bindung des Erblassers bei einem Erbvertrag oder gemeinschaftlichen Testament in jedem Falle nach den bisherigen Gesetzen beurteilt; das gleiche gilt für die Errichtung und die Wirkungen eines vor dem 1. 1. 1900 abgeschlossenen Erbverzichtsvertrages (Art. 214, 217 EG). Nach Art. 200 bleibt das ältere Recht auch für die erbrechtlichen Wirkungen des Güterstandes vor dem 1. 1. 1900 geschlossener Ehen maßgebend.

Der Begriff der *erbrechtlichen Verhältnisse* ist im weitesten Sinne zu verstehen; hierunter sind alle Verhältnisse zu rechnen, die mit dem Anfalle und Erwerbe einer Erbschaft zusammenhängen (RG **46**, 73; **50**, 186). Im einzelnen ist aus den höchstgerichtlichen Entscheidungen hervorzuheben:

Zu Art. 200: RG 17. 11. 1902 IV 141/02 (Art. 200 Abs. 1 Satz 2 gilt auch für vor dem 1. 1. 1900 aufgelöste Ehen); RG 19. 3. 1906 IV 496/05 (erbrechtliche Wirkungen des Güterstandes sind auch solche, die zwischen den Ehegatten und ihren Erben endgültig entstanden sind); RG **96**, 202 (die Bestimmungen über die Voraussetzungen und die Form der Pflichtteilsentziehung wegen ehelicher Verfehlungen eines Ehegatten, §§ 2335, 2336, betreffen nicht die erbrechtlichen Wirkungen des Güterstandes); RG **65**, 249; **82**, 264 (die im früheren Rechte begründeten erbrechtlichen Wirkungen des Güterstandes kommen nur insoweit in Betracht, als dadurch die Rechte anderer Beteiligter, insbesondere Pflichtteilsberechtigter — wegen der Erben vgl. WarnRspr. **09** Nr. 516 — zugunsten des überlebenden Ehegatten *eingeschränkt* werden); RG 7. 7. 1919 IV 155/19 (die Bestimmungen über die Voraussetzungen der Entziehung des Pflichtteils gehören nicht zu den erbrechtlichen Wirkungen des Güterstandes). Im übrigen vgl. § 1931 Rdn. 13.

Zu Art. 213: RG **46**, 70; RG 22. 2. 1932 IV 366/31 (Verhältnis zwischen Erben und Testamentsvollstrecker, Inhalt und Umfang der Befugnisse und Pflichten des Testamentsvollstreckers); RG **50**, 181 (Anspruch aus Art. 747 Code civil); RG **52**, 174 und JW **02** Beil. 209 Nr. 47 (Auseinandersetzung unter Miterben); RG **54**, 241 (Pflichtteilsergänzungsanspruch gegen den Beschenkten); RG **159**, 385; JW **09**, 158[1] (Rechtsbeziehungen zwischen Vor- und Nacherben); RG **73**, 291 und JW **10**, 572[1] (Erbschaftskauf); RG **59**, 80 und **76**, 20; WarnRspr. **38** Nr. 22 (Auslegung älterer Testamente; vgl. auch KG RJA **16**, 71); RG **79**, 392 (Miterbenanteil); RG 12. 1. 1911 IV 213/10 (auch in älteren Verfügungen vorbehaltene Kodizille bedürfen der Formen des neuen Rechtes); RG **104**, 195 (die *Verjährung* eines Pflichtteilsanspruchs, der am 1. 1. 1900 noch nicht verjährt war, bestimmt sich gemäß Art. 169 EG von da ab nach dem Rechte des BGB, auch wenn der Erblasser vor diesem Zeitpunkte gestorben ist). Bei einer im vorigen Jahrhundert unter der Herrschaft des rheinisch-französischen Rechts entstandenen Erbengemeinschaft kann vor erfolgter Teilung kein Miterbe über seinen Anteil an einzelnen Nachlaßgegenständen verfügen (BGH NJW **71**, 321). Geltung des Art. 213 im Anerbenrecht bestritten, vgl. *Fassbender* NJW **66**, 1062; *Rötelmann* NJW **69**, 1945.

Zu Art. 214 Abs. 1: RG **49**, 44 (Eheverträge des französischen Rechtes als Erbverträge); RG **49**, 48 und **59**, 80 (nur die Errichtung, nicht auch die Wirkungen der Verfügung sind nach älterem Rechte zu beurteilen, insbesondere sind die Auslegungsregeln des neuen Rechtes anzuwenden); RG HRR **32** Nr. 1452 (Ernennung von Testamentsvollstreckern durch Erbvertrag); RG **88**, 156 (nur vom Erblasser selbst, nicht für ihn von seinen Eltern errichtete, sog. quasipupillarische Verfügungen unterliegen hinsichtlich ihrer Errichtung dem älteren Rechte); RG 6.7.1916 IV 135/16 (desgleichen nur vor dem 1.1.1900 fertig zum Abschluß gekommene, nicht zu dieser Zeit noch einer Ergänzung bedürftige Testamente).

Zu Art. 214 Abs. 2: RG **78**, 268 und **87**, 121 (zur Bindung gehört auch die Verhinderung des Erblassers, durch Schenkungen unter Lebenden über sein Vermögen zu verfügen; die bisherigen Gesetze sind für die Frage maßgebend, ob und in welchem Umfange der Erblasser an *seine* Verfügungen gebunden ist); RG 7.12.1912 IV 601/11 (desgleichen für die Frage, welche Rechte den vertragsmäßig Bedachten in bezug auf eine solche Schenkung unter Lebenden zustehen; die §§ 2287, 2288 sind also nicht anwendbar); RG **77**, 172 unter Aufgabe von **62**, 13 (die Bindung betrifft nur die Widerruflichkeit, nicht die Anfechtbarkeit; diese ist sowohl hinsichtlich der Form wie hinsichtlich der materiellen Anfechtungsgründe, wenn diese nicht vor dem 1.1.1900 entstanden und dem Berechtigten bekannt geworden sind, nach BGB zu beurteilen); RG **77**, 173 und **78**, 268 (Bindung nach dem älteren Rechte zu beurteilen, auch wenn beide Erblasser erst nach dem Inkrafttreten des BGB gestorben sind); RG **50**, 316; WarnRspr. **11** Nr. 252; RG **83**, 302; WarnRspr. **18** Nr. 14 (ein nach PrALR von Ehegatten errichtetes wechselseitiges Testament kann auch nach dem 1.1.1900 durch einseitige Verfügung von Todes wegen, und zwar nunmehr auch durch eigenhändiges Testament, widerrufen werden; § 2271 i.V. mit § 2296 ist nicht anwendbar). Ältere Testamente dürfen nicht nach heutigen Anschauungen ausgelegt werden (OLG Celle HRR **41** Nr. 769).

Zu Art. 217: RG **63**, 428 (Erbverzichtsvertrag ist nur ein mit dem Erblasser, nicht ein unter den künftigen Erben geschlossener Vertrag); RG JW **09**, 220[10] unter Aufgabe von RG **49**, 44 (Beschränkung des Ehegatten im Ehevertrag auf die Nutznießung unter Ausschluß von dem gesetzlichen Erbrecht des BGB enthält, wenn sie als gewollt anzusehen ist, einen nach früherem badisch-französischen Recht unzulässigen Erbverzichtsvertrag); vgl. auch § 1931 Rdn. 13.

Besondere Bestimmungen über *Testierfähigkeit* Art. 215. Der Vorbehalt des Art. 216 ist gegenstandslos geworden.

8 **VIII. Internationales Privatrecht**

Die für das Erbrecht maßgebenden Bestimmungen des internationalen Privatrechts finden sich vor allem in den Art. 24ff EGBGB. Der Geltungsbereich des deutschen Erbrechts bestimmt sich grundsätzlich nach der *Staatsangehörigkeit des Erblassers.* Als Grundsatz hat zu gelten: Jeder wird nach den Gesetzen des Staates beerbt, dem er z. Z. seines Todes angehört (Erbstatut); vgl. RG **91**, 339; BGH **19**, 316; **24**, 353, 358.

Bedeutung des Erbstatuts: Vgl. dazu *Schack* DNotZ **66**, 131; *Kropholler* DNotZ **67**, 734. Das Erbstatut ist maßgebend für den gesamten Bereich erbrechtlicher Verhältnisse, für die Erbwürdigkeit, die Berufung des Erben kraft Gesetzes, die Einsetzbarkeit des Erben, für den Umfang des Nachlasses (BGH NJW **59**, 1317), das Ausschlagungsrecht, den Pflichtteil (BGH **24**, 352), die Haftung für Nachlaßverbindlichkeiten (BGH **9**, 151; BGH FamRZ **54**, 110; BGH NJW **59**, 1317), für die Testamentsvollstreckung (BGH MDR **63**, 46 = DNotZ **63**, 609 = LM Art. 25 EGBGB Nr. 3), Schenkung von Todes wegen, Erbschaftskauf, Vermächtnisnahme, Zulässigkeit von Vor- und Nacherbschaft (Celle FamRZ **57**, 273), für die Grenzen der Testierfreiheit: durch Verfügung von Todes wegen kann der Erblasser die Erbfolge keinem fremden Recht unterstellen (BGH NJW **72**, 1001 = MDR **72**, 599 = WM **72**, 622). Dagegen sind Vorfragen, wie die nach den Bestimmungen der vom Erbstatut vorausgesetzten familienrechtlichen Beziehungen (eheliche Abstammung, Bestehen der Ehe, Adoption, Legitimation) nach dem jeweiligen

Personalstatut des Erblasser zu beurteilen. (s. dazu *Soergel/Kegel* EGBGB 10. Aufl. vor Art. 24 Rdn. 6 ff).

Zu Art 24 (Beerbung von Inländern): Der Deutsche wird auch dann nach deutschen Gesetzen beerbt, wenn er seinen Wohnsitz im Ausland hatte. Dies bedeutet, daß sich alle Fragen, die mit der Beerbung eines Deutschen zusammenhängen, nach den deutschen Gesetzen bestimmen (RG WarnRspr. **38** Nr. 70). Umgekehrt wird ein Ausländer, der zur Zeit seines Todes seinen Wohnsitz im Inlande hatte, nach den Gesetzen seines Heimatlandes beerbt (Art. 25).

Hinsichtlich der in Österreich gelegenen Grundstücke des deutschen Erblassers richtet sich die Erbfolge nach österreichischem Recht; insoweit tritt eine Spaltung des Nachlasses ein (BGH **50,** 63 = NJW **68,** 157 = MDR **68,** 567). Zur Behandlung des Auslandsvermögens von inländischen Erblassern vgl. ferner BayObLG NJW **60,** 775; OLG Hamm NJW **64,** 553.

Das Trustguthaben eines deutschen Erblassers bei einer amerikanischen Bank wird nach US-Recht vererbt (BGH BB **69,** 197; vgl auch OLG Frankfurt DNotZ **72,** 543).

Zu Art. 25 (Beerbung von Ausländern): Die Beerbung von Ausländern, die im Auslande ihren Wohnsitz haben, ist unter entsprechender Anwendung des Art. 25 gleichfalls nach der Staatsangehörigkeit des Erblassers zu beurteilen (RG **91,** 139; KG JW **37,** 2527[23]). Soweit danach ausländisches Recht anzuwenden ist, sind auch dessen Kollisionsnormen und, soweit diese auf deutsches Recht zurückverweisen, ist dieses anzuwenden (Gesamtverweisung: EG Art. 27; RG **78,** 234; **91,** 141; **136,** 366). Eine Rückverweisung liegt z. B. vor, wenn das an sich anzuwendende Heimatrecht des Erblassers die lex domicilii für maßgebend erklärt (so das *englische* Recht für den beweglichen Nachlaß, DFG **37,** 35; aM JW **36,** 1154[43]; über *amerikanisches* Recht s. JW **37,** 2527[23]). Ebenso wenn das Heimatrecht des Erblassers für die Erbfolge in unbewegliche Sachen auf die lex rei sitae verweist. Dies ist u. a. nach *englischem* Recht (*Staudinger/Raape* Art. 25 Anm. C III; über *amerikanisches* Recht s. JW **37,** 2527[23]) sowie nach *französischem* Recht (Art. 3 Code Civil) der Fall. Daher richtet sich die Erbfolge in die unbeweglichen Sachen eines englischen oder französischen Staatsangehörigen, die in Deutschland belegen sind, nach den deutschen Gesetzen (RG **78,** 48; **145,** 85; KG JFG **15,** 78). Die Frage, was eine „unbewegliche Sache" ist, ist hierbei nach dem in Betracht kommenden ausländischen Recht zu entscheiden (RG **145,** 85). Gesellschaftsanteile einer deutschen Personalgesellschaft gehören, auch wenn das Gesellschaftsvermögen Grundstücke umfaßt, nach deutschem Recht nicht zum unbeweglichen Vermögen. Sie vererben sich daher auch dann nach dem ausländischen Recht, nach welchem der Gesellschafter beerbt wird, wenn sich nach diesem Recht und Art. 27 EG das in Deutschland belegene unbewegliche Vermögen mit der Maßgabe nach deutschem Recht vererbt, daß die Frage der Zugehörigkeit eines Nachlaßgegenstands zum unbeweglichen Vermögen nach deutschem Recht entschieden werden muß (BGH **24,** 352). Streitig ist, ob das *schweizerische* Recht (Art. 28 des Bundesgesetzes vom 25. 6. 1891) eine Rückverweisung auf das deutsche Recht enthält; richtiger Ansicht nach (vgl. BayObLG in RJA **16,** 56; *Staudinger/Raape* Art. 27 Anm. C V 1) ist die Frage zu verneinen, so daß ein in Deutschland wohnhafter Schweizer nach schweizerischem Recht beerbt wird. Zur Frage der Aufgabe eines inländischen Wohnsitzes durch Emigranten: BGH MDR **61,** 841 = FamRZ **61,** 364. Zur Anordnung der Pflegschaft über den Nachlaß eines nach ausländischem Recht beerbten Erblassers durch ein deutsches Nachlaßgericht; BGH **49,** 1 = NJW **68,** 353 = MDR **68,** 142 = BB **68,** 105 = LM Art. 25 EGBGB Nr. 4. Zur Gültigkeit (Wirksamkeit) von Ausländertestamenten: BGH NJW **67,** 1177.

Eine *Ausnahme* von den Vorschriften der Art. 24 Abs. 1, 25, 27 ergibt sich aus Art. 28 für solche Gegenstände, die sich nicht im Gebiete des Staates befinden, dessen

Gesetze nach jenen Vorschriften maßgebend sind, und die nach den Gesetzen des Staates, in dessen Gebiete sie sich befinden, besonderen Vorschriften unterliegen (vgl. hierzu *Zeuge,* Das Recht der belegenen Sache im deutschen internationalen Erbrecht, 1939, sowie *v. Caemmerer* DGWR **39**, 195ff). Als solche besonderen Vorschriften kommen die gemäß Art. 57—59, 62, 63 EG unberührt gebliebenen Landesgesetze in Betracht. Ausländische, die Anwendung des Art. 24 Abs. 1 einschränkende Vorschriften dieser Art sind z. B. Art. 3 Code civil und § 300 ÖABGB (vgl. RG WarnRspr. **11** Nr. 437 und *v. Caemmerer* aaO 196). Der Grundsatz, daß die Staatsangehörigkeit entscheidet, erleidet auch sonst mehrfache Ausnahmen. So genügt für die Form der Verfügungen von Todes wegen die Beobachtung der Gesetze des *Errichtungsorts* (Art. 11 Abs. 1 Satz 2; vgl. ferner Haager Testamentsabkommen vom 5. 10. 1961 BGBl. **65** II 1145) — in Kraft seit 1. 1. 1966 —; im einzelnen *Soergel/Kegel* Rdn. 36, 104 ff vor Art. 24 EGBGB. Die Gesetze des *Wohnsitzes* sind zugunsten der Erben eines im Auslande wohnhaft gewesenen Deutschen bezüglich der Haftung für die Nachlaßverbindlichkeiten anzuwenden (Art. 24 Abs. 2); weiter zugunsten der deutschen Erben eines im Inlande wohnhaft gewesenen ausländischen Erblassers, wenn ihr Erbrecht oder Pflichtteilsrecht (RG WarnRspr. **12** Nr. 34) nur nach den deutschen Gesetzen begründet ist (Art. 25 Satz 2 mit dem dort im Schlußhalbsatze gemachten Vorbehalte). Die deutschen Beteiligten können die ihnen hiernach zustehenden erbrechtlichen Ansprüche geltend machen, ohne daß deswegen auch zugunsten der etwa beteiligten Ausländer deutsches Recht anzuwenden wäre (RG **63**, 356). Das „Geltendmachen eines erbrechtlichen Anspruchs" im Sinne des Art. 25 Satz 2 kann auch vorliegen, wenn der aus ungerechtfertigter Bereicherung Verklagte einwendet, seinem Erwerb habe ein erbrechtlicher Anspruch zugrunde gelegen (BGH **19**, 315 = NJW **56**, 508 LM Art. 25 EGBGB Nr. 1). Stützt sich ein *Ausländer* darauf, daß der von ihm vor einem deutschen Gericht erhobene Anspruch die Beerbung eines Ausländers zum Gegenstande habe, so ist der Fall des Art. 25 Satz 1 gegeben; ob der Anspruch erbrechtlicher Natur ist, ist nach dem anwendbaren ausländischen Recht zu beurteilen (RG HRR **32** Nr. 1928). Ansprüche von *Gläubigern des Nachlasses* gegen die Erben sind keine „erbrechtlichen" Ansprüche *(Staudinger/Raape* Art. 25 Anm. D I 4).

Aushilfsbestimmungen bei mangelnder Staatsangehörigkeit des Erblassers Art. 29, Schranken bei Anwendung des ausländischen Rechtes Art. 30, Vergeltungsrecht Art. 31, Sonderbestimmung für Ausantwortung von Vermögen, das deutschen Behörden aus einem ausländischen Nachlasse zur Übermittlung an Inländer anvertraut ist, Art. 26.

Für die **Flüchtlinge,** die im Bundesgebiet leben, aber nicht deutsche Staatsangehörige sind, gilt das Heimatstatut. Das gilt auch für die Flüchtlinge, die von der IRO betreut werden und nach dem Bundesgesetz vom 25. 4. 1951 (BGBl. I 269) „Heimatlosenstatut" haben (vgl. *Kipp/Coing* 11. Aufl. § 130 II 2 d). Bei Flüchtlingen, die im Bundesgebiet leben, ist ferner zu unterscheiden zwischen volksdeutschen und anderen Flüchtlingen. Die ersteren unterstehen gemäß Art. 116 Abs. 1 GG i. V. mit Art. 9 Abs. 2 Nr. 5 FamRÄndG deutschem Recht (vgl. dazu *Soergel/Kegel* Art. 29 EGBGB Anh. 50—52). Im übrigen ist die Rechtstellung von Flüchtlingen durch das Genfer Abkommen vom 28. 7. 1951, hier gültig gemäß Gesetz vom 1. 9. 1953 (BGBl. II 559) geregelt. Nach Art. 12 des Abkommens bestimmt sich das auch für das Erbrecht maßgebende Personalstatut nach dem Rechte des Landes ihres Wohnsitzes bzw. ihres Aufenthalts (vgl. *Kipp/Coing* 12. Aufl. § 130 II 2d).

Erbrechtliche Bestimmungen in Reichsstaatsverträgen, die gesetzliche Geltung erlangt haben, so die Konvention mit Rußland von 1874, haben auch nach Inkrafttreten des BGB weiter gegolten (RG **71** , 293). Infolge des Ausbruchs des ersten Weltkrieges sind die mit feindlichen Mächten geschlossenen Verträge außer Kraft getreten. In dem *Nachlaßabkommen mit Rußland* (Anlage zu Art. 22 des Konsularvertrags v. 12. 10. 1925, der durch Gesetz vom 6. 1. 1926 RGBl. II 1ff Gesetzeskraft erlangt hat) ist in § 13 angeordnet worden, daß die „erbrechtlichen Verhältnisse" sich in Ansehung des *beweglichen Nachlasses* nach den Gesetzen des Staates, dem der Erblasser zur Zeit seines Todes angehörte, hinsichtlich des *unbeweglichen Nachlasses* nach den Gesetzen des Staates, in dem dieser Nachlaß liegt, bestimmen. Das deutsch-russische Nachlaßabkommen ist nur auf die nach dem 22. 5. 1922 eingetretenen Erbfälle anzuwenden. Über das bis dahin geltende Recht s. KG JW **38,** 2477[16] mit Anm. von *Süß.* Inzwischen sind die meisten der zahlreichen sonstigen Abkommen, die Deutschland in Nachlaßsachen mit fremden Staaten geschlossen hatte (vgl. die Übersicht nach dem Stande von 1930 bei *Enneccerus/Kipp* 8. Aufl. § 145), infolge des zweiten Weltkrieges suspendiert worden. In Kraft geblieben sind die Verträge mit *Japan* vom 20. 7. 1927 (RGBl. II 1087) und mit *Schweden* vom 14. 5. 1926 (RGBl. II 383). Über wieder in Kraft getretene und über den Abschluß neuer Verträge vgl. *Kipp/Coing* § 130 VI. — Für Streitigkeiten, welche die erbrechtlichen Verhältnisse an dem Nachlasse von Deutschen betreffen, wird, wenn der Erblasser keinen allgemeinen Gerichtsstand im Inlande hatte, durch § 27 Abs. 2 ZPO der *besondere Gerichtsstand der Erbschaft* vor dem Gerichte begründet, in dessen Bezirk der Erblasser seinen *letzten* inländischen Wohnsitz hatte; hilfsweise gilt § 15 Abs. 1 Satz 2 ZPO. Dadurch soll ein inländischer Gerichtsstand für die nach deutschem Rechte zu beurteilenden Streitigkeiten gesichert werden (Mot. zur ZPONov. von 1898 S. 84). Doch wird der Gerichtsstand auch begründet sein, wenn ausnahmsweise ausländisches Recht auf die Beerbung Deutscher anzuwenden ist (Art. 28; s. oben). Wegen der örtlichen Zuständigkeit des Nachlaßgerichts vgl. § 1960 Rdn. 10—13.

Über das *österreichische Erbrecht* (ÖABGB §§ 531ff) vgl. die 9. Aufl. Vorbem. 6.

IX. Interlokales Privatrecht 9

Durch die Aufspaltung Deutschlands in westliche und östliche Besatzungszonen im Jahre 1945 und die verschiedene Rechtsentwicklung in der Bundesrepublik Deutschland und der DDR hat das interlokale Privatrecht für Deutschland wieder Bedeutung erlangt, insbesondere da die Praxis an dem Gedanken einer Einheit Deutschlands mit Rücksicht auf die Präambel zum Bonner Grundgesetz sowie die Art. 23, 116 GG (BGH **4,** 66; BGH JZ **52,** 748 mit Anm. von *Riezler*) festgehalten hat. Auf das interlokale Privatrecht sind aber die Verweisungsgrundsätze des internationalen Privatrechts (Art. 7 ff EG) entsprechend anzuwenden. Das Erbstatut bestimmt sich im interlokalen Privatrecht jedoch nicht nach der Staatsangehörigkeit, sondern nach dem letzten Wohnsitz, hilfsweise nach dem letzten Aufenthalt des Erblassers. Der Wohnsitz oder Aufenthaltsort ist insbesondere auch für die Zuständigkeit des Nachlaßgerichts maßgebend (§ 73 FGG). In der DDR ist die Tätigkeit der Nachlaßgerichte seit dem 15. 10. 1952 auf die staatlichen Notariate übergegangen; § 2 Nr. 2, 3 der VO über die Errichtung und Tätigkeit des staatlichen Notariats vom 15. 10. 1952 (GBl. DDR 1057). Lag der letzte Wohnsitz eines verstorbenen Deutschen in der jetzigen DDR, so ist das dortige Nachlaßgericht bzw. das zuständige staatliche Notariat allein für die Erteilung des Erbscheins zuständig. Lehnt dieses die Erteilung des Erbscheins ab, so kommt die *Zuständigkeit des zentralen Amtsgerichts* (AG Berlin-Schöneberg) gemäß § 73 Abs. 2 FGG in Betracht. Zur Zuständigkeit des AG Berlin-Schöneberg vgl. ferner KG JR **53,** 228; OLG Neustadt JR **58,** 385 mit Anm. von *Jansen; Schönfelder,* Deutsche Gesetze, Anm. zu FGG § 36 Abs. 2; zur Abgabe von Nachlaßsachen an ein anderes Amtsgericht *Keidel* JZ **59,** 440 mit Nachweisen. Zur Frage eines gegenständlichen Erbscheins siehe im übrigen *Wengler* JZ **69,** 658, sowie KG JR **67,** 143; KG FamRZ **69,** 2101; **70,** 390.

Zur interzonalrechtlichen Behandlung von Pflichtteilsansprüchen vgl. BGH **9,** 151 = LM Interzon. WährR Nr. 1 mit Anm. von *Ascher* = NJW **53,** 860 = DNotZ **53,** 492

= BB **53,** 397 mit Anm. von *Ficker.* Ein in Ostberlin lebendes, vor dem 1.7.1949 geborenes nichteheliches Kind hat keinen Anspruch auf Erbausgleich (§ 1934d) gegen seinen in Westberlin lebenden Vater (KG NJW **72,** 1005). Vgl. im übrigen die erbrechtlichen Bestimmungen im neuen „Familiengesetzbuch" der DDR (FGB) vom 20.12.1964, in Kraft seit dem 1.4.1966 (GBl. DDR 1966 I 19). Nach § 27 Nr. 3 EGFGB sind die §§ 1931—1934, 2050 I, 2077 I 2, II BGB aufgehoben. Für alle Erbfälle, die nach dem 31.3.1966 eingetreten sind, gelten die neuen erbrechtlichen Bestimmungen, sofern der Erblasser in der DDR oder in Ostberlin seinen letzten gesetzlichen Wohnsitz gehabt hat. Ist der Erblasser in der DDR, wo er seinen gewöhnlichen Aufenthalt hatte, vor Inkrafttreten der dortigen gesetzlichen Neuregelung verstorben, so ist nach dem Grundsatz des intertemporalen Rechts der DDR die dortige Regelung maßgebend (KG FamRZ **67,** 53).

Zum DDR-Erbrecht: *Permutz,* Die erbrechtlichen Bestimmungen im neuen Familiengesetzbuch der DDR, NJW **66,** 530; *Jansen/Längrich,* Leitfaden des Erbrechts der DDR 1959; *Schrodt* NJ **66,** 299.

10 **X. Lastenausgleich**

Der Lastenausgleich spielt im Erbrecht eine erhebliche Rolle. Unter anderem kann auf die Erläuterungsbücher zum Lastenausgleichsgesetz (LAG nunmehr in der Fassung vom 1.10.1969, BGBl. I 1909) und die folgenden Abhandlungen hingewiesen werden:

Buchwald, Zu § 73 Lastenausgleichsgesetz, NJW **53,** 172; *Dietrich,* Ist die Hausratbeihilfe vererblich? Rundschau für den Lastenausgleich (RdschLA) **57,** 356; *Donandt,* Die Haftung für die Vermögensabgabe, RdschLA **52,** 92 (95); *Ehlers,* Zusammentreffen von Tod und Schädigung (Wer ist unmittelbar Geschädigter?), RdschLA **56,** 122; *Jebens,* Nochmals: Zu § 73 Lastenausgleichsgesetz, NJW **53,** 410; *Haegele,* Güterrechtliche und erbrechtliche Fragen im Rahmen der Lastenausgleichsabgaben, RdschLA **53,** 18 (20), 318f; *Haegele,* Der Pflichtteil im Lastenausgleichsrecht, RdschLA **53,** 362; *Haegele,* Fragen der Lastenausgleichsabgaben im Bereich der Landwirtschaft, RdschLA **54,** 4; *Haegele,* Nochmals Lastenausgleich in der notariellen Praxis, DNotZ **53,** 32; *Haegele,* Der Lastenausgleich in der gerichtlichen Praxis, I. Erbrecht, Rpfleger **54,** 117; *Haegele,* Die Familienermäßigung in Erbfällen..., RdschLA **54,** 274; *Haegele,* Zur Testamentsgestaltung, RdschLA **55,** 4; *Haegele,* Letztwillige Verfügungen und Lastenausgleichsabgaben, RdschLA **55,** 177; *Haegele,* Neuere Rechtsprechung zur Vollumstellung von Reichsmark-Ansprüchen im Hinblick auf die Hypothekengewinnabgabe, RdschLA **56,** 1; *Haegele,* Testamentsvollstrecker und Vermögensabgabe, RdschLA **56,** 139; *Haegele,* Die Regelung der Vermögensabgabe und der Hypothekengewinnabgabe bei der Hofübergabe, RdschLA **56,** 232; *Haegele,* Fortgesetzte Gütergemeinschaft bei früheren Erbhöfen und Vermögensabgabe, RdschLA **57,** 25; *Haegele,* Erbschaftssteuer und Lastenausgleichsabgaben, RdschLA **58,** 37; *Haegele,* Familienrechtliche Ansprüche nach früherem Erbhofrecht bei der Vermögensabgabe, RdschLA **59,** 100; *Hense,* Der Lastenausgleich im Erbfall und bei vorweggenommener Erbfolge, DNotZ **53,** 79 und 192; *Herold,* Das Lastenausgleichsgesetz in der notariellen Praxis, DNotZ **52,** 417 (424); *Krech,* Erbfall und Lastenausgleich, Haus und Wohnung **53,** 42; *von Klot,* Die Stellung der Erben der Geschädigten im Lastenausgleich, RdschLA **53,** 298; *Lange,* Die gesetzlichen Abfindungsansprüche der Miterben und der Lastenausgleich, RdL **53,** 29; *Meilicke,* Auswirkungen des Lastenausgleichs auf das Privatrecht, Steuerberater-Jahrbuch **52,** 29; *Müller,* Das Antragsrecht der Erben bei Aufbaudarlehen für den Wohnungsbau, RdschLA **55,** 219; *Mohrbutter/Gewehr,* Pflichtteilsanspruch und Lastenausgleich, MDR **53,** 405; *Ostendorf,* Die Vermögensabgabe im Erbfall, RdschLA **55,** 209; *Ostendorf,* Die Haftung des Beschenkten und des Vermächtnisnehmers für die Vermögensabgabe, RdschLA **55,** 241; *Ostendorf,* Die Vermögensabgabe bei bedingten Belastungen, insbesondere bei Vor- und Nacherbschaft, RdschLA **55,** 289; *Schütze,* Lastenausgleichsrecht und Erbrecht, RdschLA **61,** 149; *Schwandt,* Kann ein Ausschließungsverfahren bei Tod des Antragstellers gegen die Erben fortgesetzt werden?, RdschLA **56,** 73; *Stammen,* Die Bedeutung des §73 LAG für die Abfassung von Testamenten, Betrieb **53,** 838; *Susat,* Zum Recht des Lastenausgleichs, Erbrechtliche Fragen, MDR **53,** 268, 341; *Troll,* Vermögensabgabe und Vermögenssteuer bei verschollenen Personen, RdschLA **56,** 171; *Troll,* Die Vermögensabgabe bei der Erbschaftssteuer, RdschLA **59,** 54; *Voelter,* Entschädigung nach dem Altsparergesetz bei Überlassung von Grundstücken an Miterben bei der Erbauseinandersetzung, RdschLA **58,** 65; *Wöhrmann,* Der Lastenausgleich bei den erbrechtlichen Versorgungsansprüchen der weichenden Erben, RdschLA **68,** 121.

Ist in einem im Jahre 1946 über ein Hausgrundstück geschlossenen Mietvertrage vereinbart worden, der Mieter solle an Stelle eines Mietzinses die auf dem Grundstück ruhenden Steuern und öffentlichen Lasten einschließlich der Vermögenssteuer, jedoch keine Vermögensabgabe tragen, so schließt das eine *ergänzende Vertragsauslegung* des Inhalts nicht aus, daß der Mieter die Soforthilfe mittragen muß (BGH LM BGB Nr. 3 zu § 133 (B) = RdschLA **53,** 212). — Die gesetzliche Vermutung des §70 LAG, wonach im Zweifel die *Kürzung des Vermächtnisses* um den anteiligen Lastenausgleich als vom Erblasser gewollt anzusehen ist, wird durch die Feststellung widerlegt, er habe das Vermächtnis als Gegenleistung für geleistete Dienste angeordnet (OLG Köln NJW **54,** 356 = MDR **54,** 179 = DNotZ **54,** 496). — Bei der *Berechnung des Pflichtteils* hatte das OLG Karlsruhe die Vermögensabgabe für den Lastenausgleich in ihrem Ablösungswert nach § 199 LAG als Nachlaßverbindlichkeit berücksichtigt (DNotZ **54,** 146). Der BGH ist dem nicht gefolgt. Ist der Erblasser nach dem 20. Juni 1948 gestorben, so ist die nach dem LAG zu entrichtende Vermögensabgabe zwar eine Nachlaßverbindlichkeit. Bei der Pflichtteilsberechnung ist sie jedoch mit dem für den Erbfall maßgebenden *Zeitwert* im Sinne des §77 LAG anzusetzen. Es verbietet sich schon deshalb, den Ablösungswert (§ 199 LAG) zugrunde zu legen, weil der Zinssatz von 10 vom Hundert für diesen Wert nur gewählt worden ist, um einen Anreiz für eine vorzeitige Ablösung der Ausgleichsabgaben zu bieten. Für den Zeitwert spricht vor allem, daß der Gesetzgeber auch bei der Kürzung von Vermächtnissen und Auflagen auf den Zeitwert abgestellt hat (BGH **14,** 368 = NJW **54,** 1764). — Die *Soforthilfeabgabe* nach dem Gesetz zur Milderung dringender sozialer Notstände vom 8. 8. 1949 (SHG) ist im Verhältnis zwischen dem Vor- und Nacherben (vgl. §§ 2100 ff) in entsprechender Anwendung des §73 Abs. 1 LAG zur Hälfte als außerordentliche, auf den Stammwert des Vermögens gelegte Last anzusehen; der Nacherbe muß daher seine Einwilligung zu Verfügungen erteilen, durch welche der Vorerbe die Hälfte der Soforthilfe aus dem Nachlaß begleichen will (BGH NJW **56,** 1070 = RdL **56,** 189 = RdschLA **56,** 220). Gesetzliche Verpflichtungen des Anerben als abzugsfähige Lasten (BFH RdschLA **56,** 346). — Zurechnung eines Ehegattenerbhofs zum Gesamtgut (BFH RdschLA **56,** 347). — Aus einer *Erbauseinandersetzung,* die erst *nach der Vertreibung* vereinbart worden ist, kann kein Anspruch auf Währungsausgleich hergeleitet werden (BVerwG RdschLA **58,** 286). Eigentumserwerb des Anerben am Erbhof in den deutschen Ostgebieten (RdschLA **67,** 37); Anrechnung von Unterhaltshilfe nach dem Soforthilfegesetz auf die Hauptentschädigung früherer Erben des unmittelbar Geschädigten (BVerwG RdschLA **69,** 11); keine Aufteilung der persönlichen Hypothekengewinnabgabe bei Erbengemeinschaften (FG *Rheinland-Pfalz* RdschLA **69,** 68).

Die Erteilung eines gegenständlich beschränkten Erbscheins für Zwecke des Lastenausgleichs ist nicht zulässig (OLG *Hamm* DNotZ **72,** 45; auch schon NJW **68,**

1682); zur Vererbung von Ausgleichsansprüchen s. ferner: BVerwGE **27,** 86; BVerwG NJW **63,** 1266; BGH **44,** 336 = NJW **66,** 592; Umfang des Vertreibungsschadens bei Übereignung im Wege vorweggenommenener Erbfolge BVerwG NJW **64,** 880. Auch wenn zu Lebzeiten eines Flüchtlings kein Bewilligungsbescheid über den Erhöhungsbetrag einer Hausratshilfe zu seinen Gunsten ergangen ist, kann sein Erbe gleichwohl den Erhöhungsbetrag für sich verlangen (BVerwG NJW **63,** 1516). Die beschränkte Erbenhaftung wegen Dürftigkeit des Nachlasses greift auch gegenüber der Rückforderung von Leistungen nach dem LAG durch (BVerwG NJW **63,** 1075).

Über *Erbscheine* für Vertriebene vgl. KG DNotZ **54,** 607. Ein Nachlaßgericht ist auch dann nicht zuständig, einen Erbschein nach einem ausländischen Erblasser zu erteilen, wenn der Erbschein nur gebraucht wird, um Lastenausgleichsansprüche zu verfolgen, und die Ausgleichsbehörde ihn verlangt. Die Ausgleichsbehörde muß in solchen Fällen die tatsächlichen Angaben des Antragsstellers überprüfen und selbst entscheiden, ob er nach dem ausländischen Recht Erbe geworden ist (LG Mannheim RdschLA **59** 10 = DNotZ **59,** 609[10]). Vgl. dazu LG Dortmund NJW **63,** 496; Todeserklärung eines Ausländers zur Geltendmachung von Ansprüchen nach dem LAG (LG Hildesheim NJW **64,** 410).

11 **XI. Wiedergutmachung, Entschädigung**

Aus der Rechtsprechung zum **Rückerstattungsrecht** mögen folgende Entscheidungen hervorgehoben werden: BGH **1,** 9 = LM REG (BrZ) Art. 43 Nr. 1: Art. 43 BrREG ist in Erbscheinsverfahren nicht anwendbar; die Vorschrift ist mithin auch keine lex specialis zu § 2356 BGB; BGH **10,** 234 zum Recht des Rückerstattungsberechtigten, seine Haftung gemäß §§ 1990, 1991 auf den rückerstatteten Vermögensgegenstand zu beschränken; BGH **16,** 350 zur Bedeutung der Verfallserklärung des § 3 der 11. VO zum RBürgG vom 25. 11. 1941 für die erbrechtlichen Bestimmungen der Rückerstattungsgesetze; BGH **20,** 225 über den Vergütungsanspruch des Abwesenheitspflegers, der für einen jüdischen Verschollenen eingesetzt worden ist, gegen eine Treuhandgesellschaft im Sinne des Art. 8 BrREG; BGH RzW **56,** 265: Ansprüche eines Vorerben auf Wiedergutmachung eines Schadens, der ihm durch Vorenthalten der Erbschaft infolge nat.-soz. Verfolgungsmaßnahmen entstanden ist, fallen ihrer Rechtsnatur nach unter die Vorschriften der Rückerstattungsgesetze. KG JR **51,** 631: Das Grundbuchamt hat die *Erbeslegitimation* vor der Wiedereintragung nicht mehr zu prüfen. Kommt es nach den Regeln des internationalen Privatrechts für die Anwendung inländischen Rechts darauf an, ob ein Vermögensgegenstand dem beweglichen oder unbeweglichen Vermögen angehört, so rechnet ein Miterbenanteil und der auf seine Rückgewähr gerichtete Rückerstattungsanspruch jedenfalls dann zum unbeweglichen Vermögen, wenn der Nachlass sich aus Grundstücken zusammensetzt (ORG Berlin RzW **72,** 253).

Auf dem Gebiet des **Entschädigungsrechts** (BErgG, BEG und BWGöD) sind nachfolgende Entscheidungen zu nennen. BGH RzW **57,** 52: Nach dem BEG ist der Anspruch auf Entschädigung für Freiheitsentziehung im Gegensatz zur Regelung des BErgG auch dann auf nächste Angehörige vererblich, wenn der Verfolgte vor dem 8. 5. 1945 gestorben ist; BGH LM § 13 BEG 1956 Nr. 1: Der Anspruch auf Entschädigung für Freiheitsentziehung ist auch dann vererblich, wenn der Verfolgte von einer der in § 46 Abs. 2 BEG genannten Personen zusammen mit anderen beerbt worden ist; hierbei gehört der Anspruch in voller Höhe zum Nachlaß des Verfolgten, gebührt aber den Erben, die zu dem in § 46 Abs. 2 BEG bestimmten Personenkreis gehören, als Voraus; BGH 4. 5. 1957 IV ZR 55/57 u. 18. 2. 1959 IV ZR 254/58: Weitervererblichkeit des Entschädigungsanspruchs wegen Freiheitsentziehung; BGH 10. 5. 1957 IV ZR 79/57: Unbeschränktheit der Weitervererbung. Zur Vererblichkeit von Entschädigungsforderungen s. im übrigen: BGH RzW **62,** 260; **66,** 75; **69,** 471; BGH MDR **69,** 137; **71,** 923. Über das Erfordernis der Festsetzung als Voraussetzung der Vererblichkeit: BGH **56,** 251 = NJW RzW **71,** 460. Zur Abtretung von Entschädigungsforderungen durch Hinterbliebene BGH RzW **70,** 540. Vgl. im einzelnen über Entschädigungsansprüche von Hinterbliebenen und Erben die Zusammenstellung von BGH-Entscheidungen bei *Wilden*, DRiZ **58,** 336 und bei *Lindenmaier/Möhring* (LM) zu BEG 1956 § 46 Nr. 1—11.

XII. Gleichberechtigung, Gleichstellung nichtehelicher Kinder **12**

Die Einführung des gesetzlichen Güterstandes der **Zugewinngemeinschaft** durch das Gesetz vom 18. 6. 1957 über die Gleichberechtigung von Mann und Frau auf dem Gebiete des bürgerlichen Rechts (Gleichberechtigungsgesetz) hat zugleich eine wichtige Auswirkung auf das Erbrecht: Nach § 1371 BGB nF wird bei Beendigung des gesetzlichen Güterstandes durch den Tod eines Ehegatten nach dem 30. 6. 1958 der Ausgleich des Zugewinns dadurch verwirklicht, daß sich der gesetzliche Erbteil des überlebenden Ehegatten (§ 1931) um ein Viertel erhöht, und zwar ohne Rücksicht darauf, ob die Ehegatten in dem gegebenen Falle einen Zugewinn erzielt haben (vgl. im einzelnen Rdn. 9ff zu § 1931). Eine weitere Folge der Gleichberechtigungsregelung ist die Erweiterung des Anspruchs des überlebenden Ehegatten auf die zum sog. „Voraus" gehörenden Gegenstände: Nach § 1932 BGB nF gebühren diese Gegenstände nunmehr auch dem Ehegatten, der neben Verwandten der ersten Ordnung (§ 1924) als gesetzlicher Erbe berufen ist, soweit er sie zur Führung eines angemessenen Haushalts benötigt (näheres s. Rdn. 8 zu § 1932). **Zur Neuregelung des Ehegattenerbrechts** im einzelnen: *Braga* FamRZ **57,** 334; **72,** 105; *Boehmer* FamRZ **62,** 446; *Bosch* FamRZ **57,** 195; **69,** 506; **70,** 161; **72,** 171; *v. Claer* Betrieb **58,** 466; *Damrau* FamRZ **69,** 579; *Finke* MDR **57,** 514, 577; *Haegele* FamRZ **64,** 600; *Knur* DNotZ **57,** 451; FamRZ **70,** 276; *Lange* NJW **57,** 1381; **58,** 288; *Lüthgen* GmbH Rdsch **57,** 165; *Obermüller* BB **58,** 535; *Pikalo* RdL **59,** 1; *Reinicke* NJW **58,** 121; BB **38,** 575; NJW **58,** 121; BB **58,** 575; *Rupp NJW* **58,** 12; *Stöcker* FamRZ **70,** 444; **71,** 611; *Thiele FamRZ* **58,** 393; *Tiedau* MDR **57,** 641; **58,** 377; *Weber* DNotZ **57,** 570; *Troll* FamRZ **59,** 385; *Wahl* FamRZ **56,** 133; *Bartholomeyczik* in *Erman*, Gleichberechtigungsgesetz, Nebenband zum BGB-Komm., S. 176 mit weiteren Nachweisen; ergänzend ferner die Schrifttumsübersicht vor der Einführung zu den §§ 1363ff (I. Gesetzliches Erbrecht) im RGR-Kommentar. Durch das Gleichberechtigungsgesetz sind ferner die Vorschriften der §§ 2008, 2054, 2303, 2311, 2331 und 2356 neugefaßt worden; hierbei sind die Bestimmungen über die Erhöhung des Ehegattenpflichtteils einschließlich des Pflichtteilsergänzungsanspruchs von besonderer Bedeutung (s. im einzelnen Rdn. zu § 2303).

Durch das G über die rechtliche Stellung der nichtehelichen Kinder (NeG) vom 19. 8. 1969 (BGBl. I 1243) sind die §§ 1930, 2043 Abs. 2, 2316 I geändert und die §§ 1931 Abs. 4, 1934a—1934e, 2057a, 2231a, 2338a eingefügt worden (vgl. Näheres in den Rdn. zu § 1924 und zu den §§ 1934 a ff).

ERSTER ABSCHNITT

Erbfolge

Erbfolge ist die Rechtsnachfolge in die gesamte vermögensrechtliche Stellung eines Verstorbenen. Sie umfaßt die Verbindlichkeiten des Erblassers und tritt daher auch dann ein, wenn diese überwiegen. Die Erbfolge beruht entweder auf dem *Gesetz* oder auf dem

Willen des Erblassers. Das BGB stellt, im Gegensatz zum I. Entwurfe, die gesetzliche Erbfolge der gewillkürten voran. Der erste Abschnitt gibt zunächst die grundlegenden Bestimmungen für beide Arten (§§ 1922, 1923), sodann die Ordnung der gesetzlichen Erbfolge (§§ 1924—1936), schließlich (§§ 1937—1941) allgemeine Grundsätze für die gewillkürte Erbfolge, die im einzelnen erst später in Abschnitt 3 und 4 im Zusammenhange mit den Rechtsgeschäften, die sie begründen (Testament und Erbvertrag), geregelt wird.

§ 1922

Mit dem Tode einer Person (Erbfall) geht deren Vermögen (Erbschaft) als Ganzes auf eine oder mehrere andere Personen (Erben) über.

Auf den Anteil eines Miterben (Erbteil) finden die sich auf die Erbschaft beziehenden Vorschriften Anwendung.

E I 1749 Abs. 1, 1750 Abs. 2 E II 1799; M **5** 2, 3; P **5** 1—3

Neueres Schrifttum:

Zum *Gesellschaftsrecht* vgl. Rdn. 14; ferner *Barella*, Erbfolge bei GmbH-Gesellschaftern, GmbHRdsch **59,** 45; *Dockhorn*, Erbfolge in den Anspruch des Genossenschaftsmitgliedes auf Überlassung eines Eigenheims, MDR **59,** 623; *Tiefenbacher*, Die Personengesellschaft und das neue eheliche Güterrecht, BB **58,** 565.

Weitere Literatur: *Dobroschke*, Unternehmensnachfolge Minderjähriger, Betrieb **67,** 803; *Gaa*, Vererbung von Unterlassungspflichten, AcP **161,** 433; *Coing*, Grundlagenirrtum bei vorweggenommener Erbfolge, NJW **67,** 1777; *Eiselt*, Vererbung der Beteiligung an einer OHG, AcP **59,** 319; *Fromm*, Die neue Erbrechtsregelung im Urheberrecht, NJW **66,** 1244; *Ferid*, Zur Behandlung von Anteilen an Personalgesellschaften im internationalen Erbgang, Festschrift f. Alfred Hueck, **59,** 343; *Schefer*, Sondererbfolge in den GmbH-Geschäftsanteil?, RGmbH **60,** 203; *Westhoff*, Fragen zur vorweggenommenen Erbfolge, Betrieb **72,** 809; *Finger*, Die Vererbung von Anteilen einer Personengesellschaft, JR **69,** 409; *Stötter*, Nachfolge in Anteile an Personengesellschaften auf Grund Gesellschaftsvertrages oder Erbrechts, Betrieb **70,** 573.

Wirkungen des Erbfalls

Übersicht

1 **I. Allgemeines**

§ 1922 Abs. 1 gibt mehrere Begriffsbestimmungen und spricht zugleich die für das Wesen der Erbfolge grundlegenden Sätze aus: *Gesamtnachfolge* und *Unmittelbarkeit.* Das Vermögen des Erblassers (Erbschaft) geht *„als Ganzes"*, also als eine *Einheit* auf den oder die Erben über; es fällt außerdem kraft Gesetzes *„mit dem Tode"* des Erblassers (Erbfall), also unmittelbar ohne besondere Rechtsgeschäfte an. Eine besondere Übertragung von Einzelrechten kommt ebensowenig in Betracht wie ein Erwerb auf Grund guten Glaubens an das Eigentum des Erblassers (vgl. Rdn. 11). Jedes hinterlassene Vermögen *muß* einen Erben finden, selbst wenn der Erblasser die Erbfolge verboten oder sämtliche Bestandteile seines Vermögen durch Einzelzuwendungen (§ 2087 Abs. 2) vergeben hätte. Im Notfalle tritt der Fiskus als Erbe ein (§ 1936). Abs. 2 stellt klar, daß die Bestimmungen über die Erbschaft auch auf den Anteil der Miterben (Erbteil) anzuwenden sind. Die Vorschriften sind zwingendes Recht.

II. Der „Erbfall" 2

Erbfall ist der Eintritt der äußeren Voraussetzung für die Beerbung, nämlich der Tod des Erblassers. Dem nachgewiesenen Tode (zur Feststellung des genauen Todeszeitpunkts vgl. *Schönig* NJW **68,** 189, *Geilen* FamRZ **68,** 121; JZ **71,** 41) steht hierbei unter bestimmten Voraussetzungen die Todesvermutung gleich, so nach Todeserklärung oder nach Feststellung der Todeszeit eines Verschollenen (VerschG §§ 9 Abs. 1, 44 Abs. 2; vgl. auch die seit dem 29. 2. 1956 für die Bundesrepublik geltende Konvention der Vereinten Nationen über die Todeserklärung Verschollener vom 6. 4. 1950 — BGBl. 1955 II 706, 1956 II 329). *„Erbanfall"*, „Anfall der Erbschaft" (§ 1942) bezeichnet den Übergang des Vermögens auf den Erben (vorbehaltlich des dem Erben grundsätzlich zustehenden Ausschlagungsrechts). Der „Fall der Nacherbfolge" (§ 2139) ist der Eintritt des die Nacherbfolge auslösenden Zeitpunktes oder Ereignisses (Tod des Vorerben, Eintritt der Bedingung). Die Erbenstellung kann nur durch Gesetz oder rechtswirksame Verfügung von Todes wegen begründet werden; eine Modifikation aus dem Gesichtspunkt des § 242 kommt nicht in Betracht (BayObLGZ **65,** 90; BGH NJW **67,** 1126).

III. Der Erblasser 3

Nur *natürliche Personen* können beerbt werden; diese aber ohne Ausnahme. Den sog. bürgerlichen Tod kennt das BGB nicht. Das Vermögen *juristischer Personen* geht, soweit nicht Verschmelzung eintritt (AktG §§ 339 ff §§ 233 ff aF)), nach Erlöschen der Persönlichkeit gemäß §§ 45, 46, 88 und EG Art. 85 über. Dabei finden, wenn das Vermögen an den Fiskus fällt, die Vorschriften über eine dem Fiskus zugefallene Erbschaft (§ 1936) entsprechende Anwendung (§ 46).

IV. Die „Erben" 4

Unter den aktiv erbfähigen **anderen Personen** versteht das Gesetz, abweichend von der passiven Erbfähigkeit (Rdn. 3), natürliche und juristische Personen (vgl. § 2101 Abs. 2); auch offene Handelsgesellschaften sind, da sie nach § 124 HGB unter ihrer Firma zum Erwerbe von Rechten fähig sind, erbfähig. In allen Fällen wird Rechtsfähigkeit (§§ 1, 21 ff BGB; 123 HGB) zur Zeit des Erbfalls (vgl. Rdn. 1 zu § 1923) vorausgesetzt. Nicht rechtsfähige Vereine (§ 54) können nicht erben. Doch kann unter Umständen eine ihnen gemachte Zuwendung (Erbeinsetzung) als Zuwendung an die Vereinsmitglieder mit der Auflage aufrechterhalten werden, das Zugewendete zu Vereinszwekken zu verwenden (RG WarnRspr. **11** Nr. 89). Landesgesetzlich kann die Beerbung durch juristische Personen mit dem Sitz im *Auslande* beschränkt oder von staatlicher Genehmigung abhängig gemacht werden; eine erteilte Genehmigung gilt als vor dem Erbfall erteilt (Art. 86 EG); auf Feststellung kann auch vor erteilter Genehmigung geklagt werden (RG **75,** 406). Für Mitglieder religiöser Orden, die Gelübde auf unbestimmte oder Lebenszeit ablegen, konnte landesgesetzlich gleichfalls Genehmigungspflicht angeordnet werden (Art. 87 Abs. 2, 3 EG). Art. 87 ist ganz, Art. 86 und die danach erlassenen landesgesetzlichen Vorschriften sind insoweit aufgehoben worden, als sie den Erwerb von Rechten durch juristische Personen mit dem Sitz im Inland von einer staatlichen Genehmigung abhängig machen (G vom 5. 3. 1953 BGBl. I 33 Teil II Art. 2 Abs. 1, 3). Ist der Erbe minderjährig, bedarf er zur Fortführung eines zum Nachlaß gehörenden Geschäfts keiner vormundschaftlichen Genehmigung (BGH WM **62,** 1218).

5 **Erbe** im Sinne des Gesetzes ist nur, wer **unmittelbar** durch das Gesetz oder durch Verfügung von Todes wegen gemäß dem Gesetze als Gesamtnachfolger des Erblassers berufen ist. Hierzu gehört weder der Erbeserbe noch der Erbschaftskäufer. Auch der Erwerber des Erbanteils (§ 2033) wird nicht Miterbe und hat keinen Anspruch auf Erteilung des Erbscheines (RG **64,** 173). *Vor dem Tode* des Erblassers sind Erben im Rechtssinne noch nicht vorhanden; vgl. § 1935 Rdn. 2. Auch von einem Erbrecht in eigentlichem Sinne kann vor dem Erbfall regelmäßig nicht gesprochen werden, sondern allenfalls von einer Erbaussicht (vgl. Rdn. 3 vor § 1922). Daher ist in der Regel eine Klage auf Feststellung des Bestehens oder Nichtbestehens eines erbrechtlichen Verhältnisses vor Eintritt der Erbfolge unzulässig (RG **49,** 372; **92,** 1; OLG Celle MDR **54,** 547), insbesondere auch die Klage auf Feststellung der Nichtigkeit des Testaments eines noch Lebenden (OLG Köln JW 1930, 2064; BGH **37,** 137 = NJW **62,** 1723 = MDR **62,** 723 = LM ZPO § 256 Nr. 74 mit Anm. von *Johannsen).* In besonderen Fällen kann jedoch ein Rechtsschutzbedürfnis für die Feststellung des Bestehens oder Nichtbestehens eines künftigen Erbrechts gegeben sein (RG **169,** 98), zumal ein solches Gegenstand eines unmittelbar wirkenden Verzichts (§§ 2346ff) oder eines Vertrages gemäß § 312 Abs. 2 sein kann (vgl. OGH **2,** 175; BGH NJW **56,** 1151).

6 *„Künftige gesetzliche Erben"* im Sinne des § 312 Abs. 2 sind alle Personen, die zur Zeit des Vertragsschlusses in einem solchen Verhältnisse zum Erblasser stehen, daß sie bei Eintritt des Erbfalls durch *Simultanberufung* (Rdn. 10) kraft Gesetzes zur Erbschaft berufen sein würden, also alle Verwandten des Erblassers, *nicht nur die zur Zeit nächsten* und deshalb nach § 1930 zunächst Berufenen, ferner der Ehegatte und auch (anders als in § 2346) der in § 1936 genannte Fiskus; der Vertrag muß, um wirksam zu sein, den Erbteil eines von ihnen betreffen; er wird gegenstandslos, wenn *dieser* nicht zu dem Erbteile kraft Gesetzes gelangt; daß der *andere* Vertragsteil tatsächlich *gesetzlicher* Erbe wird, ist zur Wirksamkeit nicht erforderlich (RG **98,** 330 = SeuffArch **75,** Nr. 149; auch *Planck/Siber,* 4. Aufl. § 312 Erl. 2b und Anm. zu § 312 dieses Kommentars). Verträge über den Nachlaß eines noch lebenden Dritten sind nichtig (§ 312 Abs. 1). Dies gilt auch für Verträge, durch welche die Kinder ihre von den Eltern gemäß § 2269 geordnete Abfindung zu Lebzeiten des überlebenden Elternteils anderweitig regeln wollen (BGH NJW **56,** 1151).

7 Die *Erbenstellung* kann einem Dritten *nicht durch Rechtsgeschäft,* insbesondere nicht durch Anerkennung einer unwirksamen Verfügung von Todes wegen, übertragen werden (OLG **26,** 286); vgl. dazu auch Rdn. 2; deshalb ist *bei Erteilung des Erbscheins* zu prüfen, ob die Verfügung von Todes wegen, welche die gesetzliche Erbfolge ändert, wirksam ist, auch wenn die durch sie Eingesetzten sie als nichtig anerkannt haben (KGJ **34** A 112), und ebenso ob eine solche Verfügung mit Grund angefochten ist (KGJ **38** A 118). Das Nachlaßgericht hat von Amts wegen die erforderlichen Ermittlungen zu treffen, um festzustellen, ob der Antragsteller wirklich Erbe ist (Rdn. zu § 2358). Es darf ihn nicht auf den Prozeßweg verweisen. Ob der Nachlaßrichter das Verfahren aussetzen darf, *wenn ein Rechtsstreit über das Erbrecht anhängig* ist, ist streitig (dagegen BayObLGZ **8,** 367 und Recht **21,** 498; dafür KG RJA **9,** 75). Die die Aussetzung zulassende Ansicht des Kammergerichts ist vorzuziehen, da der Zwang, unter allen Umständen

neben dem Prozeßverfahren ein besonderes Ermittlungsverfahren des Nachlaßgerichts zu führen, Weiterungen und Kosten verursachen würde und aus dem Gesetze kein hinreichender Grund hierfür zu entnehmen ist. Die Entscheidung über das Erbrecht im Prozesse zwischen mehreren Erbansprechern ist für das Nachlaßgericht unter Umständen von materieller Bedeutung, aber nicht bindend (vgl. Rdn. zu § 2359). Ebensowenig schafft sie Rechtskraft gegenüber den Nachlaßgläubigern und Nachlaßschuldnern.

Die Witwe und die gemeinschaftlichen Abkömmlinge, welche nach dem Tode eines **8**
Ehegatten, der in der vereinbarten Gütergemeinschaft i. S. der §§ 1415 ff BGB gelebt hat, *miteinander die Gemeinschaft fortsetzen* (§ 1483), sind nicht Erben des verstorbenen Ehegatten; § 40 GBO ist daher auf sie nicht anzuwenden (KGJ **38** A 212; OLG **21**, 11). Für die auf Grund *landesgesetzlicher Bestimmungen* fortgesetzten Gütergemeinschaften bei Ehen, die durch den Tod eines Ehegatten aufgelöst worden sind, ist die Frage auf Grund der landesgesetzlichen Bestimmungen zu entscheiden, auch wenn der Ehegatte nicht vor dem 1. 1. 1900 gestorben ist (Art. 200, 218 EG; vgl. Rdn. 7 der Einleitung zu diesem Buche; RG **102**, 28).

V. Die „Erbschaft" **9**

1. Begriff

„Erbschaft" ist das auf einen Erben übergegangene Vermögen eines Verstorbenen. Das Gesetz gebraucht den Ausdruck vorzugsweise, wenn es sich um die Beziehungen des Erben zu dem hinterlassenen Vermögen handelt (§§ 1942ff), während es den Ausdruck „Nachlaß" anwendet, wenn das Vermögen als solches, namentlich das Aktivvermögen, in Frage kommt (§§ 1960ff, 312). Doch ist die Ausdrucksweise keineswegs streng durchgeführt (vgl. z. B. §§ 2032ff).

2. Das „Vermögen" im allgemeinen **10**

Unter „Vermögen" versteht das BGB in der Regel — vgl. namentlich §§ 311, 419, 1085, 1836 — nach deutschrechtlicher Auffassung die Gesamtheit (den Inbegriff) der einer Person zustehenden wirtschaftlich verwertbaren Sachen und Rechte, also das *Aktivvermögen* ohne Abzug der darauf lastenden Verbindlichkeiten (RG **149**, 172; vgl. auch RG **69**, 285). Dem äußeren Anscheine nach könnte der Ausdruck in diesem Sinne auch in § 1922 gebraucht sein; andernfalls wäre die besondere Bestimmung des § 1967, daß der Erbe für die *Nachlaßverbindlichkeiten* haftet, hinsichtlich der von dem Erblasser herrührenden Schulden überflüssig, da diese schon auf Grund des § 1922 auf ihn übergegangen wären. Anderseits spricht für einen weiteren Vermögensbegriff an dieser Stelle, daß der Erbe in die gesamte vermögensrechtliche Stellung des Verstorbenen eintritt und daß das „Vermögen" auch dann auf den oder die Erben übergeht, wenn keine Aktiva vorhanden sind. Die Streitfrage ist für das Erbrecht mehr theoretischer Natur, da der Erbe auf jeden Fall nach den §§ 1967ff, und nur nach dieser Maßgabe, für die Schulden des Erblassers haftet (vgl. zu dieser Streitfrage *Staudinger/Boehmer* Anm. 64 ff; *Kipp/Coing* 12. Aufl. § 91 II, 2; *Planck/Flad* Anm. 2a *β* sowie RG **95**, 14). Es kann aber nicht anerkannt werden, es entspreche unbefangener Betrachtung, daß unser Gesetz aus dem Grundsatze der Universalsukzession in § 1922 die Folgerung für die Rechte, in § 1967 jedoch für die Verbindlichkeiten des Erblassers ziehe (so *Coing* aaO); wie bei *Planck* aaO überzeugend dargelegt ist, läßt sich diese Scheidung nicht durchführen, weil es zahlreiche vermögensrechtliche Beziehungen gibt, die weder Rechte noch Verbindlichkeiten sind, in die aber der Erbe mit dem Erbfall nach § 1922 „als Ganzes" eintritt (BGH **32**, 369 = NJW **60** 1715 = MDR **60**, 754 = LM § 398 Nr. 13 = JZ **61**, 28 = BB **60**, 842 = Betrieb **60**, 915). — Auch ein Treugut gehört rechtlich, wenn auch nicht wirtschaftlich, zum Vermögen des Treuhänders und geht deshalb mit dem Tode auf seine Erben über (HRR **31**, 1866). Dabei gehören zum Nachlaß alle wertbezogenen Rechtsverhältnisse, insbesondere auch Ansprüche und Verbindlichkeiten, die erst nach dem Erbfall aus einem vom Erblasser begründeten rechtserheblichen Sachverhalt entstehen. Die Erben haften somit für die vom Erblasser herrührenden Schulden nach § 1967 Abs. 2 auch dann, wenn der Erblasser offensichtlich eine Ursache, etwa durch unerlaubte Handlung, setzt, die Folgen aber erst nach dem Erbfall eingetreten sind. Das gilt aber nicht für den Fall, daß **gegen** den Erblasser eine unerlaubte Handlung begangen worden ist, die sein Vermögen erst nach Eintritt des Erbfalles schädigt (BGH LM § 1922 Nr. 5 = VersR **62**, 337 = MDR **62**, 392 = BB **62**, 390 = JZ **62**, 708 mit Anm. von *Larenz* = VRS **22**, 246 = DRspr. I [170] 29a).

Nicht zum Vermögen des Erblassers gehören seine sterblichen Überreste (Leichnam, Skelett, Asche). Es handelt sich insoweit um dem Rechtsverkehr entzogene persönliche Güter (RGSt **64**, 313). Daher obliegt auch die Totenfürsorge nicht den Erben (RG **108**, 220), sondern den Angehörigen, deren Rangfolge sich nach den im Feuerbestattungsgesetz vom 15. 5. 1934 (RGBl. I 380) gegebenen Anhaltspunkten bestimmt. Nur wenn keine Angehörigen vorhanden sind, trifft die Erben eine Betreuungspflicht (vgl. § 1968). Mit dem Tode einer natürlichen Person erlöschen somit die Persönlichkeitsrechte (Erbfolge ist keine Rechtsfolge in die Persönlichkeit, sondern in das Vermögen des Erblassers), und nur ein Persönlichkeitsschutz bleibt in bestimmtem Umfange erhalten (BGH **50**, 133; s. auch *Westermann* FamRZ **69**, 561; *Kipp/Coing* § 91 IV 16). Auch künstliche Körperteile (Prothesen, Goldzähne usw.) gehen mit dem Tode nicht auf die Erben über; jedoch wird ein Aneignungs- und Verfügungsrecht der Erben zu bejahen sein (MDR **48**, 365 = DRsp I [150] 22d; aM *Dotterweich* JR **53**, 174 = DRs I [150] 55a), dessen Ausübung aber von der Zustimmung der Angehörigen abhängen kann, denen die Todesfürsorge obliegt (vgl. *Bartholomeyczik* in *Erman* 5. Aufl. Rdn. 35). Streitigkeiten entscheidet das Prozeßgericht (RGZ **100**, 172), Meinungsverschiedenheiten der Angehörigen gleichen Grades bei der Feuerbestattung die Polizeibehörde. Nach diesen Grundsätzen regeln sich auch die Umbettung der Leiche (KG FamRZ **69**, 414), die Wahl des Urnenortes, die Bestimmung des Grabsteins. Zur Vererbung der Grabsteine LG Koblenz NJW **56**, 949. Zur Transplantation von Körperorganen Verstorbener *Kohlhaas* NJW **67**, 1489; **70**, 1224; DMedWochenSchr. **68**, 161; *Eichholz* NJW **68**, 2272; *Kiessling* NJW **69**, 533; *Kallmann* FamRZ **69**, 574.

11 **3. Unvererbliche Rechte**

Unvererblich sind das Recht am Namen (die Übertragung des Namens richtet sich nicht nach erbrechtlichen, sondern nach familienrechtlichen Grundsätzen; vgl. § 1616); Mitgliedschaft an Vereinen, falls nicht die Satzung anderes bestimmt (§§ 38, 40), und an Genossenschaften (GenG § 77); Rechte von Gesellschaftern einer bürgerlich-rechtlichen Gesellschaft, einer OHG oder KG, falls nichts anderes vereinbart ist (BGB § 727; HGB § 131 Nr. 4, vgl. aber HGB § 177 und unten Rdn. 8); Beamten- und Anstellungsverhältnisse, insbesondere Gehaltsansprüche (RG 93, 110); öffentlich-rechtliche Gewerbeberechtigungen. (Wegen der Apothekenkonzession und der Möglichkeit der Verpachtung durch die erbberechtigten Kinder vgl. Bundesgesetz über das Apothekenwesen vom 20. 8. 1960 [BGBl. I 697]; Näheres bei *Hoffmann/Heinrich*, Kommentar zum Apothekenwesen 1961); das Vorkaufsrecht, falls nichts anderes bestimmt ist (§ 514); vererblich ist jedoch das Vorkaufsrecht der Miterben am Erbteil (§ 2034 Abs. 2); ferner sind unvererblich: Das Recht des Ehegatten auf Übernahme des Gesamtguts (§ 1502); Ansprüche auf Ersatz immateriellen Schadens (§ 847 Abs. 1 Satz 2); aus Defloration (§§ 847

Abs. 2, 1300); ferner Rechte, die vertragsgemäß auf die Person des ursprünglich Berechtigten beschränkt sind (nur in diesem Fall auch das Bezugsrecht des Aktienzeichners, RG **65,** 22); in der Regel auch der Anspruch auf Urlaubsvergütung (RAG **5** 157). *Mit dem Tode des Berechtigten* erlöschen ferner: Nießbrauch (§ 1061), beschränkte persönliche Dienstbarkeiten (§ 1090); vererblich aber Anspruch auf Bestellung einer beschränkten persönlichen Dienstbarkeit BGH **28,** 99 = NJW **58,**1677; Unterhaltsansprüche für die Zukunft erlöschen (§§ 1615, EheG § 69 Abs. 1), soweit sie nicht auf Erfüllung oder Schadenersatz wegen Nichterfüllung für die Vergangenheit oder auf solche im voraus zu bewirkende Leistungen gerichtet sind, die zur Zeit des Todes des Berechtigten oder Verpflichteten fällig sind; jedoch ist der Unterhaltsanspruch des geschiedenen Ehegatten (EheG § 76) passiv vererblich; sofern der nichteheliche Vater vor Inkrafttreten des NeG (1.7.70) verstorben ist, auch der Unterhaltsanspruch des nichtehelichen Kindes nach § 1712 aF. Starb der nichteheliche Vater nach dem 1.7.1970, so erlischt nach dem jetzt geltenden § 1615 grundsätzlich der Unterhaltsanspruch des Kindes; Ausnahme nur für den Fall, daß das Kind vor dem 1.7.49 geboren ist (vgl. *Odersky* NeG 3. Aufl. S. 724); wegen des Aussteueranspruchs vgl. § 1623 aF; nicht erlischt die Anweisung (§ 791). Dagegen sind keineswegs alle nicht übertragbaren Rechte (vgl. Rdn. zu § 399) ohne weiteres auch nicht vererblich. Beschränkt vererblich: Recht auf Widerruf von Schenkungen (§ 530) und Stiftungen (§ 81).

Zur Vererblichkeit des Schmerzensgeldanspruchs bei Rechtshängigkeit vgl. § 847 Abs. 1 Satz 2; OLG Dresden DR **39,** 1382[5]; RG DR **40,** 1634[11]; *Hofmann* VersR **58,** 434; OLG Düsseldorf VersR **59,** 483. Die Vererblichkeit eines *Schmerzengeldanspruchs* hängt nach § 847 davon ab, ob er vor dem Erbfall durch Vertrag anerkannt oder rechtshängig war. Die letztgenannte Voraussetzung ist erst mit Zustellung der Klage erfüllt (BGH VersR **61,** 661 = NJW **61,** 1575). Die damit verbundenen Nachteile für arme Parteien haben zu der Überlegung geführt, ob bereits die Einreichung der Klage genügt (so OLG Nürnberg **68,** 508); mit dem Gesetz läßt sich eine solche erweiternde Auslegung jedoch schwerlich vereinbaren. Immerhin ist anerkannt, daß die Rechtsverfolgung im Mahnverfahren genügt, wobei allerdings Termin für das Streitverfahren anberaumt sein muß (LG Regensburg VersR **68,** 1198; OLG *Celle* VersR **71,** 942). Die Zustellung der Klagschrift bewirkt die Rechtshängigkeit im Sinne vom § 847 auch dann, wenn die Klage im Namen eines bewußtlosen Verletzten ohne Vertretungsmacht erhoben und die Prozeßführung später von den Erben genehmigt worden ist (BGH VersR **67,** 1075).

Grundsätzlich unvererblich ist die durch Vollmacht eingeräumte Rechtsstellung; dies gilt vor allem für das auf einem Auftrag beruhende Vollmachtsverhältnis. Die Annahme, daß der Tod des Bevollmächtigten das Vertretungsverhältnis regelmäßig unmittelbar beendet, rechtfertigt sich in der Erwägung, daß die Vollmachterteilung allgemein Vertrauenssache ist und sonach eine Vermutung für die Beschränkung auf eine bestimmte Person spricht. Im übrigen stellt die in der Vollmacht enthaltene Befugnis in der Regel kein Vermögensrecht im Sinne des § 1922 dar. Anderseits erlischt die Vollmacht im allgemeinen nicht mit dem Tode des Vollmachtgebers (RG **106,** 185; KG DJ **35,** 940); sie kann jedoch von dem Erben als dem nunmehr Vertretenen unter denselben Voraussetzungen wie vorher bei dem Erblasser widerrufen werden (RG **107,** 238); dasselbe gilt von der Ermächtigung (§ 185). Nicht vererblich ist das Recht, einen Adoptionsvertrag anzufechten (BGH FamRZ **69,**479).

4. Vererbliche Rechte und Rechtslagen 12

a) Rechte im allgemeinen. Vererblich sind regelmäßig alle *dinglichen Rechte* und *Forderungsrechte* des Erblassers, einschließlich der Ansprüche aus unerlaubter Handlung. Hierhin gehören auch Anwartschaftsrechte (BGH **32,** 367 = NJW **60,** 1715 = LM

Nr. 13 zu § 398 (L)). Vgl. wegen der Vererblichkeit eines *Ankaufs- und Wiederkaufsrechts* OGH DNotZ **51,** 128 mit Anm. von *Hense;* wegen eines *Anspruchs auf Übereignung* aus dem *Hofübergabevertrage* nach Erbhofrecht und der Höfeordnung OLG Hamm MDR **49,** 175. Nach § 857 geht auch der **Besitz** auf den Erben über. Der Erbe tritt genau in die Besitzstellung des Erblassers zur Zeit seines Todes ein; er wird mithin wie dieser unmittelbarer oder mittelbarer Besitzer, Eigen- oder Fremdbesitzer (vgl. § 857 Rdn. 1); er erlangt auch dann Eigenbesitz (§ 872) an den Nachlaßgegenständen, wenn er weder von dem Erbfalle noch von dem Eigenbesitz des Erblassers Kenntnis hat (BGH JZ **53,** 706). Von dem nach § 857 übergegangenen Erbenbesitz ist jedoch der Besitz kraft tatsächlicher Machtausübung durch einen Miterben zu unterscheiden (OLG Celle NdsRpfl. **49,** 199). Zum Verhältnis zwischen erbrechtlicher Gesamtnachfolge nach einem verstorbenen **Mieter** und Mietnachfolge nach MSchG § 19 s. NJW **58,** 594; MDR **59,** 491.

13 b) **Handels- und Gesellschaftsrecht.** Vererblich sind ferner das Handelsgeschäft und die Handelsfirma (§ 22 HGB). Auch gewerbliche Unternehmen, die kein Handelsgewerbe betreiben, wie Handwerksbetriebe, bilden einen Bestandteil des Vermögens ihres Inhabers und können Gegenstand eines Erwerbs von Todes wegen sein (BGH NJW **51,** 229 = LM § 1922 Nr. 1 b mit Anm. von *Ascher),* ebenso Beteiligungen an solchen Unternehmen (BGH **7,** 136). Eine Prokura erlischt nicht (§ 52 Abs. 3 HGB), sofern nicht der Prokurist Allein- oder Miterbe wird, BGH NJW **59,** 2114; vgl. dazu *Reinicke* MDR **60,** 28. Die Vererblichkeit eines Handels- oder gewerblichen Unternehmens oder einer Beteiligung hieran ist jedoch ausgeschlossen, wenn sie mit der Person des Unternehmers oder des Beteiligten so eng verknüpft sind, daß sie nicht mit dem Erben fortgesetzt werden können. Dasselbe — Vererblichkeit — gilt auch für andere gewerbliche Unternehmen. Der Erbe erwirbt nicht nur das gegenständliche Betriebsvermögen, sondern den Betrieb als solchen mit den zu ihm gehörenden immateriellen Werten, insbesondere den Geschäftsbeziehungen, den Geschäftserfahrungen und dem Ruf des Unternehmens (BGH LM § 1922 Nr. 1 mit Anm. von *Ascher).* Ähnliches gilt für die Praxis eines freiberuflich Tätigen. Betrieb und Praxis gehören nur dann nicht zum Nachlaß, wenn sie ihrer Art nach so eng mit der Person ihres Inhabers verbunden sind, daß sie von niemandem fortgesetzt werden können und deswegen mit dem Tode des Inhabers erlöschen. Zugehörigkeit des Unternehmens ist bedeutsam für die Frage, wem die Erträgnisse gebühren, wenn ein solcher Betrieb nach dem Erbfalle von einem der Miterben weitergeführt wird. Sie fallen in den Nachlass ohne Rücksicht auf Zustimmung der Miterben, subjektive Willensrichtung, Gerieren als Betriebsinhaber (BGH LM § 1922 § 89b (vgl. BGH **24,** 214 = NJW **57,** 1029; BGH **24,** 223 = NJW **57,** 1028; NJW **56,** 350 sowie *Würdinger* RGRK HGB, 3. Aufl. 1967 § 89 b Anm. 8; *Schröder,* Recht der Handelsvertreter, 4. Aufl. 1969 Rdn. 4a zu § 89b; aM OLG München BB **56,** 833). Zur Fortführung des Handelsgeschäfts durch die Erben vgl. § 2032 Rdn. 9.

14 Die **Stellung als Gesellschafter** in einer Gesellschaft bürgerlichen Rechts, einer offenen Handelsgesellschaft oder als persönlich Haftender in einer Kommanditgesellschaft ist **grundsätzlich unvererblich,** da die Gesellschaft mit dem Tode eines Gesellschafters aufgelöst wird. Der **Gesellschaftsvertrag** kann aber vorsehen, daß die Gesellschaft mit den Erben des Gesellschafters oder einem von ihnen **fortgesetzt wird;** dadurch kann die Gesellschafterstellung zu einem vererblichen Rechtsgut werden. Der Erbe (Allein- oder Miterbe) wird in diesem Falle mit dem Tode des bisherigen Gesellschafters ohne weiteres („automatisch“) kraft seines Erbrechts an dessen Stelle Gesellschafter (BGH **22,** 186, 191—193 mit Nachweisen = NJW **57,** 180 = JZ **57,** 220 mit Anm. von

Hueck; vgl. auch KG DNotZ **55,** 418 = DRspr. II (210) 56d). Die Erbeinsetzung und die Fortsetzungsklausel — zu unterscheiden Nachfolgeklausel (automatischer Eintritt des Erben) und Eintrittsklausel (Eintrittsrecht) — im Gesellschaftsvertrage müssen jedoch sorgfältig aufeinander abgestimmt werden, um das gewünschte Ergebnis zu erreichen (vgl. hierzu im einzelnen *Kipp/Coing* § 87 III 4; LG Bremen NJW **54,** 477 mit Anm. von *Hueck; Schlicht* NJW **54,** 984; *Siebert,* Gesellschaftsrecht und Erbrecht bei der Offenen Handelsgesellschaft, Heft 13 der Schriftenreihe der Jur. Studiengesellschaft Karlsruhe; s. ferner RG **145,** 294; **170,** 392; *Buchwald* AcP **154,** 22; JR **55,** 173; DNotZ **55,** 599; *G. u. B. Reinicke,* NJW **57,** 561; *Siebert* NJW **55,** 809; BB **57,** 18; *Tiedau* MDR I257, 641; *Wolf* NJW **54** 1549; *Zunft* NJW **57,** 1129; vgl. auch § 2032 Rdn. 11). Zur Nachfolgeklausel BGH WM **67,** 319; zur Vertreterklausel für die in die OHG als Kommanditisten eintretenden Erben eines Gesellschafters BGH **46,** 291 = LM HGB § 161 Nr. 20 mit Anm. von *Fischer.* Die im Gesellschaftsvertrage einer zweigliedrigen Gesellschaft getroffene Regelung, daß beim Tod eines Gesellschafters der andere ein entschädigungsloses Übernahmerecht hat, ist zulässig und geht erbrechtlicher Regelung vor. Der Wert des Geschäftsanteils des Gesellschafters ist dann auch nicht die Grundlage für einen Pflichtteilsanspruch (BGH WM **71,** 1338). Zur Beerbung eines Kommanditisten KG WM **67,** 148; eines stillen Gesellschafters BGH WM **62,** 1084. Für die Frage, ob der Erbe eines Gesellschafters im Zweifel auch in die *Geschäftsführungs- und Vertretungsbefugnis* seines Erblassers eintritt, ist in erster Linie der Gesellschaftsvertrag entscheidend; bei der Auslegung des Gesellschaftsvertrages kommt es wesentlich darauf an, ob dem Erblasser-Gesellschafter das Recht zur Geschäftsführung und Vertretung als ein persönliches Recht besonders übertragen war oder nicht (BGH NJW **59** 192[7] = MDR **59,** 104). Vgl. auch BGH NJW **59,** 433: Übertragung eines Gesellschaftsanteils auf den Todesfall. Der Kapitalanteil des Verstorbenen wandelt sich dann in einen schuldrechtlichen Abschichtungsanspruch um, der nach den allgemeinen Grundsätzen vererbt wird. Wenn der Gesellschaftsvertrag Bestimmungen über die Berechnung der Abschichtungsansprüche enthält, kann darin — bei Differenz zum wahren Wert der Beteiligung des Erblassers — eine Zuwendung nach § 2301 liegen, jedenfalls dann, wenn der Mitgesellschafter, zu dessen Gunsten die Nachfolgeklausel im Gesellschaftsvertrag getroffen ist, als Gegenleistung dafür die Erben des Erblassergesellschafters abzufinden hat (BGH WM **59,** 719). Dasselbe muß gelten, wenn im Gesellschaftsvertrage allgemein bestimmt wird, daß die Gesellschaft beim Tode eines Gesellschafters mit den übrigen fortgeführt wird, ohne daß den Erben des Verstorbenen eine Abfindung zu zahlen ist. Gegen eine solche Bestimmung können die Erben sich nicht wenden. Für die Pflichtteilsberechtigten ist allerdings ein Pflichtteilsergänzungsanspruch möglich. Ausschluß der Erbabfindung im Gesellschaftervertrage ist keine Schenkung, wenn die Regelung für alle Gesellschafter in gleicher Weise gilt; anders ist es möglicherweise bei offensichtlicher Ungleichwertigkeit der Chancen (BGH **22,** 186 = WM **57,** 24).

c) **Rechtslagen.** Auch bloße *Möglichkeiten* des Rechtserwerbs, sog. „*Rechtslagen*", **15**
sind Gegenstand der Erbfolge (Ersitzungslage § 943; Anwartschaft des Nacherben § 2108 Abs. 2, s. Rdn. 21): z. B. das Recht zur Annahme eines *Vertragsantrags* (§ 153; OLG **41,** 25); ebenso das Recht zur Ausschlagung von Erbschaften (vgl. Rdn. 20 und zu § 1952 Rdn. 7) und Vermächtnissen (§ 2180). Auch eine *Auflassungsvormerkung,* die für den darin als Berechtigten Bezeichneten erst nach seinem Tode eingetragen worden ist, begründet für seine Erben ohne weiteres die Rechte aus § 883 (RG JW **26,** 1955). Gleiches muß — wie das KG unter Aufgabe älterer Entscheidungen in HRR **30,** 1610 anerkannt hat — auch gelten, wenn der in einer *Hypothekeneintragungsbewilligung* oder in einer *Auflassung* als Berechtigter Bezeichnete vor der Eintragung verstorben ist; seine Erben können auf Grund der Bewilligung bzw. Auflassung die Eintragung auf ihren

Namen verlangen, ohne daß das Grundbuchamt den Antrag wegen des formellen Konsensprinzips (GBO § 19) zurückweisen darf. Die nach §§ 873 Abs. 2, 875 Abs. 2 eintretende Bindung an die Einigung über den Eigentumserwerb von Grundstücken und an die Erklärung über die Aufhebung eines Grundstücksrechts wirkt gegen die Erben. Ebenso erwerben die Erben Rechte, an deren Eintritt eine Bedingung geknüpft ist, wenn diese nach dem Erbfall eintritt, und sie werden entsprechend verpflichtet. Diesen Grundsätzen entsprechend hat der BGH anerkannt, daß der Erblasser als Inhaber eines Gewerbebetriebs zur Sicherung eines Bankkredits an die Bank künftige Kaufpreisforderungen aus Lieferverträgen mit der Wirkung abtreten kann, daß die Bank auch die Forderungen aus den Lieferverträgen erwirbt, die erst sein Erbe geschlossen hat (BGH **32,** 367 = NJW **60,** 1715 = WM **60,** 858 = LM § 398 Nr. 3 mit Anm. von *Rietschel*). Über das Einrücken des Erben in *rechtliche Lagen,* insbesondere in Pflicht-, Bindungs- und Haftungslagen, deren Entstehungstatbestand seinem entscheidenden rechtlichen Grunde nach noch in die Lebenszeit des Erblassers fällt, sich aber erst nach seinem Tode vollendet, s. *Boehmer* JW **38,** 2634 und in *Staudinger* § 1922. *Prozeßrechtslagen:* Die Rechtskraft eines gegen den Erblasser erstrittenen Feststellungsurteils wirkt gegen den Erben als Gesamtrechtsnachfolger. Jedoch kann der Erbe sich auf eine von ihm vor Rechtshängigkeit des vom Erblasser geführten Rechtsstreits und damit auch vor Eintritt der Gesamtrechtsnachfolge erworbene (nicht unbedingt prozessual erstrittene) Rechtsposition berufen (BGH LM ZPO § 325 Nr. 6 mit Anm. von *Bötticher* MDR **54,** 543).

16 Vererblich ist auch der Pflichtteilsanspruch nach Eintritt des Erbfalles (§ 2317 Abs. 2). Auch ein dem Erblasser zustehendes Anfechtungsrecht nach § 119 ist vererblich; es kann aber nur von der Erbengemeinschaft ausgeübt werden, weil seine Ausübung eine Verfügung über den Nachlaß enthält (BGH NJW **51,** 308 — nur Leitsatz —). Vererblich ist ferner der durch satzungsmässige Zuweisung erworbene Anspruch auf Übertragung von Eigentum an einem genossenschaftlichen Hausgrundstück (SchlHA **61,** 196 = DRspr. I (170) 2 b.

Wegen des Erlöschens von *Verpflichtungen* vgl. § 1967 Rdn. 2 ff.

Über die Vererblichkeit *gewerblicher und literarischer Schutzrechte* vgl. MustG v. 11. 1. 1876 § 3; PatG v. 5. 5. 1936 § 9; GebrMG v. 5. 5. 1936 § 13; WZG v. 5. 5. 1936 § 8; UrheberrechtsG v. 9. 9. 1965 (BGBl. I 1273) §§ 28, 29, 30, 60 Abs. 2, 117 — mit diesem Gesetz wurden LitUrhG v. 19. 6. 1901 und KunstUrhG v. 9. 1. 1907 aufgehoben. — Zur neuen Erbrechtsregelung im Urheberrecht *Fromm* NJW **66,** 1244; *Lange,* Lehrbuch § 5 III 6; *Kipp/Coing* § 91 IV 3.

17 **5. Sonderfälle**

a) Lebensversicherung. Ob eine von dem Erblasser „*zugunsten seiner Erben*" ohne nähere Bestimmung abgeschlossene Lebensversicherung zum Nachlasse gehört oder den mit dem Ausdruck „Erben" bezeichneten Personen nicht als Fortsetzern der Rechtspersönlichkeit des Erblassers, sondern als Sonderpersonen (Dritten; § 330) zufallen soll, ist Auslegungsfrage; von ihrer Beantwortung hängt namentlich ab, ob die Lebensversicherung dem Zugriff der Nachlaßgläubiger unterliegt und im Falle des Nachlaßkonkurses zur Konkursmasse gezogen werden kann sowie ob die nachträgliche Bestimmung anderer Personen als der Erben zu Bezugsberechtigten durch den Versicherungsnehmer ein wegen Gläubigerverkürzung anfechtbares Rechtsgeschäft ist. Vor dem Inkrafttreten des *Reichsgesetzes über den Versicherungsvertrag* v. 30. 5. 1908 (VVG) hat die Rechtslehre und die Rechtsprechung geschwankt, was im Zweifel als Wille des Erblassers — der bei der Vertragsauslegung entscheidend ist, da der Versicherer regelmäßig kein Interesse in der einen oder andern Richtung haben wird — zu gelten hat, insbesondere ob eine tatsächliche Vermutung dafür spricht, daß er in Fürsorge für seine Erben (Hinterbliebenen) diesen die Lebensversicherungssumme habe zuwenden und sie seinem Nachlasse entziehen wollen; vgl. einerseits RG **11**, 173 und **32**, 162, anderseits **62**, 259, aber auch schon **1**, 378. Nunmehr hat VVG § 167 Abs. 2 idF der VO vom 19. 12. 1939 (RGBl. I 2443) (vgl. auch § 180) für *Kapitalversicherungen* (nicht auch für Rentenversicherungen) auf den Todesfall die Frage wie folgt entschieden: Soll der Versicherer erst nach dem Tode leisten und ist die Zahlung an die Erben ohne nähere Bestimmung *bedungen*, so sind im *Zweifel* diejenigen, welche zur Zeit des Todes als Erben berufen sind, nach dem Verhältnis ihrer Erbteile bezugsberechtigt. Eine Ausschlagung der Erbschaft hat auf die Berechtigung keinen Einfluß. Dadurch ist eine gesetzliche Vermutung (Auslegungsregel) dafür geschaffen worden, daß der Erblasser den im Augenblicke seines Todes zur Erbschaft berufenen Personen ohne Rücksicht darauf, ob sie endgültige Erben werden (§ 1953), also als Dritten, die Versicherungssumme zuwenden wollte. Diese Vermutung ist aber widerlegbar; die Widerlegung kann aus tatsächlichen Umständen aller Art entnommen werden, u. a. auch aus der Absicht des Erblassers, der die Versicherung genommen hat, sich dadurch lediglich ein Darlehen zu verschaffen (OLG Hamburg, Veröffentlichungen des Aufsichtsamts für Privatversicherung **5**, 89); auch mündliche Erklärungen des Versicherungsnehmers, insbesondere gegenüber dem Agenten des Versicherers, können dabei in Betracht gezogen werden (RG JW **1900**, 496). VVG § 167 Abs. 2 Satz 2 ist nur anwendbar, wenn der Erbe oder die Erben im Versicherungsvertrag als Bezugsberechtigte benannt worden sind (OLG Hamburg VersR **57**, 677f). Bezugsberechtigt sind die durch gesetzliche (§§ 1924—1936) oder gewillkürte (§§ 1937—1941) Erbfolge berufenen Personen nach dem Verhältnis ihrer Erbteile. Hierbei sind die Erben nicht Gesamtgläubiger, sondern Einzelgläubiger nach Kopfteilen (vgl. RG JW **06**, 144; BGH **13**, 240). Rentenansprüche von Witwe und Kind des bei einem Unfall Getöteten können daher nicht in einem einzigen Anspruch zusammengefaßt werden, sondern sind auf die Bezugsberechtigten aufzuteilen (BGH VersR **53**, 210; **54**, 83). Eine Ehefrau bleibt über eine etwaige Scheidung hinaus bezugsberechtigt, wenn nicht eine hinreichend deutliche auflösende Bedingung beigefügt oder die Bezugsberechtigung wirksam widerrufen wird. Aus dem Wort „Ehefrau" kann eine auflösende Bedingung noch nicht gefolgert werden (vgl. LG Hildesheim VersR **64**, 937; LG Itzehoe VersR **64**, 581; *Oswald* WM **69**, 906 mit Rspr.; aA „auf meine Ehefrau" LG Düsseldorf NJW **66**, 205). Auf einzelne Gegenstände eingesetzte, als Erben bezeichnete Personen kommen nicht in Betracht, wenn sie gemäß der Auslegungsregel des § 2087 Abs. 2 (vgl. aber § 1937 Rdn. 4) nicht als Erben anzusehen sind. Nach Abs. 3 des § 167 VVG steht dem *Fiskus*, wenn er als Erbe berufen ist (§ 1936 BGB), kein Bezugsrecht im Sinne des Abs. 2 zu (da nicht anzunehmen ist, daß der Erblasser für ihn eine Fürsorge hat ausüben wollen; ähnlich §§ 2104 Satz 2 und 2149 Satz 2 BGB); er erhält also die Versicherungssumme nur als Bestandteil des Nachlasses, und sie ist dem Zugriffe der Nachlaßgläubiger und dem Nachlaßkonkurse unterworfen. Allgemein kann nunmehr von folgendem ausgegangen werden: Der durch den Abschluß eines *Lebensversicherungsvertrages* Begünstigte erwirbt in der Regel einen eigenen, nicht in den Nachlaß des Versicherungsnehmers fallenden Anspruch auf die Versicherungsleistung, mag ihm dieses Recht nach § 166 Abs. 2 VVG auch erst mit dem Eintritt des Versicherungsfalles, also mit dem Tode des Versicherungsnehmers, zufallen (BGH **32**, 44, 47 = NJW **60**, 912 = MDR **60**, 381 = BB **60**, 388 = LM Nr. 2 zu § 179 VVG (L) mit Anm. von *Haidinger)*. Das gilt allerdings nicht ohne weiteres auch für die während der Vertragsdauer vom Versicherer ausgeschütteten Gewinnanteile; vielmehr erstreckt sich die Bezugsberechtigung in der Regel nur auf diejenigen Gewinnanteile, die nach dem Vertrage verzinslich angesammelt worden sind, dagegen nicht auf Anteile und Dividenden, die wirtschaftlich allein der Korrektur zuviel gezahlter Prämien dienen (OLG Nürnberg VersR **69,** 608). Der Bezugsberechtigte ist jedoch häufig zugleich Miterbe und demnach Rechtsnachfolger des Versicherungsnehmers; in dieser Eigenschaft kann er daher auch für Rückzahlungsansprüche des Versicherers nach § 20 Abs. 2 VVG passiv legitimiert sein (OLG Düsseldorf VersR **70,** 738). Der Umstand, daß das Bezugsrecht nicht in den Nachlaß fällt, hindert nicht, den Bezugsberechtigten zur Erbschaftssteuer heranzuziehen (vgl. FG Nürnberg VersR **67,** 892). Über die rechtliche Stellung der Erben und Angehörigen bei der Lebens- und bei der Unfallversicherung s. auch *Plumbohm* JW **38,** 349 sowie *Zehner* AcP **153,** 424: „Versicherungssumme und Nachlaßinteressenten", ferner *Dres. Reinicke* NJW **56,** 1053: „Lebensversicherung und Nachlaßgläubiger" zu OLG Stuttgart NJW **56,** 1073. Eine *Sterbegeldversicherung* ist im Sinne des § 167 VVG der Lebensversicherung gleichzustellen (JW **39,** 1652[3]). Für *Rentenversicherungen* bleibt es bei der freien Auslegung.

Zum Einfluß des *Gleichberechtigungsgesetzes* auf Lebensversicherungen, in denen der Versicherungsnehmer die Versicherung zugunsten seiner „gesetzlichen Erben" abgeschlossen hat, *Meyer* in FamRZ **57,** 397; *Bartholomeyczik* „Die Verfügung von Todes wegen zur Bestimmung, zur Änderung und zum Widerruf der Bezugsberechtigung aus einem Lebensversicherungsvertrage" Festgabe für v. Lübtow 1970, 729ff; ders. Lehrbuch § 59 V; vgl. auch *Kipp/Coing* § 81 V 3a).

18 b) **Haftpflichtversicherung.** Der Annahme, daß der Erbe in das Haftpflichtversicherungsverhältnis des Erblassers eintreten kann, stehen keine grundsätzlichen Bedenken entgegen; ob der Vertrag auf den Erben übergeht, ist Auslegungsfrage; maßgebend sind hierfür der durch Auslegung zu ermittelnde Vertragswille, die Natur des versicherten Gefahrenbereichs und die Beziehungen des Erblassers wie des Erben zu diesem Bereiche. In jedem Falle des erblichen Überganges eines Haftpflichtversicherungsverhältnisses tritt grundsätzlich der *Erbe mit seiner Person* in das Haftpflichtversicherungsverhältnis ein; Rechte und Pflichten entstehen von nun ab in seiner Person; weder die ersteren noch die letzteren gehören „zum Nachlaß", sofern sich keine besondere Rechtslage dadurch ergibt, daß der Gegenstand, an dessen Betrieb oder Besitz die Haftpflichtversicherung anknüpft (z. B. ein Kraftwagen), zu einem Nachlaß gehört (RG **159,** 337). Werden durch Erbfolge erworbene Versicherungsansprüche geltend gemacht, so kann der Versicherer dem Rechtsnachfolger alle Einwendungen entgegenhalten, die ihm gegen den Rechtsvorgänger zugestanden haben (OLG Düsseldorf VersR **58,** 757).

19 c) **Wiedergutmachung, Entschädigungsrecht.** Zur Vererbung von Wiedergutmachungs- und Entschädigungsansprüchen vgl. *Weißstein* JR **54,** 96. Über die Rechtsprechung zur Erbrechtsregelung der Rückerstattungs- und Entschädigungsgesetze vgl. Einleitung Rdn. 11 zu diesem Buche.

20 **VI. Unmittelbarkeit des Erbanfalls**

Das Vermögen des Erblassers geht **mit dem Tode auf** den oder die **Erben** über, also unmittelbar durch dieses Ereignis, ohne zeitlichen Zwischenzustand („der Tote erbt den Lebendigen"; das BGB kennt keine ruhende Erbschaft) und ohne eine Willenserklärung des zur Erbschaft Berufenen; dieser kann jedoch den Erbfall dadurch rückgängig machen, daß er die Erbschaft ausschlägt (§ 1942). Berufung (Delation) und Erbschaftserwerb (Anfall) fallen also regelmäßig zusammen. Die dadurch begründete Rechtsstellung geht auf die Erben des Berechtigten über (Transmission des Erbrechts, § 1952). Schon mit dem Tode ergeht aber auch die (im Sinne einer condicio iuris) bedingte Berufung an diejenigen, die im Falle des rückwirkenden Wegfalls des in erster Linie Berufenen (durch Ausschlagung oder Erbunwürdigkeitserklärung) zur Erbschaft gelangen **(Simul-**

tanberufung); das dadurch begründete Anwartschaftsrecht geht gleichfalls auf ihre Erben über. Tritt der Fall ein, so gilt die Erbschaft als mit dem Tode des Erblassers an sie angefallen (§§ 1953 Abs. 2, 2344 Abs. 2). Ein ähnlicher *Schwebezustand* tritt ein, wenn eine *Leibesfrucht* zur Erbschaft berufen ist (§ 1923 Abs. 2, vgl. Rdn. 4f dazu) oder wenn eine Ehelichkeitserklärung (§ 1733) oder die Bestätigung einer Annahme an Kindes Statt (§ 1753) oder die Genehmigung einer Stiftung des Erblassers (§ 84) noch aussteht (vgl. § 2043 mit Rdn. 3 dazu). In allen diesen Fällen wird erst durch das ausstehende Ereignis entschieden, wer Erbe geworden ist; je nachdem gilt die Erbschaft als mit dem Tode des Erblassers an die Person, die in Aussicht genommen worden ist, oder aber an den an ihrer Stelle Berufenen angefallen.

Dagegen erlangt der **Nacherbe** die Erbenstellung erst mit dem Eintritt des Zeitpunkts oder Ereignisses, welche die Nacherbfolge auslösen (des Nacherbfalles), und zwar ex nunc; für die Zeit bis dahin hat nur der Vorerbe die rechtliche Stellung des Erben (§ 2139; vgl. Rdn. 1 dazu); doch ist der Erwerb des Nacherben bereits mit dem Tode des Erblassers für ihn als rechtlich gesicherte und vererbliche Erwerbsaussicht begründet (RG **139,** 347). Nach dem Eintritte des Nacherbfalles ist nur der Nacherbe Erbe; der *bisherige* Vorerbe verliert seine Erbenstellung und kann deshalb auch von dem Nacherben nicht mehr als Vorerbe, insbesondere nicht auf Mitteilung eines Nachlaßverzeichnisses (§ 2121), in Anspruch genommen werden (RG **98,** 25). — Wegen Einsetzung eines Erben unter einer aufschiebenden Bedingung vgl. §§ 2074, 2108 Abs. 2 Satz 2. **21**

Nach dem Zeitpunkte des Todes des Erblassers bestimmt sich auch, ob zwischen ihm und einer anderen Person ein Verwandtschaftsverhältnis besteht, das diese zur Erbfolge berechtigt, z. B. infolge Legitimation durch nachfolgende Ehe von seiten eines Verwandten des Erblassers. Über den Zeitpunkt des Todes im Falle der Todeserklärung vgl. §§ 9, 11 VerschG v. 15. 1. 1951 (früher §§ 18, 20 BGB), neu gefaßt (BGBl. I 63); in der DDR GBl. DDR 1059. **22**

Erst mit dem Tode tritt die Erbfolge ein (hereditas viventis non datur); die Feststellung eines erbrechtlichen Verhältnisses bezüglich des Nachlasses eines noch Lebenden ist daher ausgeschlossen (RG **49,** 372); auch Verträge über den Nachlaß eines noch lebenden Dritten sind grundsätzlich nichtig (§ 312 Abs. 1, vgl. aber Abs. 2). Unzulässig ist auch eine Vormerkung oder Kautionshypothek zur Sicherung eines Erb- oder Vermächtnisanspruchs auf ein Grundstück vor dem Tode des Erblassers (KGJ **48** A 189; OLG **14,** 97; **43,** 12; BGH **12,** 115; vgl. § 1941 Rdn. 2). **23**

Nicht das ganze Vermögen, sondern nur der nicht zum Gesamtgute gehörige Teil geht durch Erbfolge über, wenn der Erblasser in *Gütergemeinschaft* gelebt hat, die nach seinem Tode fortgesetzt wird (§ 1483), oder wenn er als Abkömmling an einer fortgesetzten Gütergemeinschaft Anteil hatte (§ 1490). Solange keine Auseinandersetzung über das Gesamtgut stattgefunden hat, gehört nur der Anteil am Gesellschaftsvermögen zum Nachlaß; die einzelnen Gegenstände sind keine Nachlaßgegenstände (BGH **26,** 382 = NJW **58,** 708 = LM § 2138 Nr. 1 mit Anm. von *Johannsen,* NJW **64,** 768). **24**

VII. Gesamtnachfolge **25**

Das Vermögen geht „**als Ganzes**" über *(Universalsukzession),* d. h., die Rechtsnachfolge umfaßt die Gesamtheit der Vermögensgegenstände (Sachen und Rechte) des Erblassers, die durch die Person des Erblassers zu einer Einheit verbunden sind und in dieser Einheitlichkeit auf den Erben übergehen, oder einen *Bruchteil* dieser Gesamtheit (1/2, 1/3 usw., was jedoch nicht etwa bedeutet, daß die entstehende Gemeinschaft eine

Bruchteilsgemeinschaft wäre; s. § 2032 Rdn. 3ff); eine Nachfolge in einzelne Vermögensgegenstände oder Klassen von Vermögensgegenständen ist als Erbfolge grundsätzlich ausgeschlossen (RG **95**, 14). Daher gibt es im allgemeinen keine Erbfolge in den „gesamten Grundbesitz" (RG **61**, 78). Doch kommen solche Spezialsukzessionen als *Ausnahmen* vor: in landwirtschaftliche Höfe bei Anerbenfolge, Rentengüter, Erbpachtrechte, früher auch in Familienfideikommisse usw. (vgl. Einl. Rdn. 4 und 6 zu diesem Buche). Desgleichen auf Grund von Staatsverträgen mit Gesetzeskraft; vgl. das deutsch-russische Nachlaßabkommen (Rdn. 8). Auch die kraft Gesetzes eintretende Nachfolge des Ehegatten in die Haushaltsgegenstände (Voraus, § 1932, vgl. Rdn. 8 dazu) ist im BGB nicht als Erbfolge, sondern nach den Vorschriften über Vermächtnisse ausgestaltet.

26 Die Erbfolge vollzieht sich dementsprechend durch einen **einheitlichen Rechtsakt,** ohne daß es der sonst für die Übertragung der einzelnen Rechte erforderlichen Einzelakte (Besitzübertragung, Auflassung, Eintragung) bedarf. Auch in die Stellung des Erblassers als mittelbaren Besitzers rückt der Erbe ohne weiteres kraft des Erbanfalls ein (§ 857; RG **83**, 229). Trifft durch den Erbgang Berechtigung und Verpflichtung oder Berechtigung und Belastung einer beweglichen Sache oder eines Rechts zusammen (§§ 1063, 1072, 1256), so erlischt das Rechtsverhältnis; anders, wenn das Eigentum mit einem Rechte an einem fremden Grundstücke zusammentrifft (§ 889). Eine Hypothek des Erben an einen Grundstücke des Erblassers und umgekehrt wird zur Eigentümergrundschuld (§§ 1163, 1177). Doch leben die erloschenen Rechtsverhältnisse wieder auf, wenn der zur Erbschaft Berufene die Erbschaft ausschlägt (§ 1953 Rdn. 1), ferner falls Nachlaßverwaltung oder Nachlaßkonkurs eintritt und in den übrigen Fällen der Nachlaßabsonderung (§§ 1976, 1990, 1991, 1992; über das Nachlaßvergleichsverfahren s. Rdn. 17, 18 vor § 1967); ebenso bei dem Eintritt der Nacherbschaft (§ 2143) und beim Erbschaftsverkauf (§ 2377). Auch im Falle des § 2175 tritt kein Erlöschen ein; vgl. die Anmerkungen hierzu.

27 **VIII. Der „Erbteil"**

Das Verhältnis mehrerer Personen, die miteinander zur Erbschaft gelangen (**Miterben**) zueinander und zu den Nachlaßgläubigern wird erst in den §§ 2032 ff näher geregelt. § 1922 Abs. 2 hat nur den Zweck, klarzustellen, daß die Vorschriften, welche das BGB über die „Erbschaft" — d. h. das gesamte hinterlassene Vermögen — gibt, ohne weiteres auch auf den **Anteil eines Miterben an der Erbschaft** anzuwenden sind, z. B. die §§ 1942ff, ferner § 2371 (RG **137**, 173; vgl. Rdn. zu § 2371); aber auch die in anderen Teilen des BGB enthaltenen Vorschriften (§§ 1089, 1432, 1439, 1455 Nr. 1—4, 1461, 1822 Nr. 1, 2). Der Grundsatz ist aber nicht ausnahmslos durchgeführt: Die Veräußerung der Erbschaft hat nur schuldrechtliche Wirkung unter den Beteiligten (§ 2374), während über einen Erbteil mit dinglicher Wirkung verfügt werden kann (§ 2033); es können ferner Nachlaßkonkurs (KO § 235), Nachlaßverwaltung (BGB § 2062) und Vergleichsverfahren (VerglO § 113) nur über die Erbschaft, nicht über einen Erbteil angeordnet werden. Dagegen ist eine *Nachlaßpflegschaft* (§ 1960) auch für den Anteil eines Miterben zulässig (ZBlFG **2**, 831).

28 **IX. Beweislast**

Den Tod des Erblassers und, sofern es darauf ankommt, den genauen Zeitpunkt des Todes hat zu beweisen, wer Erbe zu sein behauptet.

Im Falle der *Todeserklärung Verschollener* gilt die Vermutung, daß der Verschollene in dem in der Erklärung festgestellten Zeitpunkt gestorben ist (VerschG vom 15. 1. 1951 § 9). Zu den Beweisanforderungen bei einem Antrage auf Erbscheinserteilung vgl.

§ 2356. Für den im Erbschein als Erbe Bezeichneten streitet die Vermutung, daß ihm das in dem Erbschein angegebene Erbrecht zustehe und daß er nicht durch andere als durch die angegebenen Anordnungen beschränkt sei (§ 2365). Über den Schutz des guten Glaubens an die Richtigkeit des Erbscheins siehe §§ 2366, 2367.

§ 1923

Erbe kann nur werden, wer zur Zeit des Erbfall lebt.

Wer zur Zeit des Erbfalls noch nicht lebte, aber bereits erzeugt war, gilt als vor dem Erbfalle geboren.

1752, 1758 Abs. 1, 1964 Abs. 2, 2026 Abs. 2 II 1800; M **5** 4, 11ff, 357ff, 488ff; P **5** 4, 7, 463, 614; **6** 90, 335ff.

Erbfähigkeit

Übersicht

I. Grundsatz (Abs. 1) 1

Der Unmittelbarkeit des Erbanfalls (§ 1922 Rdn. 20ff) entspricht es, daß Erblasser und Erbe während einer noch so geringen Zeit **gleichzeitig am Leben** gewesen sein müssen; andererseits kommt eine Beerbung bei gleichzeitigem Tode nicht in Betracht (vgl. hierzu *Ripfel*, Testament für den Fall des gemeinsamen Unfalltodes von Ehegatten, BB **61**, 583). Der Erbe muß also beim Tode des Erblassers (§ 1922 Rdn. 2) schon gelebt und noch gelebt haben. Vgl. aber hinsichtlich der Leibesfrucht die Ausnahmeregelung Abs. 2. Das gilt auch für den durch Erbvertrag bestimmten Erben. Bei einer letztwilligen Zuwendung unter einer *aufschiebenden Bedingung* ist im Zweifel anzunehmen, daß der Bedachte den Eintritt der Bedingung erleben muß (§ 2074). Der *Vermächtnisnehmer* braucht zur Zeit des Erbfalls noch nicht gelebt zu haben oder erzeugt gewesen zu sein, darf aber nicht vorher gestorben sein (§§ 2178, 2160).

Für den **Nacherben** genügt jedoch, wenn er *zur Zeit des Eintritts der Nacherbfolge,* regelmäßig also beim Tode des Vorerben, lebt oder doch mindestens erzeugt war (§ 2108 Rdn. 1). Gleiches gilt für den *Ersatzerben des Nacherben* (HRR **29** Nr. 205). Für die *Nacherbschaft* gilt auch im übrigen der Nacherbfall als der Erbfall im Sinne der erbrechtlichen Vorschriften, insbesondere der §§ 2096, 1969 (KGJ **35** A 216; **49** A 79; HRR **29** Nr. 205). Stirbt der berufene Erbe vor dem Erblasser, so wird die Berufung gegenstandslos, das dem Berufenen zugedachte Erbrecht geht nicht auf seine Erben über. Anders ist es, wenn der *Nacherbe* zwar nach dem Erbfalle, aber vor dem Vorerben stirbt (§ 2108 Abs. 2). In diesem Falle vererbt sich im Zweifel die Anwartschaft des Nacherben (RG **106**, 355). Stirbt der Nacherbe vor dem Erblasser, so wird die Anordnung der Nacherbfolge unwirksam (§ 2108 Abs. 1; RG 14. 3. 1907 IV 375/06). 2

Im Falle der **Verschollenheit** greift die Lebensvermutung des § 10 VerschG (früher BGB § 19), beim Tode in gemeinsamer Gefahr die Vermutung der Gleichzeitigkeit (VerschG § 11, früher BGB § 20) ein, so daß die Beerbung gegenseitig ausgeschlossen ist; der Beweis der Unrichtigkeit der Vermutungen ist unbeschränkt zulässig (RG **60**, 198; **93**, 108; **149**, 201). Insbesondere wird die Vermutung des § 11 VerschG auch ent- 3 kräftet, wenn bei der Todeserklärung mehrerer Personen in getrennten Beschlüssen verschiedene Todeszeiten festgestellt werden (aM KG NJW **54,** 1652 und **58,** 24 jeweils mit Anm. von *Danckelmann;* DNotZ **57,** 156).

Verschollenheit (§ 1 VerschG) ist anzunehmen, wenn ernstliche Zweifel an dem Fortleben des Vermißten unter Berücksichtigung aller Umstände des Falles vom Standpunkt des vernünftig denkenden Menschen begründet erscheinen (BGH **3,** 230). Über den Begriff des *Vermißten* vgl. OLG Hamm MDR **50,** 478 mit Anm. von *Völker.* Zur Erbfolge nach einem Verschollenen: *Frisius,* NJW **56,** 499.

Die Lebensvermutung des § 10 VerschG gilt nur bis zu dem in § 9 Abs. 3, 4 VerschG für die Todesvermutung genannten Zeitpunkt. In den Fällen des Art. II § 1 des Gesetzes zur Änderung von Vorschriften des Verschollenheitsrechts vom 15. 1. 1951 (BGBl. I 59), d. h. bei Kriegsvermißten, tritt an Stelle des in § 9 VerschG genannten Zeitpunkts im allgemeinen der 31. 12. 1945 (Art. II § 2 Abs. 3 Satz 1 des Änderungsgesetzes; OLG Oldenburg NdsRpfl. **52,** 53; BayObLG **2,** 133). Soweit hiernach eine Lebensvermutung besteht, wird auch der Anfall der Erbschaft vermutet. Nach Ablauf der Lebensvermutung kann eine Erbschaft dem Vermißten nur anfallen, wenn er damals nachweislich noch lebte (OLG Karlsruhe NJW **53,** 1303). Hiernach kann für einen vermißten Erben, für den keine Lebensvermutung mehr gilt, auch kein Erbschein ausgestellt werden; einen trotzdem ausgestellten Erbschein kann das Grundbuchamt zurückweisen (OLG Frankfurt RPfleger **53,** 36). Siehe hierzu auch BGH RPfleger **52,** 333 sowie KG FamRZ **63,** 469; OLG Köln FamRZ **67,** 59.

Vgl. im übrigen zu den Fragen, die mit der Erbschaft von *Kriegsvermißten* zusammenhängen: *Völker* NJW **47/48,** 375 (Commorienten), *Holthöfer* SJZ **48,** 622 (Erbschaft des vermißten Soldaten), *Riedel* JR **49,** 272 (Abwesenheitspflegschaft f. Kriegsvermißte, Erbfolge u. a.), *Keßler,* Rpfleger **52,** 321.

4 **II. Leibesfrucht (Abs. 2)**

Der Grundsatz des Abs. 1 wird zugunsten der Leibesfrucht durchbrochen: nasciturus pro iam nato habetur. Ein „Leben“ im rechtlichen Sinne gibt es bei der Leibesfrucht nicht; die Rechtsfähigkeit des Menschen beginnt nach § 1 BGB erst mit der Vollendung der Geburt; die Leibesfrucht gilt hiervon abweichend dennoch nach Abs. 2 als vor dem Erbfall geboren. Dies betrifft nicht nur gesetzliche Erben, sondern jede zur Erbschaft berufene Leibesfrucht. Vorausgesetzt wird hierbei aber, daß die Leibesfrucht überhaupt „geboren“ wird, d. h. *lebend* zur Welt kommt. Sie braucht nicht notwendig lebensfähig zu sein; es genügt, wenn sie auch noch so kurze Zeit nach der Geburt gelebt hat. Vgl. hierzu auch *Fabricius* FamRZ **63,** 404, 410; *Diederichsen* NJW **65,** 671, 675. Bei Totgeburt, Fehlgeburt oder Tod der Mutter samt der Leibesfrucht vor der Geburt fällt die Erbschaft an den zur Zeit des Erbfalls nächst Berufenen.

5 Solange der Erzeugte noch nicht geboren ist, kann der nach § 1912 oder § 1960 ernannte Pfleger die Erbschaft noch nicht für ihn annehmen; es bleibt also ungewiß, ob die Erbschaft ihm oder einem andern angefallen ist. Wird er lebend geboren, so gilt er, *soweit seine Erbfähigkeit in Frage kommt,* als vor dem Erbfalle geboren. Regelung für die Zwischenzeit: Unterhaltsanspruch der Mutter des zu erwartenden Erben §§ 1963, 2141; Aufschub der Erbauseinandersetzung § 2043; Pflegschaft für die Leibesfrucht § 1912; Nachlaßpflegschaft § 1960; Erteilung eines Erbscheins für die Miterben vgl. Rdn. 17 zu § 2353.

6 **III. Noch nicht erzeugte Personen**

Ist eine zur Zeit des Todes des Erblassers noch nicht erzeugte Person als Erbe eingesetzt worden, so kann dies als Nacherbeinsetzung aufrechterhalten werden, was im

Zweifel als Wille des Erblassers anzunehmen ist (§ 2101 Abs. 1). In dieser Weise kann, wie sich aus den §§ 2162 Abs. 2, 2178 ergibt, auch die „*künftige Nachkommenschaft*" einer bestimmten Person eingesetzt oder mit Vermächtnissen bedacht und die Einsetzung oder Zuwendung durch Hypothek gesichert werden (RG 30. 6. 1904 IV 516/03; RG **65,** 280).

IV. Juristische Personen 7

Für juristische Personen gilt § 1923 Abs. 1 entsprechend. Auch sie sind aktiv erbfähig (§ 1922 Rdn. 4). Der Ausdruck „leben" bedeutet bei juristischen Personen „rechtsfähig bestehen", sie müssen also zur Zeit des Erbfalls schon bestehen und noch bestehen (vgl. Rdn. 1), um Erben werden zu können. Eine *Stiftung* gilt für die Zuwendungen des Stifters als vor dessen Tode entstanden, auch wenn sie erst nachher genehmigt ist (§ 84); sie wird also, wenn sie vom Stifter zum Erben eingesetzt ist, dessen unmittelbare Erbin, nicht Nacherbin (vgl. Rdn. 6). Diese Sonderregelung kann jedoch ebensowenig wie die Ausnahmebestimmung des § 1923 Abs. 2 auf juristische Personen ausgedehnt werden, die in der Entstehung begriffen sind. *Noch nicht entstandene* juristische Personen können jedoch wie noch nicht erzeugte natürliche Personen (Rdn. 6) als Nacherben zum Zuge kommen, falls sie nach dem Erbfall, jedoch vor Eintritt des Nacherbfalls rechtsfähig werden (§ 2101 Abs. 2). Nichtrechtsfähige Vereine sind in dem Sinne erbfähig, daß ein etwaiger Erwerb von Todes wegen unmittelbar dem Vereinsvermögen zuwächst — bestr. — (vgl. *Kipp/Coing* § 84 I 2a; *Bartholomeyczik § 6 VI 3; Habscheid* AcP **155,** 400). KG JFG **13,** 133 nimmt an, daß die Erbeinsetzung eines nichtrechtsfähigen Vereins als ein Vermächtnis zugunsten der jeweiligen Mitglieder anzusehen sei.

V. Beweislast 8

Dem Erben obliegt der Beweis, daß er zur Zeit des Erbfalls gelebt hat oder doch erzeugt gewesen ist. Dabei entscheidet freie Beweiswürdigung.

Wegen der Vermutungen der §§ 10, 11 VerschG bei Verschollenheit vgl. Rdn. 3.

§1924

Gesetzliche Erben der ersten Ordnung sind die Abkömmlinge des Erblassers.

Ein zur Zeit des Erbfalls lebender Abkömmling schließt die durch ihn mit dem Erblasser verwandten Abkömmlinge von der Erbfolge aus.

An die Stelle eines zur Zeit des Erbfalls nicht mehr lebenden Abkömmlinges treten die durch ihn mit dem Erblasser verwandten Abkömmlinge (Erbfolge) nach Stämmen.

Kinder erben zu gleichen Teilen.

E I 1965 II 1801; M **5** 353-360; P **5** 463-467.

Erben erster Ordnung

Übersicht

1 **I. Gesetzliche Erbfolge, Allgemeines**

Die gesetzliche Erbfolge ist zwar im BGB als die dem Familienverhältnis unmittelbar entspringende vorangestellt; sie ist aber tatsächlich *subsidiär,* da sie nur eintritt, wenn der Erbe nicht durch den Willen des Erblassers berufen worden ist oder seine Berufung sich erledigt hat. Sie kann auch zu einem Teile der Erbschaft gelten, während zu einem anderen Teile gewillkürte Erbfolge eintritt (§ 2088); der Satz des römischen Rechtes: „nemo pro parte testatus" usw. ist dem BGB unbekannt. Die gesetzliche Erbfolge kann auch *zeitlich* vor oder nach der gewillkürten in der Weise stattfinden, daß die gesetzlichen Erben als Vorerben (§§ 2105, 2101) oder als Nacherben (§ 2104) eintreten.

2 Die gesetzliche Erbfolge des BGB beruht auf dem **Parentelensystem.** Der Grundgedanke dieses dem älteren deutschen Recht entstammenden Systems ist folgender (M 5 357): Die *Verwandten* des Erblassers (§ 1589) werden zu Gruppen (*Ordnungen, Parentelen)* zusammengefaßt, je nachdem ob sie von dem Erblasser selbst abstammen oder durch einen näheren oder entfernteren gemeinschaftlichen Stammelternteil (parens), der selbst auch zu der Gruppe gerechnet wird, mit ihm verwandt sind; die Verwandten einer durch einen entfernteren Stammelternteil des Erblassers verbundenen Gruppe gelangen erst dann zur Erbschaft, wenn kein Angehöriger einer Gruppe mit näherem Stammelternteil vorhanden ist (§ 1930). Diese *successio ordinis* ist im BGB in streng formaler Weise durchgeführt. Das System ist aber weiter in der Weise ausgestaltet, daß innerhalb der ersten drei Ordnungen in der Richtung nach aufwärts *Linearerbfolge,* d. h. Teilung der Erbschaft in eine väterliche und eine mütterliche Linie bzw. in je zwei großväterliche und großmütterliche Linien, in der Richtung nach abwärts aber *Stammeserbfolge* eintritt; dies bedeutet, daß jedes Stammesglied, solange es vorhanden ist, die von ihm abstammenden — durch ihn mit dem Erblasser verwandten — Stammesglieder von der Erbschaft ausschließt und daß an Stelle eines weggefallenen Stammesgliedes die von diesem abstammenden Stammesglieder ohne Rücksicht darauf treten, ob sie dem Grade nach näher oder entfernter mit dem Erblasser verwandt sind (Eintrittsrecht, auch Repräsentationsrecht genannt; vgl. aber Rdn. 9); in der vierten und den ferneren Ordnungen entscheidet dagegen lediglich die Nähe der Verwandschaft mit dem Erblasser, ohne Unterscheidung von Linien und Stämmen *(Gradualerbfolge).* — Die *Zahl* der erbberechtigten Verwandtenordnungen ist eine *unbeschränkte* (der Code civil erkennt nur zwölf an). — Das gesetzliche Erbrecht des überlebenden *Ehegatten* (§§ 1931—1934) tritt teils neben das Erbrecht der Verwandten in der Weise, daß es dieses auf eine Quote beschränkt, teils schließt es dieses aus. Für gewisse Verwandte (Abkömmlinge, Eltern) und für den Ehegatten tritt, wenn sie durch das Gesetz zur Erbfolge berufen sein würden, aber durch Verfügung des Erblassers ausgeschlossen sind, an die Stelle des Erbrechts ein *Pflichtteilsrecht* (§ 2303).

Eine von der Erbfolgeordnung des BGB abweichende Ordnung der gesetzlichen Erbfolge tritt in einzelnen Ländern vielfach kraft Anerbenrechts ein (vgl. Einleitung Rdn. 6 zu diesem Buche).

3 Die Erben, auch diejenigen der ersten Ordnung, können zu Lebzeiten des Erblassers regelmäßig *nicht auf Feststellung* der erbrechtlichen Verhältnisse klagen (RG **49,** 370, 372; **92,** 1ff). Denn an dem Nachlaß eines noch Lebenden besteht kein „Erbrecht" und die Feststellung künftig etwa entstehender Rechtsverhältnisse ist unzulässig. Unter Umständen kann jedoch eine Klage auf Feststellung, der Beklagte sei nicht der gesetzliche Erbe des Klägers, zwischen dem Erblasser und seinem nächsten gesetzlichen Erben zulässig sein (RG **160,** 98; die Entscheidung wird schon durch den ersten Teil der Begründung getragen); vgl. im einzelnen hierzu § 1922 Rdn. 2a. Bei nichtehelichen Kindern hat die Feststellung der Vaterschaft gemäß §§ 1600 ff als Voraussetzung der Erb-

folge erhebliche Bedeutung. Umgekehrt kommt auch eine Anfechtung einer behaupteten nichtehelichen Abstammung mit dem Ziele in Betracht, ein in Wirklichkeit nicht bestehendes Verwandtschaftsverhältnis zu beseitigen (vgl. hierzu § 1934 c mit Rdn.).

II. Die erste Ordnung (Abs. 1) 4

Der Erblasser selbst ist parens der ersten Ordnung. Abkömmlinge sind seine Kinder aus einer oder mehreren Ehen, auch aus geschiedener oder nichtiger (EheG § 25) Ehe, seine Enkel, Urenkel usw.; desgl. durch nachfolgende Eheschließung legitimierte (§§ 1719, 1722), für ehelich erklärte (§§ 1723, 1733, 1736) und an Kindes Statt angenommenene Kinder, soweit bei diesen nicht im Annahmevertrage das Erbrecht ausgeschlossen worden ist (§§ 1757, 1762, 1767); vgl. BayObLG NJW **60,** 965 = MDR **60,** 401 = JR **60,** 184 = DRspr. I (170) 25.

Das *uneheliche Kind* stand nach *altem Recht* nur zur Mutter und deren Verwandten 5
im Verhältnis des Abkömmlings (§ 1705), zum Vater und seinen Verwandten erst nach der Legitimation durch nachfolgende Ehe (§§ 1719 — 1722). Nicht legitimierte uneheliche Kinder beerbten daher weder den Vater oder seine Verwandten, noch wurden sie von ihnen beerbt. Seit *Inkrafttreten des NeG* (1. 7. 1970) gehören die *nichtehelichen Kinder* des Erblassers jedoch nunmehr zu den *Abkömmlingen* und damit zu den *gesetzlichen Erben* der *1. Ordnung.* Auch sie schließen demnach grundsätzlich nicht nur ihre eigenen Abkömmlinge (Abs. 2), sondern auch die Verwandten der nachfolgenden Ordnungen (§ 1930) von der Erbfolge aus. Das gilt auch dann, wenn sich das Erbrecht gemäß § 1934a auf einen Erbersatzanspruch beschränkt (§ 1930 letzter Halbsatz). Im übrigen sind die nichtehelichen Kinder den ehelichen Kindern des Vaters in allen Erbfolgeordnungen gleichgesetzt. Hat der Erblasser also keine Kinder und kommen als gesetzliche Erben die Abkömmlinge eines vorverstorbenen Bruders in Betracht, so gehören dazu auch dessen nichteheliche Kinder (fraglich könnte hier sein, ob es für die Anwendung des NeG *nur* auf den Zeitpunkt des Erbfalls ankommt oder auch auf den Zeitpunkt, in dem der Vater des nichtehelichen Kindes verstorben ist). Für nichteheliche Kinder gilt nunmehr auch die Sonderregelung des § 1371 Abs. 4, wonach Stiefkindern gegenüber dem überlebenden Partner einer in Zugewinngemeinschaft geführten Ehe zwar kein Erbrecht, aber ein unterhaltsähnlicher Anspruch zusteht (vgl. *Boehmer* FamRZ **61,** 41; *Bartholomeyczik* aaO Anm. 2 zu § 1924). Zum Erbrecht des nichtehelichen Kindes s. im übrigen Rdn. 11 ff sowie §§ 1934a—1934e.

Vgl. wegen eines vor dem Inkrafttreten des BGB geborenen sog. Brautkindes EG Art. 208 Abs. 2.

Die Rechtsstellung der Kinder aus sog. postmortalen Ehen (nachträgliche Ehe- 6
schließung mit dem verstorbenen Verlobten gemäß dem „Führererlaß" vom 6. 11. 1941), deren Beurteilung früher schwierig war (vgl. einerseits OLG Braunschweig SJZ **47,** 663; KG SJZ **47,** 665 mit Anm. von *Küster;* LG Coburg MDR **60,** 160; anderseits OLG Dresden DRZ **48,** 214 mit Anm. von *Coing;* OLG Tübingen DRZ **48,** 139; OLG Hamm NJW **48,** 481 mit Anm. von *Bröker;* vgl. auch *Zweigert* DRZ **48,** 113, 115), ist bundesgesetzlich durch das Gesetz vom 29. 3. 1951 (BGBl. I 215) geregelt worden; vgl. dazu *Dölle* JZ **51,** 291 ff. Kinder aus solchen Verbindungen haben die Rechtsstellung eines ehelichen Kindes erlangt; § 1720 BGB ist entsprechend anzuwenden (§ 1 Abs. 1 Nr. 3 aaO).

Die *Ehelichkeitserklärung* verschafft dem Kinde und seinen Abkömmlingen nur ein 7
Erbrecht gegen den Vater, nicht gegen dessen Verwandte, somit auch nicht gegen die ehelichen oder andere gleichfalls legitimierte Kinder des Vaters und umgekehrt

(§§ 1736, 1737). Wesentlich das gleiche gilt von der *Annahme an Kindes Statt* (§§ 1757, 1762, 1763). Über die Voraussetzungen für die Gültigkeit des Kindesannahmevertrages vgl. BGH **2,** 62, 64. Das Erbrecht des Kindes kann im Annahmevertrage ausgeschlossen werden (§ 1767 Abs. 1). Das ist von besonderer Bedeutung, wenn Adoptiveltern eines nichtehelichen Kindes nicht wünschen, daß ihr Vermögen an den ihnen völlig fremden Vater des nichtehelichen Kindes fällt (vgl. *Knur* FamRZ **70,** 275). Wegen der Möglichkeit, eine solche Folge wenigstens nachträglich durch letztwillige Verfügung auszuschließen, s. *Johannsen* WM **70** SB 3, 20. Zur gesetzlichen Erbfolge beim Tode eines Adoptivkindes im allgemeinen vgl. BGH FamRZ **72,** 449 sowie OLG Frankfurt Rpfleger **72,** 56. Dem Annehmenden steht gegen das Kind überhaupt kein Erbrecht zu (§ 1759). Das Erbrecht des Kindes gegen seine leiblichen Verwandten bleibt unberührt (§ 1764). Ein Kind aus einer nichtigen Ehe gilt als ehelich, sofern es bei gültiger Ehe ehelich wäre (§ 25 EheG). Adoptiert eine Witwe das eheliche Kind ihres verstorbenen Mannes aus erster Ehe, so erlangt dieses Stiefkind die rechtliche Stellung eines ehelichen Kindes (OLG Celle NJW **71,** 708).

8 **III. Ausschluß entfernter Abkömmlinge (Abs. 2)**

Der dem Grade nach (§ 1589) nähere Abkömmling schließt seine eigenen Abkömmlinge aus, falls er endgültiger Erbe wird. Das gilt auch für nichteheliche und adoptierte Kinder. Lebt er zwar beim Tode des Erblassers, wird aber der Erbschaftsanfall an ihn infolge Erbausschlagung oder Erbunwürdigkeitserklärung rückgängig gemacht (§§ 1953, 2344), so treten seine Abkömmlinge in derselben Weise an seine Stelle, als wenn er zur Zeit des Erbfalls nicht mehr gelebt hätte (§§ 1953 Abs. 2, 2344 Abs. 2). Das Erbrecht der Enkel und der noch entfernteren Abkömmlinge des Erblassers ist also durch das Erbrecht des Sohnes oder der Tochter zunächst nur gehemmt (RG JW **13,** 869). Ein *Anwachsungsrecht* zugunsten der Personen, mit denen der Weggefallene gemeinschaftlich zur Erbschaft gelangt wäre, gibt es nach dem Grundsatze der Simultanberufung (§ 1922 Rdn. 20) nicht. Gleiches gilt, obwohl eine ausdrückliche Bestimmung fehlt, wenn der nähere Abkömmling bei dem Tode des Erblassers zwar noch lebt, aber durch Verfügung von Todes wegen von der Erbschaft ausgeschlossen ist, ohne daß ein anderer als Erbe eingesetzt ist (§ 1938), sofern nicht der Wille des Erblassers zum Ausdruck gelangt ist, auch die Abkömmlinge des Ausgeschlossenen auszuschließen (RG **61,** 14; **93,** 193; JW **13,** 869[14]; WarnRspr. **17** Nr. 181, **37** Nr. 132: vgl. auch § 1938 Rdn. 3). Wegen des Erbverzichts vgl. Rdn. 9.

9 **IV. Erbfolge nach Stämmen (Abs. 3)**

In Abs. 3 wird die „Erbfolge nach Stämmen" ausdrücklich angeordnet. Das *„An die Stelle treten"* bedeutet kein bloßes Repräsentationsrecht, sondern ein grundsätzlich selbständiges Erbrecht des entfernteren Abkömmlings für den Fall, daß der nähere wegfällt (*Ebbecke* LZ **19,** 506ff; RG **61,** 14, 16; JW **13,** 869); es findet auch statt, wenn jener nicht Erbe desjenigen geworden ist, der ihn ausgeschlossen hätte. Doch erstreckt sich die Wirkung eines von dem näheren Abkömmlinge mit dem Erblasser geschlossenen *Erbverzichtsvertrages* im Zweifel auch auf seine Abkömmlinge (§ 2349); der Vorfahr kann also auf diese Weise über das Eintrittsrecht seiner Abkömmlinge verfügen. Haben die Vertragschließenden das nicht gewollt, so treten die Abkömmlinge auch hier an die Stelle ihres Vorfahren, gleich als wenn dieser zur Zeit des Erbfalls nicht mehr am Leben gewesen wäre (§ 2346 Abs. 1 Satz 2). Der an die Stelle seines Vorfahren tretende Abkömmling tritt auch in dessen Ausgleichungspflicht ein (§ 2051).

V. Anteile der Kinder (Abs. 4) 10

Mehrere unmittelbare Abkömmlinge des Erblassers **(Kinder)** erhalten die ganze Erbschaft nach Kopfteilen, vorbehaltlich der Konkurrenz des überlebenden Ehegatten, der neben Verwandten der ersten Ordnung grundsätzlich ein Viertel erhält (§ 1931 Abs. 1 Satz 1), dessen Erbteil sich aber nach dem Inkrafttreten des Gleichberechtigungsgesetzes vom 18.6.1957, wenn durch den Tod des Ehegatten der gesetzliche Güterstand der Zugewinngemeinschaft beendet worden ist, zur Verwirklichung des Zugewinnausgleichs um ein Viertel auf die Hälfte der Erbschaft erhöht (§ 1931 Abs. 3 in Verbindung mit § 1371; siehe im einzelnen § 1931 Rdn. 5). Mehrere an die Stelle ihres gemeinschaftlichen Stammelternteils tretende Abkömmlinge erhalten zusammen dessen Anteil unter sich zu gleichen Teilen; ist einer von ihnen weggefallen, so treten dessen Abkömmlinge in seinen Anteil ein (*Unterstammteilung*). Vgl. hierzu über den Gleichheitsgrundsatz im Erbrecht *Raiser* ZHR **111**, 80. — Anteile im Falle mehrfacher Verwandtschaft § 1927. —

Bei fortgesetzter Gütergemeinschaft findet keine Erbfolge der Abkömmlinge in den Anteil am Gesamtgute statt, weil der Anteil des verstorbenen Ehegatten am Gesamtgut in diesem Falle nicht zum Nachlaß gehört (§ 1483). Zur Frage des Teilungsverbots bei einem sog. *testamentarischen Familiengut* vgl. *Kohler* NJW **57**, 1173; DNotZ **58**, 245.

VI. Erbrecht des nichtehelichen Kindes 11

1. Schrifttum

Andresen, Erbrecht durch Notzucht, JZ 70, 621; *Böhm*, Zur Auslegung des § 1934a III, FamRZ **71**, 351; *Bosch*, Zum Erbrecht des unehelichen Kindes, FamRZ **68**, 621 ff; **69**, 505 ff; ders., Das neue Recht des nichtehelichen Kindes, ein Vergleich mit schweizerischem Recht, FamRZ **70**, 157 ff; ders., Aktuelle Probleme des Familien- und Erbrechts, FamRZ **70**, 497; ders., Ergänzendes zum NeG, eine notwendige Richtigstellung, insbesondere zum Übergangsrecht und zum Erbrecht, FamRZ **70**, 507; ders. Erbrechtliche Probleme des NeG, FamRZ **72**, 169; *Brüggemann*, Einige Bemerkungen zur Verfassungsmäßigkeit des vorzeitigen Erbausgleichs, ZBlJR **72**, 242; *Damrau*, Erbersatzanspruch und Erbausgleich, FamRZ **69**, 579 ff; ders., Der Ausstattungsanspruch des nichtehelichen Kindes, FamRZ **69**, 129ff; ders., Die Bedeutung des nichtehelichen Erbrechts für den Unternehmer, BB 70, 487 ff; ders., Überblick über die Verfahren in Rechtssachen nichtehelicher Kinder, FamRZ 70, 285; *Dieckmann*, Zum Erbrecht des nichtehelichen Kindes beim Tode seiner väterlichen Verwandten, JZ 70, 344 ff; ders., Zum Erbrecht des unehelichen Kindes, FamRZ **66**, 72; ders., Zur vermögensrechtlichen Stellung des unehelichen Kindes nach dem Tode des Vaters, FamRZ **67**, 10; *Firsching*, Gesetz über die rechtliche Stellung der nichtehelichen Kinder, DNotZ **70**, 455 ff, 519ff; ders., RPfleger **70**, 48 ff; *Göppinger*, Die Neuregelung der rechtlichen Stellung der nichtehelichen Kinder, DRiZ **70**, 179; *Jäger*, Probleme des vorzeitigen Erbausgleichs, FamRZ **71**, 504; *Jochem*, Das Erbrecht des nichtehelichen Kindes nach deutschem Recht bei Sachverhalten mit Auslandberührung, 1972; *Johannsen*, Erbfolge bei nichtehelicher Abstammung, WM 70 Sb 3; *Knur*, Familienrechtl. u. erbr. Probleme des NeG, FamRZ 70, 269; *Körting*, Das Erbrecht des nichtehelichen Kindes, NJW **70**, 1525, **71**, 22; *Kumme*, Der Erbersatzanspruch des nichtehelichen Kindes im Erbscheinverfahren, ZblfJugR **72**, 256; *Lange*, Das neue Nichtehelichenrecht (Erbrecht), NJW **70**, 304; *Lockemann*, Anwendung des § 1934a III bei nichtehelicher Geburt in 2 Generationen, JR **72**, 414; *Lutter*, Das Erbrecht des nichtehelichen Kindes, 2. Aufl. 1972; ders. in StAZ **71**, 6; *Roth*, Erbfolge des nichtehelichen Kindes in OHG- und KG-Anteile, BB **72**, 1540; *Siehr*, Auswirkungen des NeG auf das internat. Privat- u. Verfahrensrecht — vorzeitiger Erbausgleich, FamRZ **70**, 457, 462; *Stauder/Westhoff*, Auswirkungen des Erbrechts des nichtehelichen Kindes auf den Unternehmerbereich, FamRZ **72**, 601; *Stöcker*, Vorzeitiger Erbausgleich auch für vor dem 1.7.1949 geborene nichteheliche Kinder, NJW **70**, 2003, FamRZ **71**, 20; ders., Beerbung bei lebendigem Leibe; Kritik der §§ 1934 d und e, JZ 70, 675; *Zarbock*, Das Recht des nichtehelichen Kindes, 1970.

2. Allgemeines 12

Das NeG v. 19.8.1969 (BGBl. I 1243) hat sich nicht darauf beschränkt, die rechtliche Stellung der nichtehelichen Kinder zu regeln; vielmehr hat es an einigen Stellen das allgemeine Erbrecht wesentlich verändert.

a) So ist das gesetzliche *Ehegattenerbrecht*, durch Neufassung des Abs. IV § 1931 *verbessert* worden. Vgl. dazu den Bericht des Rechtsausschusses v. 10. 5. 1969 (Drucks. V 41/39); *Odersky* Art. 1 Nr. 87; ferner *Haegele* Rpfleger **71,** 119; Kritik *Braga* FamRZ **72,** 403).

b) In § 2057 a wird den Abkömmlingen, die durch besondere Leistungen den Nachlaß erhalten und vermehrt haben, ein subsidiäres *Ausgleichsrecht* für den Fall gewährt, daß der Abkömmling nicht schon aus einem anderen rechtlichen Grunde ein angemessenes Entgelt verlangen kann (vgl. Grundgedanken bei *Odersky* Art. 1 Nr. 90).

c) Es ist eine *Stundung* der *Pflichtteilsschuld* in § 2331a vorgesehen (vgl. Grundgedanken bei *Odersky* Art. 1 Nr. 92).

13 3. **a) Stellung gegenüber den Eltern.** Während das nichteheliche Kind bis zum 30. 6. 1970 nur im Verhältnis zur Mutter als Abkömmling galt und dementsprechend nach seinem Vater nicht zur gesetzlichen Erbfolge berufen war (vgl. BVerfGE **25,** 167), hat es nunmehr beiden Elternteilen gegenüber grundsätzlich die Stellung eines ehelichen Kindes und zählt zu deren Erben 1. Ordnung. Nach wie vor bestehen jedoch — gemilderte — Unterschiede. Nach seiner Mutter hat das nichteheliche Kind wie bisher ein volles Erbrecht; es nimmt daher beim Tode der Mutter auch an der Erbengemeinschaft teil, der die ehelichen Kinder zusammen mit dem überlebenden Ehemanne angehören. Dem Vater gegenüber hat das nichteheliche Kind die aus § 1924 Abs. 1 folgende Rechtsstellung jedoch nur dann, wenn keine ehelichen Abkömmlinge (einschließlich der als ehelich erklärten und adoptierten Kinder) und kein überlebender Ehegatte vorhanden sind bzw. infolge Ausschlagung, Ausschluß, Erbunwürdigkeit oder Verzicht nicht zum Zuge kommen. Andernfalls kommt nur ein Erbersatzanspruch in Betracht (§ 1934a). Immerhin schließt das nichteheliche Kind stets — sei es als gesetzlicher Erbe 1. Ordnung, sei es als Inhaber eines Erbersatzanspruches — die Verwandten der 2. Ordnung, also auch die Verwandten des Vaters sowie die Verwandten aller nachfolgenden Ordnungen von der gesetzlichen Erbfolge (§ 1930) aus. Wenn der unverheiratete Vater eines nichtehelichen Kindes stirbt, erbt dieses mithin auch dann allein, wenn beide Elternteile des Erblassers noch leben (vgl. *Brüggemann* ZBlJR **69,** 305).

b) Verwandtschaft des nichtehelichen Kindes. Vor Aufhebung des § 1589 Abs. 2 aF waren uneheliche Kinder nur mit ihrer Mutter und den mütterlichen Verwandten, aber nicht mit dem Vater und dessen Verwandten verwandt (§§ 1705, 1589 aF). Sie beerbten weder den Vater oder seine Verwandten, noch wurden sie von ihnen beerbt. Durch das NeG erfüllte der Gesetzgeber die Anweisung des Art. 6 Abs. 5 GG. Durch die Aufhebung des § 1589 Abs. 2 aF sollten für die leibliche und seelische Entwicklung sowie für die gesellschaftliche Stellung der nichtehelichen Kinder die gleichen Bedingungen wie die der ehelichen Kinder geschaffen werden. Somit sind seit dem 1. 7. 1970 die nichtehelichen Kinder mit ihrem Vater und dessen Verwandten ebenso verwandt wie schon bisher mit ihrer Mutter und deren Verwandten. Damit ist das nichteheliche Kind aus zur Erbfolge nach seinem Vater und dessen Verwandten berufen. Der Vater seinerseits hat ebenso wie seine Verwandten ein Erbrecht nach dem nichtehelichen Kind.

c) Erbersatzanspruch. Von dieser erbrechtlichen Gleichstellung ehelicher und nichtehelicher Kinder hat der Gesetzgeber aber wichtige Ausnahmen auch zum Schutz der Ehe und Familie gemacht. Selten wird das nichteheliche Kind in die Familiengemeinschaft aufgenommen. Das enge persönliche Verhältnis zwischen dem Vater, seiner Ehefrau und den ehelichen Kindern besteht beim nichtehelichen Kind in der Regel nur zur Mutter, allenfalls noch zu deren Verwandten. Nur die Mutter, nicht der Vater, hat während der Minderjährigkeit des Kindes die elterliche Gewalt. Die Mutter bestimmt, ob und inwieweit der Vater mit dem Kind persönlich verkehren kann. So entstehen meist Spannungen zwischen dem Kinde einerseits, der Ehefrau und den ehelichen Verwandten andererseits. Es ist daher vor allem der Ehefrau und den ehelichen Kindern nicht zuzumuten, mit dem nichtehelichen Kind des Vaters eine Erbengemeinschaft zu bilden. Infolgedessen gibt § 1934a in bestimmten Fällen den nichtehelichen Verwandten an Stelle eines Miterbenanteils einen schuldrechtlichen Erbersatzanspruch gegen den oder die Erben auf Zahlung einer Geldsumme, die wertmässig ihrem Erbanteil entspricht. Näheres siehe unten bei § 1934 a.

4. Vorzeitiger Erbausgleich 14

Das nichteheliche Kind ist in der Regel nicht in die Familie seines Vaters eingegliedert. Es kann daher nicht wie das eheliche Kind größere vorweggenommene Erbzuwendungen erwarten, wenn es eine berufliche Existenz gründet oder eine Ehe schließt. Um aber dem nichtehelichen Kinde für seine leibliche und seelische Entwicklung und für seine Stellung in der Gesellschaft die gleichen Bedingungen wie dem ehelichen Kinde zu geben, gibt der § 1934d daher dem nichtehelichen Kinde, das zwar das 21., aber noch nicht das 27. Lebensjahr vollendet hat, die Möglichkeit, von seinem Vater einen *vorzeitigen Erbausgleich* in Geld zu verlangen (s. Näheres bei § 1934d).

5. Übergangsregelung 15

Das neue auf der Abstammung beruhende Erbrecht des nichtehelichen Kindes gilt nach Art. 12 § 10 NeG nur für Erbfälle nach dem 1. 7. 1970, wenn das nichteheliche Kind nach dem 30. 6. 1949 geboren wurde. Es ist somit nicht der Zeitpunkt der Entstehung der Verwandtschaft, sondern der Zeitpunkt des Todes des Erblassers maßgebend. Bei der Beschränkung des Erbrechts auf nichteheliche Kinder, die nach dem 30. 6. 1949 geboren worden sind, wollte der Gesetzgeber die neuen gesellschaftspolitischen Vorstellungen über die Stellung des nichtehelichen Kindes, die unter der Geltung des Art. 6 Abs. 5 GG gewachsen sind, nicht auf Rechtsverhältnisse ausdehnen, die ihren Ursprung in einer Zeit vor Beginn des Meinungswandels hatten. Er wollte auch der Gefahr begegnen, daß ein nichteheliches Kind seinen Vater oder dessen Verwandte nur deshalb beerbt oder von ihnen beerbt wird, weil die Beteiligten es in Unkenntnis der Rechtslage unterlassen haben, die Erbfolge durch Testament zu regeln. Bedenken gegen die Verfassungsmäßigkeit dieser Übergangsregelung aus Art. 3 GG bestehen nicht (*Bosch* FamRZ **69,** 509; aA *Schulz* MDR **69,** 986).

6. Erbrecht des nichtehelichen Kindes in der DDR 16

Nach § 9 des neuen Familiengesetzbuches (FGB) vom 20. 12. 1965, in Kraft seit dem 1. 4. 1966 (GBl. I 66, 1) erbt das außerhalb der Ehe geborene Kind beim Tode seines Vaters oder seiner Großeltern väterlicherseits, solange es minderjährig ist, wie ein Kind, das während der Ehe geboren ist. Ist das außereheliche Kind bei Vollendung des 18. Lebensjahres volljährig geworden, so stehen ihm die vorgenannten Erbrechte nur zu, wenn es noch unterhaltsbedürftig ist oder wenn der Vater bis zur Volljährigkeit das Erziehungsrecht hatte oder wenn es während der Minderjährigkeit überwiegend im Haushalt des Vaters gelebt hat oder mit ihm im Zeitpunkt des Erbfalls in einem gemeinsamen Haushalt lebte oder wenn beim Tode des Vaters dessen Ehefrau, Eltern oder in der Ehe geborene Kinder nicht mehr leben oder das Erbrecht verloren haben. Lebt nur ein Elternteil des Vaters, erbt das außereheliche volljährige Kind neben diesem. Es können aber umgekehrt auch der Vater und seine Verwandten gesetzliche Erben des Kindes werden, aber nur dann, wenn der Vater das Erziehungsrecht bis zur Volljährigkeit des

Kindes hatte, wenn es während der Minderjährigkeit überwiegend im Haushalt des Vaters oder wenn es beim Erbfalle mit dem Vater in einem gemeinsamen Haushalt gelebt hat. In jedem Falle hat der Vater das Recht, anderweit letztwillig zu verfügen (vgl. im einzelnen *Permutz* NJW **66,** 530; *Musiolik* JR **66,** 288).

§ 1925

Gesetzliche Erben der zweiten Ordnung sind die Eltern des Erblassers und deren Abkömmlinge.

Leben zur Zeit des Erbfalls die Eltern, so erben sie allein und zu gleichen Teilen.

Lebt zur Zeit des Erbfalls der Vater oder die Mutter nicht mehr, so treten an die Stelle des Verstorbenen dessen Abkömmlinge nach den für die Beerbung in der ersten Ordnung geltenden Vorschriften. Sind Abkömmlinge nicht vorhanden, so erbt der überlebende Teil allein.

E I 1966 II 1802; M **5** 361; P **5** 467.

Erben zweiter Ordnung

1 **I. Zu Abs. 1:**

In der **zweiten Ordnung** rückt die Erbfolge aufwärts bis zu den Eltern (im Sinne von Einzelpersonen, keine „Elternschaft", RG **94,** 242) und von diesen, soweit sie zur Zeit des Erbfalls weggefallen sind (Abs. 2 u. 3), wieder abwärts auf ihre Abkömmlinge (§ 1924 Rdn. 5), d. h. auf die Geschwister, Neffen, Nichten, Großneffen usw. des Erblassers. Die zweite Ordnung tritt erst ein, wenn keine Abkömmlinge des Erblassers vorhanden sind. Dem Tode steht auch hier der Wegfall durch Ausschlagung, Erbunwürdigkeit, Erbunfähigkeit oder Ausschließung gleich (vgl. Rdn. 8 zu § 1924). Daneben ist der überlebende Ehegatte grundsätzlich zur Hälfte der Erbschaft als gesetzlicher Erbe berufen; dieser Erbteil erhöht sich bei Erbfällen nach dem Inkrafttreten des Gleichberechtigungsgesetzes vom 18. 6. 1957 um ein Viertel, wenn die Ehegatten im gesetzlichen Güterstand der Zugewinngemeinschaft gelebt haben (§ 1931 Abs. 3 in Verbindung mit § 1371 nF; siehe im einzelnen § 1931 Rdn. 5). Pflichtteilsrecht § 2303.

2 **II. Zu Abs. 2:**

Nur **wenn beide Eltern leben,** ist das Erbrecht ihrer Abkömmlinge ganz ausgeschlossen (Schoßfallrecht). Sonst gilt Abs. 3. Auch hier ist vorausgesetzt, daß die Eltern wirklich erben (§ 1924 Rdn. 8). Ihr Verzicht (vgl. § 1924 Rdn. 9) bindet jedoch ihre Abkömmlinge nicht; § 2349 ist hier nicht anwendbar. Abs. 2 gilt auch bei den Eltern des nichtehelichen Kindes und den Eltern des legitimierten oder für ehelich erklärten Kindes (§§ 1719, 1736). Den Adoptiveltern steht kein Erbrecht zu (§ 1751). Dagegen bleibt das Erbrecht der leiblichen Eltern des angenommenen Kindes bestehen (§ 1764; vgl. *Diestelkamp* NJW **65,** 2042).

3 **III. Zu Abs. 3 Satz 1:**

Ist **ein Elternteil verstorben,** so treten seine Abkömmlinge (die Geschwister und Geschwisterkinder des Erblassers) an die Stelle. Die auf den verstorbenen Elternteil — vorbehaltlich eines etwaigen Ehegattenerbrechts — entfallende Hälfte verteilt sich innerhalb der Linie gemäß § 1924 Abs. 2, 3 nach Stämmen, unter Kindern desselben Stammes nach Kopfteilen (§ 1924 Abs. 4). *Halbbürtige Geschwister* und deren Abkömmlinge rükken mithin, zusammen mit den vollbürtigen Geschwistern, nur in die Erbhälfte desjenigen verstorbenen Elternteils ein, welchen sie mit dem Erblasser gemein haben. Zu der Hälfte des anderen Teiles haben sie kein Erbrecht. Mehrere nichteheliche Geschwister haben gegenseitiges Erbrecht, nachdem die Mutter weggefallen ist (§ 1705; *Erman/Bartholomeyczik* Rdn. 4 zu § 1925). Auch wenn beide Elternteile verstorben sind, erben die Geschwisterkinder und deren Abkömmlinge nicht nach Köpfen, sondern nach Stämmen.

IV. Zu Abs. 3 Satz 2: 4

Hat der verstorbene Elternteil ***keine Abkömmlinge hinterlassen***, so geht die auf ihn treffende Hälfte nicht auf die vorhandenen Verwandten dritter Ordnung seiner Linie, sondern auf den überlebenden Elternteil über. Die Großeltern dieser Linie (Eltern des verstorbenen Elternteils) werden also durch den überlebenden Elternteil ausgeschlossen. Das Linienprinzip ist hier zugunsten der successio ordinis und deren reiner Durchführung durchbrochen. Sind beide Eltern verstorben und nur Abkömmlinge eines Elternteils (halbbürtige Geschwister) vorhanden, so erhalten (obwohl eine ausdrückliche Entscheidung dieses Falles durch das Gesetz fehlt) folgerichtig diese auch die auf den andern Elternteil entfallende Hälfte; sie schließen also dessen Eltern (die anderseitigen Großeltern des Erblassers) aus (so KG OLG **20**, 425; JFG **18**, 374; DRpfl. **39** Nr. 181; *Kipp/Coing* 12. Bearb. § 4 Rdn. 12). Dieses Ergebnis ist nicht befriedigend, zumal dann, wenn der Nachlaß letztlich von den mit dem Erben nicht verwandten Großeltern des Erblassers stammt; angesichts der im Grundsatz klaren gesetzlichen Regelung müssen jedoch etwaige Unbilligkeiten im Einzelfalle hingenommen werden.

§ 1926

Gesetzliche Erben der dritten Ordnung sind die Großeltern des Erblassers und deren Abkömmlinge.

Leben zur Zeit des Erbfalls die Großeltern, so erben sie allein und zu gleichen Teilen.

Lebt zur Zeit des Erbfalls von den väterlichen oder von den mütterlichen Großeltern der Großvater oder die Großmutter nicht mehr, so treten an die Stelle des Verstorbenen dessen Abkömmlinge. Sind Abkömmlinge nicht vorhanden, so fällt der Anteil des Verstorbenen dem anderen Teile des Großelternpaars und, wenn dieser nicht mehr lebt, dessen Abkömmlingen zu.

Leben zur Zeit des Erbfalls die väterlichen oder die mütterlichen Großeltern nicht mehr und sind Abkömmlinge der Verstorbenen nicht vorhanden, so erben die anderen Großeltern oder ihre Abkömmlinge allein.

Soweit Abkömmlinge an die Stelle ihrer Eltern oder ihrer Voreltern treten, finden die für die Beerbung in der ersten Ordnung geltenden Vorschriften Anwendung.

E I 1968 II 1803; M **5** 364, 365; P **5** 467—469.

Erben dritter Ordnung

I. Zu Abs. 1: 1

In der **dritten Ordnung** rückt die Erbfolge aufwärts bis zu den Großeltern und von diesen, soweit sie zur Zeit des Erbfalls weggefallen sind, wieder abwärts auf ihre **Abkömmlinge** (§ 1924 Rdn. 5), d. h. auf die Onkel, Tanten, Vettern und Basen des Erblassers. Die dritte Ordnung rückt nur ein, wenn weder Verwandte der ersten noch der zweiten vorhanden sind (§ 1930). Der überlebende Ehegatte ist neben Großeltern zur

Hälfte der Erbschaft als gesetzlicher Erbe berufen; er erbt allein gegenüber anderen Verwandten der dritten Ordnung, § 1931. Die Verwandten dieser Ordnung haben kein Pflichtteilsrecht.

2 **II. Zu Abs. 2:**

Auch nach § 1926 Abs. 2 ist vorausgesetzt, daß alle, regelmäßig vier **Großelternteile** auch wirklich *Erben werden* (§§ 1924 Rdn. 8, 1925 Rdn. 2). Sie erben dann je ein Viertel. Hatte der Erblasser von vornherein im Rechtssinne weniger als vier Großeltern, so ändern sich die Anteile der einzelnen Großelternteile entsprechend. Das gilt auch, wenn der Erblasser nichtehelich geboren ist oder seine beiden Eltern nichtehelich geboren sind (vgl. Wegfall des § 1589 aF infolge des NeG).

3 **III. Zu Abs. 3 Satz 1:**

Es gelten die für die *Beerbung in der ersten Ordnung* getroffenen Vorschriften (Abs. 5; vgl. Rdn.6). Wegen der mit dem Erblasser nur durch einen Großelternteil verwandten Abkömmlinge von Großeltern (halbbürtige Onkel usw.) gilt gleiches wie von den halbbürtigen Geschwistern (vgl. ebenda).

4 **IV. Zu Abs. 3 Satz 2:**

Die Hälften der Erbschaft, welche dem väterlichen und dem mütterlichen Großelternpaare (vorbehaltlich immer eines konkurrierenden Ehegattenerbrechts) zukommen, verbleiben den von ihnen ausgehenden Linien, solange auch nur ein Glied der betreffenden Linie vorhanden ist, auch wenn beide Großelternpaare verstorben sind (BayObLG SeuffArch **56** Nr. 52). Jedes der Großelternpaare wird dabei unter sich als zu einer Einheit verbunden angesehen. Was nach § 1925 Abs. 3 von dem überlebenden Elternteile gilt (vgl. dort Rdn. 3, 4), das gilt hier von dem überlebenden Teile des in Frage kommenden Großelternpaares. Hat also der verstorbene Teil eines Großelternpaares keine Abkömmlinge hinterlassen, so erhält das auf ihn treffende Viertel der andere Teil dieses Großelternpaares. Ist auch dieser verstorben, so fällt er an dessen Abkömmlinge, also, da in dem unterstellten Falle keine Abkömmlinge vorhanden sind, an etwaige aus einer anderen Ehe dieses Großelternteils stammende Abkömmlinge oder, wenn es sich um eine Großmutter handelt, an deren uneheliche Abkömmlinge.

5 **V. Zu Abs. 4:**

Sind *keine Abkömmlinge des einen Großelternpaares* oder eines Teiles von ihm vorhanden, so gehen die auf diese Linie entfallenden Anteile auf das andere Großelternpaar und dessen Abkömmlinge über. Erst wenn auch diese fehlen, tritt die vierte Ordnung ein. Das folgt auch hier aus der successio ordinis (§ 1930).

6 **VI. Zu Abs. 5:**

Vgl. § 1924 Abs. 2, 3: Ausschließung entfernterer durch lebende nähere Abkömmlinge; Eintrittsrecht; Stammeserbfolge. Vgl. ferner Rdn. 3, 4 zu § 1925

§ 1927

Wer in der ersten, der zweiten oder der dritten Ordnung verschiedenen Stämmen angehört, erhält den in jedem dieser Stämme ihm zufallenden Anteil. Jeder Anteil gilt als besonderer Erbteil.

E I 1967 II 1804; M 5 363, 364; P 5 467.

Zugehörigkeit zu verschiedenen Stämmen

I. Mehrfache Verwandtschaft kommt hier nur insofern in Betracht, als sie *innerhalb derselben Ordnung* eine Zugehörigkeit zu *mehreren Stämmen* begründet. Eine mehrfache Verwandtschaft innerhalb derselben Ordnung, die ein mehrfaches Erbrecht begründet, kann dadurch entstehen, daß einer Ehe zwischen zwei dieser Ordnung angehörigen Verwandten des Erblassers, soweit eine solche nach EheG § 4 (früher BGB § 1310) zulässig ist, ein Abkömmling entstammt, der durch *beide* Stammeseltern mit dem Erblasser verwandt, also in beiden Stämmen zur Erbschaft berufen ist, z. B. ein Urenkel des Erblassers aus einer Ehe zwischen einem Enkel und einer Enkelin (erste Ordnung) oder ein Abkömmling aus einer Ehe zwischen dem Sohne einer Schwester und der Tochter eines Bruders des Erblassers (zweite Ordnung). 1

Eine mehrfache Verwandtschaft solcher Art kann auch durch *Annahme an Kindes Statt* in der Weise herbeigeführt werden, daß eine Frau das nichteheliche Kind ihrer Tochter an Kindes Statt annimmt; dieses erhält dadurch, ohne das Erbrecht aus seiner natürlichen Verwandtschaft als Enkel zu verlieren (§ 1764), das Erbrecht eines ehelichen Kindes der annehmenden Großmutter (§ 1757), so daß es nach Maßgabe dieses doppelten Erbrechts mit anderen Abkömmlingen seiner Großmutter streitet. Mehrfache Verwandtschaft entsteht ferner dadurch, daß der Erblasser einen entfernteren Abkömmling an Kindes Statt annimmt, da dieser dadurch „verschiedenen Stämmen" angehörig wird (*Planck/Flad* 4. Aufl. Erl. 2).

Dagegen entsteht keine mehrfache Verwandtschaft, wenn die nichteheliche Mutter selbst ihr Kind an Kindes Statt annimmt oder der Vater eines nichtehelichen Kindes dieses an Kindes Statt annimmt oder später mit der Mutter die Ehe schließt (§ 1742a); in diesen Fällen ergibt sich nur eine einfache Verwandtschaft als eheliches Kind aus mehreren rechtsbegründenden Tatsachen (vgl. *Erman/Bartholomeyczik* Rdn. 2 zu § 1927). Wegen des Ehegatten, der zugleich als Verwandter zur Erbfolge berufen ist, vgl. § 1934.

II. Die mehrfache Verwandtschaft ist nur bedeutsam, soweit die *Erbfolge nach Stämmen* reicht, also in den ersten drei Ordnungen. Der mehrfach Verwandte wird Inhaber einer seinen mehreren Verwandtschaftsverhältnissen entsprechenden Anzahl von Stammesanteilen. Ist er z. B. mit dem Erblasser doppelt verwandt und ist neben ihm als einzigem Angehörigen seines Stammes noch ein anderer Stamm vorhanden, so entfallen auf ihn zwei Stammesanteile, auf den anderen Stamm ein Stammesanteil. 2

III. Zu Satz 2: 3

Die Vorschrift entspricht derjenigen des § 1934 Satz 2, die den überlebenden Ehegatten betrifft. Für jeden Erbteil gelten die Vorschriften, welche sich auf die Erbschaft beziehen (§ 1922 Abs. 2). Daher Möglichkeit besonderer Verfügung aus § 2033, Haftung für die Verbindlichkeiten, als ob jeder Erbteil einem anderen Erben gehöre (§ 2007; vgl. Rdn. 4 dazu), Berechnung des Pflichtteils für jeden Erbteil besonders (§ 2303). Auch das Ausschlagungsrecht kann für jeden Anteil besonders ausgeübt werden, da (im Gegensatz zu den §§ 1935, 2095) nach Satz 2 jeder Anteil unbeschränkt als besonderer Erbteil gilt und da ferner als verschiedene Berufungsgründe im Sinne von § 1951 nicht nur Gesetz und Verfügung von Todes wegen, sondern auch die Berufung zu mehreren besonderen Erbteilen kraft Gesetzes infolge mehrfacher familienrechtlicher Beziehung zu dem Erblasser anzusehen sind (vgl. KG JFG 1, 143; auch § 1951 Rdn. 8).

§ 1928

Gesetzliche Erben der vierten Ordnung sind die Urgroßeltern des Erblassers und deren Abkömmlinge.

Leben zur Zeit des Erbfalls Urgroßeltern, so erben sie allein; mehrere erben zu gleichen Teilen, ohne Unterschied, ob sie derselben Linie oder verschiedenen Linien angehören.

Leben zur Zeit des Erbfalls Urgroßeltern nicht mehr, so erbt von ihren Abkömmlingen derjenige, welcher mit dem Erblasser dem Grade nach am nächsten verwandt ist; mehrere gleich nahe Verwandte erben zu gleichen Teilen.

E I 1969 II 1805; M 5 366; P 5 469—471.

Erben vierter Ordnung

1 **I. Zu Abs. 1:**

In der **vierten Ordnung** rückt die Erbfolge aufwärts bis zu den vier Urgroßelternpaaren und von diesen, jedoch nur wenn sie zur Zeit des Erbfalls sämtlich weggefallen sind (Abs. 2 und 3), wieder abwärts auf ihre Abkömmlinge. Unter diesen schließt aber der dem Grade nach nächste Verwandte alle übrigen von der Erbfolge aus. Der überlebende Ehegatte erhält die ganze Erbschaft (§ 1931 Abs. 2).

2 **II. Zu Abs. 2:**

Abweichend von §§ 1925 Abs. 3 und 1926 Abs. 3 schließt auch nur ein einziger noch lebender und wirklich zur Erbfolge gelangender (§ 1924 Rdn. 8) Urgroßelternteil die Abkömmlinge vorverstorbener Urgroßeltern gänzlich aus (unbeschränktes Schoßfallrecht).

Auch die Unterscheidung nach der Vater- und Mutterseite und die darauf gegründete Einheit der Vorfahrenpaare (§ 1926 Rdn. 4), also die **Linearerbfolge, ist aufgegeben.**

3 **III. Zu Abs. 3:**

Abweichend von den drei ersten Ordnungen gilt von der vierten Ordnung ab (§§ 1928, 1929) innerhalb der Ordnung die **Gradualerbfolge.** Die Erbfolge nach Stämmen (§ 1924 Abs. 3) ist aufgegeben. Unter den Nachkommen, die von den acht in der vierten Ordnung in Betracht kommenden Urgroßelternteilen abstammen, schließt derjenige, welcher mit dem Erblasser dem Grade nach am nächsten verwandt, d. h. durch die geringste Zahl von Zeugungen verbunden ist („Zahl der sie (die Verwandtschaft) vermittelnden Geburten", § 1589 Abs. 1 Satz 3), ohne Rücksicht auf Voll- oder Halbbürtigkeit (§ 1925 Rdn. 3), alle anderen aus. Sind mehrere gleich nahe Verwandte des Erblassers in diesem Sinne vorhanden, so erben sie zu gleichen Teilen ohne Rücksicht auf etwaige mehrfache Verwandtschaft (§ 1927).

§ 1929

Gesetzliche Erben der fünften Ordnung und der ferneren Ordnungen sind die entfernten Voreltern und deren Abkömmlinge.

Die Vorschriften des § 1928 Abs. 2, 3 finden entsprechende Anwendung.

E I 1969 II 1806; M 5 366, 367; P 5 469—471.

Erben fünfter und fernerer Ordnung

I. Das Verwandtenerbrecht des BGB ist unbegrenzt (vgl. Rdn. 2 zu § 1924). Nur Unkenntnis und Beweisschwierigkeiten führen praktisch zu Beschränkungen. De lege ferenda dürfte es geboten sein, die erbberechtigten Verwandtenordnungen auf ein sozial vertretbares Maß zurückzuführen und dementsprechend das Fiskalerbrecht (§ 1936) zu erweitern (vgl. Einleitung Rdn. 2 zu diesem Buche). 1

II. Auch in den weiteren Ordnungen tritt innerhalb einer jeden Ordnung (successio ordinis, § 1930) reine Gradualerbfolge ein. Ein noch lebender Vorelternteil schließt, als dem Grade nach am nächsten verwandt, alle Abkömmlinge dieser Ordnung aus, ohne Unterschied, ob sie von ihm oder von anderen Voreltern derselben Ordnung abstammen. Darin liegt der Gegensatz zur Stammeserbfolge in den drei ersten Ordnungen. Ferner schließt von den Abkömmlingen der dem Grade nach nähere den entfernteren, ohne Rücksicht auf die Abstammung des letzteren von ihm oder von anderen Voreltern (auch hier Gegensatz zur Stammeserbfolge) aus (vgl. § 1928 Rdn. 2). 2

§ 1930

Ein Verwandter ist nicht zur Erbfolge berufen, solange ein Verwandter einer vorhergehenden Ordnung vorhanden ist, auch wenn diesem nur ein Erbersatzanspruch zusteht.

E I 1970 II 1807; M 5 367; P 5 471.

Folge der Ordnungen

I. Grundsatz 1

§ 1930 spricht den bereits durch die vorhergehenden Bestimmungen festgelegten Grundsatz der successio ordinis nochmals ausdrücklich aus: Angehörige höherer Verwandtenordnungen sollen nur in Ermangelung oder bei Wegfall (infolge Ausschlagung, Erbunwürdigkeit, Enterbung, Erbverzicht) von Verwandten einer vorhergehenden Ordnung als Erben berufen sein.

II. Berufung 2

Unter „Berufung" ist hier der wirkliche Erbanfall zu verstehen; die bedingte Berufung als Anwartschaft für den Fall des Wegfallens des vorgehend Berufenen tritt schon mit dem Erbfalle ein (Simultanberufung; vgl. § 1922 Rdn. 20), so daß man von mehreren nacheinander erfolgenden (sukzessiven) Berufungen, wie sie der Wortlaut des § 1930 annehmen lassen könnte, nicht sprechen kann. Der Verwandte, der einer späteren Ordnung angehört, braucht daher den Wegfall der zu einer früheren Ordnung gehörigen durch Ausschlagung oder Erbunwürdigkeit nicht zu erleben; tritt der Wegfall ein, so gilt der Erbanfall an ihn als schon mit dem Tode des Erblassers eingetreten (vgl. aaO), so daß sich der Nachlaß gegebenenfalls gemäß §§ 1922, 1942 auf seine eigenen Erben überträgt. Über den Ausschluß der Erben dritter Ordnung durch die halbbürtigen Geschwister des Erblassers vgl. § 1925 Rdn. 4.

III. Erbersatzanspruch 3

Nach dem letzten Halbsatz der Vorschrift, der durch das NeG eingefügt worden ist, werden Verwandte der nachfolgenden Ordnung auch dann von einem Verwandten der vorgehenden Ordnung ausgeschlossen, wenn diesem nur ein Erbersatzanspruch zusteht (vgl. §§ 1934 a ff mit Rdn.). Auch ein nichteheliches Kind des Erblassers schließt daher stets die Verwandten der zweiten Ordnung, also die Eltern und Geschwister des Erblassers und alle Verwandten fernerer Ordnungen von der Erbfolge aus; der Großvater väterlicherseits kommt neben dem nichtehelich geborenen Enkel also auch dann nicht zum Zuge, wenn das Kind neben der überlebenden Stiefmutter nicht zur gesetzlichen Erbfolge berufen, sondern auf einen Erbersatzanspruch angewiesen ist (vgl. hierzu weitere Beispiele bei *Damrau* FamRZ **69**, 583; *Firsching* Rpfleger **70**, 50; DNotZ **70**, 528 ff).

Hat der Erblasser bei seinem Tode im Güterstand der Zugewinngemeinschaft gelebt und ist der überlebende Ehegatte als gesetzlicher Erbe zur Erbschaft berufen, so steht auch dem nichtehelichen Kinde, das einen Erbersatzanspruch hat, daneben der Anspruch nach § 1371 Abs. 4 auf Gewährung der Mittel zur angemessenen Ausbildung zu. Das nichteheliche Kind kann ebensowenig auf seinen Erbersatzanspruch wie die ehelichen Kinder auf ihren Erbteil verwiesen werden (vgl. *Johannsen* WM 70, SB 3, 7).

§ 1931

Der überlebende Ehegatte des Erblassers ist neben Verwandten der ersten Ordnung zu einem Vierteile, neben Verwandten der zweiten Ordnung oder neben Großeltern zur Hälfte der Erbschaft als gesetzlicher Erbe berufen. Treffen mit Großeltern Abkömmlinge von Großeltern zusammen, so erhält der Ehegatte auch von der anderen Hälfte den Anteil, der nach § 1926 den Abkömmlingen zufallen würde.

Sind weder Verwandte der ersten oder der zweiten Ordnung noch Großeltern vorhanden, so erhält der überlebende Ehegatte die ganze Erbschaft.

Die Vorschriften des § 1371 bleiben unberührt.

Bestand beim Erbfall Gütertrennung und sind als gesetzliche Erben neben dem überlebenden Ehegatten ein oder zwei Kinder des Erblassers berufen, so erben der überlebende Ehegatte und jedes Kind zu gleichen Teilen; § 1924 Abs. 3 gilt auch in diesem Falle.

E I 1971 Abs. 1 II 1808; M 5 367—372; P 5 471—480; **6** 100—102; KB 306.

Neueres Schrifttum:

Bosch FamRZ **70**, 508; **72**, 171; *Braga* FamRZ **72**, 105; *Firsching* Rpfleger **70**, 150; DNotZ **70**, 523; *Stöcker* FamRZ **72**, 429.

Ehegattenerbrecht

Übersicht

I. Vorbemerkung 1

Die Vorschrift ist zweimal in wesentlichen Punkten ergänzt worden: Das GleichberechtigungsG vom 18.6.1957 (BGBl. I 609) hat den Abs. 3 angefügt. Die darin enthaltene Verweisung auf § 1371 hatte mit Wirkung vom 1.7.1958 in den Fällen der Auflösung einer Zugewinngemeinschaft durch den Tod eines Ehegatten eine Erhöhung des gesetzlichen Ehegattenerbteils zur Folge (s. im einzelnen Rdn. 10—13). Eine weitere wichtige Ergänzung stellt die Einfügung des Abs. 4 durch Art. 1 Nr. 87 NeG (G über die rechtliche Stellung der nichtehelichen Kinder vom 19.8.1969 — BGBl. I 1243) dar. Diese Neuregelung gilt allerdings nur, wenn der Erblasser nach dem Inkrafttreten des NeG (1.7.1970) verstorben ist; für alle *vor* diesem Zeitpunkt eingetretenen Erbfälle *verbleibt* es bei dem bisherigen Recht. Nach dem neuen Rechtszustand sind mithin — von der Gesamterbfolge (Abs. 2) abgesehen — 3 Fallgruppen zu unterscheiden:

1. Erbrecht des Ehegatten bei Güterständen der Nicht-Zugewinngemeinschaft (Abs. 1).
2. Erbrecht des Ehegatten bei Zugewinngemeinschaft (Abs. 3).
3. Erbrecht des Ehegatten bei Gütertrennung und Vorhandensein von 1—2 Kindern (Abs. 4).

II. Begriff des erbberechtigten Ehegatten 2

1. Gültige Ehe als Voraussetzung

Ehegatte des Erblassers ist nur, wer bis zum Erbfall mit dem Erblasser in gültiger Ehe gelebt hat. Dies ist *nicht* der Fall, wenn die Ehe vor dem Tode des Erblassers auf Nichtigkeitsklage (EheG §§ 23, 24; früher BGB § 1329) *für nichtig erklärt* oder durch gerichtliche *Scheidung* (EheG § 41; früher BGB § 1564) oder *Aufhebung* (§ 29) oder durch Schließung einer *neuen Ehe nach Todeserklärung* (EheG § 38 Abs. 2; früher BGB § 1348 Abs. 2) *aufgelöst* worden ist. Während nach BGB § 1329 nach dem Tode des einen Ehegatten die *Nichtigkeit* der Ehe, auch ohne daß Nichtigkeitsklage erhoben worden war, gegenüber *dem* Ehegatten geltend gemacht werden konnte, der das Erbrecht in Anspruch nahm, kann sich nach EheG § 23 niemand auf die Nichtigkeit einer Ehe berufen, solange nicht die Ehe durch gerichtliches Urteil für nichtig erklärt worden ist. Die Nichtigkeitsklage kann, wenn die Ehe (z. B. durch Tod eines Ehegatten oder durch Scheidung) aufgelöst ist, nur vom Staatsanwalt (§ 24 Abs. 1 Satz 2) und nach dem Tode beider Ehegatten auch von diesem nicht mehr erhoben werden (§ 24 Abs. 2). Das EheG kennt keine Anfechtung der Ehe mit rückwirkender Kraft. An die Stelle der Anfechtungsklage ist die *Aufhebungsklage* getreten; die Folgen der Aufhebung bestimmen sich nach den Vorschriften über die Folgen der Scheidung (§ 37 Abs. 1). Über die Wirkungen einer bei Lebzeiten des Erblassers erhobenen Scheidungs- oder Aufhebungsklage vgl. § 1933. Im Gegensatz zur nichtigen (= vernichtbaren) Ehe steht die **Nicht-Ehe,** auf deren Unwirksamkeit sich jedermann berufen kann und die keinerlei erbrechtliche Wirkungen auszulösen in der Lage ist. Sie liegt z. B. vor, wenn eine Ehe zwischen Personen gleichen Geschlechts geschlossen wird (KG FamRZ **58,** 60). Bei nicht mehr für nichtig erklärter Doppelehe wird der Bigamist durch die Partner beider Ehen beerbt, denen dann der gesetzliche Anteil je zur Hälfte zufällt (vgl. *Ferid* FamRZ **63,** 410; *Ferid/Epple* FamRZ **64,** 184, 185).

2. Erbrechtliche Unwirksamkeit der sog. nachträglichen Eheschließung 3

Eine nachträgliche Eheschließung nach dem Erlaß Hitlers vom 6.11.1941 hat grundsätzlich keine familien- und erbrechtlichen Wirkungen (OLG Braunschweig SJZ **47,** 663; KG SJZ **47,** 665 mit Anm. von *Küster;* LG Coburg MDR **50,** 160; aM OLG Dresden DRZ **48,** 214 mit Anm. von *Coing).* Der „Ehefrau" stehen in einem solchen Falle weder Erb- noch Pflichtteilsrechte an dem Nachlaß ihres verstorbenen Verlobten zu (vgl. Rdn. 6 zu § 1924), wohl aber den Kindern, da sie die Rechtsstellung ehelicher Kinder unter den Voraussetzungen des § 1923 haben (§ 1 Nr. 2, 3 des Bundesgesetzes v. 29. 3. 1951; vgl. *Erman/Bartholomeyczik* Rdn. 13). Vgl. für die BrZ VO v. 13. 8. 1948 (VOBlBrZ S. 237), für Rheinland-Pfalz G v. 24. 2. 1949 (GVBl. I 81) und nunmehr für das gesamte Bundesgebiet das Gesetz über die Rechtswirkungen des Ausspruchs einer nachträglichen Eheschließung v. 29. 3. 1951 (BGBl. I 215). Von Berlin West durch Gesetz v. 10. 1. 1952 übernommen (GVBl. 75), das die landesgesetzlichen Vorschriften soweit außer Kraft setzt, daß Ansprüche, die auf Grund dieser aufgehobenen Bestimmungen erworben worden sind, unberührt bleiben.

4 **3. Anerkannte freie Ehen, Fern- und Nottrauungen**

Dagegen haben die Rechtswirkungen einer gesetzlichen Ehe auch die anerkannten freien Ehen rassisch und politisch Verfolgter nach den Gesetzen vom 23.6.1950 (BGBl. I 226) und vom 7.3.1956 (BGBl. I 104). Vgl. hierzu *Guggumos* NJW **57,** 530 (Das rechtliche Wesen der anerkannten freien Ehe) und BGH NJW **57,** 301 mit Anm. von *Bettermann.* Rechtswirksam sind auch Ferntrauungen und Nottrauungen nach dem Gesetz vom 2.12.1950 (BGBl. I 104) sowie die Ehen verschleppter Personen und Flüchtlinge nach dem AHKG 23.

5 **4. Unerheblichkeit der Ehedauer**

Hat der überlebende Ehegatte mit dem Erblasser bis zu dessen Tode in gültiger Ehe gelebt, so kommt es auf die Dauer der Ehe nicht an.

6 **5. Erbrechtliche Folgen der Scheidung und Eheaufhebung**

An dem Nachlasse des bei der Scheidung oder Aufhebung *allein für schuldig erklärten Ehegatten* hat der andere Ehegatte kein Erbrecht; er hat nur Anspruch auf Unterhalt gemäß EheG §§ 58ff, 37, 70 (früher BGB §§ 1578ff). Ebensowenig haben Ehegatten einer Ehe, die aus einem nicht auf Verschulden beruhenden Grunde geschieden worden ist (EheG § 44—46, 48), ein gegenseitiges Erbrecht. Es besteht auch kein Erbrecht des *gutgläubigen* Ehegatten einer *nichtigen* Ehe; die in EheG § 26 (früher BGB § 1345) zu seinen Gunsten aufgestellte Fiktion verleiht ihm nur die Rechte eines aus Verschulden des anderen Teils *geschiedenen* Ehegatten.

Der Scheidung steht die — nach EheG § 78 beseitigte — *Aufhebung der ehelichen Gemeinschaft,* sofern diese nicht vor dem Tode wiederhergestellt ist, auch hinsichtlich des Erbrechts gleich (BGB §§ 1586, 1587; EheG § 98 aF; arg. auch § 1933, vgl. Rdn. 3 dazu; s. auch Anm. vor § 1418). Dagegen beeinträchtigt das bloße *tatsächliche Getrenntleben* bis zum Tode das Erbrecht nicht, außer wenn etwa bei einer vor dem 1. 1. 1900 geschlossenen Ehe der für eine solche in EG Art. 202 Satz 2 gemachte Vorbehalt zutrifft.

7 **III. Regelmäßiger Erbanteil**

1. Erbteil im allgemeinen (Abs. 1 Satz 1)

Das BGB beruft, in Anknüpfung an deutschrechtliche Anschauungen (preußisches, sächsisches Recht), den Ehegatten auch neben Abkömmlingen als vollberechtigten Erben, nicht nur zum Nießbrauch oder als Vorerben. Der auf ihn fallende Teil der Erbschaft wird deshalb, sofern nicht anders über ihn verfügt wird, auch auf die aus einer andern Ehe stammenden oder, sofern es sich um eine Frau handelt, nichtehelichen Abkömmlinge und auf die Seitenverwandten des überlebenden Ehegatten weitervererbt und dadurch der Familie des Erblassers insoweit endgültig entzogen. Der Ehegatte wird neben Abkömmlingen des Erblassers (erster Ordnung, § 1924) und neben seinen Eltern und deren Abkömmlingen (zweite Ordnung, § 1925) sowie aus der dritten Ordnung neben seinen Großeltern als Miterbe zu einem Erbteile (1/4 bzw. 1/2) berufen; andere Verwandte werden durch den Ehegatten ausgeschlossen.

§ 1931 enthält kein zwingendes Recht. Der überlebende Ehegatte hat bei Eintritt in den Anteil des verstorbenen Ehegatten am Gesamtgut bei fortgesetzter Gütergemeinschaft (§§ 1483ff) kein Erbrecht, weil insoweit überhaupt keine Erbfolge vorliegt (vgl. § 1922 Rdn. 8). Über die Erhöhung des Ehegattenerbteils an Stelle des Zugewinnausgleichs s. unten Rdn. 9ff. Über den Voraus des Ehegatten vgl. §§ 1932, 1933. Ein mehrfaches Erbrecht des überlebenden Ehegatten besteht in den Fällen des § 1934. Zum Pflichtteilsrecht des Ehegatten s. § 2303.

2. Erbteil bei Zusammentreffen mit Abkömmlingen von Großeltern (Abs. 1 Satz 2). 8

Die Bestimmung hängt mit dem in Abs. 2 ausgesprochenen Grundsatze zusammen, daß der Ehegatte die *Abkömmlinge von Großeltern* ausschließen soll. Sie regelt die Art und Weise, in welcher sich diese Ausschließung bei dem **Zusammentreffen von Großeltern mit Abkömmlingen anderer Großeltern** vollzieht. Danach erhält der Ehegatte außer der ihm neben Großeltern zustehenden Hälfte der Erbschaft diejenigen Anteile der anderen Hälfte, die, wenn er nicht vorhanden wäre, nach Maßgabe des § 1926 Abs. 3—5 den Abkömmlingen weggefallener Großeltern zufallen würden. Diese Anteile gestalten sich verschieden groß, je nachdem ein, zwei oder drei Großelternteile, von denen auf jeden ein Achtel der Erbschaft fallen würde, mit oder ohne Abkömmlinge weggefallen sind. Der Ehegatte erhält das Achtel eines jeden weggefallenen Großelternteils, von dem Abkömmlinge vorhanden sind, an deren Stelle. Ist der eine Teil eines Großelternpaares *ohne* Abkömmlinge weggefallen, so geht sein Achtel auf den anderen Teil des Paares über; der Ehegatte erhält es also nicht. Ist auch der andere Teil des Paares weggefallen, so erhält, wenn Abkömmlinge von ihm (halbbürtige) vorhanden sind, der Ehegatte die zwei Achtel, die diesen zufallen würden; andernfalls gehen diese zwei Achtel auf das andere Großelternpaar über. Ist auch von diesem ein Teil weggefallen, so erhält, wenn Abkömmlinge von ihm vorhanden sind, der Ehegatte die auf diese fallenden drei Achtel; andernfalls gehen sie auf den andern Teil dieses Großelternpaares über, und dieser erhält also, als allein noch vorhandener Großelternteil, mit seinem Achtel die ganze andere Hälfte der Erbschaft; der Ehegatte bleibt auf seine Hälfte beschränkt (aM *Erman/Bartholomeyczik* Rdn. 33; *Palandt/Keidel* 32. Aufl. Anm. 4; *Staudinger/Lehmann* 11. Aufl. Rdn. 12 c).

3. Gesamterbfolge (Abs. 2) 9

Andere Verwandte der dritten Ordnung als Großeltern (also Onkel, Tanten, Vettern usw.) sowie alle Verwandten der ferneren Ordnungen werden durch den Ehegatten ausgeschlossen.

IV. Erhöhung des Ehegattenerbteils an Stelle des Zugewinnausgleichs (Abs. 3) 10

1. Allgemeines

Der 3. Absatz des § 1931 ist durch Art. 1 Nr. 41 des Gleichberechtigungsgesetzes vom 18. 6. 1957 (BGBl. I 609) eingefügt worden. Die darin enthaltene Verweisung auf § 1371, dessen Vorschriften von der Regelung der Abs. 1 und 2 unberührt bleiben sollen, hat für das gesetzliche Erbrecht des überlebenden Ehegatten weitreichende Bedeutung.

§ 1371 trifft folgende Sonderregelung: In allen Fällen, in denen nach dem 30. 6. 1958 der gesetzliche Güterstand der Zugewinngemeinschaft (§§ 1363ff) durch den Tod eines Ehegatten beendet wird, verwirklicht sich der Ausgleich des Zugewinns dadurch, daß sich der gesetzliche Erbteil des überlebenden Ehegatten um 1/4 der Erbschaft erhöht, also bei Erbfolgen neben Verwandten der ersten Ordnung regelmäßig auf die Hälfte und neben Verwandten der zweiten Ordnung oder neben Großeltern grundsätzlich auf 3/4 der Erbschaft (vgl. § 1931 Abs. 1). Hierbei ist unerheblich, ob die Ehegatten im einzelnen Fall einen Zugewinn erzielt haben (§ 1371 Abs. 1). Wird der überlebende Ehegatte nicht Erbe und steht ihm auch kein Vermächtnis zu, so kann er Ausgleich des Zugewinns nach den Vorschriften der §§ 1373—1383, 1390 verlangen; der Pflichtteil des überlebenden Ehegatten oder eines anderen Pflichtteilsberechtigten bestimmt sich in diesem Falle nach dem nicht erhöhten gesetzlichen Erbteil des Ehegatten (§ 1371 Abs. 2). Schlägt der überlebende Ehegatte die Erbschaft aus, so kann er neben dem Ausgleich des Zugewinns den Pflichtteil auch dann verlangen, wenn dieser ihm nach den erbrechtlichen Bestimmungen nicht zustünde; dies gilt nicht, wenn er durch Vertrag mit seinem Ehegatten auf sein gesetzliches Erbrecht oder sein Pflichtteilsrecht verzichtet hat (§ 1371 Abs. 3). Sind erbberechtigte Abkömmlinge des verstorbenen Ehegatten vorhanden, welche nicht aus der durch den Tod dieses Ehegatten aufgelösten Ehe stammen, so ist der überlebende Ehegatte verpflichtet, diesen Abkömmlingen, wenn und soweit sie dessen bedürfen, die Mittel zu einer angemessenen Ausbildung aus dem nach § 1371 Abs. 1 zusätzlich gewährten Viertel zukommen zu lassen (§ 1371 Abs. 4).

11 **2. § 1371 Abs. 1**

Erste Voraussetzung für die in § 1371 Abs. 1 vorgesehene Erhöhung des gesetzlichen Erbteils an Stelle des Zugewinnausgleichs ist, daß die Eheleute bei einem nach dem 30. 6. 1958 eingetretenen Erbfall im gesetzlichen Güterstand der Zugewinngemeinschaft gelebt haben. Dies ist bei nach dem Inkrafttreten des Gleichberechtigungsgesetzes (1. 7. 1958) geschlossenen Ehen dann der Fall, wenn die Ehegatten nicht durch Ehevertrag etwas anderes vereinbaren (§ 1363 Abs. 1). Bei Ehen, die am 1. 7. 1958 bereits bestanden, sind Nr. 3—7 der Übergangsvorschriften des Gleichberechtigungsgesetzes (Art. 8 I) zu beachten. Von diesen Bestimmungen ist insbesondere Nr. 3 hervorzuheben, wonach die Vorschriften über den Güterstand der Zugewinngemeinschaft mangels abweichender Vereinbarung insbesondere dann gelten, wenn die Ehegatten am 31. 3. 1953 im gesetzlichen Güterstand der Verwaltung und Nutznießung gelebt haben, es sei denn, daß einer der Ehegatten bis zum 30. 6. 1958 dem zuständigen Amtsgericht gegenüber durch gerichtlich oder notariell beurkundete Erklärung seinen Willen zum Ausdruck gebracht hat, daß für die Ehe Gütertrennung gelten solle. Eine Auflösung der Ehe durch Tod ist nicht anzunehmen, wenn nach dem Tode eines Ehegatten die Berechtigung seines Scheidungsverlangen gemäß den §§ 1, 6 der 5. DVO z. EheG rechtskräftig festgestellt worden ist, da der überlebende Ehegatte dann mit Wirkung von dem Tage, der dem Todestage des Verstorbenen vorausgeht, die rechtliche Stellung eines geschiedenen Ehegatten erlangt; in diesem Fall treten daher auch die Rechtsfolgen des § 1371 nicht ein (vgl. *Lange* NJW **57**, 1381 Fußnote 18). Die Regelung des § 1371 setzt weiter voraus, daß der überlebende Ehegatte gesetzlicher Erbe geworden ist; denn nur der gesetzliche Erbteil des Überlebenden wird erhöht. Ist der überlebende Ehegatte in seinem gesetzlichen Erbteil durch eine letztwillige Verfügung des Erblassers auch nur beschränkt worden, so ist nur diese Anordnung maßgebend; die in § 1371 vorgesehene Erbteilserhöhung tritt daher nicht ein (*Erman/Bartholomeyczik* 5. Aufl. 1972 § 1931 Rdn. 43). Der überlebende Ehegatte ist ferner in den Fällen kein gesetzlicher Erbe, in denen der Erblasser z. Zt. seines Todes gegen ihn mit der Aussicht auf Schuldigerklärung auf Scheidung oder

Aufhebung der Ehe zu klagen berechtigt war und die Klage erhoben hatte (§ 1933), bei Erbverzicht (§§ 2346ff), einer Erbunwürdigkeitserklärung (§§ 2339ff) sowie nach Ausschlagung der Erbschaft (§ 1953). Soweit der gesetzliche Erbteil zum Ausgleich des Zugewinns erhöht wird, geschieht das ohne Rücksicht darauf, ob die Ehegatten im einzelnen Fall einen Zugewinn erzielt haben. Erbteilserhöhung kann also auch derjenige Ehegatte in Anspruch nehmen, der während der Ehe den größeren oder gar alleinigen Zugewinn erzielt hat und daher dem anderen Teil ausgleichspflichtig gewesen wäre. Auch kommt es nicht darauf an, ob und in welcher Höhe der überlebende Ehegatte während der Ehe von seinem Ehepartner einzelne Zuwendungen erhalten hat; solche Vorempfänge hindern selbst dann, wenn sie erheblichen Umfang hatten, den Eintritt der Erbteilserhöhung grundsätzlich nicht. Diese Ergebnisse werden im Schrifttum verschiedentlich als unbillig bezeichnet (vgl. *Wahl* FamRZ **56,** 133; *Braga* FamRZ **57,** 334; *Bärmann* JZ **58,** 225; *Ulmer* NJW **58,** 170), entsprechen aber dem mit der Regelung des § 1371 verfolgten gesetzgeberischen Zweck, die mit der konkreten Berechnung des Zugewinnausgleichs verbundenen Schwierigkeiten zugunsten einer schnellen und klaren erbrechtlichen Lösung auszuschalten. Mit der Erhöhung des Ehegattenerbteils ist ein einheitlicher Erbteil geschaffen worden, der dem überlebenden Ehegatten in vollem Umfange eine unmittelbare erbrechtliche Beteiligung an dem Nachlaß gewährt und der grundsätzlich nur im ganzen angenommen oder ausgeschlagen werden kann. Rechtssystematische Stellung und Terminologie des § 1371 Abs. 1 vermögen hieran nichts zu ändern (vgl. *Erman/Bartholomeyczik* aaO § 1931 Rdn. 36ff). Die Erhöhung des Ehegattenerbteils hat notwendigerweise eine Verringerung der Erbteile der neben dem Ehegatten berufenen gesetzlichen Erben zur Folge. Dies gilt auch hinsichtlich der Erbteile derjenigen Kinder, die nur von dem verstorbenen Ehegatten abstammen (vgl. hierzu die kritische Äußerung von *Lange* NJW **57,** 1381 und *Braga* FamRZ **57,** 334). Zum rechtspolitischen Zweck und zur politischen Bewertung des § 1371 nebst Kritik vgl. *Erman/Barholomeyczik* aaO § 1371 Rdn. 4, 5, 13.

3. Beschränkung auf den Ausgleichsanspruch **12**

Jedem im gesetzlichen Güterstand der Zugewinngemeinschaft lebenden Ehegatten steht es frei, die gemäß § 1371 erweiterte Ehegattenerbfolge durch Verfügung von Todes wegen zu ändern, insbesondere also auch den anderen Ehegatten ganz oder wenigstens hinsichtlich der in § 1371 Abs. 1 vorgesehenen zusätzlichen erbrechtlichen Beteiligung von der Erbfolge auszuschließen. In diesen Fällen kann der in seinen gesetzlichen Rechten beschränkte überlebende Ehegatte zwar erbrechtliche Ansprüche nur nach Maßgabe des vom Erblasser geäußerten letzten Willens geltend machen. Im übrigen aber kann er, da die Erhöhung des gesetzlichen Ehegattenerbteils nur den an sich vorgesehenen Zugewinnausgleich abgelten soll, an Stelle der erbrechtlichen Beteiligung jedenfalls diejenigen familienrechtlichen Ausgleichsansprüche erheben, die ihm bei Beendigung des gesetzlichen Güterstandes auf andere Weise als durch den Tod des Ehegatten zustehen würden, nämlich die Forderungen, die sich nach den Vorschriften der §§ 1373—1383 errechnen (§ 1371 Abs. 2). Das gleiche gilt, wenn der überlebende Ehegatte die Erbschaft ausschlägt. Der überlebende Teil kann also selbst zwischen der gesetzlichen Erbteilserhöhung und den durch die Ausschlagung eröffneten Zugewinnausgleichsansprüchen wählen. Der überlebende Ehegatte wird sich vornehmlich dann entschließen, die letztgenannte Möglichkeit zu wählen, wenn er Anlaß dazu hat, die ihm zugedachte erbrechtliche Beteiligung für niedriger zu halten als die ihm zustehende Ausgleichsforderung, so z. B. wenn er selbst während der Dauer des gesetzlichen Güterstandes überhaupt keinen Zugewinn erzielt, der Erblasser aber zur selben Zeit sein ganzes Vermögen erworben hat (vgl. *Erman/Bartholomeyczik* aaO § 1371 Rdn. 20). Schwierigkeiten treten in den — allerdings wohl seltenen — Fällen auf, in denen der Erblasser sich darauf beschränkt, die in § 1371 Abs. 1 vorgesehene Erbteilserhöhung durch Verfügung von Todes wegen zu kürzen. In diesen Fällen bleibt nicht nur der in § 1931 festgelegte „gesetzliche Erbteil" unangetastet, sondern es wird sogar etwas darüber hinaus gewährt. Ein unmittelbarer Anwendungsfall des § 1371 Abs. 2 erscheint hiernach nicht gegeben. Man wird jedoch dem überlebenden Ehegatten in diesem Fall einen der Kürzung der Erbteilserhöhung entsprechenden beschränkten Ausgleichsanspruch zubilligen müssen. Zur Auswirkung bindender Verfügungen von Todes wegen auf den Zugewinnanspruch s. BGH FamRZ **62,** 207. Der überlebende Ehegatte, der mit dem Erblasser im Güterstand der Zugewinngemeinschaft gelebt hat und weder Erbe noch Vermächtnisnehmer ist, hat stets nur Anspruch auf den nicht erhöhten, kleinen Pflichtteil. Im übrigen ist er darauf angewiesen, den Ausgleich eines etwaigen Zugewinns nach den güterrechtlichen Bestimmungen zu verlangen (BGH **42,** 182 = NJW **64,** 2404 = FamRZ **64,** 625).

13 **4. Regelung des Pflichtteilsrechts**

Soweit der überlebende Ehegatte auf Zugewinnausgleichsansprüche beschränkt ist, kann er in Verbindung mit diesen Ansprüchen regelmäßig noch den Pflichtteilsanspruch (§ 2303) geltend machen (§ 1371 Abs. 3); dieser Pflichtteil bestimmt sich allerdings nach dem nicht erhöhten Ehegattenerbteil (§ 1371 Abs. 2 Satz 2). Zur Pflichtteilsregelung bei der Beendigung der Zugewinngemeinschaft durch den Tod eines Ehegatten im allgemeinen vgl. *Hampel* FamRZ **58,** 162.

Wegen näherer Einzelheiten zur Regelung des § 1371 vgl. die Erläuterungen daselbst.

14 **V. Erbteil bei Gütertrennung und Vorhandensein von 1—2 Kindern (Abs. 4)**

1. Allgemeines

Abs. 4 ist dem § 1931 durch Art. 1 Nr. 87 NeG angefügt worden. Mit dem neuen Recht des nichtehelichen Kindes steht die Vorschrift jedoch nur in einem mittelbaren Zusammenhang. Ihre Hauptfunktion besteht darin, daß sie eine notwendige Ergänzung zur Neuregelung des § 2057a bildet. Diese Vorschrift, ebenfalls mit Wirkung vom 1. 7. 70 durch das NeG eingeführt, begründet eine Ausgleichspflicht unter Abkömmlingen für besondere Mitarbeit im Haushalt, Beruf oder Geschäft des Erblassers. Eine entsprechende Ausgleichspflicht zugunsten von Ehegatten, die den Wert des Nachlasses durch besondere Leistungen der bezeichneten Art erhöht haben, war bisher nur bei der Zugewinngemeinschaft (§ 1371) und bei der Gütergemeinschaft (§ 1416) vorgesehen. In den wichtigen Fällen der Gütertrennung hätte daher der Fall eintreten können, daß Ehegatten weniger als jedes Kind erhalten, wenn sie mit 1 oder 2 Abkömmlingen zusammentreffen, bei besonderer Mitarbeit im Haushalt, Beruf oder Geschäft des Erblassers ein unbilliges Ergebnis.

15 **2. Erbteilberechnung**

Deshalb erbt der überlebende Ehegatte nach Abs. 4, wenn Gütertrennung bestand und neben ihm 1 oder 2 Abkömmlinge zur Erbfolge berufen sind, mit den Kindern zu gleichen Teilen. Er erhält also die Hälfte der Erbschaft neben 1 Kind und 1/3 neben 2 Kindern. Dabei spielt es keine Rolle, ob diese Kinder aus der durch den Tod des Erblassers beendeten Ehe stammen oder aus einer früheren Ehe des Erblassers. Ungeachtet des Wortlautes der Vorschrift, der von „gesetzlichen Erben" spricht, kann es sich auch um nichteheliche Kinder handeln, obwohl diese *neben* dem überlebenden Ehegatten gerade *nicht* Erbe werden (vgl. § 1934a Abs. 1); Sinn der gesetzlichen Neuregelung ist, nichteheliche Kinder jedenfalls dann einzubeziehen, wenn ihnen ein Erbersatzanspruch zusteht (vgl. BT-Drucks. V 4179). Hinterläßt der Ehemann also neben seiner Ehefrau ein eheliches und ein nichteheliches Kind, so sind die Ehefrau und ihr eigenes Kind je zur Hälfte gesetzliche Erben, während dem nichtehelichen Kinde ein Erbersatzanspruch in Höhe von 1/3 zusteht (*Firsching* Rpfleger **70**, 50). Soweit Kinder durch Tod oder Ausschlagung weggefallen sind, treten ihre Abkömmlinge ein.

Trifft der überlebende Ehegatte mit 3 oder mehr Kindern zusammen, bleibt es bei der Grundregelung des Abs. 1, die ihm einen Anteil von 1/4 sichert und damit in diesen Fällen jedenfalls die Schlechterstellung hindert. § 1371 Abs. 4 ist bei alledem nicht anwendbar (vgl. *Bosch* FamRZ **69**, 506[16a]; s. aber *Johannsen* WM **70** SB 3, 7. Vgl. ferner dazu *Bosch* FamRZ **70**, 508; **72**, 171; *Firsching* DNotZ **70**, 323 ff; *Knur* FamRZ **70**, 276.

VI. Übergangsrecht 16

Für das Übergangsrecht ist von Bedeutung, daß Art. 200 EG die erbrechtlichen Wirkungen des bisherigen Güterstandes bestehen läßt (vgl. Einl. Rdn. 7 zu diesem Buche). Das in dem preuß. Gesetz vom 16. 4. 1860 geregelte Recht der *westfälischen Gütergemeinschaft* ist hinsichtlich seiner erbrechtlichen Wirkungen durch das AG als Ganzes aufrechterhalten worden, einschließlich der Vorschriften des PrALR, die durch die Verweisung in § 7 zum Bestandteil des Sonderrechts geworden sind; danach kann der überlebende Ehegatte weder im Falle beerbter noch unbeerbter Ehe ein Erbrecht auf Grund des § 1931 geltend machen (RG **60**, 165; vgl. auch BGH FamRZ **58**, 172.)

Enthält das bisherige besondere Güterrecht keine Bestimmungen über das Recht des überlebenden Ehegatten für den Fall der Errichtung eines Testaments, insbesondere über ein Pflichtteilsrecht des Ehegatten, ohne ein solches auszuschließen, so sind die Vorschriften des BGB über das Pflichtteilsrecht anwendbar; sind dagegen in dem älteren Güterrechte gewisse unentziehbare Rechte des überlebenden Ehegatten, insbesondere ein Nutznießungsrecht, begründet, so ist daneben für das Pflichtteilsrecht des BGB kein Raum (JW **12**, 298[18]; vgl. auch **05**, 132[3]).

Sind unter der Herrschaft eines Rechtes, welches kein Erbrecht des überlebenden Ehegatten kannte, insbesondere des gemeinen Rechtes, einem Ehegatten von dem andern für den Fall des Überlebens Zuwendungen in *Erb- oder Eheverträgen* gemacht worden, so ist für die Frage, ob dadurch das Erbrecht des überlebenden Ehegatten nach BGB ausgeschlossen wird, entscheidend, ob der Wille des Erblassers (richtiger: der Vertragschließenden) dahin ging, daß der Bedachte nur das Zugewendete und sonst nichts aus dem Nachlasse erhalten solle (RG WarnRspr. **12** Nr. 438; RG **49**, 44; auch 25. 4. 1911 III 55/10). Ein solcher Wille ist nur anzunehmen, wenn besondere Umstände dafür sprechen (BayObLG BayZ **10**, 160). Daraus, daß der Erblasser dem Ehegatten weniger zugewendet hat, als er ihm nach dem bestehenden Rechte hätte zuwenden können, ist ein solcher Wille noch nicht zu entnehmen. Ist der Wille, den Ehegatten von allen weiteren Bezügen aus dem Nachlasse auszuschließen, in einem Ehe- und Erbvertrage des *französischen Rechtes* zum Ausdruck gekommen, so kann er hinsichtlich des gesetzlichen Erbrechts des Ehegatten keine Wirkung äußern, weil Erbverzichtsverträge nach französischem Rechte ungültig waren (RG JW **09**, 220[10] unter Aufgabe von RG **49**, 44; ferner 2. 5. 1912 IV 366/11; vgl. Einl. Rdn. 7 zu diesem Buche zu EG Art. 217).

Auslegungsfrage ist auch, ob der überlebende Ehegatte das ihm durch eine solche ältere Verfügung Zugewendete, insbesondere einen Nießbrauch, ***neben*** dem gesetzlichen Erbrecht des BGB verlangen kann oder nur, wenn er dieses ausgeschlagen hat (RG WarnRspr. **13** Nr. 231; ferner 2. 5. 1912 IV 366/11 und 16. 5. 1917 IV 74/17). Zur Übergangsregelung bei Anwendung des NeG s. Vorbemerkung Rdn. 1

17 **VII. Ehegattenerbrecht in der DDR**

Schrifttum:

Permutz NJW **66,** 530; *Riedel* BWNotZ **66,** 192; *Musiolik* JR **66,**288; *Bartholomeyczik* Lehrb. § 10 I 10; *Ferid/Firsching* Intern. Erbrecht Deutschland DDR D III.

1. Der § 1931 ist durch § 27 Nr. 3 EGFamGB mit Wirkung vom 1. 4. 1966 aufgehoben worden. Das Erbrecht des überlebenden Ehegatten bestimmt sich nach § 10 Abs. 1, 2 EGFamGB. Bei Beendigung der Ehe durch Tod oder Todeserklärung erbt der überlebende Ehegatte:

a) wie ein Erbe erster Ordnung *neben* den Kindern des Erblassers oder deren Abkömmlingen, jedoch mindestens 1/4,

b) *allein*, wenn erbberechtigte Kinder des Erblassers oder deren Abkömmlinge nicht vorhanden sind.

c) War jedoch der Erblasser zum Zeitpunkt des Erbfalls den eigenen *Eltern* unterhaltspflichtig, so sind diese *neben* dem *Ehegatten* gesetzliche Erben. In diesem Fall erbt der Ehegatte die Hälfte, die andere Hälfte geht zu gleichen Teilen auf die Eltern und, wenn nur ein Elternteil erbberechtigt ist, auf diesen über.

2. Die Befugnis des Erblassers, diese gesetzliche Regelung durch letztwillige Verfügung zu ändern, bleibt unberührt. Bei alledem bleibt das Pflichtteilsrecht des überlebenden Ehegatten aber unberührt.

3. Dem überlebenden Ehegatten steht neben seinem Anteil am gemeinsamen Eigentum und Vermögen des Ehegatten unter bestimmten Voraussetzungen (§ 40 Abs. 1, 2 FamGB) auch ein schuldrechtlicher Anspruch auf einen Anteil am Vermögen des anderen Ehegatten bis zur Hälfte seines Vermögens zu (sog. Ausgleichsanspruch).

4. Wegen der Verjährung der Ansprüche vgl. § 40 Abs. 2, 4 Satz 3 FamGB.

§ 1932

Ist der überlebende Ehegatte neben Verwandten der zweiten Ordnung oder neben Großeltern gesetzlicher Erbe, so gebühren ihm außer dem Erbteile die zum ehelichen Haushalte gehörenden Gegenstände, soweit sie nicht Zubehör eines Grundstücks sind, und die Hochzeitsgeschenke als Voraus. Ist der überlebende Ehegatte neben Verwandten der ersten Ordnung gesetzlicher Erbe, so gebühren ihm diese Gegenstände, soweit er sie zur Führung eines angemessenen Haushalts benötigt.

Auf den Voraus sind die für Vermächtnisse geltenden Vorschriften anzuwenden.

E I 1971 Abs. 3 II 1809; M **5** 372—375; P **5** 472, 480, 481.

Voraus des Ehegatten

Übersicht

1 **I. Allgemeines**

Die durch Art. 1 Nr. 42 des Gleichberechtigungsgesetzes vom 18. 6. 1957 neugefaßte Vorschrift behandelt die als „Voraus" bezeichneten Rechte, die dem überlebenden Ehegatten in seiner Eigenschaft als gesetzlichem Erben auf bestimmte Nachlaßgegenstände (Haushaltsgegenstände, soweit nicht Grundstückszubehör, und Hochzeitsgeschenke) zustehen. Nach der *älteren Fassung* der Vorschrift gebührte der Voraus dem überlebenden Ehegatten als gesetzlichem Erben lediglich neben Verwandten der zweiten Ordnung (§ 1925) oder neben Großeltern (§ 1926), also nicht neben Abkömmlingen (§ 1924). Nach der *neuen Fassung* steht dem überlebenden Ehegatten nunmehr auch *neben* Verwandten der ersten Ordnung der Voraus zu, allerdings nur, soweit er die betreffenden Gegenstände zur Führung eines angemessenen Haushalts benötigt. Ist der überlebende Ehegatte gesetzlicher Erbe neben Abkömmlingen von Großeltern oder Verwandten fernerer Ordnungen, so steht ihm ohnehin die ganze Erbschaft zu (§ 1931 Abs. 2); insoweit brauchte ihm daher kein Voraus eingeräumt zu werden. § 1932 verfolgt den Zweck, dem überlebenden Ehegatten die Fortsetzung seiner bisherigen Lebensführung zu ermöglichen. Hieraus ist abzuleiten, daß dem Anspruch auf Übertragung oder Verschaffung der zum Voraus gehörenden Gegenstände grundsätzlich kein Zurückbehaltungsrecht entgegengesetzt werden kann (*Dütz* NJW **67,** 1107).

Zur wechselseitigen Beeinflussung von § 1932 und § 758 öst. ABGB s. *Wesener* FamRZ **59,** 84.

Der Ehegatte muß *gesetzlicher* Erbe geworden sein. Deshalb steht der Voraus dem auf Grund einer Verfügung von Todes wegen erbenden Ehegatten nicht zu (RG **62,** 110); schlägt er aber die Einsetzung als Erbe aus und nimmt er die gesetzliche Berufung an (§ 1948), so kann er den Voraus beanspruchen. Ebensowenig steht der Voraus dem Ehegatten zu, der auf die Erbschaft verzichtet hat (§ 2346), von ihr ausgeschlossen (§ 1938), für unwürdig erklärt worden ist (§ 2339) oder sie ausgeschlagen hat (§ 1944; vgl. Rdn. 20 zu § 1922). Da in § 1932 Abs. 1 Satz 1 ausdrücklich erfordert wird, daß der überlebende Ehegatte gesetzlicher Erbe ist, kann er die Erbschaft auch nicht ausschlagen und den Voraus annehmen (*Planck/Flad* 4. Aufl. Erl. 4; aM die zweite Auflage dieses Kommentars Anm. 5 mit *Planck* frühere Auflagen; die Anwendung der Vermächtnisgrundsätze, vgl. Rdn. 9, kann nicht dazu führen, von dem Erfordernisse abzusehen, daß der Ehegatte Erbe wird). Dagegen kann er die Erbschaft annehmen und den Voraus ausschlagen. **2**

Ist der Ehegatte nicht zum Voraus berechtigt, so müssen die Gegenstände, die den Voraus gebildet haben würden, bei Berechnung seines Pflichtteils als zum Nachlasse gehörig angesehen werden (der § 1987 Satz 1 des I. Entwurfs, der das ausdrücklich anordnet, ist von der zweiten Kommission als selbstverständlich gestrichen; P **5** 518). Anderseits ist der Voraus bei der Berechnung des Pflichtteils der *Eltern* des Erblassers nicht als Teil des Nachlasses anzusetzen (§ 2311 Abs. 1 Satz 2; die in RG **62,** 110 offen gelassene Frage, ob diese Vorschrift anwendbar ist, wenn der Ehegatte nicht vorausberechtigt ist, muß auf Grund des Wortlauts wie auch aus sachlichen Gründen verneint werden (vgl. § 1987 Satz 2 des E I); durch die Änderung der Fassung (P **5** 518) war wohl keine sachliche Änderung beabsichtigt). **3**

Der Voraus kann dem Ehegatten vom Erblasser durch anderweitige Vergebung der dazu gehörigen Gegenstände oder auch mittelbar durch übermäßige Beschwerung des Erben mit anderen Vermächtnissen *entzogen* werden (vgl. Rdn. 9).

II. Haushaltsgegenstände **4**

Als Haushaltsgegenstände (vgl. auch §§ 1361a, 1370, 1382 aF, 1640 aF, 1682, 1969) kommen die den Zwecken des ehelichen Haushalts dienenden Gegenstände in Betracht, auch Luxussachen, nicht aber Gegenstände des ganz persönlichen Bedarfs des einzelnen Ehegatten (Kleidung, Schmuck) oder solche, die zu Erwerbs-, Dienst- oder Studienzwecken dienen. Nach der Ausdrucksweise des BGB (vgl. § 90) besteht kein Bedenken, auch unkörperliche Gegenstände, also Rechte, als zum ehelichen Haushalte „gehörig" darunter zu begreifen, so namentlich Ansprüche aus Lieferungsverträgen für den Haushalt, aus Abzahlungsverträgen für Möbel, Wäsche u. dgl., ferner auch das Mietrecht auf die eheliche Wohnung (LG Augsburg, Wohnungswirtschaft u. Mietrecht **62,** 55); der Zweck, dem überlebenden Ehegatten die Fortsetzung des bisherigen Haushalts zu ermöglichen, wird gerade durch Einbeziehung dieser Rechte erst erreicht (so auch *Planck/Flad* 4. Aufl. Erl. 2; *Kipp/Coing* § 5 Anm. 11).

Hat der verstorbene Ehegatte einen zum ehelichen Haushalt gehörenden *Gegenstand* unberechtigt *verschleppt,* dann gehört der Anspruch auf Herausgabe gleichfalls zum Voraus.

Den Voraus bilden nur die nach Maßgabe des Güterstandes *zum Nachlasse des Verstorbenen gehörigen Gegenstände* und Anteile an solchen; die dem Überlebenden gehörigen kommen ihm ohnedies und unter allen Umständen zu.

5 Der **Haushalt** braucht *nicht als gemeinschaftlicher* zur Zeit des Todes zu bestehen; bei Getrenntleben fallen diejenigen Gegenstände unter den Voraus, die zu dem früheren gemeinschaftlichen Haushalte gehört haben oder im Wege der dinglichen Ersetzung (Surrogation) an deren Stelle getreten sind (OLG **24,** 80). § 1932 erfordert aber seinem Wortlaut („zum ehelichen Haushalt gehörenden Gegenstände") und seinem Zwecke nach, die Fortsetzung des Haushalts durch den überlebenden Gatten zu ermöglichen, daß ein *gemeinsamer* ehelicher Haushalt überhaupt einmal begründet worden ist (vgl. OLG Dresden SeuffArch. **77, 148;** LG Göttingen HannRpfl. **46,** 91; *Kipp/Coing* § 5 Anm. 10). Haben die Ehegatten oder hat einer von ihnen die häusliche Gemeinschaft aufgehoben, dann muß mindestens von einem von beiden der bisherige Haushalt — als Grundlage für eine etwaige Wiederherstellung der ehelichen Lebensgemeinschaft und insofern als „ehelicher Haushalt" — aufrechterhalten worden sein. Hat sich nach der Trennung einer der Ehegatten eine eigene Wohnung neu eingerichtet, so fallen die dafür angeschafften Sachen nicht unter den Voraus. Die in der 9. Auflage vertretene Auffassung, es fielen auch solche Gegenstände unter den Voraus, die für einen neu zu gründenden ehelichen Haushalt bereits angeschafft worden sind, auch wenn es nicht zu einer Gründung des Haushalts gekommen ist, z. B. weil ein Ehegatte vorher verstorben ist, ist hiernach bedenklich. Unbilligkeiten können in ähnlichen Fällen vielfach dadurch vermieden werden, daß — zumal unter den Kriegs- und Nachkriegsverhältnissen — in der Frage, wann ein ehelicher Haushalt begründet worden ist, einfachere Anforderungen gestellt werden. So kann auch dann ein ehelicher Haushalt begründet worden sein, wenn die Ehegatten infolge Kriegsdienstes des Mannes kaum zusammen gelebt haben und die Frau bei ihren Eltern gewohnt hat, sofern sie sich innerhalb ihres Elternhauses in irgendeiner Weise einen eigenen Bereich als ihren „ehelichen Haushalt" geschaffen hat. Dann fallen auch Anschaffungen für diesen — auch für seine spätere Erweiterung — ohne weiteres unter den § 1932. Während der Ehe angeschaffter Hausrat wird in der Regel nicht Gesamthandseigentum einer Gesellschaft der Ehegatten-OHG (OHG Köln NJW **50,** 593). Im einzelnen kann eine Aussen- oder Innengesellschaft gewollt sein, um die Ehefrau am Ehevermögen zu beteiligen (BGH **8,** 249 = FamRZ **54,** 136). Jeder Ehegatte kann in der Zugewinngemeinschaft für den anderen als Bote oder Stellvertreter erwerben (vgl. *Erman/Bartholomeyczik* Rdn. 8).

6 **III. Zubehör:** §§ 97, 98.

7 **IV. Hochzeitsgeschenke**

Hochzeitsgeschenke sind die den Ehegatten zu ihrer Hochzeit dargebrachten unentgeltlichen Zuwendungen; sie sind gemeinschaftliches Eigentum, falls der Schenker sie nicht ausdrücklich oder durch schlüssige Handlungen nur für einen Ehegatten bestimmt hat. Der überlebende Ehegatte erhält sie ganz, wenn er vorausberechtigt ist, sonst nur seinen Anteil. Zuwendungen, die gelegentlich der Hochzeit von den Eltern eines Teiles im Rahmen ihrer durch § 1624 bestimmten Ausstattungspflicht gemacht werden, sind keine Hochzeitsgeschenke im Sinne des § 1932 (RG 2. 10. 1922 IV 47/22).

V. Voraus des Ehegatten neben Verwandten erster Ordnung (Abs. 1 Satz 2) 8

Zur Entstehungsgeschichte der Einfügung von Abs. 1 Satz 2 durch Art. 1 Nr. 42 des Gleichberechtigungsgesetzes vgl. *Lange* NJW **57**, 1385 und *Braga* FamRZ **57**, 337. Daß Haushaltsgegenstände und Hochzeitsgeschenke nunmehr dem überlebenden Ehegatten, der als gesetzlicher Erbe berufen ist, grundsätzlich auch neben Abkömmlingen als Voraus gebühren, erscheint als eine der durchschnittlichen soziologischen Struktur der modernen Ehen angepaßte gerechtfertigte Neuerung; ihr Sinn besteht vor allem darin, dem überlebenden Teil nach Möglichkeit die Fortführung seines Haushalts in der bisherigen Weise zu erleichtern. Allerdings macht das Gesetz die Gewährung des Voraus in diesen Fällen davon abhängig, daß der überlebende Ehegatte die betreffenden Gegenstände zur Führung eines angemessenen Haushalts benötigt. Dies wird der Fall sein, wenn der Ehegatte weder genügend Gegenstände dieser Art besitzt noch ihm zugemutet werden kann, sie sich, wenn sie ihm fehlen, aus eigenen Mitteln zu beschaffen. Diese Einschränkung greift jedoch nicht wesentlich in die schutzwürdigen Interessen des überlebenden Ehegatten ein. Schwierigkeiten können nur dort auftreten, wo es sich um materiell wertvolle Hochzeitgeschenke oder um solche mit Erinnerungswerten handelt, an denen der überlebende Ehegatte zwar persönlich interessiert ist, bei denen es aber zweifelhaft ist, ob dieses Interesse mit dem Bedürfnis gerechtfertigt werden kann, einen angemessenen Haushalt zu führen. Praktisch wird diesen Schwierigkeiten meistens durch Vorausvermächtnisse oder Teilungsanordnungen vorgebeugt werden. Zur Frage eines Anspruchs auf die Wohnung selbst vgl. Rdn. 4 LG Augsburg aaO.

VI. Vermächtnisvorschriften (Abs. 2) 9

Das BGB hat den Voraus, entsprechend dem Grundsatze der erbrechtlichen Gesamtrechtsnachfolge (vgl. Rdn. 1,25f zu § 1922), nicht als gesetzliches Erbrecht, sondern als ein dem Ehegatten neben dem Erbrecht vom Gesetze zugewendetes Vermächtnis (sog. **gesetzliches Vermächtnis**; vgl. auch § 1963) ausgestaltet. Er begründet somit ein Forderungsrecht (§ 2174) auf Verschaffung des Eigentums und auf Übertragung der dazugehörigen Rechte gegen die damit beschwerten Erben, zu denen auch der Ehegatte selbst gehört (KG FamRZ **60**, 71). Soweit dieser beschwert ist, liegt ein *Vorausvermächtnis* (§ 2150) vor, also kein Recht des Nacherben auf den Voraus (§ 2110 Abs. 2); beim Erbschaftskaufe gilt es nicht als mitverkauft (§ 2373). — Der Voraus gehört zu den Nachlaßverbindlichkeiten, für die der Erbe nach Maßgabe der §§ 1967, 1975ff haftet: Er kann sie berichtigen, wie sie im Falle des Nachlaßkonkurses berichtigt werden würden (§ 1991 Abs. 4), also nach den nicht aus Vermächtnissen und Auflagen herrührenden Verbindlichkeiten (§ 226 Abs. 2 Nr. 5 KO); zu den vom Erblasser angeordneten sind auch die *gesetzlichen* Vermächtnisse zu rechnen (*Jaeger* KO § 226 Rdn. 13; *Mentzel/Kuhn* 6. Aufl. KO §§ 226f Rdn. 8; Begr. zur KO 47); der Voraus hat kein Vorzugsrecht vor anderen aus Vermächtnissen oder Auflagen herrührenden Verbindlichkeiten. Miterben haften als Gesamtschuldner (§ 2058); § 2148 ist nicht anzuwenden, da er nur das Verhältnis unter mehreren Beschwerten betrifft (vgl. Erl. zu § 2148); der Ehegatte kann grundsätzlich Berichtigung des Voraus vor der Auseinandersetzung verlangen (§ 2046; vgl. aber Rdn. 1 dazu).

Zur *Pflichtteilslast* ist der Voraus auf Grund der Neuregelung durch das Gleichberechtigungsgesetz weder für die Berechnung des Pflichtteiles der Abkömmlinge noch für den Pflichtteil der Eltern heranzuziehen (§ 2311 Abs. 1 Satz 2; vgl. Rdn. zu § 2318). Zur Frage des Vorausabzugs bei der Pflichtteilsberechnung s. im übrigen *Staudenmaier* DNotZ **65,** 68; auch Rdn. 3.

§ 1933

Das Erbrecht des überlebenden Ehegatten sowie das Recht auf den Voraus ist ausgeschlossen, wenn der Erblasser zur Zeit seines Todes auf Scheidung oder Aufhebung der Ehe zu klagen berechtigt war und die Klage erhoben hatte, sofern im Falle der Scheidung oder Aufhebung der Ehegatte als schuldig anzusehen wäre.

E II 1810: M **5** 370, 371; P **5** 472, 480; KB 308.

Neueres Schrifttum:

Geissler, Das Versorgungsrecht und die Vorschriften des § 1933 BGB, JR **55,** 16.

Ausschluß des Ehegattenerbrechts

Übersicht

1 **I. Vorbemerkung**

Die jetzige Fassung des § 1933 beruht auf § 27 der 1. DV zum EheG v. 27.7.1938; sie ist durch das EheG 46 nicht berührt worden (§ 79 aaO). In der alten Fassung ist die Vorschrift noch anzuwenden, wenn der Erbfall vor dem Inkrafttreten des EheG 38 (1.8.1938) eingetreten ist (§ 27 Abs. 2 der 1. DV zum EheG 38). Nach § 1 der 5. DV zum EheG vom 18. März 1943 (RGBl. 102) kann der *Staatsanwalt* nach dem Tode des klagenden Ehegatten Feststellung beantragen, daß das Scheidungsbegehren des Verstorbenen gerechtfertigt gewesen sei.

2 **II. Umfang des Ausschlusses**

Im Falle des § 1931 ist mit dem gesetzlichen Erbrecht zugleich der hiernach (§ 2303) zu bemessende *Pflichtteil* ausgeschlossen (RG 17.6.1937 IV 54/37), ebenso der Voraus, § 1932. Die gleichen Grundsätze gelten auch für die Unwirksamkeit von letztwilligen Zuwendungen an den Ehegatten (§ 2077), des gemeinschaftlichen Testaments (§ 2268), des Erbvertrages (§ 2279 Abs. 2). Den Pflichtteil kann ein Ehegatte dem andern unter den Voraussetzungen des § 2335 entziehen, ohne eine Scheidungsklage zu erheben. Dagegen steht dem überlebenden Ehegatten auch dann, wenn er nach den §§ 1933, 2303, 2339, 2345 vom Erbrecht und vom Anspruch auf den Pflichtteil ausgeschlossen ist, ein Ausgleichsanspruch nach § 1371 Abs. 2 zu (BGH **46,** 343, 350 = NJW **66,** 2109 = MDR **66,** 918).

3 **III. Erhebung der Scheidungs- oder Aufhebungsklage durch den Erblasser**

Im Rahmen des § 1933 muß die **Klage** beim Todes des Erblassers bereits **erhoben** und darf sie nicht wieder zurückgenommen sein (ZPO §§ 253, 271 Abs. 3). Trotz Einführung des Amtsbetriebes (§ 2 der 4. VereinfVO v. 12. 1. 1943, jetzt ZPO § 261b) ist weiter anzunehmen, daß die Klage erst mit der Zustellung erhoben worden ist (ZPO § 253 Abs. 1; OLG Bamberg HEZ 2, 290). Die *Widerklage* steht der Klage gleich; sie gilt als erhoben mit der Stellung des Widerklageantrags in der mündlichen Verhandlung oder mit der Zustellung eines den Erfordernissen des § 253 Abs. 2 Nr. 2 ZPO entsprechenden Schriftsatzes (ZPO § 281). Der *Antrag auf Mitschuldigerklärung* genügt nicht; ebensowenig die *Einreichung des Zustellungsgesuchs* für eine Klage nach § 207 ZPO, falls die Klage erst nach dem Tode des klagenden Ehegatten zugestellt ist; auch nicht die *Ladung zum Sühneversuch* (EheG § 57 Abs. 3; früher BGB § 1571 Abs. 3); in beiden Fällen beschränkt sich die Rückbeziehung auf die an den angeführten Gesetzesstellen bezeichneten Wirkungen; das muß für die Ladung zum Sühnetermin um so mehr gelten, als sie noch eine Versöhnung herbeiführen soll (so mit Recht *Planck/Flad* Bem. 2c; auch RG **96,** 201).

Auch die bei einem *örtlich oder sachlich unzuständigen Gerichte* angebrachte Klage ist „erhoben". Die durch Zustellung erhobene begründete Ehescheidungsklage schließt das Erbrecht des — schuldigen — beklagten Ehegatten auch dann aus, wenn ihr ein *wesentlicher, aber heilbarer Mangel* anhaftet. Als eine solche Klage kann auch eine vor Zustellung der Klage durch Zustellung erhobene Widerklage angesehen werden (KG HRR **42** Nr. 478). Durch den Tod des klagenden Teils wird der Ehescheidungs- oder Aufhebungsprozeß als solcher erledigt (ZPO § 628); über die Berechtigung des Klageverlangens muß deshalb nötigenfalls in einem besonderen Prozesse zwischen dem Ehegatten, der das Erbrecht in Anspruch nimmt, und dem durch ihn ausgeschlossenen oder beschränkten Erben entschieden werden; dabei sind die besonderen Vorschriften der ZPO über das Verfahren in Ehesachen nicht anzuwenden. Auch *andere* als die in der Klage geltend gemachten *Scheidungs- oder Aufhebungsgründe* kann der Erbe zur Zurückweisung des Erbanspruch des Ehegatten benutzen, sofern sie bei dem Tode des Erblassers noch bestanden haben und dieser sie durch Klageerweiterung gemäß § 614 hätte geltend machen können. Diese Möglichkeit muß ihm jedenfalls dann gegeben sein, wenn der Erblasser schon zu seinen Lebzeiten Tatsachen in Erfahrung gebracht hat, auf die eine Klageerweiterung gemäß ZPO § 614 hätte gestützt werden können, und wenn er auch entschlossen war, die erhobene Scheidungsklage nachträglich darauf zu stützen. § 1933 verlangt nur, daß die Klage bei dem Tode des Erblassers erhoben, nicht aber, daß sie bereits auf eine Scheidung wegen Verschuldens gerichtet war (LG Kassel MDR **50,** 616).

Die — nach EheG § 78 beseitigte — *Klage auf Aufhebung der ehelichen Gemeinschaft* (§ 1575 aF) ist der Klage auf Scheidung in § 1933 bisheriger Fassung ausdrücklich gleichgestellt; vgl. § 1931 Rdn. 5. Stirbt der beklagte Ehegatte vor Rechtskraft des Scheidungs- oder Aufhebungsurteils, so bleibt der Teil, der die Klage erhoben hatte, erbberechtigt.

IV. Verschulden des Überlebenden 4

Nur die **auf Verschulden beruhenden Scheidungsgründe** (EheG § 42f; BGB §§ 1565 bis 1568 aF)kommen in Betracht, nicht die Scheidungsgründe, die kein Verschulden voraussetzen (EheG §§ 44ff; BGB § 1569 aF); der Verlust des Erbrechts tritt aber auch in diesen Fällen mit der Rechtskraft des Scheidungsurteils ein (§ 1931 Rdn. 5). **Aufhebungsgründe:** EheG §§ 30ff; **Schuld an der Aufhebung:** EheG § 42 Abs. 2; DV v. 27. 7. 1938 § 19 Abs. 2; vgl. auch §§ 17, 18. Das Scheidungs- oder Aufhebungsrecht darf nicht durch Verzeihung (EheG § 49; BGB § 1570 aF), Bestätigung (EheG § 32 Abs. 2), Fristablauf (EheG §§ 35, 50; BGB § 1571 aF) oder nach ZPO § 616 erloschen sein.

5 **V. Beweislast**

Wer das Erbrecht des überlebenden Ehegatten bestreitet, hat zu beweisen, daß ein Scheidungs- oder Aufhebungsgrund aus dessen Verschulden bestand und die Klage beim Tode des Erblassers schon erhoben war.

§ 1934

Gehört der überlebende Ehegatte zu den erbberechtigten Verwandten, so erbt er zugleich als Verwandter. Der Erbteil, der ihm auf Grund der Verwandtschaft zufällt, gilt als besonderer Erbteil.

E I 1971 Abs. 2 II 1811; M **5** 372; P **5** 472.

Ehegatte als erbberechtigter Verwandter

1 **Verwandtschaft des Ehegatten** kann bei der ersten Ordnung (§ 1924) nicht in Frage kommen. In der dritten und den folgenden Ordnungen hat der Ehegatte als Abkömmling von mit dem Erblasser gemeinsamen Großeltern (Geschwisterkind mit dem Erblasser) kein Erbrecht neben seinem Ehegattenerbrecht (§ 1931 Rdn. 4). Es bleiben deshalb nur Fälle der zweiten Ordnung übrig (Heirat zwischen Onkel und Nichte, Tante und Neffen, Großonkel und Großnichte usw.).

2 **Besonderer Erbteil (Satz 2).** Gleichlautend mit § 1927; s. dort Rdn. 3. Siehe besondere Anmerkungen zu §§ 1934a—e.

§ 1934 a

Einem nichtehelichen Kinde und seinen Abkömmlingen steht beim Tode des Vaters des Kindes sowie beim Tode von väterlichen Verwandten neben ehelichen Abkömmlingen des Erblassers und neben dem überlebenden Ehegatten des Erblassers an Stelle des gesetzlichen Erbteils ein Erbersatzanspruch gegen den Erben in Höhe des Wertes des Erbteils zu.

Beim Tode eines nichtehelichen Kindes steht dem Vater und seinen Abkömmlingen neben der Mutter und ihren ehelichen Abkömmlingen an Stelle des gesetzlichen Erbteils der in Abs. 1 bezeichnete Erbersatzanspruch zu.

Beim Tode eines nichtehelichen Kindes sowie beim Tode eines Kindes des nichtehelichen Kindes steht dem Vater des nichtehelichen Kindes und seinen Verwandten neben dem überlebenden Ehegatten des Erblassers an Stelle des gesetzlichen Erbteils der in Absatz 1 bezeichnete Erbersatzanspruch zu.

Soweit es nach den Absätzen 1 und 2 für die Entstehung eines Erbersatzanspruchs darauf ankommt, ob eheliche Abkömmlinge vorhanden sind, steht ein nichteheliches Kind im Verhältnis zu seiner Mutter einem ehelichen Kinde gleich.

Erbersatzansprüche nichtehelicher Kinder

Übersicht

I. Allgemeines 1

1. Die §§ 1934a—1934e sind durch Art. 1 Nr. 88 NeG neu eingefügt worden. Sie gelten für Erbfälle, die nach Inkrafttreten des NeG (1. 7. 1970) eingetreten sind, und für nach dem 30. 6. 1949 geborene nichteheliche Kinder des Erblassers. Im übrigen verbleibt es bei der Anwendung des alten Rechts. Daraus folgt insbesondere, daß das nichteheliche Kind eines vor dem 1. 7. 1970 verstorbenen Erblassers zwar seinen Vater nicht beerbt, aber seinen Unterhaltsanspruch gegen die Erben weiter geltendmachen kann; dabei bleibt auch für die Höhe des Unterhalts das alte Recht maßgebend.

Nach Aufhebung des § 1589 durch das NeG sind nunmehr auch die nichtehelichen Kinder mit ihrem Vater — also nicht mehr allein mit der Mutter — im Rechtssinne verwandt. Diese rechtliche Anerkennung der Verwandtschaft durch Abstammung entspricht der durch Art. 6 Abs. 5 GG erhobenen Forderung, dem nichtehelichen Kinde grundsätzlich die gleichen Entwicklungsbedingungen zu verschaffen wie dem ehelichen. Sie führt aber nicht zur völligen Verwischung der gesellschaftlichen Unterschiede zwischen ehelicher und nichtehelicher Geburt. Dem steht schon der Gedanke des Schutzes von Ehe und Familie (Art. 6 Abs. 1 GG) entgegen. Auch an typischen tatsächlichen Verschiedenheiten kann nicht vorbeigegangen werden: Im Gegensatz zu dem engen persönlichen Verhältnis, das eheliche Kinder regelmäßig mit ihren Eltern verbindet, fehlt im allgemeinen eine solche nähere Beziehung zwischen dem Vater und dem nichtehelichen Kinde, das ja, solange es minderjährig ist, unter der elterlichen Gewalt der Mutter steht. Diese Unterschiede begründen im Falle eines Ablebens des Vaters, sofern dieser anderweitig verheiratet ist und eheliche Kinder hat, die Gefahr von Spannungen zwischen dem nichtehelichen Kinde einerseits und der Familie des Erblassers andererseits. Dieses Spannungsverhältnis könnte namentlich dann, wenn das nichteheliche Kind an der Miterbengemeinschaft nach dem Verstorbenen beteiligt wäre, zu unerträglichen Schwierigkeiten führen; insbesondere wäre zu besorgen, daß eine ordnungsmäßige Verwaltung des Nachlasses im Interesse aller Miterben gestört oder unmöglich gemacht würde. Das Gesetz löst diesen Konflikt zwischen dem Prinzip der Gleichbehandlung ehelicher und nichtehelicher Kinder und dem Gedanken des Schutzes von Ehe und Familie dadurch, daß den nichtehelichen Verwandten unter bestimmten Voraussetzungen an Stelle des ihnen an sich zustehenden Nachlaßanteils ein Erbersatzanspruch zuerkannt wird, während sich die Erbanteile der übrigen Erben, gegen die sich der Erbersatzanspruch richtet, entsprechend erhöhen. Lediglich die nichtehelichen Kinder einer Erblasserin bleiben den ehelichen Kindern erbrechtlich gleichgestellt.

2. Das Gesetz unterscheidet drei Grundtatbestände:

a) Hinterläßt der Vater oder ein väterlicher Verwandter eheliche Abkömmlinge oder einen Ehegatten, so sind neben ihnen nichteheliche Kinder oder deren Abkömmlinge am Nachlaß nicht gesamthandsberechtigt. Sie erhalten lediglich einen Erbersatzanspruch in Höhe des Wertes, den ihre gesetzlichen Erbteile hätten (Abs. 1).

b) Stirbt das nichteheliche Kind, so haben der Vater und seine Abkömmlinge neben der Mutter und ihren Abkömmlingen nur einen Erbersatzanspruch (Abs. 2).

c) Beim Tode des verheirateten nichtehelichen Kindes oder dessen Kindern steht seinem Vater und dessen Verwandten neben dem überlebenden Ehegatten des Erblassers nur ein Erbersatzanspruch zu (Abs. 3).

2 **II. Anspruch des nichtehelichen Kindes (Abs. 1)**

Beim Tode des Vaters oder eines väterlichen Verwandten kommt es darauf an, ob der Erblasser ausser dem nichtehelichen Kinde noch Ehegatten oder eheliche Abkömmlinge hinterläßt. Ist das der Fall, so steht dem nichtehelichen Kinde nur der Erbersatzanspruch zu. Beim Fehlen solcher Erben sind die nichtehelichen Kinder wie gesetzliche Erben berufen. Sind sie die einzigen Hinterbliebenen, fällt ihnen also auch dann der ganze Nachlaß zu, wenn noch Eltern oder Geschwister des Erblassers vorhanden sind.

Zu beachten ist dabei, daß nach § 1930 auch bei Bestehen von Erbersatzansprüchen Verwandte der nachfolgenden Ordnungen von der Erbfolge ausgeschlossen sind.

Zum Erbrecht des nichtehelichen Kindes beim Tode eines väterlichen Verwandten vgl. *Dieckmann* JZ 70, 344; *Damrau* FamRZ **69**, 579.

3 **III. Anspruch des Vaters und seiner Verwandten**

1. Tod des nichtehelichen Kindes; Vorrang der Mutter (Abs. 2)

Stirbt ein nichteheliches Kind, so schließen sowohl seine Mutter und deren eheliche oder nach Abs. 4 als ehelich zu behandelnden nichtehelichen Abkömmlinge als auch der überlebende Ehegatte des Erblassers seinen Vater und dessen Abkömmlinge von der Gesamthandsbeteiligung am Nachlaß aus. Diese erhalten jedoch einen Erbersatzanspruch. Hinterläßt somit ein nichteheliches Kind nur Vater und Mutter, so wird die Mutter Alleinerbin, während dem Vater ein Erbersatzanspruch im Werte der Hälfte des Nachlasses zusteht (§ 1925 Abs. 2). Den gleichen Anspruch hat der Vater, wenn neben ihm ein Kind der bereits verstorbenen Mutter vorhanden ist (§§ 1934e, 1925). Vgl. auch Beispiele bei *Damrau* FamRZ **69**, 583 Beisp. 9; bei *Firsching* Rpfleger **70**, 51, ders. DNotZ **70**, 532 Beisp. 7; *Mümmert* Jur.Büro 70, 217; *Schramm* BWNotZ **70**, 10 Beisp. IV 2; *Dieckmann* JZ **70**, 346; *Kipp/Coing* Erg Bd § 4 IV a 2 c/3; *Johannsen* WM 70 SB 3 S. 8.

4 **2. Tod des verheirateten nichtehelichen Kindes oder dessen Kindes; Vorrang des Ehegatten (Abs. 3)**

War das nichteheliche Kind beim Erbfall verheiratet, dann bildet die Mutter mit dem überlebenden Ehegatten eine Erbengemeinschaft, während der Vater einen Erbersatzanspruch in Höhe eines $1/8$ des Nachlaßwertes — bei dem gesetzlichen Güterstand der Zugewinngemeinschaft — hat (§§ 1925 Abs. 2, 1931 Abs. 1, 2, 1371 Abs. 1).

Stirbt ein Kind eines nichtehelichen Kindes und hinterläßt es nur seinen Ehegatten und seine nichtehelichen Großeltern, dann steht dem Vater des nichtehelichen Kindes (Großvater des Erblassers) nur ein Erbersatzanspruch zu, während Großmutter und überlebender Ehegatte eine Erbengemeinschaft bilden (Abs. 3).

Wenn in diesem Falle auch der Erblasser — also das Kind des nichtehelichen Kindes — nichtehelich geboren wäre, wird die Rechtslage problematisch. Denn nach dem Wortlaut des Abs. 3 treffen sowohl die 1. Alternative — Tod eines nichtehelichen Kindes — als auch die 2. Alternative — Tod eines Kindes des nichtehelichen Kindes — zu. Stellt man auf die nichteheliche Geburt des Erblassers selbst ab (1. Alternative), so ist unter „dem Vater des nichtehelichen Kindes“ das vorverstorbene ebenfalls nichteheliche Kind der Großeltern zu sehen mit der Folge, daß neben dem überlebenden Ehegatten diese nur einen Erbersatzanspruch haben (so *Johannsen* WM 70 SB 3 S. 8, 9; *Firsching* DNotZ

70, 533; *Odersky* NeG § 1934a Anm. II 3; *Lutter,* Erbrecht des nichtehelichen Kindes 1972 S. 36; ders. StAZ **71,** 13). Legt man hingegen den Schwerpunkt auf die erste nichteheliche Geburt und betrachtet den Erblasser lediglich als das Kind eines nichtehelichen Kindes (2. Alternative), dann ist unter „Vater des nichtehelichen Kindes" nur der „Großvater" zu verstehen. Dieser erhält dann einen Erbersatzanspruch, während Großmutter und überlebender Ehegatte eine Erbengemeinschaft bilden (so *Damrau* FamRZ **69,** 579; *Böhm* FamRZ **71,** 352).

Dieser letzteren Ansicht wird mit *Erman/Bartholomeyczik* Rdn. 21 zu § 1934a der Vorzug zu geben sein, da sich bei Annahme des vorverstorbenen nichtehelichen Kindes als „Vater des nichtehelichen Kindes" unterschiedliche Ergebnisse ergeben könnten, falls das vorverstorbene Kind eine Frau wäre. In einem solchen Falle würde das Tatbestandsmerkmal eines „Vaters des nichtehelichen Kindes" im Sinne des Abs. 3 nicht erfüllt sein und den Großeltern neben dem überlebenden Ehegatten ein reales Erbrecht zustehen. Ist aber das vorverstorbene Kind ein Mann, so erhalten die Großeltern nur einen Erbersatzanspruch. Diese Differenzierung, ob Mann oder Frau, findet im Gesetz aber keine Stütze, da Abs. 4 gerade nicht auf Abs. 3, sondern nur auf Abs. 1 und 2 verweist (vgl. *Böhm* FamRZ **71,** 352).

IV. Bedeutung des Verhältnisses zur Mutter (Abs. 4) 5

Grundsätzlich beerbt das nichteheliche Kind, wie früher, seine Mutter und deren Verwandte. Da das nichteheliche Kind unter der elterlichen Gewalt seiner Mutter steht (§ 1705), lebt das Kind in der Regel mit seiner Mutter in einem engen persönlichen Verhältnis. Infolgedessen bestimmt der Abs. 4, daß einem nichtehelichen Kinde ein eheliches Kind gleichsteht, soweit es nach Abs. 1 und 2 für die Entstehung eines Erbersatzanspruches darauf ankommt, ob eheliche Abkömmlinge vorhanden sind. Stirbt somit die Mutter und hinterläßt sie ein eigenes nichteheliches Kind und eheliche Abkömmlinge, so ist das nichteheliche Kind in diesem Falle nicht auf den Erbersatzanspruch angewiesen, sondern mit den ehelichen Abkömmlingen gleichberechtigt (vgl. hierzu *Lutter* aaO. Beisp. 16 S. 45, Beisp. 12 S. 42; *Johannsen* WM **70,** SB 3 S. 8).

V. Entsprechende Anwendung der Vorschrift 6

Nach dem Wortlaut des Gesetzes sind nicht alle möglichen Fälle erfaßt, in denen die Miterbengemeinschaft durch die miterbende nichteheliche Verwandtschaft eine andere Gestaltung erfährt. Vgl. die Fälle, auf die *Dieckmann* JZ **70,** 340; *Böhm* FamRZ **71,** 351; *Kipp/Coing* ErgBd § 4 IV a 3 verweisen; vgl. besonders den Fall, wonach der Erblasser seine Ehefrau, ein eheliches Kind und ein nichteheliches Kind hinterläßt. In diesem Falle ist nach Abs. 1 zunächst das nichteheliche Kind nicht Mitglied der Erbengemeinschaft nach seinem Vater, sondern hat nur einen Erbersatzanspruch nach § 1934a Abs. 1. Stirbt nun kurz darauf das eheliche Kind ohne Abkömmlinge, so bildet die Ehefrau mit dem nichtehelichen Kind eine Erbengemeinschaft, da der § 1934a in diesem Fall nicht zur Anwendung kommt. Die überlebende Ehefrau müßte sich also bei der Liquidation des Nachlasses ihres verstorbenen Ehemannes mit dem nichtehelichen Kind auseinandersetzen. Das widerspricht eindeutig dem Gesetzeszweck des § 1934a, wonach gerade verhindert werden soll, daß der überlebende Ehegatte beim Tode des nichtehelichen Vaters — also ihres Ehemannes — bei der Auseinandersetzung des Nachlasses durch etwaige Widersprüche des nichtehelichen Kindes gezwungen wird, den Nachlaß vorzeitig zu liquidieren oder möglicherweise bedeutende Werte zu verschleudern. *Dieckmann,* der den Fall ausführlich unter Verwertung der Gesetzesmaterialien behandelt, kommt zu dem richtigen Ergebnis, daß in diesem Falle der § 1934a Abs. 1 entsprechend anzuwenden ist. Dem nichtehelichen Kind steht daher in diesem Falle nur ein Erbersatzanspruch zu (so auch *Odersky* NeG (1937) S. 460; *Palandt/Keidel* 1973 Anm. 2 b zu § 1934a; *Bosch* FamRZ **72**, 176; *Erman/Bartholomeyczik* Rdn. 15, 16, 19). Die Gegenmeinungen von *Lutter* aaO S. 46; *Kipp/Coing* ErgBd § 4 IV a 2c/3 und vor allem *Firsching* DNotZ **70**, 531 berücksichtigen nicht, daß nach dem Gesetzeszweck das nichteheliche Kind gerade nicht neben der Ehefrau des nichtehelichen Vaters am Nachlaß gesamthandsberechtigt sein soll.

Grundsätzlich sind einer entsprechenden Anwendung des § 1934a Grenzen gesetzt. Der Gesetzgeber hat nur in ganz bestimmten Sonderfällen den Miterbenanteil des nichtehelichen Kindes in einen Erbersatzanspruch umgewandelt. Der Ausnahmecharakter dieses Erbersatzanspruches im Erbrechtssystem wird stets betont (vgl. *Brüggemann* ZBlJugR **69**, 30; *Damrau* FamRZ **69**,582; *Lutter* aaO S. 30). Jedem nichtehelichen Kind ist eine Erbberechtigung zuerkannt. Wäre es als eheliches Kind Alleinerbe, so ist es das auch als nichteheliches Kind. Wäre ein eheliches Kind Miterbe, so wird das nichteheliche Kind Miterbe oder Ersatzberechtigter. Die Grenze der gesamthandsgebundenen unmittelbaren Teilnahme am Nachlaß ist dort gezogen, wo die Miterbengemeinschaft unter Einschluß des nichtehelichen Kindes zu Konfliktsituationen führen könnte. Dabei haben zwei Grundgedanken eine entscheidende Rolle gespielt, einmal die Gleichstellung der ehelichen und nichtehelichen Kinder und zum anderen der Schutz der Ehe und Familie sowie die gesicherte Erhaltung der Nachlaßgegenstände und die Auseinandersetzung über diese (vgl. die Begründung einer entsprechenden Anwendung des § 1934a praeter legem auf den oben angeführten Fall bei *Erman/Bartholomeyczik* Rdn. 19).

7 **VI. Übergangsvorschriften**

§ 1934a ist durch Art. 1 Nr. 88 NeG mit Wirkung vom 1. 7. 1970 eingefügt worden. Danach gilt das frühere Recht in zwei Fällen:

1. Wenn der Erbfall vor dem 1. 7. 1970 eingetreten ist;

2. wenn das nichteheliche Kind vor dem 1. 7. 1949 geboren ist (Art. 12 § 10 NeG).

Die letztere Regelung hat der Rechtsausschuß des Bundestages damit begründet, daß „unter dem geltenden Recht die ohnehin schwachen Beziehungen zwischen einem solchen (nichtehelichen) Kind und seinem Vater sowie der väterlichen Familie mit dem Eintritt des Kindes in das Berufsleben schwinden und dann in wenigen Jahren enden und in Vergessenheit geraten" (vgl. Bericht des Rechtsausschusses v. Abgeordneten *Dr. Stammberger* BT-Drucks. V 4179 S. 9; vgl. ferner *Lutter* aaO S. 120; *Coing* Erg.Bd. aaO § 3 II 3).

§ 1934 b

Der Berechnung des Erbersatzanspruchs wird der Bestand und der Wert des Nachlasses zur Zeit des Erbfalls zugrunde gelegt. Der Wert ist, soweit erforderlich, durch Schätzung zu ermitteln. § 2049 gilt entsprechend.

Auf den Erbersatzanspruch sind die für den Pflichtteil geltenden Vorschriften mit Ausnahme der §§ 2303 bis 2312, 2315, 2316, 2318, 2322 bis 2331, 2332 bis 2338 a sowie die für die Annahme und die Ausschlagung eines Vermächtnisses geltenden Vorschriften sinngemäß anzuwenden. Der Erbersatzanspruch verjährt in drei Jahren von dem Zeitpunkt an, in dem der Erbersatzberechtigte von dem Eintritt des Erbfalls und den Umständen, aus denen sich das Bestehen des Anspruchs ergibt, Kenntnis erlangt, spätestens in dreißig Jahren von dem Eintritt des Erbfalls an.

Auf den Erbersatzanspruch eines Abkömmlings des Erblassers sind auch die Vorschriften über die Ausgleichungspflicht unter Abkömmlingen, die als gesetzliche Erben zur Erbfolge gelangen, entsprechend anzuwenden.

Berechnung und Verjährung des Erbersatzanspruchs

Übersicht

I. Allgemeines 1

§ 1934b enthält eine nähere Ausgestaltung des Erbersatzanspruchs des § 1934a, besonders in Hinblick auf die Berechnung des Wertes des Erbteils. Der Erbersatzberechtigte soll wertmäßig so gestellt werden, wie er als Verwandter des Erblassers stehen würde, wenn er nicht durch § 1934a von der Erbengemeinschaft ausgeschlossen wäre. Er erhält deshalb einen Geldanspruch gegen die Erben in Höhe des Erbteils, der ihm als realem Erben nach den §§ 1924ff zugestanden hätte. Das nichteheliche Kind soll jedoch nicht besser gestellt werden als das eheliche Kind (*Johannsen* WM 70 SB 3 S. 9).

II. Bestand und Wert des Nachlasses als Berechnungsgrundlage (Abs. 1) 2

Grundlage der Berechnung des Erbersatzanspruchs ist nach Abs. 1 der Bestand und Wert des Nachlasses zur Zeit des Erbfalles. Zunächst muß der Geldwert aller Nachlaßgegenstände ermittelt werden. Von diesem Aktivbestand sind die Passiven abzuziehen. Die Differenz bildet den Nachlaßwert (RG **129**, 242). Nach dem Erbfalle erfolgte Wertsteigerungen oder Wertminderungen bleiben außer Betracht (BGH **7**, 138 = NJW **52**, 1173).

Der Aktivbestand ist durch Schätzung zu ermitteln. Maßgebend wird stets der gemeine Wert sein, der durch die allgemeine Verkehrsanschauung bestimmt wird (OLG **44**, 105). Dazu zählt bei Handelsgeschäften auch der good will, der Firmen- und Geschäftswert. Für die Bewertung eines Landgutes ist § 2049 entsprechend anzuwenden. Wird daher von einem ehelichen Kinde ein Landgut übernommen, so ist im Zweifel das Landgut zum Ertragswert anzusetzen (§ 2049). Das gilt auch, wenn das eheliche Kind Alleinerbe wird, weil dem nichtehelichen Kind anstelle des Erbteils der Erbersatzanspruch zusteht (vgl. BT-Drucks. V 2370 S. 95; *Johannsen* WM 70 SB 3 S. 9).

Vom ermittelten Aktivwert sind alle Nachlaßschulden abzuziehen. Dazu gehören auch Ansprüche aus Pflichtteilsrechten, Vermächtnissen und Auflagen, ferner aus Besitz, sowie Verkehrs- und Realsteuern. Der Erbersatzberechtigte soll nicht besser stehen als der Erbe.

Für die Ermittlung des Erbersatzanspruchs kann der Erblasser die Werte anders als für das Pflichtteilsrecht (§ 2311 Abs. 2 Satz 2) bestimmen. Das kann aber nur durch letztwillige Verfügung geschehen (vgl. dazu BT-Drucks. V 2370 S. 94, 95).

III. Anwendung von Pflichtteils- und Vermächtnisrecht (Abs. 2 Satz 1) 3

1. Erbersatzansprüche begründen ebenso wie Vermächtnisse und Pflichtteilsansprüche Erbfallschulden des Erben auf Zahlung einer bestimmten Geldsumme. Sie

machen daher den Erbersatzberechtigten dann zum nachlaßbeteiligten Gläubiger. Diese Ähnlichkeit zwischen Erbersatzanspruch und Pflichtteil führt zur entsprechenden Anwendung der meisten Pflichtteilsvorschriften.

2. In Abs. 2 ist zwar nicht ausdrücklich auf § 2311 Abs. 1 Satz 2 verwiesen worden. Dieser ordnet für die Berechnung des Pflichtteils an, daß der Voraus (§ 1932) außer Ansatz bleibt. Da aber bei der Berechnung des Erbersatzanspruchs anders als bei der Pflichtteilsberechnung Vermächtnisse abgezogen werden dürfen, muß für den Voraus hier nach § 1932 Abs. 2 das Gleiche gelten. Der Voraus darf somit nicht abgezogen werden. Der Ersatzberechtigte soll nicht besser stehen als der Erbe. Dieser muß Verpflichtungen aus Vermächtnissen erfüllen.

3. Auflösend bedingte Verbindlichkeiten und Rechte werden bei der Ermittlung des Nachlaßwertes zur Bestimmung des Erbersatzanspruchs wie unbedingte behandelt. Tritt die Bedingung ein, so ist eine Erhöhung oder Minderung des Erbersatzanspruchs entsprechend auszugleichen. Verbindlichkeiten, die von einer aufschiebenden Bedingung abhängen, werden bei der Ermittlung des Nachlaßwertes jedoch nicht berücksichtigt. Desgleichen bleiben ungewisse oder unsichere Rechte sowie zweifelhafte Verbindlichkeiten unberücksichtigt.

4. Entsprechend § 2314 kann der Erbersatzberechtigte vom Erben Auskunft über alle Tatsachen verlangen, die für die Berechnung seines Anspruchs von Bedeutung sind. Hierzu gehören alle Umstände, die für eine Ausgleichungspflicht nach den §§ 2050-2057a erheblich sind.

5. a) Der Erbersatzanspruch entsteht mit dem Erbfall entsprechend §§ 1934 Abs. 2 Satz 1, 2317 Abs. 1, 1922 Abs. 1. Er ist vererblich, formlos übertragbar, aber wie der Pflichtteilsanspruch nicht vor dem Tode des Erblassers. Gegenüber der Regel des § 400 ist er nach § 852 Abs. 1 ZPO nur pfändbar, wenn er durch Vertrag anerkannt oder rechtshängig geworden ist. Jedoch kann er ohne die Voraussetzungen des § 852 Abs. 1 ZPO nach § 1274 Abs. 1 *ver*pfändet werden.

b) Der Erbersatzberechtigte kann aber seinen Anspruch anders als der Pflichtteilsberechtigte ausschlagen (§§ 1934b Abs. 2 Satz 1, 2176, 2180). Diese Ausschlagung ist weder an eine Frist noch an eine Form gebunden (§§ 1934b Abs. 2 Satz 1, 2186; vgl. *Johannsen* WM 70 SB 3 S. 11). Sie muß aber gegenüber dem oder den Schuldnern abgegeben werden. Das sind in der Regel die Erben. Sind Miterben Schuldner des Anspruchs, so muß der Ersatzberechtigte allen gegenüber ausschlagen (so *Erman/Bartholomeyczik* Rdn. 24; aA *Lutter* aaO § 2 IV 7b; *Palandt/Keidel* § 1934b Anm. 3b). Zugangsempfänger können auch Nachlaßpfleger oder Testamentsvollstrecker sein, soweit gegen sie der Erbersatzanspruch geltend gemacht werden kann.

Schlägt ein gesetzlicher Vertreter für den Erbersatzberechtigten aus, so ist die Genehmigung des Vormundschaftsgerichts erforderlich (§§ 1643 Abs. 2, 1822 Nr. 2).

c) Da der Erbersatzanspruch kraft Gesetzes mit dem Erbfall entsteht, bedarf es keiner ausdrücklichen Annahme. Der Berechtigte kann ihn aber ausschlagen. Daher ist die Annahme nicht die notwendige Voraussetzung eines Erwerbsaktes, sondern bedeutet nur den Verlust des Ausschlagungsrechts.

Die Ausschlagung vor der Annahme wirkt so zurück, daß in der Person des Ersatzberechtigten weder ein Erbersatzanspruch noch eine vererbliche Anwartschaft entstanden ist (§§ 2180 Abs. 3, 1953). Entsprechend § 1953 Abs. 2 fällt dann der Erbersatzanspruch demjenigen zu, der ihn erhält, wenn der Ausschlagende beim Erbfall nicht gelebt hätte.

IV. Anwendung der Vorschriften über die Ausgleichungspflicht unter Abkömmlingen (Abs. 3) 4

Abs. 3 bestimmt die entsprechende Anwendung der Vorschriften über die Ausgleichungspflicht unter Abkömmlingen, die als gesetzliche Erben zur Erbfolge gelangen. Auch diese Anordnung beruht auf der Überlegung, daß der Erbersatzberechtigte wertmäßig so gestellt werden soll, als sei er Erbe geworden. Fällt ein erbersatzberechtigter Abkömmling, der zur Ausgleichung verpflichtet wäre, vor oder nach dem Erbfall weg, so tritt der an seine Stelle rückende Abkömmling in die Ausgleichsverpflichtung des Weggefallenen ein (§ 2051). Eine Zuwendung an einen entfernteren Abkömmling vor dem Wegfall des näheren Abkömmlings ist nicht auszugleichen, wenn der Erblasser dieses nicht bei der Zuwendung angeordnet hat (§ 2053 Abs. 1). Das gleiche gilt, wenn ein Abkömmling, bevor er die rechtliche Stellung eines solchen erlangt hat, eine Zuwendung von dem Erblasser erhalten hat (§ 2053 Abs. 2). Über den Gegenstand der Ausgleichspflicht und das Ausgleichungsverfahren vgl. die Rdn. zu den §§ 2050, 2055, 2056, 2057, 2057a sowie *Johannsen* WM 70 S. 742).

Über die Problematik der entsprechenden Anwendung des § 2052 vgl. *Erman/Bartholomeyczik* Rdn. 26. In jedem Falle wird der § 2052 nach Abs. 3 entsprechend anzuwenden sein, wenn der Erblasser seinem nichtehelichen Kinde einen Miterbenanteil statt des gesetzlichen Erbersatzanspruchs zuwendet, der bei Ehelichkeit dem Bruchteil des gesetzlichen Erbteils entsprechen würde.

V. Verjährung 5

Der Erbersatzanspruch verjährt in drei Jahren beginnend von dem Zeitpunkt an, in dem der Erbersatzberechtigte von dem Eintritt des Erbfalls und dem Umstande, aus dem sich das Bestehen des Anspruchs ergibt, Kenntnis erlangt (§ 1934b Abs. 2 Satz 2), in jedem Falle nach 30 Jahren vom Eintritt des Erbfalls.

Für die Hemmung und Unterbrechung der Verjährung gelten die §§ 202 ff (vgl. *Johannsen* WM 70 SB 3, S. 12).

§ 1934 c

War beim Tode des Vaters eines nichtehelichen Kindes die Vaterschaft weder anerkannt noch rechtskräftig festgestellt, so steht dem Kinde ein gesetzliches Erbrecht oder ein Erbersatzanspruch nur zu, wenn das gerichtliche Verfahren zur Feststellung der Vaterschaft bereits zur Zeit des Erbfalls anhängig war. Ist der Vater gestorben, bevor das Kind geboren oder sechs Monate alt war, so genügt es, wenn der Antrag auf Feststellung der Vaterschaft binnen sechs Monaten gestellt wird; die Frist beginnt mit dem Erbfall, jedoch nicht vor der Geburt des Kindes.

Im Falle des Todes eines Verwandten des Vaters gilt Absatz 1 Satz 1 entsprechend.

Erbersatzanspruch bei nicht anerkannter oder festgestellter Vaterschaft

Übersicht

1 **I. Anerkennung oder Feststellung als Grundvoraussetzung der gesetzlichen Erbfolge**

1. Das nichteheliche Kind erhält grundsätzlich nur dann ein Erbrecht oder einen Erbersatzanspruch nach seinem Vater oder dessen Verwandten, wenn im Zeitpunkt des Erbfalles die Vaterschaft oder Abstammung nach § 1600a positiv festgestellt oder das gerichtliche Feststellungsverfahren wenigstens rechtshängig war (Abs. 1 Satz 1). Damit hat eine negative Vaterschaftsfeststellungsklage an Bedeutung verloren. Sie ist aber durch das NeG nicht ohne weiteres ausgeschlossen (OLG Hamburg DAVorm. **71**, 141; FamRZ **71**, 384; aA *Göppinger* FamRZ **71**, 125, 127; *Gravenhorst* FamRZ **71**, 384; vgl. auch *Hummel* NJW **71**, 1072).

Diese strenge Regelung kann zu einem unbilligen Ergebnis führen, wenn der nichteheliche Vater vor oder kurz nach der Geburt des Kindes stirbt. Für diesen Fall bestimmt Abs. 1 Satz 2, daß ein Antrag auf Feststellung der Vaterschaft noch binnen 6 Monaten seit dem Erbfalle oder der Geburt des Kindes gestellt werden kann, wenn der Vater gestorben ist, bevor das Kind geboren oder 6 Monate alt war.

2. Nach dem Tode des nichtehelichen Vaters steht dem Kind ein gesetzliches Erbrecht unter 2 alternativen Voraussetzungen zu:

a) wenn der Vater vor seinem Tode die Vaterschaft anerkannt hat.
Es genügt, wenn das Kind erst nach dem Erbfall durch seine Zustimmung die Anerkennung nach § 1600c Abs. 1 wirksam macht. Das ergibt sich bereits aus der Tatsache, daß für die gerichtliche Feststellung der Vaterschaft beim Erbfall noch keine Rechtskraft, sondern nur Anhängigkeit des Verfahrens verlangt wird (*Odersky* aaO Anm. II 1 a).

b) wenn die Vaterschaft des Vaters beim Tode gerichtlich festgestellt ist oder das Verfahren bereits anhängig war.
Rechtshängig ist eine Feststellungsklage nach § 640 Abs. 2 Nr. 1 ZPO, wenn sie beim Erbfall dem Beklagten bereits zugestellt war (§§ 252, 263 ZPO) oder bei Gericht vor dem Erbfall eingereicht und die Zustellung demnächst erfolgt (§ 496 Abs. 2 ZPO).

3. Der Anerkennung oder Feststellung der Vaterschaft nach § 1600a steht es nach der Übergangsvorschrift des Art. 12 § 3 NeG gleich, wenn ein Mann vor dem 1. 7. 1970 (Inkrafttreten des NeG) in einer öffentlichen Urkunde die Vaterschaft anerkannt oder in einem vollstreckbaren Schuldtitel sich zur Erfüllung eines Anspruchs nach § 1708 aF verpflichtet hat oder zur Erfüllung dieses Anspruchs verurteilt worden ist (vgl. *Johannsen* WM 70 SB 3 S. 4,5).

2 **II. Voraussetzung des Erbrechts oder Erbersatzanspruchs bei fehlender Anerkennung oder Feststellung (Abs. 1)**

1. Liegt weder eine Anerkennung noch Vaterschaftsfeststellung vor, so steht dem Kind dann ein gesetzliches Erbrecht zu,

a) wenn das beim Erbfall noch nicht geborene Kind innerhalb von 6 Monaten nach seiner Geburt einen Antrag auf Feststellung nach § 1600n Abs. 2 BGB, 55b FGG stellt (vgl. *Jansen* FGG 2. Aufl. § 55b Rdn. 1,6ff) oder

b) wenn das Kind beim Erbfall noch nicht 6 Monate alt ist, den Antrag auf Feststellung binnen 6 Monaten nach dem Erbfall stellt.

2. Diese Fristen sind Ausschlußfristen. Bei ihrem Ablauf gibt es keine Wiedereinsetzung. Das Vormundschaftsgericht kann das Verfahren bis zur rechtskräftigen Entscheidung über die Ehelichkeitsanfechtungsklage aussetzen (vgl. *Palandt/Keidel* § 1934c Anm. 2c). Hat der gesetzliche Vertreter die erforderlichen Maßnahmen versäumt, so hat dies erbrechtlich keine Bedeutung. Er kann aber von dem Kind schadenersatzpflichtig gemacht werden.

3. Stirbt das nichteheliche Kind vor der Anerkennung oder Feststellung der Vaterschaft, so liegt kein Fall des § 1934c vor. Die Mutter kann aber nach § 1600n Abs. 2 beantragen, daß die Vaterschaft durch das Vormundschaftsgericht festgestellt wird. Geschieht das, so steht dem Vater ein Erbersatzanspruch zu (vgl. dazu *Körting* NJW 70, 1525, 1526). Stirbt die Mutter vor Antragstellung, so ist nach ihrem Tode eine Feststellung der Vaterschaft nicht mehr möglich (vgl. *Erman/Bartholomeyczik* Rdn. 7; *Johannsen* aaO; ferner BT-Drucksache V 2370 S. 98).

III. Tod eines väterlichen Verwandten (Abs. 2) 3

Beim Tode eines väterlichen Verwandten gilt Abs. 1 Satz 1 entsprechend (Abs. 2).

Die Vaterschaft muß daher beim Erbfall anerkannt, rechtskräftig festgestellt oder zumindest ein Verfahren zur ihrer Feststellung anhängig sein. Stirbt somit ein Verwandter des Vaters nach diesem, aber vor oder innerhalb der Sechsmonatsfrist nach der Geburt des Kindes, so kann das Kind zwar ein Erbrecht nach seinem Vater, nicht aber nach seinen väterlichen Verwandten geltend machen (vgl. *Johannsen* WM 70 SB 3 S. 4).

§ 1934 d

Ein nichteheliches Kind, welches das einundzwanzigste, aber noch nicht das siebenundzwanzigste Lebensjahr vollendet hat, ist berechtigt, von seinem Vater einen vorzeitigen Erbausgleich in Geld zu verlangen.

Der Ausgleichsbetrag beläuft sich auf das Dreifache des Unterhalts, den der Vater dem Kinde im Durchschnitt der letzten fünf Jahre, in denen es voll unterhaltsbedürftig war, jährlich zu leisten hatte. Ist nach den Erwerbs- und Vermögensverhältnissen des Vaters unter Berücksichtigung seiner anderen Verpflichtungen eine Zahlung in dieser Höhe entweder dem Vater nicht zuzumuten oder für das Kind als Erbausgleich unangemessen gering, so beläuft sich der Ausgleichsbetrag auf das den Umständen nach Angemessene, jedoch auf mindestens das Einfache, höchstens das Zwölffache des in Satz 1 bezeichneten Unterhalts.

Der Anspruch verjährt in drei Jahren von dem Zeitpunkt an, in dem das Kind das siebenundzwanzigste Lebensjahr vollendet hat.

Eine Vereinbarung, die zwischen dem Kinde und dem Vater über den Erbausgleich getroffen wird, bedarf der notariellen Beurkundung. Bevor eine Vereinbarung beurkundet oder über den Erbausgleich rechtskräftig entschieden ist, kann das Kind das Ausgleichsverlangen ohne Einwilligung des Vaters zurücknehmen. Kommt ein Erbausgleich nicht zustande, so gelten für Zahlungen, die der Vater dem Kinde im Hinblick auf den Erbausgleich geleistet und nicht zurückgefordert hat, die Vorschriften des § 2050 Abs. 1, des § 2051 Abs. 1 und des § 2315 entsprechend.

Der Vater kann Stundung des Ausgleichsbetrags verlangen, wenn er dem Kinde laufenden Unterhalt zu gewähren hat und soweit ihm die Zahlung neben der Gewährung des Unterhalts nicht zugemutet werden kann. In anderen Fällen kann der Vater Stundung verlangen, wenn ihn die sofortige Zahlung des gesamten Ausgleichsbetrages besonders hart treffen würde und dem Kinde eine Stundung zugemutet werden kann. Die Vorschriften des § 1382 gelten entsprechend.

Schrifttum:

Ebert, Der vorzeitige Erbausgleich: Vorläufiges oder endgültiges Rechtsinstitut? 1971; *Jäger*, Probleme des vorzeitigen Erbausgleichs, FamRZ 71, 504; *Körting*, Vorzeitiger Erbausgleich auch für vor dem 1. 7. 1949 geborene nichteheliche Kinder? NJW 71, 414; *Siehr*, Auswirkungen des NeG auf das Internat. Privat- u. Verfahrensrecht: Vorzeitiger Erbausgleich, FamRZ 70, 462, 463; *Stöcker*, Beerbung bei lebendigem Leibe? JZ 70, 675; ders. NJW 70, 2003.

Vorzeitiger Erbausgleich

Übersicht

1 **I. Gesetzlicher Anspruch auf vorzeitigen Erbausgleich (Abs. 1)**

1. Vorbemerkung

In der Regel ist das nichteheliche Kind nicht in die Familie des Vaters eingegliedert. Es kann daher nicht wie das eheliche Kind auf größere vorweggenommene Erbzuwendungen hoffen, insbesondere dann nicht, wenn es darum geht, sich eine berufliche Existenz zu gründen (vgl. die Erwägungen des Rechtsausschusses, BT-Drucksache V 4179 Nr. 82). Um in dieser Hinsicht dem nichtehelichen Kinde die gleichen Bedingungen für seine Stellung in der Gesellschaft zu geben, hat der Gesetzgeber dem nichtehelichen Kinde, das zwar das 21., nicht aber das 27. Lebensjahr vollendet hat, die Berechtigung zuerkannt, von seinem Vater einen vorzeitigen Erbausgleich in Geld zu verlangen.

Über die Frage der Verfassungsmäßigkeit der Vorschrift sowie zur Kritik vgl. *Firsching* Rpfleger 70, 52; BVerfG 22, 163; *Bosch*, FamRZ 70, 497, 503).

Ein in Ostberlin lebendes vor dem 1.7.1970 geborenes nichteheliches Kind hat keinen Anspruch auf vorzeitigen Erbausgleich gegen seinen in Westberlin lebenden Vater, KG NJW 72, 1005.

2 **2. Rechtsnatur des Anspruchs**

Der gesetzliche Anspruch auf vorzeitigen Erbausgleich ist mit anderen familienrechtlichen Ansprüchen schwer zu vergleichen. *Lutter* aaO S. 70 spricht von einem „Ausstattungsanspruch mit erbrechtlichen Folgen". Der Gesetzgeber verwendet in Abs. 3 selbst den Anspruchbegriff, wie er in den §§ 194, 241 BGB zu finden ist. Das Berechtigungsverlangen in Abs. 1 ist daher als ein solcher gesetzlicher Anspruch zu werten, auch wenn der Umfang erst in Abs. 2 genau bestimmt wird. Es handelt sich allerdings um einen Anspruch, der von dem Kinde innerhalb eines bestimmten Lebensabschnittes, nämlich der Vollendung des 21. bis zur Vollendung des 27. Lebensjahres geltend gemacht werden kann und muß, um fällig zu werden und nicht unterzugehen. Man spricht in diesen Fällen von „verhaltenen Ansprüchen", die nur auf Verlangen des Gläubigers zu erfüllen sind (vgl. *Larenz*, Lehrbuch des Schuldrechts 10. Aufl. Bd. II Bes. Teil § 41 Abs. 2a; *Johannsen* WM 70 SB 3 S. 13 spricht von „rechtlich fixierten Ansprüchen"). Das Kind muß somit die Erfüllung des verhaltenen Anspruchs auf vorzeitigen Erbausgleich in einer empfangsbedürftigen Willenserklärung gegen den Vater oder seinen Vertreter in der gesetzlichen Frist verlangen. Die Höhe braucht dabei nicht angegeben zu werden. Mit der Erklärung verwandelt das Kind den „verhaltenen" in einen „vollen" Anspruch. Dieser unterliegt dann der Verjährung nach Abs. 3. Diese beginnt, sobald die Frist endet, in der das Erfüllungsverlangen gestellt werden kann, also mit der Vollendung des 27. Lebensjahres (Abs. 3).

3. Entstehung des Anspruchs 3

Aus der Rechtsnatur eines „verhaltenen“ Anspruchs ergibt sich bereits die Antwort nach der Entstehung des vollen Anspruchs. Zunächst erwirbt das nichteheliche Kind gegen seinen Vater einen verhaltenen Anspruch auf vorzeitigen Erbausgleich, dessen Erfüllung das Kind nach Vollendung des 21. Lebensjahres bis zur Vollendung des 27. Lebensjahres vom Vater verlangen kann. Sobald das geschehen ist, verwandelt sich der verhaltene Anspruch in einen bestimmten vollen Anspruch, der vom Vater zu erfüllen ist. Die Erfüllungspflicht für den Vater beginnt mit der Vollendung des 27. Lebensjahres des Kindes. Der Vater kann jedoch mit dem Kinde freiwillig in einer notariellen Urkunde etwas anderes vereinbaren (s. u. unter III).

4. Rücknahme 4

Das nichteheliche Kind kann bis zur notariellen Beurkundung einer Vereinbarung über den vorzeitigen Erbausgleich sein Verlangen einseitig durch empfangsbedürftige Willenserklärung zurücknehmen. Dazu bedarf es nicht der Einwilligung des Vaters. Erfolgt die Rücknahme im Prozeß, so bedarf es, wenn die Klage nicht abgewiesen werden soll, einer zulässigen Klagrücknahme.

Mit der Rücknahme hat das nichteheliche Kind *endgültig* auf die Erfüllung des Anspruchs verzichtet. Das Verlangen kann nicht erneuert werden, auch wenn die Frist bis zur Vollendung des 27. Lebensjahres noch nicht abgelaufen ist (ebenso *Erman/Bartholomeyczik* Rdn. 25; aA *Damrau* FamRZ **69,** 586; *Palandt/Keidel* Anm. 6a; *Odersky* Anm. VI 4). Der Vater muß sich, auch wegen seiner finanziellen Verpflichtungen, auf die Rücknahmeerklärung des volljärigen Kindes verlassen können.

5. Ausschluß 5

Zwar sehen die §§ 1934b Abs. 2 Satz 1, 1934e eine entsprechende Anwendung der §§ 2333, 2339, 2345 nicht vor. Der Sinn dieser einzelnen Vorschriften und der Sinn des vorzeitigen Erbausgleichs sprechen aber dafür, dem nichtehelichen Kinde vorzeitig nicht mehr Rechte und andererseits dem nichtehelichen Vater gegen die vorzeitige Erbbeteiligung nicht weniger Verteidigungsgründe zu geben als bei einer Beteiligung, die erst mit dem Erbfall beginnt (vgl. *Damrau* FamRZ **69,** 588; *Palandt/Keidel* Anm. 7; *Erman/Bartholomeyczik* Rdn. 26). In entsprechender Anwendung der obigen Vorschriften kann der Vater daher den vorzeitigen Erbausgleich verweigern, wenn das nichteheliche Kind erbunwürdig ist (§ 2339) oder wenn der Vater dem Kinde den Pflichtteil entziehen kann (§ 2333). Dabei sind die Formen der §§ 2336, 2340 ff zu wahren.

6. Übertragbarkeit und Vererblichkeit 6

Der Anspruch aus dem wirksam geäußerten Verlangen auf vorzeitigen Erbausgleich sowie der Anspruch aus einer Vereinbarung, aber auch der rechtskräftig festgestellte Anspruch sind übertragbar, verpfändbar und vererblich.

Die Übertragbarkeit kann jedoch durch Vertrag ausgeschlossen werden. Ein solcher Vertrag steht aber einer Pfändung der Forderung oder der Aufrechnung gegen sie nicht entgegen (§§ 851 ZPO, 394 BGB).

Im Gegensatz dazu ist der verhaltene Anspruch des Abs. 1 höchstpersönlich. Die Höchstpersönlichkeit des Anspruchs kommt besonders in dem Recht des Kindes zum Ausdruck, sein Ausgleichungsverlangen jederzeit zurückzunehmen (vgl. *Palandt/ Keidel* Anm. 8; *Johannsen* WM **70,** SB 3 S. 13, 14).

II. Ausgleichsbetrag (Abs. 2) 7

Die Ansprüche *auf* und *aus* einem vorzeitigen Erbausgleich sind Geldforderungen. Sie belaufen sich auf das 3fache des Jahresunterhalts, den der Vater dem Kinde innerhalb der letzten 5 Jahre vor Stellung des Antrags zu leisten hatte. Für die Berechnung des durchschnittlichen Unterhalts der letzten 5 Jahre ist unerheblich, ob der Vater den zu leistenden Unterhalt wirklich geleistet hat.

Wurde das Kind sofort nach der Geburt adoptiert und war der Vater somit zur Unterhaltsleistung objektiv nicht verpflichtet (§ 1766), so ist bei der Berechnung des Unterhalts der Betrag maßgebend, den der Vater zu leisten hätte, wenn das Kind nicht adoptiert worden wäre (vgl. hierzu *Firsching* DNotZ **70**, 534; *Knur* FamRZ **70**, 279).

Von dem Regelbetrag in Höhe des 3fachen Jahresbetrages der letzten 5 Jahre kann abgewichen werden, wenn der Regelbetrag für den Vater nicht zumutbar oder für das Kind unangemessen gering ist. Die Höchstgrenze bildet in diesem Fall das 12fache, die Mindestgrenze das einfache des in Abs. 2 Satz 1 bezeichneten Unterhalts. Wann ein solcher Fall vorliegt, kann nicht allgemein gesagt werden. Maßgebend sind die Umstände des einzelnen Falles. Zu berücksichtigen werden sein: Das Vermögen und Einkommen des Vaters, seine sonstigen Unterhaltsverpflichtungen sowie die voraussichtliche Entwicklung seiner wirtschaftlichen Verhältnisse einerseits und andererseits das Einkommen und Vermögen des Kindes und sein Bedarf zum Aufbau einer selbständigen Lebensstellung (vgl. Näheres bei *Lutter* aaO S. 76 ff; *Johannsen* aaO S. 16,17). Zur Bemessung des Anspruchs auf vorzeitigen Erbausgleich LG Braunschweig FamRZ **72,** 147.

8 **III. Ausgleichsvereinbarung (Abs. 4)**

Der Vater kann mit dem Kind freiwillig in einer notariellen Urkunde vereinbaren, in welcher Höhe und auf welche Weise und zu welcher Zeit der vorzeitige Erbausgleich zu leisten ist. Tut er das trotz Verlangen des Kindes nicht, so muss dieses auf Vollzug des Erbausgleichs klagen und ein rechtskräftiges Urteil erwirken. Der Anspruch aus der Vereinbarung in einer notariellen Urkunde verjährt, wie aus einem rechtskräftigen Urteil, nach den allgemeinen Verjährungsvorschriften in 30 Jahren (*Odersky* aaO § 1934d Anm. IV), während die Verjährung auf Abschluß einer Vereinbarung sich nach Abs. 3 (s. u.) richtet.

9 **IV. Stundung (Abs. 5)**

Die Forderung auf vorzeitigen Erbausgleich kann den Vater in erhebliche finanzielle Schwierigkeiten bringen, besonders dann, wenn er dem Kinde auch noch laufend Unterhalt zu zahlen hat. Aus diesem Grunde sieht der Gesetzgeber vor, daß der Vater eine *Stundung* des Ausgleichsbetrages verlangen kann, und zwar, wenn er dem Kinde laufenden Unterhalt gewährt hat und ihm die Zahlung neben der Gewährung des Unterhalts nicht zugemutet werden kann.

In anderen Fällen ist das Stundungsverlangen begründet, wenn den Vater die sofortige Zahlung des gesamten Ausgleichsbetrages besonders hart treffen würde. Dabei darf das Interesse des Kindes an einer Barzahlung nicht außer Acht gelassen werden. Das Gesetz verlangt daher außerdem, daß dem Kind eine Stundung auch zugemutet werden kann.

Die Anforderungen für eine Stundung sind strenger zu beurteilen, wenn der Vater nicht durch den laufenden Unterhalt, sondern durch andere Umstände an der Barzahlung gehindert wird. Über den Stundungsantrag kann, wenn ein Rechtsstreit über den vorzeitigen Erbausgleich anhängig ist, nur das *Prozeßgericht* entscheiden (§ 1382 Abs. 5). In allen anderen Fällen entscheidet das Vormundschaftsgericht (§ 1382 Abs. 1). Es kann dabei eine rechtskräftige Entscheidung des Prozeßgerichts aufheben oder ändern, wenn die für eine Stundung wesentlichen Verhältnisse sich nach der Entscheidung geändert haben (§ 1382 Abs. 6). Soweit das Gericht dem Vater eine Stundung gewährt, muß es eine Verzinsung der Ausgleichsforderung (§ 1382 Abs. 2) und kann es auf Antrag eine

Sicherheitsleistung des Vaters anordnen (§ 1382 Abs. 3). Über die Höhe der Verzinsung und über die Art und den Umfang der Sicherheitsleistung entscheidet das Gericht nach billigem Ermessen (vgl. *Johannsen* aaO S. 18).

V. Verjährung (Abs. 3) 10

Der Anspruch des nichtehelichen Kindes auf einen vorzeitigen Erbausgleich verjährt in 3 Jahren von dem Zeitpunkt an, in dem das Kind das 27. Lebensjahr vollendet hat.

Bei dem Anspruch handelt es sich um einen „verhaltenen Anspruch", der nur auf Verlangen des Gläubigers zu erfüllen ist (vgl. Rdn. 2). Erst nachdem der Gläubiger die Erfüllung des verhaltenen Anspruchs begehrt hat, kann der Schuldner überhaupt die Verjährungseinrede als frei gewähltes Verteidigungsmittel einsetzen. Die Verjährung „verhaltener" Ansprüche kann mit der Entstehung (§ 198 Abs. 1) oder erst mit dem Erfüllungsverlangen des Gläubigers, schließlich auch erst mit dem Ende der Frist beginnen, in der die Erfüllung verlangt werden kann. Die Frist, in der ein Gläubiger die Erfüllung des bisher verhaltenen Anspruchs verlangen kann, läuft bis zur Vollendung des 27. Lebensjahres. Hat der Gläubiger wirksam Erfüllung begehrt, so beginnt das Recht zur Leistungsverweigerung (Verjährungseinrede) gleichwohl erst mit dem Zeitpunkt, in dem das Erfüllungsverlangen noch spätestens zulässig war. Mit der Erklärung des Kindes, den vorzeitigen Erbausgleich zu verlangen, verwandelt es den verhaltenen in einen vollen Anspruch. Dieser unterliegt nach Abs. 3 der Verjährung. Die Verjährung beginnt, sobald die Frist endet, in der das Erfüllungsverlangen allenfalls gestellt werden kann.

Der Anspruch *aus* einer Vereinbarung in einer notariellen Urkunde oder *aus* einem rechtskräftigen Urteil verjährt jedoch nach den allgemeinen Verjährungsvorschriften in 30 Jahren (§§ 194, 195, 198, 218; s. oben unter III Rdn. 8; vgl. dazu *Johannsen* aaO S. 18).

§ 1934 e

Ist über den Erbausgleich eine wirksame Vereinbarung getroffen oder ist er durch rechtskräftiges Urteil zuerkannt, so sind beim Tode des Vaters sowie beim Tode väterlicher Verwandter das Kind und dessen Abkömmlinge, beim Tode des Kindes sowie beim Tode von Abkömmlingen des Kindes der Vater und dessen Verwandte nicht gesetzliche Erben und nicht pflichtteilsberechtigt.

Erbrechtliche Folgen des vorzeitigen Erbausgleichs

Übersicht

I. Vorbemerkung 1

Da der Erbausgleich dem nichtehelichen Kinde eine Starthilfe vor dem Erbfalle anstelle einer späteren Beteiligung am Nachlaß seines Vaters geben soll, sieht das Gesetz die Aufhebung des gegenseitigen gesetzlichen Erbrechts auf Grund des Erbausgleichs vor. Demzufolge besteht auch kein Pflichtteilsanspruch mehr. Das nichteheliche Kind und seine Abkömmlinge erben nicht mehr nach seinem Vater oder dessen Verwandten und werden auch von diesen nicht mehr beerbt.

2 **II. Voraussetzungen für den Wegfall des Erbrechts**

1. Voraussetzung für den Wegfall des Erbrechts ist eine wirksame notarielle Vereinbarung über einen Erbausgleich oder ein rechtskräftiges Urteil, nicht die Zahlung des Ausgleichsbetrages. Die Vereinbarung muß notariell beurkundet und wirksam sein. Wird sie wirksam angefochten, so ist sie von Anfang an nichtig mit der Folge, daß der Erbfall nach den allgemein erbrechtlichen Vorschriften zu beurteilen ist. Was zum vorzeitigen Erbausgleich geleistet ist, kann zurückverlangt werden. Wird es nicht zurückverlangt, gilt § 1934d Abs. 4 Satz 2 (vgl. *Lutter* aaO S. 74).

2. Es ist nicht erforderlich, daß die Forderung des Kindes aus einer wirksamen Vereinbarung oder einem rechtskräftigen Urteil bereits erfüllt ist.

3. § 1934e berührt keine letztwilligen Verfügungen, die dem nichtehelichen Kinde aus dem Nachlaß des Vaters oder seiner väterlichen Verwandten etwas zuwenden. Frühere letztwillige Verfügungen und Gesellschaftsverträge müssen nach der neuen Rechtslage überprüft und notfalls geändert werden. Einen Erbvertrag oder ein gemeinschaftliches Testament, die der Erblasser vor dem 1. 7. 1970 geschlossen oder vor diesem Tag errichtet hat, kann er anfechten, nachdem das nichteheliche Kind nunmehr erbberechtigt geworden und in den Verfügungen übergangen worden ist (vgl. dazu *Johannsen* WM 70, 742 ff).

3 **III. Rechtsfragen bezüglich der Folgen des vorzeitigen Erbausgleichs**

1. Zweifelhaft ist, ob die Folgen des vorzeitigen Erbausgleichs bestehen bleiben, wenn das Kind durch die nachträgliche Heirat seiner Eltern nach § 1719 ehelich wird.

Die einen — so *Palandt/Keidel* § 1934e Anm. 1; *Damrau* FamRZ **69**, 586 — wollen dem Kinde das Erbrecht versagen, weil das Kind nichtehelich war, als der vorzeitige Erbausgleich wirksam geworden ist; die anderen — so *Körting* NJW 70, 1526; *Schramm*, BWNotZ **70**, 14 unter X 9, vor allem *Jäger*, FamRZ **71**, 504, 510; jetzt auch *Lutter* aaO (1972) S. 90,91 — meinen, die Wirkungen des § 1934 e seien mit der Legitimation beendet.

Die letztere Ansicht verdient den Vorzug. Da das eheliche Kind wegen seiner Zugehörigkeit zur Familiengemeinschaft sowieso mit größeren vorweggenommenen Zuwendungen, sei es zur Eheschließung, sei es für den Aufbau einer beruflichen Existenz rechnen kann, aber dennoch sein Erbrecht behält, darf auch beim legitimierten Kind das vor der Legitimation auf Grund vorzeitigen Erbausgleichs Erlangte nicht zum Verlust des Erbrechts führen. Jedoch muß das legitimierte Kind, wie auch das eheliche Kind, die Vorempfänge, d. h. in diesem Falle das ihm als vorzeitigen Erbausgleich Geleistete, zur Ausgleichung bringen. *Johannsen* WM 70, SB 3 S. 13 will in diesem Falle den Erbausgleich rechtlich als „Aussteuer" im Sinne des § 1624 behandeln. Dasselbe muß für die Ehelichkeitserklärung nach § 1736 gelten.

Bei der *Adoption* des nichtehelichen Kindes durch seinen Vater nach dem vorzeitigen Erbausgleich gilt hinsichtlich des Erbrechts das gleiche wie bei der Legitimation (vgl. *Erman/Bartholomeyczik* Rdn. 5).

2. Eine weitere Frage ist, ob die Rechtsfolgen des § 1934 e, also Wegfall des Erbrechts und Pflichtteilsrechts, auch eintreten, wenn der vorzeitige Erbausgleich nicht in dem Zeitraum des § 1934 d Abs. 1 zwischen dem vollendeten 21. und 27. Lebensjahr vereinbart worden ist. Ein vorzeitiger Erbausgleich nach § 1934 d, der durch eine wirksame Vereinbarung oder ein rechtskräftiges Urteil zustande gekommen ist, kann nur dann die Rechtsfolgen des § 1934 e auslösen, wenn beim Entstehen des Anspruchs aus vorzeitigem Erbausgleich auch ein Anspruch auf vorzeitigen Erbausgleich bestand. Das ist aber stets der Fall, wenn das nichteheliche Kind zwischen dem 21. und 27. Lebensjahr das Ausgleichsverlangen gestellt und nicht wirksam zurückgenommen hat.

IV. Prüfung bei Ausstellung eines Erbscheines 4

Vor Ausstellung eines Erbscheines über das Erbrecht eines nichtehelichen Kindes hat das Nachlaßgericht zu prüfen, ob etwa ein vorzeitiger Erbausgleich das Erbrecht beseitigt hat. Im übrigen wird das nichteheliche Kind nur als Erbe aufgeführt. Zur Frage, ob gegebenenfalls ein Hinweis auf das Bestehen eines Erbersatzanspruchs zu empfehlen ist, vgl. *Kumme* ZBlJugR **72**, Heft 8/9 S. 256 ff.

§ 1935

Fällt ein gesetzlicher Erbe vor oder nach dem Erbfalle weg und erhöht sich infolgedessen der Erbteil eines anderen gesetzlichen Erben, so gilt der Teil, um welchen sich der Erbteil erhöht, in Ansehung der Vermächtnisse und Auflagen, mit denen dieser Erbe oder der wegfallende Erbe beschwert ist, sowie in Ansehung der Ausgleichungspflicht als besonderer Erbteil.

E I 1973 II 1812; M **5** 377, 378; P **5** 483, 484.

Erhöhung des Erbteils bei Wegfall eines Mitberufenen

Übersicht

I. Allgemeines 1

Die Bestimmung will eine Beeinträchtigung des gesetzlichen Erben verhindern, die daraus folgen kann, daß sein Erbteil sich infolge des Wegfalls einer anderen Person erhöht, die mit Vermächtnissen oder Auflagen oder einer Ausgleichspflicht beschwert war (M **5** 377).

Das BGB spricht bei der **gesetzlichen Erbfolge** (§§ 1924ff) von **„Erhöhung"** des Erbteils infolge Wegfalls eines Miterben. Bei der gewillkürten Erbfolge und beim Vermächtnis gebraucht es die Bezeichnung *„Anwachsung"*, trifft aber sachlich die gleichen Vorschriften (§§ 2094, 2095 und §§ 2158, 2159). Die entsprechende Anwendung des § 1935 ist deshalb auch dann geboten, wenn der wegfallende Erbe *letztwillig* auf einen Bruchteil der Erbschaft berufen war und dieser Bruchteil nunmehr unter Ausschließung der Anwachsung (§ 2094 Abs. 2, 3) dem gesetzlichen Erben anfällt. Zur rechtspolitischen Kritik vgl. *Staudinger/ Lehmann* Rdn. 7.

II. Wegfall eines Erben 2

Vor dem Tode des Erblassers sind noch keine Erben im Rechtssinne vorhanden (§ 1922 Rdn. 5). Gemeint sind hier solche Personen, die kraft Gesetzes als *die nächsten* zur Erbschaft berufen gewesen sein würden, wenn der Erblasser in einem früheren Zeitpunkte gestorben wäre, die aber vor dem Tode des Erblassers weggefallen sind. Das kann geschehen sein durch Tod vor dem Erblasser (§ 1923), Ausschließung ohne Einsetzung eines andern Erben (§ 1938), Erbverzicht (§ 2346). Waren also überhaupt einmal zwei Kinder des Erblassers vorhanden und ist eines davon vor dem Erblasser gestorben, so daß dem andern die ganze Erbschaft zufällt, so gilt die dadurch eingetretene „Erhöhung" um eine Hälfte für das überlebende Kind als besonderer Erbteil in dem beschränkten Sinne des § 1935 (vgl. Rdn. 5).

Nach dem Erbfalle kommt ein Wegfall durch Tod nicht mehr in Betracht, da das Ausschlagungsrecht auf die Erben übergeht (§ 1952 Abs. 1); ein Erbe kann dagegen nach dem Erbfalle, aber mit Rückbeziehung auf den Zeitpunkt des Erbfalls wegfallen: durch Ausschlagung (§ 1953), Erbunwürdigkeitserklärung (§ 2344), ferner wenn die Leibesfrucht nicht lebend geboren wird (§ 1923 Abs. 2).

3 **III. Vorhandensein eines anderen Erben**

Es ist vorausgesetzt, daß der **andere gesetzliche Erbe** bereits kraft eigenen Rechtes zu einem Erbteile berufen war und daß er nun erst, infolge des Wegfalls des neben ihm Berufenen, zu einem zweiten oder ferneren Erbteile berufen wird.

4 **IV. Erhöhung des Erbteils als allgemeine Folge**

Im Gegensatz zu dem Falle der §§ 1934 und 1927 tritt grundsätzlich nur eine **„Erhöhung"** des bisherigen Erbteils ein, die nur in den ausdrücklich hervorgehobenen Beziehungen als besonderer Erbteil (vgl. Rdn. 5) gilt. Im übrigen liegt eine einheitliche Erbfolge (Erbteil) vor. Deshalb ist hier eine gesonderte Annahme oder Ausschlagung des ursprünglichen Erbteils und der Erhöhung je für sich allein unzulässig; auch eine besondere Verfügung über den Erbteil oder die Erhöhung (§ 2033) ist ausgeschlossen. Ist der Erbe infolge der Erhöhung zur ganzen Erbschaft gelangt, so kann er sie nur nach Maßgabe des § 2371 als Ganzes schuldrechtlich verkaufen, aber auch über den ursprünglichen Teil nicht mehr nach § 2033 mit dinglicher Wirkung verfügen. Doch wird, wenn die Erbschaft verkauft ist, eine *nach* dem Verkaufe eingetretene Erhöhung auch insofern als besonderer Erbteil behandelt, als sie im Zweifel als nicht mitverkauft gilt (§ 2373).

5 **V. Sonderregelung für Vermächtnisse, Auflagen, Ausgleichung**

Aus Billigkeitsgründen gilt die Erhöhung in Ansehung der **Vermächtnisse** (§§ 2147ff), der **Auflagen** (§§ 2192ff) und der **Ausgleichspflicht** (§§ 2050ff) als besonderer Erbteil. Das bedeutet, daß es in diesen Beziehungen so angesehen wird, als gehöre der ursprüngliche Erbteil und die Erhöhung auch jetzt noch zwei verschiedenen Erben (§ 2007). Hatte also der Erblasser den Anteil des Weggefallenen mit besonderen Vermächtnissen oder Auflagen beschwert, mit denen der Anteil des zur Erbschaft Gelangenden nicht belastet ist, so haftet der letztere den Vermächtnisnehmern und denjenigen, welche den Vollzug der Auflage verlangen könnten (§ 2194), nur mit der Erhöhung, die ihm durch den Wegfall des Beschwerten zugefallen ist; er braucht deshalb ein Vermächtnis oder eine Auflage nur insoweit zu erfüllen, als diese Erhöhung nicht infolge Konkurrenz anderer Beschwerungen unzulänglich ist (§ 1991 Abs. 4). Entsprechendes gilt, wenn der ursprüngliche Erbteil beschwert ist. Hat der Erblasser einem weggefallenen gesetzlichen Erben eine ausgleichspflichtige Zuwendung unter Lebenden gemacht, so trifft die Ausgleichspflicht nur die Erhöhung; war sie dem zur Erbschaft Gelangenden gemacht, so trifft sie nur dessen ursprünglichen Erbteil. Dagegen gilt hinsichtlich der *Haftung für die übrigen Nachlaßverbindlichkeiten* die Erhöhung nicht als besonderer Erbteil im Sinne des § 2007 (s. auch *Staudinger/Lehmann* § 1935 Rdn. 13).

6 **VI. Beweislast**

Der Erbe, der gegenüber einer Klage aus einem ihm oder dem Weggefallenen auferlegten Vermächtnisse die Beschränkung der Haftung auf den ursprünglichen Erbteil oder die Erhöhung geltend machen will, muß nachweisen, daß der *beschwerte* Erbteil unzulänglich ist.

§ 1936

Ist zur Zeit des Erbfalls weder ein Verwandter noch ein Ehegatte des Erblassers vorhanden, so ist der Fiskus des Bundesstaates, dem der Erblasser zur Zeit des Todes angehört hat, gesetzlicher Erbe. Hat der Erblasser mehreren Bundesstaaten angehört, so ist der Fiskus eines jeden dieser Staaten zu gleichem Anteile zur Erbfolge berufen.

War der Erblasser ein Deutscher, der keinem Bundesstaat angehörte, so ist der Reichsfiskus gesetzlicher Erbe.

E I 1974 Abs. 1 II 1813; M **5** 378, 379; P **5** 484—487; KB 309.

Das Erbrecht des Fiskus

Übersicht

I. Voraussetzungen 1

Der Fiskus tritt nach § 1936 als gesetzlicher Erbe ein, wenn zur Zeit des Erbfalls (§ 1922 Rdn. 2) weder ein Verwandter noch ein Ehegatte des Erblassers vorhanden ist (vgl. über das Erbrecht der Verwandten §§ 1924—1930, des Ehegatten §§ 1931—1934). *Vorhandensein* ist auch hier im Sinne von Erbewerden zu verstehen (vgl. § 1924 Rdn. 2). Auch bei Vorhandensein von Verwandten oder eines Ehegatten können neben ihnen oder sie ausschließend der Fiskus oder eine andere juristische Person auf Grund der durch Art. 139 EG (vgl. Rdn. 9) aufrechterhaltenen *landesgesetzlichen Bestimmungen* gesetzliche Erben werden (s. hierüber *Petzold* JW **38**, 2163ff). Solche Bestimmungen finden sich vielfach; so im PrALR zugunsten der *milden Stiftungen* und *öffentlichen Anstalten* hinsichtlich der von ihnen aufgenommenen und bis zum Tode unentgeltlich verpflegten Personen (II 16 § 22 und II 19 § 50) sowie zugunsten der *Waisenhäuser* hinsichtlich ihrer vor dem 24. Lebensjahre verstorbenen Zöglinge (II 19 § 56). Das Erbrecht des Armenverbandes (jetzt des Fürsorgeverbandes, VO über die Fürsorgepflicht vom 13. 2. 1924; vgl. Gesetz vom 20. 8. 1953 BGBl. I 967 Art. I) auf Grund II 19 § 50 PrALR tritt nur ein, wenn die Aufnahme zur *unentgeltlichen* Verpflegung erfolgt ist; zu seiner Begründung genügt daher nicht die Aufnahme im Wege der öffentlichen Armenpflege; vielmehr ist ein *Verzicht* des Armenverbandes auf Ersatzansprüche gegen die aufgenommene Person und etwaige unterhaltspflichtige Dritte erforderlich (RG JW **97**, 318[41]; KGJ 52, 62; anders KG JFG 13, 44). Zu ALR II 19 §§ 50ff vgl. auch JW **38**, 857[8] und DRW **39**, 248[21]. Über das Erbrecht des Fürsorgeverbandes in Hamburg (Hamb. Ges. v. 11. 9. 1907 § 22) s. *Vogel* Hans-RGZ A 1938, 429.

Grundlage für die Verwirklichung des Staatserbrechts ist der in den §§ 1964, 1965 geregelte nachlaßgerichtliche Feststellungsbeschluß. Die Feststellung, daß der Fiskus gesetzlicher Erbe ist, darf auch dann getroffen werden, wenn ein Nachlaß fehlt (BayObLGZ **57**, 360 = NJW **58**, 260). Wegen der Voraussetzung und Wirkungen des Feststellungsbeschlusses im einzelnen vgl. die Rdn. zu §§ 1964, 1965.

2 **II. Das Erbrecht des Fiskus im einzelnen**

1. Geschichtliche Entwicklung seit 1918

An die Stelle der **Bundesstaaten,** die bis zum Jahre 1918 bestanden haben, sind auf Grund der Verfassung des Deutschen Reiches vom 11. 8. 1919 (WeimRV) die **Länder** getreten. Die Staatsangehörigkeit in einem Lande war nach § 1 des *Reichs- u. Staatsangehörigkeitsgesetzes* v. 22.7. 1913 in der Regel (Ausnahmen: §§ 33, 34) Voraussetzung der Reichsangehörigkeit. Der Übergang der Hoheitsrechte der Länder auf das Reich gemäß Art. 2 des *Gesetzes über den Neuaufbau des Reichs* v. 30. 1. 1934 (RGBl. I 75) hatte von selbst auch den Fortfall der Staatsangehörigkeit in den Ländern zur Folge. Es gibt seitdem nur noch eine deutsche Staatsangehörigkeit (Reichsangehörigkeit), wie durch § 1 der VO *über die deutsche Staatsangehörigkeit v. 5. 2. 1934* (RGBl. I 85) klargestellt worden ist. Mit dem Wegfall der Staatsangehörigkeit in den Ländern ist auch die Grundlage für die Bestimmung des nach § 1936 als gesetzlicher Erbe berufenen Landesfiskus fortgefallen. Die hierdurch entstandene Lücke hat § 4 VO v. 5. 2. 1934 ausgefüllt. Nach Abs. 1 ist gesetzlicher Erbe der Fiskus des Landes, in dem der Erblasser zur Zeit seines Todes seine Niederlassung hatte. Hatte er keine Niederlassung in einem deutschen Lande, so ist nacheinander maßgebend: die bisherige Landesangehörigkeit (d. h. die Staatsangehörigkeit in einem deutschen Lande, die der Erblasser bis zum 7. 2. 1934, dem Tage des Inkrafttretens der VO v. 5. 2. 1934, besessen hatte), die letzte Niederlassung im Inlande, die bisherige Landesangehörigkeit der Vorfahren des Erblassers, die letzte Niederlassung der Vorfahren im Inlande (Abs. 2). Etwaige Zweifel darüber, welches deutsche Land hiernach in Betracht kommt, entscheidet der RMin des Innern (Abs. 3). Diese Bestimmungen sind auch weiterhin mit der Maßgabe anzuwenden, daß an Stelle des RMin des Innern der BMin des Innern über Zweifel befindet. Die Frage der Staatsangehörigkeit ist nach 1945 nicht neu geregelt worden. Das Grundgesetz für die Bundesrepublik Deutschland vom 23. 5. 1949 geht von der „deutschen Staatsangehörigkeit" aus (Art. 16, 116 GG).

Gesetzlicher Erbe eines deutschen Reichsangehörigen, der zur Zeit seines Todes seine Niederlassung im Gebiet der „Hansestadt Hamburg" hatte, ist die Hansestadt Hamburg als Gemeindekörperschaft, nicht der Reichsfiskus (KG HRR **41** Nr. 845).

3 **2. Die „Niederlassung"**

Der Begriff der Niederlassung ist aus dem Reichs- und Staatsangehörigkeitsgesetz v. 22.7. 1913 entnommen. Er ist weiter als der des Wohnsitzes im Sinne des § 7 BGB; dieser setzt den Willen voraus, sich an einem Orte ständig niederzulassen, d. h., diesen Ort bleibend zum Mittelpunkt der Lebensverhältnisse zu machen (s. § 7 Rdn. 1). Nach § 4 der VO v. 5. 2. 1934 genügt es, daß der Erblasser an einem bestimmten Orte Obdach und Unterkommen irgendwelcher Art hatte, sofern sich aus den Umständen des Falles ergibt, daß es nicht nur zum vorübergehenden Verweilen bestimmt war *(Lösener in Pfundtner/Neubert,* Reichsrecht, Bem. 3 zu § 4 der VO v. 5. 2. 1934). Nach wie vor ist es möglich, daß die Fisci *mehrerer Länder* als gesetzliche Erben berufen sind (§ 1936 Abs. 1 Satz 2; z. B. bei Niederlassung oder Landesangehörigkeit des Erblassers in mehreren Ländern). Unter den Fisci der mehreren Länder entsteht dann Erbengemeinschaft (§§ 2032ff). Ein *ausländischer Fiskus* kann als gesetzlicher Erbe oder Miterbe eines Deutschen auch dann nicht in Betracht kommen, wenn der Erblasser zur Zeit seines Todes seine Niederlassung im Auslande hatte. Das Erbrecht des nach § 4 zu bestimmenden Landesfiskus greift vielmehr Platz, gleichviel ob der Deutsche seinen Wohnsitz (oder seine Niederlassung) im Inland oder im Auslande hatte und ob sich die Nachlaßgegenstände im Inlande oder im Auslande befinden (RG 31. 5. 1906 IV 573/05). Eine

Ausnahme kann sich jedoch in letzterer Hinsicht aus Art. 28 EG ergeben (s. Einl. Rdn. 8 zu diesem Buche). Eine ausländische Staatsangehörigkeit, die der Erblasser neben der deutschen Reichsangehörigkeit besaß, hat — vorbehaltlich etwaiger Staatsverträge — außer Betracht zu bleiben (vgl. RG **150**, 382).

3. Zu Abs. 2 (Reichsfiskus) 4

Die Vorschrift hat die Fälle der unmittelbaren Reichsangehörigkeit im Sinne der §§ 33, 34 des Reichs- und Staatsangehörigkeitsgesetzes v. 22. 7. 1913 im Auge. Sie bleibt für die Personen bedeutsam, denen die Reichsangehörigkeit auf Grund der genannten Vorschriften verliehen worden ist oder künftig verliehen wird. Dies gilt auch, wenn sie zur Zeit ihres Todes eine Niederlassung in einem deutschen Lande hatten; § 4 der VO v. 5. 2. 1934 ist hier nicht anzuwenden, da die Staatsangehörigkeit in einem deutschen Lande im Falle des § 1936 Abs. 2 nicht rechtserheblich ist. An die Stelle des Reichsfiskus tritt nunmehr der **Bundesfiskus.**

4. Beerbung von Ausländern 5

Gilt für die Beerbung von Ausländern ausnahmsweise (z. B. infolge von Rückverweisung oder auf Grund von Staatsverträgen, vgl. Einl. Rdn. 4 zu diesem Buche) deutsches Recht, so ist, falls eins der Merkmale des § 4 der VO v. 5. 2. 1934 vorliegt, entsprechend dieser Vorschrift der in Betracht kommende Landesfiskus zur Erbschaft berufen (so schon für den bisherigen Rechtszustand *Endemann III* § 26 bei Anm. 19; aM *Planck/Flad* Anm. 5 und die 8. Auflage dieses Kommentars). Liegt keins dieser Merkmale vor, so kommt als gesetzlicher Erbe nur der Fiskus des Heimatstaates in Betracht.

5. Beerbung von Staatenlosen 6

Auf die Beerbung von Staatenlosen ist nach EG Art. 29 in der Fassung des § 25 FamRÄndG das deutsche Recht anzuwenden, wenn sie zur Zeit ihres Todes im Deutschen Reiche ihren gewöhnlichen Aufenthalt oder mangels eines solchen ihren Aufenthalt gehabt hatten. Welcher deutsche Landesfiskus gegebenenfalls als gesetzlicher Erbe berufen ist, bestimmt sich nach dem — zum mindesten entsprechend anwendbaren — § 4 der VO v. 5. 2. 1934.

III. Eigenart des fiskalischen Erbrechts 7

Der Fiskus ist **wahrer Erbe** im privatrechtlichen Sinne. Mit Unrecht ist in einem Urteile des deutsch-englischen Schiedsgerichtshofes v. 26. 7. 1925 (JW **26**, 415) die Auffassung vertreten worden, der Fiskus sei nach deutschem Recht nicht wirklicher Erbe; es ist daraus die Folgerung gezogen worden, Ansprüche gegen den Fiskus als gesetzlichen Erben fielen nicht unter das *Ausgleichsverfahren* des Art. 296 des Versailler Vertrages. Anderseits ist in dem *deutsch-russischen Nachlaßabkommen* (Anlage zu Art. 22 des Konsularvertrags v. 12. 10. 1925, Ges v. 6. 1. 1926, RGBl. II 72ff) in § 13 Abs. 3 bestimmt, daß ein dem Staate oder juristischen Personen des öffentlichen Rechts zustehendes Recht auf den erblosen Nachlaß *im Sinne dieser Anlage* (d. h. für die konsularische Nachlaßbehandlung, §§ 1—12 des Abkommens, sowie für die Anwendung des internationalen Privatrechts, § 13 Abs. 1 u. 2 des Abkommen, vgl. Einl. Rdn. 6 zu diesem Buche) als Erbrecht zu behandeln ist.

Besonderheiten des *fiskalischen Erbrechts sind:* Der Fiskus kann nicht ohne Einsetzung eines andern Erben ausgeschlossen werden (§ 1938); er kann nicht ausschlagen (§ 1942) und nicht verzichten (§ 2346); sein Erbrecht muß stets durch das Nachlaßgericht festgestellt werden (§§ 1964—1966); es kann dem Fiskus keine Inventarfrist bestimmt werden, doch ist er zur Auskunft gegenüber den Nachlaßgläubigern verpflichtet (§ 2011); das gegen ihn ergehende Urteil bedarf nicht des Vorbehalts aus ZPO § 780; er wird in den Fällen der §§ 2104, 2149 nicht Nacherbe, kann aber im Falle des § 2105 Vorerbe sein.

Urheberrechte gehen nicht auf den Fiskus über, sondern erlöschen, wenn dieser gesetzlicher Erbe wird (LitUrhG v. 9.6.1901 § 8 Abs. 2; KunstUrhG v. 9.1.1907 § 10 Abs. 2); sie im Verhältnisse zu Nachlaßgläubigern (auch Vermächtnisnehmern) als fortbestehend anzusehen, ist angesichts der positiven Gesetzesvorschriften nicht angängig (*Kipp/Coing* ErgBd § 6 II 1). Dagegen gehen Patentrechte über. Eine OHG, bei der Fortsetzung mit den Erben vereinbart ist, wird mit dem Fiskus nicht fortgesetzt (vgl. *Kipp/Coing* aaO).

Das Bezugsrecht, das bei einer Lebensversicherung zugunsten der Erben den als Erben berufenen Personen zusteht, aber nicht zum Nachlasse gehört (§ 167 VersVG idF des Ges. v. 19.12.1939 RGBl. I 2443, vgl. § 1922 Rdn. 17), kommt nach Abs. 3 daselbst dem als Erben berufenen Fiskus nicht zu; dieser erhält den Anspruch auf die Versicherungssumme nur als Bestandteil des Nachlasses, also in der Weise, daß er dem Zugriffe der Nachlaßgläubiger unterliegt.

Fällt Vereinsvermögen an den Fiskus, so sind die Vorschriften über eine dem Fiskus als gesetzlichem Erben anfallende Erbschaft entsprechend anzuwenden. Der Fiskus hat jedoch das Vermögen tunlichst in einer den Zwecken des Vereins entsprechenden Weise zu verwenden (§§ 45 Abs. 3, 46 S. 2). Entsprechendes gilt für den Anfall des Vermögens einer aufgelösten Stiftung (§ 88).

8 **IV. Zu EGBGB Art. 138**

Gemäß EG Art. 138 können kraft aufrechterhaltener landesgesetzlicher Vorschriften **an Stelle des Fiskus** Körperschaften, Stiftungen oder Anstalten des öffentlichen Rechts gesetzliche Erben werden. Demgemäß ist das gemeinrechtliche Erbrecht der Kirchen an den sonst erblosen Nachlässen ihrer Geistlichen (*Windscheid/Kipp*, Pandekten § 570 Anm. 6) aufrechterhalten worden; das gilt auch für die auf Privilegien beruhenden Rechte gewisser Städte und Universitäten als gesetzlicher Erben auf den Nachlaß ihrer Angehörigen; für die Aufrechterhaltung gesetzlicher Vermächtnisse zugunsten solcher Körperschaften bietet dagegen Art. 138 keinen Anhalt (aM *Kipp/Coing* 1965 § 6 III). Soweit demzufolge andere Körperschaften an Stelle des Fiskus treten, sind die für das Erbrecht des Fiskus geltenden Besonderheiten auch auf sie anzuwenden.

9 **V. Zu EGBGB Art. 139**

Unberührt bleiben noch EG Art. 139 ferner die landesgesetzlichen Vorschriften, nach denen dem Fiskus oder einer anderen juristischen Person in Ansehung des Nachlasses einer verpflegten oder unterstützten Person ein Erbrecht, ein Pflichtteilsanspruch oder ein Recht auf bestimmte Sachen zusteht. Hierbei tritt der Fiskus nicht deshalb ein, weil keine anderen Erben vorhanden sind; es handelt sich vielmehr um ein Erbrecht, Pflichtteilsrecht oder Vermächtnisrecht neben anderen Erben oder zu Lasten der Erben. Vgl. im einzelnen für Preußen AGBGB Art. 89, ALR II 16 § 22, II 19 §§ 50 ff, für Bayern AGBGB Art. 101,102, für Hessen AGBGB Art. 127 ff; umfassende Zusammenstellung bei *Staudinger/Keidel* 1973 Rdn. 9-15 zu Art. 139.

10 **VI. Besonderheiten des Rückerstattungsrechts**

Nach Art. 10 AmREG ist im Falle des § 1936 Erbe eines im Sinne der Rückerstattungsgesetze Verfolgten wegen des gesamten Nachlasses an Stelle des Staates eine von der Militärregierung bestimmte Nachfolgeorganisation. Im Gegensatz hierzu wird dem Fiskus im Bereich der ehemaligen Britischen Zone nach Art. 8 BrREG das gesetzliche Erbrecht formell belassen, aber auch nicht er, sondern lediglich die Treuhandgesellschaft (Nachfolgeorganisation) hat die Möglichkeit, Rückerstattungsansprüche für sich geltend zu machen (BGH **20,** 228, vgl. auch KG RzW **66,** 212.

Vorbemerkungen zu §§ 1937—1941

Übersicht

I. Allgemeines 1

Die §§ 1937-1941 behandeln die von den Rechtsgeschäften unter Lebenden streng zu scheidenden Rechtsgeschäfte von Todes wegen. Sie enthalten die grundlegenden Vorschriften für die durch Bestimmung des Erblassers herbeigeführte **gewillkürte Erbfolge,** durch welche die in den vorhergehenden Paragraphen geregelte gesetzliche Erbfolge ganz oder teilweise ausgeschlossen oder geändert wird. Eine solche Bestimmung kann nur durch eine Verfügung von Todes wegen getroffen werden; solche Verfügungen können aber auch einen anderen Inhalt haben als die Bestimmung der Erbfolge; auch darüber enthalten die nachstehenden Paragraphen die grundlegenden Vorschriften.

II. Verfügungen von Todes wegen 2

Als Verfügungen von Todes wegen (§§ 83, 1948, 2278, 2302, 2339) bezeichnet das Gesetz Willenserklärungen einer natürlichen Person, durch die sie bei ihrem Tode gegebene Rechtsbeziehungen regelt, insbesondere über das Schicksal ihres Vermögens nach ihrem Tode bestimmt. Sie sollen erst nach dem Tode des Verfügenden wirksam werden. Das Gesetz unterscheidet einseitige, die als letztwillige Verfügungen oder Testamente bezeichnet werden (§§ 1937-1940), und vertragsmäßige oder Erbverträge (§ 1941). Beide, Testamente und Erbverträge, fallen unter den Oberbegriff: Verfügungen von Todes wegen (vgl. auch Rdn. 2 zu § 1937). Als zulässiger Inhalt einer **letztwilligen Verfügung** werden in diesem Abschnitt angegeben: Erbeinsetzungen (§ 1937); Ausschluß von der gesetzlichen Erbfolge ohne Erbeinsetzung (§ 1938); Vermächtnisse (§ 1939); Auflagen (§ 1940). Zulässiger Inhalt eines **Erbvertrags** (§ 1941) sind Erbeinsetzungen, Vermächtnisse und Auflagen. Doch können auch andere erbrechtliche Bestimmungen durch letztwillige Verfügung getroffen werden (vgl. hierzu im allgemeinen RG **170,** 383): Entziehung des Pflichtteils oder Beschränkung des Pflichtteilsrechts (§§ 2336, 2338), Widerruf und Aufhebung einer Verfügung von Todes wegen (§§ 2254, 2291, 2297; vgl. OLG Frankfurt NJW **50,** 607), Bestimmungen über die Erbeinteilung (§§ 2044, 2048) und über die Testamentsvollstreckung (§§ 2197, 2207-2209, 2216 Abs. 2, 2220), ebenso familienrechtliche auf dem Gebiete des ehelichen Güterrechts (§§ 1369 aF, 1418 Abs. 2 Kr. 2, 1486, 1509, 1511 ff), des Elternrechts (§§ 1638-1639, 1682 Abs. 2 f) und des Vormundschaftsrechts (§§ 1777, 1782, 1797, 1803, 1856, 1868, 1880, 1909, 1917); auch eine Vollmachtserteilung (vgl. OLG Köln NJW **50,** 702); ferner durch Verfügung von Todes wegen, also auch vertragsmäßig im Erbvertrag: Die Errichtung einer Stiftung bei gleichzeitiger Zuwendung an sie (§ 83; über französisch-rheinisches Recht s. RG **161**, 288); die bei einem Vertrage zugunsten eines Dritten dem Versprechensempfänger vorbehaltene Benennung eines anderen Dritten (§ 332). Im übrigen vgl. wegen des zulässigen Inhalts eines Erbvertrags §§ 2278 Abs. 2, 2299 und Anmerkungen dazu.

3 **III. Keine Verfügungen von Todes wegen**

Wird in einem Vertrage eine sofort wirksame Verpflichtung übernommen, so wird er nicht dadurch zu einer Verfügung von Todes wegen, daß die Erfüllung der Verpflichtung bis nach dem Tode des Sichverpflichtenden hinausgeschoben wird (OLG **39**, 238; RG SeuffArch **77** Nr. 60; HRR Nr. 1464; OLG Düsseldorf NJW **54**, 1041). Eine sofort wirksame Verpflichtung ist insbesondere dann anzunehmen, wenn zu ihrer Sicherstellung ein Pfandrecht bestellt ist (RG 8. 4. 1907 IV 424/06). Auch eine in einem Vertrag unter Lebenden getroffene Vereinbarung, durch welche eine Vertragspartei sich für den Fall ihres Todes von der anderen Leistung an einen Dritten versprechen läßt, ist keine Verfügung von Todes wegen (Vermächtnis); der Dritte erwirbt hier den Anspruch auf die Leistung unmittelbar mit dem Tode des Versprechensempfängers; der Anspruch gehört nicht zum Nachlasse (§ 331): so bei Lebensversicherungsverträgen (vgl. §§ 166, 167 VVG idF des Gesetzes v. 19. 12. 1939 RGBl. I 2443, § 1922 Rdn. 17), aber auch bei sonstigen Verträgen zugunsten eines Dritten (§§ 328 ff) auf den Todesfall, wie die Vereinbarung in einem Gesellschaftsvertrage, daß im Falle des Todes eines Gesellschafters dessen Gesellschaftsanteil einem Dritten zufallen solle (RG **80**, 175) oder bei der Einzahlung eines Sparguthabens unter der mit der Sparkasse bei dieser Gelegenheit formlos getroffenen Vereinbarung, daß nach dem Tode des Einzahlenden einem Dritten ein unmittelbarer Anspruch auf Auszahlung des Guthabens gegen die Sparkasse zustehen solle (RG **106**, 1). Gleiches gilt, wenn in einem Kaufvertrage vereinbart wird, daß die gekauften Möbel nach dem Tode des Käufers an einen Dritten fallen sollen (RG WarnRspr **25** Nr. 166), oder wenn mit einer Bank oder einer Sparkasse vereinbart wird, daß eine bereits früher oder gleichzeitig eingelegte Geldsumme nach dem Tode des Einlegers an einen Dritten ausgezahlt werden solle (RG **88**, 137; **106**, 1, wo die Bedenken fallengelassen sind, die in RG **98**, 281 gegen die Rechtsgültigkeit solcher Vereinbarungen aus der Gefahr einer Umgehung der für Verfügungen von Todes wegen bestehenden Formvorschriften hergeleitet wurden; Danzig DRW **39**, 1387[10]).

Ein Vertrag, durch den eine Person ihren Grundbesitz oder ihr Vermögen mit der Maßgabe übergibt, daß der Vertrag erst nach dem Tode des Übergebers durch Auflassung oder Übertragung der zu dem Vermögen gehörenden Rechte vollzogen werden soll, ist nicht stets und ausnahmslos ein verschleierter Erbvertrag. Es hängt von dem Inhalt und den Umständen des einzelnen Falles ab, ob ein solcher Vertrag unter Lebenden oder als verschleierte Verfügung von Todes wegen zu behandeln ist. Das letztere kommt in Betracht, wenn sich der Vertrag nicht nur auf gegenwärtiges, sondern auch auf zukünftiges Vermögen des Übergebers bezieht (BGH **8**, 23; vgl. auch KGJ **41**, 162; abweichend für die Übergabe eines landwirtschaftlichen Hofes OGH NJW **49**, 822).

Dagegen sind auf ein Schenkungsversprechen, das gegenüber dem Begünstigten unter der Bedingung abgegeben ist, daß er den Schenkgeber überlebe (Schenkung von Todes wegen), die Vorschriften über Verfügungen von Todes wegen anzuwenden (Rdn. 7 zu § 2301).

IV. Nichtigkeit und Anfechtbarkeit

4

Ob eine Verfügung von Todes wegen wegen Willensmangels nichtig ist, bestimmt sich nach den allgemeinen Vorschriften der §§ 116-118 (vgl. RG **148,** 222 zur Anwendbarkeit des § 116 Satz 1 — Mentalreservation). Doch kommen die §§ 116 Satz 2 und 117 für letztwillige Verfügungen nicht in Betracht (RG **104,** 322; s. im einzelnen § 2078 Rdn. 2). Andere Gründe können nach den Sonderbestimmungen der §§ 2078 ff, 2279 Abs. 1, §§ 2281 ff, die der allgemeinen Regelung der §§ 119-124 vorgehen, eine Anfechtung begründen, so z. B. wenn Umstände eingetreten sind, deren Nichteintritt der Erblasser bei der Errichtung einer letztwilligen Verfügung zwar nicht ausdrücklich erwogen hat, aber für sich als selbstverständlich ansehen konnte (BGH 22. 10. 1953 IV ZR 67/53 = LM § 2078 Nr. 3; vgl. ferner BGH **4,** 91; BGH FamRZ **56,** 83). Dabei kommt es auf irrige Vorstellungen an, die der Erblasser wirklich gehabt hat, nicht auf solche, von denen er bei besserer Information geleitet worden wäre (BGH NJW **63,** 246 = FamRZ **63,** 85), ohne daß sich Anhaltspunkte für Willensmängel aus der Verfügung selbst ergeben müssen (BGH NJW **65,** 584 = FamRZ **65,** 212). Mit der Begründung, daß der Erblasser eine früher errichtete letztwillige Verfügung vergessen habe, kann ein Testament oder Erbvertrag nicht angefochten werden (BGH **42,** 327 = NJW **65,** 688 = LM Nr. 9 § 2078 (L) 3 = MDR **65,** 193), ebenso nicht mit dem Hinweis darauf, daß sich bestimmte Vorstellungen des Erblassers über die Handhabung der Verfügungsgewalt des Erben nicht realisiert hätten (BGH FamRZ **67,** 473). Die Auslegung einer Verfügung von Todes wegen geht der Anfechtung stets vor (OGH **1,** 196; BGH MDR **51,** 474). Ob ein Anfechtungstatbestand gegeben ist, richtet sich grundsätzlich nach dem Zeitpunkt der Errichtung der Verfügung (BGH DNotZ **54,** 272).

Verfügungen von Todes wegen, die gegen ein gesetzliches Verbot oder gegen die guten Sitten verstoßen, sind nach den allgemein für Rechtsgeschäfte geltenden Grundsätzen (§§ 134, 138) nichtig, so z. B. eine letztwillige Verfügung, durch die ein Dritter bestimmt werden soll, ein unsittliches Verhältnis einzugehen (RG LZ **15,** 293), dagegen nicht ohne weiteres jede letztwillige Verfügung, die sich auf ein unsittliches Verhältnis in der Vergangenheit bezieht. Es kommt hierbei wie stets im Rahmen des § 138 auf die Umstände *des einzelnen Falles* an. Hat z. B. ein Erblasser seiner Geliebten im Wege einer letztwilligen Verfügung Zuwendungen gemacht, so kann es für die Entscheidung, ob sie sittenwidrig sind, darauf ankommen, ob der Erblasser sie auch ohne geschlechtliche Hingabe geleistet hätte. Ein Anzeichen dafür kann sein, in welchem Verhältnis die Zuwendungen zum Gesamtnachlaß stehen (OHG **1,** 249). Die Erbesberufung der Geliebten kann auch dann unsittlich sein, wenn sie nicht dazu bestimmt ist, Geschlechtsverkehr zu erreichen, zu belohnen oder seine Fortsetzung zu sichern oder zu fördern (OGH **3,** 158). Andererseits ist ein Testament, durch welches ein 74jähriger unverheirateter und kinderloser Erblasser unter Ausschluß seiner gesetzlichen Erben (Geschwistern und deren Abkömmlingen) seine Haushälterin, die ihm schon 30 Jahre lang den Haushalt geführt hat, als Erbin einsetzt, nicht schon dann sittenwidrig, wenn zwischen dem Erblasser und der Haushälterin geschlechtliche Beziehungen bestanden haben und die Erbeinsetzung auch im Hinblick auf diese Beziehungen erfolgt ist, dieser Beweggrund jedoch für den Erblasser gegenüber dem anderen, die Bedachte für ihre langjährigen Dienste zu belohnen, nur von untergeordneter Bedeutung gewesen ist (BGH FamRZ **58,** 127 = LM BGB § 138 Cd Nr. 9; vgl. dazu nicht veröffentlichtes Urteil des BGH 11. 7. 62 V ZR 228/60). Bestimmungen eines Testaments, in denen der Erblasser eine andere Frau vor seiner eigenen Frau und seinen Kindern bevorzugt hat, können auch dann wegen Verstoßes gegen die guten Sitten nichtig sein, wenn er mit jener nur ehewidrige, nicht auf geschlechtlichem Gebiet liegende Beziehungen unterhalten hat (BGH

6. 5. 1954 IV ZR 53/54 = LM BGB § 138 Cd Nr. 2 mit näheren Nachweisen über die einschlägige Rechtsprechung, insbesondere des Reichsgerichts; vgl. dazu vor allem BGH **53,** 369 = NJW **70,** 1273 m. Anm. v. *Speckmann* 1839, 1840 = MDR **70,** 660 = FamRZ **70,** 368 m. Anm. v. *Bosch* 373 = WM **70,** 398 = LM § 138 Cd Nr. 17 m. Anm. bei Nr. 2 FGG § 14; vgl. auch BGH **23,** 76 für die Zuwendung einer Bezugsberechtigung aus einer Lebensversicherung; ferner OLG Celle RdL **57,** 302 zur Hoferbeinsetzung eines familienfremden Kindes, dessen Mutter der kinderlos verheiratete Erblasser große Zuneigung entgegengebracht hat). Für die Frage, ob ein Erbvertrag nach § 138 nichtig ist, kann auch erheblich sein, ob die Zuwendung, die der Vertragserbe erhält, in einem auffälligen Mißverhältnis zu den Pflichten steht, die der Vertragserbe übernommen hat und die den Erblasser veranlaßt haben, den Vertrag zu schließen (BGH 30. 9. 1954 IV ZR 68/54). Sittenwidrige Umstände können auch darin bestehen, daß der Vertragserbe unter Mißbrauch einer Vertrauensstellung die Hilflosigkeit oder geistige Unbeweglichkeit des Erblassers in einer unanständigen Weise für sich ausnutzt (BGH LM § 138 Bc Nr. 1 mit Anm. von *Ascher.*

Nach § 48 Abs. 3 TestG v. 31. 7. 1938 (RGBl. I 973) war eine Verfügung von Todes wegen nichtig, soweit ein anderer den Erblasser unter Ausnutzung seiner Todesnot zu ihrer Errichtung bestimmt hatte. Diese Bestimmung wurde durch das KRG Nr. 37 (1953) aufgehoben. Der Gesetzentwurf der Bundesregierung hatte vorgesehen, diesen Fall der Ausnutzung der Todesnot des Erblassers zwar nicht als Nichtigkeitsgrund bestehen zu lassen, ihn aber als weiteren Anfechtungsgrund in § 2078 aufzunehmen. Das wurde aber abgelehnt. Maßgebend war nach dem Bericht über die 249. Sitzung des Bundestages vom 4. 2. 1953, daß die Bestimmung des § 48 Abs. 3 eine ungerechtfertigte Verdächtigung der Religionsdiener enthalte. Fälle, in denen die Todesnot des Erblassers in verwerflicher Weise ausgenutzt wird, werden jedoch unter dem Gesichtspunkt der Nichtigkeit wegen Verstoßes gegen die guten Sitten behandelt werden können (vgl. dazu *Finke* DNotZ **53,** 180, 181; ferner BGH FamRZ **56,** 221.

Für die Beantwortung der Frage, ob eine Verfügung von Todes wegen sittenwidrig ist, sind die Verhältnisse zur Zeit der Errichtung der Verfügung maßgebend (BGH **20,** 71 = NJW **56,** 865 = JZ **56,** 321 = LM § 138 Cd Nr. 6; OLG Celle NJW **56,** 265 abweichend von RG DR **43,** 91; **44,** 494). Auch der V. ZSenat des BGH hat sich zu dieser Auffassung bekannt; BGH LM § 138 Cd Nr. 11 m. Besprech. v. *Böhmer* FamRZ **61,** 263; vgl. weiter hierzu *Johannsen* WM **71,** 923. Dagegen dürfen insoweit, als es auf die über das Gebot der guten Sitte herrschenden Anschauungen ankommt, auch die zur Zeit der gerichtlichen Entscheidung geltenden sittlichen Überzeugungen herangezogen werden (vgl. die Anm. von *Johannsen* zu BGH LM BGB § 138 Cd Nr. 6). Vgl. über den Wandel der Rechtsprechung des BGH, besonders des IV. ZSenats hinsichtlich des Geliebten-Testaments *Johannsen* WM **71,** 919 ff m. weiteren Nachweisen, ferner *Simshäuser,* Zur Sittenwidrigkeit der Geliebten-Testamente 1971.

Unwirksamkeit einer letztwilligen Verfügung kann sich im übrigen aus dem Widerspruch zu einer in einem Erbvertrag vertragsmäßig getroffenen Verfügung von Todes wegen (BGH **26,** 204) oder aus der Umgehung einer durch ein wechselbezügliches gemeinschaftliches Testament hervorgerufenen Bindung (vgl. BGH JZ **54,** 676) ergeben. Über die Rechtsprechung des BGH auf dem Gebiet der Anfechtung des Testaments vgl. *Johannsen* WM **72,** 642 ff.

5 **V. Testierfreiheit**

Der Grundsatz der Testierfreiheit (d. h. Freiheit in der Verfügung von Todes wegen) ist im BGB nicht ausdrücklich anerkannt worden; er ergibt sich aber aus der Gesamtheit der erbrechtlichen Vorschriften, insbesondere schon aus den §§ 1937—1941 selbst, aus § 2253 (Recht, jederzeit eine letztwillige Verfügung zu widerrufen) und § 2302 (Nichtigkeit von Verträgen, die die Testierfreiheit beeinträchtigen). Die Grenzen der Testierfreiheit werden durch den Anwendungsbereich des Deutschen Privatrechts bestimmt. Der Erblasser kann also nicht die Freiheit beanspruchen, zu entscheiden, nach welcher Rechtsordnung sich die Erbfolge und die erbrechtlichen Ansprüche bestimmen sollen (BGH NJW **72,** 1061).

Vgl. wegen der Ausübung der Testierfreiheit und ihrer Schranken im einzelnen *Kipp/Coing* § 1 II 3 und § 16, ferner Rdn. 1—3 zu § 2302 dieses Kommentars.

VI. Schiedsgerichtsklausel 6

Inwieweit die Anordnung eines Schiedsgerichts über Streitigkeiten, die den Nachlaß betreffen, **durch letztwillige Verfügung** zulässig ist, war im Schrifttum streitig. Solche Anordnungen waren früher schon vielfach üblich; das BGB enthält keine ausdrückliche Entscheidung der Frage; in ZPO § 1048 wird die Anordnung als zulässig vorausgesetzt. Das Reichsgericht hat sich, ohne die Schiedsgerichtsklausel dem Gesichtspunkt der Auflage nach § 1940 zu unterstellen, für ihre Zulässigkeit ausgesprochen, soweit es sich nicht um Anordnungen handle, durch die dem Schiedsrichter die Befugnis eingeräumt wird, an Stelle des Erblassers Dinge zu ordnen, die dieser bewußterweise nicht geordnet hat (RG **100,** 76; **170,** 383). Unstatthaft ist danach, einem Schiedsgericht die Entscheidung zu überlassen, wer Erbe sein soll, ferner ob eine letztwillige Verfügung gelten soll oder nicht (§ 2065 mit Anm.); zulässig ist dagegen die Überlassung der nach Rechtsgründen zu treffenden Entscheidung darüber, ob eine Person Erbe geworden ist und ob eine letztwillige Verfügung (nicht jedoch diejenige, in welcher der Schiedsrichter bestellt ist) gültig ist. Auch die Auslegung einer letztwilligen Verfügung kann, soweit sie dem ordentlichen Richter zusteht, dem Schiedsrichter überlassen werden, demgemäß auch eine „ergänzende" Auslegung (§ 2084 Rdn. 26 ff). Zum Schiedsrichter kann auch der Testamentsvollstrecker ernannt werden (RG **100,** 78). **Unstatthaft** ist aber die Bestellung von eigentlichen Schiedsrichtern im Sinne der ZPO (§§ 1025 ff), um Anordnungen für die Auseinandersetzung zu erlassen (§ 2048 BGB), um denjenigen von mehreren Bedachten, der das Vermächtnis erhalten soll (§ 2151) und um die Leistung bei einem Vermächtnisse (§ 2156) zu bestimmen. Hierbei handelt es sich nicht um Fragen, die ein Schiedsrichter an Stelle des ordentlichen Gerichts nach Rechtsgründen zu entscheiden hat; deshalb könnte auch durch Vertrag kein Schiedsrichter dafür bestellt werden. Hierzu bestellte Personen sind, auch wenn sie als Schiedsrichter bezeichnet sind, nur Schiedsgutachter, d. h. Dritte, auf welche die Bestimmungen der §§ 2048 Satz 2, 3, 2151, 2156 in Verbindung mit den §§ 317-319 anzuwenden sind; ihre Entscheidung ist deshalb jedenfalls in den Fällen der §§ 2048, 2156 für die Erben nicht verbindlich, wenn sie offenbar unbillig ist (vgl. auch RG **24,** 411; **45,** 350; **67,** 71; **96,** 57; JW **1900** 671[35]; **11,** 459[37]), während für den Fall des § 2151 diese Frage bestritten ist, vgl. Anm. zu § 2151. Über die Unzulässigkeit, Aufgaben des Nachlaßgerichts auf ein Schiedsgericht zu übertragen, im Bereiche des § 2227 s. dort Rdn. 3.

Von der vorerörterten Schiedsgerichtsklausel kraft letztwilliger Verfügung ist der — grundsätzlich zulässige — **Schiedsvertrag** zu unterscheiden, durch den **Miterben** nach dem Erbfalle einem Schiedsrichter die Auseinandersetzung der Erbengemeinschaft übertragen (vgl. BGH DNotZ **59,** 482 = MDR **59,** 834 = NJW **59,** 1493).

VII. Sonstige Anordnungen 7

Der Schenker kann den Widerruf der Schenkung wegen groben Undanks in einem Testament erklären (RG **170,** 383).— Der Erblasser kann in einem ordnungsgemäß zur

Verwahrung abgelieferten öffentlichen Testament auch eine Auflassungsvollmacht wirksam erteilen (LG Siegen NJW **50,** 226). Eine in einem notariellen Testament oder in einem Erbvertrage erteilte Vollmacht ist auch dann rechtswirksam, wenn sie nach dem Willen des Erblassers erst nach dem Tode durch Eröffnung der Verfügung von Todes wegen zur Kenntnis des zu Bevollmächtigenden gebracht worden ist (OLG Köln NJW **50,** 702). — Der Inhalt eines Testaments kann auch lediglich im Widerruf eines anderen Testaments bestehen (OLG Frankfurt NJW **50,** 607). — Auch Bestimmungen über die Bestattung können mit vermögensrechtlicher Wirkung in einer letztwilligen Verfügung getroffen werden (RG WarnRspr **12** Nr. 219; § 1968 mit Rdn. 4 f; Ges. über die Feuerbestattung v. 15. 5. 1934 RGBl. I 380, § 2 Abs. 1, § 4 mit DVen v. 26. 6. 1934, RGBl. I 519, § 5 und v. 10. 8. 1938 RGBl. I 1000 §§ 1, 5, 15). Vgl. aber auch Rdn. 3 zu § 2259.

§ 1937

Der Erblasser kann durch einseitige Verfügung von Todes wegen (Testament, letztwillige Verfügung) den Erben bestimmen.

E I 1753 Abs. 1, 1755 Abs. 1 II 1814; M **5** 6, 9; P **5** 5.

Einseitige Erbeinsetzung

1 I. Vgl. **im allgemeinen** die Vorbemerkung zu den §§ 1937-1941.

2 II. Die Ausdrücke **Testament** und **letztwillige Verfügung** werden hier und an anderen Orten als gleichbedeutend behandelt. Der Ausdruck „Verfügung" (= letztwillige Verfügung) wird aber auch in dem Sinne verwendet, daß er nur eine einzelne in einem Testament getroffene Anordnung bezeichnet (§§ 2085, 2253). Das Kennwort letztwillig für eine einseitige Verfügung von Todes wegen rechtfertigt sich damit, daß eine solche Verfügung vom Erblasser jederzeit widerrufen werden kann (§§ 2253 ff), und daher, wenn sie bis zu seinem Tode unwiderrufen bleibt, den letzten Willen enthält, den er über die Rechtsbeziehungen nach seinem Tode rechtsgültigerweise erklärt hat. Ein **Erbvertrag** gehört begriffsmäßig nicht zu den letztwilligen Verfügungen. Er fällt vielmehr unter den Oberbegriff: Verfügungen von Todes wegen (so auch *Erman/Bartholomeyczik* Rdn. 2 zu § 1937; BGH DRiZ **71,** 26).

3 Das Testament unterliegt ohne Rücksicht darauf, ob es eine Erbeinsetzung enthält oder sich auf sonstige Anordnungen beschränkt, bestimmten Anforderungen an die streng persönliche Natur und die Formen seiner Errichtung (§§ 2064 f, 2229 ff). Formfreie Ergänzungen der Anordnungen des Testaments durch Kodizille (Nachzettel, testamentum mysticum), wie solche dem gemeinen, sächsischen, in gewissen Formen auch dem preußischen Rechte bekannt waren, sind im BGB absichtlich nicht zugelassen (Mot. **5** 292ff; RG WarnRspr **15** Nr. 210; § 2086 Rdn. 5). Doch können zur Auslegung zweifelhafter Bestimmungen eines Testaments auch formlose Urkunden herangezogen werden (RG WarnRspr **17** Nr. 59; § 2084 Rdn. 12).

4 III. Bei der Bestimmung eines Erben **(Erbeinsetzung)** muß die Person des Erben so bestimmt werden, daß sie allein auf Grund der Willensäußerung im Testament ermittelt werden kann. Ist die Ermittlung des Erben nach dem Inhalt der letztwilligen Verfügung nur dadurch möglich, daß ein Dritter, gegebenenfalls auch das Nachlaßgericht, Tatsachen nach seinem Ermessen zu würdigen hat, so ist § 2065 Abs. 2 anzuwenden (OLG Dresden NJW **49,** 346). Für die manchmal sehr zweifelhafte Frage, ob eine letztwillige Verfügung die Bestimmung eines Erben enthält, gibt § 2087 zwei Aushilfsregeln (s.

dort). Die Anordnung in einem gemeinschaftlichen Testament: „Bezüglich unseres übrigen Nachlasses verbleibt es bei den gesetzlichen Bestimmungen" kann eine testamentarische Erbeinsetzung der gesetzlichen Erben enthalten (BayObLG **65,** 176 = NJW **65,** 916). Ausgestaltungen der Erbeinsetzung regeln die §§ 2088 ff. Zulässig ist danach auch, einen Ersatzerben für den Fall einzusetzen, daß der zunächst als Erbe Berufene nicht zur Erbfolge gelangt (§§ 2096 ff), und einen Nacherben zu bestimmen, der erst Erbe werden soll, nachdem zunächst ein anderer Erbe geworden ist (§§ 2100 ff). Die Zuwendung eines Erbersatzanspruchs enthält keine Erbeinsetzung. Vgl. zur Frage der Nichterwähnung des n. e. Kindes in einer letztwilligen Verfügung *Kumme* in ZblJugR **73,** 13 ff.

Sofern der Erblasser durch Verfügung von Todes wegen sämtliche Abkömmlinge als Hoferben übergehen will, bedarf es der Zustimmung des LWG nach § 7 HöfO (Hamm OLGZ **66,** 71; Celle RdL **68,** 296; **69,** 102 mit Anm. von *Barnstedt.* Weitere Beispiele für gerichtliche Zustimmungsbedürftigkeit von letztwilligen Verfügungen § 8 Abs. 2 Satz 2, Abs. 3 Satz 3, Abs. 4; § 16 Abs. 1 HöfeO, vgl. dazu Celle AgrarR **72,** 299). Nicht zustimmungsbedürftig ist die Einsetzung eines Hoferben hinsichtlich eines verwaisten Hofes, § 10 HöfeO (*Oldenburg* RdL **67,**133).

§ 1938

Der Erblasser kann durch Testament einen Verwandten oder den Ehegatten von der gesetzlichen Erbfolge ausschließen, ohne einen Erben einzusetzen.

E I 1755 Abs. 2, 1972 II 1815; M **5** 9, 376; P **5** 5, 483.

Enterbung

Übersicht

I. Voraussetzungen der Enterbung 1

1. Form der Enterbung

§ 1938 behandelt den Ausschluß eines gesetzlichen Erben (Enterbung) ohne Einsetzung eines anderen (sog. negatives Testament). Der Ausschluß kann nur **„durch Testament"**, d. h. durch einseitige Verfügung im Testament (§ 1937) oder im Erbvertrag (§ 2299), angeordnet werden, dagegen nicht durch vertragsmäßige Verfügung; vertragsmäßig können nur Erbeinsetzungen, Vermächtnisse und Auflagen getroffen werden (§ 2278 Abs. 2). Im übrigen ist die Enterbung — ebenso wie die Erbeinsetzung — an keine bestimmte Form gebunden. Sie kann daher auch stillschweigend geschehen (BayObLG **65,** 166). Eine stillschweigende Enterbung liegt nicht ohne weiteres in der Erschöpfung des Nachlasses durch Vermächtnisse, da solche immerhin ausgeschlagen werden können; sie kann aber in der Zuwendung des Pflichtteils liegen (RG **61,** 14). Der Ausschluß bedarf auch keiner Begründung; allerdings kann die Heranziehung unzutreffender Gründe u. U. eine Anfechtung nach § 2078 Abs. 2 rechtfertigen (BGH FamRZ **65,** 212).

2. Die Betroffenen 2

Die Vorschrift betrifft nur **Verwandte** und **Ehegatten.** Vgl. wegen der gesetzlichen Erbfolge der Verwandten §§ 1924—1930, des Ehegatten §§ 1931—1934. Der Ausschluß des Ehegatten von der gesetzlichen Erbfolge enthält auch den Ausschluß vom Voraus (§ 1932 Rdn. 1). Dem Fiskus kann dagegen sein gesetzliches Erbrecht (§ 1936) nicht entzogen werden (s. auch Rdn. 3).

3 **II. Folgen der Enterbung**

Die Folgen, die eintreten, wenn gesetzliche Erben ausgeschlossen werden, ohne daß ein Erbe eingesetzt wird, sind nicht näher angegeben worden. Sie gehen dahin, daß die Erbschaft dem Ausgeschlossenen nicht anfällt; an seine Stelle treten in den drei ersten Ordnungen seine Abkömmlinge, sofern nicht die Auslegung des Testaments dazu führt, daß auch diese ausgeschlossen sind (RG WarnRspr **37** Nr. 132; KG DRW **39,** 1085[28]; BayObLG **34,** 279; RG WarnRspr **42** Nr. 23; § 1924 Rdn. 8), wenn Abkömmlinge nicht vorhanden, die in derselben Ordnung zunächst Berufenen, wenn solche fehlen, die Verwandten der nächsten Ordnung. Eine Enterbung erstreckt sich im Zweifel nicht auf die Abkömmlinge (BGH JZ **59,** 444 = DNotZ **59,** 478 = FamRZ **59,** 149 = MDR **59,** 290 = Betrieb **59,** 347 = LM § 1938 Nr. 1). Die Auslegung kann aber ergeben, daß sich die Ausschlagung auch auf die Abkömmlinge erstrecken soll (BayObLG **65,** 176 = NJW **65,** 916; vgl. Rdn. 4 zu § 1937). In der Enterbung eines Kindes kann auch die Bestimmung von Verwaltungsbeschränkungen enthalten sein (BayObLG **64,** 263). Der Fiskus (§ 1936) oder wer nach Landesrecht (EG Art. 138) an seine Stelle tritt, kann nicht in dieser Weise, sondern nur durch Einsetzung eines anderen als Erben ausgeschlossen werden, da sonst die Erbschaft erblos werden würde. Auch landesrechtliche Erbrechte der in EG Art. 139 bezeichneten Art können unentziehbar sein, so das Erbrecht der Verpflegungsanstalten nach PrALR II 19 §§ 50 ff, 75. In der Zuwendung des „Pflichtteils" kann der Ausschluß von der gesetzlichen Erbfolge liegen, und zwar auch dann, wenn dem Pflichtteilsberechtigten außer dem Pflichtteile noch sonstige Vermächtnisse zugewendet sind (RG **61,** 14; 18. 12. 1911 IV 706/10; WarnRspr **13** Nr. 329). — Ein überlebender Ehegatte, der weder Erbe noch Vermächtnisnehmer ist, kann bei Zugewinngemeinschaft nur den kleinen Pflichtteil und den Ausgleich eines etwaigen Zugewinns geltend machen (BGH **42,** 182). Bei allen Güterständen verliert der Ehegatte bei Ausschließung auch das Recht auf den Voraus (§ 1932). Über den Ausschluß des Ehegattenerbrechts durch altrechtliche Ehe- oder Erbverträge vgl. Rdn. 13 zu § 1931. Über die Entziehung des Erbersatzanspruchs des Kindes und seine Folgen s. § 2338a.

4 **III. Besonderes**

Es besteht kein Hindernis, den Ausgeschlossenen anderweitig (durch Vermächtnisse) letztwillig zu bedenken. Der Betroffene kann auch nur von einer Quote des gesetzlichen Erbrechts, ferner auch bedingt ausgeschlossen werden. Der Erblasser braucht keine Gründe für den Ausschluß anzugeben; anders ist es jedoch, wenn einem Pflichtteilsberechtigten auch der Pflichtteil entzogen werden soll (§§ 2333 ff). — Anfechtung wegen Übergehung eines Pflichtteilsberechtigten §§ 2079 ff. Ausschluß eines Abkömmlings von der fortgesetzten Gütergemeinschaft durch letztwillige Verfügung § 1511.

§ 1939

Der Erblasser kann durch Testament einem anderen, ohne ihn als Erben einzusetzen, einen Vermögensvorteil zuwenden (Vermächtnis).

E I 1756 Abs. 1 II 1816; M 5 9, 10; P 5 6.

Vermächtnis

Übersicht

I. Allgemeines 1

1. Vorbemerkung

§ 1939 gibt „eine Art Begriffsbestimmung" (Mot. **5** 9) für das Vermächtnis. Im einzelnen ist das Vermächtnisrecht in den §§ 2147-2191 geregelt. Neben dem Erben und dem Erbersatzberechtigten nach § 1934 a (*Johannsen* WM **72**, 866, 868) kann auch ein Vermächtnisnehmer mit einem Vermächtnis beschwert werden (Untervermächtnis).

2. Form 2

Das Vermächtnis kann durch einseitige Verfügung im Testament (§ 1937), aber auch — einseitig oder vertragsmäßig — im Erbvertrag (§§ 1941, 2299, 2278, 2279) angeordnet werden, also nicht formlos durch Kodizill oder Nachzettel (§ 1937 Rdn. 3), auch nicht durch Bezugnahme auf solche; jedoch können sie zur Auslegung herangezogen werden (RG WarnRspr **15** Nr. 210; **17** Nr. 59).

Der durch das Vermächtnis Bedachte und der Gegenstand des Vermächtnisses müssen bestimmt oder wenigstens bestimmbar sein (RG JW **15**, 786).

3. Unterschied zur Erbeinsetzung; Abgrenzung zur Teilungsanordnung

Der Vermächtnisnehmer ist im Gegensatz zum Erben (§ 1922 Rdn. 25, 26) nicht Gesamtnachfolger. Es kann deshalb unmittelbar weder die ganze Erbschaft noch ein Erbschaftsbruchteil Gegenstand eines Vermächtnisses sein (§ 2087); doch läßt sich der Anspruch auf Ausantwortung eines Bruchteils der Erbschaft als Vermächtnis denken. Auch dem Erben kann ein Vermächtnis zugewendet werden (Vorausvermächtnis § 2150).

Von erheblicher Bedeutung ist auch der begriffliche Unterschied zwischen Vermächtnis und *Teilungsanordnung*. Hierbei kommt es nicht nur darauf an, ob der Begünstigte objektiv einen Vermögensvorteil erlangt hat, sondern entscheidend darauf, ob insoweit auch eine Begünstigungsabsicht des Erblassers bestand (BGH **36**, 115 = NJW **62**, 343 = LM Nr. 4 zu § 2048 (L) = MDR **62**, 205 = JZ **62**, 541 = BB **62**, 74 = DNotZ **62**, 322 = FamRZ **62**, 67; ergänzt in DNotZ **63**, 112). Ergibt sich bei dahingehender Prüfung, daß sich der Bedachte den Wert des ihm zugewandten Gegenstandes teilweise auf den Wert des Erbteils anrechnen lassen muß, kommt insoweit ein Zusammentreffen von Teilungsanordnung und Vermächtnis in Betracht (BGH MDR **62**, 470). Über die Abgrenzung zwischen Erbeinsetzung, Teilungsanordnung und Vermächtnis (oder Vorausvermächtnis), wenn der Erblasser angeordnet hat, daß einzelne Gegenstände bestimmt bezeichneten Personen zukommen sollen, vgl. außerdem RG DNotZ **42**, 182; RG **170**, 170; sowie OGH **1**, 165 = MDR **49**, 287. — Die in einem Testament enthaltene Anordnung, daß einer der Erben frühere Schenkungen nicht ausgleichen („haben und behalten") solle, kann, wenn die Schenkung unter Lebenden unwirksam war, möglicherweise als Vorausvermächtnis ausgelegt werden (RG **82**, 149). — Ob in der Zuwendung des Pflichtteils die Anordnung eines Vermächtnisses oder nur eine ausdrückliche Anerkennung des kraft Gesetzes bestehenden Pflichtteilsanspruchs unter Entziehung sonstiger entziehbarer Erbansprüche liegt, ist Auslegungsfrage (RG **129,** 241; Hamm HRR **35** Nr. 1462; Anm. zu § 2304). Auf den Vermächtnisnehmer geht der vermachte Gegenstand nicht, wie die Erbschaft auf den Erben, unmittelbar über, er erlangt vielmehr nur ein Forderungsrecht gegen den Beschwerten (§ 2174) und ist, wenn dieser Erbe wird, Nachlaßgläubiger (§ 1967 Abs. 2); den Gegenstand des Vermächtnisses selbst erlangt er erst durch das dingliche Erfüllungsgeschäft: Übergabe, Auflassung, Abtretung usw.; kein Vindikationslegat. Unterschied von der Auflage vgl. § 1940 Rdn. 3.

Vor Eintritt des Erbfalls hat der Vermächtnisnehmer, selbst wenn das Vermächtnis auf einem Erbvertrage beruht, weder einen künftigen Anspruch noch eine rechtlich gesicherte Anwartschaft, sondern lediglich eine tatsächliche Aussicht (BGH **12,** 115; vgl. auch § 1941 Rdn. 2). Vgl. allgemein über die Anwartschaft *Mattern* BWNotZ **62,** 233 ff; *Bühler* BWNotZ **67,** 174 ff.

4 **II. Vermögensvorteil**

Nach dem von der 2. Kommission beschlossenen Wortlaute können den Gegenstand des Vermächtnisses nicht nur körperliche Gegenstände und Rechte, sondern es kann ihn alles bilden, was mit einem Vermögensvorteil für den Bedachten verbunden ist. Der Begriff ist im weitesten Sinne zu verstehen. Gegenstand eines Vermächtnisses können daher die Verschaffung des Eigentums und des Besitzes, die Bestellung eines dinglichen Rechts, die schuldrechtliche Gebrauchsgewährung, Dienstleistungen u. dgl. sein, auch ein Schulderlaß, die Aufgabe von Rechten des Erblassers gegenüber dem Bedachten, bloße Rechtslagen oder Erwerbsmöglichkeiten (Erwerbsgeschäft als solches), auch nur mittelbare Vermögensvorteile (BayObLG OLG **32,** 59), ferner das Recht zur Einsichtnahme in Familienpapiere oder zur literarischen Verwertung von Aufzeichnungen des Erblassers, wenn daraus ein vermögensrechtlicher Vorteil für den Bedachten, wiewohl nur mittelbar und nebenbei, erwachsen kann.

Fehlt jede Beziehung zu einem Vermögensvorteil, so liegt kein Vermächtnis im Sinne von § 1939 vor; unter Umständen kann aber eine auf einen gewissen Teil des Nachlasses beschränkte Testamentsvollstreckung (§ 2208 Rdn. 4 ff) angeordnet sein (RG 26. 9. 1904 IV 76/04). Dadurch, daß der Erblasser den Bedachten mit einer Auflage oder einem Untervermächtnis bis zur vollen Höhe des von ihm zugewendeten Betrags belastet, wird die Verfügung nicht unwirksam (RG JW **10,** 6), ebensowenig dadurch, daß ein Gegenstand zugewendet ist, der dem Erblasser nur als Treuhänder, also nur rechtlich, nicht wirtschaftlich, gehört und der auch dem Bedachten nur in gleicher Eigenschaft zufallen soll (RG HRR **28** Nr. 1698); dabei ist allerdings der Begriff des Vermögensvorteils in einem gegenüber dem Wortlaute sehr stark erweiterten Sinne aufgefaßt, wenigstens für solche Fälle, in denen kein eigenes vermögensrechtliches Interesse des Bedachten an der Treuhänderschaft, wie etwa Zins- oder Ertragsgenuß, besteht.

5 Bloße Annehmlichkeiten genügen nicht, z. B. das Recht, in einem Parke zu lustwandeln, wenn es nicht etwa zur Erhaltung der Gesundheit und damit der Arbeitskraft des Bedachten dient und dadurch mittelbar in Beziehung zu seinem Vermögen gebracht werden kann. Die weitergehende Auffassung *Plancks* in der 3. Aufl. Anm. 2 (dagegen *Flad* in der 4. Aufl.) ist gegenüber dem klaren Wortlaute des Gesetzes nicht haltbar. Auf solche Zuwendungen sind deshalb die Vermächtnisgrundsätze (Anspruch des Bedachten auf Erfüllung, Unwürdigkeit usw.) nicht anwendbar, doch können sie unter Umständen als Auflagen (§ 1940) aufrechterhalten und durchgeführt werden.

6 **Einzelfälle:** Es kann den Gegenstand eines Vermächtnisses bilden: Der Verzicht, dem Bedachten entgegenstehende Rechte geltend zu machen (Anfechtung, Verjährung;

RG 8.11.1906 IV 155/06); die Ermächtigung zur Kreditbeschaffung durch Belasten von Nachlaßgrundstücken während des vermachten Nießbrauchs (RG WarnRspr **08** Nr. 168; dazu *Kipp/Coing* § 57 Anm. 1, dem so viel zuzugeben ist, daß ein solches Vermächtnis nur einen schuldrechtlichen Anspruch gegen den Grundstückseigentümer begründen kann, die Ermächtigung zu erteilen); die Gewährung einer Sicherheit für eine Forderung (RFH **29,** 150); die Übertragung einer Hausverwaltung, für die eine Vergütung zu zahlen ist (OGH **4,** 223). Der Vorteil kann auch in dem Anerkenntnis oder der Sicherung eines dem Bedachten schon zustehenden Rechtes oder in dem Verzicht auf bestellte Sicherheiten bestehen. Vermächtnisgegenstand kann auch ein nicht zum Nachlasse gehöriger Gegenstand sein, sei es, daß er zum Vermögen des Beschwerten (RG 6.3.1916 IV 320/15) oder eines Dritten (Verschaffungsvermächtnis) gehört. Zur Frage der Wirksamkeit eines in der DDR angeordneten Vermächtnisses OLG Frankfurt NJW **72,** 398.

III. Zuwendung 7

Die Zuwendung besteht in der Begründung eines Forderungsrechts (vgl. Rdn. 3). Das Zugewendete braucht nicht ohne Entgelt in das Vermögen des Bedachten gelangen zu sollen, z. B. kann die Zuwendung auch in der Verpflichtung des Beschwerten bestehen, dem Bedachten eine Sache zu einem bestimmten Preise zu verkaufen; doch muß eine Begünstigungsabsicht (Liberalität) zugrunde liegen (RG 26.9.1904 IV 76/04; aM *Staudinger/Lehmann* Anm. 10; auch *Erman/Bartholomeyczik* Rdn. 4). Ein Vermächtnis liegt nicht vor, wenn dem Bedachten kein Forderungsrecht auf den Gegenstand zugewendet ist, sondern er ihn nur durch eine Leistung erhält, die ein anderer zur Erfüllung einer diesem vom Erblasser gestellten Bedingung (condicionis implendae causa) macht (Mot. **5** 9; vgl. *Planck/Flad* Anm. 5). Es ist auch kein Vermächtnis, wenn beim Vertrage zugunsten Dritter der Versprechensempfänger, was er im Zweifel tun kann (vgl. § 332, VVG § 166 Satz 2), den an die Stelle des ursprünglichen tretenden Dritten in einer Verfügung von Todes wegen bezeichnet; denn dieser erhält die Zuwendung im Zweifel nicht aus dem Nachlaß (vgl. §§ 330 Anm., 331 Anm.). — Kein Vermächtnis, vielmehr ein ohne besondere Formen gültiger Vertrag unter Lebenden zugunsten eines Dritten (§§ 328, 331) ist ferner dann anzunehmen, wenn in einem Vertrage vereinbart ist, daß die Leistung (z. B. die Auszahlung eines Sparkassenguthabens durch die Sparkasse oder die Auszahlung des Gesellschaftsanteils durch die Gesellschafter) nach dem Tode des Versprechensempfängers an einen Dritten erfolgen soll, obwohl ein solcher Vertrag zur Umgehung der Formvorschriften für letztwillige Verfügungen benutzt werden kann (RG **106,** 1 ff; vgl. auch RG **80,** 177; **88,** 137; dahingestellt in RG **98,** 279). Vgl. auch Anm. zu § 331.

IV. Gesetzliche Vermächtnisse 8

Sog. gesetzliche Vermächtnisse, d. h. Zuwendungen von Vermögensvorteilen, die das Gesetz aus dem Vermögen eines Verstorbenen gewissen Personen zuweist, ohne sie zu Erben zu berufen, sind: Der Voraus des überlebenden Ehegatten (§ 1932); der Anspruch auf den sog. Dreißigsten (§ 1969); **nicht** der Anspruch der Mutter auf Unterhalt aus dem Nachlaß oder dem Erbteil des Kindes bis zur Entbindung (§ 1963 Anm. 7). — Das Versprechen der Schenkung einzelner Vermögensbestandteile auf den Todesfall wird als Vermächtnis behandelt (Rdn. 7 zu § 2301). Als erbrechtlichen Anspruch besonderer Art gewährt das Gesetz neuerdings noch den Erbersatzanspruch des nichtehelichen Kindes (vgl. §§ 1934 a ff mit Anm.).

9 **V. Aufwertung. Umstellung**

Über die Aufwertung von Vermächtnissen vgl. 9. Aufl. § 242 Anm. 5 d y Abs. 5 u. hier § 2174 Anm. Grundsätzlich sind Vermächtnisforderungen nach den „allgemeinen Vorschriften", d. h. nach den durch die Rechtsprechung entwickelten Grundsätzen des allgemeinen bürgerlichen Rechts in der Aufwertungsfrage aufzuwerten. Dabei kommt es in erster Linie auf den mutmaßlichen Willen des Erblassers an (BGH LM BGB § 242 (A) Nr. 7 = DNotZ **53**, 100).

Umstellung: Reine Geldvermächtnisse aus einem Erbfall vor der Währungsreform sind nach § 18 Abs. 1 Nr. 3 UmstG im Verhältnis 1 : 1 umgestellt worden, sofern sie nicht vorher erfüllt worden sind; sie können jedoch unter Umständen auf Grund des Vertragshilfegesetzes vom 26. 3. 1952 (BGBl. I 198) geregelt werden.

§ 1940

Der Erblasser kann durch Testament den Erben oder einen Vermächtnisnehmer zu einer Leistung verpflichten, ohne einem anderen ein Recht auf die Leistung zuzuwenden (Auflage).

E I 1757 II 1817; M **5** 10, 11; P **5** 6, 7.

Auflage

Übersicht

1 **I. Allgemeines**

1. Vorbemerkung

§ 1940 gibt eine Begriffsbestimmung der durch letztwillige Verfügung getroffenen Auflage und regelt gleichzeitig, wann eine Auflage gemacht werden kann. Im einzelnen ist das Recht der Auflage in den §§ 2192—2196 enthalten; vgl. ferner §§ 2186, 2187, 2189 (bei Beschwer eines Vermächtnisnehmers), 2278 (Erbvertrag), 525—527 (Schenkung unter Auflage). Die Verbindlichkeiten aus Auflagen gehören zu den Nachlaßverbindlichkeiten, § 1967.

2 **2. Form**

Die Auflage kann durch einseitige Verfügung im Testament (§ 1937), aber auch — einseitig oder vertragsmäßig — im Erbvertrag (§§ 1941, 2299, 2278, 2279) angeordnet werden.

3 **II. Inhalt der Auflage**

Die **Auflage** hat mit dem Vermächtnis (§ 1939) gemeinsam, daß sie **den Beschwerten zu einer Leistung verpflichtet,** unterscheidet sich aber dadurch, daß dem als Empfänger der Leistung in Betracht kommenden anderen kein Forderungsrecht eingeräumt ist. Es kann deshalb auch nicht von einer Zuwendung an ihn gesprochen werden (§ 1939 Rdn. 7). Es kann auch an einem Empfänger der Leistung ganz fehlen, z. B. bei der Verpflichtung, ein Grab zu pflegen (vgl. BFH NJW **68,** 1847). Die Leistung kann in einem Tun oder Unterlassen irgendwelcher Art bestehen (§ 241); z. B. Veröffentlichung hinterlassener Papiere des Erblassers, Zugänglichmachen eines Parkes für das Publikum, Sammeln von Geld zu einem bestimmten Zwecke (RG Recht **13,** 1613); Anordnung, daß einer der Erben oder ein Dritter das Geschäft des Erblassers weiterführen solle (RG **171,** 358, 362); Anordnung oder Verbot, dem Leichnam Organe zur Transplantation zu entnehmen (*Kohlhaas*, Deutsche Med. Wochenschrift **68,** 1612); auch im Schrifttum mit Unrecht in Zweifel gezogen, Besorgung der Feuerbestattung, vgl. Rdn. 5. Abweichend vom Vermächtnis (§ 1939 Rdn. 4) braucht die Auflage nicht vermögensrechtlichen Inhalts zu sein; sie braucht also keinen Vermögenswert zu haben (ebenso *Staudinger/Lehmann* Anm. 6; *Kipp/Coing* erwähnt in der 12. Auflage die frühere Gegenansicht nicht mehr).

Nichtig ist die Auflage unsittlicher (§ 138), unmöglicher und gesetzwidriger Lei- 4
stungen (§§ 2171, 2192); dem Richter auch die Befugnis zu geben, eine Auflage für nichtig zu erklären, weil sie eines verständigen Inhalts ermangele, ist im allgemeinen nicht angängig, zumal die 2. Kommission das ausdrücklich abgelehnt hat (P **5** 243); doch kann bei Auflagen, die offensichtlich keinen ernsten Zweck verfolgen, trotzdem eine solche Befugnis aus dem Mangel eines Rechtsschutzinteresses hergeleitet werden. Auch eine Auflage, die dem Beschwerten selbst in seinem eigenen Interesse erteilt wird (z. B. seiner Gesundheit halber den Winter an der Riviera zuzubringen), kann, wenn sie nicht bloß als Ratschlag, sondern als förmliche Verpflichtung gemeint ist, eine wirksame Auflage sein.

Einzelfälle: Zu den Auflagen gehören, weil lediglich die Beschwerten verpflichtend, 5
Veräußerungs- und Belastungsverbote (§ 137; vgl. RG **43,** 338; SeuffArch 87 Nr. 10), die Anordnung eines Schiedsgerichts für den Fall entstehender Streitigkeiten (ZPO § 1048; vgl. § 1937 Rdn. 1), Bestimmungen wegen der Bestattung (RG WarnRspr **12** Nr. 219). Ob Teilungsanordnungen (§§ 2048 u. 2306, wo sie neben Auflagen erwähnt sind) sowie Anordnungen, Vorempfänge auszugleichen (§ 2050), zu den Auflagen zu rechnen sind, hängt davon ab, ob den durch sie beschwerten Miterben nur Verpflichtungen auferlegt oder ob zugleich den übrigen Miterben entsprechende Rechte zugewendet sein sollten. Den Ausschlag gibt der zu ermittelnde Wille des Erblassers. Nicht selten verbirgt sich hinter einer Teilungsanordnung oder hinter dem Erlaß der Ausgleichspflicht ein reines Vermächtnis (vgl. auch § 2048 Rdn. 1). In HRR **29** Nr. 500 hat das RG die Anordnung, daß die Verwaltung des Nachlasses bis zur Auseinandersetzung nicht, entsprechend der Regel des § 2038, den Miterben gemeinschaftlich, sondern einem von ihnen zustehen solle, als eine den übrigen Miterben gemachte Auflage gemäß § 1940 bezeichnet; richtiger dürfte aber sein, eine den übrigen Miterben auferlegte Vermächtnisbeschwerung nach §§ 1939, 2147 anzunehmen; vgl. § 2038 Rdn. 2.

III. Vollzug der Auflage 6

Dem mit der Auflage Beschwerten steht **kein auf die Leistung Berechtigter** gegenüber. Der durch die Auflage Begünstigte hat auch keinen Anspruch auf Schadenersatz wegen Nichterfüllung der Auflage; ebensowenig besteht ihm gegenüber eine Haftung des Testamentsvollstreckers nach § 2219 (RG WarnRspr. **37,** 309). Doch sind einige für letztwillige Zuwendungen geltende Vorschriften entsprechend anzuwenden, § 2192. Gewissen Personen und Behörden (§ 2194) sowie dem Testamentsvollstrecker (§§ 2203, 2208 Abs. 2) ist das Recht verliehen, die Vollziehung der Auflage zu verlangen. Der Erblasser kann im Testament einen anderen Beauftragten als einen Testamentsvollstrecker zur Vollziehung der Auflage bestellen, nicht aber formlos (RG **42,** 133; Bay-

ObLG **5,** 436). Die Errichtung sog. unselbständiger Stiftungen (Bildung von Zweckvermögen ohne juristische Persönlichkeit) durch Verfügung von Todes wegen stellt sich in der Regel als eine Auflage folgenden Inhalts dar: Der beschwerte Erbe oder Vermächtnisnehmer hat mit dem ihm Zugewendeten nach den Vorschriften des Erblassers zu einem bestimmten, nicht auf einen fest umgrenzten Personenkreis beschränkten Zwecke zu verfahren, ohne daß gewissen Personen wegen ihrer Zugehörigkeit zu diesem Kreise (z. B. den Verwandten des Erblassers) ein Anspruch auf eine Leistung eingeräumt wird (RG SeuffArch **56** Nr. 216; RG **75,** 134, 380; **96,** 15; LZ **18,** 267[14]); doch ist es begrifflich nicht ausgeschlossen, daß damit zugleich gewissen Personen ein Recht auf bestimmte Leistungen gewährt werden soll; ob das zutrifft, ist Auslegungsfrage (RG WarnRspr **17** Nr. 148; LZ **18,** 268). In diesem Falle handelt es sich um ein Vermächtnis (Untervermächtnis); doch ist es fraglich, ob für ein solches die Persönlichkeit der Bedachten genügend bestimmt ist, namentlich ob sich etwa aus § 2162 Abs. 2 Bedenken ergeben (RG 7. 6. 1917 IV 68/1917).

7 **IV. Zuwendung unter Bedingung**

Die Auflage ist von der Zuwendung unter der Bedingung einer Leistung begrifflich verschieden. Bei der bedingten Zuwendung ist die Leistung, als Erfüllung der Bedingung, in das Belieben des Bedachten gestellt; erst die Leistung erzeugt den Anspruch auf die Zuwendung, während er bei der Auflage unbedingt mit der Zuwendung bedacht und, wenn er diese annimmt, zur Leistung verpflichtet ist (KG OLG **42,** 127).

§ 1941

Der Erblasser kann durch Vertrag einen Erben einsetzen sowie Vermächtnisse und Auflagen anordnen (Erbvertrag).

Als Erbe (Vertragserbe) oder als Vermächtnisnehmer kann sowohl der andere Vertragschließende als ein Dritter bedacht werden.

E I 1940 Abs. 1, 2; 1962 II 1818; M **5** 310—314, 349, 350; P **5** 365—374, 423.

Erbvertrag

Übersicht

1 **I. Rechtsnatur und Inhalt des Erbvertrages**

1. Allgemeines

Der **Erbvertrag** ist eine Unterart der Verfügung von Todes wegen (Rdn. 2 vor § 1937). Sein Inhalt ist, soweit die Verfügung vertragsmäßig getroffen wird, auf Erbeinsetzungen, Vermächtnisse und Auflagen beschränkt, § 2278 Abs. 2. Daneben sind jedoch gleiche und alle anderen in Testamenten zu treffenden Anordnungen, insbesondere die Erbausschließung (§ 1938), als einseitige Verfügungen zulässig (§ 2299). Im einzelnen ist das Recht über den Erbvertrag in den §§ 2274—2300a geregelt worden. Auf das vertragsmäßige Schenkungsversprechen für den Fall des Überlebens des Beschenkten

(Schenkung auf den Todesfall) sind die Vorschriften über den Erbvertrag anzuwenden (§ 2301; vgl. Rdn. 3 Abs. 3 vor § 1937).

Rein schuldrechtlich wirkt der Vertrag zwischen Erben über den Nachlaß eines noch lebenden Dritten, soweit ein solcher nicht nichtig ist (§ 312 Abs. 2; RG **65,** 364; **71,** 136; vgl. auch Anm. zu § 312). Vom Erbvertrage sind Verträge über den Nachlaß eines noch lebenden Dritten zu unterscheiden. Solche Verträge sind nach § 312 Abs. 1 grundsätzlich nichtig (vgl. BGH **26,** 320, 324 = NJW **58,** 705 = MDR **58,** 317; BGH **37,** 323 = NJW **62,** 1910 = MDR **62,** 895). Sie können jedoch rechtswirksam sein, wenn sie unter künftigen gesetzlichen Erben über den gesetzlichen Erbteil oder den Pflichtteil in gerichtlicher oder notarieller Form geschlossen werden (§ 312 Abs. 2). Ihre Wirkung beschränkt sich aber im Gegensatz zum Erbvertrage auf die Begründung schuldrechtlicher Verpflichtungen (RG **65,** 364; **71,** 136; vgl. auch Anm. zu § 312; ferner *Wiedemann,* Abfindungs- und Wertfestsetzungsvereinbarung unter zukünftigen Erben, NJW **68,** 769).

2. Vertrag erbrechtlichen Inhalts 2

Der Erbvertrag ist ein einheitlicher Vertrag erbrechtlichen Inhalts, d. h. er erzeugt erbrechtliche (die Rechtsnachfolge in das Vermögen eines Verstorbenen betreffende) Wirkungen: Erbfolge, Vermächtnisanspruch, Auflagenverpflichtung. Er ist kein schuldrechtlicher Vertrag, da weder der Erblasser noch der andere Teil sich darin zu schuldrechtlichen Leistungen verpflichten; schuldrechtliche Verbindlichkeiten entstehen erst durch die Annahme (Nichtausschlagung) der Zuwendung oder Beschwerung nach dem Eintritt des Erbfalls. Dies gilt auch dann, wenn der Erbvertrag ausschließlich eine Zuwendung an einen Dritten enthält. Er wirkt in einem solchen Falle nicht wie ein Vertrag zugunsten Dritter. Vor Eintritt des Erbfalles erlangt der Vermächtnisnehmer daher, wenn das Vermächtnis auf einem Erbvertrage beruht, weder einen künftigen Anspruch noch eine rechtlich gesicherte Anwartschaft, sondern nur eine tatsächliche Aussicht. Vor Eintritt des Erbfalles ist ferner bei einem in einem Erbvertrage angeordneten Grundstücksvermächtnis die Eintragung einer Auflassungsvormerkung zugunsten des Vermächtnisnehmers unzulässig, selbst wenn der Erblasser die Eintragung der Vormerkung bewilligt hat (BGH **12,** 115 = NJW **54,** 633 = JZ **54,** 436 mit Anm. von *Coing* = LM BGB § 883 Nr. 2 mit Anm. von *Pritsch).*

Über die Abgrenzung zwischen Erbverträgen und entsprechenden Verträgen unter Lebenden vgl. im übrigen Rdn. 7.

Die Vertragsnatur äußert sich in der grundsätzlichen **Bindung des Erblassers** an 3
seine Verfügungen, soweit sie vertragsmäßig getroffen sind; diese Verfügungen können nur unter besonderen Voraussetzungen durch beiderseitiges Einverständnis (§§ 2290—2292) oder Rücktritt (§§ 2293—2297) aufgehoben werden. Ein als solcher nichtiger Erbvertrag kann unter Umständen gemäß § 140 BGB als letztwillige Verfügung aufrechterhalten werden, wenn sie bis zum Tode nicht widerrufen worden ist.

3. Inhalt des Erbvertrages 4

Der Erbvertrag ist **Erbeinsetzungsvertrag, Vermächtnisvertrag, Auflagevertrag,** wenn er sich auf eine der betreffenden Anordnungen beschränkt. Alle drei können aber auch in demselben Vertrage verbunden werden. Kein Erbvertrag ist der besonders geregelte Erbverzichtungsvertrag (§§ 2346—2352); jedoch kann der Erbvertrag mit einem Erbverzicht verbunden sein (BGH **22,** 364 = NJW **57,** 422; *Johannsen* WM **69,** 1222).

Ob eine Verfügung als vertragliche oder einseitige gemeint ist, ist Auslegungsfrage (vgl. RG WarnRspr **17** Nr. 91). Die gegenseitige Zuwendung der Nutznießung am

Nachlasse ist unbedenklich als vertragsmäßige Verfügung anzusehen; die gegenseitige Ernennung zum Testamentsvollstrecker kann nur als einseitige Verfügung wirksam angeordnet werden (§§ 2197, 2278 Abs. 2; RG **116**, 322). Bei Verfügungen zugunsten eines Dritten, mit denen der andere Vertragschließende beschwert ist, ist in der Regel nicht anzunehmen, daß der Erblasser sie nicht einseitig widerrufen könne, da der andere Teil an der Aufrechterhaltung kein Interesse haben wird (P **5** 403); doch kann auch in solchem Falle wenigstens ein moralisches Interesse vorliegen; das genügt anzunehmen, der Widerruf solle ausgeschlossen sein (RG LZ **16** Sp. 1032[18]; RG **116**, 323).

5 **II. Die Vertragschließenden**

Von den Vertragschließenden muß mindestens der eine Teil als Erblasser auftreten, d. h. eine der in Rdn. 3 erwähnten Verfügungen von Todes wegen vertragsmäßig treffen. Es können auch beide Vertragsteile Anordnungen als Erblasser treffen. Insoweit können nur passiv beerbungsfähige, also natürliche Personen (vgl. § 1922 Rdn. 3) in Betracht kommen. Mehrere solche Personen können in einem und demselben Erbvertrage gemeinschaftliche Verfügungen treffen, z. B. sich gegenseitig oder gemeinschaftlich einen Dritten zum Erben einsetzen, auch wenn sie nicht Eheleute sind (RG **67**, 65; vgl. § 2278 Rdn. 3). Der andere Teil, der sich auf die Annahme der vertragsmäßigen Verfügungen des Erblassers beschränkt, kann auch eine juristische Person oder eine Mehrheit von Personen sein. Vertragliche Verfügungen können zugunsten des anderen Vertragschließenden oder zugunsten eines Dritten getroffen werden.

6 **III. Der bedachte Dritte**

Der bedachte Dritte erlangt im Gegensatz zu den entsprechenden Verträgen unter Lebenden (§ 328) durch den Abschluß des Erbvertrages, auch wenn er darin vertragsmäßig und nicht bloß einseitig (§ 2299) bedacht ist, keine Rechte. Denn der Erbvertrag wirkt nicht wie ein Vertrag zugunsten Dritter, auch dann nicht, wenn er — zulässigerweise — ausschließlich eine Zuwendung an einen Dritten enthält (BGH **12**, 119; Rdn. 2). Das Recht des bedachten Dritten als Erbe oder Vermächtnisnehmer entsteht erst mit dem Erbfalle, wenn der Erbvertrag in diesem Zeitpunkte noch wirksam ist. Die Vorschriften über Verträge zugunsten Dritter (§§ 328 ff) sind auch im übrigen auf Erbverträge nicht anwendbar (RG WarnRspr **17** Nr. 91). Aus einer bloßen Auflage erlangt ein Dritter kein Forderungsrecht (§ 1940).

7 **IV. Abgrenzung zwischen Erbvertrag und Vertrag unter Lebenden**

Die Entscheidung der Frage, ob ein Erbvertrag oder ein Vertrag unter Lebenden vorliegt, kann im Einzelfalle schwierig sein. Wegen der Abgrenzung zwischen Erb- und Kaufvertrag vgl. OLG Hamburg MDR **50**, 615. Ein Vertrag, durch den eine Person ihren Grundbesitz oder ihr Vermögen mit der Maßgabe übergibt, daß der Vertrag erst nach dem Tode des Übergebers durch Auflassung oder Übertragung der zu dem Vermögen gehörenden Rechte vollzogen werden soll, ist nicht stets und ausnahmslos ein verschleierter Erbvertrag (abw. für einen landwirtschaftlichen Hof OGH NJW **49**, 822). Es hängt von dem Inhalt des Vertrages und den Umständen des einzelnen Falles ab, ob ein solcher Vertrag unter Lebenden oder als verschleierte Verfügung von Todes wegen anzusehen ist. Das letztere kommt in Betracht, wenn sich der Vertrag nicht nur auf gegenwärtiges, sondern auch auf zukünftiges Vermögen des Übergebers bezieht (BGH **8**, 23 = DNotZ **53**, 275 = NJW **53**, 183 = RdL **53**, 45). Der Gutsüberlassungsvertrag, durch den der Übernehmer zu bestimmten, nach dem Tode des Überlassenden zahlbaren Leistungen an Geschwister als Abfindung für ihr Erbrecht verpflichtet wird, ist in der

Regel als Vertrag unter Lebenden zugunsten Dritter aufzufassen; vgl. Rdn. 3 Abs. 2 vor § 1937.

Häufig werden Erbverträge mit anderen Verträgen verbunden. So kann die Erbvertragsvereinbarung insbesondere einen Erbverzicht (§ 2346) enthalten (BGH **22**, 364). In diesen Fällen unterliegt jede Vereinbarung den für sie geltenden Formvorschriften (BGH **36**, 65, 70).

Bei der Auslegung von Erbverträgen kommt es im Gegensatz zu Testamenten (vgl. §§ 2084 ff) gemäß § 157 BGB auf die Ermittlung der Vorstellungen *beider* Vertragsparteien an (BGH 28. 5. 58 IV ZR 328/57; *Johannsen* WM **69**, 1223). Wegen näherer Einzelheiten vgl. Rdn. zu §§ 2274 ff.

Der Hofesübergabevertrag ist kein Erbvertrag, sondern ein Rechtsgeschäft unter Lebenden, oft ein Vertrag zugunsten Dritter und bedarf der Form des § 313. Ein unwirksamer Hofesübergabevertrag kann u. U. in einen Erbvertrag umgedeutet werden (BGH **40**, 218 = NJW **64**, 347 = MDR **64**, 132). Zur Unterscheidung von Übergabe- und Erbvertrag vgl. *Steppuhn* RdL **60**, 229; OLG Schleswig SchlHA **63**, 144 m. Anm. von *Scheyhing;* vgl. dazu auch *Kipp/Coing* § 36 V.

ZWEITER ABSCHNITT

Rechtliche Stellung des Erben

Der Abschnitt regelt in vier Titeln die rechtliche Stellung des Erben, d. h. die Rechtsverhältnisse, in die eine Person dadurch eintritt, daß sie Erbe wird, nach den verschiedenen in Betracht kommenden Richtungen. Der erste Titel behandelt die Entstehung und Entwicklung des Verhältnisses des Erben zur Erbschaft, das durch deren Annahme und Ausschlagung zustande kommt, einschließlich der bis zur endgültigen Inbesitznahme erforderlichenfalls eintretenden Fürsorge des Nachlaßgerichts (§§ 1942—1966). Im zweiten Titel wird das Verhältnis des Erben zu den Nachlaßgläubigern hinsichtlich seiner Haftung für die Nachlaßverbindlichkeiten (§§ 1967—2017) behandelt; im dritten Titel sein Verhältnis zu einem unrechtmäßigen Besitzer der Erbschaft, aus dem für ihn der Erbschaftsanspruch entsteht (§§ 2018—2031); im vierten Titel schließlich das Verhältnis mehrerer Erben (Miterben) zueinander (§§ 2032—2057) und die aus dem Vorhandensein mehrerer Erben sich ergebenden Besonderheiten ihres Verhältnisses zu den Nachlaßgläubigern (§§ 2058—2063).

ERSTER TITEL

Annahme und Ausschlagung der Erbschaft. Fürsorge des Nachlaßgerichts

Übersicht

Die Vorschriften dieses Titels behandeln zwei verschiedene Sachgebiete, die Annahme und Ausschlagung der Erbschaft, geregelt in den §§ 1942—1959, und die Fürsorge des Nachlaßgerichts, §§ 1960—1966.

I. Die Annahme und Ausschlagung der Erbschaft

1 **1. Rechtsgeschichte**

Nach dem gemeinen Recht erwarb, abgesehen von den Hauskindern, der zum Erben Berufene die Erbschaft nur durch einen Willensakt, dadurch, daß er die Erbschaft antrat. Dieses System ist grundsätzlich von dem BayLR und dem SächsBGB beibehalten worden. Unmittelbar kraft Gesetzes vollzog sich dagegen der Erbschaftserwerb nach PrALR und in den wichtigsten Fällen nach dem code civil. Das BGB hat sich aus praktischen Erwägungen heraus dem preußischen System angeschlossen. Danach geht die Erbschaft auf den berufenen Erben ohne weiteres kraft Gesetzes über.

2 **2. Grundsätze des BGB**

Der Grundsatz des Erwerbs der Erbschaft kraft Gesetzes ist aber, wie es in den Motiven heißt (Mot. **5,** 685) ein mehr formaler. Es tritt ein nur vorläufiger Erwerb ein. Er wird inhaltlich beschränkt durch das Recht der Ausschlagung, § 1942, die mit rückwirkender Kraft erfolgt (vgl. darüber Rdn. zu § 1942).

3 **3. a) Volle Geschäftsfähigkeit als Voraussetzung**

Die Annahme, sowohl die ausdrückliche wie die stillschweigende, und die Ausschlagung sind Rechtsgeschäfte, auf die die Grundsätze über die Geschäftsfähigkeit anzuwenden sind. Sie bringen dem Erklärenden nicht nur einen rechtlichen Vorteil. Mit der Ausschlagung ist eine Vermögenseinbuße, der Verzicht auf einen Vermögenserwerb verbunden; mit der Annahme wird die Haftung des Erben für die Nachlaßverbindlichkeiten verwirklicht. Daher setzen sie volle Geschäftsfähigkeit voraus.

4 Für den **geschäftsunfähigen** Erben hat der gesetzliche Vertreter die Erklärung abzugeben. Vater und Mutter als Inhaber der elterlichen Gewalt sind dazu in der Regel auch dann berufen, wenn der Erwerb nach § 1638 Abs. 1 freies Vermögen des Kindes wird (vgl. KGJ **48,** 23 = OLG **32,** 13).

5 Der **beschränkt Geschäftsfähige** kann mit Einwilligung des gesetzlichen Vertreters selbst die Annahme oder Ausschlagung erklären. Eine nachträgliche Genehmigung seiner Erklärung ist nach § 111 nicht möglich. Sie kann aber in eine Erklärung, durch die der gesetzliche Vertreter selbst für den Minderjährigen annimmt oder ausschlägt, umgedeutet werden.

6 Schwierigkeiten können sich ergeben, wenn für einen Minderjährigen nach § 1775 ausnahmsweise **mehrere Vormünder** bestellt sind und das Vormundschaftsgericht nach § 1797 Abs. 2 dem einen die Sorge für die Person, dem anderen die Vermögenssorge übertragen hat. Da der Schwerpunkt der Entschließung über die Annahme und Ausschlagung der Erbschaft in der Regel auf der vermögensrechtlichen Seite ruht, wird regelmäßig der Vormund, dem dieser Sorgebereich übertragen ist, die Erklärung allein

abzugeben haben. Ist aber die Erbeinsetzung an Bedingungen geknüpft, die die Person des Mündels betreffen — ihm sind hinsichtlich seiner Lebensführung, seines Erziehungsganges, seiner Berufswahl Auflagen gemacht —, so haben beide Vormünder gemeinsam zu entscheiden. Bei Meinungsverschiedenheiten entscheidet nach § 1798 das Vormundschaftsgericht.

Zur Abgabe der Erklärung befugt ist auch der nach § 1909 Abs. 1 und Abs. 3 bestellte **Pfleger.** Denn er übt nur die Rechte des gesetzlichen Vertreters aus. Ebenso der Abwesenheitspfleger nach § 1911, wenn seine Vertretungsmacht nicht auf die Regelung anderer Vermögensangelegenheiten beschränkt ist (vgl. auch *Colmar* RJA **16,** 63 = OLG **39,** 11 für den nach § 1909 Abs. 3 bestellten Pfleger) und der nach § 1910 bestellte Gebrechlichkeitspfleger. Für den Pfleger einer Leibesfrucht, § 1912, kann die Frage, ob er die Annahme oder Ausschlagung erklären kann, nicht auftauchen, da die Erbschaft dem nasciturus erst mit seiner Geburt rückwirkend anfällt. In diesem Zeitpunkt hat er bereits einen gesetzlichen Vertreter. 7

Die Erklärung kann auch durch einen **Bevollmächtigten** abgegeben werden. Die Vollmacht braucht keine Spezialvollmacht zu sein. 8

Zu ihrer Abgabe sind dagegen nicht befugt der **Testamentsvollstrecker, Nachlaßpfleger, Konkursverwalter** (§ 9 KO). 9

b) Vormundschaftsgerichtliche Genehmigung. Die Eltern bedürfen nach § 1643 Abs. 2, der Vormund und der Pfleger nach § 1822 Nr. 2 zur Ausschlagung der Genehmigung des Vormundschaftsgerichts. Tritt aber der Anfall an das Kind erst deswegen ein, weil der Elternteil, der das Kind vertritt, die Erbschaft ausgeschlagen hat, so bedarf dieser nach § 1643 Abs. 2 S. 2 zur Ausschlagung für das Kind nur dann der vormundschaftsgerichtlichen Genehmigung, wenn er neben dem Kind als Erbe berufen war. 10

II. Fürsorge durch das Nachlaßgericht 11

Der zweite Teil des ersten Titels enthält im wesentlichen die Bestimmungen, die die Fürsorge des Nachlaßgerichts für den Nachlaß regeln.

1. a) Gründe für die Mitwirkung einer staatlichen Behörde. Die Sicherheit des Rechtsverkehrs gebietet es, bei der Abwicklung des Erbfalls eine staatliche Stelle einzuschalten. Ihr gegenüber sind vor allem diejenigen die Erbschaft betr. Erklärungen der Erben abzugeben, die für etwa später berufene Erben oder für die Nachlaßgläubiger bedeutsam sind. Dazu gehören die Ausschlagung der Erbschaft, die Anfechtung letztwilliger Verfügungen u. ä. Nur eine staatliche Behörde kann dem Erben durch Ausstellung eines Erbscheines und dem Testamentsvollstrecker durch Ausstellung des Testamentsvollstreckerzeugnisses nach außen eine Legitimation verschaffen. Auch in vielen anderen Fällen, die im einzelnen hier nicht aufgezählt werden können, ist die Mitwirkung der Behörde geboten. 12

b) Rechtsgeschichte. Es gibt zwei Möglichkeiten, staatliche Behörden bei der Abwicklung des Erbfalls einzuschalten. Sie können grundsätzlich in allen Fällen kraft Gesetzes zur Mitwirkung berufen sein. Eine solche Regelung war im prätorischen Erbrecht und vielfach auch im spätmittelalterlichen Stadtrecht getroffen. Heute noch kennt das österreichische Recht eine solche obligatorische staatliche Mitwirkung durch die in §§ 797 ff ABGB geregelte gerichtliche Einweisung in den Nachlaß. Auch das englische Recht ist von diesem System beherrscht. 13

Andere Recht lassen die Behörden nur im Bedarfsfalle tätig werden, so das spätere gemeine Recht, das ALR und mit wenigen Ausnahmen auch das französische Recht. Diesem System hat sich auch das BGB angeschlossen.

14 **2. Nachlaßgerichte**

a) Zur Mitwirkung berufene Behörde. Die zur Mitwirkung berufene Behörde ist das Nachlaßgericht. Nachlaßgerichte sind nach § 72 FGG die **Amtsgerichte** als Organe der freiwilligen Gerichtsbarkeit. Nach Art. 147 EGBGB blieben jedoch die landesgesetzlichen Vorschriften, nach denen für die dem Nachlaßgericht obliegenden Verrichtungen andere als gerichtliche Behörden zuständig sind, weiter in Kraft. Durch die VO v. 10. 6. 1936, RGBl. I 488, sollten die Verrichtungen des Nachlaßgerichts, soweit in einzelnen Ländern für sie andere als gerichtliche Behörden oder staatliche Stellen zuständig sind, auf die Amtsgerichte übergehen. Nach § 2 der VO sollte der Reichsminister der Justiz den Zeitpunkt und den Umfang des Übergangs bestimmen. In dem bestimmten Zeitpunkt sollten die betreffenden Landesvorschriften außer Kraft treten. Da diese Anordnung nicht getroffen ist, gilt das Landesrecht noch.

15 **b) Verfahren vor den Nachlaßgerichten.** Das Verfahren vor dem Nachlaßgericht wird durch die **allgemeinen Vorschriften des FGG** geregelt. Danach wird das Gericht, sofern nicht im Einzelfall das Antragsprinzip ausdrücklich angeordnet ist, von Amts wegen tätig. Die vom Nachlaßgericht erlassenen Verfügungen können grundsätzlich vom Gericht wieder geändert werden (§§ 18, 32 FGG). Sie sind mit der Beschwerde nach §§ 19 ff FGG anfechtbar.

16 **3. Aufgaben des Nachlaßgerichts**

a) Fürsorgemaßnahmen. § 1960 behandelt die vom Nachlaßgericht zu treffenden Fürsorgemaßnahmen. Ganz allgemein wird bestimmt, das Nachlaßgericht habe für die Sicherung des Nachlasses zu sorgen, soweit ein Bedürfnis bestehe. Abs. 2 zählt auf, welche Maßnahmen insbesondere getroffen werden können. Dabei handelt es sich einmal um Sicherungsmaßnahmen tatsächlicher Art, zum anderen darum, einen Vertreter für den endgültigen Erben in bezug auf den Nachlaß zu bestimmen.

17 **b) Feststellung des Erbrechts des Fiskus.** Das Nachlaßgericht hat nach §§ 1964 ff auch das Erbrecht des Fiskus festzustellen.

18 **c) Unterhaltsanspruch der Mutter des Erben § 1963.** § 1963 gibt der Mutter des ungeborenen Erben einen Anspruch auf Unterhalt aus dem Nachlaß. Die systematische Einordnung dieser Bestimmung unter die die nachlaßgerichtliche Fürsorge betreffenden Vorschriften beruht darauf, daß es sich bei dem Anspruch nicht um einen Unterhaltsanspruch der Mutter gegen ihr Kind handelt, sondern um eine Fürsorgemaßnahme für den ungeborenen Erben. „Das Kind soll in der Mutter geschützt werden, indem für diese gesorgt wird" (Mot. **5**, 489). Den Anspruch hat daher nicht nur die Witwe des Erblassers, sondern jede Mutter, deren noch nicht geborenes Kind kraft Gesetzes oder durch letztwillige Verfügung zur Erbschaft ist. Er steht daher auch der Mutter eines erb- oder erbersatzberechtigten nichtehelichen Kindes zu. Auch mehreren Müttern kann er zustehen.

§ 1942

Die Erbschaft geht auf den berufenen Erben unbeschadet des Rechtes über, sie auszuschlagen (Anfall der Erbschaft).

Der Fiskus kann die ihm als gesetzlichem Erben angefallene Erbschaft nicht ausschlagen.

E I 1974 Abs. 2, 2025 Abs. 1, II 1819; M **5**, 379, 380, 488; P **5** 487—490, 613; KB 309.

Neueres Schrifttum:

Bücker, Die Erbschaftsausschlagung, RhNK **64,** 97; *von Lübtow,* Die Vererblichkeit des Ausschlagungsrechts, JZ **69,** 15; *Kittel,* Rechtshilfe bei Erbausschlagung, Der deutsche Rechtspfleger, **71,** 55; *Haegele,* Ausschlagung einer Erbschaft oder eines Vermächtnisses, Rechts- und Wirtschaftspraxis **71,** 5; *Johannsen,* Erbfolge, Annahme und Ausschlagung, WM **72,** 914; *Engler,* Zur Auslegung des § 1643 Abs. 2, FamRZ **72,** 7.

Erbschaftsanfall

Übersicht

I. Das Ausschlagungsrecht 1

Daß die Erbschaft (oder der Erbteil, § 1922 Abs. 2) mit dem Erbfall unmittelbar kraft Gesetzes übergeht, bringt schon § 1922 zum Ausdruck (vgl. Rdn. 1 dazu). Dieser Übergang ist zwingenden Rechts und kann nicht dadurch ausgeschlossen werden, daß der Erblasser die Einsetzung eines Erben an eine von ihm abzugebende Erklärung knüpft; in solchem Falle würde vielmehr der gesetzliche Erbe Vorerbe, der eingesetzte Nacherbe werden (*Planck/Flad* Vorbem. II 2). — Die §§ 1942 ff ziehen die hieraus sich ergebenden Folgerungen und fügen zugleich die erforderlichen Beschränkungen hinzu.

Der Erbe erwirbt die Erbschaft mit dem Erbfalle, der Erwerb ist aber kein endgülti- **2** ger, denn das moderne Recht zwingt den Erben nicht, die Erbschaft, zu der er berufen ist, auch wirklich zu übernehmen. Die Entschließung, ob er die Erbschaft übernehmen will, bleibt vielmehr dem freien Belieben des Erben überlassen. In diese Entscheidungsfreiheit kann nicht von dritter Seite eingegriffen werden.

Um dem Erben seine Entschließungsfreiheit einzuräumen, gestattet ihm das Gesetz, **3** die **Erbschaft auszuschlagen.** Mit Ausnahme des Fiskus (s. unten Rdn. 13) kann jeder Erbe die Erbschaft ausschlagen. Das Recht steht dem Vertragserben, der den Erbvertrag, durch den er zur Erbschaft berufen ist, mit dem Erblasser geschlossen hat, ebenso zu wie dem hinterbliebenen Ehegatten, der durch das mit dem Erblasser errichtete gemeinschaftliche Testament zum Erben eingesetzt ist.

Der **Vorstand einer Stiftung,** die der Erblasser durch Erbeinsetzung errichtet hat, **4** kann allerdings die Erbschaft für die Stiftung nicht ausschlagen. Er würde damit die Stiftung wieder vernichten. Dazu ist er nicht befugt (vgl. *Kipp/Coing* § 87 Anm. 1).

Macht der Erbe von diesem Rechte Gebrauch, so tritt die Rechtsfiktion ein, daß er niemals Erbe geworden sei (§ 1953 Abs. 1).

Solange mithin der Erbe sich noch nicht für die Annahme oder Ausschlagung ent- **5** schieden hat, besteht ein **Schwebezustand;** der Erwerb ist durch die conditio iuris der Ausschlagung auflösend bedingt, der Eintritt der Bedingung wirkt aber, abweichend von der regelmäßigen Wirkung rechtsgeschäftlich hinzugefügter Bedingungen (§ 158), ex tunc (unter Rückbeziehung). Der Grundsatz des unmittelbaren Erwerbes der Erbschaft ist, wie es in den Materialien zum BGB wiederholt ausgesprochen ist, „ein mehr formaler

Grundsatz, sonst könnte nicht der Ausschlagung rückwirkende Kraft beigelegt werden" (Mot. **5**, 685).

6 Bis zum endgültigen Erwerb ist die Erbschaft nicht in dem Sinne von dem Erben bereits erworben und in sein Vermögen übergegangen, daß die Ausschlagung auch materiell als eine Aufgabe bereits erworbener Vermögensrechte (Verzicht, Veräußerung) anzusehen wäre. Daraus zieht das Gesetz eine Anzahl von Folgerungen: die Ausschlagung zum Vorteil eines anderen gilt nicht als Schenkung (§ 517); eine Ehefrau bedurfte auch früher nicht der Zustimmung des Ehemannes (§ 1406 Nr. 1; wohl aber — aus anderen Gründen, wegen der Wichtigkeit des Geschäfts für den Mündel — der Vormund und die Eltern der Genehmigung des Vormundschaftsgerichts; § 1822 Nr. 2, § 1643; vgl. vor § 1942 Rdn. 10).

7 Nach § 1958 BGB kann vor der Annahme der Erbschaft ein Anspruch, der sich gegen den Nachlaß richtet, nicht gegen den Erben gerichtlich geltend gemacht werden, ebenso findet nach § 778 ZPO vor diesem Zeitpunkt die Zwangsvollstreckung wegen eines solchen Anspruchs nur in den Nachlaß statt.

8 In anhängigen Rechtsstreitigkeiten, die durch den Tod einer Partei unterbrochen sind, ist der Erbe nach § 239 Abs. 5 ZPO vor der Annahme der Erbschaft nicht verpflichtet, den Rechtsstreit fortzusetzen; das Ausschlagungsrecht verbleibt im Falle des Konkurses des Erben dem Gemeinschuldner (§ 9 KO). Folgerichtig hat RG **54**, 289 entschieden, daß, obwohl im AnfG eine entsprechende Bestimmung fehlt, die Ausschlagung nicht wegen Benachteiligung der Gläubiger des Erben angefochten werden kann.

9 Die angeführten Rechtsfolgen sind vorwiegend daraus hergeleitet worden, daß die Erbschaft bis zu ihrem endgültigen Erwerb noch nicht eigentlich in das Vermögen des Erben übergegangen ist. Sie finden aber auch darin einen weiteren Rechtsgrund, daß es sich bei der Entscheidung über die Annahme der Erbschaft um eine freie, höchst persönliche Entschließung handelt.

10 Die Möglichkeit, die Erbschaft auszuschlagen, soll dem Erben eine Überlegungsfrist gewähren; daher trifft das Gesetz Schutzmaßnahmen, daß ihm diese Frist nicht durch die Besorgnis vor Verjährung von Nachlaßforderungen oder durch das Vorgehen von Nachlaßgläubigern verkümmert werde (§§ 207, 1958, 1995 Abs. 2; ZPO § 239 Abs. 5, § 778). Vgl. RG **60**, 179 und § 1958, Rdn. 1, 3.

11 Auch im Höferecht der brit. Zone kann nach § 11 der dort geltenden Höfeordnung vom 24. 4. 1947, VOBl. BrZ 33, der Hoferbe den Anfall des Hofes durch Erklärung gegenüber dem Landwirtschaftsgericht ausschlagen, ohne die Erbschaft in das übrige Vermögen ausschlagen zu müssen. Auf die Ausschlagung finden die Vorschriften des BGB über die Ausschlagung der Erbschaft entsprechende Anwendung. Über die Frist zur Ausschlagung in diesem Falle vgl. § 1944 Rdn. 14; über die Form der Ausschlagungserklärung § 1945 Rdn. 14.

12 II. Anfall der Erbschaft

Anfall der Erbschaft bedeutet sonach den „vorläufigen Erwerb, der durch Ausschlagung noch rückgängig gemacht werden kann" (Mot. **5**, 488). Anfall der Erbschaft und Erbfall (§ 1922 Rdn. 2) werden in der Regel zusammentreffen. Auch wenn dies nicht der Fall ist, wenn z. B, die Erbschaft erst nach Wegfall des zunächst Berufenen (§ 1922 Rdn. 20) einem anderen Erben „anfällt", gilt der Anfall an diesen als schon mit dem Eintritt des Erbfalls erfolgt, da die Erbschaft keinen Augenblick herrenlos sein soll (§§ 1953 Abs. 2, 2344 Abs. 2). Ist der Erbe unter einer aufschiebenden Bedingung berufen (§ 2074), so ist zwar bis zum Eintritt der Bedingung auch der Anfall der Erbschaft hinausgeschoben; für die Zeit des Schwebens trifft aber § 2105 Vorsorge dahin, daß solange die gesetzlichen Erben Erben sind. Anfall der Nacherbschaft § 2139, des Vermächtnisses § 2176.

III. Stellung des Fiskus als gesetzlicher Erbe 13

Dem Fiskus ist das Ausschlagungsrecht als gesetzlicher Erbe aus dem gleichen Grunde versagt, aus dem er nicht ohne Einsetzung eines anderen Erben ausgeschlossen werden kann (vgl. 11. Aufl. § 1936 Anm. 7 Abs. 2), nämlich damit die Erbschaft nicht erblos werde. Wenn er als Erbe durch Verfügung von Todes wegen berufen ist, so kann er diese Berufung ausschlagen. — Feststellung des fiskalischen Erbrechts §§ 1964—1966.

IV. Stellung des Pflichtteilsberechtigten 14

Der Pflichtteilsberechtigte erhält den Pflichtteil in der Regel nicht als Erbe, er kann ihn somit nicht nach § 1942 ausschlagen, sondern erwirbt endgültig mit dem Erbfalle den Anspruch darauf (§ 2317).

§ 1943

Der Erbe kann die Erbschaft nicht mehr ausschlagen, wenn er sie angenommen hat oder wenn die für die Ausschlagung vorgeschriebene Frist verstrichen ist; mit dem Ablaufe der Frist gilt die Erbschaft als angenommen.

E I 2029 II 1820 M **5** 494—497; P **5** 618—620; **6** 336—338.

Erbschaftsannahme

Übersicht

I. Die Annahme der Erbschaft 1

Im Interesse der Sicherheit des Rechtsverkehrs, vor allem mit Rücksicht auf die Belange der Gläubiger des Erblassers muß innerhalb eines begrenzten Zeitraumes Klarheit darüber geschaffen werden, ob der zur Erbschaft Berufene endgültig Erbe wird. Das Ausschlagungsrecht kann daher zeitlich nicht unbegrenzt bestehen. Es erlischt auf doppelte Weise, dadurch, daß der Erbe die Erbschaft annimmt oder daß die für die Ausschlagung vorgeschriebene Frist ungenutzt verstreicht.

1. Die Wirkungen 2

Die Wirkung der Annahme besteht darin, daß sie den zunächst **vorläufigen Erwerb** durch den Erben (§ 1942 Rdn. 5) **in einen endgültigen** verwandelt, indem sie, auch wenn sie vor Ablauf der Ausschlagungsfrist (§ 1944) erfolgt, ihm die rechtliche Möglichkeit der Ausschlagung entzieht, sofern sie nicht etwa angefochten werden kann (§§ 1954 ff).

2. Ihr Wesen 3

Ihrem Wesen nach ist sie eine einseitige rechtsgeschäftliche Willenserklärung, die, im Gegensatze zur Ausschlagung (§ 1945), keiner Form bedarf, daher auch durch schlüssige Handlungen (pro herede gestio) bestätigt werden kann und auch nicht gegenüber einer bestimmten anderen Person vorgenommen werden muß (kein empfangsbedürftiges Rechtsgeschäft; daher auch Annahme durch Erklärung in einer Zeitung wirksam). Da sowohl die ausdrückliche wie die stillschweigende Annahme Rechtsgeschäfte sind, finden die Grundsätze über Geschäftsfähigkeit (§§ 107, 111, 114, 115), Willenserklärungen (§§ 116 ff), Vertretung, Vollmacht (§§ 164 ff), Einwilligung, Genehmigung (§§ 182 ff) auf beide Arten Anwendung. (Vgl. Rdn. 3—8 vor § 1942).

Die Ehefrau bedurfte auch früher zur Annahme (wie zur Ausschlagung, § 1942 Rdn. 6) nicht der Zustimmung des Mannes (§ 1406 Nr. 1, § 1453). Bei der Gütergemeinschaft ist allein der Ehegatte, dem die Erbschaft angefallen ist, berechtigt, sie anzunehmen. Die Zustimmung des anderen Ehegatten ist in keinem Fall erforderlich (§§ 1432, 1455 Nr. 1); der gesetzliche Vertreter bedarf (anders als bei der Ausschlagung, § 1822 Nr. 2; vgl. Rdn. 10 vor § 1942) nicht der Genehmigung des Vormundschaftsgerichts. Nähere Vorschriften über die Annahme enthalten §§ 1946 ff, bezüglich der Anfechtung §§ 1954—1957. Anfechtung nach § 119 ist zulässig, wenn infolge Irrtums ein Annahmewille nicht vorhanden war, aber auch erforderlich, außer im Falle des § 1949 Abs. 1 (vgl. Rdn. 7 dazu). Vgl. auch § 1954 Rdn. 1—4.

4 **3. Annahmeerklärung**

Der Inhalt der Erklärung muß den **Willen, endgültiger Erbe zu werden,** zum Ausdruck bringen. Eine gegenüber Unbeteiligten abgegebene Erklärung wird dazu in der Regel nicht geeignet sein, während bei einer Annahmeerklärung gegenüber einem Nachlaßbeteiligten der rechtsgeschäftliche Wille in der Regel als ausgedrückt angenommen werden muß. Die gegenüber einer bestimmten Person abgegebene Erklärung wirkt allen gegenüber. Auch dem Nachlaßgericht gegenüber kann sie abgegeben werden (bestr.).

5 Da die Annahmeerklärung, wenn sie einer bestimmten Person gegenüber abgegeben werden soll, erst wirksam wird, wenn sie dieser „**zugeht**" (*Planck/Flad* Anm. 3), wird zwar nicht unmittelbar aus § 130, der nur einem anderen gegenüber „abzugebende" (d. h. kraft Gesetzes empfangsbedürftige) Willenserklärungen betrifft, wohl aber aus dem Willen des Erklärenden zu folgern und deshalb auch ein gemäß § 130 Abs. 1 S. 2 rechtzeitiger Widerruf gestattet sein.

6 Auch die **pro herede gestio** setzt eine Betätigung des Annahmewillens voraus (RG DJZ **12** 1185) und ist nicht etwa als Strafe an die Vornahme gewisser, nur dem Erben zustehender Handlungen (immixtio) geknüpft; das richterliche Ermessen entscheidet.

7 **4. Allgemeine Vorschriften**

Hinsichtlich der allgemeinen für die Abgabe von Willenserklärungen geltenden Bestimmungen, die auch auf die Annahmeerklärung anzuwenden sind, vgl. Rdn, 3—8 vor § 1942.

8 **5. Einzelfälle**

Als **Betätigung des Annahmewillens** wird in der Regel der Antrag auf Erteilung eines Erbscheins (arg. § 2357 Abs. 3 S. 1, vgl. KGJ **38** A 51; *Colmar* RJA **16** 63 = OLG **39** 11) anzusehen sein; ebenso die Erhebung des Erbschaftsanspruchs (§ 2018), Verkauf der Erbschaft und Verfügung über den Erbteil (§§ 2371, 2033), auch Verpfändung desselben (RG **80**, 385); **nicht dagegen** ohne weiteres die Verfügung über einzelne Nachlaßgegenstände oder die Geltendmachung von Nachlaßforderungen (vgl. dazu auch *Reichel*, Prozesse des vorläufigen Erben, 117 ff) oder die Fortführung des Geschäfts, wenn diese Handlungen als Besorgung erbschaftlicher Geschäfte (§ 1959) gedeutet werden können (RG DJZ **09,** 1329); unter der gleichen Voraussetzung auch nicht der Antrag auf Anordnung einer Nachlaßverwaltung (KGJ **31** A 73; **38** A 51; aM für die Regelfälle *Planck/Flad* § 1981 Anm. 4 a) oder der Antrag auf Eröffnung des Nachlaßvergleichsverfahrens (vgl. § 113 Nr. 2 VerglO) oder die Einreichung eines Nachlaßverzeichnisses (BGH Urt. v. 12. 11. 1964, III ZR 123/63) oder das Ergreifen sonstiger Fürsorgemaßnahmen für den Nachlaß, z. B. Kontensperrung, Antrag auf Bestellung eines Testamentsvollstreckers u. ä. (OLG Celle, OLGZ **56,** 30). Sogar eine Verfügung über den ganzen Nachlaß (alle vorhandenen Erbschaftssachen) kann ohne Rechtsirrtum dahin gedeutet werden, daß sie eine Annahme der Erbschaft nicht enthalte, namentlich wenn die Verfügung nur erfolgte, um dem Erben Mittel zur Bestreitung der Bestattungskosten zu verschaffen.

Handlungen, die der Erbe vornimmt, um den Bestand des Nachlasses zu erhalten, **9**
können sich als eine Annahmeerklärung darstellen. Sie können aber auch nur Handlungen sein, die für Rechnung dessen vorgenommen werden, der endgültig Erbe wird. Wie die Handlungen im einzelnen zu beurteilen sind, ist im wesentlichen Tatfrage. Bei der Entscheidung dieser Frage kommt es darauf an, wie das nach außen gezeigte Verhalten verstanden werden muß. Hat der Handelnde seinem Tun den danach ermittelten Sinn nicht beilegen wollen, so muß er seine Erklärung nach § 119 anfechten. Nach *Manigk,* Willenserklärung und Willensgeschäft, 216 ff, 237 ff, 255 soll, wenn nachgewiesen wird, daß der Erbe die Handlung ohne Annahmewillen vorgenommen hat, diese damit überhaupt ihren Charakter als pro herede gestio verlieren.

Da die pro herede gestio eine Willensäußerung ist, können auch grundsätzlich nur **10**
unbeschränkt Geschäftsfähige durch solche Handlungen Willenserklärungen abgeben. Hat der Minderjährige einen Vertrag geschlossen, der an sich als pro herede gestio angesehen werden kann, und genehmigt sein gesetzlicher Vertreter diesen Vertrag, so wird sich die Genehmigung in der Regel als pro herede gestio des gesetzlichen Vertreters darstellen, wegen § 111 aber nicht zugleich als Genehmigung der pro herede gestio des Minderjährigen (aA *Planck/Flad* § 1949 Anm. 4 Abs. 2).

Annahme des Vermächtnisses § 2180.

II. Ausschlagungsfrist § 1944 **11**

Der Verlust des Ausschlagungsrechts tritt ohne weiteres mit dem Ablaufe der Frist ein; ist innerhalb der Frist die Ausschlagung nicht erfolgt, so ist die Frist „versäumt" (§ 1956), auch ohne einen auf Annahme der Erbschaft gerichteten Willen (vgl. Rdn. 12). Unter Umständen kann aber die Versäumung angefochten werden (§ 1956).

III. Annahme infolge Fristablaufs **12**

Die Annahme infolge Fristablaufs ist eine Fiktion des Gesetzes („gilt"). Der Satz spricht nur positiv aus, was im vorhergehenden Halbsatze negativ bestimmt ist. Auf diese kraft Gesetzes eintretende Rechtswirkung finden daher die in Rdn. 3—10 besprochenen Grundsätze über Willen und Geschäftsfähigkeit keine Anwendung. Zum Beispiel wird auch der geschäftsunfähige Erbe durch Ablauf der Frist ohne weiteres zum „annehmenden", endgültigen Erben; vgl. aber über den Lauf und die Dauer der Frist in diesem Falle § 1944 Rdn. 21. Versäumt der gesetzliche Vertreter die Ausschlagungsfrist, so wird dadurch der Vertretene endgültig Erbe. Er kann nicht mehr ausschlagen. — Feststellungsklage, daß der Betreffende bereits Erbe geworden, seine Ausschlagung deshalb unwirksam sei, ist zulässig (RG JW **06,** 569).

Gleiche Grundsätze gelten bei der ehelichen Gütergemeinschaft für die Ablehnung der Fortsetzung durch den überlebenden Ehegatten (§ 1484).

13 **IV. Beweislast**

Der Erbe braucht die Annahme nicht besonders nachzuweisen, wenn sie in der Erhebung des Anspruchs zu finden ist, also z. B. bei dem Erbschaftsanspruche, bei dem Antrage auf Erteilung des Erbscheins für sich (dagegen, wenn er einen gemeinschaftlichen Erbschein verlangt, die Annahme durch die Miterben, § 2357 Abs. 3, § 2356).

14 Bei Stellung des Antrags auf Aufgebot zum Zwecke der Ausschließung von Nachlaßgläubigern muß der Erbe die Annahme nachweisen (ZPO § 991 Abs. 3).

15 **Der Nachlaßgläubiger,** der einen sich gegen den Nachlaß richtenden Anspruch gegen den Erben geltend machen (§ 1958) oder einen Rechtsstreit fortsetzen (ZPO § 239) oder eine Zwangsvollstreckung gegen ihn betreiben will (ZPO § 778), muß die Annahme nachweisen. Er hat daher in der Regel, wenn er nicht einen dem Erben erteilten Erbschein vorlegen kann, den Nachweis des Erbfalls und des Berufungsgrundes zu führen sowie den der Annahme der Erbschaft. Dazu muß er die ausdrücklich erklärte Annahme oder den Ablauf der Ausschlagungsfrist beweisen. Vor der Annahme ist der Anspruch gegen den Erben nicht begründet (der Erbe ist nicht passiv legitimiert, §§ 1958, 2014; RG **60,** 179); der Gläubiger wird also, wenn er die Fiktion der Annahme durch Ablauf der Ausschlagungsfrist geltend machen will, zu behaupten und nötigenfalls zu beweisen haben, daß die Ausschlagungsfrist gemäß § 1944 Abs. 2 zu laufen begonnen habe, sonach auch die Kenntnis des Erben von dem Anfalle und dem Grunde der Berufung (so mit Recht *Planck/Flad* Anm. 7). Ergibt sich hieraus der Ablauf der Ausschlagungsfrist, so muß der Erbe beweisen, daß er innerhalb der Frist ausgeschlagen hat (vgl. § 1944 Rdn. 28). Diese Beweislastverteilung entspricht der Regelung, wie sie allgemein für Ausschlußfristen gilt (*Rosenberg,* Die Beweislast 378).

§ 1944

Die Ausschlagung kann nur binnen sechs Wochen erfolgen.

Die Frist beginnt mit dem Zeitpunkt, in welchem der Erbe von dem Anfall und dem Grunde der Berufung Kenntnis erlangt, Ist der Erbe durch Verfügung von Todes wegen berufen, so beginnt die Frist nicht vor der Verkündung der Verfügung. Auf den Lauf der Frist finden die für die Verjährung geltenden Vorschriften der §§ 203, 206 entsprechende Anwendung.

Die Frist beträgt sechs Monate, wenn der Erblasser seinen letzten Wohnsitz nur im Auslande gehabt hat oder wenn sich der Erbe bei dem Beginne der Frist im Ausland aufhält.

E I 2030 II 1821; M **5** 497—501; P **5** 620, 623.

Ausschlagungsfrist

Übersicht

I. Die sechswöchige Ausschlagungsfrist 1

Berechnung § 187 Abs. 1, § 188 Abs. 2, 3, § 193. Sie ist **gesetzliche Ausschlußfrist,** kann deshalb weder vom Erblasser noch vom Nachlaßgericht verlängert werden. Nur mittelbar kann der Erblasser eine Verkürzung dadurch herbeiführen, daß er den Erben unter der Bedingung der Annahme innerhalb kürzerer Frist einsetzt; ebenso aber auch eine Verlängerung dadurch, daß er einen Erben unter der Bedingung einsetzt, innerhalb einer längeren Frist anzunehmen; in diesem Falle beginnt die gesetzliche Ausschlagungsfrist überhaupt nicht zu laufen, da sie vor Eintritt der Bedingung für den bedingt eingesetzten Erben nicht läuft (vgl. § 1942 Rdn. 12), mit Eintritt der Bedingung aber, die auf die Annahme abgestellt ist, die Ausschlagung ausgeschlossen ist (§ 1943). — Anfechtung der Fristversäumung § 1956.

II. Beginn der Frist 2

1. Allgemeines

Die Frist beginnt mit der Kenntnis von dem Anfalle (§ 1942 Rdn. 12) und dem Berufungsgrunde. Die Rückbeziehung des Anfalls in den Fällen des Geborenwerdens einer Leibesfrucht (§ 1923 Abs. 2), des Wegfalls eines anderen durch Ausschlagung (§ 1953 Abs. 2) oder Erbunwürdigkeitserklärung (§ 2344) hat auf den Beginn der Ausschlagungsfrist keinen Einfluß, da sie lediglich eine Fiktion bedeutet und die in § 1944 erforderte Kenntnis nicht vor dem wirklichen Anfalle vorhanden sein kann. Der Fristbeginn ist für jeden Erben, auch für den, der nur vorläufig Erbe geworden ist, nach den für ihn zutreffenden Umständen besonders festzustellen.

2. Kenntnis im Falle der Berufung durch gesetzliche Erbfolge 3

Die Kenntnis muß sich zunächst auf den Erbfall (Tod oder Todeserklärung des Erblassers beziehen, sodann aber, wenn Berufungsgrund das Gesetz ist, sich auf das Bestehen des verwandtschaftlichen oder ehelichen Verhältnisses erstrecken, das die gesetzliche Erbfolge nach §§ 1924—1935 begründet (das gesetzliche Erbrecht des Fiskus, § 1936, kommt, da er nicht ausschlagen kann, nicht in Betracht), sowie darauf, daß vorgehende Erbberechtigte überhaupt nicht vorhanden waren oder vor oder nach dem Erbfalle weggefallen sind (§ 1935 Rdn. 2) und daß die gesetzliche Erbfolge nicht durch Verfügung von Todes wegen ausgeschlossen ist. Doch ist in letzterer Beziehung nicht schon die entfernte Möglichkeit, daß der Erblasser eine Verfügung errichtet haben könnte, hinreichend, um den Beginn der Ausschlagungsfrist auszuschließen; vielmehr beginnt die Frist, wenn der Erbe keine begründete Vermutung haben kann und hat, daß eine ihn ausschließende Verfügung wirksam vorhanden sei (BayObLG NJW **53,** 1431). War eine solche Verfügung vorhanden und dem durch sie ausgeschlossenen Erben bekannt, so muß er von ihrer Unwirksamkeit oder von ihrem Widerrufe Kenntnis erhalten haben. Das gilt auch dann, wenn der Erbe, der zunächst davon ausgegangen ist, gesetzlicher Erbe zu sein, von dem Vorhandensein der letztwilligen Verfügung erst eine Zeit nach dem Erbfall, aber vor Ablauf der Ausschlagungsfrist Kenntnis erlangt hat. Die zunächst angelaufene Ausschlagungsfrist ist rechtlich bedeutungslos (OLG Hamm, NJW **69,** 1355).

4 **3. Kenntnis im Falle der Berufung durch letztwillige Verfügung**

Handelt es sich um Berufung durch Verfügung von Todes wegen, so muß die Kenntnis des Erben dahin gehen, daß er kraft solcher Verfügung zur Erbschaft berufen ist; daß er die konkrete Verfügung und ihren sonstigen Inhalt, insbesondere die ihm darin auferlegten Beschwerungen, kennt oder auch nur weiß, ob es ein Testament oder ein Erbvertrag sei, ist nicht erforderlich (RG HRR **31,** 1140). Der Erbe muß eine zuverlässige Kenntnis von dem Vorhandensein der Verfügung haben. Sie fehlt, wenn er annimmt, daß der Erblasser früher noch ein weiteres Testament errichtet hat, selbst wenn er der Auffassung ist, daß diese durch das später errichtete, ihm bekannte Testament überholt sein dürfte (BGH Urt. v. 12. 11. 1964, III ZR 123/63). Die Ausschlagungsfrist beginnt nicht vor Verkündung der Verfügung zu laufen (Abs. 2 S. 2); die Kenntnis von der Berufung kann aber auch auf andere Weise als durch Verkündung erworben werden (KG RJA **5,** 146; aM RG JW **02** Beil. 232). Andererseits wird die Frist nicht laufen, solange der Erbe nur von einer konkreten Verfügung bestimmten Inhalts Kenntnis hat, durch die er berufen zu sein glaubt, wenn diese Verfügung sich als nichtig herausstellt, er aber durch eine andere Verfügung mit anderem Inhalte berufen ist; so zutreffend *Planck/Flad* Anm. 3b.

Nicht erforderlich ist Kenntnis des Erben darüber, ob ihm die ganze Erbschaft oder nur ein Bruchteil und welcher zugefallen ist, wenn es sich um eine einheitliche Berufung handelt.

5 Steht eine **Berufung zu mehreren besonderen Erbteilen** in Frage, die gesondert ausgeschlagen werden können (§§ 1951, 1927; § 1927 Rdn. 3), so beginnt die Frist für jeden Erbteil besonders mit der Kenntnis von dessen Anfall.

6 **4. Irrtum über den Berufungsgrund**

Irrtum des Erben darüber, ob die Berufung auf dem Gesetze oder auf einer Verfügung von Todes wegen beruht, auch Rechtsirrtum, schließt den Beginn der Frist aus (KGJ **34** A 79; **41,** 57). Das dem Ehegatten nach PrAGBGB Art. 46 §§ 2, 3 gegebene Wahlrecht gehört nicht zum Berufungsgrunde; Irrtum darüber schließt daher den Fristbeginn nicht aus (KGJ **41,** 56).

7 Die irrtümliche Annahme (insbesondere eines gesetzlichen Vertreters, aber auch des Erben selbst), daß der Erbe bereits eine wirksame Ausschlagungserklärung abgegeben habe, steht einer Unkenntnis von dem Anfalle nicht gleich, da dieser durch die Ausschlagung nicht tatsächlich rückgängig gemacht wird, sondern nur gemäß der in § 1953 aufgestellten Fiktion als nicht erfolgt „gilt", wodurch nur seine Wirkungen beseitigt werden; ein solcher Irrtum könnte deshalb nur im Wege der Anfechtung der Versäumung der Ausschlagungsfrist (§ 1956) geltend gemacht werden, und zwar auch nur, wenn die in der Anm. 2 zu § 1956 gegen RG **58,** 81 vertretene Ansicht zutrifft. So RG WarnRspr. 1920 Nr. 170; vgl. über den jetzigen Stand dieser Streitfrage § 1956 Rdn. 2.

8 **5. Kenntnis**

a) Kennenmüssen. Kennenmüssen, fahrlässiges Nichtkennen, ist der wirklichen Kenntnis nicht (wie in § 2140 und auch sonst im BGB) gleichgestellt (München DNotZ **37,** 64; BayObLGZ **68,** 68; **69,** 14). Ob das Nichtkennen auf tatsächlichem oder

Rechtsirrtum, z. B. über die Gültigkeit eines Testaments, beruht (BGH LM BGB § 2306 Nr. 4; RG WarnRspr. 1914 Nr, 26), und ob es verschuldet ist oder nicht, ist gleichgültig.

Ein eigentlicher Rechtsirrtum liegt vor, wenn der Erbe, obwohl ihm die einzelnen Tatsachen als solche bekannt sind, infolge Unkenntnis oder falscher Auslegung des Gesetzes von dem Anfall der Erbschaft oder dem Grunde seiner Berufung keine Kenntnis hat. Folgert er die Ungültigkeit des Testaments daraus, daß er irrig annimmt, der Erblasser sei, als er das Testament niederschrieb, geisteskrank gewesen oder er habe es nicht eigenhändig unterschrieben, so befindet er sich nicht in einem Rechts-, sondern in einem gewöhnlichen Tatsachenirrtum. 9

b) Zweifel. Bloße Zweifel des Berufenen, ob er nicht vielleicht Erbe geworden sein könnte, genügen nicht für den Beginn der Ausschlagungsfrist. Andererseits ist auch eine volle Überzeugung, daß es so sei, nicht erforderlich. Es genügt, daß dem Erben die tatsächlichen und rechtlichen Umstände in so zuverlässiger Weise bekannt geworden sind, daß dadurch die positive Vorstellung, er sei infolge eines bestimmten Berufungsgrundes Erbe geworden, in ihm zum mindesten als eine Wahrscheinlichkeitsvorstellung, mit der er rechnet, erregt worden ist (BGH LM BGB § 2306 Nr. 4). Im Einzelfalle wird es dabei viel auf die Sachlage, namentlich auf die Persönlichkeit des Erben, ankommen. In dieser Weise werden die im Wortlaute einigermaßen voneinander abweichenden Entscheidungen des Reichsgerichts vereinigt werden können (vgl. einerseits RG JW **02** Beil. 232, wo eine „bestimmte und überzeugende Kenntnis" gefordert wird, andererseits RG Gruchot **59,** 481, wo gesagt wird, daß zwar die volle Überzeugung nicht verlangt werden könne, wohl aber zuverlässiges Erfahren der in Betracht kommenden Umstände vorhanden sein muß und Zweifel, ob es nicht so sein könnte, nicht genügen; ebenso für den Fall des § 121: RG JW **12,** 741 und WarnRspr. 1914 Nr. 108; vgl. RG **85,** 223, ferner § 121 11. Aufl. Anm. 7 und § 2082 Rdn. 6 ff). 10

6. Kenntnis in besonderen Fällen 11

a) Gebrechlichkeitspfleger und gesetzliche Vertreter. Ist für den unbeschränkt geschäftsfähigen Erben ein Gebrechlichkeitspfleger nach § 1910 bestellt, so wird die Ausschlagungsfrist, falls der Erbe trotz seiner Gebrechlichkeit ausreichende Kenntnis erlangt hat, außer durch die Kenntnis des Pflegers auch durch seine eigene Kenntnis in Lauf gesetzt (KG JW **35,** 3641; aM *Planck/Flad* Anm. 4). Ist aber der Erbe geschäftsunfähig oder in der Geschäftsfähigkeit beschränkt, so kommt es nicht auf seine Kenntnis, sondern auf die seines gesetzlichen Vertreters an (BayObLGZ **69,** 14).

b) Bevollmächtigte. Streitig ist, wie es sich verhält, wenn der Erbe einen Bevollmächtigten bestellt hat, sei es allgemein (Generalvollmacht) für seine Vermögensangelegenheiten oder zur Regelung der in Frage stehenden Erbschaftsangelegenheit oder auch speziell zur Vertretung im Willen bei der Entscheidung über Annahme oder Ausschlagung der Erbschaft. Einverständnis besteht zunächst, daß § 166 BGB keine Anwendung finden kann, da er sich nur auf die rechtlichen Folgen abgegebener Willenserklärungen bezieht, nicht auf die Folgen der Unterlassung von solchen (vgl. Mot. **5,** 500, wo die Frage im übrigen offengelassen ist). Sicher ist auch wohl, daß der Erbe die durch das Gesetz an seine Kenntnis geknüpften Folgen nicht durch Bestellung eines Bevollmächtigten von sich abwälzen kann, daß also, wenn er selbst Kenntnis hat, der Lauf der Ausschlagungsfrist beginnt, auch wenn dem Bevollmächtigten die Kenntnis fehlt. Zweifelhaft kann nur sein, ob die Frist auch beginnt, wenn der Bevollmächtigte, nicht aber der Erbe, Kenntnis hat. Es wird aber anzunehmen sein, daß der Erbe sich die Kenntnis des Bevollmächtigten entgegenhalten lassen muß, dem er selbst zu seiner Vertretung im Willen Macht gegeben hat; denn die Willensentscheidung, die das Gesetz verlangt, kann 12 nicht willkürlich von dem Wissen, das die Voraussetzung dafür bildet, getrennt werden (so *Strohal* II § 61 Anm. 16a; *Planck/Flad* Anm. 4; *Kipp/Coing* § 87 Anm. 9; *von Lübtow* II, 683; *Erman/Bartholomeyczik* § 1944 Rdn. 3 und BayObLG NJW **53**, 1431; aM *Kipp* § 53 Anm. 6).

13 **c) Nacherben.** Für den Nacherben beginnt die Ausschlagungsfrist erst mit Kenntnis vom Eintritt des Nacherbfalles, da erst mit diesem die Erbschaft ihm anfällt (vgl. Rdn. 4—6 zu § 2142). Besondere Ausschlagungsfrist für den durch Verfügung von Todes wegen beschränkten oder beschwerten Pflichtteilsberechtigten § 2306; vgl. 11. Aufl. Anm. 22—28, 31 dazu. Befugnis zur Ausschlagung schon vor Beginn der Ausschlagungsfrist § 1946.

14 **7. Fristbeginn bei Zuwendung an eine juristische Person in besonderen Fällen**

Ist zur Annahme einer Zuwendung an eine juristische Person nach Landesrecht staatliche Genehmigung erforderlich (Art. 86 EG; PrAGBGB Art. 6), so kann die juristische Person eine ihr zugewendete Erbschaft vor Erteilung der Genehmigung nicht durch Annahme erwerben (RG **76**, 384); deshalb kann auch die Ausschlagungsfrist vor Kenntnis der Genehmigung nicht zu laufen beginnen (so *Kipp* § 52 Anm. 8; aM KGJ **40**, 25; **50**, 71 = DJZ **18**, 260).

Für die Frist, innerhalb der nach § 11 der Höfeordnung der brit. Zone vom 24. 4. 1947, VOBlBrZ 33, der Anfall eines Hofes ausgeschlagen werden kann, gilt nach § 11 S. 2 HöfeO der § 1944 entsprechend. Die Kenntnis wird sich hier darauf erstrecken müssen, daß in dem Nachlaß ein Hof vorhanden und daß der Betreffende nach den Grundsätzen des Höferechts als nächster Hoferbe zur Erbfolge in den Hof berufen ist.

15 **III. Verkündung der Verfügung**

Gemeint ist die im Eröffnungstermin erfolgte „Verkündung" (§ 2260), auch wenn sie in Abwesenheit des Erben stattgefunden hat, nicht die Mitteilung des Nachlaßgerichts gemäß § 2262 (RG HRR **31**, 1140, wo jedoch unentschieden gelassen ist, ob das auch zu gelten hat, wenn bis zum Ablauf der vom Verkündungstage ab zu berechnenden Frist der Erbe überhaupt noch keine Kenntnis von der Verkündung erlangt hat). Sie ist für den Fristbeginn selbst dann erforderlich, wenn der Erbe schon vor der Verkündung von der Verfügung Kenntnis erlangt hatte. Umgekehrt schließt auch die Verkündung an den Erben selbst nicht unbedingt aus, daß er gleichwohl, z. B. infolge von Mißverständnissen oder von Rechtsirrtum, die Kenntnis im Sinne des Gesetzes erst später erlangt.

16 Die Verkündung ist auch dann erforderlich, wenn er selbst als Ehegatte das gemeinschaftliche Testament mit errichtet (§ 2273) oder wenn er den Erbvertrag mit geschlossen hatte (§ 2300). Desgleichen, wenn das gemeinschaftliche Testament bereits nach dem Tode des zuerst verstorbenen Ehegatten auch hinsichtlich der Verfügungen des damals Überlebenden verkündet worden ist, weil diese sich nicht sondern ließen (§ 2273); so RG **137**, 229 mit Anführung des Schrifttums und der Rechtsprechung in der bestrittenen Frage. Die frühere Verkündung kann nicht maßgebend sein, da sie sich nicht auf den nunmehr eingetretenen Erbfall bezogen hat und die Vorschrift des Gesetzes formell ist.

17 Die Vorschrift des Abs. 2 ist eine Sondervorschrift und auf die Verjährung des Pflichtteilsanspruchs (§ 2332 Abs. 1) nicht übertragbar (RG **66**, 30).

18 Die Gültigkeit der Verfügung wird nicht dadurch beeinträchtigt, daß die Urkunde, die sie enthält, verlorengegangen ist. Eine Eröffnung ist dann aber nicht möglich. In diesen Fällen beginnt die Frist zu laufen, wenn der Erbe die Berufung, den Berufungsgrund und die Tatsachen kennt, aus denen sich ergibt, daß die Verfügung nicht verkündet werden kann (vgl. ähnl. *Kipp/Coing* § 87 II 2 b).

IV. Hemmung der Frist 19

1. § 203

Stillstand der Rechtspflege oder höhere Gewalt hemmen den Lauf der Ausschlagungsfrist mit der Wirkung, daß der davon betroffene Teil der Frist nicht eingerechnet wird (§ 205).

Die durch eine dem Vormundschaftsgericht zur Last fallende Verzögerung der 20
nach § 1822 Nr. 2 für den gesetzlichen Vertreter erforderlichen vormundschaftsgerichtlichen Genehmigung herbeigeführte Versäumung der Ausschlagungsfrist (vgl. § 1945 Rdn. 2—6) kann als „höhere Gewalt" anzusehen sein. Der gesetzliche Vertreter kann sich darauf verlassen, daß das Vormundschaftsgericht den Antrag auf Genehmigung der Ausschlagung ordnungsgemäß bearbeitet. Es ist im Einzelfall festzustellen, wann bei gehöriger Bearbeitung durch das Gericht die Genehmigung hätte erteilt werden können, Liegt dieser Zeitpunkt vor dem Ende der Frist, so ist sie, falls die Genehmigung erst später erteilt wird, von diesem Augenblick an gehemmt (aA die 9. Aufl. an dieser Stelle, die den Erben in Fällen dieser Art nur einen Regreßanspruch gegen den Vormundschaftsrichter und den Staat geben wollte; vgl, auch KGJ **38** A 51. Wie hier *Kipp/Coing* § 87 IV a. E; *Staudinger/Lehmann* 11. Aufl. § 1944 Rdn. 22; *Eccius* Gruchot **44,** 768; *Rohde* ZBlFG **10,** 785). Die Hemmung des Ablaufs der Frist fällt mit dem Zugang des Genehmigungsbeschlusses des Vormundschaftsgerichts beim gesetzlichen Vertreter fort. Der danach noch benötigte Zeitraum für die Übermittlung der Genehmigung an das Nachlaßgericht wird nicht in den Hemmungszeitraum einbezogen (OLG Frankfurt, OLGZ **66,** 337).

Über die Hemmung der Ausschlagungsfrist auf Grund der während des 2. Weltkriegs und nach dem Zusammenbruch ergangenen besonderen gesetzlichen Bestimmungen vgl. § 202 Rdn. 27 ff.

2. § 206 21

Hat der **gesetzliche Vertreter** eines geschäftsunfähigen oder in der Geschäftsfähigkeit beschränkten Erben die hier vorausgesetzte Kenntnis erlangt, hat aber der Erbe am Schlusse der Frist keinen gesetzlichen Vertreter, so läuft die Frist nicht ab. Vielmehr läuft die Frist erst sechs Wochen oder sechs Monate nach der Behebung des Mangels ab. Auf die Kenntnis des neu eingetretenen Vertreters oder des geschäftsfähig gewordenen Erben kommt es aber für den Wiederbeginn und den Ablauf der Frist nicht mehr an. So die herrschende Meinung (namentlich *Strohal* II § 61 Anm. 20), die zwar zu Härten führen kann, aber mit dem Gesetz wohl allein vereinbar ist. Auch wenn ohne dazwischenliegenden Vertretungsmangel ein neuer Vertreter eintritt oder der Erbe geschäftsfähig wird, kann es vorkommen, daß die einmal in Lauf gesetzte Frist abläuft, ohne daß der zu ihrer Wahrung Berufene die erforderliche Kenntnis besitzt.

Fristverlängerung für den Erbeserben § 1952 Abs. 2.

Konkurseröffnung über das Vermögen des Erben ist für den Fristenlauf ohne Bedeutung (KO § 9).

V. Sechsmonatsfrist bei ausländischem Wohnsitz des Erblassers 22

Die Vorschrift bezieht sich nur auf im Auslande wohnende deutsche Erblasser, die nach Art. 24 EG (Rdn. 8 vor § 1922) nach deutschen Gesetzen beerbt werden. Wie die Fassung „der nur im Ausland gelebt hat" ergibt, gilt die Sechsmonatsfrist nicht, wenn der Erblasser neben seinem ausländischen auch einen Wohnsitz im Inland gehabt hat. Der rechtspolitische Grund für die Bestimmung liegt darin, daß in Fällen, in denen der Erblasser seinen Wohnsitz nur im Ausland gehabt hat, der Erbe in der Regel länger dauernde Ermittlungen anstellen muß, um sich über die Annahme oder Ausschlagung der Erbschaft entschließen zu können, und daß auch oft das zuständige Nachlaßgericht gemäß § 73 FGG nicht so schnell bestimmt werden kann.

23 Das Saargebiet war nach dem ersten Weltkrieg Inland geblieben (Versailler Vertr. Art. 49). Die deutschen Schutzgebiete haben als Ausland gegolten (SchutzgebietsG v. 10. 9. 1900, RGBl. 813, § 3; KonsGerG v. 7. 4. 1900, RGBl. 213, § 26).

24 Unter den gegenwärtigen Verhältnissen können Zweifel darüber auftauchen, was unter Ausland im Sinne dieser Bestimmung heute zu verstehen ist. Die durch den Zusammenbruch geschaffenen neuen staatsrechtlichen Verhältnisse haben dazu geführt, daß alle Gebietsteile des Reichs, die diesem nach dem 31. Dezember 1937 einverleibt worden sind, wieder vom Reich abgetrennt und damit Ausland geworden sind.

25 Der Gesetzgeber hat den Begriff Ausland im staatsrechtlichen Sinn verstanden. Unter den gegenwärtigen ungeklärten Verhältnissen kann nicht allein auf die staatsrechtliche Gebietszugehörigkeit abgestellt werden. Sinn und Zweck der Bestimmung nötigen dazu, diejenigen Gebiete, in denen gegenwärtig eine deutsche Hoheitsgewalt tatsächlich überhaupt nicht ausgeübt wird, als Ausland im Sinne des § 1944 zu behandeln. Das Gebiet östlich der Oder-Neiße ist daher Ausland, nicht aber das Gebiet der DDR und das Saargebiet auch nicht vor seiner Eingliederung in die Bundesrepublik. Gleichgültig ist, ob der Erblasser im Inlande oder im Auslande gestorben ist.

26 **VI. Sechsmonatsfrist bei Aufenthalt des Erben im Ausland**

Es kommt nur darauf an, wo sich der Erbe im Augenblick nicht des Erbfalls, sondern der erlangten Kenntnis befindet. Auch ein vorübergehender Aufenthalt im Ausland sichert ihm die verlängerte Frist. Im Falle der gesetzlichen Vertretung kommt die eigene Kenntnis des Erben überhaupt nicht in Betracht. Deshalb ist lediglich der Aufenthalt des gesetzlichen Vertreters maßgebend. Bei der gewillkürten Vertretung wird, wenn man von der in Rdn. 12 vertretenen Anschauung ausgeht, für den Erben, der nur persönlich im Auslande Kenntnis erhält, die sechsmonatige, wenn aber sein im Inlande sich aufhaltender Vertreter dort Kenntnis erhält, von da ab eine sechswöchige Frist laufen.

27 **VII. Beweislast**

Zweifelhaft kann es sein, ob der Ausschlagende die Rechtzeitigkeit der Ausschlagung oder ob der Gegner zu beweisen hat, daß die Frist verstrichen ist. Nach dem Wortlaut des § 1944 Abs. 1 ist die Frist, innerhalb derer die Ausschlagung erklärt werden muß, als besonderes Tatbestandselement für die Ausübung dieses Rechts hervorgehoben. Daraus wäre im Gegensatz zur herrschenden Lehre (vgl. RG **57,** 362; Gruchot **48,** 335; WarnRspr. 1911 Nr. 361; 1914 Nr. 108; SeuffArch. 78 Nr. 110; JW **04,** 196; oben 11. Aufl. § 121 Anm. 13 u. § 124 Anm. 7; *Rosenberg,* Die Beweislast 3. Aufl. 378) zu folgern, daß der Ausschlagende die Rechtzeitigkeit der Ausschlagung zu beweisen hat (so *Leonhard,* Die Beweislast 2. Aufl. 411).

28 In Wahrheit bestimmt aber § 1944 Abs. 1 nur den Zeitraum der Frist. Die Rechtsfolgen, die der Gesetzgeber an die Versäumung der Frist knüpft, hat er bereits in § 1943 geregelt. Diese Bestimmung ist auch für die Beweislastverteilung maßgebend. Danach aber hat derjenige, der aus der Ausschlagung Rechte herleitet — also namentlich der nach Ablauf der Ausschlagungsfrist als Erbe in Anspruch Genommene —, zunächst darzutun, daß und wann sie erfolgt ist. Behauptet sodann der Gegner, daß das Recht zur Ausschlagung (§ 1942) durch Fristablauf (§ 1943) bereits erloschen gewesen sei, so hat er diese Tatsache zu beweisen. Dazu gehört der Nachweis, daß und wann der Erbe Kenntnis von dem Anfalle und der Berufung erhalten hat, da mit dem Eintritt dieser

Kenntnis der Lauf der Frist erst beginnt. Insoweit unterscheidet sich nach der hier vertretenen Ansicht die Regelung des § 1943 von der z. B. in §§ 121 Abs. 1, 124 Abs. 1 und 1954 Abs. 1 getroffenen. Anders wiederum §§ 121 Abs. 2, 124 Abs. 2 und 1954 Abs. 4.

29 Auf die Ausschlagung wird sich der Erbe in der Regel gegenüber Nachlaßgläubigern berufen, die die stillschweigende Annahme der Erbschaft behaupten (§ 1943 Rdn. 15); aber auch wenn er im Falle des § 2306 Abs. 1 S. 2 den Pflichtteil verlangen will; ferner diejenigen, welche infolge der Ausschlagung an die Stelle des Ausschlagenden als Erben getreten sind. Auf den Ablauf der Ausschlagungsfrist kann sich auch der Erbe berufen, um die Unwirksamkeit der von ihnen erklärten Ausschlagung darzutun.

§ 1945

Die Ausschlagung erfolgt durch Erklärung gegenüber dem Nachlaßgericht; die Erklärung ist zur Niederschrift des Nachlaßgerichts oder in öffentlich beglaubigter Form abzugeben.

Die Niederschrift des Nachlaßgerichts wird nach den Vorschriften des Beurkundungsgesetzes errichtet.

Ein Bevollmächtigter bedarf einer öffentlich beglaubigten Vollmacht. Die Vollmacht muß der Erklärung beigefügt oder innerhalb der Ausschlagungsfrist nachgebracht werden.

E I 2032 II 1822; M **5** 502, 503; P **5** 624, 626.

Form der Ausschlagung

Übersicht

1 **I. Die Ausschlagungserklärung**

Die Ausschlagung ist (abweichend von der Annahme, § 1943 Rdn. 3) an eine Form gebunden und empfangsbedürftig. Sie wird deshalb erst in dem Zeitpunkt wirksam, wo sie dem Nachlaßgericht zugeht (§ 130). Gleich der Annahme ist sie einseitige Willenserklärung, untersteht mithin den hierauf bezüglichen allgemeinen Vorschriften (§ 1943 Rdn. 3).

Die Erklärung muß den Willen erkennen lassen, nicht Erbe sein zu wollen. In der Erklärung eines gesetzlichen Erben, daß er ein auf Testament beruhendes Erbrecht einer anderen Person anerkenne, liegt auch dann keine Ausschlagung der Erbschaft, wenn ihm die Nichtigkeit dieses Testaments bekannt ist (BayObLG NJW **67**, 1135).

2 Abweichend von der Annahme bedarf der gesetzliche Vertreter (Eltern, Vormund, auch der Pfleger) dazu der Genehmigung des Vormundschaftsgerichts (§§ 1822 Nr. 2, 1643 Abs. 2, 1915). Die Genehmigung hat das Vormundschaftsgericht gegenüber dem gesetzlichen Vertreter zu erklären (§ 1828); sie wird also erst wirksam, sobald sie diesem zugeht (§ 130).

3 Als einseitiges Rechtsgeschäft würde die Ausschlagung, wenn § 1831 S. 1 auf sie Anwendung fände, unwirksam sein, wenn sie ohne die vorher erteilte **Genehmigung des Vormundschaftsgerichts** erfolgte.

4 Das kann zu Unzuträglichkeiten führen. Das Kammergericht hat auf die verschiedenste Weise versucht, ihnen zu begegnen (vgl. dazu die 11. Aufl. an dieser Stelle). Das Reichsgericht hat jedoch zutreffend entschieden, daß § 1831 S. 1 nicht anzuwenden ist, wenn das einseitige Rechtsgeschäft nach gesetzlicher Vorschrift binnen einer bestimmten Frist vorgenommen werden muß (RG **118,** 145; RG LZ **15,** 751). Der gesetzgeberische Grund, der dahin geht, diejenigen Personen, deren Rechtsverhältnisse durch das einseitige Rechtsgeschäft berührt werden, nicht für unbestimmte Zeit über die Frage seiner Wirksamkeit im ungewissen zu lassen, entfällt, wie das Reichsgericht aaO ausführt, bei gesetzlich befristeten Rechtsgeschäften dadurch, daß das Gesetz selbst für Beendigung des Zustandes der Ungewißheit innerhalb bestimmter Frist Sorge trägt. In solchen Fällen genügt es daher, wenn alle zur Gültigkeit des Geschäfts erforderlichen Erklärungen bis zum Ablauf der Frist abgegeben werden. Auf die Reihenfolge der Abgabe komme es nicht an; demgemäß hält das Reichsgericht eine Ausschlagung für wirksam, die vor Erteilung der vormundschaftsgerichtlichen Genehmigung erfolgt ist, wenn die Genehmigung nachher erteilt worden und innerhalb der Ausschlagungsfrist wirksam geworden ist. Dieser Auffassung hat sich das Kammergericht KGJ **50,** 73 angeschlossen.

5 Die nachträglich erteilte Genehmigung muß aber innerhalb der Ausschlagungsfrist dem Nachlaßgericht eingereicht oder nachgewiesen sein. Es genügt nicht schon, daß sie innerhalb der Frist vom Vormundschaftsgericht dem Vormund gegenüber erklärt wird (RG **118,** 147; *Planck/Flad* § 1943 Anm. 6 d α; *Staudinger/Lehmann* 11. Aufl. § 1945 Rdn. 5). Diese Rechtsansicht beruht auf der Überlegung, daß die Genehmigung eines Rechtsgeschäfts durch das Vormundschaftsgericht mit der Erklärung gegenüber dem Vormunde Dritten gegenüber noch nicht wirksam wird, es vielmehr im Ermessen des Vormunds liegt, ob er von ihr Gebrauch machen will (vgl. § 1828 Rdn. 1). Es muß deshalb auch ohne ausdrückliche Vorschrift das gleiche gelten wie nach Abs. 2 S. 2 für die Vollmacht (vgl. Rdn. 17). Sind aber nicht alle zur Wirksamkeit der Ausschlagung erforderlichen Erklärungen vor Ablauf der Frist abgegeben und voll wirksam geworden, so ist sie unwirksam.

6 Eine nach Ablauf der Frist erteilte vormundschaftsgerichtliche Genehmigung kann die Versäumung der Ausschlagungsfrist nicht rückgängig machen, auch wenn man (vgl. RG **76,** 366; **142,** 62 und 11. Aufl. § 184 Anm. 11, 12) die Rückbeziehung des § 184 auf behördliche Zustimmungserklärungen für anwendbar hält (BGH MDR **52,** 157; WM **56,** 637; **58,** 358). Wegen Anfechtung vgl. § 1956 Rdn. 2; wegen der „höheren Gewalt" § 1944 Rdn. 19, 20.

7 Bei der **Gütergemeinschaft** ist allein der Ehegatte, dem die Erbschaft zugefallen ist, berechtigt, auszuschlagen. Die Zustimmung des anderen Ehegatten ist in keinem Fall erforderlich (§§ 1432, 1455 Nr. 1). Die Ausschlagung ist wie die Annahme unwiderruflich (§ 130), darf nicht bedingt oder befristet (§ 1947), nicht auf Teile der Erbschaft beschränkt sein, sofern nicht besondere Erbteile in Frage stehen (§§ 1950, 1951), steht auch im Konkurse des Erben nur dem Gemeinschuldner zu (KO § 9). Anfechtbarkeit § 1954.

8 Die **Kosten** der Ausschlagung fallen nicht dem Nachlasse, sondern dem Erklärenden zur Last. **Gebühren** für die Beurkundung und Entgegennahme der Ausschlagung: KostO §§ 38 Abs. 2; 112 Abs. 1 Nr. 2 und Abs. 3, 115.

9 Die Übernahme einer schuldrechtlichen Verpflichtung zur Ausschlagung einer Erbschaft ist formfrei (RG HRR **29,** 292).

10 **II. Erklärung gegenüber dem Nachlaßgericht**

Nachlaßgerichte sind die Amtsgerichte (§ 72 FGG, § 1960 Rdn. 10). Eine Ausschlagungserklärung wird nicht dadurch unwirksam, daß das Nachlaßgericht sie zurückweist oder zurückschickt (KGJ **35** A 58).

Bestritten ist, ob die Ausschlagung auch dann wirksam erfolgt ist, wenn der Erbe die Erklärung gegenüber einem örtlich unzuständigen Nachlaßgericht abgegeben hat. Die Gläubiger des Erblassers und die später berufenen Erben müssen sich Gewißheit darüber verschaffen können, wem der Nachlaß angefallen ist oder anfällt. Ihren Interessen würde es entsprechen, nur die Erklärung vor dem örtlich zuständigen Gericht wirken zu lassen. Andererseits können die Verhältnisse so liegen, daß es für den Erben schwierig ist, das zuständige Nachlaßgericht zu ermitteln. Diese Erwägung und der in § 7 FGG zum Ausdruck gelangte Rechtsgedanke, nach dem gerichtliche Handlungen nicht deswegen unwirksam sind, weil sie von einem örtlich unzuständigen Gericht vorgenommen sind, der hier entsprechend anzuwenden ist, führen dazu, auch die vor dem unzuständigen Gericht abgegebene Erklärung als wirksam anzusehen (RG **71**, 380 und die jetzt herrschende Lehre). 11

Es kann jedoch dem Erben nicht überlassen bleiben, seine Erklärung vor einem beliebigen Gericht abzugeben. Das Gericht kann, wenn es seine Unzuständigkeit erkennt, die Erklärung zurückweisen oder an das seiner Ansicht nach zuständige Gericht weitergeben. Im ersten Falle ist die Erklärung gänzlich wirkungslos, im zweiten wird sie wirksam, wenn sie bei dem Gericht, an das sie weitergeleitet wird, eingeht. Wirksam ist die vor dem unzuständigen Gericht abgegebene Erklärung, wenn dieses sie entgegennimmt, sich für zuständig hält oder nichts weiter veranlaßt (*Staudinger/Lehmann* 11. Aufl. § 1945 Rdn. 12; *Kipp/Coing* § 87 Anm. 13; *von Lübtow* II, 680). 12

Vor einem um Entgegennahme der Erklärung des Erben vom Nachlaßgericht im Wege der Rechtshilfe (§§ 1, 2 FGG) ersuchten Gerichte kann die Ausschlagung mit derselben Wirkung wie vor dem Nachlaßgerichte selbst erklärt werden; eine in dieser Weise innerhalb der Frist abgegebene Erklärung ist rechtzeitig erfolgt, auch wenn sie bei dem Nachlaßgerichte erst nach Ablauf der Frist eingeht (BayObLG RJA **16**, 48; *Bartholomeyczik* § 30 III 4 d bb; *von Lübtow* II, 680; aM *Keßler* BayZ **3**, 186; *Planck/Flad* Anm. 1 b). 13

Im **Höferecht** der brit. Zone ist die Ausschlagung des Anfalls des Hofs gegenüber dem Landwirtschaftsgericht zu erklären. 14

Die Ausschlagung eines **Vermächtnisses** erfolgt gegenüber dem Beschwerten (§ 2180 Abs. 2). 15

III. Öffentlich beglaubigte Form 16

Die Erklärung muß zur Niederschrift des Nachlaßgerichts oder in öffentlich beglaubigter Form abgegeben werden. Für die Entgegennahme der mündlichen Erklärung durch das Nachlaßgericht ist der Rechtspfleger zuständig (§ 3 Nr. 1 RpflG vom 5. 11. 1969, RGBl. 2065); für die öffentliche Beglaubigung sind die Notare zuständig. Das Verfahren richtet sich nach den Bestimmungen des BeurkG vom 28. 9. 1969, BGBl. 1513.

Gebühr KostO § 45.

Für Erben, die sich im Ausland aufhalten (§ 1944 Abs. 3) genügt nach Art. 11 EGBGB die Wahrung der Ortsform. Für den Fall, daß das ausländische Recht eine Ausschlagung nicht kennt, vgl. JMBaWü, BW NotZ **59**, 31.

IV. Vollmacht 17

§§ 164 ff. Besondere Vollmacht ist nicht erfordert, Generalvollmacht nicht ausgeschlossen. Die Erklärung darf wegen Mangels der Vollmacht nicht, wie nach § 174, zurückgewiesen werden. Geht die Vollmacht nicht vor Fristablauf und nicht in formgerechter Gestalt ein, so ist die Ausschlagung wirkungslos.

§ 1946

Der Erbe kann die Erbschaft annehmen oder ausschlagen, sobald der Erbfall eingetreten ist.

E I 2033 II 1823; M 5 503, 504; P 5 624—626.

Frühester Zeitpunkt für die Ausschlagung

1 I. Annahme § 1943 Rdn. 1—10, 12; Ausschlagung §§ 1942 Rdn. 1—11, 1945.

2 II. Beide Erklärungen können, die Annahme auch stillschweigend, sogleich nach dem Erbfall, d. i. dem Tode oder der Todeserklärung des Erblassers, abgegeben werden, auch bevor die Erbschaft dem Erklärenden angefallen ist und bevor die Ausschlagungsfrist zu laufen begonnen hat, also vor Kenntnis des Anfalls und des Berufungsgrundes. Die Ausschlagung kann in solchen Fällen vorsorglich für den Fall des Eintritts dieser Voraussetzungen erfolgen. Eine Bedingung ist darin, auch wenn es ausdrücklich ausgesprochen wird, nicht zu erblicken (vgl. § 1947 Rdn. 1). Auch ohne ausdrückliche Beifügung ist die Erklärung in diesem Sinne zu verstehen. **Der Nachberufene** kann schon vor dem Wegfall des zunächst Berufenen die Erbschaft für den Fall ausschlagen oder annehmen, daß sie an ihn gelangen sollte (*Kipp/Coing* § 87 VI; *von Lübtow* II, 694; *Lange* § 8 III 1 b).

3 Auch der **Nacherbe** kann vor Eintritt des Falles der Nacherbfolge die Nacherbschaft nicht nur ausschlagen (§ 2142), sondern auch annehmen (RG **80,** 377; BayObLG FamRZ **62,** 538; vgl. § 2142 Rdn. 1).

4 Auch der **Pflichtteilsberechtigte** kann im Falle des § 2306 Abs. 1 S. 2, bevor er von der Beschränkung oder Beschwerung seines Erbteils Kenntnis erlangt hat, vorsorglich ausschlagen.

5 Eine **juristische Person,** die nach Landesrecht (Art. 86 EG; Art. 6 PrAGBGB) der staatlichen Genehmigung zum Erwerbe von Todes wegen bedarf, kann vor deren Erteilung die Erbschaft nicht annehmen, wohl aber ausschlagen (RG **76,** 384); wegen des Beginnes der Ausschlagungsfrist vgl. § 1944 Rdn. 14.

6 Eine vor dem Tode des Erblassers abgegebene einseitige Ausschlagungserklärung ist wirkungslos; nur ein vertragsmäßiger Erbverzicht (§§ 2346 ff) kann in Betracht kommen oder, soweit es sich um den gesetzlichen Erbteil oder den Pflichtteil handelt, auch eine schuldrechtliche Verpflichtung zur Ausschlagung gegenüber einem anderen gesetzlichen Erben (§ 312 Abs. 2 und Rdn.; vgl. § 1945 Rdn. 9).

§ 1947

Die Annahme und die Ausschlagung können nicht unter einer Bedingung oder einer Zeitbestimmung erfolgen.

E I 2035 II 1824; M 5 505; P 5 627.

Bedingung und Zeitbestimmung

Übersicht

I. Ausschluß echter rechtsgeschäftlicher Bedingungen 1

Die Vorschrift entspricht den anderweiten Vorschriften, welche die Beifügung von Bedingungen und Zeitbestimmungen zu gewissen Rechtsgeschäften ausschließen: so für die Aufrechnung § 388 S. 2, für die Auflassung § 925 Abs. 2. Wie bei diesen sind auch hier nur echte, rechtsgeschäftliche Bedingungen ausgeschlossen, nicht Rechtsbedingungen, d. h. solche, in denen eine gesetzliche Voraussetzung des erklärten Rechtsgeschäfts noch besonders zum Ausdruck gebracht wird, sei es, weil dem Erklärenden nicht bekannt ist, ob sie bereits eingetreten (Ungewißheit über den Anfall oder den Berufungsgrund, vgl § 1946 Rdn. 2), sei es, weil sich erst in Zukunft entscheidet, ob sie eintritt: Wegfall vorher Berufener, Eintritt der aufschiebenden Bedingung für die Erbeinsetzung, Eintritt der Nacherbfolge; auch Genehmigung des Vormundschaftsgerichts. Zulässig ist auch die Beschränkung der Erklärung auf einen von mehreren Berufungsgründen oder besonderen Erbteilen (§§ 1951 Abs. 1, 1927). Ist die Annahme auf einen bestimmten Berufungsgrund beschränkt, so gilt sie als nicht erfolgt, wenn der Erbe sich über ihn im Irrtum befand (§ 1949 Rdn. 1—6).

II. Ausschlagung „zugunsten eines bestimmten Dritten" 2

Wird eine Ausschlagung „zugunsten eines bestimmten Dritten" erklärt, so ist die Beifügung bedeutungslos, wenn dadurch nur das Motiv angegeben werden sollte, auch wenn in Wirklichkeit die Erbschaft dem Dritten nicht anfällt; dagegen macht sie die Ausschlagung unwirksam, wenn aus ihr zu entnehmen ist, daß die Ausschlagung nur für den Fall gelten soll, daß dem Dritten die Erbschaft wirklich zufällt (KG JW **33**, 2067); die Ausschlagung wird auch nicht wirksam, wenn dieser Fall eintritt. Sie ist wirksam, wenn die Erbschaft dem Dritten, zu dessen Gunsten ausgeschlagen worden ist, kraft Gesetzes als nächtsberufenen Erben anfallen würde. Sie ist aber auch in diesem Falle unwirksam, wenn sie nur unter der Bedingung erklärt worden ist, daß dieser Nächstberufene die Erbschaft auch annimmt (KGJ **35** A 64). Dementsprechend ist eine von einem Teil der Abkömmlinge „nur zugunsten der Witwe" erklärte Ausschlagung als bedingt für unwirksam erklärt worden, weil die Witwe nicht als nächstberechtigte Alleinerbin nach den Ausschlagenden in Betracht gekommen sei (KG DJZ **27**, 323).

Hat die Erklärung die Bedeutung, daß der Ausschlagende die Erbschaft dem Dritten überlassen will, so kann sie als Annahme unter Hinzufügung der Bereitwilligkeit, sie an den Dritten zu veräußern, gedeutet und aufrechterhalten werden (KGJ **35** A 64). 3

Eine **in einem Testament erklärte Ausschlagung** ist unwirksam, weil sie an die Bedingung des Nichtwiderrufs bis zum Tode des Erklärenden geknüpft ist und dem Nachlaßgericht erst nach dem Tod des Erklärenden zugehen soll (KG JW **19**, 998). 4

Die gleichen Vorschriften gelten auch für das **Vermächtnis** (§ 2180 Abs. 2) und für die Annahme oder Ablehnung des Amtes als Testamentsvollstrecker (§ 2202 Abs. 2). 5

§ 1948

Wer durch Verfügung von Todes wegen als Erbe berufen ist, kann, wenn er ohne die Verfügung als gesetzlicher Erbe berufen sein würde, die Erbschaft als eingesetzter Erbe ausschlagen und als gesetzlicher Erbe annehmen.

Wer durch Testament und durch Erbvertrag als Erbe berufen ist, kann die Erbschaft aus dem einen Berufungsgrund annehmen und aus dem anderen ausschlagen.

E I 2038 Abs. 1, 2 II 1825; M **5** 508—510; P **5** 628, 629.

Neueres Schrifttum:

Strobl, Das Wahlrecht des Erben nach § 1948 BGB, DNotZ **65**, 337; *Schramm*, nochmals das Wahlrecht des Erben nach § 1948, DNotZ **65**, 734; *Holzhauer*, Die Teilbarkeit von Annahme und Anschlagung ... in Erbrechtliche Untersuchungen 1973 S. 85 ff.

Mehrere Berufungsgründe

Übersicht

1 **I. Anwendungsbereich der Bestimmung**

Die Vorschriften des Paragraphen beziehen sich auf solche Fälle, in denen die Berufung einer Person zu der ganzen Erbschaft oder zu einem und demselben Erbteile infolge mehrerer Berufungsgründe in Frage kommt. Das kann der Fall sein:

a) durch Erbeinsetzung einer Person, die ohne diese als gesetzlicher Erbe berufen sein würde (Abs. 1);

b) infolge Erbeinsetzung einer und derselben Person durch mehrere nebeneinander bestehende Verfügungen von Todes wegen (Abs. 2).

Die Fälle der Berufung zu mehreren Erbteilen regelt ausschließlich § 1951 (vgl. Rdn. 1, 2 dazu).

2 **II. Wirkung der Ausschlagung**

1. Ausschlagung als Testamentserbe und Annahme als gesetzlicher Erbe

Die Einsetzung eines Erben durch Verfügung von Todes wegen (§§ 1937, 1941) schließt, soweit sie reicht, den Eintritt der gesetzlichen Erbfolge aus (Rdn. 1 vor § 1937). Ist also derjenige eingesetzt, der ohne die Verfügung als gesetzlicher Erbe berufen sein würde, so erwirbt er die Erbschaft zunächst als eingesetzter Erbe; es ist ihm aber die rechtliche Möglichkeit gegeben, durch Ausschlagung der Erbeinsetzung die vom Erblasser beabsichtigte gewillkürte Erbfolge zu Fall und sein gesetzliches Erbrecht zur Geltung zu bringen, sofern ihm nicht der Erblasser (was diesem freisteht) diese Möglichkeit dadurch entzogen hat, daß er ihn für den Fall der Ausschlagung der gewillkürten von der gesetzlichen Erbfolge ausgeschlossen hat (§ 1938). Dieses Recht des Erben hat das BGB ausdrücklich ausgesprochen, um der das Gegenteil bestimmenden Vorschrift des PrALR (§ 401 I 9) entgegenzutreten (Mot. **5**, 508).

3 **2. Bestehenbleiben von Beschränkungen und Beschwerungen**

Eine Befreiung von den ihm mit der Erbeinsetzung auferlegten Lasten und Beschränkungen wird freilich der Erbe dadurch in der Regel nicht erreichen können; denn Vermächtnisse und Auflagen bleiben, sofern nicht ein anderer Wille des Erblassers erkennbar, auch gegenüber der gesetzlichen Erbfolge wirksam, und der auf Grund des Gesetzes eintretende Erbe bleibt damit beschwert (§§ 2161, 2192); auch sonstige Beschränkungen — Anordnung einer Nacherbschaft (§§ 2100 ff), Ernennung eines Testamentsvollstreckers (§§ 2197 ff), Anordnungen für die Teilung oder die Tragung der Pflichtteilslast (§§ 2048, 2324) — bleiben bestehen, soweit nicht ein anderer Wille des Erblassers erhellt, und zwar auch, wenn sie in der gleichen Verfügung enthalten sind wie die

Erbeinsetzung (§ 2085). Die Anordnung einer Nacherbschaft bleibt jedenfalls bestehen, wenn sie bedingt ist, z. B. für den Fall der Wiederheirat des als Erben Berufenen. Der Vorerbe, der die Erbschaft ausschlägt, ist nicht nach § 2105 BGB Vorerbe. Diese Bestimmung ergänzt das Testament. Es handelt sich sonach bei ihr um eine Berufung kraft letztwilliger Verfügung, auf die sich die Ausschlagung erstreckt. In diesen Fällen fällt die Erbschaft in der Regel nach § 2102 den Nacherben als Ersatzerben an, so daß den Ausschlagenden die Erbschaft auch nicht als gesetzlichen Erben anfällt (vgl. unten Rdn. 6).

Auch der **Pflichtteilsberechtigte,** der zu einem geringeren als dem gesetzlichen Erbteile zum Erben eingesetzt ist, wird, wenn er die Erbeinsetzung ausschlägt, nur zu diesem geringeren Erbteile gesetzlicher Erbe; die in der Einsetzung liegende Ausschließung von dem darüber hinausgehenden gesetzlichen Erbteile bleibt bestehen. **4**

Ein Interesse daran, von dem Rechte des § 1948 Abs. 1 Gebrauch zu machen, kann der Erbe allenfalls dann haben, wenn der Wille des Erblassers dahin zum Ausdruck gekommen ist, daß die angeordneten Belastungen nur bei Wirksamwerden der Erbeinsetzung gelten sollen (Mot. **5,** 509); auch kann seine Lage dadurch insofern verbessert werden, als er anderen gesetzlichen Erben gegenüber die Ausgleichung von Zuwendungen nur verlangen kann, wenn er gesetzlicher Erbe wird (§§ 2050 ff). **5**

3. Berufung von Ersatzerben **6**

Der die Erbeinsetzung ausschlagende Erbe kann die Erbschaft auf Grund des Gesetzes nur annehmen, wenn und soweit sie ihm infolge der Ausschlagung anfällt, also nicht, wenn Ersatzerben, sei es durch ausdrückliche Bestimmung des Erblassers oder infolge der auf dem vermuteten Willen des Erblassers beruhenden Regeln der §§ 2069, 2094, 2102 als durch die Verfügung berufen an seine Stelle treten (RG 2. 7. 1906 IV 40/06; 28. 3. 1923 IV 239/22; KGJ **38** A 107; RJA **16,** 39; OLG **21,** 302). Er wird, wenn er sich über diese rechtliche Folge der Ausschlagung im Irrtum befunden hat, die Ausschlagung auch nicht anfechten können, da nur ein Irrtum im Beweggrunde vorliegt (vgl. § 1954 Rdn. 3).

4. Uneingeschränkt erklärte Ausschlagung **7**

War dem Erben bekannt, daß er infolge der Ausschlagung gesetzlicher Erbe werde, so enthält die ohne Einschränkung erklärte Ausschlagung im Zweifel, d. h. wenn nicht trotzdem ein anderer Wille erkennbar ist, ohne weiteres auch die Ausschlagung als gesetzlicher Erbe (§ 1949 Abs. 2). Die Absicht, von dem Recht des § 1948 Gebrauch zu machen, wird also nicht vermutet.

5. Ausschlagung nur der Erbeinsetzung **8**

Lautet die Erklärung nur auf Ausschlagung der Erbeinsetzung, so wird Zweifel daran nicht bestehen können, daß nur diese ausgeschlagen werden sollte, auch wenn nicht ausdrücklich die Annahme der gesetzlichen Erbschaft erklärt oder vorbehalten ist.

Mit der Ausschlagung der Erbeinsetzung tritt dann der Anfall der gesetzlichen Erbschaft unter Rückbeziehung auf den Tod des Erblassers ein (§ 1942 Rdn. 12); für diese Berufung läuft eine neue Ausschlagungsfrist, aber erst von der Kenntnis des Erben vom Anfall und Berufungsgrund ab. Diese Kenntnis ist bei der Ausschlagung keineswegs immer vorhanden, z. B. nicht, wenn der Erbe erst später erfährt, daß er mit dem Erblasser verwandt oder daß nähere Verwandte nicht vorhanden sind (§ 1944 Rdn. 3). **9**

10 **II. Berufung durch Testament und durch Erbvertrag (Abs. 2)**

Innerhalb der durch den Willen des Erblassers bestimmten Erbfolge liegen mehrere Berufungsgründe vor, wenn der Erblasser eine Person zu einem und demselben Erbteile durch Testament und durch Erbvertrag berufen hat. Die mehreren Erbeinsetzungen können als solche nebeneinander bestehen; denn das Recht des vertragsmäßig Eingesetzten wird nicht durch seine Einsetzung als Testamentserbe, sondern nur durch die etwa der testamentarischen Einsetzung hinzugefügten Beschränkungen und Belastungen (Vermächtnisse, Auflagen, Nacherbeinsetzungen) beeinträchtigt; diese sind daher gemäß § 2289 Abs. 1 S. 1 u. 2 durch den Erbvertrag aufgehoben bzw. unwirksam, aber nicht die Erbeinsetzung, sofern nicht der Wille des Erblassers erhellt, daß die Einsetzung ohne die Belastungen nicht wirksam sein solle (§ 2085). Es bedarf daher der Ausschlagung, wenn der durch Erbvertrag und durch Testament Eingesetzte nur aus dem einen oder anderen Berufungsgrunde Erbe sein will, was ihm freisteht, aber in der Regel ohne besonderes praktisches Interesse für ihn sein wird, da er auch, wenn er beide Berufungen annimmt, nicht verpflichtet ist, die in dem Testament, mag dieses früher oder später als der Erbvertrag errichtet sein, ihm auferlegten Lasten zu tragen (so mit Recht *Strohal*, Erbrecht II § 61 a Anm. 9 c gegen *Binder*).

11 Sind Lasten oder Beschränkungen der Einsetzung in dem Erbvertrag beigefügt, während die testamentarische Erbeinsetzung lastenfrei ist, so bleiben sie im Zweifel bestehen, wenn der Eingesetzte die vertragsmäßige Einsetzung ausschlägt und die testamentarische annimmt (arg. §§ 2161, 2192, 2085). Falls die ohne Lasten und Beschränkungen erfolgte testamentarische Erbeinsetzung zeitlich nach dem Abschluß des Erbvertrags geschehen ist, kann daraus unter Umständen auf einen der Auslegungsregel des § 2161 entgegenstehenden Willen des Erblassers geschlossen werden.

Abs. 2 gilt nicht, wenn die Berufung auf mehreren Testamenten oder Erbverträgen beruht.

§ 1949

Die Annahme gilt als nicht erfolgt, wenn der Erbe über den Berufungsgrund im Irrtume war.

Die Ausschlagung erstreckt sich im Zweifel auf alle Berufungsgründe, die dem Erben zur Zeit der Erklärung bekannt sind.

E I 2038 Abs. 3 II 1826; M 5 509, 510; P 5 624—626, 628, 629.

Irrtum über den Berufungsgrund

Übersicht

1 **I. Irrtum über den Berufungsgrund**

Der **Berufungsgrund** ist der konkrete Tatbestand, aus dem sich die rechtliche Folge der Berufung zur Erbschaft ergibt (entsprechend dem Klagegrund im Zivilprozeß), also die bestehende Verwandtschaft — einschließlich des Wegfalls vorgehender Verwandter

(§§ 1924 bis 1930) — oder Ehe (§ 1931) oder die die Erbeinsetzung enthaltende Verfügung von Todes wegen: Testament (§ 1937), Erbvertrag (§ 1941).

Der Erbe **irrt** über den Berufungsgrund, wenn er einen anderen konkreten Tatbestand als den wirklich die Berufung begründenden als vorhanden annimmt und sich daraufhin zur Erbschaft berufen glaubt: etwa die Zugehörigkeit zu einer anderen Verwandtenklasse, Verwandtschaft statt Ehe (ein solcher Irrtum ist denkbar, wenn die Annahme durch einen Erbeserben in Frage steht), einen Erbvertrag statt eines Testaments oder umgekehrt, aber auch ein anderes Testament, einen anderen Erbvertrag als den wirklich in Frage kommenden (KG HRR **29**, 205). Doch werden unwesentliche Abweichungen in Einzelheiten (z. B. das Datum der Verfügung) nicht in Betracht kommen, da sie die Identität des Tatbestandes nicht in Frage stellen. **2**

Der Erbe irrt über den Berufungsgrund auch, wenn er aus dem ihm bekannten Tatbestand nicht die richtige rechtliche Folgerung zieht (**Rechtsirrtum;** RG Recht **23** Nr. 52). Auf die Entschuldbarkeit des Irrtums kommt es nicht an. **3**

Die in § 1951 Abs. 2 S. 2 enthaltene Beschränkung des Begriffs der „verschiedenen Berufungsgründe" trifft nach Wortlaut und Sinn nur den Fall mehrfacher Erbeinsetzung zu verschiedenen Erbteilen; sie kann auf den Irrtum darüber, ob die Erbeinsetzung in einem oder einem anderen Testamente oder Erbvertrage erfolgt ist, auch nicht entsprechend angewendet werden. **4**

Ein Irrtum über den Berufungsgrund liegt nur vor, wenn der Erbe glaubt, auf Grund eines anderen Tatbestandes als Erbe eingesetzt zu sein, nicht, wenn er über ihm auferlegte Beschränkungen oder Beschwerungen irrt; ein solcher Irrtum kann nur nach Maßgabe des § 119 in Betracht kommen, wird aber als bloßer Irrtum im Beweggrunde in der Regel nicht zur Anfechtung ausreichen (vgl. Rdn. 7). Liegen zwei Testamente vor, durch die der Erbe berufen ist, in denen aber Vermächtnisse in unterschiedlicher Höhe angeordnet sind, und kennt der Erbe nur das zeitlich frühere, dann kommt es darauf an, ob nach dem Willen des Erblassers dieses oder das spätere als Grundlage für die Erbeinsetzung anzusehen ist (BGH 19. 9. 1966, III ZR 139/63). **5**

Die Vorschrift bezieht sich sowohl auf die Annahme durch ausdrückliche Erklärung wie auf die pro herede gestio (§ 1943 Rdn. 3). **6**

II. 1. Wirkung des Irrtums **7**

§ 1949 Abs. 1 regelt einen Fall des Irrtums im Beweggrund. Er hat die Unwirksamkeit der Annahme zur Folge, so daß es einer Anfechtung nicht bedarf. Deshalb wird auch eine Schadensersatzpflicht Dritten gegenüber, wie sie § 122 für den Fall der Irrtumsanfechtung festsetzt, nicht bestehen. Schließlich wird ein Bestimmtsein durch den Irrtum, wie in § 119 (Kausalität), nicht erfordert.

2. Beweislast **8**

Hat der Erbe (was bei der stillschweigenden Annahme die Regel sein wird) die Annahme ohne Bezugnahme auf einen bestimmten Berufungsgrund erklärt, so wird er nachweisen müssen, daß er einen anderen als den wirklichen Berufungsgrund als vorhanden angenommen und im Hinblick auf diesen die Annahme erklärt oder betätigt hat.

3. Gegenstandslose Annahme **9**

Lag zur Zeit der Annahme überhaupt kein Berufungsgrund vor, so ist die Annahme gegenstandslos. Infolge der Wirkungslosigkeit der Annahme steht dem Erben ohne weiteres noch die Ausschlagung wegen des sich später ergebenden wirklich vorhandenen

Berufungsgrundes innerhalb der für diesen laufenden Ausschlagungsfrist frei, die erst beginnt, wenn er von ihm Kenntnis erlangt.

10 **III. Vermutung des Abs. 2**

1. Bekannte Berufungsgründe

Der Erbe kann nach Eintritt des Erbfalls die Erbschaft aus allen Berufungsgründen, auch denjenigen, die ihm noch unbekannt sind oder noch nicht zum Anfalle der Erbschaft an ihn geführt haben, ausschlagen (§ 1946 Rdn. 2—6). Doch wird eine so weitgehende Bedeutung der Ausschlagung nicht vermutet. Dagegen stellt § 1949 Abs. 2 eine Vermutung dahin auf, daß sich die Ausschlagung, wenn sie nicht unter Beschränkung auf einen bestimmten Berufungsgrund erklärt ist, auf alle dem Erben zur Zeit der Erklärung bekannten Berufungsgründe erstreckt.

11 Dazu gehören auch diejenigen, auf Grund deren die Erbschaft dem Ausschlagenden infolge der Ausschlagung unmittelbar anfällt, sofern sie ihm bekannt sind, also z. B. wenn er für den Fall der Ausschlagung der testamentarischen oder erbvertraglichen Erbfolge als gesetzlicher Erbe berufen ist und das weiß, auch die gesetzliche Erbfolge, so daß es einer besonderen Ausschlagung für diese dann nicht mehr bedarf.

12 Als „bekannt" können nicht alle dem Erben als künftig möglicherweise eintretend bekannten Berufungsgründe gelten, namentlich diejenigen nicht, auf Grund deren ihm erst infolge Wegfalls anderer, nach seiner Ausschlagung zunächst eintretenden Erben oder infolge des noch nicht erfolgten Eintritts einer Bedingung oder eines Nacherbfalles die Erbschaft nochmals anfallen könnte: hinsichtlich ihrer besteht zwar die Möglichkeit einer vorsorglichen Ausschlagung vor dem Anfalle (§ 1946 Rdn. 2); aber die Vermutung bezieht sich nur auf die als eingetreten oder unmittelbar durch seine Ausschlagung eintretend dem Erben bekannten Berufungsgründe (aM *Planck/Flad* Anm. 3 a, RG **80**, 377 — vgl. § 2142 Rdn. 1 — steht nicht entgegen).

13 Die Vermutung wird auch eintreten, wenn der Erbe infolge mehrfacher Verwandtschaft in verschiedenen Ordnungen zur Erbfolge berufen ist und infolge seiner Ausschlagung als Verwandter der näheren Ordnung die Berufung aus der entfernteren Ordnung Platz greift; desgleichen wenn er zu mehreren Erbteilen berufen ist (§§ 1927, 1951).

14 **2. Beweislast**

Beruft sich ein für den Fall der Ausschlagung zur Erbschaft Berufener auf die ohne Einschränkung erfolgte Ausschlagung, so wird der Erbe, wenn er auf die Erbschaft auf Grund eines bestimmten Berufungsgrundes noch Anspruch erhebt, nachzuweisen haben, daß ihm dieser Berufungsgrund bei der Ausschlagungserklärung nicht bekannt war.

§ 1950

Die Annahme und die Ausschlagung können nicht auf einen Teil der Erbschaft beschränkt werden. Die Annahme oder Ausschlagung eines Teiles ist unwirksam.

E I 2036 II 1827; M **5** 506; P **5** 627.

Wirkungslosigkeit der Teilannahme oder Teilausschlagung

1 I. Der zum Ganzen oder zu einem Erbteile, d. h. einer einheitlichen Quote der Erbschaft (§ 1922 Abs. 2), berufene Erbe kann nicht seinerseits willkürlich das Ganze oder den Erbteil in Bruchteile zerlegen und sich danach erklären wollen. Ein pflichtteilsberechtigter Erbe kann daher auch nicht unter Vorbehalt des Pflichtteils ausschlagen (RG

Recht **18** Nr. 1013). Ebensowenig kann er sich auf einzelne Nachlaßgegenstände beschränken. Anders bei Berufung zu mehreren Erbteilen, § 1951.

Um eine Berufung zu einem einzigen Teil, der nur einheitlich angenommen oder ausgeschlagen werden kann, handelt es sich auch, wenn der Erbteil des gesetzlichen Erben sich infolge **Wegfalls eines Nichterben** nach § 1935 oder des durch Verfügung von Todes wegen zum Erben Berufenen durch **Anwachsung** nach § 2094 erhöht. Eine Erklärung, die sich auf den durch die Erhöhung oder Anwachsung zugefallenen Teil beschränken würde, wäre nach § 1950 S. 2 wirkungslos, sofern nicht im Falle der Anwachsung ausnahmsweise ein Fall des § 1951 Abs. 1 oder 3 gegeben ist. Die schon früher erklärte Annahme ergreift auch den durch Erhöhung oder Anwachsung hinzugekommenen Teil. Der Erbe, der bereits ausgeschlagen hat, ist überhaupt nicht mehr Erbe. Eine Erhöhung oder Anwachsung kann daher zu seinen Gunsten nicht mehr erfolgen. Wegen der Berufung zu einem weiteren Erbteil als Nacherbe vgl. § 1951 Rdn. 10. **2**

II. Die Erklärung ist ebenso wie die nach §§ 1947, 1949 Abs. 1 völlig **wirkungslos.** Hat der Erblasser teilweise Annahme oder Ausschlagung gestattet, so kann hierin Erbeinsetzung auf verschiedene Erbteile gefunden werden. Dann kommt § 1951 Abs. 3 zur Anwendung. **3**

Ebenso beim Vermächtnis, § 2180 Abs. 3. Teilausschlagung der angefallenen Erbschaft im Falle der Weitervererbung § 1952 Abs. 3.

§ 1951

Wer zu mehreren Erbteilen berufen ist, kann, wenn die Berufung auf verschiedenen Gründen beruht, den einen Erbteil annehmen und den anderen ausschlagen.

Beruht die Berufung auf demselben Grunde, so gilt die Annahme oder Ausschlagung des einen Erbteils auch für den anderen, selbst wenn der andere erst später anfällt. Die Berufung beruht auf demselben Grunde auch dann, wenn sie in verschiedenen Testamenten oder vertragsmäßig in verschiedenen zwischen denselben Personen geschlossenen Erbverträgen angeordnet ist.

Setzt der Erblasser einen Erben auf mehrere Erbteile ein, so kann er ihm durch Verfügung von Todes wegen gestatten, den einen Erbteil anzunehmen und den anderen auszuschlagen.

E I 2037 II 1828; M **5** 506—508; P **5** 627, 628.

Berufung zu mehreren Erbteilen

Übersicht

1 **I. Berufung zu mehreren Erbteilen**

1. Bei Erbfolge nach BGB

Im Gegensatz zu § 1948, der den Fall mehrfacher Berufung zu einem und demselben Erbteile behandelt, und zu § 1950, der die Berufung auf das Ganze oder einen einheitlichen Bruchteil der Erbschaft voraussetzt, regelt § 1951 den Fall der Berufung zu mehreren Erbteilen. Solche liegen vor, wenn die Berufung auf mehrere einzelne Bruchteile der Erbschaft lautet, die erst durch Zusammenrechnung den gesamten Anteil des Erben ergeben, sei es, daß er von vornherein zu mehreren Bruchteilen berufen ist, oder in der Weise, daß zunächst ein Bruchteil und später ein weiterer anfällt.

2 Das ist der Fall innerhalb der **gesetzlichen Erbfolge** bei mehrfacher Verwandtschaft (§ 1927) oder Zusammentreffen von Ehe und Verwandtschaft (§ 1934), innerhalb der **gewillkürten Erbfolge,** wenn dem Erben mehrere Bruchteile gesondert zugewiesen sind, sei es in gleicher Linie nebeneinander, oder der eine unbedingt, der andere bedingt, z. B. für den Fall des Wegfalls eines anderen eingesetzten Erben; ferner bei Zusammentreffen von gesetzlicher und gewillkürter Erbfolge (§ 1924 Rdn. 1), wenn dem Erben ein Bruchteil auf Grund Erbeinsetzung, ein anderer als gesetzlichem Erben anfällt. Die durch Wegfall eines gesetzlichen Erben eintretende Erhöhung des Erbteils eines anderen gesetzlichen Erben bildet dagegen hinsichtlich der Annahme und Ausschlagung keinen besonderen Erbteil (§ 1935 Rdn. 4, § 1950 Rdn. 2).

3 **2. Im Höferecht**

Auch in den Ländern, in denen Höfe- oder Anerbenrecht gilt, gibt es, wenn ein **Hof zum Nachlaß** gehört, nur einen Nachlaß. Der Hof ist Teil der Erbschaft. Er geht kraft Gesetzes auf den Hoferben über, so daß bezügl. des Hofes ein besonderer Berufungsgrund besteht (vgl. § 4 HöfeOBrZ). Der Hoferbe kann nach § 11 HöfeO den Anfall des Hofes ausschlagen, ohne die Erbschaft in das übrige Vermögen ausschlagen zu müssen. Er kann dagegen nicht in entsprechender Anwendung des § 1951 die übrige Erbschaft ausschlagen und den Anfall des Hofes annehmen (*Lange/Wulff,* HöfeO Anm. 135; *Palandt/Keidel* § 1950 Anm. 2; *Erman/Bartholomeyczik* § 1951 Rdn. 6; aM *Scheyhring* Anm. 5 u. *Wörmann* Anm. 7 zu § 11 HöfeO).

4 **II. Verschiedene Berufungsgründe**

Die geteilte Annahme und Ausschlagung mehrerer Erbteile ist aber nur statthaft, wenn die Berufung zu ihnen auf verschiedenen Berufungsgründen beruht. Über den Begriff des Berufungsgrundes vgl. § 1949 Rdn. 1.

5 **1. Ein Berufungsgrund**

Nur ein Berufungsgrund liegt vor, wenn der Erblasser in derselben Verfügung von Todes wegen, also durch einen einheitlichen Rechtsakt, den Erben zu mehreren Erbteilen berufen hat, wenn es auch in mehreren Sätzen oder Abschnitten geschehen sein sollte (KG HRR **29** Nr. 205; vgl. auch § 1949 Rdn. 2). Das gilt auch, wenn in einem und demselben Testamente eine mehrfache Nacherbeinsetzung derselben Person angeordnet ist, insbesondere auch sofern sie als Berufung zu mehreren Erbteilen anzusehen wäre; die getrennte Annahme oder Ausschlagung der mehreren Nacherbschaften ist daher in diesem Falle nur zulässig, wenn sie gemäß Abs. 3 vom Erblasser besonders gestattet ist (KG aaO).

6 **2. Ein Berufungsgrund nach § 1951 Abs. 2 S. 2**

Dagegen würden an sich verschiedene Berufungsgründe vorliegen, wenn die Berufungen in mehreren Verfügungen von Todes wegen enthalten sind, sei es in mehreren

Testamenten oder in mehreren Erbverträgen. § 1951 Abs. 2 S. 2 enthält jedoch eine positive Einschränkung des Begriffs der verschiedenen Berufungsgründe durch die Bestimmung, daß auch die Berufung auf demselben Grunde beruht, welche in verschiedenen Testamenten oder vertragsmäßig in verschiedenen zwischen denselben Personen geschlossenen Erbverträgen angeordnet ist. Diese Bestimmung beruht offenbar auf der Annahme eines einheitlichen Willens des Erblassers bei den mehreren Verfügungen zur Gestaltung der Erbfolge nach der Gesamtheit dieser Verfügungen, welchem durch die Annahme der einen und Ausschlagung der anderen zuwidergehandelt werden würde.

3. Beispiele verschiedener Berufungsgründe 7

Verschiedene Berufungsgründe liegen dagegen vor, wenn die Berufung zu den mehreren Erbteilen teils durch Testamente, teils durch Erbvertrag erfolgt ist oder in mehreren mit verschiedenen Personen geschlossenen Erbverträgen oder auch in mehreren mit der gleichen Person geschlossenen Erbverträgen, aber nicht durch vertragsmäßige, sondern durch letztwillige (einseitige) Zuwendung (§ 2299).

Schon hieraus ergibt sich, daß nicht, wie manche lehren, nur einerseits Verfügung 8
von Todes wegen, andererseits Gesetz als verschiedene Berufungsgründe gelten können. Insbesondere ist daraus nicht zu entnehmen, daß mehrfache Berufung durch das Gesetz, d. h. durch die Gesamtheit aller in Betracht kommenden gesetzlichen Bestimmungen, stets als einheitlicher Berufungsgrund angesehen werden müßte (so *Strohal* § 61 b II c bei Anm. 8; *Planck/Flad* Anm. 3 Abs. 2). Der einheitliche Wille des Erblassers fällt hier ganz fort; daß das Gesetz ein Interesse daran haben könnte, daß die mehreren besonderen Erbteile, die es einem Erben zuweist, nur gemeinsam angenommen oder ausgeschlagen werden, ist für das heutige Recht ausgeschlossen. Anders in dem von *Strohal* und *Planck/Flad* hervorgehobenen Falle des § 2066, da hier der Wille des Erblassers auf einheitlich nach Maßgabe des Gesetzes zu gestaltende, nicht durch den Willen des Erben zu teilende Erbfolge in der Tat in Betracht kommt. Die Motive (5, 363, 510) sind unklar und widerspruchsvoll und können deshalb für die gegenteilige Auffassung nicht verwertet werden. In den Fällen der §§ 1927, 1934 liegt sonach nicht nur Berufung zu mehreren Erbteilen, sondern auch durch verschiedene Berufungsgründe vor. Es kann daher in diesem Fall der eine Erbteil ausgeschlagen und der andere angenommen werden. Das ist auch praktisch das richtige Ergebnis. So mit Recht *Binder*, Rechtsstellung der Erben I, 111 ff; *Kipp/Coing* § 88 II 2 d; *Staudinger/Lehmann* 11. Aufl. § 1951 Rdn. 7; *Bartholomeyczik* § 30 IV 4 b dd; *Erman/Bartholomeyczik* § 1951 Rdn. 1; *Palandt/Keidel* § 1951 Anm. 1; *von Lübtow* II, 702; *Lange* § 8 IV 3 b d; aM die oben Genannten sowie *Hellwig* AcP **102**, 416 ff.

III. Wirkung der Annahme oder Ausschlagung im Falle der Berufung zu mehreren Erbteilen aus verschiedenen Berufungsgründen 9

Beruht die Berufung zu mehreren Erbteilen auf verschiedenen Berufungsgründen, so steht es dem Erben frei, nach Belieben den einen oder den anderen auszuschlagen oder anzunehmen. Erklärt er die Ausschlagung des einen Erbteils, so kann darin im Zweifel noch nicht die stillschweigende Annahme des anderen gefunden werden. Wird die Annahme oder Ausschlagung ohne Beschränkung auf einen Erbteil erklärt, so wird sie im Zweifel auf alle zu dieser Zeit bereits angefallenen Erbteile, von deren Anfall der Erbe Kenntnis hat, zu beziehen sein, nicht aber auf solche, die ihm noch nicht angefallen sind oder von deren Anfall er noch keine Kenntnis hat, obwohl auch hinsichtlich dieser die Annahme oder Ausschlagung zulässig ist, sobald der Erbfall eingetreten ist (§ 1946; vgl. § 1949 Rdn. 10).

10 **IV. Wirkung der Annahme oder Ausschlagung im Falle der Berufung zu mehreren Erbteilen aus einheitlichem Berufungsgrund**

1. Bei mehreren Erbteilen, aber Einheitlichkeit des Berufungsgrundes, erstreckt sich die Annahme oder Ausschlagung, auch wenn sie auf einen bestimmten Erbteil lautet, ohne weiteres auch auf die anderen, selbst wenn diese zur Zeit der Erklärung noch nicht angefallen sind; insbesondere also auch auf die Annahme (nicht nur die Ausschlagung, vgl. § 2142, Rdn. 1 und RG **80**, 382) eines weiteren Erbteils als Nacherbe, wenn der Nacherbfall noch nicht eingetreten ist.

11 Nach dem Wortlaute der Vorschrift müßte man annehmen, daß diese Wirkung auch dann eintritt, wenn der Erbe in Kenntnis des Anfalls oder möglichen Anfalls weiterer Erbteile die Erklärung bewußterweise auf einen Erbteil beschränkt und der dahingehenden Absicht Ausdruck gibt oder gar erklärt, die anderen Erbteile auszuschlagen. Dadurch würde der Erklärung eine über den Erklärungswillen hinausgehende Wirksamkeit beigelegt werden, die dem Erklärenden nicht aufgedrängt werden kann. Da andererseits das Gesetz dem Erklärenden nicht gestattet, eine Erklärung mit der von ihm gewollten beschränkten Wirkung abzugeben, muß eine solche Erklärung als unwirksam erachtet werden (so auch *Planck/Flad* § 1951 Anm. 51; *Staudinger/Lehmann* 2. Aufl. § 1951 Rdn. 5; *Kipp/Coing* § 88 II 1).

12 **2. Beweislast**

Die Absicht des Erben, nur einen von mehreren Erbteilen anzunehmen oder auszuschlagen, wird derjenige zu beweisen haben, der sich auf die Unwirksamkeit beruft. Wird dieser Beweis nicht geführt, so gilt die Erklärung für sämtliche Erbteile. Hat der Erbe von seiner Berufung zu anderen Erbteilen keine Kenntnis gehabt, so wird im Wege der Anfechtung aus §§ 119, 1954 (vgl. Rdn. 2 dazu) zu helfen sein, da ein Irrtum über den Inhalt der Erklärung vorliegt oder er doch eine Erklärung dieses Inhalts nicht hat abgeben wollen.

13 **V. Möglichkeit der Annahme einzelner Erbteile auf Grund besonderer Gestattung durch den Erblasser**

Eine besondere Gestattung des Erblassers ist nicht erforderlich, wenn die Berufung zu mehreren Erbteilen auf verschiedenen Berufungsgründen beruht (Abs. 1). Eine Gestattung ist nicht zulässig, wenn nicht mehrere Erbteile vorliegen, also in den Fällen des § 1950. Der Erblasser kann aber mehrere Erbteile schon dadurch bilden, daß er die Erbschaft oder den Anteil des Erben an ihr in bestimmte Bruchteile zerlegt, sei es zum Zwecke besonderer Belastung oder auch nur zum Zwecke der Gestattung besonderer Annahme oder Ausschlagung der einzelnen Bruchteile. Er kann auch dadurch besondere Erbteile bilden, daß er dem Erben gestattet, von seinem gesetzlichen Erbteil einen Bruchteil anzunehmen oder auszuschlagen.

14 Andererseits kann er auch bei Vorliegen verschiedener Berufungsgründe die gesonderte Annahme oder Ausschlagung einzelner Erbteile ausschließen, indem er die Annahme oder Ausschlagung sämtlicher Erbteile zur Bedingung der Erbeinsetzung macht oder den Erben von der gesetzlichen Erbfolge ausschließt, falls er nicht die sämtlichen Erbteile, zu denen er kraft Gesetzes berufen ist, annehme.

§ 1952

Das Recht des Erben, die Erbschaft auszuschlagen, ist vererblich.

Stirbt der Erbe vor dem Ablaufe der Ausschlagungsfrist, so endigt die Frist nicht vor dem Ablaufe der für die Erbschaft des Erben vorgeschriebenen Ausschlagungsfrist.

Von mehreren Erben des Erben kann jeder den seinem Erbteil entsprechenden Teil der Erbschaft ausschlagen.

E I 2028 Abs. 2, 3, 2031 II 1829; M **5** 492—494, 502; P **5** 618, 623.

Neueres Schrifttum:
von Lübtow, Die Vererblichkeit des Ausschlagungsrechts JZ **69**, 502.

Vererblichkeit des Ausschlagungsrechts

Übersicht

I. Allgemeines 1

Die dem Erben nach § 1942 Abs. 1 einmal angefallene Erbschaft geht beim Tode des Erben als Bestandteil seines Nachlasses auf den Erbeserben über, kann aber, wenn das Recht hierzu nicht bereits vom Erben verwirkt war (§ 1943), durch Ausschlagung des Erbeserben wieder aus dem Nachlasse seines unmittelbaren Erblassers ausgeschieden werden. Ebenso beim Vermächtnis (§ 2180 Abs. 3).

Die Erklärung des Erbeserben kann abgegeben werden, sobald sein unmittelbarer Erblasser gestorben ist, auch bevor er dessen Erbschaft angenommen hat. 2

Der Erbeserbe erwirbt die dem Erben angefallene Erbschaft nur als dessen Erbe. Er kann daher nicht die Erbschaft annehmen und die Erbeserbschaft ausschlagen. 3

Die Erklärung, die dem Erben angefallene Erbschaft anzunehmen, ist nur wirksam, wenn der Erbeserbe auch die Erbeserbschaft annimmt. Ihre Annahme wird in der Regel in der Erklärung, die Erbeserbschaft annehmen zu wollen, enthalten sein. Der Erbe kann aber, falls er damit die Erbeserbschaft nicht annehmen wollte, seine Erklärung anfechten. Dadurch wird die Erklärung insgesamt, also auch soweit die Annahme der dem Erben angefallenen Erbschaft erklärt ist, wirkungslos. 4

Eine Erklärung des Erbeserben, nur die dem Erben angefallene Erbschaft annehmen zu wollen und sich die Entschließung über die Annahme der ihm unmittelbar angefallenen Erbschaft vorzubehalten, hat nur für den Fall Bedeutung, daß er diese nicht ausschlägt. Um eine rechtsgeschäftlich bedingte und daher nach § 1947 unwirksame Bedingung handelt es sich in diesem Falle nicht. 5

Ob in der Ausschlagung der dem Erben angefallenen Erbschaft die Annahme der unmittelbar angefallenen zu finden ist, ist Tatfrage. Die Frage wird in der Regel zu bejahen sein. Denkbar ist aber auch, daß der Erbeserbe zunächst einmal die dem Erben angefallene Erbschaft ausschlagen will, da er diese unter keinen Umständen behalten, sich aber die Entschließung über die Annahme der ihm unmittelbar angefallenen Erbschaft noch vorbehalten will. Kommt dieser Wille nicht deutlich zum Ausdruck, und ist die Erklärung des Erbeserben seinem Willen zuwider als Annahme der ihm unmittelbar angefallenen Erbschaft anzusehen, so kann er diese insoweit anfechten.

Wird die dem Erbeserben unmittelbar angefallene Erbschaft nachher noch rechtswirksam ausgeschlagen, so wird dadurch die Annahme oder Ausschlagung der dem Erben angefallenen Erbschaft rechtsunwirksam; für den an die Stelle des Ausschlagenden tretenden Erbeserben bleibt jedoch die Annahme oder Ausschlagung der mittelbar 6 angefallenen Erbschaft wirksam, wenn diese Verfügungen nicht ohne Nachteil für die unmittelbare Erbschaft aufgeschoben werden konnten (§ 1959 Abs. 2).

7 Vererblich ist nicht nur das Recht, die bereits angefallene Erbschaft auszuschlagen, sondern in den Fällen, wo der Anfall nicht zugleich mit dem Erbfall eingetreten ist (§ 1922 Rdn. 2, 21), auch das Anwartschaftsrecht des Erben, auch des Nacherben (§ 2108 Abs. 2), und das damit verbundene Recht, die Erbschaft schon vor dem Anfalle vorsorglich auszuschlagen (§ 1946 Rdn. 2—5).

8 Auf den **Konkursverwalter** geht das Ausschlagungsrecht nicht über (§ 9 KO; vgl. § 1942 Rdn. 8). Doch fällt eine vor dem Konkurs angefallene Erbschaft, falls der Gemeinschuldner sie annimmt, in die Konkursmasse. Das Ausschlagungsrecht ist auch nicht veräußerlich, d. h. nicht unter Lebenden dinglich übertragbar (RG **101**, 188). Der **Vorerbe** kann eine dem Erblasser angefallene Erbschaft mit Wirkung für für den Nacherben ausschlagen (vgl. § 2112 Rdn. 14). Falls er vor Ablauf der Ausschlagungsfrist verstirbt, können seine Erben die Vorerbschaft auch dann ausschlagen, wenn nach dem Tode des Vorerben, soweit der Nacherbfall eingetreten ist, und andere Personen als die Erben des Vorerben Nacherben geworden sind (BGH **44**, 152 mit Anm. LM BGB § 2139 Nr. 2; aA *von Lübtow* II, 685 u. JZ **69**, 502).

9 II. Die Ausschlagungsfrist (Abs. 2)

Vorausgesetzt ist, daß die Ausschlagungsfrist für den Erben bereits zu laufen begonnen, d. h. daß er vom Anfall und dem Berufungsgrunde bereits Kenntnis erlangt hatte (§ 1944 Abs. 2). Sie verlängert sich in diesem Falle zugunsten des Erbeserben um die volle durch den zweiten Erbfall eröffnete Ausschlagungsfrist.

10 War die Frist für den ersten Erben noch nicht eröffnet, so beginnt für den Erbeserben bezüglich der ersten Erbschaft erst in seiner Person und frühestens von seiner Kenntniserlangung ab eine selbständige, gegebenenfalls nach seinem Aufenthaltsort im Auslande (§ 1944 Abs. 3) zu bemessende Ausschlagungsfrist. Der Fristenlauf kann mithin bezüglich beider Erbschaften ein verschiedener sein. Dies gilt auch dann, wenn für den ersten Erben die Sechsmonatsfrist, den Erbeserben dagegen die Sechswochenfrist läuft. Die erste Frist kann „nicht vor", wohl aber „nach" Ablauf der zweiten Frist zu Ende gehen. War dem ersten Erben einmal die Ausschlagungsfrist eröffnet, so kommt es nicht darauf an, ob auch der Erbeserbe vom Anfall der ersten Erbschaft Kenntnis erlangt; vgl. § 1944 Rdn. 21. Sie wird von ihm, den Ablauf der Ausschlagungsfrist vorausgesetzt, auch ohne sein Wissen mit Annahme der zweiten Erbschaft endgültig erworben. Nur die Anfechtung gemäß §§ 1954, 1956 kann ihn hiervon befreien.

Die gleiche Bestimmung bei der Inventarfrist § 1998.

11 III. Die Ausschlagung durch einen von mehreren Erben

Durch Abs. 3 dieses Paragraphen wird eine Abweichung von § 2033 Abs. 2 begründet, da die Ausschlagung eines von mehreren Erbeserben, was von einigen mit Unrecht bestritten wird, eine Verfügung über seinen Anteil an einem einzelnen Nachlaßgegenstande bedeutet, nämlich an der einen Bestandteil der den mehreren Erbeserben unmittelbar angefallenen Erbschaft bildenden, mittelbar angefallenen (transmittierten) Erbschaft (RG **162**, 397). Die verschiedenen Erbeserben bilden auf Grund der Tatsache, daß sie zusammen die Erben des Erben sind und als solche die dem Erben angefallene Erbschaft erworben haben, in Ansehung dieser, ihnen mittelbar angefallenen Erbschaft eine gesamthänderisch geschlossene Gruppe. § 1952 Abs. 3 durchbricht dieses Prinzip nur insoweit, als er jedem der mehreren Erbeserben gestattet, den seinem Erbteil entsprechenden Teil der Erbschaft auszuschlagen und dadurch aus dem Kreis dieser Gruppe auszuscheiden. Im übrigen wird aber durch diese Vorschrift die Gruppe nicht weiter aufgelockert oder erweitert.

Der Anteil des Ausschlagenden fällt den anderen, zur gleichen Gruppe gehörenden Erbeserben zu und nicht etwa demjenigen, der an die Stelle des (unmittelbaren) Erben getreten wäre, wenn dieser selbst (was nach § 1950 überhaupt nicht zulässig wäre) einen entsprechenden Bruchteil wirksam ausgeschlagen hätte. Die der genannten Gruppe angehörenden und in ihr verbliebenen Erbeserben sind kraft ihrer Zugehörigkeit zu dieser Gruppe hinsichtlich des ausgeschlagenen Anteils näher zur Erbschaft berufen als andere außerhalb dieser Gruppe stehende Personen. Es ist auch hier der Rechtsgedanke, der den §§ 1935, 2094 zugrunde liegt, anzuwenden. Die Erwägung, daß der Erbeserbe nur das Ausschlagungsrecht des unmittelbaren Erben ausübt und daher gemäß § 1953 Abs. 1 der Anfall an diesen als nicht erfolgt gelten und die in Abs. 2 daselbst bestimmte Folge eintreten müsse, vermag demgegenüber nicht durchzugreifen. Die Frage ist sehr bestritten; wie hier *Planck/Flad* § 1952 Anm. 4; *Staudinger/Lehmann* 11. Aufl. § 1952 Rdn. 6; *Kipp/Coing* § 88 IV und Anm. 5; a. A. *Binder* I 136 ff; BayObLG NJW **53,** 1431. 12

IV. Bezüglich der **Beweislast** gilt auch rücksichtlich des Erbeserben das in § 1944 Rdn. 27—29 vom Erben Gesagte. 13

§ 1953

Wird die Erbschaft ausgeschlagen, so gilt der Anfall an den Ausschlagenden als nicht erfolgt.

Die Erbschaft fällt demjenigen an, welcher berufen sein würde, wenn der Ausschlagende zur Zeit des Erbfalls nicht gelebt hätte; der Anfall gilt als mit dem Erbfall erfolgt.

Das Nachlaßgericht soll die Ausschlagung demjenigen mitteilen, welchem die Erbschaft infolge der Ausschlagung angefallen ist. Es hat die Einsicht der Erklärung jedem zu gestatten, der ein rechtliches Interesse glaubhaft macht.

E I 1972, 2042 II 1830; M **5** 375—377, 513, 514; P **5** 483; **6** 338, 339.

Wirkung der Ausschlagung

Übersicht

I. Rückbeziehung auf die Zeit des Erbfalls 1

Der Anfall ist zwar gemäß § 1942 Abs. 1 bereits ipso jure mit dem Tod des Erblassers erfolgt, seine Wirkungen werden aber, und zwar mittels einer Rechtsfiktion, unter Rückbeziehung der Ausschlagung auf die Zeit des Erbfalls wieder aufgehoben. Demgemäß leben die durch Vereinigung von Recht und Verbindlichkeit erloschenen Rechtsverhältnisse wieder auf (§ 1922 Rdn. 26); der Besitz (§ 857) geht dem Erben wieder verloren, soweit er ihn nicht bereits tatsächlich ergriffen hatte; er wird frei von der Haftung für die Nachlaßverbindlichkeiten (§ 1967 Abs. 1). Doch behalten gewisse Rechtshandlungen, die vom vorläufigen Erben oder ihm gegenüber vorgenommen worden sind, ihre Wirksamkeit (§ 1959). Das gleiche gilt im Falle der Erbunwürdigkeit, § 2344. Hinsichtlich der vom vorläufigen Erben vorgenommenen Rechtsgeschäfte kommt es für eine etwaige Konkursanfechtung nach § 30 KO darauf an, ob dieser die Absicht gehabt hat, den Gläubiger zu begünstigen (BGH LM BGB § 1953 Nr. 1).

2 **II. Wirkung für die Erbfolge**

Vermittels einer zweiten Rechtsfiktion wird die Erbfolge nunmehr so geregelt, wie wenn der Ausschlagende bereits vor dem Erbfall weggefallen wäre (§ 1935 Rdn. 2). Es treten mithin an Stelle des Ausschlagenden die gesetzlichen Erben des Erblassers in der Reihenfolge der §§ 1924 ff oder im Falle gewillkürter Erbfolge der etwa berufene Ersatzerbe (§§ 2096, 2097, 2102, auch 2069, vgl. KG OLG **24,** 77; RG **95,** 98; **142,** 174; und § 2108 Rdn. 16), oder es kommt unter Miterben zur Erhöhung des Erbteils oder zur Anwachsung (§§ 1935, 2094). Dabei macht es keinen Unterschied, ob der vorläufige Erbe selbst oder erst sein Erbe die Erbschaft ausgeschlagen hat (BayObLG NJW **53,** 1431). Die auf der ausgeschlagenen Erbschaft haftenden Beschwerungen bleiben in Kraft (§§ 2161, 2192). Das dem Erben zugewendete Vorausvermächtnis (§ 2150) geht ihm durch die Ausschlagung grundsätzlich nicht verloren.

3 **III. Rückwirkung des Anfalls auf den Zeitpunkt des Erbfalls**

Wie die Ausschlagung (Rdn. 1), so wird auch der Anfall zurückbezogen auf den Zeitpunkt des Erbfalls. Hierdurch wird auch für den Fall der Ausschlagung der Grundsatz des unmittelbaren Übergangs der Erbschaft auf den Erben gewahrt (§ 1922 Rdn. 20). Voraussetzung ist nur, daß der nachrückende Erbe zur Zeit des Erbfalls schon gelebt und den Erblasser, wenn auch nur als bereits Erzeugter, überlebt hat (§ 1923). Nicht erforderlich ist, daß er auch den Zeitpunkt der Ausschlagung erlebt hat. Vielmehr vererbt sich, wenn die genannte Voraussetzung zutrifft, die Erbschaft auf seine Erben (§ 1952 Rdn. 1).

4 Gleiche Grundsätze bei Ausschlagung des Vermächtnisses (§ 2180 Abs. 3) und bei Erbunwürdigkeit (§ 2344). Im Falle der Nacherbfolge gilt auch für § 1953 als Erbfall der Nacherbfall (KG HRR **29,** 205; vgl. auch § 1923 Rdn. 2). Ebenso gilt nach dem Höferecht der brit. Zone im Falle der Ausschlagung des Hofs durch den Hoferben (§ 11 HöfeO; vgl. auch § 1950 Rdn. 3, § 1951 Rdn. 3) der Anfall an den nächstberufenen Hoferben als mit dem Erbfalle erfolgt.

5 **IV. Mitteilungspflicht des Nachlaßgerichts**

Dem Nachlaßgericht, ihm muß die Ausschlagung bekannt geworden sein, da sie nach § 1945 nur ihm gegenüber wirksam erklärt werden kann, obliegt die Mitteilungspflicht. Es ist vermöge der ihm hier erteilten Ordnungsvorschrift zu Nachforschungen nach der Person des nächstberechtigten Erben sowie gemäß § 1960 zur Fürsorge in der Zwischenzeit verpflichtet.

Die Ausschlagungsfrist wird dem Nächstberufenen nicht erst mit dem Empfang der vorgeschriebenen Mitteilung, sondern auch durch anderweit erlangte Kenntnis vom Anfall und Berufungsgrunde eröffnet, kann jedoch nicht vor Verkündung einer ihn etwa berufenden Verfügung von Todes wegen beginnen (§ 1944 Abs. 2).

6 **V. Einsicht in die Ausschlagungserklärung**

Sie ist jedem zu gewähren, der glaubhaft macht, daß er infolge der Ausschlagung zur Erbfolge berufen sein würde; ebenso den Nachlaßgläubigern. Erfordert wird aber ein rechtliches Interesse, d. h. ein solches, das sich in irgendeiner Weise auf die Rechtsverhältnisse desjenigen bezieht, der die Einsicht verlangt (RG **16**, 390; **35**, 393; **94**, 234; JW **06**, 121 für § 256 ZPO; ferner KG OLG **5**, 200; **10**, 19; RJA **17**, 1; BayObLG OLG **25**, 403; vgl. weiter § 2081 Rdn. 9 u. BGH **4**, 323 = LM VerschG § 16 Nr. 1). Ein bloß berechtigtes Interesse, d. h. ein solches, das sich auf außerhalb des Rechtsgebietes liegende beachtenswerte Umstände gründet, gibt kein Recht auf die Einsicht, sondern nur ein Recht des Nachlaßgerichts, die Einsicht zu gestatten (§ 34 FGG). Glaubhaftmachung auch durch Versicherung an Eides Statt (FGG § 15 Abs. 2). Beschwerderecht FGG §§ 19 ff.

§ 1954

Ist die Annahme oder die Ausschlagung anfechtbar, so kann die Anfechtung nur binnen sechs Wochen erfolgen.

Die Frist beginnt im Falle der Anfechtbarkeit wegen Drohung mit dem Zeitpunkt, in welchem die Zwangslage aufhört, in den übrigen Fällen mit dem Zeitpunkt, in welchem der Anfechtungsberechtigte von dem Anfechtungsgrunde Kenntnis erlangt. Auf den Lauf der Frist finden die für die Verjährung geltenden Vorschriften der §§ 203, 206, 207 entsprechende Anwendung.

Die Frist beträgt sechs Monate, wenn der Erblasser seinen letzten Wohnsitz nur im Auslande gehabt hat oder wenn sich der Erbe bei dem Beginne der Frist im Ausland aufhält.

Die Anfechtung ist ausgeschlossen, wenn seit der Annahme oder der Ausschlagung dreißig Jahre verstrichen sind.

E I 2040 Abs. 3—6, 2041 II 1831; M **5** 510—513; P **5** 630—632; **6** 395.

Anfechtung der Annahme oder Ausschlagung

Übersicht

I. Die Anfechtung der Annahme oder Ausschlagung 1

Die §§ 1954—1957 geben nur Vorschriften über die Formen und Fristen der Anfechtung.

1. Anfechtungsgründe

a) Irrtum über den Inhalt der Erklärung. Die Anfechtungsgründe sowie die Wirkungen der Anfechtung regeln sich nach den allgemeinen Vorschriften über Willenserklärungen (§§ 119 ff). Diese kommen auch für die Frage der von vornherein bestehenden

Nichtigkeit (§§ 116—118) zur Anwendung. Danach findet eine Anfechtung wegen Irrtums statt, wenn der Irrtum den Inhalt der Erklärung betraf oder der Erbe eine Erklärung dieses Inhalts nicht abgeben wollte (§ 119 Abs. 1). Ein solcher Irrtum liegt nicht nur vor, wenn überhaupt keine Annahme oder Ausschlagung erklärt werden sollte, sondern auch, wenn die Erklärung — etwa infolge Versprechens oder Verschreibens oder Nichtdurchlesens der Urkunde — auf eine andere Erbschaft oder einen anderen Erbteil lautet, als diejenigen, über die der Erbe sich erklären wollte. Er liegt auch vor, wenn infolge Rechtsirrtums des Erklärenden über den mit der Erklärung zu erzielenden Erfolg eine Erbschaftsausschlagung erklärt worden ist, während in Wirklichkeit ein anderes Rechtsgeschäft, insbesondere die Einleitung einer Nachlaßverwaltung, beabsichtigt war (vgl. 11. Aufl. § 119 Anm. 9). Ein Irrtum über den Inhalt der Erklärung soll vorliegen, wenn der Ausschlagende angenommen hat, daß durch seine Ausschlagung und als unmittelbare gesetzliche Folge seines darauf gerichteten Willens die Erbfolge einer bestimmten anderen Person eintreten werde; nicht dagegen, wenn er gewußt hat, daß, unabhängig von seinem Willen, die vom Gesetze nächstberufene Person als Erbe einzutreten habe, und er sich nur darüber getäuscht hat, welche Person die nächstberufene ist (KGJ **35** A 67 und HRR **32,** 8). Es dürfte das eine reichlich spitzfindige und kaum durchführbare Unterscheidung sein. Ein Irrtum über den Inhalt der Erklärung liegt aber jedenfalls dann vor, wenn der Erklärende angenommen hat, daß die Ausschlagungserklärung die Form für die Übertragung des Erbteils auf einen Miterben sei (KG JFG **17,** 69).

2 Eine Erklärung, die der Erbe nicht abgeben wollte, liegt vor, wenn sie auf einen bestimmten Erbteil lautet, der Erbe aber keine Kenntnis von dem schon erfolgten oder künftig möglichen Anfalle eines weiteren Erbteils hatte, für den die Erklärung nach § 1951 (vgl. dort Rdn. 10) gleichfalls gilt. Desgleichen ein Irrtum über den Inhalt der Erklärung, wenn der Erbe über den Berufungsgrund (ob Gesetz oder letztwillige Verfügung, vgl. § 1944 Rdn. 3, 4) im Irrtum war (RG HRR **31,** 1140).

3 **b) Irrtum im Beweggrund.** Die irrige Vorstellung über die auf der Erbschaft ruhenden Beschwerungen und Beschränkungen (Vermächtnisse, Auflagen, Nacherbschaft) ist nur ein Irrtum im Beweggrunde und daher unbeachtlich, soweit nicht für die Ausschlagung durch den Pflichtteilsberechtigten die besondere Vorschrift des § 2308 eingreift. Ebensowenig liegt ein beachtlicher Irrtum vor, wenn der Annehmende oder der Ausschlagende lediglich den Wert der ihm bekannten Nachlaßgegenstände oder den der ihm bekannten Nachlaßverbindlichkeiten falsch beurteilt hat (RG **103,** 22; HRR **30,** 1991). Ein beachtlicher Irrtum liegt auch dann nicht vor, wenn sich der Annehmende die — nicht überschuldete — Erbschaft größer vorgestellt hat, als sie ist. Ein bloßer Irrtum im Beweggrunde ist der Irrtum darüber, wem die Ausschlagung zugute komme (vgl. § 1947 Rdn. 2; KG SeuffArch **58** Nr. 216; OLG **24,** 61).

4 **c) Irrtum nach § 119 Abs. 2.** Nach § 119 Abs. 2 BGB ist die Anfechtung auch wegen Irrtums über verkehrswesentliche Eigenschaften der „Sache" zulässig. Als solche ist hier die Erbschaft anzusehen. Eine verkehrswesentliche Eigenschaft ist die **Überschuldung des Nachlasses.** Ein Irrtum darüber berechtigt zur Anfechtung, gleich, ob er darauf beruht, daß der Erbe über den Bestand der Aktiven oder der Passiven falsche Vorstellungen hat oder ob er die Aktiven falsch bewertet hat.

Abgesehen davon ist aber auch die **Zusammensetzung des Nachlasses** eine ihm zukommende Eigenschaft (vgl. BGH LM BGB § 779 Nr. 2; RG **101,** 68). Ob der Nachlaß Bestandteil, von dessen Vorhandensein der Erbe eine falsche Vorstellung hat, als verkehrswesentliche Eigenschaft des Nachlasses anzusehen ist, hängt von seiner Beschaffenheit und seiner Bedeutung für den Nachlaß als solchen ab, z. B. davon, ob er den Wert und auch die Art und den Charakter des Nachlasses wesentlich bestimmt. Entscheidend ist dabei nicht die subjektive Anschauung des Erben, sondern das unter Berücksichtigung der gesamten Verhältnisse des Nachlasses gewonnene objektive Urteil.

Nicht zur Anfechtung berechtigt eine bloße falsche Vorstellung über den Wert der im einzelnen bekannten Nachlaßgegenstände, sofern daraus nicht ein falscher Schluß hinsichtlich einer Überschuldung des Nachlasses gezogen wird.

Eine im Verkehr als wesentlich angesehene Eigenschaft ist auch die Größe des Erbanteils im Sinne der quotenmäßigen Beteiligung des Erben am Gesamtnachlaß (OLG Hamm, NJW **66,** 1081), anders, wenn es sich nur um einen Irrtum über den Wert des Anteils handelt.

Sind für den Erben **Lastenausgleichsansprüche** entstanden wegen Vermögensschäden, die der vor dem 1. April 1952 verstorbene Erblasser an seinem Vermögen erlitten hat, so kann er in entsprechender Anwendung des § 119 Abs. 2 die Erklärung, durch die er die Erbschaft ausgeschlagen hat, anfechten, wenn ihm nicht bekannt war, daß diese Ansprüche für ihn als Erben entstehen würden (aA KG NJW **69,** 191).

Für die Rechtsprechung des Reichsgerichts und den in ihr vollzogenen Wandel siehe RG **103,** 21; **149,** 253; **158,** 50; siehe auch BGH LM BGB § 779 Nr. 2.

2. Ursächlichkeit des Irrtums 5

Der Irrtum kommt nur in Betracht, wenn er im Sinne des § 119 für die Annahme oder Ausschlagung bestimmend war. Namentlich bei der Anfechtung einer Erbschaftsannahme wird mit besonderer Sorgfalt zu prüfen sein, ob nicht der Annehmende bei verständiger Würdigung des Falles mit Rücksicht auf die ihm vom Gesetz gegebene Möglichkeit der Haftungsbeschränkung die Erbschaft auch bei Kenntnis der Überschuldung angenommen hätte. Hierbei kann auch das Verwandtschaftsverhältnis des Erben zum Erblasser von Bedeutung sein, denn es entspricht der Lebenserfahrung, daß mit Rücksicht auf das Familienverhältnis häufig auch eine überschuldete Erbschaft in Kenntnis der Überschuldung angenommen wird, gleichviel ob der Annehmende dabei die Absicht hat, mit seinem eigenen Vermögen für die Nachlaßverbindlichkeiten einzustehen, oder ob er von dem Recht der Haftungsbeschränkung Gebrauch machen will. Hat sich der Annehmende über die Frage der Überschuldung überhaupt keine Gedanken gemacht, so kann er sich insoweit auch nicht im Irrtum befunden haben (11. Aufl. § 119 Anm. 12). Daher wird die Anfechtung in der Regel dem zu versagen sein, der die Annahme erklärt hat, ohne zuvor auch nur den Versuch gemacht zu haben, sich über den Stand des Nachlasses zu vergewissern.

3. Schadensersatzpflicht 6

Die Anfechtung verpflichtet zum Ersatz des Vertrauensschadens (§ 122).

4. Anfechtung wegen arglistiger Täuschung und Drohung 7

Die Anfechtung wegen arglistiger Täuschung und Drohung erfolgt nach den allgemeinen Vorschriften (§ 123).

5. Unwirksamkeit der Annahme und Ausschlagung ohne Anfechtung 8

Ohne Anfechtung unwirksam ist eine Annahme oder Ausschlagung, die auf einen Teil der angefallenen Erbschaft beschränkt ist (§ 1950), sowie eine solche, bei der der Erbe über den Berufungsgrund im Irrtum war (§ 1949 Abs. 1); vgl. die Anmerkungen zu diesen Paragraphen.

9 **6. Anfechtung im Falle mehrerer Erklärungen**

Liegen mehrere Annahme- oder Ausschlagungserklärungen oder Annahmebetätigungen vor, so werden durch die Anfechtung nur diejenigen beseitigt, bei welchen Anfechtungsgründe gegeben sind. Doch werden, wenn auf Grund einer anfechtbaren Annahmeerklärung Handlungen erfolgt sind, die eine Annahmebetätigung (pro herede gestio, § 1943 Rdn. 3) darstellen, diese nicht als selbständige Betätigungen des Annahmewillens gewertet werden können. Die Anfechtung der Annahme enthält zugleich die Anfechtung der im Falle des Wegfalles der Annahme etwa eingetretenen Versäumung der Ausschlagungsfrist (§ 1956).

10 **II. Fristbeginn (Abs. 2 S. 1)**

Der Fristbeginn weicht von den allgemeinen Anfechtungsbestimmungen insofern ab, als einerseits die Anfechtung wegen Irrtums nicht „unverzüglich" (§ 121), sondern innerhalb einer festbestimmten Frist nach erlangter Kenntnis zu erfolgen hat, und als anderseits für die Anfechtung wegen arglistiger Täuschung und Drohung nicht eine Jahresfrist (§ 124), sondern die gleiche Frist wie für die Irrtumsanfechtung, von Kenntnis bzw. Aufhören der Zwangslage ab, läuft.

11 **III. Hemmung des Fristlaufs (Abs. 2 S. 2)**

Wegen des Fristenlaufs und seiner Hemmung vgl. § 1944 Rdn. 19—21. Außer den §§ 203, 206 ist hier auch der § 207 herangezogen. Das bedeutet, daß eine bei dem Tode des anfechtungsberechtigten Erben für ihn laufende Anfechtungsfrist nicht früher als sechs Wochen oder (im Falle des Abs. 3) sechs Monate nach der Annahme der Erbschaft durch den Erbeserben oder der Bestellung eines zur Anfechtung befugten Vertreters des Erbeserben abläuft. Der Konkursverwalter gehört dazu nicht, da das Annahme- oder Ausschlagungs- und somit auch das Anfechtungsrecht nicht zur Konkursmasse gehören (§ 9 KO). Auch der Nachlaßverwalter (§ 1985) dürfte zur Anfechtung nicht befugt sein, da er die Interessen der Nachlaßgläubiger, entsprechend einem Konkursverwalter, zu vertreten hat, und diese kein Recht auf Annahme oder Ausschlagung einer im Nachlasse befindlichen Erbschaft haben. Wegen der höchstpersönlichen Natur des Anfechtungsrechts ist auch der Testamentsvollstrecker nicht befugt, dieses Recht auszuüben (vgl. § 2205 Rdn. 3; ebenso *Kipp/Coing* § 89 III 1).

12 **IV. Dauer der Frist**

Die Fristdauer ist übereinstimmend mit § 1944 Abs. 1 u. 3 geregelt (vgl. Rdn. 1, 22—26 dazu).

13 **V. Ausschlußfrist nach Abs. 4**

Außer der in Abs. 1 u. 3 bestimmten kürzeren Anfechtungsfrist läuft noch eine Ausschlußfrist von 30 Jahren, die ohne Rücksicht auf die Fortdauer des Irrtums oder der Zwangslage und ohne Hemmung durch die in §§ 203, 206, 207 bestimmten Hemmungsgründe (die auf Ausschlußfristen, soweit nichts Besonderes bestimmt ist, keine Anwendung finden; vgl. 11. Aufl. Anm. 6 vor § 186) durch den bloßen Zeitablauf von 30 Jahren seit der Annahme oder Ausschlagung zu Ende geht.

14 **VI. Anfechtung nach den Rückerstattungsgesetzen**

Einen besonderen Anfechtungsgrund enthalten die Rückerstattungsgesetze (Art. 79 AmREG, Art. 66 BrREG; Rheinland-Pfalz, Gesetz vom 19. 3. 1951, GVBl. 63; Württemberg-Hohenzollern, Gesetz v. 14. 2. 1950, § 70, RegBl. 187; Baden, Gesetz v.

10. 1. 1950, § 66, GVBl. 139). Danach können bestimmte nahe Angehörige, die in der Zeit v. 30. Januar 1933 bis 8. Mai 1945 eine Erbschaft ausgeschlagen haben, um dadurch einen aus rassischen oder anderen in Art. 1 aaO aufgeführten Gründen erwarteten Zugriff des Staates auf die Vermögensgegenstände des Nachlasses zu verhindern, diese Ausschlagung anfechten. Die Anfechtung ist jedoch nur innerhalb bestimmter, im Gesetz näher bezeichneter Fristen zulässig.

VII. Beweislast 15

Hinsichtlich der Beweislast nimmt die herrschende Lehre (vgl. die in Rdn. 27 zu § 1944 aufgeführten Entscheidungen und Stellen des Schrifttums) an, derjenige, der aus der Anfechtung Rechte für sich herleite, müsse zunächst dartun, daß und wann angefochten sei. Der Gegner habe zu behaupten und zu beweisen, daß das Anfechtungsrecht bereits durch Fristablauf erloschen sei. Dazu müsse er beweisen, wann die Frist zu laufen begonnen habe, also auch, wann die Zwangslage aufgehört oder der Anfechtende Kenntnis von dem Anfechtungsgrund erlangt habe. Diese Ansicht trifft nur für die in Abs. 4 bestimmte lange Frist zu. Dabei handelt es sich um eine Ausschlußfrist, mit deren Ablauf das Anfechtungsrecht erlischt. Daß diese rechtsvernichtende Tatsache eingetreten ist, muß derjenige beweisen, der sich darauf beruft. In Abs. 1 dieser Bestimmung hat der Gesetzgeber die Befugnis, die Annahme oder Ausschlagung anzufechten, begründet. Er hat dabei zugleich eine Frist für ihre Ausübung gesetzt. Wenn auch der Inhaber eines Rechts grundsätzlich ohne weiteres befugt ist, sein Recht geltend zu machen oder auszuüben, folgt doch aus der Fassung des § 1954 Abs. 1, daß hier die Frist, innerhalb derer allein angefochten werden kann, ein besonderes Tatbestandselement für die Ausübung des Anfechtungsrechts ist. Dieses Tatbestandselement hat zwar keinen eigentlichen rechtsbegründenden Charakter. Daß es dennoch als solches besonders erwähnt ist, kann nicht ohne Grund geschehen sein. Es folgt daraus, daß der Anfechtende, ebenso wie die sonstigen Tatsachen, auf die sich sein Anfechtungsrecht gründet, beweisen muß, daß er dieses Recht noch ausüben kann. Es ist ihm nur unter der Bedingung, daß er es innerhalb der sechswöchigen Frist ausübt, gewährt (wie hier *Leonhard*, Die Beweislast 2. Aufl. 162). Der Bundesgerichtshof hat sich für die in § 1594 Abs. 1 getroffene Regelung der Frist auf den Standpunkt der herrschenden Lehre gestellt (BGH LM BGB § 1594 Nr. 1).

§ 1955

Die Anfechtung der Annahme oder der Ausschlagung erfolgt durch Erklärung gegenüber dem Nachlaßgerichte. Für die Erklärung gelten die Vorschriften des § 1945.

E I 2040 Abs. 2 S. 1, 2041 II 1832; M 5 512, 513; P 5 630—632.

Anfechtungsgegner

I. Materiell ist Anfechtungsgegner derjenige, dem die Erbschaft infolge der An- 1
fechtung der Annahme zufällt oder infolge der Anfechtung der Ausschlagung wieder entzogen wird, falls die Anfechtung begründet ist. Die Anfechtung wird aber, abweichend von § 143, nicht ihm gegenüber erklärt, sondern gegenüber dem Nachlaßgerichte, das die Anfechtung dem Anfechtungsgegner mitzuteilen hat (§§ 1957 Abs. 2, 1953 Abs. 3 i. V. m. § 1957 Abs. 1; vgl. § 1957 Rdn. 2). — Nachlaßgericht: vgl. § 1945 Rdn. 10—14. — Gebühren für die Beurkundung und Entgegennahme der Anfechtung: KostO §§ 38 Abs. 2, 112 Abs. 1 Nr. 2, 115.

2 II. Abgabe in öffentlich beglaubigter Form (Anwaltsschriftsatz genügt nicht, BayObLG Recht **18** Nr. 878); Bevollmächtigung durch öffentlich beglaubigte Vollmacht; Beifügung der Vollmacht oder Nachbringung innerhalb der Erklärungsfrist. Vgl. § 1945 Rdn. 16, 17.

§ 1956

Die Versäumung der Ausschlagungsfrist kann in gleicher Weise wie die Annahme angefochten werden.

E II 1833; P **5** 630—632.

Anfechtung der Versäumung der Ausschlagungsfrist

1 An die bloße Tatsache des Ablaufs der Ausschlagungsfrist ist durch § 1943 Halbsatz 2 die Folge geknüpft, daß die Erbschaft als angenommen „gilt". Es bedarf also dazu weder einer ausdrücklichen noch stillschweigenden Willenserklärung (Willensbetätigung, vgl. 11. Aufl. Anm. 5 vor § 116); auch ist ein Gegenbeweis zur Widerlegung der aus dem Ablaufe der Frist herzuleitenden Vermutung der Annahme nicht zulässig (praesumtio iuris et de iure): die Annahmeerklärung wird sonach vom Gesetze fingiert.

Zur Beseitigung dieser Folge wollte der erste Entwurf überhaupt keine Möglichkeit bieten (Mot. **5,** 513); die zweite Kommission hat „aus Billigkeitsgründen" die Anfechtung zugelassen (Prot. **5,** 632).

2 Eine Anfechtung wegen Willensmängel (§§ 119 ff) setzt aber regelmäßig das Vorhandensein einer wirklichen Willenserklärung voraus, während es sich hier um eine bloße Fristversäumung handelt; die Anfechtung gewinnt dadurch den Charakter einer Wiedereinsetzung in den vorigen Stand. RG **58,** 81 wollte deshalb, im Anschlusse an *Wendt* (AcP **92,** 226), die Anfechtung wegen Irrtums auf die Fälle beschränken, in denen der Erbe in Kenntnis des Laufes der Ausschlagungsfrist und der sich aus ihrem Ablaufe ergebenden Rechtsfolge die Ausschlagung wissentlich unterlassen hat, also mit dem Willen, dadurch die Annahme zu erklären, dieser Wille aber auf einem nach § 119 beachtlichen Irrtum beruht hat. Diese Einschränkung hat in Rechtslehre und Rechtsprechung vielfach Widerspruch erfahren (dagegen *Planck/Flad* Anm. 2; *Crome* **5,** 219 Anm. 17; Posen OLG **30,** 172; dahingestellt RG WarnRspr. **20** Nr. 170). Ihre rechtliche Begründung erscheint nicht überzeugend, und den für sie angeführten praktischen Gründen wird mit Recht entgegengehalten, daß sehr wichtige und berücksichtigenswerte Irrtumsfälle, insbesondere bei Eintritt eines gesetzlichen Vertreters oder Erbeserben in eine bereits laufende Ausschlagungsfrist (vgl. § 1944 Rdn. 21), dadurch von der Anfechtung ausgeschlossen werden. Es hätte des § 1956 nicht bedurft, wenn nur die wissentliche Versäumung der Ausschlagungsfrist für anfechtbar erklärt werden sollte, da diese als stillschweigende Annahme (pro herede gestio) schon nach §§ 119 ff anfechtbar ist (vgl. § 1954 Rdn. 9). Die Anfechtung ist daher auch zulässig, wenn der Erbe oder sein Vertreter eine Annahmeerklärung in Wirklichkeit nicht hat abgeben wollen, die Ausschlagung vielmehr unterlassen hat in Unkenntnis des Laufes der Frist (namentlich in dem oben hervorgehobenen Falle) oder der Rechtsfolge ihres Ablaufs oder weil er geglaubt hat, eine Ausschlagungserklärung bereits rechtswirksam abgegeben zu haben. Auch das Reichsgericht (RG **143,** 419) hat sich unter Aufgabe der älteren Entscheidung dieser Auffassung angeschlossen, unter Hervorhebung des Umstandes, daß im übrigen die Voraussetzungen des § 119 für die Anfechtung wegen Irrtums gegeben sein müssen. Ein Unterschied zwischen Rechtsirrtum und Tatsachenirrtum kann danach auch hier nicht

gemacht werden. Auch ist der Irrtum nur beachtlich, wenn er im Sinne von § 119 bestimmend war.

Wegen arglistiger Täuschung oder Drohung (§ 123) kann angefochten werden, wenn dadurch der Erbe von der Abgabe der Ausschlagungserklärung abgehalten worden ist. 3

§ 1957

Die Anfechtung der Annahme gilt als Ausschlagung, die Anfechtung der Ausschlagung gilt als Annahme.

Das Nachlaßgericht soll die Anfechtung der Ausschlagung demjenigen mitteilen, welchem die Erbschaft infolge der Ausschlagung angefallen war. Die Vorschrift des § 1953 Abs. 3 S. 2 findet Anwendung.

E I 2040 Abs. 2 S. 2, 2041 II 1834; M 5 512, 513; P 5 630—632.

I. Ohne diese Bestimmung würde der Erbe, der die Annahme angefochten hat, 1
wieder annehmen und derjenige, der die Ausschlagung angefochten hat, falls die Ausschlagungsfrist noch nicht abgelaufen ist, nochmals ausschlagen können; das soll nicht gestattet sein. Die Anfechtung der Annahme erfolgt gegenüber dem Nachlaßgericht (§ 1955), also in der gleichen Form wie die Ausschlagung (§ 1945); einer besonderen Ausschlagungserklärung bedarf es in diesem Falle nicht. Es müssen aber auch die sonstigen Voraussetzungen der Ausschlagung in der Person des Anfechtenden erfüllt sein, namentlich für den gesetzlichen Vertreter die Genehmigung des Vormundschaftsgerichts (§ 1831; vgl. § 1945 Rdn. 2—6); andernfalls wird die Erklärung auch als Anfechtung unwirksam sein. Bei der Anfechtung der Ausschlagung wird der Annahmewille ohne Zulassung eines Gegenbeweises vermutet (fingiert: „gilt" als Annahme).

Die Bestimmung ist auch anzuwenden, wenn eine Annahme angefochten wird, bevor die Ausschlagungsfrist zu laufen begonnen hat, daher auch in dem Fall, in dem ein Nacherbe vor Eintritt des Nacherbfalls die Annahme der Nacherbschaft anficht (BayObLG MDR 63, 54).

II. Wer derjenige ist, dem die Mitteilung nach Abs. 2 zu machen ist, bestimmt sich 2
nach § 1953 Abs. 2 (vgl. § 1953 Rdn. 2). — Die Anfechtung der Annahme ist als Ausschlagung schon nach § 1953 Abs. 3 mitzuteilen. Ähnliche Vorschriften in § 1597 Abs. 2 und (bei Anfechtung einer letztwilligen Verfügung) § 2081 Abs. 2.

Einsicht in die Anfechtungserklärung § 1953 Rdn. 6. 3

§ 1958

Vor der Annahme der Erbschaft kann ein Anspruch, der sich gegen den Nachlaß richtet, nicht gegen den Erben gerichtlich geltend gemacht werden.

E I 2057 Abs. 1 S. 1 II 1835; M 5 539; P 5 660—664, 829—831.

I. Dem Erben fehlt vor der Annahme die Passivlegitimation 1

Die Behauptung, daß er angenommen habe, gehört zur Klagebegründung, der Kläger hat die Annahme nachzuweisen (§ 1943 Rdn. 15); der Klag- oder Widerklaganspruch einschließlich des Arrestanspruchs und der Feststellungsklage ist von Amts wegen abzuweisen, falls sich aus der Sachdarstellung des Klägers ergibt, daß der in Anspruch genommene Erbe die Erbschaft noch nicht angenommen hat, es sei denn, daß eine als Annahme auszulegende Einlassung des Beklagten den Mangel beseitigt (RG **60**, 179). Der gefährdete Nachlaßgläubiger ist auf Herbeiführung einer Nachlaßpflegschaft aus § 1961 angewiesen.

2 Gegen den Nachlaßpfleger (§ 1960 Abs. 3), den Nachlaßverwalter (§ 1984 Abs. 1) und den verwaltenden Testamentsvollstrecker (§ 2213 Abs. 2) ist die Rechtsverfolgung ohne den Nachweis, daß der Erbe angenommen hat, zulässig.

3 Der Erbe kann das Aufgebot der Nachlaßgläubiger erst nach der Annahme beantragen (ZPO § 991 Abs. 3). Die Eröffnung des Nachlaßkonkurses ist von der Annahme des Erben nicht abhängig (KO § 216 Abs. 1). Ebensowenig der Antrag auf Eröffnung des Nachlaßvergleichsverfahrens (VerglO § 113 Nr. 2). Die außergerichtliche Geltendmachung des Anspruchs gegen den Erben (durch Mahnung, Aufrechnung, auch gegen persönliche Forderungen des Erben, Zurückbehaltung) ist dem Nachlaßgläubiger nicht verwehrt, vermag aber nicht, den Erben in Leistungsverzug zu setzen (RG **79**, 203; Braunschweig LZ **21**, 274), Siehe auch § 1959 Rdn. 15.

Weitergehende aufschiebende Einreden §§ 2014 ff, Vollendung der Verjährung § 207. Fiskus § 1966. Wegen der Aktivprozesse vgl. § 1959 Rdn. 2.

4 **II. Ergänzende Bestimmungen**

War der Rechtsstreit durch den Tod des Erblassers unterbrochen, so ist der Erbe vor der Annahme nicht verpflichtet (aber berechtigt), ihn fortzusetzen, ZPO § 239 Abs. 5. Bis dahin ist wegen einer Nachlaßverbindlichkeit eine erst beginnende Zwangsvollstreckung und folgerecht auch die Erteilung der Vollstreckungsklausel (ZPO § 727) nicht gegen den Erben selbst, sondern nur in den Nachlaß gegen einen Nachlaßverwalter, Testamentsvollstrecker oder Nachlaßpfleger, der nötigenfalls zu diesem Zwecke ernannt wird (§ 1961), zulässig (ZPO § 778 Abs. 1). Anderseits können sich die eigenen Gläubiger des Erben vor der Annahme nicht an den ihrem Schuldner angefallenen Nachlaß halten (ZPO § 778 Abs. 2). Dagegen wird die beim Tode des Schuldners bereits begonnene Zwangsvollstreckung in seinen Nachlaß fortgesetzt und, soweit die Zuziehung des Schuldners erforderlich, für den Erben ein einstweiliger besonderer Vertreter bestellt (ZPO § 779).

§ 1959

Besorgt der Erbe vor der Ausschlagung erbschaftliche Geschäfte, so ist er demjenigen gegenüber, welcher Erbe wird, wie ein Geschäftsführer ohne Auftrag berechtigt und verpflichtet.

Verfügt der Erbe vor der Ausschlagung über einen Nachlaßgegenstand, so wird die Wirksamkeit der Verfügung durch die Ausschlagung nicht berührt, wenn die Verfügung nicht ohne Nachteil für den Nachlaß verschoben werden konnte.

Ein Rechtsgeschäft, das gegenüber dem Erben als solchem vorgenommen werden muß, bleibt, wenn es vor der Ausschlagung dem Ausschlagenden gegenüber vorgenommen wird, auch nach der Ausschlagung wirksam.

E I 2056 II 1836; M **5** 536—539; P **5** 657—660.

Neueres Schrifttum:

Bertzel, Der Notgeschäftsführer als Repräsentant des Geschäftsherrn, AcP 158, 107

Erbschaftliche Geschäfte vor der Ausschlagung

Übersicht

I. Allgemeine Voraussetzungen 1

Die In § 1959 vorgesehenen Rechtsfolgen setzen allgemein voraus,

a) daß die Geschäfte oder Verfügungen von dem wirklich berufenen Erben oder (Abs. 3; vgl. Rdn. 12) ihm gegenüber, nicht von oder gegenüber einem Nichtberufenen etwa dem Erbschaftsbesitzer (§ 2018) vorgenommen worden sind,

b) daß sich darin nicht eine stillschweigende Annahme der Erbschaft, pro herede gestio (§ 1943 Rdn. 3) kundgibt,

c) daß der Erbe entweder noch nicht wirksam angenommen hat oder eine vorher erklärte Annahme oder Versäumung der Ausschlagungsfrist wirksam anficht (§§ 1954, 1956),

d) daß er noch nicht ausgeschlagen hat,

e) daß er später wirksam ausschlägt.

II. Geschäftsführung durch den vorläufigen Erben 2

1. Aktivprozesse

Der Erbe ist während der Überlegungsfrist nicht verpflichtet, sich der Erbschaft anzunehmen, kraft seines Erbrechts aber an und für sich dazu befugt. Insbesondere ist ihm durch § 1958 zwar die Passiv-, nicht aber die **Aktivlegitimation** entzogen. Doch tritt durch die Prozeßführung, die keine Verfügung im Sinne des Abs. 2 ist, keine Rechtskraft gemäß § 325 ZPO gegenüber dem endgültigen Erben ein. Der vorläufige Erbe kann im Interesse des Nachlasses, z. B. wegen drohender Verjährung, sogar zur Klageerhebung oder zur Fortsetzung eines Rechtsstreits genötigt sein.

2. Ansprüche des endgültigen Erben gegen den vorläufigen aus Geschäftsführung ohne Auftrag 3

Im Verhältnis zum endgültigen Erben („demjenigen, der Erbe wird"), also nicht zu einem nachrückenden Erben, solange dieser selbst wieder nur vorläufiger Erbe ist, gelten die Grundsätze der Geschäftsführung ohne Auftrag (§§ 677 ff). Entgegen § 687 sind sie auch anwendbar, wenn der Erbe, weil er glaubte, endgültiger Erbe geworden zu sein, seine eigenen Geschäfte zu besorgen meinte.

Als Geschäftsherr, auf dessen wirklichen oder mutmaßlichen Willen es ankommt 4
(§§ 677, 679, 683, 684, 686), wird in der Regel nicht eine individuell bestimmte Person in Betracht kommen, da noch nicht feststeht, wer endgültig Erbe wird; vielmehr wird

der bei einem sorgsamen Erben generell zu vermutende, den Interessen des Nachlasses entsprechende Wille dem geschäftsführenden Erben als Richtschnur zu dienen haben. Danach, ob er dementsprechend gehandelt hat, werden sich die Folgen für sein Verhältnis zu dem endgültigen Erben bestimmen. Auch wenn er in der Meinung gehandelt hat, endgültiger Erbe geworden zu sein, wird er sich auf einen anders gearteten eignen Willen nicht berufen können, da er auch in diesem Falle „wie ein Geschäftsführer" berechtigt und verpflichtet wird.

5 Aus §§ 681, 666 folgt insbesondere auch die Pflicht zur Auskunfterteilung und Rechenschaftslegung. Die aus der Geschäftsführung hervorgehenden Ansprüche gegen den (vorläufigen) Erben sind Aktiven des Nachlasses, die ihm zukommenden Ersatzansprüche Nachlaßverbindlichkeiten (§ 1967 Abs. 2), im Konkurse Masseschulden (KO § 224 Nr. 6; vgl. auch § 113 Nr. 6 VerglO). Was der vorläufige Erbe aus der Geschäftsführung erlangt, hat er dem endgültigen Erben nach §§ 681, 667 herauszugeben; eine dingliche Surrogation nach § 2019 findet nicht statt, da er nicht Erbschaftsbesitzer ist.

6 Bei einer vom Erblasser genommenen Versicherung ist der vorläufige Erbe auch nicht Repräsentant des Versicherungsnehmers. Es berührt daher den endgültigen Erben nicht, wenn der vorläufige Erbe eine Obliegenheit aus dem Versicherungsvertrag verletzt (BGH LM VVG § 61 Nr. 2).

7 III. Wirksamkeit dinglicher Verfügungen über Nachlaßgegenstände

1. Allgemeines

Abs. 2 betrifft die Wirksamkeit der von dem vorläufigen Erben vorgenommenen dinglichen Verfügungen über Nachlaßgegenstände (vgl. über den Verfügungsbegriff 11. Aufl. Anm. 9 vor § 104), über Sachen (§ 90) oder Rechte. Daher wird, wenn Miterben in Frage sind, gemeinsame Geschäftsführung vorausgesetzt, § 2040 Abs. 1. Bloß schuldrechtliche Verpflichtungen des einstweiligen Erben verbinden den endgültigen Erben nicht, können aber einen Befreiungsanspruch aus §§ 683, 670, 257 gegen ihn begründen. Sie sind aber, soweit sie im Rahmen einer ordnungsmäßigen Verwaltung des Nachlasses eingegangen sind, Nachlaßverbindlichkeiten (*Staudinger/Lehmann*, § 1967 Rdn. 13; *Erman/Bartholomeyczik*, § 1959 Rdn. 5; *von Lübtow* II, 750; RG **63**, 38; **90**, 91). *Bertzel* aaO und *Palandt/Keidel*, § 1959 Anm. 3 vertreten die Ansicht, daß der vorläufige Erbe auch unaufschiebbare schuldrechtliche Geschäfte als Vertreter — Repäsentant — des endgültigen Erben abschließen kann.

8 2. Wirksamkeit dringlicher Geschäfte

Da im Falle der Ausschlagung der Anfall als nicht erfolgt gilt (§ 1953 Abs. 1), werden damit an und für sich alle Verfügungen des einstweiligen Erben unwirksam. Sie sind jetzt wegen der rückwirkenden Kraft der Ausschlagung Verfügungen eines Nichtberechtigten, die grundsätzlich auch nach den für diese geltenden allgemeinen Vorschriften, wie in Rdn. 9 und 11 näher dargelegt wird, zu behandeln sind. Darüber hinaus behalten sie nach der besonderen Vorschrift des § 1959 Abs. 2 in jedem Fall ihre **Wirksamkeit, wenn sie dringlich waren.** Ob dies zutrifft, kann nur nach den Umständen des Falles entschieden werden. Da das Gesetz nur eine objektive Voraussetzung aufstellt, bleibt das Wissen des Dritten von der Unaufschiebbarkeit der Verfügung oder davon, daß der Erbe noch ausschlagen kann, außer Betracht.

9 3. Wirksamkeit auf Grund der allgemeinen Vorschriften

Auch die an sich aufschiebbare Verfügung wird wirksam durch Genehmigung des endgültigen Erben (§ 185 Abs. 2). Bei Verfügungen über bewegliche Sachen des Nachlasses, deren Besitz gemäß § 1922 (vgl. Rdn. 12 dazu) auf den vorläufigen Erben übergegangen ist, kommen die Vorschriften zum Schutze derjenigen, welche Rechte von einem Nichtberechtigten ableiten (§§ 932—936, 1032, 1207), zur Anwendung, so daß es im Falle der Gutgläubigkeit der Erwerber auf die Dringlichkeit der Verfügung nicht ankommt.

Auch auf unfreiwilligen Besitzverlust (§ 935 Abs. 1) wird sich der endgültige Erbe **10**
nicht berufen können. Zwar ist nach § 857 der Besitz von selbst auf den Erben übergegangen. Die in § 1953 Abs. 2 angeordnete Rückwirkung kann für das Besitzrecht, bei dem es ausschlaggebend auf die tatsächlichen Verhältnisse ankommt, nicht die Tatsache ausräumen, daß der vorläufige Erbe tatsächlich Besitzer gewesen ist und als solcher verfügt hat. Es ist nicht anzunehmen, daß der Gesetzgeber durch die Bestimmung des § 1953 auch diese Tatsachen als nicht geschehen behandelt wissen will (ebenso *Staudinger/Lehmann* 11. Aufl. § 1959 Rdn. 15; *Kipp/Coing* § 90 III 3 d Note 8; *von Lübtow* II, 749; aM *Planck/Flad* Anm. 4 b α; u. *Lange* § 8 V 2 Note 5).

Auch ein Erwerb von Rechten an Grundstücken auf Grund des guten Glaubens an **11**
den Inhalt des Grundbuchs (§§ 892, 893) sowie ein Rechtserwerb auf Grund Erbscheins (§§ 2366, 2367) kann stattfinden, wenn der Erbe auf Grund erklärter Annahme bereits im Grundbuche eingetragen oder ihm ein Erbschein erteilt ist und er die Annahme wirksam anficht (§§ 1954, 1956) oder sie sich als unwirksam herausstellt (§§ 1949, 1950). Der endgültige Erbe ist auf die Ansprüche aus §§ 678, 681, 667, gegebenenfalls auf Schadensersatz aus §§ 823 ff gegen den vorläufigen Erben angewiesen.

IV. Wirksamkeit der dem Erben gegenüber vorzunehmenden Rechtsgeschäfte (Abs. 3) **12**

1. Allgemeines, Leistung an den Erben, Verzug

Abs. 3 hat **einseitige empfangsbedürftige Rechtsgeschäfte** im Auge, die, um wirksam zu sein, gegenüber dem Erben als Rechtsnachfolger des Erblassers vorgenommen werden müssen (Mahnung, Kündigung, Annahme eines vom Erblasser gestellten Vertragsantrags — § 153 —, Angebot einer Leistung). Dagegen gehört die Leistung selbst nicht dazu, da sie eine Verfügung des Erben, Annahme, erfordert; sie fällt vielmehr unter Abs. 2 und wirkt also nur befreiend, wenn dessen Voraussetzungen (Unaufschiebbarkeit der Annahme) vorlagen (aM *Kipp* § 51 II 3; ihm folgend *Kipp/Coing* § 90 III 3 c). Doch wird (wie *Planck/Flad* Anm. 5 zutreffend hervorhebt) bei bereits fälligen Forderungen in der Regel anzunehmen sein, daß die Annahme der angebotenen Leistung nicht ohne Nachteil für den Nachlaß verschoben werden konnte, da durch die Nichtannahme Gläubigerverzug (§ 293) entstanden sein würde.

Eine Mahnung vor Annahme der Erbschaft gegenüber dem vorläufigen Erben kann **13**
ihn nicht in Verzug setzen, wenn er nicht endgültiger Erbe wird (vgl. § 1958 Rdn. 3), wohl aber den endgültigen Erben vom Tage der Annahme ab. Gleiches gilt für den Annahmeverzug infolge Angebots der Leistung, da der vorläufige Erbe zu der in der Annahme liegenden Verfügung über das Forderungsrecht zwar unter Umständen berechtigt, aber nicht verpflichtet ist (Abs. 1 und Rdn. 2).

2. In Konkurs und Nachlaßkonkurs **14**

Auch wenn über das Vermögen des vorläufigen Erben Konkurs eröffnet ist, sind Rechtsgeschäfte ihm gegenüber, nicht gegenüber dem Konkursverwalter, vorzunehmen (KO § 9). Ist dagegen **Nachlaßkonkurs** eröffnet, so können ihm gegenüber keine Rechtsgeschäfte mehr wirksam vorgenommen werden, wie auch sein Geschäftsführungsrecht nach Abs. 1 und sein Verfügungsrecht aus Abs. 2 entfällt. Vor Eröffnung des

Nachlaßkonkurses aus der Geschäftsführung des vorläufigen Erben ihm gegenüber entstandene Verpflichtungen des endgültigen Erben sind Masseschulden (§ 224 Nr. 6 RO; vgl. auch § 113 Nr. 6 VerglO). Ansprüche gegen den vorläufigen Erben aus seiner Geschäftsführung gehören zum Nachlaß und sind vom Konkursverwalter geltend zu machen. Verfügungen des vorläufigen Erben bleiben nach Maßgabe des Abs. 2 (vgl. Rdn. 7—11), ihm gegenüber vorgenommene Rechtsgeschäfte nach Abs. 3 (vgl. Rdn. 12, 13) auch im Falle des Nachlaßkonkurses wirksam.

15 **V. Beweislast**

Erhebt der vorläufige Erbe auf Grund der Geschäftsführung Ansprüche gegen den endgültigen, so muß er beweisen, daß die Voraussetzungen dafür vorliegen. Behauptet der endgültige Erbe einem Dritten gegenüber die Wirksamkeit einer Verfügung des vorläufigen Erben, so liegt darin eine Genehmigung (§ 185); deshalb bedarf es nicht des Nachweises der Dringlichkeit. Macht dagegen der Dritte die Wirksamkeit einer Verfügung des vorläufigen Erben gegenüber dem endgültigen geltend, so muß er die Dringlichkeit nachweisen.

§ 1960

Bis zur Annahme der Erbschaft hat das Nachlaßgericht für die Sicherung des Nachlasses zu sorgen, soweit ein Bedürfnis besteht. Das gleiche gilt, wenn der Erbe unbekannt oder wenn ungewiß ist, ob er die Erbschaft angenommen hat.

Das Nachlaßgericht kann insbesondere die Anlegung von Siegeln, die Hinterlegung von Geld, Wertpapieren und Kostbarkeiten sowie die Aufnahme eines Nachlaßverzeichnisses anordnen und für denjenigen, welcher Erbe wird, einen Pfleger (Nachlaßpfleger) bestellen.

Die Vorschrift des § 1958 findet auf den Nachlaßpfleger keine Anwendung.

E I 2058, 2059 Abs. 1 II 1837, 1838 Abs. 2; M **5** 541—548; P **5** 660, 664—667; **6** 338; KB **310**.

Fürsorge des Nachlaßgerichts

Übersicht

1 **I. Fürsorgefälle**

Die §§ 1960—1962 regeln die Fürsorge für den Nachlaß bis zum Eintritte des endgültigen Erben. Die Fürsorge tritt ein:

a) Wenn der Erbe dem Nachlaßgerichte bekannt ist, aber (wie gleichfalls bekannt ist) noch nicht angenommen hat (Satz 1);

b) wenn ihm unbekannt ist, wer als vorläufiger Erbe zur Erbschaft berufen ist (Satz 2 Halbsatz 1);

c) wenn ihm das bekannt, aber unbekannt ist, ob der Berufene die Erbschaft angenommen hat (Satz 2 Halbsatz 2).

Ob der Fall zu b vorliegt, ist Sache der Beurteilung des Einzelfalls. Er liegt insbesondere vor, wenn zwar Verwandte bekannt sind, die als Erben berufen sein könnten, aber nicht ohne weiteres zu ermitteln ist, ob nicht andere gleich nahe oder nähere Verwandte vorhanden sind.

Unbekannt ist der Erbe dem Nachlaßgerichte auch, wenn es sich nicht ohne weiteres davon überzeugen kann, wer von mehreren Erbprätendenten der wirkliche Erbe, insbesondere welches von mehreren Testamenten gültig ist (KGJ **45,** 106; **52,** 59; Düsseldorf JR **49,** 354; vgl. auch Celle FamRZ **59,** 33). **2**

Von umfangreichen und zeitraubenden Ermittlungen darf die Fürsorge, insbesondere auch die Anordnung der Nachlaßpflegschaft, nicht abhängig gemacht werden, da ihr Zweck ist, durch schleunige Maßnahmen den Nachlaß dem Erben zu sichern; die Ermittlung des Erben ist alsdann Sache des Nachlaßpflegers (KGJ **52,** 59).

Unbekannt ist der Erbe ferner, wenn der nächstberufene Erbe oder Miterbe ein Verschollener ist, für den keine Lebensvermutung nach dem Verschollenheitsgesetz spricht (Karlsruhe DNotZ **53,** 427; *Arnold* MDR **49,** 600; NJW **49,** 248; *Holthöfer* SJZ **48,** 622; *Zimmermann* JR **50,** 751). **3**

Liegen keine Anhaltspunkte dafür vor, daß eine Verfügung von Todes wegen wegen vorhanden ist, so werden die gesetzlich zu Erben Berufenen als bekannte Erben anzusehen sein. Volle Gewißheit kann nicht erfordert werden; es genügt, wenn auf Grund sorgfältiger Ermittlungen anzunehmen ist, daß keine gleich nahen oder näheren Verwandten vorhanden sind und daß eine Verfügung von Todes wegen nicht vorliegt. Daß die Voraussetzungen eines Erbscheins vorliegen, ist nicht erforderlich (BayObLGZ NF **3,** 676; SeuffArch **58** Nr. 37; KGJ **29** A 208; **46,** 128; **52,** 57; OLG **7,** 132; **37,** 250; Rostock OLG **4,** 420; aber auch KG JFG **17,** 106). Nicht genügend ist die Versicherung, Erbe geworden zu sein, ohne Angabe der tatsächlichen Unterlagen (KG OLG **7,** 132). **4**

Für das Bekanntsein der Annahme sind positive Feststellungen in dieser Hinsicht erforderlich. Ist das Verhalten des Erben nicht unzweideutig oder ist die Annahme angefochten oder ersichtlich anfechtbar, so besteht Ungewißheit über sie (Fall zu c; s. a. KG OLG **42,** 143: Ausschlagungsfrist hatte mangels Eröffnung noch nicht zu laufen begonnen). **5**

Ein Nachlaßpfleger kann nicht schon deswegen bestellt werden, weil die Möglichkeit, das Testament anzufechten, besteht oder weil behauptet wird, der eingesetzte Testamentserbe sei erbunwürdig. Nachdem das Testament angefochten oder Anfechtungsklage wegen Erbunwürdigkeit erhoben ist, hat das Nachlaßgericht, bevor es eine Nachlaßpflegschaft anordnet, selbst zu prüfen, ob ernste Zweifel an dem Erbrecht des eingesetzten Erben bestehen (KG Recht **29** Nr. 2004).

Unbekannt ist der Erbe, solange die zum Erben eingesetzte Person erzeugt, aber noch nicht geboren ist; wenn eine Stiftung als Erbe eingesetzt ist, solange die erforderliche staatliche Genehmigung noch nicht erteilt ist. **6**

II. Ausmaß der Fürsorge (Bedürfnis) **7**

Die Fürsorge hat in diesen Fällen von Amts wegen zu erfolgen, aber nur **soweit ein Bedürfnis besteht.** Darüber entscheidet das Ermessen des Nachlaßgerichts, das sich von dem Interesse desjenigen, der endgültiger Erbe werden wird, an der Sicherung und Erhaltung des Nachlasses leiten zu lassen hat. Demgemäß kann der Wirkungskreis des Pflegers auf bestimmte Aufgaben und auch auf die Verwaltung einzelner Nachlaßgegenstände beschränkt werden (KG NJW **65,** 1719 unter Aufgabe von KGJ **48,** 77; a. A *Staudinger/Lehmann* § 1960 Rdn. 35). Voraussetzung ist jedoch, daß eine klare Abgrenzung möglich ist. Meldet sich der Erbe, so sind die angeordneten Maßregeln aufzuheben, wenn er es beantragt und dadurch die Erbschaft annimmt; auch von Amts wegen, wenn die Annahme bekannt wird, Abwesenheit des Erben ist kein Grund zur Fürsorge, sobald er angenommen hat.

8 Liegen die Voraussetzungen für die Fürsorge in der Person eines einzelnen Miterben vor, so hat sie sich auf dessen Anteil zu beschränken, soweit nicht Maßregeln in Betracht kommen, die körperliche Teile des Nachlasses ergreifen müssen, wie Siegelung und Hinterlegung vor der Auseinandersetzung (BayObLG OLG **5,** 229; KGJ **33** A 94; **45,** 106; RJA **7,** 29). Allein zur Ermittlung der unbekannten Erben kann eine Nachlaßerbschaft auch angeordnet werden, wenn das Nachlaßvermögen ohne diese Maßnahme in seinem Bestand nicht gefährdet ist (KG NJW **71,** 565).

9 Ein Bedürfnis wird in der Regel nicht vorliegen, wenn der vorläufige Erbe anwesend ist und die Erbschaft ordnungsmäßig verwaltet (§ 1959) oder wenn ein Testamentsvollstrecker vorhanden ist, der die Verwaltung ordnungsmäßig führt (KG MDR **72,** 1036), oder vertrauenswürdige Miterben. Beschwerderecht des Beeinträchtigten (FGG § 20 Abs. 1), des Antragstellers bei Ablehnung (ebenda). Landesgesetzlich kann bestimmt werden, daß gewisse Fürsorgemaßregeln (Anfertigung eines Nachlaßverzeichnisses, Anlegung von Siegeln bis zu dessen Fertigstellung) auch unter anderen Voraussetzungen vorgenommen werden können oder sollen (Art. 140 EG). Die Bestellung des Pflegers ist auch dann wirksam, wenn die materiellen Voraussetzungen für die Anordnung der Pflegschaft nicht vorgelegen haben (BGH **49,** 1 mit Anm. *Rietschel*, LM EGBGB Art. 25 Nr. 4).

10 **III. Nachlaßgerichte**

Nachlaßgerichte sind die Amtsgerichte (FGG § 72; VO über die Zuständigkeit der Amtsgerichte in Vormundschafts- und Nachlaßsachen v. 10. 6. 1936, RGBl. I 488; vgl. Rdn. 2 Abs. 1 vor § 1922). Eine Ausnahme machen: Württemberg, dort sind nach Art. 73 f AGBGB die Bezirksnotare zuständig, und Baden, dort sind zuständig nach § 33 LFG die Notare. Die örtliche Zuständigkeit (§ 73 FGG) bestimmt sich nach dem Wohnsitze des Erblassers, in Ermangelung eines inländischen Wohnsitzes nach dem Aufenthalte; für Deutsche, die im Inlande weder Wohnsitz noch Aufenthalt hatten (FGG § 73 Abs. 2), ist das Amtsgericht Schöneberg in Berlin-Schöneberg zuständig (VO zur Vereinheitlichung der Zuständigkeit in Familien- und Nachlaßsachen v. 31. 5. 1934, RGBl. I 472, § 14); für Ausländer, die im Inland weder Wohnsitz noch Aufenthalt hatten, ist jedes Gericht zuständig, in dessen Bezirk sich Nachlaßgegenstände befinden (FGG § 73 Abs. 3). Entsprechendes gilt für Staatenlose.

Nach § 2369 Abs. 2 sind Ansprüche von Ausländern und Staatenlosen als im Inland befindlich anzusehen, wenn ein deutsches Gericht für ihre Geltendmachung zuständig ist. Ebenso solche Gegenstände, für die von einer deutschen Behörde ein zur Eintragung des Berechtigten bestimmtes Buch oder Register geführt wird (vgl. § 2369).

Jedes Amtsgericht, in dessen Bezirk sich Nachlaßgegenstände befinden, ist als Nachlaßgericht zuständig, wenn am Sitz des nach § 73 Abs. 1 FGG zuständigen Nachlaßgerichts keine deutsche Gerichtsbarkeit mehr ausgeübt wird (dazu rechnen die in § 1 des Zuständigkeitsergänzungsgesetzes v. 7. 8. 1952, BGBl, I 407, aufgeführten Gerichte), und hilfsweise ist für Deutsche, falls sich keine Nachlaßgegenstände im Geltungsbereich des Zuständigkeitsergänzungsgesetzes befinden, das Amtsgericht Berlin-Schöneberg als Nachlaßgericht zuständig (§ 7 ZustErgG).

Über die Zuständigkeit in Fällen, in denen der Erblasser zur Zeit des Erbfalles seinen Wohnsitz in der DDR hatte, vgl. *Keidel/Winkler* FGG § 73 Rdn. 18.

In der DDR ist für Nachlaßsachen das Staatliche Notariat zuständig. Dazu *Keidel/Winkler* FGG §72 Rdn. 33.

Wenn verschiedene Nachlaßgerichte zuständig sind, da der Erblasser einen doppelten Wohnsitz gehabt hat, ist nach § 4 FGG das zuerst tätig gewordene Gericht allein zuständig. Eine entsprechende Regelung ist auch in § 7 Abs. 2 ZustErgG getroffen. **11**

Neben der eben erörterten Zuständigkeit des Hauptnachlaßgerichts ist ferner für die in § 1960 vorgesehenen Sicherungsmaßregeln die örtliche Zuständigkeit überall gegeben, wo das Bedürfnis der Fürsorge hervortritt, unter Verpflichtung zur Benachrichtigung des ordentlichen Nachlaßgerichts (FGG § 74).

Handlungen eines örtlich unzuständigen Gerichts als Nachlaßgericht sind nicht unwirksam (FGG § 7). Nichtigkeit ist dagegen nach den allgemeinen Regeln über die Nichtigkeit staatlicher Hoheitsakte anzunehmen, wenn der tätig gewordenen Behörde die sachliche Zuständigkeit fehlte.

Für die Sicherung des Nachlasses von Ausländern sind in erster Linie etwaige Staatsverträge maßgebend. Soweit solche Staatsverträge nicht bestehen, entspricht es internationalem Brauch, daß die Ausländer in Ansehung der amtlichen Fürsorge für ihren im Inland befindlichen Nachlaß ebenso wie die Inländer behandelt werden (KGJ **25** A 241; **36** A 85; **53**, 77). Ein inländisches Nachlaßgericht kann daher von Amts wegen oder auf Antrag eines Nachlaßgläubigers die Nachlaßpflegschaft auch dann anordnen, wenn der Erblasser Ausländer ist und nach ausländischem Recht beerbt wird. Unerheblich ist, ob das für die Beerbung geltende Recht eine Nachlaßpflegschaft kennt (BGH **49**, 1 mit Anm. *Rietschel* LM EG BGB Art. 25 Nr. 4). Die Zuständigkeit richtet sich nach §§ 73, 74 FGG. Mangels besonderer sich aus Staatsverträgen ergebender Vorschriften ist nach deutschem Recht zu beurteilen, welche Sicherungsmaßnahmen anzuwenden sind und in welchem Verfahren ihre Anwendung zu geschehen hat. **12**

Auch dort, wo Höfe- oder Anerbenrecht gilt, kann, wenn die Voraussetzungen des § 1960 Abs. 1 hinsichtlich des Hof- oder Anerben vorliegen, eine Nachlaßpflegschaft angeleitet werden; zuständig ist hierfür das Nachlaßgericht. (Vgl. für das frühere Erbhofrecht KG JW **39**, 290 mit Anm. *Vogels* und für das Höferecht der brit. Zone Schleswig SchlHA **56**, 111). **13**

Der Nachlaßrichter haftet wegen schuldhafter Amtspflichtverletzung bei Beaufsichtigung des Nachlaßpflegers aus §§ 1960, 1961 nur dem Erben, nicht auch den Nachlaßgläubigern; anders im Falle der Nachlaßverwaltung (§ 1985 Rdn. 19; RG **88**, 264). **14**

IV. Sicherungsmaßnahmen **15**

Von den zu treffenden Sicherungsmaßregeln sind in Abs. 2 nur die hauptsächlichsten hervorgehoben; das Nachlaßgericht ist auf sie nicht beschränkt. Für die Hinterlegung sind die Vorschriften der HinterlegungsO v. 10. 3. 1937 maßgebend; die Art. 144—146 EG sind durch § 38 Abs. 2 aufgehoben. Das Nachlaßgericht kann auch verpflichtet sein, Ermittlungen über den Nachlaßbestand anzustellen und dazu von Dritten und Erbprätendenten Auskünfte mit eidesstattlichen Versicherungen einzuholen (Celle FamRZ **59**, 33).

V. Nachlaßpflegschaft **16**

1. Anwendbare Vorschriften und Allgemeines

Auf die **Nachlaßpflegschaft** als Unterart der Pflegschaft finden die für die Vormundschaft geltenden Vorschriften entsprechende Anwendung, auch hinsichtlich des

Verfahrens, mit der Maßgabe, daß an die Stelle des Vormundschaftsgerichts das Nachlaßgericht tritt (§§ 1915, 1962; FGG § 75, vgl. § 1962 Rdn.). Allgemeine Verpflichtung zur Übernahme (§ 1785); Bestellung mehrerer Pfleger nur ausnahmsweise (§ 1775); Entlassung des Nachlaßpflegers (§§ 1886, 1915; vgl. München JFG **14,** 61); Beschränkung auf die Vertretung eines Miterben vgl. Rdn. 8.

17 Die Nachlaßpflegschaft ist nur anzuordnen, wenn ein Bedürfnis gerade für dieses Sicherungsmittel besteht. Ist die Pflegschaft indes angeordnet, obwohl die sachlichen Voraussetzungen hierfür nicht vorlagen, so bleibt doch die Bestellung des Pflegers wirksam, bis sie vom Gericht wieder aufgehoben wird (BGH **49,** 1 mit Anm. *Rietschel* LM EG BGB Art. 25 Nr. 4; München DR **43,** 491; Köln NRWJMBl. **54,** 187).

18 **2. Vergütung für die Führung der Pflegschaft**

Die Nachlaßpflegschaft wird grundsätzlich unentgeltlich geführt; das Nachlaßgericht kann dem Nachlaßpfleger aber eine Vergütung bewilligen, wenn das Vermögen (d. h. der Aktivnachlaß ohne Abzug der Nachlaßverbindlichkeiten, RG **149,** 172; BayObLGZ NF **33,** 147; vgl. § 1836 Rdn.) sowie der Umfang und die Bedeutung der mit der Pflegschaft verbundenen Geschäfte es rechtfertigen (RG Recht **14** Nr. 1548; KG OLG **18,** 297 f; **18,** 301; KGJ **53,** 77, Ausländernachlaß; RG **154,** 110, ungetreuer Nachlaßpfleger). Zur Höhe der Vergütung vgl. OLG Köln, NJW **67,** 2408.

19 **3. Auslagen des Pflegers**

Die Auslagen des Nachlaßpflegers hat das Nachlaßgericht nicht festzusetzen (BayObLGZ NF **33,** 147; OLG Köln NJW **67,** 2408; vgl. § 1835 Rdn.).

20 **4. Stellung und Aufgaben des Nachlaßpflegers**

Der Nachlaßpfleger ist nicht Vertreter des Nachlasses als eines Sondervermögens, sondern Vertreter einer allerdings noch nicht bestimmten individuellen Person, nämlich desjenigen, der schließlich als endgültiger Erbe eintritt, und hat dessen Rechte und Interessen zu wahren. Deshalb kann ihm das Armenrecht bewilligt werden (BGH LM ZPO § 114 Nr. 20; RG **50,** 394). Als Vertreter des Erben ist er gemäß § 181 nicht befugt, einen Vertrag mit sich selbst im eigenen Namen über Nachlaßgegenstände abzuschließen; ein solcher Vertrag kann nur durch Genehmigung dessen, der endgültig Erbe wird, wirksam werden; ob dieser zur Genehmigung verpflichtet ist, entscheidet sich nach Treu und Glauben (RG **110,** 214). Der Nachlaßpfleger hat eine andere Stellung als der nach § 1912 bestellte Pfleger für die Leibesfrucht. Dieser soll Maßnahmen treffen, um das Erbrecht für seinen Pflegling zu sichern, während der Nachlaßpfleger ganz allgemein die Interessen des noch unbestimmten Erben wahrnimmt.

21 Seine **Aufgabe** ist die Sicherung und Erhaltung des Nachlasses für den Erben; in dieser Beziehung ist er der gesetzliche Vertreter des Erben (RG **76,** 125). Entsprechend dem vorliegenden Bedürfnis kann auch die Aufgabe des Pflegers beschränkt werden. Bei der Ermittlung des Erben hat er mitzuwirken. Er kann berechtigt sein, den Antrag auf Todeserklärung einer als Erbe in Betracht kommenden Person zu stellen. Dieses Recht steht ihm nach § 16 Abs. 2 b VerschG zu (BayObLG NJW **59** 725). Er hat dagegen nicht für das Erbrecht einer bestimmten Person gegenüber einer anderen einzutreten. Er vertritt auch nicht den Erben in bezug auf diejenigen Entscheidungen, die dessen persönliche Stellung zum Nachlaß als ganzem betreffen. Daher ist er nicht berufen, die Erben oder einen von ihnen bei dem Streit um das Erbrecht zu vertreten (KG OLG **21,** 305; **26,** 288; Hamburg **30,** 174; RG **106,** 46).

Zwischen dem Erben und dem Nachlaßpfleger besteht, wie sich aus den §§ 1960,

1915, 1890 ergibt, ein Rechtsverhältnis, das, sofern ein rechtliches Interesse an alsbaldiger Feststellung gegeben ist, Gegenstand einer Feststellungsklage des Erben gegen den Nachlaßpfleger nach § 256 ZPO sein kann. Mit der auf Feststellung seines Erbrechts gerichteten Klage des Erben gegen den Nachlaßpfleger wird die Feststellung begehrt, daß der Nachlaßpfleger im Rahmen seines Amtes den Kläger vertritt und die sich für ihn aus diesem Amt ergebenden Pflichten dem Kläger gegenüber zu erfüllen hat (RG **106,** 46; OGH **4,** 219; BGH LM BGB § 1960 Nr. 1 mit Anm. *Coing* JZ **51,** 591; *Kipp/Coing* § 125 III. 3).

Er hat den Nachlaß in Besitz zu nehmen, zu verzeichnen und das Verzeichnis dem **22**
Nachlaßgericht einzureichen (§ 1802).

Er kann von jedem, der Nachlaßgegenstände im Besitz hat, deren Herausgabe verlangen. Dieser Anspruch richtet sich auch gegen den wahren Erben, der Nachlaßgegenstände in Besitz hat. Es ist daher nicht der Anspruch aus § 2018 BGB, sondern ein Anspruch, der sich unmittelbar aus dem Recht des Nachlaßpflegers selbst ergibt (BGH NJW **72,** 1752; RG HHR **30,** 1465 = JW **31,** 44; WarnRspr. **42** Nr. 24 = DR **42,** 555; *Staudinger/Lehmann* II. Aufl. § 2018 Rdn. 2 Abs. 3; *Kipp/Coing* § 125 III Note 12), da der Nachlaßpfleger seine ihm übertragenen Aufgaben nicht wahrnehmen könnte, wenn ihm der Herausgabeanspruch nicht zustünde. Der wahre Erbe kann, so lange die Nachlaßpflegschaft besteht, dem Herausgabeverlangen des Nachlaßpflegers nicht mit dem Hinweis auf sein Erbrecht entgegentreten. Solange die Nachlaßpflegschaft besteht, hat der Erbe kein Recht, die Erbschaftsgegenstände zu besitzen. Er kann dem Herausgabeverlangen des Nachlaßpflegers grundsätzlich auch nicht die Einrede der Arglist entgegensetzen, sondern er muß beim Nachlaßgericht beantragen, die Pflegschaft aufzuheben.

Gegen denjenigen, der den gesamten Nachlaß oder einen Teil davon in Besitz hat, **23**
hat der Nachlaßpfleger einen Auskunftsanspruch nach § 260 BGB. Derjenige, der Nachlaßgegenstände in Besitz gehabt hat, ist dem Nachlaßpfleger in entsprechender Anwendung des § 2027 verpflichtet, über den Verbleib dieser Gegenstände Auskunft zu erteilen.

Der Anspruch aus § 2018 steht dagegen dem Nachlaßpfleger nicht zu (vgl. darüber **24**
§ 2018 Rdn. 3). Er benötigt ihn auch nicht, da er die Herausgabe der Nachlaßgegenstände ohnehin aus seinem Recht als Pfleger von jedem Besitzer verlangen kann.

Die **Verwaltung des Nachlasses** hat er zu führen, soweit er dazu vom Nachlaßge- **25**
richte bestellt ist (vgl. § 2017; ZOP § 991 Abs. 2. Grundsätzlich ist es nicht seine Aufgabe, die Nachlaßgläubiger zu befriedigen. Jedoch ist er hierzu berechtigt (BGH Urt. v. 4. 10. 1965, III ZR 227/63, siehe auch *Johannsen,* WM **72,** 919). Unter Umständen, namentlich bei längerer Ungewißheit, kann die teilweise oder gänzliche Liquidation erforderlich werden. Für die Bezahlung der Steuerschulden hat er Sorge zu tragen (AbgO § 106 Abs. 1, 2); eine Verletzung dieser Verpflichtung macht ihn unter Umständen persönlich haftbar (AbgO § 109 Abs. 1).

Die Durchführung und Überwachung der **Erbauseinandersetzung** unter den er- **26**
mittelten Erben gehört nicht zu seinen Aufgaben (RG **154,** 114). Deswegen berührt ihn auch eine Teilungsanordnung nicht (Dresden SächsArch **13,** 523). Er hat die letztwillige Verfügung nicht auszuführen (Mot. 5, 548 f). An dem Streit über die Höhe der einzelnen Erbteile und über eine bestehende Ausgleichspflicht ist er nicht beteiligt (Hamburg HansGZ **10** Beibl. 192). Vermächtnisse hat er nicht anzufechten (Hamburg OLG **21,** 308).

Das gilt aber nicht, wenn der Nachlaßpfleger nicht für die Verwaltung des ganzen **27**
Nachlasses, sondern nur beschränkt für die Erbteile einzelner unbekannter Miterben bestellt ist. Dieser **Teilnachlaßpfleger** hat die von ihm vertretenen unbekannten

Miterben bei der Auseinandersetzung mit den übrigen Miterben zu vertreten (BGH Urt. v. 22. 11. 1957, IV ZR 177/57; Hamm NRWJMBl. **53,** 101; BayObLGZ **51,** 346).

28 Nach außen hat er die gleiche Vertretungsmacht wie jeder andere Pfleger, mit den Beschränkungen der §§ 1804, 1821, 1822. Seine Vertretungsmacht hängt nicht davon ab, ob er bei der Vornahme der Rechtsgeschäfte zweck- und pflichtmäßig handelt (BGH **49,** 1 mit Anm. *Rietschel,* LM EGBGB Art. 25 Nr. 4). Wenn jedoch der Pfleger seine Vertretungsmacht mißbraucht und der Vertragsgegner dies wußte, kann dieser keine Rechte aus dem Rechtsgeschäft herleiten (BGH WM **67,** 491). Er kann Verbindlichkeiten für den Erben eingehen, die Nachlaßverbindlichkeiten (§ 1967 Abs. 2) und im Falle des Nachlaßkonkurses Masseschulden sind, wie es auch die Kosten der Nachlaßpflegschaft und die Ansprüche des Nachlaßpflegers aus seiner Verwaltung (vgl. Rdn. 41, § 1959 Rdn. 5) sind. Der (noch unbestimmte) Erbe ist auch der „Pflegebefohlene" des Nachlaßpflegers im Sinne des § 61 Nr. 5 KO (RG **135,** 307); anders beim Nachlaßverwalter (RG aaO; vgl. § 1985 Rdn. 1).

29 Der vorläufige Erbe ist neben dem Nachlaßpfleger nach Maßgabe des § 1959 (vgl. Rdn. 7—11 dazu) verfügungsberechtigt; im Falle von Kollisionen sollen die allgemeinen Grundsätze entscheiden (Mot. **5,** 553).

30 Der Nachlaßpfleger kann auf die **Beschränkung der Haftung** des Erben nicht verzichten; er kann das Inventar für den Erben errichten (§ 1993 Rdn. 5), eine **Inventarfrist** kann ihm aber nicht gesetzt werden; doch ist er den Nachlaßgläubigern zur Auskunfterteilung über den Bestand des Nachlasses verpflichtet (§ 2012).

31 Die **Annahme und Ausschlagung** der Erbschaft, für die er bestellt ist, für eine bestimmte Person liegt nicht in den Aufgaben des Nachlaßpflegers; wohl aber gegebenenfalls die Annahme und (mit Genehmigung des Nachlaßgerichts) Ausschlagung einer dem Erblasser angefallenen Erbschaft, sowie die Geltendmachung von Erbschaftsansprüchen aus einer solchen.

32 Er kann weder einen Erbschein (KGJ **40,** 37; **41,** 94 beantragen, noch gegen die Erteilung eines Erbscheins Beschwerde einlegen (Celle JR **50,** 58). Nachlaßverwaltung zur Abwehr der unbeschränkten Haftung für den Miterben kann er nicht beantragen (KG JFG **21,** 213; *Boehmer* JW **32,** 1389). Wegen des Erbschaftsanspruchs aus der vom Nachlaßpfleger verwalteten Erbschaft vgl. § 2018 Rdn. 3.

33 **5. Haftung für den Nachlaßpfleger**

Aus **schuldhaftem Verhalten** des Nachlaßpflegers haftet gemäß § 278 der Erbe, wie der Mündel aus Handlungen des Vormundes, jedoch, da er nur als Erbe gesetzlich vertreten wird, nur als solcher, also mit der Möglichkeit der Beschränkung der Haftung auf den Nachlaß, wie bei sonstigen Nachlaßverbindlichkeiten (*Planck/Flad* Vorbem. 5 c 3 vor § 1942).

34 **6. Haftung des Nachlaßpflegers**

Zu den **Nachlaßgläubigern** steht der Nachlaßpfleger des § 1960 (im Unterschiede von dem Nachlaßverwalter, vgl. § 1985 Rdn. 14) in keinem Vertragsverhältnis; daher haftet er ihnen, abgesehen von der Verletzung der ihm besonders auferlegten **Auskunftspflicht** (s. oben), nur aus unerlaubter Handlung; § 1985 Abs. 2 ist ausdrücklich nur für den Nachlaßverwalter gegeben und kann auf den Nachlaßpfleger des § 1960 auch sinngemäß keine Anwendung finden (vgl. auch Mot. **5,** 552; aM *Planck/Flad,* Vorbem. 5 c, vor § 1942, der zu Unrecht für seine Ansicht sich auf Prot. 5, 669 beruft, die nur von der dem Nachlaßpfleger besonders auferlegten Auskunftspflicht sprechen).

7. Aufhebung der Nachlaßpflegschaft 35

Die Beendigung der Nachlaßpflegschaft erfolgt nicht schon durch Wegfall ihres Grundes, sondern nur durch Aufhebung von seiten des Nachlaßgerichts (RG **106,** 48; Rdn. 17), nach Wegfall ihrer Voraussetzungen von Amts wegen oder auf Antrag des endgültigen Erben, dem gegen die Ablehnung Beschwerde zusteht (vgl. § 1919 u. Anm. dazu; FGG § 20); der Pfleger hat den Nachlaß dem endgültigen Erben herauszugeben und über die Verwaltung Rechnung zu legen, die vom Nachlaßgericht zu prüfen ist (so RG WarnRspr **15** Nr. 264). Solange es ihm noch zweifelhaft erscheint, wer der wirkliche Erbe ist, hat das Nachlaßgericht die Pflegschaft nicht aufzuheben; umfangreiche eigene Ermittlungen zum Zwecke der Aufhebung braucht er nicht anzustellen (KGJ **52,** 59).

Die Aufhebung hat erst zu erfolgen, wenn feststeht, daß eine bestimmte Person oder mehrere endgültige Erben geworden sind (RG Recht **17** Nr. 1837). Steht die Person des endgültigen Erben zuverlässig fest, so ist die Aufhebung der Nachlaßpflegschaft nicht von der Beibringung eines Erbscheins abhängig (*Greiser* JW **33,** 2194; vgl. auch oben Rdn. 4). Die Eröffnung des Nachlaßkonkurses ist kein Grund für die Aufhebung (Hamburg RJA **3,** 179; OLG **5,** 436; KGJ **38** A 116). Liegen die Voraussetzungen der Fürsorge nur für den Anteil eines Miterben vor, so hat sich die Pflegschaft auf diesen zu beschränken (KGJ **45,** 106; **48,** 77). Ist die Erteilung eines gemeinschaftlichen Erbscheins wegen der noch zu erwartenden Geburt eines Miterben unzulässig, so kann für dessen Anteil ein Pfleger bestellt werden (KG RJA **12,** 99). 36

Das Nachlaßgericht hat von sich aus darüber zu wachen, ob die Voraussetzungen für die Anordnung der Pflegschaft noch bestehen. Ergibt sich im Verlauf eines Verfahrens um Genehmigung eines Vertrages durch das Nachlaßgericht, daß die Voraussetzungen für die Anordnung der Nachlaßpflegschaft fortgefallen sind oder daß sie von Anfang an nicht gegeben waren, so ist die Genehmigung nicht zu erteilen, vielmehr muß die Pflegschaft aufgehoben werden (München DR **43,** 491). Verzögert der Nachlaßrichter schuldhaft die Aufhebung der Nachlaßpflegschaft, so haftet er dem Erben für den hierdurch entstandenen Schaden (RG **154,** 114). 37

Über den Auseinandersetzungspfleger vgl. 11. Aufl. § 2042 Anm. 5.

VI. Aktiv- und Passivprozesse des Nachlaßpflegers 38

Die in Abs. 3 enthaltene Bestimmung bedeutet, daß die gegen den vorläufigen Erben vor der Annahme unzulässige Rechtsverfolgung gegen den Nachlaßpfleger statthaft ist, auch wenn er nicht gemäß § 1961 zu diesem Zwecke besonders bestellt worden ist. Er ist **aktiv und passiv** für den Nachlaß betreffende Rechtsstreitigkeiten **legitimiert,** und auch für Ansprüche aus Vermächtnissen, Auflagen und Pflichtteilsrechten. Wegen der Armenrechtsbewilligung oben Rdn. 20.

Ein durch den **Tod des Erblassers unterbrochenes** oder wegen des Todes ausgesetztes Verfahren kann für und gegen den Nachlaßpfleger aufgenommen werden (ZPO §§ 243, 241, 246 Abs. 2). Das gegen ihn erwirkte Urteil schafft materielle Rechtskraft für und gegen den endgültigen Erben, da dieser im Rechtsstreite durch ihn vertreten war (Mot. zur ZPO-Novelle von 1898, 111). Gegen den Erben kann aus einem gegen den Nachlaßpfleger ergangenen Urteil die Zwangsvollstreckung betrieben werden; die Klausel ist ohne Anwendung der §§ 727, 730, ZPO, wenn erforderlich, auf den Namen des Erben zu stellen, da es sich nicht um eine Rechtsnachfolge, sondern nur um die Aufdeckung des wahren Sachverhalts handelt (*Stein/Jonas/Münzberger* ZPO § 727 I 3; *Eccius Gruchot* **43,** 610). 39

Der Erbe kann die **Beschränkung der Haftung** geltend machen, ohne daß sie in dem gegen den Nachlaßpfleger ergangenen Urteile vorbehalten ist (§ 780 Abs. 2 ZPO). Der 40

Nachlaßpfleger kann das Aufgebot der Nachlaßgläubiger beantragen (§ 991 Abs. 2 ZPO); ebenso die Zwangsversteigerung eines zum Nachlasse gehörigen Grundstücks (§ 175 ZVG), die Eröffnung des Nachlaßkonkurses (§ 217 Abs. 1 KO) sowie die Eröffnung des Nachlaßvergleichsverfahrens (§ 113 Nr. 1 VerglO); auch Eintragungen im Grundbuch kann er bewilligen (§ 40 GBO).

41 **VII. Kosten der Nachlaßsicherung**

Die Kosten der Nachlaßsicherungsmaßnahmen fallen den Nachlasse oder, wenn sie nur auf die Anteile einzelner Miterben beschränkt waren (oben Rdn. 8) den betreffenden Miterben zur Last (vgl. § 6 Satz 1 KostO). Sie sind im Falle des Nachlaßkonkurses Masseschulden (§ 224 Nr. 4 KO: vgl. auch § 113 Nr. 6 VerglO). Das gilt auch von den Kosten der nach § 1961 bestellten Nachlaßpflegschaft (KG DJZ **03,** 202; KGJ **33** A 90; BayObLG **19** A 24).

Gebühren: KostO §§ 52, 104, 106.

§ 1961

Das Nachlaßgericht hat in den Fällen des § 1960 Abs. 1 einen Nachlaßpfleger zu bestellen, wenn die Bestellung zum Zwecke der gerichtlichen Geltendmachung eines Anspruchs, der sich gegen den Nachlaß richtet, von dem Berechtigten beantragt wird.

E I 2059 Abs. 2 II 1838 Abs. 1; M **5,** 546; P **5** 666, 667.

Nachlaßpfleger zur Geltendmachung von Ansprüchen gegen den Nachlaß

Übersicht

1 **I. 1. Voraussetzungen für die Anordnung der Pflegschaft**

Die Verweisung auf § 1960 Abs. 1 kann nicht den Sinn haben, daß auch hier ein Bedürfnis für die Sicherung des Nachlasses im allgemeinen bestehen müsse. Es genügt, daß ein Nachlaßgläubiger jemandes bedarf, gegen den er seine Rechte verfolgen oder nach dem Tode des ursprünglichen Beklagten weiter verfolgen kann. Dies ist immer der Fall, wenn der Erbe oder Miterbe unbekannt ist oder noch nicht angenommen hat oder ungewiß ist, ob er angenommen hat (vgl. dazu § 1960 Rdn. 1—6), und nicht anderweit, insbesondere durch Bestellung eines Testamentsvollstreckers, Ersatz geschaffen ist (§ 2213).

2 Nur in dieser Beschränkung hat der Gläubiger das Bedürfnis glaubhaft zu machen. Insbesondere bedarf es keiner Glaubhaftmachung des Anspruchs (wie nach § 1994 Abs. 2), sondern nur der Tatsache, daß er, wenn nötig, zur gerichtlichen Geltendmachung eines gewissen näher bezeichneten (nicht offenbar mutwilligen) Anspruchs entschlossen sei. Jeder, der einen Anspruch gegen den Nachlaß geltend machen will, ist berechtigt, die Bestellung zu beantragen, auch der Vermächtnisnehmer, auch wegen dinglicher Ansprüche.

Zulässig ist die Bestellung eines Nachlaßpflegers ebenfalls, wenn ein Miteigentümer des Erblassers zum Zwecke der Aufhebung der Gemeinschaft die Zwangsversteigerung des Grundbesitzes beantragt hat (Düsseldorf NRWJMBl **54**, 83). Die Bestellung des Nachlaßpflegers muß erfolgen und ist nicht wie in § 1960 Abs. 2 in das Ermessen des Gerichts gestellt. Aus § 12 FGG ergibt sich die selbständige Ermittlungspflicht des Gerichts (KGJ **33** A 90; OLG **32**, **46**; Rostock OLG **4**, 420). Die Bestellung darf nicht abgelehnt werden, wenn dem Antragsteller wegen Weitläufigkeit oder Schwierigkeit der erbrechtlichen Verhältnisse in tatsächlicher oder rechtlicher Hinsicht die Beschaffung der Unterlagen für den Erbschein oder des Nachweises der Passivlegitimation für den Prozeß nicht zugemutet werden kann (KGJ **46**, 128). **3**

Auch dann hat die Bestellung des Nachlaßpflegers zu erfolgen, wenn gegen den im Inland befindlichen Nachlaß eines Ausländers ein Anspruch geltend gemacht werden soll (KG JW **34**, 909; JFG **15**, 82; München JFG **16**, 98; v. *Karger* JW **33**, 147. Voraussetzung ist jedoch, daß sich im Inland Vermögen des Erblassers befindet, in das vollstreckt werden kann (OLG Hamm JMBL NRW **62**, 209). **4**

2. Nachlaßpfleger auf Antrag des Finanzamts **5**

Bestellung eines Nachlaßpflegers zum Zwecke der Geltendmachung von Steueransprüchen auf Antrag des Finanzamts: AbgO § 106 Abs. 3 (vgl. München JFG **16**, 98 hinsichtlich des Nachlasses eines Ausländers).

3. Kosten **6**

Ein Kostenvorschuß kann gemäß § 8 KostO verlangt werden. Gebühren: KostO § 106. Die Vorschriften über das Armenrecht finden Anwendung (§ 14 FGG), insbesondere die über die Beiordnung eines Rechtsanwalts § 116 ZPO, § 235 BR AnwO v. 6. August 1959, BGBl I 565; jetzt wohl auch § 116 a ZPO.

II. Amt des Pflegers **7**

Der einmal bestellte Pfleger ist Nachlaßpfleger im vollen Umfange der sonst diesem zustehenden Befugnisse (§ 1960 Rdn. 38—40), nicht bloß Vertreter im Prozesse (ZPO § 53), es sei denn, daß er nur neben dem Testamentsvollstrecker (zum Zwecke der Verfolgung des Pflichtteilsanspruchs, § 2213 Abs. 1) oder neben dem bereits bestellten Nachlaßpfleger wegen Widerstreits der Interessen nur für eine einzelne Angelegenheit, den Prozeß, bestellt wäre (BayObLGZ **60**, 93). Abgesehen hiervon (§ 1918 Abs. 3) erlischt sein Amt nur gemäß § 1919 mit der Aufhebung durch das Nachlaßgericht.

Die Kosten der Pflegschaft gehören auch hier zu den Nachlaßverbindlichkeiten (§ 1960 Rdn. 28, 41), treffen deshalb nicht den Gläubiger. Beschwerderecht des Gläubigers bei Ablehnung, FGG § 57 Nr. 3. Einstweiliger besonderer Vertreter des Erben für die Zwangsvollstreckung, ZPO § 779 Abs. 2.

§ 1962

Für die Nachlaßpflegschaft tritt an die Stelle des Vormundschaftsgerichts das Nachlaßgericht.

E I 2061 II 1839; M **5** 549; P **5** 667; **6** 338.

Die im übrigen gebotene Anwendung der Vorschriften des BGB über die Pflegschaft und des FGG über Vormundschaftssachen (vgl. § 1960 Rdn. 16) wird hier dadurch durchbrochen, daß **an Stelle des Vormundschaftsgerichts das Nachlaßgericht** tritt. Doch findet nach § 75 Satz 2 Halbsatz 2 FGG die Vorschrift des § 46 FGG, wonach das Vormundschaftsgericht die Pflegschaft unter Umständen an ein anderes Vormundschaftsgericht abgeben kann, auf die Nachlaßpflegschaft in der Weise Anwendung, daß die Abgabe nach Maßgabe dieser Vorschrift an ein anderes Nachlaßgericht erfolgen kann.

§ 1963

Ist zur Zeit des Erbfalls die Geburt eines Erben zu erwarten, so kann die Mutter, falls sie außerstande ist, sich selbst zu unterhalten, bis zur Entbindung angemessenen Unterhalt aus dem Nachlaß oder, wenn noch andere Personen als Erben berufen sind, aus dem Erbteile des Kindes verlangen. Bei der Bemessung des Erbteils ist anzunehmen, daß nur ein Kind geboren wird.

E I 2027 II 1840; M **5** 489—491; P **5** 614—618.

Unterhaltsanspruch der Mutter

Übersicht

1 **I. Der zu erwartende Erbe**

Er kann als Abkömmling oder sonstiger Verwandter des Erblassers kraft Gesetzes oder auch als gewillkürter Erbe durch Verfügung von Todes wegen berufen sein. Er muß zur Zeit des Erbfalls bereits erzeugt sein (§ 1923 Abs. 2). Der Anspruch steht auch der Mutter eines nichtehelichen Kindes zu, das nach § 1923 erbberechtigt ist oder einen Erbersatzanspruch hat.

2 Ist er nicht unmittelbar mit dem Erbfalle, sondern nur für den Fall des Wegfalls eines zunächst Berufenen durch Ausschlagung (§ 1953) oder Erbunwürdigkeit (§ 2344) berufen oder als Ersatzerbe oder unter einer Bedingung eingesetzt, so ist nach dem Wortlaute der Vorschrift ein Anspruch nicht gegeben, da zur Zeit des Erbfalls seine Geburt als die eines Erben noch nicht zu erwarten ist; eine Ausdehnung der Vorschrift über den Wortlaut hinaus würde ihrem Sinn widersprechen. Der Anspruch besteht jedoch, sobald der Nächstberufene weggefallen ist (*Planck/Flad*, § 1963 Anm. 2 a; *Palandt/Keidel*, § 1963 Anm. 1; *Erman/Bartholomeyczik*, § 1963 Rdn. 4; anders die 11. Auflage an dieser Stelle.

3 Für die Mutter eines von der Erbschaft ausgeschlossenen Pflichtteilsberechtigten oder eines Vermächtnisnehmers besteht kein Unterhaltsanspruch.

4 **II. Die Mutter als Anspruchsberechtigte**

Die Mutter jedes Erben, auch die außereheliche, nicht etwa nur die Witwe des Erblassers; auch mehrere Mütter zu erwartender Miterben können unterhaltsberechtigt sein.

III. Umfang des Anspruchs, Entbindungskosten, Wochenbettkosten 5

Die Mutter kann Unterhalt „bis zur Entbindung" beanspruchen, d. h. bis zu ihrer Vollendung, also einschließlich der Entbindungskosten, die auch zum Unterhalt gehören, ebenso wie die durch die Schwangerschaft gesteigerten Kosten des Lebensbedarfs für ärztliche Behandlung, gesundheitliche Maßregeln usw. (§ 1610 Abs. 2). Dagegen sind die Kosten des Wochenbetts und die sonstigen infolge der Entbindung, etwa durch Krankheit der Mutter, entstehenden Kosten ausgeschlossen. Das Gesetz will nur in der Mutter das Kind bis zu seiner Loslösung von der Mutter durch die Geburt schützen, indem es für die Mutter sorgt (Mot. 5, 489).

IV. Angemessener Unterhalt 6

Er wird gemessen an der Lebensstellung der Mutter (§ 1610 Abs. 1) und (wie in § 1602 Abs. 1) nur, soweit sie außerstande ist, sich selbst zu unterhalten, auch durch ihrem Stande angemessene Arbeit. Unterhaltspflicht von Verwandten (§§ 1601 ff) schließt den Anspruch nicht aus. Die entsprechende Anwendung von Vorschriften über die Unterhaltspflicht der Verwandten ist nicht ausdrücklich vorgeschrieben; doch wird ihrer Anwendung, soweit sie dazu geeignet, nichts entgegenstehen; so § 1613 (Anspruch für die Vergangenheit), § 1614 (Verzicht auf Unterhalt für die Zukunft), § 1612 (Geldrente, und zwar gemäß § 760 im voraus, jedoch wohl nicht unter allen Umständen für drei Monate, sondern in angemessenen Zeitabschnitten je nach der zu erwartenden Schwangerschaftsdauer).

V. 1. Rechtliche Natur des Anspruchs 7

Der Unterhaltsanspruch gehört nicht wie der Voraus (§ 1932) oder der Dreißigste (§ 1969 Abs. 2) zu den sog. gesetzlichen Vermächtnissen. Die besonderen auf Vermächtnisse bezüglichen Vorschriften (§§ 1972, 1991 Abs. 4, 1992, 2345) finden mithin keine Anwendung. Er bildet vielmehr eine gewöhnliche, den Erben als solchen treffende Nachlaßverbindlichkeit (§ 1967 Abs. 2).

Der Anspruch ist nicht auf die Einkünfte des Nachlasses beschränkt, auch nicht von 8
dessen Wert abhängig und wohl auch einem überschuldeten Nachlasse gegenüber nicht ausgeschlossen (aM *Strohal* II § 67 I; *Planck/Flad* Anm. 4 a). Im Nachlaßkonkurse bildet er eine gewöhnliche Konkursforderung.

Dadurch, daß der Erbe nicht lebend geboren wird, fällt der rechtliche Grund für 9
den Unterhalt der Mutter nicht fort; wohl aber ist ein solcher nicht vorhanden, wenn sie überhaupt nicht schwanger war oder nicht mit einer zum Erben berufenen Leibesfrucht; in diesen Fällen findet ein Bereicherungsanspruch (§ 812), gegebenenfalls auch ein Schadensersatzanspruch aus unerlaubter Handlung (§ 826) gegen sie statt.

2. Anspruchsgegner 10

Ist der Erbe, dessen Geburt erwartet wird, als Alleinerbe zur Erbschaft berufen, so richtet sich der Anspruch der Mutter **gegen den Nachlaß** und ist gegen einen nach § 1960 bestellten oder nach § 1961 aus diesem Anlasse zu bestellenden Nachlaßpfleger gerichtlich geltend zu machen.

Sehr zweifelhaft und bestritten ist aber, wie sich die Sache gestaltet, wenn der zu 11
erwartende Erbe nur als Miterbe neben anderen berufen ist. Das Gesetz sagt, daß in solchem Falle die Mutter Unterhalt **„aus dem Erbteile des Kindes"** verlangen kann. Wollte man das wörtlich nehmen, so würde es ihr unmöglich oder doch sehr erschwert sein, vor der Entbindung Unterhalt zu erlangen, da der Erbteil des Kindes nicht ausgeschieden

und bis dahin nicht ausscheidbar ist (§ 2043); sie würde also darauf angewiesen sein, den Erbteil des Kindes zu pfänden (§ 859 Abs. 2 ZPO) und zu versuchen, etwa durch Veräußerung, über ihn zu ihrer Befriedigung zu verfügen (§ 2033); erst nach der Entbindung könnte sie, falls ein Erbe geboren wird, auf Grund der Pfändung des Erbteils die Auseinandersetzung betreiben. Wird kein Erbe geboren, so ist überhaupt kein ausscheidbarer Erbteil vorhanden. Deshalb muß angenommen werden, daß auch der Anspruch der Mutter eines zu erwartenden Miterben sich gegen den ganzen Nachlaß richtet. Er ist gegen die Gesamtheit der Erben, einschließlich eines für den nasciturus zu bestellenden Pflegers, zu erheben. Der Nachlaß haftet aber nur bis zur Höhe des dem zu erwartenden Erben zufallenden Erbteils nach Maßgabe einer nötigenfalls vorzunehmenden Abschätzung (so *Binder* I 210; vgl. auch Mot. **5**, 490; Prot. **5**, 616; jetzt auch *Planck/Flad* Anm. 4 b).

12 **3. Regelung durch einstweilige Verfügung**

Die Alimentationspflicht kann auch durch einstweilige Verfügung nach § 940 ZPO geregelt und der Nachlaßpfleger oder die Miterben dadurch zu Zahlungen an die Mutter angehalten werden (RG **9**, 334; **27**, 429).

13 **VI. Bemessung des Erbteils**

Für die Bemessung des Erbteils, aus dem die Mutter eines zu erwartenden Miterben ihren Unterhaltsanspruch geltend machen kann (vgl. Rdn. 10, 11), bleibt nach Satz 2 die Möglichkeit, daß Zwillinge, Drillinge usw. geboren werden und dadurch den Nachgeborenen ein größerer Erbteil zufallen könnte als im Fall einer Einzelgeburt grundsätzlich außer Betracht. Der Höchstbetrag wird unter Zugrundelegung der Annahme bemessen, daß nur **ein Kind** geboren wird. Auch nachträglich findet nicht etwa eine Erhöhung statt, wenn mehrere Kinder geboren werden.

§ 1964

Wird der Erbe nicht innerhalb einer den Umständen entsprechenden Frist ermittelt, so hat das Nachlaßgericht festzustellen, daß ein anderer Erbe als der Fiskus nicht vorhanden ist.

Die Feststellung begründet die Vermutung, daß der Fiskus gesetzlicher Erbe sei.

E I 2067 Abs. I, 4 II 1841 Abs. I; M **5** 555; P **5** 670; **6** 338, 395.

Feststellung des Erbrechts des Fiskus

Übersicht

1 **I. Ermittlung des Erben durch das Nachlaßgericht**

Aus der Vorschrift ergibt sich, daß die Fürsorge des Nachlaßgerichts (§ 1960) bei Unbekanntheit des Erben (§ 1960 Rdn. I Fall b) sich von Amts wegen auch auf die Ermittlung des Erben zu erstrecken hat (RG **164**, 237). Es kann dazu einen Nachlaßpfleger bestellen (§ 1960 Abs. 2). Wie weit die Ermittlungen auszudehnen sind und welche Frist den Umständen entspricht, ist dem pflichtmäßigen Ermessen des Nachlaßgerichts überlassen (KG RJA **9**, 217). Einsichtnahme in die Ermittlungen § 78 FGG. Die Ermittlung des Erben erfolgt gebührenfrei (KostO § 105). Gebühr für das Verfahren zur Feststellung des Erbrechts des Fiskus: KostO § 110.

II. Feststellung des Erbrechts des Fiskus 2

Steht fest, daß ein nicht von der Erbschaft ausgeschlossener Verwandter vorhanden ist, so ist die Feststellung ausgeschlossen (BayObLG JW **35**, 2518), und zwar auch dann, wenn nicht ermittelt werden kann, ob nähere Verwandte vorhanden sind oder, wenn welche vorhanden waren, ob sie fortgefallen sind (KG RJA **7**, 178).

Gegen die Feststellung steht einem übergangenen Erben und dem Fiskus (KGJ **27** 3
A 49; **29** A 4; **39** A 88) die (nicht befristete) Beschwerde zu, dem Erben auch dann noch, wenn dem Fiskus bereits ein Erbschein erteilt ist (BayObLG JW **35**, 2518); gegen die Ablehnung der Feststellung dem Fiskus (FGG §§ 19 ff) und jedem Nachlaßgläubiger, da diese ihre Ansprüche gegen des Fiskus als Erben nach § 1966 erst geltend machen können, wenn dessen Erbrecht festgestellt ist (BayObLG NJW **58**, 260). Der Erbe, der ausgeschlagen hat, hat auch dann kein Beschwerderecht, wenn die Feststellung des Erbrechts des Fiskus mit der Begründung abgelehnt worden ist, der Erbe habe verspätet ausgeschlagen oder die Erbschaft bereits vorher angenommen (München JFG **16**, 109; KG RJA **11**, 269).

Ist der Fiskus selbst Erbe kraft Verfügung von Todes wegen, so hat eine Feststel- 4
lung nicht (wie der Wortlaut annehmen lassen könnte) zu erfolgen; das ergibt sich aus der durch Abs. 2 der Feststellung beigelegten Vermutung, daß der Fiskus gesetzlicher Erbe sei.

Der Fiskus kann als gesetzlicher Erbe auch Vorerbe sein (§ 2105 Abs. I).

Fällt auf Grund landesgesetzlicher Vorschriften (11. Aufl. § 1936 Anm. 8) der 5
Nachlaß statt an den Fiskus an eine andere Körperschaft des öffentlichen Rechts, so hat die Feststellung, daß diese gesetzlicher Erbe, in entsprechender Weise zu erfolgen. Auch bei Anfall von Vereins- oder Stiftungsvermögen an den Fiskus findet ein entsprechendes Feststellungsverfahren statt (§ 46, vgl. Rdn. I dazu, § 88).

III. Wirkung der Feststellung. Vermutung nach Abs. 2 6

Vgl. über das gesetzliche Erbrecht des Fiskus § 1936 und die Anmerkungen dazu. Gegen die Vermutung ist der Beweis des Gegenteils zulässig, ZPO § 292. Ebenso beim Erbschein, § 2365, der nach § 2353 auf Antrag auch dem Fiskus zu erteilen ist. Die Vermutung des Abs. 2 allein gewährt aber Dritten noch nicht den Schutz der §§ 2366, 2367. Sie kann von dem wahren Erben nicht bloß im Prozesse, sondern auch in einem von ihm zu beantragenden Erbscheinverfahren widerlegt werden. Das Nachlaßgericht ist, trotz der zugunsten des Fiskus getroffenen Feststellung, zur Einleitung dieses Verfahrens und nach Befinden zur Erteilung des Erbscheins an den neu ausgewiesenen Erben verpflichtet (KGJ **39** A 88). Auch von Amts wegen kann es die getroffene Feststellung aufheben, falls es sie nachträglich für ungerechtfertigt erachtet (§ 18 Abs. I FGG).

Die Verfügung über die als erblos festgestellten Nachlaßmassen steht den Landesregierungen oder den von ihnen bestimmten Stellen zu (Art. 2 der VO v. 18. 3. 1935, RGBl I 381).

§ 1965

Der Feststellung hat eine öffentliche Aufforderung zur Anmeldung der Erbrechte unter Bestimmung einer Anmeldungsfrist vorauszugehen; die Art der Bekanntmachung

und die Dauer der Anmeldungsfrist bestimmen sich nach den für das Aufgebotsverfahren geltenden Vorschriften. Die Aufforderung darf unterbleiben, wenn die Kosten dem Bestande des Nachlasses gegenüber unverhältnismäßig groß sind.

Ein Erbrecht bleibt unberücksichtigt, wenn nicht dem Nachlaßgerichte binnen drei Monaten nach dem Ablaufe der Anmeldungsfrist nachgewiesen wird, daß das Erbrecht besteht oder daß es gegen den Fiskus im Wege der Klage geltend gemacht ist. Ist eine öffentliche Aufforderung nicht ergangen, so beginnt die dreimonatige Frist mit der gerichtlichen Aufforderung, das Erbrecht oder die Erhebung der Klage nachzuweisen.

E I 2067 Abs. 1—3 II 1841 Abs. 2, 3; M **5** 554—556; P **5** 670; **6** 338.

Öffentliche Aufforderung zur Anmeldung

Übersicht

1 **I. Bekanntmachung der Aufforderung**

ZPO §§ 948, 949; Anmeldungsfrist mindestens sechs Wochen (§ 950). Für den Inhalt der Aufforderung ist § 947 nicht maßgebend; doch wird auch hier außer der Aufforderung die Bezeichnung des an die Unterlassung der Anmeldung geknüpften Rechtsnachteils, daß nämlich die in § 1964 bezeichnete Feststellung getroffen werden würde, angemessen sein. Auch wenn nach Ablauf der Anmeldungsfrist, aber vor dem Feststellungsbeschlusse, noch eine Anmeldung erfolgt, ist die dreimonatige Frist des Abs. 2 abzuwarten; nicht dagegen, wenn keine Anmeldung erfolgt ist (KGJ **36** A 67; *Planck/Flad* Anm. 3 a α).

2 **II. Unterbleiben der öffentlichen Aufforderung**

Unterbleibt die öffentliche Aufforderung, so hat, falls eine Anmeldung erfolgt oder dem Nachlaßgericht sonst ein Erbansprecher bekannt geworden ist, an diesen eine gerichtliche Aufforderung zum Nachweise des Erbrechts oder der Klageerhebung zu ergehen, mit welcher die dreimonatige Frist des Abs. 2 beginnt (Schlußsatz). Andernfalls kann die Feststellung sofort nach Abschluß der Ermittlungen, ohne Abwarten der Dreimonatsfrist des Abs. 2, erfolgen (KGJ **36** A 67; aM *Planck/Flad* Anm. 3 b). — Ähnlich für das Aufgebot der Nachlaßgläubiger bei überschuldetem Nachlasse § 1980 Abs. 2 Satz 2 Halbsatz 2.

3 **III. Zur Auslegung des Abs. 2**

1. Allgemeines

Ist nach öffentlicher Aufforderung ein Erbrecht angemeldet (Abs. 1 Satz 1; vgl. Rdn. 1) oder ist eine gerichtliche Aufforderung nach Abs. 2 Satz 2 ergangen (vgl. Rdn. 2), so hat das Nachlaßgericht **drei Monate** von dem Ablaufe der Anmeldungsfrist bzw. von der Zustellung der Aufforderung ab **zu warten.**

Das Nachlaßgericht stellt durch Beschluß fest, daß ein anderer Erbe als der Fiskus nicht vorhanden ist, wenn sich innerhalb dieser Frist niemand, der das Erbrecht für sich in Anspruch nimmt, meldet.

2. Prüfung der Berechtigung von Erbprätendenten 4

Das Erbrecht von Personen, die ein solches für sich in Anspruch nehmen, kann nur berücksichtigt werden, wenn diese Erbprätendenten innerhalb der Frist dem Nachlaßgericht entweder ihr Erbrecht oder die Tatsache nachweisen, daß sie dieses Recht gegen den Fiskus im Wege der Klage geltend gemacht haben. Im letzten Fall hat die Feststellung des Erbrechts des Fiskus bis auf weiteres zu unterbleiben. Dabei genügt jedoch der Nachweis einer vom Fiskus erhobenen negativen Feststellungsklage nicht, vielmehr ist eine positive Feststellungsklage oder Widerklage des Erbansprechers erforderlich.

Soweit neben dem Fiskus das angebliche Erbrecht anderer Personen zu berücksichtigen ist, hat das Nachlaßgericht darüber zu befinden, ob das Erbrecht des Fiskus durch die Erbberechtigung einer dieser Personen ausgeschlossen ist. Dabei hat der Erbprätendent den von ihm verlangten Nachweis im Falle der gesetzlichen Erbfolge schon geführt, wenn er dartut, daß er für den Fall als gesetzlicher Erbe in Betracht kommt, falls andere Personen, die ihm in der gesetzlichen Erbfolge an sich vorgehen, vor dem Erblasser verstorben sein sollten (vgl. § 1964 Rdn. 2). 5

Erachtet das Nachlaßgericht den von dem Erbprätendenten versuchten Beweis des Erbrechts nicht für ausreichend, so wird es den Erbansprecher, wenn möglich rechtzeitig, auf den Weg der Klage zu verweisen haben. Ist der Nachweis der Klageerhebung erbracht, so wird es von Amts wegen den Prozeß im Auge zu behalten und bei Säumigkeit des Erbansprechers ihm eine Frist zur Fortführung zu setzen haben, nach deren fruchtlosem Ablauf die Feststellung erfolgen kann. 6

Feststellung unter Vorbehalt (wie früher nach preuß. Recht, RG **8**, 243), ist nach BGB nicht zulässig, das Verfahren ist vielmehr bis zur Entscheidung des Rechtsstreites auszusetzen. 7

3. Feststellungsbeschluß des Nachlaßgerichts 8

Ist das Nachlaßgericht überzeugt, daß ein anderer als der Fiskus als Erbe nicht vorhanden ist, so erläßt es einen Beschluß, in dem diese Feststellung getroffen wird. Etwa übergangenen Erben steht gegen diesen Beschluß die fristlose Beschwerde nach §§ 19 ff FGG zu. Allerdings kann derjenige, der sein Erbrecht in dem ordnungsgemäß durchgeführten Verfahren nicht angemeldet und verfolgt hat, keine Beschwerde führen (KGJ **39** A 89). Das Nachlaßgericht kann aber seine Feststellung jederzeit nach § 18 FGG wegen Unrichtigkeit von Amts wegen wieder aufheben, ebenso wie ein Erbschein, dessen Unrichtigkeit sich ergeben hat, jederzeit von Amts wegen nach § 2631 für kraftlos erklärt und eingezogen werden kann. Der untätige Erbe, der an sich kein Beschwerderecht hat, kann daher die Aufhebung der Feststellung nach § 18 FGG beantragen. Gegen die Ablehnung dieses Antrags steht ihm die Beschwerde zu (*Kipp/Coing* § 127 VI Anm. 10). Dadurch, daß der Erbe sein Recht in dem Verfahren nach §§ 1964 ff nicht geltend gemacht hat, verliert er dieses nicht (KG Rpfleger **70**, 339).

4. Ablehnung der Feststellung 9

Ist das Nachlaßgericht überzeugt, daß ein anderer als der Fiskus Erbe ist, so lehnt es durch Beschluß die Feststellung, daß ein anderer Erbe als der Fiskus nicht vorhanden ist, ab. Gegen diesen Beschluß steht dem Fiskus und den Nachlaßgläubigern (vgl. § 1964 Rdn. 3; BayObLG NJW **58**, 260) die einfache Beschwerde zu.

5. Bindung des Nachlaßgerichts an Entscheidungen des Prozeßgerichts 10

Zweifelhaft ist, wie weit das Nachlaßgericht bei seiner Entscheidung an rechtskräftige Urteile über das Bestehen oder Nichtbestehen des Erbrechts einzelner Erbprätendenten gebunden ist. Grundsätzlich ist eine solche Bindung nicht anzunehmen. Die sachliche Bedeutung einer im ordentlichen Rechtsgang ergangenen Entscheidung wird das Nachlaßgericht jedoch nach Lage des Einzelfalles zu würdigen und bei der Bildung seiner Überzeugung zu berücksichtigen haben.

11 Ist im Verhältnis des Erbprätendenten zum Fiskus rechtskräftig über das Bestehen oder Nichtbestehen des Erbrechts einer der beiden Parteien entschieden, dann ist das Nachlaßgericht an diese Entscheidung gebunden. Das Nachlaßgericht muß, wenn in einem solchen Rechtsstreit festgestellt ist, daß der Prätendent nicht Erbe geworden ist, wegen der zwischen den Parteien bestehenden Rechtskraft gleichfalls davon ausgehen, daß dieser Prätendent nicht als Erbe in Frage kommt. Die Feststellung des Erbrechts des Fiskus kann nicht getroffen werden, wenn in dem Verfahren das Erbrecht des Prätendenten rechtskräftig festgestellt ist. Denn die Vermutung, die damit nach § 1964 Abs. 2 auch dem Prozeßgegner gegenüber aufgestellt würde, würde gegen die Rechtskraft des Urteils verstoßen. Sie könnte auch diesem gegenüber praktisch nicht wirksam werden, da der Prätendent sich dem Fiskus gegenüber jederzeit zu ihrer Entkräftung auf die Rechtskraft des Urteils berufen könnte (*Planck/Flad* Anm. 5 c; *Kipp/Coing* § 127 II 2).

§ 1966

Von dem Fiskus als gesetzlichem Erben und gegen den Fiskus als gesetzlichen Erben kann ein Recht erst geltend gemacht werden, nachdem von dem Nachlaßgerichte festgestellt worden ist, daß ein anderer Erbe nicht vorhanden ist.

E I 1974 Abs. 5 II 1842; M **5** 380; P **5** 487—490.

1 I. Der **Fiskus** kommt hier nur als **gesetzlicher Erbe** (§ 1936) in Betracht. Im Falle der gewillkürten Erbfolge kann die Geltendmachung durch ihn ohne weiteres, gegen ihn nach der Annahme (§ 1958) erfolgen. Als Erbschaftsbesitzer (§ 2018) kann er ohne weiteres belangt werden.

2 II. Feststellung § 1964 Abs. I. Der Nachweis der Feststellung liegt dem Kläger ob; er tritt an die Stelle des Beweises der Annahme (§ 1958 Rdn. 1). Eine anderweite aktive und passive Legitimation des Fiskus ist ausgeschlossen; lehnt daher das Nachlaßgericht die Feststellung rechtskräftig ab, wozu es ungeachtet eines etwa zugunsten des Fiskus vorliegenden rechtskräftigen Feststellungsurteils befugt ist (vgl. § 1965 Rdn. 10), so kann ein Recht weder von ihm als gesetzlichem Erben noch von Nachlaßgläubigern gegen ihn geltend gemacht werden.

ZWEITER TITEL

Haftung des Erben für die Nachlaßverbindlichkeiten

Übersicht

Neueres Schrifttum:

Gaa, Die Vererbung von Unterlassungspflichten AcP 161, 433; *Bauer*, Die Haftung der Erben, **61**; *Herschel*, Haftung des Erben für Nachlaßverbindlichkeiten, Neue Wirtschaftsbriefe, **66**, 34; *Krautwig*, Die Erbenhaftung und die Möglichkeiten ihrer Beschränkung, Rheinische Notarkammer, **67**, 178; *Börner*, Das System der Erbenhaftung, JuS **68**, 53, 108; *Ossenbühl*, Die Rechtsnachfolge des Erben in die Polizei- und Ordnungspflicht, NJW **68**, 1992; *von Elm*, Die Vermögensabgabe des Erblassers, Betrieb **68**, 21; *Wieser*, Ersatzleistungen an Miterben bei Sachschäden, Festschrift für Heinrich Lange, **70**, 325 ff; *Noack*, Vollstreckung gegen Erben, JR **69**, 8; *Kieserling*, Die erbrechtliche Haftung des Miterben-Gesellschafters einer Personalgesellschaft bis zur Nachlaßerteilung. Diss. Münster, **71**; *Kröger*, Die Berücksichtigung künftiger Steuerschulden bei der Ermittlung des Nachlaßwertes in bürgerlichem Recht und im Steuerrecht, BB **71**, 647; *Westermann*, Haftung für Nachlaßschulden bei Beerbung eines Personengesellschafters durch eine Erbengemeinschaft AcP 1971, 1.

I. 1. a) Rechtsgeschichte, Regelung in ausländischen Rechten. Mit dem Vermögen 1
des Erblassers gehen auch seine Schulden auf den Erben über (§ 1922 Rdn. 10). Hierzu kommen neue durch Verfügungen von Todes wegen, durch den Erbfall selbst und durch Abwicklung des Nachlasses entstehende Verbindlichkeiten. Dies alles sind „**Nachlaßverbindlichkeiten**“ (Unterabschnitt I; §§ 1967 bis 1969). Ihr Schuldner ist, da es ein von seiner Person losgelöstes Nachlaßvermögen nicht gibt, der Erbe. Daraus folgt, daß alle Nachlaßverbindlichkeiten grundsätzlich gegen den Erben geltend zu machen sind.

Fraglich ist aber, in welchem Umfang der Erbe für die Nachlaßverbindlichkeiten 2
haften soll. Die verschiedenen Rechtsordnungen haben diese Frage unterschiedlich geregelt. Dem klassischen römischen Recht war eine Beschränkung der Erbenhaftung im allgemeinen unbekannt. Der Erbe mußte, wenn er die unbeschränkte Haftung für die Schulden nicht übernehmen wollte, die Erbschaft ausschlagen. Justinian führte allgemein die Möglichkeit einer Haftungsbeschränkung ein. Danach haftete der Erbe zwar im Grundsatz auch unbeschränkt. Er konnte aber seine Haftung auf den Nachlaß beschränken. Diese Möglichkeit hatte er, wenn er innerhalb einer bestimmten Frist ein amtliches Verzeichnis über den Nachlaß aufnehmen ließ. Dieses System war weitgehend Vorbild für die Regelung, die die Erbenhaftung in späterer Zeit fand. Das ALR, der Code civil und das ABGB haben sich ihm angeschlossen. Der Erbe muß aber, um sich die Wohltat der Haftungsbeschränkung zu erhalten, die Erbschaft mit Vorbehalt des Inventars annehmen.

3 Ähnlich ist die Erbenhaftung auch im italienischen Recht. Das Schweizer Recht knüpft gleichfalls an das eben erwähnte System an. Auf die unterschiedliche Regelung im einzelnen kann hier nicht näher eingegangen werden.

4 **b) Rechtspolitische Erwägungen.** Der Grundsatz der Universalsukzession müßte streng durchgeführt die unbeschränkte Erbenhaftung auslösen. Gegen die uneingeschränkte Durchführung dieses Prinzips sprechen die Folgen, die sich daraus für Dritte durch den Erbfall an sich nicht betroffner Personen ergeben. Der Erbe kann sich gegen die Übernahme der vielleicht drückenden Schuldenlast wehren, indem er die Erbschaft ausschlägt. Die Lage seiner Gläubiger kann aber erheblich beeinflußt werden, wenn plötzlich neue Gläubiger hinzutreten, mit denen sie bisher nicht rechnen konnten. Andererseits wird es für die Gläubiger des Erblassers oft ein unerwarteter und an sich durch die Gerechtigkeit nicht gebotener Gewinn sein, wenn auch das Vermögen des Erben für die Nachlaßverbindlichkeiten haftet. Es kann aber auch sein, daß ihre Lage durch den Erbfall verschlechtert würde. Reicht der Nachlaß an sich zur Befriedigung ihrer Ansprüche aus, so kann diese gefährdet sein, wenn die Gläubiger des Erben wegen ihrer Forderungen auch in das ererbte Vermögen vollstrecken können. Schließlich ist es erforderlich, eine Rangordnung zu bestimmen, nach der unter Umständen die verschiedenen Nachlaßverbindlichkeiten zu erfüllen sind. Es ist einleuchtend, daß Pflichtteilsverbindlichkeiten und Verbindlichkeiten aus Vermächtnissen und Auflagen hinter den sonstigen Nachlaßverbindlichkeiten zurücktreten müssen und daß die Pflichtteilsansprüche wiederum denen auf Erfüllung der Vermächtnisse und Auflagen vorzugehen haben (vgl. § 226 KO).

5 **2. a) Regelung und Erbenhaftung in den Entwürfen.** Der Entwurf I für das BGB schloß sich dem gemeinrechtlichen System der Haftungsbeschränkung durch Inventarerrichtung an. Danach hatte der Erbe, um seine Haftung zu beschränken, die Möglichkeit, Nachlaßkonkurs zu beantragen, oder er konnte die ihm aus dem Inventarrecht (Entw. I § 2092) erwachsende Abzugseinrede (Entw. I § 2133) geltend machen. Dadurch konnte er von der Forderung des Nachlaßgläubigers den Betrag abziehen, mit dem dieser bei einem Nachlaßkonkurs ausfallen würde. Wegen der danach noch bestehenden Forderung sollte der Erbe nicht nur mit dem Nachlaßvermögen, sondern auch mit seinem eigenen Vermögen haften.

6 Dieser Entwurf wurde durch die 2. Kommission erheblich umgestaltet. Die Abzugseinrede wurde im wesentlichen beseitigt und nur noch, allerdings in anderer Form, für den Fall des unzulänglichen Nachlasses aufrechterhalten. Als Mittel für die Haftungsbeschränkung wurden Nachlaßkonkurs und Nachlaßverwaltung vorgesehen.

7 **b) Grundsatz der Regelung des BGB.** Nach dem System des BGB haftet der Erbe für die Nachlaßverbindlichkeiten **grundsätzlich unbeschränkt,** d. h. sowohl mit dem ererbten als mit dem eigenen Vermögen. Er hat aber die Möglichkeit, seine Haftung zu beschränken. Solange er das nicht getan hat, haftet er nicht nur mit dem Nachlasse, sondern auch mit seinem sonstigen Vermögen, also zunächst unbeschränkt. Er kann aber, solange er dieses Recht nicht verloren hat, seine Haftung beschränken.

8 **II. Feststellung des Nachlaßvermögens. Möglichkeiten für die Haftungsbeschränkung**

Den Gefahren, die dem Erben dadurch drohen, daß er für die Nachlaßverbindlichkeiten grundsätzlich unbeschränkt haftet, kann er nach dem BGB in verschiedener Weise begegnen. Welche Möglichkeit er benutzt oder benutzen muß, um einer persönlichen Inanspruchnahme für die Nachlaßverbindlichkeiten zu entgehen, hängt von dem

Wert der zum Nachlaß gehörigen Vermögensgegenstände und dem Umfang der Nachlaßverbindlichkeiten ab.

1. Inventar 9

Um sich über den Bestand des Nachlasses zu unterrichten, kann der Erbe ein Inventar errichten (§ 1993), in dem die bei Eintritt des Erbfalls vorhandenen Nachlaßgegenstände und die Nachlaßverbindlichkeiten vollständig angegeben werden. Dadurch, daß der Erbe das Inventar errichtet, wird seine Haftung noch nicht beschränkt. Andererseits ist auch die Inventarerrichtung nicht in jedem Falle Voraussetzung für die Haftungsbeschränkung. Dennoch ist sie für die Berichtigung der Nachlaßverbindlichkeiten und die Haftung des Erben in verschiedener Hinsicht bedeutsam. Einerseits sichert sich der Erbe dadurch, daß er ordnungsgemäß ein Inventar errichtet, die Möglichkeit, seine Haftung auf den Nachlaß zu beschränken.

Das Inventar ermöglicht ihm weiter, sich auf die Vermutung des § 2009 zu berufen. 10
Danach wird im Verhältnis zwischen dem Erben und den Nachlaßgläubigern vermutet, das zur Zeit des Erbfalls weitere Nachlaßgegenstände als die in dem Inventar angegebenen nicht vorhanden sind. Diese Vermutung kann dem Erben in verschiedener Hinsicht bei der ihm obliegenden Beweislast zustatten kommen. Sie erleichtert ihm den Nachweis, daß der Nachlaß überschuldet ist und daß die Anordnung der Nachlaßverwaltung oder die Eröffnung des Nachlaßkonkurses wegen Mangels einer den Kosten entsprechenden Masse untunlich ist und damit die Voraussetzungen der §§ 1990 ff gegeben sind. Das Inventar erleichtert dem Erben, der seine beschränkte Haftung geltend macht, ferner den Nachweis, daß Vermögensgegenstände, in die der Nachlaßgläubiger die Zwangsvollstreckung betreibt, nicht zum Nachlaß gehören.

Andererseits können Verfehlungen, denen sich der Erbe bei der Inventarerrichtung 11
schuldig macht, dazu führen, daß er seine Haftung gegenüber den Nachlaßgläubigern nicht mehr beschränken kann. Diese Folge ergibt sich nach § 2005, wenn der Erbe
a) absichtlich eine erhebliche Unvollständigkeit der im Inventar enthaltenen Angabe der Nachlaßgegenstände herbeiführt,
b) in der Absicht, die Nachlaßgläubiger zu benachteiligen, bewirkt, daß nicht bestehende Nachlaßverbindlichkeiten in das Inventar aufgenommen werden,
c) die Auskunft, die er nach § 2003 Abs. 2 für die Aufnahme des Inventars erteilen muß, verweigert oder absichtlich in erheblichem Maße verzögert.

Damit hat der Erbe zugleich das — nunmehr zwecklos gewordene — Recht ver- 12
wirkt, das Aufgebotsverfahren oder die Anordnung der Nachlaßverwaltung oder die Eröffnung des Nachlaßvergleichsverfahrens zu beantragen (§ 2013; ZPO § 991 Abs. I; Vergleichsordnung § 113 Nr. 3). Dieselben Rechtsfolgen treten ein, wenn der Erbe das Inventar nicht innerhalb einer ihm vom Nachlaßgericht hierzu gesetzten Frist errichtet (§ 1994).

2. Das Aufgebot der Nachlaßgläubiger 13

Es ist geregelt in den §§ 1970—1974 und wird dem Erben vom Gesetz als Mittel gegeben, um zuverlässige Kenntnis von dem Umfang der Nachlaßverbindlichkeiten zu erlangen und um eine **teilweise Beschränkung seiner Haftung** zu erreichen. Hierzu führt das Aufgebot insofern, als der Erbe die durch das Aufgebot ausgeschlossenen Gläubiger auf dasjenige verweisen kann, was nach Befriedigung der nicht ausgeschlossenen Gläubiger von dem Nachlasse übrigbleibt, eine Wirkung, die auch ohne Aufgebot durch bloßen Zeitablauf einem sich verspätet meldenden Gläubiger gegenüber eintritt (§ 1974).

Inventarerrichtung und Aufgebot der Nachlaßgläubiger zusammen sind bei einem 14
nicht überschuldeten Nachlaß ein wirksames Mittel, um den Erben vor den Gefahren

zu bewahren, die ihm daraus drohen, daß er für die Nachlaßverbindlichkeiten grundsätzlich unbeschränkt haftet. Sie werden in der Regel bei kleineren Nachlässen durchaus ausreichend sein.

3. Möglichkeiten für die Haftungsbeschränkung

Zu einer Beschränkung der Haftung gegenüber der Allgemeinheit der Gläubiger führt

die Anordnung der Nachlaßverwaltung,
die Eröffnung des Nachlaßkonkurses,
die Eröffnung des Vergleichsverfahrens über den Nachlaß.

15 **a) Nachlaßverwaltung und Nachlaßkonkurs.** Wirkungen und Verfahren werden durch die §§ 1975—1989 und durch die KO §§ 214—235 geregelt. In beiden Fällen tritt für die Dauer des Verfahrens eine Absonderung der vermögensrechtlichen Persönlichkeit des Erben und seines Vermögens von dem Nachlasse ein: Nachlaßverbindlichkeiten können gegen ihn überhaupt nicht geltend gemacht werden; zur Empfangnahme von Leistungen, die zum Nachlasse geschuldet werden, ist er nicht berechtigt (KO § 8; BGB § 1984 Abs. I Satz 3); er kann verlangen, daß Maßregeln der Zwangsvollstreckung, die vorher gegen ihn in sein nicht zum Nachlasse gehöriges Vermögen vorgenommen sind, aufgehoben werden (§ 784 ZPO). Weitere Wirkungen vgl. §§ 1976, 1977. Über die Rechtslage nach Aufhebung der Nachlaßverwaltung und des Nachlaßkonkurses vgl. unten § 1975 Rdn. 9.

16 Ist Nachlaßverwaltung oder Nachlaßkonkurs nicht eröffnet, so ist jeder Nachlaßgläubiger berechtigt, gegen den Erben vorerst unbeschränkt vorzugehen und kann abwarten, ob der Erbe im Rechtsstreite sich die Beschränkung der Haftung vorbehalten läßt und sodann auf Grund dieses Vorbehalts in der Zwangsvollstreckung Einwendungen erhebt (§§ 780, 781 ZPO).

17 **b) Vergleichsverfahren über den Nachlaß.** Das Vergleichsverfahren über den Nachlaß richtet sich nach der Vergleichsordnung v. 26. 2. 1935 (besondere Vorschriften in § 113, der mit § 92 der alten Vergleichsordnung v. 5. 7. 1927 fast wörtlich übereinstimmt). Das Nachlaßvergleichsverfahren setzt, ebenso wie der Nachlaßkonkurs, die Überschuldung des Nachlasses voraus (§ 2 Abs. I Satz 3 VerglO, § 215 KO). Es hat nach § 113 Nr. 4 VerglO in Ansehung der Haftung des Erben für die Nachlaßverbindlichkeiten dieselbe Wirkung wie der Nachlaßkonkurs, beschränkt also ebenso wie dieser die Haftung des Erben auf den Nachlaß. Auch das Nachlaßvergleichsverfahren hat eine Vermögensabsonderung zur Folge (str.; wie hier *Staudinger/Boehmer* II. Aufl. § 1922 Rdn. 141), die nur insofern unvollkommen ist, als dem Erben die Verfügungsbefugnis über den Nachlaß — anders als nach § 6 KO, § 1984 Abs. I Satz I BGB im Falle des Nachlaßkonkurses und der Nachlaßverwaltung — grundsätzlich verbleibt (Ausnahmen: §§ 58—65 VerglO; vgl. auch § 57).

18 Den Nachlaßgläubigern als den Vergleichsgläubigern ist während der Dauer des Vergleichsverfahrens die Vollstreckung in den Nachlaß untersagt (§§ 47, 48 VerglO); ebenso den in § 226 Abs. 2—4 KO genannten Gläubigern (§ 113 Nr. 7 VerglO). Die Eigengläubiger des Erben sind vom Zugriff auf den Nachlaß ausgeschlossen (*Bley/Mohrbutter* § 113 Anm. 36; *Böhle/Stamschräder* § 113 Anm. 8). Die §§ 1976—1979 BGB sind auch im Nachlaßvergleichsverfahren anwendbar (*Bley/Mohrbutter* § 113 Anm. 30 f). Ist über den Nachlaß der Konkurs eröffnet oder die Nachlaßverwaltung angeordnet, so können Nachlaßgläubiger, denen gegenüber der Erbe unbeschränkt haftet, in einem Vergleichsverfahren über das Eigenvermögen des Erben ihre Forderungen nur in Höhe

ihres Verzichts oder ihres Ausfalls im Konkurse geltend machen (§ 113 Nr. 8 VerglO i. V. m. § 234 Abs. I KO). — Die Sondervorschriften des § 113 VerglO sind nicht anwendbar, wenn das Vergleichsverfahren über das den Nachlaß mitumfassende Gesamtvermögen des Erben eröffnet wird (*Bley/Mohrbutter* § 113 Anm. 61).

c) Haftungsbeschränkung bei dürftigem Nachlaß. Ohne besonderes Verfahren 19
kann der noch nicht unbeschränkbar haftende Erbe eines geringwertigen Nachlasses seine Haftung beschränken. Geringwertig in diesem Sinne ist ein Nachlaß, der so klein ist, daß wegen Mangels einer den Kosten entsprechenden Masse die Anordnung der Nachlaßverwaltung oder die Eröffnung des Nachlaßkonkurses untunlich ist. Der Erbe eines solchen Nachlasses kann die Befriedigung der Nachlaßgläubiger insoweit verweigern, als der Nachlaß nicht ausreicht (§§ 1990, 1991). Die im ersten Entwurf vorgesehene Abzugseinrede ist hier in abgewandelter Form erhalten geblieben.

III. Unbeschränkte Haftung gegenüber einzelnen Gläubigern 20

Auch wenn der Erbe im allgemeinen noch berechtigt ist, die Gläubiger auf den Nachlaß zu verweisen, kann er doch einem einzelnen Nachlaßgläubiger gegenüber dieses Recht verlieren und ihm unbeschränkt auch mit dem eigenen Vermögen haftbar werden, wenn er nicht Sorge trägt, daß ihm die Beschränkung der Haftung im Urteile vorbehalten wird (ZPO § 780 Abs. I), und wenn er nicht demnächst in der Zwangsvollstreckung auf Grund dieses Vorbehalts Einwendungen erhebt (ZPO §§ 781, 785). Es sei denn, daß, was zulässig ist, die Frage der Haftungsbeschränkung schon im Prozesse selbst mit entschieden wird (RG **69**, 292; **77**, 245; **162**, 298).

Ebenso haftet er unbeschränkt gegenüber dem antragstellenden Gläubiger, wenn er nach Errichtung des Inventars die Leistung des Offenbarungseides verweigert (§ 2006 Abs. 3).

Auch durch Verzicht kann der Erbe der Beschränkbarkeit seiner Haftung gegen- 21
über (einzelnen) Nachlaßgläubigern verlustig gehen; es bedarf aber dazu, wie auch sonst nach BGB auf dem Gebiete der Schuldverhältnisse (vgl. § 397 Am.), eines Vertrags (aM *Planck/Flad* Vorbem. 6 c vor § 1993). Ein solcher Verzicht kann auch schon vor Eintritt des Erbfalls, insbesondere in einem Erbvertrag oder von dem überlebenden Ehegatten in einem gemeinschaftlichen Testament erklärt werden. Die Vertretungsmacht des Nachlaßpflegers erstreckt sich nicht auf einen Verzicht dieses Inhalts (§ 2012 Abs. I Satz 3, vgl. dort Rdn. 3).

Eine unzulässige Rechtsausübung (§ 242 Anm.) liegt in der Geltendmachung der 22
beschränkten Erbenhaftung, wenn der Erbe einem Nachlaßgläubiger gegenüber jahrelang ein Verhalten gezeigt hat, aus dem dieser schließen mußte, daß der Erbe die beschränkte Erbenhaftung nicht geltend machen werde, und auf Grund dessen der Gläubiger davon Abstand genommen hat, rechtzeitig den Antrag auf Bestimmung einer Inventarfrist zu stellen, die nachträgliche Stellung eines solchen aber dem Gläubiger Nachteile bereiten würde, weil eine Nachprüfung der Vollständigkeit des Inventars und eine Wertermittlung nunmehr für ihn ausgeschlossen ist (RGWarnRspr 1939 Nr. 77).

Die Tatsache allein, daß der Erbe den Nachlaßgläubiger nicht sofort darauf hinweist, daß er von der Möglichkeit Gebrauch machen will, seine Haftung zu beschränken, stellt weder einen Verzicht auf diese Möglichkeit dar, noch kann sie dazu führen, daß die spätere Ausübung dieses Rechts als unzulässige Rechtsausübung anzusehen ist (OLG Celle, NdsRpfl **62**, 232).

IV. Geltendmachung der beschränkten Erbenhaftung im Rechtsstreit 23

Der Erbe muß die Beschränkung seiner Haftung durch Einrede geltend machen. Dazu kann er in einem vom Gläubiger gegen ihn geführten Rechtsstreit beantragen, daß die Beschränkung seiner Haftung ausgesprochen oder daß sie ihm vorbehalten wird. Der Antrag ist bis zur letzten mündlichen Verhandlung in der Tatsacheninstanz zu stellen. Ist das unterlassen, dann kann er in der Revisionsinstanz grundsätzlich nicht mehr nachgeholt werden, da es sich um das unzulässige Vorbringen einer neuen Tatsache handeln würde.

24 Eine Ausnahme ist zu machen, wenn sich hinsichtlich der Haftungsbeschränkung nach der letzten mündlichen Verhandlung im neuen Rechtszug neue Tatsachen ergeben haben. Das ist der Fall, wenn sich die Beschränkung der Haftung in der Tatsacheninstanz ohnehin ergeben hatte, z. B. weil der Rechtsstreit dort von einem Nachlaßverwalter geführt wurde. Die Nachlaßverwaltung aber nach der letzten mündlichen Verhandlung aufgehoben worden war und der Erbe den Rechtsstreit nunmehr allein führt (BGH LM ZPO §780 Nr. 5; RG DR **44,** 294) oder wenn der Erbfall erst während des Revisionsverfahrens eingetreten ist (BGH **17,** 69 mit Anm. *Pagendarm,* LM RNotO §21 Nr. 3).

25 Der Antrag kann in diesen Fällen in der Revisionsinstanz nur im Rahmen einer sonst zulässigen Revision gestellt werden. Die Revision ist nicht zulässig, wenn in der Revisionsinstanz, sei es auch auf Grund einer insoweit veränderten Sachlage, nur der Antrag gestellt wird, die Haftungsbeschränkung vorzubehalten (BGH **54,** 204 mit Anm. *Mattern,* LM ZPO §780 Nr. 6).

26 Dem Antrag des Beklagten, ihm die Beschränkung seiner Haftung vorzubehalten, ist grundsätzlich stattzugeben, da der Erbe seine Haftung beschränken kann. Wird ihm entsprochen, dann ist im späteren Zwangsvollstreckungsverfahren zu entscheiden, ob die Voraussetzungen für die Beschränkung der Haftung gegeben sind.

27 Auch dann, wenn der Beklagte beantragt hat, die Beschränkung der Haftung auszusprechen, kann das Gericht sich damit begnügen, den Vorbehalt in das Urteil aufzunehmen. Statt dessen kann es auch sachlich über den Antrag entscheiden. Es kann dies auch dann tun, wenn der Kläger beantragt hat, den Vorbehalt zurückzuweisen und wenn er beweist, daß die Voraussetzungen für die Haftungsbeschränkung wenigstens ihm gegenüber nicht gegeben sind. Eine Verpflichtung, über den Antrag sachlich zu entscheiden, besteht jedoch auch in diesem Fall nicht. Der Streit über die Haftungsbeschränkung gehört zum Grund des Anspruchs. Enthält das Grundurteil keinen entsprechenden Vorbehalt, dann kann der Erbe im Verfahren über die Höhe des Anspruchs mit diesem Verteidigungsvorbringen nicht mehr gehört werden (OLG Köln, VersR **68,** 380).

28 Wird in der Sache entschieden, dann erlangt auch dieser Teil des Urteils Rechtskraft. Ob eine Sachentscheidung vorliegt, ist notfalls durch Auslegung des Urteils zu ermitteln und die Entscheidung kann im Rahmen einer sonst zulässigen Revision überprüft werden (BGH LM BGB §1975 Nr. 1).

29 **V. Aufschiebende Einreden**

Die in Unterabschnitt V (§§2014—2017) dem Erben gewährten aufschiebenden Einreden haben mit der Frage der Schuldenhaftung nichts zu tun. Sie sichern ihm nur die Möglichkeit, sich ungestört von den Nachlaßgläubigern über den Bestand des Nachlasses zu vergewissern.

30 **VI. Die Haftung mehrerer Miterben**

Deren Haftung für die Nachlaßverbindlichkeiten wird erst im vierten Titel Unterabschnitt II (§§2058—2063) durch besondere Vorschriften geregelt. Sie haften grundsätzlich als Gesamtschuldner, aber bis zur Teilung nur mit ihrem Anteil am Nachlasse; nach der Teilung haftet der Miterbe, hinsichtlich dessen die in § 2060 Nr. 1—3, § 2061 aufgestellten Voraussetzungen erfüllt sind, hinsichtlich der dabei in Betracht kommenden Nachlaßverbindlichkeiten nur für den seinem Erbteile entsprechenden Teil dieser Verbindlichkeiten (also pro rata partis hereditariae). Näheres vgl. unten bei den genannten Paragraphen.

VII. Besondere Vorschriften **31**

Sie bestehen für die Schuldenhaftung des Nacherben §§ 2144 ff, bei Beendigung und Fortsetzung der Gütergemeinschaft §§ 1480, 1489, bei Fortführung eines zum Nachlasse gehörenden Handelsgeschäfts oder einer Handelsgesellschaft HGB §§ 27, 139. Über die Haftung des Erbschaftskäufers § 2382. Wegen des internationalen Privatrechts vgl. Rdn. 8 vor § 1922 (Art. 24 Abs. 2 EG). Gerichtsstand der Erbschaft für Nachlaßverbindlichkeiten §§ 27, 28 ZPO.

Im Geltungsbereich der Höfeordnung der britischen Zone ist auch der Hoferbe **32**
Erbe, da ihm nach § 4 HöfeO der Hof als „Teil der Erbschaft“ kraft Gesetzes anfällt. Er erwirbt ihn als Erbe. Ebenso nach dem Anerbenrecht der Länder Bremen und Baden-Württemberg (vgl. § 1951 Rdn. 3). Nach § 15 HöfeOBrZ haftet der Hoferbe auch, wenn er am übrigen Nachlaß nicht als Miterbe beteiligt ist, als Gesamtschuldner für die Nachlaßverbindlichkeiten. Der Hoferbe haftet somit unbeschränkt für alle Nachlaßverbindlichkeiten, nicht nur für die den Hof betreffenden. Er kann seine Haftung nur nach dem Recht des BGB beschränken. Besonderheiten ergeben sich hierbei nicht, da der Hof wie jeder andere landwirtschaftliche Grundbesitz der Zwangsvollstreckung unterliegt. Andererseits können auch die übrigen Miterben die Gläubiger wegen der Nachlaßschulden, die aus der Bewirtschaftung des Hofes entstanden sind, nicht an den Hoferben verweisen. Nur für die auf dem Hof ruhenden rein dinglichen Schulden können die übrigen Miterben von dem Gläubiger nicht in Anspruch genommen werden, da der Hof mit dem Erbfall Eigentum des Hoferben geworden ist. Im Verhältnis der Miterben untereinander sollen nach § 15 Abs. 2 HöfeO, um den Hof möglichst leistungsfähig zu erhalten, die Nachlaßverbindlichkeiten einschließlich der auf dem Hof ruhenden Hypotheken, Grund- und Rentenschulden aus dem übrigen freien Nachlaß, soweit dieser dazu ausreicht, berichtigt werden.

I. Nachlaßverbindlichkeiten

§ 1967

Der Erbe haftet für die Nachlaßverbindlichkeiten.

Zu den Nachlaßverbindlichkeiten gehören außer den vom Erblasser herrührenden Schulden die den Erben als solchen treffenden Verbindlichkeiten, insbesondere die Verbindlichkeiten aus Pflichtteilsrechten, Vermächtnissen und Auflagen.

E I 2051 Satz I, 2092 Abs. 2 II 1843; M 5 525—530, 602—604; P 5 649, 650, 731, 740.

Umfang der Haftung

Übersicht

1 **I. Nachlaßverbindlichkeiten im allgemeinen**

Grundsätzliche Ausgestaltung der Haftung für die Nachlaßverbindlichkeiten s. Anm. vor § 1967. — Das Gesetz unterscheidet zwischen den bereits in der Person des Erblassers vorhanden gewesenen und den erst in der Person des Erben entstehenden, den „Erben als solchen treffenden" Verbindlichkeiten. Es spricht ferner von gemeinschaftlichen, im Gegensatz zu den nur einigen Miterben zur Last fallenden Verbindlichkeiten (§§ 2058, 2046 Abs. 2). War mit der Erbschaft zugleich eine weitere, bereits dem Erblasser angefallene Erbschaft auf den Erben übergegangen (§ 1952 Abs. I), so bilden, wenn er nicht unbeschränkt haftet, beide Nachlässe in Ansehung der Nachlaßverbindlichkeiten getrennte Massen. Verjährung § 207.

2 **II. Erblasserschulden**

Über die Frage, ob die vom Erblasser herrührenden Verbindlichkeiten, Erblasserschulden, zum Vermögen des Erblassers im Sinne des § 1922 gehören und deshalb bereits auf Grund dieser Bestimmung auf den Erben übergehen, vgl. § 1922 Rdn. 10.

3 Gewisse Verpflichtungen erlöschen mit dem Tode, so im Zweifel die aus dem schenkweisen Versprechen wiederkehrender Leistungen (§ 520), die zur Leistung persönlicher Dienste (§ 613), ferner die gesetzlichen **Unterhaltspflichten** gegenüber Verwandten (§ 1615). Die Unterhaltspflicht gegenüber dem geschiedenen Ehegatten erlischt nicht, sondern erweitert sich im Gegenteil. Die Beschränkung, der die Unterhaltspflicht nach § 59 EheG bei einer Gefährdung des eigenen angemessenen Unterhalts des verpflichteten Ehegatten unterliegt, entfällt mit dessen Tode.

Dafür muß der Berechtigte sich die Herabsetzung des Unterhalts auf einen Betrag gefallen lassen, der bei Berücksichtigung der Verhältnisse des Erben und der Ertragsfähigkeit des Nachlasses der Billigkeit entspricht (§ 70 Abs. 2 EheG). Bei einer wegen gleicher Schuld beider Ehegatten geschiedenen Ehe verliert der Ehegatte, dem nach § 60 EheG ein Unterhaltsbeitrag zugebilligt worden ist, diesen Anspruch mit dem Tode des Verpflichteten (§ 70 Abs. 3 EheG).

Nach dem bis zum Inkrafttreten des Nichtehelichengesetzes geltenden Recht (1. Juli 1970) erloschen Unterhaltsansprüche der nichtehelichen Kinder gegenüber ihrem Erzeuger nicht mit dessen Tod. Sie gingen als gewöhnliche Nachlaßverbindlichkeiten mit Vorrang vor den Pflichtteilsansprüchen auf den Erben über. Dieser konnte das Kind jedoch nach dem damals geltenden § 1712 Abs. 2 mit dem Betrag abfinden, der ihm als Pflichtteil gebühren würde. Dieser Rechtszustand ist durch das Nichtehelichengesetz geändert worden. Danach erlöschen Unterhaltsansprüche der nichtehelichen Kinder gegen ihren Vater mit dessen Tod, wenn dieser nach dem Inkrafttreten des

Nichtehelichengesetzes verstorben ist. Eine Ausnahme gilt nach Art. 12 § 10 Nichtehelichengesetz für nichteheliche Kinder, die vor dem 1. Juli 1949 geboren sind. Für sie gilt der frühere Rechtszustand weiter.

Verbindlichkeiten des Erblassers gegen den Erben erlöschen durch Vereinigung 4
von Recht und Verbindlichkeit, leben aber wieder auf, falls Absonderung des Nachlaßvermögens von dem eigenen des Erben eintritt.

Zum Übergang einer Verbindlichkeit auf den Erben genügt es, daß bei Lebzeiten 5
des Erblassers der Verpflichtungsgrund (die causa), das Rechtsgeschäft oder die unerlaubte Handlung oder der sonstige die Verpflichtung begründende wesentliche Tatbestand gegeben war, wenn auch erst nach dem Tode durch Hinzukommen weiterer Umstände (Erfüllung einer Bedingung, Eintritt einer Zeitbestimmung, Entstehung eines Schadens) die Verpflichtung in Kraft tritt (BGH WM **68**, 37; siehe auch *Boehmer*, Eintritt des Erben in pflichtbelastende Rechtslagen des Erblassers, JW **38**, 2634 ff). Zu den vom Erblasser herrührenden Schulden gehören somit Verbindlichkeiten aus einer vom Erblasser begangenen unerlaubten Handlung, deren schädigender Erfolg erst nach dem Tode des Erblassers eingetreten ist. Eine Nachlaßverbindlichkeit ist z. B. der Schadensersatzanspruch, der dadurch entstanden ist, daß der Erblasser seine Sorgfaltspflicht bei der Unterhaltung und Sicherung einer Sache verletzt hat, wodurch nach seinem Tode eine Person zu Schaden gekommen ist. Der Erbe haftet gleichzeitig persönlich aus seinem Verschulden, wenn er es seinerseits schuldhaft unterlassen hat, den gefahrdrohenden Zustand zu beseitigen (vgl. RG DR **42**, 849). Ähnlich vererbt sich auch die Rechtslage, an die sich eine gesetzliche Gefährdungshaftung knüpft. Eine Nachlaßverbindlichkeit entsteht, wenn der Erblasser Halter eines Tieres oder eines Kraftfahrzeuges war und der Haftungsfall nach dem Erbfall eintritt, aber bevor der Erbe Halter geworden ist (*Kipp/Coing* § 93 III; *Staudinger/Boehmer* 11. Aufl. Rdn. 194 vor § 1922). Haftung der Erben des Komplementärs für die Verbindlichkeiten einer mit dem Tode des Erblassers in Liquidation getretenen Kommanditgesellschaft (RG **72**, 119).

Eine Nachlaßverbindlichkeit ist die nach dem Lastenausgleichsgesetz v. 14. 8. 1952, 6
BGBl. I 446, auf dem Nachlaßvermögen ruhende Vermögensabgabeschuld, wenn der Erblasser nach dem 21. Juni 1948 verstorben ist, da nach § 20 LAG die Abgabeschuld als zu Beginn des 21. Juni 1948 als entstanden gilt (BGH **14**, 368).

Auch Verpflichtungen zur Abgabe von Willenserklärungen können Nachlaßver- 7
bindlichkeiten sein (RG Gruchot Bd. **56**, 1005). Desgleichen die Verpflichtung zur Auskunfterteilung nach § 259 (RG HRR **33**, 569; BGH LM BGB § 260 Nr. 1). Ebenso eine Verpflichtung aus einer Kreditbürgschaft, auch für den beim Tode des Erblassers noch nicht in Anspruch genommenen Kredit (RG JW **11**, 447).

Eine Nachlaßverbindlichkeit begründet ferner der Anspruch der Fürsorgebehörde 8
gegenüber dem zu Vermögen oder Einkommen gelangten Hilfsbedürftigen auf Ersatz der ihm gemachten Fürsorgeleistungen (FürsPflVO v. 13. 2.1924, RGBl. I 100, § 25; RG 140, 163). Ist eine vom Erblasser herrührende Schuld zugleich persönliche Schuld des Erben, z. B. wenn der Bürge Erbe des Hauptschuldners geworden ist, so kann der Erbe sich wegen dieser Nachlaßverbindlichkeit nicht auf beschränkte Haftung berufen (RG **76**, 57).

III. Erbfallschulden 9

1. Zusammenstellung der hauptsächlichen Erbfallschulden

Den Erben als solchen treffen die Erbfallschulden. Das sind die erst nach dem Tode des Erblassers aus Anlaß des Erbfalls und in Beziehung auf den Nachlaß neu entstehenden Verbindlichkeiten, die entweder durch den Willen des Erblassers oder unmittelbar durch das Gesetz dem Erben auferlegt sind. Dazu gehören außer den besonders hervorgehobenen Verbindlichkeiten aus Pflichtteilsrechten, Vermächtnissen und Auflagen (vgl. Rdn. 17) auch die sog. gesetzlichen Vermächtnisse: der Voraus des überlebenden Ehegatten (§ 1932), der Dreißigste (§ 1969); ferner der Unterhaltsanspruch der Mutter eines erwarteten Erben (§ 1963).

10 Gewissen Verbindlichkeiten ist durch die Konkursordnung (§ 224) für den Fall des Nachlaßkonkurses eine bevorzugte Stellung in der Weise gegeben, daß sie als Masseschulden zur Berichtigung gelangen, wodurch sie zugleich als Nachlaßverbindlichkeiten anerkannt sind (vgl. auch KostO § 6). Es sind dies namentlich: die Beerdigungskosten (KO § 224 Nr. 2; vgl. auch § 1968); die Kosten der Todeserklärung des Erblassers (KO § 224 Nr. 3; ZPO § 971; jetzt VerschG v. 15. 1. 1951, BGBl. I 63, § 34 Abs. 2); ferner (KO § 224 Nr. 4) der Eröffnung von Verfügungen des Erblassers von Todes wegen (§§ 2260, 2300), der gerichtlichen Siegelung und der Nachlaßpflegschaft (§§ 1960, 1961) — auch der Nachlaßverwaltung (§§ 1982, 1988; RG JW 06, 114) —, der öffentlichen Aufforderung zur Anmeldung von Erbrechten sowie des Aufgebots der Nachlaßgläubiger in den Fällen der §§ 1965 und 1970 — nicht auch des § 2061; vgl. Abs. 2 Satz 3 daselbst — und der Inventarerrichtung (§ 1993).

11 **2. Nachlaßverbindlichkeiten aus der Tätigkeit des Nachlaßpflegers, Testamentsvollstreckers und des Erben**

Nachlaßverbindlichkeiten sind ferner die dem Nachlaßpfleger, Testamentsvollstrecker und dem vorläufigen Erben, der die Erbschaft ausgeschlagen hat, zustehenden Ansprüche aus ihrer Geschäftsführung, also einschließlich der etwa (vgl. §§ 1960 Rdn. 28, 1987, 2221) geschuldeten Vergütung für diese, jedoch für den Fall des Konkurses mit der in KO § 224 Nr. 6 hinzugefügten Beschränkung; ferner, falls Nachlaßverwaltung angeordnet oder Nachlaßkonkurs eröffnet ist, auch die dem Erben, der Erbe bleibt, gemäß §§ 1978, 1979 aus dem Nachlasse zu ersetzenden, aus seiner Verwaltung entstandenen Aufwendungen (Nr. 1). Auch die Dritten gegenüber aus rechtsgeschäftlichen Handlungen des Testamentsvollstreckers und des Nachlaßpflegers bei der Verwaltung des Nachlasses entstandenen Verbindlichkeiten sind in KO § 224 (Nr. 5) als Masseschulden anerkannt; das gilt jedoch nur insoweit, als sie durch eine ordnungsmäßige Verwaltung erforderlich geworden sind, erstreckt sich aber unter dieser Voraussetzung auch auf die entstandenen Prozeßkosten (RG **60**, 30).

Durch Verwaltungshandlungen des Erbschaftsbesitzers werden keine Nachlaßverbindlichkeiten begründet.

12 **3. Nachlaßerbenschulden**

(Vgl. dazu *Staudinger/Böhmer*, 11. Aufl. § 1222 Rdn. 214 und Reichsgerichtsfestschrift III, 264 ff) sind Verbindlichkeiten, die der Erbe, der Erbe bleibt, in bezug auf den Nachlaß eingegangen ist. Das Gesetz enthält über sie keine ausdrücklichen Bestimmungen. Für sie haftet der Erbe, der sie eingegangen ist. Wenn aber das Nachlaßvermögen von dem sonstigen Vermögen des Erben abgesondert wird (Nachlaßverwaltung, Nachlaßkonkurs usw.) ist es bedeutsam, welche Vermögensmasse für sie haftet. Sie sind jedenfalls dann Nachlaßverbindlichkeiten, wenn das Rechtsgeschäft, durch das sie begründet worden sind, vom Standpunkt eines sorgfältigen Beobachters aus in ordnungsmäßiger Verwaltung des Nachlasses eingegangen worden ist (BGH 32, 60 mit Anm. *Mattern*, LM BGB § 1967 Nr. 1). Dann kommt es nicht darauf an, ob die Verbindlichkeit ausdrücklich für den Nachlaß übernommen oder die Beziehung zum Nachlaß für den Geschäftsgegner erkennbar gemacht worden ist (RG **90**, 91). Darüber hinaus ist eine Nachlaßverbindlichkeit in jedem Fall entstanden, wenn der Erbe nach außen erkennbar für den Nachlaß gehandelt hat. Der Geschäftsgegner muß dann darauf vertrauen können, daß das Vermögen, für das die Verbindlichkeit eingegangen ist, auch haftet.

Nachlaßverbindlichkeiten können insbesondere dadurch entstehen, daß der Erbe ein zum Nachlaß gehörendes gewerbliches Unternehmen weiterführt. Wenn nur einer von mehreren Miterben das Unternehmen ohne Kenntnis der anderen weiter betreibt, sind die dazu von ihm eingegangenen Verbindlichkeiten nach den Grundsätzen der Haftung für eine Anscheinsvollmacht Nachlaßverbindlichkeiten, wenn der Handelnde sich nach außen so verhält, daß die Geschäftspartner nach Treu und Glauben annehmen können, er führe das Geschäft für die Miterben, und wenn die anderen Miterben das Verhalten des Handelnden, das sie nicht verhindert haben, hätten erkennen müssen und wenn ferner die Geschäftspartner ihrerseits annehmen durften, die Miterben würden dieses Verhalten dulden (BGH LM BGB §2032 Nr. 2).

Grundsätzlich verpflichtet sich der Handelnde zugleich persönlich, so daß neben dem Nachlaßvermögen auch sein persönliches haftet. Die Haftung kann jedoch auf das Nachlaßvermögen dadurch beschränkt werden, daß der Handelnde diesen Willen ausdrücklich oder stillschweigend zum Ausdruck bringt und der Geschäftsgegner sich darauf einläßt (BGH WM **68,** 798; RG **146,** 353). Eine solche Erklärung kann, wenn ein Handelsgeschäft zum Nachlaß gehört, darin gesehen werden, daß die Erben für eine vom Erblasser herrührende Wechselverbindlichkeit von dem Gläubiger auf die Firma gezogene Prolongationswechsel akzeptieren und ihrer Unterschrift den Firmenstempel beifügen (BGH WM **68,** 798).

Nachlaßverbindlichkeiten sind nur solche Verbindlichkeiten, die ein Dritter nicht zur Erbengemeinschaft gehörender Gläubiger gegen den Nachlaß erworben hat. Forderungen aus dem Innenverhältnis der Erbengemeinschaft gehören grundsätzlich nicht dazu (BGH, Urt. v. 13. 4. 1970, III ZR 176/68). Das schließt nicht aus, daß der Käufer des Erbteils eines Miterben für die Ansprüche eines anderen Miterben gegen die Erbengemeinschaft aus einem zwischen den Miterben vor dem Erbteilskauf geschlossenen Erbauseinandersetzungsvertrag haftet. Auf diese Ansprüche ist §2382 BGB entsprechend anzuwenden (BGH **38,** 186, 193 mit Anm. *Mattern,* LM BGB §2382 Nr. 1).

13 **4. Vom Vorerben begründete Verbindlichkeiten**

Nachlaßverbindlichkeiten können auch dadurch entstehen, daß ein Vorerbe in ordnungsmäßiger Verwaltung des Nachlasses (§2130 Abs. 1) für diesen eine Verbindlichkeit eingeht (BGH **32,** 60 mit Anm. *Mattern* LM BGB § 1967 Nr. 1; RG **90,** 95). Eine Verfügung über einen Nachlaßgegenstand, die im Wege der Zwangsvollstreckung usw. gegen den Vorerben erfolgt ist, ist deshalb gemäß §2115 Satz 2 auch gegenüber dem Nacherben unbeschränkt wirksam, wenn der Anspruch auf Grund einer Verbindlichkeit geltend gemacht worden ist, die nach diesen Grundsätzen als Nachlaßverbindlichkeit zu gelten hat (RG **90,** 95). Wenn der Vorerbe bei der Verwaltung des Nachlasses eine eigene Verbindlichkeit begründet, kann darin unter Umständen auf seinen Willen geschlossen werden, daß eine Nachlaßverbindlichkeit nicht begründet werden soll. Erkennt der Gläubiger dies und läßt er sich darauf ein, dann haftet der Vorerbe nur mit seinem sonstigen Vermögen (RG **90,** 95). War das vom Vorerben abgeschlossene Rechtsgeschäft zur ordnungsmäßigen Verwaltung des Nachlasses nicht erforderlich, dann entsteht keine Nachlaßverbindlichkeit, auch nicht, wenn der beiderseitige Wille dahin ging, eine solche zu begründen (RG WarnRspr. 1938 Nr. 143). Anders ist es, wenn die Verbindlichkeit von dem Vollerben begründet wird (vgl. oben Rdn. 12).

14 **5. Prozeßkosten**

Ist der Erbe oder der Vorerbe in einem von ihm in ordnungsmäßiger Verwaltung des Nachlasses geführten Rechtsstreit verurteilt worden, die die Prozeßkosten zu tragen, so haftet er dem Prozeßgegner persönlich dafür, ohne die Beschränkung der Haftung auf den Nachlaß geltend machen zu können; doch kann der Gläubiger sich auch an den Nachlaß halten (aM anscheinend *Stein/Jonas* ZPO 19. Aufl. § 326 Anm. II Schlußsatz). Auf die Kosten eines vom Erblasser begonnenen, vom Erben fortgesetzten Prozesses erstreckt sich die Haftungsbeschränkung, sowohl dem Gegner wie dem Fiskus gegenüber, nur so weit, als die Kosten bereits zu Lebzeiten des Erblassers entstanden sind (RG JW **12,** 46; Naumburg HRR **37,** 700). Dem Antrag des Erben, ihm wegen der Kosten des Rechtsstreits die Beschränkung der Haftung auf den Nachlaß vorzubehalten, kann daher nicht entsprochen werden, wenn der Erblasser vor seinem Tode ein unzulässiges Rechtsmittel eingelegt hat, das, nachdem der Erbe den Rechtsstreit aufgenommen hat, durch Beschluß als unzulässig verworfen worden ist. Das Rechtsmittelgericht hat, da es sich um ein unzulässiges Rechtsmittel handelt, nur dieses zu verwerfen und über die durch das Rechtsmittelverfahren entstandenen Kosten zu entscheiden. Diese Kosten sind aber, da der Erbe den Rechtsstreit aufgenommen hat, durch sein Verhalten nochmals neu entstanden, so daß er hierfür persönlich haftet (BGH Urt. v. 21. 12. 1955 IV ZR 285/54).

15 **6. Eigene Verbindlichkeiten des Erben**

Eigenverbindlichkeiten des Erben sind auch die Schadenersatzansprüche der Nachlaßgläubiger gegen ihn aus schuldhafter Verwaltung des Nachlasses (§§ 1978 bis 1980); der Erbe haftet für sie mit seinem ganzen Vermögen, ohne sich auf die Beschränkung seiner Erbenhaftung auf den Nachlaß berufen zu können (RG **92,** 343); auch in den Fällen der §§ 2313 Abs. 2 Satz 2, 2314, 2384 haftet der Erbe dem Berechtigten persönlich.

16 Die nach dem Erbschaftsteuergesetze idF v. 1. 4. 1959, BGBl. I 187, zur Erhebung gelangende Erbschaftsteuer ist als Erbanfallsteuer eine persönliche Verpflichtung des Erben; neben ihm haftet aber auch der Nachlaß (§ 15 Abs. 1, 3). Nach § 8 Abs. 2 des SteueranpassungsG v. 16. 10. 1934, RGBl. I 925, der an die Stelle des durch § 21 Nr. 1 dieses Gesetzes gestrichenen § 115 Abs. 3 AbgO getreten ist, haften Erben für die aus dem Nachlaß zu entrichtenden Steuern „wie für Nachlaßverbindlichkeiten nach bürgerlichem Recht".

17 **IV. Ansprüche aus Pflichtteilsrechten, Vermächtnissen und Auflagen**

Die Verbindlichkeiten aus Pflichtteilsrechten (§§ 2303 ff), Vermächtnissen (§ 2174) einschließlich der sog. gesetzlichen Vermächtnisse (§§ 1932, 1969) und aus Auflagen (§ 2192) nehmen in mehrfacher Beziehung eine Sonderstellung als Nachlaßverbindlichkeiten ein. Sie werden einerseits durch das Aufgebot nicht betroffen (§ 1972), anderseits aber gehen auch im Aufgebotsverfahren ausgeschlossene Gläubiger ihnen vor (§ 1973 Abs. 1 Satz 2); sie bleiben für die Frage der Überschuldung behufs Eröffnung des Nachlaßkonkurses außer Betracht (§ 1980 Abs. 1), werden aber im Konkurse und bei konkursmäßiger Befriedigung der Nachlaßgläubiger durch den Erben erst nach allen übrigen Verbindlichkeiten berichtigt (KO § 226; BGB § 1991 Abs. 4); falls die Überschuldung des Nachlasses auf ihnen beruht, kann der Erbe ohne Nachlaßverwaltung oder Nachlaßkonkurs die Befriedigung verweigern, soweit der Nachlaß nicht ausreicht (§ 1992). — Nachlaßgläubiger ist auch der Miterbe, dem ein Vorausvermächtnis zugewendet ist (RG **93,** 197); wegen der Geltendmachung gegen Miterben vgl. § 2058.

§ 1968

Der Erbe trägt die Kosten der standesmäßigen Beerdigung des Erblassers.

E I 2055 II 1844; M 5 535, 536; P 5 654.

Neueres Schrifttum:

Berger, Die Erstattung der Beerdigungskosten, Dissertation Köln, 1968; *Model/Haegele,* Im Falle meines Todes, 5. Aufl. 1971; *Gaedke,* Handbuch des Friedhofs- und Bestattungsrechts, 3. Aufl. 1971; *Strätz,* Zivilrechtliche Aspekte der Rechtsstellung des Toten unter besonderer Berücksichtigung der Transplantationen, 1971.

Beerdigungskosten

Übersicht

I. Allgemeines 1

Das BGB verpflichtet den Erben nicht, für die Beerdigung des Erblassers zu sorgen. Hierüber bestimmt das öffentliche Recht. Der Erblasser kann seine Bestattung wirksam einem Dritten auftragen, seine Angehörigen haben hierauf kein unentziehbares Recht (RG WarnRspr. 1912 Nr. 219). Wegen der Erbbegräbnisse s. EG Art. 133. Nur die **Kosten** der Beerdigung hat der Erbe zu tragen. Diese Verpflichtung ist damit als Nachlaßverbindlichkeit anerkannt (§ 1967 Rdn. 10) und unterliegt als solche bezüglich des Umfangs der Haftung den allgemeinen Grundsätzen. Dies schließt nicht aus, daß der Erbe durch in bezug auf die Beerdigung vorgenommene Rechtsgeschäfte auch eine Eigenverbindlichkeit (§ 1967 Rdn. 12) auf sich nimmt. Das Vermögen, das der Erblasser nur als Vorerbe besessen hat, haftet nicht für die Beerdigungskosten. Es gehört, da mit dem Tode des Erblassers der Nacherbfall eingetreten ist, nicht zum Nachlaß des Erblassers (Celle HRR **41,** 127). Masseschuld im Konkurse KO § 224 Nr. 2. Hat der Erbschaftsbesitzer die Beerdigungskosten getragen, so gehören sie zu den ihm vom Erben zu erstattenden Verwendungen, § 2022 Abs. 2. Aushilfsweise Haftung des Unterhaltspflichtigen §§ 1615 Abs. 2, 1360a Abs. 3, EheG § 69 Abs. 2. Ersatzanspruch des Erben im Falle der Tötung § 844 Abs. 1, HpflG § 3 Abs. 1 (EG Art. 42). Haftung des Reeders HGB § 554, SeemannsG v. 26. Juli 1957, BGBl. II 713, § 75).

II. Standesmäßige Beerdigung 2

1. Gleichstellung der Feuerbestattung

Der Beerdigung ist durch § 1 des Ges. über die Feuerbestattung v. 15. 5. 1934, RGBl. I 380, die Feuerbestattung grundsätzlich gleichgestellt (vgl. *Maßfeller* DJ **34,** 766 ff). Der Erbe hat daher auch die Kosten der Feuerbestattung zu tragen, selbst wenn sie höher sind als die der Beerdigung (nur zugunsten der Fürsorgebehörde ist in § 6 des Gesetzes insoweit eine Sonderbestimmung getroffen).

3 **2. Beerdigungskosten**

Die Standesmäßigkeit der Beerdigung bestimmt sich nach der Lebensstellung des Erblassers (§ 1610 Abs. 1). Die Beerdigungskosten i. S. dieser Vorschrift schließen die landesüblichen kirchlichen und bürgerlichen Leichenfeierlichkeiten in sich; ferner die Herrichtung einer Grabstätte, wozu auch die Errichtung eines Grabdenkmals gehören kann (RG **139**, 394; *Planck/Flad* Anm. 2d; vgl. auch § 23 Abs. 4 Nr. 1 ErbschaftsteuerG; nicht aber auch die Kosten der Instandhaltung der Grabstätte und des Grabdenkmals: RG **160**, 255). Unter Umständen auch die Überführung der Leiche nach einem entfernteren Orte (RG **66**, 308) sowie die Beschaffung von Trauerkleidung für Gesinde oder bedürftige Angehörige. Die Kosten für die Todesanzeige und die Danksagung gehören zu den Bestattungskosten. Auch wenn eine Beisetzung des Leichnams nicht erfolgen kann, können aus Anlaß des Todes Kosten entstehen, die der Erbe nach § 1968 zu tragen hat. Die Kosten der Todeserklärung des Verschollenen gehören nicht zu den nach § 1968 zu ersetzenden Kosten. Diese sind Nachlaßverbindlichkeiten nach § 34 Abs. 2 VerschG (vgl. § 1967 Rdn. 10). Wohl gehören dazu auch in diesem Fall die Kosten der Todesanzeige, die Kosten für die Errichtung eines Gedenksteins und für eine Gedenkfeierlichkeit. Immerhin hat sich der Erbe nach dem Stande des Nachlasses und nach der Volkssitte (Beisetzung der Asche RG JW **09**, 410) zu richten und kann sich durch übermäßigen Aufwand den Nachlaßgläubigern aus §§ 1978—1980 ersatzpflichtig machen. Als Erblasser kommt im Falle der Nacherbschaft selbstverständlich nicht der Vorerbe in Betracht.

4 **3. Entscheidung über die Art der Bestattung**

Für die Bestattungsart ist, wie das Reichsgericht schon bisher in ständiger Rechtsprechung angenommen hat (RG **100**, 172; **108**, 220) und wie jetzt in § 2 Abs. 1 FeuerbestattungsG (Rdn. 2) gesetzlich festgelegt ist, in erster Linie der Wille des Verstorbenen maßgebend. Dieser Wille braucht von ihm nicht in einer bestimmten Form kundgetan zu sein (RG **154**, 270). Liegt keine Willenskundgebung des Verstorbenen vor, so haben die nächsten Angehörigen, soweit sie geschäftsfähig sind, die Bestattungsart zu bestimmen, und zwar nacheinander der Ehegatte, Verwandte und Verschwägerte ab- und aufsteigender Linie, Geschwister und deren Kinder sowie der Verlobte (§ 2 Abs. 2, 3 FeuerbestattungsG). Dieses Recht der Angehörigen ist eine Nachwirkung des familienrechtlichen Verhältnisses und hat nichts zu tun mit der Frage, ob die Angehörigen die Erben des Verstorbenen geworden sind; ebensowenig beruht dieses Bestimmungsrecht der Angehörigen darauf, daß sie die Kosten der Bestattung zu tragen haben, RG **154**, 271 in teilw. Abw. von der früheren Rechtsprechung (RG **108**, 220; WarnRspr. 1912 Nr. 219). Bei Meinungsverschiedenheiten unter Angehörigen gleichen Grades entscheidet die Polizeibehörde, bei der die Genehmigung der Feuerbestattung beantragt ist (§ 2 Abs. 4 FeuerbestattungsG). In diesem Falle sowie dann, wenn die Feuerbestattung von einer Person beantragt ist, die nicht zu den Angehörigen des Verstorbenen gehört (§ 2 Abs. 5), muß der Polizeibehörde der Nachweis, daß der Verstorbene die Feuerbestattung angeordnet oder gewollt hat, durch eine Erklärung des Verstorbenen erbracht werden, für die in § 4 FeuerbestattungsG und § 1 DV v. 10. 8. 1938, RGBl. I 1000, bestimmte Formen vorgeschrieben sind (vgl. auch Rdn. 7 vor § 1937).

5 **4. Bestimmung von Ort und Zeit der Bestattung**

Auch die Bestimmung von Zeit und Ort der Bestattung, insbesondere die Auswahl der letzten Ruhestätte, hat unter möglichster Wahrung des Willens des Verstorbenen zu erfolgen, gleichviel ob er formgerecht erklärt oder sonstwie zu ermitteln ist; persönliche Interessen und Wünsche der Hinterbliebenen müssen dabei zurücktreten (RG **100**, 173; **108**, 220; **154**, 272; WarnRspr. 1912 Nr. 219; 1925 Nr. 203; DJZ **04**, 265). Vgl. hierzu auch wegen letztwilliger Anordnungen über die Bestattung als Auflagen § 1940 Rdn. 3,5.

5. Umbettung 6

Zu einer Umbettung sind die Angehörigen nicht nach Belieben, sondern nur beim Vorliegen ausreichender Gründe berechtigt (z. B. Wunsch der Witwe, die Grabstätte mit ihrem verstorbenen Manne zu teilen, Hamburg OLG **16**, 262; RG **71**, 20; **108**, 220). Aschenresten eines Verstorbenen ist derselbe Anspruch auf ungestörte Ruhe zuzuerkennen wie einer Leiche, gleichviel ob die Urne mit den Aschenresten in einem bereits besetzten Grab oder in einem leeren Grab beigesetzt ist oder ob sie überhaupt nicht unter der Erde, sondern in einer Urnenhalle oder in einem Urnenhain über der Erde beigesetzt ist (RG **154**, 274 unter Hinweis auf die Bestimmungen des FeuerbestattungsG; unentschieden gelassen in RG WarnRspr. 1925 Nr. 203).

6. Entscheidung von Streitigkeiten 7

Der Streit über die Art der Bestattung oder über die Umbettung einer Leiche ist eine bürgerliche Rechtsstreitigkeit, für die der Rechtsweg zulässig ist (RG **71**, 20; **100**, 172; **108**, 219; WarnRspr. 1913 Nr. 303).

III. 1. Der Gewahrsam an einer schon bestatteten Leiche steht nach gemeinem 8
Recht, das als Landesrecht nach Art. 133 EG noch maßgebend ist, nicht den Angehörigen, sondern dem zu, der die Verfügung über den Friedhof hat (RG **108**, 219; WarnRspr. 1912 Nr. 219). Der Erbe, insbesondere wenn es die Witwe ist, kann gegen eine Kirchengemeinde, bei der der Verstorbene eingepfarrt war, auf Grund der bestehengebliebenen Bestimmungen des PrALR (§§ 183 ff II 11; Art. 133 EG) den Anspruch auf Gewährung eines „ehrlichen", d. h. üblichen und regelmäßigen Begräbnisplatzes „in der Reihe" im ordentlichen Rechtswege geltend machen (RG **106**, 188). Über die rechtliche Natur des Benutzungsrechtes an Friedhöfen s. RG **144**, 285; **157**, 246.

2. Ehrenschutz des Andenkens des Verstorbenen 9

Nach § 189 Abs. 2 StGB ist es Sache der nächsten Angehörigen und nicht des Erben, den Ehrenschutz gegen eine Verunglimpfung des Andenkens des Verstorbenen in Anspruch zu nehmen. Sie können auch nach § 823 Abs. 2 BGB eine Schadenersatz- und eine vorbeugende Unterlassungsklage anstrengen.

§ 1969

Der Erbe ist verpflichtet, Familienangehörigen des Erblassers, die zur Zeit des Todes des Erblassers zu dessen Hausstande gehört und von ihm Unterhalt bezogen haben, in den ersten dreißig Tagen nach dem Eintritte des Erbfalls in demselben Umfange, wie der Erblasser es getan hat, Unterhalt zu gewähren und die Benutzung der Wohnung und der Haushaltsgegenstände zu gestatten. Der Erblasser kann durch letztwillige Verfügung eine abweichende Anordnung treffen.

Die Vorschriften über Vermächtnisse finden entsprechende Anwendung.

KB 310.

Unterhalt für Angehörige des Erblassers

Übersicht

1 **I. Das Recht auf den Dreißigsten als Nachlaßverbindlichkeit**

Das Recht auf den Dreißigsten ist in das Gesetz aus sozialen Gründen und mit Rücksicht auf die Gewohnheiten in ländlichen Gegenden aufgenommen worden. Es begründet eine Nachlaßverbindlichkeit im Sinne von § 1967 Abs. 1, für die der Erbe nach allgemeinen (Anm. vor § 1967) und den besonderen für Vermächtnisse geltenden Grundsätzen (vgl. § 1967 Rdn. 17) die Haftung auf den Nachlaß beschränken kann. Vor Annahme der Erbschaft kann sie nicht gegen den Erben geltend gemacht werden, § 1958. Regelmäßig bedarf es deshalb der Bestellung eines Nachlaßpflegers, § 1961. Die aufschiebenden Einreden der §§ 2014, 2015 sind der Natur der Sache nach ausgeschlossen.

2 **II. 1. Zugehörigkeit zur Familie**

Das Gesetz gibt keine Begriffsbestimmung für die Zugehörigkeit zur Familie, ebensowenig wie ZPO § 181. Der in StGB § 52 Abs. 2 aufgestellte engere Begriff der „Angehörigen" kann nicht maßgebend sein. Als Familienangehörige werden vielmehr alle mit dem Erblasser verwandten und durch Ehe verbundenen Personen (Ehegatte, Verschwägerte), außerdem aber alle diejenigen anzusehen sein, die tatsächlich vom Erblasser als zur Familiengemeinschaft gehörig betrachtet und behandelt worden sind, z. B. Pflegekinder, Freunde, sofern sie aus solchem Anlasse in den Hausstand aufgenommen worden sind, auch wenn die Beziehungen vertragsmäßig geregelt sind; nicht dagegen solche, bei denen die Aufnahme in den Hausstand auf rein wirtschaftlichen Verträgen beruht, z. B. auf einem Ernährungsvertrage mit einer dem Erblasser fernstehenden Person oder auf Dienstverträgen „mit Familienanschluß" bei Hauslehrern, Hausdamen, Erzieherinnen usw.; hier sind nur die vertraglichen Rechte maßgebend. Eine Ehebrecherin, die mit dem Erblasser in ehegleicher Gemeinschaft gelebt hat, gehört nicht zu den Familienangehörigen (München HRR 40, 354).

3 **2. Die Zugehörigkeit zum Hausstande** (§ 1617)

Sie setzt ein auf längere Dauer berechnetes räumliches Zusammenleben mit den übrigen Familiengliedern voraus. Bloß vorübergehende Anwesenheit (zum Besuche) genügt nicht. Umgekehrt hebt vorübergehende Abwesenheit (auf Reisen, zu Studienzwekken) das Zugehörigkeitsverhältnis nicht auf. Inwieweit bei abgesonderter Wohnung (Auszügler) Gemeinsamkeit des Hausstandes zu verneinen ist, ist Tatfrage.

4 **3. Unterhaltsleistung durch den Erblasser**

Die Betreffenden müssen tatsächlich vom Erblasser Unterhalt bezogen haben. Ob auf Grund gesetzlicher Unterhaltspflicht oder freiwillig oder auf Grund Vertrags, macht keinen Unterschied.

III. Fristberechnung 5

§§ 187 Abs. 1, 188 Abs. 1. Im Falle der Todeserklärung kann die dreißigtägige Frist von dem als Zeitpunkt des Todes geltenden Tage (VerschG v. 15. 1. 1951 § 9) nicht gewahrt werden und somit, da Unterhalt für die Vergangenheit nicht beansprucht werden kann (vgl. Rdn. 6), die Wohltat des Dreißigsten nicht in Frage kommen; § 1974 Abs. 1 Satz 2 ist nicht übertragbar.

IV. Umfang und Art des Anspruchs 6

Für das Maß des Unterhalts und die Art der Gewährung ist nur die bisherige tatsächliche Übung maßgebend. Es kommt nicht entscheidend darauf an, wie hoch sich ein Unterhaltsanspruch nach § 1610 Abs. 1 bemessen würde. Der Anspruch erlischt durch Ausscheiden aus dem Hausstande, sofern dieser nach dem Tode des Erblassers noch fortgeführt wird. Er ist als gesetzlicher Unterhaltsanspruch grundsätzlich nicht übertragbar und unpfändbar (§§ 399, 400; ZPO § 850 b Nr. 2). Der Anspruch kann übertragen werden, wenn die in BGH **4**, 153; **5**, 342; **13**, 360 dargelegten Grundsätze beachtet sind (vgl. § 400 Rdn.). Von den Vorschriften über die Unterhaltspflicht der Verwandten werden die §§ 1613, 1614 — kein Anspruch für die Vergangenheit, Unverzichtbarkeit für die Zukunft, insbesondere bei Lebzeiten des Erblassers — als auf der Natur der Unterhaltsverbindlichkeiten beruhend entsprechend anwendbar sein (abw. *Planck/Flad* Anm. 4d); die durch die Kürze der Frist aus § 1613 in Verbindung mit § 1958 sich ergebenden Schwierigkeiten lassen sich durch schleunigst erwirkte Bestellung eines Nachlaßpflegers (§ 1961) und, sofern nötig, einstweilige Verfügung überwinden. Keine Anwendung kann § 1612 finden; der Unterhalt ist vielmehr „in demselben Umfange, wie der Erblasser es getan hat", also auch in der gleichen Art, und in der Regel sonach in Natur, zu gewähren. Wird jedoch der Haushalt infolge des Todes aufgelöst, so wird der Unterhalt in Geld zu gewähren sein.

V. Benutzung der Wohnung und der Haushaltsgegenstände 7

Auch in der Benutzung der Wohnung und der Haushaltsgegenstände liegt die Gewährung eines Vermögensvorteils, die aus dem unzulänglichen Nachlaß nicht gefordert werden kann, § 1991 Abs. 4. Schadenersatz kann nur gefordert werden, soweit Verzug vorliegt (§§ 286, 284).

VI. Ausschluß durch letztwillige Verfügung 8

Letztwillige Verfügung s. § 1937 Rdn. 2. Der Erblasser kann einen andern als den Erben beschweren (§ 2147), den Dreißigsten ganz ausschließen, ihn nach Umfang und Dauer vermindern oder einen Vorrang anordnen (§ 2189). Insoweit er ihn erweitert, handelt es sich um reines Vermächtnis.

VII. Fall des **gesetzlichen Vermächtnisses** § 1939 Rdn. 8. Der Berechtigte hat nur ein 9
Forderungsrecht aus § 2174, keinen dinglichen Anspruch und genießt keinen Besitzschutz nach §§ 858 ff. Anfechtung wegen Vermächtnisunwürdigkeit § 2345. Als gesetzliches Vermächtnis kann das Recht auf den Dreißigsten wiederum mit einem Vermächtnis beschwert werden.

II. Aufgebot der Nachlaßgläubiger

Das Aufgebotsverfahren hat der Gesetzgeber dem preußischen Recht des 19. Jahrhunderts entnommen. Die öffentliche Aufforderung der Nachlaßgläubiger im Wege des

Aufgebotsverfahrens (§ 1970) verschafft dem Erben nicht nur eine zuverlässige Übersicht über den Stand des Nachlasses, sondern sichert ihn auch gegen die Gefahr, mit dem eigenen Vermögen und über den Betrag seiner Bereicherung durch die Erbschaft hinaus für unbekannt gebliebene Nachlaßverbindlichkeiten in Anspruch genommen zu werden, ohne die Beschränkung seiner Haftung nach §§ 1975 ff herbeiführen zu müssen (§ 1973). In derselben Weise ist er auch ohne Aufgebot sichergestellt, wenn die Nachlaßverbindlichkeiten später als 5 Jahre nach dem Erbfall gegen ihn geltend gemacht werden (§ 1974). Die gleichen Grundsätze gelten, und zwar zugleich mit der Wirkung, die gesamtschuldnerische in eine Teilhaftung zu verwandeln, für die Miterben (§ 2060 Nr. 1 u. 2, s. auch § 2045). Vgl. Rdn. 13 vor § 1967.

§ 1970

Die Nachlaßgläubiger können im Wege des Aufgebotsverfahrens zur Anmeldung ihrer Forderungen aufgefordert werden.

E I 2120 Abs. 1 II 1845; M **5** 644, 645; P **5** 743, 774—777.

Neueres Schrifttum:

Muhr, Das Aufgebotsverfahren in der notariellen Praxis, RhNotK **65**, 148.

Aufforderung zur Anmeldung

Übersicht

1 **I. Aufforderung an alle Nachlaßgläubiger**

Die Aufforderung richtet sich, mit den Ausnahmen der §§ 1971, 1972, an alle Nachlaßgläubiger ohne Unterschied, selbst wenn sie gegen den Erblasser oder den Erben bereits einen vollstreckbaren Titel oder ein rechtskräftiges Urteil erlangt haben oder dem Erben bekannt sind. Sie betrifft sowohl diejenigen Gläubiger, deren Forderungen schon gegen den Erblasser entstanden waren (Erblasserschulden), wie diejenigen, die erst nach dem Erbfalle Forderungen gegen den Erben als solchen erlangt haben (§ 1967 Rdn. 2 ff, 9 ff). Auch die Gläubiger solcher Forderungen, die zur Zeit des Erlasses des Aufgebots noch bedingt oder betagt oder erst dem Rechtsgrunde nach entstanden sind, z. B. Rückgriffsforderungen des Bürgen.

2 Dagegen werden Gläubiger, deren Forderungen erst nach der öffentlichen Bekanntmachung des Aufgebots durch den Bundesanzeiger, mit welcher die Aufgebotsfrist beginnt (§ 950 ZPO), dem Grunde nach entstehen, von dem Aufgebote nicht betroffen werden; eine Anmeldung innerhalb einer schon in Lauf gesetzten Anmeldefrist kann dem Gläubiger nicht „zugemutet" werden (aM *Planck/Flad* Anm. 3c vor §§ 1971, 1972; *Strohal* II § 75 II 3 und Anm. 7; wie hier *Staudinger/Lehmann* § 1970 Rdn. 13; *Erman/Bartholomeyczik* § 1970 Rdn. 1). Zur Herbeiführung der Anmeldepflicht solcher Forderungen wird es eines neuen Aufgebots bedürfen.

3 Der Erbe, der selbst das Aufgebot beantragt hat, ist berechtigt, seine eigenen Forderungen gegen den Nachlaß auch ohne Anmeldung vor den ausgeschlossenen Gläubi-

gern zu befriedigen. Dagegen ist Anmeldung erforderlich, wenn das Befriedigungsrecht gegenüber einem anderen Miterben, dem das Aufgebot zugute kommt (ZPO § 997), oder gegenüber einem Nachlaßverwalter oder Testamentsvollstrecker erhalten bleiben soll.

Diejenigen Gläubiger, denen der Erbe bereits unbeschränkt haftet (Rdn. 20—22 **4** vor § 1967), gehen durch Versäumung der Anmeldung ihrer bereits erworbenen Rechte auf Befriedigung auch aus dem persönlichen Vermögen des Erben nicht verlustig.

Aus vertragswidrigem Handeln des Erben bei Erfüllung eines von dem Erblasser **5** abgeschlossenen Vertrags entsteht eine persönliche Verbindlichkeit des Erben; der Gläubiger ist nicht verpflichtet, diesen Anspruch im Aufgebotsverfahren anzumelden (RG **92**, 341).

II. Aufgebotsverfahren **6**

Das hier in Frage stehende Aufgebotsverfahren ist durch die allgemeinen Bestimmungen der ZPO über Aufgebote (§§ 946—959) und durch die besonderen Vorschriften der §§ 989—1000 geregelt.

Antragsberechtigt ist jeder Erbe (§ 991 Abs. 1), also auch jeder einzelne Miterbe, **7** jedoch erst nach Annahme der Erbschaft, die in dem Antrage nicht ohne weiteres zu finden ist, so daß es, wenn nicht eine anderweite stillschweigende Annahme vorausgegangen ist, einer vorhergehenden ausdrücklichen Annahmeerklärung bedarf. Unter dieser Voraussetzung ist auch der Nacherbe schon vor dem Eintritte der Nacherbfolge zur Antragstellung berechtigt (vgl. § 1946 Rdn. 3). Das Antragsrecht des Erben ist ausgeschlossen, wenn er für die Nachlaßverbindlichkeiten bereits allgemein unbeschränkt, d. h. nicht mehr beschränkbar (§§ 1994, 2005), haftet; eine unbeschränkte Haftung gegenüber einzelnen Gläubigern entzieht ihm das Antragsrecht nicht. Doch kann auch der unbeschränkt haftende Miterbe das Aufgebot zum Zwecke der Herbeiführung der Teilhaftung (§ 2059) beantragen (ZPO § 997 Abs. 2).

Außer dem Erben ist auch der Nachlaßpfleger einschließlich des Nachlaßverwalters **8** (§§ 1960, 1975), und zwar schon vor Annahme der Erbschaft (ZPO § 991 Abs. 2), sowie der Testamentsvollstrecker, dieser aber erst nach Annahme der Erbschaft durch den Erben, antragsberechtigt (ZPO § 991 Abs. 2, 3), falls ihnen die Verwaltung zusteht, was beim Nachlaßverwalter stets zutrifft. Zweifelhaft ist, ob der Nachlaßpfleger und der Testamentsvollstrecker auch dann noch berechtigt sind, das Aufgebot zu beantragen, wenn der Erbe unbeschränkt haftet (bejahend *Planck/Flad* Anm. 1; *Standinger/Lehmann* § 1970 Rdn. 3; *Erman/Bartholomeyczik* Rdn. 5 vor § 1970; auch *Kipp* § 76 III; *Kipp/Coing* § 95 IV; Colmar OLG **19**, 164; verneinend *Strohal* II § 75 Anm. 2). In diesem Falle kann gemäß § 2013 die an die Durchführung des Aufgebotsverfahrens geknüpfte Folge der Beschränkung der Haftung des Erben gegenüber dem ausgeschlossenen Nachlaßgläubiger auf den Nachlaß (§ 1973) nicht eintreten; demzufolge kann auch die Aufforderung zur Anmeldung nicht den entsprechenden, zu § 995 ZPO vorgesehenen Rechtsnachteil androhen. Diesem einen anderen Rechtsnachteil zu substituieren wie *Planck/Flad* wollen, erscheint bedenklich. Das Gesetz läßt ein Aufgebotsverfahren nur in ganz bestimmten Fällen mit genau festgesetzten Ausschlußfolgen zu und erklärt ein in Fällen, in welchen es ein Aufgebotsverfahren nicht zuläßt, ergangenes Ausschlußurteil für anfechtbar (ZPO § 957 Abs. 2 Nr. 1). Dafür, den Nachlaßgläubiger, der sich innerhalb einer durch Aufgebot bestimmten Frist nicht meldet, von der Befriedigung aus dem Nachlasse (statt aus dem persönlichen Vermögen des Erben) auszuschließen, fehlt es an einer gesetzlichen Grundlage. Auch aus der durch § 1980 in Verbindung mit § 1985 dem Nachlaßverwalter gegenüber den Nachlaßgläubigern auferlegten Verantwortlichkeit ist für die gegenteilige Ansicht nichts zu entnehmen, da eine Fahrlässigkeit in der Nichtstellung des Antrags selbstverständlich nicht gefunden werden kann, wenn ein Antragsrecht nicht mehr besteht, es sei denn, daß die Stellung schuldhafterweise verzögert worden ist. Gegen die Ansicht spricht auch die Fassung des § 175 Abs. 2 ZVG.

9 Das von einem Miterben beantragte Aufgebot kommt auch den anderen Miterben, das vom Nacherben beantragte auch dem Vorerben und umgekehrt zugute (ZPO §§ 997, 998). Das vom Nachlaßpfleger oder Testamentsvollstrecker beantragte Aufgebot kommt auch ohne besondere Vorschrift dem Erben zugute, da es ja gerade die Beschränkung von dessen Haftung als Ausschlußfolge bewirkt.

10 In gewissen Fällen hat auch der Ehegatte eines Erben sowie der Käufer der Erbschaft das Antragsrecht (ZPO §§ 999, 1000).

11 Das Antragsrecht ist zeitlich nicht beschränkt; doch verliert der Erbe die aufschiebenden Einreden aus § 2015 und ZPO § 782, wenn er den Antrag nicht innerhalb Jahresfrist nach der Annahme gestellt hat. Während der Dauer der Nachlaßverwaltung wird das Antragsrecht des Erben ruhen, da ihm die Verwaltung entzogen ist (§ 1984). Ist die Eröffnung des Nachlaßkonkurses beantragt, so soll das Aufgebot nicht erlassen werden; durch die Eröffnung des Nachlaßkonkurses wird das Aufgebotsverfahren beendigt (§ 993 ZPO). Dies gilt entsprechend auch für das Nachlaßvergleichsverfahren (*Bley/Mohrbutter* § 113 Anm. 23).

12 Nach § 992 ZPO hat der Antragsteller dem Antrag ein Verzeichnis der ihm bekannten Nachlaßgläubiger beizufügen. Die Nichtaufnahme eines bekannten Gläubigers in dieses Verzeichnis hindert dessen Ausschluß an sich nicht; kann aber, wenn sie durch den Erben zu vertreten ist (§ 276) und die Versäumung der Frist durch den Gläubiger zur Folge hat, im Wege der Herstellungspflicht (§ 249) dazu führen, daß der Erbe sich diesem Gläubiger gegenüber auf den Ausschluß nicht berufen darf (vgl. Hamburg OLG **18**, 324).

13 Auch dem Hof- oder Anerben steht, da er für die Nachlaßverbindlichkeiten haftet, das Antragsrecht zu; vgl. Rdn. 26 vor § 1967.

14 **III. Verpflichtung, das Aufgebot zu beantragen**

Der Erbe und der Nachlaßverwalter sind nach §§ 1980 Abs. 2 und 1985 Abs. 2 bei Vermeidung des Schadenersatzes verpflichtet, in den dort vorgesehenen Fällen das Aufgebot zu beantragen. Die Kosten des Verfahrens zählen zu den Nachlaßverbindlichkeiten, die im Falle des Konkurses Masseschulden sind (KO § 224 Nr. 4; vgl. § 1967 Rdn. 10).

§ 1971

Pfandgläubiger und Gläubiger, die im Konkurse den Pfandgläubigern gleichstehen, sowie Gläubiger, die bei der Zwangsvollstreckung in das unbewegliche Vermögen ein Recht auf Befriedigung aus diesem Vermögen haben, werden, soweit es sich um die Befriedigung aus den ihnen haftenden Gegenständen handelt, durch das Aufgebot nicht betroffen. Das gleiche gilt von Gläubigern, deren Ansprüche durch eine Vormerkung gesichert sind oder denen im Konkurs ein Aussonderungsrecht zusteht, in Ansehung des Gegenstandes ihres Rechtes.

E I 2125 II 1847; M **5** 647, 648; P **5** 743, 777—780.

Nicht betroffene Gläubiger

Übersicht

I. Pfandgläubiger und ihnen im Konkurs gleichgestellte Gläubiger 1

Bestehende dingliche Sicherungsrechte der Nachlaßgläubiger an einzelnen Gegenständen des Nachlasses werden durch die Vorschriften über die Beschränkung der Haftung des Erben nicht berührt. Die Vorschrift beruht weniger auf der Überlegung, daß die Rechte dieser Gläubiger für den Erben in der Regel auch ohne Anmeldung erkennbar sind, sondern auf der stärkeren Stellung, die diese Gläubiger gegenüber dem nur persönlich Forderungsberechtigten einnehmen. Deswegen genießen sie das Vorrecht auch nur insoweit, als diese Stellung reicht. Die betreffenden Gläubiger können von der Befriedigung aus den ihnen verhafteten Gegenständen durch das Aufgebot nicht ausgeschlossen werden.

Pfandgläubiger sind diejenigen, welche ein durch Rechtsgeschäft bestelltes Pfand- 2
recht an einer beweglichen Sache oder einem Rechte haben (§§ 1204, 1273; KO § 48). Diesen stehen für den Fall des Konkurses gleich die in § 49 KO aufgeführten Gläubiger, also die öffentlichen Kassen hinsichtlich der wegen Abgaben beschlagnahmten Gegenstände (Nr. 1; im übrigen werden aber auch fiskalische Steuerforderungen von dem Ausschlusse betroffen, RG **62,** 248); ferner die mit gesetzlichen oder durch Pfändung erlangten Pfandrechten (ZPO § 804) oder mit Zurückbehaltungsrecht wegen Verwendungen oder kaufmännischem Zurückbehaltungsrecht (HGB §§ 369—371) ausgestatteten Gläubiger (Nr. 2—4).

Den so bevorrechteten Gläubigern kann, soweit sie lediglich Befriedigung aus den 3
ihnen verhafteten Gegenständen verlangen, der Erbe die Befriedigung auch während des Aufgebotsverfahrens nicht auf Grund des § 2015 verweigern (§ 2016 Abs. 2). Sie werden vom Aufgebot auch dann nicht betroffen, wenn sie das dingliche Sicherungsrecht erst nach dem Erbfall durch ein Rechtsgeschäft mit dem Erben, Nachlaßverwalter oder Testamentsvollstrecker oder durch Zwangsvollstreckung vor oder während des Aufgebots (§ 782 Satz 2 ZPO) erworben haben; doch sind diejenigen, die nach Eintritt des Erbfalles das Sicherungsrecht auf prozessualem Wege erlangt haben, der aufschiebenden Einrede des § 2015 ausgesetzt (§ 2016 Abs. 2).

Ein nach Erlaß des Ausschlußurteils erlangtes Sicherungsrecht kann jedoch die 4
Wirkungen des Ausschlusses auch hinsichtlich der ihm unterliegenden Nachlaßgegenstände nicht beseitigen, soweit nicht etwa in der Einräumung eines solchen Rechtes durch den Erben ein Verzicht auf die Geltendmachung der Ausschlußwirkung gegenüber diesem Gläubiger zu finden ist.

II. Realberechtigte aus § 10 ZVG 5

Ihnen gegenüber kann als Ersatz des Aufgebots, von dem sie als solche gleichfalls nicht betroffen werden, gemäß §§ 175—179 ZVG durch den Antrag auf Zwangsversteigerung des Grundstücks, zu dessen Stellung die gleichen Personen berechtigt sind wie zur Stellung des Aufgebotsantrags (§ 1970 Rdn. 7, 8, 10), festgestellt werden, ob sie aus dem Grundstücke Deckung finden oder der sonstige Nachlaß zu ihrer Befriedigung herangezogen werden muß. Gegen die Heranziehung des sonstigen Nachlasses erwächst dem Erben eine Einrede, wenn der Nachlaßgläubiger es unterläßt, in dem Zwangsversteigerungsverfahren zu verlangen, daß bei Feststellung des geringsten Gebots nur die seinem Anspruche vorgehenden Rechte berücksichtigt werden (§§ 179, 174 ZVG). Die Einrede ist begründet, auch wenn es nicht zu einem Zuschlage gekommen ist. Das Verfahren findet nicht statt, wenn der Erbe dem Gläubiger bereits unbeschränkt haftet oder der Gläubiger wegen seines Ausfalles im Aufgebotsverfahren ausgeschlossen ist oder einem ausgeschlossenen Gläubiger gleichsteht (§ 175 Abs. 2 ZVG).

6 **III. Ausfallforderung der bevorzugten Gläubiger**

Wohl aber werden die dinglich gesicherten Gläubiger betroffen, soweit sie berechtigt sind, wegen des Ausfalls eine persönliche Forderung gegen den Nachlaß geltend zu machen.

7 **IV. Vormerkungsgläubiger**

Die Vormerkung (§§ 883, 884), die schuldrechtliche Ansprüche auf Einräumung von Rechten an Grundstücken sichert, ist den dinglichen Sicherungsrechten an Grundstücken insofern gleichgestellt, als sich der Erbe, soweit der Anspruch durch die Vormerkung gesichert ist, nicht auf die Beschränkung seiner Haftung berufen kann (§ 884); deshalb wird ein so gesicherter Anspruch auch nicht von dem Aufgebote betroffen.

8 V. **Aussonderungsrecht** im Konkurse KO §§ 43 ff.

§ 1972

Pflichtteilsrechte, Vermächtnisse und Auflagen werden durch das Aufgebot nicht betroffen, unbeschadet der Vorschrift des § 2060 Nr. 1.

F II 1846; P 5 774, 775.

1 **Pflichtteilsrechte** (§§ 2303 ff), **Vermächtnisse** (§§ 2147 ff) und **Auflagen** (§§ 2192 ff) gehören nach § 1967 zu den Nachlaßverbindlichkeiten, können jedoch nur gegenüber einem nicht durch andere Verbindlichkeiten überschuldeten Nachlaß geltend gemacht werden. Deshalb werden sie auch im Konkurse (KO § 226) und, wenn es hierzu nach § 1930 nicht gekommen ist, durch den Erben gemäß §§ 1991 Abs. 3, 1992 erst hinter allen sonstigen Nachlaßverbindlichkeiten befriedigt. Aus dem gleichen Grunde ist die durch den Erben erfolgte Befriedigung sowohl im Falle des Konkurses wie außerhalb eines solchen der Anfechtung ausgesetzt (KO § 222; AnfG § 3a). Auch den im Aufgebotsverfahren ausgeschlossenen Gläubigern stehen die Gläubiger aus solchen Verbindlichkeiten nach (§ 1973 Abs. 1 Satz 2; vgl. Rdn. 12 dazu). Sie selbst gelten aber zunächst nicht als ausgeschlossene Gläubiger, da sie vom Aufgebot nicht betroffen werden; infolgedessen können sie namentlich Ansprüche gegen den Erben aus dessen Verwaltung gemäß §§ 1978, 1979 erheben, was den ausgeschlossenen Gläubigern versagt ist (vgl. § 1973 Rdn. 17). Falls sie jedoch ihre Forderungen nicht binnen fünf Jahren nach dem Erbfalle geltend machen, werden sie, abweichend von den nach § 1971 vom Aufgebote nicht betroffenen Gläubigern, wie ausgeschlossene Gläubiger behandelt (§ 1974 Abs. 1, 3).

2 Auch die Pflichtteilsberechtigten usw. haben Anlaß zur Anmeldung, wenn sie sich gegen einen Miterben die gesamtschuldnerische Haftung über die Teilung hinaus (§ 2060 Nr. 1) sichern wollen.

§ 1973

Der Erbe kann die Befriedigung eines im Aufgebotsverfahren ausgeschlossenen Nachlaßgläubigers insoweit verweigern, als der Nachlaß durch die Befriedigung der nicht ausgeschlossenen Gläubiger erschöpft wird. Der Erbe hat jedoch den ausgeschlossenen Gläubiger vor den Verbindlichkeiten aus Pflichtteilsrechten, Vermächtnissen und Auflagen zu befriedigen, es sei denn, daß der Gläubiger seine Forderung erst nach der Berichtigung dieser Verbindlichkeiten geltend macht.

Einen Überschuß hat der Erbe zum Zwecke der Befriedigung des Gläubigers im Wege der Zwangsvollstreckung nach den Vorschriften über die Herausgabe einer ungerechtfertigten Bereicherung herauszugeben. Er kann die Herausgabe der noch vorhandenen Nachlaßgegenstände durch Zahlung des Wertes abwenden. Die rechtskräftige Verurteilung des Erben zur Befriedigung eines ausgeschlossenen Gläubigers wirkt einem anderen Gläubiger gegenüber wie die Befriedigung.

E I 2127 II 1848; M 5 649—651; P 5 780—783; KB 312.

Wirkung des Ausschlußurteils

Übersicht

I. Rechtswirkungen des Aufgebots im allgemeinen 1

1. Rechtswirkung der Einleitung des Verfahrens

Als Folge der Einleitung des Aufgebots entsteht die Rechtswirkung, daß der Erbe, sofern er den Antrag innerhalb eines Jahres nach der Annahme gestellt hat und sobald der Antrag zugelassen ist, die Berichtigung solcher Nachlaßverbindlichkeiten, die durch das Aufgebot betroffen werden, sowie der Verbindlichkeiten aus Pflichtteilsrechten, Vermächtnissen und Auflagen während der Dauer des Aufgebotsverfahrens verweigern darf (§§ 2015, 2016 und Anm. dazu).

2. Rechtswirkung des durchgeführten Verfahrens 2

Als Folge der Durchführung des Aufgebotsverfahrens tritt ohne weiteres eine Beschränkung der Haftung des Erben gegenüber den ausgeschlossenen Gläubigern ein. Dazu braucht auch bei nicht dürftigem Nachlaß (§§ 1990, 1991) keine Nachlaßverwaltung und kein Nachlaßkonkurs (§§ 1975 ff) und kein Nachlaßvergleichsverfahren (Rdn. 17 vor § 1967) herbeigeführt zu werden. Die Haftungsbeschränkung geht im Ergebnisse dahin, daß der Erbe solchen Gläubigern nur insoweit haftet, als er durch den Nachlaß bereichert ist (Abs. 1 Satz 1, Abs. 2 Satz 1).

3 Infolge dieser Beschränkung kann der Erbe nach Erlaß des Ausschlußurteils so verfahren, wie wenn andere als die angemeldeten und die nicht durch das Aufgebot betroffenen Gläubiger nicht vorhanden wären. Erweist sich der Nachlaß als zulänglich für diese Gläubiger, so kann er sie aus seinen eigenen oder Mitteln des Nachlasses in beliebiger Reihenfolge befriedigen; andernfalls ist er den nicht ausgeschlossenen Gläubigern gegenüber, sofern der Nachlaß nicht dürftig ist, verpflichtet, Nachlaßkonkurs oder Nachlaßvergleichsverfahren zu beantragen. Den ausgeschlossenen Gläubigern gegenüber besteht diese Pflicht nicht.

4 Macht ein ausgeschlossener Gläubiger seine Forderung geltend, so wird dadurch der Erbe nicht gehindert, auch weiterhin den Nachlaß zur Befriedigung nicht ausgeschlossener oder ausgeschlossener Gläubiger zu verwenden; nur Forderungen aus Pflichtteilsrechten, Vermächtnissen und Auflagen darf er jetzt nicht mehr befriedigen (Abs. 1 Satz 2; vgl. Rdn. 12).

5 Den ausgeschlossenen Gläubiger kann er auf das verweisen, was danach von dem Nachlasse noch übrig ist (Abs. 2 Satz 1; vgl. Rdn. 13—18). Die Beschränkung geht also insofern weiter als die durch Nachlaßverwaltung, Nachlaßkonkurs oder Nachlaßvergleichsverfahren herbeigeführte, als der Erbe dem ausgeschlossenen Gläubiger für die bisherige Verwaltung des Nachlasses nicht, wie im Falle der §§ 1978, 1979, verantwortlich ist, vielmehr eine entsprechende Verantwortlichkeit erst vom Zeitpunkte der Rechtshängigkeit des Anspruchs oder der Kenntnis des Erben von dem Anspruche ab für die Zukunft eintritt (vgl. Rdn. 17). Die dem Erben damit eingeräumte freiere Stellung rechtfertigt sich daraus, daß der Erbe mit dem Vorhandensein der ausgeschlossenen Forderung nicht zu rechnen braucht. Er kann daher auch nicht verpflichtet sein, die Nachlaßgegenstände für die mit ihren Forderungen ausgeschlossenen Gläubiger zu verwalten.

6 **3. Rechtswirkung gegenüber unbeschränkt haftenden Erben**

Nur demjenigen Erben stehen die Rechte aus § 1973 zu, der zur Zeit des Erlasses des Ausschlußurteils noch nicht allen Nachlaßgläubigern gegenüber unbeschränkt im Sinne von §§ 1994, 2005, 2006, also unbeschränkbar, haftet (§ 2013 Abs. 1 Satz 1); in diesem Falle stehen sie ihm aber einem ausgeschlossenen Gläubiger gegenüber auch weiter noch zu, wenn er später durch Versäumung der Inventarfrist oder ungetreues Inventar den übrigen Nachlaßgläubigern unbeschränkt haftbar wird (ebenda Satz 2).

7 **II. Folgen des Ausschlusses**

1. Erschöpfungseinrede

Der Ausschluß bewirkt nicht ein Erlöschen der Forderung des ausgeschlossenen Gläubigers, auch keine Änderung ihrer rechtlichen Natur, sondern nur ein materielles Einrederecht des Erben, das durch Verweigerung der Befriedigung innerhalb oder außerhalb eines Prozesses oder einer Zwangsvollstreckung (vgl. Rdn. 19) geltend gemacht werden kann. Dadurch, daß der Gläubiger mit seiner Forderung ausgeschlossen wird, verliert er nicht das Recht, wegen dieser Forderung ein bestehendes Zurückbehaltungsrecht gegenüber einer gegen ihn bestehenden Nachlaßforderung geltend zu machen oder mit ihr aufzurechnen. Klagt der ausgeschlossene Gläubiger ohne entsprechende Beschränkung seines Antrags, so kann der Erbe, falls Erschöpfung des Nachlasses vorliegt, die Abweisung der Klage, falls noch etwas vorhanden ist, die Verurteilung nur zur Duldung der Zwangsvollstreckung in das noch Vorhandene beantragen, und es ist dann im Prozesse selbst festzustellen, ob und inwieweit noch etwas vorhanden ist, in das die Zwangsvollstreckung erfolgen kann (RG **61**, 221; **77**, 245; **137**, 54).

2. Haftungsvorbehalt im Urteil 8

Nach durchaus herrschender Ansicht kann der Erbe sich im Prozesse aber auch damit begnügen zu beantragen, daß seine Verurteilung nur unter Vorbehalt der beschränkten Haftung erfolge. Ergeht das Urteil mit diesem Vorbehalt, dann ist im Zwangsvollstreckungsverfahren auf Grund der dort geltend gemachten Einwendungen zu entscheiden, ob und in welcher Weise eine Beschränkung eingetreten ist (RG **83**, 330; vgl. auch RG **137**, 54 und vor § 1967 Rdn. 23—28).

Anzuwenden ist auch § 780 Abs. 2 ZPO. Der Fiskus als gesetzlicher Erbe, der Testamentsvollstrecker und der Nachlaßpfleger können sich noch in der Zwangsvollstrekkung auf § 1973 auch dann berufen, wenn das Urteil ihnen gegenüber ohne Vorbehalt ergangen ist. Gleiches wird aber auch dem Erben freistehen, wenn aus einem dem Nachlaßpfleger oder dem Testamentsvollstrecker gegenüber ergangenen Urteile gegen ihn im Wege der Zwangsvollstreckung vorgegangen wird. 9

Ist in einem Vorprozesse der Eintritt des Erben in eine Nachlaßverbindlichkeit (Verpflichtung zu einer Verwaltung) unter Beschränkung des Klägers wegen seines Ausschlusses durch Aufgebot nach § 1973 ausgesprochen, so kann in dem Nachprozesse über diese Verpflichtung der Erbe die Erschöpfung des Nachlasses geltend machen. Durch die Ausschließung wird das Recht, die Forderung zur Begründung der Einrede des nicht erfüllten gegenseitigen Vertrags (§§ 320 ff) oder zur Aufrechnung gegen Nachlaßforderungen zu benutzen, nicht berührt; § 390 Satz 1 steht nicht entgegen, da das Aufrechnungsrecht bereits vorher erwachsen war (§ 389, vgl. auch RG **42**, 142). 10

III. Inhalt der Einrede 11

Der Einwand kann dahin gehen, daß die Nachlaßaktiva durch Verwendung in irgendwelcher Weise, auch durch Befriedigung ausgeschlossener Gläubiger oder von Pflichtteils- usw. Berechtigten oder auch durch Untergang, Abhandenkommen usw. der Nachlaßgegenstände bereits erschöpft seien, oder aber dahin, daß sie durch die noch ausstehende Befriedigung nicht ausgeschlossener Gläubiger erschöpft werden. Eine noch nicht erfolgte Befriedigung ausgeschlossener Gläubiger kann die Erschöpfungseinrede nur begründen, falls der Erbe zu ihrer Befriedigung bereits rechtskräftig verurteilt ist (Abs. 2 Satz 3; vgl. Rdn. 23). Auf eine noch nicht erfolgte Befriedigung von Pflichtteilsusw. Berechtigten kann sich der Erbe überhaupt nicht berufen (Abs. 1 Satz 2; vgl. Rdn. 12). Einem nicht ausgeschlossenen Gläubiger steht ein Widerspruchsrecht gegen die Zwangsvollstreckung ausgeschlossener Gläubiger in den Nachlaß nicht zu (Stettin OLG **5**, 230).

IV. Die Stellung der Verbindlichkeiten aus Pflichtteilsrechten, Vermächtnissen und Auflagen 12

Darüber vgl. § 1972 Rdn. 1, 2. Nichteinhaltung dieser Vorschrift macht den Erben auch den ausgeschlossenen Gläubigern gegenüber verantwortlich in der Weise, daß er den dafür verwendeten Betrag oder Vermögenswert nicht als Verringerung seiner Bereicherung aus dem Nachlasse (vgl. Rdn. 15) in Abzug bringen darf. Nicht ausgeschlossenen Gläubigern haftet er dafür aus § 1978. Bloße Kenntnis der Forderung des ausgeschlossenen Gläubigers hindert den Erben nicht an der Befriedigung von Pflichtteils-Berechtigten; es bedarf der gerichtlichen oder außergerichtlichen **Geltendmachung**; also Mahnung genügt. Soweit solche Verbindlichkeiten vorher befriedigt worden sind, steht aber dem ausgeschlossenen Gläubiger das Anfechtungsrecht aus KO § 222, AnfG § 3a gegenüber dem befriedigten Berechtigten zu.

13 V. **Der Überschuß** ist dasjenige, was nach den oben entwickelten Grundsätzen dem Erben noch als Bereicherung aus dem Nachlasse verbleibt. Für die Berechnung des Überschusses sind daher die Vorschriften der §§ 818, 819 maßgebend.

14 **1. Vermehrung des ursprünglichen Nachlaßbestandes**

Nach den §§ 818, 819 sind dem ursprünglichen Aktivbestande des Nachlasses die gezogenen Nutzungen sowie dasjenige zuzurechnen, was der Erbe auf Grund zum Nachlasse gehöriger Rechte oder als Ersatz für die Zerstörung, Beschädigung oder Entziehung von Nachlaßgegenständen erlangt hat (Surrogate). Auch die Verbindlichkeiten und Lasten, die dem Erben gegenüber dem Erblasser oblagen und die durch Vereinigung erloschen sind, müssen dem Nachlasse zugerechnet werden.

15 **2. Verminderung des ursprünglichen Nachlaßbestandes**

Abzuziehen sind die durch Vereinigung erloschenen Forderungen und Rechte des Erben gegenüber dem Erblasser. Ferner die Forderungen der nicht ausgeschlossenen Gläubiger, auch soweit sie noch nicht berichtigt sind, jedoch die Ansprüche aus Pflichtteilsrechten usw. nur, soweit sie bereits vor der Geltendmachung des Anspruchs des ausgeschlossenen Gläubigers berichtigt waren (vgl. Rdn. 12); die Ansprüche anderer ausgeschlossener Gläubiger nur, soweit sie bereits berichtigt sind (Rdn. 11). Sodann alle Aufwendungen, die der Erbe auf den Nachlaß gemacht hat, ohne Rücksicht auf ihre Notwendigkeit und Nützlichkeit (in letzterem Falle unter Anrechnung der dadurch bewirkten Wertsteigerung), auch etwaige nicht geschuldete Leistungen an vermeintliche Nachlaßgläubiger, in welchem Falle eine etwa entstandene condictio indebiti dem Nachlaßbestande zuzurechnen ist; endlich alles, was der Erbe ohne Gegenleistung, also namentlich auch schenkweise, aus dem Nachlasse fortgegeben hat.

16 **3. Zeitpunkt für die Feststellung des Überschusses**

Für die Frage, ob ein Überschuß vorhanden, ist nicht der Zeitpunkt der Rechtshängigkeit des Anspruchs, sondern, wenn sie im Hauptprozesse zur Entscheidung kommt, der Zeitpunkt des in diesem ergehenden Urteils, wenn sie auf Einwendung in der Zwangsvollstreckung zu entscheiden ist (vgl. Rdn. 8), der Beginn der Zwangsvollstreckung maßgebend. Der Erbe kann also auch noch nach der Rechtshängigkeit nicht ausgeschlossene und andere ausgeschlossene Gläubiger nach Maßgabe von Rdn. 4 befriedigen.

17 **4. Haftung des Erben**

Eine Haftung des Erben für sein Gebaren mit dem Nachlasse tritt jedoch mit dem Zeitpunkte ein, in welchem der Anspruch des Gläubigers rechtshängig geworden oder der Erbe auch nur Kenntnis von ihm erlangt hat (§§ 819, 292). Von da ab ist er auch dem ausgeschlossenen Gläubiger gegenüber zur Sorgfalt in bezug auf den Nachlaß verpflichtet; er haftet also für schuldhaft nicht gezogene Nutzungen (§ 987) und für durch seine Schuld eintretende Verschlechterung, Untergang oder sonstige Herausgabeunmöglichkeit der Nachlaßgegenstände (§ 989); weitere Aufwendungen, die durch die anzuwendende Sorgfalt nicht geboten waren, kann er nicht mehr abziehen. Diese Haftung ist eine dem Erben persönlich obliegende Verbindlichkeit, für die er mit seinem eigenen Vermögen einzustehen hat; sie gilt nicht (wie im Falle des § 1978 Abs. 2) als zum Nachlasse gehörend.

5. Besonderheiten 18

Auch während des Nachlaßkonkurses kann der durch Aufgebot ausgeschlossene Nachlaßgläubiger gegen den Erben auf Herausgabe des „Überschusses" klagen, sofern feststeht, daß ein solcher nach Befriedigung der nicht ausgeschlossenen Nachlaßgläubiger im Konkursverfahren vorhanden ist. Hat der Erbe eine ausgeschlossene fiskalische Steuerforderung infolge Androhung der Zwangsvollstreckung aus seinem Vermögen bezahlt, so kann er den bezahlten Betrag, soweit er den „Überschuß" übersteigt, vom Fiskus zurückfordern (RG **64**, 248).

VI. Herausgabe des Überschusses 19

Sie hat zu erfolgen nicht etwa „im Wege der Zwangsvollstreckung", so daß freiwillige Herausgabe ausgeschlossen wäre (Hamburg OLG **11**, 227), sondern „zum Zwecke der Befriedigung des Gläubigers im Wege der Zwangsvollstreckung", also nicht so, daß der Gläubiger unmittelbar Eigentümer würde und dadurch Befriedigung erlangte, sondern zur Verwertung durch Zwangsvollstreckung. Doch wird bei freiwillig herausgegebenen Geldbeträgen eine Pfändung und Ablieferung durch den Gerichtsvollzieher (ZPO § 815) nicht erforderlich sein. Im übrigen hat der Erbe die Pfändung oder Beschlagnahme durch den Gerichtsvollzieher oder das Vollstreckungsgericht zu dulden und die Nachlaßgegenstände zu diesem Zwecke zur Verfügung zu stellen (RG **137**, 53; vgl. aber Rdn. 21, 22).

Der herauszugebende Überschuß ist ein Inbegriff von Gegenständen im Sinne des 20
§ 260. Der Erbe ist daher verpflichtet, ein Bestandsverzeichnis vorzulegen und den Offenbarungseid nach § 260 Abs. 2 zu leisten. Dagegen ist er nicht verpflichtet, über die Verwaltung des Nachlasses Rechenschaft zu legen (*Kipp/Coing* § 95 III 2; *Planck/Flad* § 1973 Anm. 5c α).

VII. Recht des Erben, Nachlaßgegenstände einzulösen 21

Der Erbe ist nicht verpflichtet, die noch vorhandenen Nachlaßgegenstände in Natur herauszugeben; es steht ihm vielmehr (abweichend von dem Falle des § 1990 Abs. 1 Satz 2, aber in Übereinstimmung mit §§ 1992 Satz 2 und 1477 Abs. 2) das Recht zu, die Nachlaßgegenstände durch Zahlung ihres Wertes einzulösen. Darin liegt eine Abweichung von der Haftung cum viribus hereditatis. Der Wert ist nach der Zeit zu bemessen, zu welcher das Recht ausgeübt wird, und durch Schätzung zu ermitteln; Angaben in einem etwa errichteten Inventar (§ 2001) können nur als Anhaltspunkte in Betracht kommen.

Streitig ist, ob der Erbe den Nachlaß soweit zurückbehalten kann, als ihm Ersatz- 22
forderungen für Aufwendungen zustehen oder ob er ihn ganz zur Zwangsvollstreckung stellen muß und darauf angewiesen ist, aus dem Erlöse Befriedigung vor dem Gläubiger zu verlangen. Für erstere Meinung *Planck*, für letztere *Strohal* bei *Planck* 3. Aufl. Anm. 5c α und *Flad* ebenda, 4. Aufl. Anm. 5c β Abs. 2; vgl. auch RG **139**, 202; WarnRspr. 1914 Nr. 213. Der Wortlaut, wonach nur der „Überschuß" herauszugeben ist, spricht für die dem Erben günstigere Meinung, die auch der vom Gesetze dem ausgeschlossenen Gläubiger angewiesenen Stellung mehr entsprechen dürfte, derzufolge er nur auf die Bereicherung Anspruch hat (wie hier *Staudinger/Lehmann* § 1973 Rdn. 19).

VIII. Abs. 2 Satz 3 23

Aus Billigkeitsgründen ist für die Berechnung des Überschusses der Befriedigung eines ausgeschlossenen Gläubigers (vgl. Rdn. 4) die **rechtskräftige Verurteilung zur Befriedigung** gleichgestellt, da sich ihr der Erbe nicht mehr durch Hinweis auf nachträglichen Wegfall der Bereicherung durch Befriedigung eines anderen Gläubigers entziehen kann. Der Erbe kann deshalb die Forderung eines ausgeschlossenen Gläubigers, zu deren Befriedigung er rechtskräftig verurteilt ist, einem anderen ausgeschlossenen Gläubiger gegenüber so zur Anrechnung bringen, als wenn er sie bereits befriedigt hätte.

24 **IX. Beweislast**

Der Erbe hat die seine Befriedigungsverweigerung begründende Einrede der Erschöpfung des Nachlasses darzutun. Dazu gehört als Grundlage der Berechnung die Feststellung des ursprünglichen Bestandes des Nachlasses. Hat der Erbe rechtzeitig ein Inventar (§ 1993) errichtet, so wird dadurch die Vermutung, daß keine anderen Nachlaßgegenstände vorhanden waren, begründet (§ 2009). Der Gläubiger kann diese Vermutung durch alle Beweismittel widerlegen. Er kann auch seinerseits den Erben zur Errichtung eines Inventars gemäß § 1994 anhalten.

25 Steht der ursprüngliche Bestand des in das Vermögen des Erben gelangten Nachlasses fest, so muß der Erbe ferner beweisen, daß er nicht mehr bereichert ist (§ 818 Abs. 3). Er hat also darzutun, was bisher schon aus dem Nachlasse weggegeben ist oder wodurch sich sonst sein ursprünglicher Bestand vermindert hat, und ferner, welche nicht ausgeschlossenen Gläubiger noch zu befriedigen sind. Ist die Verminderung durch Befriedigung von Pflichtteils- usw. Berechtigten herbeigeführt, so hat der Erbe den Zeitpunkt der Befriedigung, der Gläubiger, wenn er die Anrechnung nicht anerkennt, den Zeitpunkt der Geltendmachung seines Anspruchs (Abs. 1 Satz 2 Halbsatz 2) zu beweisen.

26 Behauptete Zugänge oder Surrogate hat der Gläubiger zu beweisen. Der Erbe ist gemäß § 260 verpflichtet, ein Verzeichnis des Überschusses vorzulegen.

§ 1974

Ein Nachlaßgläubiger, der seine Forderung später als fünf Jahre nach dem Erbfalle dem Erben gegenüber geltend macht, steht einem ausgeschlossenen Gläubiger gleich, es sei denn, daß die Forderung dem Erben vor dem Ablaufe der fünf Jahre bekannt geworden oder im Aufgebotsverfahren angemeldet worden ist. Wird der Erblasser für tot erklärt oder wird seine Todeszeit nach den Vorschriften des Verschollenheitsgesetzes festgestellt, so beginnt die Frist nicht vor dem Eintritt der Rechtskraft des Beschlusses über die Todeserklärung oder die Feststellung der Todeszeit.

Die dem Erben nach § 1973 Abs. 1 Satz 2 obliegende Verpflichtung tritt im Verhältnisse von Verbindlichkeiten aus Pflichtteilsrechten, Vermächtnissen und Auflagen zueinander nur insoweit ein, als der Gläubiger im Falle des Nachlaßkonkurses im Range vorgehen würde.

Soweit ein Gläubiger nach § 1971 von dem Aufgebote nicht betroffen wird, finden die Vorschriften des Abs. 1 auf ihn keine Anwendung.

E II 1849; P 5 795, 796; KB 312, 313.

Verspätete Geltendmachung einer Forderung

Übersicht

I. Von der Vorschrift betroffene Nachlaßgläubiger 1

In gleicher Weise, wie durch die Durchführung eines Aufgebotsverfahrens (§§ 1970 bis 1973) soll der Erbe, ohne ein solches durchführen zu müssen, geschützt werden gegen Ansprüche von Nachlaßgläubigern, die erst lange Zeit nach dem Erbfalle sich melden und ihm bis dahin unbekannt geblieben sind, sog. **„verschwiegene Forderungen"**. Hat ein Aufgebotsverfahren stattgefunden, so sind die Ansprüche der in diesem angemeldeten Gläubiger durch die Anmeldung auch gegenüber dem Zeitablaufe gewahrt; gegenüber den durch das Verfahren ausgeschlossenen Gläubigern ist der Erbe durch § 1973 gedeckt; die durch das Aufgebot nicht betroffenen Gläubiger des § 1971 werden auch durch den Zeitablauf gemäß § 1974 nicht betroffen (vgl. Abs. 3). Die Vorschrift des § 1974 hat deshalb in diesem Falle nur Bedeutung gegenüber den nach § 1972 von dem Aufgebot nicht betroffenen Gläubigern, also gegenüber Ansprüchen aus Pflichtteilsberechtigungen, Vermächtnissen und Auflagen; ferner aber auch gegenüber solchen Forderungen, die erst nach Beginn der Anmeldefrist in dem Aufgebotsverfahren oder (wenn man der anderen Ansicht folgt, vgl. § 1970 Rdn. 2) nach Erlaß des Ausschlußurteils entstanden sind.

2

II. Geltendmachung der Forderungen

1. Bedingte und betagte Forderungen

Auch Forderungen, die bis zum Ablaufe der fünfjährigen Frist nur als bedingte oder betagte bestanden haben oder nur erst nach ihrem Grunde entstanden waren, unterliegen wie dem Aufgebote (vgl. § 1970 Rdn. 1) so auch der Beschränkung durch Zeitablauf. Sie können zur Vermeidung dieses Rechtsnachteils außergerichtlich, allerdings wohl nur durch das Verlangen eines Anerkenntnisses, oder auch, wenn dieses verweigert wird, gerichtlich im Wege der Feststellungsklage nach ZPO § 256, für die das erforderliche Feststellungsinteresse durch den drohenden Ablauf der Frist gegeben sein wird, oder durch Klage auf künftige Leistung gemäß §§ 257—259, deren Voraussetzungen gleichfalls vorliegen werden, geltend gemacht werden.

2. Geltendmachung gegenüber Nachlaßpfleger, -verwalter, Testamentsvollstrecker und vorläufigen Erben 3

Auch die Geltendmachung der Forderung gegenüber dem Nachlaßpfleger (einschließlich des Nachlaßverwalters), dem verwaltenden Testamentsvollstrecker sowie dem vorläufigen Erben, der später die Erbschaft ausgeschlagen hat (§ 1959 Abs. 3), genügt zur Vermeidung des Rechtsnachteils. Nach dem Wortlaute und dem praktischen Zwecke des Gesetzes fallen aber auch solche Forderungen, die erst nach Ablauf der fünf Jahre als Nachlaßforderungen entstehen und deshalb nicht vorher geltend gemacht werden konnten, darunter, selbstverständlich nur soweit sie bloße Nachlaßverbindlichkeiten und nicht Eigenverbindlichkeiten des Erben sind, für die er persönlich haftet (vgl. § 1967 Rdn. 9—17).

3. Fristberechnung nach §§ 187, 188. Es handelt sich um eine Ausschlußfrist; daher 4
sind die Vorschriften über Hemmung der Verjährung (§§ 203, 206, 207) nicht anwendbar. Für den Fall der Todeserklärung vgl. Abs. 1 Satz 2 und Rdn. 11.

5 **III. Die Rechtswirkungen des Fristablaufs** sind die gleichen wie diejenigen des Ausschlusses im Aufgebotsverfahren: die Haftung des Erben wird auf die Bereicherung beschränkt (vgl. die Rdn. zu § 1973). Wegen der Pflichtteilsrechte, Vermächtnisse und Auflagen vgl. Rdn. 12—14.

6 **IV. Bekanntwerden der Forderung vor Fristablauf**

Auch ohne Geltendmachung der Forderung genügt es zur Vermeidung des Rechtsnachteils, daß sie dem Erben während der Frist bekannt wird. Die Kenntnisnahme des Nachlaßverwalters, des verwaltenden Testamentsvollstreckers oder des vorläufigen Erben derjenigen des Erben gleichzustellen (so *Planck/Flad* Anm. 5a; *Strohal* II § 76 II 2) ist nicht unbedenklich, mindestens soweit es sich nicht um von ihnen oder ihnen gegenüber vorgenommene Rechtsgeschäfte handelt.

7 **Kennenmüssen** (fahrlässiges Nichtkennen) steht dem Kennen nicht gleich. Aus einem solchen kann auch nicht ein Gläubiger, der die fünfjährige Frist versäumt hat, eine Schadenersatzpflicht auf Grund des § 1980 Abs. 2 herleiten, weil ein solcher Gläubiger einem ausgeschlossenen Gläubiger gleichsteht und einem solchen der Erbe nur nach Maßgabe der Bereicherungsgrundsätze haftet (*Planck/Flad* Anm. 5 Abs. 2; vgl. § 1973 Rdn. 2, 17). Auch aus § 228 Abs. 2 KO ist zu entnehmen, daß der nach § 1974 einem ausgeschlossenen gleichstehende Gläubiger keinen Anspruch auf Grund des § 1980 erheben kann.

8 Eine erweiterte Bereicherungshaftung aus § 819 (vgl. § 1973 Rdn. 13, 17) kann nicht in Frage kommen, da auch sie wirkliche Kenntnis voraussetzt, bei deren Vorhandensein die Beschränkung aus § 1974 ohnehin nicht eintritt.

9 Zum Kennen der Forderung wird hier genügen, daß der Erbe davon Kenntnis hat, daß der Gläubiger den Anspruch erhebt; von dem Begründetsein der Forderung braucht der Erbe nicht überzeugt zu sein.

10 **V. Anmeldung im Aufgebotsverfahren**

Die Anmeldung in einem Aufgebotsverfahren nach § 1970 steht der Geltendmachung innerhalb der fünfjährigen Frist gleich und verhindert deshalb auch den Eintritt des Rechtsnachteils aus § 1974, auch wenn die Anmeldung etwa nicht zur Kenntnis des Erben gelangt sein sollte. Gläubiger aus Pflichtteilsrechten, Vermächtnissen und Auflagen, die zur Anmeldung im Aufgebotsverfahren nicht verpflichtet waren, sind, wenn sie trotzdem angemeldet haben, dadurch gegen die Folgen des Ablaufs der fünfjährigen Frist geschützt.

11 **VI. Todeserklärung**

Die Frist beginnt, wenn der Erblasser für tot erklärt oder seine Todeszeit nach den Vorschriften des Verschollenheitsgesetzes festgestellt ist, nicht in dem Zeitpunkt, der in dem Beschluß als Todeszeitpunkt festgestellt ist. Andernfalls könnte die Frist des § 1974 abgelaufen sein, bevor es überhaupt möglich war, die Forderung gegenüber dem Erben geltend zu machen. § 1974 Abs. 1 Satz 2 idF des Gesetzes zur Wiederherstellung der Gesetzeseinheit auf dem Gebiete des Bürgerlichen Rechts v. 5. 3. 1953, BGBl. I 33, bestimmt daher, daß in diesen Fällen die Frist nicht vor dem Eintritt der Rechtskraft des Beschlusses über die Todeserklärung oder die Festsetzung der Todeszeit beginnt. Wird nachträglich ermittelt, daß der Verschollene zur Zeit des Ausspruchs der Todeserklärung noch nicht tot war, aber später gestorben ist, so beginnt die Frist erst mit dem ermittelten Zeitpunkte des wirklichen Todes. Nach der früher geltenden Fassung des § 1974 Abs. 1 Satz 2 begann, wenn es zu einer Todeserklärung nicht kam, weil vorher der Zeitpunkt des wirklichen Todes ermittelt war, die Frist schon mit diesem Zeitpunkte, der möglicherweise länger als fünf Jahre vor dem Bekanntwerden des Todes zurückliegen konnte, so daß der Gläubiger nicht in der Lage war, die Frist zu wahren. In solchen Fällen kann nach §§ 39 ff VerschollenheitsG der Zeitpunkt des wirklichen Todes festgestellt werden. Nach der jetzt geltenden Fassung des Gesetzes beginnt dann die Frist mit dem Eintritt der Rechtskraft dieses Beschlusses.

VII. Pflichtteil, Vermächtnisse und Auflagen (Abs. 2) 12

Im Gegensatze zu dem Ausschlusse durch Aufgebot, von welchem die Verbindlichkeiten aus Pflichtteilsrechten, Vermächtnissen und Auflagen nicht betroffen werden (§ 1972), steht der Ablauf der Frist des § 1974 auch solchen Nachlaßgläubigern entgegen. Daß der Erbe solche Gläubiger erst nach anderen, die ihre Forderung, wenn auch verspätet, geltend machen, zu befriedigen hat, ergibt bereits die Anwendung des § 1973 Abs. 1 Satz 2.

Einer besonderen Regelung bedurfte es aber, wie der Erbe sich zu verhalten hat, 13
wenn mehrere derartige Verbindlichkeiten nebeneinander in Betracht kommen. Der Erbe soll in solchem Falle nur dann verpflichtet sein, eine derartige Forderung, die nach Ablauf der Frist geltend gemacht wird, vor anderen noch nicht befriedigten derartigen Forderungen zu berichtigen, wenn jene diesen im Falle des Nachlaßkonkurses vorgehen würde. Nach § 226 Abs. 2 Nr. 4, 5 und Abs. 4 KO gehen im Nachlaßkonkurse Verbindlichkeiten gegenüber Pflichtteilsberechtigten den Verbindlichkeiten aus Vermächtnissen und Auflagen vor. Hieran wird auch durch den Fristablauf nichts geändert; der Pflichtteilsberechtigte ist daher ungeachtet des ihm gegenüber eingetretenen Fristablaufs vor einem Vermächtnisnehmer oder einer Auflagenverbindlichkeit zu befriedigen, auch wenn diese Forderungen nicht „verschwiegen" worden sind.

Dagegen geht unter mehreren Verbindlichkeiten aus Pflichtteilsrechten unterein- 14
ander oder unter mehreren Vermächtnis- und Auflageverbindlichkeiten untereinander diejenige, hinsichtlich deren keine Verschweigung eingetreten ist, denjenigen vor, bei denen das der Fall ist. Eine abweichende Rangordnung kann sich aus § 226 Abs. 3 KO ergeben, wenn es sich um ein den Pflichtteil ausschließendes Vermächtnis (§ 2307) handelt oder wenn der Erblasser eine anderweite Rangordnung unter Vermächtnissen und Auflagen angeordnet hat.

VIII. Gläubiger mit dinglichen Sicherungsrechten (Abs. 3) 15

Die mit dinglichen Sicherungsrechten an einzelnen Nachlaßgegenständen ausgestatteten Gläubiger des § 1971 bleiben auch von dem Ablaufe der fünfjährigen Frist unberührt, soweit sie sich auf die Befriedigung aus den ihnen verhafteten Gegenständen beschränken. Soweit sie Ausfallsforderungen geltend machen, stehen sie den übrigen Gläubigern gleich. Handelt es sich um dingliche Sicherungsrechte an Grundstücken, so kann der Erbe gemäß § 175 ZVG die Zwangsversteigerung beantragen, und es tritt dann im Falle des § 179 schon vor Ablauf der fünfjährigen Frist eine Beschränkung des Berechtigten auf das ihm verhaftete Grundstück ein (vgl. § 1971 Rdn. 5).

IX. Beweislast 16

Der Gläubiger, der nach Ablauf von fünf Jahren seit dem Erbfall den Erben auf mehr als die Bereicherung (Rdn. 5) in Anspruch nehmen will, hat zu beweisen, daß der Anspruch bereits vor Ablauf der fünf Jahre geltend gemacht oder dem Erben sonst bekannt geworden oder daß er im Aufgebotsverfahren angemeldet worden ist. Im übrigen vgl. § 1973 Rdn. 24—26, insbesondere auch für den Fall der Verkürzung durch Befriedigung von Pflichtteilsberechtigten usw. Haftet der Erbe allen oder einzelnen Gläubigern gegenüber „unbeschränkt“, so muß er, wenn er sich gegenüber einem Gläubiger, dem er in dieser Weise haftet, auf den Ablauf der fünfjährigen Frist berufen will, nachweisen, daß seine unbeschränkte Haftung erst nach Ablauf der Frist eingetreten ist (§ 2013 Abs. 1; vgl. § 1973 Rdn. 6). — Haftung des Miterben § 2060 Nr. 2.

III. Beschränkung der Haftung des Erben

§ 1975

Die Haftung des Erben für die Nachlaßverbindlichkeiten beschränkt sich auf den Nachlaß, wenn eine Nachlaßpflegschaft zum Zwecke der Befriedigung der Nachlaßgläubiger (Nachlaßverwaltung) angeordnet oder der Nachlaßkonkurs eröffnet ist.

E I 2110 Abs. 1 II 1850; M 5 623—625; P 5 488, 759—762, 807—810.

Neueres Schrifttum:

Haegele, Nachlaßpflegschaft und Nachlaßverwaltung, 1955; *Möhring,* Vermögensverwaltung in Vormundschafts- und Nachlaßsachen, 5. Auflage 1963.

Nachlaßverwaltung und Nachlaßkonkurs

Übersicht

1 **I. 1. Allgemeines zur Beschränkung der Erbenhaftung**

Grundsätzliches über die Beschränkung der Haftung des Erben für die Nachlaßverbindlichkeiten auf den Nachlaß vgl. Rdn. 7, 8, 14, 15, 19 vor § 1967. Das regelmäßige Mittel zur Herbeiführung dieser Beschränkung gegenüber der Gesamtheit der Gläubiger ist die Anordnung der Nachlaßverwaltung oder die Eröffnung des Nachlaßkonkurses, erstere im Falle der Zulänglichkeit des Nachlasses, letztere bei Überschuldung. An Stelle des Nachlaßkonkurses kann zu dessen Abwendung das Vergleichsverfahren über den Nachlaß beantragt werden (s. hierüber Rdn. 17, 18 vor § 1967).

2 **2. Voraussetzung für den Eintritt der Beschränkung**

Die Haftungsbeschränkung tritt nur ein, wenn der Erbe nicht bereits gegenüber der Gesamtheit der Nachlaßgläubiger infolge Versäumung der Inventarfrist (§ 1994) oder ungetreuen Inventars (§ 2005) unbeschränkt, d. h. nicht mehr beschränkbar, haftet (Rdn. 11, 12 vor § 1967).

3 Die unbeschränkte Haftung einzelnen Gläubigern gegenüber, wie sie durch Nichtabgabe der eidesstattlichen Versicherung (§ 2006) oder dadurch, daß die Beschränkung im Urteil nicht vorbehalten wird (ZPO § 780), eintritt, hindert den Erben nicht, durch Herbeiführung der genannten Maßnahmen die Beschränkung gegenüber der Gesamtheit zu bewirken (§ 2013 Abs. 2); doch bleibt er demjenigen Gläubiger, dem er bereits

unbeschränkt haftet, in dieser Weise haftbar, auch wenn der Nachlaßkonkurs eröffnet ist (RG **59**, 305).

Der allen Nachlaßgläubigern gegenüber unbeschränkt haftende Erbe ist nicht mehr zum Antrage auf Nachlaßverwaltung berechtigt (§ 2013); wohl aber noch zum Antrage auf Nachlaßkonkurs (KO §§ 216, 217). **4**

Der Antrag auf Eröffnung des Nachlaßvergleichsverfahrens kann nicht mehr gestellt werden, wenn der Erbe oder einer der Erben allen oder einzelnen Nachlaßgläubigern gegenüber unbeschränkt haftet (§ 113 Nr. 3 VerglO). **5**

3. Antragsrecht der Gläubiger **6**

Die durch Nachlaßverwaltung oder Nachlaßkonkurs zugleich eintretende Absonderung des Nachlasses von dem eigenen Vermögen des Erben dient auch dem Interesse der Nachlaßgläubiger; deshalb sind auch diese nicht nur zu dem Antrag auf Nachlaßkonkurs, sondern unter gewissen Voraussetzungen (§ 1981 Abs. 2) auch auf Nachlaßverwaltung berechtigt, und zwar auch, wenn der Erbe bereits unbeschränkt haftet.

Auf die von einem Nachlaßgläubiger herbeigeführte Maßnahme kann sich auch der Erbe berufen, wenn er nicht das Beschränkungsrecht bereits allgemein verloren hatte. Die Eröffnung des Nachlaßvergleichsverfahrens kann von den Nachlaßgläubigern nicht beantragt werden (§ 113 Nr. 1 VerglO). **7**

4. Beginn der Haftungsbeschränkung **8**

Die Beschränkung tritt ein mit dem Zeitpunkte der Anordnung der Nachlaßverwaltung oder der Eröffnung des Konkurses oder des Nachlaßvergleichsverfahrens; doch kann der Erbe bereits vorher den Vorbehalt der Beschränkung im Urteile verlangen (ZPO § 780), da er sich nur in diesem Falle bei der Zwangsvollstreckung auf die eingetretene Beschränkung berufen kann (§ 785).

5. Dauer der Haftungsbeschränkung **9**

Die Fassung des Gesetzes muß die Annahme nahelegen, daß durch die Herbeiführung einer der dort bezeichneten Maßnahmen eine endgültige Beschränkung der Haftung des Erben auf den Nachlaß bewirkt werde, sofern er nicht etwa bereits unbeschränkt haftet; doch ist das nicht unbestritten; vielmehr wird auch die Meinung vertreten, daß die Anordnung der Nachlaßverwaltung nur für deren Dauer die Wirkung der Beschränkung habe (s. Näheres über diese Streitfrage § 1986 Rdn. 6). Wegen der Wirkung des Nachlaßkonkurses nach seiner Beendigung auf die Beschränkung der Haftung s. § 1989 Rdn. 1—5.

6. Wirkung auf andere als Zahlungsverbindlichkeiten **10**

Die Beschränkung ist nicht nur bei Verbindlichkeiten zu Geldleistungen, sondern auch zu vermögensrechtlichen Handlungen (Löschungsbewilligung einer Hypothek, RG Gruchot **56**, 1005) oder zur Abgabe von Willenserklärungen (Zession einer Forderung, RG **49**, 415) von Bedeutung, und es kann deshalb auch in solchen Fällen ein entsprechender Vorbehalt im Urteile verlangt werden; die Vorschrift des § 894 ZPO kann alsdann keine Anwendung finden (RG **49**, 415).

7. Fortführung des Handelsgeschäfts **11**

Eine unbeschränkte und nicht mehr beschränkbare Haftung des Erben tritt gemäß § 27 HGB für die Geschäftsschulden des Nachlasses ein durch Fortführung des Geschäfts des Erblassers mit der Firma nach Ablauf der in Abs. 2 des § 27 vorgesehenen Überlegungsfrist; vgl. auch § 2032 Rdn. 9.

12 **II. Die Nachlaßverwaltung**

Sie ist eine Unterart der Nachlaßpflegschaft, aber mit der Besonderheit, daß sie dem Zwecke der Befriedigung der Nachlaßgläubiger dient; über die rechtliche Stellung des Nachlaßverwalters vgl. § 1985 Rdn. 1, 2. Im übrigen unterliegt die Nachlaßverwaltung den allgemeinen Vorschriften über die Pflegschaft (§ 1960 Rdn. 16), soweit nicht Abweichendes bestimmt ist (KG HRR **32**, 956). An die Stelle des Vormundschaftsgerichts tritt das Nachlaßgericht (§ 1962). Die Nachlaßverwaltung wird nicht dadurch ausgeschlossen, daß ein Testamentsvollstrecker (§ 2205) bestellt ist, auch nicht dadurch, daß ein den Nachlaß ganz oder teilweise umfassendes Entschuldungsverfahren schwebt (KG DNotZ **35**, 833). Näheres vgl. §§ 1981 bis 1988. — Gebühren für die Nachlaßverwaltung: § 106 KostO.

13 **III. Der Nachlaßkonkurs**

Die Regelung des Nachlaßkonkurses ist in die KO (§§ 214—235) verwiesen. Daraus sei an dieser Stelle folgendes hervorgehoben: Die Eröffnung setzt die Überschuldung des Nachlasses voraus (§ 215); diese kann auch auf Pflichtteilsrechten, Vermächtnissen und Auflagen beruhen, obwohl solche für die Pflicht des Erben, Konkurs zu beantragen, außer Betracht bleiben (§ 1980 Abs. 1 Satz 2, § 1992; RG Gruchot **52**, 1084).

Die Eröffnung kann auch vor der Annahme der Erbschaft (BGB § 1943) erfolgen (§ 216). Antragsberechtigt ist außer dem Erben (auch jedem einzelnen Miterben) und jedem Nachlaßgläubiger (vgl. Rdn. 6) der verwaltende Testamentsvollstrecker und der Nachlaßverwalter; vgl. § 1985 Abs. 2, § 1980 (KO § 217).

14 In dem Verfahren kann jede Nachlaßverbindlichkeit geltend gemacht werden; doch werden nach § 226 KO gewisse Arten erst nach allen übrigen und untereinander wieder in bestimmter Reihenfolge befriedigt, nämlich:

1. die seit der Eröffnung des Verfahrens laufenden Zinsen der Konkursforderungen, die im gewöhnlichen Konkurs überhaupt nicht geltend gemacht werden können (KO § 63 Nr. 1);
2. die gegen den Erblasser erkannten Geld- und Ordnungsstrafen sowie solche Nebenfolgen einer Straftat oder Ordnungswidrigkeit, die zu einer Geldzahlung verpflichten;
3. Verbindlichkeiten aus Freigebigkeiten des Erblassers unter Lebenden;
4. Verbindlichkeiten gegenüber Pflichtteilsberechtigten;
5. Verbindlichkeiten aus Vermächtnissen und Auflagen;
6. Verbindlichkeiten gegenüber Erbersatzberechtigten.

Vgl. hinsichtlich Nr. 4 u. 5 auch § 1973 Rdn. 12, § 1974 Rdn. 12—14. Die vorstehend aufgeführten Nachlaßgläubiger sind am Nachlaßvergleichsverfahren nicht beteiligt und werden von einem Vergleiche nicht betroffen, können aber während der Dauer des Verfahrens nicht in den Nachlaß vollstrecken (§ 113 Nr. 7 VerglO).

Masseschulden: KO § 224; vgl. § 1967 Rdn. 10, 11 sowie § 113 Nr. 6 VerglO.

15 Die Befriedigung von Pflichtteilsrechten, Vermächtnissen und Auflagen vor Eröffnung des Verfahrens ist in gleicher Weise wie eine unentgeltliche Verfügung des Erben anfechtbar, also wenn sie innerhalb eines Jahres vor der Eröffnung des Verfahrens oder innerhalb zweier Jahre zugunsten seines Ehegatten erfolgt ist (KO §§ 222, 32); vgl. auch § 1979. Im übrigen vgl. noch § 1976.

Der Erbe ist während des Konkurses über den Nachlaß als Gemeinschuldner anzusehen; Konkursforderungen können deshalb gegen ihn in dieser Zeit nicht geltend gemacht werden; der Anspruch auf Erteilung von Auskunft über den Nachlaß (§ 2314) wird dadurch nicht berührt. 16

§ 1976

Ist die Nachlaßverwaltung angeordnet oder der Nachlaßkonkurs eröffnet, so gelten die infolge des Erbfalls durch Vereinigung von Recht und Verbindlichkeit oder von Recht und Belastung erloschenen Rechtsverhältnisse als nicht erloschen.

E I 2114 II 1851; M **5** 631; P **5** 768, 813.

Wiederaufleben erloschener Rechtsverhältnisse

Soweit mit dem Tode des Erblassers durch Vereinigung von Recht und Verbindlichkeit oder von Recht und Belastung ein Erlöschen eingetreten ist (vgl. § 1922 Rdn. 26), wird dieses Erlöschen mit rückwirkender Kraft (ex tunc) wieder rückgängig gemacht. Diese Rückgängigmachung tritt auch ein, wenn der Erbe unbeschränkt haftet (in § 2013 Abs. 1 ist § 1976 absichtlich nicht mit angezogen, da die Absonderungswirkungen auch im Interesse der Nachlaßgläubiger bestimmt sind). Damit leben auch die Nebenrechte der untergegangenen Forderung (Pfand, Bürgschaft) wieder auf. Der Erbe kann seine Ansprüche gegen den Erblasser im Nachlaßkonkurs (§ 225 Abs. 1 KO) und im Nachlaßvergleichsverfahren geltend machen (*Bley/Mohrbutter* § 113 Anm. 30; s. oben Rdn. 15, 17 vor § 1967). Gleiche Bestimmung, aber nur im Verhältnisse zwischen den Beteiligten, bei der Unzulänglichkeitseinrede (§ 1991 Abs. 2) und beim Erbschaftskaufe (§ 2377); ferner bei Eintritt der Nacherbfolge (§ 2143) und bei dem Vermächtnisse des § 2175. 1

Nach BGH **48,** 214 erlischt trotz Konfusion die Nachlaßforderung des Erben nicht, wenn eine Testamtentsvollstreckung zur Verwaltung des Nachlasses angeordnet ist. Der Erbe kann dann seine Forderung gegen den zur Befriedigung der Nachlaßverbindlichkeiten verpflichteten Testamentsvollstrecker geltend machen.

Auf das nicht durch Erbfolge, sondern zufolge des Gesellschaftsvertrags gemäß § 138 HGB, § 738 BGB eingetretene Anwachsen des Anteils eines verstorbenen Gesellschafters einer offenen Handelsgesellschaft an den überlebenden Gesellschafter (vgl. 11. Aufl. § 738 Anm. 2) kann § 1976 keine Anwendung finden (RG **136,** 97). Aus § 1976 kann nicht gefolgert werden, daß in den dort bezeichneten Fällen auch neue Rechtsverhältnisse, insbesondere ein durch Hypothek zu sicherndes Darlehen, begründet werden können, kraft deren der Alleinerbe Schuldner des Nachlasses würde, da durch die Nachlaßverwaltung ihm zwar die Verfügung über das Nachlaßvermögen entzogen wird (§ 1984), er aber selbst Subjekt dieses Vermögens bleibt (so wohl rechtlich zutreffend KG HRR **32,** 1661). 2

§ 1977

Hat ein Nachlaßgläubiger vor der Anordnung der Nachlaßverwaltung oder vor der Eröffnung des Nachlaßkonkurses seine Forderung gegen eine nicht zum Nachlasse gehörende Forderung des Erben ohne dessen Zustimmung aufgerechnet, so ist nach der Anordnung der Nachlaßverwaltung oder der Eröffnung des Nachlaßkonkurses die Aufrechnung als nicht erfolgt anzusehen.

Das gleiche gilt, wenn ein Gläubiger, der nicht Nachlaßgläubiger ist, die ihm gegen den Erben zustehende Forderung gegen eine zum Nachlasse gehörende Forderung aufgerechnet hat.

E I 2116 II 1852; M 5 634—636; P 5 769, 792—794, 813.

Unwirksamwerden der Aufrechnung

Übersicht

1 **I. Allgemeines**

Es stehen sich gegenüber in Abs. 1: eine Forderung gegen den Nachlaß und eine private Schuld des Nachlaßgläubigers an den Erben. In Abs. 2: eine private Forderung gegen den Erben und Schuld des Gläubigers an den Nachlaß. In beiden Fällen steht der Aufrechnung nach dem Erbfalle zunächst nichts im Wege; denn die Nachlaßforderungen sind auf den Erben übergegangen (§ 1922 Rdn. 12), und er ist Schuldner der Nachlaßverbindlichkeiten geworden (Rdn. 1 vor § 1967). Erst die mit Anordnung der Nachlaßverwaltung oder Eröffnung des Nachlaßkonkurses erfolgende Trennung des Nachlaßvermögens und des Privatvermögens des Erben erfordert zu ihrer Durchführung die Beseitigung der eingetretenen Aufrechnungswirkung. Die Beseitigung ist aber in der Regel (vgl. jedoch Rdn. 7) gegenstandslos, wenn der Erbe allen Nachlaßgläubigern unbeschränkt haftet; daher schließt § 2013 Abs. 1 Satz 1 für diesen Fall die Anwendung des § 1977 aus.

2 Auf den Fall, daß der Erbe nur dem Aufrechnungsgegner gegenüber unbeschränkt haftet, erstreckt sich die Ausschließung nicht (§ 2013 Abs. 2), und es kann hier die Trennung, wenigstens im Falle des § 1977 Abs. 2, wegen der eingetretenen Verkürzung der übrigen Nachlaßgläubiger einen guten Sinn haben. Freilich bleibt die in Rdn. 7 noch hervorzuhebende Unstimmigkeit für den Fall der allgemein unbeschränkten Haftung des Erben bestehen.

Über die Anwendbarkeit des § 1977 im Nachlaßvergleichsverfahren s. Rdn. 18 vor § 1967.

3 **II. Aufrechnung von Forderungen gegen den Nachlaß gegen private Forderungen des Erben (Abs. 1)**

Macht sich der Nachlaßgläubiger gegenüber dem Erben durch einseitige Aufrechnung mit seiner Privatschuld an den Erben bezahlt, so würde der Erbe, wenn diese Verwendung seiner Privatforderung auch im Falle der Nachlaßverwaltung oder des Nachlaßkonkurses bestehen bliebe, der durch diese Maßnahmen bewirkten Beschränkung seiner Haftung auf den Nachlaß insoweit verlustig gehen. Deshalb werden die beiderseitigen Forderungen wiederhergestellt.

4 Anders, wenn die Aufrechnungserklärung vom Erben selbst ausging oder wenn er der gegnerischen Aufrechnung zugestimmt hatte (Aufrechnungsvertrag). In beiden Fällen bleibt er an die darin enthaltene Verfügung über seine Privatforderung gebunden, die Nachlaßschuld bleibt getilgt, der Erbe hat aber wegen der aus seinem eigenen Ver-

mögen gemachten Aufwendung den Ersatzanspruch des § 1978 Abs. 3, falls dessen Voraussetzungen vorliegen; andernfalls hat er einen Bereicherungsanspruch, und im Konkurse tritt die Surrogation in die Forderung des Nachlaßgläubigers gemäß KO § 225 Abs. 2 (vgl. § 1979 Rdn. 1) ein.

III. Aufrechnung von privaten Forderungen gegen den Erben gegen Schulden an den Nachlaß (Abs. 2) 5

Geht die Aufrechnung einer gegen den Erben bestehenden Privatforderung gegen eine Nachlaßforderung vom Nachlaßschuldner aus, so tilgt dieser damit seine Schuld an den Nachlaß, ohne daß deren Wert dem Nachlasse zugeführt wird. Dadurch werden, falls nachträglich Nachlaßverwaltung oder Nachlaßkonkurs eintritt, die Nachlaßgläubiger verkürzt, und in deren Interesse (vgl. § 1975 Rdn. 6) ist die Aufrechnung auch in diesem Falle für wirkungslos erklärt.

Anders auch hier, wenn die Aufrechnung vom Erben erklärt wird; dann verfügt er 6 in seinem Interesse über die Nachlaßforderung, wozu er rechtlich befugt ist, und es verbleibt bei der Aufrechnung; der Erbe ist aber den Nachlaßgläubigern nach § 1978 Abs. 1 ersatzpflichtig; ist er freilich zahlungsunfähig, so bleiben sie geschädigt. Das wird sinngemäß auch auf den Fall einer vom Erben erklärten Zustimmung zu einer vom Nachlaßschuldner ausgehenden Aufrechnung anzuwenden sein, (RG LZ **16**, 1364), obwohl *Planck/Flad* (Anm. 2) nicht zugegeben werden kann, daß der Wortlaut („Das gleiche gilt") ohne weiteres dazu berechtige (aA *Kipp/Coing* § 97 IV 3 Anm. 13; *Staudinger/Lehmann* 11. Aufl. § 1977 Rdn. 3; *Erman/Bartholomeyczik* § 1977 Rdn. 3; *von Lübtow* II, 1130.

Eine Unstimmigkeit liegt darin, daß die Aufrechnung, durch welche die Nachlaß- 7 gläubiger verkürzt werden, gemäß § 2013 Abs. 1 Satz 1 (vgl. Rdn. 1, 2) aufrechterhalten bleibt, wenn der Erbe ihnen allgemein unbeschränkt haftet, so daß eine zu ihren Gunsten eingetretene Rechtslage sie benachteiligt (vgl. *Strohal* II § 78 Anm. 6). Trotz des Wortlauts des § 2013 gilt aber § 1977 Abs. 2 auch in diesem Fall, da er eine Schutzvorschrift zugunsten der Nachlaßgläubiger ist (*Kipp/Coing* § 97 IV 3; *Staudinger/Lehmann* § 1977 Rdn. 4; *Erman/Bartholomeyczik* § 1977 Rdn. 4; *Palandt/Keidel* § 1977 Anm. 5; *von Lübtow* II, 1130).

IV. Fortfall der Aufrechnungswirkung 8

Die Aufrechnung gilt als nicht erfolgt, die Aufrechnungswirkung ipso iure als aufgehoben. Mit den erloschenen Forderungen leben auch ihre Nebenrechte (Pfand, Bürgschaft) wieder auf. Auf die Zeit, zu welcher Schuld und Forderung entstanden sind, ob vor oder nach dem Erbfalle, kommt nichts an. Dagegen ist es selbstverständlich, daß die Aufrechnung nach dem Erbfall erklärt sein muß, da vorher die Forderungen sich nicht als aufrechnungsfähig unter denselben Personen (§ 387) gegenüberstanden und eine bedingte oder betagte Aufrechnungserklärung nicht zulässig ist (§ 388).

V. Rechtslage nach Anordnung der Nachlaßverwaltung oder Eröffnung des Nachlaßkonkurses 9

Nach den angegebenen Zeitpunkten kann ein Nachlaßgläubiger seine Forderung nicht mehr gegen eine Privatforderung des Erben an ihn aufrechnen (§§ 1975, 1984 Abs. 1 Satz 3); ebensowenig ein Nachlaßschuldner eine ihm gegen den Erben zustehende Privatforderung gegen die Nachlaßforderung (§ 1984 Abs. 2). Der Erbe seinerseits kann nicht mehr eine Nachlaßforderung gegen eine Privatschuld aufrechnen (§ 1984 Abs. 1 Satz 1), wohl aber (wie jeder Dritte) eine Nachlaßschuld durch Aufrechnung einer ihm zustehenden Privatforderung tilgen. Im letzteren Falle hat er aber nicht den Ersatzanspruch nach den Grundsätzen des Auftrags, sondern nur nach denjenigen von der Geschäftsführung ohne Auftrag, also in der Regel nur auf die Bereicherung (§§ 1978 Abs. 3, 683, 684).

Die Bestimmungen über Aufrechnung im Konkurse (KO §§ 53—56) bleiben im übrigen unberührt.

Mehrheit von Erben § 2040 Abs. 2.

§ 1978

Ist die Nachlaßverwaltung angeordnet oder der Nachlaßkonkurs eröffnet, so ist der Erbe den Nachlaßgläubigern für die bisherige Verwaltung des Nachlasses so verantwortlich, wie wenn er von der Annahme der Erbschaft an die Verwaltung für sie als Beauftragter zu führen gehabt hätte. Auf die vor der Annahme der Erbschaft von dem Erben besorgten erbschaftlichen Geschäfte finden die Vorschriften über die Geschäftsführung ohne Auftrag entsprechende Anwendung.

Die den Nachlaßgläubigern nach Abs. 1 zustehenden Ansprüche gelten als zum Nachlasse gehörend.

Aufwendungen sind dem Erben aus dem Nachlasse zu ersetzen, soweit er nach den Vorschriften über den Auftrag oder über die Geschäftsführung ohne Auftrag Ersatz verlangen könnte.

E I 2112 Satz 1, 2 II 1853; M **5** 626—628; P **5** 765, 766, 813, 814.

Verantwortlichkeit des Erben

Übersicht

1 **I. Verantwortlichkeit des Erben für die bisherige Verwaltung im allgemeinen**

Der Erbe kann über den Nachlaß ebenso frei verfügen wie über sein sonstiges Vermögen. Er haftet daher an sich für sein Gebaren mit dem Nachlaß den Nachlaßgläubigern ebensowenig, wie er seinen eigenen Gläubigern für sein Gebaren mit seinem sonstigen Vermögen haftet. Dadurch, daß er den Nachlaß vorsätzlich oder fahrlässig schädigt, verliert er auch nicht die rechtliche Möglichkeit, seine Haftung zu beschränken.

Ist aber Nachlaßverwaltung angeordnet oder Nachlaßkonkurs oder Nachlaßvergleichsverfahren (s. Rdn. 17, 18 vor § 1967) eröffnet, sei es auf Antrag des Erben oder eines sonstigen Antragsberechtigten, so tritt nachträglich eine Verantwortlichkeit des Erben gegenüber den Nachlaßgläubigern für die vor dieser Zeit liegende Behandlung des Nachlasses ein. Er haftet in diesem Falle wie ein Verwalter fremden Gutes, und zwar für die Zeit nach der Annahme der Erbschaft nach den Grundsätzen vom Auftrag, für die vorherliegende Zeit seit dem Erbanfalle nach denen von der Geschäftsführung ohne Auftrag. Ein vor Anordnung der Nachlaßverwaltung oder Eröffnung des Nachlaßkonkurses von dem Erben in eigenem Namen, aber, wirtschaftlich betrachtet, zur Verwaltung des Nachlasses abgeschlossenes Rechtsgeschäft gilt in diesem Falle als für Rechnung des Nachlasses abgeschlossen (RG **134,** 259).

§ 1978 regelt nur die Haftung des endgültigen, nicht die des vorläufigen Erben. Dessen Haftung ergibt sich aus § 1959. Er haftet nur dem endgültigen Erben gegenüber, nicht den Nachlaßgläubigern (OLG Celle, MDR **70,** 1012).

Daß der Erbe auch für eine vor Eintritt des Erbfalls über ein Recht des Erblassers **2**
getroffene Verfügung, die gemäß § 185 Abs. 2 wirksam geworden ist, den Nachlaßgläubigern in gleicher Weise verantwortlich wäre, wie wenn er nach Eintritt des Erbfalls verfügt hätte (Mot. 5, 632), kann nicht zugegeben werden (so auch *Planck/Flad* Anm. 2a Abs. 2).

Die gleiche Verantwortlichkeit tritt ein, wenn er unter den Voraussetzungen der **3**
§§ 1990—1992 von den dort gewährten Einreden ohne Nachlaßverwaltung oder Nachlaßkonkurs Gebrauch macht (§ 1991). Haftet der Erbe unbeschränkt, so findet § 1978 keine Anwendung (§ 2013 Abs. 1 Satz 1), obwohl auch dann noch Nachlaßverwaltung und Nachlaßkonkurs möglich sind (§ 1975 Rdn. 4).

Besondere Verantwortlichkeit des Erben § 1980, des Nachlaßverwalters § 1985 Abs. 2 wegen nicht rechtzeitigen Konkursantrags.

II. Verantwortung für die Zeit nach Annahme der Erbschaft (Abs. 1 Satz 1) **4**

Eine Pflicht, den Nachlaß zu verwalten, wird für den Erben durch die Annahme der Erbschaft für den Fall begründet, daß später Nachlaßverwaltung oder Konkurs oder Vergleichsverfahren eintritt. Nur nachdem dieser Fall oder der Fall der §§ 1990, 1992 eingetreten ist, können die Nachlaßgläubiger aus der nicht gehörigen Erfüllung dieser Verwaltungspflicht Schadenersatzansprüche geltend machen.

Für die Verantwortlichkeit kommen die Vorschriften über den Auftrag (§§ 662 bis 676) zu „entsprechender" Anwendung, also nur insoweit, als sie zur Anwendung geeignet sind. Der Erbe hat Vorsatz und Fahrlässigkeit zu vertreten (§ 276). Er hat für die im Verkehr erforderliche Sorgfalt, nicht nur für diligentia quam in suis, einzustehen. In dieser Weise haftet er dafür, daß er den Nachlaß ordnungsmäßig in Besitz und Verwahr genommen, für seine Erhaltung gesorgt und die ordnungsmäßig daraus zu ziehenden Nutzungen gezogen hat, insbesondere auch durch Weiterführung eines Geschäfts oder einer Landwirtschaft.

Es wird angenommen werden können, daß er berechtigt ist, die Verwaltung einem **5**
Dritten zu übertragen (entgegen der in § 664 aufgestellten Vermutung), und daß er in diesem Falle nur für Sorgfalt bei der Auswahl haftbar ist (§ 664 Abs. 1 Satz 2). Besonderen Weisungen einzelner Nachlaßgläubiger (§ 665) braucht er nicht Folge zu leisten.

Nach Eintritt der Nachlaßverwaltung oder des Konkurses ist er zur Auskunft und **6**
Rechnungslegung sowie zur Herausgabe des Nachlasses und des aus Anlaß der Verwaltung Erhaltenen, einschließlich des aus ihm Gewonnenen (auch eines Losgewinnes) und der Surrogate für nicht mehr vorhandene Nachlaßgegenstände, verpflichtet (§§ 666, 667). Jedoch tritt nicht, wie in den Fällen des Erbschaftsbesitzers (§ 2019 Abs. 1) und des Vorerben (§ 2111) eine (auch nicht gewollte) dingliche Surrogation des mit Mitteln der Erbschaft Erlangten ein, sondern nur schuldrechtliche Ersatzverpflichtung (RG WarnRspr. **13** Nr. 427; Braunschweig OLG **19,** 231). Empfangenes Geld hat er zu verzinsen, wenn er es für sich verwendet hat (§ 668).

Inwieweit der Erbe zur Berichtigung von Nachlaßverbindlichkeiten berechtigt ist, **7**
bestimmt sich nach § 1979. Insoweit ist er auch zur Berichtigung verpflichtet, soweit Nachlaßmittel vorhanden sind und Verzugsfolge oder Prozeßkosten dadurch vermieden werden. Stehen ihm aber aufschiebende Einreden (§§ 2014, 2015) gegen Nachlaßforde-

rungen zu, so muß er davon Gebrauch machen und die Einschränkung der Zwangsvollstreckung gemäß §§ 782, 783 ZPO gegenüber den Nachlaßgläubigern und seinen eignen Gläubigern, wenn diese in Nachlaßgegenstände vollstrecken wollen, herbeiführen. Er kann jedoch nicht seine Verurteilung zur Befriedigung eines Nachlaßgläubigers schon damit abwenden, daß er im allgemeinen die Befürchtung erhebt, es möchten noch andere ungedeckte Verbindlichkeiten vorhanden sein.

8 Daß der Erbe für Annahme oder Ausschlagung einer dem Nachlasse zugefallenen Erbschaft den Nachlaßgläubigern nicht verantwortlich ist, dürfte aus § 9 KO zu folgern sein (vgl. § 1942 Rdn. 8).

9 **III. Verantwortung für die Zeit vor Annahme der Erbschaft (Abs. 1 Satz 2)**

Vor der Annahme der Erbschaft ist der Erbe den Nachlaßgläubigern zu positivem Handeln in bezug auf den Nachlaß nicht verpflichtet. Mischt er sich aber durch Besorgung erbschaftlicher Geschäfte in den Nachlaß ein, ohne daß darin eine Annahme zu finden ist, so haftet er im Falle der Nachlaßverwaltung, des Nachlaßkonkurses oder des Nachlaßvergleichsverfahrens den Nachlaßgläubigern unter entsprechender Anwendung der Vorschriften über die Geschäftsführung ohne Auftrag (§§ 677—682), wobei jedoch nicht der „mutmaßliche Wille" einzelner Nachlaßgläubiger, sondern die objektive Wahrung der Interessen des Nachlasses maßgebend sein muß (vgl. auch § 1959 Rdn. 4).

10 Ist ein Nachlaßpfleger nach §§ 1960, 1961 bestellt, so haftet der Erbe für dessen Handlungen wie für die eines gesetzlichen Vertreters nach § 278, jedoch mit der Möglichkeit der Beschränkung auf den Nachlaß; der Nachlaßpfleger selbst haftet den Nachlaßgläubigern nicht unmittelbar (beide Fragen streitig; vgl. § 1960 Rdn. 33, 34).

11 **IV. Ersatzansprüche gegen den Erben gehören zum Nachlaß (Abs. 2)**

Die auf Grund des Abs. 1 entstandenen Verpflichtungen sind Eigenverbindlichkeiten des Erben (§ 1967 Rdn. 15), für die er mit seinem Vermögen aufzukommen hat, auch wenn seine Haftung im übrigen auf den Nachlaß beschränkt ist (Braunschweig OLG **24**, 64; RG Recht **13** Nr. 362). Die Ansprüche gegen ihn gelten als zum Nachlasse gehörend und können deshalb während der Dauer der Nachlaßverwaltung oder des Nachlaßkonkurses nur vom Verwalter geltend gemacht werden (§ 1985; Königsberg HRR **38**, 210). Nach Aufhebung des Konkurses infolge Masseverteilung oder Zwangsvergleichs werden ausgefallene Gläubiger eine etwa noch nicht liquidierte Forderung gegen den Erben aus § 1978 pfänden und sich überweisen lassen können (vgl. § 1989 Rdn. 8). Ebenso, auch wenn man der zu § 1975 Rdn. 9 und § 1986 Rdn. 6 vertretenen Ansicht über die Fortdauer der Haftungsbeschränkung folgt, nach Aufhebung der Nachlaßverwaltung. Die Zugehörigkeit zum Nachlasse hat weiter die Folge, daß die Forderungen bei den Fragen der Überschuldung des Nachlasses (§ 1980), des Vorhandenseins zulänglicher Masse (§§ 1988 Abs. 2, 1990, VerglO § 17 Nr. 6) und der Angemessenheit des Vergleichsvorschlages (VerglO §§ 18 Nr. 3, 40 Abs. 3, 69 Abs. 1) zu berücksichtigen sind.

12 Der Nachlaß- oder Nachlaßkonkursverwalter kann den Anspruch schon vor der Auseinandersetzung gegen die Miterben als Gesamtschuldner (§ 427) geltend machen (Braunschweig OLG **24**, 64). Auch ein einzelner Miterbe ist, ungeachtet der Vorschrift des § 2059 Abs. 1 Satz 1 (vgl. Rdn. 6, 8 dazu), verpflichtet, das aus dem noch ungeteilten Nachlasse vorläufig Empfangene, soweit es zur Berichtigung von Nachlaßverbindlichkeiten erforderlich ist, zum Nachlasse zurückzugewähren (RG **89**, 408). Verletzt der Erbe durch positive Handlungen, die den Vertragszweck vereiteln, schuldhaft eine dem Erblasser einem anderen gegenüber obliegende Vertragspflicht, so macht er sich diesem

für seine Person aus dem Vertrage schadensersatzpflichtig. Der andere Teil ist wegen dieses Anspruchs nicht nur Nachlaßgläubiger; der Erbe kann deshalb ihm gegenüber keinen Ausschluß wegen Nichtanmeldung im Aufgebotsverfahren (§ 1970) und keine Haftungsbeschränkung geltend machen (RG **92,** 343). Ein solcher Anspruch kann daher auch während der Nachlaßverwaltung oder des Nachlaßkonkurses durch den Gläubiger persönlich geltend gemacht werden. Im übrigen vgl. über die Verpflichtung des Erben aus Rechtsgeschäften, die er in Ausübung der Verwaltung des Nachlasses vorgenommen hat, § 1967 Rdn. 12.

V. Ansprüche des Erben auf Aufwendungsersatz gegen den Nachlaß (Abs. 3) 13

Ersatzansprüche für Aufwendungen bestehen:

a) für nach der Erbschaftsannahme gemachte nach entsprechender Maßgabe der Vorschriften über den Auftrag (§ 670), also soweit der Erbe sie den Umständen nach für erforderlich halten durfte;

b) für vorher gemachte Aufwendungen nach den Vorschriften über Geschäftsführung ohne Auftrag (§§ 683, 684), gleichfalls in entsprechender Anwendung, demnach nur soweit, als die Übernahme der Geschäftsführung dem Interesse der Nachlaßbeteiligten wirklich entsprochen hat, andernfalls nur auf die Bereicherung.

Verzinsung der Aufwendungen § 256; Befreiung von Verbindlichkeiten § 257. Im 14
Nachlaßkonkurse ist der Ersatzanspruch des Erben Masseschuld (§ 224 Nr. 1 KO). Am Nachlaßvergleichsverfahren ist er gemäß § 113 Nr. 6 VerglO nicht beteiligt. Ein Zurückbehaltungsrecht (§ 273 Abs. 2) ist für den Fall des Konkurses dem Erben versagt (KO § 223). Diese Vorschrift auch auf den Fall der Nachlaßverwaltung auszudehnen (so *Planck/Flad* Anm. 5) ist bedenklich, da der in jenem Falle durch die Eigenschaft der Forderung als Masseschuld gewährte Schutz in diesem Falle fehlt. Dagegen auch Hamm OLG **35,** 18; vgl. auch RG WarnRspr. 1910 Nr. 141 sowie *Kipp* § 78 VII 3 u. *Kipp/Coing* § 97 V 4.

§ 1979

Die Berichtigung einer Nachlaßverbindlichkeit durch den Erben müssen die Nachlaßgläubiger als für Rechnung des Nachlasses erfolgt gelten lassen, wenn der Erbe den Umständen nach annehmen durfte, daß der Nachlaß zur Berichtigung aller Nachlaßverbindlichkeiten ausreiche.

E II 1854 Abs. 1; P **5** 742, 766.

Berichtigung von Nachlaßverbindlichkeiten durch den Erben

Übersicht

I. 1. Zweck der Vorschrift 1

Das Rechtsverhältnis zwischen dem Erben und den Nachlaßgläubigern im Falle von Nachlaßverwaltung oder Nachlaßkonkurs, das seine allgemeine Regelung in § 1978 gefunden hat, ist in § 1979 besonders geregelt hinsichtlich der vor der Herbeiführung dieser Maßnahmen erfolgten Berichtigung von Nachlaßverbindlichkeiten durch den Erben. Über die Anwendbarkeit des § 1979 im Nachlaßvergleichsverfahren s. oben Rdn. 17, 18 vor § 1967.

Ob der Erbe nach den Grundsätzen vom Auftrage, die gemäß § 1978 für die Zeit nach der Annahme der Erbschaft, und von der Geschäftsführung ohne Auftrag, die für die Zeit vor der Annahme zur Anwendung kommen, überhaupt befugt sein würde, Nachlaßverbindlichkeiten für Rechnung des Nachlasses zu berichtigen und ob er nicht vielmehr, wenn sich nachträglich die Überschuldung herausstellte, unter allen Umständen auf den Eintritt in die Rechte des befriedigten Gläubigers und damit auf die Konkursdividende (§ 225 Abs. 2 KO) angewiesen sein würde, konnte nach der Fassung des ersten Entwurfs zweifelhaft sein (vgl. Mot. 5, 633). Um Härten und Unbilligkeiten gegen den Erben zu vermeiden, stellt deshalb die von der zweiten Kommission eingefügte Bestimmung des § 1979, und zwar einheitlich für die Zeit vor und nach der Annahme, darauf ab, ob der Erbe annehmen durfte, daß der Nachlaß zur Befriedigung aller Gläubiger ausreichen würde.

2 **2. Rechtsfolgen bei berechtigter Berichtigung von Nachlaßverbindlichkeiten**

Liegt diese Voraussetzung vor, so kann er, wenn er die Nachlaßgläubiger aus Nachlaßmitteln befriedigt hat, die dadurch entstandene Minderung des Nachlasses bei der Herausgabe (§ 1985 Rdn. 4) in Anrechnung bringen, und wenn er aus eigenen Mitteln gezahlt hat, steht ihm ein Ersatzanspruch für die Aufwendung zu, der eine Masseschuld im Konkurs bildet (§ 224 Nr. 1 KO; s. § 1978 Rdn. 13).

3 Erforderlich ist, daß die Verbindlichkeit wirklich berichtigt worden ist; die rechtskräftige Verurteilung (§§ 1973 Abs. 2 Satz 3, 1989, 1991 Abs. 3) genügt hier nicht. Der Ersatzanspruch geht nur auf den wirklich aufgewendeten Betrag, also wenn der Gläubiger mit einem geringeren als dem wirklichen Forderungsbetrage abgefunden ist, nicht auf den Mehrbetrag (anders im Falle des § 225 Abs. 2 KO).

4 **3. Rechtsfolgen bei unberechtigter Berichtigung von Nachlaßverbindlichkeiten**

Liegt die Voraussetzung nicht vor, so tritt der Erbe, wenn er aus eigenen Mitteln bezahlt hat, im Konkurse an die Stelle des befriedigten Gläubigers und hat nur Anspruch auf eine dem wirklich geschuldeten Betrage der berichtigten Forderung (jedoch ohne Rücksicht auf den etwa zur Befriedigung aufgewendeten niederen Betrag) entsprechende Konkursdividende (§ 225 Abs. 2 KO); mit der Forderung verbundene Hypotheken- oder Pfandrechte sowie Rechte aus einer Bürgschaft gehen gemäß §§ 412, 401 auf ihn über (RG **55,** 158) und begründen für ihn Absonderungsrechte nach Maßgabe der KO. Außerhalb des Konkurses wird er einen Ersatzanspruch nur soweit haben, als die Masse bereichert ist.

Hat der Erbe aus Nachlaßmitteln bezahlt, ohne daß die Voraussetzung des § 1979 vorliegt, so ist er nach Maßgabe des § 1978 den Nachlaßgläubigern zum Ersatz verpflichtet.

5 **4. Anfechtungsrechte**

Besonderes Anfechtungsrecht der Nachlaßgläubiger gegen Berichtigung von Pflichtteilsrechten, Vermächtnissen und Auflagen im Konkurse KO §§ 222, 32; vgl. § 1975 Rdn. 15; außerhalb des Konkurses § 3a AnfG. Die Berichtigung anderer Nachlaßverbindlichkeiten ist nach Maßgabe der gewöhnlichen Anfechtungsgrundsätze (KO § 30; AnfG § 3) anfechtbar. Durch den Nachlaßverwalter kann das Anfechtungsrecht nicht ausgeübt werden, da es nicht (wie die Ersatzforderung gegen den Erben, § 1978 Abs. 2) als zum Nachlasse gehörend gilt; zur Ausübung wird daher, auch wenn Nachlaßverwaltung besteht, jeder einzelne durch die Berichtigung verkürzte Nachlaßgläubiger berechtigt sein.

5. Auswirkung der unbeschränkten Erbenhaftung 6

Haftet der Erbe unbeschränkt, so kommt § 1979 ebensowenig wie § 1978 (vgl. Rdn. 3 dazu) zur Anwendung. Haftet der Erbe nur einzelnen Gläubigern gegenüber beschränkt und hat er die Forderung eines dieser Gläubiger befriedigt, so gilt gleichfalls § 1979 in bezug auf die Gläubiger, denen der Erbe noch nicht unbeschränkt haftet. Der Erbe kann im Konkurs daher entweder die befriedigte Forderung nach § 224 Abs. 1 Nr. 1 KO als Masseschuld geltend machen, oder er kann die auf ihn nach § 225 Abs. 2 KO übergegangene Forderung anmelden. Meldet ein Gläubiger, dem der Erbe unbeschränkt haftet, seine Forderung im Konkurs nicht an, so braucht der Erbe diese Forderung nicht zu befriedigen, um nach § 225 Abs. 2 KO den Forderungsübergang herbeizuführen und sich damit die Anmeldemöglichkeit zu verschaffen. § 225 Abs. 3 KO gestattet ihm, diese Forderung ohnedem anzumelden. Er bekommt dadurch die Konkursdividende, die den übrigen Gläubigern durch eine Anmeldung von Seiten des Gläubigers gleichfalls entzogen würde. Damit wird im Konkurs die unbeschränkte Haftung des Erben praktisch zu einer Ausfallhaftung abgeschwächt (*Jaeger/Weber* § 225 Anm. 11).

Entsprechende Anwendung auf den Nachlaßverwalter § 1985 Abs. 2 Satz 2; auf den Fall des dürftigen Nachlasses § 1991.

II. Pflicht des Erben, den Nachlaßbestand festzustellen 7

Zu der Annahme, der Nachlaß werde ausreichen, wird der Erbe nur dann berechtigt sein, wenn er alle Mittel zur Feststellung des Aktiv- und Passivstandes erschöpft, insbesondere Inventar errichtet (§§ 1993, 2009) und im Falle des § 1980 Abs. 2 Satz 2 das Aufgebot der Gläubiger beantragt hat. Auf das Vorhandensein von Vermächtnisnehmern oder zu erfüllenden Auflagen braucht er hierbei keine Rücksicht zu nehmen (§ 1980 Abs. 1 Satz 2). Sie kommen überhaupt nur in Betracht, wenn sich ein Nachlaßüberschuß ergibt. Auch auf das Vorhandensein ausgeschlossener oder ihnen gleichstehender Gläubiger (§§ 1973, 1974) braucht der Erbe bei Bemessung der Zulänglichkeit des Nachlasses keine Rücksicht zu nehmen.

III. Die Beweislast dafür, daß er die Zulänglichkeit des Nachlasses annehmen durfte, trifft den Erben, der als ersatzpflichtig in Anspruch genommen wird. Die Frage ist im Prozesse selbst auszutragen, da es sich hierbei um eine eigene Schuld des Erben handelt. §§ 780 ff ZPO kommen nicht in Frage. 8

§ 1980

Hat der Erbe von der Überschuldung des Nachlasses Kenntnis erlangt, so hat er unverzüglich die Eröffnung des Konkursverfahrens oder, sofern nach § 113 der Vergleichsordnung ein solcher Antrag zulässig ist, die Eröffnung des gerichtlichen Vergleichsverfahrens über den Nachlaß zu beantragen. Verletzt er diese Pflicht, so ist er den Gläubigern für den daraus entstehenden Schaden verantwortlich. Bei der Bemessung der Zulänglichkeit des Nachlasses bleiben die Verbindlichkeiten aus Vermächtnissen und Auflagen außer Betracht.

Der Kenntnis der Überschuldung steht die auf Fahrlässigkeit beruhende Unkenntnis gleich. Als Fahrlässigkeit gilt es insbesondere, wenn der Erbe das Aufgebot der Nachlaßgläubiger nicht beantragt, obwohl er Grund hat, das Vorhandensein unbekannter Nachlaßverbindlichkeiten anzunehmen; das Aufgebot ist nicht erforderlich, wenn die Kosten des Verfahrens dem Bestande des Nachlasses gegenüber unverhältnismäßig groß sind.

E II 1854 Abs. 2, 3; P 5 765, 766.

Überschuldeter Nachlaß

Übersicht

1 **I. 1. Allgemeines**

§ 1980 legt dem Erben, neben der aus § 1978 sich ergebenden allgemeinen Verwaltungspflicht, noch eine besondere Verpflichtung auf unter der in Abs. 1 Satz 1 und Abs. 2 Satz 1 ausgesprochenen Voraussetzung, daß er von der Überschuldung des Nachlasses entweder positive Kenntnis erlangt oder aus Fahrlässigkeit keine Kenntnis erlangt hat. Die jetzige Fassung der Abs. 1 und 2 beruht auf Art. II Nr. 3 des Ges. v. 25. 3. 1930, RGBl. I 93, in Verb. mit § 125 VerglO v. 26. 2. 1935.

2 **2. Überschuldung des Nachlasses**

Sie ist objektiv vorhanden, wenn der Wert der Nachlaßaktiva hinter dem Werte der Nachlaßpassiva zurückbleibt, so daß der Nachlaß zur Befriedigung aller Nachlaßgläubiger nicht hinreicht; dann ist die gesetzliche Voraussetzung für die Eröffnung des Konkurses oder des Vergleichsverfahrens gegeben, auch wenn nur Vermächtnisse oder Auflagen nicht erfüllt werden können (§ 215 KO; § 2 Abs. 1 Satz 3 VerglO). Die Verpflichtung des Erben, Konkurs oder Vergleichsverfahren zu beantragen, tritt aber nur ein, wenn andere Nachlaßverbindlichkeiten als die zuletzt genannten nicht erfüllt werden können (Satz 3 und Rdn. 15).

3 **3. Kenntnis von der Überschuldung**

Subjektiv genügt zur Kenntnis von der Überschuldung nicht das Wissen von dem tatsächlichen Vorhandensein der einzelnen Aktiven und Passiven, vielmehr ist erforderlich die Kenntnis des Verhältnisses ihrer beiderseitigen Gesamtwerte zueinander, die durch Prüfung der Einzelwerte und Vergleichung des Ergebnisses gewonnen werden muß; doch wird in der Regel die Unterlassung einer solchen Prüfung und Vergleichung bei Kenntnis der Tatsachen Fahrlässigkeit darstellen, und die durch diese verursachte Unkenntnis ist der Kenntnis gleichgestellt.

4 Der Umstand, daß der Erbe die Zahlungen eingestellt hat, kann als Anzeichen für sein Bewußtsein von der Überschuldung in Betracht kommen, ist jedoch nicht unbedingt ausschlaggebend, da die Einstellung auch aus Vorsicht (vgl. § 1979) erfolgt sein kann.

Auch eine Forderung, für die ein rechtskräftiges Urteil vorliegt, darf der Erbe nicht befriedigen, wenn er Anlaß hat, die Unzulänglichkeit des Nachlasses anzunehmen; er muß vielmehr in diesem Falle Konkurs oder Vergleichsverfahren beantragen. 5

4. **Unverzüglich,** d. h. ohne schuldhafte Verzögerung (vgl. § 121); ob eine solche vorliegt, ist Tatfrage, nicht übermäßig langes Zögern kann unter Umständen entschuldigt sein durch die begründete Erwartung, unter Vermeidung schädigender Zugriffe einzelner Gläubiger ohne gerichtliches Verfahren zu einer Einigung mit ihnen zu gelangen. — Über die Anwendbarkeit des § 1980 im Falle des § 1990 (bei Dürftigkeit des Nachlasses) vgl. § 1991 Rdn. 2. 6

II. Recht und Pflicht, den Antrag auf Eröffnung des Konkurs- oder Vergleichsverfahrens zu stellen 7

Zu dem Antrag auf Eröffnung des Konkurs- oder des Vergleichsverfahrens ist der Erbe nur nach Annahme der Erbschaft verpflichtet. Vorher ist der Erbe hierzu nur berechtigt (KO § 216; VerglO § 113 Nr. 2). Er kann für die Unterlassung nur haftbar werden, wenn er durch Einmischung in die Geschäfte des Nachlasses, insbesondere Befriedigung einzelner Gläubiger, die Stellung des Antrags erforderlich gemacht hat. Der Erbe, der vor Annahme der Erbschaft in Kenntnis der Überschuldung des Nachlasses oder in fahrlässiger Nichtkenntnis dieser Tatsache einzelne Nachlaßgläubiger befriedigt, haftet den anderen gemäß § 1978 Abs. 1 Satz 2 nach den Vorschriften der Geschäftsführung ohne Auftrag.

Jeder Miterbe, dem die Kenntnis innewohnt und der zugleich die Überschuldung glaubhaft zu machen vermag (KO § 217 Abs. 2), ist zur Stellung des Konkursantrags selbständig verpflichtet. Die Eröffnung des Vergleichsverfahrens kann dagegen von mehreren Erben nur gemeinschaftlich beantragt werden (§ 113 Nr. 1 Satz 3 VerglO). 8

Mit Anordnung der Nachlaßverwaltung geht auch die Pflicht zur Stellung des Antrags auf den Verwalter über (§ 1985 Abs. 2). Neben ihm bleibt der Erbe nur in besonderen Fällen (z. B. wegen mangelhafter Information des Verwalters) verantwortlich. 9

Im Verhältnis zu ausgeschlossenen oder ihnen gleichstehenden Gläubigern ist der Erbe zur Antragstellung nicht verpflichtet (§ 1973 Rdn. 2). Trotz festgestellter Überschuldung des Nachlasses besteht die Pflicht aus § 1980 nicht, wenn der Erbe oder der Nachlaßverwalter mit allen Nachlaßgläubigern eine Vereinbarung über ihre verhältnismäßige Befriedigung aus dem Nachlaß getroffen hat. Um festzustellen, ob wirklich alle Gläubiger beigetreten sind, kann ein Aufgebot der Nachlaßgläubiger erforderlich sein. Nachlaßgläubiger, die der Vereinbarung nicht beigetreten sind, können, wenn sie sich im Aufgebotsverfahren nicht melden, die bezweckten Wirkungen der Vereinbarungen im Hinblick auf § 1973 Abs. 1 Satz 1 nicht gefährden. 10

III. Schaden und Schadenersatzpflicht 11

Der Schaden besteht in dem Unterschiede zwischen dem, was die Gläubiger bei rechtzeitiger Eröffnung des Konkurs- oder Vergleichsverfahrens aus dem Nachlaß erlangt haben würden, und dem, was sie tatsächlich erlangen. Der Ersatzanspruch gehört im Nachlaßkonkurs zur Masse (KO § 228 Abs. 2). Er kann demnach nur vom Konkursverwalter geltend gemacht werden. Als „zum Nachlasse gehörend" gilt er nach § 1978 Abs. 2, da er nur eine besondere Wirkung der daselbst in Abs. 1 dem Erben auferlegten Verwaltungspflicht darstellt (vgl. über seine Geltendmachung § 1978 Rdn. 11, 12).

Schaden kann durch die Unterlassung der Herbeiführung des Konkurs- oder des Vergleichsverfahrens allein noch nicht entstehen. Es müssen vielmehr noch andere Um- 12 stände hinzukommen. Ein Schaden kann darin bestehen, daß dadurch, daß die Eröffnung des Konkurs- oder Vergleichsverfahrens nicht beantragt worden ist, einzelne Nachlaßgläubiger durch Zwangsvollstreckung vor anderen zur Befriedigung gelangt sind oder daß infolge der eingetretenen Verzögerung unnötige Prozeß- oder Zwangsvollstreckungskosten verursacht worden sind. Schließlich kann der Schaden darin bestehen, daß der Erbe oder der Nachlaßverwalter Verwaltungshandlungen vorgenommen hat, die mit Rücksicht auf die Überschuldung hätten unterbleiben müssen. In diesem Fall kann der Anspruch mit einem Anspruch aus § 1978 Abs. 1 Satz 1 konkurrieren. Der Anspruch ist gegenstandslos, wenn der Erbe unbeschränkt haftet (§ 2013).

13 Da nach § 217 Abs. 1 KO jeder Miterbe den Antrag auf Eröffnung des Nachlaßkonkurses stellen kann, kann eine Haftung im Falle der Miterbschaft nur eintreten, wenn keiner der Miterben rechtzeitig den Antrag auf Konkurseröffnung stellt oder wenn ein einzelner nach § 217 Abs. 2 KO zu hörender Miterbe dadurch, daß er sich an dem Verfahren schuldhaft nicht beteiligt hat, die Eröffnung des Verfahrens verzögert. Die Haftung trifft die Miterben nach §§ 823 Abs. 2, 840 Abs. 1 als Gesamtschuldner (vgl. *Planck/Flad* 4. Aufl. § 1980 Anm. 3 Abs. 2).

14 **IV. Vermächtnis und Auflagen (Abs. 1 Satz 3)**

Sie gelangen auch im Konkurse nur zur Befriedigung, wenn alle übrigen Nachlaßverbindlichkeiten, auch die aus Pflichtteilsrechten, berichtigt sind und noch ein Überschuß vorhanden ist (KO § 226 Abs. 2). Am Vergleichsverfahren sind sie nicht beteiligt (§ 113 Nr. 7 VerglO). Deshalb ist dem Erben nicht zur Pflicht gemacht, Konkurs oder Vergleichsverfahren zu beantragen, wenn der Nachlaß zur Befriedigung der sonstigen Verbindlichkeiten ausreicht oder er das ohne Fahrlässigkeit annehmen kann. Anders, wenn die Überschuldung nur auf Pflichtteilsrechten beruht.

15 **V. Auf Fahrlässigkeit beruhende Unkenntnis der Überschuldung**

Die Unkenntnis von der Überschuldung muß auf Fahrlässigkeit beruhen, hierdurch verursacht sein. Es muß mithin die Möglichkeit bestanden haben, durch Anwendung der im Verkehr erforderlichen Sorgfalt (§ 276) von der Überschuldung, z. B. von Uneinbringlichkeit bekannter Außenstände, vom Vorhandensein unbekannter Schulden usw. sich zu vergewissern.

16 **VI. Unterlassen des Aufgebots**

Das Aufgebot (§§ 1970 ff) zu unterlassen ist immer Fahrlässigkeit, wenn Veranlassung vorlag, das Vorhandensein unbekannter Nachlaßverbindlichkeiten anzunehmen und der Nachlaß nicht zu dürftig ist. Das Aufgebot allein ist aber nicht immer für sich allein genügend. Insbesondere wird regelmäßig Inventarerrichtung geboten sein (§ 1979 Rdn. 7).

17 Aus dem gleichen Grunde kann im Falle des § 1965 die öffentliche Aufforderung unterbleiben (vgl. auch §§ 1982, 1990 Abs. 1; KO § 107). Doch wird der Erbe in solchem Falle, wenn im übrigen die Voraussetzungen vorliegen, wenigstens zum Erlasse eines Privataufgebots, etwa in der Form des § 2061, verpflichtet sein. Daß der Nachlaß zur Bestreitung der Kosten des Aufgebots unzulänglich sein würde, ist nicht erforderlich, um die Unterlassung zu rechtfertigen.

18 **VII. Beweislast**

Im Gegensatz zu § 1979 (vgl. Rdn. 8 dazu) müssen hier die Gläubiger nachweisen, daß der Nachlaß überschuldet war und daß der Erbe davon Kenntnis hatte oder daß seine Unkenntnis auf Fahrlässigkeit beruhte, daß er also durch geeignete Maßregeln sich von der Überschuldung hätte Kenntnis verschaffen können. Ist aber das Aufgebot unterblieben, so wird sowohl die Fahrlässigkeit als auch (was der Wortlaut allerdings nicht deutlich hervortreten läßt) das Beruhen der Unkenntnis auf der Unterlassung vermutet, falls nur der Erbe Grund hatte, das Vorhandensein unbekannter Nachlaßverbindlichkeiten anzunehmen; die Gläubiger brauchen also nur hierfür Beweis zu erbringen, und es ist dann Sache des Erben, darzulegen, daß er auch durch ein Aufgebot keine Kenntnis von dem Vorhandensein von Gläubigern erlangt haben würde, welche den Nachlaß als überschuldet hätten erscheinen lassen (so auch *Planck/Flad* Anm. 1c). Wendet der Erbe Unverhältnismäßigkeit der Kosten ein (Rdn. 17), so hat er diese nachzuweisen.

Die Gläubiger haben Entstehung und Höhe des Schadens darzutun. Mehrere schuldige Miterben haften als Gesamtschuldner (§§ 1978, 662, 427).

§ 1981

Die Nachlaßverwaltung ist von dem Nachlaßgericht anzuordnen, wenn der Erbe die Anordnung beantragt.

Auf Antrag eines Nachlaßgläubigers ist die Nachlaßverwaltung anzuordnen, wenn Grund zu der Annahme besteht, daß die Befriedigung der Nachlaßgläubiger aus dem Nachlasse durch das Verhalten oder die Vermögenslage des Erben gefährdet wird. Der Antrag kann nicht mehr gestellt werden, wenn seit der Annahme der Erbschaft zwei Jahre verstrichen sind.

Die Vorschriften des § 1785 finden keine Anwendung.

E II 1855; P 5 810, 872.

Anordnung der Nachlaßverwaltung

Übersicht

I. 1. Antragsberechtigung des 1

a) Erben. Der Antrag des Erben ist zeitlich nicht beschränkt, kann also auch noch nach Ablauf der fünf Jahre des § 1974 gestellt werden (anders der Antrag der Nachlaßgläubiger, Abs. 2 Satz 2). Er ist auch schon vor Annahme der Erbschaft möglich (aA *Kipp/Coing* § 97 I 1); daß diese in der Regel in dem Antrage zu finden sei (so *Planck/Flad* Anm. 4a), kann nicht anerkannt werden, da der Erbe dabei recht wohl nur aus Vorsicht behufs Wahrung seiner Rechte für alle Fälle bis zur Entschließung über Annahme oder Ablehnung gehandelt haben kann, sonach eine unzweideutige pro herede gestio darin nicht liegt (vgl. § 1943 Rdn. 8 und die dort angeführten Entscheidungen). Anders als die den Antrag stellenden Nachlaßgläubiger braucht der Erbe keinen besonderen Grund für die Anordnung der Nachlaßverwaltung anzugeben.

2 Daß der Nachlaß bereits mit dem eigenen Vermögen des Erben vermischt oder vom Erben versilbert ist, steht dem Antrage nicht entgegen, da die an die Stelle der ursprünglichen Nachlaßgegenstände getretenen Ersatzansprüche gegen den Erben zum Nachlasse gehören (§ 1978 Abs. 2). Im Falle der Erschöpfung des Nachlasses ohne Ersatzansprüche kann der Antrag gemäß § 1982 abgelehnt werden. Miterben sind nur gemeinsam und nur, solange die Teilung nicht erfolgt ist, antragsberechtigt (§ 2062).

3 Ausgeschlossen ist der Antrag, wenn der Erbe (bei Erbengemeinschaft auch nur einer der Miterben, vgl. § 2062 Rdn. 1) den Nachlaßgläubigern allgemein unbeschränkt (nicht mehr beschränkbar) haftet (§ 2013); anders für den Konkursantrag (KO § 216 Abs. 1; wegen des Antrags auf Eröffnung des Vergleichsverfahrens s. § 113 Nr. 3 VerglO). Das Nachlaßgericht hat Anlaß, die Frage der unbeschränkten Haftung von Amts wegen (FGG § 12) zu prüfen, wenn es selbst dem Erben eine Inventarfrist gesetzt hat und diese unbenutzt verstrichen ist (§ 1994). Hat es gleichwohl die Nachlaßverwaltung angeordnet, so kann dieser Beschluß keine Beschränkung der Haftung des Erben (§ 1975) herbeiführen; im übrigen ist er wirksam, solange er nicht aufgehoben ist; die Aufhebung kann in diesem Falle von Amts wegen (FGG § 18) durch das Nachlaßgericht erfolgen, nicht aber durch das Beschwerdegericht, da Beschwerde nicht zulässig (FGG § 76 Abs. 1). Durch die Aufhebung wird die Wirksamkeit der inzwischen von dem Verwalter und ihm gegenüber vorgenommenen Rechtsgeschäfte nicht berührt (FGG § 32). Im übrigen vgl. wegen Aufhebung der Nachlaßverwaltung § 1988 Rdn. 3—5. Daß der Nachlaß überschuldet ist, ist kein Grund, den Antrag zurückzuweisen. Doch muß der ernannte Verwalter in solchem Falle „unverzüglich" Konkurs beantragen, wodurch die Nachlaßverwaltung gleich wieder endigt (§§ 1980, 1985 Abs. 2, 188; KG RJA **8**, 32; BayObLGZ NF **32**, 336).

4 **b) Ehegatten des Erben.** Außer dem Erben ist antragsberechtigt der Ehegatte des Erben, wenn der Nachlaß zum Gesamtgute gehört, sofern er das Gesamtgut allein verwaltet (vgl. auch § 218 KO); dagegen wird die Vorschrift der KO (§ 218), wonach auch der das Gesamtgut nicht verwaltende Erbe selbst oder der Ehegatte des Erben, der das Gesamtgut mitverwaltet, in solchem Falle den Antrag ohne Zustimmung des anderen Ehegatten stellen kann, auf die Nachlaßverwaltung nicht ausgedehnt werden können, da §§ 1432, 1455 Nr. 1 nur das Recht zur Annahme oder Ausschlagung, aber nicht das Recht zu Verwaltung einer zufallenden Erbschaft dem erbenden Ehegatten vorbehält. Könnte der erbende Ehegatte die Anordnung der Nachlaßverwaltung allein beantragen, so würde er damit hinsichtlich eines Teils des Gesamtguts das dem anderen Ehegatten zustehende Verwaltungsrecht vereiteln (bestr., aA *Planck/Flad* § 1981 Anm. 2a; *Staudinger/Lehmann* 11. Aufl. § 1981 Anm. 4). Entsprechendes galt vor dem 1. April 1953, wenn der Nachlaß zum eingebrachten Gut der Ehefrau gehörte (§§ 1374, 1406 Nr. 1 aF).

5 **c) Erbschaftskäufers.** Ferner ist antragsberechtigt der Erbschaftskäufer (§ 2383); neben ihm auch der Erbe, der verkauft hat, nach Maßgabe der entsprechend anwendbaren Vorschrift des § 232 Abs. 2 KO (vgl. Prot. II 5, 826) wie ein Nachlaßgläubiger, also wenn eine Nachlaßverbindlichkeit, für die er fortdauernd haftet (§ 2382), gefährdet ist (Rdn. 13—16), und zwar, falls eine solche in Frage steht, zu deren Berichtigung der Käufer ihm gegenüber verpflichtet ist (was nach § 2378 die Regel bildet), auch im Falle unbeschränkter Haftung; andernfalls nur, wenn er seine Haftung noch beschränken kann.

6 **d) Testamentsvollstreckers.** Auch der Testamentsvollstrecker ist, wenn er die Verwaltung des Nachlasses hat, zu dem Antrage befugt (aM *Planck/Flad* § 1981 Anm. 1 und Vorbem. 5cγ vor §§ 2197 ff). Anderseits wird durch das Vorhandensein eines Testa-

mentsvollstreckers die Anordnung der Nachlaßverwaltung auf Antrag des Erben nicht ausgeschlossen (RG LZ **19,** 875; KG OLG **18,** 316; Colmar OLG **39,** 12).

e) Hof- und Anerben. Auch der Anerbe oder Hoferbe ist als Erbe zum Antrage berechtigt (KG JW **34,** 2701). Die für das Erbhofrecht bestehende Zweifelsfrage, ob die Nachlaßverwaltung sich auch auf den Erbhof erstrecke, beruht darauf, daß der Erbhof zur Befriedigung von Geldforderungen gegen den Nachlaß grundsätzlich nicht herangezogen werden konnte (vgl. die 9. Aufl. Anm. 1 Abs. 2). Sie kann für das geltende Recht, nach dem der Hof dem Zugriff der Nachlaßgläubiger ebenso wie der übrige Nachlaß offensteht (vgl. z. B. § 15 Abs. 1 HöfeOBrZ) nicht mehr bestehen. 7

2. Kein Antragsrecht des Nachlaßpflegers 8

Der Nachlaßpfleger der §§ 1960, 1961 ist nicht antragsberechtigt, da er weder für die Beschränkung der Haftung des Erben Sorge zu tragen hat noch zu den Nachlaßgläubigern in rechtlichen Beziehungen steht (vgl. § 1960 Rdn. 32, 34; str.; wie hier KG DR **40,** 801; *Kipp/Coing* § 97 I 1; *Staudinger/Lehmann* 11. Aufl. § 1981 Rdn. 8; *Erman/Bartholomeyczik* § 1981 Rdn. 3; *Lange* § 51, II b 4α).

3. Beschwerde 9

Gegen die Ablehnung des Antrags steht dem Antragsteller das Recht der einfachen Beschwerde zu (§§ 19, 20 Abs. 2 FGG), nicht auch anderen dadurch etwa beschwerten Personen. Ebenso gegen die Aufhebung der angeordneten Nachlaßverwaltung als ungerechtfertigt (§ 18 FGG); hatte jedoch ein Nachlaßpfleger den Antrag gestellt, so steht nach Aufhebung der Pflegschaft die — allerdings (vgl. Rdn. 8) unbegründete — Beschwerde dem Erben zu, da dieser durch den Pfleger vertreten war, vgl. § 1960 Rdn. 20 (KG HRR **32,** 956).

Zuständigkeit des Nachlaßgerichts an Stelle des Vormundschaftsgerichts FGG §§ 73, 75.

Der Erbe kann, wenn auf seinen Antrag die Nachlaßverwaltung angeordnet ist, sie nicht durch Rücknahme des Antrags wieder zum Erlöschen bringen. Der Antrag ist die Voraussetzung für die Anordnung. Die angeordnete Verwaltung dient dann aber nicht nur den Interessen des Erben, sondern auch denen der Gläubiger. Deswegen hat der Gesetzgeber in § 76 Abs. 1 FGG dem die Anordnung der Verwaltung beantragenden Erben wie auch Dritten das Recht zur Beschwerde gegen die auf Antrag des Erben erfolgte Anordnung der Verwaltung versagt. Daraus folgt, daß der Erbe grundsätzlich auch nicht befugt ist, die Aufhebung der Verwaltung dadurch herbeizuführen, daß er seinen Antrag zurücknimmt. Er ist auch nicht berechtigt, die Aufhebung der auf seinen Antrag angeordneten Verwaltung zu beantragen. 10

Der Erbe kann jedoch wie jeder Beteiligte anregen, eine gesetzwidrig angeordnete Nachlaßverwaltung aufzuheben. Dieser Anregung ist zu entsprechen, wenn die förmlichen oder sachlichen Voraussetzungen für die Anordnung nicht vorgelegen haben. Den die Aufhebung ablehnenden Beschluß kann der Erbe mit der Beschwerde anfechten (KG DR **40,** 2170). Diese Voraussetzungen sind aber in den Fällen, in denen die Nachlaßverwaltung auf Antrag des Erben angeordnet ist, nicht gegeben; denn dieser Antrag ist die einzige Voraussetzung für ihre Anordnung.

Der vorläufige Erbe kann, nachdem er die Erbschaft ausgeschlagen hat, die Aufhebung der auf seinen Antrag angeordneten Nachlaßverwaltung beantragen. Das gleiche Recht hat in diesem Fall der nach ihm zur Erbschaft Berufene (KGJ 31 A 73). Denn wegen § 1953 Abs. 1 ist die Nachlaßverwaltung nicht auf Antrag des Erben angeordnet.

Ein persönlicher Gläubiger des Erben, der in Nachlaßgegenstände vollstreckt hat, kann den Antrag des Erben auf Anordnung der Nachlaßverwaltung nicht anfechten, da von einer Gläubigerbenachteiligung keine Rede sein kann, wenn der Schuldner gerichtliche Mitwirkung behufs Befriedigung seiner Gläubiger nach Maßgabe des Gesetzes anruft.

11 **II. Antrag des Gläubigers (Abs. 2)**

Der Nachlaßgläubiger (§ 1967 Abs. 2, nicht also auch der Privatgläubiger des Erben) ist auch dann antragsberechtigt, wenn der Erbe unbeschränkt haftet (§ 2013); an der unbeschränkten Haftung wird dadurch nichts geändert. Er hat seine Forderung und deren Gefährdung (vgl. Rdn. 13—16) glaubhaft zu machen. Die Vorlegung eines rechtskräftigen Urteils ist zur Glaubhaftmachung der Forderung nicht erforderlich (Hamburg JW **34**, 1586). Der Nachweis, daß der Erbe angenommen habe, wird vom Gesetz nicht gefordert (aA *Kipp/Coing* § 97 I 2). Auch dem ausgeschlossenen und dem ihm gleichstehenden Gläubiger (§§ 1973, 1974) ist das Antragsrecht nicht versagt.

12 Der Gläubiger hat gegen Ablehnung des Antrags die einfache Beschwerde aus FGG §§ 19, 20. Gegen die Anordnung steht nur dem Erben, jedem Miterben und dem Testamentsvollstrecker die sofortige Beschwerde zu (FGG § 76 Abs. 2, § 22). Sie kann nur darauf gegründet werden, daß die Voraussetzungen für ihre Anordnung zu der Zeit, als sie erfolgte, das ist der Zeitpunkt ihrer Bekanntmachung, nach § 16 FGG nicht vorgelegen haben. Auf später eingetretene Tatsachen kann sie nicht gegründet werden (BayObLG, MDR **66**, 589).

13 **III. Gefährdung der Nachlaßgläubiger**

1. durch das Verhalten des Erben

Der Grund zur Annahme einer Gefährdung kann subjektiv in dem Verhalten des Erben (Gleichgültigkeit, Unwirtschaftlichkeit, ungetreue Verwaltung § 1978 Abs. 1) gegeben sein oder objektiv in der schlechten Vermögenslage des Erben, die einen Zugriff seiner eigenen Gläubiger besorgen läßt (BayObLGZ NF **32**, 336); dagegen ist Überschuldung des Nachlasses kein Grund dazu (KG HRR **30**, 1109; vgl. KGJ **43**, 79). Es genügt, daß diese Voraussetzungen auch nur bei einem Miterben zutreffen (KG HRR **30**, 1109). Bloße Säumnis in der Befriedigung der Gläubiger genügt nicht (KG RJA **8**, 179).

14 **2. durch das Verhalten eines Testamentsvollstreckers**

Ob auch das Verhalten des verwaltenden Testamentsvollstreckers Anlaß geben kann, ist bestritten; bejahend Colmar OLG **39**, 12; *Planck/Flad* § 1981 Anm. 3a und Vorbem. 5c vor §§ 2197 ff; *Kipp/Coing* § 97 I 2 Anm. 7; da der Testamentsvollstrecker nicht Vertreter des Erben ist (vgl. Rdn. vor § 2197), werden seine Handlungen oder Unterlassungen nicht ohne weiteres dem Erben zugerechnet werden können; anders, wenn den Erben ein Verschulden dabei trifft.

15 **3. Glaubhaftmachung**

Die Tatsachen, welche die Gefährdung begründen sollen, sind glaubhaft zu machen; nötigenfalls hat das Nachlaßgericht nach § 12 FGG weitere Ermittlungen anzustellen. Mehr als Glaubhaftmachung kann hier nicht verlangt werden, da nicht eine tatsächliche Gefährdung, sondern nur „Grund für die Annahme“ einer solchen die Voraussetzung der Vorschrift bildet (KG HRR **30**, 1109; RJA **7**, 18; aM *Planck/Flad* Anm. 3d). Andererseits dürfte das Offizialprinzip des § 12 FGG nicht so weit gehen, daß das Nachlaßgericht zu umfangreichen Ermittlungen schreiten müßte, wenn der Antragsteller seine Legitimation zum Antrage und die Tatsachen zu seiner Begründung dem Gerichte nicht wenigstens einigermaßen glaubhaft gemacht hat, wozu unter Umständen schon die Sachdarstellung und die Angabe der Beweismittel genügen kann.

Daß die Gesamtheit der Nachlaßgläubiger gefährdet sein müßte (so KGJ 43, 82; **16**
München JFG 15, 267), läßt sich aus dem Gebrauche der Mehrzahl wohl nicht ohne weiteres herleiten; ein zureichender sachlicher Grund, dem als Einzelner gefährdeten Gläubiger die Antragsbefugnis in allen Fällen zu versagen, dürfte nicht gegeben sein. Die Entscheidung kann nur nach der besonderen Lage des Falles getroffen werden. Ergibt sich, daß der Erbe nur versucht hat, die Befriedigung gerade des antragstellenden Gläubigers wegen eines Individualanspruchs zu vereiteln, während er sonst den Nachlaß ordnungsgemäß verwaltet, so sind die Voraussetzungen für die Anordnung der Nachlaßverwaltung in der Regel nicht gegeben (KG HRR **41**, 325). Anders wird es sein, wenn die Gefährdung auf eine schlechte Verwaltung des Nachlasses überhaupt zurückzuführen ist. In diesem Fall ist der Grund für die Anordnung der Nachlaßverwaltung in der Regel schon dargetan, wenn der Antragsteller auch nur nachweist, daß seine Forderung durch das Verhalten des Erben gefährdet ist. Die Gefährdung kann vom Erben durch Sicherheitsleistung beseitigt werden, nicht aber durch bloßes Erbieten dazu (KG RJA **7**, 18). Ähnlich § 1391.

IV. **Zweijährige Ausschlußfrist,** laufend seit Annahme der Erbschaft (Anm. zu **17**
§ 1943). Die Frist (§ 187) läuft nur den Nachlaßgläubigern, nicht dem Erben. Im Falle der Erbenmehrheit ist die zuletzt erklärte Annahme maßgebend. Ebenso KO § 220.

V. Die Nachlaßverwaltung ist Nachlaßpflegschaft (§ 1975 Rdn. 12). Der Verwalter **18**
ist aber nicht wie der Pfleger (§§ 1915, 1785) zur Übernahme des Amtes verpflichtet. Dagegen hat er Anspruch auf Vergütung (§ 1987). Der Erbe kann wegen der vorhandenen Interessenkollision nicht selbst zum Verwalter bestellt werden. Wohl aber der Testamentsvollstrecker; vgl. Rdn. 6. Auch mehrere Verwalter können bestellt werden (§§ 1797, 1915).

§ 1982

Die Anordnung der Nachlaßverwaltung kann abgelehnt werden, wenn eine den Kosten entsprechende Masse nicht vorhanden ist.

E II 1856; P 5 810.

Ablehnung mangels Masse

Vgl. auch § 1965 Abs. 1 Satz 2, § 1980 a. E. Die Masse entspricht nicht den Kosten, **1**
wenn ihre Verwertung einen die Kosten übersteigenden Betrag nicht ergeben würde; nicht schon (wie in OLG **11**, 227 angenommen), wenn durch die Kosten das Befriedigungsobjekt für die Gläubiger unverhältnismäßig geringer werden würde. Vgl. die entsprechende Vorschrift in § 107 Abs. 1 KO, wo aus der in Satz 2 vorgesehenen Abwendung der Abweisung des Konkurseröffnungsantrags durch Hinterlegung eines zur Deckung der Verfahrenskosten (§ 58 Nr. 1, 2) hinreichenden Betrags sich mit Sicherheit ergibt, daß nur ein die Kosten deckender Wert der Masse für die Eröffnung erfordert wird (vgl. auch § 17 Nr. 6 VerglO). Entsprechend in § 204 KO für die Abwendung der Einstellung. Diese Vorschriften werden unbedenklich auf die Nachlaßverwaltung entsprechend angewendet werden können. Ein für die Verfahrenskosten ausreichender Vorschuß ersetzt daher auch hier die Unzulänglichkeit der Masse.

2 Der Erbe hat in diesem Falle die Unzulänglichkeitseinrede aus §§ 1990, 1991 zur Beschränkung seiner Haftung. Als zur Masse gehörig gelten auch die nach §§ 1978—1980 gegen den Erben bestehenden Ansprüche. Aufhebung der angeordneten Verwaltung aus dem gleichen Grunde § 1988 Abs. 2.

§ 1983

Das Nachlaßgericht hat die Anordnung der Nachlaßverwaltung durch das für seine Bekanntmachungen bestimmte Blatt zu veröffentlichen.

E II 1857; P 5 808.

Öffentliche Bekanntmachung

1 **I. Bekanntmachung**

Der Name des Nachlaßverwalters ist bekannt zu machen. Dagegen braucht der Name des Erben und die Tatsache, auf wessen Antrag die Nachlaßverwaltung angeordnet ist, nicht bekannt gemacht zu werden. Die angeordnete Nachlaßverwaltung wird nicht dadurch wirkungslos, daß ihre Anordnung nicht veröffentlicht worden ist. Die Bekanntmachung hat entsprechend §§ 76, 81, 111 KO zu erfolgen.

2 **II. Eintragung ins Grundbuch**

Der Nachlaßverwalter ist seinerseits verpflichtet, die Anordnung der Nachlaßverwaltung, sofern zu dem Nachlasse Grundstücke oder Rechte an solchen gehören, unverzüglich in das Grundbuch eintragen zu lassen, um dadurch die sonst gemäß §§ 892, 893 i. V. m. § 1984 Abs. 1 Satz 2, KO § 7 zugunsten gutgläubiger Dritter eintretenden Wirkungen von Verfügungen des Erben auszuschließen. Eine ausdrückliche Vorschrift darüber, daß die Nachlaßverwaltung in das Grundbuch einzutragen ist, enthalten das BGB und die GBO zwar nicht. Dennoch muß im Hinblick auf die oben angegebenen sonst möglicherweise eintretenden Folgen ihre Eintragung für zulässig und auch für notwendig angesehen werden. Damit stimmt überein, daß auch sonstige Fälle der Verfügungsbeschränkung durch Eintragung im Grundbuch kundgemacht werden, § 53 GBO Testamentsvollstreckung, § 113 KO Konkurseröffnung und §§ 19, 146 ZVG Zwangsversteigerung und Zwangsverwaltung. Die Anordnung der Nachlaßverwaltung ist daher einzutragen bei den zum Nachlaß gehörigen Grundstücken und unter den Voraussetzungen des § 113 Abs. 1 Nr. 2 KO auch bei den zum Nachlaß gehörigen eingetragenen Rechten an Grundstücken oder eingetragenen Rechten an Grundstücksrechten.

3 Ein Vorgehen des Nachlaßgerichts von Amts wegen zur Herbeiführung der Eintragung ist durch das Gesetz nicht vorgeschrieben; die entsprechende Anwendung der für das Konkursgericht bestehenden Vorschrift (KO § 113) erscheint bedenklich, da die Stellung des Nachlaßgerichts wesentlich verschieden von der des Konkursgerichts ist, das nicht nur das Verfahren zu eröffnen, sondern auch bei der Durchführung mitzuwirken hat (str.; wie hier *Planck/Flad* Anm. 2). Danach wird das Grundbuchamt auch nicht befugt sein, die Eintragung auf Grund eines Ersuchens des Nachlaßgerichts (§ 38 GBO) zu vollziehen. *Planck/Flad* aaO halten einen solchen Antrag des Nachlaßgerichts nicht schlechthin für unzulässig. Sie sind der Ansicht, das Grundbuchamt könne ihm entsprechen. Praktisch geboten sei dies, wenn zwischen der Anordnung der Nachlaßverwaltung und dem Zeitpunkt, in dem der Nachlaßverwalter seine Geschäfte aufnehmen könne, ein längerer Zeitraum liege. Das Nachlaßgericht kann aber den Nachlaßverwalter zur Herbeiführung der Eintragung anhalten; vgl. § 1985 Anm. 2.

Die öffentliche Bekanntmachung ist für die Beweislast bei Leistungen an den Erben nach Anordnung der Nachlaßverwaltung von Bedeutung (vgl. § 1984 Rdn. 14). 4

§ 1984

Mit der Anordnung der Nachlaßverwaltung verliert der Erbe die Befugnis, den Nachlaß zu verwalten und über ihn zu verfügen. Die Vorschriften der §§ 7, 8 der Konkursordnung finden entsprechende Anwendung. Ein Anspruch, der sich gegen den Nachlaß richtet, kann nur gegen den Nachlaßverwalter geltend gemacht werden.

Zwangsvollstreckung und Arreste in den Nachlaß zugunsten eines Gläubigers, der nicht Nachlaßgläubiger ist, sind ausgeschlossen.

E II 1858; P 5 811, 812.

Wirkungen der Anordnung der Nachlaßverwaltung

Übersicht

I. Inkrafttreten der Anordnung 1

Die Anordnung der Nachlaßverwaltung tritt als gerichtliche Verfügung gemäß § 16 FGG mit der Bekanntmachung an denjenigen in Kraft, für den sie ihrem Inhalte nach bestimmt ist. Als solcher wird der Erbe zu gelten haben, da dessen Verfügungsbefugnis und Verwaltungspflicht durch die Anordnung betroffen wird (so für den rechtsähnlichen Fall der Anordnung einer Fideikommißverwaltung RG 21. 2. 1921 IV 388/20, unvollständig abgedruckt WarnRspr. 1921 Nr. 92). Die für den Fall der Eröffnung des Konkursverfahrens in § 108 KO gegebene Sonderbestimmung, derzufolge die Wirksamkeit mit dem Erlasse des gerichtlichen Beschlusses eintritt, kann in Ermangelung einer gesetzlichen Grundlage auf die Nachlaßverwaltung, die vom Gesetze, wenn auch mit gewissen Besonderheiten, als Pflegschaft gestaltet ist, nicht angewendet werden. Da Miterben nach §§ 2033 Abs. 2, 2038 die Verwaltung des Nachlasses nur gemeinschaftlich zusteht und sie auch nur gemeinschaftlich über Nachlaßgegenstände verfügen können, erlischt ihr Verfügungsrecht bereits mit der ersten Bekanntmachung an einen der Miterben.

Mit der Bekanntmachung an den Erben wird auch die Befugnis des Nachlaßverwalters zu Rechtshandlungen für den Nachlaß eintreten; seine Verwaltungspflicht kann aber erst beginnen, wenn er von seiner Bestellung Kenntnis erhalten hat. 2

Für die Bekanntmachung ist eine Zustellung nach den Vorschriften der ZPO nur erforderlich, wenn der Antrag von einem Nachlaßgläubiger gestellt ist, da in diesem Falle die Frist zur sofortigen Beschwerde mit der Bekanntmachung beginnt (FGG § 76 Abs. 2 Satz 1, § 22; vgl. § 1981 Rdn. 12). Hatte der Erbe selbst den Antrag gestellt, so kann die Bekanntmachung auch formlos erfolgen, unter entsprechendem Vermerk in 3 den Akten (FGG § 16 Abs. 2 Satz 2). Wegen der Wirkung der öffentlichen Bekanntmachung vgl. Rdn. 14.

4 **II. Wirkung der Anordnung**

1. Verlust der Verwaltungsbefugnis der Erben

Mit der Befugnis, den Nachlaß zu verwalten, erlischt auch die in § 1978 (Rdn. 4) dem Erben auferlegte Verwaltungspflicht und seine daraus fließende Verantwortlichkeit. Hat er von der Anordnung ohne sein Verschulden keine Kenntnis erhalten (was trotz der an ihn geschehenen „Bekanntmachung" — Rdn. 1, 3 — der Fall sein kann), so gilt der Auftrag zur Verwaltung zu seinen Gunsten als fortbestehend (§ 674).

5 **2. Verlust der Verfügungsbefugnis des Erben**

Mit der Anordnung verliert der Erbe auch die Befugnis (Legitimation) zu Verfügungen über den Nachlaß sowie zur Führung von Rechtsstreitigkeiten über zum Nachlasse gehörige Ansprüche (Aktivlegitimation); die von ihm nach diesem Zeitpunkte vorgenommenen Rechtshandlungen sind unwirksam, allerdings nach dem gemäß Satz 2 anwendbaren § 7 (früher § 6) KO nur gegenüber den Nachlaßgläubigern. Das bedeutet aber nicht, daß lediglich ein nur den Schutz bestimmter Personen bezweckendes Veräußerungsverbot (§ 135) vorläge, bei dem derjenige, gegen den das Verbot sich richtet, verfügungsberechtigt bleibt, wenn auch unbeschadet des gesetzlich geschützten Rechtes des anderen; vielmehr ist dem Erben das Verfügungsrecht entzogen, er ist nicht mehr zur Ausübung des Verfügungsrechts berechtigt. Daher können auf Grund von Eintragungs- oder Löschungsbewilligungen, die von ihm, wenn auch noch vor der Anordnung, erklärt, aber erst nachher dem Grundbuchamte eingereicht sind (§ 878), keine Eintragungen im Grundbuch vorgenommen werden (vgl. für den gleichliegenden Fall des Konkurses RG **71,** 40); auch kann der Schuldner einer vom Erben nach der Anordnung abgetretenen Forderung sich gegenüber dem Erwerber auf die Unwirksamkeit der Abtretung berufen (RG **83,** 189; LZ **13,** 398; *Jaeger,* KO § 7 Anm. 9).

6 Da allein der Nachlaßverwalter materiell verfügungsberechtigt ist, wird auch die Verjährung nach § 209 BGB nicht dadurch unterbrochen, daß der Erbe nach Anordnung der Nachlaßverwaltung eine zum Nachlaß gehörende Forderung gerichtlich geltend macht. Die Klageerhebung hat die Verjährung auch dann nicht unterbrochen, wenn die Nachlaßverwaltung später aufgehoben wird, da der Erbe dadurch die Verfügungsbefugnis nicht rückwirkend erlangt (BGH **46,** 221 mit Anm. *Mattern,* LM BGB § 1984 Nr. 2).

7 Ein Miterbe ist an der Verfügung über seinen Anteil am Nachlasse (§ 2033 Abs. 1) durch die Anordnung nicht gehindert (München JFG **14,** 61).

Der Nachlaßverwalter kann jedoch den Erben ermächtigen, eine zum Nachlaß gehörende Forderung im eigenen Namen gerichtlich geltend zu machen. Die auf diese Weise begründete gewillkürte Prozeßstandschaft ist in der Regel rechtlich zulässig, sofern nicht ausnahmsweise der geltend gemachte Anspruch für den Erben ohne Bedeutung ist. Ausgenommen sind weiter die Fälle, in denen die Begründung der Prozeßstandschaft gegen die guten Sitten verstößt, weil ihr einziger Zweck darin besteht, das Prozeßrisiko zu Lasten des Gegners zu mindern oder auszuschließen (BGH **38,** 282 mit Anm. LM BGB § 1984 Nr. 1; dazu auch *Boehmer,* JZ **63,** 582).

8 Der Erbe bleibt Subjekt des Nachlaßvermögens; vgl. § 1976 Rdn. 2. Rechte, die der Nachlaßverwaltung nicht unterliegen, hat daher der Erbe weiter auszuüben, so z. B. die persönlichen Gesellschaftsrechte, die der Erbe durch sein Einrücken in eine Gesellschafterstellung des Erblassers erlangt hat (vgl. § 1985 Rdn. 13).

Eine vom Erblasser über seinen Tod hinaus erteilte Vollmacht kann nur solange fortbestehen, als die auf den Erben übergegangene Verfügungsbefugnis besteht. Sie erlischt daher mit der Anordnung der Nachlaßverwaltung. Zugunsten des gutgläubigen Beauftragten findet § 674 und zugunsten gutgläubiger Dritter finden §§ 170—173 Anwendung. 9

III. 1. Entsprechende Anwendung des § 7 KO 10

Die entsprechende Anwendung des § 7 KO bedeutet zunächst die schon aus Satz 1 (entsprechend dem jetzigen § 6 KO) sich ergebende Unwirksamkeit der nach der Anordnung der Nachlaßverwaltung in bezug auf den Nachlaß vom Erben vorgenommenen Rechtshandlungen mit der Einschränkung, daß sie nur gegenüber den Nachlaßgläubigern unwirksam sind (Rdn. 5), ferner aber mit dem (durch die Novelle zur KO hinzugefügten) Vorbehalte, daß die den öffentlichen Glauben des Grundbuchs betreffenden §§ 892, 893 „unberührt bleiben", also (was früher streitig war) zur Anwendung gelangen können (§ 7 KO).

Demgemäß erwirbt, ungeachtet der durch die Nachlaßverwaltung eingetretenen Verfügungsbeschränkung des Erben, gemäß § 892 Abs. 1 Satz 2, falls die Anordnung im Grundbuche nicht eingetragen ist (§ 1983 Rdn. 2) und auch nicht nachgewiesen wird, daß sie dem Erwerber bekannt war, der Erwerber eines Rechtes an einem zum Nachlasse gehörigen Grundstücke oder eines zum Nachlasse gehörigen Rechtes an einem Grundstücke das Recht von dem Erben mit Wirksamkeit auch gegenüber den Nachlaßgläubigern.

Dagegen sind die sonstigen Vorschriften zugunsten derjenigen, welche Rechte von einem Nichtberechtigten herleiten, auf den Erwerb von dem in der Verfügung über den Nachlaß beschränkten Erben, der aber Subjekt der Nachlaßrechte bleibt, nicht ohne weiteres anwendbar und auch, und zwar absichtlich (vgl. Begr. der Novelle zur KO § 10), nicht für entsprechend anwendbar erklärt. Der Erwerb des Eigentums an beweglichen Sachen und an Rechten, die mit dem Besitze beweglicher Sachen verbunden sind (§§ 932—936, 1032, 1207 in Verbindung mit § 135 Abs. 2 BGB), ist deshalb den Nachlaßgläubigern gegenüber auch dann unwirksam, wenn die Sache von dem Erben übergeben ist und der Erwerber die Anordnung der Nachlaßverwaltung nicht gekannt hat. Dagegen werden die Vorschriften anzuwenden sein, wenn dem Erwerber die Zugehörigkeit zum Nachlasse ohne grobe Fahrlässigkeit unbekannt geblieben ist, da der Erwerb von dem nicht verfügungsberechtigten Eigentümer dem Erwerbe vom Nichteigentümer zum mindesten gleichstehen muß (str., wie hier *Strohal* § 79 Anm. 19a; *Planck/Flad* Anm. 2a). 11

Ein Dritter kann von demjenigen, dem der Erbe infolge Anordnung der Nachlaßverwaltung das Eigentum nicht verschaffen konnte, gutgläubig Eigentum erwerben. Ein gutgläubiger Erwerb ist jedoch nach § 935 dann nicht möglich, wenn die Sachen dem Nachlaßverwalter abhanden gekommen sind. Sachen, die der Nachlaßverwalter überhaupt noch nicht in unmittelbaren Besitz genommen hatte, können ihm nicht abhanden gekommen sein. Ebenso sind ihm diejenigen vom Erben oder einem Dritten veräußerten Nachlaßgegenstände nicht abhanden gekommen, an denen der Erbe oder der Dritte den unmittelbaren und der Nachlaßverwalter nur den mittelbaren Besitz hatte. 12

In den Fällen des § 934 sind sowohl der erste als auch weitere gutgläubige Erwerber nur geschützt, wenn sie den unmittelbaren Besitz vom Drittbesitzer erlangen und zu dieser Zeit noch gutgläubig sind. Denn der Erbe kann seinen Herausgabeanspruch nach dem entsprechend anzuwendenden § 7 KO nicht zum Nachteil der Konkursgläubiger abtreten und daher weder auf den ersten noch auf spätere Erwerber einen mittelbaren Besitz übertragen (*Strohal* § 79 Anm. 19a).

Rückgabe der Gegenleistung, soweit die Nachlaßverwaltungsmasse bereichert ist (KO § 7 Abs. 2).

13 Nach § 7 Abs. 3 KO wird vermutet, daß die am Tage des Wirksamwerdens der Anordnung (Rdn. 1) vorgenommenen Rechtshandlungen nach der Anordnung vorgenommen worden sind. Rechtshandlungen des Erben, die nach § 7 KO unwirksam sind, werden, wenn der Nachlaßverwalter sie genehmigt, mit rückwirkender Kraft wirksam (§§ 184, 185). Sie werden gleichfalls, jedoch ohne Rückwirkung wirksam, wenn die Sache oder das Recht in die freie Verfügungsbefugnis des Erben zurückgelangt, sei es, daß der Nachlaßverwalter dem Erben die Verfügungsbefugnis eingeräumt hat oder daß die Nachlaßverwaltung aufgehoben ist.

14 **2. Entsprechende Anwendbarkeit des § 8 KO**

Leistungen auf Nachlaßforderungen, die nach dem Wirksamwerden der Anordnung (Rdn. 1) erfolgt sind, befreien den Schuldner unbedingt, soweit das Geleistete in die Masse der Nachlaßverwaltung gelangt ist (also, da Bereicherung nicht verlangt wird, auch wenn es ihr nachträglich wieder verlorengegangen ist); doch tritt auch darüber hinaus Befreiung ein, falls die Leistung auf ein im Grundbuch eingetragenes Recht ohne Kenntnis der im Grundbuche nicht eingetragenen Anordnung der Nachlaßverwaltung erfolgt ist (§ 893); im übrigen auch, wenn dem Leistenden bei der Leistung die Anordnung nicht bekannt war, jedoch unter verschiedener Regelung der Beweislast, je nachdem die Leistung vor oder nach der öffentlichen Bekanntmachung (§ 1983) erfolgt ist (KO § 8 Abs. 2, 3). Die Befreiung wird nur durch die wirkliche Kenntnis, nicht, wie in andern Fällen (§§ 1070 Abs. 2, 1275, 2129 Abs. 2 BGB), auch schon durch die Zustellung einer Mitteilung von der Anordnung an den Schuldner ausgeschlossen (RG **87,** 417).

Aufrechnung nach Anordnung der Nachlaßverwaltung § 1977 Rdn. 9.

15 Dem Schuldner kann gegen den Erben ein Bereicherungsanspruch nach § 812 Abs. 1 Satz 2 Halbsatz 2 zustehen, der nicht in allen Fällen durch § 815 ausgeschlossen ist, wenn seine Leistung keine schuldbefreiende Wirkung hatte und er nochmals an den Nachlaßverwalter leisten mußte (*Planck/Flad* § 1984 Anm. 2d).

16 **IV. Einwirkung der Nachlaßverwaltung auf die Stellung des Erben im Prozeß und in der Zwangsvollstreckung**

Wie die Aktivlegitimation (Rdn. 5), so verliert der Erbe auch die **Passivlegitimation.** Eine nach der Anordnung erhobene Klage gegen den Erben ist daher abzuweisen, wenn sich die Anordnung aus den Parteierklärungen des Klägers oder des Beklagten ergibt.

Der vorher vom Erben oder gegen ihn anhängig gemachte Rechtsstreit wird unterbrochen, soweit der Erbe nicht durch einen Prozeßbevollmächtigten vertreten wird (ZPO §§ 241 Abs. 3, 246).

Ist in der Revisionsinstanz zur Begründung eines Antrags auf Aussetzung des Verfahrens der Nachweis erbracht worden, daß nach Erlaß des Berufungsurteils die Nachlaßverwaltung angeordnet worden ist, so muß diese Tatsache vom Revisionsgericht auch berücksichtigt werden (RG JW **38,** 1025).

17 Der Anspruch des Pflichtteilsberechtigten auf Auskunftserteilung über den Nachlaß (§ 2314) kann auch während der Nachlaßverwaltung gegen den Erben geltend gemacht werden (vgl. für den gleichliegenden Fall des Konkurses § 1975 Rdn. 16).

18 Der Erbe kann die Aufhebung von Zwangsvollstreckungsmaßregeln verlangen, die zugunsten eines Nachlaßgläubigers in sein nicht zum Nachlasse gehöriges Vermögen

erfolgt sind (ZPO § 784). Gegen die Vollstreckung eines Urteils in sein Privatvermögen kann der Erbe sich nach §§ 781, 795 ZPO durch Erhebung der Klage und Antrag auf Erlaß einstweiliger Anordnungen nach §§ 767, 769, 770 ZPO sichern.

Diese Vorschriften finden aber keine Anwendung, wenn der Erbe bereits allgemein 19
unbeschränkbar haftet; in diesem Falle sind Rechtsverfolgung und Zwangsvollstreckung gegen ihn in sein persönliches Vermögen auch weiter zulässig.

Die Unterbrechung des Rechtsstreits tritt nur ein, soweit dieser den Nachlaß be- 20
trifft. Soweit dagegen der Gläubiger einer Nachlaßverbindlichkeit die Haftung des Erben mit seinem persönlichen Vermögen beansprucht, wird der gegen den Erben geführte Rechtsstreit durch die Anordnung der Nachlaßverwaltung nicht unterbrochen. Das gegen den Erben erwirkte Urteil kann aber während der Dauer der Nachlaßverwaltung nicht in das Nachlaßvermögen vollstreckt werden. Ein Streit über die Zugehörigkeit des Streitgegenstandes zum Nachlaß kann in dem anhängigen Verfahren im Zusammenhang mit der Frage, ob eine Unterbrechung eingetreten ist, durch Zwischenurteil nach § 303 ZPO entschieden werden, bei Vereinung auch in den Gründen des Endurteils. Auch § 280 ZPO kann anzuwenden sein (*Stein/Jonas/Pohle* ZPO 19. Aufl. Vorbem. I 1d vor § 239 und § 241 Anm. I 3).

Das vorher wegen einer Nachlaßverbindlichkeit gegen den Erben ergangene Urteil 21
kann, ohne daß es einer Vollsteckungsklausel gegen den Nachlaßverwalter (§ 727 ZPO) bedarf, in den Nachlaß vollstreckt werden. Vorher durch Zwangsvollstreckung in den Nachlaß erlangte Pfändungspfandrechte bleiben wirksam (anders im Konkursfalle, § 221 KO, und im Vergleichsverfahren, § 48 VerglO). Wird aus einem gegen den Nachlaßverwalter ergangenen Urteile nach Aufhebung der Nachlaßverwaltung die Zwangsvollstreckung gegen den Erben betrieben, so kann dieser die Beschränkung seiner Haftung geltend machen, auch wenn sie ihm im Urteile nicht vorbehalten ist (ZPO § 780 Abs. 2).

V. Einwirkungen der Nachlaßverwaltung auf die Rechte der Privatgläubiger des 22
Erben

Entsprechend KO § 14. — Durch die Anordnung der Nachlaßverwaltung wird den Privatgläubigern des Erben die ihnen durch die Annahme der Erbschaft (ZPO § 778 Abs. 2) gewährte Möglichkeit, sich aus dem Nachlasse zu befriedigen, wieder entzogen. Sie können nur noch im Wege der Pfändung des Anspruchs des Erben gegen den Nachlaßverwalter auf Herausgabe des künftigen Nachlaßüberschusses (§ 1986) mittelbar Befriedigung aus dem Nachlasse zu erlangen suchen. Vor Anordnung der Nachlaßverwaltung erfolgte Vollstreckungshandlungen von Privatgläubigern des Erben werden durch § 1984 nicht betroffen; der Nachlaßverwalter kann aber auf Grund des § 784 Abs. 2 ZPO ihre Aufhebung verlangen (RG LZ 07, 839).

§ 1985

Der Nachlaßverwalter hat den Nachlaß zu verwalten und die Nachlaßverbindlichkeiten aus dem Nachlasse zu berichtigen.

Der Nachlaßverwalter ist für die Verwaltung des Nachlasses auch den Nachlaßgläubigern verantwortlich. Die Vorschriften des § 1978 Abs. 2 und der §§ 1979, 1980 finden entsprechende Anwendung.

E II 1859, 1861; P 5 813—819.

Aufgaben des Nachlaßverwalters

Übersicht

1 **I. Die Rechtsstellung des Nachlaßverwalters**

Sie ist der des Konkursverwalters ähnlich. Gleich diesem ist er weder gesetzlicher Vertreter des Erben noch der Nachlaßgläubiger, noch der Erbschaft, sondern Organ für Durchführung der Zwecke der Verwaltung mit eigener Parteistellung (RG **65,** 287; die dort gezogene Folgerung, daß der Nachlaßverwalter keinen Anspruch auf Armenrecht habe, ist durch § 114 Abs. 3 ZPO in der Fassung der Bekanntmachung v. 8. 11. 1933 beseitigt worden; ferner RG **135,** 307; 151, 62). *Kipp/Coing* § 97 VI 1 spricht dem Nachlaßverwalter eine Doppelstellung zu, die eines amtlich bestellten Pflegers und, soweit er Rechte des Erben geltend macht oder darüber verfügt, die eines gesetzlichen Vertreters des Erben.

2 Auf die Stellung des Nachlaßverwalters finden die Vorschriften über die Stellung des Pflegers, und mittelbar also des Vormundes (§ 1915), Anwendung, soweit nicht Sonderbestimmungen (§§ 1981 Abs. 3, 1987; vgl. § 1960 Rdn. 16) bestehen. Aus der Anwendung dieser Vorschriften ergibt sich insbesondere, daß der Verwalter ein Verzeichnis des Nachlaßvermögens aufzustellen und dem Nachlaßgericht einzureichen (§ 1802), daß er während der Dauer der Nachlaßverwaltung dem Gerichte und nach ihrer Beendigung dem Erben Rechnung zu legen (§§ 1840, 1841, 1890), aus besonderen Gründen auch Sicherheit zu leisten hat (§ 1844), daß er in den Fällen der §§ 1821, 1822 der Genehmigung des Nachlaßgerichts bedarf, daß er der Aufsicht des Gerichts untersteht (§ 1837) und nötigenfalls von ihm entlassen werden kann (§ 1886). Dem Verwalter kann eine Inventarfrist nicht bestimmt werden, er ist aber den Nachlaßgläubigern zur Auskunft verpflichtet (§ 2012 Abs. 2). Nicht unzulässig ist es, den Zwangsverwalter eines Nachlaßgrundstücks zum Nachlaßverwalter zu bestellen (KG JFG **18,** 329).

3 **II. Das Verwaltungs- und Verfügungsrecht des Nachlaßverwalters**

Das nach § 1984 (Rdn. 4, 5) dem Erben verlorengehende Verwaltungs- und Verfügungsrecht geht nebst der Aktiv- und Passivlegitimation im Prozesse auf den Verwalter über; auch die Ansprüche der Nachlaßgläubiger gegen den Erben aus § 1978, die nach Abs. 2 daselbst zum Nachlasse gehören (vgl. § 1978 Rdn. 11), kann er während der Dauer der Nachlaßverwaltung ausschließlich geltend machen.

4 Er hat den Nachlaß zu diesem Zwecke in Besitz zu nehmen. Er ist aber nicht der materiell Berechtigte und wird daher nicht ins Grundbuch eingetragen (BGH DNotZ **61,** 485). Der Erbe (nicht auch der von ihm mit der Verwaltung des Nachlasses Beauftragte, KG HRR **38,** 1116) ist verpflichtet, den Nachlaß herauszugeben und ein Bestandsverzeichnis vorzulegen (§ 260). Er kann dem Herausgabeanspruche des auf Antrag eines durch Erbschein legitimierten gesetzlichen Erben ernannten Verwalters nicht mit Berufung darauf entgegentreten, daß er Testamentserbe sei; doch kann er in solchem Falle die Aufhebung der Nachlaßverwaltung erwirken (RG Recht **09** Nr. 2127; vgl. § 1988 Rdn. 4).

5 Streitig ist, ob es einer Klage gegen den Erben bedarf, wenn dieser sich weigert, die Nachlaßgegenstände herauszugeben. Die Frage wird mit dem Hinweis bejaht, daß

der Anordnungsbeschluß keinen vollstreckbaren Titel gemäß § 794 Nr. 3 ZPO bilde (so *Kipp* § 78 VII 3; *von Lübtow* II, 1141; *Lange* § 51 II 4 Anm. 5; *Palandt/Keidel* § 1985 Anm. 2; KG NJW **58,** 2071 aM für den Fall des Konkurseröffnungsbeschlusses RG **37,** 399). *Staudinger/Lehmann* 11. Aufl. § 1985 Rdn. 3; *Erman/Bartholomeyczik* § 1985 Anm. 1 und *Kipp/Coing* § 97 VI 3 halten es auch für zulässig, daß das Nachlaßgericht die Herausgabe der Nachlaßgegenstände an den Verwalter anordnet und sie durch den Gerichtsvollzieher wegnehmen läßt. Dieser Ansicht ist zuzustimmen, soweit es sich um die Herausgabe von Gegenständen handelt, die unstreitig zum Nachlaß gehören. Es ist dagegen nicht Aufgabe des Nachlaßgerichts, darüber zu entscheiden, welche Gegenstände zum Nachlaß und welche zum übrigen Vermögen des Erben gehören. Ein darüber bestehender Streit ist vor dem ordentlichen Gericht auszutragen.

Gegenüber dem Anspruch des Nachlaßverwalters auf Herausgabe der Nachlaßgegenstände kann der Erbe kein **Zurückbehaltungsrecht** wegen etwaiger Ersatzansprüche aus seiner bisherigen Verwaltung geltend machen. Das ist in § 223 KO für den Fall des Nachlaßkonkurses bezüglich der Ansprüche des Erben nach §§ 1978, 1979 ausdrücklich ausgesprochen. Diese sind nach § 224 Nr. 1 KO Masseschulden. Entsprechendes muß für die Nachlaßverwaltung gelten, da die Befriedigung der Erstattungsansprüche des Erben durch den Nachlaßverwalter den Besitz und die Verwertung der Nachlaßgegenstände voraussetzt und da ein Zurückbehaltungsrecht den Zweck der Nachlaßverwaltung wesentlich erschweren oder unter Umständen vereiteln würde (ebenso *Planck/Flad* 4. Aufl. § 1985 Anm. 1a; *Staudinger/Lehmann* 11. Aufl. § 1985 Rdn. 5; *Kipp/Coing* § 97 Anm. 33). **6**

Testamentsvollstreckung und Nachlaßverwaltung können grundsätzlich nebeneinander bestehen. Jedoch ist die Tätigkeit des Testamentsvollstreckers durch die Nachlaßverwaltung insoweit ausgeschaltet, als der Nachlaßverwalter die Verwaltungs- und Verfügungsbefugnis hat. Nach Aufhebung der Nachlaßverwaltung erlangt der Testamentsvollstrecker wieder seine vollen Befugnisse (RG LZ **19,** 875). Doch steht ihm auch während der Dauer der Nachlaßverwaltung, ebenso wie dem Erben (RG **72,** 263), eine Kontrolle in der Weise zu, daß er durch geeignete Anträge bei dem Nachlaßgerichte auf Abstellung von Mängeln in der Nachlaßverwaltung dringen kann. **7**

Der Nachlaßverwalter hat auch für die Eintragung der erforderlichen Vermerke im Grundbuche zu sorgen (s. § 1983 Rdn. 2). **8**

Er hat sodann den Nachlaß insoweit zu versilbern, als es zur Berichtigung der Nachlaßverbindlichkeiten erforderlich ist, und zu diesem Zwecke die Nachlaßforderungen einzuziehen, insbesondere auch vom Erben, einschließlich der den Nachlaßgläubigern gegen diesen gemäß § 1978 zustehenden Ansprüche. Der Erbe kann ihm im Prozesse nicht entgegenhalten, daß die Einziehung unnötig oder unzweckmäßig sei (RG **72,** 262). Der Nachlaßverwalter kann den Antrag auf Vertragshilfe stellen (BGH LM VHG § 1 Nr. 19). **9**

Im übrigen ist aber der Nachlaßverwalter verpflichtet, soweit es mit seiner Aufgabe, für die Berichtigung der Nachlaßverbindlichkeiten zu sorgen, vereinbar ist, auch die Interessen des Erben wahrzunehmen und seine Wünsche zu berücksichtigen, und der Erbe kann sich, um das zu erreichen, an das Nachlaßgericht wenden (RG **72,** 262). **10**

Die Verteilung des Nachlasses unter die Miterben ist nicht Aufgabe des Nachlaßverwalters (RG **72,** 260); gerichtliche Auseinandersetzung ist während der Dauer der Nachlaßverwaltung ausgeschlossen (KG RJA **15,** 279; KGJ **49,** 84); ebenso ein Antrag auf Abgabe der eidesstattlichen Versicherung nach § 2006 gegen den Erben (KG RJA **4,** 201). Die Bezahlung der Steuerschulden liegt dem Nachlaßverwalter in derselben Weise wie dem Nachlaßpfleger ob (§ 1960 Rdn. 25). **11**

12 Zur Verfügung über Nachlaßgegenstände bedarf der Nachlaßverwalter der gerichtlichen Genehmigung in gleichem Umfange wie der Vormund (§§ 1821, 1822; RG Recht **17** Nr. 420), also insbesondere auch zur Veräußerung eines Erwerbsgeschäfts (BayObLG RJA **6,** 119); auch den Vorschriften über Anlegung und Hinterlegung von Geld und Wertpapieren (§§ 1806, 1814) wird er, soweit es der Zweck der Nachlaßverwaltung zuläßt, unterworfen sein (*Planck/Flad* Anm. 1a Abs. 2). Der Nachlaßrichter ist verpflichtet, ihn, falls erforderlich, dazu anzuhalten und die Anlegung zu überwachen, und zwar auch für solche Beträge, die zur Ausschüttung an die Nachlaßgläubiger bestimmt sind, sofern die Ausschüttung nicht alsbald erfolgen kann; das Flüssighalten des Geldes ist nicht unvereinbar mit mündelsicherer Anlegung (RG **88,** 266).

13 Schwierig abzugrenzen sind die Befugnisse des Nachlaßverwalters dort, wo den Erben nicht nur reine Vermögensrechte angefallen sind, sondern wo er auch in persönliche Rechtsbeziehungen des Erblassers eingerückt ist. Eine vom Erblasser erteilte allgemeine, über seinen Tod hinausreichende Vollmacht, gibt dem Bevollmächtigten das Recht, den Erben hinsichtlich des Nachlasses auch in vermögensrechtlichen Angelegenheiten zu vertreten. Das ist mit den Zwecken einer Nachlaßverwaltung unvereinbar. Der Nachlaßverwalter ist deswegen berechtigt, diese Vollmacht zu widerrufen und von dem Bevollmächtigten die Herausgabe der Vollmachtsurkunde zu verlangen (KG NJW **71,** 566).

Wenn der Erbe anstelle des Erblassers Gesellschafter einer oHG oder einer KG geworden ist, kann er allein die sich daraus ergebenden persönlichen Gesellschaftsrechte ausüben (vgl. § 1984 Rdn. 8). Die Interessen, die der Nachlaßverwalter zu verfolgen hat, sind andere als die des Gesellschafters einer oHG. So hat auch nur der Erbe, nicht der Nachlaßverwalter die dem Erben zustehende Entscheidung nach § 139 HGB über sein Verbleiben in der Gesellschaft zu treffen. Nur der Erbe kann auch eine Auflösungsklage nach § 133 HGB erheben oder nach § 142 HGB auf Übernahme des Geschäfts klagen (BGH **47,** 293 siehe dazu *Großfeld/Rohloff,* JZ **67,** 703).

Reine vermögensrechtliche Ansprüche, z. B. der Anspruch auf Auszahlung eines Gewinns oder des Abfindungsguthabens stehen dem Nachlaßverwalter zu. Um einen rein vermögensrechtlichen, vom Nachlaßverwalter geltend zu machenden Anspruch handelt es sich auch, wenn gegen die übrigen Erben auf Herausgabe des Gesellschaftsvermögens geklagt wird mit der Behauptung, der Erbe sei nie Gesellschafter geworden, da der Gesellschaftsvertrag wegen Geschäftsunfähigkeit des Erblassers oder infolge Anfechtung von Anfang an nichtig gewesen sei. Durch diesen Anspruch wird die Gesellschafterstellung des Erben nicht berührt (BGHZ **47,** 293 mit Anm. *Großfeld/Rohloff,* JZ **67,** 703).

Ohne Zustimmung des Nachlaßverwalters kann der Erbe über solche bereits entstandenen vermögensrechtlichen Ansprüche nicht verfügen. Daher benötigt er für die ihm zustehende Entschließung, eine durch den Tod des Erblassers nach § 727 aufgelöste Gesellschaft bürgerlichen Rechts oder eine nach § 131 Nr. 4 HGB aufzulösende oHG, die als Abwicklungsgesellschaft fortbesteht, wieder in eine werbende umzuwandeln, die Zustimmung des Nachlaßverwalters. Denn damit unterbleibt die Liquidation und es entfällt der Anspruch auf das Auseinandersetzungsguthaben, der der Verwaltung des Nachlaßverwalters unterliegt. Entsprechendes gilt für eine Vereinbarung, nach der der Erbe aus einer Abwicklungsgesellschaft ausscheidet und abgefunden werden soll (KG DR **42,** 973).

Der Nachlaßverwalter kann aber, sofern es erforderlich ist, den Anteil des Erben am Gesellschaftsvermögen zur Befriedigung der Nachlaßgläubiger heranziehen. Dazu kann er in entsprechender Anwendung des § 725 oder des § 135 HGB die Gesellschaft kündigen (KG DR **42,** 973; *Kipp/Coing* § 97 Anm. 30; *Michaelis,* ZAkDR **43,** 233).

III. Die Verantwortlichkeit des Nachlaßverwalters 14

Der Verwalter ist gleich dem Vormunde (§ 1833) dem Erben (RG WarnRspr. 1936 Nr. 190), aber, abweichend vom Nachlaßpfleger (§ 1960 Rdn. 34), auch unmittelbar den Nachlaßgläubigern verantwortlich, und zwar auf Grund eines vertragsähnlichen Verhältnisses, das durch sein Bestellung begründet wird und auf Grund dessen er (entsprechend der Haftung des Erben aus § 1978 Abs. 1) wie ein Beauftragter für jede Fahrlässigkeit haftet (KG DJZ **05**, 652). Die sich hieraus ergebenden Ansprüche gegen ihn gehören zum Nachlasse (§ 1978 Abs. 2; vgl. Rdn. 11 dazu). Sie können daher von einem späteren Nachlaßverwalter gegen ihn geltend gemacht werden; doch steht ihnen das Konkursvorrecht des § 61 Nr. 5 KO nicht zu, da der Erbe nicht „Pflegebefohlener" des Nachlaßverwalters ist; anders bei der fürsorglichen Nachlaßpflegschaft, vgl. § 1960 Rdn. 28 (RG **135**, 305). Vgl. über den darin zum Ausdruck kommenden Rechtsgrundsatz der dinglichen Surrogation § 2041 Rdn. 8.

Auch die besondere Verpflichtung des Erben, falls sich Überschuldung herausstellt, 15
das Konkurs- oder Vergleichsverfahren zu beantragen (§ 1980) und die daraus sich ergebende Verantwortlichkeit ist dem Nachlaßverwalter auferlegt. Um diese Verantwortlichkeit auszuschließen, muß er auch gegebenenfalls das Aufgebot der Nachlaßgläubiger beantragen.

Anderseits ist auch er bei sich später ergebender Überschuldung zur Anrechnung 16
berichtigter Verbindlichkeiten auf den Nachlaß berechtigt, wenn er nach den Umständen annehmen durfte, die Berichtigung der Verbindlichkeiten sei zulässig (§ 1979). Unter dieser Voraussetzung ist er nicht verpflichtet, eine bestimmte Reihenfolge bei der Berichtigung von Verbindlichkeiten einzuhalten, und er kann auch solche aus Pflichtteilsrechten, Vermächtnissen oder Auflagen berichtigen. Nach durchgeführtem Aufgebot kann er einem ausgeschlossenen und ohne solches einem verspäteten Gläubiger (§ 1974) gegenüber gemäß § 1973 verfahren, und zwar auch noch in der Zwangsvollstreckung (RG **61**, 221, wo dahingestellt gelassen ist, ob es dazu eines besonderen Vorbehalts im Urteile bedürfe).

Ist die Konkurseröffnung wegen Mangels an Masse nicht tunlich, so wird der 17
Nachlaßverwalter nicht, wie der Erbe, nach §§ 1990, 1991 verfahren dürfen, da diese Paragraphen nicht, wie § 1978 Abs. 2 und §§ 1979, 1980, für entsprechend anwendbar erklärt sind; vielmehr wird er in solchem Falle gemäß § 1988 Abs. 2 die Aufhebung der Nachlaßverwaltung zu beantragen haben. Auch § 1992 ist nicht für entsprechend anwendbar erklärt; der Nachlaßverwalter wird deshalb die Konkurseröffnung auch beantragen müssen, wenn die Überschuldung auf Vermächtnissen oder Auflagen beruht (aM *Planck/Flad* Anm. 1b).

Dem Erben kann der Nachlaßverwalter unter Umständen ersatzpflichtig werden, 18
wenn er statt des sachgemäßen Nachlaßvergleichsverfahrens den Konkurs beantragt.

Der Nachlaßrichter ist wegen schuldhafter Amtspflichtverletzung bei der Beauf- 19
sichtigung des Nachlaßverwalters sowohl dem Erben wie auch den Nachlaßgläubigern verantwortlich (RG **88**, 264); anders beim Nachlaßpfleger der §§ 1960, 1961 (§ 1960 Rdn. 14).

§ 1986

Der Nachlaßverwalter darf den Nachlaß dem Erben erst ausantworten, wenn die bekannten Nachlaßverbindlichkeiten berichtigt sind.

Ist die Berichtigung einer Verbindlichkeit zur Zeit nicht ausführbar oder ist eine

Verbindlichkeit streitig, so darf die Aushändigung des Nachlasses nur erfolgen, wenn dem Gläubiger Sicherheit geleistet wird. Für eine bedingte Forderung ist Sicherheitsleistung nicht erforderlich, wenn die Möglichkeit des Eintritts der Bedingung eine so entfernte ist, daß die Forderung einen gegenwärtigen Vermögenswert nicht hat.

Herausgabe des Nachlasses an die Erben

Übersicht

1 I. Die Aushändigung des Nachlasses an den Erben

Sie darf nicht erfolgen, bevor der Zweck der Nachlaßverwaltung, die Berichtigung der Nachlaßverbindlichkeiten, erreicht ist, also keinesfalls, solange die bekannten Nachlaßverbindlichkeiten noch nicht sämtlich berichtigt sind. Besteht aber Grund zu der Annahme, daß unbekannte Nachlaßverbindlichkeiten vorhanden sein könnten, so wird der Nachlaßverwalter gegenüber dem Erben berechtigt sein, den Nachlaß so lange zurückzubehalten, bis das zu seiner Deckung gegenüber den Nachlaßgläubigern (§ 1985 Rdn. 15) erforderliche Aufgebot (§§ 1970 ff) durchgeführt ist. Mehreren Miterben ist der Nachlaß gemeinschaftlich auszuhändigen oder auf Verlangen eines von ihnen für alle zu hinterlegen (§ 2039). Wegen der Vornahme der Teilung s. § 1985 Rdn. 11.

Wenn in der Person des Nachlaßverwalters ein Wechsel eingetreten ist, hat der bisherige Verwalter den Nachlaß mit allen über die bisher ausgeübte Verwaltung entstandenen Akten und Belegen an den neu bestellten herauszugeben (KG NJW 71, 566; vgl. entsprechend für den Testamentsvollstrecker BGH LM BGB § 2218 Nr. 5).

2 II. Sicherheitsleistung (Abs. 2 Satz 1) §§ 232 ff

Ebenso § 52 Abs. 2. Die Hinterlegung gemäß §§ 372 ff ist damit nicht ausgeschlossen.

3 III. Bedingte Forderung (Abs. 2 Satz 2)

Ebenso beim Arrest ZPO § 916 Abs. 2 und bei der Verteilung im Konkurse KO §§ 154, 171.

4 IV. Haftung nach Aufhebung der Nachlaßverwaltung

Die Nachlaßverwaltung bleibt trotz Aushändigung des Nachlasses bestehen, bis sie gemäß § 1919 vom Nachlaßgericht aufgehoben ist. Meldet sich vor der Aufhebung noch ein Gläubiger, so kann der Verwalter vom Erben entsprechende Wiederaushändigung des Nachlasses fordern. Nach Aufhebung der Nachlaßverwaltung haftet, wenn ein Aufgebot (§§ 1970 ff) stattgefunden hat oder die in § 1974 vorgeschriebene „Verschweigungsfrist" abgelaufen ist, der Erbe einem ausgeschlossenen oder einem solchen gleichstehenden Gläubiger nur nach Maßgabe des § 1973 (Rdn. 2 dazu), also auf die Bereicherung.

5 Ist der Nachlaß nur noch so gering, daß keine zur Deckung der Kosten der Verwaltung oder des Konkurses ausreichende Masse vorhanden ist (§ 1990) oder ist der

Nachlaß infolge von Vermächtnissen und Auflagen unzulänglich (§ 1992), so kann der Erbe gegenüber sich meldenden Gläubigern nach § 1990 verfahren, vgl. Rdn. 7 dazu.

Bestritten ist aber, wie sich die Haftung gestaltet, wenn (was allerdings nicht häufig vorkommen wird) ein Aufgebot in der Nachlaßverwaltung oder sonst nicht stattgefunden hat und der Nachlaß noch zur Deckung der Kosten einer Verwaltung oder eines Konkurses ausreicht, also weder der Fall des § 1973 noch der des § 1990 vorliegt. Es wird die Meinung vertreten, daß in diesem Falle der Erbe zunächst wieder nach allgemeinen Grundsätzen, also unbeschränkt, haftet und daß nur durch eine neue Nachlaßverwaltung oder einen Konkurs wieder die Beschränkung der Haftung herbeigeführt werden könne (so *Strohal* II § 79 Anm. 33; *Planck/Flad* Anm. 3d). Diese Auffassung findet im Gesetze keine Stütze, da § 1975 als Wirkung der Nachlaßverwaltung die Beschränkung der Haftung ohne Einschränkung auf die Dauer der Verwaltung ausspricht. Der Erbe haftet also, wenn er nicht vorher schon unbeschränkbar gehaftet hat (§ 1994), auch nach Aufhebung der Verwaltung zunächst weiter nur mit dem Nachlasse (cum viribus hereditatis); er kann eine Zwangsvollstreckung in sein eigenes Vermögen, falls ihm die Beschränkung in dem Urteile vorbehalten ist, gemäß ZPO §§ 780, 781, 785, also im Wege der Widerspruchsklage des § 767, abwehren. So auch BGH LM BGB § 1975 Nr. 1, 635; *Staudinger/Lehmann* 11. Aufl. § 1975 Rdn. 4; *Kipp/Coing* § 97 XI 2. Die Bemerkung in den ziemlich unklaren Verhandlungen der zweiten Kommission (5, 817), daß der Erbe in solchem Falle haften solle, „wie wenn die Pflegschaft nicht bestellt gewesen wäre", auf die *Strohal* besonderen Wert legt, kann nicht maßgebend sein. Entscheidend ist vielmehr, daß der Erbe nach Aufhebung der Nachlaßverwaltung erwarten kann, einen schuldenfreien Nachlaß übergeben zu erhalten, da in der Nachlaßverwaltung alle Nachlaßverbindlichkeiten zu befriedigen oder, wenn dies nicht möglich ist, sicherzustellen sind. Ob insoweit § 1990 entsprechend angewandt wird, wie es der Bundesgerichtshof in dem oben angeführten Urteil will, oder ob eine entsprechende Anwendung dieser Bestimmung abgelehnt wird, ist im Hinblick auf das Ergebnis, zu dem beide Rechtsansichten übereinstimmend gelangen, bedeutungslos. Eine etwa gewollte Einschränkung hätte im Gesetze (§ 1975) Ausdruck finden müssen, zumal sie sachlich keineswegs gerechtfertigt ist, vielmehr das ohnehin schon verwickelte Haftungssystem des BGB noch weiter verwickeln würde. 6

Die Bestimmung einer Inventarfrist ist jedoch nach Beendigung der Nachlaßverwaltung nicht, wie nach Durchführung des Nachlaßkonkurses, durch § 2000 (vgl. Rdn. 4 dazu) ausgeschlossen. Auf diese Weise kann daher auch nach durchgeführter Nachlaßverwaltung die unbeschränkte, d. h. nicht mehr beschränkbare Haftung gegebenenfalls eintreten. Doch kann sich der Erbe auf ein von dem Nachlaßverwalter errichtetes Inventar berufen, wenn es den Vorschriften der §§ 2002, 2003 entspricht (§ 2004). 7

Anderseits findet auch § 1973 nicht, wie nach durchgeführtem Konkurse (§ 1989), Anwendung. Vielmehr ist die Stellung des Erben zu den Nachlaßgläubigern hinsichtlich der Verantwortlichkeit für den ihm wieder ausgeantworteten Nachlaß wiederum die eines Beauftragten. Die §§ 1978—1980 sind jedenfalls unbedenklich entsprechend anwendbar. Der Erbe darf daher auch jetzt wieder Nachlaßverbindlichkeiten nur so lange berichtigen, als er die Zulänglichkeit des Nachlasses annehmen kann (§ 1979); hat er Anlaß zu der Annahme, daß noch unbekannte Nachlaßverbindlichkeiten vorhanden sind, so muß er Aufgebot und bei Kenntnis der Überschuldung, der fahrlässige Unkenntnis gleichsteht, Konkurs oder Vergleichsverfahren beantragen (§ 1980); andernfalls ist er den Gläubigern schadensersatzpflichtig. Eine nochmalige Nachlaßverwaltung zu beantragen, ist er zwar berechtigt (§ 1981), aber nicht verpflichtet; auch ein nicht befriedigter oder ausgeschlossener Nachlaßgläubiger kann von neuem Nachlaßverwaltung beantragen. 8

9 Ist die Anordnung als nicht gerechtfertigt aufgehoben (FGG §§ 18, 76 Abs. 2), so muß die Beschränkung der Haftung als nicht eingetreten gelten. Ist die Aufhebung wegen Mangels einer den Kosten entsprechenden Masse erfolgt (§ 1988 Abs. 2), so kann nunmehr der Erbe nach § 1990, dessen entsprechende Anwendung auf diesen Fall (vgl. dagegen Rdn. 6) keinen Bedenken unterliegen wird, verfahren. Kommt aber der Nachlaß wieder zu Kräften, so wird die Anordnung einer neuen Nachlaßverwaltung erforderlich sein.

§ 1987

Der Nachlaßverwalter kann für die Führung seines Amtes eine angemessene Vergütung verlangen.

E II 1862; P 5 820.

Vergütungsanspruch des Verwalters

1 Der Verwalter, der zur Übernahme des Amtes nicht wie ein Vormund oder sonstiger Pfleger kraft Gesetzes verpflichtet ist (§ 1981 Abs. 3), hat, ebenso wie der Konkursverwalter (KO § 85) und mangels abweichender Bestimmung des Erblassers der Testamentsvollstrecker (§ 2221), einen Rechtsanspruch auf Vergütung. Nicht so der Nachlaßpfleger, § 1960 Rdn. 18.

2 Die Vergütung wird vom Nachlaßgericht mit Rücksicht auf den Umfang der Mühewaltungen (vgl. BayObLGZ **53,** 50; BayZ **34,** 177) und den Bestand der Masse festgesetzt. Auch der Erfolg der Tätigkeit des Nachlaßverwalters kann berücksichtigt werden (BayObLG DNotZ **35,** 403). Dagegen darf, wenn der Verwalter anschließend zum Konkursverwalter bestellt wird, die Vergütung, die er als solcher erhält, nicht in Betracht gezogen werden (München JFG **14,** 272). Auch die Richtlinien für die Vergütung des Konkursverwalters vom 22. 2. 1936, DJ 311, sind nicht anwendbar (KG JFG **17,** 206; OLG Hamm RPfleger **66,** 180; aM *Planck/Flad* Anm. 2). Doch können sie einen gewissen Anhalt geben (BayObLG Rpfleger **72,** 254).

3 Beschwerde gegen die Festsetzung der Vergütung FGG §§ 19, 20 (KG DR **39,** 1384); BayObLG RPfleger **72,** 254). Ein Dritter, der die Haftung für die Kosten der Nachlaßverwaltung übernommen hat, ist gleichfalls berechtigt, gegen die Festsetzung der Vergütung Beschwerde einzulegen (KG JFG **20,** 89).

4 Das Nachlaßgericht entscheidet nur über die Höhe der Vergütung; diese Entscheidung bildet die Voraussetzung für die Geltendmachung des Anspruchs im Rechtswege vor dem Prozeßgerichte, das seinerseits die Entscheidung über die Entstehung des Anspruchs in der vom Nachlaßgerichte festgesetzten Höhe nicht nachzuprüfen, aber allein über solche Tatsachen zu entscheiden hat, welche den entstandenen Anspruch als erloschen erscheinen lassen oder seine Geltendmachung hindern (BayObLG HRR **28,** 2279; KG JFG **17,** 148; vgl. über die gleiche Frage bei der Vergütung für den Vormund § 1836 Anm.).

5 Über den Anspruch auf Auslagenersatz entscheidet ausschließlich das Prozeßgericht (BayObLGZ NF **33,** 147; **53,** 50).

6 Der Anspruch auf Vergütung und Ersatz der Aufwendungen (§ 1835) ist im Konkurse Masseschuld (KO § 224 Nr. 4, 6). Am Vergleichsverfahren sind diese Ansprüche nicht beteiligt (VerglO § 113 Nr. 6).

§ 1988

Die Nachlaßverwaltung endigt mit der Eröffnung des Nachlaßkonkurses.

Die Nachlaßverwaltung kann aufgehoben werden, wenn sich ergibt, daß eine den Kosten entsprechende Masse nicht vorhanden ist.

E II 1863; P 5 819, 820.

Ende der Nachlaßverwaltung

I. Ende der Nachlaßverwaltung durch Eröffnung des Nachlaßkonkurses 1

Die Nachlaßverwaltung endigt im Konkursfalle ohne weiteres kraft Gesetzes. Vom Nachlaßverwalter nach dieser Zeit vorgenommene Rechtshandlungen sind in Ermangelung einer Vertretungsmacht unwirksam (§§ 177 ff); die §§ 7, 8 KO, die sich nur auf Verfügungen des Gemeinschuldners beziehen, können auf den Nachlaßverwalter, der nicht gesetzlicher Vertreter des Erben ist (vgl. § 1985 Rdn. 1), keine Anwendung finden (aM *Planck/Flad* Anm. 1a). Doch kann der Verwalter, falls er ohne sein Verschulden von der Erledigung keine Kenntnis hatte, sich zu seinen Gunsten auf die Vorschrift des § 674 berufen. Dagegen dauert die Nachlaßpflegschaft auch nach der Konkurseröffnung fort (§ 1960 Rdn. 36). Der Pfleger vertritt den nunmehrigen Gemeinschuldner.

II. Eröffnung des Vergleichsverfahrens 2

Daß auch die Eröffnung des Vergleichsverfahrens die Beendigung der Nachlaßverwaltung zur Folge haben kann, ist im Gesetz nicht vorgeschrieben. Auch sonst ist dafür kein Grund ersichtlich (*Bley/Mohrbutter* § 113 Anm. 6a; *Vogels/Nölte* § 113 III, 2; *Bohle/Stamschräder* § 113 3b; *Klien* JW **36,** 1196).

III. Aufhebung der Nachlaßverwaltung bei dürftiger Masse (Abs. 2) 3

Die Nachlaßverwaltung kann nach Abs. 2 aufgehoben werden, wenn sich ergibt, daß eine den Kosten entsprechende Masse nicht vorhanden ist. Diese Vorschrift entspricht dem § 1982. Eine entsprechende Regelung trifft § 204 KO für das Konkursverfahren. Vgl. § 1982 Rdn. 1. Hinterlegung eines Kostenvorschusses wendet auch hier die Aufhebung ab. Dem Erben wie den Nachlaßgläubigern steht gegen den Aufhebungsbeschluß einfache Beschwerde zu, FGG §§ 19, 20. Ob auch dem Nachlaßverwalter, ist bestritten; verneinend RG **151,** 57.

IV. Aufhebung der Nachlaßverwaltung im allgemeinen 4

Abgesehen von Abs. 1 dauert die Verwaltung fort, bis sie gemäß § 1919 durch Beschluß des Nachlaßgerichts aufgehoben ist (RG **72,** 263; KG HRR **32,** 956). Die Aufhebung hat zu erfolgen, sobald der Zweck der Nachlaßverwaltung erreicht ist (§ 1919). Zurücknahme des vom Erben selbst gestellten Antrags hindert die Durchführung der Verwaltung nicht (KG RJA **12,** 108). Gleiches muß gelten, wenn der von einem Nachlaßgläubiger gestellte Antrag zurückgenommen wird, nachdem die Verwaltung angeordnet ist. Dagegen ist die Anordnung aufzuheben, wenn sie ungerechtfertigt war (FGG §§ 18, 76 Abs. 2). Auch bevor die Nachlaßgläubiger befriedigt sind, kann die Nachlaßverwaltung aufgehoben werden, wenn alle Gläubiger zustimmen.

Über die Wirkung der erfolgten Aufhebung auf die Haftung des Erben siehe § 1986 5
Rdn. 4 ff. Der Verwalter hat den Nachlaß an den Erben herauszugeben und Schlußrechnung zu legen (§ 1890). Hierbei — nicht auch im Konkurse (KO § 223) — kann er wegen seiner Aufwendungen das Zurückbehaltungsrecht ausüben. Die im Grundbuch

eingetragenen Verfügungsbeschränkungen sind auf Antrag des Erben zu löschen (GBO § 22). Der Tod des Erben ist auf die Fortführung der Verwaltung ohne Einfluß. Wohl aber ist sie aufzuheben nach dem Tode des Vorerben, wenn damit der Fall der Nacherbfolge eintritt, da der Nacherbe zunächst unbeschränkt, wenn auch beschränkbar, haftet und es zur Beschränkung seiner Haftung der Anordnung einer neuen Nachlaßverwaltung bedarf, wobei an die Stelle des Nachlasses dasjenige tritt, was der Nacherbe aus der Erbschaft erlangt (§ 2144).

Bekanntmachung des Aufhebungsbeschlusses ist reichsgesetzlich nicht vorgeschrieben.

§ 1989

Ist der Nachlaßkonkurs durch Verteilung der Masse oder durch Zwangsvergleich beendigt, so finden auf die Haftung des Erben die Vorschriften des § 1973 entsprechende Anwendung.

E I 2118 II 1864; M 5 640, 641; P 5 771—774.

Einrede der Erschöpfung des Nachlasses

Übersicht

1 **I. Beendigung des Nachlaßkonkurses im allgemeinen**

Die durch Eröffnung des Nachlaßkonkurses eingetretene Beschränkung der Haftung des Erben auf den Nachlaß muß nach der hier vertretenen Ansicht (§ 1975 Rdn. 9) auch nach Beendigung des Nachlaßkonkurses, wie der Nachlaßverwaltung (§ 1986 Rdn. 4 ff), fortdauern. Wird aber der Nachlaßkonkurs durch Verteilung der Masse oder Zwangsvergleich beendet, so tritt nach § 1989 eine noch weitergehende Beschränkung ein in der Weise, daß der Erbe nunmehr allgemein nur noch wie nach § 1973 einem durch Aufgebot ausgeschlossenen Gläubiger haftet; die im Konkursverfahren erfolgte Aufforderung zur Anmeldung und der Ablauf der Ausschlußfrist (KO §§ 110, 111, 152), im Falle des Zwangsvergleichs statt der Ausschlußfrist die öffentliche Bekanntmachung des Vergleichstermins (§ 179 KO; § 22 VerglO), ersetzen das in §§ 1970 ff vorgesehene Aufgebot. Ist ein Ausschlußurteil in einem Aufgebotsverfahren ergangen, so ist den dadurch betroffenen Gläubigern gegenüber § 1973 unmittelbar anwendbar. § 1974 steht auch nach beendigtem Konkursverfahren dem Erben ohne weiteres zur Seite. Eine entsprechende Anwendung des § 1973 ist ausgeschlossen, wenn der Erbe für die Nachlaßverbindlichkeit bereits bei Eröffnung des Konkurses oder des Vergleichsverfahrens allgemein unbeschränkbar haftete (§ 2013). Nach Beendigung des Konkurses durch Verteilung oder Zwangsvergleich kann dem Erben keine Inventarfrist mehr gesetzt, also seine unbeschränkbare Haftung nicht mehr herbeigeführt werden (§ 2000 Satz 3); ebensowenig nach Annahme des Vergleichsvorschlages im Vergleichsverfahren (§ 2000 Rdn. 4).

Wird das Konkursverfahren auf andere Weise beendet, insbesondere durch Einstellung mit Zustimmung aller Konkursgläubiger (Gantverzicht, KO § 202), so kann § 1989 keine Anwendung finden. Maßgebend sind dann in erster Linie die von den Erben mit den Gläubigern getroffenen Vereinbarungen. Hiervon abgesehen, haftet der Erbe nach den allgemeinen Grundsätzen. Soweit nicht die Voraussetzungen der §§ 1973, 1974, 1990, 1992 erfüllt sind, muß der Erbe, um in den Genuß der Haftungsbeschränkung zu gelangen, die Anordnung der Nachlaßverwaltung oder die Eröffnung des Nachlaßkonkurses beantragen. Letzteres wird durch den Konkursverzicht nicht ausgeschlossen (ebenso *Planck/Flad* 4. Aufl. § 1989 Anm. 1b β; *Kipp/Coing* § 98 IV 4b). Erfolgt die Einstellung wegen Mangels an Masse (KO § 204), so kann der Erbe nach § 1990 vorgehen (s. § 1986 Rdn. 5). 2

Die kraft Gesetzes durch die Konkurseröffnung herbeigeführten Rechtsfolgen entfallen wieder, wenn die Eröffnung des Konkursverfahrens auf die Beschwerde des Erben wieder aufgehoben worden ist (§§ 109, 116 KO). Der Erbe haftet dann wieder nach den allgemeinen Grundsätzen. Zur Beschränkung seiner Haftung ist Anordnung der Nachlaßverwaltung oder erneute Konkurseröffnung notwendig, wenn die Voraussetzungen der §§ 1973, 1974, 1990, 1992 gegeben sind. 3

Sind mehrere Miterben vorhanden und ist der Nachlaß geteilt, so haftet nach Beendigung des Konkurses durch Verteilung oder Zwangsvergleich jeder Miterbe nur nach Verhältnis seines Erbanteils (§ 2060 Nr. 3). 4

Das Reichsgericht hat schon vor Beendigung des Konkurses die Klage eines Nachlaßgläubigers, der infolge Versäumung der Ausschlußfrist von dem Verfahren ausgeschlossen ist (KO §§ 152, 161), gegen den Erben zugelassen, soweit sie nur auf Befriedigung nach Beendigung des Konkurses aus dem Überschusse gemäß § 1973 gerichtet ist (RG JW **13**, 752. Gegen diese Entscheidung hat *Jaeger* in LZ **13**, 693 beachtenswerte Bedenken aus §§ 12, 14 KO und aus § 1984 Abs. 1 Satz 3 hergeleitet). 5

II. Beendigung des Nachlaßkonkurses durch Verteilung der Masse 6

Schlußverteilung, KO §§ 161—163. Sobald das Verfahren nach erfolgter Schlußverteilung und Abhaltung des Schlußtermins aufgehoben ist, können die Konkursgläubiger gemäß KO § 164 ihre Forderungen gegen den Schuldner „unbeschränkt" geltend machen, das heißt ohne die sich aus der Eröffnung des Konkursverfahrens allgemein ergebenden Beschränkungen; das hat aber mit der Fortdauer der beschränkten Haftung des Erben (Rdn. 1) nichts zu tun. Die Eintragung in die Tabelle (§ 164 Abs. 2 KO) im Nachlaßkonkurse gewährt einen vollstreckbaren Titel nur gegen den Nachlaß; der Erbe kann also, ohne daß es eines Vorbehalts bedarf, eine auf Grund dieser Eintragung betriebene Zwangsvollstreckung in sein eigenes Vermögen gemäß ZPO §§ 781, 785 abwehren. Er ist aber ferner berechtigt, sowohl gegenüber Gläubigern, die im Konkurse angemeldet haben, aber nicht befriedigt worden sind, wie gegenüber solchen, die sich neu melden, in der gleichen Weise zu verfahren wie gegenüber einem durch Aufgebot ausgeschlossenen Gläubiger. Das gilt aber nicht gegenüber solchen Gläubigern, denen er bereits unbeschränkt, d. h. unbeschränkbar, haftet (§§ 2006 BGB, 780 ZPO; vgl. § 1975 Rdn. 3). Auch nicht, wenn er bereits allgemein in dieser Weise haftet (§ 2013 Abs. 1). Näheres s. Rdn. 16—19.

Nach der Beendigung des Konkursverfahrens durch Verteilung der Masse kann ein Überschuß nur vorhanden sein, wenn alle an dem Konkursverfahren beteiligten Gläubiger voll befriedigt sind. Solche Fälle werden selten vorkommen. Die in § 1989 bestimmte Haftung kommt dann nur für diejenigen Nachlaßgläubiger in Frage, die an der Verteilung nicht teilgenommen haben, sei es, daß sie ihre Forderung nicht angemeldet 7 oder ihre Anmeldung zurückgezogen hatten, daß ihre Forderung nach §§ 152—156 KO nicht berücksichtigt werden konnte, oder soweit die Forderungen nach § 63 Nr. 2 KO im Konkursverfahren nicht geltend gemacht werden konnten.

8 Als Überschuß, mit dem der Erbe haftet, kommt der nach Beendigung des Verteilungsverfahrens verbliebene Überschuß in Frage, der dem Erben ausgekehrt worden ist, ferner solche Gegenstände, die im Konkursverfahren nicht verwertbar waren und daher den Erben überlassen sind. Schließlich kann dazu auch eine Forderung der Nachlaßgläubiger gegen den Erben nach § 1978 zählen, die im Konkurs nicht beigetrieben worden ist, weil sie nicht verwirklicht werden konnte. Gelangt der Erbe nach Beendigung des Konkurses wieder zu Vermögen, dann werden auch die am Nachlaßkonkurs beteiligten Konkursgläubiger durch §§ 1989, 1973 nicht gehindert, wegen des ausgefallenen Betrages ihrer Forderung in die gegen den Erben bestehende Forderung nach § 1978 zu vollstrecken.

9 Eine nachträgliche Verteilung findet nach § 166 KO statt, wenn nach dem Vollzug der Schlußverteilung Beträge, die von der Masse zurückbehalten sind, für diese frei werden oder Beträge, die aus der Masse gezahlt sind, zur Masse zurückgelangen. Hierfür kann die Haftungsvorschrift des § 1989 nicht in Betracht kommen. Die fraglichen Beträge sind vielmehr an die teilnahmeberechtigten Gläubiger nach den Regeln des Konkursrechts auszuschütten.

10 **III. Beendigung des Nachlaßkonkurses durch Zwangsvergleich**

Hinsichtlich der Haftung des Erben für die Nachlaßverbindlichkeiten hat ein im Nachlaßvergleichsverfahren geschlossener Zwangsvergleich dieselben Wirkungen wie ein im Konkursverfahren geschlossener Zwangsvergleich (§ 113 Nr. 4 VerglO). Für die Haftung des Erben nach Beendigung des Nachlaßkonkurses oder des Nachlaßvergleichsverfahrens durch Zwangsvergleich kommen für diejenigen Gläubiger, die durch den Zwangsvergleich betroffen werden, in erster Linie die Bestimmungen des Vergleichs in Betracht. Es kann daher für diese Gläubiger § 1989, insoweit als der Vergleich abweichende Bestimmungen enthält, keine Anwendung finden.

11 Hat der Erbe in dem Vergleiche persönliche Verbindlichkeiten übernommen, so haftet er für sie unbeschränkt mit seinem ganzen Vermögen. Ob dieser Fall vorliegt, ist eine Frage der Auslegung; häufig werden die Gläubiger nur unter dieser Voraussetzung dem Erben den Nachlaß zur freien Verfügung (KO § 192; vgl. auch VerglO § 90 Abs. 1 Nr. 1) überlassen. Im Zweifel wird aber nicht angenommen werden können, daß der Erbe sich persönlich verbindlich gemacht hat (so auch *Kipp/Coing* § 98 IV 2b; *Erman/Bartholomeyczik* § 1989 Rdn. 2; aM *Planck/Flad* Anm. 3a; *Bley/Mohrbutter* § 113 Anm. 54b; *von Lübtow* II, 1163).

12 Nach § 193 KO wirkt der Zwangsvergleich auch für und gegen solche nicht bevorrechtigte Konkursgläubiger, die am Konkursverfahren oder an der Beschlußfassung über den Vergleich nicht teilgenommen haben (entsprechendes bestimmt § 82 Abs. 1 VerglO). Danach müßte angenommen werden, daß auch diejenigen Gläubiger, die im Konkursverfahren nicht angemeldet hatten, die von dem Erben übernommene persönliche Verpflichtung für sich geltend machen können. Das hätte möglicherweise zur Folge, daß der Erbe aus seinem Vermögen zuschießen muß, um Gläubiger zu befriedigen, mit denen er zur Zeit des Vergleichsschlusses überhaupt nicht gerechnet hat und auch nicht rechnen konnte. Diese Folge zeigt, daß § 193 KO und § 82 Abs. 1 VerglO für den Nachlaßkonkurs nicht passen. Entgegen der in der neunten Auflage vertretenen Ansicht ist daher anzunehmen, daß die Gläubiger, die ihre Forderung in dem Verfahren nicht angemeldet haben, an dem Vergleich nicht teilnehmen. Sie können ihre Forderung

in ursprünglicher Höhe geltend machen. Der Erbe haftet ihnen aber nur mit dem Überschuß gemäß §§ 1989, 1973 (ebenso *Planck/Flad* 4. Aufl. § 1989 Anm. 3d; *Staudinger/Lehmann* 11. Aufl. § 1989 Rdn. 8; *Kipp/Coing* § 98 IV 2b). § 82 Abs. 1 VerglO und 3 193 KO sind aber nur insoweit nicht anwendbar, als sie für das Nachlaßkonkursverfahren nicht passen. Das trifft nur zu, soweit es sich um Gläubiger handelt, mit deren Vorhandensein der Erbe nicht rechnen konnte. Der Zwangsvergleich wirkt daher für alle Gläubiger, die ihre Forderung in den Verfahren angemeldet haben, ohne Rücksicht darauf, ob sie an der Beschlußfassung über den Vergleich mitgewirkt oder gegen den Vergleich gestimmt haben.

Die Gläubiger minderen Rechtes — das sind diejenigen, die nach § 226 Abs. 2 **13** Nr. 2—5, Abs. 4 KO im Konkurse erst nach anderen Forderungen befriedigt werden — nehmen zwar, falls sie angemeldet haben, am Konkurse, aber nicht am Zwangsvergleiche teil (§ 230 Abs. 2), d. h. sie werden von dem Vergleiche nicht betroffen (im Unterschiede von denjenigen, die nur an der Beschlußfassung über den Zwangsvergleich nicht teilgenommen haben, § 193); sie können daher ohne Rücksicht auf den Zwangsvergleich ihre Forderungen in ganzer Höhe geltend machen, aber nur gegen den Nachlaß und mit den aus § 1973 sich ergebenden Beschränkungen. Die in § 226 Abs. 2 und 4 KO genannten Gläubiger werden auch von dem im Nachlaßvergleichsverfahren geschlossenen Vergleich nicht betroffen (§ 113 Nr. 7 VerglO).

Massegläubiger (§§ 59, 224 KO) und bevorrechtigte Konkursgläubiger werden **14** gleichfalls vom Zwangsvergleiche nicht betroffen (KO § 193); die ersteren sind vor Aufhebung des Konkursverfahrens durch den Verwalter zu befriedigen oder, falls ihre Forderungen bestritten sind, sicherzustellen; ebenso die letzteren, soweit ihre Forderungen festgestellt oder glaubhaft gemacht sind (§ 191). Hat eine Berichtigung oder Sicherstellung nicht stattgefunden, so haftet der Erbe auch ihnen nur mit dem Nachlaßüberschuß gemäß § 1973. Für das Nachlaßvergleichsverfahren siehe § 113 Nr. 6 VerglO.

Hat der Erbe die Verpflichtungen im Zwangsvergleiche nur für den Nachlaß **15** übernommen, so haftet er den vom Zwangsvergleiche betroffenen Gläubigern nur mit diesem, aber auf Grund der besonders übernommenen Verpflichtung; § 1989 und demzufolge § 1973 sind deshalb nicht anwendbar, wohl aber entsprechend die §§ 1978 bis 1980.

IV. Entsprechende Anwendung des § 1973 **16**

Sie bedeutet, daß der Erbe die Befriedigung eines Gläubigers insoweit verweigern kann, als der noch vorhandene Nachlaßüberschuß durch Befriedigung anderer Gläubiger erschöpft wird; er kann also die Gläubiger befriedigen ohne Einhaltung einer bestimmten Reihenfolge (auch anders als nach Maßgabe der Meldung) und ohne Rücksicht auf die dadurch etwa eintretende Unzulänglichkeit des Nachlasses zur Befriedigung aller noch vorhandenen Nachlaßgläubiger. Er kann in dieser Weise auch Ansprüche aus Pflichtteilsrechten, Vermächtnissen und Auflagen berichtigen, diese jedoch nicht mehr zuungunsten eines andern Gläubigers, der seine Forderung bereits geltend gemacht hatte (vgl. § 1973 Rdn. 12). Konkurrieren mehrere Pflichtteils- usw. Berechtigte miteinander, so wird auch § 1974 Abs. 2 (§ 1974 Rdn. 13, 14) entsprechende Anwendung zu finden haben.

Die Beweislast dafür, daß der Nachlaß erschöpft ist, hat der Erbe. **17**

Den Überschuß hat der Erbe, soweit er dadurch bereichert ist, an den Gläubiger **18** zum Zwecke der Befriedigung im Wege der Zwangsvollstreckung herauszugeben, kann aber die Herausgabe in Natur durch Zahlung des Wertes abwenden (§ 1973 Rdn. 19, 21). Die Bereicherung mindert sich entsprechend, wenn der Erbe die im Zwangsvergleich übernommenen Verpflichtungen aus seinem privaten Vermögen erfüllt hat.

19 Der Befriedigung eines Gläubigers steht die rechtskräftige Verurteilung zur Befriedigung auch hier gleich (§ 1973 Rdn. 23). Noch unerfüllte Ansprüche aus dem Zwangsvergleich gehen den nach § 1989 vorgehenden Nachlaßgläubigern vor. Der Erbe braucht daher eine Zwangsvollstreckung dieser Gläubiger in den Nachlaß nur in der Weise zu dulden, daß die Verbindlichkeiten aus dem Zwangsvergleich vorher befriedigt oder ihre Befriedigung sichergestellt wird. Diese Haftungsbeschränkungen treten ein gegenüber allen Nachlaßgläubigern, denen der Erbe nicht bereits unbeschränkt, d. h. unbeschränkbar (vgl. § 780 ZPO, § 2006 Abs. 2 BGB) haftet.

§ 1990

Ist die Anordnung der Nachlaßverwaltung oder die Eröffnung des Nachlaßkonkurses wegen Mangels einer den Kosten entsprechenden Masse nicht tunlich oder wird aus diesem Grunde die Nachlaßverwaltung aufgehoben oder das Konkursverfahren eingestellt, so kann der Erbe die Befriedigung eines Nachlaßgläubigers insoweit verweigern, als der Nachlaß nicht ausreicht. Der Erbe ist in diesem Falle verpflichtet, den Nachlaß zum Zwecke der Befriedigung des Gläubigers im Wege der Zwangsvollstreckung herauszugeben.

Das Recht des Erben wird nicht dadurch ausgeschlossen, daß der Gläubiger nach dem Eintritt des Erbfalls im Wege der Zwangsvollstreckung oder der Arrestvollziehung ein Pfandrecht oder eine Hypothek oder im Wege der einstweiligen Verfügung eine Vormerkung erlangt hat.

E I 2133 II 1865; M 5 654—657; P 5 745, 796—802.

Einrede der Dürftigkeit des Nachlasses

Übersicht

1 **I. 1. Wesen und Zweck der Einrede**

Auch wenn die Aktiva des Nachlasses so gering sind, daß sie die Kosten einer Nachlaßverwaltung oder eines Nachlaßkonkurses nicht decken (vgl. § 1982 Rdn. 1), muß dem Erben ein Mittel zur Beschränkung seiner Haftung auf den Nachlaß gegeben sein. Diesen Zweck verfolgen die §§ 1990, 1991, deren freilich recht unklare Fassung dem doch wesentlich verschiedenen Falle des § 1973 nachgebildet ist. Durch sie wird dem Erben in solchem Falle das Recht verliehen, ohne Nachlaßverwaltung oder Nachlaßkonkurs herbeiführen zu müssen, die Gläubiger einzeln auf den Nachlaß zu verweisen und, soweit dieser zu ihrer Befriedigung nicht ausreicht, die Befriedigung zu verweigern.

Dadurch, daß der Erbe sich auf § 1990 beruft, setzt er der Forderung des Nachlaß- 2
gläubigers eine Einrede entgegen. Für ihre Erhebung besteht keine Frist. Darin, daß der Erbe den Nachlaßgläubiger nicht sofort darauf hinweist, daß der Nachlaß dürftig ist, liegt kein Verzicht auf die Einrede.

Voraussetzung für die Verweisung auf den Nachlaß ist nur dessen „Dürftigkeit". Gleichgültig ist, ob diese schon zur Zeit des Erbfalls vorlag oder ob sie erst im Laufe der Abwicklung, sei es auch durch Befriedigung von Nachlaßgläubigern eingetreten ist. Dabei ist vorauszusetzen, daß die Befriedigung ordnungsmäßig erfolgen durfte (§ 1991 Rdn. 3—5; RG WarnRspr. 1913 Nr. 232; OLG Celle, NdsRpfl. **62,** 232). Hat der Erbe sich dadurch dem Nachlaßgläubiger verantwortlich gemacht, so gehören die gegen ihn gerichteten Ersatzansprüche zum Nachlaß. Sie schließen dessen Dürftigkeit aus, sofern sie nicht etwa uneinbringlich sind. Grundsätzlich ist hierfür, falls sich die Unzulänglichkeit nicht schon früher ergeben hat, der Zeitpunkt der Erhebung des Anspruchs maßgebend (RG WarnRspr. 1913 Nr. 232).

Die Einrede kann auch dann erhoben werden, wenn der Nachlaß bereits verteilt 3
ist (OLG Celle, NdsRpfl. **62,** 232). RG DNotZ **07,** 881 läßt jedoch nach der Teilung (§ 2059) die Einrede nur dann noch zu, wenn der Nachlaß bereits zur Zeit der Teilung unzulänglich war.

Durch den Nachweis der Dürftigkeit kann der Erbe ohne weiteres den Zugriff 4
eines Gläubigers auf sein eigenes Vermögen wegen einer Nachlaßverbindlichkeit abwehren; des Nachweises der Überschuldung bedarf es dazu nicht. Behauptet aber der Erbe, daß der Nachlaß zur Befriedigung des Befriedigung aus ihm verlangenden Gläubigers nicht ausreichend sei (Rdn. 12 ff), so muß er außerdem die Unzulänglichkeit, also „Überschuldung" in diesem Sinne, nachweisen (RG WarnRspr. 1940 Nr. 61). Die Einrede nach § 1990 bewirkt sonach zunächst nur, daß der Zugriff des Nachlaßgläubigers auf den Nachlaß beschränkt wird. Nur wenn der Nachlaß unzulänglich ist, führt sie auch dazu, daß der Gläubiger wegen seiner Forderung ganz oder teilweise nicht befriedigt wird.

Die Dürftigkeits- und Unzulänglichkeitseinreden stehen dem Erben nicht zu, wenn 5
er bereits, sei es allen oder auch nur dem Befriedigung heischenden Nachlaßgläubiger (diesem z. B., weil er den Vorbehalt des ZPO § 780 nicht erwirkt hat, Rdn. 6), unbeschränkbar haftet (§ 2013).

2. Geltendmachung und Behandlung der Einrede im Prozeß 6

Die Einreden der Dürftigkeit und der Unzulänglichkeit bei Dürftigkeit können schon im Prozesse erhoben und im Prozeß kann schon darüber entschieden werden (Breslau OLG **34,** 275; RG **82,** 276); die Entscheidung darüber gehört in das Verfahren über den Grund des Anspruchs (RG **61,** 294; 104, 340).

Die Unzulänglichkeitseinrede kann zur Abweisung der Klage, soweit diese auf Be- 7
friedigung aus dem Nachlasse gerichtet ist, jedoch nur führen, wenn das Nachlaß- (oder im Falle des § 419 das übernommene) Vermögen nicht mehr in Natur vorhanden, sondern bereits in Geld umgesetzt ist (oder, wie hinzuzufügen ist, von vornherein nur oder in der Hauptsache aus Geld bestanden hat), so daß sich Geldforderungen gegenüberstehen; andernfalls muß durch Zwangsvollstreckung, zu deren Behuf es herauszugeben ist, festgestellt werden, ob der Nachlaß unzulänglich ist (RG **137,** 54; vgl. § 419 Anm.).

Rechtlich möglich ist es auch, den Erben mit dem allgemeinen Zusatz zu verurtei- 8
len, daß die Zwangsvollstreckung nur in den Nachlaß betrieben werden könne oder in dem Urteilsspruch die einzelnen Nachlaßgegenstände aufzuführen, in die die Zwangs-

vollstreckung zulässig sein soll (Hamburg OLG **11**, 229; Rostock OLG **30**, 189; RG JW **05**, 532).

9 Der Klage des Erben, mit der er seine beschränkte Haftung nach ZPO §§ 780, 781, 785, 767 geltend macht, kann eine Arglisteinrede entgegengesetzt werden, wenn der Erbe durch sein Verschulden die Befriedigung des Gläubigers aus dem Nachlaß vereitelt hat und deswegen nach § 1991, 1978 haftbar ist (vgl. *Herschel*, DR **40**, 325 in der Anmerkung zu einem Urteil des OLG Köln, dessen Begründung nicht zugestimmt werden kann).

10 Die Haftungsbeschränkung kann ihrem Betrag nach im Urteil festgestellt werden, wenn der Nachlaßrest, den der Erbe herauszugeben hat, in einem Geldbetrag besteht (RG **54**, 413). Doch kann das Prozeßgericht sich mit dem Vorbehalte gemäß § 780 ZPO begnügen und die Entscheidung, ob dem Beklagten wirklich die Beschränkung zur Seite steht und in welchem Umfange, in das Zwangsvollstreckungsverfahren verweisen (RG **54**, 413; **69**, 291; **77**, 245; **162**, 298; WarnRspr. 1918 Nr. 122; BGH LM BGB § 1975 Nr. 1), ebenso kann der Erbe sich darauf beschränken, im Prozesse den nach ZPO § 780 erforderlichen Vorbehalt zu erwirken und dann im Zwangsvollstreckungsverfahren durch Vollstreckungsklage die Einwendung zu erheben (RG **69**, 291; WarnRspr 1913 Nr. 377). Ist der Erbe ohne Vorbehalt verurteilt, so muß er die Zwangsvollstreckung auch in sein eigenes Vermögen dulden (§ 780; vgl. Rdn. 21).

11 Die §§ 1990, 1991 sind auch anwendbar, wenn die Eröffnung des Nachlaßvergleichsverfahrens wegen Mangels einer den Kosten entsprechenden Masse untunlich ist oder das Verfahren aus diesem Grunde eingestellt wird (*Bley/Mohrbutter* § 113 Anm. 49b). Das Verweigerungsrecht aus den §§ 1990, 1992 steht auch dem Nachlaßpfleger und dem Testamentsvollstrecker, im Falle des § 1992 auch dem Nachlaßverwalter zu (RG WarnRspr 1918 Nr. 122; Dresden OLG **35**, 373; Prot. II 5 S. 816 zu 6). Des Vorbehalts im Urteile bedarf es in diesen Fällen nicht (ZPO § 780 Abs. 2).

12 **II. Untunlichkeit der Nachlaßverwaltung oder der Eröffnung des Nachlaßkonkurses**

Um die Untunlichkeit der Nachlaßverwaltung oder der Eröffnung des Konkurs- oder Vergleichsverfahrens zu erweisen, ist nicht erforderlich, daß die betreffenden Anträge gestellt und nach § 1982, KO § 107 oder VerglO § 17 Nr. 6 abgelehnt sind. Aus prozeßökonomischen Gründen ist Dürftigkeit des Nachlasses anzunehmen, wenn entsprechende Anträge gestellt und mangels einer die Kosten deckenden Masse abgelehnt worden sind. Die in der 11. Auflage vertretene gegenteilige Ansicht kann nicht aufrechterhalten werden (wie hier OLG Hamburg, OLG **11**, 228; OLG Dresden, ZBlFG **6**, 414; *Staudinger/Lehmann* 11. Aufl. § 1990 Rdn. 4; *Erman/Bartholomeyczik*, § 1990 Rdn. 1; *Kipp/Coing*, § 99 II 1; a. A. *Planck/Flad*, Anm. aα).

13 **III. Unzulänglichkeit des Nachlasses**

Für die Frage, ob der Nachlaß zur Befriedigung des Gläubigers unzulänglich ist, ist gleichfalls, wie für die Frage der Dürftigkeit (Rdn. 3), der Bestand zur Zeit der Geltendmachung des Anspruchs maßgebend; dabei sind die den Nachlaßgläubigern gegen den Erben aus seiner Verwaltung des Nachlasses zustehenden Ersatzansprüche (§ 1978) dem Nachlasse zuzurechnen; eigene Ersatzansprüche des Erben wegen seiner Aufwendungen (§ 1978 Abs. 3) als Passiva abzusetzen.

14 Aufrechnung eines Nachlaßgläubigers mit seiner Forderung gegen eine Privatforderung des Erben an ihn wird durch die Unzulänglichkeitseinrede verhindert; nicht aber

(trotz § 390 Satz 1) Aufrechnung der Forderung des Nachlaßgläubigers gegen eine Nachlaßforderung an ihn (s. § 1973 Rdn. 10).

Soweit auf Grund des § 1990 der Erbe eines Getöteten zur Verweigerung der Befriedigung eines Nachlaßgläubigers berechtigt ist, ist dem Dritten, dem der Getötete kraft Gesetzes unterhaltspflichtig war, das Recht auf den Unterhalt im Sinne von § 844 Abs. 2 auch dann entzogen, wenn die Unterhaltspflicht an sich auf den Erben übergegangen ist (RG **74**, 375); vgl. § 844 Rdn. 5. **15**

IV. Umfang der Herausgabepflicht **16**

Von der Herausgabeverpflichtung gilt das zu § 1973 Rdn. 19—22 Gesagte, insofern als es sich auch hier nur um Duldung der Zwangsvollstreckung handelt (RG **137**, 53, 55); doch steht dem Erben kein Einlösungsrecht zu; er muß die Nachlaßgegenstände in Natur herausgeben, abgesehen von dem Falle des § 1992, vgl. Rdn. 12 zu diesem Paragraphen. Auch sind die Bereicherungsgrundsätze nicht anwendbar; vielmehr ist alles herauszugeben, was der Erbe aus Anlaß der Verwaltung des Nachlasses erlangt hat (§§ 1991, 667, 668), insbesondere also die gezogenen Nutzungen (für verbrauchte ist Ersatz zu leisten) und das an Stelle weggebener Nachlaßgegenstände oder sonst aus der Verwaltung des Nachlasses Erlangte (§ 667); wegen der „Surrogate" anscheinend aM RG WarnRspr 1913 Nr. 427. Wegen seiner eigenen Forderungen an den Nachlaß muß der Erbe einem Gläubiger gleichgestellt werden, der ein rechtskräftiges Urteil gegen den Erben erlangt hat (s. § 1991 Abs. 3 u. Rdn. 6). Ebenso der Nachlaßpfleger (Dresden OLG **35**, 373).

V. 1. Dingliche Sicherungsrechte der Gläubiger am eigenen Vermögen des Erben **17**

Die im Falle des § 1990 eintretende Beschränkung der Haftung des Erben auf den Nachlaß (Rdn. 1) läßt die vorher von Nachlaßgläubigern durch Zwangsvollstreckung in das eigene Vermögen des Erben erwirkten dinglichen Sicherungsrechte (Pfändungspfandrechte, Sicherungshypotheken, denen hier eine durch einstweilige Verfügung erlangte Vormerkung gleichgestellt ist, ZPO §§ 804, 866, BGB § 885) an diesem Vermögen als nicht mehr gerechtfertigt erscheinen. Deshalb schreibt Abs. 2 vor, daß durch sie das Recht des Erben aus Abs. 1 nicht berührt wird, was nur dahin verstanden werden kann, daß sie außer Wirksamkeit treten; eine Aufhebung, wie in ZPO § 784 für den Fall der Nachlaßverwaltung oder des Nachlaßkonkurses, ist nicht ausdrücklich vorgeschrieben; doch wird der entsprechenden Anwendung dieser Vorschrift nichts im Wege stehen; die Aufhebung ist im Wege der Vollstreckungsgegenklage (ZPO §§ 785, 767) zu erwirken. Voraussetzung ist auch hier, daß im Urteil der Vorbehalt der Haftungsbeschränkung gemacht war (Rdn. 10).

2. Dingliche Sicherungsrechte der Gläubiger am Nachlaß **18**

Sicherungsrechte am Nachlaß, die durch Zwangsvollstreckungsakte gegen den Nachlaß erwirkt sind, sind insoweit unwirksam, als sie die Ausübung des dem Erben nach Abs. 1 zustehenden Rechtes beeinträchtigen; das kann namentlich der Fall sein, wenn ein Gläubiger aus Pflichtteilsrecht, Vermächtnis oder Auflage dadurch eine ihm nach den Vorschriften über seine Befriedigung im Konkurse (KO § 226 Abs. 2 Nr. 4, 5; Abs. 4) nicht zustehende vorzugsweise Befriedigung erlangen würde (§ 1991 Abs. 4) oder wenn und insoweit der Erbe durch die von dem Gläubiger erlangten Sicherungsrechte an der Selbstbefriedigung für eine ihm gegen den Nachlaß zustehende Ersatzforderung (Rdn. 16) gehindert sein würde. Das in ZPO § 784 Abs. 2 dem Nachlaßverwalter gegebene Recht auf Aufhebung von Zwangsvollstreckungsmaßregeln persönlicher

Gläubiger des Erben in den Nachlaß kann dem Erben im Falle des § 1990 nicht zugestanden werden; aber auch nicht den einzelnen Nachlaßgläubigern.

19 **VI. Vormerkung**

Die Behinderung des Erben, sich gegenüber dem durch Vormerkung gesicherten Anspruch auf die Beschränkung seiner Haftung zu berufen (§ 884), wird durch Abs. 2 für den Fall des dürftigen Nachlasses außer Kraft gesetzt, falls die Vormerkung im Wege der einstweiligen Verfügung angeordnet ist. War die Vormerkung infolge Bewilligung des Erben eingetragen, so kommt die Vorschrift nicht zur Anwendung.

20 **VII. Verfahren und Beweislast**

Die Klage gegen den Erben kann auf Verurteilung ohne Beschränkung, aber auch von vornherein (wenn der Gläubiger die Dürftigkeit des Nachlasses nicht bestreiten will) nur auf Befriedigung aus dem Nachlasse gerichtet sein (BayObLG *SeuffArch* 62 Nr. 195; wegen des Streitwertes in diesem Falle s. RG **54,** 411). In letzterem Falle hat der Erbe nur die Unzulänglichkeit (Rdn. 2) darzutun, wenn er Klagabweisung erreichen will. Ist ein Inventar, freiwillig oder nach Fristsetzung rechtzeitig, errichtet, aus dem sich die Unzulänglichkeit ergibt, so hat der Gläubiger die dadurch geschaffene Vermutung (§ 2009) zu widerlegen. Eine Verminderung gegenüber dem inventarisierten Bestande hat der Erbe darzutun; eine Vermehrung des Bestandes durch Schadensersatzforderungen an den Erben (§ 1978 Abs. 2) der Gläubiger. Der Erbe ist aber verpflichtet, ein Verzeichnis des gegenwärtigen Bestandes vorzulegen (§ 260), auch wenn er Inventar errichtet hat.

21 Im Zwangsvollstreckungsverfahren kann der Erbe die Beschränkung seiner Haftung nur geltend machen, wenn sie ihm im Urteil vorbehalten ist; sie bleibt auch dann unberücksichtigt, solange nicht auf Grund ihrer der Erbe Einwendungen gegen die Zwangsvollstreckung erhebt, und zwar im Wege der Widerspruchsklage nach ZPO § 767. Behauptet er, daß der Nachlaß erschöpft ist, so hat er den Beweis zu führen, daß er das Nachlaßvermögen restlos zur Bezahlung von Nachlaßschulden verwendet hat; der Beweis, daß es nicht mehr vorhanden ist, genügt nicht (Hamburg HRR **29,** 1069).

22 Die eidesstattliche Versicherung des § 807 ZPO hat sich grundsätzlich auf das ganze Vermögen des Erben zu erstrecken. Wenn aber die beschränkte Erbenhaftung bereits im Urteil ausgesprochen ist, kann der Gläubiger nur eine auf den Nachlaß beschränkte Versicherung verlangen. Er kann sich auch sonst mit einem dahingehenden eingeschränkten Antrag begnügen, wenn er weiß oder annimmt, daß der Erbe sich mit Recht auf die im Urteil vorbehaltene Beschränkung seiner Haftung berufen wird (OLG Schleswig, SchlHAnz **58,** 338; *Stein/Jonas/Münzberg,* ZPO § 781 II; a.A OLG Marienwerder, OLG **19,** 4; Hamburg, OLG **11,** 99; HRR **29,** 1069).

23 **VIII. Entsprechende Anwendung des § 1990 in anderen Fällen**

§ 1990 ist entsprechend anwendbar auf die Haftung des Übernehmers eines Vermögens (§ 419 Abs. 2; RG **82,** 277; **137,** 50; **139,** 199, 205), auf die Haftung des an sich nicht persönlich verpflichteten Ehegatten für eine Gesamtgutsschuld (§§ 1480, 1489, 1504; vgl. aber RG **75,** 297 und § 1480 Anm.), auf die Haftung des Käufers eines Erbanteils nach Ausübung des Vorkaufsrechts der Miterben (§ 2036), auf die Haftung des Vorerben nach Eintritt der Nacherbfolge (§ 2145 Abs. 2), auf die Haftung des Vermächtnisnehmers für die ihm aufgelegten Vermächtnisse und Auflagen, mit der aus § 1992 Satz 2 sich ergebenden Maßgabe (§ 2187 Abs. 3; vgl. § 2187 Rdn. 4). Dürftigkeit der Vermögensmasse, auf die sich die Haftung beschränkt, ist in allen diesen Fällen nicht vorausgesetzt.

§ 1991

Macht der Erbe von dem ihm nach § 1990 zustehenden Rechte Gebrauch, so finden auf seine Verantwortlichkeit und den Ersatz seiner Aufwendungen die Vorschriften der §§ 1978, 1979 Anwendung.

Die infolge des Erbfalls durch Vereinigung von Recht und Verbindlichkeit oder von Recht und Belastung erloschenen Rechtsverhältnisse gelten im Verhältnisse zwischen dem Gläubiger und dem Erben als nicht erloschen.

Die rechtskräftige Verurteilung des Erben zur Befriedigung eines Gläubigers wirkt einem anderen Gläubiger gegenüber wie die Befriedigung.

Die Verbindlichkeiten aus Pflichtteilsrechten, Vermächtnissen und Auflagen hat der Erbe so zu berichtigen, wie sie im Falle des Konkurses zur Berichtigung kommen würden.

E I 2133 II 1866; M 5 654—657; P 5 745, 796—802; KB 314.

Rechtsfolgen der Einrede aus § 1990

Übersicht

I. Verantwortlichkeit des Erben und Anspruch des Erben auf Aufwendungsersatz (Abs. 1) 1

Die Verantwortlichkeit des Erben tritt rückwirkend ein, sobald er auf Grund des § 1990 die Befriedigung des Gläubigers, sei es auch nur außergerichtlich, verweigert hat. Sie erstreckt sich vorwärts auf die Zeit bis zur Herausgabe des Nachlasses zur Zwangsvollstreckung, also grundsätzlich solange, als noch Nachlaßgegenstände vorhanden sind (§ 1990 Rdn. 16). Sie bestimmt sich rückwärts für die Zeit vor der Annahme der Erbschaft entsprechend den Vorschriften über die Geschäftsführung ohne Auftrag, für die Zeit nachher entsprechend denjenigen über den Auftrag (§ 1978 Rdn. 1—12). Als Geschäftsherr bzw. Auftraggeber kann aber nicht der einzelne Nachlaßgläubiger, sondern nur die Gesamtheit der Nachlaßbeteiligten in Betracht kommen; deren Interessen sind von dem Erben zu wahren (§ 1978 Rdn. 9, 11, 12). Für die daraus entspringenden Verbindlichkeiten haftet er mit seinem eigenen Vermögen. Er kann sie also nicht unter Berufung auf § 1990 ablehnen.

Auch die besondere Verantwortlichkeit aus § 1980 wird, obwohl die Reichstagskommission die Anführung dieses Paragraphen in § 1991 irrtümlich als gegenstandslos gestrichen hat, den Erben des dürftigen Nachlasses treffen, wenn der Nachlaß zur Zeit, als er die Überschuldung erkannte oder erkennen mußte, noch nicht dürftig war (RG LZ **13**, 234; *Planck/Flad* Anm. 1a Abs. 2; *von Lübtow* II 1168; *Erman/Bartholomeyczik* § 1991 Rdn. 1; *Staudinger/Lehmann* § 1991 Rdn. 2). In diesem Falle kann ihm auch die Unterlassung des Aufgebots der Nachlaßgläubiger als Fahrlässigkeit angerechnet werden (§ 1980 Abs. 2 Satz 2), nicht aber, wenn der Nachlaß damals bereits dürftig war. 2

3 Solange der Erbe den Nachlaß ohne Verschulden als zulänglich erachten kann, darf er Nachlaßverbindlichkeiten aller Art, auch solche aus Pflichtteilsrechten, Vermächtnissen und Auflagen (Abs. 4), in beliebiger Reihenfolge berichtigen (§ 1979). Erst von da ab, wo er mit der Unzulänglichkeit zur Befriedigung aller Nachlaßgläubiger rechnen muß, ist er den besser berechtigten Nachlaßgläubigern gegenüber verpflichtet, falls Nachlaßverwaltung oder Eröffnung des Konkurses oder Vergleichsverfahrens nicht herbeigeführt werden kann (vgl. § 1990 Rdn. 1), von dem Verweigerungsrechte gegenüber einem Befriedigung verlangenden Gläubiger Gebrauch zu machen. Er macht sich verantwortlich, wenn er das nicht tut. Er darf daher nicht mehr einen Gläubiger, dessen Titel noch nicht rechtskräftig ist, befriedigen oder seine Befriedigung im Wege der Zwangsvollstreckung dulden zuungunsten eines andern, der, wie ihm bekannt, bereits einen rechtskräftigen Titel gegen ihn erlangt hat (Abs. 3, vgl. Rdn. 8), und ebensowenig einen Pflichtteils- usw. Gläubiger vor einem ihm im Konkurse vorgehenden Gläubiger, auch wenn jener bereits einen rechtskräftigen Titel gegen ihn erlangt hat (Abs. 4, vgl. Rdn. 9). Im übrigen aber darf und kann er, auch nachdem ihm die Unzulänglichkeit des Nachlasses für alle Gläubiger bekannt geworden ist, die einzelnen sich meldenden Gläubiger, solange der Nachlaß ausreicht, befriedigen. Er muß es auch, da ihm das Verweigerungsrecht aus § 1990 nur soweit zusteht, als der Nachlaß für den einzelnen, gerade Befriedigung verlangenden Gläubiger nicht mehr ausreicht. Auch für seine eigenen Forderungen gegen den Nachlaß darf er sich auch jetzt noch befriedigen (Rdn. 6).

4 Zu einer konkursmäßigen Verteilung ist er, abgesehen von dem Falle des Abs. 4, weder berechtigt noch verpflichtet. Er ist auch nicht verpflichtet, die Gläubiger in der Reihenfolge, in der sie sich gemeldet haben, zu befriedigen, sondern er kann grundsätzlich frei wählen, in welcher Reihenfolge er sie befriedigen will und wem gegenüber er sich auf die Erschöpfung des Nachlasses berufen will. Diese Befugnis des Erben ergibt sich daraus, daß nur in § 1991 Abs. 4 eine bestimmte Reihenfolge für die Befriedigung einzelner Nachlaßgläubiger vorgeschrieben ist. § 1979, der nach § 1991 Abs. 1 anzuwenden ist, wird dadurch, daß der Erbe grundsätzlich wählen kann, in welcher Reihenfolge er die Gläubiger befriedigen will, nicht bedeutungslos. Für die Zeit, während der der Bestand des Nachlasses die Kosten eines Konkursverfahrens noch gedeckt hatte, ist § 1979 voll anwendbar. Liegt ein dürftiger Nachlaß vor, so kann der Erbe nach § 1979, solange er die Überschuldung des Nachlasses nicht kannte und nicht kennen mußte, für eine Verletzung der § 1991 Abs. 3 und 4 nicht haftbar gemacht werden (ebenso *Planck/Flad* 4. Aufl. § 1991 Anm. 1db).

5 Die Befriedigung der Gläubiger kann nicht nur im Wege der Duldung ihrer Zwangsvollstreckung, sondern auch freiwillig erfolgen; für schuldhafte Berichtigung nicht bestehender oder dem Betrage nach nicht gerechtfertigter Forderungen ist er aber nach § 1978 verantwortlich. Die Sonderbestimmung des § 225 Abs. 2 KO, wonach der Erbe an die Stelle eines von ihm befriedigten Gläubigers tritt, wenn die Berichtigung nicht nach § 1979 als für Rechnung des Nachlasses erfolgt zu gelten hat, kann hier keine Anwendung finden.

6 **II. Wiederaufleben erloschener Rechte und Verbindlichkeiten (Abs. 2)**

Als nicht erloschen gelten Rechte und Verbindlichkeiten nicht allgemein (§ 1976), sondern nur im Verhältnis zu dem betreffenden, die Befriedigung fordernden Nachlaßgläubiger. Bezüglich der eigenen Forderungen an den Nachlaß, sowohl der bereits gegen den Erblasser begründeten wie der Ersatzforderungen für Aufwendungen (§ 1978 Rdn. 13), muß der Erbe, da er selbst nicht klagen kann, von vornherein einem Gläubiger gleichstehen, der ein rechtskräftiges Urteil gegen ihn erlangt hat (Abs. 3; vgl. Rdn. 8). Er darf deshalb, falls eine der Voraussetzungen des § 1990 vorliegt, die Befriedigung eines Gläubigers und die Herausgabe der Nachlaßgegenstände an ihn insoweit verweigern, als diese zu seiner eigenen Befriedigung erforderlich sind, und zwar auch gegenüber einem Gläubiger, der selbst bereits gegen ihn ein rechtskräftiges Urteil erlangt hat (RG **82,** 278; **139,** 202; WarnRspr. 1914 Nr. 213). In letzterem Falle wird allerdings zu fordern sein, daß dem Erben die Beschränkung seiner Haftung in dem Urteile vorbehalten war (§ 780 ZPO). Der Erbe kann auch seine Ansprüche auf Ersatz von Aufwendungen von einer dem Gläubiger gegenüber nach §§ 1978—1980 obliegenden Ersatzpflicht abziehen.

Eine vom Erblasser herrührende Forderung des Nachlasses an den Erben gilt ge- **7**
genüber dem Befriedigung verlangenden Gläubiger als nicht erloschen. Sie ist daher bei der Frage der „Dürftigkeit" des Nachlasses als Nachlaßaktivum in Rechnung zu setzen; ist der Nachlaß trotzdem dürftig, so darf dennoch der Erbe, soweit die Forderung besteht, die Befriedigung des Gläubigers nicht verweigern, da insoweit der Nachlaß nicht unzulänglich ist; einer Pfändung oder Überweisung der Forderung bedarf es nicht. — Ähnlich §§ 2175, 2377.

III. Berücksichtigung rechtskräftig festgestellter Ansprüche gegen den Erben **8**

Abs. 3 entspricht dem § 1973 Abs. 2 Satz 3; vgl. Rdn. 23 dazu. Der Erbe darf mithin dem andern Gläubiger gegenüber die Herausgabe derjenigen Nachlaßgegenstände verweigern (§ 1990 Rdn. 1), die zur tatsächlichen Befriedigung des mit rechtskräftigem Urteil ausgestatteten Gläubigers erforderlich sind. Geht die rechtskräftige Forderung auf einen bestimmten Leistungsgegenstand, so kann der Erbe der Zwangsvollstreckung in diesen Gegenstand durch den andern Gläubiger widersprechen; im übrigen kann er sich der Zwangsvollstreckung in einen bestimmten Nachlaßgegenstand nur insoweit widersetzen, als er nachweist, daß die übrigen Nachlaßgegenstände zur Befriedigung der rechtskräftigen Forderung nicht hinreichen würden; eine Auswahl der zur Zwangsvollstreckung zu stellenden Gegenstände dürfte ihm nicht zustehen. Dem Verweigerungsrechte entspricht auch die Verpflichtung des Erben, den mit rechtskräftigem Urteile versehenen Gläubiger vor den übrigen, und, wenn mehrere rechtskräftige Urteile ergangen sind, den älteren Titel vor dem späteren zu befriedigen. Ein Zuwiderhandeln macht den Erben nach Abs. 1 persönlich verantwortlich (Rdn. 1), würde evtl. auch einen Bereicherungsanspruch des geschädigten gegen den ungerechtfertigterweise befriedigten Gläubiger begründen.

IV. Berichtigung der Verbindlichkeiten aus Pflichtteilen, Vermächtnissen und Auflagen (Abs. 4) **9**

Die Verpflichtung des Erben, die Verbindlichkeiten aus Pflichtteilsrechten usw. konkursmäßig, d. h. nach allen übrigen Verbindlichkeiten, unter sich aber in der durch KO §§ 226, 227 bestimmten Rangordnung zu befriedigen, entsteht erst mit dem Augenblick, wo er die Unzulänglichkeit des Nachlasses zur Befriedigung der übrigen Nachlaßgläubiger zu übersehen vermag (oben Rdn. 3). Läßt er trotzdem die Pflichtteilsberechtigten usw. zum Zuge kommen, so wird er den benachteiligten Gläubigern persönlich verantwortlich. Zugleich steht diesen das Anfechtungsrecht aus § 3a AnfG zu, nicht aber ohne weiteres auch ein Herausgabeanspruch gegen den befriedigten Vermächtnisnehmer (RG JW **08,** 487). Doch kann ein Bereicherungsanspruch (§ 812) in Frage kommen; vgl. Rdn. 8. Auch einen mit rechtskräftigem Urteil (Abs. 3) ausgestatteten Pflichtteils- usw. Berechtigten darf der Erbe nicht befriedigen, sobald er mit Unzulänglichkeit des Nachlasses rechnen muß, solange nicht alle vorgehenden Nachlaßgläubiger befriedigt sind (Rdn. 3). Hat der Erblasser gemäß § 2189 einem Vermächtnis oder einer Auflage den Vorrang vor den übrigen Beschwerungen eingeräumt, so bleibt die sich hieraus ergebende und nicht die konkursmäßige Rangordnung für den Erben maßgebend.

10 Der Erbe ist in entsprechender Anwendung des § 372 Satz 2 berechtigt, den Betrag zu hinterlegen, wenn er wegen der schwierigen Rechtslage nicht zu entscheiden vermag, in welcher Reihenfolge die in Abs. 4 genannten Verbindlichkeiten zu befriedigen sind. Der Bundesgerichtshof hat in einem Urteil die Möglichkeit einer solchen Hinterlegung angedeutet, die Frage ihrer Zulässigkeit jedoch nicht entschieden (BGH Urt. v. 17. 12. 1953 IV ZR 101/53).

11 V. Beweislast

Siehe § 1990 Rdn. 20. Der Gläubiger ist, falls der Erbe den ihm danach obliegenden Beweis führt, seinerseits dafür beweispflichtig, daß und inwieweit ihm der Erbe persönlich verantwortlich sei. Der Erbe hat zu beweisen die Aufwendungen, wegen deren er Ersatz oder nach § 257 Befreiung fordert oder das Bestehen sonstiger eigener Forderungen an den Nachlaß (Rdn. 6) oder gegen ihn ergangener rechtskräftiger Urteile (Rdn. 8). Den Pflichtteilsberechtigten usw. gegenüber hat der Erbe das Vorhandensein anderer ihnen vorgehender Nachlaßgläubiger zu beweisen, durch deren Befriedigung der Nachlaß für sie unzulänglich wird, wogegen ihnen der Beweis der Befriedigung dieser Gläubiger offensteht.

§ 1992

Beruht die Überschuldung des Nachlasses auf Vermächtnissen und Auflagen, so ist der Erbe, auch wenn die Voraussetzungen des § 1990 nicht vorliegen, berechtigt, die Berichtigung dieser Verbindlichkeiten nach den Vorschriften der §§ 1990, 1991 zu bewirken. Er kann die Herausgabe der noch vorhandenen Nachlaßgegenstände durch Zahlung des Wertes abwenden.

E II 1867; P 5 762, 763, 802—804, 816.

Überschuldung des Nachlasses durch Vermächtnisse und Auflagen

Übersicht

1 I. Überschuldung des Nachlasses

Auch wenn der Nachlaß nicht „dürftig" (§ 1990 Rdn. 1 ff), aber überschuldet ist und deshalb die Eröffnung des Nachlaßkonkurses „tunlich" wäre, soll der Erbe zwar berechtigt (KO § 215), aber nicht genötigt sein, Konkurs zu beantragen, um seine beschränkte Haftung herbeizuführen, sofern die Überschuldung auf Vermächtnissen und Auflagen beruht, weil es nicht als dem Willen des Erblassers entsprechend angesehen werden kann, daß seine letztwilligen Verfügungen zu einem ohne sie vermeidlichen

Konkursverfahren über seinen Nachlaß Veranlassung geben. Deshalb ist in solchem Falle dem Erben das Recht gegeben, diese Verbindlichkeiten ohne Konkurs nach den Vorschriften der §§ 1990, 1991 zu berichtigen.

Nach der wenigstens früher als herrschend zu bezeichnenden und auch hier noch in der 11. Auflage vertretenen Ansicht soll Voraussetzung sein, daß die Überschuldung „nur" auf Vermächtnissen und Auflagen beruht (so auch RG WarnRspr 1912 Nr. 33). Wenn auch diese Einschränkung dem Wortlaut der Bestimmung entspricht, wird sie doch ihrem Sinn, Konkurse möglichst zu vermeiden, nicht gerecht. Deswegen ist wohl mit der jetzt als herrschend zu bezeichnenden Lehre anzunehmen, daß sie in jedem Falle der Überschuldung angewandt werden kann (so auch *Strohal*, § 82 II; *Staudinger/Lehmann*, § 1992 Rdn. 2; *Erman/Bartholomeyczik*, § 1992 Rdn. 2; *Palandt/Keidel*, § 1992 Anm. 1; *Kipp/Coing*, § 99 VI 1; OLG Hamburg, DR **40**, 727). 2

Für die Entscheidung, ob eine Überschuldung vorliegt, ist, wie bei der Erschöpfungseinrede auch sonst, auf den Zeitpunkt abzustellen, in dem der Anspruch geltend gemacht wird (BGH LM BGB § 1992 Nr. 1).

Beruht die Überschuldung auf Pflichtteilsrechten, so muß Konkurs beantragt werden. 3

Die Vermächtnisnehmer und Auflageberechtigten haben ihrerseits das Recht, Konkurs zu beantragen, falls über das eigene Vermögen des Erben Konkurs eröffnet ist (KO § 219); andernfalls können sie, wenn ihre Ansprüche durch das Verhalten oder die Vermögenslage des Erben gefährdet werden, Nachlaßverwaltung beantragen (§ 1981 Abs. 2), die dann, wenn der Nachlaßverwalter Konkursantrag stellt, wozu er berechtigt, aber nicht verpflichtet ist (§§ 1985 Abs. 2 Satz 2, 1980 Abs. 1 Satz 2), zum Nachlaßkonkurs führt. 4

II. Dürftigkeit des Nachlasses keine Voraussetzung 5

Der Erbe kann die Vermächtnisse und Auflagen auch dann nach §§ 1990, 1991 berichtigen, wenn die Voraussetzungen des § 1990 nicht vorliegen, eine den Kosten der Nachlaßverwaltung oder des Nachlaßkonkurses entsprechende Masse vorhanden ist, und zwar selbst dann, wenn nach Berichtigung der übrigen Nachlaßverbindlichkeiten noch eine solche Masse verbleibt.

III. Geltendmachung der Ansprüche aus Vermächtnissen und Auflagen im Prozeß und in der Zwangsvollstreckung 6

Der Erbe kann gegenüber der Zwangsvollstreckung eines Vermächtnisgläubigers oder Auflageberechtigten von dem in § 1992 gewährten Rechte nur Gebrauch machen, wenn ihm im Urteile die beschränkte Haftung gemäß § 780 ZPO vorbehalten ist, obwohl er nicht als „Erbe des Schuldners" verurteilt ist, da es sich nicht um eine Schuld handelt, die vom Erblasser herrührt (RG WarnRspr. **13** Nr. 377).

Er kann aber, wie im Falle des § 1990 (vgl. Rdn. 3 dazu), auch schon im Prozesse selbst die Befriedigung insoweit verweigern, als er nachweist, daß der Nachlaß nach Befriedigung der nicht aus Vermächtnissen und Auflagen berrührenden Verbindlichkeiten, einschließlich der Pflichtteilsrechte, zur Befriedigung des klagenden Gläubigers oder, wenn mehrere Vermächtnisgläubiger oder Auflageberechtigte vorhanden sind, zu deren Befriedigung nicht hinreichen würde (§ 1990 Rdn. 2). In diesem Falle hat er dem Gläubiger den nach Befriedigung der diesem vorgehenden und verhältnismäßiger Berücksichtigung der ihm gleichstehenden Verbindlichkeiten verbleibenden Nachlaßrest zur Zwangsvollstreckung herauszugeben (vgl. § 1990 Rdn. 16; aber auch unter Rdn. 10). 7

8 Der Vermächtnis- oder Auflageanspruch wird, da es sich im Falle des § 1992 stets um einen überschuldeten Nachlaß handelt, seinem Geldwert nach geltend gemacht werden müssen. Geht der Anspruch aber auf einen im Nachlaß noch vorhandenen bestimmten Gegenstand, dann kann dessen Leistung verlangt werden, wenn der Berechtigte den Wert, den der Erbe nach § 1992 von dem Gegenstand abziehen dürfte, an den Nachlaß zahlt. Dem Erben steht dann auch das Abfindungsrecht nach Satz 2 nicht zu (BGH LM BGB § 1992 Nr. 1; RG Recht 30 Nr. 521; *Planck/Flad*, 4. Aufl. § 1992 Rdn. 1; *Staudinger/Lehmann*, § 1992 Rdn. 7; *Ehard/Eder* bei *Soergel/Siebert*, 9. Aufl. § 1992 Rdn. 5; *von Lübtow* II, 1177). Entsprechendes gilt, wenn das Vermächtnis dahin geht, einen nicht zum Nachlaß gehörenden Gegenstand zu verschaffen (BGH LM BGB § 1992 Nr. 1).

9 Falls der noch vorhandene Nachlaßüberschuß in Geld besteht, kann in dem auf der Klage des Vermächtnisnehmers oder Auflageberechtigten ergehenden Urteil auch der Betrag festgesetzt werden, der auf das Vermächtnis oder die Auflage entfällt. Kommt es dann doch noch zum Nachlaßkonkurs, dann kann der Vermächtnisnehmer oder Auflageberechtigte seine Forderung in der vollen ursprünglichen Höhe geltend machen. Andernfalls müßte er sich eine doppelte Kürzung gefallen lassen, für die im Gesetz keine Grundlage vorhanden ist.

10 **IV. Verantwortlichkeit des Erben**

Wegen seiner eigenen Forderungen an den Nachlaß kann der Erbe sich vorher befriedigen (§ 1991 Rdn. 6). Für die Behandlung des Nachlasses ist er dem Gläubiger nach Maßgabe der §§ 1978, 1979 verantwortlich (§ 1991 Rdn. 1). Er hat dafür Sorge zu tragen, daß mehrere Vermächtnisnehmer oder Auflageberechtigte in der konkursmäßigen Weise befriedigt werden, auch wenn einer von ihnen bereits ein rechtskräftiges Urteil erstritten hat (§ 1991 Rdn. 8, 9). Haftet der Erbe unbeschränkt, so ist § 1992 nicht anwendbar (§ 2013 Abs. 1). Die gleichen Rechte und Pflichten sind auch dem überschwerten Vermächtnisnehmer gegeben (§ 2187).

11 **V. Aufrechnung durch den Vermächtnisnehmer**

Ein Vermächtnisnehmer, der zugleich Schuldner des Nachlasses ist, kann aufrechnen, wenn die Überschuldung des Nachlasses erst nach dem Erbfall eingetreten ist. Der rechtliche Vorteil der bereits früher gegebenen Aufrechnungslage kann ihm durch die nachträgliche Überschuldung nicht verloren gehen. Diese Gedanken haben im Konkursverfahren in den §§ 55 ff KO Ausdruck gefunden. Die Aufrechnung ist dagegen nach § 390 ausgeschlossen, wenn der Nachlaß zur Zeit des Erbfalles überschuldet war. In diesem Fall ist die Vermächtnisforderung von vornherein mit der Einrede aus § 1992 behaftet.

12 **VI. Einlösungsrecht des Erben. Hinterlegung**

Dem Erben steht, wie im Falle des § 1973 Abs. 2 (vgl. Rdn. 21 dazu) das Einlösungsrecht zu. Auch hier ist der für die Zeit der Ausübung dieses Rechts zu ermittelnde Schätzungswert der Nachlaßgegenstände maßgebend. Die Unzulänglichkeitseinrede verwandelt sich damit in eine reine Abzugseinrede, die Haftung cum viribus in eine solche pro viribus hereditatis. Sie führt zur entsprechenden Kürzung aller in Betracht kommenden Beschwerungen des Nachlasses.

Über die Möglichkeit einer Hinterlegung vgl. § 1991 Rdn. 10.

IV. Inventarerrichtung. Unbeschränkte Haftung des Erben

Übersicht

I. Bedeutung der Inventarerrichtung für den Erben im allgemeinen 1

Die Inventarerrichtung ist an sich kein Mittel, die Beschränkung der Haftung auf den Nachlaß herbeizuführen; auch nach Errichtung des Inventars haftet der Erbe zunächst noch unbeschränkt, aber beschränkbar (RG WarnRspr. 1914 Nr. 238). Die rechtzeitige Inventarerrichtung erhält ihm nur die rechtliche Möglichkeit, durch eines der dazu bestimmten Mittel (Aufgebot der Nachlaßgläubiger, §§ 1970 ff, Nachlaßverwaltung oder Nachlaßkonkurs, 1975 ff, Unzulänglichkeitseinrede, 1990 ff) seine Haftung auf den Nachlaß zu beschränken. Anderseits verliert er diese Möglichkeit, wenn er die ihm gesetzte Inventarfrist versäumt (§ 1994) oder wenn er ein ungetreues Inventar errichtet (§ 2005). In diesen beiden Fällen wird er allen Nachlaßgläubigern gegenüber unbeschränkt haftbar, während er im Falle der Verweigerung der eidesstattlichen Versicherung nur dem die Versicherung verlangenden einzelnen Gläubiger unbeschränkt haftet (§ 2006).

Die Verletzung der dem Erben im Zusammenhang mit der Errichtung eines Inventars obliegenden Pflichten sind sonach die praktisch bedeutsamen Umstände, durch die der Erbe die Möglichkeit, seine Haftung auf den Nachlaß zu beschränken, verlieren kann (vgl. auch Rdn. 8 ff vor § 1967). 2

II. Voraussetzung für die Errichtung des Inventars 3

Zur Errichtung des Inventars kann es auf zweifache Weise kommen. Wegen der großen Bedeutung, die die Inventarerrichtung sowohl für den Erben als auch für die Nachlaßgläubiger hat, gestattet das Gesetz einerseits in § 1993 den Erben, jederzeit ein Inventar zu errichten und beim Nachlaßgericht einzureichen. Andererseits können die Nachlaßgläubiger nach § 1994 beim Nachlaßgericht beantragen, daß den Erben eine Frist zur Errichtung des Inventars bestimmt wird. Dem Fiskus als gesetzlichem Erben, § 2011, und dem Nachlaßpfleger und Nachlaßverwalter kann jedoch keine Inventarfrist gesetzt werden. Die §§ 1995–2000 enthalten Bestimmungen über die Dauer und den Lauf der Frist. Sie soll mindestens einen und höchstens drei Monate betragen. Auf Antrag des Erben kann sie von dem Nachlaßgericht verlängert werden.

III. Art und Weise der Inventarerrichtung 4

1. Errichtung durch den Erben oder auf Veranlassung des Erben

Die Errichtung des Inventars hat in der Weise zu erfolgen, daß der Erbe das Inventar selbst unter Hinzuziehung einer Amtsperson aufstellt (§ 2002). Der Erbe kann aber auch bei dem Nachlaßgericht den Antrag stellen, daß das Inventar durch eine Amtsperson aufgenommen wird. In diesem Falle ist er verpflichtet, der Amtsperson die erforderliche Auskunft zu erteilen (§ 2003). Von dieser Möglichkeit wird der Erbe insbesondere dann Gebrauch machen, wenn ihm infolge des unmittelbar bevorstehenden Fristablaufs Nachteile drohen, da die Stellung des Antrags genügt, um die Frist zu wahren.

5 **2. Bezugnahme auf ein vorhandenes Inventar**

Ist beim Nachlaßgericht bereits ein den gesetzlichen Bestimmungen genügendes Inventar vorhanden — ein solches kann z. B. von einem Nachlaß-, Konkursverwalter, Testamentsvollstrecker oder einem auftragslosen Geschäftsführer errichtet sein —, so genügt es nach § 2004, wenn der Erbe dem Nachlaßgericht gegenüber erklärt, daß das Inventar als von ihm eingereicht gelten soll.

6 **3. Für den Erben wirkendes Inventar eines Dritten**

In den Fällen, in denen die Inventarerrichtung unmittelbar auch für den Erben wirkt (§ 2008 Inventar des Ehegatten bei Gütergemeinschaft, § 2063 Inventar eines Miterben, § 2144 Inventar des Vorerben und § 2383 Inventar des Erbschaftsverkäufers) ist die Erklärung nicht notwendig. Dem Erben darf in diesen Fällen überhaupt keine Frist gesetzt werden (vgl. § 2004 Rdn. 2).

7 **IV. Inhalt des Inventars. Vermutung. Einsicht in das Inventar**

Nach § 2001 soll das Inventar Aufschluß über die Aktiven und Passiven des Nachlasses geben. Die einzelnen Nachlaßgegenstände mit der Angabe ihrer Beschaffenheit und ihres Wertes und die Nachlaßverbindlichkeiten sollen in dem Inventar verzeichnet werden.

8 Die für den Erben bedeutsame Wirkung des Inventars besteht nach § 2009 darin, daß in seinem Verhältnis zu den Nachlaßgläubigern vermutet wird, daß zur Zeit des Erbfalls weitere Nachlaßgegenstände als die angegebenen nicht vorhanden gewesen sind. Da das Inventar aber auch für Dritte, insbesondere für die Nachlaßgläubiger, die Befriedigung aus dem Nachlaß suchen, von Interesse ist, gestattet § 2010 die Einsicht in das Inventar allen, die ein rechtliches Interesse an der Einsichtnahme geltend machen können.

9 **V. Unbeschränkte Haftung als Folge ungetreuer Inventarerrichtung**

Der Erbe kann allen Gläubigern gegenüber unbeschränkt haftbar werden, wenn er die ihm im Zusammenhang mit der Inventarerrichtung obliegenden Pflichten verletzt. Diese Folge kann nach § 2005 in drei Fällen eintreten, wenn der Erbe die Aktiven des Nachlasses arglistig erheblich unvollständig angibt, wenn er, um die Nachlaßgläubiger zu benachteiligen, nicht bestehende Passiven in das Inventar aufnimmt oder wenn er in den Fällen, in denen das Inventar nach § 2003 durch eine Amtsperson aufgenommen wird, sich weigert, dieser Auskunft zu erteilen oder die Erteilung der Auskunft arglistig erheblich verzögert.

10 **VI. Eidesstattliche Versicherung**

Mit Rücksicht auf die weitreichende Bedeutung, die dem Inventar im Verhältnis des Erben zu den Nachlaßgläubigern zukommt, kann jeder Nachlaßgläubiger verlangen, daß der Erbe die Vollständigkeit des Inventars nach § 2006 an Eides Statt versichert. Dieses Verlangen kann zwar nicht erzwungen werden. Dem das Verlangen stellenden Gläubiger haftet der Erbe aber unbeschränkt, wenn er die Versicherung verweigert oder wenn er, nachdem er erstmals in dem zur Versicherung bestimmten Termin nicht erschienen war, auch einem zweiten hierzu bestimmten Termin ohne triftigen Grund ferngeblieben ist.

Die unbeschränkte Haftung tritt jedoch nach § 2007, wenn der Erbe zu mehreren Erbteilen berufen ist, nicht ohne weiteres hinsichtlich der ganzen ihm angefallenen Erbschaft ein. Es ist vielmehr der Umfang der Haftung so zu bestimmen, wie wenn die Erbteile verschiedenen Erben gehörten. **11**

VII. Unbeschränkte Erbenhaftung **12**

Die Wirkungen, die der Verlust des Rechts, die Erbenhaftung zu beschränken, nach sich zieht, werden in § 2013 klargestellt. Hier ist bestimmt, welche Rechte der unbeschränkt haftende Erbe verloren hat. Dazu werden diejenigen Vorschriften des 2. Titels aufgeführt, die bei der unbeschränkten Haftung des Erben nicht anzuwenden sind.

§ 1993

Der Erbe ist berechtigt, ein Verzeichnis des Nachlasses (Inventar) bei dem Nachlaßgericht einzureichen (Inventarerrichtung).

E I 2095 Abs. 1 II 1868 Abs. 1; M **5** 608; P **5** 731—733; **6** 395.

Einreichung des Inventars durch den Erben

1 I. Durch **freiwillige Inventarerrichtung** sichert sich der Erbe die Vermutung des § 2009, vergewissert sich in Verbindung mit dem Aufgebot über den Bestand des Nachlasses (§ 1980) und erleichtert sich die ihm obliegenden Nachweisungen, um die Haftung auf den Nachlaß zu beschränken (§§ 1973 Rdn. 24, 1990 Rdn. 20). Auch beseitigt er dadurch die Möglichkeit, daß ihm eine Frist zur Errichtung des Inventars mit der aus ihrer Versäumung sich ergebenden Wirkung der unbeschränkten (nicht mehr beschränkbaren) Haftung gesetzt werden kann (*Planck/Flad* Rdn. 1). § 2004 steht nicht entgegen, da er ein von einem anderen als dem Erben eingereichtes Inventar voraussetzt.

2 Dagegen verliert der Erbe mit der Errichtung die aufschiebende Einrede des § 2014. Inhalt des Inventars § 2001, Aufnahme §§ 2002—2004, getreue Errichtung § 2005. Auch wenn der Nachlaß die Schulden erheblich übersteigt und deshalb für den Erben kein Anlaß besteht, die Beschränkung seiner Haftung auf den Nachlaß herbeizuführen oder sich die Möglichkeit dazu zu erhalten, hat die Errichtung eines Inventars erhebliche praktische Bedeutung und muß von dem Erben so sorgfältig vorgenommen werden, daß er imstande ist, das errichtete und eingereichte Inventar auf Verlangen eines Berechtigten (§ 2006, vgl. Rdn. 3—5 dazu) durch eine eidesstattliche Versicherung zu bekräftigen (RG **129**, 244).

3 II. Das Inventar ist erst mit der Einreichung (§ 2003 Abs. 3) errichtet. Einreichung eines versiegelten Inventars wird nur wirkdam sein, wenn das Nachlaßgericht ermächtigt wird, es zu eröffnen, sobald ein Berechtigter Einsicht verlangt (§ 2010).

4 Die Kosten der Inventarerrichtung gehören zu den Nachlaßverbindlichkeiten (§ 1967 Rdn. 10) und sind im Konkurse Massenschulden (KO § 224 Nr. 4); am Vergleichsverfahren sind sie nicht beteiligt (VerglO § 113 Nr. 6).

5 III. Das vom Nachlaßpfleger als dem gesetzlichen Vertreter des Erben (§ 1960 Rdn. 20) errichtete Inventar ist vom Erben errichtet. Das vom Nachlaßverwalter oder Testamentsvollstrecker (§ 2215) eingereichte Inventar kann er gemäß § 2004 für sein Inventar erklären. Inventar des Ehegatten des Erben § 2008, des Miterben § 2063, des Vorerben § 2144, des Erbschaftskäufers oder Verkäufers § 2383. Das Inventar kann auch durch einen Bevollmächtigten errichtet und eingereicht werden; Miteinreichung einer Vollmachtsurkunde oder Nachbringung innerhalb der Frist ist nicht (wie bei der Erbschaftsausschlagung, § 1945 Rdn. 17) vorgeschrieben. Das Nachlaßgericht kann das Inventar nicht wegen fehlender Vollmacht zurückweisen; § 174 findet keine Anwendung. Der Erbe, der sich auf die Wirksamkeit des eingereichten Inventars beruft, muß aber nachweisen, daß der Einreicher von ihm bevollmächtigt war.

6 Die Errichtung durch einen Geschäftsführer ohne Auftrag ist unwirksam (§ 180), kann aber wirksam werden, wenn der Erbe innerhalb der Inventarfrist das Inventar für das seinige erklärt (§ 2004).

7 Jeder Miterbe ist selbständig zur Inventarerrichtung befugt. Das von einem Miterben errichtete Inventar kommt nach § 2063 auch den anderen Miterben zugute, soweit sie nicht für die Nachlaßverbindlichkeiten unbeschränkt haften. Ein Miterbe ist den anderen gegenüber nicht verpflichtet, zur Errichtung des Inventars mitzuwirken (KG OLG **14**, 295; Mot. **5**, 616).

Der Testamentsvollstrecker ist verpflichtet, dem Erben bei der Errichtung des Inventars Hilfe zu leisten, insbesondere auch bei der Wertermittlung (§ 2215; RG LZ **16**, 1237).

8 IV. Gebühr für die Entgegennahme des Inventars §§ 114 Nr. 1, 115 KostO; Haftung des Erben für die Kosten der Inventarerrichtung § 6 KostO.

§ 1994

Das Nachlaßgericht hat dem Erben auf Antrag eines Nachlaßgläubigers zur Errichtung des Inventars eine Frist (Inventarfrist) zu bestimmen. Nach dem Ablauf der Frist haftet der Erbe für die Nachlaßverbindlichkeiten unbeschränkt, wenn nicht vorher das Inventar errichtet wird.

Der Antragsteller hat seine Forderung glaubhaft zu machen. Auf die Wirksamkeit der Fristbestimmung ist es ohne Einfluß, wenn die Forderung nicht besteht.

E I 2095, 2096 II 1868 Abs. 1, 1869; M **5** 608—610; P **5** 732—734, 740; **6** 395.

Bestimmung der Inventarfrist

Übersicht

1 **I. Antragsberechtigte Nachlaßgläubiger**

Antragsberechtigt sind die Nachlaßgläubiger einschließlich der Pflichtteilsberechtigten, Vermächtnisnehmer und Auflageberechtigten (§ 1967); den Pflichtteilsberechtigten ist der Erbe überdies zur Auskunftserteilung verpflichtet (§ 2314).

2 Darin, daß der Erbe auf Verlangen eines angeblich Pflichtteilsberechtigten dem Nachlaßgerichte ein Inventar einreicht und es auf dessen weiteres Verlangen durch Abgabe der eidesstattlichen Versicherung (§ 2006) bekräftigt, soll unter Umständen eine Anerkennung des Pflichtteilsanspruchs gefunden werden können (RG **113**, 239). Im

Zweifel wird das jedoch nicht ohne weiteres angenommen werden können, da die Vornahme der bezeichneten Handlungen sich auch dadurch erklären läßt, daß der Erbe sie vorsorglicherweise vorgenommen hat, um nicht das Recht zur Haftbeschränkung zu verlieren, namentlich wenn ihm das Nachlaßgericht eine Inventarfrist gesetzt hat. Hat der Erbe den Anspruch allerdings ohne Vorbehalt in das Inventar oder die erteilte Auskunft als Nachlaßverbindlichkeit aufgenommen (wie vom Reichsgericht aaO weiterhin unterstellt wird), so wird insoweit darin eher ein Anerkenntnis gefunden werden können. Für andere Nachlaßverbindlichkeiten wird die Frage in gleicher Weise zu entscheiden sein.

Ob, wie in einem Teil des rechtswissenschaftlichen Schrifttums angenommen wird **3** (*Planck/Flad*, § 1994 Anm. 2; *Staudinger/Lehmann*, § 1994 Rdn. 3, *Erman/Bartholomeyczik*, 1994 Rdn. 2; *Lange*, § 50 VI 5; *Strohal* II § 73 Anm. 9) auch der Ausgeschlossene und der diesem gleichstehende Gläubiger (§§ 1973, 1974) zu dem Antrage berechtigt ist, erscheint mindestens zweifelhaft; der Redaktionsausschluß der zweiten Kommission stand auf dem Standpunkt, daß auf den Antrag eines solchen Gläubigers das Nachlaßgericht keine Frist setzen solle. Das erscheint auch, ungeachtet des nicht eingeschränkten Ausdrucks „Nachlaßgläubiger", als richtig (ebenso *Kipp/Coing* § 94 II 1 Anm. 9; *Palandt/Keidel* § 1944 Anm. 1). Eine im Rechtswege erzwingbare Verpflichtung des Erben zur Errichtung des Inventars ist im Gesetze überhaupt nicht aufgestellt; vielmehr ist nur an die Nichterrichtung nach Setzung der Frist der Rechtsnachteil der unbeschränkten Haftung geknüpft (Dresden OLG **34**, 276; RG **129**, 241). Diese Folge kann einem bereits ausgeschlossenen Gläubiger gegenüber nicht eintreten, da der Erbe sich ihm gegenüber auf die Vorschriften der §§ 1973, 1974 berufen kann, wenn er später den andern Gläubigern durch Versäumung der Inventarfrist (§ 1994 Satz 2) oder ungetreues Inventar (§ 2005 Abs. 1) unbeschränkbar haftbar wird (§ 2013 Abs. 1 Satz 2).

Der Erbe wird aber, wenn er die auf Antrag des ausgeschlossenen Gläubigers ge- **4** setzte Frist versäumt, den anderen Gläubigern gegenüber unbeschränkt haftbar (*Planck/Flad* 4. Aufl. § 1994 Anm. 2; *Kipp/Coing* § 94 II 1 Anm. 9). Anderer Ansicht die 9. Aufl. § 1994 Anm. 1. Es ist aber unzutreffend, wenn es dort heißt, dem ausgeschlossenen Gläubiger werde, wenn man der hier jetzt vertretenen Ansicht folge, die Möglichkeit verliehen, den Erben indirekt zur Errichtung eines Inventars zu zwingen. Diese Möglichkeit ist ihm deswegen nicht eingeräumt, da das Nachlaßgericht dem Antrag des ausgeschlossenen Gläubigers überhaupt nicht entsprechen darf. Der Erbe hat, wenn dies dennoch geschieht, die Möglichkeit, die Verfügung, durch die ihm die Frist gesetzt worden ist, mit der sofortigen Beschwerde (vgl. unten Rdn. 7) anzufechten. Hat seine Beschwerde keinen Erfolg oder ficht er die Verfügung nicht an, so kann sie nicht deswegen der ihr an sich nach dem Gesetz zukommenden Wirkungen entbehren, weil der Antragsteller überhaupt nicht antragsberechtigt war. Die gegenteilige Ansicht würde den allgemeinen Grundsätzen über die Wirksamkeit staatlicher Hoheitsakte widersprechen, die hier in § 1994 Abs. 2 Satz 2 einen besonderen Ausdruck gefunden haben.

Auch einem Miterben, der Nachlaßgläubiger ist, wird nicht das Recht zugebilligt **5** werden können, seinen Miterben eine Inventarfrist setzen zu lassen, da diese, auch wenn sie anderen Gläubigern unbeschränkt haften, ihm gegenüber immer noch die Beschränkung ihrer Haftung herbeiführen können, § 2063 Abs. 2 (so *Kretzschmar* § 78 Anm. 10; aM *Planck/Flad* Anm. 2).

Ein Pflichtteilsberechtigter, der nicht Erbe ist, hat nach § 2314 außer dem Rechte **6** aus § 1994 einen Anspruch auf Auskunft durch Vorlegung eines Bestandsverzeichnisses, das nach § 260 unter Umständen durch eine eidesstattliche Versicherung des Erben zu bekräftigen ist; vgl. § 2314 Rdn. 7. Den gleichen Anspruch hat ein Vermächtnisnehmer, wenn er als ihm mitvermacht zu gelten hat (vgl. § 2174 Rdn. 14). In diesen Fällen kann die eidesstattliche Versicherung durch Klage erzwungen und es kann, wenn der Erbe ein Inventar nach §§ 1993, 1994 vorgelegt hat, die eidesstattliche Bekräftigung dieses Inventars im Klagewege verlangt werden, ohne daß es erst noch einer Klage auf Vorlegung eines Bestandsverzeichnisses bedarf (RG **129**, 242; vgl. § 2006 Anm. 5).

7 **II. Förmlichkeiten des Antrags**

Der Antrag kann schriftlich oder zu Protokoll des Urkundsbeamten eines Amtsgerichts gestellt werden (FGG § 11); an eine Frist ist er an sich nicht gebunden, doch kann nach der oben vertretenen Ansicht ein Gläubiger, der wegen Ablaufs der fünfjährigen Verschweigungsfrist einem ausgeschlossenen Gläubiger gleichsteht (§ 1974), ihn nicht mehr stellen. Wenn der Erbe oder der ihn vertretende Nachlaßpfleger des § 1960 bereits ein formgerechtes Inventar eingereicht oder der Erbe ein vom Nachlaßverwalter oder Testamentsvollstrecker eingereichtes für das seinige erklärt hat (§ 2004), so wird das Nachlaßgericht den Antrag des Gläubigers auf Bestimmung einer Inventarfrist ablehnen müssen (KG RJA **8**, 185); vgl. § 1993 Rdn. 1). Gegen den die Frist setzenden Beschluß steht dem Erben die sofortige Beschwerde zu, mit der er geltend machen kann, daß bereits ein Inventar eingereicht oder daß er nicht Erbe oder daß die Frist zu kurz bemessen sei; ebenso jedem Nachlaßgläubiger, wenn die Frist zu lang bemessen ist; die Beschwerdefrist beginnt für jeden Gläubiger mit der Zustellung an den Antragsteller (FGG § 77). Gegen die Ablehnung steht dem antragstellenden Gläubiger die einfache Beschwerde zu (FGG § 20).

Gebühr für die Bestimmung der Inventarfrist: §§ 114 Nr. 1, 115 KostO.

8 **III. Glaubhaftmachung der Forderung**

FGG § 15 Abs. 2. Die Vorschriften der ZPO (§ 294) sind nicht, wie für die durch FGG § 15 Abs. 1 geregelten Verfahrensakte, allgemein als entsprechend anwendbar erklärt, insbesondere also nicht die Unzulässigkeit einer nicht sofort möglichen Beweisaufnahme; nur die Zulassung zur Versicherung an Eides Statt ist herübergenommen.

Die Vorschrift enthält eine Ausnahme von der dem Nachlaßgerichte obliegenden Pflicht zur Ermittlung von Amts wegen (§ 12); sie kann deshalb nicht auf die Feststellung der Erbeneigenschaft desjenigen, dem die Inventarfrist bestimmt werden soll, ausgedehnt werden; die hierzu etwa erforderlich scheinenden Ermittlungen hat vielmehr das Nachlaßgericht von Amts wegen anzustellen (KG RJA **11**, 89). Dazu wird es den Antragsteller und den angeblichen Erben hören können; bleibt die Erbeigenschaft zweifelhat, so wird der Antrag abzulehnen sein. Hat derjenige, dem die Inventarfrist gesetzt werden soll, die Erbschaft ausgeschlagen, so hat das Nachlaßgericht auch zu entscheiden, ob die Ausschlagung rechtswirksam ist; Einwendungen im Prozesse werden aber dadurch nicht abgeschnitten (BayObLG RJA **3**, 176).

9 **IV. Bestimmung der Inventarfrist**

Der Antrag auf Bestimmung der Frist kann nicht deswegen abgelehnt werden, weil sich infolge falscher sachlicher Behandlung ein auf Veranlassung des Erben nach § 2314 Abs. 1 Satz 3 errichtetes Nachlaßverzeichnis bei den Nachlaßakten befindet (OLG Hamm, NJW **62**, 53).

Für die Bestimmung der Frist ist nicht erforderlich, daß der Erbe die Erbschaft bereits angenommen hat (§ 1995 Abs. 2). Doch darf er nicht bereits wirksam ausgeschlagen haben. Herrscht Streit darüber, ob ausgeschlagen sei, so kann Aussetzung der Inventaraufnahme nicht verlangt werden (BayObIG RJA **3**, 176). Schlägt er hinterher aus, so wird die Fristbestimmung von selbst wirkungslos.

Auch dem geschäftsunfähigen oder in der Geschäftsfähigkeit beschränkten Erben kann die Frist bestimmt werden; doch läuft die Frist nur nach Maßgabe des § 206 ab (§ 1997), und es ist die in § 1999 bestimmte Vorsichtsmaßregel zu beobachten. Nicht aber dem Fiskus (§ 2011), dem Nachlaßpfleger oder Nachlaßverwalter (§ 2012) oder dem Erben während der Dauer der Nachlaßverwaltung und des Nachlaßkonkurses (§ 2000) sowie des Nachlaßvergleichsverfahrens (§ 2000 Rdn. 3).

Die Frist ist eine richterliche; Beginn, Dauer und Verlängerung § 1995. Sie braucht **10**
mehreren Erben gegenüber nicht einheitlich festgesetzt zu werden. Sie wird gewahrt durch Einreichung des Inventars, aber auch durch Stellung des Antrags nach § 2003 Abs. 1 oder durch Erklärung nach § 2004; auch kommt dem Inventarpflichtigen das von gewissen andern Personen errichtete Inventar ohne weiteres zustatten; vgl. §§ 2008 (Rdn. 11), 2063 (Rdn. 1), 2144 (Rdn. 9, 10), 2383.

V. Eintritt der unbeschränkten Haftung **11**

Die unbeschränkte Haftung tritt durch Nichteinhaltung der Frist ipso jure gegenüber allen Nachlaßgläubigern ein, auch wenn sie an der Antragstellung nicht beteiligt waren. Nicht jedoch gegenüber einem bereits ausgeschlossenen oder einem solchen gleichstehenden Gläubiger (§ 2013 Abs. 1 Satz 2, vgl. Rdn. 3); auch nicht zuungunsten eines Miterben gegenüber den übrigen Erben, die Nachlaßgläubiger sind (§ 2063 Abs. 2, vgl. Rdn. 3 dazu), ebensowenig zuungunsten eines Nacherben gegenüber dem Vorerben als Nachlaßgläubiger (§ 2144 Abs. 3).

Darauf, ob die Versäumnis vom Erben verschuldet war oder nicht, kommt nichts **12**
an, sofern nicht einer der Fälle des § 1996 vorliegt. Auch wenn der Erbe sich unverschuldet nicht für den Erben hält, darf er die ihm gesetzte Inventarfrist nicht außer acht lassen. Er handelt auf seine Gefahr, wenn er es dennoch tut. Bei einer späteren Inanspruchnahme kann er, wenn er tatsächlich Erbe ist, falls die Inventarfrist verstrichen ist, seine Haftung nicht mehr beschränken.

Wirkungen der unbeschränkten Haftung § 2013 Rdn. 2—13. Auch wenn eine aktive **13**
Nachlaßmasse (Nachlaßgegenstände) überhaupt nicht vorhanden, bedarf es zur Erhaltung der Beschränkbarkeit der Haftung einer Inventarerrichtung in der vorgeschriebenen Form (Posen ZBlFG **5**, 797). Es genügt auch nicht, daß der Erbe dem Nachlaßgericht gegenüber innerhalb der Inventarfrist angibt, ein aktiver Nachlaß sei nicht vorhanden. Eine solche Anzeige muß mit Rücksicht auf die Formvorschrift des § 2002 unter Mitwirkung des zuständigen Beamten erfolgen, der dem Erben die nötigen Belehrungen erteilen soll. Die Kosten für die Heranziehung dieses Beamten muß der Erbe aus seinem Vermögen bestreiten (Mot. **5**, 616).

Wegen der Beweislast vgl. § 2013 Rdn. 18.

Der säumige Erbe wird auch, wenn die Forderung des antragstellenden Gläubigers **14**
nicht besteht, durch Versäumung der Inventarfrist den Nachlaßgläubigern allgemein unbeschränkt haftbar. Das Nachlaßgericht kann die Fristbestimmung nicht zurücknehmen, auch wenn es nachträglich ihre Voraussetzungen für nicht gegeben erachtet (FGG § 18 Abs. 2).

§ 1995

Die Inventarfrist soll mindestens einen Monat, höchstens drei Monate betragen. Sie beginnt mit der Zustellung des Beschlusses, durch den die Frist bestimmt wird.

Wird die Frist vor der Annahme der Erbschaft bestimmt, so beginnt sie erst mit der Annahme der Erbschaft.

Auf Antrag des Erben kann das Nachlaßgericht die Frist nach seinem Ermessen verlängern.

E 2097 II 1870; M 5 610, 611; P 5 734.

Dauer der Frist

1 **I. Verletzung der Vorschrift**

Eine Verletzung der Sollvorschrift macht die Fristbestimmung nicht unwirksam, sondern begründet nur ein Beschwerderecht (§ 1994 Rdn. 7); das wird auch gelten müssen, wenn die einmonatige Mindestfrist unterschritten ist. Fristberechnung §§ 186—193.

2 II. Die **Zustellung** erfolgt nach FGG § 16 Abs. 2, ZPO §§ 208—213. Sie setzt für jeden der mehreren Erben eine besondere Frist in Lauf. Für den Fall unverschuldeter Unkenntnis von der Zustellung gewährt § 1996 Abs. 1 Satz 2 Hilfe. Zustellung an den gesetzlichen Vertreter des Erben ZPO § 171, Mitteilung an das Vormundschaftsgericht § 1999. Dem Antragsteller gegenüber genügt Bekanntmachung zu Protokoll, FGG § 16 Abs. 3.

3 **III. Annahme der Erbschaft**

§ 1943 Rdn. 1 ff u. § 1957 Rdn. 1. Die Frist kann vorher bestimmt werden; der Lauf der Frist beginnt aber erst mit der Annahme.

4 **IV. Fristverlängerung**

§ 190. Sie kann nur in Frage kommen, wenn der Antrag gestellt wird, solange die bestimmte Frist noch nicht abgelaufen ist. Gegen die auf den Verlängerungsantrag ergehende Verfügung sofortige Beschwerde des Erben wie des Gläubigers (FGG § 77 Abs. 2, 3). Wiederholte Verlängerung ist nicht ausgeschlossen. Für die Verlängerung der Frist besteht keine Zeitgrenze. Verkürzung der einmal bestimmten Frist ist weder bei der ersten noch bei einer späteren Fristbestimmung zulässig.

Gebühr für die Verlängerung der Inventarfrist: §§ 114 Nr. 1, 115 KostO.

§ 1996

Ist der Erbe durch höhere Gewalt verhindert worden, das Inventar rechtzeitig zu errichten oder die nach den Umständen gerechtfertigte Verlängerung der Inventarfrist zu beantragen, so hat ihm auf seinen Antrag das Nachlaßgericht eine neue Inventarfrist zu bestimmen. Das gleiche gilt, wenn der Erbe von der Zustellung des Beschlusses, durch den die Inventarfrist bestimmt worden ist, ohne sein Verschulden Kenntnis nicht erlangt hat.

Der Antrag muß binnen zwei Wochen nach der Beseitigung des Hindernisses und spätestens vor dem Ablauf eines Jahres nach dem Ende der zuerst bestimmten Frist gestellt werden.

Vor der Entscheidung soll der Nachlaßgläubiger, auf dessen Antrag die erste Frist bestimmt worden ist, wenn tunlich gehört werden.

E I 2098 II 1871; M 5 611, 612; P 5 734.

Bestimmung einer neuen Inventarfrist

1 I. Begriff der **höheren Gewalt** s. § 203 Rdn. 3 ff; doch ist für den Fall des Stillstandes der Rechtspflege (§ 203 Abs. 1) besondere Regelung durch § 1997 getroffen (s. Rdn. 1

dazu). In anderen Fällen der höheren Gewalt wird der Lauf der Frist nicht gehemmt, aber Abhilfe nach Art einer Wiedereinsetzung in den vorigen Stand (RG **54**, 151) durch Bestimmung einer neuen Inventarfrist gewährt. Für diese gelten die Bestimmungen des § 1995; sie soll also wiederum mindestens einen Monat betragen und kann gleichfalls verlängert werden. Die Bestimmung einer neuen Frist kann wiederholt erfolgen, jedoch nur innerhalb der durch Abs. 2 gegebenen Jahresfrist vom Ende der zuerst bestimmten Frist.

Die **Verhinderung** muß entweder die Errichtung des Inventars innerhalb der Frist **2**
oder auch nur die rechtzeitige Stellung des Antrags auf Verlängerung der Frist (§ 1995 Abs. 3; s. Rdn. 4 dazu) unmöglich gemacht haben, letzteres z. B. durch Postsperre oder Verkehrsstockung, wobei jedoch in letzterem Falle weiter erforderlich ist, daß der Verlängerungsantrag den Umständen nach gerechtfertigt gewesen wäre, eine Frage, über die das Nachlaßgericht nachträglich nach Ermessen zu entscheiden hat. Die Voraussetzungen des Abs. 1 Satz 1 liegen nicht vor, wenn der Erbe das Inventar nicht errichtet hat, weil ein Dritter im Besitz des Nachlasses ist und sich geweigert hat, dem Erben die weforderliche Auskunft zu erteilen. Denn der Erbe hätte auch in diesem Fall den Antrag nach § 2003 stellen können.

Gebühr für die Bestimmung einer neuen Inventarfrist: §§ 114 Nr. 1, 115 KostO.

II. Die Bestimmung in Abs. 1 Satz 2 entspricht ZPO § 233 Abs. 2. So besonders im **3**
Falle der Ersatzzustellung nach ZPO §§ 181, 182 oder der öffentlichen Zustellung nach ZPO § 203. Das Verschulden des gesetzlichen Vertreters oder des Generalbevollmächtigten (ZPO §§ 171, 173) ist vom Erben zu vertreten.

III. Die Frist für den Antrag ist ebenso wie in § 234 ZPO geregelt. Hemmung der **4**
Antragsfrist § 1997, Tod des Erben § 1998.

IV. Anhörung des antragstellenden Nachlaßgläubigers vor der Entscheidung **5**
„wenn tunlich". Sofortige Beschwerde des Erben oder des Nachlaßgläubigers gegen die ablehnende bzw. stattgebende Verfügung FGG § 77 Abs. 2. Die rechtskräftige Entscheidung des Nachlaßgerichts kann auch im Prozesse nicht wieder in Frage gestellt werden.

Neue Frist zur Ergänzung des Inventars § 2005 Abs. 2.

§ 1997

Auf den Lauf der Inventarfrist und der im § 1996 Abs. 2 bestimmten Frist von zwei Wochen finden die für die Verjährung geltenden Vorschriften des § 203 Abs. 1 und des § 206 entsprechende Anwendung.

E I 2100 II 1872; M **5** 613, 614; : **5** 734, 741.

Hemmung des Fristlaufs

Der Lauf und somit auch der Ablauf der ursprünglichen, der verlängerten und der **1**
neu bestimmten Inventarfrist sowie der zweiwöchigen Antragsfrist (§§ 1995, 1996) wird gehemmt durch den Stillstand der Rechtspflege (**§ 203 Abs. 1**). Andere Fälle der höheren Gewalt wirken nur nach § 1996.

Hemmung tritt ferner ein, wenn während des Laufes der Fristen der Erbe geschäfts- **2**
unfähig wird oder sein gesetzlicher Vertreter wegfällt, bis zum Eintritt bzw. Wiedereintritt eines gesetzlichen Vertreters (**§ 206**). Besteht dieser Mangel schon, bevor die Fristen

zu laufen begonnen haben, so können sie überhaupt nicht in Lauf gesetzt werden, bevor der Mangel behoben ist, da die erforderliche Zustellung (§ 1995 Abs. 1 Satz 2) an den gesetzlichen Vertreter nicht möglich ist. Waren die Fristen bereits im Laufe, als der Mangel eintrat, so laufen sie von seiner Behebung durch Eintritt bzw. Wiedereintritt der Geschäftsfähigkeit des Erben oder eines gesetzlichen Vertreters ab weiter, unter Ausschaltung des zwischen dem Eintritt und der Behebung des Mangels liegenden Zeitraums (§ 205). Ihr Lauf vollendet sich, falls sie sechs Monate oder mehr betragen, nicht vor dem Ablauf von von sechs Monaten von der Behebung des Mangels ab (§ 206 Abs. 1 Satz 1); falls sie aber weniger betragen, nicht vor dem Ablaufe ihrer vollen Dauer von dem gleichen Zeitpunkte ab, ohne Einrechnung des vor dem Eintritt des Mangels abgelaufenen Zeitraums (§ 206 Abs. 1 Satz 2). Der Ablauf der Frist tritt auch ein, wenn der geschäftsfähig gewordene Erbe oder der neu eingetretene gesetzliche Vertreter von der Fristsetzung keine Kenntnis erhalten hat (vgl. § 1944 Rdn. 21); doch kann in diesem Falle Abhilfe durch Bestimmung einer neuen Inventarfrist nach § 1996 Abs. 1 Satz 2 geschaffen werden.

§ 1998

Stirbt der Erbe vor dem Ablaufe der Inventarfrist oder der im § 1996 Abs. 2 bestimmten Frist von zwei Wochen, so endigt die Frist nicht vor dem Ablaufe der für die Erbschaft des Erben vorgeschriebenen Ausschlagungsfrist.

E I 2099 II 1873; M 5 612, 613; P 5 734.

Tod des Erben vor Fristablauf

1 Die Vorschrift des § 1952 Abs. 2 ist auf die Inventarfrist und die Frist zum Verlängerungsantrage (§ 1996 Abs. 2) übertragen. Das Ende der Fristen wird in diesem Falle so lange hinausgeschoben, bis die Ausschlagungsfrist für die dem Erbeserben angefallene Erbschaft des unmittelbaren Erben abgelaufen ist (§ 1944). Auch hier (vgl. § 1997 Rdn. 2) kann die einmal in Lauf gesetzte Inventar- usw. Frist ablaufen, ohne daß der Erbeserbe davon Kenntnis erhält, daß eine Frist bestimmt ist; alsdann ist gegebenenfalls § 1996 Abs. 1 Satz 2 anwendbar.

2 Fällt die Erbschaft des Erben an mehrere Erben, so ist jeder Miterbe zur Errichtung des Inventars über die ganze dem ersten Erben angefallene Erbschaft verpflichtet. Die Frist kann für jeden verschieden laufen (§ 1944 Rdn. 2). Wahrung der Frist durch einen Miterben kommt auch den andern nicht schon unbeschränkt haftbar gewordenen Miterben zustatten (§ 2063). Auch der Erbeserbe kann Verlängerung (§ 1995 Abs. 3) und neue Fristbestimmung (§ 1996) beantragen.

§ 1999

Steht der Erbe unter elterlicher Gewalt oder unter Vormundschaft, so soll das Nachlaßgericht dem Vormundschaftsgerichte von der Bestimmung der Inventarfrist Mitteilung machen.

E I 2101 II 1874; M 5 614; P 5 734.

Benachrichtigung des Vormundschaftsgerichts

Das Vormundschaftsgericht soll damit in den Stand gesetzt werden, von Aufsichts wegen (§§ 1837, 1667 ff) über Einhaltung der Inventarfrist durch Vormund (Pfleger

§ 1915) oder Gewalthaben zu wachen; vgl. § 1994 Rdn. 9. Für den Fristablauf selbst ist die Mitteilung ohne Bedeutung.

§ 2000

Die Bestimmung einer Inventarfrist wird unwirksam, wenn eine Nachlaßverwaltung angeordnet oder der Nachlaßkonkurs eröffnet wird. Während der Dauer der Nachlaßverwaltung oder des Nachlaßkonkurses kann eine Inventarfrist nicht bestimmt werden. Ist der Nachlaßkonkurs durch Verteilung der Masse oder durch Zwangsvergleich beendigt, so bedarf es zur Abwendung der unbeschränkten Haftung der Inventarerrichtung nicht.

E I 2095 Abs. 2 II 1868 Abs. 3; M 5 609; P 5 733, 741.

Wegfall der Frist infolge Nachlaßverwaltung und Nachlaßkonkurses

Übersicht

I. Grund der Vorschrift 1

Nachlaßverwaltung und Nachlaßkonkurs sichern dem Erben ohnedies die beschränkte Haftung (§ 1975), den Nachlaßgläubigern aber die ordnungsmäßige Befriedigung. Pflicht des Verwalters, ein Verzeichnis des Nachlasses aufzustellen § 1985 Anm. 2; des Erben, ihm Auskunft zu erteilen und ein Nachlaßverzeichnis vorzulegen §§ 1978, 666, 260.

Auch wenn das **Nachlaßvergleichsverfahren** eröffnet wird, wird die Bestimmung 2
einer Inventarfrist unwirksam (§ 113 Nr. 4 VerglO; *Bley/Mohrbutter* § 113 Anm. 25 a).

II. Einwirkung auf Frist und Fristbestimmung 3

Die Inventarfrist kann während dieser Zeit weder dem Erben, noch dem Nachlaßverwalter (§ 2012), noch dem Konkursverwalter, dem schon das Gesetz Anfertigung des Inventars und der Bilanz auferlegt (KO § 124), bestimmt werden. Auch die Beeidigung eines vom Erben bereits errichteten Inventars (§ 2006) mit der dort für den Verweigerungsfall angedrohten Folge der unbeschränkten Haftung kann jetzt nicht mehr in Frage kommen, wohl aber kann der Erbe zur Leistung des Offenbarungseides als Gemeinschuldner gemäß KO § 125 angehalten werden. — Satz 2 findet auch während der Dauer des Nachlaßvergleichsverfahrens Anwendung (§ 113 Nr. 4 VerglO; s. Rdn. 2).

III. Beendigung von Nachlaßkonkurs und Nachlaßvergleichsverfahren 4

Ist der Nachlaßkonkurs durch Schlußverteilung oder durch Zwangsvergleich beendet, so haftet der Erbe nach § 1989 (vgl. Rdn. 16 dazu) allen Gläubigern gegenüber nur so, wie er den gemäß § 1973 ausgeschlossenen Gläubigern nach Aufgebot haften würde. Ein Verlust der einmal auf Grund von § 1973 eingetretenen Haftungsbeschränkung gegenüber ausgeschlossenen Gläubigern tritt auch durch spätere Versäumung der Inventarfrist nach § 2013 Abs. 1 Satz 2, vgl. Rdn. 4 zu § 2013, nicht ein. Im Falle des § 1989 haben, ohne daß es eines Aufgebots bedarf, alle Gläubiger mit Ausnahme derjenigen, denen der Erbe bereits unbeschränkt haftet, die Stellung ausgeschlossener Gläubiger (vgl. § 1989 Rdn. 16, 19). Deshalb kann in diesem Falle der Verlust der Haftungsbeschränkung durch Versäumung einer Inventarfrist keinem Gläubiger gegenüber mehr eintreten und ist folgerichtig auch die Bestimmung einer solchen durch § 2000 ausgeschlossen.

Dies gilt nach § 113 Nr. 4 VerglO auch, wenn das Nachlaßvergleichsverfahren durch Vergleich beendigt worden ist.

Dagegen ist dem Erben auf Antrag neue Frist zu bestimmen, wenn der Konkurs auf andere Weise beendet worden ist (§ 1989 Rdn. 2, 3).

5 **IV. Beendigung der Nachlaßverwaltung**

Da es an einer gleichen Bestimmung für den Fall der durchgeführten Nachlaßverwaltung (vgl. § 1986 Rdn. 7) fehlt, wird man annehmen müssen, daß nach Aufhebung einer solchen dem Erben wieder eine Inventarfrist bestimmt werden kann, bei deren Nichtbeachtung er auch jetzt noch unbeschränkt haftbar wird. Doch kann er sich auf ein vom Nachlaßverwalter formgerecht errichtetes und dem Nachlaßgerichte eingereichtes Inventar berufen (§ 2004).

6 **V. Ungetreues Inventar**

Der Erbe ist für die Nachlaßverbindlichkeiten unbeschränkt haftbar geworden, wenn er, bevor die Nachlaßverwaltung angeordnet oder der Nachlaßkonkurs eröffnet ist, ein Inventar errichtet und sich dabei einer Verfehlung nach § 2005 Abs. 1 schuldig gemacht hat. Diese Wirkung entfällt nicht dadurch, daß die dem Erben gesetzte Frist noch nicht abgelaufen war, als die Nachlaßverwaltung oder der Nachlaßkonkurs angeordnet wurde. Dagegen kann ein von dem Erben während der Dauer der Nachlaßverwaltung oder des Nachlaßkonkurses freiwillig oder auf Verlangen des Nachlaßverwalters errichtetes fehlerhaftes Inventar nicht zur unbeschränkten Haftung nach § 2005 Abs. 1 führen. Dem steht § 2000 Satz 2 entgegen (ebenso *Planck/Flad* 4. Aufl. § 2000 Anm. 4; *Staudinger/Lehmann* § 2000 Rdn. 8; *Palandt/Keidel* § 2000 Anm. 2; *Erman/Bartholomeyczik* § 2000 Rdn. 8).

§ 2001

In dem Inventar sollen die bei dem Eintritte des Erbfalles vorhandenen Nachlaßgegenstände und die Nachlaßverbindlichkeiten vollständig angegeben werden.

Das Inventar soll außerdem eine Beschreibung der Nachlaßgegenstände, soweit eine solche zur Bestimmung des Wertes erforderlich ist, und die Angabe des Wertes enthalten.

E I 2105 II 1875; M **5** 618; P **5** 735—737.

Inhalt des Inventars

Übersicht

I. Allgemeines 1

Wenn es im Gesetz auch nicht vorgeschrieben ist, ist doch zweckmäßig, die Aktiven und Passiven des Nachlasses einander gegenüberzustellen und die Bilanz zu ziehen, um festzustellen, ob und in welchem Umfang der Nachlaß überschuldet ist. Auch das von einem Miterben errichtete Inventar muß den ganzen Nachlaß erfassen. Ausgleichsposten (§ 2057) gehören nicht hinein.

II. 1. Maßgebender Zeitpunkt für die Angabe der Nachlaßgegenstände 2

Für die Nachlaßgegenstände (Sachen und Rechte, vgl. 11. Aufl. § 90 Anm. 38) ist lediglich die Zeit des Erbfalls maßgebend. Ebenso für die Wertangabe. Seit dem Tode des Erblassers eingetretene Veränderungen bleiben außer Betracht. Es sind also auch diejenigen Nachlaßgegenstände aufzuführen, die zur Zeit der Errichtung nicht mehr vorhanden sind; andererseits nicht die nach dem Erbfalle dem Nachlasse erworbenen Gegenstände, insbesondere nicht die Ersatzforderungen gegen den Erben (§ 1978 Abs. 2).

2. Maßgebender Zeitpunkt für die Angabe der Nachlaßverbindlichkeiten 3

Für die Nachlaßverbindlichkeiten (§ 1967 Abs. 2) entscheidet der Zeitpunkt der Errichtung. Hierzu gehören auch die Kosten des Inventars (im Konkurse als Masseschuld KO § 224 Nr. 4). Dies schließt nicht aus, daß sich der Erbe zu Zwecken der Inventarerrichtung durch Rechtsgeschäft auch persönlich verpflichtet (§ 1967 Rdn. 12). Auch nach der Errichtung des Inventars können noch weitere Nachlaßverbindlichkeiten entstehen. Das muß unberücksichtigt bleiben (BGH **32,** 60 mit Anm. *Mattern* LM BGB § 1967 Nr. 1).

Aus dem Zwecke der Inventarerrichtung ist zu entnehmen, daß auch die durch Vereinigung erloschenen Rechte und Verbindlichkeiten aufzuführen sind, da sie wiederaufleben können (§§ 1976, 1991 Abs. 2).

III. Die Beschreibung und Wertangabe liegt im Falle des § 2002 dem Erben, im Falle 4
des § 2003 dem aufnehmenden Beamten ob, dem der Erbe, soweit erforderlich, Auskunft zu erteilen hat. Vgl. die Verhandlungen der 2. Komm. (Prot. aaO). Vgl. auch § 2002 Rdn. 1. Abschätzung durch Sachverständige ist nicht erforderlich.

IV. Verletzung der Vorschrift 5

Die Vorschriften des Paragraphen sind nur **Ordnungsvorschriften („soll“)**; von ihrer Beobachtung ist die Wirksamkeit der Inventarerrichtung nicht abhängig. Doch muß das eingereichte Schriftstück sich wenigstens als ein „Inventar“, d. h. als eine Bestandsaufnahme des Nachlasses, darstellen. Über den Einfluß von Unrichtigkeiten und Unvollständigkeiten bestimmt im übrigen § 2005.

§ 2002

Der Erbe muß zu der Aufnahme des Inventars eine zuständige Behörde oder einen zuständigen Beamten oder Notar zuziehen.

E I 2102 II 1876; M **5** 615, 616; P **5** 734, 737.

Inventaraufnahme. Amtliche Mitwirkung

I. Amtliche Mitwirkung 1

Ein vom Erben selbst ohne Zuziehung einer Amtsperson aufgenommenes Inventar ist unwirksam, selbst wenn es öffentlich beglaubigt wäre (anders bei dem vom Vorerben nach § 2121 oder vom Testamentsvollstrecker nach § 2215 mitzuteilenden Verzeichnis). Es bedarf in jedem Falle, auch wenn kein Nachlaß vorhanden ist, der amtlichen Mitwirkung gemäß § 2002 oder § 2003. Anderseits ist auch ein von der Amtsperson selbst aufgenommenes Inventar kein solches nach § 2002; vielmehr müssen Erbe und Amtsperson zur Aufnahme zusammenwirken, insbesondere ist die Unterschrift des Erben erforderlich (RG **77**, 247).

2 Die zugezogene Amtsperson hat nur die Stellung eines Beistandes und ist zur Prüfung der Vollständigkeit und Richtigkeit des Inventars, insbesondere auch der Wertangabe (§ 2001 Abs. 2), nicht verpflichtet. Doch wird es ihr nicht verwehrt werden können, ihrer von der des Erben abweichenden Meinung Ausdruck zu geben, da sie andernfalls ja nur als Statist erscheinen würde. Eine solche Äußerung kann auf die Wirksamkeit der Inventarerrichtung keinen unmittelbaren Einfluß haben, aber unter Umständen für die Frage erheblich sein, ob dem Erben eine Pflichtverletzung nach § 2005 zur Last fällt.

3 In welcher Weise die Mitwirkung der Amtsperson zu beurkunden ist, ist nicht vorgeschrieben; Mit-Unterschrift wird genügen, aber nicht zur Wirksamkeit erforderlich sein (aM anscheinend *Planck/Flad* Anm. 3).

4 Der Erbe hat selbst für rechtzeitige Einreichung zu sorgen (§ 1994 Rdn. 12). Die Frist wird im Falle des § 2002 nur durch die Einreichung, nicht durch die Zuziehung einer Amtsperson (wie im Falle des § 2003 durch den Antrag auf Aufnahme) gewahrt (OLG Hamburg NJW **62**, 53).

5 Der Erbe kann sich bei der Aufnahme durch einen Bevollmächtigten vertreten lassen; Einreichung der Vollmacht mit dem Inventar oder innerhalb der Frist ist nicht (wie bei der Erbschaftsausschlagung, § 1945 Abs. 2) vorgeschrieben. Die Einreichung des Inventars durch einen Geschäftsführer ohne Auftrag ist unwirksam (§ 180); doch wird sie wirksam, wenn der Erbe innerhalb der Frist auf das eingereichte Inventar gemäß § 2004 Bezug nimmt.

6 **II. Zuständigkeit**

Zuständig sind nach Bundesrecht die Notare (§ 20 BNotO). Die Zuständigkeit der Behörden und Beamten regelt sich im übrigen gemäß Art. 148 EGBGB, § 20 Abs. 4 BNotO nach Landesrecht.

7 Ein unter Zuziehung einer sachlich nicht zuständigen Amtsperson aufgenommenes Inventar ist unwirksam. Fehlende örtliche Zuständigkeit schadet nicht, wie sich aus dem Gebrauche des unbestimmten Artikels („eine zuständige Behörde" usw.) ergibt (aM anscheinend *Planck/Flad* Anm. 2).

§ 2003

Auf Antrag des Erben hat das Nachlaßgericht entweder das Inventar selbst aufzunehmen oder die Aufnahme einer zuständigen Behörde oder einem zuständigen Beamten oder Notar zu übertragen. Durch die Stellung des Antrags wird die Inventarfrist gewahrt.

Der Erbe ist verpflichtet, die zur Aufnahme des Inventars erforderliche Auskunft zu erteilen.

Das Inventar ist von der Behörde, dem Beamten oder dem Notar bei dem Nachlaßgericht einzureichen.

E I 2103 II 1877; M **5** 616, 617; P **5** 734, 741.

Amtliche Aufnahme des Inventars

Übersicht

I. Zuständigkeit 1

1. Zuständigkeit des Nachlaßgerichts

Nachlaßgericht § 1960 Rdn. 10—13. Die Geschäfte des § 2003 sind dem Rechtspfleger übertragen (§ 3 Nr. 2 c RpflG v. 5.11.1969; § 72 FGG).

Das Nachlaßgericht kann auch im Wege der Rechtshilfe ein anderes Nachlaßge- 2
richt oder eine andere landesgesetzlich an Stelle des Nachlaßgerichts bestimmte Behörde um Aufnahme des Inventars ersuchen (RG **106,** 287). Der Erbe darf den Beamten nicht unter Übergehung des Nachlaßgerichts selbst beauftragen (RG **77,** 246). Der Antrag kann auch von einem Miterben wirksam gestellt werden (KG RJA **8,** 100).

Das Landesrecht kann die Verrichtungen, die dem Nachlaßgericht obliegen, ande- 3
ren als gerichtlichen Behörden übertragen (EG Art. 147), oder, soweit es Nachlaßgerichte vorsieht, die Zuständigkeit des Nachlaßgerichts zur Aufnahme des Inventars ausschließen (EG Art. 148). Inwieweit die Notare zuständig sind, richtet sich gemäß § 20 Abs. 4 BNotO nach Landesrecht.

2. Übertragung an die zuständige Behörde 4

Die Inventarerrichtung kann nur einer zuständigen Behörde übertragen werden. Die Zuständigkeit ergibt sich aus dem Landesrecht, da die Behördenorganisation bundesrechtlich nicht geregelt ist (GG Art. 74 Nr. 1, Art. 72). Auch hängt die Wirksamkeit des Inventars nur von der sachlichen Zuständigkeit ab (vgl. § 2002 Rdn. 7).

II. Inventarfrist 5

§ 1995, verlängerte und neu bestimmte Frist §§ 1995 Abs. 3, 1996. Der von einem Miterben gestellte Antrag wahrt die Frist auch für die übrigen Erben (§ 2063 Abs. 1, KG OLG **10,** 296). Er kann darauf gerichtet werden, das Inventar bei dem im Besitze des Nachlasses befindlichen Miterben aufzunehmen (KG OLG **5,** 342).

III. Aufnahme durch Amtsperson 6

Die Aufnahme liegt abweichend von § 2002 nicht dem Erben, sondern dem amtlichen Organ ob. Nach KG RJA **12,** 111 soll dieses im Interesse der Aufklärung auch dritte Personen, sogar einen Nachlaßgläubiger zuziehen dürfen. Der Erbe ist zur Mitwirkung nur durch Erteilung von Auskunft verpflichtet. An seine Angaben ist aber das amtliche Organ nicht gebunden. Unmittelbare Zwangsmittel zur Erwirkung der Auskunfterteilung bestehen nicht. Ihre Verweigerung oder absichtliche Verzögerung sowie die absichtliche Unrichtigkeit der Auskunft sind aber mit dem Verluste der beschränkten Haftung bedroht (§ 2005 Abs. 1). Aus der Auskunftspflicht wird auch die Pflicht zur Vorlegung eines Verzeichnisses (§ 260) zu folgern sein. Für die Kosten der Inventarerrichtung haften nur die Erben (§ 6 KostO). Gebühren für die Anordnung der Aufnahme: §§ 114 Nr. 1, 115 KostO.

7 **IV. Pflicht zur Einreichung beim Nachlaßgericht**

Die Amtspersonen sind zur Einreichung nicht bloß (wie die Notare in FGG §§ 71, 129, GBO § 15) ermächtigt, sondern verpflichtet. Gegen Verzögerungen ist die Aufsichtsbeschwerde gegeben.

8 **V. Bedeutung für den Erben**

Das Verfahren nach § 2003 ist für den Erben bequemer, wenngleich teurer als das Verfahren nach § 2002. Von der Möglichkeit, die Aufnahme des Inventars durch eine Amtsperson zu beantragen, muß der Erbe in den Fällen Gebrauch machen, in denen er das Inventar nicht selbst errichten kann, z. B. weil der Nachlaß in den Händen einer dritten Person ist, die sich weigert, die erforderlichen Auskünfte zu geben.

§ 2004

Befindet sich bei dem Nachlaßgerichte schon ein den Vorschriften der §§ 2002, 2003 entsprechendes Inventar, so genügt es, wenn der Erbe vor dem Ablaufe der Inventarfrist dem Nachlaßgerichte gegenüber erklärt, daß das Inventar als von ihm eingereicht gelten soll.

E I 2104 II 1878; M **5** 617, 618; P **5** 735.

Bezugnahme auf ein vorhandenes Inventar

1 I. Das **bei dem Nachlaßgericht befindliche Inventar** darf nicht bloß als Privatinventar errichtet worden sein. Das in Bezug zu nehmende Inventar kann vom Nachlaß- oder Konkursverwalter, vom Testamentsvollstrecker, Erbschaftsbesitzer, auch von einem nicht ausgewiesenen Bevollmächtigten oder einem auftragslosen Geschäftsführer des Erben errichtet und dem Nachlaßgericht von vornherein eingereicht oder von ihm herbeigezogen sein. Es kann auch vom Nachlaßgericht selbst gemäß § 1960 Abs. 2 errichtet sein. Es genügt nicht, wenn der Erbe sich auf ein infolge falscher Sachbehandlung auf sein Verlangen nach § 2314 Abs. 1 Satz 3 errichtetes und bei den Akten befindliches Nachlaßverzeichnis bezieht (OLG Hamm, NJW **62,** 53).

2 War vorschriftsmäßiges Inventar vom Erben oder mit Wirkung für den Erben (§§ 2008, 2063, 2144, 2383) von einem andern, auch von einem Nachlaßpfleger (§ 1960 Abs. 2), errichtet, so kommt § 2004 nicht in Frage. Die Frist darf in diesem Falle überhaupt nicht bestimmt werden (§ 1994 Anm. 7).

3 II. Die Bezugnahme muß erfolgen vor Ablauf der ersten oder der verlängerten oder der neu bestimmten **Inventarfrist** (§§ 1995, 1996).

4 III. Die **Erklärung** ist an keine Form oder Formel gebunden. Sie kann auch durch einen Bevollmächtigten erfolgen; doch wird sie in diesem Falle vom Nachlaßgerichte gemäß § 174 zurückgewiesen werden können, wenn die Vollmachtsurkunde nicht vorgelegt wird, da eine den § 174 ausschließende Bestimmung, wie in § 1945 Abs. 2 Satz 2 für die Ausschlagung, hier nicht getroffen ist. Beglaubigung oder Nachbringen der Vollmacht innerhalb der Frist (so bei der Ausschlagung § 1945 Abs. 2) ist nicht vorgeschrieben.

5 Auch durch Bezugnahme auf ein fremdes Inventar kann ungetreue Errichtung im Sinne von § 2005 (Rdn. 3) begangen werden. Die Frist wird durch die Bezugnahme auf ein nach § 2005 fehlerhaft errichtetes Inventar nicht gewahrt. Unerheblich ist, ob der

Erbe die Fehlerhaftigkeit kennt oder ob er sie ohne Schuld nicht kennen konnte. Denn der Erbe ist grundsätzlich verpflichtet, das Inventar selbst zu errichten oder durch eine nach § 2003 zuständige Person aufnehmen zu lassen. Nimmt er statt dessen auf ein bereits beim Nachlaßgericht befindliches Inventar Bezug, so tut er das auf eigene Gefahr. Durch die Bezugnahme auf das fehlerhafte Inventar wird jedoch die unbeschränkte Haftung noch nicht sofort ausgelöst. Diese Rechtsfolge tritt erst ein, wenn der Erbe nicht innerhalb der gegen ihn laufenden Frist ein ordnungsmäßiges Inventar einreicht oder einen Antrag nach § 2003 stellt.

§ 2005

Führt der Erbe absichtlich eine erhebliche Unvollständigkeit der im Inventar enthaltenen Angaben der Nachlaßgegenstände herbei oder bewirkt er in der Absicht, die Nachlaßgläubiger zu benachteiligen, die Aufnahme einer nicht bestehenden Nachlaßverbindlichkeit, so haftet er für die Nachlaßverbindlichkeiten unbeschränkt. Das gleiche gilt, wenn er im Falle des § 2003 die Erteilung der Auskunft verweigert oder absichtlich in erheblichem Maße verzögert.

Ist die Angabe der Nachlaßgegenstände unvollständig, ohne daß ein Fall des Abs. 1 vorliegt, so kann dem Erben zur Ergänzung eine neue Inventarfrist bestimmt werden.

E I 2106 II 1879; M 5 618—621; P 5 738—741, 754—756.

Mängel des Inventars

Übersicht

I. Absichtlich unvollständige Angabe der Nachlaßgegenstände 1

Das Gesetz unterscheidet beim ungetreuen Inventar zwischen den auf die Aktiven und den auf die Passiven des Nachlasses (§ 2001 Abs. 1) bezüglichen Angaben. Es macht dabei zwischen dem freiwilligen (§ 1993) und dem erzwungenen Inventar (§§ 1994 ff) keinen Unterschied.

Bezüglich der Nachlaßgegenstände (vgl. § 2001 Rdn. 2) wird die Vollständigkeit 2
der Angaben gefordert. Mängel der Beschreibung und der Wertangabe (§ 2001 Abs. 2) bleiben außer acht.

Der Erbe kann die Unvollständigkeit auf verschiedene Weise herbeiführen, un- 3
mittelbar, wenn er das Inventar selbst errichtet (§ 2002), mittelbar durch die Art der von ihm erteilten Auskunft, wenn er die amtliche Errichtung veranlaßt (§ 2003 Abs. 2), im Falle des § 2004 dadurch, daß er auf ein Inventar Bezug nimmt, von dem er weiß, daß es unvollständig hinsichtlich der Nachlaßgegenstände ist oder nicht bestehende Nachlaßverbindlichkeiten enthält.

Mit der Strafe der unbeschränkten Haftung bedroht ist aber nur absichtliches 4
Handeln oder Unterlassen. Absicht ist mehr als Vorsatz. Der Erbe muß mit seinem Tun

etwas bezweckt haben, z. B. die Steuerbehörde zu täuschen. Die Absicht braucht sich, anders als in den Rdn. 5 behandelten Fällen, nicht gegen die Nachlaßgläubiger zu richten (*Kipp/Coing*, § 94 V 1 Anm. 20). Jedoch hat die Bezugnahme auf ein ungetreues Inventar die Versäumung der Inventarfrist auch dann zur Folge, wenn der Erbe ohne Verschulden die Fehlerhaftigkeit nicht kennt (§ 2004 Rdn. 5). Gleichgültig ist, welchen Zweck der Erbe mit dem ungetreuen Inventar verfolgt, insbesondere ob er damit jemand zu benachteiligen sucht. Die Unvollständigkeit muß aber eine erhebliche, je nach dem Umfange des Nachlasses auch für die Interessen der Gläubiger ins Gewicht fallende sein. Auch dessen muß sich der Erbe bewußt sein. Es schadet also nicht, wenn der Erbe kleinere wertlose Nachlaßgegenstände nicht in das Inventar aufnimmt.

5 **II. Aufnahme nicht bestehender Nachlaßverbindlichkeiten**

Bezüglich der Nachlaßverbindlichkeiten genügt dagegen die bloße Absicht, d. h. die wissentlich falsche Aufnahme einer nicht oder nicht in der angegebenen Höhe bestehenden Schuld nicht. Es muß vielmehr die Benachteiligungsabsicht in bezug auf die Nachlaßgläubiger hinzukommen. Das ist in der Regel die Absicht, ihnen die Überschuldung des Nachlasses vorzuspiegeln und sie hierdurch zur Ermäßigung ihrer Forderungen zu bewegen oder auch, ihnen Nachlaßgegenstände durch Anrechnung auf die nicht bestehenden Nachlaßverbindlichkeiten, sei es zum Vorteile der angeblichen Gläubiger dieser Verbindlichkeiten oder zu eigenem Vorteile, zu entziehen (vgl. auch KO § 239 Nr. 2). Das Weglassen bestehender Verbindlichkeiten ist unschädlich. Da das Inventar mit der Einreichung errichtet ist (§§ 1993, 2003 Abs. 3), kommt es darauf an, ob die Inventarpflicht in diesem Augenblick verletzt ist, sei es auch, daß die Frist noch nicht abgelaufen oder im Falle des § 2003 bereits durch den Antrag gewahrt war, oder daß, wie im Falle des § 1993, eine Frist überhaupt nicht läuft. Der Erbe kann deshalb zwar bis zur Einreichung, nicht aber bis zum Fristablauf, durch Berichtigung der ungetreuen Angaben die Folgen abwenden. Denn auch vor Fristablauf kann das Vorhandensein eines ungetreuen Inventars bereits eine Schädigung der Nachlaßgläubiger in der Richtung der Absicht des Erben herbeiführen.

6 **III. Verweigerung und Verzögerung der Auskunft**

Die Verweigerung und Verzögerung der Auskunft, zu der der Erbe nach § 2003 Abs. 2 verpflichtet ist, setzen voraus, daß er durch das das Inventar aufnehmende Amtsorgan zur Erteilung der Auskunft aufgefordert worden ist. Die Verweigerung bedeutet eine ausdrückliche Ablehnung, enthält also ohne weiteres die Absicht (den Vorsatz), die Auskunft nicht zu erteilen, während die Verzögerung, die an sich auch auf Fahrlässigkeit beruhen kann, nur in Betracht kommt, wenn sie die Absicht, die Inventaraufnahme hinauszuziehen, erkennen läßt.

7 Nicht die Verweigerung oder Verzögerung der Auskunft über eine einzelne Tatsache, sondern nur die Verletzung der einheitlichen Auskunftspflicht in bezug auf die gesamte Tätigkeit des Amtsorgans oder doch einen wesentlichen Teil dieser Tätigkeit soll nach den Kommissionsprotokollen (**5**, 756) den Rechtsnachteil zur Folge haben. Die Vorschrift des Abs. 1 Satz 2, die als zu streng in der zweiten Kommission ohne Erfolg bekämpft wurde, bezweckt zu verhindern, daß der Erbe, der die ihm bestimmte Inventarfrist durch Antrag gemäß § 2003 Abs. 1 gewahrt hat, die ordnungsmäßige Errichtung des Inventars durch das amtliche Organ dadurch hindert, daß er die dazu erforderliche Auskunft verweigert oder verzögert; in solchem Falle soll er sich so behandeln lassen müssen, wie wenn er die Errichtung des Inventars innerhalb der Frist unterlassen hat (Prot. **5**, 756). Aus dieser Zweckbestimmung, die auch im Gesetz hinreichenden Aus-

druck gefunden hat, ist zu entnehmen, daß die Vorschrift keine Anwendung finden kann, wenn dem Erben eine Inventarfrist noch nicht bestimmt war (§ 1993); aber auch nicht, wenn die Behörde ungeachtet der Verweigerung das Inventar errichtet hat, sei es, weil die Auskunft von anderer Seite erhalten oder sie für nicht erforderlich gehalten hat. Ist das Inventar infolgedessen unvollständig hinsichtlich der Aktiva geworden (eine betrügerische Aufnahme von Passiven kommt hier nicht in Frage), so haftet der Erbe, wenn er die Unvollständigkeit der Auskunftsverweigerung absichtlich herbeigeführt hat, gemäß Abs. 1 Satz 1 unbeschränkt. Andernfalls kann ihm nur eine neue Inventarfrist zur Ergänzung bestimmt werden (Abs. 2). Kann dann diese Ergänzung nicht erfolgen, weil der Erbe wiederum die Auskunft verweigert, so haftet er nunmehr nach Abs. 1 Satz 2 unbeschränkt (*Planck/Flad* § 2005 Anm. 2c; *Staudinger/Lehmann* § 2005 Rdn. 4).

IV. Haftung für Vertreter 8

Der Erbe haftet auch für Verfehlungen seines gesetzlichen Vertreters oder Bevollmächtigten bei Errichtung des Inventars, da es sich dabei um die Erfüllung einer bestehenden schuldrechtlichen Verbindlichkeit handelt (§ 278), auch wenn eine Inventarfrist noch nicht bestimmt ist. Dagegen können Verfehlungen solcher Personen, deren Inventarerrichtung ihm nur „zustatten kommt“ (§§ 2008, 2063, 2144, 2383), seine unbeschränkte Haftung gemäß § 2005 nicht bewirken; sie können aber, wenn ihm eine Inventarfrist bestimmt ist und er nicht selbst ein Inventar errichtet hat, dazu führen, daß diese als versäumt gilt (§ 1994 Abs. 1 Satz 2), da die Errichtung eines ungetreuen Inventars zur Wahrung der Frist nicht geeignet ist. Näheres § 2008 Rdn. 11—13.

V. Eintritt der unbeschränkten Haftung 9

Der Erbe haftet gegenüber allen Nachlaßgläubigern unbeschränkt, nicht bloß wie im Falle des § 2006 Abs. 3 gegenüber dem Antragsteller. Ausnahmen §§ 2013 Abs. 1 Satz 2, 2063 Abs. 2, 2144 Abs. 3.

VI. Frist zur Ergänzung des Inventars 10

Ist die Unvollständigkeit (Rdn. 1, 2) durch unverschuldete Unkenntnis oder durch Fahrlässigkeit des Erben herbeigeführt worden, dann kann dem Erben zur Ergänzung des Inventars nach Abs. 2 eine neue Frist bestimmt werden. Keine Nachfrist zur Berichtigung der Angaben bezüglich der Nachlaßverbindlichkeiten.

VII. Die neue Inventarfrist 11

Sie ist im technischen Sinne verstanden (§ 1994 Rdn. 9,10), sie kann deshalb dem Erben nur auf Antrag eines Nachlaßgläubigers, nicht des Erben selbst oder von Amts wegen bestimmt werden (*Palandt/Keidel* § 2005 Anm. 4; *Soergel/Ehard/Eder* § 2005 Rdn. 6; *Lange* § 50 S. 644 Anm. 6; a.A. auch auf Antrag des Erben: *Staudinger/Lehmann* § 2005 Rdn. 6; *Kipp/Coing* § 94 II 6 c Anm. 14). Die Bestimmung kann auch erstmalig erfolgen, wenn das Inventar freiwillig eingereicht war (§ 1993).

Der Antrag ist an keine Frist gebunden; grundsätzlich wird auch ihm gegenüber 12
die Offizialermittlungspflicht des Gerichts (FGG § 12) Platz greifen; doch wird das Gericht keinen Anlaß haben, besondere Ermittlungen anzustellen, wenn der Antrag nicht irgendwelche Anhaltspunkte dafür gibt, daß und in welcher Richtung das Inventar unvollständig sein soll. Er ist vom Nachlaßgericht abzulehnen, wenn es den Fall des Abs. 1 gegeben findet. Gegen die darauf ergehende Entscheidung sofortige Beschwerde nach FGG § 77 Abs. 2.

13 Die neue Frist kann auch wiederholt bestimmt werden und unterliegt den allgemeinen Vorschriften der §§ 1994—2000. Die Ergänzung hat in den Formen der §§ 2002 bis 2004 zu geschehen. Selbstverständlich kann der Erbe durch getreue und fristgemäße Vervollständigung die einmal eingebüßte Beschränkbarkeit seiner Haftung nicht zurückgewinnen.

14 **VIII. Beweislast**

Daß die Voraussetzungen des § 2005 Abs. 1 gegeben sind, ist von dem Gläubiger zu beweisen, der unbeschränkte Haftung des Erben geltend macht. Die Annahme des Nachlaßgerichts, daß Abs. 1 nicht vorliege, bindet den Prozeßrichter nicht. Eine Klage auf Feststellung der unbeschränkten Erbenhaftung ist nach § 256 ZPO möglich.

§ 2006

Der Erbe hat auf Verlangen eines Nachlaßgläubigers zu Protokoll des Nachlaßgerichts an Eides Statt zu versichern,

daß er nach bestem Wissen die Nachlaßgegenstände, so vollständig angegeben habe, als er dazu imstande sei.

Der Erbe kann vor der Abgabe der eidesstattlichen Versicherung das Inventar vervollständigen.

Verweigert der Erbe die Abgabe der eidesstattlichen Versicherung, so haftet er dem Gläubiger, der den Antrag gestellt hat, unbeschränkt. Das gleiche gilt, wenn er weder in dem Termine noch in einem auf Antrag des Gläubigers bestimmten neuen Termin erscheint, es sei denn, daß ein Grund vorliegt, durch den das Nichterscheinen in diesem Termine genügend entschuldigt wird.

Eine wiederholte Abgabe der eidesstattlichen Versicherung kann derselbe Gläubiger oder ein anderer Gläubiger nur verlangen, wenn Grund zu der Annahme besteht, daß dem Erben nach der Abgabe der eidesstattlichen Versicherung weitere Nachlaßgegenstände bekannt geworden sind.

E I 2142 II 1880; M 5 620, 669—672; P 5 741, 757, 758.

Eidesstattliche Versicherung

Übersicht

1 **I. Antrag auf Abgabe der eidesstattlichen Versicherung**

§ 2006, der in seiner ursprünglichen Fassung dem Erben die Pflicht auferlegte, den Offenbarungseid zu leisten, ist durch Art. 2 § 1 Nr. 3 des Gesetzes zur Änderung des Rechtspflegergesetzes, des Urkundengesetzes und zur Umwandlung des Offenbarungseids in eine eidesstattliche Versicherung vom 26. 6. 1970 (BGBl. 911) geändert worden. Danach ist an die Stelle des Offenbarungseids eine eidesstattliche Versicherung getreten. Die Änderung ist am 1. Juli 1970 in Kraft getreten (dazu *Schmidt*, Rpfl. 71, 135 und *Habscheid*, NJW 70, 1669).

Die Entgegennahme der eidesstattlichen Versicherung ist ein Akt der Freiwilligen Gerichtsbarkeit (FGG § 79). Es ist ausgeschlossen, im Klageweg eine Verurteilung des

Erben zur Abgabe der eidesstattlichen Versicherung (ZPO § 889) herbeizuführen (RG WarnRspr. 1912 Nr. 116 für den Offenbarungseid). Anders, wenn der Erbe auf Grund des § 1978 Rdn. 6 zur Abgabe der eidesstattlichen Versicherung nach §§ 259—261 angehalten werden soll.

Voraussetzung ist, daß ein Inventar, sei es ohne (§ 1993) oder nach Bestimmung einer Inventarfrist (§ 1994), von dem Erben oder für ihn durch einen Bevollmächtigten oder gesetzlichen Vertreter (auch den Nachlaßpfleger, vgl. § 2004 Rdn. 2) oder nach 2003 Abs. 3 durch die aufnehmende Amtsstelle eingereicht oder von dem Nachlaßgerichte selbst aufgenommen ist (§ 2003 Abs. 1) oder daß er ein bei dem Nachlaßgerichte befindliches Inventar sich durch Erklärung angeeignet hat (§ 2004); vgl. KGJ **28** A 27. **2**

Der Antrag eines Nachlaßgläubigers, der mit dem Antragsteller aus § 1994 nicht identisch zu sein braucht, genügt. Soweit nicht bereits geschehen, hat er seine Gläubigereigenschaft bei Stellung des Antrags glaubhaft zu machen (§ 1994 Abs. 2, vgl. Rdn. 8 dazu). **3**

Auch einem ausgeschlossenen Gläubiger gegenüber kann der Erbe durch die Weigerung, auf dessen Antrag die eidesstattliche Versicherung abzugeben, unbeschränkt haftbar werden (§ 2013 Rdn. 4); deshalb muß auch ein solcher Gläubiger berechtigt sein, die Abgabe der eidesstattlichen Versicherung zu verlangen. **4**

Ein Pflichtteilsberechtigter, der nicht Erbe und dem daher nach § 2314 der Erbe auskunftspflichtig ist, sowie ein Vermächtnisnehmer, dem ein Anspruch auf Auskunft ausdrücklich oder stillschweigend mitvermacht ist (was insbesondere bei der Zuwendung des Pflichtteils als Vermächtnis anzunehmen ist; vgl. § 2174 Rdn. 14), kann an Stelle des nach § 260 vorzulegenden Bestandsverzeichnisses, falls die Voraussetzungen des § 260 Abs. 2 vorliegen, die eidesstattliche Bekräftigung eines von dem Erben errichteten und eingereichten Inventars verlangen und in diesem Falle auch durch Klage erzwingen (RG **129,** 239; München JFG **15,** 118; vgl. § 1994 Rdn. 6). **5**

II. Nachlaßgericht **6**

Zuständig zur Abnahme der eidesstattlichen Versicherung ist das Nachlaßgericht § 1960 Rdn. 10—13. Auch wenn die Verrichtungen des Nachlaßgerichts landesgesetzlich einer anderen Behörde übertragen sind, ist nach Art. 147 Abs. 2 EGBGB für die Abnahme der eidesstattlichen Versicherung das Amtsgericht zuständig, in dessen Bezirk die Behörde ihren Sitz hat.

III. Umfang der Offenbarungspflicht **7**

Die eidesstattliche Versicherung bezieht sich nur auf die Nachlaßgegenstände (§ 2001 Rdn. 2), und zwar so, wie sie bei Eintritt des Erbfalls vorhanden waren, nicht auch auf die Nachlaßverbindlichkeiten, die Beschreibung und die Wertangabe (§ 2001 Abs. 2). Im Unterschiede von §§ 260, 261 ist nicht Voraussetzung, daß der Verdacht unsorgfältiger Aufstellung des Inventars begründet sei.

Eine etwas abweichende Form wird unter Umständen erforderlich sein, namentlich wenn der Erbe ein von einem gesetzlichen Vertreter oder Bevollmächtigten für ihn eingereichtes (§ 1993 Rdn. 5) oder ihm zustatten kommendes Inventar (§§ 2008, 2063, 2144, 2383) oder ein solches, auf das er Bezug genommen hat (§ 2004), bekräftigen soll. Im Falle des § 2003 wird eine Änderung nicht erforderlich, die „Angabe" vielmehr ohne weiteres auf die dem aufnehmenden Amtsorgane erteilte Auskunft zu beziehen sein. Soweit eine Änderung erforderlich ist, wird das Gericht auch ohne besondere Vorschrift (wie in § 261 Abs. 2) dazu befugt sein (aM *Planck/Flad* Anm. 3; Stuttgart ZBIFG **16,** 629 Nr. 459). **8**

9 Der Erbe hat nur sein bestes Wissen zur Zeit der Abgabe zu versichern, er wird deshalb nicht zu besonderen Nachforschungen verpflichtet (Stuttgart ZBlFG **16,** 629 Nr. 459). Nur der Erbe selbst — im Falle des § 2008 also nur der erbende Ehegatte und nicht auch der andere Ehegatte — ist verpflichtet.

10 **IV. Die Vervollständigung des Inventars**

Sie soll den Erben nur in die Lage bringen, die Versicherung ohne Gewissensverletzung abzugeben. Die nach § 2005 einmal verlorene beschränkte Haftung erlangt er damit nicht zurück. Die Vervollständigung kann im Termin oder bis zu einem auf Antrag des Erben vertagten Termine erfolgen. Der Gläubiger kann aber hierzu auch eine neue Inventarfrist bestimmen lassen, § 2005 Rdn. 11—13. Auch wenn die Versicherung abgegeben ist, kann der Gläubiger nachweisen, daß das Inventar unvollständig und daß nach § 2005 die unbeschränkte Haftung eingetreten sei.

11 **V. Folgen der Weigerung**

Die Abgabe der Versicherung kann ebensowenig wie die Errichtung des Inventars (§ 1994 Rdn. 3) durch zivilprozessuale Zwangsmittel (Haft, ZPO §§ 901 ff) erzwungen werden; ihre Unterlassung hat nur den Rechtsnachteil der unbeschränkten Haftung zur Folge; einer Androhung dieses Nachteils bedarf es nicht.

12 Durch Auszahlung des betreibenden Gläubigers kann sich der Erbe von der ihm gegenüber bestehenden Pflicht befreien, da mit der Gläubigereigenschaft auch das Antragsrecht nach Abs. 1 erlischt.

13 Der betreibende Gläubiger kann als solcher nur mit derjenigen Forderung in Betracht kommen, welche er im Offenbarungsverfahren geltend macht und glaubhaft gemacht hat. Nur bezüglich dieser Forderung, nicht auch wegen aller sonstigen oder gar erst künftiger Ansprüche des betreibenden Gläubigers tritt die unbeschränkte Haftung ein. Sie wirkt im Gegensatz zu §§ 1994, 2002 nicht allen, sondern nur dem betreffenden einzelnen Gläubiger gegenüber. Diesem gegenüber aber auch, wenn er bereits ausgeschlossen war oder einem ausgeschlossenen gleichstand (§ 2013 Rdn. 4).

14 Hat der Erbe einem Gläubiger gegenüber die Abgabe der eidesstattlichen Versicherung verweigert, so kann er von anderen Gläubigern dazu geladen und durch neue Verweigerungen auch diesen unbeschränkt haftbar werden.

15 **VI. Nichterscheinen des Erben im Termin**

Darüber, ob das Nichterscheinen des Erben in dem auf Antrag des Gläubigers bestimmten zweiten Termine genügend entschuldigt — hierfür ist der Erbe beweispflichtig — und ob damit die unbeschränkte Haftung von ihm abgewendet ist, kann nur in dem Prozesse zwischen Gläubiger und Erben entschieden werden (Rostock OLG **4,** 118). Dieser Entscheidung wird nicht dadurch vorgegriffen, daß der Nachlaßrichter das Nichterscheinen für entschuldigt angesehen und den Erben in einem dritten oder späteren Termin zur Abgabe der Versicherung zugelassen hat (aM *Crome* § 722 Anm. 110, *Kretzschmar* § 79 Anm. 34; *Staudinger/Lehmann* § 2006 Rdn. 13; *Palandt/Keidel* § 2006 Anm. 4; *Erman/Bartholomeyczik* § 2006 Anm. 5; *Lange* § 50 S. 645 Anm. 8; wie hier *Planck/Flad* Anm. 4b; *Kipp/Coing* § 94 VI 2 Anm. 2b).

16 **VII. Wiederholte Abgabe der eidesstattlichen Versicherung**

Sie ist nur zulässig, wenn das Bekanntwerden weiterer Nachlaßgegenstände (§ 2001 Rdn. 2) anzunehmen ist, entsprechend ZPO § 903, jedoch ohne Zeitbeschränkung. Daß Grund zu der Annahme bestehe, ist vom Antragsteller glaubhaft zu machen. Gegen die darauf ergehende ablehnende oder stattgegebene Entscheidung Beschwerde des Gläubigers oder des Erben aus § 20 FGG.

VIII. Die Kosten 17

Die Kosten der Abnahme der eidesstattlichen Versicherung treffen den Gläubiger entsprechend § 261 Abs. 3 BGB (vgl. auch § 2 Nr. 1 KostO). Gebühr für die Verhandlung in dem Termin zur Abgabe der eidesstattlichen Versicherung § 124 KostO. Einsicht des Protokolls FGG § 78. Pflicht des Erben, der als Gemeinschuldner gilt, im Nachlaßkonkurse eine eidesstattliche Versicherung abzugeben, KO § 125. Dem Nachlaßverwalter steht das Antragsrecht nicht zu, doch kann er auf Grund von § 1985 (Rdn. 4) vom Erben die eidesstattliche Versicherung nach § 260 im Klagewege fordern. Während der Dauer der Nachlaßverwaltung kann die Abgabe der eidesstattlichen Versicherung auch nicht von einem Gläubiger verlangt werden (KGJ **28** A 27).

§ 2007

Ist ein Erbe zu mehreren Erbteilen berufen, so bestimmt sich seine Haftung für die Nachlaßverbindlichkeiten in Ansehung eines jeden der Erbteile so, wie wenn die Erbteile verschiedenen Erben gehörten. In den Fällen der Anwachsung und des § 1935 gilt dies nur dann, wenn die Erbteile verschieden beschwert sind.

E I 2147 II 1881; M **5** 677, 678; P **5** 747, 805, 806.

Haftung des zu mehreren Erbteilen berufenen Erben

Übersicht

I. Berufung zu mehreren Erbteilen 1

Siehe § 1951 Rdn. 1, 2. Echte Fälle einer solchen Berufung liegen vor bei mehrfacher Verwandtschaft (§ 1927) oder Zusammentreffen von Verwandtschaft und Ehe (§ 1934) mit dem Erblasser; bei Zuweisung mehrerer gesonderter Bruchteile der Erbschaft durch Verfügung des Erblassers von Todes wegen an den gleichen Erben oder Zuweisung eines Bruchteils und Anfall eines andern Bruchteils auf Grund gesetzlicher Erbfolge (§§ 2088, 1924 Rdn. 1). Daß die Berufung zu den mehreren Erbteilen auf verschiedenen Berufungsgründen beruhe (§ 1951 Rdn. 4), ist für die Anwendung des § 2007 nicht erforderlich.

Außerdem gibt es noch sog. unechte Fälle der Berufung zu mehreren Erbteilen, insofern nämlich erstens die Erhöhung des ursprünglichen gesetzlichen Erbteils durch Wegfall eines andern gesetzlichen Erben (§ 1935 Rdn. 4) und zweitens die Anwachsung infolge Wegfalls eines eingesetzten Erben (§§ 2094, 2095) in beschränktem Sinne, und zwar nur in Ansehung der Vermächtnisse und Auflagen (die in § 2095 noch genannte Ausgleichungspflicht kommt hier nicht in Frage, da sie keine Nachlaßverbindlichkeit begründet), als besondere Erbteile gelten. Von diesen unechten Fällen handelt Satz 2 des Paragraphen. 2

3 **II. Auswirkung auf die Haftung**

Im Falle der Berufung zu mehreren Erbteilen (echte Fälle, Rdn. 1) soll der Erbe, der zunächst nur zu einem Erbteile unbedingt berufen war oder nur von der Berufung zu diesem Erbteile Kenntnis hatte, wenn er in dieser Lage die Beschränkbarkeit der Haftung durch Versäumung der Inventarfrist (§ 1994), ungetreues Inventar (§ 2005) oder Verweigerung der Abgabe der eidesstattlichen Versicherung (§ 2006, in diesem Falle nur gegenüber dem antragstellenden Gläubiger) verloren hat, nicht gehindert sein, wenn ihm nach diesem Verluste ein weiterer Erbteil angefallen oder der Anfall ihm bekannt geworden ist, nunmehr in Ansehung dieses Erbteils die Beschränkung seiner Haftung auf den Nachlaß durch eines der dafür gegebenen Mittel (Nachlaßverwaltung, Konkurs oder Vergleichsverfahren, Rdn. 17, 18 vor § 1967, bei dürftigem Nachlasse Vorgehen nach § 1990, auch Aufgebot der Nachlaßgläubiger § 1973) herbeizuführen.

4 Die mehreren Erbteile sollen in diesem Falle hinsichtlich der Haftung für die Nachlaßverbindlichkeiten so behandelt werden, als wenn sie verschiedenen Erben gehörten. Nach der herrschenden Lehre würde freilich die Vorschrift keine praktische Bedeutung für den Erben haben, wenn die mehreren ihm angefallenen Erbteile die ganze Erbschaft erschöpften, es sei denn, daß einer der mehreren Erbteile nicht mit Vermächtnissen oder Auflagen beschwert ist, die auf dem andern lasten. Denn es wird angenommen, daß in diesem Falle der Erbe schon wegen seiner schlechthin unbeschränkten Haftung in Ansehung des einen Erbteils mit seinem eigenen Vermögen für die gesamten Nachlaßverbindlichkeiten in vollem Umfang einzutreten hat und daher die gegen sein eigenes Vermögen gerichtete Zwangsvollstreckung eines Nachlaßgläubigers für den ganzen Betrag der Nachlaßverbindlichkeit dulden muß, ohne Rücksicht darauf, daß ihm noch ein weiterer Erbteil angefallen ist.

5 Ist dagegen noch ein anderer Erbe (Miterbe) vorhanden, dem ein Erbteil angefallen ist, so soll auch nach der herrschenden Lehre § 2059 Abs. 1 Satz 2 zur Anwendung kommen und deshalb die unbeschränkte Haftung nur für einen dem Erbteil, in Ansehung dessen der Erbe unbeschränkt haftet, entsprechenden Teil (Quote) einer jeden einzelnen Nachlaßverbindlichkeit eintreten, während für den andern Teil der Nachlaßverbindlichkeit die Haftung noch auf den Nachlaß beschränkt werden kann. Betrüge also der Erbteil, in Ansehung dessen der Erbe unbeschränkt haftet, 1/2, der ihm nachträglich angefallene 1/4 und der Erbteil eines Miterben 1/4, so würde der Erbe die Zwangsvollstrekkung in sein eigenes Vermögen nur wegen 1/2 einer jeden Nachlaßverbindlichkeit zu dulden haben, während, wenn der ursprüngliche Erbteil 1/2 und der ihm später angefallene 1/2 betrüge, er für die ganzen Nachlaßverbindlichkeiten mit seinem Vermögen eintreten müßte.

Dieses Ergebnis erscheint wenig einleuchtend und wird auch wohl der Vorschrift des § 2007 nicht voll gerecht, wonach es, wenn ein Erbe zu mehreren Erbteilen berufen ist, hinsichtlich der Haftung für die Nachlaßverbindlichkeiten so angesehen werden soll, als wenn die mehreren Erbteile verschiedenen Erben gehörten. Diese Rechtsfiktion muß zur entsprechenden Anwendung des § 2059 Abs. 1 Satz 2 führen, auch wenn in Wirklichkeit nur noch ein Erbe vorhanden ist; die Voraussetzung, daß mehrere Miterben beteiligt sind, wird eben durch die Vorstellung ersetzt, daß die einzelnen Erbteile verschiedenen Personen gehören. Da eine Teilung des Nachlasses (§ 2059 Abs. 1 Satz 1) in solchem Falle nicht stattfindet, wird man folgern müssen, daß der durch den Anfall mehrerer Erbteile Alleinerbe gewordene Erbe, solange er hinsichtlich eines Erbteils seine Haftung noch auf den Nachlaß beschränken kann, die Befriedigung eines Nachlaßgläubigers aus seinem eigenen Vermögen für denjenigen Teil der Nachlaßverbindlichkeit verweigern darf, der den Erbteil, in Ansehung dessen er bereits unbeschränkbar haftet, übersteigt, in obigem Beispiele also für 1/2 der Forderung (wie hier *Staudinger/Lehmann* § 2007 Rdn. 6; *Lange* § 50 S. 643 Rdn. 3; *Kipp/Coing* § 94 VII; *Palandt/Keidel* § 2007 Rdn. 1).

Sind die mehreren Erbteile verschieden belastet, ist insbesondere der Erbteil, in An- **6**
sehung dessen der Erbe unbeschränkt haftet, von einem Vermächtnisse oder einer Auflage oder einer sonstigen nicht allen Erbteilen gemeinschaftlichen Nachlaßverbindlichkeit (§ 2058 Rdn. 1) frei, so kann der Erbe die gegen sein eigenes Vermögen gerichtete Zwangsvollstreckung des betreffenden Gläubigers dadurch abwehren, daß er von einem Mittel zur Beschränkung seiner Haftung in Ansehung des beschwerten Erbteils Gebrauch macht.

III. Erhöhung und Anwachsung **7**

In den unechten Fällen der Berufung zu mehreren Erbteilen (Rdn. 2) kann die Beschränkung der Haftung in Ansehung der eingetretenen Erhöhung oder Anwachsung, wenn der Erbe in Ansehung seines ursprünglichen Erbteils bereits unbeschränkt haftet, nur noch gegenüber Vermächtnisnehmern und Auflageberechtigten herbeigeführt werden, und zwar nur unter der Voraussetzung, daß der ursprüngliche Erbteil einerseits und die Erhöhung oder Anwachsung anderseits verschieden beschwert sind, also nur gegenüber solchen Vermächtnisnehmern und Auflageberechtigten, deren Rechte allein auf der Erhöhung oder Anwachsung lasten, während der ursprüngliche Erbteil davon frei ist. Andern Nachlaßgläubigern gilt die Erhöhung oder Anwachsung nicht als besonderer Erbteil. § 2007, der die Berufung zu mehreren Erbteilen auch in Satz 2 voraussetzt, kann deshalb nicht angewandt werden, ohne daß man ein Redaktionsversehen annehmen müßte. Die unbeschränkte Haftung des Erben, die hinsichtlich des ursprünglichen Erbteils eingetreten ist, erstreckt sich deshalb auf die nachträglich hinzugekommene Erhöhung oder Anwachsung auch dann, wenn lediglich diese mit der Nachlaßverbindlichkeit belastet war (§ 2058 Rdn. 1; ebenso *Staudinger/Lehmann* § 2007 Rdn. 9; *Palandt/Keidel* § 2007 Anm. 2; *Kipp/Coing* § 94 VII; *Lange* § 50 S. 643 Anm. 3).

§ 2008

Ist ein in Gütergemeinschaft lebender Ehegatte Erbe und gehört die Erbschaft zum Gesamtgut, so ist die Bestimmung der Inventarfrist nur wirksam, wenn sie auch dem anderen Ehegatten gegenüber erfolgt, sofern dieser das Gesamtgut allein oder mit seinem Ehegatten gemeinschaftlich verwaltet. Solange die Frist diesem gegenüber nicht verstrichen ist, endet sie auch nicht dem Ehegatten gegenüber, der Erbe ist. Die Errichtung des Inventars durch den anderen Ehegatten kommt dem Ehegatten, der Erbe ist, zustatten.

Die Vorschriften des Absatzes 1 gelten auch nach der Beendigung der Gütergemeinschaft.

E BTDrucks. 2. Wahlperiode Nr. 224. Ausschußbericht aaO Nr. 3409 S. 32.

Inventarfrist für die in Gütergemeinschaft lebenden Ehegatten

Übersicht

1 **I. Allgemeines, Auswirkungen der Gleichberechtigung**

Diese Fassung hat die Bestimmung mit Wirkung vom 1. Juli 1958 durch das Gesetz über die Gleichberechtigung von Mann und Frau auf dem Gebiete des bürgerlichen Rechts (Gleichberechtigungsgesetz) v. 18.6.1957, BGBl. I 609, erhalten.

2 § 2008 beruht auf den Bestimmungen über die Gütergemeinschaft. Jeder Ehegatte kann, wenn ihm eine Erbschaft anfällt, ohne Mitwirkung des anderen Ehegatten das Inventar selbst errichten. Das versteht sich für die Gütertrennung von selbst; für die Zugewinnungsgemeinschaft folgt es aus § 1364. Bei der Gütergemeinschaft ist es insoweit unerheblich, ob die Erbschaft zum Sondergut, Vorbehaltsgut oder zum Gesamtgut gehört. Die Befugnis, das Inventar allein zu errichten, folgt, falls die Erbschaft zum Sondergut gehört, aus § 1417 Abs. 2, falls sie zum Vorbehaltsgut gehört, aus § 1418 Abs. 3. Falls die Erbschaft zum Gesamtgut gehört, folgt die Befugnis zur Errichtung des Inventars für den das Gesamtgut allein verwaltenden Ehegatten aus seinem Verwaltungsrecht. Daneben gibt § 1432 Abs. 2 dem Ehegatten, dem eine Erbschaft angefallen ist, die Befugnis, das Inventar zu errichten auch dann, wenn er das Gesamtgut nicht verwaltet. Steht die Verwaltung des Gesamtgutes den Ehegatten gemeinschaftlich zu, dann ist nach § 1455 Nr. 3 jeder Ehegatte berechtigt, ein Inventar zu errichten.

3 **II. Voraussetzungen**

§ 2008 setzt voraus, daß die Ehegatten im vertraglichen Güterstand der Gütergemeinschaft leben und daß dem Ehegatten, der das Gesamtgut nicht allein verwaltet, eine Erbschaft anfällt. In diesem Fall muß die Inventarfrist, um wirksam zu sein, auch dem anderen Ehegatten gegenüber gesetzt werden. Falls die Erbschaft zum Vorbehaltsgut gehört oder falls die Erbschaft zum Gesamtgut gehört und der erbende Ehegatte das Gesamtgut allein verwaltet, ist die Inventarfrist nur dem Erben zu setzen.

4 **III. Sinn und Zweck der Vorschrift**

Der Sinn der Vorschrift ist es, den Ehegatten, der das Gesamtgut allein oder mit verwaltet, vor den Nachteilen zu schützen, die ihm daraus erwachsen können, daß er kraft der güterrechtlichen Bestimmungen, sofern die unbeschränkte Erbenhaftung eintritt, mit seinem eigenen Vermögen für die Nachlaßverbindlichkeiten einer dem anderen Ehegatten anfallenden Erbschaft haften muß. Aus §§ 1439, 1461 folgt, daß die Nachlaßverbindlichkeiten einer zum Gesamtgut gehörenden Erbschaft Gesamtgutsverbindlichkeiten sind. Aus § 1437 Abs. 2 Satz 1 folgt, daß der das Gesamtgut verwaltende Ehegatte für diese Verbindlichkeiten auch persönlich als Gesamtschuldner haftet. Dasselbe ergibt sich aus § 1459 für den anderen Ehegatten, der das Gesamtgut mit verwaltet. Das Gesetz will den Ehegatten, der an sich persönlich für die Gesamtgutsverbindlichkeiten haften würde, obwohl ihm die Erbschaft selbst nicht angefallen ist, davor schützen, daß er durch die Nachlässigkeit oder Unehrlichkeit des erbenden Ehegatten Nachteile an seinem eigenen Vermögen erleidet und auch, daß sein Verwaltungsrecht hierdurch beeinträchtigt wird. Deswegen ist die Inventarfrist nur wirksam, wenn sie auch ihm gesetzt wird. Ihm soll die Möglichkeit gewahrt werden, von seinem Recht, das Inventar zu errichten (Rdn. 2), innerhalb der Inventarfrist Gebrauch zu machen. Er kann damit verhindern, daß das Recht, die Haftung auf den Nachlaß zu beschränken, dadurch verloren geht, daß das Inventar nicht fristgerecht (§ 1994) oder ungetreu (§ 2005) errichtet oder daß die eidesstattliche Versicherung nicht abgegeben wird (§ 2006).

5 **IV. Fristbestimmung**

Die Wirksamkeit der Fristbestimmung ist auch dem erbenden Ehegatten gegenüber davon abhängig, daß die Bestimmung auch gegenüber dem anderen Ehegatten erfolgt.

Der die Frist bestimmende Beschluß muß zum Ausdruck bringen, daß er auch dem anderen Ehegatten gegenüber ergeht. Daß die Frist gegenüber den beiden Ehegatten verschieden lang bemessen wird, ist nicht ausgeschlossen. Dies kann sich in Ausnahmefällen als zweckmäßig erweisen. Hat der Gläubiger nur Fristbestimmung gegenüber dem erbenden Ehegatten beantragt, so hat sie von Amts wegen auch gegenüber dem anderen Ehegatten zu erfolgen, wenn dem Nachlaßgerichte bekannt ist oder durch die von ihm anzustellenden Ermittlungen (FGG § 12) bekannt wird, daß die Erbschaft zum Gesamtgute gehört und daß der andere Ehegatte das Gesamtgut allein oder mit verwaltet. Der Beschluß ist beiden Ehegatten zuzustellen (§ 1995 Rdn. 2); die Frist beginnt für jeden von ihnen mit der Zustellung an ihn, wegen der Beendigung s. Abs. 1 Satz 2 und Rdn. 9, 10.

§ 2008 findet schon seinem Wortlaute nach auch dann Anwendung, wenn die Ehe **6**
erst nach dem Anfall der Erbschaft geschlossen ist oder die Erbschaft durch Ehevertrag Bestandteil des Gesamtgutes geworden ist. Tritt die Zugehörigkeit der Erbschaft zum Gesamtgute während des Laufes der gegenüber dem Erben bestimmten Frist ein (durch Eheschließung oder Ehevertrag), so bedarf es einer nachträglichen Fristbestimmung gegenüber dem anderen Ehegatten, durch die auch der Ablauf der Frist gegenüber dem Erben gemäß Abs. 1 Satz 2 (s. Rdn. 9) hinausgeschoben wird.

Endigt die Zugehörigkeit zum Gesamtgute während des Laufes der beiden Eheleu- **7**
ten gegenüber bestimmten Frist durch Auflösung der Ehe oder Ehevertrag, durch den die Erbschaft als Vorbehaltsgut erklärt oder Gütertrennung eingeführt wird, so bleibt die Fristbestimmung dem Erben gegenüber wirksam.

War, obwohl die Erbschaft bereits zum Gesamtgute gehörte, die Frist nur dem an **8**
der Verwaltung des Gesamtguts unbeteiligten Erben gegenüber bestimmt worden, so wird die Fristbestimmung nicht dadurch wirksam, daß später diese Zugehörigkeit aufhört. Entsprechendes gilt bezüglich der Fristen, die vor dem 1. April 1953 einer im gesetzlichen Güterstand lebenden Ehefrau oder beiden Ehegatten gesetzt worden sind, für die spätere Zeit. War sie beiden Ehegatten gesetzt, so gilt sie für die Frau weiter und wurde für den Mann gegenstandslos. Die nur der Frau gesetzte Frist war von vornherein wirkungslos und mußte neu gesetzt werden.

V. Dauer der Frist **9**

War die Frist für den nichterbenden Ehegatten schon ursprünglich länger bemessen als für den erbenden (Rdn. 5) oder ist sie für ihn später verlängert (§ 1995 Abs. 3) oder ist die Zustellung an ihn später erfolgt (Rdn. 5) oder ist ihm wegen Verhinderung eine neue Frist bestimmt worden (§ 1996) oder war die Frist ihm gegenüber gehemmt (§ 1997), so kommen diese Umstände auch dem Erben zugute. Das bestimmt Abs. 1 Satz 2. Die Frist läuft dem Erben gegenüber mindestens so lange, wie sie dem anderen Ehegatten gegenüber läuft.

Durch Schluß auf das Gegenteil wird man folgern müssen, daß nicht umgekehrt **10**
diese Umstände, wenn sie in der Person des erbenden Ehegatten eintreten, auch dem anderen Ehegatten zugute kommen; doch werden die praktischen Konsequenzen dieser Folgerung im wesentlichen beseitigt durch Abs. 1 Satz 3 (Rdn. 11), da auch ein nach Ablauf der Frist für den nicht erbenden Ehegatten von diesem innerhalb der für den erbenden Ehegatten noch laufenden Frist errichtetes Inventar die Möglichkeit der Beschränkung der Haftung wahrt und davon auch der nicht erbende Ehegatte noch weiter Gebrauch machen kann. Haftet der Erbe unbeschränkt, so muß der andere Ehegatte die Zwangsvollstreckung auch in das nicht zum Nachlasse gehörige übrige Gesamtgut und in sein eigenes Vermögen (§§ 1437 Abs. 2, 1459 Abs. 2) wegen Nachlaßverbindlichkeiten

dulden, sobald ein Urteil gegen den das Gesamtgut allein verwaltenden nicht erbenden Ehegatten oder gegen die das Gesamtgut gemeinschaftlich verwaltenden Ehegatten ergangen ist (§ 740 ZPO).

11 **VI. Die Errichtung des Inventars durch den das Gesamtgut verwaltenden Ehegatten**

Sie kommt auch dem Erben zustatten. Eine dem § 2008 Abs. 1 Satz 3 entsprechende Bestimmung gilt auch im Verhältnis der Miterben untereinander, § 2063, des Vorerben und des Nacherben, § 2144, und des Erbschaftsverkäufers und Erbschaftskäufers, § 2383. Damit dem Erben das von seinem Ehegatten errichtete Inventar zustatten kommt, braucht er sich nicht auf dieses zu berufen. Auch das freiwillige (§ 1993) Inventar des Gesamtverwalters kommt dem Erben zustatten und verhindert, daß ihm aus § 1994 eine Frist bestimmt werden kann. Auch ein Inventar, das nach Ablauf der Frist für den Verwalter des Gesamtguts von diesem innerhalb der für den Erben laufenden Frist errichtet wird, kommt dem Erben noch zustatten.

12 Die Eheleute können das Inventar gemeinschaftlich oder jeder besonders errichten; dabei kann sich jeder von ihnen des ungetreuen Inventars im Sinne von § 2005 schuldig machen. Haben sich beide Eheleute in dieser Weise verfehlt oder hat der Erbe ein ungetreues Inventar errichtet, der Verwalter des Gesamtguts aber die Frist ohne eigene Tätigkeit verstreichen lassen, so haftet der Erbe unbeschränkt. Haben beide gemeinschaftlich oder jeder gesondert Inventar errichtet und hat dabei nur der Erbe sich verfehlt, so wird man annehmen müssen, daß das getreue Inventar des Verwalters des Gesamtguts den Eintritt des Rechtsnachteils hindert, da der Wortlaut der Vorschrift auch hier zutrifft und andernfalls der vom Gesetze gewollte Schutz des Verwalters des Gesamtguts (Rdn. 4) versagen würde. *Staudinger/Lehmann* § 2008 Rdn. 9; *Palandt/Keidel* § 2008 Rdn. 3; *Erman/Bartholomeyczik* § 2008 Rdn. 5; *Planck/Flad* Anm. 4b ß). Ebenso wenn der Verwalter des Gesamtguts vor Ablauf der Frist gutgläubig auf das von dem Erben ungetreu errichtete Inventar Bezug nimmt oder es berichtigt oder die von dem Erben verweigerte Auskunft erteilt. Hat der Verwalter des Gesamtguts allein sich verfehlt, so verliert der Erbe dadurch nicht die Möglichkeit, seine Haftung zu beschränken; auch nicht, wenn er das ungetreue Inventar des Verwalters des Gesamtguts gutgläubig zu dem seinigen gemacht hat. Er kann auch, solange die Inventarfrist für ihn noch läuft, immer noch das Inventar seines Ehegatten berichtigen, die verlangte Auskunft erteilen oder ein eigenes Inventar errichten.

13 Über die Abgabe der eidesstattlichen Versicherung in dem von § 2008 vorausgesetzten Falle fehlt es an einer ausdrücklichen Bestimmung. Von manchen wird angenommen, daß nur „der Erbe" durch Abgabe der eidesstattlichen Versicherung die unbeschränkte Haftung abwenden kann. Diese Meinung dürfte indessen dem Rechtsgedanken des § 2008 nicht gerecht werden; der dem das Gesamtgut verwaltenden Ehegatten zu gewährende Schutz (Rdn. 4) würde versagen, wenn der Erbe durch Verweigerung der Versicherung über ein von ihm oder seinem Ehegatten errichtetes Inventar selbständig die unbeschränkte Haftung herbeiführen könnte. Es wird deshalb angenommen werden müssen, daß, ebenso wie die Bestimmung der Inventarfrist, auch die Ladung zur Abgabe der eidesstattlichen Versicherung nur gegenüber beiden Ehegatten erfolgen kann, sei es, daß der eine oder der andere das Inventar errichtet hat, und daß die Versicherung des Verwalters des Gesamtguts auch dem Erben zustatten kommt. Wegen der Formulierung vgl. § 2006 Rdn. 8. Daß in § 2006 nur von dem „Erben" die Rede ist, dürfte nicht entgegenstehen (vgl. auch § 2383). Dazu, jeden Ehegatten nur zur Bekräftigung des von ihm errichteten Inventars zuzulassen (wie *Planck/Flad* Anm. 4c will), dürfte im Hinblick darauf, daß jeder sich das Inventar des andern aneignen kann (§ 2004), kein Grund bestehen.

VII. Geltung nach Beendigung der Gütergemeinschaft 14

Die Gütergemeinschaft endigt durch Aufhebung §§ 1447, 1448, 1469, Auflösung der Ehe § 1482, Beendigung der fortgesetzten Gütergemeinschaft §§ 1492 ff. Gehörte die Erbschaft zum Gesamtgute, so finden die Vorschriften des Abs. 1 auch nach der Aufhebung der Gütergemeinschaft Anwendung in gleicher Weise, als wenn diese noch bestünde, sei es, daß die Gütergemeinschaft vor oder nach Bestimmung der Inventarfrist aufgehoben wird, und zwar auch noch über die Auseinandersetzung hinaus, da der Verwalter des Gesamtguts auch weiter noch für die Nachlaßverbindlichkeiten als Gesamtschuldner persönlich haftet, wenn nicht die Haftung des Erben auf den Nachlaß beschränkt wird (§§ 1437 Abs. 2, 1459 Abs. 2).

Ist die Ehe durch den Tod des Ehegatten, der das Gesamtgut verwaltet hat, aufgelöst, so ist die Inventarfrist an seiner Stelle auch seinen Erben gegenüber zu bestimmen. Sie läuft diesen gegenüber weiter, wenn sie schon dem das Gesamtgut verwaltenden Ehegatten gegenüber bestimmt war; doch findet zugunsten der Erben § 1998 Anwendung. 15

Bei der fortgesetzten Gütergemeinschaft kann den Abkömmlingen des nicht erbenden, aber Gesamtgut verwaltenden Ehegatten keine Inventarfrist bestimmt werden, da sie nicht an dessen Stelle stehen (§ 1487 Abs. 1 Halbs. 2) und nicht persönlich für die Nachlaßverbindlichkeiten haften (§ 1489 Abs. 3). 16

§ 2009

Ist das Inventar rechtzeitig errichtet worden, so wird im Verhältnisse zwischen dem Erben und den Nachlaßgläubigern vermutet, daß zur Zeit des Erbfalls weitere Nachlaßgegenstände als die angegebenen nicht vorhanden gewesen seien.

E II 1883; P 5 741, 757.

Wirkung der Inventarerrichtung. Bestandsvermutung

I. Das **Inventar** muß, um als solches gelten zu können, sich als eine Aufzeichnung des Nachlaßbestandes darstellen und in den Formen der §§ 2002, 2003 errichtet sein. Im übrigen sind die in § 2001 erforderten Angaben nicht unbedingt wesentliches Erfordernis (Sollschriften; das Erfordernis der Vorschriftsmäßigkeit ist von der zweiten Kommission, Prot. **5**, 757, gestrichen worden). Insbesondere wird durch etwaige Unvollständigkeit der Angaben die Eigenschaft des Inventars als solchen nicht aufgehoben und dadurch nicht ohne weiteres der Verlust der Haftungsbeschränkung begründet (§ 2005 Abs. 2). Ob hiernach noch ein Inventar vorliegt, ist „nach den Zwecken, die mit der Inventarerrichtung verfolgt werden, an der Hand des einzelnen Falles" zu beurteilen (Prot. aaO). Ist das zu bejahen, so greift die Vermutung Platz. 1

Das Inventar ist rechtzeitig errichtet, wenn es vor Bestimmung der Inventarfrist, wiewohl lange Zeit nach dem Erbfalle, freiwillig (§ 1993) oder wenn es vor Ablauf der in den §§ 1994—1998 geordneten Fristen eingereicht ist. 2

II. Die Vermutung ist eine gesetzliche Tatsachenvermutung, die durch einfachen Gegenbeweis entkräftet werden kann (ZPO § 292). Der **Gegenbeweis** ist auf das Vorhandensein bestimmter, nicht aufgeführter Nachlaßgegenstände zu richten und entkräftet im übrigen die Vermutung der Vollständigkeit nicht. 3

Die Vermutung gilt nur **im Verhältnis zu den Nachlaßgläubigern** (§ 1967), also nicht im Verhältnis zu Miterben (soweit sie nicht zugleich als Nachlaßgläubiger auftreten), zwischen Erben und Erbschaftsbesitzer (§ 2027), Vor- und Nacherben (§ 2127), 4

Erbschaftskäufer und -verkäufer (§ 2374). Auch nicht im Verhältnis zu den persönlichen Gläubigern des Erben, soweit sie aus dem Nachlaß Befriedigung suchen (ZPO § 778 Abs. 2). Das Inventar bildet die Grundlage für die Rechenschaftspflicht des Erben (§ 1978 Rdn. 6) und für die Begrenzung seiner Herausgabeverpflichtung aus §§ 1973, 1974, 1990, 1992.

5 Durch Verweigerung des Offenbarungseides einem Gläubiger gegenüber (§ 2006 Rdn. 12—14) wird die Vermutung gegenüber andern Gläubigern nicht entkräftet, wie umgekehrt auch die Eidesleistung den Gegenbeweis nicht ausschließt.

6 III. Die Vermutung erstreckt sich nur darauf, daß **weitere Nachlaßgegenstände als die angegebenen** zur Zeit des Erbfalls **nicht vorhanden** gewesen sind. Sie bezieht sich nicht auf die Nachlaßverbindlichkeiten und die Wertangaben (§ 2001), auch nicht darauf, daß die angegebenen Aktiven wirklich zum Nachlaß gehören. Soweit sie nicht Platz greift, unterliegt es der freien Beweiswürdigung des Richters, welcher Beweiswert den Angaben des Inventars beizumessen ist.

§ 2010

Das Nachlaßgericht hat die Einsicht des Inventars jedem zu gestatten, der ein rechtliches Interesse glaubhaft macht.

E I 2107 II 1884; M **5** 621; P **5** 756.

Recht zur Einsicht

1 Ähnlich §§ 1953, 1957, 2081, 2146, 2228, 2384.

Das Gesetz sagt nicht, wann ein **rechtliches Interesse** gegeben ist. Der Begriff des rechtlichen Interesses ist, wie schon der allgemeine Sprachgebrauch zeigt, enger als der des „berechtigten Interesses", der z. B. in § 34 FGG von dem Gesetzgeber verwandt worden ist. Das rechtliche Interesse muß sich immer irgendwie aus der Rechtsordnung selbst ergeben. Es setzt ein auf Rechtsnormen beruhendes oder durch solche geregeltes, in die Gegenwart wirkendes Verhältnis einer Person zu einer anderen Person oder einer Sache voraus. Diese Voraussetzungen müssen mindestens vorliegen, damit von einem rechtlichen Interesse gesprochen werden kann. Für das in § 2010 geregelte Recht auf Einsicht in das Inventar werden sie auch genügen, um das dort geforderte rechtliche Interesse zu begründen. Dagegen kann der in anderen gesetzlichen Bestimmungen (z. B. § 16 VerschG) verwandte gleichlautende Begriff weitere Voraussetzungen erfordern (BGH **4**, 323). Danach ist ein rechtliches Interesse für Nachlaßgläubiger, Nachlaßverwalter und Testamentsvollstrecker stets gegeben.

2 Das Interesse ist glaubhaft zu machen (FGG § 15 Abs. 2). War das Inventar versiegelt eingereicht, so ist es nunmehr zu eröffnen (§ 1993 Rdn. 3).

Demjenigen, der nur ein berechtigtes Interesse hat, „kann" das Nachlaßgericht nach pflichtmäßigem Ermessen die Einsicht gestatten, auch Abschriften erteilen (FGG § 34 Satz 2); doch wird zu diesem Zwecke die Eröffnung eines verschlossen eingereichten Inventars nicht statthaft sein.

Ein unbedingtes Recht auf **Abschriften** besteht auch bei rechtlichem Interesse nicht.

3 **Beschwerde** nach FGG §§ 19, 20 kann sich auch gegen unrichtige Ausübung des pflichtmäßigen Ermessens rechten, sofern ein Recht dadurch beeinträchtigt wird.

§ 2011

Dem Fiskus als gesetzlichem Erben kann eine Inventarfrist nicht bestimmt werden. Der Fiskus ist den Nachlaßgläubigern gegenüber verpflichtet, über den Bestand des Nachlasses Auskunft zu erteilen.

E I 1974 Abs. 3, 4 II 1885; M 5 380, 381; P 5 488—490.

Fiskus als gesetzlicher Erbe

Gesetzliches Erbrecht des Fiskus ohne Ausschlagungsrecht §§ 1936, 1942 Abs. 2, **1**
Feststellung §§ 1964—1966. Er kann die beschränkte Haftung auf dem Wege des § 1994 nicht einbüßen, muß sich aber, wenn er sie geltend machen will, hierzu derselben Rechtsbehelfe wie andere Erben bedienen (Rdn. 8 ff vor § 1967). Doch bedarf es nicht des Vorbehalts im Urteile (ZPO § 780 Abs. 2). Dagegen könnte durch (allerdings kaum anzunehmende) freiwillige Einreichung eines ungetreuen Inventars (§ 2005), aber auch durch die Weigerung, eine eidesstattliche Versicherung über ein freiwillig eingereichtes Inventar abzugeben (§ 2006, vgl. Rdn. 2 dazu) die unbeschränkte Haftung des Fiskus als gesetzlichen Erben eintreten (aM hinsichtlich des § 2006 *Planck/Flad* Anm. 1). Von der Notwendigkeit, gegen die Zwangsvollstreckung Einwendungen zu erheben (ZPO § 781), kann er durch Landesgesetz befreit werden (EGZPO § 15 Nr. 3).

Die **Auskunft** kann erst verlangt werden, wenn das Erbrecht des Fiskus festgestellt **2**
ist (§ 1966). Der Anspruch ist nötigenfalls im ordentlichen Rechtswege geltend zu machen. Die Auskunft schließt nach § 260 die Vorlegung eines Verzeichnisses in sich, und es ist wenigstens denkbar, daß ein Vertreter des Fiskus nach § 261 zur Abgabe der eidesstattlichen Versicherung angehalten wird. Abweichend von § 2001 betrifft die Auskunft den gegenwärtigen Nachlaßbestand. Die Verantwortlichkeit aus § 1978 und die daraus sich ergebende Rechenschaftspflicht trifft auch den Fiskus neben der hier geregelten Auskunftspflicht, falls die Voraussetzungen dafür vorliegen; da er nicht ausschlagen kann, wird von der rechtskräftigen Feststellung ab die Rechnung zu legen sein.

Die nach EG Art. 138 als gesetzliche Erben an die Stelle des Fiskus tretenden Stif- **3**
tungen und Anstalten sind von der Inventarpflicht gleichfalls befreit. Auch wenn der Fiskus auf Grund landesgesetzlicher Bestimmung gemäß Art. 139 EG Erbe ist, wird § 2011 Anwendung finden, sofern nicht, was zulässig sein dürfte, das Landesgesetz etwas anderes vorschreibt.

Ist der Fiskus Erbe auf Grund einer Verfügung von Todes wegen, so kann ihm wie **4**
andern Erben eine Inventarfrist gesetzt werden und er durch deren Versäumung der Haftungsbeschränkung verlustig gehen.

§ 2012

Einem nach den §§ 1960, 1961 bestellten Nachlaßpfleger kann eine Inventarfrist nicht bestimmt werden. Der Nachlaßpfleger ist den Nachlaßgläubigern gegenüber verpflichtet, über den Bestand des Nachlasses Auskunft zu erteilen. Der Nachlaßpfleger kann nicht auf die Beschränkung der Haftung des Erben verzichten.

Diese Vorschriften gelten auch für den Nachlaßverwalter.

E I 2063, 2065 Abs. 2 II 1866; M 5 550—552; P 5 667—669.

Nachlaßpfleger. Nachlaßverwalter

1 **I. Nachlaßpflegschaft**

Gleiche Vorschrift für den Fiskus, vgl. § 2011 und Rdn. 1 dazu. Es ist nicht ausgeschlossen, auch während des Bestehens der Nachlaßpflegschaft dem Erben die Inventarfrist zu bestimmen. Doch beginnt sie erst mit der Annahme der Erbschaft zu laufen (§ 1995 Abs. 2). Die Annahme führt aber zur Aufhebung der Pflegschaft (§ 1960 Rdn. 35 ff).

2 **II. Auskunftspflicht**

Sie besteht für den Nachlaßpfleger wie für den Fiskus, vgl. § 2011 und Rdn. 2 dazu. Die Auskunftspflicht begreift nach Befinden (§ 260) auch die Pflicht zur Abgabe der eidesstattlichen Versicherung in sich, die im Rechtswege erzwingbar ist (§§ 889, 888 ZPO), deren Verweigerung aber, falls sie sich nicht auf ein dem Nachlaßgerichte eingereichtes Inventar bezieht, nicht die unbeschränkte Haftung des Erben (§ 2006) herbeiführen kann.

3 Der Pfleger macht sich durch Verletzung der ihm für seine Person auferlegten Auskunftspflicht den Nachlaßgläubigern auch persönlich haftbar (Prot. **5**, 669 im Gegensatze zu Mot. **5**, 552). Angesichts der Fassung des § 2012 Satz 2 wird angenommen werden müssen, daß es sich hier um eine persönliche Verpflichtung des Nachlaßpflegers den Nachlaßgläubigern gegenüber handelt, woraus aber ein Entscheidungsgrund für die Stellung des Nachlaßpflegers gegenüber den Nachlaßgläubigern im übrigen nicht, eher ein Gegengrund entnommen werden kann; vgl. § 1960 Rdn. 20, 34. Gegenüber dem Nachlaßgericht ist er durch §§ 1802, 1915 zur Aufstellung eines Verzeichnisses verpflichtet.

4 **III. Verzicht auf die Haftungsbeschränkung**

Die Möglichkeit des Verzichts auf die Beschränkung der Haftung ist hier nur negativ erwähnt, im übrigen ist vom Gesetz als selbstverständlich angenommen, daß der Erbe die Möglichkeit, seine Haftung zu beschränken, auch durch Verzicht verlieren kann. Vgl. Anm. 21 vor § 1967. Da der Nachlaßpfleger und auch der Nachlaßverwalter nicht auf die Beschränkung der Haftung des Erben verzichten können, ist auch der Vorbehalt der Beschränkung in einem ihnen gegenüber ergehenden Urteile nicht erforderlich (ZPO § 780 Abs. 2).

5 **IV. Nachlaßverwalter (Abs. 2)**

Während der Dauer der Nachlaßverwaltung, des Nachlaßkonkurses und des Nachlaßvergleichsverfahrens kann auch dem Erben keine Inventarfrist gesetzt werden; eine ihm vorher gesetzte Frist wird mit Anordnung der Nachlaßverwaltung unwirksam (§ 2000 Rdn. 2, 3).

§ 2013

Haftet der Erbe für die Nachlaßverbindlichkeiten unbeschränkt, so finden die Vorschriften der §§ 1973 bis 1975, 1977 bis 1980, 1989 bis 1992 keine Anwendung; der Erbe ist nicht berechtigt, die Anordnung einer Nachlaßverwaltung zu beantragen. Auf eine nach § 1973 oder nach § 1974 eingetretene Beschränkung der Haftung kann sich der Erbe jedoch berufen, wenn später der Fall des § 1994 Abs. 1 Satz 2 oder des § 2005 Abs. 1 eintritt.

Die Vorschriften der §§ 1977 bis 1980 und das Recht des Erben, die Anordnung einer Nachlaßverwaltung zu beantragen, werden nicht dadurch ausgeschlossen, daß der Erbe einzelnen Nachlaßgläubigern gegenüber unbeschränkt haftet.

E I 2110 Abs. 2, 2125 Satz 3 II 1868 Abs. 2, 1887; M 5 625, 648; P 5 765, 778; 6 395 ff; KB 384.

Folgen der unbeschränkten Haftung

Übersicht

I. Fälle unbeschränkter Erbenhaftung 1

Der Erbe haftet für die Nachlaßverbindlichkeiten unbeschränkt, wenn er seine Haftung nicht mehr auf den Nachlaß beschränken kann (vgl. Rdn. 7 vor § 1967). Das ist der Fall, wenn er der Beschränkbarkeit seiner Haftung, sei es allen Nachlaßgläubigern gegenüber durch Versäumung der Inventarfrist (§ 1994), ungetreues Inventar (§ 2005) oder gegenüber einzelnen Gläubigern durch die Weigerung, die eidesstattliche Versicherung abzugeben (§ 2006), Nichtgeltendmachen des Vorbehalts im Prozesse (ZPO § 780) oder Verzicht (Rdn. 21 vor § 1967, § 2012 Rdn. 4) verlustig gegangen ist. Er kann, wenn einer dieser Fälle eingetreten ist, von den Rechtsmitteln keinen Gebrauch mehr machen, die vom Gesetze zur Herbeiführung der beschränkten Haftung sonst gegeben sind. Die hierdurch eintretende Rechtslage wird in § 2013 im einzelnen klargestellt durch Aufzählung der in Betracht kommenden Bestimmungen, deren Anwendung ausgeschlossen ist (Abs. 1 Satz 1), und derjenigen, die noch anwendbar sind (Abs. 1 Satz 2 und, soweit die unbeschränkte Haftung gegenüber einzelnen Nachlaßgläubigern in Frage steht, Abs. 2).

II. Rechtsstellung des allen Gläubigern gegenüber unbeschränkt haftenden Erben 2

Die Nichtanwendbarkeit der aufgezählten Vorschriften, falls der Erbe allgemein unbeschränkt haftet (Abs. 1), hat folgende Bedeutung:

1. Daß der unbeschränkt haftende Erbe das Aufgebot der Nachlaßgläubiger (§§ 1970 ff) nicht mehr beantragen kann, ist in ZPO § 991 Abs. 1 bestimmt. Wegen des Antragsrechts des Nachlaßpflegers und des Testamentsvollstreckers, wenn der Erbe unbeschränkt haftet, vgl. § 1970 Rdn. 8.

Aus der in § 2013 angeordneten Nichtanwendbarkeit des **§ 1973** ergibt sich, daß der 3
Erbe auch nicht das Recht hat, die Befriedigung eines Gläubigers zu verweigern, der in einem vor Eintritt der unbeschränkten Haftung durch den Erben oder (falls man dies für zulässig halten würde, vgl. § 1970 Rdn. 8) nachher durch einen Nachlaßpfleger oder Testamentsvollstrecker eingeleiteten Verfahren ausgeschlossen ist. Gleiches gilt, wenn der Erbe vor Ablauf der fünfjährigen Verschweigungsfrist (**§ 1974**) unbeschränkt haftbar geworden ist.

Dagegen kann der Erbe, wenn seine unbeschränkte Haftung erst nach Erlaß des 4
Ausschlußurteils oder Ablauf der Verschweigungsfrist durch Versäumung der Inventarfrist (**§ 1994 Abs. 1 Satz 2**) oder ungetreues Inventar (**§ 2005 Abs. 1**) eingetreten ist, sich einem ausgeschlossenen oder einem solchen gleichstehenden Gläubiger gegenüber auf die durch das Ausschlußurteil oder den Fristablauf bereits eingetretene Haftungsbeschränkung auch nachher noch berufen (Abs. 1 Satz 2; vgl. *Kiel SeuffArch* **78** Nr. 37).

Ist die unbeschränkte Haftung durch die Weigerung, die eidesstattliche Versicherung abzugeben (§ 2006), eingetreten, so kann sich der Erbe auch einem bereits vorher ausgeschlossenen Gläubiger gegenüber nicht auf die nach §§ 1973 oder 1974 eingetretene Beschränkung seiner Haftung berufen (§ 2006 ist in § 2013 Abs. 1 Satz 2 absichtlich — vgl. Prot. **6**, 395, 396 — nicht angeführt).

5 Ein Miterbe kann, auch wenn er unbeschränkt haftet, behufs Herbeiführung der Teilhaftung (§ 2060) den Antrag auf Aufgebot stellen (§ 997 Abs. 2 ZPO; vgl. § 1970 Rdn. 7). Auch zu dem Antrage auf Zwangsversteigerung des Grundstücks im Falle des § 175 ZVG (vgl. § 1971 Rdn. 5) ist der unbeschränkt haftende Erbe nicht berechtigt (§ 175 Abs. 2 ZVG).

6 **2.** Der unbeschränkt haftende Erbe kann nicht mehr auf Grund des § 1981 Abs. 1 **Nachlaßverwaltung** beantragen (§ 2013 Abs. 1 Satz 1 Halbs. 2), auch nicht das Nachlaßvergleichsverfahren (§ 113 Nr. 3 VerglO), wohl aber Nachlaßkonkurs (KO §§ 216 Abs. 1, 217). Die Nachlaßverwaltung kann aber auf Antrag eines Nachlaßgläubigers noch angeordnet werden (§ 1981 Abs. 2 ist nicht für unanwendbar erklärt).

7 Eine Beschränkung der Haftung des Erben auf den Nachlaß (**§ 1975**) wird aber durch keine dieser Maßregeln mehr herbeigeführt, wenn er bereits unbeschränkt haftet. Jeder Nachlaßgläubiger kann auch während der Dauer der Nachlaßverwaltung oder des Nachlaßkonkurses seine Ansprüche in das persönliche Vermögen des Erben verfolgen; § 1984 Abs. 1 Satz 3 betrifft nur das Vorgehen gegen den Nachlaß; § 14 Abs. 1 KO findet auf den Nachlaßkonkurs, wenn der Erbe unbeschränkt haftet, keine Anwendung; doch werden die Nachlaßgläubiger, falls auch über das Vermögen des Erben Konkurs eröffnet ist, in diesem Konkurs wie absonderungsberechtigte Gläubiger behandelt (KO §§ 234, 64).

8 Dem unbeschränkt haftenden Erben ist auch das Recht versagt, die Aufhebung von Zwangsvollstreckungsmaßregeln zu verlangen, die vor Anordnung der Nachlaßverwaltung oder Eröffnung des Nachlaßkonkurses in sein persönliches Vermögen erwirkt worden sind (ZPO § 784 Abs. 1), während der Nachlaßverwalter, auch wenn der Erbe unbeschränkt haftet, Zwangsvollstreckungsmaßregeln seiner Privatgläubiger in den Nachlaß zur Aufhebung bringen kann (ebenda Abs. 2) und im Falle des Konkurses solche Maßregeln kein Absonderungsrecht begründen (KO § 221).

9 **3.** Da **§ 1976** nicht für unanwendbar erklärt ist, bleibt es bei der durch Nachlaßverwaltung, Nachlaßkonkurs oder Nachlaßvergleichsverfahren (Rdn. 15 ff vor § 1967) eingetretenen Rückgängigmachung des Erlöschens der durch Konfusion oder Konsolidation erloschenen Rechtsverhältnisse. Auch durch eine nach Eintritt der unbeschränkten Haftung noch erfolgende Herbeiführung einer dieser Maßregeln wird das Erlöschen rückgängig gemacht. Der unbeschränkt haftende Erbe kann also in solchem Falle seine Forderungen an den Erblasser gegen den Nachlaß geltend machen (vgl. auch KO § 225 Abs. 1).

10 Dagegen ist die Anwendung des **§ 1977** ausgeschlossen; die vorher erfolgte Aufrechnung von Forderungen der Nachlaßgläubiger gegen Privatforderungen des Erben, aber auch von Forderungen der Privatgläubiger des Erben gegen Nachlaßforderungen bleibt also, auch wenn jetzt noch Nachlaßverwaltung oder Nachlaßkonkurs herbeigeführt wird, in Kraft, bzw. tritt, soweit sie vorher herbeigeführt waren, wieder in Kraft (§ 1977 Rdn. 1, 8).

11 **4.** Die in **§§ 1978, 1980** bestimmte Verantwortlichkeit des Erben im Falle von Nachlaßverwaltung oder Nachlaßkonkurs für die bisherige Verwaltung des Nachlasses

und für die Nichtbeantragung des Konkurses im Falle der Überschuldung findet nicht statt, wenn der Erbe allgemein unbeschränkt haftet; es entstehen also auch keine Ansprüche der Nachlaßgläubiger gegen den Erben auf Schadensersatz; ebensowenig aber Ansprüche des Erben auf Ersatz seiner Aufwendungen (§ 1978 Abs. 3) oder Anrechnung von ihm berichtigter Nachlaßverbindlichkeiten (§ 1979); auch tritt der Erbe im Nachlaßkonkurse nicht an die Stelle eines von ihm befriedigten Gläubigers (KO § 225 Abs. 2). Diese Regelung erklärt sich daraus, daß den Nachlaßgläubigern der Zugriff auf das gesamte Vermögen des Erben freisteht, so daß weder sie noch der Erbe Interesse daran haben, daß der Nachlaß und das eigene Vermögen des Erben durch Ersatzansprüche des einen gegen das andere im Verhältnis zueinander vergrößerte oder verringert werden.

5. Nach Beendigung des Nachlaßkonkurses durch Verteilung oder Zwangsver- **12**
gleich (**§ 1989** Anm. 1) sowie im Falle des dürftigen Nachlasses (**§ 1990**) und der nur auf Vermächtnissen oder Auflagen beruhenden Überschuldung (**§ 1992**) kann der unbeschränkt haftende Erbe die Unzulänglichkeitseinrede mit den in **§§ 1990, 1991** bezeichneten Folgen nicht geltend machen.

Außerdem stehen dem unbeschränkt haftenden Erben auch die aufschiebenden **13**
Einreden aus §§ 2014, 2015 nicht zu (§ 2016 Rdn. 1).

III. Rechtsstellung des nur einzelnen Gläubigern gegenüber unbeschränkt haftenden Erben **14**

Haftet der Erbe nur einzelnen Nachlaßgläubigern unbeschränkt, so wird dadurch die Möglichkeit, seine Haftung gegenüber den übrigen Nachlaßgläubigern durch Nachlaßverwaltung oder Nachlaßkonkurs (§ 1975) zu beschränken, nicht beeinträchtigt. Das ist als selbstverständlich in **Abs. 2** nicht besonders hervorgehoben, sondern nur ausgesprochen, daß er in diesem Falle nicht gehindert sein soll, Nachlaßverwaltung zu beantragen, und daß die Anwendbarkeit der §§ 1977—1980 nicht ausgeschlossen ist.

Demgemäß greifen den übrigen Nachlaßgläubigern gegenüber die Aufrechnungs- **15**
einschränkungen (§ 1977) Platz. Der Erbe ist ihnen gegenüber nach Maßgabe der §§ 1978—1980 verantwortlich und ersatzberechtigt. Aber auch die sonstigen, nach Abs. 1 nicht anwendbaren Vorschriften über die Haftungsbeschränkung finden selbstverständlich im Verhältnisse zu den übrigen Gläubigern Anwendung; insbesondere bleibt der Erbe berechtigt, das Aufgebot der Nachlaßgläubiger (§ 1970) zu beantragen und gegenüber einem ausgeschlossenen oder einem solchen gleichstehenden (§ 1974) Gläubiger (nur nicht demjenigen, dem er unbeschränkt haftet) nach § 1973 zu verfahren; ebenso die Unzulänglichkeitseinrede nach Maßgabe der §§ 1990—1992 geltend zu machen.

Durch Nachlaßvergleichsverfahren kann der nur einzelnen Nachlaßgläubigern **16**
unbeschränkt haftende Erbe sein Haftung gegenüber den übrigen Nachlaßgläubigern nicht mehr beschränken (§ 113 Nr. 3 VerglO).

IV. Beweislast **17**

Dem Erben, der geltend macht, daß er nur beschränkt hafte, liegt es zunächst ob, darzutun, daß und durch welche Mittel er die Beschränkung der Haftung herbeigeführt hat (vgl. Rdn. 7—19 vor § 1967; §§ 1973 Rdn. 24—26, 1974 Rdn. 16, 1979 Rdn. 8, 1980 Rdn. 19, 1990 Rdn. 20—22, 1991 Rdn. 11).

Demgegenüber hat der Gläubiger, wenn er den Erben trotzdem als unbeschränkt **18**
haftend in Anspruch nimmt, zu behaupten und zu beweisen, daß und wodurch dieser

der Beschränkbarkeit seiner Haftung verlustig gegangen ist, also Bestimmung und Ablauf der Inventarfrist (§ 1994; die Wahrung der Frist wird der Erbe zu beweisen haben), Untreue bei der Inventarerrichtung (§ 2005 Rdn. 14), Weigerung ihm gegenüber, die eidesstattliche Versicherung abzugeben (§ 2006 Rdn. 15). Diesen Beweis kann der Gläubiger, wenn der Erbe den Vorbehalt der Haftungsbeschränkung verlangt (ZPO § 780), schon im Prozesse führen und dadurch die vorbehaltlose Verurteilung erreichen.

19 Ist im Prozesse der Vorbehalt gemacht, aber über die beschränkte oder unbeschränkte Haftung selbst noch nicht entschieden oder war der Vorbehalt zur Erhaltung der Haftungsbeschränkung nicht erforderlich (§ 780 Abs. 2 ZPO), so ist darüber im Zwangsvollstreckungsverfahren auf die Einwendung des Erben hin zu entscheiden (§§ 785, 767 ZPO).

V. Aufschiebende Einreden

Übersicht

1 **I. Zweck der Vorschriften**

1. Allgemeines

Nachdem der Erbe die Erbschaft angenommen hat, können die Nachlaßgläubiger ihre Ansprüche gegen ihn geltend machen, und auch die persönlichen Gläubiger des Erben können wegen ihrer gegen ihn gerichteten Ansprüche in den Nachlaß vollstrekken. Hieraus können für den noch nicht unbeschränkt haftenden Erben Gefahren entstehen. Es muß ihm daher die Möglichkeit eingeräumt werden, die Befriedigung dieser Gläubiger solange hinauszuschieben, bis er sich über den Bestand des Nachlasses und über den Umfang der Nachlaßverbindlichkeiten Klarheit verschafft hat, damit er sich entschließen kann, ob und in welcher Weise er von seinem Recht, die Haftung auf den Nachlaß zu beschränken, Gebrauch machen will. Diesem Schutz des Erben dienen die aufschiebenden Einreden der §§ 2014, 2015.

2 **2. Dreimonatseinrede § 2014**

Die Einrede nach § 2014 dient in erster Linie dazu, dem Erben zu ermöglichen, sich Kenntnis von den Aktiven des Nachlasses zu verschaffen. Er ist daher berechtigt, bis zur Errichtung des Inventars, längstens jedoch bis zum Ablauf der ersten drei Monate nach der Annahme der Erbschaft, die Berichtigung der Nachlaßverbindlichkeiten zu verweigern.

3 **3. Einrede des Aufgebotsverfahrens § 2015**

Um sich Kenntnis von den Nachlaßverbindlichkeiten verschaffen zu können, gestattet § 2015 dem Erben, die Berichtigung der Nachlaßverbindlichkeiten bis zur Beendigung des Aufgebotsverfahrens zu verweigern. Im Interesse der Nachlaßgläubiger ist jedoch bestimmt, daß dem Erben dieses Recht nur zusteht, wenn er den Antrag auf Erlaß des Aufgebots innerhalb eines Jahres nach der Annahme der Erbschaft gestellt hat.

II. Unbeschränkt haftender Erbe. Dinglich gesicherte Nachlaßgläubiger 4

Da der Zweck dieser Einrede nur darin besteht, dem noch nicht unbeschränkt haftenden Erben seine auf die Verwirklichung der Haftungsbeschränkung zielenden Entschließungen zu ermöglichen, sind diese Einreden nach § 2016 überall dort nicht gegeben, wo dieser Zweck nicht erreicht werden kann oder der Erbe des Schutzes nicht bedarf. Sie stehen dem unbeschränkt haftenden Erben nicht zu und können denjenigen Nachlaßgläubigern nicht entgegengesetzt werden, die wegen der dinglichen Sicherung ihres Rechts eine Vorzugsstellung genießen und daher auch nicht nach § 1971 von dem Aufgebot der Nachlaßgläubiger betroffen werden.

Eine Ausnahme ist für die Gläubiger gemacht, die ihre Pfand- und Vorzugsrechte 5
erst nach dem Erbfall im Weg der Zwangsvollstreckung, der Arrestvollziehung oder durch eine einstweilige Verfügung erlangt haben. Diese Ausnahme ist notwendig, da das Verweigerungsrecht nach §§ 2014, 2015 nicht jegliche Geltendmachung der Ansprüche der Nachlaßgläubiger ausschließt. Das Verweigerungsrecht führt vielmehr nur dazu, daß dem Erben die Beschränkung seiner Haftung im Urteil vorbehalten wird (§ 305 ZPO) und daß die Zwangsvollstreckung nach § 782 ZPO für die Dauer der in §§ 2014, 2015 bestimmten Fristen auf Verlangen des Erben auf solche Maßregeln beschränkt wird, die zur Vollziehung eines Arrestes zulässig sind, also zur Pfändung beweglicher Sachen und zur Eintragung einer Sicherungshypothek bei Grundstücken (vgl. § 2014 Rdn. 6). Der Schutz der §§ 2014, 2015 wäre hinfällig, wenn § 2016 dem Nachlaßgläubiger gestatten würde, aus einem so erworbenen Recht weiter zu vollstrecken. Der Grund für die in § 2016 gemachte Ausnahme besteht aber vor allem darin, daß nach § 221 KO beim Nachlaßkonkurs auf Grund einer nach dem Eintritt des Erbfalls gegen den Nachlaß erfolgten Maßregel der Zwangsvollstreckung oder Arrestvollziehung keine abgesonderte Befriedigung verlangt werden kann und daß auch die in dieser Zeit im Wege der einstweiligen Verfügung eingetragenen Vormerkungen unwirksam sind. Die in § 2016 gemachte Ausnahme soll daher verhindern, daß ein Gläubiger sich ohne Mitwirkung des Erben eine Befriedigung verschafft, die ihm im Verhältnis zu den übrigen Gläubigern nicht zukommt.

III. Erweiterung des Schutzes durch Bestimmungen der ZPO 6

Der dem Erben durch die §§ 2014, 2015 gewährte Schutz wird durch § 782 Satz 2 ZPO zeitlich erweitert. Falls der Erbe vor Ablauf der sich nach §§ 2014, 2015 ergebenden Fristen die Eröffnung des Nachlaßkonkurses beantragt, erstreckt sich die Beschränkung der Zwangsvollstreckung bis über die Eröffnung des Konkursverfahrens rechtskräftig entschieden ist.

§ 783 ZPO erweitert darüber hinaus die Vorschriften des BGB im Interesse der 7
Nachlaßgläubiger dadurch, daß dem Erben gestattet wird, die Beschränkung der Zwangsvollstreckung auf Maßregeln, die zur Vollziehung eines Arrestes zulässig sind, auch gegenüber seinen eigenen Gläubigern zu verlangen, die in Nachlaßgegenstände vollstrecken wollen.

IV. Nachlaßpfleger 8

Für den zur Verwaltung bestellten Nachlaßpfleger beginnen die Schutzfristen nach § 2017 bereits mit seiner Bestellung.

§ 2014

Der Erbe ist berechtigt, die Berichtigung einer Nachlaßverbindlichkeit bis zum Ablaufe der ersten drei Monate nach der Annahme der Erbschaft, jedoch nicht über die Errichtung des Inventars hinaus, zu verweigern.

E I 2057 Abs. 1, 2143 Abs. 1, 2 II 1888; M 5 539, 540, 672, 673; P 5 660—664, 784—791, 805.

Dreimonatseinrede

Übersicht

1 **I. Einredeberechtigter**

Einredeberechtigt ist in erster Linie der Erbe, wenn er nicht unbeschränkt haftet (§ 2016 Abs. 1). Die Einrede steht ebenso zu dem verwaltenden Testamentsvollstrecker (§ 2213 Anm.; ZPO § 748), dem nach §§ 1960, 1961 bestellten Nachlaßpfleger (§ 2017) und, da die Einrede auch im Interesse der Nachlaßgläubiger gegeben ist, dem Nachlaßverwalter. Vgl. Anm. zu § 2017. Dabei macht es keinen Unterschied, ob der Anspruch bereits gegen den Erblasser erhoben war oder ob von vornherein der Erbe verklagt ist.

2 Der Erbe ist nicht nur berechtigt, sondern im Hinblick auf seine unter Umständen eintretende Verantwortlichkeit aus § 1978 (vgl. Rdn. 7 dazu) den Nachlaßgläubigern gegenüber verpflichtet, von der Einrede Gebrauch zu machen, sofern bei in Aussicht stehender Unzulänglichkeit des Nachlasses es im Interesse der Gesamtheit der Nachlaßgläubiger liegt, die vorzeitige Befriedigung eines einzelnen Gläubigers abzuwehren (vgl. aber auch Rdn. 9—11). Der nach ZPO § 740 verklagte Ehegatte des Erben kann sich selbständig der Einreden bedienen. Wegen der fortgesetzten Gütergemeinschaft vgl. ZPO § 305 Abs. 2.

3 **II. 1. Berechnung der Dreimonatsfrist**

Sie erfolgt nach §§ 187, 188 Abs. 2. Eine Verlängerung tritt nach § 782 Satz 2 ZPO ein, wenn vor Ablauf der Frist die Eröffnung des Nachlaßkonkurses (oder des Nachlaßvergleichsverfahrens, § 113 Nr. 4 VerglO) beantragt wird.

4 **2. Schutz bis zur Annahme der Erbschaft**

Bis zur Annahme der Erbschaft (§ 1943) ist der Erbe durch § 1958 gegen jede gerichtliche Geltendmachung eines Nachlaßanspruchs ihm gegenüber geschützt; doch kann die Verfolgung des Anspruchs gegenüber einem Nachlaßpfleger (§ 1961; s. auch § 2017) und die Zwangsvollstreckung in Nachlaßgegenstände diesem gegenüber (§ 778 Abs. 1 ZPO) stattfinden.

5 **III. Ende der Schutzfrist durch Inventarerrichtung**

Die Schutzfrist endet spätestens mit Einreichung des Inventars als dem maßgebenden Zeitpunkt der Errichtung, gleichviel, ob es hierzu freiwillig oder infolge Bestimmung der Inventarfrist gekommen ist (§§ 1993, 1994).

IV. Inhalt des Verweigerungsrechts 6

Das Verweigerungsrecht ist prozessual in der Weise gestaltet, daß der Erbe nicht die Abweisung der Klage, sondern nur den Vorbehalt der beschränkten Haftung beantragen kann und dementsprechend zu verurteilen ist (ZPO § 305) und daß er auch der Zwangsvollstreckung an sich nicht entgegentreten, sondern nur ihre Beschränkung auf Sicherungsmaßregeln, wie sie zur Vollziehung eines Arrestes zulässig sind, also bei beweglichen körperlichen Sachen Pfändung (ZPO § 930), bei Grundstücken Eintragung einer Sicherungshypothek (§ 932), herbeiführen kann (§ 782 ZPO). Es geht aber zu weit, wenn um deswillen die Bedeutung der Einrede als eines materiellen Leistungsverweigerungsrechts geleugnet wird (so *Strohal* bei *Planck* 3. Aufl. Vorbem. 6 vor § 2014 gegen *Strohal.* Erbrecht II § 74 III). Der Erbe kann zur Leistung nicht angehalten werden, da eine Versteigerung der gepfändeten Sachen, Überweisung der Forderung, Zwangsversteigerung des Grundstücks unstatthaft sind und nur Sicherung der künftigen Leistung in Frage kommt.

Es wird angenommen, daß der Erbe, der zur Zeit noch nicht zur Leistung verpflichtet ist, durch Geltendmachen der Einrede in Leistungsverzug geraten könne (so mit der herrschenden Meinung RG **79**, 204; *Planck/Flad* in der 4. Aufl. Vorbem. 6 vor § 2014; *Staudinger/Lehmann* vor § 2014 Rdn. 3; *Erman/Bartholomeyczik* vor § 2014 Rdn. 4; *von Lübtow* II 1105 Anm. 3; KG OLG **26**, 294 unter Aufgabe von **18**, 318; Bl. für Rechtspflege im Bezirk des KG **17**, 3; München OLG **30**, 203. 7

Verzug setzt nach § 284 Fälligkeit und nach § 285 schuldhaftes Unterbleiben der Leistung wegen eines vom Schuldner zu vertretenden Umstandes voraus, das nicht vorliegen dürfte, wenn er von einem ihm gesetzlich zustehenden Rechte Gebrauch macht (vgl. 11. Aufl. § 284 Anm. 2; RG JW **11**, 486 Nr. 4). Der Vorteil, den das Gesetz dem Erben und den Nachlaßgläubigern durch die Vorschriften gewähren will, würde nicht verwirklicht werden, wenn (zwar nicht der Erbe persönlich, aber doch) der Nachlaß die Verzugsfolgen (Zinsen, Schadensersatz usw.) auf sich nehmen müßte. Daß dem Gläubiger durch die Verzögerung Schaden entstehen kann, ist eine Folge des Todes seines Schuldners und der Gestaltung des Vermögensübergangs auf den Erben, die er als kasuelles Ereignis zu tragen haben wird. Auch die Verhandlungen der zweiten Kommission (Prot. **5**, 744; Art. 2130 der damaligen Vorlage und S. 790) zeigen deutlich, daß das Berechtigtsein zur Verweigerung der Berichtigung gerade den Nichteintritt des Verzugs zum Ausdruck bringen sollte. Mit Recht nehmen daher *Kipp* § 81 IV; *Kipp/Coing* § 100 IV 1; *Planck* in Vorbem. 6 vor § 2014; *Palandt/Keidel* § 2014 Anm. 2; *Brox* § 40 Rdn. 677 an, daß das Leistungsverweigerungsrecht nach dieser Vorschrift den Vorsatz ausschließt.

Nach ausdrücklicher Vorschrift in § 202 Abs. 2 (vgl. Rdn. 23 dazu), deren es nicht bedurft hätte, wenn die Einreden nicht ein Leistungsverweigerungsrecht im Sinne des Abs. 1 begründen würden, tritt keine Hemmung der Verjährung durch das Bestehen des Einrederechts ein. 8

Da der Erbe, solange er seine Leistung nach §§ 2014, 2015 verweigern kann, nicht in Verzug gerät, kann der Nachlaßgläubiger auch nicht die Rechte aus § 326 geltend machen. 9

Es kann aber sein, daß es gegen Treu und Glauben verstoßen würde, den Gläubiger an dem Vertrag festzuhalten, dessen Erfüllung durch die Leistungsverweigerung verzögert wird. In diesem Fall muß dem Gläubiger nach § 242 gestattet sein, von dem Vertrag zurückzutreten.

Der Nachlaßgläubiger, der zugleich Schuldner einer Nachlaßforderung ist, kann, da seine Forderung gegen den Nachlaß einredebehaftet ist, nach § 390 nicht aufrechnen. 10

Der Erbe verstößt aber gegen Treu und Glauben, wenn er während des Bestehens der Einreden aus §§ 2014, 2015 die Forderung gegen den Nachlaßgläubiger geltend macht, ohne seine Befriedigung durch eine von ihm erklärte Aufrechnung zu suchen.

11 Entsprechendes gilt, wenn der Nachlaßgläubiger, falls die Einreden nicht bestehen würden, wegen seiner Forderung gegenüber der gegen ihn gerichteten Forderung ein Zurückbehaltungsrecht geltend machen könnte.

12 Die aufschiebende Einrede ist der Natur der Sache nach ausgeschlossen gegenüber den besonderen Unterhaltsansprüchen der Mutter des zu erwartenden Erben und der zum Bezuge des Dreißigsten berechtigten Angehörigen (§§ 1963, 1969 Rdn. 1).

13 Die aufschiebende Einrede geht verloren, wenn der Erbe den Vorbehalt der beschränkten Haftung im Urteile nicht erwirkt hat und dadurch dem klagenden Gläubiger gegenüber unbeschränkt haftbar geworden ist (§§ 305, 780 ZPO). Dagegen bedarf es des Vorbehalts nicht, wenn die Vollstreckung aus einem bereits gegen den Erblasser erlangten Schuldtitel gegen den Erben begonnen oder fortgesetzt wird (ZPO § 779).

14 **V. Beweislast**

Der Gläubiger hat zur Begründung der sog. Passivlegitimation des Erben zunächst die Annahme der Erbschaft zu beweisen, sonach, wenn diese durch Ablauf der Ausschlagungsfrist erfolgt sein soll, auch den Zeitpunkt, in dem der Erbe von dem Erbanfalle Kenntnis erhalten und somit die Ausschlagungsfrist zu laufen begonnen hat (§§ 1958 Rdn. 1, 1943 Rdn. 4). Aus diesem Nachweise wird sich dann ohne weiteres ergeben, ob die dreimonatige Frist noch läuft. Behauptet der Gläubiger, daß der Erbe bereits Inventar errichtet habe oder daß er unbeschränkt haftbar geworden sei (§ 2016), so muß er auch dies beweisen. Behauptet der Erbe, daß er innerhalb der Ausschlagungsfrist ausgeschlagen habe, so muß er den Nachweis dafür erbringen (§ 1943 Rdn. 15).

§ 2015

Hat der Erbe den Antrag auf Erlassung des Aufgebots der Nachlaßgläubiger innerhalb eines Jahres nach der Annahme der Erbschaft gestellt und ist der Antrag zugelassen, so ist der Erbe berechtigt, die Berichtigung einer Nachlaßverbindlichkeit bis zur Beendigung des Aufgebotsverfahrens zu verweigern.

Der Beendigung des Aufgebotsberfahrens steht es gleich, wenn der Erbe in dem Aufgebotstermine nicht erschienen ist und nicht binnen zwei Wochen die Bestimmung eines neuen Termins beantragt oder wenn er auch in dem neuen Termine nicht erscheint.

Wird das Ausschlußurteil erlassen oder der Antrag auf Erlassung des Urteils zurückgewiesen, so ist das Verfahren nicht vor Ablauf einer mit der Verkündung der Entscheidung beginnenden Frist von zwei Wochen und nicht vor der Erledigung einer rechtzeitig eingelegten Beschwerde als beendigt anzusehen.

E I 2130 Abs. 1, 2131, 2132 II 1889; M 5 653, 654; P 5 744, 784—787.

Einrede des Aufgebotsverfahrens

Übersicht

I. Zulassung des Aufgebots als Voraussetzung für die Einrede 1

Aufgebotsverfahren §§ 1970 ff; ZPO §§ 989 ff. Durch Stellung des Antrags wahrt der Miterbe die Frist auch für die andern Erben, soweit sie nicht unbeschränkt haften (ZPO § 997), der Nachlaßpfleger, Nachlaßverwalter, Testamentsvollstrecker (§ 1970 Anm. 8) auch für die andern Beteiligten. Um von der Einrede Gebrauch machen zu können, muß der Antrag nicht bloß gestellt, sondern auch, evtl. im Wege der Beschwerde nach ZPO § 567, zugelassen, d. h. der Erlaß des Aufgebots muß angeordnet sein (ZPO § 947 Abs. 2). Verlängerung der Frist im Falle des § 782 Satz 2 ZPO vgl. § 2014 Rdn. 3.

II. Fortfall der Einrede durch Beendigung des Aufgebotsverfahrens oder Säumnis des Erben 2

Die Einrede hat ihren Zweck erfüllt, wenn das Aufgebotsverfahren beendet ist. Um Verschleppungen des rechtzeitig in Gang gebrachten Aufgebotsverfahrens zu vermeiden, entfällt die Einrede nach Abs. 2 auch dann, wenn der Erbe das Verfahren säumig betreibt. Das Aufgebotsverfahren endet normalerweise mit Erlaß des (unanfechtbaren) Ausschlußurteils (ZPO §§ 952, 957 Abs. 1) oder mit Rechtskraft des den Antrag zurückweisenden Beschlusses (ZPO § 952 Abs. 4).

Versäumt der Erbe oder sonstige Antragsteller den Aufgebotstermin, so kann er innerhalb einer Frist von sechs Monaten die Bestimmung eines neuen Termins beantragen (§ 954 ZPO). Das Ende der Verweigerungsfrist soll aber nicht so lange hinausgeschoben werden; vielmehr ist im Sinne des § 2015 Abs. 1 das Verfahren schon dann als beendigt anzusehen, wenn er nicht innerhalb von zwei Wochen den Antrag auf Bestimmung eines neuen Termins gestellt hat oder in diesem nicht erschienen ist. 3

Dem Erscheinen im Termine wird (in Ergänzung des Wortlauts mit Rücksicht auf den zur Zeit des Erlasses der Vorschrift bestehenden Rechtszustand, § 829 Abs. 1 ZPO aF) nunmehr der Fall gleichzustellen sein, daß der Antrag auf Erlaß des Ausschlußurteils vor dem Termine nach Vorschrift des § 952 Abs. 2 ZPO gestellt worden ist. In diesem Falle bedarf es auch keiner Wiederholung des Antrags im Termine, falls der Erbe in diesem erschienen ist. Hat er aber vorher den Antrag nicht gestellt, so steht es dem Nichterscheinen gleich, wenn er erscheint, aber keinen Antrag stellt (ZPO § 333). 4

III. Einfluß des Erlasses des Ausschlußurteils oder der Zurückweisung des Antrags auf die Einrede 5

Wird der Antrag auf Erlaß des Ausschlußurteils durch Beschluß zurückgewiesen oder das Ausschlußurteil nur mit Beschränkungen oder Vorbehalten erlassen, so steht dem Erben oder sonstigen Antragstellern (Rdn. 1) die sofortige Beschwerde zu (ZPO § 952 Abs. 4). Daß in solchem Falle das Verfahren nicht vor Ablauf der zweiwöchigen Beschwerdefrist (ZPO § 577) und nicht vor Erledigung einer rechtzeitig eingelegten Beschwerde beendigt ist, hätte kaum einer Hervorhebung bedurft. Die Bedeutung der Vorschrift besteht aber darin, daß im Sinne des Abs. 1 das Verfahren auch dann nicht vor Ablauf einer zweiwöchigen Frist von der Verkündung ab als beendigt anzusehen ist, wenn das Ausschlußurteil ohne Vorbehalte oder Einschränkungen ergangen und deshalb ein Rechtsmittel nicht stattfindet (§ 957 Abs. 1 ZPO). Durch Einlegung einer unzulässigen Beschwerde wird die Beendigung des Verfahrens nicht hinausgeschoben.

Das Verfahren endet auch mit der Zurücknahme des Aufgebotsantrags, der Einstellung im Falle nachträglich sich ergebender Unzulässigkeit und der Eröffnung des Nachlaßkonkurses (§ 993 Abs. 2 ZPO) oder des Nachlaßvergleichsverfahrens (§ 1970 Rdn. 11). 6

7 **IV. Wirkungen der Einrede**

Die Wirkung der Einrede ist dieselbe wie im Falle des § 2014 (s. dort Rdn. 6—13). Ist das Ausschlußurteil erlassen, so steht dem Erben nunmehr auch die Beschränkungseinrede aus § 1973 zu. Durch Inventarerrichtung geht, abweichend vn § 2014, die Einrede nicht verloren.

§ 2016

Die Vorschriften der §§ 2014, 2015 finden keine Anwendung, wenn der Erbe unbeschränkt haftet.

Das gleiche gilt, soweit ein Gläubiger nach § 1971 von dem Aufgebote der Nachlaßgläubiger nicht betroffen wird, mit der Maßgabe, daß ein erst nach dem Eintritte des Erbfalls im Wege der Zwangsvollstreckung oder der Arrestvollziehung erlangtes Recht sowie eine erst nach diesem Zeitpunkt im Wege der einstweiligen Verfügung erlangte Vormerkung außer Betracht bleibt.

E I 2130.Abs. 1, 2143 Abs. 3 II 1890; M 5 653, 673; P 5 784—787.

Unbeschränkt haftender Erbe. Vom Aufgebot ausgeschlossene Gläubiger

1 **I. Unbeschränkte Haftung**

§ 2013 Rdn. 1. Ist sie nur einzelnen Geläubigern gegenüber eingetreten, so gehen dem Erben die Einreden gegenüber den übrigen Gläubigern nicht verloren.

2 **II. Pfandgläubiger und andere dinglich berechtigte Nachlaßgläubiger**

Sie sind in der Rechtsverfolgung gegen den Erben, soweit sie sich auf den dinglichen Anspruch beschränken, ebensowenig durch die aufschiebenden Einreden der §§ 2014, 2015 beschränkt, wie durch die Einrede der beschränkten Haftung aus § 1973 (§ 1971 Rdn. 3). Der Erbe kann also der Befriedigung dieser Gläubiger aus den ihnen verhafteten Nachlaßgegenständen weder während der dreimonatigen Frist nach Annahme der Erbschaft noch während eines eingeleiteten Aufgebotsverfahrens widersprechen.

3 **III. Pfändungspfandgläubiger**

Auch diejenigen Gläubiger, welche ein dingliches Recht an Nachlaßgegenständen durch Pfändung im Wege der Zwangsvollstreckung oder Arrestvollziehung erlangt haben, werden durch das Aufgebot nicht betroffen, da sie für den Fall des Konkurses den Pfandgläubigern gleichstehen (KO § 49 Nr. 2; § 1971 Rdn. 2).

4 Ist aber das **Pfandrecht erst nach dem Erbfalle** erlangt worden, so bleibt es für die Anwendung der §§ 2014, 2015 **außer Betracht,** d. h. der Erbe kann der Zwangsvollstrekkung in die gepfändeten Gegenstände in der gleichen Weise entgegentreten, wie wenn es sich um Gläubiger handelte, die von dem Aufgebote betroffen werden, nämlich durch Einschränkung der Zwangsvollstreckung auf Sicherungsmaßnahmen (§ 2014 Rdn. 6) während der ersten drei Monate nach der Annahme, sofern er nicht vorher Inventar errichtet hat, und während der Dauer eines eingeleiteten Aufgebotsverfahrens. Das entspricht der Vorschrift des § 221 Abs. 1 KO, derzufolge solche Gläubiger abgesonderte Befriedigung im Nachlaßkonkurse nicht verlangen können. Ähnlich § 1990 Abs. 2; vgl. Rdn. 17 dazu.

IV. Durch Vorbemerkung gesicherte Gläubiger 5

Auch Gläubiger, deren Ansprüche durch eine Vormerkung (§ 883) gesichert sind, werden von dem Aufgebote nicht betroffen (§ 1971 Satz 2). Ist aber die dingliche Sicherung durch Eintragung der Vormerkung nach dem Erbfalle durch einstweilige Verfügung (§ 885) erlangt, so bleibt sie gleichfalls außer Betracht (Rdn. 4). Erfolgte die Eintragung nach dem Erbfalle auf Grund einer Bewilligung des Erben(§ 885) so kann dieser sich nach Entstehung des gesicherten Rechtes gegenüber der Zwangsvollstreckung in das Grundstück nicht auf die Einreden aus §§ 2014, 2015 berufen; er muß die Zwangsversteigerung des Grundstücks ohne Aufschub dulden. Ähnlich auch in diesem Punkte § 1990 Abs. 2; vgl. Rdn. 19 dazu.

§ 2017

Wird vor der Annahme der Erbschaft zur Verwaltung des Nachlasses ein Nachlaßpfleger bestellt, so beginnen die im § 2014 und im § 2015 Abs. 1 bestimmten Fristen mit der Bestellung.

E I 2143 Abs. 2 II 1891; M **5** 673; P **5** 785, 786, 829—836; **6** 340.

Bestellung eines Nachlaßpflegers

I. Durch Bestellung eines zur Verwaltung des Nachlasses berufenen **Nachlaßpflegers** nach §§ 1960, 1961 wird die Verfolgung von Ansprüchen gegen den Nachlaß schon vor Annahme der Erbschaft durch den Erben ermöglicht; auch ein Nachlaßverwalter kann vor Annahme der Erbschaft bestellt (§ 1981 Rdn. 1), und es können dann Ansprüche gegen den Nachlaß ihm gegenüber bereits erhoben werden. Doch soll auch ihnen die Möglichkeit gegeben werden, im Interesse des Erben und der Nachlaßgläubiger die Befriedigung eines einzelnen Gläubigers hinauszuschieben, bis der Nachlaßbestand ermittelt und dadurch die Grundlage für die Entschließung des Erben über Herbeiführung der Haftungsbeschränkung geschaffen werden kann. Deshalb können auch sie von den Einreden der §§ 2014, 2015 Gebrauch machen (§ 2014 Rdn. 1). 1

Ob der nach § 1960 bestellte Nachlaßpfleger die Verwaltung des Nachlasses zu führen hat, regelt sich nach der Bestimmung des Nachlaßgerichts (§ 1960 Rdn. 21, 25); ist er nur zur Sicherung des Nachlasses bestellt, so findet § 2017, wie sein Wortlaut ergibt, auf ihn keine Anwendung (vgl. Rdn. 5). 2

II. Da durch die Nachlaßpflegschaft, sofern der Pfleger zur Verwaltung berufen ist (Rdn. 2), und durch die Nachlaßverwaltung bereits vor der Annahme der Erbschaft die Möglichkeit geschaffen ist, den Nachlaßbestand, nötigenfalls auch durch Aufgebot der Nachlaßgläubiger (§ 991 ZPO; § 1970 Rdn. 8), zu ermitteln, so können die **Fristen,** innerhalb deren die aufschiebenden Einreden erhoben werden können, für sie schon vor der Annahme, und zwar **mit der Bestellung** (die nach § 16 FGG mit der Bekanntmachung an den Pfleger wirksam wird) **beginnen.** Sowohl die dreimonatige Frist des § 2014 wie die einjährige des § 2015 ist sonach statt von der Annahme der Erbschaft von der Bestellung des Nachlaßpflegers ab zu berechnen. 3

Der Erbe wird durch den Nachlaßpfleger gesetzlich vertreten, und auch die Handlungen und Unterlassungen des Nachlaßverwalters in bezug auf den Nachlaß sind für ihn wirksam. Der Erbe muß sich deshalb den jenen gegenüber abgelaufenen Zeitraum auf die Fristen anrechnen lassen; sie können sonach schon abgelaufen sein, wenn er annimmt. 4

5 Ist der Nachlaßpfleger des § 1960 nicht zur Verwaltung des Nachlasses berufen (Rdn. 2), so beginnen auch für ihn die Fristen erst mit der Annahme der Erbschaft; er kann also vorher ohne zeitliche Beschränkung die Einreden aus §§ 2014, 2015 geltend machen, wenn ihm gegenüber Ansprüche gegen den Nachlaß erhoben werden; jedoch die Einrede aus § 2014 nicht mehr, wenn er bereits Inventar errichtet hat.

6 Wird der Nachlaßverwalter nach der Annahme der Erbschaft bestellt, so muß auch er sich den seit der Annahme für den Erben abgelaufenen Zeitraum anrechnen lassen.

DRITTER TITEL

Erbschaftsanspruch

Vorbemerkung

Der Erbe tritt mit dem Erbfalle in die Erbschaft als *Ganzes*, zugleich aber ohne besondere Rechtsakte in die *einzelnen* zum Vermögen des Erblassers gehörigen Rechte an Stelle des Erblassers ein (§ 1922 Rdn. 25 f). Er kann diese *einzelnen* Rechte (auch Rechtslagen, Besitz usw.; vgl. § 1922 Rdn. 15) mit den gewöhnlichen dafür gegebenen dinglichen oder persönlichen Rechtsschutzmitteln, z. B. mit einem Anspruch aus ungerechtfertigter Bereicherung (RG WarnRspr. **41** Nr. 9), mit der Herausgabeklage aus § 985, Besitzklagen (§§ 861, 862) und der Klage aus früherem Besitz (§ 1007) im Wege der *Leistungs-* und gegebenenfalls der *Feststellungsklage* gegen denjenigen geltend machen, der sie ihm vorenthält oder bestreitet, sei es, daß dieser ein *eigenes* (nicht vom Erblasser herrührendes) Recht zur Vorenthaltung in Anspruch nimmt oder daß er *selbst Erbe zu sein behauptet.* In letzterem Falle kann der Erbe auch sein *Erbrecht* als *solches* durch Feststellungsklage geltend machen.

Außer diesen Rechtsbehelfen hat aber das Gesetz, im Anschluß an die gemeinrechtliche hereditatis petitio, dem Erben noch ein besonderes, *erbrechtliches* Rechtsschutzmittel verliehen, den **Erbschaftsanspruch.** Dieser Anspruch richtet sich gegen denjenigen, der seinerseits ein Erbrecht beansprucht und diesen Anspruch dadurch betätigt hat, daß er etwas aus der Erbschaft erlangt hat (*Erbschaftsbesitzer);* er geht auf Herausgabe des Erlangten als *Gesamtheit* (§ 2018). Der Zweck, den der Gesetzgeber mit der Gewährung dieses Anspruchs verfolgt, ist darauf gerichtet, es dem wahren Erben zu erleichtern, in den Besitz der Erbschaft zu gelangen, *ohne* auf die *Einzelklagen* angewiesen zu sein (Mot. **5,** 575 ff). Die Erleichterung liegt darin, daß der Erbe die Erwerbstitel der Einzelgegenstände, die der Erbschaftsanspruch umfaßt, — anders als bei etwaigen Einzelklagen auf Herausgabe — nicht nachweisen, sondern nur beweisen muß, daß er Erbe ist und daß der Beklagte den Besitz nach dem Erbfall auf Grund eines ihm nicht zustehenden Erbrechts (als sog. *Erbansprecher*) erlangt hat, nicht jedoch, daß er ihn noch hat.

Dem vorerörterten Zweck entsprechend ist der Anspruch im einzelnen ausgestaltet. Der Anspruch ist im allgemeinen gleichsam dinglich; er entspricht dem Eigentumsanspruch auf Herausgabe der Sache. Die Herausgabepflicht erstreckt sich aber nicht nur auf die gezogenen Nutzungen (§ 2020), sondern auch auf dasjenige, was an Stelle von ursprünglichen Nachlaßgegenständen *mit Mitteln der Erbschaft* erlangt ist (Surrogate, § 2019). Anderseits haftet der Erbschaftsbesitzer im Falle des Unvermögens zur Herausgabe regelmäßig nur nach *Bereicherungsgrundsätzen* (§ 2021) und hat einen Anspruch auf Ersatz von *Verwendungen,* der — im Gegensatz etwa zum Pflichtteilsanspruch (vgl. OLG Hamm MDR **64,** 151) — durch ein Zurückbehaltungsrecht geschützt ist (§ 2022).

Doch tritt unter gewissen Umständen (*Rechtshängigkeit, böser Glaube, verbotene Eigenmacht) strengere Haftung* ein (§§ 2023—2025). *Ersitzung* der zur Erbschaft gehörigen Sachen durch den Erbschaftsbesitzer als solchen kann gegenüber dem Erbschaftsanspruche nicht geltend gemacht werden (§ 2026). Besonders wichtig ist die dem Erbschaftsbesitzer auferlegte *Auskunftspflicht* (§ 2027). Über die praktischen Unterschiede der Verfolgung von Einzelansprüchen gegenüber der Geltendmachung des Erbschaftsanspruchs s. *Erman/Bartholomeyczik* vor § 2018 Rdn. 4.

In einzelnen Beziehungen sind die für den Erbschaftsanspruch geltenden Grundsätze über dessen eigentliches Gebiet hinaus erstreckt, so die Auskunftspflicht auf denjenigen, der von *einzelnen* Nachlaßgegenständen *vor* Besitznahme der Erbschaft durch den Erben *Besitz ergriffen* hat (§ 2027 Abs. 2), sowie auf *Hausgenossen des Erblassers* (§ 2028); ferner die Grundsätze über die *Haftung* des Erbschaftsbesitzers auf die Einzelansprüche des Erben hinsichtlich der Erbschaftsgegenstände (§ 2029); dem Erbschaftsbesitzer ist derjenige gleichgestellt, der von diesem die Erbschaft erworben hat (§ 2030); endlich steht demjenigen, der nicht tot ist, aber für tot erklärt oder dessen Todeszeit festgestellt oder dessen Tod ohne Todeserklärung oder Feststellung der Todeszeit angenommen worden ist, das Recht zu, sein Vermögen nach den Vorschriften, die für den Erbschaftsanspruch gelten, herauszuverlangen (§ 2031 nF).

Besonderer *Gerichtsstand* für den Erbschaftsanspruch nach ZPO § 27. Dagegen ist der dingliche Gerichtsstand nicht gegeben, selbst wenn der Anspruch lediglich dinglicher Natur ist (*Stein/Jonas* 19. Aufl. § 24 III 2 a).

Steuerliche Verpflichtungen des Erbschaftsbesitzers: RAbgO § 106 Abs. 1, 2.

§ 2018

Der Erbe kann von jedem, der auf Grund eines ihm in Wirklichkeit nicht zustehenden Erbrechts etwas aus der Erbschaft erlangt hat (Erbschaftsbesitzer), die Herausgabe des Erlangten verlangen.

E I 2080 II 1892; M 5 578—580, P 5 696—710.

Schrifttum:

Däubler, Der Scheinerbe im Recht der GmbH, RGmbH **63,** 181; *Fischer,* Die Stellung des vermeintlichen Erben in der OHG, Recht im Wandel, Festschrift 150 Jahre C. Heymanns Verlag 1965 S. 271; *Johannsen,* Rechtsprechung des BGH auf dem Gebiete des Erbrechts, 9. Teil IV. Erbschaftsanspruch WM **72,** 922; *Roloff,* Der Scheinerbe eines Personalhandelsgesellschafters, Diss. Münster 1968.

Herausgabeanspruch gegen den Erbschaftsbesitzer

Übersicht

1 **I. Der „Erbe" (Klagebefugnis)**

Der Erbschaftsanspruch steht dem **Erben** zu, sowohl dem alleinigen Erben als auch (mit der durch § 2039 gebotenen Einschränkung) *dem* **Miterben,** und zwar als hereditatis petitio partiaria auch gegen einen Miterben, der die Erbschaft für sich allein oder der daran einen höheren als den ihm zukommenden Erbteil beansprucht (RG JW **03** Beil. 64[148] und RG **81,** 293). Die Erbschaftsklage hat jedoch im letzteren Falle regelmäßig die Natur einer Erbteilungsklage (RG 11.12.1916 IV 316/16). Der Miterbe kann mit ihr Feststellung seines Miterbenrechts und dessen Quote sowie Auseinandersetzung verlangen, außerdem regelmäßig nur die Einräumung eines entsprechenden Mitbesitzes an der Erbschaft, jedoch nicht die Zahlung bestimmter Beträge; ist aber vom Erblasser eine Teilungsanordnung dahin getroffen worden, daß ein Miterbe durch Zahlung einer bestimmten Summe *abzufinden* sei (vgl. § 2048 Rdn. 2), so kann dieser unmittelbar auf Zahlung der Abfindungssumme klagen, da eine weitere Auseinandersetzung mit ihm in diesem Falle nicht erforderlich ist (RG 24.10.1921 VI 147/21; 2.3.1922 IV 516/21). Der abzufindende Miterbe kann in solchem Falle, ebenso wie ein Miterbe, der zugleich Nachlaßgläubiger ist (§ 2046 Rdn. 2), die Auszahlung der Abfindungssumme vor der Auseinandersetzung der übrigen Miterben verlangen, falls keine besonderen Schwierigkeiten entgegenstehen (RG 2.3.1922 IV 516/21). Soll eine Feststellungsklage eines Miterben gegen die anderen Miterben nur einen *Rechnungsposten klarstellen,* der bei der künftigen Erbauseinandersetzung zu seinen Gunsten zu berücksichtigen ist, so ist diese Klage keine Erbschaftsklage im Sinne der §§ 2018 ff; sie fällt vielmehr in den Rahmen des gegenseitigen Auseinandersetzungsanspruchs der Miterben (§§ 2042 ff), bei dem nach den §§ 756, 2042 auch die Forderungen der Miterben gegeneinander auszugleichen sind, die sich auf die Erbengemeinschaft gründen (RG WarnRspr. **41** Nr. 54 = DR **41,** 999). Dagegen dürfte die Anspruchsberechtigung von nichtehelichen Kindern des Erblassers bei gesetzlicher Erbfolge in den Fällen der §§ 1934 a ff zu verneinen sein; als Inhaber bloßer Erbersatzansprüche sind sie ebensowenig „Erben" im Sinne der Vorschrift wie Pflichtteilsberechtigte und Vermächtnisnehmer.

2 Der Erbschaftsanspruch steht ferner zu: dem **Rechtsnachfolger** des Miterben im Falle des § 2033; dem **Nacherben** nach Eintritt der Nacherbfolge (§ 2139; OLG **21,** 310), auch gegenüber dem Vorerben; dem **Erbschaftskäufer** dagegen nur nach geschehener Abtretung, zu der der Verkäufer nach § 2374 verpflichtet ist. Obwohl eine in einem nichtigen Testamente eingesetzte Person *nicht* durch Anerkenntnis der Beteiligten Erbe werden kann (vgl. § 1922 Rdn. 7), kann sich doch der wahre (gesetzliche oder Testaments-)Erbe, der die Gültigkeit des Testaments in der für die Veräußerung der Erbschaft vorgeschriebenen Form (§§ 2371, 2385 Abs. 1) anerkannt hat, gegenüber dem Erbschaftsanspruche des Eingesetzten nicht mehr auf die Nichtigkeit des Testaments berufen (RG **72,** 209).

3 Während der Dauer einer Nachlaßverwaltung kann nur der **Nachlaßverwalter** den Erbschaftsanspruch geltend machen, da dieser zum Nachlasse gehört (§ 1984 Rdn. 5), ebenso während des Nachlaßkonkurses der **Nachlaßkonkursverwalter** (KO § 6); auch dem verwaltenden **Testamentsvollstrecker** steht er zu. Dagegen ist es bedenklich, auch dem *Nachlaßpfleger* (§ 1960) den Anspruch aus § 2018 zuzuerkennen (so *Planck/Flad* Anm. 1 bα; RG HRR **30** Nr. 1465 und die zweite Auflage dieses Kommentars). Bei dem Streit zwischen dem aus § 2018 vorgehenden Erbansprecher und dem Erbschaftsbesitzer handelt es sich (wenn auch nur als Vorfrage) darum, ob dem einen oder dem anderen das Erbrecht zusteht. Der Nachlaßpfleger aber, der nicht für eine bestimmte Person, sondern „für den, der Erbe wird", bestellt ist (§ 1960 Rdn. 20 f), ist nicht dazu berufen, diese Frage zur Entscheidung zu bringen. Die von *Planck/Flad* unterstellte Sachlage, daß

der Erbschaftsbesitzer als Erbe zweifellos nicht in Betracht kommen könne, greift dem Ergebnisse des Rechtsstreits, in dem beide Parteien das Erbrecht beanspruchen, in unzulässiger Weise vor. Der Nachlaßpfleger kann schon auf Grund seines Rechts zum Besitze und zur Verwaltung (§ 1960 Rdn. 22) die Herausgabe der Nachlaßgegenstände auch von dem Erbschaftsbesitzer verlangen, ohne daß er dessen Nichtberechtigung nachzuweisen braucht (RG HRR **30** Nr. 1465 = JW **31,** 44; RG WarnRspr. **42** Nr. 24 = DR **42,** 533); jetzt auch BGH NJW **72,** 1752; vgl. Rdn. 5; das ist aber kein Erbschaftsanspruch, auf den die Vorschriften dieses Titels anzuwenden sein könnten (vgl. auch *Staudinger/Lehmann* Anm. 2 Abs. 3; *Palandt/Keidel* Anm. 1; KG OLG **26,** 288; Hamburg OLG **30,** 174). Auch derjenige, der möglicherweise der wahre Erbe ist, ist zur Herausgabe verpflichtet, solange sein Erbrecht gegenüber dem *Nachlaßpfleger* nicht rechtskräftig festgestellt ist. Dem auf Herausgabe Belangten steht wegen der Verwendungen, die er auf den herausverlangten Gegenstand gemacht hat, ein Zurückbehaltungsrecht zu. Bei der Geltendmachung und Verwirklichung dieses Rechts sind die Zwecke der Nachlaßpflegschaft zu berücksichtigen (BGH aaO). Vgl. Rdn. 4 zu § 2022. Kein Erbschaftsanspruch steht dem gesetzlichen *Erben eines OHG-Gesellschafters* zu, welcher Teilnahme am Gesellschaftsgewinn der mit der Witwe fortgesetzten OHG verlangt, an der die in Anspruch genommene Witwe nicht auf Grund eines ihr in Wirklichkeit nicht zustehenden Erbrechts, sondern kraft Gesellschaftsvertrags Beteiligungsrechte erworben hat (RG **171,** 345, 351).

II. Der „Erbschaftsbesitzer" (Anspruchsgegner) 4

Der Anspruch aus § 2018 richtet sich gegen den **Erbschaftsbesitzer.** Hierbei handelt es sich nach der Begriffsbestimmung des Gesetzes um denjenigen, der **auf Grund eines ihm in Wirklichkeit nicht zustehenden Erbrechts oder Miterbrechts** etwas aus der Erbschaft erlangt hat, insbesondere um denjenigen, der sich ein solches Erbrecht oder Miterbrecht angemaßt hat, indem er, in gutem oder bösem Glauben, Erbe oder Miterbe zu sein behauptete oder als Miterbe einen größeren als den ihm wirklich zustehenden Erbanteil in Anspruch nahm. Ihm steht derjenige gleich (pro herede possidet), der aus anderem Rechtstitel oder ohne Rechtstitel etwas aus der Erbschaft erlangt hat, es aber nunmehr auf Grund eines angeblichen Erbrechts behalten will. Dagegen geht der Erbschaftsanspruch nicht gegen denjenigen, der nur auf Grund eines behaupteten *Einzelrechtstitels* oder (insoweit abweichend vom gemeinen Rechte) ohne einen Rechtstitel zu behaupten (pro possessore), den Besitz von Erbschaftsgegenständen erlangt hat oder ausübt. Doch wird auch in diesem Falle eine *Auskunftspflicht* begründet (§ 2027 Abs. 2). Gibt derjenige, der Erbschaftssachen in Besitz genommen hat, keine Auskunft über seine damit verbundenen Absichten, so ist es Sache der Beweiswürdigung, ob er ein Erbrecht in Anspruch nimmt (nach den Mot. **5,** 579 soll das „die mildeste Auslegung" seines Verhaltens sein). Erheben Miterben Anspruch auf das im Besitze eines anderen befindliche Nachlaßvermögen, so kann der Anspruch nicht, wie es bei der Erbschaftsklage gegen einen dritten Besitzer zulässig ist, ohne weiteres auf Herausgabe oder Hinterlegung der Erbschaftsgegenstände gerichtet werden. Die Miterben können vielmehr nur Einräumung des Mitbesitzes am Nachlaß und die Erbauseinandersetzung hinsichtlich der einzelnen Erbschaftsgegenstände verlangen (RG LZ **14,** 576).

Der Anspruch geht *nicht* gegen den *vorläufigen Erben,* der die Erbschaft ausgeschlagen hat; gegen ihn können nur Ansprüche aus Geschäftsführung ohne Auftrag geltend gemacht werden (§ 1959). Das gilt auch dann, wenn er die Ausschlagung zu Unrecht als wirksam gelten lassen will (vgl. *Brox* § 33 II 1). Gegen denjenigen, der auf Grund eines *anfechtbaren* Erbrechtstitels (Verfügung von Todes wegen, gesetzliche Erbfolge im Falle der Erbunwürdigkeit) besitzt, kann der Erbschaftsanspruch erst nach 5 etwaiger Anfechtung oder zugleich mit dieser geltend gemacht werden; wegen des Beginnes der Verjährung s. aber § 2026 Rdn. 4. Einem Nachlaßpfleger gegenüber ist jedenfalls aber auch derjenige, der möglicherweise der wahre Erbe ist, zur Herausgabe verpflichtet, solange sein Erbrecht diesem gegenüber nicht rechtskräftig festgestellt ist (BGH NJW **72**, 1752 = WM **72**, 1061).

6 Wer die streitige Erbschaft für einen angeblichen Erben, der in Wirklichkeit nicht Erbe ist, als **Testamentsvollstrecker** besitzt, kann als *solcher* (anders, wenn er zugleich für sich ein Miterbrecht in Anspruch nimmt) *nicht* mit der Erbschaftsklage belangt werden (RG **81**, 151), ebensowenig der **Nachlaßpfleger** (Rdn. 3) oder der **Nachlaßverwalter.** Doch kann sowohl gegen den Testamentsvollstrecker (RG JW **09**, 52[18]; WarnRspr. **12** Nr. 174[3]; *Gruchot* **62**, 631) wie gegen den Nachlaßpfleger (RG **106**, 46; OGHE **4**, 219; BGH LM § 1960 Nr. 1 = NJW **51**, 559 = JZ **51**, 591 m. Anm. von *Coing*) Klage auf *Feststellung des Erbrechts* erhoben werden, wenn die Voraussetzungen des § 256 ZPO vorliegen. Dem „Erlangen *aus* der Erbschaft" steht es gleich, wenn etwas vor dem Erbfalle aus dem Vermögen des Erblassers erlangt ist, das nunmehr auf Grund des beanspruchten Erbrechts zurückbehalten wird (RG **81**, 293). Anderseits stellt sich, wenn der Beklagte das Erlangte seinerzeit zwar auf Grund eines beanspruchten Erbrechts erlangt hat, sich aber der Klage gegenüber nur noch durch Inanspruchnahme eines Einzelrechts oder ohne Berufung auf einen Rechtsgrund verteidigt, der Anspruch nicht mehr als Erbschaftsanspruch dar. Der Anspruch geht auch gegen den **Vorerben,** wenn dieser die Herausgabe von Nachlaßgegenständen verweigert, weil er den Eintritt des Falles der Nacherbfolge nicht anerkennt; nicht aber, wenn er wegen *Verwendungen* Nachlaßgegenstände zurückbehalten will. Dem Erbschaftsbesitzer ist auch derjenige gleichgestellt, der die gesamte Erbschaft durch Vertrag von einem Erbschaftsbesitzer erlangt hat (§ 2030). Ob der Erbschaftsbesitzer oder eine ihm gleichgestellte Person Besitz im Sinne der §§ 854 ff (an körperlichen Sachen; § 854 Rdn. 4) erworben hat, ist übrigens ohne Bedeutung; es genügt, daß der Anspruchsgegner nach den vorstehend entwickelten Grundsätzen „etwas" als Erbansprecher aus der Erbschaft bekommen hat.

7 **III. Streitgegenstand („aus der Erbschaft erlangt")**

Der zu Verklagende muß **etwas aus der Erbschaft erlangt** haben. Die Fassung entspricht dem Bereicherungsanspruche des § 812. Doch besteht insofern ein wesentlicher Unterschied, als dort in der Regel eine Vermögensverschiebung in Gestalt einer eingetretenen formalen *Rechtsänderung* vorausgesetzt wird, obwohl schon die Erlangung des Besitzes sich als Bereicherung darstellen kann (§ 812 Rdn. 11 ff). Hier handelt es sich dagegen regelmäßig nur um eine tatsächliche Vorteilserlangung, ohne Veränderung der sonstigen Rechtslage. Das gilt namentlich für körperliche Sachen, von denen der Erbansprecher Besitz ergriffen hat, ohne dadurch ein Recht an der Sache erwerben zu können; hier geht der Anspruch dinglich (§ 985) auf Herausgabe der *Sache* und ist im Konkursfalle ein Aussonderungsanspruch begründet. Der Besitz braucht nicht *Eigenbesitz,* kann vielmehr auch Besitz für einen anderen (§ 868) sein, wenn der Erblasser die Sache als Nutznießer, Pächter usw. besessen hat und der Besitzwille des Erbansprechers dem entspricht. Der Erbansprecher kann auch nur *mittelbaren* Besitz erlangt haben, z. B. wenn die Sache hinterlegt ist und der unmittelbare Besitzer den Willen hat, für ihn zu besitzen (RG **81**, 293, 296). — Bei *Grundstücken* kann der Erbansprecher, wenn er auf Grund eines ihm erteilten unrichtigen Erbscheins als Erbe eingetragen ist, das sog. *Bucheigentum* erlangt haben, ebenso bei *Rechten an Grundstücken* die entsprechende grundbuchliche Rechtslage; dann geht der Anspruch auf *Berichtigung des Grundbuchs* (§§ 891 Rdn. 36, 894; RG SächsArch **14**, 66).

Der Erbansprecher kann durch ***unmittelbare Besitzergreifung*** oder durch *Leistung seitens eines Dritten* (auch des Erben, wenn dieser den andern für den richtigen Erben gehalten hat) **etwas erlangt** haben, insbesondere durch *Einziehung* von *Nachlaßforderungen;* soweit dadurch (namentlich wenn sie auf Grund eines Ausweises des Erbansprechers durch den Erbschein erfolgte) der Schuldner befreit ist, tritt an die Stelle der untergegangenen Forderung nach dem Surrogationsprinzip (§ 2019) der dafür erlangte Gegenstand, soweit dieser (insbesondere Geld) nicht mehr in Natur vorhanden ist, der Ersatzanspruch nach §§ 2021 ff. Darin, daß der Erbansprecher sich einer Nachlaßforderung „berühmt" oder daß er sie ohne Erfolg einzuziehen versucht hat, liegt noch keine „Erlangen"; wohl aber, wenn der Schuldner die Gläubigerschaft des (durch Erbschein ausgewiesenen) Erbansprechers *anerkannt*, insbesondere die Schuld auf dessen Namen umgeschrieben hat (so bei Eintragungen im Reichs- oder Staatsschuldbuch). Hat der Erbansprecher *Beweismittel* (Schuldschein) oder auch die die Forderung verkörpernde Schuldurkunde (Wechsel, Inhaberpapier) in seinen Besitz gebracht, so sind diese „erlangt". Es kann auch durch *Aufrechnung* einer Schuld des Erbschaftsbesitzers gegen eine Forderung des Nachlasses gegenüber dem Nachlaßschuldner „etwas" erlangt worden sein; ist hierdurch die Nachlaßforderung untergegangen, so muß der Erbschaftsbesitzer dem Erben die dadurch eingetretene Befreiung von seiner Schuld „herausgeben", die Schuld also an ihn zahlen. Als „erlangt" gilt auch der Vorteil, den der Erbschaftsbesitzer hat, weil er eine Verbindlichkeit, die ihm gegen den Nachlaß obliegt, infolge der Erbrechtsanmaßung *nicht* berichtigt (so jetzt auch *Staudinger/Lehmann* Rdn. 17, ferner *Planck/Flad* Anm. 3). **8**

Eine Sache ist auch dann aus der Erbschaft erlangt, wenn jemand vor dem Erbfalle als *mittelbarer Besitzer* den Besitz für den Erblasser ausgeübt hat und diesen Besitz nach dem Erbfalle durch Geltendmachtung eines angeblichen Erbrechts in Eigenbesitz verwandelt (RG **81**, 293, 294; für den Miterben, der ein größeres als das ihm zustehende Erbrecht geltend macht, vgl. oben Anm. 1; gleiches muß aber auch für den Nichtmiterben als Erbansprecher gelten). Gleiches soll (wie aaO weiter entschieden) auch gelten, wenn ein Miterbe (oder Fremder) „mit oder ohne Einverständnis des Erblassers" bereits vor dem Erbfalle Gegenstände, die zur Erbschaft gehören, in der Absicht in Besitz genommen hat, sich unter Vereitelung des Rechts der Miterben (Erben) den Alleinbesitz (Besitz) zu sichern und gemäß dieser Absicht nach Eintritt des Erbfalles den Miterben (Erben) den Alleinbesitz (Besitz) vorenthält, wobei er ein Alleinerbrecht (Erbrecht) beansprucht (vgl. RG JW **13**, 546). Doch ist hierbei zu prüfen, ob etwa darin eine durch Übergabe vollzogene Schenkung auf den Todesfall (§§ 2301 Abs. 2, 518 Abs. 2) liegt, wenn der Besitz mit *Einverständnis des Erblassers* ergriffen worden ist. Ein „Erlangen aus der Erbschaft" wird aber, was vom Reichsgericht aaO offengelassen ist, auch anzunehmen sein, wenn jemand vom Erblasser bei Lebzeiten ein Darlehen erhalten hat und nach dessen Tode unter Berufung auf ein angebliches Erbrecht oder Miterbenrecht die Rückzahlung ganz oder teilweise verweigert. Aus dem Nachlaß erlangt hat der Miterbe auch Beträge, die ihm aus einem vom Erblasser übergebenen Blankoscheck nach dem Erbfall zugeflossen sind (KG NJW 70, 329 = WM 70, 83; vgl. dazu *Finger* NJW 70, 954). **9**

IV. Ziel des Anspruchs. Prozeßrechtliches **10**

Der Anspruch geht auf **Herausgabe des Erlangten.** Die Art der Herausgabe bestimmt sich nach der Art des Erlangten (Rdn. 7—9). Das Erlangte ist als *Ganzes* herauszugeben (Vorbem. vor § 2018); hierauf kann der Klagantrag unter dem Vorbehalt, die einzelnen herauszugebenden Erbschaftsgegenstände zu bezeichnen, zunächst gerichtet werden, bis der Beklagte die mit der Klage gleichfalls zu verlangende Auskunft (§ 2027) erteilt hat (ZPO § 254). Soweit der Erbschaftsanspruch in einer Geldforderung besteht, scheidet der Einwand, die Leistung sei unmöglich, nach § 275 aus (RG Recht **20** Nr. 417).

11 Die Verurteilung bewirkt **Rechtskraft** nur für den Herausgabeanspruch hinsichtlich der darin bezeichneten Erbschaftsgegenstände; zur rechtskräftigen Feststellung des *Erbrechts* ist ein besonderer darauf gerichteter Feststellungsantrag und ein ihm entsprechender Ausspruch erforderlich. Die Verurteilung zur Herausgabe führt Rechtskraft nur unter den als Parteien bei dem Rechtsstreite beteiligten Erbansprechern herbei. *Miterben* sind, auch wenn sie unter sich über das Erbrecht streiten (Rdn. 1), ***keine notwendigen Streitgenossen*** (RG 11. 7. 1905 IV 282/05; auch JW **05**, **146**[28] und RG **95**, 97; ebenso *Staudinger/Lehmann* Rdn. 13 aE; *Planck/Flad* Anm. 2 b δ; *Kipp/Coing* § 106 Anm. 8; *Stein/Jonas* 19. Aufl. § 62 III 3 Anm. 51; aM OGH **3**, 242 = NJW **50**, 597; *Rosenberg* 9. Aufl. § 95 II 2 b). — Besondere Rechtsmittel zur Erlangung des *vorläufigen Erbschaftsbesitzes* (missio in bona) gewährt das BGB nicht; doch können erforderlichenfalls einstweilige Verfügungen (ZPO § 940) erlassen werden. — Besonderer *Gerichtsstand* ZPO § 27.

Ein *Dritter*, der eine zum Nachlasse gehörige bewegliche Sache vom Erbschaftsbesitzer ohne Vorlegung eines Erbscheines (§ 2366) erworben hat, ist (anders als beim Erwerb vom vorläufigen Erben, § 1959 Rdn. 9), sofern es sich nicht um Geld oder Inhaberpapiere handelt, nach § 935 durch guten Glauben nicht geschützt, falls die Sache ohne Willen des Erben in den Besitz des Erbschaftsbesitzers gelangt, also jenem, der nach § 857 Besitzer war, abhanden gekommen ist.

12 **V. Beweislast**

Der Kläger hat sein *Erbrecht* zu beweisen. Er muß also im Streitfalle den Erbfall und den ihm zur Seite stehenden Berufungsgrund, im Falle der gesetzlichen Erbfolge auch den Wegfall ihm vorgehender Erbberechtigter, falls solche vorhanden waren (was der Beklagte mindestens konkret zu behaupten haben wird), nachweisen: OLG **30**, 185; vgl. auch **32**, 49. An Stelle des Nachweises der Erbberechtigung genügt die Vorlage eines ihm erteilten Erbscheins, der die Vermutung, daß er Erbe sei, begründet (§ 2365; vgl. RG WarnRspr. **13** Nr. 300; RG **92**, 71). Behauptet der Beklagte, daß ihm ein besseres Erbrecht wegen Ausschließung, Erbunwürdigkeit, Verzicht des Klägers oder seiner Rechtsvorgänger oder wegen letztwilliger Berufung zustehe, so hat er diese besonderen Umstände nachzuweisen. Doch genügt zur Klagabweisung das Mißlingen des dem Kläger obliegenden Erbenbeweises, auch wenn der Beklagte kein eigenes Erbrecht dartun kann. Der Kläger hat weiter den *Erbschaftsbesitz* des Beklagten zu beweisen, also daß dieser einen Erbschaftsgegenstand mit dem Willen, Erbe zu sein, *erlangt hat*, nicht daß er ihn jetzt noch hat. Zur Begründung des Herausgabeanspruchs im einzelnen hat der Kläger, soweit ihm nicht das nach § 260 vorzulegende Verzeichnis zustatten kommt, die Zugehörigkeit der einzelnen herausverlangten Gegenstände zum Nachlaß, sofern sie bestritten wird, zu beweisen. Bestreitet der Beklagte die Zugehörigkeit der Sache zum Nachlasse mit der Behauptung, daß er sie durch einen Rechtstitel unter Lebenden erworben habe, so hat der Kläger zu beweisen, daß jener die Sache als *Erbansprecher* erlangt hat (aM für das gemeine Recht RG **10**, 161, 165). Dazu ist bei beweglichen Sachen erforderlich, daß er die Eigentumsvermutung aus § 1006 Abs. 1, die dem Beklagten zur Seite steht, ausräumt; das kann nach Satz 2 daselbst dadurch geschehen, daß er nachweist, die Sache sei dem Erblasser oder nach dem Erbfalle ihm als damaligem Besitzer (§ 857) abhanden gekommen, insbesondere in der Weise, daß der Beklagte sich gegen seinen Willen in den Besitz der bis zum Tode des Erblassers in dessen Besitz gewesenen

Sache gesetzt hat. Führt der Kläger diesen Nachweis, so hat der Beklagte etwaige besondere Erwerbstitel (vgl. *Erman/Bartholomeyczik* § 2018 Rdn. 6) oder den Wegfall seiner Herausgabepflicht nach § 2021 zu beweisen (Prot. **5,** 700 ff). Beweispflichtig ist der beklagte Erbschaftsbesitzer natürlich auch für das Bestehen von Gegenrechten bei Geltendmachung von *Einwendungen* gegenüber dem Klaganspruch (vgl. OLG Hamm MDR **64,** 151). Über Einwendungen s. Näheres bei § 2022.

§ 2019

Als aus der Erbschaft erlangt gilt auch, was der Erbschaftsbesitzer durch Rechtsgeschäft mit Mitteln der Erbschaft erwirbt.

Die Zugehörigkeit einer in solcher Weise erworbenen Forderung zur Erbschaft hat der Schuldner erst dann gegen sich gelten lassen, wenn er von der Zugehörigkeit Kenntnis erlangt; die Vorschriften der §§ 406 bis 408 finden entsprechende Anwendung.

E I 2081 Nr. 3 II 1893; M **5** 583—585; P **5** 710—714, 719, 720; **6** 168, 316, 324—326.

Ersatzherausgabe

Übersicht

I. Allgemeines (Ersetzungsgrundsatz) 1

Abs. 1 enthält einen Anwendungsfall des Grundsatzes der **dinglichen Ersetzung (Surrogation);** vgl. zu § 2041 Rdn. 1, 3 und RG **138,** 132, 134. Das von dem Erbschaftsbesitzer durch Rechtsgeschäft mit Mitteln der Erbschaft Erlangte **gilt als aus der Erbschaft erlangt,** d. h. es wird in bezug auf die in § 2018 bestimmte Herausgabepflicht als *Erbschaftsgegenstand,* als zur Erbschaft gehörig behandelt. Damit wird erreicht, daß das Nachlaßvermögen unter den genannten Voraussetzungen in seinem wechselnden Bestande dem Zugriff des oder der Erben unterliegt. Das mit Mitteln der Erbschaft erworbene Eigentum, Forderungsrecht, Recht an fremder Sache usw. steht sonach nicht dem Erbschaftsbesitzer, sondern *unmittelbar dem wahren Erben* zu; es bedarf keiner Übertragung oder Abtretung von seiten des Erbschaftsbesitzers. Ist dieser als Berechtigter im Grundbuche eingetragen worden, so geht der Herausgabeanspruch auf *Berichtigung des Grundbuchs* (§ 894). Hat der Erbschaftsbesitzer das mit Mitteln der Erbschaft Erlangte wiederum rechtsgeschäftlich veräußert gegen anderes, so tritt dieses in der gleichen Weise an die Stelle des ersteren, so daß sich die *Surrogation mehrmals* wiederholen kann, z. B. wenn ein Erbschaftsgrundstück verkauft und der Erlös in einer Hypothek angelegt worden ist. Erwirbt der Erbschaftsbesitzer teils mit Mitteln der Erbschaft, teils mit eigenen Mitteln, so tritt *Miteigentum* ein. Ausgeschlossen ist die dingliche Ersetzung bei dem Erwerbe höchstpersönlicher Rechte (Nießbrauch, beschränkte persönliche Dienstbarkeit) oder solcher Rechte, die Bestandteile eines dem Erbschaftsbesitzer gehörigen Grundstücks werden (Grunddienstbarkeiten, § 96); vgl. § 2021 Rdn. 2. Dagegen gilt, wenn durch *Verbindung* oder *Vermischung* beweglicher Sachen *Miteigentum* entsteht, dieses als aus der Erbschaft erlangt; es unterliegt deshalb dem Herausgabeanspruch.

2 In der 9. Aufl. ist die Ansicht vertreten worden, die Surrogationswirkungen träten nur ein, wenn die Verfügung des Erbschaftsbesitzers über die Erbschaftsmittel dem Erben gegenüber *wirksam* geworden sei; das sei der Fall, wenn der Dritte, an den die Erbschaftsgegenstände veräußert worden sind, sie rechtswirksam erworben habe, also bei beweglichen Sachen durch gutgläubigen Erwerb mittels Übergabe (§§ 929 ff; vgl. aber § 2018 Anm. 10), bei Rechten an Grundstücken gemäß dem Grundbuche (§ 892), im übrigen, namentlich bei Forderungsübertragungen und Leistungen auf Forderungen durch den Schuldner, wenn der Erbschaftsbesitzer durch Erbschein ausgewiesen war (§§ 2366, 2367). Die Verfügung werde auch wirksam, wenn der Erbe sie *genehmige* (§ 185); die Genehmigung könne schon in der Erhebung des Erbschaftsanspruchs auf Herausgabe des Gegenstandes gefunden werden. Liege keiner dieser Fälle vor, so könne der Erbe den Anspruch auf Herausgabe des vom Erbschaftsbesitzer weggebenen Erbschaftsgegenstandes gegen den Dritten nur mit den gewöhnlichen Einzelklagen geltend machen. — Diese Auffassung ist bereits in der 10. Auflage aufgegeben worden. Es muß bei wirtschaftlicher Betrachtungsweise genügen, wenn der Erbschaftsbesitzer *tatsächlich* etwas aus der Erbschaft weggegeben hat, um den Anspruch des Erben auf die Gegenleistung zu begründen, die tatsächlich an dessen Stelle in die Erbschaft gelangt ist (vgl. *Staudinger/Lehmann* Rdn. 11; *Kipp/Coing* § 107 II 1 Anm. 4 mit weiteren Nachweisen). In dem Verlangen der Gegenleistung liegt jedoch regelmäßig die Genehmigung der Verfügung des Erbschaftsbesitzers über den Erbschaftsgegenstand, so daß dessen Erwerber nicht neben dem Erbschaftsbesitzer in Anspruch genommen werden kann. Freilich gilt diese Genehmigung grundsätzlich nur unter der Bedingung als erteilt, daß der Erbansprecher den Ersatzgegenstand tatsächlich erlangt (vgl. *Erman/Bartholomeyczik* § 2019 Rdn. 1 Abs. 2).

3 **II. Voraussetzungen des Abs. 1**

Mit Mitteln der Erbschaft durch Rechtsgeschäft erworben ist dasjenige, was als Gegenleistung gegen die Hingabe eines Erbschaftsgegenstandes von dem Erbschaftsbesitzer erlangt ist. Es genügt daher nicht (wie in §§ 1370, 2041, 2374), daß das den Erwerb vermittelnde Rechtsgeschäft sich *auf die Erbschaft bezieht* (vgl. OGH **2**, 226, 230); es müssen dabei vielmehr Erbschaftsgegenstände aufgeopfert worden sein; vgl. für andere Fälle von Sondervermögen RG **72**, 165; **87**, 434, 439. Deshalb erstreckt sich der Erbschaftsanspruch nicht auf Gegenstände, die der Erbschaftsbesitzer *für die Erbschaft*, z. B. um als Zubehör eines Erbschaftsgrundstücks zu dienen, mit eigenen Mitteln erworben hat. Dagegen ist es unerheblich, ob er die Gegenstände *für sich persönlich* hat erwerben wollen, etwa um sie dem wahren Erben oder den Nachlaßgläubigern zu entziehen; seine Willensrichtung ist nicht, wie in §§ 1381, 1646, entscheidend. — Wegen der *Nutzungen* vgl. § 2020 Rdn. 1. — Mit Mitteln der Erbschaft ist auch erlangt, was ein *Nachlaßschuldner zur Tilgung seiner Schuld* an den Erbschaftsbesitzer gezahlt hat; es gehören ferner hierher: die Forderungen, die durch *Ausleihen von Erbschaftskapital* entstanden sind (Gruchot **51**, 919); ebenso Forderungen aus *Versicherungsverträgen*, für welche die Prämien aus Erbschaftsmitteln bezahlt sind; auch ein *Rückforderungsanspruch* wegen einer aus Mitteln der Erbschaft bezahlten Nichtschuld (§§ 812, 813, 814). Der Geschäftsgewinn einer OHG, deren persönlich haftender Gesellschafter der Erblasser gewesen ist, kann dagegen nicht ohne weiteres als zur Erbschaft gehörig angesehen werden, da er nicht nur den Ertrag des im Unternehmen arbeitenden Gesellschaftskapitals, sondern auch das Ergebnis der von den Gesellschaftern entfalteten persönlichen Tätigkeit und ihrer unbeschränkten persönlichen Haftung darstellt (RG **171**, 345, 351). — Soweit dingliche Ersetzung stattfindet, hat der Erbe im Konkurse des Erbschaftsbesitzers ein *Aussonderungsrecht* (KO § 43). — Was *ohne Vermittlung eines Rechtsgeschäfts* auf Grund eines zur Erbschaft gehörigen Rechtes erworben wird, fällt (ohne daß es einer ausdrücklichen Vorschrift bedurfte) kraft Gesetzes dem wahren Erben zu, so die Hälfte des auf einem Erbschaftsgrundstück gefundenen Schatzes (§ 984) und eine zur Eigentümergrundschuld gewordene Hypothek (§ 1163); hat der Erbschaftsbesitzer es „erlangt", so steht dem Erben der Erbschaftsanspruch auf Herausgabe zu. Auch die Ansprüche *wegen Zerstörung, Beschädigung oder Entziehung* eines Erbschaftsgegenstandes gehören zur Erbschaft; es findet deshalb, wenn die Entschädigungssumme rechtswirksam an den Erbschaftsbesitzer bezahlt worden ist, der Herausgabeanspruch des Erben auf Grund dinglicher Ersetzung statt. Einer ausdrücklichen Bestimmung wie in den §§ 1370, 2041, 2111, 2374 bedurfte es dazu nicht.

III. Schutz gutgläubiger Schuldner (Abs. 2) 4

Die Vorschrift des Abs. 2 enthält eine den Bestimmungen der §§ 720, 1473 Abs. 2, 1524, Abs. 2, 2111 Abs. 1 Satz 2 entsprechende Regelung. Sie bezweckt den Schutz des gutgläubigen Schuldners einer von dem Erbschaftsbesitzer mit Mitteln der Erbschaft in eigenem Namen begründeten Forderung gegenüber der in Abs. 1 bestimmten dinglichen Ersetzung, derzufolge die Forderung zur Erbschaft gehört. Solange der Schuldner nicht weiß, daß die Forderung mit Mitteln der Erbschaft begründet und der Erbschaftsbesitzer nicht der wahre Erbe ist, kann er jenen als Gläubiger ansehen. Zugleich ist damit ausgesprochen, daß der Schuldner, sobald er die bezeichnete Kenntnis erlangt, nunmehr die Zugehörigkeit der Forderung zur Erbschaft gegen sich gelten lassen, also den wahren Erben als seinen Gläubiger behandeln muß, als hätte der Erbschaftsbesitzer diesem die Forderung abgetreten. Diese Rechtslage tritt mit der Kenntnis des Schuldners ein, nicht etwa erst mit der Geltendmachung des Erbschaftsanspruchs durch den Erben. — Ohne weiteres folgt aus der Bestimmung, daß der Schuldner dem Erben *alle Einwendungen* entgegensetzen kann, die gegenüber dem Erbschaftsbesitzer zur Zeit, als der Schuldner Kenntnis erhielt, entstanden waren, wenn auch nur dem Rechtsgrunde nach (Rdn. zu § 404). Im übrigen sind zum Schutze des Schuldners die **§§ 406 bis 408 für entsprechend anwendbar erklärt** worden. Die entsprechende Anwendung bedeutet, daß der Schuldner eine ihm gegen den Erbschaftsbesitzer zustehende Forderung auch gegenüber dem Erben *aufrechnen* kann, sofern er nicht von der Zugehörigkeit zur Erbschaft beim Erwerbe der Forderung Kenntnis hatte oder die Forderung erst nach Erlangung der Kenntnis und später als die Erbschaftsforderung fällig geworden ist (Rdn. zu § 406); ferner, daß der Erbe Leistungen an den und Rechtsgeschäfte mit dem Erbschaftsbesitzer in Ansehung der Forderung gegen sich gelten lassen muß, sofern nicht der Schuldner dabei die Kenntnis gehabt hat (§ 407); endlich, daß Gleiches auch für Leistungen und Rechtsgeschäfte des Schuldners mit einem Zessionar des Erbschaftsbesitzers gilt (§ 408). Dagegen ist die besondere Vorschrift des § 405 nicht anzuwenden; der Schuldner kann also auch gegenüber einer von ihm ausgestellten Urkunde den Einwand des *Scheingeschäfts* gegen den Anspruch des Erben erheben.

§ 2020

Der Erbschaftsbesitzer hat dem Erben die gezogenen Nutzungen herauszugeben; die Verpflichtung zur Herausgabe erstreckt sich auch auf Früchte, an denen er das Eigentum erworben hat.

E I 2081 Nr. 4 II 1894; M 5 585, 586; P 5 710, 714, 715.

1 **I. Herausgabe von Nutzungen**

Nutzungen sind nach § 100 die Früchte einer Sache oder eines Rechts sowie die Vorteile, welche der Gebrauch der Sache oder des Rechts gewährt. Nach §§ 987—993 würde der Erbschaftsbesitzer Nutzungen, die er aus *Sachen* (§ 90) gezogen hat, die zur Erbschaft gehören, nur in dem dort bestimmten beschränkten Umfange herauszugeben haben, während er Nutzungen von *Rechten*, die Teil der Erbschaft sind, unbeschränkt nach den Vorschriften über Bereicherung herausgeben müßte (§ 987 Rdn. 14). Diesen Unterschied will § 2020 für den Erbschaftsanspruch beseitigen, indem er auch für die Nutzungen körperlicher Sachen die unbeschränkte Herausgabepflicht als Regel einführt (Mot. **5**, 585). Der Herausgabeanspruch ist, soweit die Nutzungen noch in Natur vorhanden und nicht mit der Trennung Eigentum des Erbschaftsbesitzers geworden sind (Rdn. 2), ein *dinglicher*, da die Nutzungen insoweit zur Erbschaft gehören und also *aus der Erbschaft erlangt sind* (§ 2018). Gleiches muß gelten, wenn die Nutzungen von Erbschaftsgegenständen auf Grund von Rechtsgeschäften *mit Mitteln* der Erbschaft erlangt sind (§ 2019), z. B. durch Vermietung oder Verpachtung von Nachlaßgrundstücken (so jetzt auch *Kipp/Coing* § 107 II 4; ferner *Staudinger/Lehmann* Rdn. 2 Abs. 1; aM *Planck/Flad* Anm. 2 a—c, wo ohne zureichenden Grund angenommen ist, daß die „bürgerlichen Früchte" unter allen Umständen durch den Übertragungsakt Eigentum des Erbschaftsbesitzers werden). Freilich ergibt sich aus Halbsatz 2, daß der Eigentumserwerb des gutgläubigen Besitzers an den Früchten nach § 955 auch für den Erbschaftsbesitzer nicht ausgeschlossen sein soll; aber das ist kein Grund, auch im übrigen die dingliche Surrogation der §§ 2018, 2019 auf die Herausgabe der Nutzungen für nicht anwendbar zu erklären. Handelt es sich um *nicht herausgabefähige* Nutzungen, z. B. bloße tatsächliche Vorteile, die der Erbschaftsbesitzer aus dem Besitze gehabt hat (§ 100 Anm. 3), oder sind die Nutzungen nicht mehr in Natur vorhanden, so tritt der Bereicherungsanspruch des § 2021 ein (so auch *Strohal* bei *Planck*, 3. Aufl. Anm. 2 a—c).

Bei Rechtshängigkeit des Herausgabeanspruchs und bei Bösgläubigkeit des Erbschaftsbesitzers tritt eine Steigerung der Herausgabepflicht ein (§§ 2023, 2024). Diese kann u. a. dazu führen, daß der Erbschaftsbesitzer entgegen der Regel des § 2020 auch auf Ersatz von Nutzungen in Anspruch genommen werden kann, die er zwar nicht gezogen hat, die er aber nach den Regeln einer ordnungsmäßigen Wirtschaft hätte ziehen können.

2 **II. Herausgabe von Früchten**

Daß der Erbschaftsbesitzer grundsätzlich auch die Früchte (zum Begriff **Früchte** § 99) des bei ihm befindlichen Erbschaftsgegenstandes herauszugeben hat, geht bereits aus dem 1. Halbsatz in Verbindung mit § 100 hervor; hierbei handelt es sich regelmäßig um einen dinglichen Anspruch, da davon ausgegangen wird, daß auch die Früchte mit der Trennung bei der Erbschaft verbleiben. Halbsatz 2 erstreckt nun aber die Herausgabepflicht auch auf solche Früchte, an denen der Erbschaftsbesitzer **mit der Trennung Eigentum erworben hat.** Das ist der Fall bei Erzeugnissen und sonstigen zu den Früchten der Sache gehörigen Bestandteilen, wenn der Erbschaftsbesitzer bei Erwerb des Erbschaftsbesitzes *in gutem Glauben*, Erbe zu sein, gewesen ist und nicht vor der Trennung von dem Mangel seines Rechtes erfahren hat (§ 955 Abs. 1). Der Unterschied von dem Falle des Halbsatzes 1 besteht darin, daß hier *nur ein schuldrechtlicher* Anspruch auf Herausgabe in Betracht kommen kann. Doch hat der Erbschaftsbesitzer auch in diesem Falle die Früchte, soweit sie noch vorhanden sind, in *Natur* herauszugeben, und zwar durch *Eigentumsübertragung* an den Erben; andernfalls greift § 2021 ein. Bei bösgläubigem Erwerb des Erbschaftsbesitzers tritt dinglicher Erwerb der Früchte für den Erben ein.

§ 2021

Soweit der Erbschaftsbesitzer zur Herausgabe außerstande ist, bestimmt sich seine Verpflichtung nach den Vorschriften über die Herausgabe einer ungerechtfertigten Bereicherung.

E I 2083 II 1895; M **5** 587, 588; P **5** 696 ff, 710, 716.

Herausgabe nach Bereicherungsrecht

Übersicht

I. Voraussetzungen des Bereicherungsanspruchs 1

Die einzelnen Nachlaßgegenstände sowie die an deren Stelle getretenen Ersatzstücke (Surrogate, § 2019 Rdn. 1), die noch vorhandenen Nutzungen (§ 2020), überhaupt die gesamte Erbschaft sind dem Erben grundsätzlich *in Natur* herauszugeben. Wegen der Früchte vgl. § 2020 Rdn. 2.

Nur **soweit der Erbschaftsbesitzer zur Herausgabe außerstande** und auch ein Sur- 2
rogat, das herausgegeben werden könnte, nicht an die Stelle getreten ist, greift der Bereicherungsanspruch ein. Die Unmöglichkeit der Herausgabe kann ihren Grund darin haben, daß die Nachlaßgegenstände oder ihre Surrogate untergegangen oder verbraucht oder daß sie vom Erbschaftsbesitzer höchstpersönlich erworben sind (Nießbrauch, beschränkte persönliche Dienstbarkeit, Leibrenten usw.; vgl. § 2019 Rdn. 1) oder daß ein Recht für ein Grundstück des Erbschaftsbesitzers (Grunddienstbarkeit, § 96) erworben ist, aber auch darin, daß die Erbschaft Nutzungen abgeworfen hat, die nur in Gebrauchsvorteilen (Bewohnen des Nachlaßgrundstücks) bestanden (§ 2020 Rdn. 1). Die Bereicherung besteht dann in der Ersparnis der sonst erforderlich gewesenen Aufwendungen.

Gemäß § 951 kann die Herausgabe auch nicht verlangt werden, wenn das Erlangte 3
wesentlicher Bestandteil (§ 93) eines dem Erbschaftsbesitzer gehörigen Grundstücks geworden ist, z. B. eine dem Grundstücke fest eingefügte Sache (§ 94); ebenso wenn eine bewegliche Erbschaftssache mit einer beweglichen Sache des Erbschaftsbesitzers dergestalt verbunden ist, daß diese als die Hauptsache erscheint (§ 947 Abs. 2). Entsteht dagegen durch *Verbindung* oder *Vermischung Miteigentum* (§§ 947 Abs. 1, 948), so ist dieses herauszugeben (vgl. § 2019 Rdn. 1).

II. Anwendung des Bereicherungsrechts 4

Die Bezugnahme auf die *Bereicherungsvorschriften*, die sich hier und an anderen Stellen des BGB, wo es sich um *Herausgabepflichten* handelt, z. B. in § 2329 wie auch in der ZPO (§ 717 Abs. 3) findet, dient nicht dazu, die Tatbestände für die Herausgabepflicht festzustellen; sie soll nur den **Umfang** einer vom Gesetz bestimmten oder als bereits vorhanden vorausgesetzten Herausgabepflicht bestimmen, und zwar in der Regel (so auch hier) im Sinne einer *Beschränkung* dieses Umfanges auf die nach den Grundsätzen der §§ 812 ff vorhandene Bereicherung (RG **81**, 204, 206; **139**, 22). Der Umfang des Herausgabeanspruchs bestimmt sich daher auch in diesem Falle nach §§ 818 ff. Er geht also auf Ersatz des *Wertes* des Erlangten in Geld (§ 818 Abs. 2); er fällt fort, wenn der

Erbschaftsbesitzer nicht mehr bereichert ist (§ 818 Abs. 3), also auch wenn er das Erlangte unentgeltlich weggegeben hat; in diesem Falle geht aber der Bereicherungsanspruch gegen den Dritten, dem die Zuwendung gemacht worden ist (§ 822).

5 Für die Frage, ob eine **Bereicherung** vorliegt, kommt die *Vermögensvermehrung*, die durch die Erbschaft als *Ganzes* dem Vermögen des Erbschaftsbesitzers zugeflossen und noch vorhanden ist, unter Abzug der ihm dadurch entstandenen Vermögensminderungen in Betracht. *Verwendungen* auf die Erbschaft sind auf die Bereicherung anzurechnen (§ 2022 Anm. 3). Nach allgemeinen Bereicherungsgrundsätzen kann der Herausgabepflichtige allerdings *Aufwendungen*, die er gemacht hat, um in den Besitz des Gutes zu kommen, *nicht* von der Bereicherung absetzen (vgl. BGH **9**, 333 = NJW **53**, 1020 und BGH NJW **54**, 1194). Der Erbschaftsbesitzer kann daher z. B. die Kosten eines (unrichtigen) Erbscheins oder die Kosten eines um sein vermeintliches Erbrecht geführten Rechtsstreits *nicht* abziehen (OLG Kiel LZ **17**, 888), wohl aber Kosten eines Rechtsstreits, mit dem er das Erlangte verteidigen will (*Erman/Bartholomeyczik* Rdn. 2 aE). Die Frage, ob der Erbschaftsbesitzer auch Ausgaben, die er nur mit Rücksicht auf den vermeintlichen Erbschaftsanfall aus seinem Vermögen gemacht hat, z. B. Kosten einer Vergnügungsreise, absetzen kann, ist zu bejahen; dafür auf Grund der Prot. **5**, 717 *Planck/Flad* Anm. 5 zu § 2022; auch in RG **83**, 161, 163 sind die Ausgaben für eine „bessere Lebenshaltung" als Wegfall der Bereicherung behandelt worden (vgl. auch *Staudinger/Lehmann* Rdn. 7). *Verzinsungspflicht* nach § 291 von der Rechtshängigkeit ab.

6 Erweiterte Haftung bei *nach Rechtshängigkeit* eingetretener Unmöglichkeit der Herausgabe § 2023, bei *Bösgläubigkeit* und Verzug § 2024.

7 Beansprucht der Kläger als Erbe Herauszahlung eines Betrags, den der Beklagte auf Grund eines ihm in Wirklichkeit nicht zustehenden Erbrechts bei der vorgenommenen Erbteilung aus dem Nachlaß erhalten hat, so muß er zur *Begründung* dieses Erbschaftsanspruchs dartun, daß er Erbe sei und daß der Beklagte mindestens den geforderten Betrag aus der Erbschaft erlangt habe. Wird dieser Nachweis erbracht, so ist es Sache des Beklagten, gegebenenfalls den Wegfall der ihm zugeflossenen Bereicherung nachzuweisen (RG 21. 12. 1916 IV 320/16).

§ 2022

Der Erbschaftsbesitzer ist zur Herausgabe der zur Erbschaft gehörenden Sachen nur gegen Ersatz aller Verwendungen verpflichtet, soweit nicht die Verwendungen durch Anrechnung auf die nach § 2021 herauszugebende Bereicherung gedeckt werden. Die für den Eigentumsanspruch geltenden Vorschriften der §§ 1000 bis 1003 finden Anwendung.

Zu den Verwendungen gehören auch die Aufwendungen, die der Erbschaftsbesitzer zur Bestreitung von Lasten der Erbschaft oder zur Berichtigung von Nachlaßverbindlichkeiten macht.

Soweit der Erbe für Aufwendungen, die nicht auf einzelne Sachen gemacht worden sind, insbesondere für die im Abs. 2 bezeichneten Aufwendungen, nach den allgemeinen Vorschriften in weiterem Umfang Ersatz zu leisten hat, bleibt der Anspruch des Erbschaftsbesitzers unberührt.

E I 2084 II 1896; M **5** 589, 590; P **5** 716—718.

Rechte des Erbschaftsbesitzers wegen Verwendungen

Übersicht

I. Allgemeines 1

Die Bestimmung stellt den *gutgläubigen Erbschaftsbesitzer* (anders bei bösem Glauben und bei Rechtshängigkeit, §§ 2023—2025) gegenüber dem Anspruch auf Herausgabe „der zur Erbschaft gehörenden Sachen" besser als den Besitzer im Verhältnis zum Eigentümer (§§ 985 ff). Das entspricht der von den §§ 987 ff gleichfalls abweichenden Regelung des § 2020, nach welcher er dem Erben alle gezogenen Nutzungen herauszugeben hat. § 2022 betrifft den *dinglichen Herausgabeanspruch*, der sich auf die noch in Natur vorhandenen körperlichen Erbschaftssachen (§ 2018 Rdn. 7), desgleichen auf *Surrogate* (§ 2019 Rdn. 1—3) und *herausgabefähige Nutzungen* erstreckt, soweit diese nicht als Früchte Eigentum des Erbschaftsbesitzers geworden sind (§ 2020 Rdn. 1); doch hat sinngemäß das gleiche für den nur schuldrechtlichen Anspruch auf Herausgabe der Früchte (§ 2020 Rdn. 2) zu gelten, die Eigentum des Erbschaftsbesitzers geworden sind, obwohl es an einer ausdrücklichen Bestimmung für sie hier (anders § 2023 Abs. 2) fehlt (ebenso *Staudinger/Lehmann* Rdn. 2, 14; aM *Planck/Flad* Anm. 1 a). Soweit dagegen nur ein *Ersatzanspruch auf Bereicherung* besteht, ergibt sich schon aus § 2021 (Rdn. 4), daß die Verwendungen als Minderung der Bereicherung abgezogen werden können.

Auf den Anspruch auf *Berichtigung des Grundbuchs* bei erlangter grundbuchlicher Rechtslage (§ 2018 Rdn. 7) ist die Vorschrift entsprechend anzuwenden; demnach ist der Erbschaftsbesitzer berechtigt, die Zustimmung zur Umschreibung, z. B. einer auf seinen Namen eingetragenen Hypothek, zu verweigern, bis ihm alle Verwendungen ersetzt worden sind (so *Strohal* II, 400; *Planck/Flad* Anm. 3). 2

II. Ersatzfähige Verwendungen 3

Alle Verwendungen sind zu ersetzen, also nicht nur — wie dem Besitzer einzelner Sachen (§§ 994 ff) — die notwendigen und werterhöhenden, und zwar ohne Beschränkung hinsichtlich der Erhaltungskosten und der Lasten, da dem Erbschaftsbesitzer die Nutzungen für keinen Zeitraum verbleiben (§ 2021). Es kommen nur die Verwendungen in Betracht, die bis *zur Rechtshängigkeit* des Erbschaftsanspruchs und vor der Kenntnis des Erbschaftsbesitzers, daß er nicht Erbe sei, gemacht worden sind; für die späteren Verwendungen greifen die §§ 2023 Abs. 2, 2024 Platz. Ist eine Verwendung auf Erbschaftssachen bereits als *Minderung der Bereicherung* abgesetzt worden (§ 2021 Rdn. 4), so kann die Herausgabe wegen dieser Verwendung nicht mehr verweigert werden. — *Abtrennungsrecht* nach § 997. — Einschränkungen mit Eintritt der *Rechtshängigkeit* § 2023 Abs. 2 (Rdn. 1), im Falle der *Bösgläubigkeit* § 2024 (Rdn. 3).

III. Geltendmachung der Rechte wegen Verwendungen 4

Die Herausgabepflicht besteht nur **gegen Ersatz** aller Verwendungen. Der Erbschaftsbesitzer kann daher die Herausgabe der von dem Erben beanspruchten Erbschaftssachen verweigern, bis er wegen *aller* auf die Erbschaft gemachten Verwendungen, auch der auf andere Erbschaftssachen und der für die Erbschaft im allgemeinen (Abs. 2) gemachten, befriedigt ist (RG WarnRspr. **13** Nr. 233). Ist der Herausgabeanspruch vom Nachlaßpfleger gestellt worden, so sind bei der Geltendmachung und Verwirklichung des Verweigerungsrechts die Zwecke der Nachlaßpflegschaft zu berücksichtigen (BGH NJW **72**, 1752); vgl. Rdn. 3 zu § 2018.

Die in Abs. 1 Satz 2 vorgeschriebene **Anwendung der §§ 1000—1003** kann nur eine *entsprechende* sein. Das Verweigerungsrecht (Zurückbehaltungsrecht) besteht danach nicht, wenn der Erbschaftsbesitzer den Erbschaftsbesitz durch eine *vorsätzlich begangene unerlaubte Handlung* (§§ 823 ff) erlangt hat (§ 1000 Satz 2); der bösgläubige Erwerb wird sich in aller Regel ohne weiteres als eine solche vorsätzliche Verletzung des Erbrechts des Erben — das kein bloßes Forderungsrecht ist, § 823 Abs. 1 Rdn. 20 — darstellen. Der Erbschaftsbesitzer hat im übrigen über das Zurückbehaltungsrecht hinaus einen im Wege der Klage verfolgbaren Ersatzanspruch, der jedoch davon abhängig ist, daß der Erbe die „Sache" wiedererlangt (sei es durch Herausgabe von dem Erbschaftsbesitzer oder auf andere Weise) oder die Verwendungen genehmigt (§ 1001). Als Sache kommt hier diejenige in Betracht, auf welche die Verwendungen gemacht sind; dem Zurückerlangen der Sache steht das Erlangen eines Surrogats (§ 2019) oder Herausgabeersatzes (§ 2021) gleich. Handelt es sich um Verwendungen auf die Erbschaft im allgemeinen (§ 2022 Abs. 2, vgl. Rdn. 5—7), so kann der Anspruch nur geltend gemacht werden, wenn die Erbschaft als Ganzes, soweit noch vorhanden, herausgegeben und für das nicht mehr Vorhandene der Herausgabeersatz geleistet ist. Die Klage ist an eine kurze Erlöschensfrist (Ausschlußfrist) gebunden (§ 1002). Hinsichtlich des *Laufes und der Berechnung der Frist* führt die entsprechende Anwendung des § 1002 dahin, daß bei Verwendungen auf *einzelne* Erbschaftssachen die Frist mit der Herausgabe dieser Sachen beginnt und einen Monat oder, wenn die Sache ein Grundstück ist, sechs Monate beträgt; wenn Verwendungen auf die *Erbschaft als Ganzes* (Abs. 2) in Frage stehen, beginnt die Frist erst mit der Herausgabe sämtlicher in den Besitz des Erbschaftsbesitzers gelangten Sachen; sie beträgt einen Monat, sofern aber Grundstücke darin enthalten sind, sechs Monate (ebenso *Staudinger/Lehmann* Rdn. 10; abweichend für den letzteren Fall *Planck/Flad* Anm. 2 Abs. 2).

5 **IV. Besondere Aufwendungen (Abs. 2)**

Aufwendungen, die der Erbschaftsbesitzer macht, um *Lasten* der Erbschaft zu bestreiten oder *Nachlaßverbindlichkeiten* zu berichtigen, gehören zu den Verwendungen im Sinne des Abs. 1. Das stellt Abs. 2 ausdrücklich klar. Die Vorschrift entspricht dem § 995 Satz 1 (Gegenanspruch des Besitzers, der Lasten der Sache bestritten hat).

6 Zu den öffentlichen oder privatrechtlichen **Lasten der Erbschaft** gehört auch die vom Erbschaftsbesitzer gezahlte *Erbschaftssteuer,* die übrigens auch eine Nachlaßverbindlichkeit darstellt. Soweit der wirkliche Erbe zu einem geringeren Satze steuerpflichtig ist, hat der Erbschaftsbesitzer ihm seinen Rückforderungsanspruch an den Fiskus abzutreten.

7 Bezüglich der **berichtigten Nachlaßverbindlichkeiten** (§ 1967) ist der gutgläubige Erbschaftsbesitzer unbeschränkt ersatzberechtigt, auch wenn er sich dabei nicht im Rahmen der durch §§ 1978—1980, 1991 dem Erben auferlegten Verantwortlichkeit gehalten hat. Vgl. aber wegen der Geltendmachung eines *Zurückbehaltungsrechts* für die Berichtigung von Nachlaßverbindlichkeiten Anm. zu § 273.

Kein Zurückbehaltungsrecht kann der Erbschaftsbesitzer, der gleichzeitig Vermächtnisnehmer oder Pflichtteilsberechtigter ist, wegen seiner Vermächtnis- bzw. Pflichtteilsansprüche geltend machen, weil es dem Erben im Grunde genommen erst bei Realisierung seines Anspruchs aus § 2018 möglich wird, die Pflichtteils- und Vermächtnisforderungen zu erfüllen (OLG Hamm MDR **64,** 151; dazu *Dütz* NJW **67,** 1105); die Vorschriften über den Ersatz von Verwendungen lassen sich auf diesen Fall auch nicht entsprechend anwenden (vgl. *Staudinger/Lehmann* Rdn. 15; *Erman/Bartholomeyczik* Rdn. 7; RG WarnRspr. **13** Nr. 233; RG **132,** 86). Anders kann es liegen, wenn sich der Herausgabeanspruch gegen einen Vermächtnisnehmer richtet und der Gegenstand, auf den er sich bezieht, zugleich den wesentlichen Inhalt des Vermächtnisses bildet; in solchen Fällen könnte unter Umständen § 242 eingewandt werden (dolo petit, qui petit, quod redditurus est).

V. Weitergehende Ersatzpflicht des Erben (Abs. 3) 8

Die Vorschrift des Abs. 3 betrifft Aufwendungen, die *nicht auf einzelne Sachen* gemacht worden sind, also auf die Erbschaft im ganzen oder auf unkörperliche Nachlaßgegenstände. In Frage kommt der **Bereicherungsanspruch** (§§ 812 ff); für Ansprüche aus *Geschäftsführung ohne Auftrag* ist kein Raum (§ 687), da der Erbschaftsbesitzer kein fremdes Geschäft besorgen will (vgl. auch *Staudinger/Lehmann* Rdn. 12; *Kipp/Coing* § 107 IV 4).

VI. Beweislast 9

Der Erbschaftsbesitzer hat die nach Abs. 1, 2 auf einzelne Nachlaßgegenstände oder auf den ganzen Nachlaß gemachten Verwendungen zu beweisen, insbesondere auch, daß die berichtigten Nachlaßverbindlichkeiten als solche bestanden haben; vgl. aber Anm. 7. Der Erbe hat zu beweisen, daß der Erbschaftsbesitzer hierfür schon durch Anrechnung auf die nach § 2021 herauszugebende Bereicherung gedeckt ist. Zu Abs. 3 hat der Erbschaftsbesitzer, der im weiteren Umfang Ersatz fordert, die besonderen Tatbestände zu beweisen, welche dies rechtfertigen.

§ 2023

Hat der Erbschaftsbesitzer zur Erbschaft gehörende Sachen herauszugeben, so bestimmt sich von dem Eintritte der Rechtshängigkeit an der Anspruch des Erben auf Schadensersatz wegen Verschlechterung, Unterganges oder einer aus einem anderen Grunde eintretenden Unmöglichkeit der Herausgabe nach den Vorschriften, die für das Verhältnis zwischen dem Eigentümer und dem Besitzer von dem Eintritte der Rechtshängigkeit des Eigentumsanspruchs an gelten.

Das gleiche gilt von dem Anspruche des Erben auf Herausgabe oder Vergütung von Nutzungen und von dem Anspruche des Erbschaftsbesitzers auf Ersatz von Verwendungen.

E I 2085 II 1897; M 5 591; P 5 718, 719.

Einfluß der Rechtshängigkeit

Übersicht

I. Erweiterung des Herausgabeanspruchs des Erben 1

Eine Anspruchserweiterung tritt bei Rechtshängigkeit ein (ZPO §§ 263, 281). § 2023 Abs. 1 betrifft den dinglichen Herausgabeanspruch wegen der **zur Erbschaft gehörigen** Sachen (§§ 2018, 2019) einschließlich der Surrogate; wegen der *Nutzungen* ist gleiches bestimmt in Abs. 2, der sonach auch gilt, wenn sie nur schuldrechtlich herauszugeben oder zu vergüten sind (§ 2020 Rdn. 1). Daneben besteht der *Bereicherungsanspruch* des Erben aus § 2021. Inwieweit *dieser* Anspruch durch die Rechtshängigkeit beeinflußt wird, bestimmt sich nach § 818 Abs. 4; es gelten also die allgemeinen Vorschriften über Schuldverhältnisse (Verzinsungspflicht bei Geldschulden nach § 291, keine Beschränkung durch Wegfall der Bereicherung).

2 **II. Anwendung der §§ 989—993**

Die entsprechende Anwendung der **für den Eigentumsanspruch geltenden Vorschriften (§§ 989—993)** bedeutet nach § 989, daß der Erbschaftsbesitzer für den Schaden verantwortlich ist, der durch Verschlechterung, Untergang oder Unmöglichkeit der Herausgabe von Erbschaftssachen dem Erben entsteht, wenn diese Umstände nach der Rechtshängigkeit des Erbschaftsanspruchs *infolge Verschuldens* (§ 276) des Erbschaftsbesitzers eintreten. Er haftet danach nicht ohne weiteres für den *durch den Verzug* entstehenden Schaden (vgl. § 989 Rdn. 8); anders im Falle der §§ 2024 (vgl. Rdn. 5 dazu) und § 2025 (vgl. Rdn. 4 dazu). Der Inhalt des Schadenersatzanspruchs selbst ergibt sich aus §§ 249—255. Ähnliche verweisende Bestimmungen in §§ 292, 347.

3 **III. Nutzungen**

Demgemäß hat von der Rechtshängigkeit ab der Erbschaftsbesitzer nicht nur die *gezogenen* **Nutzungen (§ 2020** (§ 2020 Rdn. 1) herauszugeben, sondern auch Ersatz zu leisten für diejenigen Nutzungen, die zu ziehen er *schuldhaft versäumt hat* (§ 987 Abs. 2). Sofern der Erbschaftsbesitzer *vorher gezogene Nutzungen* noch herauszugeben oder zu vergüten hat, haftet er nach Eintritt der Rechtshängigkeit auf Schadenersatz wie für ursprüngliche Erbschaftssachen (Rdn. 2).

4 **IV. Verwendungen**

Der Anspruch auf **Ersatz der Verwendungen (§§ 994—1003)** beschränkt sich von der Rechtshängigkeit ab auf *notwendige* Verwendungen im Rahmen der Geschäftsführung ohne Auftrag (§ 994 Abs. 2). Die Verwendungen brauchen *nicht auf* die *herauszugebenden Sachen* gemacht worden zu sein, da der Erbschaftsanspruch auch nach der Rechtshängigkeit ein Gesamtanspruch bleibt (*Planck/Flad* Anm. 1 c; *Staudinger/Lehmann* Rdn. 3 c Abs. 3).

5 Soweit die Verwendungen in der Berichtigung von Nachlaßverbindlichkeiten bestehen, ist der Ersatzanspruch davon abhängig, daß sich der Erbschaftsbesitzer dabei an die Vorschriften der §§ 1978—1980, 1991 gehalten hat. Das Abtrennungsrecht gemäß § 997 kann er nur noch für die vor der Rechtshängigkeit verbundenen Sachen geltend machen (§ 997 Abs. 2), den Anspruch aus § 998 nur für die *vorher* zur Fruchterzielung aufgewendeten Kosten, auch Ersatz von Verwendungen eines *Vorbesitzers*, insbesondere im Falle des § 2030, nur soweit diese vor der Rechtshängigkeit erfolgt sind (§§ 999, 994 Abs. 2).

§ 2024

Ist der Erbschaftsbesitzer bei dem Beginne des Erbschaftsbesitzes nicht in gutem Glauben, so haftet er so, wie wenn der Anspruch des Erben zu dieser Zeit rechtshängig geworden wäre. Erfährt der Erbschaftsbesitzer später, daß er nicht Erbe ist, so haftet er in gleicher Weise von der Erlangung der Kenntnis an. Eine weitergehende Haftung wegen Verzugs bleibt unberührt.

E I 2085, 2086 II 1898; M 5 591, 592; P 5 718, 719.

Böser Glaube des Erbschaftsbesitzers

Übersicht

I. Haftung des von Anfang an bösgläubigen Erbschaftsbesitzers (Satz 1) 1

1. Voraussetzungen der Haftung

Der Erbschaftsbesitz *beginnt* mit dem Zeitpunkte, in dem der Besitzer zuerst mit Erbenwillen etwas aus der Erbschaft erlangt hat, § 2018 Rdn. 7 ff.

Der Erbschaftsbesitzer ist *nicht gutgläubig*, wenn er beim Besitzerwerb weiß oder 2 infolge grober Fahrlässigkeit nicht weiß, daß er nicht Erbe ist (vgl. § 932 Abs. 2). Positive Kenntnis des Rechtsmangels wird also hier (anders im Falle von Satz 2, vgl. Rdn. 4) nicht gefordert (RG **56**, 313, 317). Das gilt sowohl für den *Herausgabeanspruch* (§§ 2018, 2019, 2020) wie für den Bereicherungsanspruch (§ 2021), während nach § 819 Abs. 1 für letzteren sonst positive Kenntnis des Rechtsmangels beim Empfange der Bereicherung für die verstärkte Haftung erfordert wird.

2. Inhalt und Umfang der Haftung 3

Die Vorschriften betreffen sowohl den dinglichen und schuldrechtlichen *Herausgabeanspruch* (§§ 2018 Rdn. 7 ff, 2019 Rdn. 1 f, 2020 Rdn. 1), wie den *Bereicherungsanspruch* (§ 2021 Rdn. 4 f). Für den ersteren sind sonach gemäß § 2023 (vgl. Rdn. 1, 2 dazu) die Vorschriften der §§ 989 ff bereits von dem in § 2024 Satz 1 und 2 als maßgebend bezeichneten Zeitpunkten ab anzuwenden; für den Bereicherungsanspruch (vgl. § 2023 Rdn. 1) von den gleichen Zeitpunkten ab der § 818 Abs. 4; es tritt also Haftung nach allgemeinen Vorschriften ein, d. h. ohne Beschränkung durch den Wegfall der Bereicherung sowie gemäß § 291 Verzinsung auch ohne Verzug. Hinsichtlich des *Inhalts* der Haftung ist auf die Vorschriften über die *Rechtshängigkeit* verwiesen; er bestimmt sich also für den Herausgabeanspruch nach § 2023 (Rdn. 2 dazu), für den Bereicherungsanspruch nach § 818 Abs. 4 (vgl. § 2023 Rdn. 1). Ist der Erbschaftsbesitzer hinsichtlich des fehlenden Erbrechts bösgläubig, aber hinsichtlich seines Besitzrechtes für den einzelnen Gegenstand gutgläubig, so ist er bezüglich dieses Gegenstandes wegen der Vollwertigkeit der Einzeleinreden gegenüber dem Gesamtanspruch wie ein gutgläubiger Erbschaftsbesitzer zu behandeln (*Erman/Bartholomeyczik* Rdn. 2 c).

II. Haftung bei späterer Kenntnis (Satz 2) 4

Das Gesetz verlangt in Satz 2 (übereinstimmend mit den §§ 819, 937, 955, 957, 990) „Erfahren", also die positive Kenntnis des Erbschaftsbesitzers davon, daß ihm kein Erbrecht zusteht (§ 1944 Anm. 2 ff; RG **56**, 313, 317). War der Erbschaftsbesitzer beim Besitzerwerb gutgläubig, dann haftet er also nicht schon dann, wenn er *später* infolge grober Fahrlässigkeit nicht erfährt, daß er nicht Erbe ist, z. B. wenn er nachträglich an seinem eigenen Erbrecht zweifelt, diesem Zweifel aber nicht nachgeht. Er ist grundsätzlich nur im Zeitpunkt des Besitzerwerbs verpflichtet, bei Bedenken nachzuforschen. Verschließt sich der Erbschaftsbesitzer jedoch *bewußt* der naheliegenden Möglichkeit, nachträglich zu erfahren, daß er nicht Erbe ist, lehnt er es z. B. ab, ein ihm vorgelegtes

Testament zu lesen oder beharrt er auf einem offensichtlichen Rechtsirrtum, ohne Rechtsrat einzuholen, dann ist Satz 2 *entsprechend* anzuwenden. Denn die *bedingte Kenntnis,* d. h. das Bewußtsein des Erbschaftsbesitzers, daß der andere Erbe sein *kann,* ist der Kenntnis gleichzusetzen (vgl. auch *Kipp/Coing* § 108 II mit Hinweis auf BGB § 162; *Staudinger/Lehmann* Rdn. 2 b; aM *Planck/Flad* § 2024 Anm. 1 Abs. 1).

5 **III. Weitergehende Haftung wegen Verzuges (Satz 3)**

Die Rechtslage des gutgläubigen Erbschaftsbesitzers wird dadurch, daß er in **Verzug** gerät (§§ 284, 285), nicht verschlechtert; vgl. § 2023 Anm. 2. Auch beim Eigentumsanspruch kommt eine Steigerung der Haftung durch Verzug nur gegenüber dem unredlichen Besitzer in Frage (§ 990 Rdn. 23). Sie besteht nach §§ 286, 287 in der Haftung für Schadenersatz ohne weiteres Verschulden und unter Umständen für die durch Zufall eintretende Unmöglichkeit der Leistung.

6 **IV. Beweislast**

Der Erbe hat den bösen Glauben zur Zeit des Besitzbeginns (Satz 1) oder die spätere Kenntnis (Satz 2) und deren Zeitpunkt, ebenso die Verzugstatsachen (Satz 3) nachzuweisen.

§ 2025

Hat der Erbschaftsbesitzer einen Erbschaftsgegenstand durch eine strafbare Handlung oder eine zur Erbschaft gehörende Sache durch verbotene Eigenmacht erlangt, so haftet er nach den Vorschriften über den Schadensersatz wegen unerlaubter Handlungen. Ein gutgläubiger Erbschaftsbesitzer haftet jedoch wegen verbotener Eigenmacht nach diesen Vorschriften nur, wenn der Erbe den Besitz der Sache bereits tatsächlich ergriffen hatte.

E I 2086 II 1899; M **5** 591, 592; P **5** 720—723.

Strafbare Handlung; verbotene Eigenmacht

Übersicht

1 **I. Erbschaftsgegenstand**

Erbschaftsgegenstand sind die ursprünglich zur Erbschaft gehörigen *Sachen und Rechte* (§ 2018), die *Ersatzstücke (Surrogate;* § 2019) und die herauszugebenden *Nutzungen* (§ 2020). Daß auch die Ersatzstücke darunter fallen, ergibt sich daraus, daß diese nach § 2019 Abs. 2 zur Erbschaft gehören; nach der Absicht der zweiten Kommission (Prot. **5,** 720) war namentlich der Fall der *Einziehung einer Nachlaßförderung* einbezogen. § 2025 Satz 1 gilt auch, wenn der Erbschaftsbesitzer die ganze *Erbschaft* durch eine strafbare Handlung, z. B. auf Grund einer Urkundenfälschung oder der Abgabe einer falschen eidesstattlichen Versicherung, erlangt hat. Dagegen trifft § 2025 nicht den Fall, daß kein Erbschafts*gegenstand,* sondern in anderer Weise auf Kosten der Erbschaft ein Vorteil erlangt ist, z. B. Nichtzahlung einer Schuld infolge Aufrechnung einer

Nachlaßforderung (§ 2018 Rdn. 5 aE) oder nicht herausgabefähige Nutzungen (§ 2020 Rdn. 1).

II. Strafbare Handlung 2

Strafbare Handlungen, eine Unterart der *unerlaubten* Handlungen (§§ 823 ff), sind solche, die mit öffentlicher Strafe bedroht sind, sei es, daß *Vorsatz* oder (wie z. B. bei Falscheid oder Abgabe falscher eidesstattlicher Versicherungen, StGB § 163) nur *Fahrlässigkeit* zum gesetzlichen Tatbestand erfordert wird. In Betracht kommt namentlich die Aneignung von Erbschaftssachen in rechtswidriger Absicht (Diebstahl, Unterschlagung, §§ 242, 246), für die erforderlich ist, daß der Täter weiß, daß er nicht Erbe ist; ferner *Betrug, Urkundenfälschung* (§§ 263, 267), die, um Erbschaftsgegenstände zu erlangen, gegenüber dem Erben selbst oder gegenüber dem Nachlaßgerichte, einem Nachlaßpfleger oder Testamentsvollstrecker begangen sein können oder auch (etwa durch Vorlegung eines gefälschten Erbscheins) gegenüber einem Nachlaßschuldner; bei diesen Straftaten ist es denkbar, daß der Täter hinsichtlich seines Erbrechts in *gutem* Glauben war und die strafbaren Handlungen begangen hat, um sich den Nachweis dieses *vermeintlichen* Erbrechts zu erleichtern (vgl. RG **81,** 413). Die strenge Haftung des § 2025 tritt nach seinem Wortlaut auch in diesem Falle ein (vgl. *Kipp/Coing* § 108 IV Abs. 2; *Planck/Flad* § 2025 Anm. 1 Abs. 1).

III. Verbotene Eigenmacht 3

Verbotene Eigenmacht (§ 858), Eingriff in den Besitz, sei es des Erben oder eines Dritten, durch Entziehung oder Störung, ist nur bei *körperlichen* Erbschaftsgegenständen (Sachen) und nur gegen den *unmittelbaren* Besitzer (RG 15. 3. 1920 IV 473/19) denkbar. Eine Beschränkung enthält Satz 2 (Rdn. 5).

IV. Gesteigerte Haftung 4

Die Haftung ist gesteigert durch Bestimmung einer **Schadenersatzpflicht nach den Vorschriften über unerlaubte Handlungen** (§§ 823 ff). Sie geht also auf *Herstellung des früheren Zustandes* (§§ 823, 249). Der Erbschaftsbesitzer ist auch für *zufälligen* Untergang oder sonstige zufällige Unmöglichkeit der Herausgabe, ohne Rücksicht auf Bereicherung (§ 2021), verantwortlich (§ 848), zur *Zinszahlung* für geschuldeten Wertersatz verpflichtet (§ 849); er kann *nicht* Ersatz *aller* Verwendungen (§ 2022), sondern nur der *notwendigen und nützlichen* beanspruchen (§§ 850, 994—996), auch wenn er hinsichtlich seines Erbrechts in gutem Glauben war (vgl. Rdn. 2). Der Schadenersatzanspruch unterliegt der dreijährigen Verjährung (§ 852). Der Herausgabeanspruch wird dadurch *nicht* berührt; aM für 30jährige Verjährung bei § 992 RG **117,** 425.

V. Einschränkung bei Gutgläubigkeit (Satz 2) 5

Da der **Besitz** nach § 857 von Gesetzes wegen auf den Erben übergeht, enthält jede Besitznahme von Erbschaftssachen, die beim Tode des Erblassers in dessen Besitz waren, durch einen andern als den Erben, auch wenn dieser die tatsächliche Gewalt über sie noch nicht erlangt hatte, einen Eingriff in seinen Besitz und deshalb verbotene Eigenmacht im Sinne des § 858; deshalb würde auch in solchem Falle neben den gewöhnlichen Besitzschutzmitteln der Schadenersatzanspruch des § 2025 Satz 1 bestehen. Diese Folge schließt Satz 2 gegenüber dem *gutgläubigen* Erbschaftsbesitzer (§ 2024 Anm. 2) für den Fall aus, daß der Erbe den Besitz noch nicht **tatsächlich ergriffen,** also die tatsächliche Gewalt über die Sache noch nicht mit Besitzwillen erlangt hatte. Ist dies aber der Fall gewesen, so haftet der Erbschaftsbesitzer wegen der eigenmächtigen Besitzentziehung auf Schadenersatz, auch wenn er hinsichtlich seines Erbrechts in gutem Glauben war.

§ 2026

Der Erbschaftsbesitzer kann sich dem Erben gegenüber, solange nicht der Erbschaftsanspruch verjährt ist, nicht auf die Ersitzung einer Sache berufen, die er als zur Erbschaft gehörend im Besitze hat.

E I 888 II 1900; M **3** 356; P **3** 236, 237; **6** 234, 235.

Verjährung des Erbschaftsanspruchs; Ersitzung

Übersicht

1 **I. Allgemeines (Verhältnis Ersitzung — Verjährung)**

Die Vorschrift behandelt das **Verhältnis zwischen Ersitzung und Verjährung.** Sie ist nur für die Ersitzung **beweglicher** Sachen von Bedeutung. Sie trägt der Tatsache Rechnung, daß der Erbschaftsanspruch erst in 30 Jahren verjährt (§§ 194, 195), bewegliche Sachen aber schon innerhalb von 10 Jahren ersessen werden können (§§ 937 ff). Für die Buchersitzung (Tabularersitzung) an Grundstücken gilt dagegen gleichfalls eine dreißigjährige Frist (§ 900 Abs. 1).

2 Für die Ersitzung des **Grundstückseigentums** auf Grund der Eintragung im Grundbuche kommt daher § 2026 **nicht** in Betracht, da ihr Lauf und ihre Vollendung regelmäßig mit der Verjährung des Erbschaftsanspruchs zusammenfallen wird. — Eine Ersitzung der *Erbschaft* als *solcher* oder des *Erbrechts* ist dem BGB unbekannt.

3 Der *gutgläubige* Erbschaftsbesitzer (§ 2024 Rdn. 2) ist Eigenbesitzer der von Anfang an oder durch Ersetzung (Surrogation § 2019) oder als Nutzungen (§ 2020) *zur Erbschaft gehörigen beweglichen Sachen.* Er erwirbt mithin das Eigentum an ihnen durch zehnjährigen Besitz, sofern er nicht vorher erfährt, daß er nicht Erbe ist (§ 937). Das so erworbene Eigentum kann er *Dritten gegenüber* zunächst unbeschränkt geltend machen, insbesondere durch Eigentums- oder Abwehrklage (§§ 985, 1004), während der Erbe dazu nicht mehr befugt ist. Der Erbe kann aber den noch nicht verjährten Erbschaftsanspruch gegen den Erbschaftsbesitzer erheben und dieser kann sich **dem Erben gegenüber nicht auf die Ersitzung berufen,** muß ihm also die Sachen herausgeben. Der Herausgabeanspruch des Erben kann nur ein *schuldrechtlicher* sein, da das BGB kein geteiltes Eigentum kennt (vgl. § 903 Rdn. 3). Mit der Herausgabe erlischt das Eigentum des Erbschaftsbesitzers und der Erbe wird auch Dritten gegenüber wieder als Eigentümer klagebefugt.

4 **II. Verjährung des Erbschaftsanspruchs**

§ 2026 erkennt die Verjährung des Erbschaftsanspruchs als eines *Gesamtanspruchs* an. Sie ergreift die **Erbschaft als Ganzes** und *beginnt* deshalb nach § 198 *einheitlich* mit dem Zeitpunkte, in welchem der Erbschaftsbesitzer „etwas" aus der Erbschaft erlangt hat, wenn auch die Sache, um deren Ersitzung es sich handelt, erst später in seinen Besitz gelangt ist. Wollte man die Verjährung für jeden erbschaftlichen Gegenstand gesondert mit dem Zeitpunkt der Besitzergreifung beginnen lassen, so würde das zu praktisch schwer zu überwindenden Schwierigkeiten führen (vgl. in einzelnen *Planck/Flad* Anm. 1 a mit Nachw.; ebenso *Staudinger/Lehmann* Rdn. 2).

Steht dem Erbschaftsbesitzer ein **Erbrecht** zu, das **anfechtbar** ist (§§ 2078, 2340; vgl. § 2018 Rdn. 5), so beginnt die Verjährung nach § 200 nicht erst mit der Ausübung des Anfechtungsrechts, also der Anfechtungserklärung, sondern schon mit der *Zulässigkeit der Anfechtung*, also sobald derjenige, gegen den sich die Anfechtung richtet, etwas aus der Erbschaft erlangt hat (vgl. *Palandt/Keidel* Anm. 2; *Erman/Bartholomeyczik* Rdn. 1; *Staudinger/Lehmann* Rdn. 3); die Kenntnis des Anfechtungsberechtigten von dem Anfechtungsgrunde ist zum Beginne der Verjährung nicht erforderlich. 5

Die **Unterbrechung** der Verjährung wirkt hinsichtlich des gesamten Anspruchs, wenn der Klageantrag auf Herausgabe der Erbschaft als Ganzes gerichtet war, sonst nur hinsichtlich der in dem Klageantrage bestimmt bezeichneten Sachen (vgl. § 2018 Anm. 10). Hat nur einer der einzelnen *Miterben* die Unterbrechung herbeigeführt, so kommt sie *nur diesem* zustatten (§ 2039 Rdn. 12). Vgl. auch § 2027 Rdn. 1. — Die **Dauer** der Verjährungsfrist ist, abgesehen von dem Schadenersatzanspruche des § 2025 (Rdn. 4), der der dreijährigen Verjährung des § 852 unterliegt, die gewöhnliche dreißigjährige (§ 195). Nach § 221 kommt die gegenüber dem Erbschaftsbesitzer verstrichene Verjährungsfrist auch seinem Rechtsnachfolger (§ 2030) zustatten. 6

Wirkung der Verjährung: Mit dem Ablauf der Verjährungsfrist erwirbt der Erbschaftsbesitzer *nur* die *Verjährungseinrede;* er erlangt aber nicht die rechtliche Stellung des Erben; er haftet daher nicht für die Nachlaßverbindlichkeiten; der wirkliche Erbe bleibt für sie verhaftet. Da der Erbe trotz des Ablaufs der Verjährungsfrist sein Erbrecht behält, kann er auch weiterhin erbschaftliche Gegenstände, die sich im Besitze anderer Personen als des Erbschaftsbesitzers befinden, von diesen herausverlangen. 7

III. „Zur Erbschaft gehörend" 8

Als zur Erbschaft gehörend hat der Erbschaftsbesitzer auch solche Sachen im Besitze, die in *fremdem Eigentume* stehen, von denen er aber glaubt, daß sie zur Erbschaft gehören. Auch an diesen Sachen erwirbt durch die Ersitzung zunächst der Erbschaftsbesitzer das Eigentum; er muß sie aber dem Erben herausgeben, wenn dieser den unverjährten Erbschaftsanspruch geltend macht; der Erbe wird dann auf Grund der von dem Erbschaftsbesitzer vollendeten Ersitzung Eigentümer, auch wenn er selbst hinsichtlich der Zugehörigkeit der Sache zur Erbschaft nicht in gutem Glauben war.

Gibt der Erbschaftsbesitzer die Sache (während des Laufes der Ersitzungszeit) heraus, so kommt die zugunsten des Erbschaftsbesitzers abgelaufene Ersitzungszeit dem Erben zustatten (§ 944); dieser kann die Ersitzung aber nur vollenden, wenn er guten Glaubens ist und bleibt (§ 937 Abs. 2). 9

IV. Beweislast 10

Der Erbschaftsbesitzer, der sich auf Ersitzung beruft, hat außer dieser auch die Verjährung des Erbschaftsanspruchs zu beweisen.

§ 2027

Der Erbschaftsbesitzer ist verpflichtet, dem Erben über den Bestand der Erbschaft und über den Verbleib der Erbschaftsgegenstände Auskunft zu erteilen.

Die gleiche Verpflichtung hat, wer, ohne Erbschaftsbesitzer zu sein, eine Sache aus dem Nachlaß in Besitz nimmt, bevor der Erbe den Besitz tatsächlich ergriffen hat.

E I 2082 II 1901; M 5 586, 587; P 5 697—699, 704, 707, 708, 715, 716.

Auskunftspflicht des Erbschaftsbesitzers

Übersicht

1 **I. Der Auskunftsberechtigte**

Auskunftsberechtigt ist nicht nur der *Erbe*. Die Auskunftspflicht besteht auch gegenüber dem *Nachlaßpfleger* (§ 1960, vgl. Rdn. 23 dazu), dem *Nachlaßverwalter* (§ 1985), dem *verwaltenden Testamentsvollstrecker* und dem *Nachlaßkonkursverwalter;* nach Eintritt der Nacherbfolge auch gegenüber dem *Nacherben* (OLG **21**, 310), ferner gegenüber einem Gläubiger, der den Erbteil gepfändet hat (RG WarnRspr. **11** Nr. 139). Der *Ehemann*, der kraft Ehevertrages (§ 1432) in dem (früheren gesetzlichen) Güterstande der Verwaltung und Nutznießung lebt, kann wegen einer der Frau angefallenen Erbschaft das Recht auf Auskunft entweder mit Zustimmung der Frau oder in der Weise geltend machen, daß er Leistung an die Frau verlangt (vgl. für den früheren gesetzlichen Güterstand: RG **77**, 34; **92**, 153, 157).

Durch die Klage auf Auskunftserteilung wird nach RG **115**, 27 die Verjährung des Pflichtteilsanspruchs nicht unterbrochen; gleiches gilt für die Unterbrechung der Verjährung des Erbschaftsanspruchs (§ 2026 Rdn. 6) durch die Klage auf Auskunftserteilung nach §§ 2027, 2028.

Der Anspruch auf Auskunftserteilung *gehört zum Nachlasse* und unterliegt deshalb den Vorschriften des § 2039; die Mitteilung eines einzigen Verzeichnisses für alle Erben wird in der Regel genügen (OLG **30**, 186; vgl. RG LZ **19**, 1239[17]). Der Auskunftsanspruch des Erben gegen den Erbschaftsbesitzer geht *nicht* kraft Gesetzes auf den *Erwerber einzelner Nachlaßgegenstände* über; er kann auch nicht in diesem Umfange abgetreten werden (LG Berlin JR **56**, 300; OLG Karlsruhe FamRZ **67**, 692).

Zur Auskunftspflicht im Falle *unrichtigen Erbscheins* § 2362 Abs. 2.

2 **II. Die Auskunftspflicht nach Abs. 1**

1. Der Auskunftspflichtige

Die Auskunftspflicht liegt nur dem **Erbschaftsbesitzer** im technischen Sinne (§ 2018 Rdn. 4—6) ob, wird also durch das bloße *Berühmen* mit dem Erbrechte, auch wenn deswegen Feststellungsklage erhoben ist, *nicht* begründet. Ein *Miterbe* wird nicht dadurch Erbschaftsbesitzer und gemäß Abs. 1 auskunftspflichtig, daß er von Erbschaftsgegenständen *für die Gesamtheit der Erben* Besitz ergriffen, wohl aber, wenn er ein über seinen Erbteil hinausgehendes Erbrecht für sich in Anspruch genommen hat (§ 2018 Rdn. 4; RG **81**, 30, 32 und 293, 295). Das gilt auch dann, wenn er, um sich den über seinen Erbteil hinausgehenden Teil an der Erbschaft zu sichern, schon vor Eintritt des Erbfalles den übrigen Miterben vorenthalten hat (RG **81**, 295). Darüber, inwieweit Miterben als solche untereinander auskunftspflichtig sind, vgl. § 2038 Rdn. 13. Der Erblasser kann die Auskunftspflicht nicht erlassen; dagegen ist ein Verzicht auf Berechtigten möglich (OLG Karlsruhe FamRZ **67**, 692).

3 **2. Inhalt der Auskunftspflicht**

Der Erbschaftsbesitzer hat, weil er zur Herausgabe nach §§ 2018 ff verpflichtet ist, dem Erben schon nach § 260 ein **Verzeichnis des Bestandes der Erbschaft** vorzulegen und, wenn die Voraussetzungen des § 260 Abs. 2 vorliegen, den *Offenbarungseid* zu leisten. Das Verzeichnis hat den Bestand zur Zeit seiner Aufstellung zu ergeben einschließlich der herauszugebenden Surrogate (§ 2019) und Nutzungen (§ 2020). Zum Bestande des Nachlasses gehören auch solche Gegenstände, an denen der Erblasser bei seinem Tode nur den *Besitz* gehabt hat (BGH 6. 3. 1952 IV ZR 45/50 u. 16/51 = LM BGB § 260 Nr. 1).

Darüber hinaus hat der Erbschaftsbesitzer Auskunft über den **Verbleib der Erbschaftsgegenstände** zu erteilen, also derjenigen Gegenstände, deren Zugehörigkeit zur Erbschaft (infolge eines früher etwa aufgestellten Nachlaßverzeichnisses oder auf sonstige Weise) festgestellt ist, die aber nicht mehr in der Erbschaft vorhanden sind oder deren Aufbewahrungsort nicht bekannt ist. Vgl. über den *Begriff des Verbleibs* im übrigen § 2028 Rdn. 3. Der Erbschaftsbesitzer hat anzugeben, was ihm darüber bekannt geworden ist; weiter erstreckt sich seine Auskunftspflicht nicht. Er hat sonach Rechenschaft über die Veränderungen abzulegen, die der Erbschaftsbestand, soweit er in seinen Besitz gelangt ist, durch Veräußerungen, Untergang, Verschlechterung erlitten hat. Wertangabe der Aktiva und Angabe der Nachlaßverbindlichkeiten (§ 2001) ist nicht erforderlich (OLG **18,** 335, 337; **20,** 427; **26,** 295, 297; RGSt **71,** 360). Die Auskunftspflicht nach § 2027 erstreckt sich auch auf unkörperliche Gegenstände (RG 25. 6. 1903 IV 75/03).

Darüber, ob durch eine Auskunft, die der Auskunftspflichtige auf Grund einer 4
Verurteilung hierzu gegeben hat, der Auskunftspflicht genügt ist, ist im Zwangsvollstreckungsverfahren auf Vollstreckungsgegenklage (§ 767) zu entscheiden. Hat aber der Verpflichtete eine formell genügende Auskunft erteilt, so kann eine *Vervollständigung* in der Regel nur durch Anhalten zur Abgabe einer eidesstattlichen Versicherung erzielt werden; eine Verurteilung zu **weiterer Auskunftserteilung** ist regelmäßig ausgeschlossen und nur dann *ausnahmsweise* zulässig, wenn etwa ein ganzer selbständiger Vermögensteil, z. B. der Anteil an einem Geschäfte, nicht in die Auskunft aufgenommen war (RG **84,** 41, 44; LZ **19,** 1239; OLG **40,** 108; RG 20. 11. 1919 IV 246/19). Der Erbe kann ferner Ergänzung des Bestandsverzeichnisses verlangen, wenn der Verpflichtete eine unbestimmte Mehrheit von Nachlaßgegenständen aus Rechtsirrtum zunächst nicht aufgeführt hat (BGH LM BGB § 260 Nr. 1). Zur Frage der freiwilligen Abgabe einer Versicherung an Eides Statt nach Verurteilung des Auskunftspflichtigen gemäß §§ 2027, 260 vgl. OLG Düsseldorf MDR **60,** 590 (betr. freiwillige Leistung des Offenbarungseides).

III. Die Auskunftspflicht nach Abs. 2 5

Wer Erbschaftsgegenstände auf Grund behaupteten Einzeltitels oder ohne jeden Titel (pro possessore) besitzt, ist nicht Erbschaftsbesitzer und dem Erbschaftsanspruche sowie der aus diesem folgenden Auskunftspflicht (Abs. 1) nicht ausgesetzt (§ 2018 Rdn. 4). Ausnahmsweise kann er jedoch auf Auskunftserteilung, und zwar im vollen Umfange des Abs. 1, belangt werden, wenn er eine Sache aus dem Nachlasse, d. h. nach eingetretenem Erbfalle in Besitz genommen hat, solange der Erbe, auf den der Besitz kraft der Fiktion des § 857 rechtlich übergegangen ist (§ 1922 Anm. 12), den Besitz tatsächlich noch nicht ergriffen hat, also die tatsächliche Gewalt weder selbst noch durch einen Besitzdiener ausübt (§§ 854, 855), noch zu dem unmittelbaren Besitzer in ein Verhältnis gemäß § 868 (Anm. 11 ff) getreten ist. Es ist streitig, ob Abs. 2 nur dann gilt, wenn der Täter von dem Erbfall *gewußt* hat (dafür *Planck/Flad* Anm. 2 a und die 9. Auflage des vorliegenden Kommentars, ferner KG OLG **9,** 386). Zu einer solchen Einschränkung zwingen aber weder die Entstehungsgeschichte noch der Wortlaut des Abs. 2 („aus dem Nachlaß"), während praktische Erwägungen (Schutz des Erben, Beweisbarkeit) dafür sprechen, von einer solchen (subjektiven) Voraussetzung abzusehen (im Ergebnis ebenso *Kipp/Coing* § 110 Anm. 7; *F. Leonhard III*). Die Auskunftspflicht besteht ohne Rücksicht darauf, ob der Besitzer den Besitz bösgläubig in rechtswidriger Absicht oder gutgläubig in der Meinung, zum Besitze berechtigt zu sein, erlangt hat, z. B. als *Eigentümer* oder als *Pächter* oder *Mieter* des Erbschaftsbesitzers oder auch als *Geschäftsführer* des angeblichen Erben. Sie greift auch Platz, wenn die Besitznahme in gutem Glauben an das eigene Erbrecht stattgefunden hat (RG LZ **23,** 453; HRR **30,** 1465); in diesem Falle würde übrigens der Besitznehmer auch als Erbschaftsbesitzer (vgl. § 2018 Anm. 4 ff) anzusehen und deshalb nach § 2027 Abs. 1 auskunftspflichtig sein. Auch derjenige, dem ein Recht auf den Besitz *wirklich zusteht,* z. B. wer noch vom Erblasser die Sache gemietet oder gepachtet, aber noch nicht übergeben erhalten hatte, macht sich auskunftspflichtig, wenn er sie in der in Frage stehenden Zeit *eigenmächtig* in Besitz nimmt. Eine Eigenmacht gegen den Erben, der die Sache schon *tatsächlich* in Besitz genommen hat, macht nur auskunftspflichtig, wenn dadurch Erbschaftsbesitz begründet wird.

6 **Keine Auskunftspflicht** besteht in folgenden Fällen: Wer nach dem Tode des Erblassers eine Sache in Besitz nimmt, die der Erblasser schon zu seinen Lebzeiten einem Dritten übergeben hatte, nimmt die Sache nicht im Sinne des Abs. 2 „aus dem Nachlaß" in Besitz (BGH LM Nr. 1 zu § 1421 BGB = JR **52,** 104). Ein *Miterbe,* der von Nachlaßgegenständen nicht nur für sich, sondern für die Gesamtheit der Erben als deren Vertreter Besitz ergriffen hat, ohne ein über seinen wirklichen Erbanteil hinausgehendes Erbrecht in Anspruch zu nehmen und aus diesem Grunde als Erbschaftsbesitzer nach Abs. 1 auskunftspflichtig zu sein (vgl. Anm. 2), ist dadurch auch nach Abs. 2 nicht auskunftspflichtig geworden (RG 3. 11. 1904 IV 224/04; RG Gruchot **48,** 973; RG **81,** 32; HRR **32** Nr. 1928); das gilt jedoch unbeschadet der ihm als Beauftragten oder Geschäftsführer ohne Auftrag nach §§ 666, 681 obliegenden Auskunftspflicht. Auch Miterben, die nicht Erbschaftsbesitzer im Sinne des § 2018 sind, die aber Sachen aus dem Nachlaß tatsächlin in ihren alleinigen Besitz genommen haben, können von den anderen Erben zur Auskunftserteilung über den Bestand des Nachlasses angehalten werden; sie sind jedoch nicht verpflichtet über Forderungen, die der Erblasser gegen sie hatte, Auskunft zu geben (RG 4. 1. 1904 IV 247/03; 22. 11. 1906 IV 186/06).

7 Wird ein Anspruch auf Auskunft auf Grund eines aus § 2027 Abs. 2 hergeleiteten Tatbestandes hinsichtlich eines zu dem *Nachlasse eines Ausländers* gehörigen Vermögensgegenstandes mit der Behauptung erhoben, daß ein solcher Anspruch im Sinne des Art. 25 EG BGB erbrechtlicher Natur sei, so ist die Frage, ob das wirklich der Fall ist, nicht nach deutschem Recht, sondern nach dem maßgebenden ausländischen Rechte zu entscheiden (RG HRR **32** Nr. 1928).

8 **IV. Gerichtsstand**

Der Anspruch aus Abs. 1 kann ohne weiteres nach § 27 ZPO vor dem Gericht erhoben werden, bei dem der Erblasser zur Zeit seines Todes den allgemeinen Gerichtsstand gehabt hat, weil er ein Anspruch „des Erben gegen einen Erbschaftsbesitzer" ist. Die wohl überwiegende Meinung geht dahin, § 27 ZPO auch auf den Auskunftsanspruch nach Abs. 2 (ebenso auf § 2028) entsprechend anzuwenden, obwohl dieser sich nicht gegen einen Erbschaftsbesitzer richtet (vgl. *Rosenberg* Lehrbuch 9. Aufl. § 35 IV 1; *Staudinger/Lehmann* Rdn. 6; *Kipp/Coing* § 110 Anm. 1 im Anschluß an OLG Jena DJZ **21,** 632; aM *Stein/Jonas* 19. Aufl. ZPO § 27 III 2; *Baumbach/Lauterbach* 31. Aufl. (1973) ZPO § 27 Anm. 2 B; *Planck/Flad* Anm. 2 c; RGRKomm. 9. Aufl. Anm. 3 aE). Das ist sachdienlich und deshalb beifallswert, wenn es auch mit dem Gesetzeswortlaut nicht ganz im Einklang steht.

§ 2028

Wer sich zur Zeit des Erbfalls mit dem Erblasser in häuslicher Gemeinschaft befunden hat, ist verpflichtet, dem Erben auf Verlangen Auskunft darüber zu erteilen, welche erbschaftliche Geschäfte er geführt hat und was ihm über den Verbleib der Erbschaftsgegenstände bekannt ist.

Besteht Grund zu der Annahme, daß die Auskunft nicht mit der erforderlichen Sorgfalt erteilt worden ist, so hat der Verpflichtete auf Verlangen des Erben zu Protokoll an Eides Statt zu versichern,

daß er seine Angaben nach bestem Wissen so vollständig gemacht habe, als er dazu imstande sei.

Die Vorschriften des § 259 Abs. 3 und des § 261 finden Anwendung.

E II 1902; P 5 715, 716.

Auskunftspflicht des Hausgenossen

Übersicht

Vorbemerkung

Nach Art. 2 § 1 Nr. 4 des Gesetzes zur Änderung des RpflG, des BeurkundungsG und zur Umwandlung des Offenbarungseides in eine eidesstattliche Versicherung vom 27. 6. 1970 (BGBl. I 911) sind in Abs. 2 die Worte „den Offenbarungseid dahin zu leisten" ersetzt durch die Worte „zu Protokoll an Eides Statt zu versichern". Die §§ 259 Abs. 3 und 261, auf die Abs. 3 verweist, sind durch dasselbe Gesetz entsprechend geändert worden.

I. Der Auskunftspflichtige 1

Auch ohne daß Erbschaftsbesitz oder ein Eingriff in den Nachlaß vorliegt (§ 2027, begründet schon die Tatsache **häuslicher Gemeinschaft mit dem Erblasser zur Zeit seines Todes** die Verpflichtung zu gewissen Auskünften. Dabei ist Zugehörigkeit zum Hausstande (§ 1617) oder gar — wie in § 1969 — Familienangehörigkeit und Bezug des Unterhalts nicht vorausgesetzt. Unter Umständen genügt es z. B., daß ein auswärts wohnendes Familienglied aus Anlaß der letzten Krankheit des Erblassers seine Wohnung besuchsweise geteilt hat (RG **80**, 285). Überhaupt ist jeder auskunftspflichtig, der zu dem Erblasser und zu den ihm gehörigen Sachen zur Zeit des Todes in eine derart enge räumliche Beziehung getreten war, daß ihm jederzeit die Möglichkeit offenstand, „sich eine mehr oder weniger genaue Kenntnis von dem Verbleib der Erbschaftsgegenstände zu verschaffen und sich an diesen zu vergreifen"; so RG 26. 10. 1912 IV 219/12; RG WarnRspr. **22** Nr. 75. Die in der 9. Auflage geäußerten Bedenken, ob diese Ausdehnung des Begriffs der häuslichen Gemeinschaft zu weit geht, sind nicht gerechtfertigt (aM *Staudinger/Lehmann* Rdn. 3); soweit keine beachtlichen Interessen Dritter entgegenstehen, muß dem Erben die Möglichkeit, Klarheit zu gewinnen, erleichtert werden (so auch BGH LM § 2028 Nr. 1 = FamRZ **58**, 59[24] mit Nachweisen: Erblasser als Untermieter in dem von ihm vermieteten Wohnhaus). Auskunftspflichtig sind auch Personen, die auf

Grund eines *Vertrags* verhältnisses nicht bloß vorübergehend den Hausstand geteilt haben, z. B. Dienstboten. Auch der *Miterbe*, der Hausgenosse des Erblassers war, ist zur Auskunft nach § 2028 verpflichtet (RG **58,** 88; **80,** 287, **81,** 30; s. auch Naumburg u. Celle OLG **24,** 68; vgl. aber auch OLG Hamburg DR **39,** 1535[43], ferner KG DR **40,** 1775 mit Anm. von *Vogels*). Zur Auskunftspflicht des Nacherben vgl. OLG **21,** 310.

2 **II. Umfang der Auskunftspflicht**

1. Erbschaftliche Geschäfte

Der Auskunftspflichtige hat zunächst Auskunft zu geben, welche erbschaftlichen Geschäfte er geführt hat. Zum *Begriff* der erbschaftlichen Geschäfte vgl. § 1959 Rdn. 1. Auch hier ist vorausgesetzt, daß es sich nicht um pro herede gestio handelt, da sonst regelmäßig Erbschaftsbesitz im Sinne von § 2018 vorliegt. Die Auskunftspflicht ist aber nicht dadurch bedingt, daß bestimmte vermißte Nachlaßgegenstände namhaft gemacht werden (BGH Betrieb **64,** 1443). Der Hausgenosse hat sich vor allem darüber zu äußern, ob er solche Geschäfte geführt hat. Soweit dies geschehen ist, ist die Auskunftspflicht ohnedies aus den §§ 681, 666, 259, 260 begründet.

3 **2. Verbleib der Erbschaftsgegenstände**

Darüber hinaus hat der Hausgenosse aber auch mitzuteilen, was ihm sonst über den Verbleib der Erbschaftsgegenstände bekannt ist, d. h. über den Verwahrungsort und das Schicksal derjenigen Gegenstände, deren *Zugehörigkeit zur Erbschaft feststeht*, die aber verschwunden sind. Unter die Auskunftspflicht des Hausgenossen fallen auch Gegenstände, die schon vor dem Erbfalle beiseite geschafft worden sind (RG 28. 11. 1912 IV 265/12; vgl. RG **81,** 293, 296), nicht aber Schenkungen, die der Erblasser bei Lebzeiten dem Hausgenossen gemacht hat (RG **84,** 204, 206; **73,** 369, 371; BGH **18,** 67, 70; BGH WM **71,** 443); denn letztere sind keine Erbschaftsgegenstände. Sie auf *körperliche Sachen*, einschließlich der Urkunden über Rechte, zu beschränken, dürfte der Ausdruck „Verbleib" nicht nötigen, da auch bei Rechten von einem „Verbleib" gesprochen werden kann, z. B. wenn eine Forderung eingezogen worden ist, ohne daß feststeht, wer sie eingezogen hat. Unter dem „Verbleib" ist nicht nur der örtliche, sondern auch der wirtschaftliche Verbleib zu verstehen (Prot. **5,** 715); es ist daher auch Auskunft darüber zu geben, ob und welcher Wertansatz für die verschwundenen Gegenstände in den Nachlaß gelangt ist. Auch in diesem Zusammenhange ist eine Namhaftmachung der vermißten Gegenstände keine unabdingbare Voraussetzung für den Anspruch auf Auskunft über den „Verbleib" von Erbschaftsgegenständen (BGH Betrieb **64,** 1443). Ein Miterbe kann jedoch die nach § 2028 begehrte Auskunft über einen Nachlaßgegenstand nicht deshalb verweigern, weil er diesen Gegenstand für wertlos hält (OLG Köln MDR **61,** 147). Die Auskunftspflicht geht nur so weit, als das Wissen des Hausgenossen sich erstreckt.

4 **3. Keine Auskunftspflicht über den Bestand der Erbschaft**

Der Hausgenosse ist zur Auskunft über den *Bestand der Erbschaft* als Inbegriff, d. h. darüber, was zur Erbschaft gehört (§ 2027 Rdn. 3), und demgemäß auch zur Vorlegung eines Verzeichnisses (§ 260) oder zur Rechnungslegung über andere als die von ihm geführten einzelnen Geschäfte *nicht* verpflichtet (RG JW **02** Beil. 266[197]; RG WarnRspr. **20** Nr. 171; **22** Nr. 75). Als Auskunft kann regelmäßig nur eine Erklärung gewertet werden, die der Erklärende auf Fragen hin in dem Bewußtsein abgibt, seiner gesetzlichen Pflicht zu genügen. Ein Vortrag, mit dem der Auskunftspflichtige in einem Rechtsstreit das Bestreiten begründet, kann daher regelmäßig nicht als Auskunft gewertet werden

(BGH WM **71**, 443; vgl. ebenso auch über den Umfang der Auskunftspflicht nach § 2028 aaO).

III. Eidesstattliche Versicherung **5**

Die eidesstattliche Versicherung, die mit Wirkung vom 1.7. 1970 (Änderung durch Gesetz vom 17.6. 1970 BGBl. I 911) an die Stelle des Offenbarungseides getreten ist, unterscheidet sich von der des § 260 dadurch, daß nicht die Vollständigkeit des „Bestandes", sondern nur der nach Abs. 1 zu machenden „Angaben" zu versichern ist. Für ihre Abnahme gelten die §§ 79, 163 FGG und § 889 ZPO in der Fassung des genannten Gesetzes. Sie kann erst verlangt werden, wenn die Auskunft vorliegt. Es muß Grund zu der Annahme bestehen, daß sie nicht mit der erforderlichen Sorgfalt erteilt worden ist (vgl. dazu im einzelnen BGH Betrieb **64**, 1443). Dazu genügt auch die objektive Unrichtigkeit einer schon erteilten Auskunft nicht ohne weiteres (RG SeuffArch **77**, 233). Dagegen kann der Nachweis für das Bestehen von Umständen, die die Annahme einer unsorgfältigen Auskunft rechtfertigen, als geführt erachtet werden, wenn die Hausgenossen, wozu sie an sich nicht verpflichtet waren, ein Nachlaßverzeichnis aufgestellt, hierbei aber Nachlaßgegenstände verschwiegen haben (RG 11.3. 1920 IV 400/19). Die Weigerung, Auskunft zu erteilen, oder der Verdacht, sie werde unsorgfältig erteilt *werden*, genügt nicht (RG WarnRspr. **20** Nr. 171, **22** Nr. 75; RG **73**, 243). Eine ausdehnende Auslegung des Wortlautes auf den Fall, daß mit Sicherheit vorauszusehen ist, die Auskunft werde nicht mit der erforderlichen Sorgfalt erteilt werden, hat das Reichsgericht für den Offenbarungseid abgelehnt. Auch die eidesstattliche Versicherung kann danach bei Weigerung des Auskunftspflichtigen, die Auskunft zu erteilen, nur auf dem Umwege erzwungen werden, daß zunächst auf Erteilung der Auskunft geklagt und auf Grund der rechtskräftigen Verurteilung hierzu die Zwangsmaßnahmen aus § 888 ZPO angewandt werden.

IV. Zu Abs. 3 **6**

§ 259 Abs. 3: Keine Verpflichtung der Abgabe einer eidesstattlichen Versicherung in Angelegenheiten von geringer Bedeutung. § 261: Zuständigkeit, Änderungsmöglichkeit, Kostenlast (vgl. auch KostO § 2 Nr. 1). — *Gebühr* für die Verhandlung in dem Termin zur Abnahme einer eidesstattlichen Versicherung KostO § 124.

V. Gerichtsstand **7**

Auch für die Ansprüche aus § 2028 gilt neben dem allgemeinen Gerichtsstande (ZPO §§ 12, 13) der besondere Wahlgerichtsstand der Erbschaft (ZPO § 27). § 27 ZPO ist jedenfalls entsprechend anzuwenden (OLG Jena DJZ **21**, 632; vgl. auch § 2027 Rdn. 8; s. dagegen § 2029 Rdn. 8).

§ 2029

Die Haftung des Erbschaftsbesitzers bestimmt sich auch gegenüber den Ansprüchen, die dem Erben in Ansehung der einzelnen Erbschaftsgegenstände zustehen, nach den Vorschriften über den Erbschaftsanspruch.

E I 2088 II 1903; M **5** 592, 593; P **5** 722, 723.

Erbschaftliche Einzelansprüche

Übersicht

1 **I. Allgemeines**

1. Arten der Einzelansprüche

Der Erbe kann auch gegen denjenigen, der mit der Behauptung, Erbe zu sein (pro herede), besitzt und gegen den deshalb der *Erbschaftsanspruch* geht, die gewöhnlichen dinglichen und schuldrechtlichen **Ansprüche in Ansehung der einzelnen Erbschaftsgegenstände** erheben, also die Herausgabe einer Sache mittels der *Eigentumsklage* (§ 985) verlangen, *Bereicherungsansprüche* (§§ 812 ff), insbesondere auf Ersatz für eine vom Erbschaftsbesitzer eingezogene Nachlaßforderung, und *Schadenersatzansprüche* wegen unerlaubter Handlung (§§ 823 ff) erheben. Hierzu ist nachzuweisen, daß der Gegenstand zum Vermögen des Erblassers gehört hat und daß der Kläger Erbe geworden ist.

2 **2. Haftung des Erbschaftsbesitzers**

a) Anwendung von Amts wegen. Nach dem ersten Entwurf (§ 2088) sollte der Erbschaftsbesitzer diesen Einzelklagen gegenüber im *Wege der Einrede* verlangen können, daß seine Verpflichtung *nach den Vorschriften über den Erbschaftsanspruch* beurteilt werde. Nach der jetzigen, auf Beschlüssen der zweiten Kommission (Prot. **5**, 722) beruhenden Fassung hat das Gericht, auch wenn ein solcher Einwand nicht erhoben wird, die *Haftung* des Erbschaftsbesitzers nach diesen Vorschriften zu beurteilen; es hat sie also insoweit *von Amts wegen* anzuwenden. Doch setzt die Anwendung nach den prozessualen Verhandlungsgrundsätzen voraus, daß sich aus dem Vortrage der Parteien, sei es des Klägers oder des Beklagten, ergibt, daß der Beklagte ein Erbrecht in Anspruch nimmt; eine Ermittlung darüber von Amts wegen geht über die Aufgabe des Gerichts (ZPO § 139) hinaus. Liegen die Voraussetzungen vor, so sind die Vorschriften ohne Rücksicht darauf anzuwenden, ob sie dem Erbschaftsbesitzer zum Vorteile oder zum Nachteile gereichen. Insbesondere ist demgemäß auch die Vorschrift über die Voraussetzungen der Bösgläubigkeit (§ 2024 Rdn. 1 ff), welche die Haftung des Erbschaftsbesitzers im Verhältnisse zu dem gewöhnlichen Bereicherungsanspruche verschärft, anzuwenden.

3 **b) Anzuwendende Vorschriften.** Als Vorschriften über die Haftung des Erbschaftsbesitzers sind alle Bestimmungen anzusehen, welche die Art und den Umfang seiner Leistungspflicht betreffen; dazu gehören die Vorschriften über die Herausgabe der *Surrogate und Nutzungen* (§§ 2019, 2020), über den Ersatz von Verwendungen (§ 2022 Rdn. 3 ff), über die Wirkungen der *Rechtshängigkeit* (§ 2023) sowie über die Voraussetzungen (vgl. oben) und Folgen der Bösgläubigkeit (§ 2026), auch über die Verjährung und den Einwand der Ersitzung (§ 2026 Anm. 1 ff); so mit Recht *Planck/Flad* Anm. 1 Abs. 2 und Anm. 3; vgl. auch *Staudinger/Lehmann* Rdn. 5.

4 **II. Anwendung der Vorschriften über den Erbschaftsanspruch**

1. Allgemeines

Die Anwendung der Vorschriften über den Erbschaftsanspruch führt dazu, daß der *gutgläubige* Erbschaftsbesitzer (§ 2024 Rdn. 2), der zur Herausgabe eines erlangten Erbschaftsgegenstandes nicht imstande ist, nur soweit haftet, als er durch den Besitz *der Erbschaft im ganzen* bereichert ist (§ 2021 Rdn. 4, 5) und daß die Herausgabe nur gegen Ersatz *aller* (nicht nur der notwendigen und nützlichen) Verwendungen verlangt werden kann, insbesondere auch solcher, die nicht auf den mit der Einzelklage verlangten Erbschaftsgegenstand, sondern auf andere Erbschaftsgegenstände oder auf die Erbschaft als Ganzes gemacht worden sind (§ 2022 Rdn. 3, 4).

2. Zurückbehaltungsrecht wegen Verwendungen **5**

Das Zurückbehaltungsrecht wegen solcher Verwendungen kann der Erbschaftsbesitzer, ungeachtet § 863, auch gegenüber Einzelklagen aus dem *Besitze* (§§ 861, 862) insoweit geltend machen, als es gegenüber dem Erbschaftsanspruche begründet sein würde, demnach aber nur, wenn er gutgläubig ist und der Erbe den Besitz der Sache noch nicht tatsächlich ergriffen hatte. Andernfalls würde gegenüber der Einrede des Zurückbehaltungsrechts auch dem Erbschaftsanspruche der Gegeneinwand der Haftung auf Schadenersatz durch Herstellung des früheren Zustandes (§ 249) wegen verbotener Eigenmacht entgegenstehen (§ 2025).

3. Rechtsnachfolge nach dem Erbschaftsbesitzer **6**

Der Rechtsnachfolger des Erbschaftsbesitzers im *Besitze einzelner Sachen* kann nur für die von dem Erbschaftsbesitzer auf die einzelne Sache gemachten Verwendungen nach Maßgabe des § 999 Ersatz verlangen; auf ihn bezieht sich § 2029 nicht. Wegen des Rechtsnachfolgers im Besitze der Erbschaft als *Ganzen* vgl. § 2030.

4. Rechtskraftwirkung **7**

Rechtskraft hinsichtlich des Erbrechts wird durch Zusprechen oder Abweisen der Einzelklage ebensowenig erzeugt wie bei dem Erbschaftsanspruche (§ 2018 Rdn. 10); doch kann der Erbschaftsbesitzer durch Erhebung einer *Inzidentfeststellungswiderklage* (ZPO § 280) eine rechtskräftige Entscheidung darüber herbeiführen.

III. Gerichtsstand für Einzelklagen **8**

Die Vorschrift über den besonderen Gerichtsstand des Erbschaftsanspruchs (ZPO § 27) ist auf die gerichtliche Geltendmachung von Ansprüchen wegen einzelner Erbschaftsgegenstände *nicht* anzuwenden (vgl. § 2028 Rdn. 7; vgl. auch *Stein/Jonas* 9. Aufl. § 27 III 2).

§ 2030

Wer die Erbschaft durch Vertrag von einem Erbschaftsbesitzer erwirbt, steht im Verhältnisse zu dem Erben einem Erbschaftsbesitzer gleich.

E II 1904; P 5 723, 724.

Erbschaftsanspruch bei Erwerb vom Erbschaftsbesitzer

Übersicht

1 **I. Allgemeines**

Die Vorschrift will dem Erben den Erbschaftsanspruch mit seinen Besonderheiten entsprechend der herrschenden Anschauung des gemeinen Rechts auch *gegen den Erbschaftserwerber*, insbesondere gegen den Erbschaftskäufer gewähren.

2 **II. Erwerb der Erbschaft**

Durch den Verkauf oder einen anderweitigen auf Veräußerung gerichteten **Vertrag** über eine ganze Erbschaft (§§ 2371, 2384) entsteht zunächst nur eine schuldrechtliche Verpflichtung des Verkäufers auf Herausgabe der zur Erbschaft gehörigen Gegenstände an den Käufer (§ 2374). Von einem Erwerb der Erbschaft durch den Käufer kann erst die Rede sein, wenn ihm auf Grund des Veräußerungsvertrags Erbschaftsgegenstände übereignet worden sind; erst dann hat er etwas „aus der Erbschaft erlangt", und zwar auf Grund des von seinem Verkäufer beanspruchten, aber nicht bestehenden Erbrechts; er wird deshalb im Verhältnisse zum Erben einem Erbschaftsbesitzer gleichgestellt (Rdn. 5 f). Die Veräußerung des *Anteils eines Miterben* (§ 2033), der gleichfalls unter den Begriff der Erbschaft fällt (§ 1922 Abs. 2), durch den „Besitzer" dieses Anteils (Erbschaftsbesitzer im Sinne des § 2018) ist zwar als dingliche Verfügung möglich (§ 2033), aber als Verfügung eines Nichtberechtigten unwirksam (§ 185); auch hier läßt sich daher von einem „Erwerb" der Erbschaft erst sprechen, wenn der Erwerber tatsächlich *etwas aus der Erbschaft erlangt* hat (§ 2018 Rdn. 7—9). Ist dieser Fall eingetreten, so kann der Erbe den Erbschaftsanspruch unmittelbar gegen den Erwerber richten. Es ist wichtig, den echten schuldrechtlichen Gesamtvertrag im Bausch und Bogen, der den *Nachlaß als Ganzes* betrifft und der für die Anwendung des § 2030 erforderlich ist, von dem Kaufvertrag zu scheiden, bei dem zwar alle wesentlichen Gegenstände des Nachlasses, aber als *Einzelgegenstände* verkauft werden (vgl. *Erman/Bartholomeyczik* Rdn. 1 aE).

3 **III. Stellung des Erben zum Veräußerer**

Der Erbe kann aber auch das für die Veräußerung erhaltene *Entgelt* (Kaufpreis) als Surrogat gemäß § 2019 von dem Veräußerer herausverlangen. Es trifft nicht zu, daß es dazu einer *Genehmigung* der Veräußerung durch den Erben bedürfe (so *Planck/Flad* Anm. 2) und daß diese deshalb regelmäßig in der Erhebung des Anspruchs gegen den Veräußerer gefunden werden müsse, wodurch der Erbe jeden Anspruch gegen den Erwerber verliere (so die zweite Auflage dieses Kommentars); auch das, was der Veräußerer auf Grund der rechtlich unwirksamen, aber tatsächlich erfolgten Weggabe von Erbschaftsgegenständen als Entgelt erhalten hat, ist „mit *Mitteln der Erbschaft*" erlangt und unterliegt deshalb als Ersatz dem Herausgabeanspruch des Erben; dessen Rechte wären erheblich gefährdet, wenn er, um diesen Anspruch gegen den Veräußerer geltend zu machen, auf den Anspruch gegen den Erwerber verzichten müßte. Der Sinn der Vorschrift liegt darin, den Erben gegen eine Weiterveräußerung des Erbschaftsbesitzes zu sichern; andererseits soll er aber nicht auf Kosten eines anderen die Erbschaft im Ergebnis doppelt erhalten. Der Erbe kann daher bis *zu seiner vollen Befriedigung* sowohl den Anspruch auf das vom Veräußerer erlangte Entgelt, wie den auf die Erbschaftsgegenstände geltend machen, die der Erwerber erhalten hat; nur wenn der eine Verpflichtete ihn befriedigt, muß er diesem die Rechte gegen den andern Verpflichteten abtreten (vgl. auch *Kipp/Coing* § 109 III; *Staudinger/Lehmann* Rdn. 6). Wegen der Anrechnung des vom Erwerber bezahlten Entgelts durch diesen nachstehend Anm. 5.

IV. Ansprüche des Erben gegen den Erwerber 4

1. Anwendbare Vorschriften

Den **dritten Erwerber,** gleichviel, ob er die Erbschaft gegen oder ohne Entgelt erlangt hat, trifft in demselben Umfange **wie den Erbschaftsbesitzer** die Pflicht zur Herausgabe der Surrogate (§ 2019), der Nutzungen (§ 2020) und gegebenenfalls der Bereicherung (§ 2021). Die Bestimmungen der §§ 2022—2027 Abs. 1, 2029 gelten auch für den Erwerber der Erbschaft. Insbesondere kann er als Rechtsnachfolger des Erbschaftsbesitzers (entsprechend § 999) die von diesem gemachten Verwendungen vom Erben ersetzt verlangen und sich gemäß § 943 auch auf dessen Ersitzungszeit berufen. Der Erbschaftsanspruch gegen den Erwerber der Erbschaft wird durch dessen Gutgläubigkeit nicht ausgeschlossen; die Vorschriften über den Erwerb im guten Glauben vom Nichtberechtigten sind nur auf den Erwerb *einzelner* Erbschaftssachen anzuwenden. Die *verschärfte Haftung* gemäß §§ 2024, 2025 tritt aber nur ein, soweit die Voraussetzungen dafür (böser Glaube, strafbare Handlung, verbotene Eigenmacht) *in der Person des Erwerbers* gegeben sind.

2. Das Entgelt des Erwerbers 5

Soweit der Erwerber ein *Entgelt* geleistet hat, ist in der 9. Auflage die Ansicht vertreten worden, den gezahlten Kaufpreis könne der gutgläubige Erwerber der Erbschaft (§ 2024 Anm. 2) sowohl gegenüber dem Herausgabeanspruch als *Verwendung* (§ 2022) wie auch als *Minderung der Bereicherung* gegenüber dem Bereicherungsanspruch (§ 2021) anrechnen, jedenfalls soweit er nicht durch den ihm gegen den Veräußerer zustehenden Gewährleistungsanspruch (§ 2376) gedeckt sei. Zur Begründung ist dort ausgeführt worden, die Ansicht, welche den Anspruch auf Erstattung des gezahlten Kaufpreises gegenüber dem Herausgabeanspruch nicht zulassen wolle, berücksichtige nicht genügend, daß nach § 2022 Abs. 1, 2 *alle* Verwendungen, d. h. alle dem Erbschaftsbesitzer durch den Erbschaftsbesitz erwachsenen Aufwendungen ohne Rücksicht auf Notwendigkeit und Nützlichkeit (§ 2022 Rdn. 3 ff) zu erstatten sind, wozu im Falle des Erbschaftserwerbs auch die *Aufwendungen* für den Erwerb gehörten; sie sei auch mit dem Schutze gegen Benachteiligung, den das Gesetz dem gutgläubigen Erbschaftserwerber wie dem Erbschaftsbesitzer gewähren wolle, kaum in Einklang zu bringen. Diese Rechtsansicht hält aber näherer Prüfung nicht Stand. *Planck/Flad* (Anm. 1) haben schon zutreffend Bedenken dagegen erhoben, „das vom Erwerber aufgewendete Entgelt als Verwendung auf die Erbschaft" zu behandeln. Der Bestand der Erbschaft als solcher wird nicht dadurch berührt, ob für seine Veräußerung ein Entgelt gezahlt wird oder nicht. § 2022 ist daher nicht anwendbar. Der Verpflichtete kann aber auch gegenüber dem Erbschaftsanspruch persönlicher Art (§ 2021; insoweit abweichend *Planck/Flad* Anm. 1) den Kaufpreis nicht als Minderung der Bereicherung abziehen. Das widerspräche allgemeinen Grundsätzen des Bereicherungsrechts, nach denen der Verpflichtete den Preis, den er aufgewendet hat, um in den Besitz des fremden Gutes zu kommen, das oder dessen Wert er herausgeben muß, nicht absetzen darf (so richtig *Kipp/Coing* § 107 III; vgl. auch zu §§ 816, 818 Abs. 3 BGH **9,** 333 = NJW **53,** 1020 und BGH **14,** 7 = NJW **54,** 1194 = JZ **54,** 700 mit Anm. von *Lehmann*).

V. Entsprechende Anwendung des § 2030 6

Die Vorschriften des § 2030 sind über den Wortlaut hinaus *entsprechend* auch auf eine Erbschaft anwendbar, die nicht auf Grund Vertrages (unter Lebenden oder Erbvertrag), sondern auf Grund *letztwilliger Verfügung* erworben worden ist, etwa dadurch, daß der Erbschaftsbesitzer die Erbschaft einem Dritten *vermacht* hat; daß der (gesetzliche oder eingesetzte) *Erbe* des Erbschaftsbesitzers wie dieser zur Herausgabe verpflichtet ist, ergibt sich schon aus allgemeinen Grundsätzen.

§ 2031

Überlebt eine Person, die für tot erklärt oder deren Todeszeit nach den Vorschriften des Verschollenheitsgesetzes festgestellt ist, den Zeitpunkt der als Zeitpunkt ihres Todes gilt, so kann sie die Herausgabe ihres Vermögens nach den für den Erbschaftsanspruch geltenden Vorschriften verlangen. Solange sie noch lebt, wird die Verjährung ihres Anspruchs nicht vor dem Ablauf eines Jahres nach dem Zeitpunkte vollendet, in welchem sie von der Todeserklärung oder der Feststellung der Todeszeit Kenntnis erlangt.

Das gleiche gilt, wenn der Tod einer Person ohne Todeserklärung oder Feststellung der Todeszeit mit Unrecht angenommen worden ist.

E I 2089 II 1905; M **5** 597—599; P **5** 725, 726; **6** 316, 317.

Schrifttum:

Schubart, Scheinbarer Tod im Erbrecht und Eherecht, JR **48**, 296; *Riedel*, Abwesenheitspflegschaft für Kriegsvermißte, Erbfolge und Vertragsschluß, JR **49**, 272.

Erbschaftsanspruch des scheinbar Toten

Übersicht

1 **I. Allgemeines**

Die Vorschrift gewährt dem *scheinbar Toten* einen *Gesamtanspruch* auf Herausgabe seines Vermögens entsprechend dem Erbschaftsanspruch, weil sich für ihn eine ähnliche Lage wie für einen Erben ergeben kann, wenn sein Vermögen in andere Hände gelangt ist. Die Vorschrift ist durch Teil I Art. 5 Nr. 3 des Gesetzes vom 5. 3. 1953 (BGBl I 33) *neu gefaßt* worden.

2 Der **Zeitpunkt des Todes im Falle der Todeserklärung** war nach BGB § 18 Abs. 1, ZPO § 970 im Ausschlußurteile und ist jetzt nach §§ 9, 23, 44 VerschG v. 15. 1. 1951 (BGBl I 63) durch Beschluß festzustellen. Für Verschollenheit im ersten Weltkriege war der 10. 1. 1920 der vermutete Todestag (G. v. 20. 2. 25 RGBl 15); für den zweiten Weltkrieg ist es der 31. 12. 1945 (G. v. 15. 1. 51 BGBl. I 59).

3 **II. Anwendung der Vorschriften über den Erbschaftsanspruch**

Die Anwendung der Vorschriften über den Erbschaftsanspruch kann **nur** eine **entsprechende** sein. Der scheinbar tote „Erblasser", der nicht tot war, aber dafür gehalten, für tot erklärt oder dessen Todeszeit festgestellt worden ist, hat dabei die Stellung des *Erben;* derjenige, der infolge der Todeserklärung oder der Feststellung der Todeszeit auf Grund des vermeintlichen Erbfalls etwas aus dem Vermögen des scheinbar Toten erlangt hat, hat die Stellung des *Erbschaftsbesitzers* (§ 2018), und zwar ohne Rücksicht darauf, ob im Falle wirklich eingetretenen Todes er oder ein anderer als Erbe berufen, er also dann wirklicher Erbe oder auch nur Erbschaftsbesitzer geworden wäre. Auch sein Rechtsnachfolger gemäß § 2030 steht dem Erbschaftsbesitzer gleich.

In der 9. Auflage ist es nocht abgelehnt worden, den Anspruch aus § 2031 als Gesamtanspruch (Vorbem. zu § 2018) auch einem *verschollen Gewesenen* gegen denjenigen zu gewähren, der sich **als der Verschollene ausgegeben** und dadurch in den Besitz seines Vermögens gesetzt hat, wie *Strohal* II 381 will. Eine entsprechende Anwendung der Vorschrift auch auf diesen Fall entspricht jedoch dem Zweck des Gesetzes, wenn sie auch über seinen Wortlaut hinausgeht. Der Berechtigte wäre sonst gegenüber dem *Betrüger*, der sich für den Verschollenen ausgegeben hat, schlechter gestellt als dem gewöhnlichen Erbansprecher gegenüber. Es widerspräche dem Sinn des § 2031 (s. Rdn. 1) und wäre höchst unbillig, wenn er dem Betrüger gegenüber nur auf die Einzelklagen angewiesen sein sollte (vgl. *Staudinger/Lehmann* Rdn. 3; *Kipp/Coing* § 105 Anm. 13). **4**

Wird festgestellt, daß derjenige, der für tot erklärt oder dessen Todeszeit festgestellt worden ist, vor dem im Beschluß (früher Ausschlußurteil) bezeichneten **Zeitpunkte** gestorben ist, so ist für den, der demzufolge zur Erbschaft berufen ist, der gewöhnliche Erbschaftsanspruch gegen denjenigen begründet, der die Erbschaft auf der Grundlage des Zeitpunktes des Erbfalls erhalten hat, der nach Maßgabe des Beschlusses angenommen worden ist. *Stirbt* der scheinbar Tote *später* als in dem Beschluß angenommen, so geht der für ihn bereits begründete Anspruch aus § 2031 auf seinen Erben über; doch verliert er seine besondere Natur und stellt sich als ein *wirklicher* Erbschaftsanspruch eines Erben gegen einen Erbschaftsbesitzer dar (aM *Planck/Flad* Anm. 1 Abs. 2; *Staudinger/Lehmann* Rdn. 5). Ein praktischer Unterschied ergibt sich daraus nicht, da auch auf den aus § 2031 begründeten Anspruch von vornherein die Vorschriften über den Erbschaftsanspruch anzuwenden waren. **5**

III. Verjährung (Abs. 1 Satz 2) **6**

Satz 2 beugt dem vor, daß zum Schaden des vermeintlichen Erblassers die 30jährige **Verjährung** des Erbschaftsanspruchs abgelaufen oder dem Ablaufen nahe ist (§§ 195, 198), wenn er von seiner Todeserklärung oder davon, daß er als gestorben gilt (Abs. 2), Kenntnis erlangt. Der Zeitpunkt erlangter Kenntnis ist vom Anspruchsgegner zu beweisen. Stirbt der scheinbar Tote nach Ablauf der gewöhnlichen Verjährungsfrist von 30 Jahren, aber früher als ein Jahr nach erlangter Kenntnis, so ist die Verjährung vollendet; seine nunmehr zur Erbschaft berufenen Erben können sich nicht auf die Verlängerung der Frist berufen.

IV. Irrtümliche Todesannahme (Abs. 2) **7**

Die **irrtümliche Annahme des Todes** kann z. B. auf unrichtigen Sterbeurkunden beruhen. Sie liegt auch vor, wenn der Todeserklärungs- oder Todeszeitfeststellungsbeschluß mit Erfolg angefochten oder wenn die Todeserklärung gemäß den §§ 30 ff VerschG v. 15. 1. 1951 aufgehoben worden ist. Ähnlich beim Erbschein § 2370. Ist die Annahme des Todes hinfällig, so kann der Anspruch aus § 2031 auch von einem bestellten Abwesenheitspfleger (§ 1911) verfolgt werden.

VIERTER TITEL

Mehrheit von Erben

Der *vierte Titel* regelt die Besonderheiten, die dadurch entstehen, daß durch den Erbfall die Erbschaft als Ganzes (§ 1922 Anm. 25 f) nicht auf einen, sondern auf **mehrere Erben** übergeht, was in der Wirklichkeit der *häufigste Fall* ist. Dieser Fall ist schon in § 1922

Abs. 1 („eine oder mehrere Personen") und Abs. 2 („Anteil eines Miterben", Rdn. 27 zu § 1922) ausdrücklich vorgesehen, während im übrigen der erste Abschnitt und die drei ersten Titel des zweiten Abschnitts, wohl nur zur sprachlichen Vereinfachung, von „*dem Erben*" in Einzelform sprechen; das bedeutet aber nicht, daß ihre Vorschriften, soweit der vierte Titel keine Abweichungen bringt, nicht auch auf den Fall einer Mehrheit von Erben anzuwenden sind.

Innerhalb des vierten Titels ist zunächst das Rechtsverhältnis der *Miterben untereinander* geordnet (I §§ 2032—2057), sodann (II §§ 2058—2063) ihr Verhältnis zu *den Nachlaßgläubigern*, dieses soweit durch das Vorhandensein mehrerer Erben Besonderheiten gegenüber der im *zweiten Titel* enthaltenen allgemeinen Regelung des Verhältnisses des Erben zu den Nachlaßgläubigern bedingt werden. In beiden Richtungen beruht die Regelung auf dem Grundsatze der *Gemeinschaft zur gesamten Hand*, der von der zweiten Kommission (Prot. **5**, 835 ff) im Anschlusse an das preußische Recht (RG **49**, 406; **79**, 394) eingeführt worden ist, im Gegensatze zu dem ersten Entwurfe (§ 2151), der in Anknüpfung an das gemeine Recht die Vorschriften der Gemeinschaft nach Bruchteilen angewendet wissen wollte (Näheres s. § 2032 Rdn. 4).

Die Vorschriften über das Rechtsverhältnis *unter den Miterben* gliedern sich wie folgt: Die §§ 2032—2041 betreffen das Verhältnis bis *zur Auseinandersetzung*, die §§ 2042—2049 die *Auseinandersetzung selbst* und die §§ 2050—2057 die dabei stattfindende *Ausgleichung* von Zuwendungen des Erblassers an Abkömmlinge.

I. Rechtsverhältnis der Erben untereinander

§ 2032

Hinterläßt der Erblasser mehrere Erben, so wird der Nachlaß gemeinschaftliches Vermögen der Erben.

Bis zur Auseinandersetzung gelten die Vorschriften der §§ 2033 bis 2041.

E I 2051 Abs. 2, 2151 II 1906; M **5** 526—530, 687, 688; P **5** 650, 835—837, **6** 346, 347.

Neueres Schrifttum:

Bartholomeyczik, Das Aktienpaket der Miterbengemeinschaft, Festschrift für Lange 1970, S. 343; ders. Willensbildung, Willenserklärung und das Gesamthandsprinzip in der Miterbengemeinschaft, Festschrift für Reinhardt 1972, 13 ff; ferner in *Erman/Bartholomeyczik* Rdn. 7 vor § 2032; *Blomeyer*, Die Rechtsnatur der Gesamthand, JR **71**, 397; *Buchwald*, Der Betrieb eines Handelsgewerbes in Erben- oder Gütergemeinschaft, BB **62**, 1405; *Ganssmüller* u. *Fischer*, Identitätswahrende Umwandlung der Erbengemeinschaft in eine Personalgesellschaft ? DNotZ **55**, 172, 182; *Haegele*, Rechts- und Steuerfragen zum Grundstückserwerb durch Erbengemeinschaft, Rpfleger **63**, 396; ders., Zur Rechtslage, wenn im Rahmen einer Erbengemeinschaft ein Erbteil mehreren Personen zusteht, Rpfleger **68**, 173; *Herold*, Grund- und Hausbesitz in Erbengemeinschaft, BlGBW **71**, 109; *Johannsen*, Rechtsprechung des BGH auf dem Gebiet des Erbrechts 6. Teil: Die Erbengemeinschaft, WM **70**, 573 und 738; *Kürzel*, Das Nachlaßgrundstück bei Mehrheit von Erben, DWW **68**, 269; *Lammers*, Kommanditeinlage der Miterbengesellschafter, MDR **60**, 888; *Model*, Letztwillige Verfügungen und Gesellschaftsvertrag, GmbHRdsch. **59**, 6; *Patschke*, Erbteilsübernahme durch den Miterben, NJW **55**, 444; *Rauch*, Die erbrechtliche Rechtsnachfolge eines Miterben in die Mitgliedschaft eines Personalgesellschafters, DNotZ **70**, 78; *Siebert*, Nachfolge eines Miterben in die Gesellschafterstellung bei der OHG, BB **57**, 18; *Staudenmaier*, Teilübertragung von Gesellschaftsanteilen und Erbteilen, DNotZ **66**, 724; *Tröster*, Miterbengemeinschaft und Handelsgeschäft, Betrieb **61**, 765; *Wiedemann*, GmbH-Anteile in der Erbengemeinschaft, RGmbH **69**, 247.

Die Erbengemeinschaft

Übersicht

I. Erbenmehrheit

1 Die **mehreren Erben** können durch das Gesetz (§§ 1924 ff) oder durch Verfügung von Todes wegen (§§ 1937 ff, 2087 ff) oder teils in der einen, teils in der andern Weise berufen sein (§ 2088). Ein an *Stelle* eines anderen (*Ersatzerbe,* § 2096) oder *nach* einem anderen Berufener (*Nacherbe,* § 2100) ist im Verhältnis zu jenem *nicht Miterbe* im Sinne des Gesetzes. Mehrere Nacherben bilden jedoch nach Eintritt des Nacherbfalls unter sich eine Erbengemeinschaft, da auch sie dann „mehrere Erben" sind (§ 2100; RG **93,** 296; **152,** 383). *Nichteheliche Kinder* des Erblassers haben nach neuem Recht (Rdn. zu § 1924) bei gesetzlicher Erbfolge die Erbenstellung nach § 1924 Abs. 1 nur, wenn beim Tode des Vaters keine ehelichen Abkömmlinge und kein überlebender Ehegatte vorhanden sind oder diese Erben infolge Ausschlagung, Ausschluß, Erbunwürdigkeit oder Verzicht nicht zum Zuge kommen. Ein nicht eheliches Kind ist in einem solchen Falle auf einen Erbersatzanspruch (§§ 1934 a ff) angewiesen und bildet mit der Stiefmutter und ehelichen Halbgeschwistern zusammen *keine* Erbengemeinschaft.

2 Die Frage, welche Personen als Erben berufen sind und wie groß der Anteil eines jeden von ihnen ist, bedarf keiner einheitlichen Entscheidung unter den Beteiligten; daher kann der *Erbschaftsanspruch eines Miterben* (hereditatis petitio partiaria, § 2018 Anm. 1) *gegen einzelne* der übrigen Miterben gerichtet werden; die Einrede der mehreren Streitgenossen ist nicht begründet und es besteht zwischen den gemeinschaftlich Verklagten **keine notwendige Streitgenossenschaft** (so RG 8. 6. 1905 IV 207/05; 11. 7. 1905 IV 282/05 und RG **95,** 97; ebenso *Rosenberg* 9. Aufl. § 95 II 1 d; vgl. § 2018 Rdn. 11). Freilich lassen sich die Schwierigkeiten nicht verkennen, die dadurch für die Berechnung der Erbquoten, bei der gemeinschaftlichen Verwaltung und Benutzung der Erbschaft (§§ 2038, 743, 745) und bei der Auseinandersetzung wie auch gegenüber den Nachlaßgläubigern (§ 2060) entstehen können.

Keine notwendige Streitgenossenschaft besteht ferner bei der *Klage mehrerer Miterben auf Leistung an die Erbengemeinschaft,* da insoweit jeder von ihnen auch allein klagen könnte, § 2039 (BGH **23,** 212, 213; vgl. hierzu im einzelnen § 2039 Rdn. 9).

Dagegen ist es regelmäßig notwendig, einheitlich zu entscheiden, und ist deshalb exceptio plurium und **notwendige Streitgenossenschaft** bei der Klage des Nachlaßgläubigers gemäß § 2059 Abs. 2 gegeben; *nicht* aber wiederum bei der Klage aus dem Gesamtschuldverhältnis nach § 2058 (RG **71,** 369), worunter auch eine Klage auf Auflassung fallen kann (BGH WM **63,** 762). Notwendige Streitgenossenschaft besteht auch für die Nichtigkeitsklage gegen ein auf gemeinschaftliche Klage aller Miterben ergangenes Urteil über eine Nachlaßforderung (RG **96,** 52).

3 II. Gemeinschaftliches Vermögen der Erben

1. Gesamtnachfolge

Durch den Ausdruck „gemeinschaftliches Vermögen der Erben" wird deutlich, daß die Erbschaft auch nach dem Übergange auf mehrere Erben ein Ganzes, ein *Vermögensinbegriff* (§ 1922 Rdn. 10), bleibt. Die Miterben werden durch den Erbfall auch *Mitbesitzer* der Nachlaßsachen (§§ 857, 866).

4 **2. Gemeinschaft zur gesamten Hand**

Die Gemeinschaftlichkeit ist nach den Grundsätzen der Gemeinschaft zur gesamten Hand gestaltet (RG **57**, 434), wie bei der Gesellschaft (§ 718 Rdn. 1) und der ehelichen Gütergemeinschaft (§ 1416 Rdn. 2). Über die *begriffliche Natur* dieser deutschrechtlichen Gemeinschaftsform herrscht in der Wissenschaft Streit (vgl. zum Wesen der Gesamthand die Übersicht über den Meinungsstriet bei *Staudinger/Lehmann* Rdn. 6); sie ist wohl im wesentlichen in der dinglichen Bindung eines Vermögens für die gemeinschaftlichen Zwecke zu finden, wobei keine besondere Rechtspersönlichkeit geschaffen oder unterstellt wird, vielmehr die Gemeinschaftsteilhaber selbst (Genossen) die Träger der Rechtspersönlichkeit, aber in der Ausübung ihrer Rechte durch den Gemeinschaftszweck beschränkt sind; sie können insbesondere über ihre Anteile an den einzelnen Vermögensbestandteilen nicht verfügen (§ 2033 Abs. 2). Im übrigen sind die Fälle der Gemeinschaft zur gesamten Hand im BGB verschieden ausgestaltet; bei der Erbengemeinschaft ist die Bindung mit Rücksicht darauf weniger streng, daß sie ohne einen darauf gerichteten Willen der Beteiligten entsteht und von vornherein nicht auf Fortdauer, sondern auf Beendigung durch Auseinandersetzung gerichtet ist. Dementsprechend wird namentlich, anders als bei der Gesellschaft, § 719, und der ehelichen Gütergemeinschaft, § 1442, jedem einzelnen Miterben das Recht zugestanden über seinen *Anteil am Nachlasse* zu verfügen (§ 2033 Abs. 1, s. Rdn. 1 dazu). Auch treten die *Individualrechte* der einzelnen Gemeinschaftsgenossen stärker hervor, so bei der Verwaltung, Nutzung und Fruchtziehung, wofür die Vorschriften über die Gemeinschaft nach Bruchteilen gelten (§ 2038 Rdn. 7, 8), ferner bei der Geltendmachung von Ansprüchen für den Nachlaß (§ 2039) und bei der Berechtigung, grundsätzlich zu jeder Zeit die Auseinandersetzung zu verlangen (§ 2042).

5 **3. Umwandlung in Bruchteilsgemeinschaft**

Die Miterben können die Erbengemeinschaft sowohl hinsichtlich der ganzen Erbschaft wie hinsichtlich einzelner Nachlaßgegenstände in eine Gemeinschaft nach Bruchteilen umwandeln; doch wirkt eine solche Vereinbarung *nur schuldrechtlich* und bedarf, soweit Grundstücke in Frage kommen, der Form des § 313; zur dinglichen Wirkung muß bei Grundstücken die Auflassung hinzukommen (RG **57**, 432; **67**, 62; **105**, 251). Ist ein Minderjähriger beteiligt, so bedarf, soweit Grundstücke in Betracht kommen, die Vereinbarung und die Auflassung der vormundschaftsgerichtlichen Genehmigung (RG 6. 6. 1907 IV 527/06); sind dabei mehrere Minderjährige beteiligt, so muß wegen § 181 jeder von ihnen durch einen besonderen Pfleger vertreten sein (RG **67**, 61). Zur Umwandlung der Erbengemeinschaft in eine *Handelsgesellschaft* s. u. Rdn. 9.

Ist die Erbengemeinschaft als Gesamthandsgemeinschaft durch Auseinandersetzung *aufgelöst* (s. § 2042), kann sie durch Rückübertragung der hierbei veräußerten Nachlaßgegenstände nicht mehr als solche ins Leben gerufen werden. Eine gesamthänderische Bindung läßt sich in solchen Fällen auf rechtsgeschäftlichem Wege nur durch Gründung einer anderen Gesamthandsgesellschaft erreichen (OLG Köln OLGZ **65**, 117).

4. Einfluß auf Rechte und Verbindlichkeiten 6

Rechte und Verbindlichkeiten, die zwischen dem Erblasser und *einem Miterben* bestanden haben, erlöschen durch den Erbfall nicht, weil es sich hierbei nicht um das Zusammentreffen von Forderung und Schuld in einer Person handelt (vgl. BGH **48,** 214 = WM **67,** 977; BVerwG WM **69,** 673). Eine *Bürgschaft* erlischt auch nicht teilweise, wenn der Gläubiger und der Bürge Miterben des Hauptschuldners werden (RG **76,** 58; RG 24. 10. 1910 IV 614/09). Ebensowenig wird eine vor dem Erbfall getroffene Verfügung eines Nichtberechtigten über einen zum Vermögen des Erblassers gehörigen Gegenstand dadurch, daß der Verfügende Miterbe wird, ganz oder teilweise wirksam (§ 185 Abs. 2 Satz 1). Anderseits wird eine Verfügung des Erblassers über eine Sache oder ein Recht des Miterben wirksam, wenn dieser auch nur für einen seinem Erbteile entsprechenden Teil der Nachlaßverbindlichkeiten unbeschränkt haftet (§ 185 Abs. 2 Satz 1). Aufrechnung eines Nachlaßschuldners mit einer Forderung gegen einen einzelnen Miterben ist ausgeschlossen (§ 2040 Abs. 2; vgl. dort Rdn. 7).

5. Einzelfragen 7

Die Gemeinschaft erstreckt sich auch auf die *Nachlaßforderungen*; der Satz „nomina ipso iure divisa sunt" ist für die Miterben ausgeschlossen (§ 2039 Satz 1). In die Gemeinschaft treten auch die *Ersatzstücke* (Surrogate) ein (§ 2041). Auch Nachlaßverwaltung (§ 2062) und Nachlaßvergleichsverfahren (VerglO § 113 Nr. 1 Satz 3) können nur gemeinschaftlich beantragt werden (anders beim Nachlaßkonkurs, KO § 217); Zwangsvergleich im Konkurs ist nur auf Vorschlag aller Erben zulässig (KO § 230); über einen Erbteil findet kein Konkursverfahren statt (KO § 235). — *Gemeinschaftlicher Erbschein* auf Antrag jedes Erben (§ 2357). Bei *Eintragungen im Grundbuche* soll das Erbengemeinschaftsverhältnis bezeichnet werden (GBO § 47); dagegen sind die Anteile der einzelnen Teilhaber nicht in das Grundbuch einzutragen (RG HRR **30** Nr. 1219). Unrichtige Angabe des Gemeinschaftsverhältnisses macht die Auflassung unwirksam. Denn die dingliche Einigung umfaßt auch die Art und Weise der Eintragung (so OLG Zweibrücken DNotZ **65,** 614; *Hieber* DNotZ **59,** 463; **65,** 615). Teilen die Erben eines Miterben dessen Erbteil unter sich nach Bruchteilen durch Vertrag auf, so muß das Bruchteilsverhältnis ins Grundbuch eingetragen werden. Es genügt nicht die Angabe, daß zwischen Erbeserben und den übrigen Erben insgesamt eine Erbengemeinschaft besteht (OLG Düsseldorf Rpfleger **68,** 188). Sind im Grundbuche mehrere Personen mit der Bezeichnung „*als Miterben zu gleichen Teilen*" als Eigentümer eingetragen, so ist hinreichend erkennbar gemacht, daß es sich um eine *Miterbengemeinschaft* zur gesamten Hand, nicht um ein Miteigentum nach Bruchteilen handelt, und ist deshalb eine an dem Anteile eines einzelnen Miterben bestellte Hypothek nichtig (§ 1114); sie kann auch nicht auf Grund guten Glaubens an die Richtigkeit des Grundbuchs (§ 892) rechtswirksam von einem Dritten erworben werden (RG **88,** 21, 26; vgl. die Anm. dazu in JW **16,** 480[4]).

III. Entstehung „kraft Gesetzes" 8

Die Erbengemeinschaft des BGB entsteht unmittelbar kraft Gesetzes (§ 1922 Anm. 20). Sie kann *nicht durch Vertrag* der Beteiligten geschaffen werden (BayObLG **32,** 381). Sie kann auch nicht vertraglich wiedereingeführt werden, wenn die Miterben sich rechtsgültig auseinandergesetzt haben (OLG **5,** 357; KG DNotZ **52,** 84; OLG Köln OLGZ **65,** 117; vgl. auch § 2042 Rdn. 11). Eine auseinandergesetzte Erbengemeinschaft kann auch nicht dadurch wiederhergestellt werden, daß die Miterben den Rücktritt vom Auseinandersetzungsvertrag vereinbaren; selbst die Rückgewähr der Nachlaßgegenstände kann in diesem Falle nicht bewirken, daß die Erbengemeinschaft „vertraglich begründet" oder „nach Aufhebung wiederhergestellt" wird (OLG Düsseldorf RPfleger **52,** 243). Der durch den Rücktritt ausgelöste Anspruch auf Rückgewähr (§ 346 Abs. 1) steht vielmehr der Erbengemeinschaft mindestens nach § 2041 (kraft Ersetzung) als gemeinschaftliches Nachlaßvermögen zu; insoweit besteht daher auch die Erbengemeinschaft „kraft Gesetzes" fort (BGH 26. 2. 1953 IV ZR 207/52 = LM § 433 Nr. 4). Die Erbengemeinschaft wird ferner *unter den übrigen Erben fortgesetzt,* nachdem ein Erbe oder einige Erben durch Abfindung u. dgl. aus ihr ausgeschieden sind. Darüber, ob und wann die Erbengemeinschaft durch die fortschreitende Aufteilung des Nachlasses beendigt wird, vgl. § 2059 Rdn. 5. Erwirbt ein Miterbe sämtliche Anteile am Nachlaß, so wird dadurch die Erbengemeinschaft aufgehoben; für die Anwendung der §§ 2033 bis 2041 ist dann kein Raum mehr (RG **88,** 116; s. auch § 2033 Rdn. 6).

Besonderheiten gelten, wenn im Gesellschaftsvertrag einer OHG bestimmt ist, daß nach dem Tode eines Gesellschafters die Gesellschaft mit seinen Erben fortgesetzt werden soll; in diesem Fall gehen die Mitgliedschaftsrechte des Erblassers unmittelbar kraft Erbgangs auf jeden der Miterben über, ohne daß es einer Mitwirkung der überlebenden Gesellschafter oder der anderen Miterben bedarf. Jeder Miterbe erlangt also, sofern er nicht sein Recht aus § 139 HGB ausübt, unmittelbar — auch ohne Auseinandersetzung — die rechtliche Stellung eines persönlich haftenden Gesellschafters (KG DNotZ **55,** 418; s.a. Rdn. 11). Bei Beerbung eines Kommanditisten durch mehrere Erben rückt jeder von ihnen anteilsentsprechend in die Kommanditistenstellung ein (KG WM **67,** 148; vgl. hierzu auch BGH **46,** 291 = LM HGB § 161 Nr. 20 mit Anm. von *Fischer* sowie von *Koll* NJW **67,** 1908). Ist ein Miterbe minderjährig, bedarf die bloße Fortsetzung eines vom Erblasser betriebenen Handelsgeschäfts keiner vormundschaftsgerichtlichen Genehmigung; eine solche Genehmigung ist erst dann erforderlich, wenn die Erbengemeinschaft in eine Handelsgesellschaft umgewandelt werden soll und diese dazu bestimmt ist, das Geschäft weiter zu betreiben (BGH WM **62,** 1218); vgl. dazu auch *Soergel/Ehard/Eder* Rdn. 6. Vgl. dagegen zur Frage des Überganges eines Versicherungsverhältnisses auf die Erben des Versicherungsnehmers OLG Neustadt VersR **56,** 153 mit Anm. von *Fleck* VersR **56,** 346.

9 **IV. Erbengemeinschaft und Handelsrecht**

Die Erbengemeinschaft kann, obwohl sie keine eigene Rechtspersönlichkeit hat, ein *ererbtes* **Handelsgeschäft fortführen** (RG **132,** 138, 142; JFG **5,** 209). Durch die *Fortführung des Geschäfts des Erblassers* mit der Firma und die dadurch nach § 27 HGB eintretende unbeschränkte Haftung der Erben für die Geschäftsschulden des Nachlasses (vgl. zu § 1975 Rdn. 11) wird die Erbengemeinschaft nicht ohne weiteres in eine offene Handelsgesellschaft umgewandelt; dazu bedarf es vielmehr eines *Gesellschaftsvertrages,* der aber auch stillschweigend geschlossen werden kann (RG **35,** 19; JW **26,** 352; KGJ **35** A 152; HRR **38** Nr. 1540; DJ **39,** 400 mit Anm. von *Vogels;* BayObLG HRR **30** Nr. 1484; München HRR **37** Nr. 1593; vgl. auch RG JW **36,** 2918[11], ferner BGH NJW **51,** 311). Hierbei muß stets der gemeinsame Wille der Erben ersichtlich sein, sich zur gemeinsamen Fortführung des Geschäfts als *Gesellschaft* zusammenzuschließen. Ein stillschweigender Vertragsschluß kann daher weder allein aus der langen Dauer der Fortführung noch aus der Aufnahme eines Firmenzusatzes oder aus der Annahme einer neuen Firma zwingend gefolgert werden (BGH aaO); s. aber für die Haftung aus Rechtsschein BGH WM **62,** 1218. Gehört zu den Miterben ein Minderjähriger, bedarf der Umwandlungsvertrag einer vormundschaftsgerichtlichen Genehmigung (BGH WM **62,** 1218). Wird das ererbte Handelsgeschäft nur von *einem* der Miterben fortgeführt, so liegt darin eine Fortführung *durch alle* Miterben im Sinne des § 27 HGB nur dann, wenn die übrigen Miterben den tätigen Miterben ausdrücklich oder stillschweigend *bevollmächtigt* haben, das Geschäft fortzuführen (BGH **30,** 391 = NJW **59,** 2114; NJW **60,** 962). Die Miterben haften in solchen Fällen für die vom Erblasser begründeten Geschäftsverbindlichkeiten nach § 27, 25 HGB persönlich ohne die Möglichkeit, ihre Haftung auf den Nachlaß zu beschränken. Das ererbte Handelsgeschäft kann auch dann, wenn *einer* der Miterben aus der Erbengemeinschaft *ausgeschieden* ist, von den anderen weitergeführt werden (KG JW **39,** 565). Die Erbengemeinschaft als solche kann auch ein *gewerbliches Unternehmen,* das nach § 2 HGB durch Eintragung zum Handelsgewerbe geworden ist, mit entsprechender Firma fortführen (KG JW **38,** 3117). Sie kann aber als Erbengemeinschaft kein Handelsgeschäft neu errichten oder erwerben (KG HRR **32,** 749). Ein Handelsgeschäft kann vielmehr — abgesehen von dem vorerörterten Falle, daß die Erben ein ererbtes Geschäft fortführen — von mehreren Personen nur in den vom Handelsrecht gebotenen Gesellschaftsformen betrieben werden (RG **132,** 138, 144; KG JW **35,** 3642). Die Fortführung des Handelsgeschäfts durch die Erben kommt nicht in Betracht, wenn sie rechtswirksam ausgeschlossen ist. Das ist der Fall, wenn im Gesellschaftsvertrag einer zweigliedrigen Gesellschaft die Regelung getroffen worden ist, daß beim Tode eines Gesellschafters der Mitgesellschafter ein entschädigungsloses Übernahmerecht hat; eine solche Bestimmung ist zulässig und geht der erbrechtlichen Regelung vor. Der Wert des Geschäftsanteils des Erblassers fällt dann nicht in den Nachlaß und kann auch nicht Grundlage für eine Pflichtteilsberechnung sein (BGH WM **71,** 1338).

Prokura: Die Erbengemeinschaft kann auch einen Miterben nicht zum Prokuristen bestellen (KG JW **39,** 565; BGH WM **59,** 1286, 1287). Sie kann aber als Inhaberin eines Handelsgeschäfts einen Prokuristen haben, wenn dies ein Dritter ist (KG DR **39,** 1949 = JFG **20,** 286 = DNotZ **40,** 415). Jeder einzelne Miterbe kann eine solche Prokura durch Widerruf zum Erlöschen bringen; es müssen aber alle Miterben das Erlöschen anmelden (KG aaO). Wird ein *Prokurist Miterbe* des bisherigen Inhabers des Handelsgeschäfts, so erlischt die Prokura mit dessen Tode (BGH 24. 9. 1959 II ZR 46/59 = NJW **59,** 2114 = MDR **59,** 990[4]; **60,** 28 mit Anm. von *Reinecke* = JZ **59,** 776).

Hat der bei einem Unfall ums Leben gekommene Erblasser ein Erwerbsgeschäft hinterlassen, das seine erwachsenen Söhne selbständig fortführen, so haben die übrigen Miterben, wenn keine dahingehende Vereinbarung besteht, nicht den Anspruch auf Auskehrung eines ihrem Erbteil entsprechenden Gewinnanteils; ein solcher Gewinn kann daher auch nicht auf die nach § 844 Abs. 2 zu bemessende Rente angerechnet werden (RG 7. 5. 1936 VI 41/36).

Über die Unterschiede zwischen den rechtlichen Verhältnissen einer Erbengemeinschaft und denen einer handelsrechtlichen Gesellschaft (OHG, Kommanditges.) vgl. Rdn. 4, 11 und RG **117,** 264. Wegen dieser Unterschiede wird mit Recht überwiegend angenommen, daß es zur Übereignung eines Grundstücks, das zur Erbengemeinschaft gehört, an eine von den Miterben gebildete handelsrechtliche Gesellschaft der Auflassung bedarf (KGJ **45,** 230; **51,** 183; JFG **21,** 168 = HRR **40,** 742; OLG Hamm DNotZ **58,** 416; dahingestellt in RG **117,** 265; vgl. auch zu § 925 Rdn. 6); eine Auflassung ist jedoch dann entbehrlich, wenn eine von den Miterben gebildete Gesellschaft des bürgerlichen Rechts sämtliche Erbteile erworben hat und die Miterben ein Nachlaßgrundstück auf die Gesellschaft „umschreiben" lassen wollen (KG DR **44/45** S. 455 Nr. 35). **10**

Auch wenn die Erbengemeinschaft sich nicht in eine OHG umwandelt, können doch auf das Verhältnis der Miterben untereinander die Vorschriften des Rechts der OHG anzuwenden sein (BGH **17,** 299 = NJW **55,** 1227 = MDR **55,** 537 mit Anm. von *Reinicke.*

11 **Beteiligung an einer Gesellschaft des Handelsrechts**

Die Erbengemeinschaft kann sich als solche nicht an einer Kommanditgesellschaft beteiligen (KGJ **37** A 145); sie kann nicht als Rechtsnachfolgerin eines Kommanditisten in das Handelsregister eingetragen werden (RG **171**, 328 = RG DR **43**, 1228 gegen RG **123**, 366; s. ferner *Brzezinski* NJW **47/48**, 377) und auch nicht Gesellschafter einer offenen Handelsgesellschaft sein (KGJ **49** A 109, 268; BGH **22**, 192 mit Nachweisen). Die Erbengemeinschaft kann auch als solche Haftung für ihre Mitglieder übernehmen (vgl. RG **16**, 40 ff, 56; **170**, 392; RG JW **12**, 475; RG DR **43**, 1224, 1228; KG JW **35**, 1794).

Die Erben des Mitgliedes einer offenen Handelsgesellschaft oder eines Kommanditisten treten zwar kraft Gesamtrechtsnachfolge in die Rechtsstellung des Erblassers ein, aber nicht als Erbengemeinschaft sondern so, daß *jeder Miterbe selbständiger Gesellschafter* wird (BGH **46**, 291 = NJW **67**, 826 = LM HGB § 161 Nr. 20 mit Anm. *Fischer;* KG WM **67**, 148). Das Gesellschaftsverhältnis vervielfältigt sich also zu so vielen selbständigen Mitgliedschaften, als Erben für den Anteil des Erblassers da sind (vgl. *Staudinger/Lehmann* Rdn. 23 mit näheren Nachweisen). Für die *offene Handelsgesellschaft* folgt das schon aus § 139 HGB, wonach *jeder* Erbe die dort bestimmten Rechte hat, um ihn vor den Nachteilen zu schützen, die mit der Gesellschafterstellung verbunden sind. Der Miterbe kann daher auch das ihm zugefallene Kündigungsrecht nach § 139 HGB unabhängig von den anderen Miterben und ohne vorausgegangene Erbauseinandersetzung ausüben (KG DNotZ **55**, 418). Zum Erbrecht bei der OHG im einzelnen vgl. § 1922 Rdn. 14; BGH **22**, 186 = NJW **57**, 180 = JZ **57**, 220 mit eingehender Anm. von *Hueck.* Für die *Kommanditgesellschaft* trifft insbesondere die Erwägung gleichfalls zu, daß die Erbengemeinschaft mangels selbständiger Rechtspersönlichkeit nicht als Rechtsträger im Rechtsverkehr auftreten kann.

Die *Rechtsstellung,* die der Erbe mit dem Eintritt in die offene Handelsgesellschaft oder Kommanditgesellschaft erwirbt, beruht zwar auf der Erbfolge; ihr *Inhalt* soll sich nach der letzten Rechtsprechung des Reichsgerichts aber nicht nach erbrechtlichen Grundsätzen, sondern sowohl im Innen- und Außenverhältnis wie auch personen- und vermögensrechtlich ausschließlich nach Gesellschaftsrecht bestimmen (RG **170**, 392, 394). *Siebert* (*Siebert,* BB **57**, 18; *Erman/Bartholomeyczik* Rdn. 7 aE vor §§ 2032—2063 m.w.Nachw.; vgl. § 1922 Anm. 14) hat mit Recht Bedenken angemeldet, daß diese Abgrenzung zugunsten des Gesellschaftsrechts zu weit gehe. Angesichts der rechtlichen Schwierigkeiten ist es erforderlich, die erbrechtlichen und gesellschaftsrechtlichen Maßnahmen sorgfältig aufeinander abzustimmen. Im Gesellschaftsvertrage einer Kommanditgesellschaft (oder einer offenen Handelsgesellschaft) kann wirksam vereinbart werden, daß beim Tode eines Gesellschafters dessen *sämtliche* Erben ohne weiteres Einzelkommanditisten mit gesonderten Teilen der Einlage werden (KG JFG **21**, 222 = DNotZ **40**, 279) oder daß *nur ein* Miterbe in die Gesellschafterstellung einrückt (KG DNotZ **35**, 988). Die Anmeldungen zum Handelsregister müssen aber von allen Mitgliedern bewirkt werden (KG JW **35**, 3642). Der Geschäftsanteil einer GmbH kann auf die Miterben einer Erbengemeinschaft übergehen. Die Miterben können die Anteilsrechte der GmbH nur gemeinsam ausüben (§ 18 GmbH Gesetz; BGH WM **69**, 590; vgl. dazu *Haegele* Rpfleger **69**, 186). Erben Miterben eine Aktie als Erbengemeinschaft, so können sie ihre Rechte nur durch einen gemeinschaftlichen Vertreter ausüben (§ 69 Akt.G); vgl. dazu *Palandt/Keidel* Anm. 8.

12 **V. Anerbenrecht**

Aus dem Anerbenrecht können sich *Ausnahmen* von der *Gesamtrechtsnachfolge* der Miterben ergeben.

Unter der Geltung des Reichserbhofgesetzes vom 29. 3. 1933 (REG) gehörte der Erbhof *nicht* zum gemeinschaftlichen Vermögen im Sinne des § 2032; er bildete einen besonderen Teil der Erbschaft, der kraft Gesetzes ungeteilt auf den Anerben überging (REG § 19). Hinsichtlich des Erbhofs bestand daher *keine* Erbengemeinschaft zwischen dem Anerben und den Erben des erbhoffreien Vermögens (KG JW **38**, 3171[21]). Eine Erbengemeinschaft konnte auch nicht Erbhofträger sein (REHG **2**, 285; HRR **37** Nr. 1414).

Das Kontrollratsgesetz Nr. 45 vom 20. 2. 1947 (ABl KR 256) hat die Befugnis des bisherigen Erbhofeigentümers, über die Grundstücke und das Zubehör seines Hofes *unter Lebenden* frei zu verfügen, für alle drei Westzonen wiederhergestellt, abgesehen von der Genehmigungspflicht bei Veräußerungen, Belastungen und Verpachtungen *landwirtschaftlicher* Grundstücke. Art. II KRG 45 hat jedoch die landesrechtlichen Anerbengesetze, die bis zum Erlaß des REG gegolten haben, wieder in Kraft gesetzt, soweit sie nicht dem KRG 45 selbst oder anderen gesetzlichen Vorschriften des Kontrollrats widersprechen. Daraus folgen für einzelne Länder, soweit in ihnen ein besonderes Anerbenrecht gilt, Beschränkungen für *Verfügungen von Todes wegen* (vgl. Einl. Rdn. 4 vor § 1922). Zur Wirkung einer landwirtschaftsrechtlichen Sondererbfolge auf die Miterbengemeinschaft vgl. OGH **2**, 175; OLG Hamm RdL **51**, 106; MDR **49**, 175; vgl. ferner *Erman/Bartholomeyczik* Rdn. 6 vor §§ 2032—2063 mit weiteren Nachweisen).

VI. Übergangsrecht 13

Die Erbengemeinschaft des BGB entsteht nur, wenn der Erbfall am 1. 1. 1900 oder später eingetreten ist (EG Art. 213; RG JW **02** Beil. 268[203]).

§ 2033

Jeder Miterbe kann über seinen Anteil an dem Nachlasse verfügen. Der Vertrag, durch den ein Miterbe über seinen Anteil verfügt, bedarf der gerichtlichen oder notariellen Beurkundung.

Über seinen Anteil an den einzelnen Nachlaßgegenständen kann ein Miterbe nicht verfügen.

E II 1907; P **5** 837—839.

Neueres Schrifttum:

Bünger, Nießbrauch am Nachlaß und an Erbteilen, BWNotZ **63**, 100; *Buske*, Abtretung eines Erbanteils und grunderwerbsteuerliche Unbedenklichkeitsbescheinigung, DNotZ **66**, 481; *Henseler*, Zur Übertragung eines ver- oder gepfändeten Erbanteils ohne Mitwirkung des Pfandgläubigers, Rpfleger **56**, 185; *Noack*, Vollstreckung gegen Erben, III. Verwertung eines Miterbenanteils in der Zwangsvollstreckung, JR **69**, 9; *Reithmann*, Devisengenehmigung und notarielle Praxis, DNotZ **59**, 646, 649; *Staudenmeier*, Teilübertragung von Gesellschaftsanteilen und Erbteilen, DNotZ **66**, 724; *Wiedemann*, GmbH-Anteile in der Erbengemeinschaft, RGmbH **69**, 247; *Zunft*, Die Übertragung sämtlicher Nachlaßgegenstände an einen Miterben gegen Abfindung der übrigen Miterben, JZ **56**, 550.

Verfügungsrecht eines Miterben

Übersicht

Vorbemerkung

§ 2033 Abs. 1 S. 2 ist durch das Beurkundungsgesetz vom 28. 8. 1969 (BGBl I 1513) mit Wirkung v. 1. 1. 1970 geändert worden. In Betracht kommt nunmehr *nur* noch die *notarielle,* nicht mehr die gerichtliche Beurkundung.

1 **I. Allgemeines**

§ 2033 regelt das Verfügungsrecht des Miterben. Abweichend von den andern Fällen der Gemeinschaft zur gesamten Hand: Gesellschaft § 719, eheliche Gütergemeinschaft § 1442 (vgl. § 2032 Rdn. 4; RG **60,** 128), kann der Miterbe — im Gegensatz zum Alleinerben (RG **88,** 116, 118; BGH WM **67,** 978) — über seinen **Anteil an dem Nachlasse als Ganzem,** d. h. über die Gesamtheit der ihm als Teilhaber der Erbengemeinschaft zustehenden Rechte, *verfügen,* d. h. sie in der Weise auf einen andern übertragen, daß dieser in die Rechtsstellung des Miterben als Teilhabers der Gemeinschaft eintritt (RG **60,** 131; **83,** 30), und zwar solange noch gemeinschaftliches Nachlaßvermögen (ein ungeteilter Nachlaßgegenstand) vorhanden ist (KGJ **52,** 272). Das gilt auch dann, wenn der Nachlaß nur aus einem einzigen Gegenstande besteht (BGH WM **66,** 1271; OLG Celle NdsRpfl **67,** 126; OLG Düsseldorf RzW **69,** 58). In einem solchen Falle liegt in der Abtretung des Erbanteils nach § 2033 Abs. 1 auch keine Verfügung über den Gegenstand, die ein Zustimmungserfordernis — wie etwa bei Veräußerung eines Erbbaurechts — auslösen könnte (BayObLGZ **67,** 408 = MDR **68,** 326). Die Frage, ob der Erwerber des Erbteils dadurch an Stelle des Veräußerers „Erbe" (Miterbe) im Rechtssinne wird, ist in RG **83,** 30 und **88,** 117 offen gelassen, aber grundsätzlich zu verneinen, da abgesehen von der Erbeinsetzung selbst das Erbrecht als solches nicht durch Privatwillkür entstehen oder aufhören kann (§§ 1922 Anm. 7; 2032 Anm. 8); *der veräußernde Miterbe bleibt* vielmehr *Erbe* (RG **64,** 175; RG 11. 6. 1934 IV 50/34); es tritt daher auch keine Nacherbfolge ein. Deshalb ist zur *Fortführung einer Handelsfirma* die Einwilligung sämtlicher Miterben erforderlich, auch wenn einer von ihnen alle Erbteile erworben hat (RJA **5,** 185). Ein *Erbschein* kann nur auf den Namen des veräußernden Miterben, nicht auf den des Erwerbers gestellt werden (RG **64,** 173). In allen diesen Beziehungen aM *Endemann* **3,** 1033 ff. § 2033 Abs. 1 setzt nicht voraus, daß die Erbschaft dem Miterben, der über seinen Anteil verfügen will, bereits angefallen ist (RG 11. 7. 1907 IV 550/06). Der Schlußerbe des sog. Berliner Testaments hat vor dem Tode des längstlebenden Ehegatten (Erblassers) kein übertragbares Anwartschaftsrecht (BGH **37,** 319 = NJW **62,** 1910). — Ein Miterbe kann über seinen Anteil am Nachlaß auch in der Art verfügen, daß er dem Erwerber einen Bruchteil dieses Anteils überträgt (RG 29. 6. 1911 IV 616/10). Dabei kann es sich auch um Bruchteile eines Anteiles des Erblassers am Nachlaß des Vorverstorbenen handeln (BGH WM **63,** 999).

2 Die Übertragung des Erbteils im Ganzen ist zu unterscheiden von der *Abtretung des Anspruchs auf dasjenige, was dem Miterben bei der Auseinandersetzung zukommt;* eine solche Abtretung soll nach RG **60,** 126, anders als bei der Gesellschaft (§ 717 Satz 2), nicht mit dinglicher Wirkung (§ 398) erfolgen können, so daß eine *nach* der Abtretung erfolgende Verfügung über den Erbteil (auch dessen Pfändung, s. Rdn. 11) einer früheren Abtretung der Forderung auf das Auseinandersetzungsergebnis vorgehen würde (im Ergebnisse zustimmend *Planck/Ebbecke* Anm. 4 Abs. 2). Die Entscheidung ist trotz der Zustimmung, die sie im Schrifttum gefunden hat (vgl. *Staudinger/Lehmann* Rdn. 8; ebenso *Kipp/Coing* § 114 VI 4 a Anm. 73 m. Nachw.) nicht unbedenklich; der Umstand, daß die Forderung ein Bestandteil des Erbteils, und zwar ein sehr wesentlicher ist, zwingt nicht zu dem Schlusse, sie könne nicht aus diesem ausgeschieden und nach allgemeinen Grundsätzen (§ 398) mit dinglicher Wirkung auf einen andern übertragen wer-

den; ihre Veräußerung erscheint gegenüber der des Erbteils als das geringere. Der nachher pfändende Gläubiger kann dann ein Pfandrecht an dem Erbteile nur mit dem Inhalte erwerben, den dieser zur Zeit der Pfändung noch hatte (Rdn. 11), also ohne den vorher abgetretenen Anspruch auf das Auseinandersetzungsergebnis. Die Abtretung dieses Anspruchs kann unter Umständen (ebensogut wie dessen Pfändung Rdn. 11) auch als Übertragung des *Erbteils* ausgelegt werden (vgl. Prot. II **5**, 839). Ebenso kann ein Erbauseinandersetzungsvertrag, in dem einer der Miterben den einzigen vorhandenen Nachlaßgegenstand gegen Abfindung der übrigen Miterben „übernimmt", die Rechtsnatur eines Kaufvertrages haben, der die Übertragung von Nachlaßanteilen zum Gegenstand hat (BGH LM BGB § 433 Nr. 4). Zur Frage der Falschbezeichnung bei gemeinsamem Irrtum über die rechtliche Zuordnung des Übertragungsgegenstandes s. BGH WM **64**, 94. Verfügung über den Anspruch auf das Auseinandersetzungsguthaben ist neben der Verfügung über den Miterbenanteil unmöglich, kann aber umgedeutet werden (RG **60**, 128; aM OLG **26**, 298 u. *Sigler* MDR **64**, 372).

Die für *die Übertragung einzelner Erbschaftsgegenstände erforderlichen Formen* (ins- 3
besondere bei Grundstücken die Auflassung) kommen für die Übertragung des Erbteils nicht in Betracht, da dieser von dem Anteil an einzelnen Nachlaßgegenständen verschieden ist (Rdn. 14). Die Übertragung eines Erbteils an einem Nachlasse, zu dem *landwirtschaftlich* oder *forstwirtschaftlich* genutzter *Grundbesitz* gehört, bedurfte unter der Herrschaft des KRG Nr. 45 keiner *Genehmigung* (BGH **18**, 380 zu KRG Nr. 45 Art. IV Abs. 1; vgl. auch KG JW **38**, 887[43] zu § 1 GrundstVerkBk). Nach § 2 Abs. 2 Nr. 2 des Grundstücksverkehrsgesetzes v. 28. 7. 1961 (BGBl I 1091) bedarf jedoch nunmehr die Veräußerung eines Miterbenanteils an einen Erben der Genehmigung, wenn der Nachlaß im wesentlichen aus einem land- oder fortstwirtschaftlichen Betrieb besteht und der Wert der anderen Nachlaßgegenstände nicht erheblich ins Gewicht fällt (vgl. dazu *Erman/Bartholomeyczik* Rdn. 7). Die Veräußerung von Erbanteilen an einem ungeteilten Nachlaß, zu dem Grundstücke in einem *Wohnsiedlungsgebiet* gehören, erfordert keine Genehmigung der Wohnsiedlungsbehörde, falls kein Umgehungsgeschäft beabsichtigt ist, da der Erbanteil sich nicht als Grundstück im Sinne des Reichssiedlungsgesetzes darstellt (BayObLG DNotZ **56**, 189; OLG Köln DNotZ **59**, 263 = RdL **58**, 327). Ist der Miterbe als Teilhaber der Erbengemeinschaft im *Grundbuch eingetragen* (GBO § 47; § 2032 Rdn. 7), so wird durch die Übertragung das Grundbuch unrichtig; der Erwerber kann daher von dem Veräußerer die Berichtigung fordern (§ 894; RG **90**, 235). Auch ist die Berichtigung nach § 22 GBO möglich (JFG **13**, 72).

Der Verfügung kann ein entgeltliches (Kauf) oder sonstiges schuldrechtliches Ge- 4
schäft zugrunde liegen. Ist es ein Kauf, so tritt das *Vorkaufsrecht der Miterben* (§§ 2034 ff) in Kraft. Ob der als „Verkauf" bezeichnete Veräußerungsvertrag zugleich die dingliche Übertragung des Erbteils enthält, ist Sache der Auslegung (RG WarnRspr. **15** Nr. 264). Die Verfügung über einen Erbanteil ist hinsichtlich ihrer dinglichen Wirksamkeit regelmäßig von dem Bestehen des Schuldgrunds unabhängig. Anderseits können der Verfügung verschiedenartige Kausalgeschäfte zugrunde liegen, so ist insbesondere auch eine Sicherungsübertragung denkbar (BGH **25**, 180, 181). Der schuldrechtliche Verkauf (§ 2371) und die dingliche Übertragung des Erbanteils können in *einer* notariellen Urkunde verbunden werden (RG HRR **30** Nr. 298); diese muß aber in solchem Falle den Erfordernissen *beider* Rechtsgeschäfte Rechnung tragen, also sowohl die Bestimmungen des Kaufvertrages, insbesondere die Angabe des (richtigen) Kaufpreises, wie auch die dingliche Einigung über den Übergang des Erbteils enthalten (RG **137**, 173). In einem *Vergleiche* zwischen den Testamentserben und den von der Erbfolge ausgeschlossenen gesetzlichen Erben, durch den diesen bestimmte Anteile am Nachlasse zugewiesen werden, kann gegebenenfalls eine Übertragung von Erbteilen zu erblicken sein (RG

11.6.1934 IV 50/34; vgl. auch Anm. zu § 2371). *Nach Teilung des Nachlasses* kann ein Miterbe die schuldrechtlich übernommene Verpflichtung zur Übertragung seines Erbanteils nicht mehr durch einheitliches dingliches Rechtsgeschäft nach § 2033, sondern nur durch Einzelübertragung der Nachlaßgegenstände erfüllen (RG **134**, 299). Der Erbschaftskauf mit der aus § 2382 folgenden Haftung gegenüber den Nachlaßgläubigern setzt voraus, daß der Erbschaftskäufer, wenn nicht die Erbschaft oder der Erbschaftsanteil als Ganzes ausdrücklich den Gegenstand der Übernahme bilden, doch weiß, es handele sich um die ganze oder nahezu die ganze Erbschaft oder den ganzen oder nahezu den ganzen Erbanteil des Veräußerers, oder daß er zumindest die Verhältnisse kennt, aus denen sich dies ergibt (BGH WM **65**, 343 = MDR **65**, 469).

5 Die *Veräußerlichkeit* des Erbteils kann auch durch Verfügung des Erblassers nicht ausgeschlossen oder beschränkt, insbesondere nicht an die Zustimmung eines Testamentsvollstreckers geknüpft werden (RG WarnRspr. **15** Nr. 292). — Der „Erbteil" ist zwar keine Forderung, kann aber in eine solche übergehen (durch Auseinandersetzung) und es kann deshalb zu einer Sicherung eine Höchstbetragshypothek (§ 1190) bestellt werden (RG **65**, 366 für gemeines Recht; aM KGJ **40**, 260). Der Bestellung einer *Grundschuld* zum Zwecke der Sicherung künftiger Erbansprüche stehen keinesfalls Bedenken entgegen, da die Grundschuld keine Forderung voraussetzt (RG 22.12.1919 IV 303/19). — In der Verfügung über den Erbteil ist in der Regel die Annahme der Erbschaft zu finden (§ 1943 Rdn. 8).

6 **II. Begriff „Miterbe"**

Nur dem **Miterben** *und* seinem *Rechtsnachfolger* (§ 2037) ist die dingliche Verfügungsmacht eingeräumt, *nicht* dem *Alleinerben*, auch nicht über einen Bruchteil der Erbschaft. Dadurch, daß ein Miterbe *sämtliche Erbanteile* erwirbt, wird er zwar nicht Alleinerbe im Rechtssinne (Anm. 1); aber eine Erbengemeinschaft besteht nun nicht mehr; er ist dann zur dinglichen Verfügung über *einzelne Erbteile* nach § 2033 nicht mehr in der Lage; eine dingliche Verfügung über die ihm zustehende ganze Erbschaft oder über einen Bruchteil davon ist auch in diesem Falle ausgeschlossen (KGJ **46** A 181, 187; RG **88**, 116; BGH WM **67**, 978). Der Erbe kann die ganze Erbschaft oder einen Bruchteil nur in der Weise übertragen, daß er eine schuldrechtliche Verpflichtung eingeht (§§ 2371, 2385) und in Erfüllung dieser Verpflichtung die Nachlaßgegenstände einzeln auf den Erwerber überträgt (§ 2374). — Auch zugunsten eines *andern Miterben* kann ein Miterbe über seinen Erbteil verfügen; jener kommt aber dann nicht als Dritter im Sinne des § 2034 (Anm. 4 dazu) in Betracht. — Der Miterbe kann auch einen *Bruchteil* seines Erbteils an eine andere Person oder seinen Erbteil nach Bruchteilen an mehrere andere übertragen; der oder die Erwerber stehen dann zu dem veräußernden Miterben oder untereinander in Bruchteilsgemeinschaft (RG WarnRspr. **13** Nr. 234; BGH WM **63**, 999). Mehrere *Erben eines Miterben* bilden eine besondere gesamthändlerische Untergruppe innerhalb der Erbengemeinschaft. Sie können über den Erbteil des Miterben nur gemeinsam verfügen, während der einzelne Erbeserbe über seinen Anteil an dem Erbteil nicht verfügen kann (RG **162**, 397 = HRR **40**, 538; vgl. auch § 1952 Rdn. 11). Der *Alleinerbe eines Miterben* kann jedoch mit dinglicher Wirkung über dessen Anteil am Nachlaß eines vorverstorbenen Dritten verfügen (NJW **54**, 1647 = DRsp I (170) 17 a; BGH WM **63**, 999; OLG Hamm DNotZ **66**, 744; zur Frage einer unschädlichen Falschbezeichnung hierbei s. BGH WM **64**, 94).

7 Auch der nur *bedingt oder betagt* zu einem Erbteile berufene Erbe kann nach Eintritt des Erbfalls über den Erbteil verfügen; insbesondere der *Vor-Miterbe* auf Grund seines auflösend bedingten oder mit Endtermin befristeten Miterbrechts, unabhängig davon, daß sein Erbteil mit der Nacherbfolge belastet bleibt (vgl. Anm. 12).

8 Die Anwartschaft des *Nacherben* ist nach dem Eintritte des Vorerbfalls ein unentziehbares Vermögensrecht und deshalb nicht nur vererblich (§ 2108 Abs. 2), sondern auch, jedenfalls wenn sie sich auf einen *Erbteil* bezieht, dinglich veräußerlich, insbesondere auch verpfändbar (RG Gruch **52**, 680; RG **80**, 384; **83**, 434; KG HRR **29** Nr. 549; vgl. ErbschStG § 2 Abs. 2 Nr. 5, wo die Zulässigkeit der Übertragung der Anwartschaft eines Nacherben vorausgesetzt ist, und hierzu Smolla DNotZ **39**, 391). Auch Anwartschaftsrechte aus einer bedingten Nacherbfolge sind abtretbar (RG **170**, 168).

9 Streitig war, ob dies auch von dem Rechte des *Allein*-Nacherben gilt. In RG **101**, 185 ist dies mit eingehender Begründung — gegen die damals im Schrifttum überwiegende Meinung — bejaht worden (ebenso RG **103**, 358; 1. 3. 1923 IV 358/22). Im neueren Schrifttum hat sich die Ansicht des Reichsgerichts nahezu völlig durchgesetzt (vgl. *Staudinger/Lehmann* Rdn. 7; ausführliche Angaben bei *Hankel*, Neuere Rechtsprechung auf dem Gebiete des Vor- und Nacherbrechts, 1939, S. 74 Nr. 83—85; s. ferner *Schiedermair* AcP **139**, 129 ff; gegen das Reichsgericht *Oertmann* JR **34**, 37). Diese Rechtsprechung ist auch durch wirtschaftliche Bedürfnisse gerechtfertigt. Für die Praxis muß die Streitfrage daher als ausgetragen gelten, so daß die in der 8. Auflage an dieser Stelle geäußerten Bedenken auf sich beruhen können. Die *Formvorschrift* des § 2033 Abs. 1 ist auf die Verfügung des Allein-Nacherben sinngemäß anzuwenden; das gilt daher auch für den Verzicht eines Kindes auf das Nacherbenrecht durch Vertrag mit dem Vorerben, weil darin eine Verfügung über die Nacherbenanwartschaft liegt (RG DNotZ **42**, 145; KG DNotZ **54**, 389 = DRsp I (170) 16 d mit Nachw.). Vgl. auch § 2108 Rdn. 13.

III. Verfügung 10

1. Begriff

Verfügung ist ein Rechtsgeschäft, durch das der Verfügende auf ein Recht unmittelbar einwirkt, es also entweder auf einen Dritten überträgt oder mit einem Recht belastet oder das Recht aufhebt oder es sonstwie in seinem Inhalt ändert (BGH **1**, 294, 304; Rdn. 9 vor § 104). Die Verfügung über den Erbteil ist daher von dem über den Erbteil geschlossenen schuldrechtlichen Vertrage (Kaufvertrag, Schenkung) zu unterscheiden. Verfügung ist auch die *Verpfändung* (§ 1274; RG **84**, 396; **90**, 234) und die Bestellung eines *Nießbrauchs* (§ 1068) an dem Erbteile.

2. Zwangsvollstreckung in den Erbteil 11

Der rechtsgeschäftlichen Verfügung steht die Zwangsvollstreckung gegen den verfügungsberechtigten Miterben gleich; durch § 859 Abs. 2 ZPO ist anerkannt, daß der Erbteil, im Gegensatz zu den einzelnen Nachlaßgegenständen, der *Pfändung* unterworfen ist (RG **59**, 180). Bei der *Zwangsvollstreckung in den Erbteil* (§§ 829, 857 ZPO) sind die Miterben als Drittschuldner anzusehen (RG **42**, 327; **49**, 407; **74**, 54; **75**, 180); in dem Pfändungsbeschlusse müssen daher sämtliche Miterben erkennbar, wenn auch nicht mit Namen bezeichnet sein (RG **42**, 330); auch muß er das an die Miterben gerichtete Leistungsverbot enthalten; ein Pfändungsbeschluß, der nur das Verfügungsverbot an den Schuldner enthält, ist unwirksam, da kein Fall des § 857 Abs. 2 ZPO vorliegt (RG 21. 1. 1914 V 414/13). Der Ehemann einer im früheren gesetzlichen Güterstande lebenden Miterbin war nicht Drittschuldner (RG **74**, 51). Der Wortlaut des Pfändungsbeschlusses und der darin enthaltenen Verbote ist nicht wesentlich; auch wenn ungenauerweise der Anspruch auf Auseinandersetzung oder Auszahlung des Erbteils als gepfändet bezeichnet ist, kann darin durch Auslegung eine Pfändung des Erbteils gefunden werden (RG **49**, 408; RG WarnRspr. **11** Nr. 139). Durch die Pfändung des Erbteils wird die

Wirksamkeit späterer Verfügungen des Schuldners über diesen dem pfändenden Gläubiger gegenüber verhindert (§§ 135, 136); ebenso sind gemeinschaftliche Verfügungen der Miterben über einzelne Nachlaßgegenstände ohne Zuziehung des Gläubigers diesem gegenüber unwirksam. Der gepfändete Erbteil ist dem Gläubiger zur Einziehung zu überweisen (Überweisung an Zahlungs Statt zum Nennwerte ist ausgeschlossen, da ein solcher nicht besteht); doch kann das Vollstreckungsgericht auch die Veräußerung (Versteigerung) anordnen (ZPO § 857 Abs. 5); ein vorgehender Pfandgläubiger kann einer solchen Anordnung nicht widersprechen (RG **87**, 325). Durch den Zuschlag des Gerichtsvollziehers bei einer auf solche Anordnung hin erfolgenden Versteigerung geht der Erbanteil auf den Meistbietenden über, ohne daß es eines rechtsgeschäftlichen Übertragungsaktes in der Form des § 2033 Abs. 1 Satz 2 bedarf (KG HRR **29** Nr. 549). Wenn der einer Miterbengemeinschaft zustehende Nachlaß nur aus einer teilbaren Forderung besteht, hat der Gläubiger, der ein Pfandrecht an einem Miterbenanteil hat, in der Regel kein Recht an einem dem Miterbenanteil entsprechenden Teil der Forderung, solange die Miterben sich nicht auseinandergesetzt haben (BGH NJW **67**, 200).

Bei einer im Eigentum einer ungeteilten Erbengemeinschaft stehenden *Heimstätte* ist die Pfändung des Erbteils eines Miterben insoweit unwirksam, als sie den Vollstreckungsschutz des § 20 ReichsheimstättenG vereitelt. Die Pfändung darf nicht als Verfügungsbeschränkung in das Grundbuch der Heimstätte eingetragen werden (OLG Frankfurt DNotZ **59**, 474). Wer den Anteil eines Miterben durch Vertrag erworben hat, kann der Einleitung des gerichtlichen Zuweisungsverfahrens nach § 33 Abs. 3 Grdst VG widersprechen (BGH WM **70**, 713 = MDR **70**, 312).

12 **3. Folgen der Verfügung**

Durch die Verfügung erlangt der Erwerber, obwohl er nicht Erbe im Rechtssinne wird (Rdn. 1), die Befugnis, die dem Miterben als Teilhaber der Erbengemeinschaft zustehenden Rechte auszuüben, soweit sie nicht höchst persönlicher Natur sind, insbesondere das Verwaltungs-, Benutzungs- und Fruchtziehungsrecht (§ 2032 Rdn. 4); er erhält ferner das Recht, die Auseinandersetzung zu verlangen und den Antrag auf gerichtliche Vermittlung der Auseinandersetzung zu stellen (FGG § 86 Abs. 2), ferner zur Auseinandersetzung zugezogen zu werden (§ 2042) und das *Recht auf den Überschuß* (§ 2047), RG **83**, 30. Der Miterbe bleibt für die Nachlaßverbindlichkeiten verpflichtet; doch haftet auch der Erwerber des Erbteils für sie, wenn der Übertragung auf ihn ein Erbschaftskauf oder ein anderes auf Veräußerung gerichtetes Rechtsgeschäft zugrunde liegt (§§ 2383, 2385; RG **60**, 131). Der Erbteil geht mit dem Inhalt, mit dem die darin begriffenen Rechte zur Zeit der Verfügung dem Miterben noch zustanden, auf den Erwerber über (vgl. wegen einer vorher erfolgten Abtretung des Anspruchs auf das Auseinandersetzungsergebnis Rdn. 2). Die Rechte des *Nutznießers* bestimmen sich nach §§ 1085 ff, diejenigen des *Pfandgläubigers* nach §§ 1258, 1273. Vgl. §§ 1258 Rdn. 1, 1273 Rdn. 5 ff. Dem rechtsgeschäftlichen oder Pfändungspfandgläubiger „*gebührt das Pfandrecht*" an den Gegenständen, die bei der Auseinandersetzung auf den Erbteil fallen (§ 1258 Abs. 3); aus dieser Ausdrucksweise wird in RG **84**, 397 (abweichend von RG **60**, 126) gefolgert, daß der Gläubiger dieses Pfandrecht nicht ohne weiteres von Gesetzes wegen erwirbt, sondern nur einen Anspruch darauf hat, daß ihm ein solches bestellt werde (vgl. auch § 1258 Rdn. 4). Doch kann das verpfändete Miterbrecht nicht ohne Zustimmung des Pfandgläubigers durch Auseinandersetzung aufgehoben werden (§ 1276; RG **83**, 31; **84**, 399; **90**, 236). Haben die Miterben von der Verpfändung Kenntnis erhalten, so sind sie dem Pfandgläubiger schadenersatzpflichtig, wenn sie ohne seine Zustimmung ein zum Nachlasse gehöriges Grundstück an einen gutgläubigen Dritten veräußern und auflassen (RG **83**, 31). Es bedarf zur Entstehung des Pfandrechts an dem Erbteile nicht der in

§ 1280 für die Verpfändung von „Forderungen" geforderten Anzeige an den Schuldner (RG **83**, 27). Auch im übrigen sind die Bestimmungen über das *Pfandrecht an Forderungen* (§§ 1279 ff) auf das Pfandrecht an einem Erbteile nicht anwendbar (RG **84**, 397). Zur Konkurrenz zwischen Vertragspfandrecht und Pfändungspfandrecht an Miterbenanteilen vgl. BGH NJW **69**, 1347 unter Abweichung von RG **84**, 395, 397. Ebensowenig kommt § 399 in Frage (RG JW **15**, 245; WarnRspr. **15** Nr. 292). Das rechtsgeschäftlich oder durch Pfändung erlangte Pfandrecht an dem Anteile eines Miterben kann *in das Grundbuch eines zum Nachlasse gehörigen Grundstücks* mit der Wirkung *eingetragen werden*, daß eine gemeinschaftliche Verfügung der Miterben über das Grundstück nur mit Zustimmung des Pfandgläubigers erfolgen kann; die Eintragung gehört in die für Verfügungsbeschränkungen des Eigentümers bestimmte Rubrik (RG **90**, 232; BayObLGZ **59**, 50 = NJW **59**, 1780 mit ausführlichen Nachweisen; MDR **59**, 669[83]; vgl. ferner OLG Hamm Rpfleger **61**, 20 mit Anm. v. *Haegele; Stein/Jonas* 19. Aufl. ZPO § 859 III 3 aE; *Wieczorek* ZPO § 859 BIV; *Güthe/Triebel* GBO § 35 Anm. 19; aM *Achilles/Strecker* GBO § 48 Erl. 2). Auch die *Veräußerung* des Miterbenanteils wird auf Antrag des Erwerbers — falls die Miterben schon eingetragen sind, im Wege der Grundbuchberichtigung — einzutragen sein mit der Wirkung, daß es zur gemeinschaftlichen Verfügung der Miterben über das Grundstück (§ 2040) statt der Mitwirkung des Miterben, der veräußert hat, nunmehr derjenigen des Erwerbers bedarf (RG **60**, 131; OLG **5**, 426; **4**, 189). Die Aufnahme des Grundes der *Verpfändung* in den Eintragungsvermerk ist unzulässig (OLG Hamm JMBlNRW **59**, 110). Zur Eintragung der *Veräußerung eines verpfändeten Miterbenanteils* im Grundbuche (vgl. oben) bedarf es *nicht* der Zustimmung des Pfandgläubigers nach § 1276 Abs. 2, da der Anteil nur mit der Belastung durch das Pfandrecht auf den Erwerber übergeht, auch wenn er es nicht gekannt hat; erst zur Veräußerung eines zum Nachlasse gehörigen Grundstücks ist die Zustimmung des Pfandgläubigers erforderlich (KG HRR **34** Nr. 265). Werden sämtliche Miterbenanteile *ohne Zustimmung der Erbteilspfandgläubiger* auf einen Miterben übertragen, so ist das den Pfandgläubigern gegenüber unwirksam (BayObLG NJW **59**, 1780). Zur Rechtsstellung des Pfändungspfandgläubigers gegenüber den anderen Miterben vgl. im übrigen OLG Köln MDR **62**, 574.

IV. Form der Verfügung (Abs. 1 Satz 2) 13

Notarielle Beurkundung des Vertrages: § 128 nF, EG Art. 141, RNotO § 77, FGG §§ 168—182.

Wird die in § 2033 Abs. 1 Satz 2 vorgeschriebene Form nicht beobachtet, so ist der Vertrag nichtig (§ 125), wenn nicht in dem Vertrage eine Übertragung des Rechtes auf künftige Auszahlung der Nachlaßdividende gefunden werden kann (vgl. unten und Rdn. 2). Beruft sich eine Vertragspartei auf Nichtigkeit wegen Formmangels, so kann die andere Vertragspartei ihr unter Umständen den *Einwand der Arglist (exceptio doli praesentis)* entgegenhalten, wenn die Partei, die sich auf die Nichtigkeit beruft, die andere — obschon nicht vorsätzlich — in den Irrtum versetzt hat, daß die Form nicht erforderlich sei (RG WarnRspr. **25** Nr. 162 in Anwendung der in RG **107**, 361 — vgl. §§ 242 Anm., 313 Anm. — ausgesprochenen Rechtsgrundsätze; s. ferner RG **157**, 207; **169**, 73; **170**, 203; OGH **1**, 218). Die bloße schuldrechtliche Verpflichtung zur Erbschaftsübertragung ist für sich allein im Grunde genommen nicht formbedürftig. Jedoch muß in den Fällen der §§ 2371, 2385 (Erbschaftskauf) auch das Verpflichtungsgeschäft notariell beurkundet werden. Wie in den Fällen des § 313 (vgl. Anm. dazu) ist ein solches Geschäft nichtig, wenn in der notariellen Urkunde der Kaufpreis unrichtig angegeben ist (RG WarnRspr. **25** Nr. 162; RdL **51**, 103). Dieser Mangel kann durch formgerechte dingliche Übereignung nicht geheilt werden; für eine entsprechende Anwendung des

§ 313 Satz 2 ist kein Raum (RG **129,** 123; **137,** 175; RG HRR **34** Nr. 1035; RG WarnRspr. **42** Nr. 92; vgl. auch Rdn. zu § 2371; so auch BGH Urteil v. 2. 2. 1967 = FamRZ **67,** 465, dazu kritisch *Habscheid* FamRZ **68,** 13; *Schlüter* JuS **69,** 10; vgl. auch *Erman/Bartholomeyczik* Rdn. 6). Dadurch wird aber das dingliche Verfügungsgeschäft nicht nichtig, auch nicht, wenn es in derselben Urkunde beurkundet ist wie das schuldrechtliche Geschäft; es gelten auch hier die Rechtsgrundsätze entsprechend, die das Reichsgericht für die in Grundstückskaufverträgen mitbeurkundete Auflassung und Auflassungsvollmacht aufgestellt hat (vgl. § 313 Anm.). Die dingliche Verfügung kann jedoch in diesem Falle im Wege des Bereicherungsanspruchs (§§ 812 ff) zurückgefordert werden, sofern nicht § 817 Satz 2 entgegensteht (RG WarnRspr. **25** Nr. 162). Dasselbe gilt, wenn der Erbschaftskaufvertrag überhaupt nicht beurkundet worden ist (RG **137,** 174). Verpflichtungs- und Verfügungsgeschäft werden vielfach in derselben Urkunde vereint; es muß durch Auslegung ermittelt werden, ob das geschehen ist. In der Beurkundung eines Erbteilsverkaufs kann zugleich seine unmittelbare Übertragung mitbeurkundet worden sein (vgl. RG **137,** 171; RG WarnRspr. **15** Nr. 264). Ein Veräußerungsgeschäft im Sinne der §§ 2371, 2385 liegt allerdings nicht schon dann vor, wenn ein Miterbe sich im Rahmen eines Auseinandersetzungsvertrages verpflichtet, seinen Erbteil an einen anderen zu übertragen; anders kann es jedoch liegen, wenn ein Miterbe abgefunden wird und er dafür seinen Anteil auf die anderen Miterben überträgt, welche die Erbengemeinschaft nunmehr ungeteilt fortsetzen (BGH Urteil v. 11. 3. 1968 — II ZR 223/65). Jedenfalls unterliegt aber auch die Erbteilsübertragung, durch die ein formlos gültiger Erbauseinandersetzungsvertrag erfüllt werden soll, dem § 2033 Abs. 1 Satz 2 (so richtig *Rötelmann* gegen OLG Celle NJW **51,** 198; vgl. ferner *Grunau* DNotZ **51,** 366; *Zunft* JZ **56,** 553; OLG Neustadt DRsp I [170] 21 f). Die Formmangel eines Versprechens der *schenkungsweisen* Übereingung des Erbanteils wird durch die formgerechte dingliche Verfügung geheilt (§ 518 Abs. 2). In einer Verfügung über den Erbanteil, die als solche unwirksam ist, kann eine wirksame *schuldrechtliche* Verpflichtung zur Übereignung desjenigen gefunden werden, was dem Verpflichteten bei der Auseinandersetzung zukommt (RG 26. 9. 1907 IV 37/07). Genehmigung des Vormundschaftsgerichts §§ 1822 Nr. 1, 1643 Abs. 1, 1686.

Eine *Vollmacht* zur Übertragung eines Erbteils bedarf der notariellen Beurkundung, wenn mit ihr eine ähnliche Rechtslage geschaffen werden soll wie mit einem Veräußerungsvertrage (KG JFG **15,** 205; DNotZ **37,** 687; BayObLG **54,** 225 = DRsp I [170] 19 c; SchlHOLG SchlHA **62,** 173 seitens eines ausländischen Notars). Der notariellen Form unterliegt auch ein Vertrag, durch den ein Miterbe gegen Zahlung einer Summe auf seinen Erbteil zugunsten eines anderen Erben *verzichtet* (RG 19. 6. 1902 IV 101/2).

14 **V. Verfügung über den Anteil an einzelnen Nachlaßgegenständen (Abs. 2)**

Ob man bei der Erbengemeinschaft des BGB von einem *Anteile des Miterben an einzelnen Nachlaßgegenständen* überhaupt sprechen kann, ist fraglich (verneinend RG **61,** 78; dahingestellt **88,** 26; bejahend **94,** 243; BayObLG FamRZ **68,** 206, 207). § 2033 Abs. 2 scheint vorauszusetzen, daß solche Anteile bestehen (dafür *Staudinger/Lehmann* § 2032 Anm. 8; aM *Kipp/Coing* § 114 V 1 b). Auf alle Fälle ist der Anteil durch das Gesamthandverhältnis in der Weise gebunden, daß weder der einzelne Miterbe noch die Gesamtheit der Miterben über ihn verfügen kann. Das gilt auch, wenn der Nachlaß nur aus einem einzigen Gegenstand besteht, z. B. einer teilbaren Forderung (OLG Celle NdsRpfl **67,** 126; OLG Düsseldorf RzW **69,** 58). Daher hat auch der Gläubiger, dem ein Pfandrecht an einem Miterbenanteil zusteht, in der Regel kein Recht an einem entsprechenden Anteil des alleinigen Nachlaßgegenstandes, solange die Miterben sich nicht auseinandergesetzt haben (BGH WM **66,** 1271; vgl. dazu auch *Zunft* NJW **57,** 1178). Deshalb ist die Belastung des Anteils eines Miterben an einem zum Nachlasse gehörigen Grundstücke mit einer Hypothek oder Grundschuld rechtlich unmöglich (RG **88,** 26) und eine Vormerkung hierfür unzulässig (RJA **4,** 253). Es ist auch nach RG **88,** 27 wegen § 1114 ausgeschlossen, daß eine solche Belastung gemäß § 185 Abs. 2 dadurch wirksam wird, daß der Miterbe bei der Auseinandersetzung das Grundstück erwirbt (anders für das preußische Recht RG **79,** 395). Zur Umwandlung des gemeinschaftlichen Eigentums zur gesamten Hand an einem Nachlaßgrundstück in Miteigentum der Erben bedarf es der Auflassung und zur Gültigkeit eines hierauf gerichteten Vertrags der Form des § 313 (RG **57,** 432; **105,** 251; RG 23. 3. 1907 V 407/06): Auch eine schuldrechtliche Verpflichtung zur Übertragung der dem Veräußerer zustehenden „*Erbansprüche an dem gesamten Grundbesitz*" wird (RG **61,** 76) wegen Fehlens eines Verpflichtungsgegenstandes für nichtig erklärt; jedoch hätte hier eine Auslegung dahin, daß als Gegenstand der dem Verpflichteten bei der Auseinandersetzung zufallende Grundbesitz gemeint war, es ermöglicht, die Abrede aufrechtzuerhalten. Daß ein einzelner Miterbe oder mehrere einzelne Miterben sich zur *Beschaffung* eines Nachlaßgegenstandes für den Fall, daß dieser ihnen bei der Auseinandersetzung zufällt, verpflichten können, ist anerkannt (RG **60,** 126; **61,** 76; JW **09,** 20[14]). Darüber, ob der Miterbe den Auseinandersetzungsanspruch als solchen mit der in § 398 bezeichneten Wirkung abtreten kann (insofern verneinend RG **60,** 126), s. oben Rdn. 2.

Streitig war, ob § 2033 Abs. 2 auf einen Vertrag anzuwenden ist, durch welchen **15** einzelne Miterben sich **unmittelbar** ***und*** **unbedingt** zur Übertragung des Eigentums an einem Nachlaßgegenstande **verpflichten.** Für den Fall des § 1442 hat das Reichsgericht in RG JW **03** Beil. S. 26 Nr. 54 aus dem Verbote von Verfügungen des Ehegatten über seinen Anteil am Gesamtgute gefolgert, auch eine schuldrechtliche Verpflichtung zu einer solchen — vermeintlich „unmöglichen" — Verfügung (Abtretung) sei nichtig; vgl. dagegen diesen Komm. 9. Aufl. zu § 1442 Anm. 2. Für den hier vorliegenden Fall des § 2033 Abs. 2 hat das Reichsgericht in RG **118,** 247 die obige Frage für einen Kaufvertrag, der „*unmittelbar* die Grundlage für das dingliche Rechtsgeschäft, die Übereignung des Grundstücks, schaffen" sollte, dahingestellt gelassen, sich aber in HRR **29** Nr. 2084 = JW **30,** 132 mit Anm. von *Kipp allgemein* auf den Standpunkt gestellt, § 2033 Abs. 2 stehe einer schuldrechtlichen Verpflichtung zu Verfügungen des Miterben über einzelne Nachlaßgegenstände nicht entgegen (ebenso Hamburg HRR **34** Nr. 1125). Dieser Auffassung ist beizutreten (so auch BGH WM **67,** 978, 979 = LM § 2033 Nr. 8; vgl. ferner *Johannsen* WM **70,** 573). Eine *Verfügung* (vgl. Rdn. 9 vor § 104) ist in der Übernahme einer schuldrechtlichen Verpflichtung zu einer solchen noch nicht enthalten; auch eine Nichtigkeit aus § 306 liegt nicht vor, da es sich nur um ein persönliches Unvermögen zur Leistung handelt (vgl. Rdn. zu § 306). Ob freilich in einer dinglichen Verfügung, die als solche nichtig ist, eine schuldrechtliche Verpflichtung des bezeichneten oder irgendwelchen Inhalts gefunden werden kann, ist Sache der Auslegung (RG JW **09,** 20[14]; RG HRR **31,** Nr. 840). Über die „Verpflichtung des Miterben zur Verfügung über Anteile an Nachlaßgegenständen" s. auch *Fischer* NJW **57,** 894 und *Zunft* NJW **57,** 1178, der bei solchen Verpflichtungsgeschäften anfängliche objektive Unmöglichkeit annimmt und sie daher gemäß § 306 für nichtig hält.

Besteht der ungeteilte *Nachlaß* nur noch *aus einem Grundstück,* so erschöpft sich der Erbanteil jedes Miterben in dem durch das Gesamthandverhältnis gebundenen Anteil am Grundstück. Über diesen Anteil als solchen kann der Miterbe nicht verfügen; er kann sich jedoch hinsichtlich des Grundstücks nach Maßgabe der §§ 306, 308 schuldrechtlich verpflichten (RG **171,** 185, 190).

16 *Mehrere Verfügungen über den Anteil an einzelnen Nachlaßgegenständen* in eine Verfügung über den Anteil des Miterben an dem Nachlasse umzudeuten, hat das Reichsgericht in RG HRR **31** Nr. 840 „als unmöglich" abgelehnt, auch wenn kein weiterer Nachlaßbestand vorhanden ist; diese Ansicht greift der Beurteilung des Einzelfalles durch den Tatrichter jedoch zu sehr vor.

Aus einem zum Nachlasse gehörigen *Geschäfte* soll ein einzelner Miterbe nicht ohne Zustimmung der andern *ausscheiden* können, weil darin eine Verfügung über seinen Anteil an einem einzelnen Nachlaßgegenstande liegen würde (RJA **13**, 226; vgl. auch BayOLG **19** A 9).

Wegen der Verfügung über einzelne Nachlaßgegenstände durch *sämtliche* Miterben s. § 2040 Rdn. 1; auch KG JR **52,** 324.

§ 2034

Verkauft ein Miterbe seinen Anteil an einen Dritten, so sind die übrigen Miterben zum Vorkaufe berechtigt.

Die Frist für die Ausübung des Vorkaufsrechts beträgt zwei Monate. Das Vorkaufsrecht ist vererblich.

E II 1908; P **5** 839—841; **6** 318, 319.

Neueres Schrifttum:

Johannsen: Die Rechtsprechung des BGH auf dem Gebiet des Erbrechts, Teil 6: Die Erbengemeinschaft; 2. Abschnitt: Vorkaufsrecht der Miterben WM **70,** 738; *Bartholomeyczik:* Das Gesamthandsprinzip beim gesetzlichen Vorkaufsrecht der Miterben, Festschrift für Nipperdey 1965 I 145.

Vorkaufsrecht der Miterben

Übersicht

1 **I. Allgemeines**

Das Vorkaufsrecht ist den Miterben — als einziges gesetzliches Vorkaufsrecht des BGB — gegeben, um das Eindringen Fremder in die Erbengemeinschaft, das infolge der Zulässigkeit von Verfügungen jedes einzelnen Miterben über seinen Erbteil (§ 2033 Abs. 1) möglich ist, einigermaßen einzuschränken (BGH **6,** 85; **15,** 105). Es reicht jedoch nicht aus, um Fremde ganz vom Nachlaß fernzuhalten.

2 **II. Voraussetzungen des Vorkaufsrechts**

Das Vorkaufsrecht ist nur für den **Verkaufsfall** (§ 2371), nicht für andere Veräußerungsverträge (Tausch, Schenkung, Sicherungsübereignung, Vergleich, § 2385, vgl. Rdn. dazu sowie Hamburg OLG **14,** 285; BGH LM § 1098 Nr. 3; BGH NJW **57,** 1515) gegeben, insbesondere nicht für die *unentgeltliche* Übertragung eines Erbteils (BGH DNotZ **57,** 654 = WM IV B **57,** 1162), noch weniger, wenn am Anteil bloß ein Pfand- oder Nießbrauchsrecht bestellt ist. Der Kaufvertrag muß wirksam durch einen Miterben oder durch den Erben oder Erbeserben eines Miterben (BGH NJW **66,** 2207 = JZ **66,** 647) abgeschlossen sein; bedarf es hierzu einer behördlichen Genehmigung, so muß diese vorliegen (BGH 13. 1. 1960 V ZR 142/58; vgl. auch BGH DNotZ **60**, 551; *Johannsen* aaO 746). Berufen sich der Miterbe, der seinen Anteil verkauft hat, und sein Käufer darauf, daß der Kauf wegen Formmangels ungültig sei, so kann der vorkaufsberechtigte Miterbe den Einwand der Arglist nicht erheben (RG **170**, 203).

Der Verkauf muß ***freiwillig* vom Miterben,** darf also nicht im Wege der Zwangsvollstreckung oder durch den Konkursverwalter vorgenommen sein (§ 512). An einem Kaufvertrage fehlt es insbesondere auch dann, wenn der Erbe die Versteigerung mit § 180 ZVG betreibt; daher besteht kein Vorkaufsrecht der Miterben gegenüber dem meistbietenden Dritten (BGH NJW **72**, 1199 = LM § 2034 Nr. 9).

Überträgt ein Miterbe seinen Erbteil an einen Dritten zur *Sicherung* für ein ihm von diesem gewährtes *Darlehen*, dessen Höhe etwa dem Wert des Erbteils entspricht, so ist das der Übertragung zugrundliegende schuldrechtliche Verhältnis in Wirklichkeit ein Erbschaftskauf, wenn die Rückzahlung des Darlehens einerseits und die Rückübertragung des Erbteils anderseits durch besondere Abmachungen praktisch für immer ausgeschlossen sind (BGH **25**, 174 = NJW **57**, 1515 = LM BGB § 2035 Nr. 2 mit Anm. von *Johannsen*, vgl. auch Rdn. 3: RG **171**, 185). Zur Anwendung des § 2034, wenn ein Miterbe seinen Anteil an einem Grundstück, das allein den Nachlaß bildet, im *Umlegungsverfahren* gegen Ablösung in Geld an eine Stadt abtritt vgl. *Clasen* DVBl **56**, 821; dieser lehnt die Anwendbarkeit ab, weil es sich um einen Vorgang sui generis auf öffentlichrechtlicher Grundlage handle.

Der Kaufvertrag muß den **Miterbenanteil** betreffen; auf die Miteigentumsanteile nach der Auseinandersetzung der Erbengemeinschaft erstreckt das Vorkaufsrecht sich nicht (OLG Hamm RdL **53**, 52). Einem Verkauf des Erbteils, der das Vorkaufsrecht der anderen Miterben auslöst, ist es gleichzustellen, wenn ein Miterbe sich wegen eines Grundstücks, das — dem Vertragsgegner bekannt — den einzigen Nachlaßgegenstand bildet, gegen Entgelt schuldrechtlichen Verpflichtungen unterwirft, die es dem anderen Vertragsteil gewährleisten sollen, die Miterbenrechte restlos und zeitlich unbeschränkt für eigene Rechnung wahrzunehmen (RG **171**, 185 = DR **43**, 1108; vgl. auch BGH WM **68** 1406 = NJW **69**, 92 = DNotZ **69**, 633 mit Anm. von *Kanzleiter*). **3**

Es muß weiter **an einen Dritten,** d. h. an einen außerhalb der Erbengemeinschaft stehenden Fremden verkauft worden sein. Daher entsteht kein Vorkaufsrecht, wenn ein Miterbe an den andern verkauft. Dasselbe gilt, wenn einer der Miterben seinen Anteil an einen seiner gesetzlichen Erben mit Rücksicht auf dessen künftiges Erbrecht veräußert (LM § 2034 Nr. 3 = MDR **65**, 891). Dagegen liegt ein Vorkaufsfall vor, wenn der Erbe eines Miterben dessen Anteil an einen Dritten veräußert (BGH NJW **66**, 2207 = WM **66**, 1065 = LM § 2034 Nr. 4; ferner im Anschluß NJW **60**, 92 = LM § 2034 Nr. 5). Ob dem Verkaufe durch einen Miterben der Verkauf durch den *Erwerber eines Erbteils* gleichzustellen ist, ist streitig; da der Erbteilserwerber nicht „Miterbe" ist (vgl. § 2033 Rdn. 12 und zu diesem Paragraphen Rdn. 5, 7) und auch der Rechtsgrund für das Vorkaufsrecht (Rdn. 1) auf diesen Fall angesichts des Umstandes, daß bereits ein Fremder in die Erbengemeinschaft eingedrungen ist, nicht zutrifft, ist die Frage zu verneinen; vgl. auch Rdn. zu § 2037. **4**

III. Vorkaufsberechtigte **5**

Das Vorkaufsrecht steht **den übrigen Miterben** zu, nicht aber auch Dritten, an die ein Miterbe seinen Erbteil gemäß § 2033 übertragen hat (Rdn. 7). Miterben sind auch dann vorkaufsberechtigt, wenn ein Erbteilserwerber weitere Erbteile aufkauft (BGH **56**, 115 = NJW **71**, 1264 = LM § 2034 Nr. 7 (L); Nr. 9 a mit Anm. von *Johannsen*). Ebenso wird ein Fortbestehen des Vorkaufsrechts angenommen werden müssen, wenn ein außenstehender Erwerber den Erbteil seinerseits weiterveräußert; der Umstand, daß bereits ein Fremder in die Erbengemeinschaft eingedrungen ist, steht nicht entgegen (vgl. § 2037). Auch ein Miterbe, der seinen Erbanteil bereits veräußert hat, kann das Vorkaufsrecht ausüben, wenn ein anderer Miterbe seinen Anteil veräußert; das ergibt sich daraus, daß er trotz der Veräußerung Erbe bleibt, während der Erwerber nur Anteil an dem gemeinschaftlichen Vermögen erlangt (BGH 19. 10. 1955 IV ZR 89/55 = BB **56,** 941; abw. OLG Stuttgart NJW **67,** 240; vgl. auch *Erman/Bartholomeyczik* Rdn. 4). Die Unzulässigkeit der Ausübung des Vorkaufsrechts kann nicht daraus hergeleitet werden, daß der Berechtigte nur über einen sehr geringen Erbteil verfügt (BGH NJW **72,** 202 = LM § 2034 Nr. 8; vgl. auch BGH FamRZ **71,** 370 Nr. 164 u. 165). Das Vorkaufsrecht wirkt insofern *dinglich,* als es nach Übertragung des Erbteils auf den Käufer unmittelbar gegen diesen und den weiteren Erwerber des Anteils geltend gemacht werden kann (§§ 2035, 2037). Im übrigen sind die Bestimmungen über das persönliche Vorkaufsrecht(§§ 504 bis 514) ergänzend heranzuziehen. Hervorzuheben ist, daß das Recht mit Abschluß des Kaufvertrages entsteht (§ 504) und durch formlose Erklärung gegenüber dem verkaufenden Miterben (§ 505), nach Übertragung des Anteils gegenüber dem Käufer ausgeübt wird (§ 2035). Mehrere Erben können es nur im ganzen, müssen es aber nicht notwendig alle ausüben (§ 513). Auch solange das Vorkaufsrecht der übrigen noch besteht, können einzelne Miterben es unter der ausdrücklichen oder stillschweigenden Bedingung ausüben, daß die übrigen davon innerhalb der Frist des Abs. 2 keinen Gebrauch machen (HRR **32** Nr. 451). Der Vorkauf kommt hingegen nicht zustande, wenn die Miterben zwar erklären, daß sie das Vorkaufsrecht ausüben, einer von ihnen jedoch die Übertragung des verkauften Erbteils auf sich allein verlangt; § 513 Satz 2 ist in diesem Falle nicht entsprechend anwendbar (RG **158,** 57). Das Vorkaufsrecht besteht auch, wenn die Erbengemeinschaft sich nicht nur aus Erben, sondern auch aus Erbeserben zusammensetzt (BGH WM **68,** 1406). Wird ein Erbteil an den Abkömmling und gesetzlichen Erben eines Miterben verkauft, so kann dessen Widerspruch gegen die Ausübung des Vorkaufsrechts der Anwendbarkeit des § 513 Abs. 2 entgegenstehen (BGH WM **71,** 457 = LM § 2034 Nr. 6). — Die Miterben, die das Vorkaufsrecht ausüben, haften für den Kaufpreis als Gesamtschuldner (§ 427). Soweit sich durch den Vorkauf ihr bisheriger Anteil erhöht, sind die §§ 1935, 2095 entsprechend anzuwenden.

Der *Versuch,* das *Vorkaufsrecht* der Miterben dadurch *auszuschalten,* daß an einem Erbteil, der einem von ihnen zustand, ein Pfandrecht mit dem Inhalt bestellt wird, daß der Gläubiger nur berechtigt sei, aus dem Pfande Befriedigung für seine Forderung zu suchen, der persönliche Schuldner aber nicht die Befugnis habe, das Pfandrecht durch Tilgen der Schuld zum Erlöschen zu bringen, ist unwirksam, da ein Pfandrecht dieses Inhalts — ohne Anlehnung an eine echte Forderung — nicht bestellt werden kann (BGH **23,** 293 = NJW **57,** 672). Auch sonstigen Versuchen, das Vorkaufsrecht zu vereiteln oder zu umgehen, ist entgegenzutreten. Zwar hat der BGH für das vertraglich eingeräumte Vorkaufsrecht ausgesprochen, daß der Verkäufer grundsätzlich auf die Interessen des Vorkaufsberechtigten keine Rücksicht zu nehmen brauche (BGH WM **64,** 231). Diese Regel ist aber auf das gesetzliche Vorkaufsrecht des Miterben nicht uneingeschränkt anwendbar. So ist die Erteilung einer Auseinandersetzungsvollmacht an Dritte jedenfalls dann als Kaufvertrag zu betrachten, wenn sie wirtschaftlich auf eine entgeltliche Veräußerung hinausläuft (RG **171,** 186; abw. jedoch BGH DNotZ **60,** 551). Auch Vertragskombinationen — z. B. Darlehens-, Treuhandsicherungs- u. Erbvertrag — können sich im Ergebnis als Kaufvertrag darstellen (BGH **25,** 174 = WM **57,** 1184), sofern sie nicht als Umgehungsgeschäft nach § 138 nichtig sind (vgl. Anm. von *Johannsen* zu BGH LM BGB § 2035 Nr. 4).

Gegenseitig können sich die Miterben an der Ausübung des Vorkaufsrechts dadurch hindern, daß jeder das Recht für sich allein ausübt (RG **158,** 57). Dabei ist jedoch zu prüfen, ob einzelne Erklärungen nur zum Schein abgegeben worden sind (BGH 19.10.1955 IV 89/55 = BB **56,** 941).

Ein *Pfleger,* der das Vorkaufsrecht ausüben will, braucht dazu die Genehmigung des Vormundschaftsgerichts (OLG Schleswig SchlHA **56,** 262). Fällt ein Miterbe in Konkurs, so kann der Konkursverwalter das Vorkaufsrecht nicht zusammen mit den übrigen Miterben ausüben; denn es ist unpfändbar und gehört nicht zur Masse (KG OLG **9,** 388; *Jaeger* KO § 1 Anm. 34; *Erman/Bartholomeyczik* Rdn. 5). Betreibt ein Erbe die Versteigerung des Nachlasses nach § 753 BGB, § 180 ZVG, so steht dem Miterben kein gesetzliches Vorkaufsrecht gegenüber dem meistbietenden Dritten zu (LM § 2034 Nr. 9 = NJW **72,** 1199).

Durch die Ausübung des Vorkaufsrechts erwerben die Vorkaufsberechtigten nicht unmittelbar den verkauften Miterbenanteil, sondern nur einen Anspruch auf dessen Übertragung. Dieser Anspruch kann nicht bezüglich einzelner zum Nachlaß gehörender Gegenstände geltend gemacht werden (BGH LM BGB § 2034 Nr. 1).

IV. Frist für die Ausübung 6

Die **Zweimonatsfrist** beginnt mit der Mitteilung des Vertragsinhalts an die einzelnen Vorkaufsberechtigten, zu welcher der Verkäufer gemäß § 510 verpflichtet ist, und läuft für jeden besonders. Sie entspricht der gesetzlichen Frist beim Vorkaufsrecht an Grundstücken (§ 510 Abs. 2). Sie läuft auch im Falle des § 2037 immer nur vom ersten Verkaufsfalle an. Berechnung der Frist §§ 187, 188. Da die Vorschrift des § 510 auch auf das gesetzliche Vorkaufsrecht des Miterben anzuwenden ist, beginnt die Frist, sobald entweder der verkaufende Miterbe oder der Käufer der Miterbenanteile dem Vorkaufsberechtigten den Inhalt des Kaufvertrages mitgeteilt hat (RG **108,** 96; BGH 8.7.1954 IV ZR 24/54). Die Vertragsbedingungen, die für die Entschließung des Vorkaufsberechtigten bedeutsam sein können, z. B. ein in einem Erbteilskaufvertrag ausbedungenes Wohn- oder Miet- und Leibgedingerecht, müssen völlig klar mitgeteilt werden (Ol-LG Köln DNotZ **59,** 264 = RdL **58,** 327). Die Mitteilung kann zwar *formlos und mündlich* erfolgen, jedoch muß sie den *Inhalt des Kaufvertrages* wiedergeben (vgl. § 510 Anm. 5) und so gefaßt sein, daß der Empfänger aus ihr entnehmen kann, es handele sich nicht nur um gesprächsweise Äußerungen, sondern um eine Erklärung von rechtlicher Bedeutung (RG HRR **30** Nr. 297; ebenso BGH 8.7.1954 IV ZR 24/54). Sie setzt die Frist auch nur dann in Lauf, wenn sie den Inhalt des Vertrages *richtig* wiedergibt (RG Recht **24** Nr. 1522). Die Mitteilung durch den verkaufenden Miterben kann nur durch die Mitteilung des Käufers ersetzt werden (BGH 13.1.1960 V ZR 142/58).

Kommt der Vorkaufsberechtigte nach Ausübung seines Vorkaufsrechts gegenüber dem Erwerber des Miterbenanteils mit der Zahlung des Erwerbspreises in Verzug, so kann dieser das zwischen ihnen bestehende gesetzliche Schuldverhältnis (BGH **6,** 85) nicht durch Rücktritt zum Erlöschen bringen; § 326 BGB ist insoweit nicht entsprechend anwendbar (BGH **15,** 102; s. auch § 2035 Rdn. 1). Der beurkundende Notar ist zwar verpflichtet, auf das Vorkaufsrecht der Miterben hinzuweisen, nicht unbedingt aber zugleich auf die Frist zur Ausübung (BGH WM **68,** 1042).

V. Übertragbarkeit, Vererblichkeit 7

Das Vorkaufsrecht ist **nicht selbständig übertragbar** und geht mit Übertragung des Anteils gemäß § 2033 Abs. 1 nur dann auf den Erwerber über, wenn er Miterbe ist (aM *Planck/Ebbecke* Anm. 2 a). Denn die Miterbenschaft, die ein dritter Erwerber des Erbteils nicht zu erlangen vermag (§ 2033 Anm. 1), ist nach Abs. 1 für die Ausübung des Vorkaufsrechts wesentlich (OLG **26,** 302). Die **Vererblichkeit** ist gegen die Regel des § 514 anerkannt, wenn auch nur zusammen mit dem Miterbenanteil (*Staudinger/Boehmer* § 1922 Rdn. 174; BGH NJW **66,** 2207). Auch insoweit besteht keine Hinweispflicht des beurkundenden Notars (BGH WM **68,** 1042).

8 **Verpfändet** ein Miterbe seinen Erbanteil, so ist das gesetzliche Vorkaufsrecht der anderen Miterben kein Recht im Sinne der §§ 1249, 1273; denn es ist kein (dingliches) „Recht an dem Pfande" (RG **167,** 298).

9 **VI. Erlöschen**

Das Vorkaufsrecht erlischt durch Fristablauf (Rdn. 6) und durch Verzicht aller Berechtigten. Der Verzicht kann schon vor der Mitteilung nach § 510 formlos erklärt werden (RG JW **24,** 1247). Der Grund des Vorkaufsrechts fällt ferner fort, wenn die Erbanteile in die Hand der Miterben zurückkehren, die sie vergeben hatten; auch dann ist der Zweck des Vorkaufsrechts (s. Anm. 2) erreicht (RG **170,** 207). Das Vorkaufsrecht erlischt jedoch nicht, wenn der Käufer alle Anteile der übrigen Miterben bereits erworben hat (BGH NJW **72,** 202; s. Rdn. 5).

§ 2035

Ist der verkaufte Anteil auf den Käufer übertragen, so können die Miterben das ihnen nach § 2034 dem Verkäufer gegenüber zustehende Vorkaufsrecht dem Käufer gegenüber ausüben. Dem Verkäufer gegenüber erlischt das Vorkaufsrecht mit der Übertragung des Anteils.

Der Verkäufer hat die Miterben von der Übertragung unverzüglich zu benachrichtigen.

E II 1909; P **5** 839—842; **6** 174, 328.

Ausübung des Vorkaufsrechts

Übersicht

1 **I. Allgemeines**

Zur Geltendmachung des Vorkaufsrechts im allgemeinen ist auf die §§ 504 ff zu verweisen, die entsprechend anwendbar sind (s. Rdn. 5 zu § 2034). Mehrere Miterben können das Recht nur gemeinschaftlich ausüben. Ein Vorkauf kommt daher nicht zustande, wenn sich die Miterben über die gemeinsame Rechtsausübung nicht einigen können (RG **158,** 57). Die Wirksamkeit der Vorkaufserklärung hängt im übrigen nicht davon ab, ob der Erklärende mehr oder weniger wahrscheinlich in der Lage ist, seine sich hieraus ergebenden Verpflichtungen zu erfüllen. Das gilt auch beim Vorkauf durch Erklärung gegenüber dem Erwerber. Dieser ist dadurch gesichert, daß er gegen den Berechtigten auf Erstattung des gezahlten Kaufpreises klagen und dann in den gegen ihn selbst gerichteten Anspruch des Berechtigten auf Erfüllung vollstrecken kann (BGH WM **62,** 722 mit Hinweis auf BGH **15,** 102).

II. Wirkung des Vorkaufs 2

Wird der Vorkauf durch Erklärung gegenüber dem Verkäufer ausgeübt, dann kommt nach § 505 Abs. 2 mit der Ausübung des Vorkaufsrechts der Kauf zwischen dem Berechtigten und dem Verkäufer unter den Bestimmungen zustande, die der Verkäufer mit dem Dritten vereinbart hat. Wird der Vorkauf durch Erklärung gegenüber dem Käufer ausgeübt, so kommt nicht etwa ein Kaufvertrag zustande, es erfolgt auch kein Übergang des verkauften Anteils. Vielmehr entsteht ein gesetzliches Schuldverhältnis, auf Grund dessen der Vorkaufsberechtigte dem Käufer seine Auslagen einschließlich des bezahlten Kaufpreises zu erstatten hat. Dieser muß ihm den Erbteil übertragen. Beide Verpflichtungen sind Zug um Zug zu erfüllen (BGH **6,** 85 = WM **62,** 722; BVerwG E **24,** 88).

III. Erklärungsgegner nach Übertragung des Anteils auf den Käufer (Abs. 2) 3

Nach der Regel des § 505 wäre das Vorkaufsrecht durch formlose Erklärung gegenüber dem Verpflichteten, d. h. dem verkaufenden Miterben, auszuüben, während es dem Dritten, dem Käufer, gegenüber überhaupt nicht wirken würde. Hiervon abweichend gewährt das Vorkaufsrecht der Miterben eine *dingliche*, auch dem Käufer und seinen Rechtsnachfolgern (§ 2037) gegenüber wirksame Sicherung. Deshalb wird unterschieden, ob sich der verkaufende Miterbe durch den Kaufabschluß nur erst schuldrechtlich zur Übertragung des Erbteils verpflichtet hat (§ 433) oder den Anteil schon auf den Erwerber übertragen hat. Im ersteren Fall bleibt es bei der Regel des § 505. Die übrigen Miterben haben es nur mit dem verkaufenden Miterben zu tun und sind ihm nach den mit dem Dritten vereinbarten Bestimmungen als Käufer verpflichtet. Ist es bereits zur Erfüllung des Kaufes, zur *Übertragung des Anteils* mittels der dinglichen Verfügung des § 2033 gekommen, dann **erlischt** nach Satz 2 **gegenüber dem verkaufenden Miterben** jeder Anspruch. Es bleibt **nur der Anspruch gegen den Käufer.** Er geht auf „Übertragung des Anteils auf die Miterben" (§ 2036). Damit ist zugleich ausgesprochen, daß der verkaufte Anteil kraft Ausübung des Vorkaufsrechts den übrigen Miterben nicht schon ipso iure anfällt (OLG **9,** 387; RG WarnRspr. **25** Nr. 131). Es kommt zwischen den Miterben, die das Vorkaufsrecht ausüben, und dem Käufer im Falle des § 2035 auch kein Kaufvertrag zustande; vielmehr entsteht ein gesetzliches Schuldverhältnis, kraft dessen der Käufer verpflichtet ist, den von ihm erworbenen Anteil auf die Miterben zu übertragen, während diese ihm den etwa schon bezahlten Kaufpreis erstatten müssen (BGH **6,** 85 = NJW **52,** 870; ferner BGH 4. 12. 1952 IV ZR 61/52 = LM Nr. 1 zu § 2034, wo außerdem ausgesprochen worden ist, daß der Anspruch des Verkäufers nicht bezüglich *einzelner* Nachlaßgegenstände geltend gemacht werden könne). Der Anteil ist in der Form des § 2033 Abs. 1 Satz 2 zu übertragen; die Kosten tragen nach Treu und Glauben (§ 242) die das Vorkaufsrecht ausübenden Miterben; § 448 Abs. 2 ist auf die gesetzliche Verpflichtung des Erbteilskäufers zum Verkaufe an die Miterben nicht anwendbar (RG WarnRspr. **25** Nr. 131 = JW **25,** 2119). Die Miterben sind ihrerseits dem Käufer zur Erstattung des gezahlten Kaufpreises und der etwa auf die Erbschaft gemachten Aufwendungen und zur Befreiung von etwa übernommenen Verbindlichkeiten, und zwar gesamtschuldnerisch (§ 427) verpflichtet (RG WarnRspr. aaO). Kommen die Miterben mit der Zahlung des Erwerbspreises an den Erwerber in Verzug, so kann dieser das zwischen ihnen bestehende gesetzliche Schuldverhältnis nicht nach § 326 BGB durch Rücktritt zum Erlöschen bringen (BGH **15,** 102 = NJW **54,** 1883); wohl kann das der verpflichtete Miterbe vor der Übertragung tun.

Mit der Übertragung des Erbteils auf die Vorkäufer wächst er ihnen, wie in den Fällen der §§ 1935, 2094, nach dem Verhältnis ihrer Erbteile an (*Staudinger/Lehmann* Rdn. 17 zu § 2034).

4 **IV. Benachrichtigungspflicht des Verkäufers (Abs. 2)**

Daß der verkaufende Miterbe zur unverzüglichen Mitteilung (§ 121) des mit dem Dritten geschlossenen schuldrechtlichen Vertrags verpflichtet ist und daß dieser Mitteilungspflicht auch durch den Dritten genügt werden kann, bestimmt schon § 510 Abs. 1. Der Empfang *dieser* Mitteilung ist für den Lauf der zweimonatigen Frist zur Ausübung des Vorkaufsrechts entscheidend (§ 2034 Rdn. 6). Es ist also, um die Zweimonatsfrist in Gang zu bringen, nicht erforderlich, den vorkaufsberechtigten Miterben auch von der Abtretung der Anteile zu verständigen (BGH 8.7.1954 IV ZR 24/54). Die dem Verkäufer des Erbteils ferner auferlegte Verpflichtung, **die Miterben von der geschehenen Übertragung unverzüglich zu benachrichtigen,** soll sie nur darüber aufklären, daß sie von jetzt ab nur noch mit dem Käufer zu tun haben und nur diesem gegenüber die Frist wahren können. Solange sie diese Mitteilung nicht erhalten haben, müssen sie die Frist durch Erklärung gegenüber dem Verkäufer wahren können. Bei der Gleichheit der Formvorschriften in § 2033 Abs. 1 und § 2371 (s. § 1922 Abs. 2) wird Vertrag und Verfügung meist zusammenfallen, so daß es nur *einer* Mitteilung des Verkäufers bedarf.

§ 2036

Mit der Übertragung des Anteils auf die Miterben wird der Käufer von der Haftung über die Nachlaßverbindlichkeiten frei. Seine Haftung bleibt jedoch bestehen, soweit er den Nachlaßgläubigern nach den §§ 1978 bis 1980 verantwortlich ist; die Vorschriften der §§ 1990, 1991 finden entsprechende Anwendung.

E II 1910; P **5** 839—842; **6** 328.

Stellung des Erbteilskäufers

Übersicht

1 **I. Grundsatz der Haftungsbefreiung (Satz 1)**

Nach § 2382 haftet der Käufer von dem Abschluß des Kaufes an den Nachlaßgläubigern, unbeschadet der Fortdauer der Haftung des Verkäufers. Von dieser Haftung wird der Käufer unter den Voraussetzungen des § 2036 frei. Die Vorschrift schließt sich an § 2035 an und hat den dort geregelten Fall im Auge, daß dem Käufer der Erbteil bereits übertragen war; in diesem Falle wird **der Käufer von der Haftung für die Nachlaßverbindlichkeiten frei,** sobald er den Erbteil auf die Miterben weiter übertragen hat, die das Vorkaufsrecht ihm gegenüber ausüben. Der Käufer haftet aber nach § 2382 schon vom *Abschlusse des Kaufes* ab, also schon *vor* Übertragung des Erbteils auf ihn; wird bei dieser Sachlage das Vorkaufsrecht gemäß § 2034 gegenüber dem Verkäufer ausgeübt, so kommt der Kaufvertrag unmittelbar zwischen diesem und den Miterben zustande und tritt der Kaufvertrag mit dem Käufer außer Kraft (aM *Staudinger/Lehmann* Rdn. 2); deshalb muß auch schon mit diesem Zeitpunkte die Haftung des Käufers erlöschen (aM *Planck/Ebbecke* Anm. 2; ebenso *Erman/Bartholomeyczik* Rdn. 1). Auch § 2036 Satz 2 kann in diesem Falle nicht angewandt werden, da der Käufer noch nicht in den Mitbesitz und die Mitverwaltung der Erbschaft gelangt war.

Der Käufer wird, abgesehen von Satz 2, **von jeder Haftung** befreit, auch wenn er vermöge eines in seiner Person liegenden Umstandes (z. B. nach §§ 1994, 2005, 2006, ZPO § 780 Abs. 1) unbeschränkt haftbar geworden sein sollte. Doch geht in diesem Falle die unbeschränkte Haftung hinsichtlich des hinzuerworbenen Anteils auf die das Vorkaufsrecht ausübenden Miterben über (§ 2007). 2

II. Fortbestand der Haftung (Satz 2) 3

Solange der Käufer auf Grund einer Verfügung gemäß § 2033 der Erbengemeinschaft angehört, hat er auch die den Miterben obliegenden Verpflichtungen zu erfüllen. Hierzu gehört ordnungsmäßige Verwaltung, Sorgsamkeit in der Berichtigung der Nachlaßverbindlichkeiten, unter Umständen rechtzeitiges Herbeiführen des Nachlaßkonkurses (§§ 1978—1980). Die durch Verstoß gegen diese Verpflichtungen begründeten **Eigenverbindlichkeiten des Käufers** (§ 1978 Rdn. 11) bleiben jedoch bestehen, und zwar auch dann, wenn wegen Dürftigkeit des Nachlasses keine Nachlaßverwaltung und kein Nachlaßkonkurs stattgefunden hat, sondern der Käufer des Erbteils gemäß § 1990 vorgegangen und deshalb auf Grund des § 1991 verantwortlich geworden ist. Nur dies will die Verweisung auf die §§ 1990, 1991 besagen. Denn von einer Beschränkung der Haftung auf den Nachlaß im Sinne dieser Paragraphen kann bei einem Käufer der sich des gekauften Anteils schon wieder entledigt hat, nicht mehr die Rede sein. Soweit der Käufer aus derartigen Eigenverbindlichkeiten haftet, kann er während der Dauer einer Nachlaßverwaltung oder eines Nachlaßkonkurses nur von dem Nachlaß- oder Konkursverwalter (§ 1978), im Falle des § 1990 aber von den Nachlaßgläubigern unmittelbar in Anspruch genommen werden (aM *Strohal* bei *Planck* 3. Aufl. Anm. 1; wie hier *Planck/Ebbecke* 4. Aufl.). Seine Aufwendungen kann er von den Nachlaßgläubigern nach Maßgabe des § 1978 Abs. 3 erstattet verlangen.

§ 2037

Überträgt der Käufer den Anteil auf einen anderen, so finden die Vorschriften der §§ 2033, 2035, 2036 sntsprechende Anwendung.

E II 1911; P **5** 839—841; **6** 318, 319, 328.

Vorkaufsrecht bei Weiterveräußerung

Der Käufer des Erbanteils, dem dieser übertragen ist, kann seinerseits wieder hierüber dinglich verfügen (§ 2033), hat aber dann gleichfalls die Benachrichtigungspflicht aus § 2035 Abs. 2. Unter dem Ausdruck „andere" sind nicht auch die Miterben zu verstehen (RG **170**, 207). Auch gegenüber dem zweiten und den ferneren Erwerbern sind die Miterben zur Ausübung des Vorkaufsrechts befugt (§ 2035 Abs. 1), und zwar ohne Rücksicht darauf, ob *dieser* Übertragung ein Kauf oder ein anderes schuldrechtliches Geschäft zugrunde liegt. In diesem Falle werden alle vorangehenden Erwerber von der Schuldenhaftung befreit (§ 2036). Es handelt sich jedoch nicht um ein neues Vorkaufsrecht (vgl. BGH NJW **71**, 1264, 1265), zumal der § 2034 in § 2037 nicht für entsprechend anwendbar erklärt worden ist. Das auszuübende Vorkaufsrecht ist jedoch nur dasjenige, welches den Miterben gegen den verkaufenden Miterben gemäß § 2034 (vgl. Anm. 2 ff dazu) zusteht. Deshalb läuft die Zweimonatsfrist des § 2034 Abs. 2 für die Miterben auch gegenüber allen späteren Erwerbern von dem ersten Verkaufe durch den Miterben ab, und das Vorkaufsrecht erlischt ein für allemal durch Nichtausübung innerhalb dieser Frist oder durch Verzicht gegenüber einem Erwerber.

§ 2038

Die Verwaltung des Nachlasses steht den Erben gemeinschaftlich zu. Jeder Miterbe ist den anderen gegenüber verpflichtet, zu Maßregeln mitzuwirken, die zur ordnungsmäßigen Verwaltung erforderlich sind; die zur Erhaltung notwendigen Maßregeln kann jeder Miterbe ohne Mitwirkung der anderen treffen.

Die Vorschriften der §§ 743, 745, 746, 748 finden Anwendung. Die Teilung der Früchte erfolgt erst bei der Auseinandersetzung. Ist die Auseinandersetzung auf längere Zeit als ein Jahr ausgeschlossen, so kann jeder Miterbe am Schlusse jedes Jahres die Teilung des Reinertrags verlangen.

E II 1912; P 5 861, 862.

Neueres Schrifttum:

Bertzel, Der Notgeschäftsführer als Repräsentant des Geschäftsherrn, AcP **158,** 107 ff (119); NJW **62,** 2280; *Lange,* Verwaltung, Verfügung und Auseinandersetzung bei der Erbengemeinschaft, JuS **67,** 653; *Nipperdey,* Stimmrecht des Miterben bei seiner Bestellung zum Verwalter in der Erbengemeinschaft, AcP **143,** 315; *Schopp,* Die Kündigung des Mietverhältnisses durch einen Erben oder Bruchteilserben, ZMR **67,** 193; *Siegelmann,* Die Kündigung des Mietvertrages durch eine Erbengemeinschaft, ZMR **66,** 293.

Verwaltung des Nachlasses

Übersicht

1 **I. Gemeinschaftliche Verwaltung des Nachlasses (Abs. 1 Satz 1)**

Die gemeinschaftliche Verwaltung des Nachlasses umfaßt die Maßregeln, die zur Verwahrung, Sicherung, Erhaltung und Vermehrung sowie zur Gewinnung der Nutzungen erforderlich oder geeignet sind; dazu kann auch die *Fortführung eines Handelsgeschäfts* im Namen der Erbengemeinschaft gehören (RG **132,** 138; KG HRR **32** Nr. 749; BGH **30,** 391 = NJW **59,** 2115; BGH WM **62,** 1218); vgl. aber unten Rdn. 8, ferner § 2032 Rdn. 9 ff. Die Art der Verwaltung kann bei Übereinstimmung sämtlicher Miterben von ihnen frei bestimmt werden, vorbehaltlich ihrer Verantwortung gegenüber den Nachlaßgläubigern bei Beschränkung ihrer Haftung (§ 1978). Darin, daß die Erben das Geschäft fortführen, liegt noch nicht ohne weiteres der Abschluß eines Gesellschaftsvertrages zur Errichtung einer OHG. Es ist notwendig, daß der Wille der Erben erkennbar wird (vgl. dazu *Johannsen* WM **70,** 575; BGH NJW **51,** 312). Hinsichtlich der Verwaltung eines zum Nachlaß gehörenden *Handelsunternehmens* können auf die Rechtsbeziehungen der Miterben zueinander die Rechtssätze des Rechts der OHG anzuwenden sein, wenn die Miterben das Unternehmen weiterbetreiben und ihm ihre ganze Arbeitskraft widmen (BGH **17,** 299 = NJW **55,** 1227 = LM BGB § 2038 Nr. 5 mit Anm. von *Johannsen).* Zur Verwaltung gehören regelmäßig auch Verfügungen, d. h. Rechtsgeschäfte, welche die Substanz des Nachlasses durch Veräußerung oder Belastung von Nachlaßgegenständen dinglich verändern (BGH WM **65,** 343; OLG Schleswig SchlHA **65,** 276); über diese sind besondere Bestimmungen getroffen (§§ 2033 Abs. 2, 2040 Abs. 1, 2046 Abs. 3). Als *reine Verwaltungshandlungen,* die keine Verfügung enthalten, sind in der Rechtsprechung anerkannt worden: Der Abschluß von Mietverträgen (OLG Köln MDR **59,** 214; LG Mannheim MDR **64,** 238; BGH WM **69,** 298 = JR **69,** 297; BGH **25,** 275 = WM **57,** 1489; der Widerruf der Vollmacht für den Hausverwalter eines Nachlaßgrundstücks und die Kündigung des zugrundeliegenden Dienstvertrages (KG DR **40,** 1018 mit Anm. von *Vogels);* die Kündigung eines Pachtvertrages über eine Nachlaßbesitzung (BGH RdL **51,** 87 = LM § 2038 Nr. 1); vgl. dazu auch BGH NJW **71,** 1265; eines Mietverhältnisses LG Köln MDR **71,** 520; die Durchführung von Baumaßnahmen am Nachlaßgrundstück (OLG Düsseldorf MDR **47,** 289); auch die Geltendmachung von Entschädigungsforderungen (BGH **46,** 280). Wegen der sofortigen Beschwerde eines einzelnen Miterben gegen die Verlängerung eines Pachtvertrages über ein land- oder fortwirtschaftliches Grundstück, das zum Nachlaß gehört, vgl. BGH NJW **52,** 419 (L) = LM § 2038 Nr. 2. Über die *Aufhebung einer mit einem Dritten bestehenden Gemeinschaft* vgl. § 2039 Rdn. 5.

Für die *Verwaltungsgemeinschaft* der Erben ist nur Raum, wenn die Verwaltung nicht einem Nachlaßverwalter (§ 1984), Konkursverwalter (KO § 6) oder Testamentsvollstrecker (§ 2205) zusteht. Jeder einzelne Miterbe ist berechtigt, die Aufhebung der Nachlaßverwaltung wegen Wegfalls des Grundes ihrer Anordnung zu beantragen und gegen die Ablehnung dieses Antrags Beschwerde einzulegen (§§ 1975, 1919; FGG §§ 20, 76; OLG Hamm JMBlNRW **55,** 230). Dagegen kann ein einzelner Miterbe nicht ohne weiteres die Kündigung des einem Grundstücksverwalter gegebenen Auftrages herbeiführen (OLG Celle JR **63,** 221). Wegen der Ansprüche der Erben, wenn der *Nachlaßpfleger* eines der Miterben Nachlaßgegenstände veräußert hat, vgl. OGH DRZ **49,** 66 mit Anm. von *Grussendorf.* Ein einseitiges Rechtsgeschäft, das ein Miterbe ohne Einwilligung der anderen vornimmt, ist nach § 180 BGB wirkungslos. Es kann nicht nachträglich genehmigt werden (*Johannsen* WM **70,** 576).

Durch **letztwillige Verfügung des Erblassers** kann die Verwaltung **anders** geregelt, **2**
insbesondere einem oder mehreren einzelnen Miterben übertragen sein. In einer solchen Verfügung liegt in der Regel keine *Auflage* nach § 1940 (vgl. Rdn. 5 zu § 1940 und Rdn. vor § 2192; aM RG HRR **29** Nr. 500 im Anschluß an die 6. Aufl. dieses Kommentars), da der Miterbe, dem die Verwaltung übertragen ist, als Berechtigter auftritt; sie enthält vielmehr je nach den Umständen eine Vermächtnisanordnung nach § 1939 zugunsten dieses Miterben, soweit ihm dadurch etwa ein Vermögensvorteil (vgl. OGH **4,** 223; § 1939 Rdn. 6) zugewendet wird, oder aber (was in der Regel vorliegen wird) die Einsetzung dieses Miterben als Testamentsvollstrecker mit auf die Verwaltung des Nachlasses beschränkter Aufgabe (§ 2209). Bei *wichtigem Grunde,* von den Bestimmungen des Erblassers abzuweichen, ist § 712 entsprechend anzuwenden. Die Miterben können daher auch einem durch Vorausvermächtnis eingesetzten Nachlaßverwalter (hier zugleich Miterbe) die Verwaltung aus wichtigem Grunde entziehen (OGH **4,** 223). Häufig wird durch Vermächtnis bestimmt, daß der überlebende Ehegatte den Nachlaß, dessen Auseinandersetzung ausgeschlossen wird, bis zu seinem Tode verwalten soll. Dadurch wird seine Stellung gestärkt, ohne daß ihm allerdings die freie Stellung und Verfügungsmacht eines Testamentsvollstreckers eingeräumt wird (BGH **6,** 76 = NJW **52,** 1252 = LM ZPO § 565 Abs. 2 Nr. 5).

Der an *einzelne* Miterben von den anderen erteilte *Verwaltungsauftrag* ist jederzeit **3**
widerruflich und kündbar (§ 671). Der *Erlaß* einer zum Nachlasse gehörenden Forderung fällt nicht unter die einem Miterben übertragene Verwaltungsbefugnis (RG HRR **29** Nr. 500). Hat der Gläubiger eines Miterben dessen Erbteil gepfändet, so steht ihm auch das Recht auf Mitverwaltung zu (OLG Königsberg HRR **41,** 182 betr. Kündigung

einer Mietwohnung in einem Nachlaßgrundstück). Der Widerruf einer vom Erblasser erteilten, über seinen Tod hinaus wirkenden Vollmacht ist keine Verwaltungshandlung im Sinne des § 2038, die nur von allen Erben gemeinschaftlich vorgenommen werden könnte, sondern Angelegenheit jedes einzelnen. Jeder kann für seine Person widerrufen. Der Bevollmächtigte bleibt dann weiterhin berechtigt, diejenigen Erben zu vertreten, die nicht widerrufen haben (BGH **30,** 391, 396 = NJW **59,** 2115).

4 **II. Mitwirkungspflicht aller Miterben (Abs. 1 Satz 2 Halbs. 1)**

Die Mitwirkung ist nicht bloß Zustimmung (§ 744); sie erfordert vielmehr je nach den Umständen auch tätiges und rechtsgeschäftiges Handeln. Den Nachlaßgläubigern haften daraus die Miterben als Gesamtschuldner mit dem eigenen Vermögen. Untereinander haben sie sich über die geführten Geschäfte Auskunft zu erteilen, nach Befinden Rechenschaft zu legen (§§ 681, 666), sich an Treu und Glauben zu halten (s. auch RG **63,** 285). Sie haften einander für Verschulden nach §§ 276, 278. Ersatzansprüche an den Nachlaß sind, sobald es der Stand des Nachlasses gestattet, spätestens bei der Auseinandersetzung, auszugleichen (§ 2046). Nach BGH FamRZ **65,** 267 soll der Anspruch auf Mitwirkung an den Vertragspartner des handelnden Miterben abgetreten und wegen der Prozeßstandschaft geltend gemacht werden können. Doch setzt das voraus, daß man auch gewöhnliche Maßnahmen mit Außenwirkung als Verwaltungsmaßnahmen ansieht (vgl. *Erman/Bartholomeyczik* Rdn. 11). Diese Mitwirkung kann *nur* zur ordnungsmäßigen Verwaltung verlangt werden. Diese (vgl. auch §§ 745, 1374, 1472, 2120, 2130, 2206, 2216) besteht insbesondere in der Besitznahme, Verwahrung und Sicherung des Nachlasses, Instandhaltung, Regelung des Gebrauchs und Nutzbarmachung fruchtbringender Sachen, Versicherung der Erbschaftssachen, soweit dies nach den Verhältnissen üblich ist, Klarstellung bestrittener Rechtsverhälntisse, Einziehung gefährdeter Außenstände, Anlegung verfügbarer Kapitalien usw. Die Anregung, eine Nachlaßverwaltung aufzuheben, und deren Weiterverfolgung mittels Beschwerde fällt unter § 2038 Abs. 1 Satz 1, nicht unter Abs. 1 Satz 2 (JFG **14,** 61). Die Ausübung des *Vorkaufsrechts* nach § 2034 ist *keine* Verwaltungsmaßnahme (RG **158,** 62). Ebenso ist in der Regel jeder Miterbe, für den von einem gemeinsamen Prozeßbevollmächtigen ein Vergleich mit Widerrufsvorbehalt geschlossen worden ist, selbständig zum Widerruf berechtigt (BGH **46,** 277 = NJW **67,** 440 = LM § 2038 Nr. 8 mit Anm. von *Johannsen* = JR **67,** 340 mit Anm. von *Bökelmann*). Antrag auf Erbschein § 2357. Wegen der Errichtung eines Nachlaßverzeichnisses vgl. Rdn. 13.

Die Verpflichtung mitzuwirken besteht nur unter den an der Gesamthand Beteiligten, nicht aber nach außen; ein *Dritter* kann sich also *nicht* darauf berufen, daß die von einem einzelnen Gesamthänder zur ordnungsmäßigen Verwaltung getroffenen Maßregeln notwendig gewesen seien und daß die übrigen Miterben daher hätten mitwirken müssen (vgl. BGH WM IV B **58,** 1389 = NJW **58,** 2061 = MDR **59,** 30, 199 mit zust. Anm. von *Thieme).*

5 **III. Erhaltungsmaßregeln (Abs. 1 Satz 2 Halbs. 2)**

Erhaltungsmaßregeln, d. h. Maßregeln, die zur Erhaltung des Nachlasses **notwendig** sind, kann jeder Miterbe ohne Mitwirkung der anderen treffen. Das entspricht fast wörtlich der Regelung bei der Gemeinschaft, § 744 Abs. 2, ebenso wenn mehrere Testamentsvollstrecker bestellt sind (§ 2224 Abs. 2). Die Zustimmung der Miterben gilt als im voraus erteilt. Der als Notgeschäftsführer handelnde Miterbe verpflichtet insoweit im Zweifel zugleich die Gemeinschaft; er ist aber kein gesetzlicher Vertreter und daher auch grundsätzlich nicht zu Verfügungen über Nachlaßgegenstände befugt (OLG Neustadt MDR **62,** 574).

Erhaltungsmaßregeln können sich auf den *Nachlaß im ganzen*, aber auch auf *einzelne Nachlaßgegenstände* beziehen. Notwendige Maßregeln zur Erhaltung einzelner Nachlaßgegenstände sind nur solche, die auch der ordnungsmäßigen Verwaltung des Gesamtnachlasses dienen. Sie müssen sich daher im Rahmen seiner *wirtschaftlichen Leistungsfähigkeit* halten; es ist insbesondere zu berücksichtigen, ob und in welchem Umfange die erforderlichen Mittel aus dem Nachlaß verfügbar sind und ob die ordnungsmäßige Verwaltung auch den damit verbundenen Eingriff in das Recht der anderen Miterben verträgt, den Nachlaß gemeinschaftlich zu verwalten (BGH **6,** 76 = LM ZPO § 565 Abs. 2 Nr. 5 mit Anm. von *Ascher* = NJW **52,** 1252. Zur Frage der Notverwaltungsrechte vgl. *Bertzel* AcP **158,** 119 sowie NJW **62,** 2280, ferner *Johannsen* WM **70,** 578). 6

Die *Kündigung* einer Nachlaßforderung ist keine Erhaltungsmaßregel, sondern eine *Verfügung* im Sinne des § 2040 Abs. 1 (RG **65,** 5). Der *Antrag auf Bestimmung einer Inventarfrist* kann gegen den Erben des Schuldners einer zum Nachlasse gehörigen Forderung nicht durch einen einzelnen Miterben gestellt werden, da sie keine zur *Erhaltung* notwendige, sondern nur eine zur Erlangung des Rechtes auf unbeschränkte Haftung nützliche Maßregel ist (RJA **16,** 50 = OLG **35,** 360).

Der *Wiederaufbau eines* durch Kriegseinwirkung zerstörten *Gebäudes,* der über die Errichtung eines Behelfsheims hinausgeht, ist in der Regel weder eine zur Erhaltung eines Nachlaßgegenstandes oder eines sonstigen gemeinschaftlichen Gegenstandes notwendige, noch eine zur ordnungsmäßigen Verwaltung erforderliche Maßregel. Kein Teilhaber oder Miterbe ist daher berechtigt, einen solchen Bau ohne Mitwirkung oder Zustimmung der anderen auszuführen, oder gar verpflichtet, zu einer solchen Maßregel mitzuwirken oder sich einem entsprechenden Beschluß der Mehrheit der Teilhaber zu fügen (BGH LM BGB § 1004 Nr. 14 = DRspr. I [170] 17 b = BB **54,** 913, 914). Dagegen ist bei einer Erbengemeinschaft jeder Miterbe allein befugt, den *Antrag auf Vertragshilfe* wegen einer Nachlaßverbindlichkeit zu stellen (BGH LM VHG § 1 Nr. 13; vgl. auch BGH MDR **58,** 677; BGH WM **55,** 1174). Ebenso ist jedes Mitglied der Erbengemeinschaft, die Gläubigerin einer Hypothek ist, zur Stellung von Anträgen nach § 6 der 40. DVO zum UG berechtigt (OLG Hamm DNotZ **66,** 748 = MDR **66,** 589).

Auch die **Abwehr gegen die Enteignung** eines Nachlaßgegenstandes ist eine zur Erhaltung des Nachlasses notwendige Maßnahme, die jeder Miterbe ohne Mitwirkung der anderen — wenn erforderlich, auch im Klagewege — durchführen kann (VGH Kassel NJW **58,** 1203[25]); desgleichen die Erhebung von Beschwerden und Klagen im Flurbereinigungsverfahren (BVerwG NJW **65,** 1546).

IV. Anwendung der Gemeinschaftsvorschriften (Abs. 2 Satz 1) 7

§ 743 in Verbindung mit **§ 745 Abs. 3 Satz 2:** Durch Mehrheitsbeschluß nicht entziehbares Recht jedes Miterben auf einen seinem Erbanteile entsprechenden Bruchteil der Früchte (Nutzungen), RG HRR **31** Nr. 942.

§ 745: Regelung der Verwaltung und Benutzung im übrigen durch *Stimmenmehrheit* nach der Größe der Erbanteile, somit ohne Rücksicht auf das Ergebnis der Ausgleichspflicht nach §§ 2050 ff, aber immer nur innerhalb der Grenzen einer der Beschaffenheit der Erbschaftsgegenstände entsprechenden *ordnungsmäßigen* Verwaltung. Gehört ein Gegenstand (Grundstück) den *Teilhabern einer aufgelösten, aber noch nicht auseinandergesetzten ehelichen Gütergemeinschaft,* nämlich dem überlebenden Ehegatten und der Erbengemeinschaft des verstorbenen, so gilt für die Regelung der Verwaltung § 745 Abs. 1 Satz 2 nur hinsichtlich der Bildung der Stimmenmehrheit innerhalb der Erbengemeinschaft; im Verhältnis unter den beiden Gruppen von Gesamtgutsbeteiligten sind nach § 1472 beide gleichberechtigt; eine Verwaltungshandlung in bezug auf das 8

Grundstück (Verpachtung) kann daher nur in gemeinschaftlichem Zusammenwirken der beiden Gruppen erfolgen, vgl. § 1472 Rdn. (RG **136,** 22); doch kann die Mitwirkung des andern Teils zu ordnungsmäßig erforderlichen Verwaltungshandlungen nach § 1472 Abs. 2 (vgl. Rdn. dazu) im Klagewege erzwungen werden.

Die *Fassung des Beschlusses* über eine zu treffende Maßnahme kann zugleich mit ihrer Ausführung verbunden sein. Zum wirksamen Abschluß eines Pachtvertrages über ein Nachlaßgrundstück genügt es daher, wenn der Vertrag den Miterben zur Unterschrift vorgelegt und von der Mehrheit unterzeichnet wird. Darin liegt eine Entschließung, welche die Mehrheit zugleich ermächtigt, die Minderheit zu vertreten (BGH 27. 10. 1956 IV ZR 126/56; BGH **56,** 47 = NJW **71,** 1265 = LM § 2038 Nr. 10 mit Anm. von *Johannsen*). Mehrheitsbeschlüsse haben also nicht nur Innenwirkung, sondern können zugleich auch Vertretungsmacht nach außen begründen (OLG Hamm BB **69,** 514 = Betrieb **69,** 300). Ist durch Mehrheitsbeschluß einem oder mehreren Miterben die Verwaltung des Nachlasses übertragen worden, so stehen der Minderheit gegen die Mehrheit bei schlechter Auftragserfüllung nur unter besonderen Voraussetzungen Schadenersatzansprüche zu (BGH 18. 6. 1964 II ZR 244/62). Ein Mehrheitsbeschluß ist nicht schon deshalb unwirksam, weil ein Miterbe nicht gehört worden ist (BGH **56,** 47 = NJW **71,** 1265).

Die Art der *Bestattung* des Erblassers wird, wenn keine letztwillige Anordnung vorliegt, nicht durch Stimmenmehrheit der Miterben, sondern nach Maßgabe des mutmaßlichen Willens des Erblassers im Streitfalle durch das Gericht geregelt (RG **100,** 173; vgl. § 1968 Rdn. 5). Zur *Totenfürsorge* im allgemeinen wird auf § 1922 Rdn. 10 Abs. 2 verwiesen. Über die *Exhumierung einer Leiche* zum Zwecke der Obduktion haben die nächsten Angehörigen zu entscheiden, nicht die Mehrheit der Erben (LG Detmold FamRZ **58,** 280 = NJW **58,** 265); vgl. für die *Feuerbestattung* § 2 Abs. 4 Feuerbestattungsgesetz v. 15. 5. 1934 (RGBl I 380).

Kein Stimmrecht im Falle *widerstreitender Interessen* (BayObLG Recht 05, 344[1579]). Insoweit ist der aus § 114 Abs. 5 AktG, § 47 Abs. 5 GmbHG, § 43 Abs. 3 GenG, § 34 BGB folgende allgemeine Rechtsgrundsatz entsprechend anzuwenden (OLG Hamm BB **69,** 514). Eine das Stimmrecht des Betroffenen ausschließende Interessenkollision liegt jedoch nicht schon dann vor, wenn ein Rechtsgeschäft zwischen einer Erbengemeinschaft und einer GmbH abgeschlossen werden soll, der Miterben als Gesellschafter angehören (BGH **56,** 47). Über die Frage, ob ein Miterbe über den Antrag, ihn zum Leiter der Verwaltung zu bestellen, und bei der Regelung einer etwaigen Vergütung mitstimmen kann, s. *Nipperdey* AcP **143,** 315 ff. Sonst Verwaltung und Benutzung nach billigem Ermessen, nötigenfalls Entscheidung darüber im Rechtswege auf Grund bestimmt zu fassender Anträge (s. § 744 ff Rdn. 12). Zur Einwilligung in die *Fortführung eines Handelsgeschäfts* kann ein Miterbe wegen der nach HGB §§ 27, 25 für ihn dadurch entstehenden persönlichen Haftung für die Verbindlichkeiten (vgl. darüber RG **132,** 143) nicht durch Mehrheitsbeschluß genötigt werden. Auch eine wesentliche Veränderung der Nachlaßgegenstände kann nicht verlangt werden (§ 745 Abs. 3 Satz 1).

Ein *Eintragungsantrag* des Erblassers *beim Grundbuchamt* kann im Rahmen der Verwaltung des Nachlasses durch Mehrheitsbeschluß der Erben zurückgenommen werden (OLG Düsseldorf NJW **56,** 876 = DRspr. I [170] 21 e).

9 **§ 746:** Die Vorschrift regelt die Wirkung für und gegen den Sondernachfolger (Erwerber eines Erbteils).

10 **§ 748:** Die Verpflichtung, die Lasten und Kosten anteilig zu tragen, beschränkt sich auf die im Nachlaß vorhandenen bereiten Mittel und begründet keine Vorschußpflicht. Da es sich um eine Nachlaßverbindlichkeit handelt, kann jeder Miterbe den Gläubigern

gegenüber ihre Berichtigung aus dem eigenen Vermögen bis zur Teilung des Nachlasses verweigern (§ 2059 Abs. 1).

V. Teilung der Früchte (Abs. 2 Satz 2) **11**

Abweichend von § 743 Abs. 1 ist die Teilung der Früchte bis zur *Auseinandersetzung* hinausgeschoben (§§ 2042 ff). Erst dann kann übersehen werden, ob dem einzelnen Miterben mit Rücksicht auf Ausgleichsposten und Schulden an den Nachlaß überhaupt etwas zukommt. Eine *frühere Verteilung* kann auch nicht durch Mehrheitsbeschluß ins Werk gesetzt werden (vgl. OLG Hamburg MDR **65,** 665), wohl aber durch Vereinbarung sämtlicher Miterben (RG **81,** 241). Dem ganz unbegründeten Widerspruch eines einzelnen Miterben wird nur mit § 226 begegnet werden können (vgl. JW **37,** 643[31]). Ist ein Teil des Nachlasses noch nicht verteilt worden, hat aber einer der Miterben aus der Nachlaßmasse schon einen Vorschuß erhalten, den er sich auf den Anteil anrechnen lassen muß, der sich für ihn bei der Auseinandersetzung schließlich ergibt, und ist dadurch sein Anteil erschöpft, so hat er, obwohl formell noch Miterbe, keinen Anspruch auf Teilnahme an den Nutzungen der unverteilten Masse (RG 17. 2. 1921 IV 366/20). Zur Frage der Verteilung der Früchte eines Nachlasses, wenn die Miterben Vorschüsse auf ihren Erbteil erhalten haben, vgl. auch OLG Hamburg MDR **56,** 107. Verlangt ein Miterbe von einem anderen Miterben anteilige Herausgabe der Nutzungen, die dieser aus einem Nachlaßgrundstück gezogen hat, so ist das keine Erbschaftsklage aus § 2018, sondern eine Erbauseinandersetzungsklage i. S. des § 2042 (RG WarnRspr. **41** Nr. 54 = DR **41,** 999).

VI. Teilung des Reinertrags (Abs. 2 Satz 3) **12**

Vorausgesetzt ist, daß die **Auseinandersetzung** nach §§ 2043, 2044 durch letztwillige Verfügung wegen der zu erwartenden Geburt eines Miterben oder durch Vereinbarung der Erben **auf länger als ein Jahr ausgeschlossen** ist. Der Teilungsanspruch entsteht nicht schon dadurch, daß sich die Auseinandersetzung über Jahresfrist verzögert (RG **81,** 244). Ist die Auseinandersetzung ausgeschlossen, so tritt die Regel des § 743 Abs. 1 ein, wiewohl unter Beschränkung auf den **Reinertrag,** also die Früchte nach Abzug der Gewinnungskosten.

VII. Gegenseitige Auskunftspflicht **13**

Eine **allgemeine** gegenseitige Auskunftspflicht der Miterben als solchen untereinander über den Nachlaß als Inbegriff (§ 260) ist vom Gesetze **nicht** anerkannt und vom Reichsgericht wiederholt abgelehnt worden (vgl. besonders RG 81, 30; auch 21. 2 1921 IV 459/20; ebenso Celle HRR **35,** Nr. 680; KG DR **40,** 1775 mit Anm. von *Vogels; Braunschweig* OLG **39,** 14; aM Braunschweig OLG **30,** 176; *Erman/Bartholomeyczik* Rdn. 18; kritisch *Coing* NJW **70,** 731). In der zweiten Auflage dieses Kommentars ist sie als für die Praxis unentbehrlich bezeichnet und ihre Entwicklung zu einer Rechtsregel befürwortet worden. Ohne eine durch das Gesetz gebotene Handhabe ist es aber nicht angängig, den Miterben allgemein eine solche Verpflichtung aufzuerlegen, die mit ihren (namentlich aus § 260 sich ergebenden) Folgen für diejenigen, die dem Nachlasse ganz ferngestanden haben, recht drückend sein kann. Das Gesetz hat für die einzelnen Fälle, in denen es eine besondere erbrechtliche Auskunftspflicht – über die aus den allgemeinen Vorschriften über Geschäftsführung und Auftrag (§§ 681, 666) sich ergebende hinaus – für geboten erachtete (§§ 2027 Abs. 1, 2, 2028, 2057), ganz bestimmte Voraussetzungen aufgestellt und damit zu erkennen gegeben, daß es die Auskunftspflicht unter Miterben nicht als allgemeine Regel aufstellen wollte; aM OLG Karlsruhe MDR **72,** 424, wonach ein Miterbe, auch wenn die Voraussetzungen des § 2027 nicht gegeben sind, im Rahmen einer ordnungsmäßigen Verwaltung des Nachlasses zur Auskunft verpflichtet ist. Für Höferecht OLG Oldenburg NdsRpfl. **72,** 88.

Dem praktischen Bedürfnis ist durch die vorerwähnten **Einzelbestimmungen** auch weitgehend genügt. Danach ist **auskunftspflichtig:** jeder Miterbe, der sich unter Inanspruchnahme eines größeren als des ihm zustehenden Erbrechts oder auch ohne solche in den Besitz von Erbschaftsgegenständen aus dem Nachlasse gesetzt hat, der noch nicht in den tatsächlichen Mitbesitz sämtlicher Miterben übergegangen ist (§ 2027 Abs. 1, 2); wer auch nur in häuslicher Gemeinschaft mit dem Erblasser gelebt (§ 2028) oder ausgleichungspflichtige Zuwendungen erhalten (§ 2057) oder Geschäfte für die Erbschaft geführt hat, sei es mit oder ohne Auftrag (§§ 666, 681; vgl. DRW **39,** 1535[43]). Eine solche Auskunftspflicht etwa jedem Miterben, der aus irgendeinem Grunde Schuldner einer Nachlaßforderung geworden ist, hinsichtlich dieser seiner Schuld aufzuerlegen, ohne daß sie in dem Schuldverhältnisse selbst begründet wäre, besteht kein Bedürfnis. Ein besonderes Treueverhältnis unter den Miterben, das über die allgemein in Rechtsverhältnissen bestehende Pflicht zur Wahrung von Treu und Glauben hinausgeht, ist auch in RG **65,** 10 nicht anerkannt. Hat ein voraussichtlich zum Miterben Berufener, ohne in häuslicher Gemeinschaft mit dem Erblasser zu leben, schon *bei dessen Lebzeiten* Erbschaftsgegenstände an sich gebracht, so ist die Auskunftspflicht jedenfalls dann anzunehmen, wenn er diese Erbschaftsgegenstände nach dem Erbfalle unter Beanspruchung eines größeren als des ihm zustehenden Erbrechts für sich zurückbehält (RG **81,** 295; vgl. auch § 2028 Rdn. 3). Eine allgemeine Auskunftspflicht ist auch aus der in § 2038 Abs. 1 Satz 2 gebotenen Mitwirkung zu Maßregeln der ordnungsmäßigen Verwaltung nicht zu entnehmen.

Doch wird den älteren Auflagen zugegeben werden müssen, daß zu solchen Maßregeln auch, wie in vielen anderen Fällen, die **Errichtung eines Nachlaßverzeichnisses** gehört, die die Grundlage einer ordnungsmäßigen Verwaltung fremden oder mit anderen gemeinschaftlichen Vermögens bildet, und daß deshalb die Mitwirkung dazu von den Miterben verlangt werden kann (aM anscheinend RG **81,** 32). Daraus ist zu folgern, daß der Miterbe bei der Errichtung des Verzeichnisses nach Treu und Glauben anzugeben hat, was ihm über Nachlaßgegenstände bekannt ist; darin liegt keine Auskunftspflicht im eigentlichen Sinne mit den aus § 260 ersichtlichen Folgen (selbständige Vorlage eines Verzeichnisses und Offenbarungseid).

§ 2039

Gehört ein Anspruch zum Nachlasse, so kann der Verpflichtete nur an alle Erben gemeinschaftlich leisten und jeder Miterbe nur die Leistung an alle Erben fordern. Jeder Miterbe kann verlangen, daß der Verpflichtete die zu leistende Sache für alle Erben hinterlegt oder, wenn sie sich nicht zur Hinterlegung eignet, an einen gerichtlich zu bestellenden Verwahrer abliefert.

E II 1913; P **5** 845, 862—865.

Nachlaßansprüche

Übersicht

I. Art und Inhalt der Nachlaßansprüche 1

1. Abgrenzung zur Verfügung über einen Nachlaßgegenstand

1. Ansprüche, die zum Nachlaß gehören, können nach § 2039 von jedem Miterben *allein* geltend gemacht werden. Er kann jedoch selbst dann, wenn es sich um eine teilbare Leistung handelt, grundsätzlich nicht die Auszahlung des auf ihn entfallenden Anteils, sondern nur *Leistung an alle Erben* verlangen. Das gilt auch, wenn Erbteile verpfändet und der Pfandgläubiger zugleich Schuldner der geltendgemachten Forderung ist (BGH WM **68,** 1045). Der zum **Nachlaß gehörende Anspruch** (vgl. auch §§ 1978, 1991, 2019, 2041, 2383 Abs. 1 Satz 2) kann *privat- oder öffentlichrechtlicher Natur* (OVG Hamburg) DRsp I (170)22c = ZMR **57,** 204), er kann dinglich oder persönlicher Art sein. Hierzu gehört auch der Erbschaftsanspruch (§§ 2018ff). Immerhin muß es sich um einen Anspruch im Sinne von § 194, somit um Geltendmachung eines Rechtes handeln, von einem andern ein bestimmtes Tun oder Unterlassen zu verlangen. Daran fehlt es, solange sich die Miterben erst in einer Rechtslage befinden, kraft deren es noch von ihrer Entschließung abhängt, ob und welche Rechte sie in Anspruch nehmen wollen. Eine solche Entschließung enthält eine *Verfügung über einen Nachlaßgegenstand* (§ 2040 Abs. 1). Deshalb können Rücktrittsrechte (RG **107,** 240; **151,** 312; 18. 5. 1925 V 426/24; 15. 2. 1937 IV 295/36), Wahlrechte, Wiederkaufs- und Vorkaufsrechte außer im Falle des § 2034 (dort Rdn. 5), Anfechtungsrechte auf Grund der §§ 119 ff (RG **107,** 238; OLG *Düsseldorf* NJW **54,** 1041 = DRsp. I (170) 16 e, anders bei solchen auf Grund des Anfechtungsgesetzes), Rechte auf Wandelung oder Minderung, der Widerruf der Schenkung nicht auf Grund von § 2039 Satz 1 von jedem Miterben für alle, sondern nur von allen Erben gemeinschaftlich ausgeübt werden. Das gleiche gilt für die Anfechtung einer wohnungsamtlichen Zuweisung, die gegen einen verstorbenen Hausbesitzer gerichtet war (BVerwG DRsp II (272) 73b = DVBl **56,** 791 = NJW **56,** 1295). Ist die Fälligkeit einer zum Nachlasse gehörenden Forderung von einer *Kündigung* abhängig, so ist zu dieser ein einzelner Miterbe nicht befugt, da sie eine Verfügung über die Forderung (§ 2040 Abs. 1) enthält (RG **65,** 5). Jedoch wird ein Nachlaßanspruch bei dem Begehren auf Feststellung einer Gesellschaftsforderung der Erbengemeinschaft an einer GmbH angenommen (KG WM **62,** 22).

Ein Nachlaßanspruch im Sinne des § 2039 liegt auch nicht vor, wenn die geltendgemachte Forderung zu einem im Wege der *Sondererbfolge* übergegangenen Vermögen gehört; so kann ein Miterbe, der alleinige Hoferbe ist, Auflassung des Hofes trotz § 2039 unmittelbar an sich verlangen (OHG **2,** 175).

2. Besondere Befugnisse des einzelnen Miterben 2

Jeder einzelne Miterbe kann den Schuldner einer fälligen Forderung, wie durch *Klagerhebung,* so auch durch *Mahnung* zur Leistung an alle oder Hinterlegung für alle *in Verzug zu setzen* (vgl. Rdn. 9). Zu dem Antrage auf Bestimmung einer *Inventarfrist* gegen den Erben des Schuldners (§ 1994) soll nach Ansicht des Kammergerichts (RJA **16,** 50) die Mitwirkung aller Miterben des Gläubigers erforderlich sein. Doch ist das nicht gerechtfertigt; mit dem Antrage wird die Inventarerrichtung gefordert; diese stellt sich, wenn sie auch nicht direkt erzwungen werden kann (§ 1994 Rdn. 3), als eine „Leistung" dar; da diese Leistung nicht an den einzelnen Miterben, sondern zugunsten des gesamten Nachlasses erfolgen soll, treffen also die wesentlichen Erfordernisse des § 2039 Satz 1 zu. Ähnliches gilt für den klageweise von einem einzelnen Miterben erhobenen öffentlichrechtlichen Anspruch (s. Rdn. 1), eine *Mieterhöhung zu genehmigen* (OVG Hamburg DRsp I(170)22c). Die Vorschrift ist auch auf die Erhebung positiver wie negativer *Feststellungsklagen*, die auf das Bestehen oder Nichtbestehen eines zum Nachlasse gehörigen Anspruchs gerichtet sind, anzuwenden (RG JW **05**, 146[28]; **35**, 3463[6]; LZ **17**, 44[9]). Doch muß zum Ausdruck kommen, daß sich die Feststellung auf die Leistungspflicht *an alle* beziehen soll. Ob ein einzelner Miterbe befugt ist, den Widerruf eines unter Vorbehalt abgeschlossenen Vergleichs zu erklären, hängt von der Auslegung des Vergleichs ab (BGH **46**, 277 = LM § 2038 Nr. 8). Recht zur sofortigen Beschwerde, die der Geltendmachung eines bestehenden Anspruchs dient: BGH LM § 2038 Nr. 2; Befugnis zur Aufnahme eines durch den Tod des Erblassers unterbrochenen Rechtsstreits: BGH LM ZPO § 239 Nr. 6; BGH **23**, 207, 212 = NJW **57**, 906; Befugnis zur Aufnahme eines unterbrochenen Verfahrens über eine Nichtigkeitsklage nach § 579 ZPO, wenn das angefochtene Urteil einen zum Nachlaß gehörenden Anspruch abgewiesen hat: BGH **14**, 251 = NJW **54**, 1523; Befugnis jedes Mitgliedes einer Erbengemeinschaft, die Gläubiger einer Hypothek ist, einen Umstellungsantrag nach § 6 der 40. DVO zum Umst.G zu stellen: OLG Hamm DNotZ **66**, 748.

3 **3. Ansprüche gegen Testamentsvollstrecker und Nachlaßverwalter**

Wird das Verfahren über eine *Nichtigkeitsklage* durch Tod des Klägers unterbrochen, so ist ein einzelner Miterbe nach § 2039 jedenfalls dann zur *Aufnahme* berechtigt, wenn das angefochtene rechtskräftige Urteil einen zum Nachlaß gehörigen Anspruch abgewiesen hatte. Die Nichtigkeitsklage geht selbst zwar nicht auf ein Tun oder Unterlassen, also nicht auf Leistung oder Feststellung einer Leistungspflicht; sie ist vielmehr eine Rechtsgestaltungsklage, jedoch als solche nur das Mittel, um den zum Nachlaß gehörigen Leistungsanspruch erneut zu verfolgen (BGH **14**, 251 = NJW **54**, 1523).

4 Gegen einen *Testamentsvollstrecker* kann jeder einzelne Miterbe unbeschränkt auf Einhaltung der Grenzen seiner Verwaltungsbefugnisse und ordnungsmäßige Verwaltung klagen (RG **73**, 26; 29. 10. 1917 IV 241/17); es handelt sich dabei nicht um zum Nachlasse gehörige Ansprüche, sondern um persönliche Rechte des einzelnen Miterben. Dasselbe gilt für den Anspruch auf Rechnungslegung, soweit Leistung an alle Miterben verlangt wird (BGH WM **65**, 362 = NJW **65**, 396). Über die Frage, inwieweit *Schadensersatzansprüche* gegen den Testamentsvollstrecker zum Nachlasse gehören, s. § 2219 Rdn. 2 (vgl. auch Hamburg HansRGZ B **33**, 127). Der Anspruch gegen den *Nachlaßverwalter* auf Herausgabe des Nachlasses gehört zwar nicht zum Nachlasse, jedoch ist § 2039 auf diesen Anspruch entsprechend anwendbar.

5 **4. Sonstige Einzelfälle**

Ob der Antrag auf *Aufhebung einer mit einem Dritten bestehenden Gemeinschaft*, insbesondere durch Zwangsversteigerung eines Grundstücks, das zu dieser Gemeinschaft gehört, als Geltendmachung eines Anspruchs im Sinne des § 2039 angesehen werden kann, ist streitig; KG (OLG **25**, 267) und OLG Naumburg (Zeitschr. d. Naumb. Anw-Kammer **1921**, 22) haben die Frage verneint; doch hat das KG (Beschluß vom 24. 2. 1922) diese Auffassung ausdrücklich aufgegeben; RG **108**, 424 hat die Frage bejaht und demgemäß anerkannt, daß ein solcher Antrag durch einen einzelnen Miterben zugunsten aller gestellt werden könne. Vgl. auch RG **136**, 358. Zu den Ansprüchen des

§ 2039 gehören auch der Freistellungsanspruch (RG **158**, 42); die Geltendmachung des sachlich-rechtlichen Witwenrentenanspruchs des verstorbenen Vaters (BVerfE **17**, 86); der Kostenerstattungsanspruch aus vom Vater und später von dem Erben für den Vater geführten Rechtsstreit (LSozG Celle NJW **68**, 1743); der Anspruch auf Aufhebung einer Gemeinschaft, an der die Miterbengemeinschaft beteiligt ist (RG **108**, 424). Ein Miterbe wird durch die Pfändung seines Erbteils durch einen anderen Miterben nicht gehindert, eine Nachlassforderung mit dem Ziel der Hinterlegung für alle Erben geltend zu machen; dies gilt auch dann, wenn der Pfändungsgläubiger zugleich der Forderungsschuldner ist (BGH WM **68**, 1045 = NJW **68**, 2059; vgl. dazu BGH WM **66**, 1271 = NJW **67**, 200. Zum Antragsrecht eines einzelnen Miterben bei der **Teilungsversteigerung** gemäß §§ 180ff ZVG s. ferner OLG Hamm DNotZ **58**, 600[2] (Leitsatz) = *JMBlNRW* **58**, 68 = Rpfleger **58**, 269 mit Anm. von *Haegele* gegen OLG Hamburg MDR **58**, 45; OLG Schleswig MDR **59**, 46 mit Nachw.; LG Darmstadt NJW **55**, 1558 mit Anm. von *Bartholomeyczik;* zum Antrag auf *Wiederversteigerung* OLG Frankfurt NJW **53**, 1877[16]; vgl. ferner *Jansen*, 2 Fragen zur Teilversteigerung Rechtspfl **54**, 435; sowie AG Ahrensburg SchlHA **65**, 66. Über das Anschlußrecht von Miterben in Entschädigungsverfahren vgl. BGH RzW **72**, 430 zu § 189 BEG.

Ein Anspruch auf *Berichtigung des Grundbuchs* (insbesondere gegen einen Miterben, der als Alleineigentümer auf Grund einer Auflassung eingetragen wurde, die infolge Anfechtung nichtig geworden ist) fällt unter § 2039 (RG JR **25**, Nr. 674; HRR **30** Nr. 1220; RG **132**, 83; vgl. auch BGH **14**, 255); vgl. auch BGH **44**, 367 = NJW **66**, 773 = WM **66**, 224; OLG Zweibrücken Rechtspfl. **68**, 88; jedoch muß die Berichtigung selbst von allen Erben bewilligt und beantragt werden KGJ **25**, 114. Ebenso konnte der Antrag auf *Aufwertung* einer zum ungeteilten Nachlasse gehörigen Forderung auf Grund des Aufwertungsgesetzes (vgl. Rdn. zu § 242) von einem einzelnen Miterben bei der Aufwertungsstelle gestellt werden (RG 17. 6. 1925 V B 14/25). Die Herausgabe dessen, was ein *Geschäftsführer ohne Auftrag* bei Führung eines Geschäfts für den Nachlaß erlangt hat, kann ein einzelner Erbe erst verlangen, nachdem die Miterbengemeinschaft die Geschäftsführung genehmigt hat (RG 31. 1. 1927 IV 567/26). **6**

Wegen der Ausübung eines *Zurückbehaltungsrechts* gegenüber Miterbenansprüchen, die zum Nachlasse gehören, vgl. Rdn. zu § 273. **7**

II. Leistung an die Erbengemeinschaft (Satz 1) **8**

1. Grundsatz für die Leistungspflicht

Daß sich der Nachlaßschuldner nur durch **Erfüllung an die Erbengemeinschaft** befreien kann, folgt schon aus §§ 2032, 2033 Abs. 2, 2040. Am *Erfüllungsort* wird durch den Erbfall nichts geändert. Über die Befreiung durch Leistung an den durch Erbschein als Alleinerbe ausgewiesenen Erben vgl. § 2367.

2. Ausnahme für das Forderungsrecht **9**

Aus dem Grundsatz der gesamten Hand würde eigentlich auch folgen, daß die Miterben nur gemeinschaftlich die **Leistung zu fordern** berechtigt sind. Dieser Grundsatz ist aber im BGB, im Anschluß an eine im Gebiete des PrALR ausgebildete Praxis, durch Gewährung eines *Individualklagrechts* an die einzelnen Teilhaber der Erbengemeinschaft durchbrochen worden. Die Vorschrift entspricht derjenigen des § 432, die für den Fall gegeben ist, daß mehrere (ohne Gesamtgläubiger zu sein) eine *unteilbare* Leistung zu fordern haben. Sie gilt hier aber auch für teilbare Leistungen. Leistung *an sich selbst* kann der Miterbe *in der Regel* weder ganz noch zu einem seinem Erbteile entsprechenden Teile verlangen, ausgenommen, wenn es sich etwa um einen Rechtseingriff

(Eigentumsstörung) handelt, der ihn allein berührt (RG WarnRspr. **16** Nr. 248). Er kann auch dann auf Leistung an sich allein klagen, wenn die anderen Miterben mit einer solchen Prozeßführung einverstanden sind (MDR **47**, 123). Ist im Regelfalle der Klageantrag nicht entsprechend beschränkt, d. h. nicht auf Leistung an alle gerichtet, so soll das Gericht in Ausübung des Fragerechts (§ 139 ZPO) eine sachgemäße Beschränkung des Antrags herbeiführen (RG WarnRspr. **13** Nr. 236 d); in RG 30. 5. 1907 IV 503/06 ist die Beschränkung sogar von Amts wegen beigefügt worden. Jeder Miterbe kann, ebenso wie er auf Leistung an alle Miterben klagen kann, gegenüber der Klage eines Nachlaßgläubigers gegen ihn allein auch ein *Zurückbehaltungsrecht* zugunsten der Erbengemeinschaft geltend machen (RG Recht **17** Nr. 1021; BGH **5**, 176). — *Widerspruch* der übrigen Miterben steht der Geltendmachung des Anspruchs durch einen Miterben nicht entgegen; sind die übrigen nicht bereit, die Leistung entgegenzunehmen, so kann er die Hinterlegung für alle erwirken (RG 24. 2. 1912 IV 345/11).

Klagen sämtliche Miterben auf Leistung an die Erbengemeinschaft, so besteht, da jeder von ihnen den gleichen Anspruch *auch allein* erheben könnte, *keine notwendige Streitgenossenschaft* (so *Stein/Jonas* ZPO 19. Aufl. § 62 III N 58; RG WarnRspr. **13** Nr. 235; RG 16. 3. 1916 IV 378/15; BGH **23**, 212, 213; dahingestellt RG **75**, 26; aM OGH **3**, 242 = NJW **50**, 597; *Rosenberg* 9. Aufl. § 95 II 1d; vermittelnd *Erman/Bartholomeyczik* Rdn. 2: Notwendige Streitgenossenschaft, wenn alle Miterben gemeinschaftlich klagen, jedoch nicht, wenn nur mehrere es tun). Vgl. über die gesamte Streitfrage *Kipp/Coing* 12. Bearb. § 114 Anm. 40.

Auch ein *Arrest* kann von einem einzelnen Miterben zugunsten der Gesamtheit, aber nicht zur Sicherung seines Anteils beantragt werden (RG 30. 5. 1907 IV 503/06). Den Anspruch auf *Teilungsversteigerung* eines nur mit einem Bruchteil zum Nachlaß gehörigen Grundstücks kann jeder Miterbe allein geltend machen (DNotZ **52**, 36 = DRsp IV (420) 50f). Hat bei der Zwangsversteigerung eines Grundstücks, das zu einem ungeteilten Nachlaß gehört, ein Miterbe den Zuschlag erhalten, im Verteilungstermin jedoch das Bargebot nicht berichtigt und ist deshalb der auf die Erbengemeinschaft entfallende Teilbetrag auf diese übertragen worden, so kann jeder Miterbe für sich allein den Antrag auf Wiederversteigerung stellen (OLG Frankfurt NJW **53**, 1877). — Wegen der Beschwerde eines Miterben gegen einen Pachtverlängerungsbeschluß vgl. RdL **52**, 152 = NJW **52**, 419.

10 Für die *Klage auf Nichtigkeit eines Testaments* sind, obwohl es sich eigentlich nicht um einen zum Nachlaß gehörenden Anspruch handelt, die dem § 2039 zugrundeliegenden Erwägungen in dem Sinne maßgebend, daß jeder Miterbe allein klageberechtigt ist (OLG München HRR **42**, 302); vgl. auch RG **150**, 189. Im Falle des **Todes einer Partei** kann jeder einzelne Miterbe das durch den Tod unterbrochene Verfahren aufnehmen (RG WarnRspr. **39** Nr. 23; OGH JR **50**, 245).

Auch wenn einem Zivilrechtsstreit dadurch ein Mangel anhaftet, daß der Kläger zur Zeit der Klageerhebung und weiterhin bis zu seinem Tode geschäftsunfähig war, kann nach dem Tode des bisherigen Klägers ein einzelner Miterbe den unterbrochenen Rechtsstreit aufnehmen und durch Genehmigung der seitherigen Prozeßführung den Mangel des bisherigen Verfahrens heilen (BGH **23**, 207 = NJW **57**, 906 mit zust. Anm. von *Bruns;* vgl. auch OGH 21. 12. 1949 II ZS 101/49). Nimmt ein *einzelner* Miterbe den Rechtsstreit auf, so müssen die Rechte der übrigen Miterben materiell in der Fassung des Antrages berücksichtigt werden (BGH **23**, 212).

11 Auch einen Anspruch auf *Berichtigung des Grundbuchs* auf Grund eines sämtlichen Miterben zustehenden Eigentums an einem Grundstücke (vgl. Rdn. 6) kann ein einzelner Miterbe zugunsten aller gegenüber dem als Eigentümer Eingetragenen geltend machen;

GBO § 22 steht nicht entgegen (RG HRR **30** Nr. 1220). Macht jedoch der Miterbe allein den Anspruch geltend und widersprechen die Miterben der Klagerhebung, so liegt darin ein Mißbrauch seines Prozeßführungsrechts. Es kann der Klage der Einwand der Arglist entgegengesetzt werden (BGH **44,** 367 = WM **66,** 224; vgl. auch RG **132,** 81, 87).

Die *Einziehungsbefugnis* ist dem einzelnen Miterben aus praktischen Gründen gewährt worden, weil die Erhebung der Klage durch alle Miterben häufig unausführbar ist (RG **149,** 194). Der Miterbe ist nicht Vertreter der andern, sondern klagt *in eigenem Namen.* Aus dem ergangenen Urteile kann nur der Miterbe, der geklagt hat, *Zwangsvollstreckung* betreiben; deren Vollziehung kommt allerdings auch den andern zugute. Auch wenn alle Miterben einer ungeteilten Erbengemeinschaft einen *gemeinsamen Vollstreckungstitel* erlangt haben, kann jeder von ihnen die Zwangsvollstreckung zugunsten aller Miterben betreiben. Dies kann auch gegen den Willen der anderen Miterben geschehen (KG NJW **57,** 1154 = JR **57,** 184). *Rechtskraft* wird nur für und gegen den Miterben, der geklagt hat, geschaffen; die übrigen Miterben sind dadurch, daß er abgewiesen ist, nicht gehindert, den gleichen Anspruch auch ihrerseits geltend zu machen; anderseits kann der Schuldner, der auf die Klage eines Miterben verurteilt ist, den von den anderen erhobenen Anspruch noch bestreiten (RG WarnRspr. **13** Nr. 235; ebenso RG 17. 6. 1925 V B 14/25). Durch die Erhebung der Sonderklage eines Miterben wird die *Verjährung* gegenüber den anderen nicht unterbrochen (vgl. auch § 432 Abs. 2; str; aM *Staudinger/Lehmann* Rdn. 19); deshalb beginnt auch die Frist des § 207 für die Vollendung der Verjährung nicht schon mit dem Zeitpunkte, in dem ein Miterbe die Erbschaft angenommen hat. Beginn der Verjährung eines Anspruchs, der der Miterbengemeinschaft aus unerlaubter Handlung zusteht, erst mit Kenntnis jedes einzelnen Miterben vom Schaden und von der Person des Ersatzpflichtigen OLG Celle NJW **64,** 869. 12

3. Klage eines Miterben auf Leistung an ihn selbst 13

Unter Umständen kann ausnahmsweise die Sache so liegen, daß ein einzelner Miterbe Leistung an ihn selbst verlangen kann; so wenn er dazu von den übrigen Miterben ermächtigt worden ist (RG WarnRspr. **68** Nr. 651; MDR **47,** 123); namentlich aber in solchen Fällen, in denen das *Ergebnis der Auseinandersetzung* in zulässiger Weise durch die Klage vorweggenommen und dadurch ein weiteres Auseinandersetzungsverfahren vermieden werden kann. Solche Fälle hat das Reichsgericht z. B. angenommen, wenn die eingeklagte Forderung das einzige Nachlaßaktivum bildet, andere Miterben als die Parteien nicht in Betracht kommen, der Nachlaß mit Verbindlichkeiten nicht belastet ist oder doch eine noch bestehende Nachlaßverbindlichkeit unmittelbar zwischen den Parteien ausgeglichen werden kann und der Kläger nur den Anteil an der Forderung verlangt, der ihm bei der Auseinandersetzung zufallen würde, indem er zugleich zu erkennen gibt, daß der Forderungsanteil, der bei der Auseinandersetzung auf den Beklagten entfallen würde, diesem verbleiben und dadurch dessen Schuld an den Nachlaß als getilgt gelten soll. Erforderlich ist aber, daß alle Voraussetzungen für die Durchführung einer Erbauseinandersetzung (§§ 2042ff) in dieser abgekürzten Form, insbesondere Verfügungsbefugnis der Parteien, vorliegen (vgl. RG WarnRspr. **13** Nr. 236a, b, c). Zugelassen hat das Reichsgericht auch, daß ein einzelner Miterbe den Anspruch auf *Rechnungslegung* gegen einen Miterben geltend macht, wenn andere Miterben nicht als Berechtigte in Frage kommen oder den Anspruch nicht geltend machen wollen (RG WarnRspr. **13** Nr. 236d; vgl. auch zum Anspruch eines Miterben auf *Vorlage einer Bilanz* an ihn allein BGH 1. 6. 1959 II ZR 192/58 = WM IV B **59,** 856 = NJW **59,** 1491 = LM HGB § 138 Nr. 6); vgl. dazu auch BGH MDR **63,** 578 = BB **63,** 575, 576 = Betrieb **64,** 1044 (Klage gegen den Miterben auf Gewinnanteil).

14 Unter Miterben kann die *Herausgabepflicht* unter besonderen Umständen vor der Auseinandersetzung *eingeschränkt* sein; so hat das OLG Königsberg unter Berücksichtigung der Kriegsverhältnisse einen Verstoß gegen Treu und Glauben darin gesehen, daß Miterben von einem anderen Miterben, der die zahnärztliche Praxis des Erblassers fortführte, deren Herausgabe an einen Verwahrer verlangten, obwohl der andere Miterbe bereit war, den Betrieb zu angemessenen Bedingungen zu übernehmen (HRR **42,** 301).

15 **4. Der Miterbe als Schuldner**

Auch gegen den *Miterben,* der *Nachlaßschuldner* ist, kann grundsätzlich von einem anderen Miterben, wenn *nicht auf Leistung an alle* (BGH LM § 249 (Fa) Nr. 3; OLG **14,** 286), so *doch* auf *Hinterlegung* des ganzen Schuldbetrags aus § 2039 geklagt werden, da ein teilweises Erlöschen durch Konfusion nicht eingetreten ist (§ 2032 Rdn. 6), und zwar ohne Rücksicht darauf, ob die Schuld bei der Auseinandersetzung durch Teilung in Natur ausgeglichen werden könnte (RG **65,** 5). Doch läßt die letzterwähnte Entscheidung (ebenso WarnRspr. **13** Nr. 236a u. b und HRR **34** Nr. 1458) dem beklagten Miterben den *Einwand* nach, daß die Einziehung der Forderung zum Nachlasse vor der Auseinandersetzung schikanös sei (§ 226) oder doch gegen Treu und Glauben verstoße, wenn mit Sicherheit zu übersehen ist, daß seine Schuld durch seinen Erbteil gedeckt wird, sofern kein besonderer Grund vorliegt, der dennoch das Verlangen rechtfertigt, zu hinterlegen. Anderseits kann gegen einen Miterben, der Mieter eines Nachlaßgrundstücks ist, von den übrigen Miterben auch auf *Zahlung* an die Erbengemeinschaft geklagt werden, wenn die Einziehung des Mietzinses zur ordnungsmäßigen Grundstücksverwaltung unbedingt erforderlich ist (RG 10. 12. 1936 IV 140/36; vgl. hierzu *Fuchs* JW **38,** 355). Gegen einen Miterben, der als *Bürge* für eine Forderung eines andern Miterben an den Erblasser haftet, kann die ganze Bürgschaftsschuld eingeklagt werden, sofern wegen Überschuldung des Nachlasses anzunehmen ist, daß der Miterbe, der Gläubiger ist, aus dem Nachlasse nichts erhalten würde (RG **76,** 58). Daß die Einklagung der Forderung gegen einen Miterben nur zulässig wäre, wenn die Einziehung zur Tilgung der Nachlaßverbindlichkeiten erforderlich erscheint, kann nicht anerkannt werden. Auch der Klage des *Nachlaßverwalters* oder des *Testamentsvollstreckers* gegenüber kann der Miterbe, der Nachlaßschuldner ist, sich nicht darauf berufen, daß die Einziehung nicht zum Zwecke der Berichtigung von Nachlaßverbindlichkeiten erfolge (RG **72,** 260; RG 6. 1. 1936 IV 231/35; vgl. § 1985 Rdn. 9f).

16 **5. Der Streitwert bei Klagen einzelner Miterben**

Wegen der beschränkten Wirkungen der Sonderklage hat das Reichsgericht früher in ständiger Rechtsprechung angenommen, der Wert des Streitgegenstandes sei, obwohl die Klage auf die ganze Leistung gerichtet ist, auch wenn der Gegenstand der Leistung eine bestimmte Sache oder Geldsumme ist, nicht gemäß § 6 nach dem Werte der Sache oder dem Betrage der Geldsumme, sondern gemäß § 3 ZPO nach dem Interesse des klagenden Miterben an der zum Nachlasse geschuldeten Leistung zu bemessen; es komme einem seinem Anteile an der Erbschaft entsprechenden Bruchteile des Wertes der Leistung gleich. Diese — zuletzt in RG **93,** 127 ausführlicher begründete — Rechtsprechung, gegen die auch in der früheren Auflage dieses Kommentars Bedenken geltend gemacht waren, ist durch Beschluß RG **149,** 193 mit Recht aufgegeben worden. Trotz der Besonderheiten der dem Miterben durch § 2039 eingeräumten Klagbefugnis bleibt die Tatsache unberührt, daß der gesamte Anspruch den Gegenstand des Rechtsstreits bildet und daß sich der Gegner im Falle der Verurteilung nur durch volle Leistung befreien kann. Der Wert des Streitgegenstandes bestimmt sich daher *grundsätzlich nach dem vollen Betrage* der geforderten *Geldsumme* oder nach dem *vollen Werte der im Streit* *befangenen Sache* (§ 6 ZPO; vgl. auch Kassel SJZ **49,** 418; ferner Hillach DR **41,** 1446); vgl. aber BGH Rpfleger **55,** 101 (Klage eines Miterben auf Feststellung der Nichtigkeit eines Vertrages).

Dieser Grundsatz muß jedoch *eingeschränkt* werden, wenn ein Miterbe auf Grund des § 2039 eine zum Nachlasse gehörende Forderung *gegen* einen *Schuldner-Miterben* geltend macht (über die Zulässigkeit einer solchen Klage s. unten); in diesem Falle ist der dem beklagten Miterben an der geforderten Leistung zukommende Anteil als außer Streit befindlich anzusehen und daher *von dem Werte der Leistung abzusetzen* (RG JW **37,** 2281[1]; WarnRspr. **37** Nr. 145; RG 23. 11. 1937 VII 85/37; 17. 11. 1938 IV 159/38; RG **156,** 264; BGH LM ZPO § 6 Nr. 5 = MDR **58,** 676; BGH NJW **67,** 443 = WM **67,** 29; aber OLG Düsseldorf MDR **62,** 912; aM OLG Braunschweig Rpfleger **56,** 115; OLG Frankfurt Rpfleger **57,** 93). Über die Bemessung des Streitwertes für die Klage eines *Gläubiger-Miterben* gegen einen anderen Miterben s. § 2058 Rdn. 11.

Die vorstehend entwickelten Grundsätze gelten nicht für Klagen, mit denen von einem Miterben die **Feststellung der Nichtigkeit eines Testaments** begehrt wird; für solche Klagen bestimmt sich der Streitwert allein nach dem Interesse des klagenden Miterben an der begehrten Feststellung (RG DRpfl 1936 Nr. 600). Auch wenn ein Miterbe auf Feststellung der *Nichtigkeit eines Vertrages der Erbengemeinschaft* klagt, der den Beklagten zum Ankauf eines Nachlaßgrundstücks berechtigt, richtet sich der Streitwert lediglich nach dem Interesse des Klägers, von den Verpflichtungen aus dem Vertrage befreit zu werden, nicht nach dem Interesse der ganzen Erbengemeinschaft (BGH RPfleger **55,** 101 = FamRZ **54,** 110); aM *Johannsen* WM **70,** 580: „Auch in diesem Falle nimmt der Kläger das Interesse der Erbengemeinschaft im Ganzen wahr. Wenn seine Klage Erfolg hat, wird sie von der Verbindlichkeit aus dem Vertrag frei." Vgl. dazu auch *Erbunwürdigkeitsklage:* BGH V.ZS LM ZPO § 3 Nr. 16 (Begrenzung des Streitwertes auf Klägerinteresse); BGH III. ZS WM **69,** 1420 (Streitwert: ganzer Wert der Beteiligung des Beklagten am Nachlaß).

Belastungen sind bei der Berechnung des Grundstückswertes bei einer Klage auf Grundbuchberichtigung nicht abzuziehen (BGH NJW **54,** 955 für Hypotheken und Grundschulden; BGH MDR **58,** 676 für Nießbrauchsrechte). Zur Streitwertfestsetzung bei der Auflassungsklage eines von mehreren Miterben gegen einen anderen Miterben OLG Celle NJW **69,** 1355; dazu s. *Creutzig* NJW **69,** 1334.

III. Hinterlegung (Satz 2) 17

Zur Hinterlegung im allgemeinen vgl. §§ 372ff. Maßgebend sind jetzt die Vorschriften der HinterlO v. 10. 3. 1937 (RGBl I 285). Jedoch kann kein Miterbe auf Hinterlegung bestehen, wenn die Zahlung gerade für eine ordnungsmäßige Verwaltung erforderlich ist, z. B. beim Einziehen von Mieten; das wäre eine unzulässige Rechtsausübung (RG JW **38,** 356). Ein Miterbe wird bei Pfändung seines Erbteils durch einen anderen Miterben nicht gehindert, eine Nachlaßforderung mit dem Ziel der Hinterlegung für alle Erben geltend zu machen. Dies gilt auch dann, wenn der Pfändungsgläubiger zugleich Forderungsschuldner ist, BGH NJW **68,** 2059.

Handelt es sich um ein *Grundstück,* so kann die Herausgabe an einen **gerichtlich** 18
zu bestellenden Verwahrer verlangt werden (RG **105,** 250). Der *Verwahrer* wird von dem Amtsgericht bestimmt, in dessen Bezirk sich die Sache befindet (FGG § 165). Der Verwahrer ist allen Miterben gegenüber zur ordnungsmäßigen Verwaltung verpflichtet; er hat daher nur den gemeinschaftlichen Weisungen aller Miterben (§ 2038) zu folgen; er braucht somit auch Urkunden nicht einem der Miterben vorzulegen, wenn ein anderer Miterbe widerspricht (OLG **14,** 288). Gebühr für die Bestellung des Verwahrers: KostO § 120 Nr. 2.

19 **IV. Entsprechende Anwendung auf andere Gesamthandsverhältnisse**

Die Vorschrift des § 2039 über das Invidualklagerecht des einzelnen Miterben hat das Reichsgericht, im Anschluß an die ältere preußische Praxis (vgl. auch Prot. II **5**, 864), in ständiger Rechtsprechung auf die andern Gesamthandsverhältnisse des BGB für anwendbar erklärt; so (unter Heranziehung des § 432 Abs. 1) auf die *Gesellschaft* (RG **70**, 34 und JW **1900** 553[5]; **33**, 166[13]); ferner auf die *eheliche Gütergemeinschaft*, wenn die die dem Manne zustehende Verfügungsgewalt durch den Tod seines Ehegatten erloschen und nicht infolge Fortsetzung der Gütergemeinschaft auf den überlebenden Ehegatten übergegangen ist (andernfalls kann nur der zur Verwaltung und Verfügung berufene Ehegatte — §§ 1443, 1487 — die Klage erheben); vgl. RG **158**, 40; JW **05**, 146[28]; **33**, 166[13]; WarnRspr. **13** Nr. 150; **36** Nr. 137; **39** Nr. 39. Dies gilt auch bei dem gewöhnlichen vertragsmäßigen Güterrecht.

20 **V. Höferecht**

Stand einem Erblasser ein Anspruch auf Auflassung eines Hofes im Sinne der Höfeordnung zu, so kann die Auflassung nach Eintritt des Erbfalles nur von dem Erben verlangt werden, dem der Hof nach den Regeln der Höfeordnung zugefallen wäre, wenn der Hof dem Erblasser schon im Zeitpunkt seines Todes gehört hätte. Dieser Erbe ist daher auch berechtigt zu verlangen, daß der Hof unmittelbar an ihn aufgelassen wird (OGH **2**, 175 = RdL **49**, 107). — Die Erbfolge in den Anspruch auf Übereignung eines Hofes auf Grund eines Übergabevertrages vollzieht sich nach den für die Erbfolge in den Hof selbst geltenden Vorschriften (OLG Hamm RdL **51**, 106 unter Bezug auf KG DNotZ **43**, 62).

§ 2040

Die Erben können über einen Nachlaßgegenstand nur gemeinschaftlich verfügen.

Gegen eine zum Nachlasse gehörende Forderung kann der Schuldner nicht eine ihm gegen einen einzelnen Miterben zustehende Forderung aufrechnen.

E II 1914; P **5** 865, 866.

Verfügung über Nachlaßgegenstände

Übersicht

1 **I. Gemeinschaftliche Verfügung über Nachlaßgegenstände (Abs. 1)**

1. Allgemeines

Abs. 1 ergänzt, übereinstimmend mit dem für Bruchteilsgemeinschaften geltenden § 747 Abs. 1 Satz 2 (für die Gesellschaft vgl. §§ 709ff), positiv die negative Bestimmung des § 2033 Abs. 2. Nachlaßgegenstand begreift Sachen (§ 90) und Rechte.

2. Verfügung, Begriff und Arten 2

Begriff der *Verfügung* § 2033 Rdn. 10; vgl. auch § 2039 Rdn. 1. Hierzu gehören die Kündigung eines Mietverhältnisses und die Erhebung der Mietaufhebungsklage (DRW **40,** 868[13]) sowie die Kündigung einer Nachlaßforderung (RG **65,** 5; **146,** 314), ebenso die Zustimmung der Erbengemeinschaft als Grundstückseigentümerin zur Veräußerung eines Erbbaurechts (OLG Hamm OLGZ **66,** 574 = MDR **67,** 127, mit Anm. von *Haegele* in Rechtspfl. **67,** 416; vgl. Rdn. 6); nicht dagegen die Kündigung eines Pachtvertrages über eine Nachlaßbesitzung (BGH RdL **51,** 87 = LM § 2038 Nr. 1); ebenso nicht der Vertrag auf Einleitung eines Aufgebotsverfahrens auf Grund des § 927 (OLG Bamberg NJW **66,** 1413); ferner nicht Baumaßnahmen an Nachlaßgrundstücken (OLG Düsseldorf MDR **47,** 289), da insoweit Verwaltungshandlungen vorliegen. Bei alledem stellt sich die grundsätzliche Frage, ob in allen Fällen, in denen die Verwaltung des Nachlasses Verfügungen über Nachlaßgegenstände erforderlich macht, diese immer nur von allen Miterben gemeinschaftlich getroffen werden können. Bei enger Auslegung des § 2040 müßte sie bejaht werden. Damit würde aber die Nachlaßverwaltung erheblich erschwert, ohne daß das Interesse des einzelnen Miterben, das § 2040 schützen will, dies erfordert. § 2038 würde damit weitgehend gegenstandslos. Deshalb ist eine weite Auslegung geboten. So hat der BGH in der Kündigung eines Pachtvertrages eine Verwaltungshandlung i. S. des § 2038 gesehen, die von der Mehrheit der Miterben beschlossen werden kann (LM § 2038 Nr. 1). Zu den Verwaltungshandlungen gehören alle Maßnahmen, die auf eine tatsächliche oder rechtliche Erhaltung oder Vermehrung des Nachlasses, auf Ziehung von Nutzungen und Bestreitung der laufenden Verbindlichkeiten gerichtet sind (BGH LM § 2038 Nr. 2), also alle Verfügungen, die das durch § 2040 geschützte Recht der anderen Miterben nicht wesentlich beeinträchtigen oder für eine ordnungsmäßige Verwaltung erforderlich sind, z. B. Veräußerung der Ernte, Anlagen von Geld bis zur Auseinandersetzung, Vermietung oder Verpachtung, Durchführung von Baumaßnahmen. Anders verhält es sich bei der Aufnahme von Geld, Verkauf von Aktien, um neue zu erwerben (BGH WM **61,** 479); Veräußerung eines Nachlaßgrundstücks (BGH WM **65,** 343). Ist der Nachlaßschuldner Miterbe, so bedarf es seiner Mitwirkung bei der Kündigung nicht (BayObLG **6,** 326; aM OLG **26,** 304). Entsprechendes gilt für den Miterben, der mit der Erfüllung seiner Abfindungsverpflichtungen aus einem Erbauseinandersetzungsvertrage in Verzug kommt; die anderen Miterben können dann allein vom Vertrage zurücktreten und Rückgewähr an die Erbengemeinschaft verlangen (BGH 26. 2. 1953 IV ZR 207/52 = LM § 433 Nr. 4). Auch eine Mietaufhebungsklage kann ein Miterbe gegen den andern ohne dessen Zustimmung erheben (HuW 1947, 313 = DRspr I (170)2). Ein *Verzicht* auf ein Kündigungs-, Rücktritts- oder ähnliches Recht ist eine Verfügung im Sinne des § 2040 (RG SeuffArch **79** Nr. 180), ebenso der Widerruf eines *Auftragsverhältnisses* (RG LZ **26** Sp. 228; SeuffArch **79** Nr. 221), während der Widerruf einer abstrakten *Vollmacht* durch jeden einzelnen Miterben mit Wirkung gegen ihn erfolgen kann, da er keine Aufgabe eines Rechts enthält (vgl. RG JW **38,** 1892[33]; KG HRR **37** Nr. 1368; über Zulässigkeit und Wirkung des Widerrufs einer von der Erbengemeinschaft erteilten *Prokura* durch einen einzelnen Miterben s. KG DRW **39,** 49[4]); eine Verfügung ist ferner das *Anerkenntnis* einer Nachlaßverbindlichkeit gegenüber dem aus § 2059 Abs. 2 von dem Gläubiger gegen die Gesamthand erhobenen Anspruch auf Befriedigung aus dem ungeteilten Nachlasse (RG JW **02** Beil. 208 = *Gruchot* **46,** 661); dagegen kann die gesamtschuldnerische Verpflichtung aus § 2058 von jedem einzelnen Miterben mit Wirkung gegen ihn anerkannt werden. In der Übertragung des *Aktienbesitzes und* der *Aktionärrechte auf einen Treuhänder,* der diese Rechte für eine bestimmte Zeit unwiderruflich auszuüben berechtigt sein sollte, ist eine Verfügung im Sinne von § 2040 gefunden worden (RG **111,** 405); auch gutgläubiger Erwerb solcher fiduziarischen Berechtigung von einem einzelnen Miterben ist ausgeschlossen (RG aaO); anders wenn es sich um einen bloßen *Verwahrungsvertrag* handelt; dieser kann eine Erhaltungsmaßregel nach § 2038 Abs. 1 Satz 2 Halbsatz 2 sein (RG ebenda). Auch die *Annahme der geschuldeten Leistung* enthält eine Verfügung; daß sie den Schuldner nur befreit, wenn er an sämtliche Miterben leistet, folgt schon aus § 2039 Satz 1. Auch wenn es sich um eine *gegenüber der Erbengemeinschaft* zu treffende Verfügung handelt (Kündigung, Anfechtung usw.), kann sie nur Wirkung äußern, wenn sie allen Erben gegenüber erfolgt ist. Verfügung i. S. des § 2040 ist auch ein Vergleich, den Miterben in einem Rechtsstreit über Nachlaßgegenstände schließen. Ob die einzelnen Erben wenigstens zur Erklärung eines vorbehaltenen Widerrufs befugt sind, ist Auslegungsfrage (BGH **46**, 277 = NJW **67**, 440 = LM § 2038 Nr. 8 Anm. *Johannsen* = JR **67**, 340 mit Anm. *Bökelmann*). Ein *Zwangsvergleich* im Nachlaßkonkurse und im Nachlaßvergleichsverfahren kann nur auf Vorschlag sämtlicher Miterben zustande kommen (KO § 230; VerglO § 113 Nr. 1 Satz 3). Auch die *Ermächtigung an einen Dritten*, über Nachlaßgegenstände zu verfügen, muß von allen Erben erteilt sein (RG **67**, 27). Zur Aufrechnung mit einer zum Nachlaß gehörenden Forderung vgl. BGH **38**, 122 = NJW **62**, 244 = WM **63**, 122 = LM § 2058 Nr. 3 Anm. *Mattern;* vgl. Rdn. 8.

3 **3. Die Gemeinschaftlichkeit der Verfügung**

Es ist *nicht* erforderlich, daß die Verfügung sämtlicher Miterben *in der selben Urkunde* erfolgt (RG **93**, 295; HRR **29** Nr. 1831). Ebensowenig ist *Gleichartigkeit der Mitwirkung* aller Beteiligten geboten (RG **152**, 384; KGJ **53**, 133). Eine gemeinschaftliche Verfügung der Miterben liegt daher auch vor, wenn ihre Erklärungen zwar verschiedenartig sind, aber dasselbe Ziel verfolgen (z. B. Löschungsbewilligung durch einen Teil der Miterben, Bewilligung der pfandfreien Abschreibung einer Parzelle durch die anderen; JW **37**, 1553[14]). Bei einer gemeinschaftlichen *Auflassungserklärung* der Miterben ist die Erklärung jedes einzelnen von ihnen nicht auf die Übertragung seines Anteils, sondern auf die des ganzen Gegenstandes gerichtet; deshalb ist sie auch hinsichtlich desjenigen von ihnen wirksam, der sie in der Annahme abgegeben hat, nur Miterbe zu sein, während er in Wirklichkeit Alleinerbe war, vorbehaltlich einer etwa begründeten Irrtumsanfechtung (RG **125**, 131).

Die gemeinschaftliche Verfügung kann auch in der Weise erfolgen, daß ein Miterbe unter Mitwirkung der anderen einen *Nachlaßgegenstand übernimmt* (RG HRR **29** Nr. 1831). Haben sich Miterben über ein Nachlaßgrundstück so auseinandergesetzt, daß sie es an eine verheiratete Miterbin übertrugen, und zwar ohne Gegenleistung aus deren sonstigem Vermögen, so brauchte die Miterbin auch vor dem 1. 4. 1953 zu diesem Teilauseinandersetzungsvertrage nicht die Einwilligung ihres Mannes nach § 1395 (BayObLG **53**, 183). Übernimmt ein Miterbe einen Nachlaßgegenstand mit der Verpflichtung, die übrigen Miterben abzufinden, und kommt der Übernehmer mit der Leistung der Abfindungen in Verzug, dann können die übrigen Miterben von diesem *gegenseitigen Vertrage* zurücktreten und Rückgewähr an die Erbengemeinschaft verlangen; damit wird die Erbengemeinschaft allerdings nicht vertraglich wiederhergestellt (BGH DNotZ **55**, 406).

Durch gutgläubigen Erwerb von einzelnen Miterben kann gemäß §§ 932ff ein *Pfandrecht an Inhaberpapieren* erworben werden (RG **67**, 27).

4 Es ist kein Miterbe daran gehindert, sich in Beziehung auf einen Nachlaßgegenstand *schuldrechtlich* zu verpflichten, ihn z. B. zu verkaufen. Befugnis des *Erbeserben*, den seinem Erbteil entsprechenden Teil der Erbschaft auszuschlagen: § 1952 Abs. 3. Über den *Nachlaß im ganzen* können die Miterben ebensowenig dinglich verfügen wie der Al-

leinerbe (§ 2033 Rdn. 6). Wohl aber kann jeder Miterbe gemäß § 2033 Abs. 1 die gleiche Verfügung über seinen Anteil treffen und dadurch derselbe Erfolg herbeigeführt werden.

4. Einwilligung und Genehmigung anderer Miterben 5

Die nur von einem Teile der Miterben getroffene Verfügung ist wirksam, wenn die anderen Miterben vorher ihre *Einwilligung* erklärt haben (§ 185 Abs. 1; RG **129,** 284; RG 18. 12. 1933 IV 307/33; vgl. auch RG **149,** 23/24 für die Gesamthandberechtigung aus einem Gesellschaftsverhältnis). Die Einwilligung kann nach § 182 Abs. 1 sowohl gegenüber dem verfügenden Miterben wie auch gegenüber seinem Vertragsgegner erklärt werden.

Streitig war bisher, ob die nur von einem Teile der Miterben vorgenommene Verfügung durch nachfolgende *Genehmigung* (§ 185 Abs. 2) der anderen Miterben rechtswirksam werden kann. Dies hatte der V.ZS in RG **93,** 292 (ihm folgend auch der IV.ZS in JW **25,** 604[7]) verneint und angenommen, daß die nur von einem Teile der Miterben vorgenommene Verfügung völlig wirkungslos sei. Diese Rechtsauffassung hat im Schrifttum nahezu einhelligen Widerspruch gefunden (so auch in der 8. Aufl. dieses Komm.) und wurde vom Kammergericht in ständiger Rechtsprechung abgelehnt (vgl. u. a. HRR **33** Nr. 1201; s. ferner München DNotZ **36,** 807). In dem Beschl. RG **152,** 380 hat der V. ZS die früher vertretene Ansicht ausdrücklich aufgegeben und die Anwendbarkeit des § 185 Abs. 2 bejaht. Dem hat sich der Bundesgerichtshof wie folgt angeschlossen: Verfügen Miterben über einen Nachlaßgegenstand in Unkenntnis des Umstands, daß zur Erbengemeinschaft weitere Erben gehören, so wird durch Genehmigung der ursprünglich nicht mitverfügenden und nicht vertretenen Miterben die Verfügung wirksam (BGH **19,** 138 = NJW **56,** 178 = JR **56,** 59; BGH WM **64,** 629 = LM § 2040 Nr. 3; weitergeführt in LM § 105 HGB Nr. 19 mit Anm. von *Fischer* = DNotZ **65,** 302). Vgl. ferner für die Auflassung eines Nachlaßgrundstücks ohne Vertretungsmacht für einen Miterben BayObLG DRiZ **58** B 30 Nr. 315.

Verweigert der Berechtigte vorbehaltlos, die Genehmigung zu erteilen, so ist das Rechtsgeschäft endgültig vernichtet, eine nachträgliche Genehmigung also nicht mehr möglich (RG **139,** 118).

Ein *einseitiges Rechtsgeschäft,* das von einzelnen Miterben ohne Einwilligung der anderen vorgenommen wird (z. B. eine Kündigung), kann, wie sich aus § 182 Abs. 3 ergibt, nicht durch Genehmigung der anderen Miterben mit rückwirkender Kraft wirksam werden; es ist vielmehr schlechthin wirkungslos (RG **146,** 314; RG 7. 2. 1935 IV 356/34).

Der für das Rechtsgeschäft erforderlichen Form bedarf weder die Einwilligung noch die Genehmigung (§ 182 Anm. 14; RG **129,** 286; KG JFG **16,** 296).

5. Klage auf Verfügung über Nachlaßgegenstände 6

Wegen eines Anspruchs, der auf eine Verfügung über Nachlaßgegenstände gerichtet ist, kann nur *gegen alle Miterben gemeinschaftlich Klage* erhoben werden, sofern nicht einige oder einer von ihnen sich bereits freiwillig in rechtsverbindlicher Weise zu der Verfügung bereit erklärt haben oder dazu verurteilt worden sind (RG **93,** 292) oder, was dem gleichzustellen ist, die Bereitwilligkeit der übrigen Miterben in dem gegen einzelne Miterben eingeleiteten Zivilprozeß unstreitig bleibt (RG 28. 9. 1922 IV 548/21 und **111,** 338; **112,** 132; WarnRspr. **26** Nr. 93; **33** Nr. 44). Es ist, wie in der zuletzt angeführten Entscheidung dargetan ist, nicht angängig, gegen einen einzelnen Miterben ein ihn mit Kosten belastendes Urteil zu erlassen, das möglicherweise in der Hauptsache gar nicht vollstreckt werden kann (vgl. auch *Planck/Ebbecke* § 2040 Anm. 1). Daß der Klagantrag nur im Sinne einer *Verurteilung zur Mitwirkung* bei der von allen Miterben gemeinschaftlich zu vollziehenden Verfügung zu verstehen sei, kann aus der Klagebehauptung, daß die übrigen Erben dazu bereit seien, entnommen werden (RG **111**, 338; **112**, 132; vgl. KG JFG **53**, 133). Diese Grundsätze gelten auch für eine Eintragung auf Ergänzung der Zustimmung nach § 7 Erbbau VO, wenn eine Erbengemeinschaft Grundstückseigentümerin ist. Der Antrag kann ausnahmsweise auch gegen einzelne Miterben gerichtet werden (OLG Hamm MDR **67**, 127 = OLGZ **66**, 574; mit Anm. von *Haegele* in Rechtspfl. **67**, 416; vgl. Rdn. 2). Zulässig ist die Klage gegen einzelne Miterben auch, wenn nur ein schuldrechtlicher Anspruch in Frage steht, eine Verfügung *herbeizuführen;* ein solcher kann unter Vorbehalt der Einrede der Haftungsbeschränkung auf den Anteil am Nachlasse gegen jeden einzelnen Erben als Gesamtschuldner nach § 2058 gerichtet werden (§ 2059 Abs. 1; RG **71**, 370; *Gruchot* **54**, 1064; RG **111**, 339). Dabei ist in RG **71**, 370 der Antrag auf „Auflassung" als Antrag auf *Herbeiführung* der Auflassung gedeutet worden, während in RG **93**, 296 der Antrag auf *Bewilligung einer Löschung* keine gleich wohlwollende Auslegung erfahren hat (vgl. *Staudinger/Lehmann* Rdn. 20). Jedenfalls stehen einem Antrage gegen einzelne Miterben, der auf *Mitwirkung* bei der Verfügung gerichtet ist, keine Bedenken entgegen. Dagegen erfordert der Anspruch auf *Befriedigung aus dem ungeteilten Nachlasse* gemäß § 2059 Abs. 2 (vgl. Rdn. 10ff dazu) die Verklagung sämtlicher Miterben. Zur *Zwangsvollstreckung* in den Nachlaß ist ein gegen alle Erben ergangenes Urteil erforderlich (§ 747 ZPO).

7 **II. Aufrechnung mit Forderungen gegen Miterben (Abs. 2)**

Die Vorschrift entspricht der Regelung bei der Gesellschaft § 719 Abs. 2 und der allgemeinen Gütergemeinschaft § 1442 Abs. 2 aF. Die Aufrechnung wird auch nicht dadurch wirksam, daß ihr der einzelne Miterbe zustimmt, da hierin ein Verfügung über die Nachlaßforderung (vgl. Rdn. 2) enthalten wäre (§ 1977 Rdn. 6). Dagegen ist der nach § 2039 von einem Miterben belangte Nachlaßschuldner nicht gehindert, diesem gegenüber mit seiner ganzen Forderung *gegen den Nachlaß* aufzurechnen. Auch der einzelne Miterbe darf eine Nachlaßschuld dadurch tilgen, daß er gegenüber dem Nachlaßgläubiger mit einer gegen diesen ihm zustehenden Privatforderung aufrechnet (RG **11**, 119 *für älteres Recht*).

8 Dem Nachlaßschuldner ist auch nicht die Ausübung des *Zurückbehaltungsrechts* an einer gegen einen Miterben ihm zustehenden Forderung gestattet (RG 18. 12. 1930 VI 176/30 und **132**, 84). Ebensowenig kann der Nachlaßschuldner die Befriedigung eines Nachlaßanspruchs mit Hilfe des *Arglisteinwands* wegen eines Schadensersatzanspruchs aus unerlaubter Handlung verweigern, der ihm nur gegen einen einzelnen Miterben zusteht (RG JW **36**, 2496). Gegenüber dem von sämtlichen Miterben erhobenen Eigentumsanspruch kann sich der Besitzer auch *nicht* auf ein *Besitzrecht* berufen, das ihm nur gegenüber *einem* Miterben zusteht (OLG München MDR **57**, 103 = DRspr I (170) 22f). Ein mit der Gesamtschuldklage belangter Miterbe kann aber Befriedigung des Gläubigers verweigern, solange und soweit sich der Gläubiger durch Aufrechnung gegen eine fällige Forderung der Erbengemeinschaft befriedigen kann. Dies gilt bei einer Klage auf künftige Leistung auch dann, wenn die Aufrechnungsbefugnis bei der Erbengemeinschaft besteht und beim Gläubiger nur deshalb fehlt, weil seine eigene Forderung noch nicht fällig ist (BGH **38**, 122 = NJW **63**, 244 = LM § 2058 Nr. 3 Anm. *Mattern* = JZ **63**, 475/477 mit Anm. von *Scheyhing*).

§ 2041

Was auf Grund eines zum Nachlasse gehörenden Rechtes oder als Ersatz für die Zerstörung, Beschädigung oder Entziehung eines Nachlaßgegenstandes oder durch ein Rechtsgeschäft erworben wird, das sich auf den Nachlaß bezieht, gehört zum Nachlasse. Auf eine durch ein solches Rechtsgeschäft erworbene Forderung findet die Vorschrift des § 2019 Abs. 2 Anwendung.

E II 1915; P 5 866, 867.

Schrifttum:

Gross, Zur Anwendung des § 166 Abs. 2 BGB im Rahmen des § 2040 S. 1 BGB, MDR **65,** 443.

Dingliche Ersetzung

Übersicht

I. Voraussetzungen 1

1. Allgemeines

Vermöge der **dinglichen Ersetzung (Surrogation)** wird im Verhältnisse unter den Miterben ohne weiteres Bestandteil des Nachlasses, was *a) auf Grund eines Rechtes,* z. B. durch Erfüllung einer Schuld an den Nachlaß, oder *b)* als *Ersatz für Nachlaßgegenstände,* Sachen und Rechte, oder *c) durch Rechtsgeschäft, das sich auf den Nachlaß bezieht,* erworben wird. Dieselben Grundsätze gelten für das Gesamtgut (§ 1473) und beim Erbschaftskauf (§ 2374), während beim Erbschaftsanspruch (§ 2019 Rdn. 3) und bei der Nacherbschaft (§ 2111) entscheidend ist, ob der rechtsgeschäftliche Erwerb *mit Mitteln* der Erbschaft erfolgt. Demnach gehört auch zum Nachlasse, was ein Miterbe mit *eigenen Mitteln* für den Nachlaß erworben hat, sofern sich das den Erwerb vermittelnde Rechtsgeschäft *auf den Nachlaß bezieht.*

2. Beziehung zum Nachlaß 2

Ob das Rechtsgeschäft sich *auf den Nachlaß bezieht,* ist Sache der Beurteilung des Einzelfalles. Regelmäßig hängt es von der **Willensrichtung** des rechtsgeschäftlich tätig werdenden Miterben ab, nämlich davon, ob er für sich oder für den Nachlaß erwerben will, z. B. bei der Anschaffung von Maschinen oder sonstigen Inventarstücken, die im Forstbetriebe, in der Landwirtschaft oder im Gewerbe für den Nachlaß oder als Zubehör eines Nachlaßgrundstücks verwendet werden sollen, oder bei Ersteigerung eines Grundstücks, um eine zum Nachlasse gehörige Hypothek zu retten (RG **117,** 264) oder beim Erwerb einer *ideellen Grundstückshälfte,* wenn die andere Hälfte schon zum Nachlaß gehört (JW **37,** 2199[13]; vgl. hierzu *Roskothen,* Gesamthänderischer Erwerb innerhalb der Erbengemeinschaft JW **37,** 2955). Erforderlich ist, daß das Geschäft auch *objektiv* mit dem Nachlasse in Zusammenhang gebracht werden kann (OLG Köln OLGZ **65,** 117). So können mehrere Personen, die „in Erbengemeinschaft" Eigentümer eines Grundstücks sind, in dieser *gesamthänderischen* Verbindung ein anderes Grundstück erwerben, wenn der Erwerb bezweckt, das Nachlaßgrundstück wirtschaftlich besser auszunutzen (KG DR **44,** 190 Nr. 9; AG Osterode Nds Rpfl. **68,** 67).

3 § 2041 ist unabhängig von der Willensrichtung des Erwerbers in der Regel aber auch dann anzuwenden, wenn ein **Erwerb mit Mitteln des Nachlasses** gemacht worden ist. Denn auch dadurch wird durchweg eine „Beziehung zum Nachlaß" hergestellt (ebenso *Staudinger/Lehmann* Rdn. 3b; *Kipp/Coing* § 114 III 2, wo von einer objektiven und subjektiven Beziehung die Rede ist; *Planck/Ebbecke* Anm. 1; aM die 9. Aufl. dieses Kommentars; OHG **2,** 226; DNotZ **50,** 65). Aus dem verschiedenen Wortlaut der §§ 2019, 2111 („mit Mitteln der Erbschaft") und § 2041 („durch Rechtsgeschäft, das sich auf den Nachlaß bezieht") läßt sich der gegenteilige Schluß nicht zwingend begründen. Deshalb gehört auch der für ein Nachlaßgrundstück erzielte Erlös regelmäßig zum Nachlaß. Das Pfandrecht am Erbteil, das durch die Veräußerung des Grundstücks nicht in seinem rechtlichen Bestande berührt wird, erstreckt sich nunmehr auch auf den Erlös (KG DJ **41,** 351). Was ein Miterbe mit Mitteln des Nachlasses erwirbt, gehört auch dann zum Nachlaß, wenn er nicht den Willen hat, für den Nachlaß zu erwerben, und die übrigen Miterben mit dem Geschäft nicht einverstanden sind (OLG München NJW **56,** 1880). Eine objektive Beziehung genügt jedenfalls in den Fällen, in denen das über einen Nachlaßgegenstand vorgenommene Rechtsgeschäft seiner Natur nach eine *typische* Maßnahme der Nachlaßverwaltung ist. Ein solches Geschäft bezieht sich also auch dann auf den Nachlaß, wenn es der Miterbe in *eigenem* Namen abgeschlossen hat (BGH WM **68,** 1060 = NJW **68,** 1824). Im übrigen können die objektiven Umstände ein so starkes Gewicht haben, daß der subjektive Wille nicht für den Nachlaß erwerben zu wollen, unbeachtlich bleibt. Anders, wenn der Miterbe zum Nachlaß gehörendes Geld für seinen persönlichen Lebensunterhalt verbraucht. Das Geschäft ist dann so eng mit der persönlichen Sphäre verbunden, daß der Umstand, daß Nachlaßmittel verwendet worden sind, allein die Surrogation nicht bewirken kann. Das gilt jedenfalls dann, wenn der Handelnde gewillt und in der Lage ist, die dem Nachlaß entnommenen Gegenstände alsbald zu ersetzen (vgl. *Johannsen* WM 70, 738). Bei der Veräußerung von Nachlaßgegenständen gehört der Erlös stets zum Nachlaß. Führt ein Erbe einen zum Nachlaß gehörenden *Gewerbebetrieb* weiter, gehören die erzielten Einkünfte auch dann zum Nachlaß, wenn der Miterbe diesen Betrieb *als eigenen* führen wollte. Die Zugehörigkeit des Gewerbebetriebs ist also vom ausdrücklichen oder stillschweigenden Einverständnis der übrigen Erben ebensowenig abhängig, wie davon, ob der Betrieb für Rechnung der Erbengemeinschaft geführt wurde oder nicht. Die Arbeitsleistung des betriebsführenden Erben ist bei der Gewinnberechnung zu berücksichtigen (BGH LM § 1922 Nr. 7).

4 **3. Besondere Fälle**

Als **nicht** *zum Nachlasse gehörig* sind jedoch solche Vermögensstücke behandelt worden, die nach dem freien Willen der Erben von einem einzelnen Miterben durch Umsatz der den Nachlaß bildenden Vermögensstücke zu Sondereigentum erworben worden und nach außen hin seiner unumschränkten rechtlichen Verfügung unterworfen sind, mag dieser auch im Innenverhältnisse nur die Rechtsstellung eines *Treuhänders* der übrigen Beteiligten haben (RG 5. 7. 1921 VII 3/21). Hat er hierzu eigene Mittel verwendet, so ist er nach §§ 1978, 1991 gegenüber den Nachlaßgläubigern und nach §§ 670, 683ff gegenüber den Miterben ersatzberechtigt. Hat ein Dritter, der ein Nachlaßgrundstück im Wege der Enteignung erworben hat, an einen Miterben als Anerkennung dafür, daß dieser bei den Verhandlungen über den Erwerb des Grundstücks keine Schwierigkeiten gemacht hatte, aus freier Entschließung eine Zahlung geleistet, so gehört auch diese nicht zum Nachlaß (RG 4. 3. 1937 IV 291/36). Das gleiche gilt für ein Gleichstellungsgeld, das ein Miterbe von einem anderen Miterben, der den Nachlaß übernahm, aus dessen Vermögen erhalten hat (DJZ **08,** 1949).

Zutreffend spricht die Stempelentscheidung RG 5.7.1921 VII 3/21 aus, ein mit Mitteln des Nachlasses von einem Miterben im *Einverständnisse der übrigen* zu *Alleineigentum* erworbenes Grundstück gehöre nicht zum Nachlasse, auch wenn die Miterben noch gemeinschaftlich die Erträge beziehen; bereits durch den Erwerb des Grundstücks auf den Namen des einen Miterben sei eine Auseinandersetzung des Nachlasses insoweit erfolgt. Soweit ein Miterbe als *Erbschaftsbesitzer* in Betracht kommt (§ 2018 Rdn. 4), bestimmt sich der durch ihn vermittelte rechtsgeschäftliche Surrogatserwerb nach § 2019; danach entscheidet lediglich, ob hierzu die Mittel des Nachlasses verwendet sind. 5

Über die Frage, unter welchen Voraussetzungen eine nach dem Erbfall entstandene *Eigentümergrundschuld* zum Nachlaß gehört, s. v. *Rozycki-v. Hoewel* DRZ **33,** 210; vgl. auch BGH NJW **63,** 2320.

Soweit bei einer *Teilungsversteigerung* das Recht am Grundstück (Gesamthandeigentum der Erbengemeinschaft) erlischt, setzt es sich als Recht auf Befriedigung aus dem Erlös fort (BGH **4,** 87; BayObLGZ **59,** 50 = NJW **59,** 1780).

Die für einen Vertreibungsschaden nach dem LAG zugebilligten Ausgleichsleistungen sind der Pflichtteilsberechnung als Ersatzvorteile (Surrogate) auch dann zugrunde zu legen, wenn der Schaden noch vor dem Erbfall eingetreten, der Ausgleichsanspruch aber erst danach in der Person des Erben oder Vorerben entstanden ist (BGH WM **72,** 803 = LM § 2041 Nr. 3 = MDR **72,** 851; aber auch BGH **44,** 336; vgl. auch BVerwGE **24,** 87, 89; **27,** 86).

II. Rechtsfolge 6

Auch die *Ersatzstücke (Surrogate)* sind als *Nachlaßgegenstände* der Verfügungsmacht des einzelnen Erben entzogen (§ 2033) und sind Gegenstände der Verwaltung und Auseinandersetzung.

Zu Satz 2: Wegen *Zugehörigkeit einer* **Forderung** zum *Nachlaß* mit Wirkung auf den Schuldner vgl. § 2019 Abs. 2. Die Anwendung dieser Vorschrift bedeutet, daß der Schuldner einer Forderung, die von einem Miterben für einen Nachlaß begründet wird, die Zugehörigkeit der Forderung zu diesem Nachlasse erst dann gegen sich gelten lassen muß, wenn er von der Zugehörigkeit (also davon, daß das Rechtsgeschäft sich auf den Nachlaß bezieht) Kenntnis erhalten hat; er kann somit bis dahin an den Miterben, der die Forderung gegen ihn begründet hat oder an einen Dritten, dem dieser sie abgetreten hat, mit befreiender Wirkung leisten, auch mit diesen Personen hinsichtlich der Forderung mit Wirkung für den Nachlaß Rechtsgeschäfte vornehmen und Rechtsstreitigkeiten führen (§§ 407, 408), ferner eine ihm gegen den Miterben zustehende Forderung auch dem Nachlasse gegenüber aufrechnen (§ 406). 7

III. Sonstige Fälle der dinglichen Ersetzung 8

Der Grundsatz der dinglichen Ersetzung (**Surrogation**), der für die familienrechtlichen Sondervermögen anerkannt ist (vgl. Erl. zu §§ 1370 aF, 1524, 1638) gilt auf dem Gebiete des Erbrechts auch für andere Fälle, in denen das Nachlaßvermögen von dem Vermögen des Erben gesondert werden muß, so insbesondere, wenn nur ein Erbe vorhanden ist, aber der Nachlaß einer *Testamentsvollstreckung* untersteht; das bewirkt, daß der Testamentsvollstrecker die dem Erben aus Handlungen eines früheren Testamentsvollstreckers gegen diesen gemäß § 2219 entstandenen Schadensersatzansprüche geltend machen kann (RG **138,** 132). Er gilt ebenso auf Grund besonderer Vorschrift im Falle der *Nachlaßverwaltung* hinsichtlich der den Nachlaßgläubigern gegen den Erben und den Erben gegen einen Nachlaßverwalter entstandenen Schadensersatzansprüche (§§ 1978 Abs. 2, 1985 Abs. 2 Satz 2; vgl. zu §§ 1978 Rdn. 11f, 1985 Rdn. 14, aber auch

HRR **38** Nr. 1116). Dagegen gehört der nach § 2219 einem *Vermächtnisnehmer* zustehende Schadensersatzanspruch gegen den Testamentsvollstrecker nicht zum Nachlasse (RG **138**, 132). Ist von mehreren Miterben nur einer durch den Testamentsvollstrecker oder Nachlaßverwalter geschädigt (z. B. bei der Auseinandersetzung durch den Testamentsvollstrecker), so gehört der Anspruch nicht zum Nachlasse und kann deshalb nur von dem geschädigten Miterben, nicht von einem späteren Testamentsvollstrecker oder Nachlaßverwalter geltend gemacht werden (RG **138**, 134).

§ 2042

Jeder Miterbe kann jederzeit die Auseinandersetzung verlangen, soweit sich nicht aus den §§ 2043 bis 2045 ein anderes ergibt.

Die Vorschriften des § 749 Abs. 2, 3 und der §§ 750 bis 758 finden Anwendung.

E II 1916; P **5** 881, 882.

Neueres Schrifttum:

Dütz, Das Zurückbehaltungsrecht des § 273 Abs. 1 BGB bei Erbauseinandersetzungen, NJW **67**, 1105; *Fischer,* Auseinandersetzung über Betriebsgrundstücke einer Personalgesellschaft nach Erbfällen, NJW **57**, 894, 1179, 1467; ferner dazu: *Zunft* NJW **57**, 1178; *Löhlein* NJW **57**, 1466; *Eckelt* NJW **57**, 1860; *Fricke/Mutze,* Zur einkommenssteuerlichen Behandlung der Erbauseinandersetzung, *Betrieb* **64**, 675, 677; *Haegele,* Erbengemeinschaft und Erbauseinandersetzung bei der Erbschaftssteuer, *Rechtspfl* **63**, 227; *Johannsen,* Die Rechtsprechung des BGH zum Erbrecht 6. Teil: Die Erbengemeinschaft (2. Abschn.) WM **70**, 738; *Kapp,* Die Besteuerung der Erbengemeinschaft 1962; *Kapp/Ebeling,* Handbuch der Erbengemeinschaft 1972; *Klinger,* Bilanzielle Behandlung von Erbauseinandersetzungen bei ausscheidenden und verbleibenden Gesellschaftern einer Personalgesellschaft, *Betr.* **65**, 789; *Nissen,* Ertragssteuerliche Fragen bei Erbauseinandersetzungen *Betr.* **70**, 945; *Reithmann,* Devisengenehmigung und notarielle Praxis DNotZ **59**, 646.

Auseinandersetzung der Erbengemeinschaft

Übersicht

1 **I. Allgemeines**

Auseinandersetzung ist die Aufhebung der unter den Miterben bestehenden Gemeinschaft zur gesamten Hand (§ 2032 Rdn. 4). Entsprechend bei anderen Gesamthandsverhältnissen: Gesellschaft §§ 730ff, eheliche Gütergemeinschaft §§ 1471ff. Soweit das Verhältnis zu den Nachlaßgläubigern in Betracht kommt, spricht das Gesetz von **Teilung** (§§ 2059, 2060); es versteht darunter die *dingliche Überführung der Nachlaßgegenstände* oder ihres Erlöses in das Einzelvermögen der Miterben (vgl. das Nähere zu den genannten Vorschriften).

§ 2042 eröffnet *jedem* Miterben grundsätzlich ein Recht auf Auseinandersetzung, das im Wege der Erbteilungsklage gerichtlich geltend gemacht werden kann. Ein solcher Rechtsstreit ist jedoch schwierig zu führen und mit einem erheblichen Kostenrisiko verbunden, zumal da es Sache des Klägers ist, den Auseinandersetzungsplan entsprechend den gesetzlichen Regeln und den vom Erblasser getroffenen Bestimmungen selbst zu entwerfen und seine Anträge (evtl. Hilfsanträge) danach einzurichten. In der Praxis wird daher die unter den Erben vereinbarte Auseinandersetzung vorgezogen, wobei das Nachlaßgericht auf Antrag vermittelnd eingreifen kann (§§ 86ff FGG). Ist ein Testamentsvollstrecker bestellt, hat dieser regelmäßig die Auseinandersetzung zu bewirken (§§ 2204, 2208). Auch kann der Erblasser die Auseinandersetzung weitgehend durch Teilungsanordnungen sowie durch die Bestimmung erleichtern, daß sie nach billigem Ermessen eines Dritten stattfinden soll (§ 2048).

II. Auseinandersetzungsvertrag 2

1. Vertrag unter den Miterben allein

a) Grundsätzliches. Die Auseinandersetzung kann zunächst durch **außergerichtlichen Vertrag unter den Miterben** *selbst* geschehen; in diesem Falle sind die Erben, soweit nicht *bindende* Teilungsanordnungen des Erblassers (§ 2048 Rdn. 1 ff) vorliegen, weder hinsichtlich des Zeitpunktes, der Art und Weise oder des Inhalts noch hinsichtlich der Form beschränkt, da das Gesetz in keiner Richtung *zwingende* Vorschriften aufstellt (RG WarnRspr. **09** Nr. 512). Insbesondere kann die Erbauseinandersetzung in der Weise stattfinden, daß ohne förmliche Berechnung und Verständigung über den Bestand und den Wert des Nachlasses der gesamte Nachlaßbestand gegen gewisse an die übrigen Miterben zu zahlende Abfindungen in Bausch und Bogen einem oder mehreren Miterben zugewiesen wird; eine solche Vereinbarung ist *nicht* etwa als *Erbschaftsverkauf* wegen Nichtbeobachtung der für diesen bestehenden Formvorschrift (§ 2371) nichtig; sie erzeugt ferner auch ohne Beobachtung der Form für *Verfügungen über den Erbanteil* (§ 2033 Abs. 1 Satz 2) die *schuldrechtliche* Verpflichtung, keine erbrechtlichen Ansprüche gegenüber den Miterben mehr geltend zu machen (RG WarnRspr. **09** Nr. 512). Die Miterben können auch einem von ihnen die Verwaltung des gemeinschaftlichen Nachlasses übertragen, die Auseinandersetzung auf Zeit oder für immer ausschließen, die Benutzung der Nachlaßgegenstände für die Beteiligten regeln (BGH WM **68,** 1172). Auch eine Vereinbarung im Wege des Vergleichs, durch welche Personen, die auf die Eigenschaft als Miterben Anspruch erhoben hatten, deren Erbberechtigung aber bestritten war *(Erbansprecher),* sich gegen gewisse Zuwendungen aus dem Nachlasse verpflichten, erbrechtliche Ansprüche nicht weiter geltend zu machen, kann als Erbauseinandersetzungsvertrag angesehen werden (RG aaO). Verlangt ein Miterbe von einem anderen Miterben anteilige Herausgabe der aus einem Nachlaßgrundstück gezogenen Nutzungen, so ist das keine Erbschaftsklage aus § 2018, sondern die Geltendmachung des Auseinandersetzungsanspruchs aus § 2042; der Beklagte kann also nicht auf Grund des § 2021 Wegfall der Bereicherung einwenden; der Anspruch ist vielmehr bei der Auseinandersetzung zu verrechnen (RG WarnRspr. **41** Nr. 54 = DR **41,** 999). In einem wegen Formmangels (wegen unrichtiger Angabe des Kaufpreises in der notariellen Urkunde) gemäß § 2371 nichtigen *Verkaufe eines Erbanteils unter Miterben* kann im Wege der *Umdeutung (Konversion)* unter Umständen ein Erbauseinandersetzungsvertrag erblickt und der Vertrag als solcher aufrechterhalten werden (RG **129**, 123). Der Umstand, daß ein ererbtes *Geschäft* nach außen hin von einem Miterben auf seinen Namen allein fortgeführt wird, läßt noch nicht ohne weiteres darauf schließen, daß über das Geschäft eine Auseinandersetzung stattgefunden habe; die Fortführung wäre auch mit einer Beteiligung der Miterben im Innenverhältnis vereinbar (RG 29. 8. 1935 IV 91/35). Der Erbteilungsvertrag hat regelmäßig die Natur eines Vergleichs im Sinne des § 778 BGB. Man spricht daher auch von **Erbvergleich** (RG 15. 6. 1915 VII 47/15).

3 **b) Form des Auseinandersetzungsvertrages.** Der Erbauseinandersetzungsvertrag als solcher bedarf *keiner Form;* soweit jedoch darin die Verpflichtung begründet wird, *Nachlaßgrundstücke* an einen Miterben oder an mehrere Miterben nach Bruchteilen zu übereignen (auch wenn die Bruchteile die gleichen sind wie die bisherigen Erbanteile), ist die *Form des § 313* zu beobachten (RG **57**, 432; KGJ **52**, 27). Ein formloser Auseinandersetzungsvertrag über landwirtschaftliche Grundstücke ist für die Parteien *nicht* bindend BGH *LM § 242* (Ca) Nr. 22 = MDR **66**, 227. Vgl. ferner *Rötelmann* zu OLG Celle NJW **51**, 198; *Grunau* DNotZ **51**, 366; *Zunft* JZ **56**, 553). Um Rechtsstreitigkeiten zu vermeiden und spätere Nachweise zu erleichtern, empfiehlt sich allerdings bei Erbauseinandersetzungen die notarielle Beurkundung in jedem Falle. Die dingliche Übereignung einzelner Nachlaßgegenstände an einen Miterben in Ausführung der Auseinandersetzung bedarf der dafür vorgeschriebenen Formen, bei Grundstücken der Auflassung (RG **57**, 434; **80**, 57). Die in einem Erbauseinandersetzungsvertrag zugunsten einer Miterbin getroffene Altenteilsvereinbarung, daß diese anstelle der Lieferung von Naturalien Zahlung ihrer Erzeugerpreise verlangen kann, bedarf *nicht* der Genehmigung nach § 3 WährG (OLG Frankfurt Rechtspfl. **68**, 358 mit Anm. von *Haegele*).

4 **c) Beteiligung von Abwesenden, Minderjährigen und Ehegatten.** Einem abwesenden Beteiligten kann, wenn die Voraussetzungen der Abwesenheitspflegschaft vorliegen (Rdn. zu § 1911), durch das Nachlaßgericht für das Auseinandersetzungsverfahren ein Pfleger bestellt werden (§ 88 FGG); ein solcher Pfleger ist auch zur Annahme der Erbschaft für den Abwesenden befugt; die Bestellung kann deshalb schon vor der Annahme der Erbschaft durch diesen stattfinden; auch kann der Pfleger einen Erbschein für den Abwesenden beantragen (OLG Kolmar RJA **16**, 63). Steht ein Miterbe unter Vormundschaft oder Pflegschaft, so bedarf der Auseinandersetzungsvertrag (Erbteilungsvertrag) der Genehmigung des Vormundschaftsgerichts (§ 1822 Nr. 2); an dessen Stelle tritt im Falle des § 88 FGG im Auseinandersetzungsvermittlungsverfahren das Nachlaßgericht (§ 97 FGG). Die Erbauseinandersetzung ist aber grundsätzlich nicht Aufgabe des für die unbekannten Erben bestellten Nachlaßpflegers (KG DFG **40**, 26).

5 Der Vater als gesetzlicher Vertreter eines **minderjährigen** Miterben braucht nach § 1643 die Genehmigung nur, soweit es sich bei der Auseinandersetzung um Rechtsgeschäfte im Sinne der §§ 1821 Abs. 1 Nr. 1—3, Abs. 2, 1822 Nr. 1, 3, 5 handelt.

6 **Mehrere minderjährige Miterben** müssen, wenn die *Auseinandersetzung vertragsmäßig* durch Aufhebung der unter ihnen selbst bestehenden Gemeinschaft und unter Abweichung von den gesetzlichen Auseinandersetzungsregeln geschehen soll, wegen § 181 jeder durch einen besonderen gesetzlichen Vertreter (Inhaber der elterlichen Gewalt, Vormund, Pfleger) vertreten sein (RG **67**, 61; **71**, 162; **93**, 334; vgl. Rdn. zu § 1795). Das gilt nach RG **93**, 336 auch, wenn die Auseinandersetzung nur eine „rechnerische" ist und daher kein eigentlicher Interessengegensatz unter ihnen besteht, weil nicht darauf abgestellt werden kann, ob eine Auseinandersetzung einfach oder mit Schwierigkeiten verknüpft ist. Auch wenn zum Zweck der Auseinandersetzung einer Erbengemeinschaft, an der mehrere Minderjährige und ihr gesetzlicher Vertreter beteiligt sind, die Umwandlung des *Gesamthandeigentums* an einem Grundstück in *Bruchteilsei-*

gentum erfolgen soll, muß für jeden der minderjährigen Miterben, sofern nicht einer der Ausnahmefälle des § 181 vorliegt, ein Pfleger bestellt werden (BGH **21**, 229 = DNotZ **56**, 559 = NJW **56**, 1433 = LM BGB § 181 Nr. 6 mit Anm. von *Hückinghaus*). Rechtlich anders liegt es, wenn die Minderjährigen den *gesamten Nachlaß* (also die Summe der Erbteile) *an einen* großjährigen *Miterben* gegen bestimmte, an jeden einzelnen von ihnen zu zahlende Abfindungssummen übertragen (§ 2033 Abs. 1), vorausgesetzt, daß die dafür vorgeschriebene Form gewahrt ist; in solchem Falle kann ein gesetzlicher Vertreter den Vertrag namens aller beteiligten Minderjährigen schließen, nicht dagegen wenn einzelne Nachlaßgegenstände in dieser Weise an den Miterben übergehen sollen (RG **93**, 335; aM für letzteren Fall BayObLG **9**, 126; vgl. im einzelnen auch *Riedel* JR **50**, 140; LG Köln DNotZ **51**, 229 mit Anm. von *Riedel*). Weiteres zur Erbauseinandersetzung unter Beteiligung von Minderjährigen und zur Übertragung der Erbteile von Minderjährigen BGH NJW **68**, 936 = FamRZ **68**, 245 mit Anm. von *Mattern;* LM § 181 Nr. 11.

Die minderjährigen Erben müssen auch bei Rechtsgeschäften mit einem anderen Erben, durch die dieser privatrechtlich befugt werden soll, ein zum Nachlaß gehörendes *Handelsgeschäft* im eigenen Namen und auf eigene Rechnung weiterzuführen und zu verpachten, durch einen Pfleger vertreten werden (OLG München HRR **40**, 779 betr. Kinder und Frau eines verstorbenen Apothekenbesitzers). Das Vormundschaftsgericht kann die Vertretungsbefugnis eines gesetzlichen Vertreters für mehrere minderjährige Miterben nicht durch Gestattung nach § 181 erweitern (RG **71**, 162). Findet aber die Auseinandersetzung unter Beobachtung der gesetzlichen Auseinandersetzungsregeln (§§ 2046ff, 2042 Abs. 2, 752ff) — ohne jede Abweichung von ihnen — statt, und stellt sich infolgedessen der Auseinandersetzungsvertrag als ein Rechtsgeschäft dar, das lediglich zur Erfüllung der Auseinandersetzungsverbindlichkeit (§2042 Abs. 1) geschlossen ist, so steht der einheitlichen Vertretung nichts entgegen (RG **67**, 64; **93**, 336).

Bei **Eheleuten** war bis zum 1. 4. 1953 im gesetzlichen Güterstande für die Frau die **7**
Zustimmung des Mannes erforderlich, wenn der Erbanteil zum eingebrachten Gute gehörte (§ 1395 aF). Nach Inkrafttreten des Gleichberechtigungsgesetzes vom 18. 6. 1957 braucht ein im gesetzlichen Güterstand der *Zugewinngemeinschaft* lebender Ehegatte die Zustimmung des anderen Teiles nach § 1365 nur noch, wenn der Erbteil des betreffenden Ehegatten sein ganzes Vermögen ausmacht (BGH **35**, 135,143 = NJW **61**, 1301 = WM **61**, 672). Keine Zustimmung ist nach wie vor erforderlich bei *Gütertrennung* und beim Sonder- und Vorbehaltsgut der *Gütergemeinschaft* (§§ 1417, 1418). Gehört der Erbteil eines Ehegatten zum Gesamtgut einer Gütergemeinschaft (§ 1416), so kann er einen Auseinandersetzungsvertrag grundsätzlich nur schließen, wenn ihm die Verwaltung des Gesamtguts übertragen ist (§ 1422); er bedarf aber auch in diesem Fall der Zustimmung des anderen Ehegatten, wenn der Erbteil das ganze Gesamtgut bildet (§ 1423) oder wenn es sich um die Begründung der Verpflichtung handelt, Nachlaßgrundstücke zu übertragen (§ 1424). Wird das Gesamtgut von beiden Ehegatten verwaltet, so kann der Auseinandersetzungsvertrag auch nur von beiden geschlossen werden (§ 1450). Wegen des früheren Rechts vgl. RJA **4**, 117.

d) Inhalt des Auseinandersetzungsvertrages. Der Inhalt des Auseinandersetzungs- **8**
vertrages bestimmt sich, soweit keine Teilungsanordnungen des Erblassers vorliegen (§ 2048), grundsätzlich nach der *freien Vereinbarung* der Miterben. So kann die Auseinandersetzung insbesondere in der Weise vereinbart werden, daß die gesamten Nachlaßgegenstände einem oder mehreren Miterben zugewiesen werden, während die übrigen eine Abfindung erhalten (vgl. hierzu *Zunft* JR **56**, 550). In diesem Falle kann der Erbauseinandersetzungsvertrag über einen einzigen vorhandenen Nachlaßgegenstand die Rechtsnatur eines Kaufvertrags haben; kommt hierbei der übernehmende Miterbe mit

seinen Leistungen an die abzufindenden Miterben in Verzug, dann können diese von dem Vertrag zurücktreten und Rückgewähr an die Erbengemeinschaft verlangen (BGH LM BGB § 326 A Nr. 2 = DNotZ **55,** 406). Erbauseinandersetzung ist auch möglich durch Umwandlung einer Erbengemeinschaft in eine Personalgesellschaft; darüber, daß dann die Umschreibung des Eigentums an einem Nachlaßgrundstück im Wege der Grundbuchberichtigung erfolgen kann, vgl. *Ganßmüller* DNotZ **55,** 172. Zu der praktisch wichtigen Frage der Auseinandersetzung über Betriebsgrundstücke einer Personalgesellschaft nach Erbfällen s. *Fischer NJW* **57,** 894; *Löhlein* NJW **57,** 1466; *Eckelt* NJW **57,** 1860.

9 Die Aufhebung der Erbengemeinschaft kann auch *gegenständlich beschränkt* werden; sie besteht dann als solche an den vorerst ungeteilten Nachlaßgegenständen weiter. Doch kann gegen den Willen eines Miterben eine gegenständlich beschränkte (teilweise) Auseinandersetzung nur ausnahmsweise unter besonderen Umständen verlangt werden (RG HRR **29** Nr. 1831; s. Rdn. 18—21). Sie kann auch in *mehreren einzelnen Verträgen* je zwischen einem Teile der Miterben erfolgen; doch müssen diese Verträge miteinander in einem gewollten Zusammenhange stehen, so daß die Auseinandersetzung sich als Ganzes auf sämtliche Miterben erstreckt (RG HRR **30** Nr. 1466; **34,** 1458). Zur Auseinandersetzung kann auch eine *Gemeinschaft nach Bruchteilen* an dem ganzen Nachlasse oder an einzelnen Nachlaßbestandteilen (z. B. dem Mietertrag eines Hauses, RG 26. 3. 1909 VII 450/08) unter den bisherigen Erbgemeinschaftern begründet werden (BayObLG **32,** 381). Teilung eines einzelnen Nachlaßgegenstandes kann ein Miterbe in der Regel von den anderen Miterben nicht verlangen, vielmehr nur die einheitliche Teilung des gesamten Nachlasses (RG 7. 12. 1916 IV 246/16).

10 e) **Wirkungen der vertraglichen Auseinandersetzung.** Ist eine Erbengemeinschaft durch Vertrag auseinandergesetzt worden, so kann sie als solche nicht vertraglich wiederhergestellt werden und zwar auch nicht durch Rücktritt vom Auseinandersetzungsvertrage (KG DNotZ **52,** 84; OLG Düsseldorf Rpfleger **52,** 243). Die Wiederherstellung der Erbengemeinschaft kann auch nicht im Wege eines Bereicherungsanspruchs herbeigeführt werden. Hat ein Miterbe die Erbanteile aller übrigen Miterben durch Kauf und wirksame dingliche Übertragung erworben und ergibt sich hieraus die endgültige Beendigung der Miterbengemeinschaft, so kann keiner der Verkäufer mit der Behauptung, der Verkauf seines Erbteils sei wegen unrichtiger Angabe des Kaufpreises nichtig, von dem Käufer der Erbteile Rückauflassung an die den Käufer einschließende Miterbengemeinschaft verlangen (RG 22. 2. 1934 IV 364/33). Für eine „Wiederherstellung“ und „Neubegründung“ der Miterbengemeinschaft ist insbesondere dann kein Raum, wenn die Miterbengemeinschaft infolge nicht restloser Durchführung der Auseinandersetzung noch nicht aufgelöst ist. Hierbei ist zu beachten, daß die Erbengemeinschaft kraft Gesetzes besteht, solange noch gemeinschaftliches Nachlaßvermögen vorhanden ist (BGH DNotZ **55,** 406, 408). Die Frage, ob eine endgültige Teilung des Nachlasses erfolgt und damit die Erbengemeinschaft auseinandergesetzt ist, beurteilt sich nach den Umständen des Einzelfalls. Die bloße Einigung über einen Teilungsplan genügt ebensowenig wie die Verteilung einzelner Nachlaßgegenstände. Entscheidend ist, daß der Wille der Beteiligten dahin geht, das gemeinschaftliche Vermögen der Erben (§ 2032 Abs. 2) solle als solches aufhören zu bestehen (RG 6. 7. 1917 VII 164/17). Hat bei einer Erbauseinandersetzung ein Miterbe Grundstücke, ein anderer Wertpapiere erhalten, die nachträglich in der Hand des Testamentsvollstreckers der Entwertung verfallen sind, so läßt sich ein Anspruch des benachteiligten Miterben gegen den Grundstückserwerber weder aus § 242 noch aus § 2042 Abs. 2 herleiten (RG 20. 6. 1927 IV 877/26).

Nach der Auseinandersetzung kann der Erbanteil als Ganzes nicht mehr gepfändet werden (RG 6. 7. 1917 VII 164/17). Er kann auch nicht mehr durch einheitliches dingliches Rechtsgeschäft (§ 2033, vgl. Rdn. 1 ff dazu) zur Erfüllung eines Erbteilsverkaufes (§ 2371) auf den Käufer übergehen; die Erfüllung kann aber auch jetzt noch, wie die eines Verkaufes der ganzen Erbschaft durch den Alleinerben (vgl. Rdn. zu § 2371), dadurch geschehen, daß die einzelnen Sachen und Rechte, die den Erbteil gebildet haben, auf den Käufer übertragen werden; deshalb ist der Abschluß eines Erbteilsverkaufes auch nach der Auseinandersetzung nicht ausgeschlossen (RG **134**, 296; vgl. auch BGH LM § 433 Nr. 4 und oben Rdn. 9). Über die Konkurrenz zwischen Vertragspfandrecht und Pfändungspfandrecht an einem Miterbenanteil s. BGH NJW **69**, 1347. 11

2. Auseinandersetzung durch Testamentsvollstrecker 12

Ist ein oder sind mehrere Testamentsvollstrecker vorhanden, so liegt diesen die Auseinandersetzung ob, sofern nicht anzunehmen ist, daß das Recht dazu ihnen vom Erblasser nicht gewährt werden sollte (§§ 2204, 2208); die Auseinandersetzung durch Vereinbarung unter den Miterben ist dann ausgeschlossen. Der Testamentsvollstrecker hat die Auseinandersetzung unter Beobachtung der Vorschriften der §§ 2042-2056 vorzunehmen (§ 2204 Abs. 1), soweit nicht Teilungsanordnungen des Erblassers vorliegen, insbesondere ihm überlassen ist, *nach billigem Ermessen* zu verfahren (§ 2048 Satz 2). Doch ist nach RG **108**, 289 die durch § 2042 Abs. 2 vorgeschriebene Anwendung des § 753, soweit danach die Aufhebung der Gemeinschaft bei Grundstücken mangels einer Einigung der Beteiligten durch Zwangsversteigerung erfolgen müßte, auf die Auseinandersetzung durch einen Testamentsvollstrecker ausgeschlossen, den der Erblasser ohne Einschränkung der Befugnisse ernannt hat, die einem solchen kraft Gesetzes zustehen. Es würde dem mutmaßlichen Willen des Erblassers nicht entsprechen, die freie Verfügungsbefugnis über die Nachlaßgegenstände (§ 2205), die dem Testamentsvollstrecker bei der Verwaltung des Nachlasses zusteht, bei Veräußerungen zum Zwecke der Auseinandersetzung einzuschränken. Wenn eine Testamentsvollstreckung angeordnet ist, ist die *Zustimmung des Testamentsvollstreckers* jedenfalls insoweit erforderlich, als die Auseinandersetzung Gegenstände betrifft, die *seiner* Verwaltung unterliegen. Verfügungen über solche Gegenstände, die ohne Zustimmung des Testamentsvollstreckers erfolgen, sind nichtig (BGH **40**, 115 = WM **63**, 1211 = NJW **63**, 2320 = LM § 2044 Nr. 1).

3. Auseinandersetzung durch Vermittlung staatlicher Stellen 13

Ist kein Testamentsvollstrecker bestellt oder ist der bestellte Testamentsvollstrecker nicht befugt, die Auseinandersetzung vorzunehmen, so hat auf Antrag (landesgesetzlich auch von Amts wegen, FGG § 192) das *Nachlaßgericht* in einem durch das FGG (§§ 86-98) geregelten Verfahren der freiwilligen Gerichtsbarkeit die Vermittlung der Auseinandersetzung in die Hand zu nehmen. Es hat hierbei die unter den Beteiligten infolge ausdrücklicher Zustimmung oder eingetretener Versäumnis zustande gekommenen Vereinbarungen zu beurkunden und zu bestätigen; die rechtskräftig bestätigte Auseinandersetzung hat sodann die Wirkung eines rechtsgeschäftlichen Auseinandersetzungsvertrags. Inwieweit die Notare zur Vermittlung der Auseinandersetzung zuständig sind, bestimmt sich nach den bisherigen landesgesetzlichen Vorschriften (§ 20 Abs. 4 BNotO). Gebühr für die Vermittlung der Auseinandersetzung: KostO §§ 148, 116. Die praktische Bedeutung des Vermittlungsverfahrens ist gering, da jeder Miterbe in der Lage ist, durch seinen Widerspruch die Auseinandersetzung zu verhindern. Mit einer Neugestaltung des Auseinandersetzungsverfahrens ist daher auf weite Sicht nicht zu rechnen (vgl. schon *Bartholomeyczik* ZAkDR **38**, 626; s. auch *Wilcke* DR **38**, 70). Zum

Verfahren vgl. ferner *Kipp/Coing* 12. Bearb. § 118 IV; *Jansen* FGG-Kommentar 1970; *Keidel/Winkler* FGG 1972 §§ 86ff. Die gerichtliche Auseinandersetzung nach §§ 86 FGG ist auch zulässig, wenn ein Hof i. S. der Höfeordnung zum Nachlaß gehört. Zuständig ist das Nachlaßgericht, sofern die Beteiligten einig sind (vgl. *Haegele* Rechtspfl **61**, 281 Nr. 8).

14 **4. Das Zuweisungsverfahren durch Landwirtschaftsgerichte**

Früher war das Amtsgericht als Landwirtschaftsgericht für die Auseinandersetzung nach §§ 86 ff FGG zuständig, sofern ein land- oder forstwirtschaftlicher Besitz einer Erbengemeinschaft gehörte. Kam zwischen den Beteiligten keine Einigung zustande, so konnte das Gericht den Hof auf Antrag ungeteilt auf einen Miterben übertragen und die Beträge, die der Erwerber an die Miterben zu leisten hatte, näher festsetzen. Nunmehr ist die Auseinandersetzung nach §§ 13—17 des Grundstücksverkehrsgesetzes vom 28. 7. 1961 (BGBl. I 1091) geregelt. Über die Verfassungsmäßigkeit des Gesetzes vgl. OLG Frankfurt OLGZ **70**, 268.

Die Zuweisung erfolgt durch die Landwirtschaftsgerichte. Sie ist nur zulässig, wenn der Betrieb mit einer zur Bewirtschaftung geeigneten Hofstelle versehen ist, seine Erträge im wesentlichen zum Unterhalt einer bäuerlichen Familie ausreichen und wenn sich ferner die Miterben über die Auseinandersetzung nicht einigen können oder eine von ihnen vereinbarte Auseinandersetzung nicht vollzogen werden kann. Sie ist unzulässig, solange die Auseinandersetzung ausgeschlossen oder ein Testamentsvollstrecker vorhanden ist oder ein Miterbe Aufschub verlangen kann.

Die Miterben müssen durch die gesetzliche Erbfolge berufen sein, nicht durch eine Verfügung von Todes wegen. Es genügt nicht, daß eine letztwillige Verfügung im Ergebnis die gesetzliche Erbfolge herbeiführt; vgl. BGH **40**, 60 = Rechtspfl **63**, 343 m. Anm. von *Haegele;* dazu OLG Oldenburg Nds Rechtspfl **66**, 42 = RdL **66**, 21. Vgl. im übrigen zu dem Verfahren *Wöhrmann* GrdstVG 1963; *Rötelmann* DNotZ **64**, 82; **61**, 185; *Haegele* Rpfleger **61**, 276; *Piepenbrock*, Die Rechtsprechung des BGH in Landwirtschaftssachen, DRiZ **63**, 426; *Erman/Bartholomeyczik* Rdn. 6; *Palandt/Keidel* Anm. 10.

15 **III. Durchsetzung des Rechts auf Auseinandersetzung**

1. Voraussetzungen des Auseinandersetzungsverlangens

a) Das Verlangen kann **grundsätzlich „jederzeit“** gestellt werden, entsprechend § 749 Abs. 1 für die Gemeinschaft; immerhin läßt das unter Miterben bestehende, den Regeln von Treu und Glauben unterliegende Verhältnis (s. RG **65**, 10) kein schikanöses (§ 226) oder auch nur arglistiges Vorgehen eines Miterben zur Unzeit zu (HRR **37** Nr. 1581; LG Düsseldorf FamRZ **55**, 303).

16 **b) Ausnahmen:** Das Verlangen kann nicht gestellt werden, solange und soweit die Bestimmungen der §§ 2043—2045 entgegenstehen, so z. B. wenn die Auseinandersetzung nicht möglich ist, weil die Erbteile noch unbestimmt sind (vgl. das Nähere zu diesen Vorschriften). Außerdem ist es ausgeschlossen, wenn die Miterben die Ausschließung für immer oder auf Zeit vereinbart haben, und es kann, wenn eine Kündigungsfrist vereinbart ist, nur unter Einhaltung der Frist gestellt werden. Zulässig ist auch eine Vereinbarung, durch die der Verkauf im Wege der Zwangsversteigerung, der im § 753 für die Aufhebung der Gemeinschaft an Grundstücken vorgesehen ist, ausgeschlossen wird; ist die Vereinbarung nur von einem Teile der Miterben geschlossen worden, so beschränkt sich ihre Wirksamkeit auf diese Miterben (RG WarnRspr. **38** Nr. 70). Jedoch ergibt die **Anwendbarkeit der §§ 749 Abs. 2, 3, 750, 751,** daß die Auseinandersetzung

gleichwohl stets verlangt werden kann, wenn ein *wichtiger Grund* vorliegt (vgl. hierzu auch § 749 Rdn. 6 und RG WarnRspr. **30** Nr. 70, wonach die Aufhebung der Gemeinschaft *nicht zur Unzeit* verlangt werden darf), und, sofern sie nur auf Zeit ausgeschlossen ist, nach dem Tode eines Miterben; ferner daß die Vereinbarung der Ausschließung auch für und gegen einen *Sondernachfolger,* insbesondere also den Übernehmer eines Erbanteils (§ 2033) wirkt (und zwar auch ohne Eintragung im Grundbuche, die daher als überflüssig abzulehnen ist, KG JW **35,** 3121[42]), nicht aber gegenüber dem *Gläubiger* eines Miterben, der auf Grund eines nicht nur vorläufig vollstreckbaren Schuldtitels den Erbanteil seines Schuldners gepfändet hat.

Es ist fraglich, ob eine Auseinandersetzung zulässig ist, wenn alle Miterben sie wünschen, der Erblasser sie jedoch ausgeschlossen hat. Ergibt in einem solchen Falle die Auslegung, daß der Erblasser auch für diesen Fall des Einverständnisses die Auseinandersetzung ausschließen wollte, dann hat das Verbot lediglich den Charakter einer Auflage, deren Verletzung allein zu schuldrechtlichen Ansprüchen eines nach § 2194 BGB Vollziehungsberechtigten führen kann, aber *nichts* an der Wirksamkeit entgegenstehender *Verfügungen ändert.*

2. Die Berechtigten 17

Berechtigt, das Verlangen zu stellen, ist außer jedem Miterben auch der Erwerber eines Erbteils (§ 2033 Rdn. 12), der *Nießbraucher* eines Erbteils nur in Gemeinschaft mit dem Miterben, dem der Erbteil gehört (§§ 1066 Abs. 2, 1089 mit Rdn.), ebenso der *Pfandgläubiger* bis zum Eintritt der Verkaufsberechtigung (§§ 1258 Abs. 2, 1273 Abs. 2 Satz 2). Dagegen ist ein Miterbe, dessen Erbteil gepfändet ist, jedenfalls nicht berechtigt, die Versteigerung eines Nachlaßgrundstücks nach den §§ 180 ff ZVG zu beantragen (OLG Hamburg MDR **58,** 45).

3. Teilauseinandersetzung 18

Gegenstand der Auseinandersetzung ist der ganze Nachlaß. Der Anspruch des § 2042 ist daher grundsätzlich auf Auseinandersetzung der *gesamten* Erbengemeinschaft zu richten. Das Verlangen einzelner *Teilauseinandersetzungen* ist in der Regel unzulässig (RG JW **19,** 42[9]; **108,** 423). Jedoch können die Erben sich in allseitigem Einverständnis darauf beschränken, sich wegen eines *Teiles des Nachlasses* auseinanderzusetzen, wobei die Erbengemeinschaft im übrigen fortbesteht (OLG **21,** 317). Es können auch *einzelne Miterben* durch Abfindung ausscheiden, während die Erbengemeinschaft im übrigen bestehen bleibt (OLG **11,** 230; vgl. auch KG OLG **43,** 392; OLG Köln JMBlNRW **58,** 127). Grundsätzlich müssen auch bei einer Teilauseinandersetzung alle Miterben mitwirken (OLG Neustadt DRspr. I (170) 21 f = VersR **56,** 153). Gegen den Willen eines Miterben kann eine teilweise Auseinandersetzung unter vorläufiger Ausscheidung eines bestimmten Teiles des Nachlasses jedoch nur verlangt werden, wenn besondere Gründe es rechtfertigen und dadurch den Belangen der Erbengemeinschaft und der anderen Miterben kein Eintrag geschieht (RG JW **10,** 846[92]; RG 24. 9. 1936 IV 110/35; RG **95,** 326; RG HRR **29** Nr. 1831; BGH LM § 1922 Nr. 7; LM § 2042 Nr. 4 = MDR **63,** 578; vgl. auch *Planck/Ebbecke* Vorbem. 2 Abs. 2 vor § 2042; *Staudinger/Lehmann § 2042 Rdn. 12; Kipp/Coing* 12. Bearb. § 117 IV). Man sollte in dieser Frage nicht zu engherzig sein, insbesondere dann, wenn eine Auseinandersetzung nur wegen *einzelner* Gegenstände noch nicht möglich ist oder wenn ein einzelner Miterbe sich wegen untergeordneter Fragen gegen die Gesamtauseinandersetzung sperrt. So kann eine Teilauseinandersetzung etwa dann begehrt werden, wenn außer den beiden Beteiligten weitere Miterben nicht vorhanden sind, Nachlaßverbindlichkeiten nicht bestehen und der Kläger nur einen Teil begehrt, der ihm bei endgültiger Auseinandersetzung ohnehin zufallen würde. Mit der Leistung an den klagenden Miterben wird in solchen Fällen die (Teil-)Auseinandersetzung selbst in zulässiger Weise vorgenommen; vgl. Rdn. 24.

19 Setzen sich die Miterben in mehreren *Einzelverträgen* auseinander, die jeweils zwischen einem Teil von ihnen geschlossen worden sind und in einem gewollten Zusammenhange stehen, so daß die Auseinandersetzung im Ganzen sich auf alle Miterben und den gesamten Nachlaß erstreckt (vgl. Rdn. 10; RG HRR **30** Nr. 1466; **34** Nr. 1458), so liegt **keine Teilauseinandersetzung** in dem vorerörterten Sinne vor, ebenso nicht, wenn die Miterben vertraglich eine Bruchteilsgemeinschaft am ganzen Nachlaß begründen (BayObLG **32,** 381). In beiden Fällen wird die Erbengemeinschaft in vollem Umfange aufgehoben. Eine Teilauseinandersetzung findet jedoch statt, wenn die Miterben eine Bruchteilsgemeinschaft nur an *einzelnen* Nachlaßgegenständen begründen, z. B. an den Mieterträgen eines Hauses (RG 26. 3. 1909 VII 450/08). Vor Auseinandersetzung über den gesamten Nachlaß besteht kein Anspruch auf Teilung der Nachlaßfrüchte OLG Hamburg, MDR **65,** 665.

20 Eine Teilauseinandersetzung kann nicht innerhalb der fortbestehenden Erbengemeinschaft eine engere, nur einen Teil der Miterben umfassende „Erbengemeinschaft" begründen; denn auch dies wäre ein unzulässiger Versuch, vertraglich eine Erbengemeinschaft zu begründen (vgl. § 2032 Rdn. 8). Deshalb kann eine zum Nachlaß gehörende Hypothek auch nicht auf einen Teil der Erben „in ungeteilter Erbengemeinschaft" umgeschrieben werden (KG Recht **27** Nr. 349 = DRZ **27** Nr. 195; vgl. ferner KG OLG **43,** 392; KGJ **31** A 138 = Recht **06** Nr. 1251; KG DNotZ **52,** 84 und § 2032 Rdn. 8 zur Frage, ob eine Erbengemeinschaft vertraglich hergestellt werden kann). Auch liegt keine Teilauseinandersetzung vor, wenn nur einige Miterben ohne Mitwirkung anderer ihren Anteil auf einen Miterben übertragen (OLG Neustadt VersR **56,** 153). Zur Frage der Teilauseinandersetzung hinsichtlich eines *Alleinmietrechts,* das der *überlebende Ehegatte* gegenüber einem Abkömmling beansprucht, der die von beiden Ehegatten gemeinschaftlich gemietete Wohnung mitbewohnt, vgl. OLG Braunschweig NJW **59,** 152 m. Anm. von *Müller.* Zur Teilauseinandersetzung an *Nachlaßgrundstücken* im Wege der Zwangsversteigerung OLG Köln JMBlNRW **58,** 129 = MDR **58,** 517. Zur sog. „subjektiven Teilauseinandersetzung" vgl. auch LG Saarbrücken SaarlRuStZ **57,** 31. Ein Miterbe kann in der Regel von den anderen Miterben *nicht* die Teilung eines einzelnen Nachlaßgegenstandes verlangen, sondern grundsätzlich *nur die einheitliche Teilung* des gesamten Nachlasses (RG 7. 12. 1916 IV 246/16).

21 Über eine Teilauseinandersetzung wegen der Vermögensabgabe nach dem *Lastenausgleichsgesetz* vgl. *Hense* DNotZ **53,** 81 (vgl. Einl. Rdn. 8 zu diesem Buche).

22 **4. Auseinandersetzungsklage**

Kommt unter den Miterben keine vertragliche Einigung über die Erbauseinandersetzung zustande, so hat jeder Miterbe die Möglichkeit, sein berechtigtes Auseinandersetzungsverlangen (s. o. Rdn. 16, 17) im Klagewege durchzusetzen. Die Erbteilungsklage setzt voraus, daß der Nachlaß teilungsreif ist. Das ist nicht der Fall, wenn die Parteien über den Umfang des Nachlasses streiten, insbesondere der Bestand desselben von der Leistung des Offenbarungseides abhängt, den der Beklagte von dem Kläger im Wege der Widerklage verlangt, KG NJW **61,** 733. Das gerichtliche Verlangen kann auf *Feststellung einzelner Streitpunkte* zur Vorbereitung der außergerichtlichen oder gerichtlichen Auseinandersetzung beschränkt werden, auch wenn der Erhebung der Auseinandersetzungsklage selbst kein Hindernis entgegensteht (RG JW **09,** 223[15]; **10,** 655[14]; Recht **25** Nr. 461; BGH **1,** 74; *Stein/Jonas* ZPO 19. Aufl. § 256 III Nr. 169; *Wieczorek* ZPO § 256 C II c 3). Der Miterbe kann die Auseinandersetzungsklage aber auch *unmit-*

telbar erheben; sie ist auf Zustimmung zu der von dem Kläger beantragten Auseinandersetzung, auf *Schließung eines Auseinandersetzungsvertrages* zu richten (RG JW **10**, 655[14]); durch das rechtskräftige Urteil wird die Zustimmungserklärung ersetzt (§ 894 ZPO). Das auf die Klage ergehende Urteil ist daher nicht, wie bei der gemeinrechtlichen actio familiae erciscundae, ein Gestaltungsurteil, durch welches der Richter nach freiem Ermessen die Nachlaßgegenstände zuteilt und Rechte an ihnen schafft; vielmehr hat das Gericht nur darüber zu befinden, ob die gestellten Anträge, an die es gebunden ist, berechtigt sind (BGH DNotZ **59**, 483 = MDR **59**, 834 = NJW **59**, 1493). Der Kläger muß deshalb einen Auseinandersetzungsplan vorlegen und bestimmte Anträge für die Art der Durchführung der Auseinandersetzung stellen (RG 22. 12. 1919 IV 303/19; 2. 3. 1922 IV 516/21); jedoch kann der Teilungsplan, den der Kläger in seinem Klageantrag genau aufzustellen hat (OLG Kassel SeuffArch **64** Nr. 10), sich nur auf Anordnungen des Erblassers, Vereinbarungen der Miterben und auf gesetzliche Teilungsregeln stützen (vgl. *Erman/Bartholomeyczik* Rdn. 7). Der Richter soll besonders sorgfältig durch Ausübung des Fragerechts (§ 139 ZPO) darauf hinwirken, daß klare und sachgemäße Anträge, evtl. auch Hilfsanträge, gestellt werden (RG 24. 9. 1936 IV 110/35; vgl. auch RG WarnRspr. **13** Nr. 236d; vgl. auch KG NJW **61**, 733). Ist der Nachlaß durch *Teilungsanordnung des Erblassers* (§ 2044) vollständig verteilt, so ist dadurch bereits die schuldrechtliche Verbindlichkeit der Miterben zur wechselseitigen Überlassung der entsprechenden Nachlaßbestandteile begründet worden; dann ist für einen Auseinandersetzungsvertrag kein Raum mehr (RG HRR **30** Nr. 1806). Das gilt jedoch nur, wenn unter den Miterben keine sonstigen Punkte, die sich auf die Erbschaft beziehen (Nachlaßverbindlichkeiten, Vorempfänge usw.), zu regeln sind; vgl. auch RG SeuffArch **77** Nr. 149. — Eine letztwillige Teilungsanordnung, die unter gesicherten Währungsverhältnissen (1935) getroffen worden ist und durch die einem Miterben ein Grundstück, den anderen Miterben hypothekarisch zu sichernde Geldforderungen zuerkannt worden sind, ist nicht schon wegen des späteren Währungsverfalls unwirksam (OLG Düsseldorf SJZ **47**, 192). Bedarf die Erbauseinandersetzung der Genehmigung des Vormundschaftsgerichts, so hat der Kläger diese vor der Entscheidung des Gerichts beizubringen (KG NJW **61**, 733c).

Die Auseinandersetzungsklage kann *gegen einen oder einzelne Miterben* ohne Zu- **23**
ziehung aller oder gegen *einen* von mehreren *Testamentsvollstreckern* gerichtet werden, wenn es sich nur darum handelt, deren Widerspruch gegen die Vornahme der Auseinandersetzung zu beseitigen (RG 29. 10. 1917 IV 241/17). Aber auch die Klage auf Feststellung des Bestandes des Nachlasses zur Vorbereitung der Auseinandersetzung sowie die Auseinandersetzungsklage selbst (vgl. Rdn. 22) kann, wie das RG (23. 1. 1905 IV 298/04) unter Einschränkung der in JW **04**, 61[18] aufgestellten Grundsätze ausgesprochen hat, grundsätzlich gegen *einzelne* Miterben erhoben werden, ungeachtet der Schwierigkeiten, die sich dadurch für die Auseinandersetzung möglicherweise ergeben. Es besteht daher auch zwischen den auf Zustimmung zu einem Erbauseinandersetzungsvertrage verklagten mehreren Miterben *keine notwendige Streitgenossenschaft;* vgl. OLG Nürnberg BayJMBl **57**, 39. Ebensowenig braucht die Unwirksamkeit eines Erbvergleichs — d. h. der Auseinandersetzung durch Vertrag — gegenüber einem Erbbeteiligten, dessen Rechte nicht berücksichtigt worden sind, gegenüber allen Vertragschließenden festgestellt zu werden. Eine Klage, durch welche die Unwirksamkeit eines Erbvergleichs festgestellt werden soll, muß daher jedenfalls nicht gegen diejenigen am Erbvergleich Beteiligten erhoben werden, deren Erbrecht und Beteiligung den übergangenen Erbbeteiligten nicht beschwert (RG 8. 1. 1906 IV 334/05). Der Einwand der mehreren Streitgenossen steht dem verklagten Miterben nur zu, wenn bei besonderer Sachlage die Rechtsverfolgung gegen ihn allein so sehr Treu und Glauben zuwiderlaufen

würde, daß ihm die Erzwingung der gemeinsamen Rechtsverfolgung aller Miterben nicht versagt werden könnte (so auch RG 20.11.1919 IV 246/19; WarnRspr. **19** Nr. 42). Es sind das allerdings reichlich unbestimmte Vorbehalte. Richtiger ist es wohl, wenigstens für die *Auseinandersetzungsklage selbst* (wenn auch nicht für die zur Vorbereitung dienenden Feststellungsklagen, RG Recht **24** Nr. 1002), die Heranziehung sämtlicher Miterben zu verlangen.

24 Besteht der Nachlaß aktiv nur aus einer oder mehreren *Forderungen* gegen einen *Miterben,* so kann in der *Klage auf Herauszahlung* der Anteile an diesen Forderungen, die den Klägern unter Berücksichtigung der bestehenden Nachlaßverbindlichkeiten nach Maßgabe ihrer Erbanteile zukommen, eine zulässige Klage auf Auseinandersetzung gefunden werden, auch wenn die Kläger das, was auf sie selbst entfällt, in einem einheitlichen Betrage, ohne Auseinandersetzung unter ihnen selbst, verlangen (RG WarnRspr. **13** Nr. 236b; s. auch § 2039 Rdn. 13). Hat ein Miterbe den gesamten *Barüberschuß* des mit Verbindlichkeiten nicht oder nicht mehr belasteten Nachlasses in Händen, so können die andern Miterben unmittelbar auf Herauszahlung des Anteils an diesem Barüberschusse, der ihnen nach Maßgabe ihrer Erbanteile zukommt, klagen, ohne daß sie den ursprünglichen Passivbestand oder das Bestehen oder Nichtbestehen von Ausgleichungspflichten darlegen müssen (RG WarnRspr. **13** Nr. 236c). Das muß um so mehr gelten, wenn durch *Teilungsanordnung* des Erblassers (§ 2048 Rdn. 1ff) einem oder mehreren Miterben eine bestimmte Summe als Erbteil zugewiesen ist; in solchen Fällen können diese, sofern keine besonderen Bedenken bestehen, unmittelbar auf Auszahlung des ihnen zugewiesenen Betrages klagen (RG SeuffArch **77** Nr. 149). Auf alle Fälle kann, falls die Auseinandersetzung Vorbedingung der Zahlung ist, in dem Verlangen der Zahlung das stillschweigend zum Ausdruck gebrachte Verlangen der Auseinandersetzung gefunden werden. Ein Auseinandersetzungsplan braucht angesichts der Teilungsanordnung dann nicht vorgelegt zu werden (RG SeuffArch **77** Nr. 149). Bei *Rechtsstreitigkeiten* der Miterben *untereinander* kann auch durch eine von dem beklagten Miterben angestrengte Gestaltungsklage gegen einen anderen Miterben das Rechtsschutzbedürfnis für eine von diesem zuvor erhobene Feststellungsklage entfallen, wenn der Gegenstand dieser Klage von der Gestaltungsklage mitumfaßt wird (BGH FamRZ **57,** 51). Eine Erbschaftsklage (§ 2018) gegen einen Miterben hat regelmäßig die Natur einer Erbteilungsklage (§ 2042), so z. B. wenn verlangt wird, daß ein Grundstückserlös, den der im Alleinbesitz der Erbschaft befindliche Miterbe erzielt hat, zur Teilung gebracht und der auf den Kläger entfallende Teil ausgezahlt werde (RG 11.12.1916 IV 316/16; 24.10.1912 IV 147/21).

25 Der **Streitwert der Erbteilungsklage** richtet sich nach dem *vollen Wert des Nachlasses* (BGH MDR **62,** 390, NJW **62,** 914); vgl. ferner *Speckmann* NJW **70,** 1259, 1906. Zum Streitwert bei der Auflassungsklage eines Miterben gegen einen anderen vgl. *Creutzig* NJW **69,** 1334; OLG Celle NJW **69,** 1355.

Ist bei der Erbauseinandersetzung über den zum Nachlaß gehörenden Grundbesitz die Verteilung nur hinsichtlich *einzelner* Grundstücke streitig, so bemißt sich der Streitwert für die Auseinandersetzungsklage nur nach dem *Verkehrswert* derjenigen Nachlaßgrundstücke, über deren *Verteilung* zwischen den Parteien *Streit besteht,* auch wenn der der Klage zugrunde liegende Teilungsplan den gesamten zum Nachlaß gehörenden Grundbesitz betrifft (BGH NJW **69,** 1350 = LM § 3 ZPO Nr. 39; vgl. ferner *Johannsen* WM **70,** 745).

26 **IV. Anwendung der Vorschriften über die Aufhebung einer Gemeinschaft (Abs. 2)**

Wegen Anwendung der **§§ 749 Abs. 2, 3, 751** s. Rdn. 16. — Die weiter angezogenen

§§ 752—758 bestreffen die Art und Weise der *Durchführung der Teilung* bei einer Gemeinschaft nach Bruchteilen. Sie sind nicht zwingend; die Art und Weise der Auseinandersetzung kann vielmehr frei vereinbart werden (Rdn. 8). Die Anwendung der Bestimmungen auf die Auseinandersetzung der Erbengemeinschaft ergibt in Verbindung mit den §§ 2046, 2047 folgendes:

Zunächst sind die *Nachlaßverbindlichkeiten*, für welche die Miterben als Gesamt- **27**
schuldner haften (§ 2058 Rdn. 5ff), aus den, soweit erforderlich, in Geld umzusetzenden Nachlaßaktiven zu berichtigen (§§ 755, 2046), ebenso auf Verlangen der beteiligten Miterben die unter den Erben bestehenden Schuldverhältnisse, soweit sich die Forderungen auf die Erbengemeinschaft gründen (§ 756), wozu auch die bereits *vor dem Erbfalle* zwischen Erblasser und Miterben entstandenen Schuldverhältnisse gehören, so daß sich der *Miterbe*, der *Schuldner* des Nachlasses ist, und ebenso seine Konkursgläubiger, sowie der Erwerber seines Erbanteils (§ 2033) ihre ganze Schuld auf ihren Erbteil anrechnen lassen müssen (RG **78**, 273; *Planck/Ebbecke* § 2042 Anm. 1 und § 2046 Anm. 3; Mot. **2**, 886; vgl. Näheres § 2046 Rdn. 5). Auch *Vorempfänge* sind vorweg auszugleichen (§ 2050). Dabei sind auch die Forderungen zu begleichen, die einem Miterben zustehen. Er braucht seine Ansprüche nicht bis zur Schlußverteilung zurückzustellen. Bei einer aus zwei Miterben bestehenden Erbengemeinschaft kann daher auch der eine Erbe eine Forderung, die ihm gegen den Erblasser zugestanden hat, zum entsprechenden Teil gegen den anderen geltend machen (BGH LM § 2046 Nr. 1). Die Geltendmachung ist aber ausgeschlossen, sofern keine bereiten Zahlungsmittel zur Verfügung stehen und dem Miterbengläubiger nach der Sachlage ein Zuwarten zugemutet werden kann. Falls dagegen der Miterbe dem Nachlaß etwas schuldet, kann er in der Regel verlangen, daß seine Schuld bei der Verteilung des Erlöses verrechnet wird (vgl. § 2046 Rdn. 2).

Sodann werden nach § 752 die Nachlaßgegenstände (Sachen und Rechte, auch **28**
Forderungen) geteilt, soweit sich der Nachlaß oder die einzelnen Gegenstände in gleichartige, den Erbanteilen entsprechende Teile zerlegen lassen; nötigenfalls werden die so gebildeten Teile durch das Los (FGG § 94) zugeteilt. Die Verteilung geschieht in erster Linie nach den vom Erblasser getroffenen Teilungsanordnungen (§ 2048 Satz 1). Oft ist es schwierig zu entscheiden, ob eine Teilungsanordnung oder ein Vermächtnis vorliegt. Das gilt besonders dann, wenn dem Miterben das Recht eingeräumt ist, einzelne Nachlaßgegenstände zu übernehmen. Das Übernahmerecht zugunsten eines Miterben kann auch bei objektiv vollwertigem Übernahmepreis über eine Teilungsanordnung hinaus ein Vermächtnis sein. Ein *Vermächtnis* liegt vor, wenn der Übernahmeberechtigte *nach dem Willen des Erblassers* durch das Übernahmerecht *einen Vermögensvorteil* gegenüber den übrigen Miterben bekommen soll. *Fehlt* ein solcher *Wille*, dann ist eine *reine Teilungsanordnung* gegeben (BGH **36**, 115 = LM § 2048 Nr. 4 mit Anm. *Mattern* = NJW **62**, 343 = MDR **62**, 205). Das gilt auch, wenn die Zuweisung des Erblassers ohne Rücksicht auf eine Übernahmeerklärung des Bedachten und ohne Bestimmung eines Übernahmepreises erfolgt (LM § 2048 Nr. 5a). Fehlte dem Erblasser der Bevorzugungswille, so liegt eine Teilungsanordnung dann vor, wenn das Übernahmerecht dazu führt, daß die zu gleichen Quoten berufenen Erben ungleich bedacht werden (BGH LM § 2048 Nr. 5). Vgl. § 2048 Rdn. 1. Auch eine Grundschuld ist in dieser Weise in Natur zu teilen (RG 22. 12. 1919 IV 303/19). Für Wohngrundstücke ergibt sich neuerdings eine Teilungsmöglichkeit auf Grund des Gesetzes über das Wohnungseigentum und das Dauerwohnrecht vom 15. März 1951 (BGBl I 175). Soweit Teilung in Natur ausgeschlossen ist, erfolgt nach § 753 Verkauf nach den Vorschriften über den Pfandverkauf, also durch Versteigerung (§§§ 1235ff), bei Grundstücken durch Zwangsversteigerung (ZVG §§ 180ff; vgl. dazu *Maier*, Gegen die Teilungsversteigerung im Auseinandersetzungs-

streit in DJ **42,** 729, mit dem geltenden Recht schwer vereinbar; anders OLG Köln JMBlNRW **58,** 129 = MDR **58,** 517). Die Zwangsversteigerung ist, falls der Erblasser die Veräußerung an einen Fremden untersagt hat, unter den Miterben *allein* durchzuführen (§ 2048, vgl. auch RG **52,** 177; wegen des Testamentsvollstreckers ferner Rdn. 12; der Erlös ist zu teilen. Hierbei ist ein im Zwangsversteigerungsverfahren im Beschwerderechtszug geschlossener gehörig niedergeschriebener Vergleich einem öffentlich beurkundeten (313) gleich zu erachten (RG **165,** 163). Zuteilung von *Bruchteilseigentum* an Stelle der Zwangsversteigerung von Grundstücken kann ein einzelner Miterbe nicht beanspruchen; dazu bedarf es eines schuldrechtlichen Vertrags und der Auflassung (RG **67,** 64; BGH **21,** 233; vgl. § 2032 Rdn. 5). Der Erblasser kann die Zwangsversteigerung wie auch den freihändigen Verkauf von Grundstücken zum Zwecke der Auseinandersetzung ausschließen (RG DJZ **25,** 1265; vgl. auch § 2044 Rdn. 4). Ein Miterbe, dessen Erbanteil gepfländet ist, kann keinen Antrag auf Versteigerung eines Nachlaßgrundstücks nach den §§ 180ff ZVG stellen (OLG Hamburg MDR **58,** 45). Wird ein Nachlaßgrundstück teilungshalber zur Zwangsversteigerung gebracht, so hat die Teilung des Erlöses unter den Gemeinschaften im Erbauseinandersetzungsverfahren, nicht dagegen im Versteigerungsverfahren zu erfolgen (RG 30. 9. 1918 IV 222/18). Der Zuschlag — nach freiwilliger Versteigerung eines Grundstücks — bewirkt noch keine Auseinandersetzung der Erbengemeinschaft; die dingliche Rechtsänderung tritt erst mit Auflassung und Eintragung ein (LG Osnabrück Rpfleger **56,** 102 mit Anm. von *Mohrbutter*). nach § 754 ist der Verkauf von Forderungen ausgeschlossen, wenn sie bereits eingezogen werden können (RG **65,** 7). Gehört zum Nachlasse ein auf den Namen eines Miterben lautendes *Sparkassenguthaben,* so kann diesem gegenüber nicht Barzahlung des Betrages, sondern nur Auseinandersetzung und zu diesem Zwecke gemeinschaftliche Einziehung der Forderung, falls solche möglich, andernfalls Verkauf der Forderung und Teilung des Erlöses verlangt werden (RG 20. 11. 1919 IV 246/19). Gehört zum Nachlasse eine Beteiligung des Erblassers am Nachlaß eines Dritten, so können die Erben verlangen, daß jedem von ihnen bei der Auseinandersetzung ein seiner Erbquote entsprechender Bruchteil der Beteiligung zugeteilt wird (BGH WM **63,** 999).

29 Die *gegenseitige Gewährleistungspflicht* der Miterben für die zugeteilten Gegenstände regelt sich nach § 757; ein Verlust, der vor der endgültigen Auseinandersetzung an einem noch zur Gemeinschaft gehörigen Vermögensstücke eingetreten ist, ist von sämtlichen Miterben zu tragen; dagegen trifft, wenn der Nachlaß bereits *nach Erbsträngen* auseinandergesetzt ist, ein nach dieser Auseinandersetzung eintretender Verlust nur die Beteiligten des Erbstranges, dem der Vermögensgegenstand zugeteilt ist (RG LZ **18,** 159). Bei Verkauf eines Nachlaßgegenstandes an einen Dritten haften die Miterben nach außen nach Kaufrecht als Gesamtschuldner, wenn sie nicht die Haftung auf den Nachlaß beschränkt haben (*Erman/Bartholomeyczik* Rdn. 3). Über die *Aufwertung* der auf erbrechtlichen Auseinandersetzungsverträgen beruhenden Geldansprüche vgl. 9. Aufl. § 242 Rdn. 5y Abs. 5. Verlangt ein Miterbe auf Grund einer *Teilauseinandersetzung* (vgl. oben Rdn. 18ff) Zahlung an ihn, so kann ihm der Einwand eines Verstoßes gegen Treu und Glauben entgegengehalten werden, wenn wegen der unterdessen eingetretenen Änderung der Verhältnisse „die Möglichkeit besteht" (richtiger wohl einschränkend: „mit Sicherheit anzunehmen ist"), daß er nach dem Ergebnisse der noch ausstehenden Schlußauseinandersetzung den jetzt verlangten Betrag nicht zu fordern haben werde und daher wieder herauszahlen müßte. Das entspricht dem für Klagen gegen einen Miterben auf Zahlung an den Nachlaß vom Reichsgericht ausgesprochenen Rechtsgrundsatze (RG HRR **34** Nr. 1458; vgl. § 2039 Rdn. 15).

30 *Unverjährbarkeit* des Auseinandersetzungsanspruchs (§ 758); verjährbar aber ist die Klage gegen einen Miterben als Erbschaftsbesitzer auf Herausgabe des Nachlasses

(§ 2018 Rdn. 1); durch den Eintritt dieser Verjährung wird der Auseinandersetzungsanspruch einem solchen Miterben gegenüber, soweit er die Erbschaft besitzt, praktisch wirkungslos; so (für altes preußisches Recht) RG 11.12.1916 IV 316/16 und 19.12.1921 IV 179/21.

Grundbucheintragungen auf Grund der Auseinandersetzung auf Vorlage eines *Zeugnisses des Nachlaßgerichts:* GBO §§ 36, 37; über die Prüfungspflicht des Grundbuchamts gegenüber einem solchen Zeugnis s. DRW **39,** 1821[7]. Ein Zeugnis nach § 36 GBO kann auch dann erteilt werden, wenn der Erblasser nur als Miteigentümer oder Gesamthandberechtigter an einem Grundstück beteiligt war (KG DNotZ **40,** 411). — Ein Auseinandersetzungszeugnis kann dagegen nicht erteilt werden, wenn das Eigentum an einem Nachlaßgrundstück nicht auf einen Miterben, sondern auf einen Dritten übertragen werden soll (KG JFG **22,** 161). *Gebühr* für das Zeugnis: KostO § 103 (hierzu *Witte* DWohnA **39,** 267). *Urkundensteuer* für die Erbauseinandersetzung: UrkStG § 18 (vgl. RFinH JW **39,** 588[54]). 31

V. Währungsreform und Umstellung 32

Über den **Einfluß der Währungsmaßnahmen** auf die Auseinandersetzung vgl. zusammenfassend *Klee* NJW Fundhefte Heft 2 Nr. 60a vor § 1; ferner zu Einzelfragen NJW **47/48,** 599 Nr. 978—981; OLG Hamburg MDR **50,** 421; OLG Hamm JR **51,** 540; KG (West) JR **51,** 537; LG Göttingen JR **50,** 664; OLG Oldenburg MDR **51,** 105; vgl. ferner *Fischer* DNotZ **57,** 182, 186: Sieben Jahre Rechtsprechung zu UmstG § 18 Abs. 1 Nr. 3.

Über die weitere Rechtsprechung zu § 18 Abs. 1 Nr. 3 UmstG und die Umstellung der Verbindlichkeiten aus der Auseinandersetzung zwischen den Erben im Verhältnis 1 : 1 vgl. *Rdn. 32—36 der 11. Aufl.*

VI. Steuer- und Devisenrechtliches 33

1. *Ob* Auseinandersetzungsakte zwischen Miterben als *entgeltliche Erwerbsvorgänge* im Sinne der Steuergesetze zu beurteilen sind, ist *streitig* (vgl. BFH BB **65,** 957; umfassend: *Kapp,* Die Besteuerung der Erbauseinandersetzung 1963).

2. Soweit Devisenausländer an der Auseinandersetzung und Teilung des Nachlasses beteiligt sind, ist diese allgemein genehmigt (vgl. Allgemeine Genehmigung zu den Devisenwirtschaftsgesetzen betr. Regelung inländischer Erbauseinandersetzungen v. 16.1.1959 (BAnZ Nr. 12 v. 20.1.1959). Über die Grenzen des Bundesgebietes können Nachlaßgegenstände nur nach den Vorschriften über die Warenausfuhr oder Verbringung im Interzonenverkehr verbracht werden. Vgl. dazu *Reithmann* DNotZ **59,** 649.

§ 2043

Soweit die Erbteile wegen der zu erwartenden Geburt eines Miterben noch unbestimmt sind, ist die Auseinandersetzung bis zur Hebung der Unbestimmtheit ausgeschlossen.

Das gleiche gilt, soweit die Erbteile deshalb noch unbestimmt sind, weil die Entscheidung über eine Ehelicherklärung, über die Bestätigung einer Annahme an Kindes Statt oder über die Genehmigung einer vom Erblasser errichteten Stiftung noch aussteht.

E I 2154 II 1917; M 5 690, 691; P 5 883—885.

Ausschluß der Auseinandersetzung bei unbestimmtem Erbteil

Übersicht

1 **I. Zu erwartende Geburt eines Miterben (Abs. 1)**

Die **Leibesfrucht** (der **nasciturus**) kann, wenn sie zur Zeit des Erbfalls bereits erzeugt war, Erbe werden (§ 1923 Abs. 2). Nur *„soweit"* durch die zu erwartende Geburt die Erbteile unbestimmt werden, ist die Auseinandersetzung ausgeschlossen. Es besteht deshalb kein Hindernis, sie im übrigen durchzuführen, wenn von der Geburt z. B. nur die Anzahl und Höhe der Kopfteile *eines* Erbstamms beeinflußt wird. Dann bleibt die Erbengemeinschaft nur in Ansehung der diesem Stamme zugeteilten Nachlaßgegenstände bestehen (s. § 2042 Rdn. 18). Der nach § 1912 bestellte Pfleger oder der Gewalthaber des nasciturus nimmt an der Verwaltung (§ 2038) teil.

2 **II. Weitere Fälle bestehender Unbestimmtheit (Abs. 2)**

Ehelicherklärung §§ 1723ff, **Annahme an Kindes Statt** §§ 1741ff, FamRÄndG §§ 10ff (vgl. § 1922 Rdn. 20). In beiden Fällen hat die Verfügung oder Bestätigung, wenn sie nach dem Tode des Vaters oder des Annehmenden ergeht, rückwirkende Kraft (§§ 1733, 1753). Die Vorschrift gilt auch, wenn der Erblasser die *Abkömmlinge eines Dritten* als Erben eingesetzt hat (§ 2070) und die Eigenschaft als Abkömmling des Dritten von der noch ausstehenden Entscheidung über eine Ehelicherklärung oder Annahme an Kindes Statt abhängt. Abs. 2 gilt mit Wirkung vom 1. 7. 1970 in der Fassung des NeG vom 19. 8. 1969 (BGBl. I 1243). Die vorgenommene Änderung betrifft lediglich den Begriff *„Ehelicherklärung"* (vgl. §§ 1740a ff); früher: Ehelichkeitserklärung (§§ 1723 ff aF).

3 Bezüglich der **Stiftung** ist gleichgültig, ob sie vom Erblasser durch Stiftungsgeschäft unter Lebenden (§ 81) oder durch Verfügung von Todes wegen (§ 83) errichtet worden ist, sofern nur bis zum Tode des Erblassers die nach §§ 80, 84 erforderliche Genehmigung noch nicht erteilt war; in beiden Fällen gilt die nach dem Tode des Erblassers genehmigte Stiftung hinsichtlich der Erbeinsetzung als vor dessen Tode entstanden (§ 84). Nach EG Art. 86, 87 galt das gleiche, wenn die Erbeinsetzung *juristischer Personen* oder der Mitglieder religiöser *Orden* usw. nach Landesrecht von staatlicher Genehmigung abhing (vgl. im einzelnen § 1922 Rdn. 4). Schon vor der Erteilung dieser Genehmigung war Feststellungsklage der betreffenden Bedachten zulässig (RG **75,** 406).

4 *Andere Fälle* bestehender Unbestimmtheit, z. B. *Verschollenheit eines Miterben,* noch bestehende *Ausschlagungsmöglichkeit* eines Miterben, rechtfertigen den Aufschub **nicht**; dem Bedürfnis nach einer Vertretung ist durch Bestellung eines Abwesenheits- oder

Nachlaßpflegers für den Erbteil (§§ 1911, 1960) abzuhelfen. Der Abwesenheitspfleger kann für den Miterben, für den er bestellt ist, auch die Annahme der Erbschaft erklären und ihn bei der Auseinandersetzung vertreten (*Kipp/Coing* 12. Aufl. § 116 II 1e). Auf etwaige unbekannte Abkömmlinge eines für tot Erklärten wird keine Rücksicht genommen (OLG München SeuffArch **63** Nr. 126).

Wegen Erteilung eines *Erbscheines* bei bestehender Unbestimmtheit der Erbteile s. Rdn. zu § 2353.

III. Wirkungen gesetzwidriger Auseinandersetzung 5

Eine Auseinandersetzung, die dem Gesetze zuwider vorgenommen wird, hat *keine Nichtigkeit* aus § 134 zur Folge (vgl. auch *Staudinger/Lehmann* Rdn. 6). Mit Rücksicht auf § 2042 Abs. 1 und die Entstehungsgeschichte (E I § 2154, Prot. II **5**, 883) kann § 2043 nicht als zwingendes Verbot, sondern nur so verstanden werden, daß das Verlangen, welches jedem Miterben an sich jederzeit zusteht, bis zur Hebung der Unbestimmtheit nicht gestellt werden darf. Ist trotzdem die Auseinandersetzung erfolgt und wird die Unbestimmtheit später in der Weise behoben, daß der erwartete Miterbe nicht Miterbe wird, so bleibt die Auseinandersetzung in Kraft; war dabei ein Erbteil für den Erwarteten zurückbehalten, so ist dieser nachträglich zu verteilen. Wird der Erwartete wirklich Miterbe, so ist die Auseinandersetzung unwirksam; daran kann auch nichts ändern, daß bei ihr ein Pfleger mitgewirkt oder ihr zugestimmt hat, der etwa für den erwarteten Miterben nach § 1912 bestellt war; denn angesichts der Vorschrift des § 2043 ist ein solcher zur Vertretung des Erwarteten bei einer Auseinandersetzung nicht berufen.

§ 2044

Der Erblasser kann durch letztwillige Verfügung die Auseinandersetzung in Ansehung des Nachlasses oder einzelner Nachlaßgegenstände ausschließen oder von der Einhaltung einer Kündigungsfrist abhängig machen. Die Vorschriften des § 749 Abs. 2, 3, der §§ 750, 751 und des § 1010 Abs. 1 finden entsprechende Anwendung.

Die Verfügung wird unwirksam, wenn dreißig Jahre seit dem Eintritte des Erbfalls verstrichen sind. Der Erblasser kann jedoch anordnen, daß die Verfügung bis zum Eintritt eines bestimmten Ereignisses in der Person eines Miterben oder, falls er eine Nacherbfolge oder ein Vermächtnis anordnet, bis zum Eintritte der Nacherbfolge oder bis zum Anfalle des Vermächtnisses gelten soll. Ist der Miterbe, in dessen Person das Ereignis eintreten soll, eine juristische Person, so bewendet es bei der dreißigjährigen Frist.

E I 2135 II 1918; M 5 688—690; P 5 882, 883.

Ausschluß der Auseinandersetzung durch den Erblasser

Übersicht

1 **I. Ausschluß durch letztwillige Verfügung**

1. Allgemeines

Der Ausschluß der Auseinandersetzung kann, außer in einer Vereinbarung der Miterben (§ 2042 Rdn. 16), auch in einer letztwilligen Verfügung des Erblassers angeordnet werden. Dabei ist es ohne Bedeutung, ob gewillkürte oder gesetzliche Erbfolge eintritt (BayObLG NJW **67,** 1136 = BayObLG **66,** 408). Nach dem Wortlaute („*letztwillige Verfügung*"; vgl. zu § 1937 Rdn. 2) könnte die Anordnung nur durch Testament oder einseitig in einem Erbvertrage (§ 2299) getroffen werden; die Anordnung kann jedoch, soweit sie entweder ein Vermächtnis oder eine Auflage darstellt, auch *vertragsmäßig* in einem Erbvertrage enthalten sein (§ 2278 Abs. 2). Die Ausschließung wirkt nicht dinglich (vgl. KG OLG **40,** 112; *Staudinger/Lehmann* Rdn. 3). Die Beschränkung der Erbauseinandersetzung durch das Teilungsverbot braucht nicht in das Grundbuch eingetragen zu werden und darf es auch nicht (KG DR **44/45,** 191 = DNotZ **44,** 15; vgl. aber Rdn. 7 a.E.). Bestritten ist, ob eine solche Anordnung regelmäßig oder nur in besonderen Fällen eine *Auflage* (§§ 1940, 2192) enthält (für letztere Auffassung *Planck/Ebbecke* Anm. 3). Die Bedeutung der Anordnung ist durch *Auslegung* zu ermitteln.

2 **2. Vermächtnis**

Geht der Sinn der Anordnung des Erblassers nur dahin, daß den einzelnen Miterben das jedem von ihnen zustehende Recht entzogen werden soll, auch *gegen den Willen der andern* jederzeit die Auseinandersetzung zu *verlangen*, so wird sie einer Auseinandersetzung mit Zustimmung sämtlicher Miterben nicht entgegenstehen; vgl. BGH **40,** 115 = WM **63,** 1211 = NJW **63,** 2320 = *LM § 2044* Nr. 1 mit Anm. von *Nirk;* in solchem Falle hat die Anordnung den Charakter einer jedem Miterben zu Lasten der übrigen gemachten Zuwendung des Rechtes, die Vornahme der Auseinandersetzung zu verweigern bzw. die Unterlassung der Auseinandersetzung zu fordern, und stellt sich als ein **Vermächtnis** (§§ 1939, 2147ff) dar (ebenso *Staudinger/Lehmann* Rdn. 5 gegen *Kipp/Coing* 12. Aufl. § 116 IV 3a, die nur „vermächtnisähnliche" Rechtsnatur annehmen); vgl. dazu auch BGH **36,** 115 = NJW **62,** 343; ergänzt durch BGH LM § 2048 Nr. 5a = DNotZ **63,** 112); vgl. § 2042 Rdn. 28.

3 **3. Auflage**

Die Anordnung kann aber und wird bei obigem Wortlaute in der Regel auch die Bedeutung eines von dem Willen der Erben unabhängigen, selbständigen Willens des Erblassers haben, daß die Auseinandersetzung unterbleibe; in diesem Falle setzt sich auch eine Auseinandersetzung, die mit Zustimmung aller Miterben erfolgt, zu ihr in Widerspruch. Dadurch wird freilich ihre *dingliche Wirksamkeit* hinsichtlich der erfolgten Zuteilung der einzelnen Nachlaßgegenstände gegenüber dritten Erwerbern nicht beeinträchtigt; denn die Erbteile, die durch die Auseinandersetzung realisiert werden, sind veräußerliche Rechte (§ 2033), und die Verfügung über sie kann durch Rechtsgeschäft nicht ausgeschlossen werden (§ 137). Ein *gesetzliches* Veräußerungsverbot (§ 134) liegt *nicht* vor; eine Auseinandersetzung, die dem Willen des Erblassers widerspricht, verstößt auch nicht ohne weiteres gegen die guten Sitten (§ 138). Die Anordnung hat in diesem Falle den Charakter einer **Auflage;** das Recht, ihre Vollziehung, also die Unterlassung der Auseinandersetzung, zu fordern, steht den einzelnen Miterben nicht im eigenen Vermögensinteresse als durch die Verfügung Bedachten, sondern nur nach § 2194, also zur Aufrechterhaltung und Durchführung des Willens des Erblassers, zu; außer ihnen noch demjenigen, der im Falle des Wegfalls der Miterben oder eines von ihnen durch

Gesetz oder Verfügung von Todes wegen unmittelbar berufen ist, an ihre Stelle zu treten (nächster an die Stelle tretender gesetzliche Erbe, eingesetzter Ersatzerbe, im Zweifel auch Nacherbe, §§ 2096, 2102); ferner bei bestehendem öffentlichen Interesse auch die zuständige Behörde, z. B. wenn es sich um Auflösung einer der Öffentlichkeit zugänglichen Kunstsammlung oder einer dem Gemeinwohl dienenden sonstigen Anstalt handelt. Das um die Vermittlung der Auseinandersetzung, wenn auch durch Antrag sämtlicher Miterben, angezogene Nachlaßgericht muß bei einer Auseinandersetzung, die dem Willen des Erblassers widerspricht, seine Mitwirkung versagen. Um die Ausführung seiner Anordnung zu sichern, kann der Erblasser einen Testamentsvollstrecker ernennen. Aber auch in diesem Fall kann die Auseinandersetzung unter den Erben rechtlich und tatsächlich nicht verhindert werden, wenn der Testamentsvollstrecker mit den Erben zusammenwirkt (BGH **40**, 115 = WM **63**, 1211 = NJW **63**, 2320; Ergänzung in BGH **56**, 275 = NJW **71**, 1805; vgl. dazu auch LG Bremen Rechtspfl. **67**, 411).

4. Umfang der Ausschließung 4

Die Anordnung kann sich auf den gesamten Nachlaß, auf einzelne Erbstränge, aber auch auf einzelne Nachlaßgegenstände oder einen Inbegriff von solchen (§ 260), z. B. den Grundbesitz (RG **110**, 270), erstrecken; auch im letzteren Falle bleibt die Erbengemeinschaft als solche wegen dieser einzelnen Gegenstände bestehen und wird nicht zur Bruchteilsgemeinschaft (§ 2042 Rdn. 9). Aus dem Rechte des Erblassers, die Auseinandersetzung auszuschließen, folgt als *minderes* das Recht, sie durch Anordnungen *zu erschweren*, z. B. durch die Bestimmung, daß nicht der einzelne Miterbe, sondern nur die Mehrheit die Auseinandersetzung des Grundbesitzes verlangen könne (RG **110**, 273), oder daß nicht die Kinder, sondern nur die miterbende Witwe Teilung der Grundstücke oder Veräußerung zum Zwecke der Auseinandersetzung fordern könne (RG Recht **17** Nr. 69); wegen *Erleichterungen* vgl. § 2048 Rdn. 1.

Ist unter *Ehegatten* der Überlebende letztwillig bis zu seiner Verheiratung als Testamentsvollstrecker berufen, die Auseinandersetzung über den Nachlaß des Erstversterbenden jedoch bis zur Wiederheirat des Überlebenden ausgeschlossen worden, so ist im Zweifel anzunehmen, daß der Ausschluß nur im Interesse des überlebenden Ehegatten angeordnet worden ist, daß er also die Auseinandersetzung auch vor der Wiederheirat bewirken darf (OLG Stuttgart HEZ **2**, 115). 5

Die Anordnung ist als beschwerende Teilungsanordnung gegenüber einem als Miterbe berufenen Pflichtteilsberechtigten unwirksam, wenn der ihm hinterlassene Erbteil die Hälfte des gesetzlichen Erbteils nicht übersteigt (§ 2306); ferner gegenüber der *Konkursmasse eines Miterben* (KG § 16 Abs. 2 Satz 2). 6

II. Anwendung von Gemeinschaftsvorschriften (Abs. 1 Satz 2) 7

Ebenso wie auf die Abrede der Miterben über den Ausschluß der Auseinandersetzung (§ 2042 Rdn. 13), sind auch auf die vom Erblasser getroffene Anordnung der Ausschließung die für die Gemeinschaft geltenden Vorschriften der **§§ 749 Abs. 2, 3, 750, 751** anwendbar. Die Anwendung soll hier aber nur eine **entsprechende** sein, weil nicht eine Vereinbarung, sondern die Anordnung eines Dritten in Frage steht. Danach kann ungeachtet der Anordnung die Auseinandersetzung verlangt werden, wenn ein *wichtiger Grund* vorliegt (§ 749 Abs. 2), eine Voraussetzung, über deren Vorhandensein im Streitfalle das Prozeßgericht zu entscheiden hat, die aber auch von dem um die Vermittlung angegangenen Nachlaßgerichte zu prüfen ist, falls die Anordnung eine Auflage (s. Rdn. 3) darstellt, die nicht durch Vereinbarung der Erben außer Kraft gesetzt werden kann. Hat der Erblasser einen *Testamentsvollstrecker* ernannt, dem die Aufgaben des § 2204 obliegen, so hat dieser nach pflichtmäßigem Ermessen über das Vorliegen eines wichtigen Grundes zu entscheiden (RG 11.6.34 IV 50/34; KG RJA **16,** 323 und Recht **19** Nr. 1524). Eine nur auf Zeit getroffene Anordnung tritt mit dem Tode eines Miterben außer Kraft (§ 750). Die Anordnung wirkt auch für und gegen den „Sondernachfolger", d. h. den Übernehmer des Erbanteils eines Miterben (§ 2033), nicht aber gegenüber dem mit endgültigem Vollstreckungstitel versehenen Gläubiger eines Miterben, der dessen Erbanteil gepfändet hat, auch nicht gegenüber der Konkursmasse eines Miterben (KO § 16 Abs. 2).

Außer den genannten Paragraphen ist hier aber auch der **§ 1010 Abs. 1** für entsprechend anwendbar erklärt worden; er setzt eine *Sondernachfolge* in den Anteil an *einzelnen Nachlaßgegenständen,* und zwar an *Grundstücken,* voraus, so daß er nur anwendbar ist, wenn der Erblasser die Umwandlung der Erbengemeinschaft wegen der in Betracht kommenden Grundstücke in Bruchteilsgemeinschaft zwar gestattet, die Teilung der letzteren aber ausgeschlossen hat; in diesem Falle wird dem Sondernachfolger in den Anteil eines Miterben an dem Grundstücke das Recht, die Teilung zu verlangen, durch die Anordnung nur dann entzogen, wenn sie als Belastung des Anteils im Grundbuche eingetragen ist (vgl. KG DR **44/45,** 191).

8 **III. Zeitliche Begrenzung des Ausschlusses (Abs. 2)**

Abs. 2 zieht der Wirksamkeit des letztwilligen Teilungsverbots ähnliche zeitliche Grenzen, wie sie für die Nacherbfolge (§ 2109), das bedingte oder betagte Vermächtnis (§§ 2162, 2163) und die Verwaltung eines Testamentsvollstreckers (§ 2210) gesteckt sind. Das *bestimmte Ereignis* kann irgendwelchen Inhalts sein, wenn es nur die Person eines Miterben betrifft, z. B. Verheiratung, Erreichung eines gewissen Alters, Tod (vgl. § 2109 Rdn. 7ff).

Die *dreißigjährige Frist* verlängert sich deshalb möglicherweise bis zum Tode des längstlebenden Miterben. Ist aber der Miterbe, in dessen Person das Ereignis eintreten soll, eine juristische Person (z. B. eine Stiftung, bis zu deren Erlöschen die Auseinandersetzung ausgeschlossen sein soll), so bewendet es bei der dreißigjährigen Frist. Das Verbot bleibt ferner über die dreißigjährige Frist hinaus in den Grenzen der §§ 2109, 2162, 2163 wirksam, wenn die Teilung bis zum Eintritt einer *Nacherbfolge* (§ 2139) oder bis zum Anfall eines *Vermächtnisses* (§ 2177) hinausgeschoben ist.

9 **IV. Währungsreform**

Vgl. hierzu die Ausführungen Rdn. 9 der 11. Aufl.

§ 2045

Jeder Miterbe kann verlangen, daß die Auseinandersetzung bis zur Beendigung des nach § 1970 zulässigen Aufgebotsverfahrens oder bis zum Ablaufe der im § 2061 bestimmten Anmeldungsfrist aufgeschoben wird. Ist das Aufgebot noch nicht beantragt oder die öffentliche Aufforderung nach § 2061 noch nicht erlassen, so kann der Aufschub

nur verlangt werden, wenn unverzüglich der Antrag gestellt oder die Aufforderung erlassen wird.

E II 1919; P 5 881, 882.

Aufschub der Auseinandersetzung bis zur Gläubigerermittlung

I. Grundsatz (Satz 1) 1

Das Recht jedes Miterben, den Aufschub der Auseinandersetzung nach § 2045 zu verlangen, steht im Zusammenhang mit der ihm in den §§ 2060, 2061 gewährten Möglichkeit, durch gerichtliches Aufgebot der Nachlaßgläubiger gemäß § 1970 oder durch private Aufforderung der Gläubiger zur Anmeldung seiner Haftung gegenüber den Gläubigern, die im Aufgebotsverfahren ausgeschlossen sind oder auf die Aufforderung hin nicht anmelden, *nach der Teilung* auf den seinem Erbanteile entsprechenden Teil jeder einzelnen Nachlaßverbindlichkeit zu beschränken, und zwar auch dann, wenn er unbeschränkt (d. h. nicht mehr beschränkbar mit seinem eigenen Vermögen) haftet (ZPO § 997 Abs. 2; vgl. Näheres zu §§ 2060, 2061).

Beendigung des Aufgebotsverfahrens nach § 2015 Rdn. 2. Auch die Fälle der Ver- 2
säumnis des Aufgebotstermins und der Frist zur Beantragung eines neuen oder gegebenenfalls auch der Versäumnis des neuen Termins (§ 2015 Abs. 2), die der Beendigung gleichstehen, schließen das Aufschubrecht des Miterben aus (aM anscheinend *Planck/Ebbecke* Anm. 1).

II. Erweiterung (Satz 2) 3

Wird die Auseinandersetzung verlangt, **bevor** das gerichtliche **Aufgebotsverfahren beantragt** oder **zur Anmeldung** nach § 2061 **aufgefordert** worden ist, so kann der Miterbe eine angemessene Frist verlangen, um **unverzüglich,** d. h. ohne schuldhaftes Zögern (§ 121), den Antrag zu stellen oder die Aufforderung zu erlassen. Nach Ablauf der Frist kann er sich der Auseinandersetzung nicht mehr widersetzen, falls er nicht inzwischen den Antrag gestellt oder die Aufforderung erlassen hat. Ist das Verlangen *im Wege der Auseinandersetzungsklage* gestellt, so führt der Aufschubseinwand, wenn er erst im Laufe des Rechtsstreits erhoben wird, nicht dazu, die Klage als verfrüht abzuweisen, sondern nur dahin, die Verhandlung bis zum Ablauf einer vom Gerichte zu bestimmenden Frist zur Stellung des Antrags oder zum Erlassen der Aufforderung auszusetzen; ZPO § 148 ist wenigstens entsprechend anzuwenden.

§ 2046

Aus dem Nachlasse sind zunächst die Nachlaßverbindlichkeiten zu berichtigen. Ist eine Nachlaßverbindlichkeit noch nicht fällig oder ist sie streitig, so ist das zur Berichtigung Erforderliche zurückzubehalten.

Fällt eine Nachlaßverbindlichkeit nur einigen Miterben zur Last, so können diese die Berichtigung nur aus dem verlangen, was ihnen bei der Auseinandersetzung zukommt.

Zur Berichtigung ist der Nachlaß, soweit erforderlich, in Geld umzusetzen.

E II 1920; P 5 885, 886.

Berichtigung der Nachlaßverbindlichkeiten

Übersicht

1 **I. Grundsatz (Abs. 1 Satz 1)**

1. Nachlaßverbindlichkeiten im allgemeinen

Nachlaßverbindlichkeiten § 1967 Rdn. 1. Die Miterben können die **Berichtigung** der *gemeinschaftlichen* Nachlaßverbindlichkeiten, für welche sie den Nachlaßgläubigern als Gesamtschuldner haften (§ 2058 Rdn. 1ff), nach den §§ 755, 2042 Abs. 2 bei der Auseinandersetzung aus dem Nachlasse (dem gemeinschaftlichen „Gegenstande" im Sinne des § 755) verlangen (vgl. § 2042 Rdn. 26). Weitergehend bestimmt § 2046, daß *sämtliche* Nachlaßverbindlichkeiten (wegen der nicht gemeinschaftlichen vgl. aber Abs. 2 Rdn. 6) „zunächst" zu berichtigen sind, also bevor die Aktiva verteilt werden. Die Vorschrift ist dispositiver Natur (§ 2042 Rdn. 9, 25); die Miterben können auch die Verteilung aller oder einzelner Aktiva vor Berichtigung aller oder einzelner Nachlaßverbindlichkeiten vereinbaren. Zur Feststellungsklage wegen einer solchen Vereinbarung vgl. RG JW **09,** 223[15]. Auch der *Erblasser* kann Abweichendes anordnen (§ 2048 Rdn. 2). Ist das nicht geschehen, so hat der *Testamentsvollstrecker* die Vorschrift zu beobachten (§ 2204; RG **95,** 239). Auch das *Nachlaßgericht* hat ihr nachzukommen, falls nicht sämtliche Miterben abweichende Anträge stellen. Die *Nachlaßgläubiger* haben kein Recht darauf, daß die Vorschrift beachtet wird; sie können aber nach § 2059 Abs. 2 in den ungeteilten Nachlaß vorgehen und notfalls Sicherungsmaßregeln ergreifen. Für die ordnungsmäßige Berichtigung der Nachlaßverbindlichkeiten sind ihnen außerdem die Miterben, auch wenn sie im übrigen beschränkt haften, im Falle von Nachlaßverwaltung oder Nachlaßkonkurs oder bei dürftigem Nachlasse nach Maßgabe der §§ 1978—1980, 1990—1992 mit ihrem eigenen Vermögen verantwortlich.

2 **2. Miterbenforderungen**

Auch die Forderung eines Miterben, der **Nachlaßgläubiger** ist, muß, da keine Konfusion eingetreten ist (§ 2032 Rdn. 6), auf sein Verlangen vor der Teilung der Aktiva berichtigt werden; zu diesem Zwecke muß der Nachlaß, soweit nötig, in Geld umgesetzt werden (Abs. 3); die entgegenstehende Praxis des PrALR (JW **96,** 326[34]; **97,** 356[46]), die den Miterben, der Gläubiger ist, auf Befriedigung bei der Auseinandersetzung verweist, findet im BGB keine Stütze. Der Miterbe, der gleichzeitig Nachlaßgläubiger ist, kann bei ungeteilter Erbengemeinschaft regelmäßig Vorwegbefriedigung wegen seiner Forderung beanspruchen. Er kann sich z. B. wegen seiner Forderung in der Weise befriedigen, daß er als Mieter eines zum Nachlaß gehörenden Grundstückes bis zur Höhe seiner Forderung keine Miete zahlt (OLG Marienwerder HRR **40,** 290).

Doch kann unter besonderen Umständen, namentlich wenn keine bereiten Zahlungsmittel vorhanden sind, das Verlangen, vorweg befriedigt zu werden, *Treu und Glauben*, die unter Miterben zu berücksichtigen sind (vgl. RG **65,** 10), widersprechen und deshalb ausgeschlossen sein (RG **93**, 197). In diesem Sinne hat das Reichsgericht ausgesprochen, daß ein Miterbe wegen einer Forderung gegen den Nachlaß gegenüber einem auf Eigentum gegründeten Grundbuchberichtigungs- oder Herausgabeanspruch der Miterben kein Zurückbehaltungsrecht (§ 273) ausüben dürfe, sofern die Berichtigung oder Herausgabe die Miterben erst in den Stand setzen würde, den Nachlaß zur Auseinandersetzung gemäß §§ 2042, 2046, 2047 und dabei auch zur Berichtigung der Nachlaßforderung des Miterben zu verwerten (RG 30.6.1924 IV 965/23; vgl. auch WarnRspr. **10** Nr. 141; **13** Nr. 233; RG **132**, 83 und Rdn. zu § 273). Auch der Miterbe als Gläubiger muß Klage gegen sämtliche Miterben erheben und nach § 747 ZPO in den Nachlaß vollstrecken, solange dieser nicht geteilt ist (RG **150**, 344). Vgl. dazu auch BGH **53**, 110 = NJW **70**, 473, wonach die Zwangsvollstreckung in den ungeteilten Nachlaß nicht nur den Nachlaßgläubigern, sondern auch den anderen Gläubigern offensteht, denen die Erben aus demselben Rechtsgrunde haften (kritisch dazu *Erman/Bartholomeyczik* Rdn. 2).

Bei einer aus **zwei Miterben** bestehenden Erbengemeinschaft kann der eine 3
Miterbe auch vor der Auseinandersetzung des Nachlasses eine Forderung, die ihm gegen den Erblasser zugestanden hat, gegen den anderen Miterben zu dem Teil geltend machen, zu dem der andere Miterbe geworden ist. Die Geltendmachung ist jedoch ausgeschlossen, wenn z. Z. für den Nachlaß ohne besondere Verluste noch keine bereiten Zahlungsmittel zur Verfügung stehen und dem Miterbengläubiger nach der Sachlage zugemutet werden kann, zu warten, oder wenn er etwa aus einer bereits teilweise durchgeführten Auseinandersetzung mit dem anderen Miterben noch etwas schuldet und diese Schuld die Höhe der geltend gemachten Nachlaßforderung erreicht oder übersteigt (BGH LM § 2046 Nr. 1 = NJW **53**, 501 = JZ **53**, 313).

Auch der Miterbe, dem ein **Vorausvermächtnis** (§ 2150) zugewendet ist, kann 4
grundsätzlich verlangen, vorweg befriedigt zu werden, falls kein anderer Wille des Erblassers ersichtlich ist (RG **93**, 197; dazu kritisch *Dütz* NJW **67**, 1110). Der Bundesgerichtshof hat an der Rechtsprechung des Reichsgerichts festgehalten und ausgesprochen, ein Miterbe, der Nachlaßgläubiger sei, dem insbesondere ein Vorausvermächtnis zugewendet worden sei, könne seinen Anspruch auf Leistung schon vor der Auseinandersetzung erheben; allerdings könnten aus seiner Doppelstellung als Miterbe und Nachlaßgläubiger bei besonderen Umständen nach Treu und Glauben gewisse Einschränkungen folgen (BGH 5.7.1954 IV ZR 35/54).

Nach dem gemäß § 2042 Abs. 2 anwendbaren § 756 sind auch *Forderungen eines* 5
Miterben gegen einen anderen, die sich auf die **Miterbengemeinschaft** gründen, bei der Auseinandersetzung zu berichtigen, und zwar aus dem Überschusse, der auf den oder die Miterben entfällt, die Schuldner sind. Dieser Überschuß ist also insoweit dem oder den Miterben, die Gläubiger sind, zuzuweisen. Zu diesen Forderungen gehören nicht nur solche, die ihre Grundlage *ausschließlich* in der Gemeinschaft haben, wie diejenigen, die aus der Verwaltung des Nachlasses einem Miterben gegen einen anderen entstanden sind (vgl. § 2038 Rdn. 4), oder Ersatzforderungen eines Miterben gegen die übrigen Miterben, wenn der erstere von einem Nachlaßgläubiger auf Grund des § 2058 (vgl. Rdn. 5 dazu) auf mehr, als seinem Erbteile entspricht, in Anspruch genommen worden ist, sondern auch solche Forderungen, die sich auf ein *zwischen dem Erblasser* und einem Miterben entstandenes Schuldverhältnis gründen; vgl. Näheres § 2042 Rdn. 27. Zu berücksichtigen sind auch Forderungen, die ein Miterbe gegen die Erbengemeinschaft hat. Hat ein Miterbe ein Trümmergrundstück des Nachlasses aufgebaut, so hat er einen Be-

reicherungsanspruch nach §§ 946, 951 Abs. 1 S. 1 BGB gegen die Erbengemeinschaft (BGH **10**, 179).

Entsprechende Bestimmungen enthalten für die Auseinandersetzung des *Gesellschaftsvermögens* § 733, des Gesamtgutes der *ehelichen Gütergemeinschaft* § 1475.

6 **II. Noch nicht fällige oder streitige Nachlaßverbindlichkeiten (Abs. 1 Satz 2)**

Es genügt, daß auch *nur unter den Erben* die Verbindlichkeit streitig ist. Der Gläubiger-Miterbe kann schon vor der Teilung gegenüber den anderen Erben die Feststellung der ihm gegen den Nachlaß zustehenden Forderung beanspruchen (RG 18. 5. 1905 IV 1/05). Unter § 2046 Abs. 1 Satz 2 fallen auch Verbindlichkeiten, die aus einer Prozeßführung des Testamentsvollstreckers erwachsen (RG 28. 1. 1932 IV 354/31). Der *Gläubiger* hat auf die Zurückbehaltung keinen Anspruch; er kann deshalb auch nicht (wie im Falle des § 52 Abs. 2) Sicherheit verlangen; doch können die Miterben die Zurückbehaltung und Hinterlegung bestimmter Nachlaßbestandteile oder Sicherheitsleistung mit ihm vereinbaren, um ihn davon abzuhalten, in den sonstigen Nachlaß vorzugehen. An den zurückbehaltenen Gegenständen dauert die Erbengemeinschaft fort (§ 2042 Rdn. 9).

In entsprechender Anwendung der Vorschrift ist auch bei Streitigkeiten über eine Ausgleichungspflicht (§§ 2050ff) das Erforderliche zurückzubehalten (KG OLG **9**, 389).

7 **III. Nachlaßverbindlichkeiten zu Lasten einiger Miterben (Abs. 2)**

Eine Nachlaßverbindlichkeit **fällt nur einem oder einigen Miterben zur Last,** wenn der Erblasser bei der Anordnung von Vermächtnissen oder Auflagen (§§ 2147, 2148, 2192) nur einen oder einige Miterben damit beschwert hat; in diesem Falle haften auch nur die beschwerten Miterben dem Vermächtnisnehmer oder Vollziehungsklagberechtigten gegenüber. Aber auch Nachlaßverbindlichkeiten, für welche dem Gläubiger gegenüber sämtliche Miterben gemäß § 2058 als Gesamtschuldner haften, können *im Verhältnisse unter den Miterben* nur einem oder einigen von ihnen zur Last fallen; so namentlich, wenn der Erblasser eine entsprechende Teilungsanordnung (§ 2048; RG **95**, 328) getroffen hat.

In beiden Fällen können diejenigen Miterben, welchen die Verbindlichkeit zur Last fällt, ihre Berichtigung nicht aus dem Gesamtnachlasse, sondern nur aus demjenigen verlangen, **was ihnen bei der Auseinandersetzung zukommt,** also aus dem ihnen zuzuweisenden Überschusse (§ 2047 Abs. 1). Auch in diesem Falle ist aber § 2046 Abs. 1 grundsätzlich anzuwenden, da Abs. 2 sich nicht auf die Zeit der Berichtigung, sondern *nur* auf die Mittel bezieht, aus denen sie zu erfolgen hat. Sind daher einzelnen Miterben durch eine Teilungsanordnung des Erblassers (§ 2048) bestimmte Nachlaßgegenstände, die mit Schulden belastet sind (insbesondere Grundstücke, auf denen Hypotheken lasten, aber auch mit Faustpfandrechten belastete bewegliche Sachen), auf ihren Erbteil zugewiesen worden und sollen die darauf lastenden Schulden ihnen allein zur Last fallen, so können sie verlangen, daß diese Schulden aus den Gegenständen berichtigt, diese also zu diesem Zwecke nötigenfalls in Geld umgesetzt werden, bevor ihnen die Nachlaßgegenstände (gegebenenfalls der Überschuß) zugeteilt werden, z. B. also die Auflassung angetragen wird; sie brauchen sich nicht darauf verweisen zu lassen, die Schulden selbst zu berichtigen (RG **95**, 327). Im übrigen ist die Auseinandersetzung so vorzunehmen, daß zunächst der Überschuß berechnet wird, der den für die Schuld haftenden Miterben zukommt, daß er, soweit nötig, durch Versilberung von Nachlaßgegenständen bereitgestellt und dann aus ihm, soweit er reicht, die Schuld berichtigt wird. Diejenigen

Miterben, welchen die einzelne Nachlaßverbindlichkeit im Verhältnisse unter den Miterben nicht zur Last fällt, können nur dann ihre Berichtigung gemäß §§ 755, 2042 Abs. 2 aus dem Nachlasse verlangen, wenn sie dem Gläubiger gemäß § 2058 als Gesamtschuldner dafür haften; nicht aber im andern Falle, also bei Vermächtnissen und Auflagen, mit denen sie nicht beschwert sind (§ 2058 Rdn. 1), da sie an deren Berichtigung kein Interesse haben.

Werden bei der Auseinandersetzung einer **Gruppe von Miterben,** die mit einer Nachlaßverbindlichkeit als Gesamtschuld beschwert sind, einzelne Nachlaßgegenstände unverteilt zur weiteren Teilung unter ihnen zugewiesen, so kann jeder Angehörige dieser Gruppe die Berichtigung der Verbindlichkeit vor der Unterteilung dieser Gegenstände verlangen.

IV. Versilberung des Nachlasses (Abs. 3) 8

Soweit zur Berichtigung von Nachlaßverbindlichkeiten Mittel beschafft werden müssen, unterbleibt die Teilung in Natur (§ 752); der Nachlaß ist dann auf dem Wege der §§ 753, 754, also, soweit die Miterben nicht anderes vereinbaren, durch Einziehung der bereits einziehbaren Nachlaßaußenstände, im übrigen durch gerichtlichen Verkauf zu versilbern. Welche Gegenstände nach § 753 zunächst zum Verkaufe zu stellen sind, kann, da es sich hierbei nicht um einen Verwaltungsakt handelt (§ 2038), nicht durch Stimmenmehrheit (§ 745), sondern im Streitfalle nur vom Prozeßrichter entschieden werden. Ein Miterbe darf die Versilberung nicht dadurch verhindern, daß er ein Zurückbehaltungsrecht wegen seiner Ansprüche auf Erstattung von Auslagen für den Nachlaß ausübt (RG WarnRspr. 10 Nr. 141). Ist eine Versilberung wirtschaftlich unsinnig, da der Erlös kaum die Unkosten decken würde, können die Miterben nach § 242 BGB verpflichtet sein, einer anderen Art der Verwertung zuzustimmen, z. B. daß einer der Miterben die Gegenstände zum Schätzpreis übernimmt oder daß sie je nach den Umständen insgesamt oder einzeln unter den Miterben versteigert werden. Ein Vertrag, in dem einer der Miterben den einzigen vorhandenen Nachlaßgegenstand übernimmt, kann die Rechtsnatur eines Kaufvertrages haben, von dem sich der Übernehmende bei Verzögerung der Abfindungsleistungen u. U. durch Rücktritt befreien kann (BGH LM § 326 A Nr. 2).

V. Höferecht 9

Nach *§ 15 Abs. 2 der Höfeordnung* v. 24. 4. 1947 in der Fassung des 1. Änderungsgesetzes v. 24. 8. 1964 (BGBl. I 693) sind Nachlaßverbindlichkeiten der auf dem Hofe ruhenden Hypotheken, Grund- und Rentenschulden, aber *ohne* die auf dem Hof ruhenden sonstigen Lasten, soweit das außer dem Hof vorhandene Vermögen dazu ausreicht, aus diesem zu berücksichtigen. Zweck ist die Erhaltung des Hofes. Soweit diese Nachlaßverbindlichkeiten nicht berichtigt werden können, ist der Hoferbe den Miterben gegenüber verpflichtet, die Verbindlichkeiten allein zu tragen und die Miterben von ihnen zu befreien. Verbleibt ein Überschuß, so ist dieser auf die Miterben zu verteilen. Der Hoferbe kann eine Beteiligung an dem Überschuß nur verlangen, sofern der auf ihn entfallende Anteil größer ist als der Einheitswert des Hofes. Vgl. dazu *Wöhrmann.* Das Landwirtschaftsrecht 2. Aufl. zu § 15 HöfeO mit Beispielen, ferner *Lange/Wulf* Höfeordnung 6. Aufl. § 15 Anm. 198—209a.

§ 2047

Der nach der Berichtigung der Nachlaßverbindlichkeiten verbleibende Überschuß gebührt den Erben nach dem Verhältnisse der Erbteile.

Schriftstücke, die sich auf die persönlichen Verhältnisse des Erblassers, auf dessen Familie oder auf den ganzen Nachlaß beziehen, bleiben gemeinschaftlich.

E I 2155 II 1921; M **5** 691, 692; P **5** 886, 887.

Teilung des Überschusses

Übersicht

1 **I. Begriff des Überschusses**

Der Überschuß (ebenso bei Auflösung der Gesellschaft § 734 und der Gütergemeinschaft § 1476) besteht in den Nachlaßgegenständen, die nach Berichtigung der Nachlaßverbindlichkeiten (§ 2046), einschließlich der Forderungen einzelner Miterben als Nachlaßgläubiger (vgl. § 2046 Rdn. 2), übrigbleiben, also dem reinen Aktivbestande des Nachlasses, zu welchem rechnerisch gemäß § 2055 Abs. 1 Satz 2 der Wert der sämtlichen zur Ausgleichung zu bringenden Zuwendungen hinzuzufügen ist. Der Überschuß ist zunächst noch gemeinschaftliches (Gesamthands-) Vermögen der Miterben und nunmehr nach den Grundsätzen der §§ 752—754, also soweit möglich durch Teilung in Natur, in Sondervermögen der einzelnen Miterben umzuwandeln. Die Gemeinschaftsteilhaber (Miterben und Übernehmer von Erbteilen) haben gegenseitig einen *schuldrechtlichen Anspruch* darauf, daß die übrigen Teilhaber bei der Umwandlung mitwirken und die erforderlichen dinglichen Übereignungsakte vollziehen (Einigung und Besitzübertragung bei beweglichen Sachen, Auflassung bei Grundstücken, Einigung und Eintragung bei Rechten an solchen, Abtretungsvertrag bei Forderungen). Wegen der Übertragung des Anspruchs auf das Auseinandersetzungsguthaben und deren Wirkung gegenüber Gläubigern eines Miterben, die dessen Erbanteil gepfändet haben, vgl. RG **60**, 126 und dazu § 2033 Rdn. 2.

2 **II. Beteiligungsverhältnis der Miterben**

Das Beteiligungsverhältnis der einzelnen Miterben an dem Überschusse (Rdn. 1) bestimmt sich **nach dem Verhältnisse der Erbteile.** Die *Erbteile* (vgl. § 1922 Rdn. 27, § 1927 Rdn. 3, § 1951 Rdn. 1) sind die durch Verfügung des Erblassers oder Gesetz bestimmten, in der Regel nach Bruchteilen (Quoten) ausgedrückten Anteilsberechtigungen am Nachlasse (so auch *Staudinger/Lehmann* § 2047 Rdn. 2; aM *Planck/Ebbecke* Rdn. 1, der hier einen anderen Erbteilsbegriff als den „nominellen Erbteil" zugrunde legen will), wobei zu beachten ist, daß ein Miterbenanteil auch *nach Bruchteilen* der Erbanteile von Erbeserben geteilt werden kann (BGH NJW **63**, 1610, 1611). Nach diesen Quoten ist der Überschuß zu verteilen, also z. B. bei gesetzlicher Erbfolge erhalten A (Sohn) 1/2, B und C (Enkel) je 1/4 des Überschusses. Jedem von ihnen wird der Wert der Zuwendungen, die von ihm im Wege der Idealkollation zur Ausgleichung zu bringen sind, auf seinen Anteil an dem Überschusse angerechnet (§ 2055 Abs. 1 Satz 1; vgl. Näheres Rdn. 1ff zu

§ 2055); ebenso aber auch der Wert der Nachlaßverbindlichkeiten, die ihm allein zur Last fallen, jedoch aus der gemeinschaftlichen Erbmasse berichtigt worden sind (vgl. zu § 2046 Rdn. 7) und der Wert sonstiger, dem Nachlasse gegen ihn zustehender Forderungen. Die „Erbteile" als Grundlage des Beteiligungsverhältnisses bleiben dadurch unberührt.

III. Von der Teilung ausgenommene Schriftstücke (Abs. 2) 3

Die dort bezeichneten Schriftstücke sind von der Teilung ausgeschlossen. Es ist im Gesetze nicht zum Ausdruck gekommen, daß die fortdauernde **Gemeinschaftlichkeit der Schriftstücke** keine Erbengemeinschaft, sondern eine Gemeinschaft *nach Bruchteilen* sei (so Prot. II 5, 887 und die zweite Auflage dieses Kommentars). Falls nicht etwas anderes im Auseinandersetzungsvertrage bestimmt ist, dauert daher die Gemeinschaft als *Gesamthandverhältnis* fort (§ 2032 Rdn. 4), zumal da dieses Verhältnis die Erhaltung der Schriftstücke in einer Hand und die Einheitlichkeit der Verfügung über sie, an der ein wesentliches Interesse bestehen kann, am besten verbürgt. Die Verwaltung und Benutzung der gemeinschaftlichen Papiere regelt sich nach den §§ 2038, 745.

Die Vorschrift bedeutet übrigens nur, daß ein *Anspruch auf Teilung* dieser Schrift- 4
stücke (§ 2042 Rdn. 28) ausgeschlossen ist; einer *Verfügung* über sie durch sämtliche Miterben, etwa durch Begründung einer Bruchteilsgemeinschaft oder Zuteilung an einen Miterben oder auch Veräußerung an Dritte, sei es bei der Auseinandersetzung oder nachträglich, steht die Vorschrift nicht entgegen. Sie gilt auch von solchen Schriftstücken, die Vermögens- oder Verkehrswert haben, namentlich von persönlichen, nicht zur Veröffentlichung bestimmten *Lebenserinnerungen des Erblassers*, die literarische oder historische Bedeutung besitzen; zu ihrer Veröffentlichung oder der Abtretung des Urheberrechts an ihnen ist deshalb in der Regel auch nach der Auseinandersetzung des Nachlasses das Einverständnis aller Miterben erforderlich. Auch zur Überweisung der *Familienpapiere* (nicht der Familienbilder, § 2373 Satz 2) an die Familie des Erblassers ist grundsätzlich die Zustimmung sämtlicher Miterben nötig; ein Wille des Erblassers, der diese Zustimmung ersetzt (vgl. *Planck/Ebbecke* Rdn. 2), wird unter Umständen anzunehmen sein, wenn er die gesetzliche Erbfolge seiner Verwandten ausgeschlossen und Fremde als Erben eingesetzt hat, ohne Bestimmung über die Familenpapiere zu treffen.

Als Schriftstücke, die sich auf *den ganzen Nachlaß* beziehen, kommen hauptsächlich 5
die Rechnungen und Belege über die Verwaltung des Nachlasses, die Urkunden über die Auseinandersetzung, ferner Urkunden über Verfügungen von Todes wegen und gemeinschaftliche Erbausweise in Betracht.

IV. Verfahrensrechtliches 6

Sind nur *zwei Miterben* vorhanden und erhebt der eine gegen den anderen im Besitz des Nachlasses befindlichen Erben den Anspruch auf bare Herauszahlung seines Erbteils, so muß der Kläger nachweisen, daß sich ein entsprechender barer Nachlaßüberschuß in der Hand des Beklagten befindet. Beweist er, daß alle Nachlaßverbindlichkeiten getilgt sind, so ist der noch vorhandene Aktivbestand mit dem verteilbaren Überschuß identisch. Besteht der freie Überschuß lediglich in einer Geldschuld des Beklagten an den Nachlaß, so kann der Gläubiger-Erbe vom Schuldner-Erben ohne weiteres Barzahlung nach dem Verhältnis seines Erbteils verlangen (RG 22. 4. 1912 IV 449/11).

Die Pfändung rein schuldrechtlicher, auf Grund der Erbengemeinschaft erwachse- 7
ner Ansprüche eines Miterben, so auch des Anspruches auf Auszahlung des verbleiben-

den Nachlaßüberschusses, gewährt dem Pfändungsgläubiger nicht das Recht, die eigentlichen *Teilhaberschaftsrechte* des von der Pfändung betroffenen *Miterben* gegen die anderen Erben geltend zu machen; hierzu ist vielmehr die Pfändung des Anteils des Erben am Nachlaß (§ 2033) erforderlich (RG 7. 11. 1910 IV 117/10). Dieses Pfandrecht umfaßt auch den Auseinandersetzungsanspruch und den Anspruch auf Übertragung des anteiligen Überschusses nach § 2047. Bei *Teilung* ist an Miterben und Pfandgläubiger *gemeinschaftlich* zu leisten.

Nach BGH NJW **69,** 1347 setzt sich das Pfandrecht an einem Miterbenanteil bei Teilung des Nachlasses durch unmittelbare Ergänzung an den Gegenständen fort, die durch die Teilung vom schuldenden Miterben erworben werden. Vgl. dazu kritisch *Wellmann* NJW **69,** 1903.

§ 2048

Der Erblasser kann durch letztwillige Verfügung Anordnungen für die Auseinandersetzung treffen. Er kann insbesondere anordnen, daß die Auseinandersetzung nach dem billigen Ermessen eines Dritten erfolgen soll. Die von dem Dritten auf Grund der Anordnung getroffene Bestimmung ist für die Erben nicht verbindlich, wenn sie offenbar unbillig ist; die Bestimmung erfolgt in diesem Falle durch Urteil.

E I 2152 II 1922; M **5** 688; P **5** 885.

Neueres Schrifttum:

Beck, Grenzen der Teilungsanordnung, DNotZ **61,** 565; *Coing,* Vorausvermächtnis und Teilungsanordnung, JZ **62,** 529; *Emmerich,* Teilungsanordnung und Vorausvermächtnis, Bespr. BGH **36,** 115, JuS **62,** 269; *Grunsky,* Zur Abgrenzung der Teilungsanordnung gegenüber dem Vorausvermächtnis, JZ **63,** 250; *Mattern,* Einzelzuweisungen von Todes wegen, DNotZ **63,** 450; *Natter,* Teilungsanordnung und Vermächtnis, JZ **59,** 151; *Rudolf,* Teilungsanordnung und Vorausvermächtnis, Diss. Tübingen 1966; *Wöhrmann,* Teilungsanordnung und Vorausvermächtnis, RdL **69,** 138.

Anordnungen für die Auseinandersetzung (Teilungsanordnungen)

Übersicht

1 **I. Teilungsanordnungen des Erblassers**

1. Teilungsanordnung und Vorausvermächtnis

Das BGB eröffnet dem Erblasser zwei verschiedene Wege, um durch eine letztwillige Verfügung bestimmte Nachlaßstücke mit schuldrechtlicher Wirkung einem von mehreren Miterben zuzuweisen: das **Vorausvermächtnis** (§ 2150) und die **Teilungsanordnung** (§ 2048). Im ersten Falle erhält der Miterbe die ihm zugewendeten Nachlaßstücke außer seinem Erbteil, im zweiten Fall muß er sie sich auf seinen Erbteil anrechnen lassen. Teilungsanordnungen können daher nicht bewirken, daß ein Miterbe mehr oder weniger als seinen Erbteil erhält; es sind lediglich Anordnungen des Erblassers für die Auseinandersetzung, die erst bei der Erbteilung bedeutsam werden (RG WarnRspr. **42** Nr. 62 = DNotZ **42,** 182 = DR **42,** 977 mit Anm. von *Hopp*). Ist die Anrechnung vom Erblasser nicht ausdrücklich vorgeschrieben worden, so ist es *Auslegungsfrage*, ob eine *Teilungsanordnung* oder eine *nicht anrechnungspflichtige Zuwendung*, also ein *Vorausvermächtnis* (§ 2150), vorliegt (RG SeuffArch. **63,** 404; RG 13. 6. 1918 IV 386/17). Ein *Vermächtnis* liegt immer dann vor, wenn nach dem Willen der an der Verfügung Beteiligten, insbesondere des Erblassers, der Übernahmeberechtigte durch das Übernahmerecht einen *Vermögensvorteil* gegenüber den übrigen Miterben bekommen soll; eine reine *Teilungsanordnung* ist dann gegeben, wenn ein solcher *Begünstigungswille fehlt* (BGH **36,** 115 = LM § 2048 Nr. 4 mit Anm. von *Mattern*). Ein Übernahmerecht ist dann in der Regel Vermächtnis, wenn es in einem entgeltlichen Erbvertrag derart enthalten ist, daß das Übernahmerecht und Entgelt des Berechtigten im Zusammenhang stehen BGH aaO. Bei *teilweiser* Anrechnung des Übernahmerechts auf den Erbteil kann *gleichzeitig* eine Teilungsanordnung und ein Vermächtnis vorliegen (BGH MDR **62,** 470; LM § 2048 Nr. 5a = DNotZ **63,** 112; vgl. dazu *Erman/Bartholomeyczik* Rdn. 3 a. E.) Zum *Begriff der Teilungsanordnung* und der nicht anrechnungspflichtigen Zuwendung vgl. auch RG **170,** 163. Wegen der Abgrenzung eines Vorausvermächtnisses auf entgeltliche Übernahme eines Grundstückes gegenüber einer Teilungsanordnung vgl. OGH **1,** 161 = MDR **49,** 287 mit Anm. von *Boehmer*, ferner OLG Hamburg MDR **51,** 236. Vgl. auch OLG Hamburg MDR **50,** 420 = DRZ **50,** 853: Vorausvermächtnis auf Übernahme eines Grundstücks gegen Auszahlung der Erben unter Verrechnung des Erbanteils des Vermächtnisnehmers. Auch eine Zuweisung bestimmter Nachlaßgegenstände, die auf den Erbteil anzurechnen sind, kann eine Begünstigung entweder desjenigen Miterben, dem die Gegenstände zugewiesen sind, zu Lasten der übrigen oder umgekehrt dieser zu Lasten jenes enthalten, je nachdem ob der Übernahmepreis zu niedrig oder zu hoch angesetzt ist; sie kann demnach ein Vermächtnis (Zuwendung eines Vermögensvorteils § 1939 Rdn. 4) darstellen (RG SeuffArch **63,** 404; WarnRspr. **08** Nr. 326; RG 29. 6. 1922 IV 766/21; 108, 84; vgl. ferner RG **170,** 170f; OGH **1,** 165). Anderseits ist aber daraus, daß ein zu niedriger oder zu hoher Übernahmepreis festgesetzt ist, nicht ohne weiteres zu entnehmen, daß es sich um ein Vorausvermächtnis (§ 2150) handelt, also die zugewendeten Gegenstände nicht auf den Erbteil angerechnet werden sollen (RG SeuffArch. aaO). Auch die in einer letzwilligen Verfügung getroffene Anordnung, daß eine *Zuwendung ausgeglichen werden solle* (§ 2050 Rdn. 1ff), hat den Charakter einer Teilungsanordnung. Ebenso die Bestimmung, daß im Innenverhältnis unter den Miterben die Nachlaßverbindlichkeiten nur einem von ihnen zur Last fallen sollen (RG HRR **37** Nr. 809; vgl. auch § 2046 Rdn. 7). Zur Abgrenzung von Teilungsanordnung und Erbeinsetzung vgl. OLG Nürnberg WM **62,** 1200; ferner *Kipp/Coing* § 44 II 3, 4; *Coing* JZ **62,** 529; *Grunsky* JZ **63,** 250; ferner *Mattern* DNotZ **62,** 454; *Emmerich* JuS **62,** 269; *Natter* JZ **59,** 151.

Im einzelnen ist der Inhalt der Teilungsanordnung erforderlichenfalls durch Auslegung zu ermitteln. So kann eine Bestimmung des Erblassers, das hinterlassene Mobiliar sei unter zwei Miterben gleichmäßig zu verteilen, entweder die Bedeutung haben, daß zwei gleichartige Teile zu bilden sind, oder dahin ausgelegt werden, daß auf jeden Miterben ein gleichwertiger Teil entfallen soll (vgl. *Johannsen* WM **70,** 740). Macht der nach dem Inhalt der Teilungsanordnung zur Übernahme eines Grundstücks berechtigte Miterbe von diesem Rechte Gebrauch, so stehen ihm — nach dem Rechtsgedanken des § 2184 — die *Früchte* von Beginn der Ingebrauchnahme zu (BGH Urteil v. 24. 1. 1962 — V ZR 6/61).

2 **2. Voraussetzungen und Wirkungen der Teilungsanordnung**

Teilungsanordnungen können durch Testament oder einseitig im Erbvertrag (§ 2299) und zwar auch ohne Erbeinsetzung, nicht aber, soweit sie nicht ein Vermächtnis oder eine Auflage enthalten, *vertragsmäßig* getroffen werden. Sie können die Art der Verwaltung (§ 2038) wie die eigentliche Auseinandersetzung, insbesondere die Art der Teilung, namentlich die Zuweisung bestimmter Nachlaßgegenstände an einzelne Erben mit der Folge regeln, daß diese sich die Gegenstände nach ihrem Wert oder zu vom Erblasser festgesetzten Preisen auf ihren Erbteil anrechnen lassen sollen. Hierbei kann in der Bestimmung einer letztwilligen Verfügung, daß eine als „Erbe" bezeichnete Person *„als Erbteil" einen bestimmten Betrag* erhalten soll, eine Erbeseinsetzung dieser Person (vgl. § 2087 Rdn. 13) und zugleich eine Teilungsanordnung des Inhalts gefunden werden, daß eine Auseinandersetzung mit ihr nicht stattfinden, sie vielmehr den bestimmten Betrag als *Abfindung* erhalten solle (RG 24. 10. 1921 IV 147/21; KG JW **37**, 2200[14]); in diesem Falle ist die Zahlbarkeit der Abfindung regelmäßig nicht von der Durchführung der Auseinandersetzung abhängig (RG 2. 3. 1922 IV 516/21).

3 Die Teilungsanordnung hat in der Regel die Bedeutung, daß jedem Miterben das Recht zustehen soll, von den andern die Auseinandersetzung entsprechend der Anordnung zu verlangen; in diesem Falle können sich die Miterben im allseitigen Einverständnisse über die Anordnung hinwegsetzen und eine abweichende Teilung vereinbaren, sofern kein Testamentsvollstrecker vorhanden ist, der für ihre Ausführung zu sorgen hat. Der Testamentsvollstrecker ist an die Anordnung gebunden (§§ 2203, 2204). Aber auch wenn kein Testamentsvollstrecker bestellt ist, kann der Wille des Erblassers dahin gehen, daß die Anordnung unabhängig von dem Willen der Miterben ausgeführt werden solle; in diesem Fall hat die Anordnung den Charakter einer Auflage (§ 1940); wegen ihrer Vollziehung gilt dann die Bemerkung zu § 2044 Rdn. 3 hinsichtlich des Ausschlusses der Auseinandersetzung durch den Erblasser. — Die Teilungsanordnung gilt als nicht getroffen, soweit durch sie ein *pflichtteilsberechtigter* Erbe beschränkt wird, dem nicht mehr als die Hälfte des gesetzlichen Erbteils hinterlassen ist (§§ 2306, 2311 Abs. 2 Satz 2).

4 Sowenig wie durch ein Vermächtnis (§ 1939 Rdn. 1—3) kann durch eine Teilungsanordnung dingliche Wirkung erzielt werden; sie begründet lediglich *schuldrechtliche Verpflichtungen der Miterben* gegeneinander, die ihr entsprechenden dinglichen Übertragungsakte vorzunehmen (KGJ **28**, 196; OLG Schleswig SchlHA **57**, 336; OLG Neustadt MDR **60**, 497; KG OLGZ **67**, 361).

Eine Teilungsanordnung, die *sämtliche Nachlaßgegenstände* umfaßt, macht unter Umständen einen Auseinandersetzungsvertrag der Miterben unnötig. Die schuldrechtliche Bindung der Miterben, sich die betreffenden Nachlaßgegenstände wechselseitig zu überlassen, wird dann unmittelbar durch die Teilungsanordnung begründet (RG 3. 7. 1930 IV 656/29). Pflichtteilsberechtigte dürfen durch die Anordnung nicht beeinträchtigt werden (§ 2306).

5 Der *Vorerbe* braucht, um eine Teilungsanordnung zu erfüllen, die Zustimmung des Nacherben auch dann nicht einzuholen, wenn ein Nachlaßgrundstück übereignet werden soll (KG HRR **41**, 129). — War jemand in einem Testament derart bedacht worden, daß er innerhalb einer bestimmten Frist ein Grundstück zu festgesetzten Bedingungen von den Erben erwerben durfte, so schadete die Überschreitung der Frist dann nicht, wenn die Übernahmeerklärung dem Testamentsvollstrecker aus kriegsbedingten Gründen nicht innerhalb der Frist zugestellt werden konnte (OLG Kiel JR **47**, 54). Wenn der Eigentümer einer landwirtschaftlichen Besitzung einigen seiner Abkömmlinge von

Todes wegen die Besitzung zuwendet, so steht diese Anordnung einem Zuweisungsverfahren nach Art. VI der BrMilRegVO Nr. 84 entgegen (BGH RdL **57,** 45 mit Anm. von *Schulte;* vgl. auch BGH RdL **54,** 341).

II. Auseinandersetzung nach billigem Ermessen eines Dritten 6

1. Regelfall (Satz 2)

Billiges Ermessen eines Dritten entsprechend § 317. Mit der Berufung des Dritten kann auch seine Ernennung zum Testamentsvollstrecker unter Beschränkung auf die Aufgaben des § 2204 gewollt sein (§ 2208 Abs. 1; vgl. Rdn. 1 zu § 2208). Soweit er nicht Vollstrecker ist, kann der Dritte die Teilung nicht selbst vornehmen, sondern *nur* für die Erben *verbindliche Bestimmungen* treffen. Die nach billigem Ermessen zu treffende Entscheidung über die Art der Auseinandersetzung, insbesondere auch über die Veräußerung eines Nachlaßgrundstücks auf andere Weise als durch Zwangsversteigerung, kann der Erblasser *auch einem Miterben oder der Mehrheit der Miterben* übertragen; den übrigen Miterben wird dadurch nicht die dingliche Befugnis zur Teilnahme an der Verfügung über den Nachlaßgegenstand (§ 2040) entzogen; sondern sie werden nur untereinander schuldrechtlich verpflichtet, die Auseinandersetzung in der durch das billige Ermessen der dazu berufenen Miterben bestimmten Weise vorzunehmen; das ist nach § 137 Satz 2 zulässig (RG **110,** 273).

Letztwillige Anordnung eines *Schiedsgerichts* ZPO § 1048; RG **100,** 77; vgl. Rdn. 6 vor § 1937.

2. Folgen einer offenbar unbilligen Bestimmung (Satz 3) 7

Offenbar unbillig: s. hierüber Rdn. zu § 319. Offenbar unbillig ist auch die durch eine *Mehrheit der Erben,* die vom Erblasser dazu berufen ist, getroffene Bestimmung, wenn den übrigen zugemutet wird, auf Grund einer von jenen mit einem Dritten früher getroffenen Vereinbarung das Grundstück an den Dritten gegen einen gänzlich entwerteten Papiermarkpreis ohne Aufwertung zu verkaufen (RG **110,** 274).

Die Bestimmung braucht, wenn die Erben über die offenbare Unbilligkeit einig 8
sind, von ihnen nicht beachtet zu werden. Des *Urteils* bedarf es nur im Streitfalle. Die Klage ist *nicht gegen den Dritten* (außer wenn er Testamentsvollstrecker ist), sondern *gegen* die *widersprechenden Miterben* zu richten. Ist die Bestimmung des Dritten unverbindlich, so trifft sie das Gericht an Stelle des Dritten durch Urteil, und zwar, entsprechend dem Willen des Erblassers, gleichfalls nach billigem Ermessen (vgl. *Staudinger/Lehmann* Rdn. 14; aM *Planck/Ebbecke* Anm. 1 Abs. 2 und die 2. Aufl. dieses Kommentars).

Der Fall, daß der Dritte die *Bestimmung nicht treffen kann oder will oder sie verzö-* 9
gert, ist hier dem Falle, daß seine Entscheidung offenbar unbillig ist, nicht, wie in § 319 Abs. 1 Satz 2, ausdrücklich gleichgestellt; doch braucht man nicht anzunehmen, daß das absichtlich geschehen und deshalb die *entsprechende Anwendung* dieser Vorschrift hier ausgeschlossen sei; vielmehr wird, um dem Willen des Erblassers im Sinne des Gesetzes möglichst zu entsprechen, auch in diesem Falle die Entscheidung durch das Gericht, und zwar nach billigem Ermessen, zu treffen sein (aM die fünfte Auflage dieses Kommentars; wie hier *Staudinger/Lehmann* Rdn. 14; *Planck/ Ebbecke* aaO mit der Abweichung, daß er das billige Ermessen des Gerichts ausschließt, vgl. oben).

III. Aufwertung, Umstellung 10

s. hierzu die Anm. 10 und 11 der 11. Aufl.

§ 2049

Hat der Erblasser angeordnet, daß einer der Miterben das Recht haben soll, ein zum Nachlasse gehörendes Landgut zu übernehmen, so ist im Zweifel anzunehmen, daß das Landgut zu dem Ertragswert angesetzt werden soll.

Der Ertragswert bestimmt sich nach dem Reinertrage, den das Landgut nach seiner bisherigen wirtschaftlichen Bestimmung bei ordnungsmäßiger Bewirtschaftung nachhaltig gewähren kann.

P **5** 860, 861; **6** 330—335, 448 ff.

Neueres Schrifttum:

Fritzen, Ertragswertermittlung für die Zuweisung, RdL **63**, 5; *Foag*, Der Ertragswert bei Landgütern, RdL **55**, 5; *Goller* BWNotZ **59**, 18.

Übernahme eines Landgutes

1 **I. „Im Zweifel" Übernahme zum Ertragswert (Abs. 1)**

Zum **Begriff des Landguts**, im Gegensatz zum landwirtschaftlichen Grundstück (§§ 592, 1421 aF, 1663 aF, 2130), s. § 98, auch §§ 1515, 2312. Nicht jedes landwirtschaftlich genutzte Grundstück ist ein Landgut; dazu gehört vielmehr eine Grundstückseinheit oder -mehrheit, die mit den erforderlichen Einrichtungen (Hofstelle mit Wohn- und Wirtschaftsgebäuden) versehen ist, um selbstständig Land- oder Forstwirtschaft betreiben zu können (vgl. OLG **22**, 125; **29**, 211; BGH NJW **64**, 1414, 1416; vgl. auch OLG Celle RdL **61**, 103).

2 Das Gesetz stellt für die Wertermittlung eine **Auslegungsregel** auf, „im Zweifel", die durch den Nachweis eines andern Willens des Erblassers entkräftet wird (RG HRR **32** Nr. 9). Sie beruht auf der Vermutung, der Erblasser habe durch die Bestimmung ermöglichen wollen, daß das Landgut, ohne verkauft zu werden, von dem Miterben in der Weise weiterbewirtschaftet werde, die seiner bisherigen wirtschaftlichen Bestimmung entspricht. Die Auslegungsregel trifft deshalb *nicht* zu, *wenn* der *Ertragswert höher* ist *als der Verkaufswert*, wie es mitunter der Fall sein kann (Schätzungswert; vgl. § 2312 Abs. 1 Satz 3, auch *von Hausen* DJZ **26** Sp. 1489). Die Anordnung des Erblassers, daß einem Abkömmlinge ein Gut, das über bäuerliche Verhältnisse hinausgeht, zu einem den Ertragswert übersteigenden Preis anzurechnen sei, ist nicht sittenwidrig (RG SeuffArch. **90**, 38 für die Verhältnisse im Jahre 1935). Der Ausdruck „Nutzungswert" ist mehrdeutig und nicht ohne weiteres dem „Ertragswert" gleichzusetzen (RG 21. 12. 1931 IV 295/31).

3 Zur *Auslegung* einer letztwilligen Verfügung über ein Landgut (Teilungsanordnung, Vermächtnis, Erbeinsetzung) vgl. RG **170**, 169. Über die Wirksamkeit und Auslegung der durch Verfügung von Todes wegen eingeräumten Befugnis zur Übernahme eines *Erbhofs* s. *Haegele* DFG **36**, 95. Über die *Zulässigkeit eines Zuweisungsverfahrens* nach Art. VI BrMilRegVO Nr. 84, wenn ein Miterbe berechtigt ist, eine zum Nachlaß gehörende landwirtschaftliche Besitzung zu übernehmen, er aber von seinem Übernahmerecht keinen Gebrauch macht, vgl. BGH RdL **54**, 341. Bei der gerichtlichen Zuweisung eines landwirtschaftlichen Betriebes nach § 13 ff des Grundstücksverkehrsgesetzes v. 28. 7. 1961 (BGBl. I 1091) an einen Miterben ist der Betrieb nach § 16 Abs. 1 zum Ertragswert (§ 2049) anzusetzen.

II. Bestimmung des Ertragswertes (Abs. 2) 4

Der Ertragswert steht im Gegensatze zum *Verkehrs-* (Verkaufs-, Schätzungs-)-*Werte*; vgl. Rdn. 2. Maßgebend ist der *Reinertrag* ebenso wie bei dem Einheitswert im Sinne des § 19 Abs. 2 HöfeO und bei Berechnung der Abfindungen der weichenden Erben im Falle des § 12 Abs. 2b HöfeO (vgl. auch den gleichen Begriff bei Herabsetzung einer Abgabeschuld und bei Erlaß fälliger Lastenausgleichsleistungen wegen ungünstiger Ertragslage des Grundstücks, LAG §§ 104 Abs. 1 u. 4, 129) im Gegensatz zur Regelung des § 3 VHG (BGH **19,** 366). Die Art der Ermittlung des Ertragswertes ist nach Art. 137 EG in erster Linie den Landesgesetzen überlassen; § 2049 Abs. 2 tritt nur hilfsweise ein. In den bisher preußischen Ländern soll nach Art. 83 Abs. 1 PrAGBGB idF des SchätzungsamtsG vom 8. 6. 1918 (§ 23 IV) als Ertragswert der 25fache Betrag des jährlichen Reinertrags gelten; das entsprach dem z. Z. des Inkrafttretens des BGB verkehrsüblichen Zinssatze. Von dem Vorbehalte, daß durch Verordnung eine andere Verhältniszahl bestimmt werden kann, ist ungeachtet der seitdem eingetretenen starken Erhöhung dieses Zinssatzes in Preußen, soweit ersichtlich (vgl. RG HRR **32** Nr. 9), kein Gebrauch gemacht worden; anders in Bayern, wo auf Grund des in Art. 103 bayr.AGBGB enthaltenen Vorbehalts durch VO v. 21. 7. 1926 (GuVOBl. S. 387) an Stelle des 25fachen bis auf weiteres der 18fache Betrag gesetzt worden ist; ähnlich in Baden (AGBGB idF v. 13. 10. 1925 Art. 38 und AusfVO v. 11. 11. 1899 §§ 38ff) und in Hessen (AGBGB Art. 106, 130). Die Vorschriften der Landesgesetze beziehen sich jedoch *nur* auf die in Art. 137 ausdrücklich genannten Bestimmungen des BGB; daher sind sie nicht unmittelbar anwendbar, wenn kein Fall des § 2049 Abs. 1 vorliegt, weil *kein Zweifel* darüber besteht, daß nach dem Willen des Erblassers der Ertragswert nicht maßgebend sein soll; vgl. Rdn. 2. Die an sich, wenn auch nicht naheliegende, so doch denkbare *entsprechende* Anwendung der Preußischen Vorschrift auf einen solchen Fall zur Bestimmung des Übernahmebetrages, der dem Willen des Erblassers entspricht, hat das Reichsgericht (aaO) zutreffend *abgelehnt.* Zur Ermittlung des Ertragswertes vgl. auch BGH RdL **65,** 179.

Die bisherige wirtschaftliche Bestimmung des Landgutes *als solchen* ist maßgebend; 5
doch wird anderseits *ordnungsmäßige Bewirtschaftung,* auch wenn sie bisher nicht stattgefunden hat, unterstellt. Danach können zweckmäßige Änderungen der Bewirtschaftungsweise im einzelnen, die ohne Änderung der wirtschaftlichen Bestimmung des Ganzen durchgeführt werden können, bei der Bemessung des Reinertrags berücksichtigt werden (z. B. Ausübung des Gartenbaues auf dazu geeignetem Boden an Stelle bisherigen Getreidebaues), nicht aber solche, durch welche die wirtschaftliche Bestimmung als Landgut verändert wird, z. B. Ausnutzung einer Fläche als Bauplatz für andere als zum Landgute gehörige Gebäude (RG WarnRspr. **09** Nr. 411) oder bergmännische Aufschließung. Allgemeines über die Ertragslage bei Landgütern vgl. *Foag* aaO.

Die gleichen Grundsätze gelten für die Berechnung des Pflichtteils (§ 2312); ebenso 6
im Falle des § 1515 Abs. 2. Für die Berechnung des Pflichtteilsergänzungsanspruchs i. S. § 2329 ist ein *Landgut* im Zweifel *mit dem Ertragswert* anzusetzen (BGH NJW **64,** 1323 = LM § 2329 Nr. 4 = Rechtspfl. **64,** 312 mit Anm. von *Haegele*). Übernimmt ein Miterbe nur einen Bruchteil des Eigentums an einem Landgut, so ist für diesen im Zweifel anzunehmen, daß er zu dem Ertragswert angesetzt werden soll. Der für die Berechnung des Pflichtteilsergänzungsanspruches maßgebende Wert eines landwirtschaftlichen Betriebes, den der Erblasser im Jahre 1955 seinem einzigen männlichen Erben übergeben hat, um ihm den Familienbesitz zu erhalten, ist *nicht* der vorübergehend auf den *Stopp-*

preis begrenzte Verkaufswert, sondern der möglicherweise darüber *hinausgehende wahre innere Wert* (im Anschluß an BGH **13,** 45 BGH 21. 3. 1973 IV ZR 157/71).

§ 2050

Abkömmlinge, die als gesetzliche Erben zur Erbfolge gelangen, sind verpflichtet, dasjenige, was sie von dem Erblasser bei dessen Lebzeiten als Ausstattung erhalten haben, bei der Auseinandersetzung untereinander zur Ausgleichung zu bringen, soweit nicht der Erblasser bei der Zuwendung ein anderes angeordnet hat.

Zuschüsse, die zu dem Zwecke gegeben worden sind, als Einkünfte verwendet zu werden, sowie Aufwendungen für die Vorbildung zu einem Berufe sind insoweit zur Ausgleichung zu bringen, als sie das den Vermögensverhältnissen des Erblassers entsprechende Maß überstiegen haben.

Andere Zuwendungen unter Lebenden sind zur Ausgleichung zu bringen, wenn der Erblasser bei der Zuwendung die Ausgleichung angeordnet hat.

E I 2157—2159, Abs. 3; M **5** 698—704, 710, 711; P **5** 889—891.

Neueres Schrifttum:

Johannsen, Ausgleichung unter Abkömmlingen, WM **70,** 742; *Weimar,* Rechtsfragen zur Ausgleichungspflicht unter Miterben, JR **67,** 97.

Ausgleichungspflicht unter Abkömmlingen als gesetzlichen Erben

Übersicht

1 **I. Allgemeines**

Die Ausgleichspflicht beruht auf dem **Grundgedanken,** daß bei gewissen Zuwendungen unter Lebenden, die der Erblasser seinen Abkömmlingen gemacht hat, die z. Z. der Zuwendung als voraussichtliche Erben in Betracht kamen, im Zweifel nicht angenommen werden kann, er habe dadurch die gleichheitliche Stammeserbfolge der Abkömmlinge (§§ 1924ff) durchbrechen wollen. Vielmehr ist anzunehmen, daß die *Zuwendung nur* eine durch die Verhältnisse gebotene *Vorausgabe* auf den *künftigen Erbteil* enthalten soll. Eine solche Vermutung stellt das Gesetz auf: für Kapitalzuwendungen zur Ausstattung (§ 2050 Abs. 1); für Zuschüsse, die zur Verwendung als Einkünfte oder Vorbildung für einen Beruf gegeben sind, falls sie im Verhältnisse zu dem Vermögen des Erblassers übermäßig sind (§ 2050 Abs. 2); für andere Zuwendungen, die kraft einer besonderen Anordnung des Erblassers ausgleichspflichtig sind (§ 2050 Abs. 3). Die Vermutung greift in der Regel *nur bei gesetzlicher* Erbfolge der Abkömmlinge, bei gewillkürter nur unter den besonderen Voraussetzungen des § 2052 ein. Sie gilt nur für Zuwendungen an Abkömmlinge, nicht an andere Verwandte oder an den Ehegatten. Als ausgleichspflichtige Zuwendungen kommen nach dem Sinne der Ausgleichspflicht nur solche Zuwendungen des Erblasser in Betracht, deren Gegenstand ohne sie zum Nachlaß gehört haben würde; das ist bei Gegenständen, die einer *Sondernachfolge* unterliegen, nicht der Fall (RG JW **57,** 2201[15] für Lehnvermögen). Zur Ausgleichung von Leistungen, die Abkömmlinge ihrerseits zur Erhaltung oder Mehrung des Nachlasses sowie zur Pflege des Erblassers erbracht haben s. Neuregelung des § 2057 a.

Der **Begriff der Zuwendung** im Sinne des § 2050 Abs. 1 erfordert ein Rechtsge- **2**
schäft, durch das ein Vermögenswert aus dem Vermögen des Erblassers in dasjenige eines Abkömmlings überführt wird mit der Folge, daß sich dadurch die Erbansprüche der anderen Erben verringern (RG 29. 11. 1926 IV 137/26). Eine der Ausgleichung zugängliche Zuwendung kann mithin unter anderem darin liegen, daß einem Abkömmling, der in das Geschäft des Erblassers als Gesellschafter zu gleichem Anteil übernommen worden ist, auf die vereinbarte Geldeinlage gewisse Leistungen weit über dem Wert angerechnet worden sind (RG 6. 8. 1936 IV 84/36). Zum Begriff der Zuwendung, insbesondere im Sinne des § 2050 Abs. 3, vgl. ferner Rdn. 14.

Die Vorschriften über die Ausgleichung sind *nicht zwingender Natur* und hindern **3**
keine anderweite Regelung durch die Miterben bei der Auseinandersetzung in allseitigem Einverständnisse (RG 30. 5. 1907 IV 524/06; RG **149,** 131); die Ausgleichspflicht kann auch durch selbständigen Vertrag der Miterben (Anerkenntnisvertrag) begründet werden (RG BayZ **08,** 19 und 20. 11. 1919 IV 246/19).

Die Ausgleichspflicht ist *kein gesetzliches Vermächtnis* zugunsten der ausgleichsberechtigten Miterben; sie begründet daher *keine* Nachlaßverbindlichkeit (§ 1967), auch nicht, wenn sie durch den Erblasser bei der Zuwendung angeordnet ist.

Rechtsnatur: Die Ausgleichung geschieht *nicht* durch Rückgewähr (Rückbringen) **4**
des zugewendeten Gegenstandes in Natur oder dem Werte nach in die Erbmasse (*Realkollation*), sondern lediglich durch Anrechnung und Minderempfang auf den Erbteil (*sog. Idealkollation*). Die zur Ausgleichung zu bringenden Vorempfänge stehen im freien Vermögen des Zuwendungsempfängers und bilden rechtlich *keinen Bestandteil des Nachlasses;* ihre Zugehörigkeit zum Nachlaß wird weder durch die Anordnung der Ausgleichspflicht seitens des Erblassers noch durch den *Vollzug* der Ausgleichung begründet; dieser ist *nur* ein *rechnerischer Vorgang* (OLG **37,** 253; „Modalität der Erbteilung" *Palandt/Keidel* Anm. 1); eine angeordnete fideikommissarische Substitution in den Nachlaß (Nacherbfolge) erstreckt sich deshalb nicht auf die Vorempfänge und begründet keinen Anspruch auf deren Herausgabe; nur im Wege des Verschaffungsvermächtnisses (Rdn. zu §§ 2169, 2170) kann der Erblasser den Zuwendungsempfänger oder dessen Erben damit beschweren, das Zugewendete an den Nacherben herauszugeben. Diese für das gemeine Recht vom RG (25. 11. 1920 IV 191/20) ausgesprochenen Rechtssätze treffen auch für das Recht des BGB zu. Auch nach der Gestalt, welche die Ausgleichspflicht schließlich in dem Gesetzbuche erhalten hat (vgl. *Staudinger/Lehmann* Rdn. 3 Abs. 2: „an die Anteilsberechtigung aktiv und passiv gebundene Obligation"; § 2055 Rdn. 7), sind die Vorempfänge nicht in Natur in den Nachlaß einzubringen; ihr Wert wird vielmehr nur rechnerisch bei der Auseinandersetzung berücksichtigt.

Die *Erbengemeinschaft* als solche wird durch das Bestehen von Ausgleichspflichten **5**
nicht berührt, auch nicht, wenn ein Miterbe infolgedessen aus der Erbschaft nichts zu erhalten hat; er bleibt gleichwohl Teilhaber der Erbengemeinschaft mit den Rechten und Pflichten eines solchen (Anteil an Verwaltung und Benutzung § 2038, sowie an Verfü-

gungsberechtigung § 2040; Schuldenhaftung §§ 2058, 2059 Rdn. 9, 2060 Rdn. 1ff, vgl. aber § 2058 Rdn. 5—9). Auch der Erwerber eines Miterbenanteils (§ 2033) tritt in die Rechte und Pflichten auf Ausgleichung ein. Dem *Erbschaftskäufer* kommt der Vorteil aus der Ausgleichspflicht eines Miterben zugute (§ 2372), anderseits ist ihm für eine bestehende Ausgleichspflicht des Verkäufers dieser gewährleistungspflichtig (§ 2376).

Ist der Erbfall nach Inkrafttreten des BGB eingetreten, so sind die Ausgleichsvorschriften des neuen Rechtes auch dann anzuwenden, wenn die Zuwendung unter früherem Rechte erfolgt ist (RG SeuffArch. **67**, 409 a. E. und WarnRspr. **10** Nr. 245; **32** Nr. 120).

Ausgleichung nach Beendigung der fortgesetzten Gütergemeinschaft § 1503, bei Berechnung des Pflichtteils §§ 2315ff.

6 **II. Regelfall der Ausgleichung (Abs. 1)**

1. Abkömmlinge als gesetzliche Erben

Nur die Abkömmlinge des Erblassers selbst und nur soweit sie als gesetzliche Erben (vgl. aber § 2052) zur Erbfolge gelangen, also die gesetzlichen Erben der *ersten Ordnung* (§ 1924 Rdn. 5), sind an der Ausgleichung beteiligt; nicht also die Abkömmlinge der Eltern, Großeltern, Urgroßeltern und entfernteren Voreltern des Erblassers (§§ 1925ff), auch nicht der Ehegatte. Dies gilt auch für den überlebenden Ehegatten bei der Zugewinngemeinschaft. Will der Erstversterbende die Ausgleichung — ähnlich wie bei der Berechnung des Zugewinnausgleichs (§ 1380) — herbeiführen, so ist er darauf angewiesen, das gesetzliche Erbrecht des Überlebenden durch Verfügung von Todes wegen auszuschließen (vgl. *Maßfeller* Betrieb **57**, 623). Dagegen tritt der Käufer eines Erbteils hinsichtlich der Ausgleichung in die Rechte und Pflichten des veräußernden Erben ein (§§ 2372, 2376). Abkömmlinge, die wegen Verzichts, Ausschließung, Erbunwürdigkeit oder infolge Ausschlagung nicht zur Erbfolge gelangen, bleiben außer Betracht. Doch sind nach § 2051 die an ihre Stelle tretenden entfernteren Abkömmlinge (s. aber auch § 2053) ausgleichspflichtig. *Nichteheliche Abkömmlinge* stehen bei der Ausgleichung den ehelichen gleich. Denn nach § 1934 b Abs. 3 sind beim Erbersatzanspruch des Abkömmlings des Erblassers die Vorschriften über die Ausgleichspflicht unter Abkömmlingen, die als gesetzliche Erben zur Erbfolge gelangen, entsprechend anzuwenden.

7 **2. Ausstattung**

Die *Ausstattung* ist im Sinne von § 1624 zu verstehen (vgl. OLG Celle NdsRpfl. **62**, 203). *Aussteueransprüche* der Töchter kommen jedoch, nachdem die §§ 1619—1623 durch das Gleichberechtigungsgesetz vom 18. 6. 1957 gestrichen worden sind, *nicht mehr* in Betracht. Lediglich solche Aussteueransprüche, die vor dem 1. 4. 1953 entstanden sind, werden durch den Gleichberechtigungsgrundsatz nicht berührt (BGH **14**, 205 = NJW **54**, 1522; vgl. auch für die Zeit vom 1. 4. 1953 bis zum Inkrafttreten des Gleichberechtigungsgesetzes BGH **11**, 206 = NJW **54**, 469; s. ferner OLG Frankfurt und Celle NJW **54**, 157). Die Ausstattung begreift aber, soweit nicht § 2053 zutrifft, auch die Ausstattung in sich, die unmittelbar einem entfernteren Abkömmlinge gewährt worden ist. Ob der Erblasser zur Gewährung rechtlich verpflichtet war, wie im Falle des § 1620, ob sie den Verhältnissen entspricht oder übermäßig ist, ob sie bereits gewährt oder nur erst versprochen und demgemäß zugleich als Nachlaßverbindlichkeit einzustellen ist, macht keinen Unterschied. Doch unterliegt der Ausgleichspflicht ohne Beschränkung nur diejenige Ausstattung, die bestimmt ist, das *Kapitalvermögen* des Abkömmlings, sei es das Betriebsoder bloße Nutzungsvermögen, zu vermehren, und die deshalb in Form einmaliger Leistung von Geld oder sonstigen Gegenständen, die dauernde Nutzung gewähren, gegeben wird; eine in Form von *Rente* gegebene Ausstattung wird in der Regel als Zuschuß zu den Einkünften bestimmt sein und deshalb unter Abs. 2 fallen. Unter den Begriff der Ausstattung fällt auch das, was einem bisher überhaupt nicht oder geringer ausgestatteten Kinde zur Gleichstellung mit der Ausstattung eines anderen gegeben wird (RG WarnRspr. **38** Nr. 22). Auch *Aufwendungen für Berufsvorbildung* fallen unter den Begriff der Ausstattung, unterliegen aber nur unter der Voraussetzung des Abs. 2 der Ausgleichspflicht. Näheres in Rdn. 10—12. Eine einem übergangenen weiblichen Abkömmling *vor* dem 1. 4. 1953 gewährte *Aussteuer* stellt bei einem späteren Erbanfall nur dann eine ausgleichspflichtige Zuwendung dar, wenn sie ***neben*** einer ***Berufsausbildung*** gewährt wird oder wenn sie die regelmäßigen Kosten einer Berufsausbildung übersteigt (OLG Celle NdsRpfl. **65**, 102 = FamRZ **65**, 390(L)). Zu den ausgleichspflichtigen Ausstattungen gehört auch das bloße Ausstattungsversprechen, das zu Lebzeiten des Erblassers noch nicht erfüllt worden ist. Der Abkömmling kann von den Miterben die Erfüllung dieses Versprechens verlangen. Er ist dann zur Ausgleichung verpflichtet. Das Versprechen ist nicht mit Rücksicht auf die Ausgleichung hinfällig geworden. Denn das könnte zu einer Benachteiligung des Abkömmlings führen, wenn nur ein geringer Nachlaß vorhanden ist, der vielleicht gerade ausreicht, um die Verbindlichkeiten zu erfüllen. Der Ausstattungsberechtigte braucht dann nach § 2056 trotz der Ausgleichung *nichts* zurückzahlen, die übrigen Erben gehen dann leer aus (BGH **44**, 91 = NJW **65**, 2056).

3. Wegfall der Ausgleichspflicht 8

Die Ausgleichspflicht entfällt, da die Ausgleichung auf dem zu vermutenden Willen des Erblassers beruht, soweit sie der *Erblasser* durch besondere Anordnungen ganz oder teilsweise erlassen oder von Bedingungen abhängig gemacht oder sonst ***abweichend geregelt*** hat. Dies kann formlos, auch stillschweigend (vgl. Rdn. 14), muß aber schon *bei der Zuwendung* (wegen des Begriffs der *Zuwendung* vgl. Rdn. 14) geschehen sein, kann also durch späteres einseitiges oder vertragsmäßiges Rechtsgeschäft unter Lebenden, auch durch Erlaßvertrag, nicht nachgeholt werden; wohl aber durch Verfügung von Todes wegen, und zwar einseitig durch Vermächtnis in der Weise, daß die Miterben zugunsten des Abkömmlings, dem die Zuwendung gemacht worden ist, damit beschwert werden, ihn von der Ausgleichspflicht freizustellen, oder aber durch einen Erbvertrag mit dem Abkömmlinge (RG **90**, 422) Der Erblasser kann für die Ausgleichung bei der Zuwendung einen niedrigeren Wert als den tatsächlichen festsetzen (*Frischknecht* BWNotZ **60**, 270), ***nachher nur*** durch Verfügung von Todes wegen (*Staudinger/Lehmann* Rdn. 2). ***Zum Nachteil von Pflichtteilsberechtigten*** kann der Erblasser eine Zuwendung, die nach § 2050 Abs. 1 oder 2 auszugleichen ist, weder bei ihrer Hingabe noch nachträglich von der durch § 2316 vorgeschriebenen Anrechnung beim Bestimmen seines Pflichtteils ausschließen; § 2316 Abs. 3, vgl. Rdn. dazu.

III. Ausgleich von Zuschüssen und Ausbildungsaufwendungen (Abs. 2) 9

1. Zuschüsse

Zuschüsse sind, auch sofern sie zur Begründung oder Erhaltung der Wirtschaft eines verheirateten Kindes oder einer selbständigen Lebensstellung bestimmt waren und deshalb unter den Begriff der Ausstattung fallen (Rdn. 7; RG **67**, 206), nicht ausgleichspflichtig, wenn sie als Einkünfte dienen sollen und das den Vermögensverhältnissen des Erblassers entsprechende Maß nicht übersteigen (RG **79**, 266).

Die Bestimmung als **Einkünfte** setzt voraus, daß sie dazu bestimmt sind, den fortlaufenden Verbrauch zu bestreiten, und daß deshalb eine Wiederholung in gewissen Zeitabschnitten in Aussicht genommen ist, ohne daß aber eine Verpflichtung dazu, insbesondere in Form einer Leibrente (§ 759), übernommen zu sein braucht (vgl. RG Recht 10 Nr. 2578, 2580). Ein nur als einmalige Zuwendung gedachter Zuschuß zu einer Badereise fällt deshalb nicht darunter (RG WarnRspr. 10 Nr. 288; aM *Leonhard* IV C; *Kipp/Coing* 12. Bearb. § 120 Anm. 11). Auch Zuschüsse, die als Einkünfte dienen sollen, aber keine Ausstattung darstellen, sind ausgleichspflichtig, wenn sie das bezeichnete Maß übersteigen.

10 **2. Aufwendungen für die Vorbildung zu einem Berufe**

Die Aufwendungen für die Vorbildung zu einem Berufe sind von den Ausgaben für die durch Volksschulen oder höhere Lehranstalten vermittelte allgemeine Ausbildung zu unterscheiden. Sie müssen also darüber hinausgehen. Hierher gehören Lehrgelder, die Kosten des Besuchs von Fachschulen, Studien- und Promotionskosten einschließlich der Beschaffung der Lernmittel. Solche Aufwendungen fallen meist unter den Begriff der Ausstattung (Rdn. 7), sind aber trotzdem nur ausgleichspflichtig, soweit sie das bezeichnete Maß übersteigen. Auch Aufwendungen für die Berufsausbildung, die *nicht in Erfüllung einer gesetzlichen Unterhaltspflicht* gemacht werden und deshalb nicht unter § 1610 Abs. 2 in Verbindung mit § 1602 fallen (z. B. weil der Abkömmling eigenes Vermögen besitzt, vgl. Rdn. zu § 1602), sind nur unter den Voraussetzungen des Abs. 2, nicht unbeschränkt als Ausstattung nach Abs. 1 auszugleichen (RG **114,** 53). Aufwendungen für die Berufsausübung selbst (Anschaffung von Instrumenten für einen Arzt, einer Büroeinrichtung für einen Anwalt u. dgl.) unterstehen dagegen dem Recht der Ausstattung; sie sind daher *stets* ausgleichspflichtig.

11 Die *Berufsausbildung* ist regelmäßig *beendet*, wenn die Befähigung zur Bekleidung der betreffenden Berufsstellung durch Ablegung der Prüfungen nachgewiesen ist (RG WarnRspr. **13** Nr. 237). Doch ist nicht ausgeschlossen, daß unter besonderen Umständen nach Abschluß der ersten Berufsausbildung ein *neuer Beruf* ergriffen wird. Die Aufwendungen für die Vorbildung zu diesem neuen Berufe fallen dann gleichfalls unter Abs. 2, nicht unter Abs. 1 des § 2050 (RG **114,** 54). Der Unterhalt *während des Vorbereitungsdienstes* fällt unter die Zuwendungen zur Erlangung einer Lebensstellung, ist aber als Zuschuß zu Einkünften, wie auch für die Vorbildung zu einem Berufe, nur nach Abs. 2 ausgleichspflichtig.

12 Eine *Aussteuer*, die eine Tochter *an Stelle* der ihr zukommenden *Vorbildung* zu einem Berufe erhält, ist gleichfalls nicht ausgleichspflichtig, soweit sie die Kosten einer solchen Vorbildung nicht überschreitet (OLG Hamburg NJW **53,** 1353). Zum Wegfall des eigentlichen Aussteueranspruchs der Töchter spätestens mit dem Inkrafttreten des Gleichberechtigungsgesetzes vom 18. 6. 1957 (1. 7. 1958) vgl. oben Rdn. 7.

13 **3. Übermäßige Zuwendungen**

Ob das bezeichnete **Übermaß** vorliegt, richtet sich nicht danach, ob die Zuschüsse oder Aufwendungen zur Erreichung des Zweckes erforderlich waren, und auch nicht nach den Standesverhältnissen des Erblassers oder des Abkömmlings, sondern lediglich **nach den Vermögensverhältnissen des Erblassers.** Bei ihrer Beurteilung ist zu berücksichtigen, für wieviel Kinder der Erblasser z. Z. der Zuwendung zu sorgen hatte und mit welchen Veränderungen der Kinderzahl oder seiner Vermögensverhältnisse er als vorsichtiger Familienvater für die Zukunft noch rechnen mußte. Ob der Erblasser die Beträge aus seinen Einkünften oder aus dem Stamme seines Vermögens entnommen hat, ist nicht entscheidend, aber für die Frage des Übermaßes immerhin zu beachten.

IV. Ausgleichung anderer Zuwendungen (Abs. 3) 14

1. Zuwendungen jeder Art

Der Erblasser kann **Zuwendungen jeder Art durch eine bei der Zuwendung formlos getroffene Anordnung ausgleichspflichtig** machen. Die Zuwendung (vgl. auch § 1939 Rdn. 7) erfordert kein Rechtsgeschäft zwischen dem Erblasser und dem Abkömmling; sie kann in rein wirtschaftlichen Maßnahmen des Erblassers oder in Rechtsgeschäften zwischen ihm und Dritten begründet sein, durch die dem Abkömmling bei Lebzeiten des Erblassers ein *Vermögensvorteil aus dessen Vermögen zugeflossen* ist, z. B. in der Bezahlung von Schulden des Abkömmlings, in Aufwendungen für seine Berufsvorbildung oder Lebensstellung. *Rechtsgeschäftliche* Zuwendungen können in der Übereignung von Vermögensgegenständen (Eigentumsübertragung an beweglichen Sachen, Geldzahlungen, Auflassung von Grundstücken) oder in sonstigen dinglichen Verfügungen zu seinen Gunsten (Erlaß einer Forderung, Aufgabe eines dinglichen Rechts) bestanden haben; aber auch schon in der Begründung eines schuldrechtlichen Anspruchs des Abkömmlings gegen den Erblasser (Schenkungsversprechen, § 516, konstitutives Schuldversprechen oder Schuldanerkenntnis, §§ 780, 781) wird der Begriff der Zuwendung erfüllt. Auch Leistungen, durch die einer gesetzlichen Pflicht (z. B. der Unterhaltspflicht) genügt wird, können unter den Begriff der Zuwendung fallen (RG **73,** 377; RG 2. 3. 1933 IV 352/33). *Nicht* erforderlich ist *vollständige Unentgeltlichkeit* der Leistung (RG **73,** 377); auch im Ausbedingen einer absichtlich zu geringwertig bemessenen Gegenleistung bei einem Kauf- oder sonstigen Vertrage, ferner in der Zinsfreiheit oder dem geringen Zinsfuße eines Darlehens kann eine Zuwendung liegen (entsprechend der gemischten Schenkung, § 516 Rdn. 23 bis 25). Einigkeit beider Teile über die Unentgeltlichkeit, wie bei der Schenkung (§ 516) ist nicht erforderlich (RG 18. 4. 1910 IV 38/10). Ein Minderjähriger, dem ein Schenkungsversprechen mit der Maßgabe gemacht wird, daß das Geschenk nach § 2050 Abs. 3 zur Ausgleichung zu bringen ist, bedarf für die Annahme dieses Versprechens *nicht* der Einwilligung seines gesetzlichen Vertreters. Denn er erlangt durch den Vertrag nur einen rechtlichen Vorteil. Die *Anordnung,* auszugleichen, ist *keine Auflage* im Sinne des § 525. Sie begründet keine schuldrechtliche Verpflichtung für den Beschenkten, sondern macht nur deutlich, daß die Schenkung bei der Erbfolge mitberücksichtigt werden soll (BGH **15,** 168 = LM BGB § 107 Nr. 1 mit Anm. *Fischer; Westermann* JZ **55,** 244). Vgl. Rdn. 18. Zur Ausgleichspflicht bei Schenkungen vgl. im übrigen OLG Hamm MDR **66,** 330.

Eine ausgleichspflichtige Zuwendung kann auch in der Begründung eines Trust-Guthabens bei einer ausländischen Bank liegen, wenn das dortige Recht bei solchen Guthaben eine Ausgleichspflicht vorsieht (BGH WM **68,** 1170f).

Auch ein Betrag, der mit der Bestimmung hingegeben wird, daß die Hauptsumme nicht zurückbezahlt, aber Zinsen davon entrichtet werden sollen, kann eine Zuwendung enthalten und ausgleichspflichtig sein, wenn er als Ausstattung gegeben worden ist (RG 30. 10. 1916 IV 193/16). Die bei der Hingabe oder später getroffene Bestimmung, daß ein als „*Darlehen*" hingegebener Betrag nicht zurückgezahlt, sondern nur nach dem Tode des Erblassers von dem Abkömmlinge zur Ausgleichung gebracht werden soll, enthält eine Zuwendung (RG 14. 4. 1932 IV 375/31). Es muß sich aber um eine Zuwendung *unter Lebenden* handeln; ein Vermächtnis, das auf den Erbteil angerechnet werden soll (§ 2048 Rdn. 1, 2), fällt nicht darunter; demnach auch nicht eine Anordnung, daß ein als Darlehen geschuldeter Betrag, wenn er bis zum Tode des Erblassers noch nicht zurückbezahlt sei, *nunmehr* nicht mehr zurückbezahlt, sondern ausgeglichen werden solle; eine solche Anordnung bedarf der Form der letztwilligen Verfügung; sie schließt dann das Verlangen aus, das Darlehen vor der Auseinandersetzung zurückzuzahlen (§ 2039 Rdn. 15). Ob die *Hingabe eines Darlehens* unter die Ausgleichspflicht zwischen 15

Miterben fällt, hängt von den besonderen Umständen ab; daher kann bei vollem oder teilweisem Erlaß der Rückzahlung eine ausgleichspflichtige Ausstattung vorliegen (RG WarnRspr. **41** Nr. 10). Für Beträge, die ein Abkömmling dem Erblasser schuldet, können die Miterben auch ohne besondere Anordnung des Erblassers statt der Zahlung Ausgleichung bei der Auseinandersetzung nach Maßgabe der Auseinandersetzungsregeln (§§ 2042 ff, 756; vgl. § 2042 Rdn. 26 ff, § 2046 Rdn. 2 ff) fordern (RG JW **02** Beil. 266 Nr. 198).

16 Die Ausgleichspflicht setzt ferner voraus, daß aus dem Vermögen des Erblassers in das Vermögen des Abkömmlings etwas in solcher Weise übergeführt ist, daß dadurch der **Nachlaß verringert** worden ist. Sie findet deshalb z. B. nicht statt, wenn der Erblasser zugunsten eines Abkömmlings in einem Gesellschaftsvertrage für diesen ein *Eintrittsrecht in eine Gesellschaft* bedungen hat, an der seine Teilhaberschaft mit seinem Tode erlosch; denn dadurch sind die Erbansprüche der übrigen Miterben nicht beeinträchtigt worden, es sei denn, daß festgestellt würde, der Erblasser habe, um dieses Eintrittsrecht zu erwirken, besondere Aufwendungen aus seinem Vermögen gemacht (RG JW **27**, 1201[14]; RG 5. 12. 1935 IV 190/35). Dagegen kann im *Einräumen der stillen Teilhaberschaft* am Geschäft des Erblassers eine ausgleichspflichtige Zuwendung liegen; ebenso in einer über das Angemessene hinausgehenden Aufwertung eines Geschäftsguthabens (RG WarnRspr. **39** Nr. 20).

17 Soweit eine Leistung mit der Verpflichtung zur vollen Rückgewähr (credendi causa) oder zur Erfüllung einer Verbindlichkeit (solvendi causa) gemacht ist, enthält sie **keine Zuwendung** (RG JW **02** Beil. 266 Nr. 198 und 13. 6. 1910 IV 537/09; RG **67**, 308).

18 **2. Ausgleichsanordnung**

Die **Ausgleichung** kann nur **bei der Zuwendung angeordnet** werden, und zwar formlos, sofern nicht die Zuwendung selbst ein formbedürftiges Rechtsgeschäft bildet, dessen Bestandteil die Anordnung ist. Die Anordnung ist aber nur von Bedeutung, wenn sie dem Abkömmlinge gegenüber erklärt ist und dieser sich, ausdrücklich oder stillschweigend durch Annahme der Zuwendung, mit ihr einverstanden erklärt hat (RG **67**, 308). Sie kann auch auf Vertrag beruhen (RG 20. 11. 1919 IV 246/19). Die Anordnung braucht nicht ausdrücklich getroffen zu sein; sie kann sich auch aus den Umständen als *stillschweigend* gewollt ergeben, z. B. wenn ein Erblasser sein Vermögen in bestimmter Weise unter die Abkömmlinge bei Lebzeiten verteilt hat; auch kann bei einer unter dem alten Rechte gemachten Zuwendung die Absicht des Erblassers, daß sie ausgeglichen werden solle, aus den damals geltenden Ausgleichsvorschriften gefolgert werden (RG WarnRspr. **10** Nr. 245). Die Anordnung begründet nicht wie bei der Schenkung unter Auflage eine schuldrechtliche Verpflichtung des Bedachten; ein minderjähriger Bedachter braucht daher nach § 107 ***keine*** Einwilligung des gesetzlichen Vertreters (BGH **15**, 168 = JZ **55**, 243 mit zust. Anm. von ***Westermann*** = LM BGB § 107 Nr. 1 mit Anm. von *Fischer;* vgl. jedoch Bespr. von *Lange* NJW **55**, 1339).

19 **Nachträglich** kann die Ausgleichung nicht durch Rechtsgeschäft unter Lebenden (OLG **21**, 318), sondern nur in der Form einer Verfügung von Todes wegen angeordnet werden; sie enthält ein Vermächtnis, mit welchem der Abkömmling, der die Zuwendung erhalten hat, zugunsten seiner Miterben beschwert wird, und ist für ihn bindend, ohne daß jedoch sein Pflichtteil dadurch beeinträchtigt wird, weil dieser nur nach dem *gesetzlichen* Erbteile zu berechnen ist (§ 2316 Abs. 1; RG **67**, 309; **71**, 135). Der *Pflichtteil* des Abkömmlings kann durch die nachträgliche Anordnung der Ausgleichspflicht nur dann beeinträchtigt werden, wenn sie in einem zwischen dem Erblasser und dem Abkömmlinge abgeschlossenen *Erbverzichtsvertrage* (§ 2346) vereinbart worden ist (RG **67**, 307; **71**, 136; **90**, 422; vgl. auch Rdn. 8).

Daß der Erblasser auch bei **Zuwendungen an andere** voraussichtliche Erben **als Abkömmlinge** (z. B. an Geschwister) eine Ausgleichspflicht gemäß § 2050 anordnen könne, ist aus Abs. 3 nicht zu entnehmen (so auch *Staudinger/Lehmann* Rdn. 20; *aM Planck/Ebbecke* Anm. 4 Abs. 2; die 2. Aufl. dieses Kommentars); eine solche Anordnung kann aber, wenn sie in der Form der letztwilligen Verfügung getroffen ist, als *Teilungsanordnung* (§ 2048) aufrechterhalten werden; die Ausgleichungsvorschriften (§§ 2055ff) sind dann entsprechend anzuwenden. Auch im übrigen kann der Erblasser durch letztwillige Verfügung die Ausgleichung von Zuwendungen zugunsten und zu Lasten gesetzlicher oder eingesetzter Erben, die Abkömmlinge sind, wie anderer Erben beliebig anordnen, solange er dadurch den Pflichtteil keines von ihnen verletzt (RG 30. 10. 1916 IV 193/16). Mit der gleichen Einschränkung kann er auch entfernteren Abkömmlingen, die er unmittelbar zu Erben beruft, die Anrechnung eines Betrages auferlegen, den ein näherer Abkömmling, von dem sie abstammen, ihm schuldet (RG 13.6. 1910 IV 537/09). 20

Haben die Miterben sich auseinandergesetzt, *ohne die Ausgleichspflicht* eines Abkömmlings zu *berücksichtigen*, so ist im Zweifel ein Bereicherungsanspruch (condictio indebiti) der Miterben gegen ihn begründet, falls nämlich nicht erhellt, daß diese die Auseinandersetzung in Kenntnis der Ausgleichspflicht vollzogen haben (§ 814; RG 20. 11. 1919 IV 246/19). 21

V. Verfahrensrechtliches 22

Die **Beweislast** für eine Ausgleichspflicht trifft grundsätzlich den, der die Anrechnung der betreffenden Zuwendung auf den Erbteil verlangt. Behauptet der Erbe in den Fällen der Abs. 1 u. 2, daß ihm die Ausgleichung durch Anordnung des Erblassers erlassen worden sei, so ist er für die Einrede beweispflichtig. Hierbei ist bedeutsam, daß die Miterben sich gegenseitig zur Auskunft über die auszugleichenden Zuwendungen verpflichtet sind (§ 2057). Die Ausgleichung geschieht nach § 2055 in der Weise, daß dem Wert des Nachlasses, der auf die Abkömmlinge entfällt, der Wert aller den Abkömmlingen gemachten Zuwendungen hinzugerechnet wird. Von dieser Summe wird der auf jeden Abkömmling entfallende Teil entsprechend seiner Erbquote berechnet und davon der Wert der Zuwendung wieder abgezogen. Den so errechneten Betrag hat er als gesetzlichen Erbteil zu beanspruchen (vgl. § 2055 Rdn. 3). Hinsichtlich dieser so errechneten Anspruchshöhe trifft den verlangenden Miterben die Beweislast.

Bei einer Klage auf Feststellung der Ausgleichspflicht ist der **Streitwert** auf den Betrag festzusetzen, der von dem auszugleichenden Betrage auf den Kläger entfallen würde (BGH FamRZ **56,** 381 mit Anm. von *Bosch* = Rpfleger **57,** 247). 23

VI. Aufwertung, Umstellung 24

Zur Frage der Aufwertung vgl. Anm. 24 der 11. Aufl.

Der **Umstellung** unterliegen Ausgleichsansprüche nicht. Sie sind keine Reichsmarkforderungen oder -verbindlichkeiten i. S. der §§ 16, 18 UmstG, sondern nur Wertposten, die in die Auseinandersetzungsrechnung einzustellen sind. Dabei wird es vielfach gerechtfertigt sein, vom Zeitpunkt der Zuwendung ausgehend, nach § 242 BGB Geldzuwendungen, die in Reichsmark gemacht worden sind, voll zu ihrem Nennwert auch in Deutscher Mark zu berücksichtigen, im Ergebnis also § 18 Abs. 1 Nr. 3 UmstG auch auf solche einzelnen Rechnungsposten entsprechend anzuwenden; das gilt insbesondere in allen Fällen, in denen die Reichsmarkzuwendung noch vollwertig war und dem Ausgleichspflichtigen entsprechende wertbeständige Anschaffungen od. dgl. ermöglicht hat (vgl. im einzelnen auch § 2055 Rdn. 5 f und *Staudinger/Lehmann* Anm. 23 mit Nachweisen). Wegen der Umstellung von *Ausstattungshypotheken* nach § 18 Abs. 1 Nr. 3 UmstG 25 vgl. *Stepp* MDR 50, 194. — Über die Ausgleichung der *Vermögensabgabe* nach dem LAG vgl. *Haegele* BWNotZ 57, 165.

26 **VII. Anerbenrecht**

Zu HöfeO § 12: Bei Vorempfängen aus einem Hof besteht für den Hoferben und für die weichenden Erben eine Ausgleichspflicht, nicht nur eine Anrechnungspflicht. Zur Ausgleichung werden die Vorempfänge dem Hofeswert, der nach Abzug der Nachlaßverbindlichkeiten und des Voraus verbleibt, hinzugerechnet. Nicht nur Zuwendungen aus der Substanz des Hofes, sondern auch solche aus dem Wirtschaftsertrag einer Hofesgeneration stellen Vorempfänge aus dem Hofe dar (BGH 4, 344). § 12 Abs. 3 HöfeO, eingefügt durch Art. 3 Nr. 2 NeG bestimmt nunmehr, daß einem Abkömmling des Erblassers, der Hoferbe ist, neben dem Voraus ein Anspruch auf Ausgleichung nach § 2057a *nicht* zusteht. Das gilt *auch, wenn* der Hoferbe als Abkömmling *unentgeltlich* durch *Mitarbeit* oder auf andere Weise das Vermögen des Erblasser wesentlich erhöht hat. Da der Gesetzgeber offenbar vermeiden will, daß der Hoferbe beide Vorteile für sich in Anspruch nimmt (vgl. BT-Drucks. 4179 Nr. 83a), ist anzunehmen, daß der Hoferbe zwischen dem Voraus und dem Ausgleich wählen kann (so *Odersky* aaO Art. 3 Anm. II).

§ 2051

Fällt ein Abkömmling, der als Erbe zur Ausgleichung verpflichtet sein würde, vor oder nach dem Erbfalle weg, so ist wegen der ihm gemachten Zuwendungen der an seine Stelle tretende Abkömmling zur Ausgleichung verpflichtet.

Hat der Erblasser für den wegfallenden Abkömmling einen Ersatzerben eingesetzt, so ist im Zweifel anzunehmen, daß dieser nicht mehr erhalten soll, als der Abkömmling unter Berücksichtigung der Ausgleichungspflicht erhalten würde.

E I 2160 II 1924; M 5 704—706; P 5 892, 893; 6 340, 342.

Ausgleichspflicht bei Wegfall eines Abkömmlings

1 **I. Ausgleichspflicht nachrückender Abkömmlinge (Abs. 1)**

Wegfall eines Abkömmlings: durch Tod vor dem Erbfalle (§ 1924), Ausschließung (§ 1938), Ausschlagung (§ 1953), Erbunwürdigkeit (§ 2344), Erbverzicht (§ 2346), Erbunfähigkeit.

2 In diesen Fällen (Rdn. 1) treten **an die Stelle des ausgleichspflichtigen Abkömmlings,** aber kraft eigenen Erbrechts (§ 1924 Rdn. 9), **seine Abkömmlinge** *nach dem Verhältnis ihrer Erbteile,* falls sie nicht durch die Ausschließung (§ 1938 Rdn. 2) oder den Verzicht (§ 2349) gleichfalls ausgeschlossen sind. Sie treten dann auch in die Ausgleichspflicht ein, da diese andernfalls durch Ausschlagung oder Verzicht des Empfängers der Zuwendung vereitelt werden könnte. Ist der Abkömmling mit Übergehung seines Vorfahren vom Erblasser durch Verfügung von Todes wegen unmittelbar als Erbe eingesetzt, so ist er nicht an die Stelle eines andern getreten; § 2051 ist dann nicht anzuwenden (RG WarnRspr. 13 Nr. 238). Darauf, ob die Abkömmlinge Erben des Weggefallenen geworden sind und ob der Vorempfang ihnen selbst zugute gekommen ist, kommt es *nicht* an. Der an die Stelle tretende Abkömmling des Erblassers braucht nicht *Abkömmling* des ursprünglich Ausgleichsverpflichteten zu sein; fällt z. B. der mit einer Zuwendung bedachte Enkel des Erblassers (der nach § 2053 ausgleichspflichtig war) weg, ohne Abkömmlinge zu haben, so erhöht sich dadurch der Erbanteil seiner *Geschwister;* diese treten

also auch hinsichtlich der Ausgleichspflicht an seine Stelle. Ihre Ausgleichspflicht beschränkt sich aber auf den Erbanteil des Empfängers der Zuwendung; ihr eigener ursprünglicher Erbanteil wird davon nicht berührt (§ 1935). Ist anderseits der Erbanteil eines Abkömmlings des Erblassers mit einer Ausgleichspflicht belastet und kommt zu ihm der Erbanteil eines anderen weggefallenen Abkömmlings hinzu, so wird *dieser* durch die Ausgleichspflicht, die auf dem ursprünglichen Erbanteile lastet, nicht betroffen. Stirbt der ausgleichspflichtige Abkömmling, *nachdem er die Erbschaft angenommen hat,* so geht die Ausgleichspflicht mit der Erbschaft auf seine Erben über, gleichviel, ob sie Abkömmlinge des Erblassers sind oder nicht. Stirbt er *vor* der Annahme und nehmen seine Erben die Erbschaft an, so trifft sie gleichfalls die in der Person ihres unmittelbaren Erblassers begründete Ausgleichspflicht.

§ 2051 Abs. 1 trifft auch zu, wenn an die Stelle des ausgleichspflichtigen ein anderer Abkömmling des Erblassers nicht als dessen gesetzlicher Erbe, sondern infolge *Erbeinsetzung nach Verhältnis der gesetzlichen Erbteile* tritt (§ 2052). Ist dagegen der kraft solcher Erbeinsetzung eintretende Erbe nicht ein Abkömmling, so kann nur Abs. 2 des § 2051 (vgl. Rdn. 4) Platz greifen. 3

II. Stellung des Ersatzerben (Abs. 2) 4

Ersatzerbe: §§ 2096ff, 2102.

Der Ersatzerbe kann eingesetzt sein sowohl für den Fall, daß ein als *gesetzlicher* Erbe, wie für den Fall, daß ein nach dem Verhältnisse der gesetzlichen Erbteile durch *Erbeinsetzung* (§ 2052) berufener Abkömmling wegfällt. Ein solcher Ersatzerbe soll, auch wenn er nicht Abkömmling des Erblassers ist (andernfalls trifft Abs. 1 zu; vgl. Rdn. 2), nach dem zu vermutenden Willen des Erblassers („im Zweifel") nicht mehr erhalten, als der weggefallene Abkömmling *unter Berücksichtigung der Ausgleichspflicht erhalten hätte.* Damit ist ausgedrückt, daß bei Berechnung des Erbteils des *fremden* Ersatzerben einerseits die Ausgleichspflicht, die zu Lasten des weggefallenen Abkömmlings wegen der diesem gemachten Zuwendungen begründet gewesen ist, anderseits aber auch das für ihn begründet gewesene Recht berücksichtigt werden soll, von andern Abkömmlingen Ausgleichung wegen der diesen gemachten Zuwendungen zu verlangen; was der Weggefallene danach erhalten hätte (also das Gesamtergebnis der Auseinandersetzung für ihn), bildet die Höchstgrenze dessen, was der Ersatzerbe erhält. Einen abweichenden Willen des Erblassers nach der einen oder anderen Richtung hat der Ersatzerbe zu beweisen. Vgl. auch *Staudinger/Lehmann* Rdn. 4.

§ 2052

Hat der Erblasser die Abkömmlinge auf dasjenige als Erben eingesetzt, was sie als gesetzliche Erben erhalten würden, oder hat er ihre Erbteile so bestimmt, daß sie zueinander in demselben Verhältnisse stehen wie die gesetzlichen Erbteile, so ist im Zweifel anzunehmen, daß die Abkömmlinge nach den §§ 2050, 2051 zur Ausgleichung verpflichtet sein sollen.

E II 1925; P 5 891, 892.

Ausgleichspflicht bei testamentarischer Erbfolge

I. Voraussetzungen 1

Die an sich nur für die **gesetzliche** Erbfolge (§ 2050 Rdn. 6) vorgeschriebene Ausgleichung unter den Abkömmlingen soll „im Zweifel" auch eintreten, wenn der Erblasser durch **Erbeinsetzung** entweder den gleichen Erfolg herbeigeführt hat, wie er im Falle der gesetzlichen Erbfolge eingetreten sein würde, indem er die Abkömmlinge **auf dasjenige eingesetzt hat, was sie als gesetzliche Erben erhalten würden** (was auch dadurch geschehen kann, daß er sie ohne nähere Bestimmung einsetzt, § 2066), oder wenn er sie wenigstens durch entsprechende **Bestimmung ihrer Erbteile im Verhältnis zueinander** so gestellt hat, wie sie bei gesetzlicher Erbfolge stehen würden. Letzterer Fall liegt auch vor, wenn der Erblasser seine *Enkel „zu gleichen Teilen"* als Erben eingesetzt hat und sie bei seinem Tode infolge Wegfalls ihrer Mutter, der Tochter des Erblassers, seine gesetzlichen Erben waren; auch in diesem Falle sind daher die eingesetzten Abkömmlinge gemäß §§ 2050, 2051 im *Zweifel* zur *Ausgleichung* der vor dem Tode des Erblassers empfangenen Zuwendungen *verpflichtet* (RG **149**, 133; vgl. auch § 2053 Rdn. 1).

2 Hat der Erblasser die Erbteile der Abkömmlinge so bestimmt, daß sie **zueinander** in demselben Verhältnis stehen wie die gesetzlichen Erbteile, so können die den Abkömmlingen zugewiesenen Erbteile *absolut* kleiner oder größer sein als die gesetzlichen, indem neben ihnen noch andere, und zwar Nichtabkömmlinge, als Erben berufen oder solche, die als gesetzliche Erben neben ihnen berufen wären (Ehefrau), ausgeschlossen sind. Ist ein Stamm von der Erbfolge ausgeschlossen oder sind die Erbteile nur für einen Teil der Abkömmlinge nach dem gesetzlichen Verhältnis, für die übrigen Abkömmlinge in anderer Weise bestimmt, so ist für die *nach dem gesetzlichen Verhältnis* eingesetzten Abkömmlinge in ihrem Verhältnis zueinander § 2052 anwendbar (RG **90**, 420; WarnRspr. **38** Nr. 22; *Planck/Ebbecke* Anm. 1; aM die 8. Aufl. dieses Komm.).

3 § 2052 ist auch anwendbar, wenn einem Abkömmling ein **Vorausvermächtnis** ausgesetzt worden ist. Das Verhältnis der *Erbteile* zueinander wird dadurch nicht berührt; auch folgt daraus nicht ohne weiteres der Wille des Erblassers, den durch ein solches auf den Erbteil nicht anzurechnendes Vermächtnis begünstigten Abkömmling noch weiter dadurch zu bevorzugen, daß er auch die ihm unter Lebenden gemachten Zuwendungen nicht auszugleichen habe (RG 13. 1. 1910 IV 150/09 und RG **90**, 422). Anderseits kann in der Zuwendung eines Vorausvermächtnisses an einen Abkömmling, wenn andere Abkömmlinge an sich ausgleichspflichtige Zuwendungen unter Lebenden erhalten haben, nach Lage der Sache unter Umständen der Wille des Erblassers gefunden werden, diesen die Ausgleichung zu erlassen (RG **90**, 421).

4 Obwohl im Regelfalle des § 2269 die in dem *gemeinschaftlichen Testamente* zu Erben eingesetzten Abkömmlinge grundsätzlich nur Erben des zuletzt verstorbenen Ehegatten sind, muß doch auch der zuerst verstorbene Ehegatte ihnen gegenüber als **„Erblasser"** im Sinne des § 2052 (und ebenso im Sinne der §§ 2066—2069) gelten; die im Verhältnis der gesetzlichen Erbteile gemäß § 2052 eingesetzten Abkömmlinge haben deshalb die Zuwendungen, die ihnen *von dem zuerst verstorbenen Ehegatten* oder aus dessen Nachlaß von dem überlebenden gemacht worden sind, nach dem Tode des zuletzt verstorbenen bei der Auseinandersetzung seines Nachlasses nach Maßgabe der §§ 2050, 2051 auszugleichen (RG 26. 3. 1914 IV 686/13; RG WarnRspr. **38** Nr. 22; vgl. auch Rdn. zu § 2269).

Entsprechende Bestimmung für die fortgesetzte Gütergemeinschaft § 2054 Abs. 2 (Rdn. 5). Entsprechende Anwendung auch beim Erbersatzanspruch des nichtehelichen Kindes nach § 1934 b Abs. 3. Mit Recht weist *Erman/Bartholomeyczik* Rdn. 5 auf die Problematik hin, wonach eine entsprechende Anwendung nur in Betracht kommen kann, wenn der Erblasser dem nichtehelichen Kinde *statt* des Erbersatzanspruchs einen *Miterbenanteil* oder ein *Bruchteilsvermächtnis* zugewendet hat (vgl. ferner dazu *Odersky* aaO Art. 1 Nr. 88 (§ 1934b) Anm. VI 2, 4 mit Beispielen).

II. Auslegungsregel 5

Liegen die Voraussetzungen des § 2052 vor, so tritt eine *gesetzliche Tatsachen-Vermutung* („**im Zweifel**") für den Willen des Erblassers, also eine *Auslegungsregel* (OLG **26,** 305), dahin ein, daß der Erblasser die Ausgleichung unter den Abkömmlingen nach Maßgabe der **§§ 2050, 2051** gewollt habe, nämlich sowohl zu Lasten derjenigen Abkömmlinge, die selbst eine Zuwendung erhalten haben (§ 2050), wie auch derjenigen, die kraft gesetzlicher Erbfolge oder als Ersatzerben an ihre Stelle getreten sind (§ 2051 Abs. 1, 2). Wird der Erbteil eines Abkömmlings durch Anwachsung (§ 2095) erhöht, so gilt auch hier das in Rdn. 2 zu § 2051 hinsichtlich der Erhöhung des *gesetzlichen* Erbteils Gesagte.

Die Vermutung kann der Abkömmling, der bei ihrem Zutreffen ausgleichspflichtig sein würde, **widerlegen,** indem er einen gegenteiligen Willen des Erblassers nachweist.

§ 2053

Eine Zuwendung, die ein entfernterer Abkömmling vor dem Wegfalle des ihn von der Erbfolge ausschließenden näheren Abkömmlinges oder ein an die Stelle eines Abkömmlinges als Ersatzerbe tretender Abkömmling von dem Erblasser erhalten hat, ist nicht zur Ausgleichung zu bringen, es sei denn, daß der Erblasser bei der Zuwendung die Ausgleichung angeordnet hat.

Das gleiche gilt, wenn ein Abkömmling, bevor er die rechtliche Stellung eines solchen erlangt hatte, eine Zuwendung von dem Erblasser erhalten hat.

E I 2161 II 1926; M **5** 706, 707; P 892, 893.

Ausgleichspflicht bei Zuwendungen an entferntere Abkömmlinge

I. Zu Abs. 1 1

Wegfall des näheren Abkömmlings § 2051 Rdn. 1, s. auch § 2069. Die Ausgleichspflicht entspricht dem mutmaßlichen Willen des Erblassers in der Regel nur dann, wenn er sich den mit einer Zuwendung bedachten Abkömmling dabei als seinen unmittelbaren Erben vorgestellt hat, dem er gewissermaßen einen Teil der Erbschaft vorausgewähre. Diese Absicht ist regelmäßig ausgeschlossen, wenn die **Zuwendung an einen entfernteren Abkömmling** vor dem Wegfall des näheren, z. B. dem Enkel bei Lebzeiten des Vaters, gemacht wird. Daher sind unter dieser Voraussetzung auch solche Zuwendungen, die nach § 2050 Abs. 1, 2 auszugleichen wären (Ausstattung, übermäßige Zuschüsse und Aufwendungen der dort bezeichneten Art) nicht ausgleichspflichtig, falls die Ausgleichspflicht nicht besonders angeordnet worden ist (Rdn. 3). Da hiernach die Vorstellung des Erblassers das Entscheidende ist, trifft die Ausgleichspflicht auch den mit der Zuwendung bedachten Abkömmling, dessen Vorfahr zu dieser Zeit schon weggefallen war, dann nicht, wenn der Erblasser den Vorfahren irrig noch am Leben glaubte, obwohl der Wortlaut des Gesetzes diesen Fall nicht trifft. Umgekehrt ist im Zweifel Ausgleichung gewollt, wenn er den Bedachten z. Z. der Zuwendung irrig für seinen gesetzlich berufenen Erben hielt; desgleichen wenn er ihm die Zuwendung zu einer Zeit gemacht hat, als er den näheren Abkömmling bereits von der Erbfolge ausgeschlossen hatte (RG **149,** 134).

Die gleiche Erwägung (Rdn. 1) trifft auch zu, wenn ein vom Erblasser als **Ersatzerbe** (§§ 2096 ff, 2102) **eingesetzter Abkömmling** eine Zuwendung erhalten hat, und zwar (wie ergänzend zum Wortlaut des Gesetzes hinzugefügt werden muß) *zu einer Zeit, zu der sein Vormann, der als gesetzlicher oder gemäß § 2052 eingesetzter Erbe in* 2 *erster Linie berufen ist, noch nicht weggefallen war.* Bei einem Ersatzerben, der nicht Abkömmling ist, kommt eine Ausgleichspflicht wegen Zuwendungen, die er *persönlich* erhalten hat (wegen der seinem Vormanne gemachten Zuwendungen vgl. § 2051 Abs. 2 und Rdn. 3), nicht in Betracht.

3 Abweichend von § 2050 bedarf es in den Fällen des § 2053 auch sonst für ausgleichspflichtige Zuwendungen einer besonderen **Anordnung des Erblassers,** die **bei der Zuwendung** getroffen sein muß. Näheres vgl. § 2050 Rdn. 14f. Die Beweislast, daß eine solche Anordnung erfolgt sei, trifft die Miterben, welche die Ausgleichung des Vorempfangs verlangen.

4 **II. Zu Abs. 2**

Abs. 2 bezieht sich auf die *Legitimation* durch nachfolgende Ehe (§ 1719), durch *Ehelicherklärung* (§§ 1723ff mit Änderungen durch Art. 1 Nr. 28ff NeG) und auf die *Annahme an Kindes Statt* (§§ 1741ff, 1762 mit Änderungen durch Art. 1 Nr. 39ff NeG).

§ 2054

Eine Zuwendung, die aus dem Gesamtgut der Gütergemeinschaft erfolgt, gilt als von jedem der Ehegatten zur Hälfte gemacht. Die Zuwendung gilt jedoch, wenn sie an einen Abkömmling erfolgt, der nur von einem der Ehegatten abstammt, oder wenn einer der Ehegatten wegen der Zuwendung zu dem Gesamtgut Ersatz zu leisten hat, als von diesem Ehegatten gemacht.

Diese Vorschriften sind auf eine Zuwendung aus dem Gesamtgut der fortgesetzten Gütergemeinschaft entsprechend anzuwenden.

E I 2162 II 1927; M 5 707, 708; P 5 893.

Zuwendungen aus dem Gesamtgut der Gütergemeinschaft

Übersicht

1 **I. Allgemeines**

Die Vorschrift ist durch das Gleichberechtigungsgesetz vom 18. 6. 1957 (BGBl. I 609) neugefaßt worden. In ihrer alten Fassung war sie schon vor Inkrafttreten des Gleichberechtigungsgesetzes (1. 7. 1958) in ihrem Ausgangspunkt dadurch überholt, daß die Verwaltung des Gesamtguts gemäß Art. 3 Abs. 2, 117 Abs. 1 GG seit dem 1. 4. 1953 nicht mehr dem Ehemann allein, sondern beiden Ehegatten gemeinsam zustand.

2 § 2054 gilt *nicht* bei der *westfälischen* Gütergemeinschaft (BGH LM Westf. Güterrecht Nr. 1).

3 **II. Regelfall: je zur Hälfte (Abs. 1 Satz 1)**

Nach der Neuordnung des ehelichen Güterrechts durch das Gleichberechtigungsgesetz empfangen Abkömmlinge Zuwendungen aus dem Gesamtgut von dem verfügungsberechtigten Elternteil (§ 1422 nF). An sich wären daher die Abkömmlinge nur gegenüber dem Nachlaß des Verfügungsberechtigten ausgleichspflichtig. Da dieses Ergebnis dem Wesen der Gütergemeinschaft und dem Gedanken der Ausgleichspflicht nicht entspricht, schreibt das Gesetz die Ausgleichung der an gemeinschaftliche Abkömmlinge gemachten Zuwendungen gegenüber den Nachlässen beider Ehegatten *je zur Hälfte* vor. *Die Ausgleichung hat deshalb*, wenn sie nicht bis zur Beendigung der fortgesetzten Gütergemeinschaft hinausgeschoben ist (§§ 1483, 1497; vgl. Abs. 2 und Rdn. 5), *regelmäßig zweimal, je zur Hälfte*, stattzufinden. Wegen des *früheren* Rechtszustandes vgl. die Vorauflage Anm. 1. Bei der Auseinandersetzung des Gesamtguts hat der Abkömmling beide Hälften der vorempfangenen Zuwendung einzuwerfen und sich anrechnen zu lassen (RG 29. 3. 1906 IV 483/05).

III. Ausnahmen (Abs. 1 Satz 2) 4

Die Zuwendung an einen **Abkömmling, der nur von einem der Ehegatten abstammt,** gilt als nur von diesem Ehegatten geleistet; ebenso gilt die Zuwendung, für die einer der Ehegatten **dem Gesamtgut Ersatz zu leisten hat,** als **nur von diesem Ehegatten gemacht.** *Entscheidend* ist nicht, welcher Ehegatte die Zuwendung gemacht hat, sondern die *Abstammung* bzw. die Ersatzpflicht. RG **94,** 262 legt die Vorschrift — und ebenso die gleichlautende des § 2331 — unter Einschränkung ihres Wortlauts, aber in zutreffender Begrenzung ihres Sinnes und Zweckes dahin aus, daß die Zuwendung nur insoweit als von dem betreffenden Ehegatten gemacht gilt, als die ihm zukommende Hälfte des Gesamtgutes reicht; hierbei soll nicht der Zeitpunkt der Zuwendung, sondern derjenige der Beendigung der Gütergemeinschaft maßgebend sein (vgl. auch Rdn. zu § 2331). Die Ersatzpflicht besteht für den Ehegatten, der das Gesamtgut verwaltet, soweit er eine Ausstattung verspricht oder gewährt, die das Maß übersteigt, das dem Gesamtgut entspricht (§§ 1444, 1446, 1476 Abs. 2 nF; vgl. §§ 1465, 1467, 1476 Abs. 2, 1538, 1549 aF). Bei Zuwendungen anderer Art (§ 2050 Abs. 2, 3) kann er ersatzpflichtig werden, wenn er sie in böslicher Absicht oder ohne Zustimmung des anderen Ehegatten vornimmt (§§ 1435, 1425 nF; vgl. §§ 1456, 1446 aF) oder wenn er entsprechende Verbindlichkeiten in bezug auf sein Vorbehaltsgut eingegangen ist, sie aber demnächst aus dem Gesamtgute berichtigt hat (§ 1445 nF; vgl. § 1466 aF). Der andere (nicht verwaltende) Ehegatte wird, soweit er in Vertretung des verwaltenden Ehegatten handelt (§ 1429 nF; vgl. § 1450 aF) oder sonst das Gesamtgut wirksam verpflichtet (§ 1438 nF; vgl. § 1460 aF), nach Maßgabe der Vorschriften über Auftrag oder Geschäftsführung ersatzpflichtig. Soweit es nach den §§ 2050—2053 für die Ausgleichspflicht auf *Anordnungen* oder auf den *Willen* des Erblassers ankommt, ist die Person des Ehegatten maßgebend, der als Geber der Zuwendung gilt.

IV. Fortgesetzte Gütergemeinschaft (Abs. 2) 5

Fortgesetzte Gütergemeinschaft: §§ 1483ff, 1557. Der überlebende Ehegatte hat hierbei die rechtliche Stellung des Ehegatten, der das Gesamtgut allein verwaltet, die anteilsberechtigten Abkömmlinge haben die rechtliche Stellung des anderen Ehegatten, § 1487. Die Ausstattung gemeinschaftlicher Abkömmlinge gilt hiernach als zur Hälfte aus dem Anteile des überlebenden Ehegatten, zur Hälfte aus demjenigen der übrigen Abkömmlinge, soweit aber der überlebende Ehegatte *ersatzpflichtig* ist, als nur aus dessen Vermögen gewährt. Der Überlebende ist nach § 1499 Nr. 3 ersatzpflichtig, wenn die Ausstattung im Verhältnis zu dem Gesamtgute übermäßig oder einem infolge Verzichts (§ 1491) oder Ausschließung (§ 1511) oder als nicht gemeinschaftlich (§ 1483) nicht anteilsberechtigten Abkömmling gewährt ist. Ist die Zuwendung an einen *nicht gemeinschaftlichen* Abkömmling gemacht, so kann demnach zweifelhaft sein, ob sie demjenigen Ehegatten zuzurechnen ist, von dem der Abkömmling abstammt (vgl. Abs. 1 Satz 2

Halbsatz 1 und Rdn. 4) oder dem Überlebenden, der ersatzpflichtig ist (vgl. Abs. 1 Satz 2 Halbsatz 2 sowie § 1499 Nr. 3). Die *Ersatzpflicht* ist jedoch *in erster Linie* maßgebend. Hat also der überlebende Ehemann einem Abkömmlinge seiner Frau eine Zuwendung aus dem Gesamtgute gemacht, für die er diesem Ersatz leisten muß, so ist zum Nachlasse des Mannes auszugleichen. Dasselbe gilt von anderen Zuwendungen (§ 2050 Abs. 2, 3), durch die sich der überlebende Ehegatte, wenn die übrigen Abkömmlinge nicht zustimmen, regelmäßig ersatzpflichtig macht (§ 1435 nF; § 1456 aF).

Entsprechende Bestimmungen beim Pflichtteilsergänzungsanspruch § 2331.

§ 2055

Bei der Auseinandersetzung wird jedem Miterben der Wert der Zuwendung, die er zur Ausgleichung zu bringen hat, auf seinen Erbteil angerechnet. Der Wert der sämtlichen Zuwendungen, die zur Ausgleichung zu bringen sind, wird dem Nachlasse hinzugerechnet, soweit dieser den Miterben zukommt, unter denen die Ausgleichung stattfindet.

Der Wert bestimmt sich nach der Zeit, zu der die Zuwendung erfolgt ist.

E I 2163 II 1928; M **5** 708, 709; P **5** 893, 894.

Neueres Schrifttum:

Kohler, Das Geld als Wertmaßstab beim Erb- und Zugewinnausgleich, NJW **63**, 225; wegen der Literatur zu den Spezialfragen der Währungsumstellung 1948 s. Rdn. 6.

Vollzug der Ausgleichung

Übersicht

1 **I. Anrechnungsgrundsatz (Abs. 1 Satz 1)**

§ 2055 regelt den Vollzug der Ausgleichung nach den Grundsätzen der **Idealkollation;** dabei ist die Rückgewähr in Natur ausgeschlossen (§ 2050 Rdn. 4). Die Ausgleichung vollzieht sich danach erst gelegentlich der Auseinandersetzung, *nur rechnerisch* und nur innerhalb des Kreises der hiervon betroffenen Abkömmlinge. Dieselben Grundsätze gelten für die Berechnung des Pflichtteils (§§ 2315, 2316).

2 Der **Wert der Zuwendung** (maßgebender Zeitpunkt Abs. 2; Rdn. 5, 6) bestimmt sich *nach Vereinbarung* der Beteiligten, sonst *nach freier Schätzung.* Wer einen höheren als den vom Ausgleichspflichtigen zugegebenen Wert behauptet, ist hierfür beweispflichtig. Der Wert kann *bei* der Zuwendung von dem Erblasser formlos, nachher nur im Wege der Verfügung von Todes wegen festgesetzt werden. Die Festsetzung ist für die Beteiligten maßgebend, soweit sie nicht den Pflichtteil der Ausgleichsberechtigten oder des Ausgleichsverpflichteten beeinträchtigt (vgl. Rdn. 8, 14f zu § 2050).

II. Art der Berechnung (Abs. 1 Satz 2) 3

Sind neben den an der Ausgleichung beteiligten Abkömmlingen noch *andere gesetzlich oder letztwillig berufene Erben* vorhanden, so ist von der ermittelten Teilungsmasse zunächst der Betrag der Erbteile zu berechnen, die auf die an der Ausgleichung nicht beteiligten Erben entfallen. Zu dem verbleibenden Reste wird der ziffernmäßige **Gesamtbetrag der Zuwendungen hinzugerechnet.** Von der so gefundenen Masse werden die Erbteile der an der Ausgleichung beteiligten Abkömmlinge berechnet. Von diesem rechnungsmäßigen Erbteil wird jedem ausgleichspflichtigen Abkömmling der Wert der empfangenen Zuwendung abgezogen. Der Rest bildet den ihm wirklich auszuschüttenden Erbteil. *Beispiel:* Nachlaß 2000. Erben Witwe ($^1/_4$), 3 Abkömmlinge X, Y, Z (je $^1/_4$). Vorweg Erbteil der W 500, verbleibt Teilungsmasse für die Abkömmlinge 1500. Es haben vorempfangen und einzuwerfen X 500, Y 300, Z 100, zusammen 900. Es entfallen mithin von 1500 + 900 = 2400 auf jeden Abkömmling $^1/_3$ = 800. In Wirklichkeit erhalten X 800—500 = 300, Y 800—300 = 500, Z 800—100 = 700, zusammen 1500, womit (zuzüglich der vorweg der W überwiesenen 500) der Nachlaß aufgeht.

Die Vorschriften des Gesetzes sind *nicht zwingend;* die Beteiligten können des- 4
halb die Ausgleichung auch in anderer Weise (so durch Einbringen in Natur) durchführen (vgl. § 2050 Rdn. 3). Ist die Ausgleichung bei der Auseinandersetzung unterblieben, so ist unter den Voraussetzungen der §§ 812 ff ein *Bereicherungsanspruch* gegeben (vgl. § 2050 Rdn. 21). — Vgl. ferner Rdn. 7—10.

III. Wertbestimmung (Abs. 2) 5

Die **Zeit der Zuwendung** bleibt maßgebend, auch wenn inzwischen Werterhöhungen oder Wertverminderungen stattgefunden haben oder die zugewendeten Gegenstände untergegangen sein sollten (RG WarnRspr. **32** Nr. 120). Zinsen, Nutzungen u. dgl. kommen nicht in Betracht (BGH **11,** 209 zur Frage der Zinsen). Bei einer ausgleichspflichtigen Schenkung kann sich jedoch aus den Umständen ergeben, daß der Schenker in Abweichung von Abs. 2 einen Ausgleich nach dem Wert des geschenkten Gegenstandes zur Zeit des Erbfalles angeordnet hat (OLG Hamm MDR **66,** 330). Etwaige abweichende Anordnungen des Erblassers sind nur mit der oben (Rdn. 2) angegebenen Beschränkung wirksam. Doch bezieht sich die Maßgeblichkeit der Zeit der Zuwendung nur auf den *Sachwert;* später eingetretene scheinbare Wertänderungen, die in Wirklichkeit nur Veränderungen des Wertmessers bedeuten, in welchem der Sachwert ausgedrückt ist, nämlich des Geldes, sind, wie bei sonstigen Ansprüchen auf Ersatz des Sachwertes, z. B. bei der Enteignung (vgl. 9. Aufl. § 242 Anm. 5d MM), so auch bei der Ausgleichspflicht zu berücksichtigen (RG **108,** 340; HRR **30** Nr. 1805; **31** Nr. 513; **32** Nr. 1307). Beruht die Ausgleichspflicht auf testamentarischer Anordnung (§§ 2050 Abs. 3, 2052) so kann wegen des Zeitpunktes, der für die Wertbemessung maßgebend ist, bei besonderen Umständen einem etwa abweichenden *Willen des Erblassers* Rechnung getragen werden (JR **27,** 1120; HRR **30** Nr. 1805).

Auch die **Geldentwertung vor der Währungsumstellung** (1948) ist zu berücksich- 6
tigen. Der Anspruch auf Ausgleich von Vorempfängen ist keine Forderung. Doch kann es vielfach gerechtfertigt sein, auch Vorempfänge entsprechend der Vorschrift des § 18 Abs. 1 Nr. 3 UmstG mit ihrem Nennwert z. Z. der Zuwendung im Verhältnis 1:1 in Deutscher Mark in die Ausgleichsrechnung einzusetzen (vgl. im einzelnen *Harmening/Duden,* Die Währungsgesetze, § 18 UmstG Erl. 27; *Däubler* DRZ **49,** 6; JZ **51,** 97; *Merkert,* DNotZ **50,** 425; auch LG Bremen NJW **51,** 199).

7 **IV. Rechtsstellung der Ausgleichspflichtigen und -berechtigten in der Erbengemeinschaft**

1. Allgemeines

Sehr bestritten ist die Frage, in welcher Art eine bestehende Ausgleichspflicht auf die Rechtsstellung der ausgleichspflichtigen Miterben in der Erbengemeinschaft und die rechtlichen Beziehungen einwirkt, die sich aus ihr ergeben. Nach dem E I zum BGB (§§ 2157, 2163) sollte die Ausgleichspflicht von der Auseinandersetzung losgelöste, rein schuldrechtliche Beziehungen unter den beteiligten Miterben erzeugen, die dingliche Gestaltung des Miterbenrechts aber nicht beeinflussen. Dieser Standpunkt hat eine Änderung erfahren, die von der zweiten Kommission (Prot. 5, 893) ausdrücklich als *grundsätzlich* bezeichnet wurde; die Ausgleichung ist in der Weise in die Auseinandersetzung eingegliedert worden, daß die Anteilsberechtigung an der Teilungsmasse durch sie von dem Verhältnisse der Erbschaftsquoten (Erbteile, § 1922 Rdn. 27) abweichend gestaltet ist. Diese *Wirkung* tritt aber erst *bei der Auseinandersetzung* ein.

8 2. **Bis zur Auseinandersetzung** hat die Ausgleichspflicht grundsätzlich keinen Einfluß auf die Gestaltung der Erbengemeinschaft, weder im inneren Verhältnisse noch nach außen; die Miterben sind nur im Rahmen der Erbschaftsquoten, die den einzelnen zustehen, an der Verwaltung und Verfügung über die Erbschaft beteiligt und dabei stimmberechtigt (§ 2038 Rdn. 8); auch ein durch ausgleichspflichtige Zuwendungen schon vollständig befriedigter Miterbe ist von der Teilnahme nicht ausgeschlossen; nur im Falle einer Gefährdung der Ausgleichspflicht, welche bei der späteren Auseinandersetzung zu berücksichtigen ist, können im Wege der einstweiligen Verfügung Sicherungsmaßnahmen ergriffen werden, z. B. die Aussetzung oder Einschränkung der Verwaltungs- und Nutzungsrechte (s. auch *Staudinger/Lehmann* Anm. 9; teilweise abweichend *Planck/Ebbecke* Anm. 3 Abs. 2). Die *Früchte* werden nach § 2038 Abs. 2 Satz 2 bei der Auseinandersetzung geteilt; sind etwa dennoch schon vorher gemäß den Erbquoten Früchte verteilt worden, so wird das bei der Auseinandersetzung in der Weise berücksichtigt, daß der ausgleichspflichtige Miterbe die nach seiner Ausgleichspflicht zuviel bezogenen Früchte zu erstatten hat. Den *Nachlaßgläubigern* gegenüber bewirkt die Ausgleichspflicht vor der Auseinandersetzung keine Änderung der gesamtschuldnerischen Haftung nach Maßgabe der §§ 2058, 2059 (vgl. Rdn. 9 zu § 2059).

9 3. **Nach der Auseinandersetzung** haften die Miterben *untereinander* für etwa noch nicht berichtigte Nachlaßverbindlichkeiten, die bei der Auseinandersetzung nicht berücksichtigt worden sind, *nach Bereicherungsgrundsätzen* unter Berücksichtigung der Ausgleichspflicht. Den *Nachlaßgläubigern gegenüber* haften sie auch jetzt grundsätzlich *als Gesamtschuldner*, jedoch, falls sie das Beschränkungsrecht nicht verloren haben, unter Vorbehalt der Beschränkung auf das, was sie wirklich, unter Berücksichtigung der Ausgleichspflicht, aus dem Nachlasse erhalten haben. Wegen der Berücksichtigung der Ausgleichspflicht bei der *anteiligen* Haftung, die in den Ausnahmefällen des § 2060 eintritt, vgl. § 2060 Rdn. 1ff.

10 4. **Rechtsstellung von Rechtsnachfolgern.** Der Erwerber des Anteils eines Miterben (§ 2033) und der Gläubiger eines Miterben, der dessen Anteil am Nachlasse pfändet, sowie der Nachlaßgläubiger, der die Zwangsvollstreckung in den Anteil des Miterben vor der Teilung betreibt (§ 2059 Abs. 1 Satz 1), erlangen dadurch hinsichtlich der Ausgleichspflicht die gleiche Stellung wie der Miterbe selbst.

§ 2056

Hat ein Miterbe durch die Zuwendung mehr erhalten, als ihm bei der Auseinandersetzung zukommen würde, so ist er zur Herauszahlung des Mehrbetrags nicht verpflichtet. Der Nachlaß wird in einem solchen Falle unter die übrigen Erben in der Weise geteilt, daß der Wert der Zuwendung und der Erbteil des Miterben außer Ansatz bleiben.

E I 2164 II 1929; M **5** 709, 710; P **5** 893.

Mehrempfang eines Miterben

I. Keine Herausgabe des Mehrempfanges (Satz 1) 1

Der Ausgleichspflichtige ist nicht oder doch nur rechnungsmäßig Schuldner des Nachlasses. Die Zuwendung verbleibt dem Abkömmling ganz, auch wenn sie rechnerisch den Betrag des auf ihn entfallenden Auseinandersetzungsguthabens übersteigt. Auch ein pflichtteilsberechtigter Abkömmling hat auf Grund der bei Berechnung seines Pflichtteils zu berücksichtigenden Ausgleichspflicht (§ 2316) keinen Anspruch auf Herauszahlung einer ausgleichspflichtigen Zuwendung (RG **77**, 282). Der *Pflichtteilsergänzungsanspruch (§ 2325)* erstreckt sich *nur* auf eigentliche *Schenkungen;* andere ausgleichspflichtige Zuwendungen (so eine *Ausstattung*, soweit sie nicht als Schenkung gilt, § 1624) sind bei der Berechnung der Pflichtteilsergänzung dem Nachlasse *nicht* hinzuzurechnen (RG aaO). Der Ausgleichspflichtige geht somit schlimmstenfalls bei der Auseinandersetzung leer aus, ohne daß dadurch übrigens seine Erbeneigenschaft beeinträchtigt wird (vgl. § 2055 Rdn. 8). Schuldenhaftung s. § 2058 Rdn. 5ff. Wegen der Vorempfänge aus einem Hof vgl. BGH **4**, 341. Für den Pflichtteilsergänzungsanspruch kann die Ausgleichung von Vorempfängen durch § 2056 allerdings nur beschränkt werden, wenn der Vorempfang eines sonst ausgleichspflichtigen gesetzlichen Erben höher ist als dessen gesetzlicher Erbteil bei Hinzurechnung der auszugleichenden Vorempfänge zu dem um den Wert der Schenkung vermehrten Nachlaß (BGH NJW **65**, 1526, 1527 = LM § 2325 Nr. 5; vgl. hierzu auch *Kessler* DRiZ **66**, 399).

II. Teilung unter den übrigen Erben (Satz 2) 2

Der hierdurch entstehende **Ausfall** läßt zwar die ideellen Erbteile der ausgleichsberechtigten Miterben unberührt, führt aber zu einer Verringerung des auf sie entfallenden Anteils am Überschusse. Der leer ausgehende Miterbe scheidet sowohl mit der ihn treffenden Einwerfungspost als auch mit dem Erbteil für die Auseinandersetzung aus. Es mindert sich mithin die Teilungsmasse (durch Streichung der Einwerfungspost), es ändert sich aber auch (infolge Wegfalls eines Bruchteils) der *Teilungsquotient;* die Bruchteile sind daher auf einen anderen Nenner zu bringen. Dabei müssen jedoch die Bruchteile der Miterben, die bei der Auseinandersetzung beteiligt bleiben, zueinander in dem gleichen Verhältnisse stehen wie vorher, da sich sonst grobe Unbilligkeiten ergeben würden. Der Wortlaut des Gesetzes, demzufolge der **„Erbteil des Miterben außer Ansatz bleibt"**, trägt dem nicht vollständig Rechnung. *Beispiel:* Nachlaß 2000, Erben 3 Abkömmlinge X mit 1/2, Y und Z mit je 1/4. Es haben vorempfangen und einzuwerfen: X 400, Y nichts, Z 1000, zusammen 1400. Sonach würden an sich entfallen: von 2000 + 1400 = 3400 auf X 1/2 = 1700—400 = 1300, auf Y 1/4 = 850—0 = 850, auf Z 850—1000 = 0, da er den Mehrempfang von 150 nicht herauszuzahlen hat. Z bleibt deshalb sowohl mit seinem 1/4 Erbteil als mit seinem Vorempfang von 100 außer Ansatz. Somit sind bei der Auseinandersetzung beteiligt: X mit 1/2 = 2/4, Y mit 1/4 oder im Verhältnis ihrer Erbteile zueinander X mit 2/3, Y mit 1/3 von 2000 Nachlaß + 400 Einwerfungspost des X 3 2400. Hiervon erhalten X 2/3 = 1600—400 = 1200, Y 1/3 = 800, womit der Nachlaß aufgeht.

3 Auch bei der Berechnung des *Pflichtteils* eines Abkömmlings (§ 2316 Abs. 1 Satz 1) darf die Zuwendung, die einem Miterben gemacht ist, der wegen zu hohen Vorempfangs für die Auseinandersetzung ausscheidet, dem Nachlasse *nicht hinzugerechnet* werden; der *Pflichtteil* ist vielmehr *nur* von dem *wirklich vorhandenen Nachlasse* zu berechnen, zuzüglich des Wertes von ausgleichspflichtigen Zuwendungen an die Miterben, die beteiligt bleiben (RG 3.7.1911 IV 619/10).

4 Infolge Minderung der Teilungsmasse kann das Ausscheiden von Miterben, die mehr als ihren rechnungsmäßigen Erbteil zugewendet erhalten haben, und erneute Berechnung der Anteile am Überschusse *wiederholt* notwendig werden. Darüber, daß bei *Erhöhung des gesetzlichen Erbteils* durch Wegfall eines gesetzlichen Erben (§ 1935) die Ausgleichung, welche den einen Erbteil überbeschwert, von dem anderen Erbteil *nicht zu tragen ist,* s. § 1935 Rdn. 5. Dasselbe gilt von dem Falle der Anwachsung (§ 2095) und von der Berufung zu mehreren Erbteilen durch mehrfache Verwandtschaft (§ 1927) oder Testament (§ 2066).

§ 2057

Jeder Miterbe ist verpflichtet, den übrigen Erben auf Verlangen Auskunft über die Zuwendungen zu erteilen, die er nach den §§ 2050 bis 2053 zur Ausgleichung zu bringen hat. Die Vorschriften der §§ 260, 261 über die Verpflichtung zur Abgabe der eidesstattlichen Versicherung finden entsprechende Anwendung.

E II 1930; P 5 8.

Auskunftspflicht über Zuwendungen

Übersicht

1 **I. Allgemeines**

§ 2057 S. 2 ist durch das Gesetz v. 27.6.1970 (BGBl. I 911) geändert worden. An die Stelle des Offenbarungseides ist die *Abgabe einer eidesstattlichen Versicherung* getreten. Die Verweisung auf die §§ 260, 261 bezieht sich auf die durch dasselbe Gesetz geänderte Fassung dieser Vorschriften. Eine *allgemeine Auskunftspflicht* der Miterben untereinander besteht *nicht;* sie ist insbesondere aus § 2038 nicht abzuleiten (vgl. § 2038 Rdn. 13). Wohl aber knüpft das Gesetz eine Auskunftspflicht an *besondere Voraussetzungen,* so — abgesehen von der hier zu behandelnden Regelung des § 2057 — in den Fällen des § 2018 in Verbindung mit § 2027 Abs. 1, des § 2027 Abs. 2 (nämlich wenn ein Miterbe vor Inbesitznahme des Nachlasses durch die Erben an einer Nachlaßsache lediglich für sich, nicht für sich und zugleich in Vertretung der anderen Miterben den Besitz ergriffen hat) und des § 2028, oder dann, wenn eine Miterbe mit oder ohne Auftrag der anderen Erben die Verwaltung des Nachlasses geführt hat, gemäß §§ 666, 681 (RG **81,** 30).

II. Auskunftspflicht (Satz 1) 2

1. Auskunftsverlangen

Das Auskunftsverlangen ist kein Anspruch, der zum Nachlasse gehört (§ 2039); es kann vielmehr von den „übrigen Erben" (vgl. auch § 2034) und, da die gebrauchte Mehrheitsform dem nicht entgegensteht, von *jedem* einzelnen *Miterben* für sich gegen einen andern Miterben gestellt und weiter bis zur Eidesleistung verfolgt werden.

2. Auskunftsberechtigte 3

Auskunftsberechtigt sind nach § 2057 grundsätzlich nur die *Miterben;* die sinnentsprechende Anwendung des § 2057 führt aber dazu, daß auch ein *Abkömmling*, der nicht erbt, aber den *Pflichtteil* fordert, von einem erbenden Abkömmling Auskunft über die ausgleichspflichtigen Zuwendungen verlangen kann, die ihm unter Lebenden gemacht worden sind (RG **73**, 372; WarnRspr. **33** Nr. 64; BGH 24. 9. 1953 IV ZR 37/53; vgl. auch Rdn. zu § 2314).

Das Recht auf Auskunft steht neben den Erben auch dem mit der Auseinandersetzung beauftragten *Testamentsvollstrecker* (§ 2204) zu (streitig). *Der Nachlaß- und der Nachlaßkonkursverwalter* dürfen das Verlangen beim Nachweis eines besonderen Interesses stellen.

3. Auskunftspflichtige 4

Bezüglich des Auskunftspflichtigen muß feststehen, daß er zu den von der Ausgleichspflicht nach §§ 2050—2053 betroffenen Personen gehört, insbesondere also, daß die gesetzliche Erbfolge oder § 2052 Platz greift. Auskunftspflichtig ist auch ein Abkömmling, der nicht Erbe ist, sondern nur den Pflichtteil erhält (OLG Nürnberg NJW **57**, 1482).

4. Gegenstand der Auskunftspflicht 5

Gegenstand der Auskunftspflicht sind grundsätzlich nur die *ausgleichspflichtigen* **Zuwendungen;** der Auskunftspflichtige braucht deshalb *nicht* (wie RG **58**, 91 ausgeführt hatte) *alle* Zuwendungen anzugeben, die er jemals von dem Erblasser empfangen hat, damit auf Grund dieser Angaben festgestellt werden kann, ob sie ausgleichspflichtig sind (RG **73**, 376). Der Auskunftspflichtige *muß* aber solche Zuwendungen offenbaren, die auch nur *möglicherweise ausgleichspflichtig* sind (vgl. auch *Staudinger/Lehmann* Rdn. 4; aM die 9. Aufl. dieses Kommentars). Ergeben sich Zweifel, ob eine bestimmte Zuwendung des Erblassers an ihn ausgleichspflichtig ist, so muß er alle für und gegen die Ausgleichspflicht sprechenden Umstände angeben (RG WarnRspr. **33** Nr. 64; RG 14. 7. 1932 IV 83/32). Nötigenfalls ist der Auskunftspflichtige im Prozeßwege und durch Zwangsvollstreckung (ZPO § 888) dazu anzuhalten, Auskunft zu erteilen. Handelt es sich um ein schon bekanntes Rechtsgeschäft, das sich äußerlich *nicht* als Zuwendung darstellt, so hat der Miterbe, der die Auskunft verlangt, nachzuweisen, daß es, ganz oder zum Teile, eine Zuwendung (§ 2050 Rdn. 14) enthält (RG JW **06**, 358[20]). Durch die Angabe, er habe keine ausgleichspflichtigen Zuwendungen erhalten, genügt der Auskunftspflichtige zunächst seiner Auskunftspflicht, vorbehaltlich der Abgabe einer eidesstattlichen Versicherung.

Die Auskunftspflicht des ausgleichspflichtigen Miterben erstreckt sich auch auf 6
den **Wert,** den die Zuwendung z. Z. des Empfanges hatte; er muß auf Verlangen des Berechtigten alles angeben, was ihm über den Wert oder über Anhaltspunkte, um ihn zu bestimmen, bekannt ist (OLG **40**, 149).

Wegen der Auskunftspflicht der Miterben als solchen untereinander im übrigen s. Rdn. 1 und § 2038 Rdn. 13.

7 **II. Eidesstattliche Versicherung (Satz 2)**

Nach **§ 260** ist ein **Bestandsverzeichnis** jedenfalls dann vorzulegen, wenn die Zuwendung einen *Inbegriff von Gegenständen* umfaßt hat. Im übrigen ist für die Auskunft die Form des Verzeichnisses nicht vorgeschrieben; doch wird sie aus Zweckmäßigkeitsgründen, vor allem im Interesse der Klarheit und Rechtssicherheit, insbesondere um unnötigen Rechtsstreitigkeiten vorzubeugen, regelmäßig schriftlich und unter Angabe der für die Feststellung der Art und des Wertes sowie der Ausgleichspflicht erforderlichen Einzelheiten zu erteilen sein. Eine mündliche Auskunft, die nur allgemeine Erklärungen enthält, kann leicht den Verdacht begründen, daß die Auskunft nicht mit der erforderlichen Sorgfalt erteilt worden ist, und damit gemäß § 260 Abs. 2 **die Verpflichtung,** die Vollständigkeit der Bestandsangabe an Eides Statt zu versichern, nach sich ziehen. Die Vorschrift des § 259 Abs. 3 ist nicht für anwendbar erklärt worden; es trifft daher nicht zu, daß die Abgabe der eidesstattlichen Versicherung nicht verlangt werden kann, wenn es sich um *Zuwendungen von geringer Bedeutung* handelt, sofern nicht etwa § 226 einschlägt.

8 Nach § 261 ist die eidesstattliche Versicherung, falls der Miterbe im Prozeßwege dazu verurteilt worden ist, vor dem Prozeßgericht des ersten Rechtszuges (ZPO § 889), andernfalls vor dem Amtsgerichte des Wohnsitzes des schwurpflichtigen Miterben, der für die Verpflichtung Erfüllungsort ist (§ 269), zu leisten. Über das Verfahren zur Abnahme der eidesstattlichen Versicherung bestimmen die §§ 163, 79 FGG. Der Inhalt der Versicherung hat, entsprechend dem Inhalte der Auskunftspflicht (Rdn. zu § 261), dahin zu gehen, daß der Verpflichtete nach bestem Wissen die „*zur Ausgleichung zu bringenden* Zuwendungen" so vollständig angegeben habe, als er dazu imstande sei. Dabei empfiehlt es sich nach RG **73**, 372, 377, die Fassung an die zur Bezeichnung der Ausgleichsfälle vom Gesetze (§§ 2050—2053) gebrauchten Ausdrücke anzuschließen. Eine den Umständen entsprechende Änderung der eidesstattlichen Versicherung **(§ 261 Abs. 2)** wird namentlich etwaige Behauptungen des Auskunftsberechtigten über bestimmte Zuwendungen zu berücksichtigen haben. Die *Kosten* fallen nach **§ 261 Abs. 3** dem Auskunftsberechtigten zur Last, der die Eidesleistung verlangt. Gebühr für die Verhandlung im Termin zur Abnahme einer eidesstattlichen Versicherung KostO § 124 idF des Art. 2 § 11 Ges. v. 27. 6. 1970 (BGBl. I 911).

§ 2057 a

Ein Abkömmling, der durch Mitarbeit im Haushalt, Beruf oder Geschäft des Erblassers während längerer Zeit durch erhebliche Geldleistungen oder in anderer Weise in besonderem Maße dazu beigetragen hat, daß das Vermögen des Erblassers erhalten oder vermehrt wurde, kann bei der Auseinandersetzung eine Ausgleichung unter den Abkömmlingen verlangen, die mit ihm als gesetzliche Erben zur Erbfolge gelangen; § 2052 gilt entsprechend. Dies gilt auch für einen Abkömmling, der unter Verzicht auf berufliches Einkommen den Erblasser während längerer Zeit gepflegt hat.

Eine Ausgleichung kann nicht verlangt werden, wenn für die Leistungen ein angemessenes Entgelt gewährt oder vereinbart worden ist oder soweit dem Abkömmling wegen seiner Leistungen ein Anspruch aus anderem Rechtsgrunde zusteht. Der Ausgleichungspflicht steht es nicht entgegen, wenn die Leistungen nach §§ 1619, 1620 erbracht worden sind.

Die Ausgleichung ist so zu bemessen, wie es mit Rücksicht auf die Dauer und den Umfang der Leistungen und auf den Wert des Nachlasses der Billigkeit entspricht.

Bei der Auseinandersetzung wird der Ausgleichungsbetrag dem Erbteil des ausgleichungsberechtigten Miterben hinzugerechnet. Sämtliche Ausgleichungsbeträge werden vom Wert des Nachlasses abgezogen, soweit dieser den Miterben zukommt, unter denen die Ausgleichung stattfindet.

Schrifttum:

Bosch, Erbrechtliche Probleme des NeG, FamRZ **72,** 169, 172; *Damrau*, Erbersatzanspruch und Erbausgleich, FamRZ **69,** 579; *Dressel*, Die Ausgleichungspflicht im Höferecht bei besonderer Mitarbeit und Pflegetätigkeit eines Abkömmlings (§ 2057a), RdL 70, 146; *Firsching*, Das NeG v. 19. 8. 1969, Rpfleger 70, 41, 52; DNotZ 70, 535; *Johannsen*, Die Rechtsprechung des BGH zum Erbrecht, Teil 6: Die Erbengemeinschaft C IV (Ausgleichung unter Abkömmlingen) WM 70, 742; *Knur*, Familienrechtliche und erbrechtliche Probleme des NeG, Betrieb 70, 1114; FamRZ 70, 278; *Lutter*, Das Erbrecht des nichtehelichen Kindes 1971 § 6.

Ausgleichung für Vorleistungen

Übersicht

I. Allgemeines 1

Die Vorschrift ist durch das Gesetz über die rechtliche Stellung der nichtehelichen Kinder (NeG) vom 19. 8. 1969 (BGBl. I 1243) in das BGB eingeführt worden und am 1. 7. 1970 in Kraft getreten. Sie sieht eine Ausgleichung unter den als gesetzliche Erben zur Erbfolge gelangenden Abkömmlingen oder den ihnen in § 2052 Gleichgestellten für Zuwendungen vor, die einer oder mehrere von ihnen dem Erblasser gemacht haben (Mitarbeit im Haushalt, Beruf oder Geschäft des Erblassers während längerer Zeit, erhebliche Geldleistungen, andere Beträge zur Erhaltung oder Vermehrung des Vermögens des Erblassers, längere Pflegetätigkeit). Es geht also im Gegensatz zu den in den §§ 2052 ff geregelten Ausgleichsgründen (Ausgleichung von Vorempfängen) hier um einen *gerechten Ausgleich* der Opfer, die einzelne Abkömmlinge dem Erblasser zu dessen Lebzeiten erbracht haben. Dabei soll vor allem auch *verhindert* werden, daß *nichteheliche Kinder*, die nach dem NeG zur gesetzlichen Miterbfolge nach ihrem Vater berufen sind, vor den ehelichen *bevorzugt* werden; diese kommen im Rahmen der ehelichen Familiengemeinschaft häufiger dazu, Zuwendungen der bezeichneten Art zu machen, während das bei den nicht in der Familie aufwachsenden nichtehelichen Abkömmlingen meist nicht der Fall ist.

Bis zum Inkrafttreten war versucht worden, die Mitarbeit des Kindes im Beruf oder Geschäft des Erblassers mit Hilfe arbeits- oder gesellschaftsrechtlicher Konstruktionen abzugelten (vgl. BAG AP zu § 612 Nr. 22, 23; KG FamRZ **70,** 317; **72,** 93; *Brüggemann*, DAV **69,** 228; *Fenn*, FamRZ **68,** 291). Diese rechtlichen Möglichkeiten treten nunmehr in ihrer Bedeutung zurück. 2

Der Gesetzgeber hat den Tatbestand der Ausgleichung weit gefaßt. Wenn auch die

Ausgleichung alle Abkömmlinge betrifft, so steht die neue Regelung doch in engem Zusammenhange mit dem neuen Erbrecht der nichtehelichen Kinder (vgl. Schriftlicher Bericht des Rechtsausschusses BT-Drucksache Nr. 4179 Nr. 83a). Vorbild der Regelung war der Art. 633 des Schweizerischen Zivilgesetzbuches, wonach mündige Kinder, die ihren Eltern im gemeinsamen Haushalt ihre Arbeit oder ihre Einkünfte zugewendet haben, hierfür bei Teilung der Erbschaft der Eltern eine billige Ausgleichung beanspruchen können, sofern sie nicht ausdrücklich darauf verzichtet haben.

Während *beim gesetzlichen Güterstand* die Mitarbeit der Ehegatten durch Erhöhung des Erbteils und den Zugewinnausgleich (§§ 1371, 1931) und *bei Gütertrennung* durch Gleichstellung der Ehegatten neben einem oder zwei Abkömmlingen (§ 1931) bereits *pauschal* berücksichtigt wird, hat sich die Ausgleichung nach § 2057 a *am Einzelfall* zu orientieren. Zu den Problemen, die sich für die Rechtsprechung dazu ergeben, vgl. auch *Bosch*, FamRZ **69,** 506, sowie *Erman/Bartholomeyczik* Rdn. 3.

3 **II. Voraussetzungen des Ausgleichsanspruchs**

1. Vorhandensein mehrerer Abkömmlinge

Es müssen *mehrere* Abkömmlinge als gesetzliche Erben zur Erbfolge gelangen oder in entsprechender Anwendung des § 2052 auf dasjenige als Erben eingesetzt sein, was sie als gesetzliche Erben erhalten würden. *Abkömmling* ist *auch* das *nichteheliche Kind* und zwar auch dann, wenn dieses neben anderen Abkömmlingen nicht zur Erbfolge gelangen kann, aber erbersatzberechtigt ist. Tritt an die Stelle eines ausgleichsberechtigten Abkömmlings ein anderer Abkömmling des Erblassers, so kann auch dieser den Ausgleich verlangen (vgl. *Odersky* NeG § 2057a II 1; *Erman/Bartholomeyczik* Rdn. 4; *Damrau* FamRZ **69,** 580). Das folgt aus der analogen Anwendung des § 2051.

Streitig ist, ob ein Abkömmling auch ausgleichsberechtigt ist, wenn er besondere Leistungen zu einer Zeit erbracht hat, als er noch durch einen später weggefallenen Elternteil von der Erbfolge ausgeschlossenen war (verneinend *Damrau* aaO — in analoger Anwendung des § 2053 —: bejahend *Lutter* § 6 III 1 b; *Erman/Bartholomeyczik* Rdn. 4; *Odersky* aaO; im Ergebnis auch *Johannsen* WM **70,** 743) Der Ausgleichsanspruch wird auch in diesem Fall zu bejahen sein, da der § 2057a in erster Linie auf die Vermehrung der Erbmasse abstellt. Vgl. auch den Fall, in dem ein Sohn unentgeltlich dem Vater im Geschäft hilft, während nach dem Testament die Mutter zunächst Alleinerbin wird und der Sohn erst später zusammen mit seinen Geschwistern die Mutter beerbt.

4 **2. Beiträge zur Erhaltung oder Vermehrung des Erblasservermögens**

Der Abkömmling muß durch „*Mitarbeit im Haushalt, Beruf oder Geschäft*“ des Erblasser während längerer Zeit zur Erhaltung und Vermehrung des Vermögens des Erblassers beitragen.

Ursprünglich hatte der Gesetzgeber an die Mitarbeit in einem landwirtschaftlichen oder gewerblichen Betrieb gedacht (vgl. BT-Drucksache V 4179 Nr. 83 a). Das wurde dann aber auf jede Art der Mitarbeit ausgedehnt, wenn sie nur über eine gelegentliche Aushilfe hinausgeht. Zur Erläuterung des Begriffes Mitarbeit vgl. *Damrau* aaO, *Knur* aaO; *Firsching* DNotZ **70,** 535).

5 Die Mitarbeit muß sich über *längere* Zeit erstrecken. Wann eine „längere“ Zeit vorliegt, hängt von den Umständen ab. Der BGH hat im Beschluß v. 7. 7. 66 (RdL **66,** 290) ausgeführt, daß eine *siebenjährige* Tätigkeit auf dem Hof im allgemeinen für eine formlose Hoferbenbestimmung nicht ausreicht (hierzu kritisch *Dressel* RdL **70,** 146, sowie im Nachtrag zum Landwirtschaftsrecht *Wöhrmann/Dressel* 1971 zu

§ 12 HöfeO Rdn. 105). Jedenfalls wird im Rahmen des § 2057a eine kürzere Zeit genügen, um einen Ausgleichsanspruch entstehen zu lassen.

Einer Mitarbeit sind Geldleistungen gleichgestellt sowie Leistungen sonstiger Art: Bezahlung höherer Schulden, erhebliche Investitionen im Betrieb, Vermehrung der Aktiven usf. (vgl. *Palandt/Keidel* Anm. 2b, aa; *Dressel* aaO).

Zur Mitarbeit werden auch die Dienste im Haus und Geschäft der Eltern zu rechnen sein, zu denen der Abkömmling nach § 1619 verpflichtet ist, ferner die Aufwendungen, für die das zum elterlichen Hausstand gehörende Kind zu Lebzeiten nach § 1620 keinen Ersatz verlangen kann (vgl. *Erman/Bartholomeyczik* Rdn. 5).

3. Pflegetätigkeit 6

Nach Abs. 1 S. 2 fällt auch die Pflegetätigkeit eines Abkömmlings gegenüber dem Erblasser unter die auszugleichende Mitarbeit. Die Pflege, also die Betreuung, des pflegebedürftigen Erblassers, muß längere Zeit gedauert haben. — „5 Jahre genügen", so *Palandt/Keidel* Anm. 2b bb. — Außerdem muß der Abkömmling infolge der Pflegetätigkeit auf berufliche Einnahmen verzichtet haben (vgl. *Körting* NJW 70, 1527). Der Abkömmling braucht die Pflege *nicht allein* durchzuführen, vielmehr kann er sich bezahlter Hilfskräfte bedienen (vgl. *Palandt/Keidel* aaO).

Ob unter die Pflegetätigkeit nur die Pflege des Erblassers persönlich fällt, sondern auch die Pflege der Mutter oder anderer Familienangehöriger gehört, mag zweifelhaft sein (vgl. dazu *Odersky* aaO Art. I Nr. 90 II 4).

4. Ausschluß der Ausgleichung 7

Ausgleichung kann *nicht* verlangt werden, *wenn* für die Leistung *ein angemessenes Entgelt* gewährt oder vereinbart worden ist oder, soweit dem Abkömmling aus anderem Rechtsgrunde wegen seiner Leistung ein Anspruch zusteht, der zu Lasten des ganzen Nachlasses geht und somit den Wert aller Erbteile schmälert, während die Ausgleichung nur zu Lasten der anderen Abkömmlinge erfolgt. Von Bedeutung kann hier insbesondere ein Vergütungsanspruch nach §§ 812, 818 Abs. 3 sein, aber auch ein Anspruch aus Geschäftsführung ohne Auftrag §§ 677 ff (vgl. dazu *Damrau* aaO 581; *Firsching* DNotZ 70, 535).

War die Mitarbeit nur zum Teil unentgeltlich, so fällt nur dieser unentgeltliche Teil unter die Ausgleichspflicht. Der Erblasser kann die Ausgleichung durch letzwillige Verfügung ausschließen (vgl. *Palandt/Keidel* Anm. 7; *Erman/Bartholomeyczik Anm. 8). Es wird sich dann in der Regel um ein Vermächtnis zu Gunsten eines anderen Abkömmlings handeln (vgl. Damrau* aaO 581; *Bosch* FamRZ 72, 174).

Ist ein Abkömmling des Erblassers Hoferbe, so steht ihm gemäß § 12 Abs. 3 nF HöfeO neben dem Voraus kein Anspruch auf Ausgleich nach § 2057a zu (vgl. *Wöhrmann/Dressel* Landwirtschaftsrecht/Nachtrag 1971 § 12 Rdn. 108/109; *Dressel* aaO 147).

III. Umfang der Ausgleichungspflicht 8

1. Bemessungsgrundsätze im allgemeinen

Die Höhe des Ausgleichsanspruchs bestimmt sich einerseits nach *Art, Umfang* und *Dauer der Leistungen,* andererseits nach *dem Wert des Nachlasses.* Dabei hat die Bemessung unter Berücksichtigung dieser Umstände nach Billigkeitsgrundsätzen zu erfolgen. Es liegt auf der Hand, daß dem Richter hier eine schwer lösbare Aufgabe übertragen worden ist. Der Gesetzgeber hat bewußt davon abgesehen, eine genaue Ermittlung der einzelnen Leistungen zu verlangen (vgl. Bericht des Rechtsausschusses BT-Drucks. 4179 Nr. 83a). Der Betrag muß nach den Umständen des Einzelfalles billig und gerecht sein (*Palandt/Keidel* Anm. 3). Die Billigkeitsklausel gestattet es, auf eine genaue Nachrechnung aller einzelnen Ansprüche zu verzichten. Abgesehen von dem Erfordernis der Überwindung tatsächlicher Zweifel entsteht die Rechtsfrage, ob und inwieweit eine entsprechende Anwendung der §§ 2051, 2053 möglich und geboten ist (vgl. *Johannsen* WM 70, 743). Anhaltspunkte bei der Bemessung des Ausgleichs wird u. a. der Tatumstand sein, inwieweit der Abkömmling infolge Mitarbeit an eigener Erwerbstätigkeit gehindert wurde (vgl. *Knur* FamRZ 70, 277).

9 **2. Besonderheiten des Ausgleichs für Mitarbeit oder Pflegetätigkeit; Durchführung des Ausgleichs (Abs. 4).**

Die Mitarbeit oder Pflegetätigkeit ist im Gegensatz zu § 2055, der die Ausgleichung der Vorempfänge regelt, dadurch auszugleichen, daß *zunächst* der Anspruch *rechnerisch festgestellt* wird. Dieser Betrag wird von dem Wert des Nachlasses, der auf die Abkömmlinge entfällt, *abgezogen.* Der Wert der Erbteile der Abkömmlinge wird dann nach diesem verminderten Nachlaß berechnet. Dem Teile, der auf den ausgleichsberechtigten Abkömmling entfällt, wird dann der *Ausgleichsbetrag hinzugerechnet.* Vgl. die Beispiele bei *Palandt/Keidel* Anm. 4; *Knur* FamRZ 70, 278; *Lutter* § 6 III 4; *Odersky* aaO § 2057a IV 2. Durch die Ausgleichung nach § 2057a kann der Wert des Nachlasses anders wie bei der Ausgleichung nach § 2056 nicht erschöpft werden. Denn bei der Bemessung der Ausgleichung ist der Nachlaßwert mitzuberücksichtigen (§ 2057a Abs. 3). Dieser kann daher nicht ganz an die Ausgleichsberechtigten fallen (*Erman/Bartholomeyczik* Rdn. 10).

10 Entsteht über die Höhe ein Streit, so entscheidet das Prozeßgericht. Ein anhängiges Nachlaßauseinandersetzungsverfahren ist bis zur Erledigung des Rechtsstreits nach § 95 FGG auszusetzen (*Odersky* aaO III 3).

II. Rechtsverhältnis zwischen den Erben und den Nachlaßgläubigern

1

Vorbemerkungen

Soweit die **§§ 2058—2063** keine Abweichungen enthalten, sind auch bei Vorhandensein *mehrerer Erben* die Vorschriften des zweiten Titels über die **Haftung des Erben für die Nachlaßverbindlichkeiten** (§§ 1967—2017) anzuwenden, ebenso die ergänzenden Verfahrensvorschriften der ZPO (§§ 780—785). Auch ein *Miterbe* kann *nicht* verklagt werden, *bevor* er die Erbschaft *angenommen* hat (§ 1958). Nach der Annahme stehen jedem Miterben die aufschiebenden Einreden der §§ 2014, 2015 zu. Nachlaßverwaltung, Nachlaßkonkurs und Nachlaßvergleichsverfahren, von denen jedoch Nachlaßverwaltung und Nachlaßvergleichsverfahren nur gemeinschaftlich von allen Miterben und nur bis zur Teilung beantragt werden können (§ 2062; VerglO § 113 Nr. 1, 3; wegen des Nachlaßkonkurses vgl. KO § 217), sichern auch den Miterben die beschränkte Haftung (§§ 1975ff). Auf Antrag jedes noch nicht unbeschränkt haftenden Miterben (ZPO § 991) kann das Aufgebot der Nachlaßgläubiger durchgeführt und dadurch die Haftung der Miterben gegenüber ausgeschlossenen Gläubigern beschränkt werden (§§ 1970ff); auch die Verspätung gemäß § 1974 kann jeder Miterbe geltend machen. Die *Unzulänglichkeitseinrede* der §§ 1990ff ohne amtliche Nachlaßabsonderung steht jedem nicht unbeschränkt haftenden Miterben zu, und zwar bis zur Teilung auch dann, wenn die Voraussetzungen dieser Vorschriften (Dürftigkeit des Nachlasses oder Überschuldung auf Grund von Vermächtnissen und Auflagen) nicht vorliegen (§ 2059 Abs. 1 Satz 1).

2 *Die Möglichkeit,* die *Erbenhaftung* allen oder einzelnen Nachlaßgläubigern gegenüber *zu beschränken, verlieren* infolge Versäumens der Inventarfrist, wegen Man-

gels des Inventars, Nichtabgabe einer eidesstattlichen Versicherung (§§ 1994 Abs. 1, 2005 Abs. 1, 2006 Abs. 3) sowie fehlenden Vorbehalts im Prozesse (ZPO § 780 Abs. 1) diejenigen Miterben, in deren Person die Voraussetzungen dafür vorliegen, jedoch vorbehaltlich der Vorschrift des § 2063 Abs. 1 (Rdn. 1, 2 dazu). Gegenüber einem Miterben, der Nachlaßgläubiger ist, haften die übrigen Miterben auch dann nicht unbeschränkt, wenn sie die Beschränkungsmöglichkeit den anderen Nachlaßgläubigern gegenüber verloren haben (§ 2063 Abs. 2 und Rdn. 3, 4 ebenda).

Unabhängig davon, ob die mehreren Erben **beschränkt oder unbeschränkt** haften, d. h. mit welchen *Mitteln* sie für die Nachlaßverbindlichkeiten aufzukommen haben — ob nur mit dem ererbten oder auch mit dem eigenen Vermögen —, ist die Frage, ob jeder von ihnen den Gläubigern *für den ganzen Schuldbetrag* **(gesamtschuldnerisch)** haftet oder ob die Schuld nach dem Verhältnis ihrer Erbquoten geteilt ist **(anteilige Haftung)**. Sowohl die gesamtschuldnerische wie die anteilige Haftung kann sich auf den Nachlaß beschränken oder auch auf das eigene Vermögen des Miterben erstrecken. Das Gesetz stellt die *gesamtschuldnerische Haftung* als Regel auf (§ 2058); es durchbricht diesen Grundsatz aber zugunsten der anteiligen Haftung nach der Teilung unter den besonderen Voraussetzungen der §§ 2060, 2061, für die unbeschränkte Haftung eines Miterben schon vorher (§ 2059 Abs. 1 Satz 2). Hiernach ist eine *vierfach verschiedene Haftung* der Miterben denkbar: *a)* anteilig und beschränkbar, *b)* gesamtschuldnerisch, aber beschränkbar, *c)* anteilig, aber unbeschränkt, *d)* gesamtschuldnerisch und unbeschränkt. 3

Zur Haftung des **überlebenden Ehegatten** bei der fortgesetzten Gütergemeinschaft: § 1489. Für Schulden des **Handelsgeschäfts** vgl. HGB §§ 27, 139. 4

Für den **Hoferben** als Miterben bestimmt § 15 Abs. 1 HöfeO: „Der Hoferbe haftet, auch wenn er an dem übrigen Nachlaß nicht als Miterbe beteiligt ist, für die Nachlaßverbindlichkeiten als Gesamtschuldner", also nach §§ 2058 ff BGB. *Dingliche Rechte* (Grundschulden, Hypotheken) richten sich *nur gegen den Hoferben als Eigentümer* des Hofes. Wegen der *persönlichen* Forderung kann der Gläubiger auch die *übrigen Miterben* in Anspruch nehmen, wenn der Erblasser auch persönlicher Schuldner war (vgl. *Erman/Bartholomeyczik* Rdn. 18 vor § 2058; *Wöhrmann* Landwirtschaftsrecht § 15 HöfeO, besonders Rdn. 3). 5

§ 2058

Die Erben haften für die gemeinschaftlichen Nachlaßverbindlichkeiten als Gesamtschuldner.

E I 2051 Satz 2 II 1932; M **5** 526—530; P **5** 867—871.

Schrifttum:

Börner, Das System der Erbenhaftung, 3. Teil: Sonderregeln für Miterben, JuS **68,** 108; *Johannsen,* Die Rechtsprechung des BGH auf dem Gebiet des Erbrechts, 9. Teil: Die Erbenhaftung, WM **72,** 914, 919; *Noack,* Vollstreckung gegen Erben, JR **69,** 8.

Gesamtschuldnerische Haftung der Erben

Übersicht

1 **I. Allgemeines.**

Für die Geltendmachung von Nachlaßverbindlichkeiten stehen dem Gläubiger grundsätzlich *zwei Möglichkeiten* zur Verfügung: Er kann nach § 2058 *Gesamtschuldklage* gegen beliebige Miterben — also nicht notwendig gegen alle (deshalb keine notwendige Streitgenossenschaft) — erheben. Er kann aber auch alle Miterben gemäß § 2059 Abs. 2 *zur gesamten Hand* verklagen (hier liegt notwendige Streitgenossenschaft vor). Beide Wege stehen auch dann offen, wenn der Nachlaßgläubiger selbst zu den Miterben gehört (BGH LM § 2046 Nr. 1; vgl. auch OLG Stuttgart NJW **59,** 1735 u. Rdn. 7) Wenn er die Gesamtschuldklage erhebt, muß er allerdings die seinem Erbteil entsprechende Quote von der Forderung absetzen (OLG Düsseldorf MDR **70,** 766). Zu beachten ist auch, daß eine Gesamtschuldklage *vor* Nachlaßteilung in der Regel *unzulässig* ist (RG **93,** 196). Außerdem gilt die Einschränkung, daß Erbersatzanspruchsinhaber (§§ 1934a ff) nicht für Nachlaßverbindlichkeiten haften, da sie *keine* Nachlaßgläubiger sind. Ob Gesamtschuld- oder Gesamthandsklage erhoben ist, kann im Einzelfall zweifelhaft sein; der Klaginhalt ist dann *durch Auslegung* des Klagantrags und der Klaggründe zu ermitteln (BGH WM **63,** 762).

2 **II. Gemeinschaftliche Nachlaßverbindlichkeiten**

Gemeinschaftliche Nachlaßverbindlichkeiten *(Nachlaßverbindlichkeiten* s. § 1967 Rdn. 1) sind zunächst diejenigen, die im Verhältnisse zu den Nachlaßgläubigern allen Miterben zur Last fallen (vgl. § 2046 Rdn. 7); nicht gemeinschaftlich unter allen sind also diejenigen aus Vermächtnissen und Auflagen, mit denen nur ein Miterbe oder einige Miterben beschwert worden sind, ferner die Verbindlichkeit der Miterben eines Pflichtteilsberechtigten, dessen Pflichtteil zu vervollständigen oder zu ergänzen (§§ 2305, 2326); für solche Verbindlichkeiten haben die nicht beschwerten Miterben nicht einzustehen.

Auch der *Ausgleichsanspruch* des auf Schadenersatz belangten Schädigers gegen den am Unfall beteiligten und getöteten Kraftfahrer (StVG § 17) ist eine Nachlaßverbindlichkeit, für welche die Erben als Gesamtschuldner haften (OLG Stuttgart VersR **59,** 117 und 278 mit Anm. von *Möhring*). Dasselbe gilt für *Verzugsschäden,* die durch einen Miterben ausgelöst werden, sich aber auf den ganzen Nachlaß auswirken, z. B. bei Verzug mit Erklärung einer Löschungsbewilligung; bei derartigen reinen Gesamthandsverbindlichkeiten ist der für Gesamtschuldner geltende Grundsatz, daß sich die Wirkungen des Verzugs auf den Säumigen beschränken, nicht anwendbar (OLG Neustadt DNotZ **63,** 58).

3 Sind zwar nicht alle, aber *mehrere Miterben* mit einer Nachlaßverbindlichkeit belastet, so ist sie *unter ihnen gemeinschaftlich;* es steht nichts im Wege, den § 2058 auf sie in der Weise anzuwenden, daß die mit ihr belasteten Miterben für sie als Gesamtschuldner haften (so mit Recht *Staudinger/Lehmann* Anm. 4; *Planck/Ebbecke* Anm. 1; aM die 1. u. 2. Aufl. von *Planck* und die zweite Auflage dieses Kommentars unter Berufung auf § 2046 Abs. 2, der jedoch nur das innere Verhältnis unter den Erben betrifft). Es ist nicht einzusehen, aus welchem Grunde das Gesetz, das die gesamtschuldnerische Haftung der Miterben als Regel aufstellt, eine nur anteilsmäßige Haftung gemäß § 420 gewollt haben sollte, wenn nicht alle, sondern nur einige Miterben für sie als Haftpflichtige in Betracht kommen; auch der Wortlaut nötigt nicht, das anzunehmen.

4 Die Ansprüche der Nachlaßgläubiger gegen alle oder einzelne Miterben *wegen schuldhaften Gebarens mit dem Nachlasse* im Falle eintretender Nachlaßabsonderung (§§ 1978ff) sind keine Nachlaßverbindlichkeiten, sondern persönliche Verbindlichkei-

ten der Miterben; sie gelten als zum Nachlaß gehörig und sind also Nachlaßaktiva (vgl. § 1978 Rdn. 11); § 2058 ist daher auf sie nicht anwendbar; doch kann eine gesamtschuldnerische Haftung aus der gemeinschaftlichen Führung der Verwaltung, die einer Auftragsübernahme gleichsteht (§§ 1978, 427), oder aus gemeinschaftlicher unerlaubter Handlung (§ 830) gegeben sein.

Inwieweit Nachlaßverbindlichkeiten durch *Rechtsgeschäfte* begründet werden 5
können, welche Erben *nach* Eintritt des *Erbfalles* und nach endgültigem *Erwerb der Erbschaft* vornehmen, ist streitig. Das Reichsgericht hat in seiner Rechtsprechung als maßgeblich bezeichnet, ob die Verbindlichkeit vom Standpunkt eines sorgfältigen Verwalters aus in ordnungsmäßiger Verwaltung des Nachlasses eingegangen worden sei, und bejahendenfalls eine Nachlaßverbindlichkeit angenommen (so auch OLG Hamburg MDR **52,** 548 unter Bezugnahme auf RG **90,** 95; 112, 131; WarnRspr. **26** Nr. 216; vgl. auch § 1967 Rdn. 12). Durch genehmigungspflichtige, aber nicht genehmigte Geschäfte des Pflegers eines Erben können jedoch *keine* Nachlaßverbindlichkeiten begründet werden (OLG Hamburg NJW **52,** 938).

II. Wesen und Umfang der gesamtschuldnerischen Erbenhaftung 6

Die gesamtschuldnerische Haftung **entsteht** mit der Erbengemeinschaft (§ 2032 Rdn. 3ff) und **dauert** grundsätzlich auch fort, wenn diese endet. Nur im *Falle des § 2059 Abs. 1 Satz 2* (Rdn. 9 dazu) und *nach der Teilung* unter den besonderen Voraussetzungen der §§ 2060, 2061 verwandelt sich die gesamtschuldnerische in eine bloß *anteilige* Haftung. Die Nachlaßgläubiger können die gesamtschuldnerische Haftung schon *vor der Auseinandersetzung* gegenüber den Miterben geltend machen, jedoch nur mit der Haftungsbeschränkung, die sich aus § 2059 Abs. 1 Satz 1 ergibt.

Auch der **Gläubiger,** der **Miterbe** ist, ist hieran — auch schon **vor der Auseinan-** 7
dersetzung — in der Regel (vgl. aber § 2046 Rdn. 2) nicht gehindert. RG **93,** 196 (ebenso JW **29,** 584[14] und WarnRspr. **35** Nr. 125) will freilich die Gesamtschuldklage eines Miterben als Gläubigers gegen seine Miterben überhaupt ausschließen, weil im Innenverhältnis unter den Miterben keine gesamtschuldnerische Haftung stattfinde; doch ist die Begründung nicht überzeugend, da der Miterbe, der den Anspruch erhebt, nicht als Miterbe, sondern als Gläubiger klagt (vgl. *Bender* JheringsJ **88,** 31ff; ferner *Hallstein* zu JW **29,** 584[14]; *Kipp/Coing* § 121 III 3; OGH **1,** 46 u. 163; OLG Hamburg HEZ **2,** 326 = SJZ **50,** 238). Nach den letzterwähnten Entscheidungen kann ein Miterbe, der zugleich Nachlaßgläubiger ist, seine Ansprüche gegen die anderen Miterben als Gesamtschuldner verfolgen, und zwar *auch* durch *Einzelklagen.* Für diese Ansicht spricht auch die Rechtsprechung des Reichsgerichts im Gesellschaftsrecht; vgl. insoweit RG **153,** 305; JW **37,** 1986; ferner *Weipert* HGBRGRK § 128 Anm. 32; *Würdinger* JW **37,** 1638; aM *Gessler/Hefermehl/Schröder* § 128 HGB Anm. 27; unentschieden RG **153,** 312; für das Recht des Gläubigers, der Miterbe ist, wahlweise die Gesamtschuldklage des § 2058 wie die Gesamthandsklage des § 2059 Abs. 2 zu erheben, auch OLG Stuttgart NJW **59,** 1735; neuerdings auch OLG Düsseldorf MDR **70,** 766. Der BGH (Bd. **37,** 299 = NJW **62,** 1863) hat nunmehr auch für die OHG den Standpunkt vertreten, daß ein Gesellschafter, der auf Grund seiner persönlichen Haftung einen Gesellschaftsgläubiger befriedigt hat, einen Erstattungsanspruch in erster Linie gegen die Gesellschaft richten müsse. Subsidiär kann er aber die einzelnen Mitgesellschafter in Anspruch nehmen. Diese haften ihm aber *nicht* gesamtschuldnerisch, sondern *einzeln* in Höhe ihrer Verlustbeteiligung (*Haftung pro rata*); kritisch dazu *Zunft* NJW **62,** 2148.

Der Miterbenschuldner kann vor der Erbauseinandersetzung einen Miterbengläubiger mit Wirkung für sich selbst befriedigen (OGH **1,** 42 = MDR **48,** 395).

8 Bei einer aus **zwei Miterben** bestehenden Erbengemeinschaft kann der eine Miterbe gegen den anderen Miterben noch *vor* der Auseinandersetzung des Nachlasses eine Forderung, die ihm gegen den Erblasser zugestanden hat, zu dem Teil geltend machen, zu dem der andere Miterbe geworden ist (vgl. BGH Urteil v. 7. 12. 1967 II ZR 62/65). Die Geltendmachung ist jedoch ausgeschlossen, wenn z. Z. für den Nachlaß ohne besondere Verluste noch keine bereiten Zahlungsmittel zur Verfügung stehen und dem Miterbengläubiger nach der Sachlage zugemutet werden kann, zu warten, oder wenn eine ausreichende Aussicht dafür besteht, daß er etwas aus einer bereits teilweise durchgeführten Auseinandersetzung mit dem anderen Miterben noch etwas schuldet und diese Schuld die Höhe der geltend gemachten Nachlaßforderung erreicht oder übersteigt (BGH LM BGB § 2046 Nr. 1 = NJW **53,** 501 (L) = JZ **53,** 313 (L)). Andererseits kann eine gegen den Nachlaß gerichtete Forderung eines Miterben *verwirkt* sein, wenn sie nicht bei der Erbauseinandersetzung, sondern erst 10 Jahre später geltend gemacht wird und so groß ist, daß sie den ganzen Nachlaß aufzehren würde (BGH Urteil v. 9. 11. 1960 — V ZR 106/59).

9 In RG **150,** 344 ist ausgesprochen, daß auch der **Gläubiger-Miterbe** die gesamtschuldnerische Haftung seiner Miterben jedenfalls **nach der Teilung des Nachlasses** in Anspruch nehmen kann; vgl. auch HRR **39** Nr. 83. Er muß sich dann den Anteil an der Verbindlichkeit abziehen lassen, der auf ihn nach dem Verhältnisse seines Erbteils als Miterbe entfällt (RG **150,** 347); auch sind im Falle bestehender Ausgleichspflicht des Miterben-Gläubigers die übrigen Miterben berechtigt, einen entsprechenden Betrag bis zur Auseinandersetzung zurückzubehalten (vgl. § 2055 Rdn. 7). Tilgt der Miterbe einer ungeteilten Erbengemeinschaft Hypotheken, die auf einem Nachlaßgrundstück lasten, aus eigenen Mitteln, so soll er nach OLG Freiburg (HEZ **2,** 259 = DRZ **50,** 159 = MDR **50,** 484 mit zust. Anm. von *Reinecke*) die Hypothek in unmittelbarer oder mindestens entsprechender Anwendung des § 1164 auch in Höhe des auf ihn selbst entfallenden Teiles der Nachlaßschuld erwerben. Die übrigen Miterben sollen dann berechtigt sein, durch Hinterlegung des auf sie entfallenden Teils der Hypothekenschuld für den Gläubiger-Miterben einen entsprechenden Anteil an der Hypothek zu erlangen, wenn der Gläubiger-Miterbe die Annahme der Teilbeträge ablehnt und dies nach den besonderen Umständen gegen Treu und Glauben verstößt (vgl. auch OLG Celle NdsRpfl. **51,** 6). Es ist jedoch mit *Strecker* JR **51,** 582 daran festzuhalten, daß § 1164 nicht anwendbar ist, wenn ein Miterbe eine solche Nachlaßschuld aus eigenen Mitteln tilgt (vgl. Rdn. zu § 1143; KGJ **50,** 208; OGH 1, 44).

10 Der **Erwerber des Erbteils** (§ 2033) tritt neben dem veräußernden Miterben in die gesamtschuldnerische Haftung ein (§ 2033 Rdn. 1).

11 **III. Verfahrensrechtliches**

Die **Gesamtschuldklage** braucht nicht gegen sämtliche Miterben erhoben zu werden; es besteht auch *keine notwendige Streitgenossenschaft* (ZPO § 62) unter den als Gesamtschuldnern verklagten Miterben (RG 25. 1. 1909 IV 297/08 und 29. 9. 1919 IV 156/19; LZ **15,** 1100[30]; RG **68,** 222; **71,** 370; **121,** 345; WarnRspr. **26** Nr. 216; BGH 25. 5. 1955 IV ZR 282/54); das gilt auch dann, wenn der Nachlaß noch nicht geteilt worden ist (RG 13. 4. 1934 III B 2/34). **Anders** ist es bei der **Gesamthandklage** aus § 2059 Abs. 2 (Rdn. 11); sie muß gegen sämtliche Miterben gerichtet werden (RG **71,** 370; **157,** 33; vgl. § 2059 Rdn. 11). Doch kann der Gläubiger das Klagbegehren, daß ein Miterbe sich die Befriedigung des Klägers aus dem ungeteilten Nachlasse gefallen zu lassen habe, gegen diesen im Wege der *Einzelklage* richten (RG *Gruchot* **57,** 158). Auch die *Feststellung* der Forderung kann der Gläubiger gegenüber einzelnen Miterben, die sie bestreiten, betreiben (RG 29. 9. 1919 IV 156/19); denn das Urteil wirkt nur unter den Prozeßparteien (RG WarnRspr. **08** Nr. 487). Ebenso müssen wegen *Feststellung eines Pflichtteilsrechts nicht alle* Erben gemeinschaftlich in einem Prozeß *verklagt* werden, da die gegen die einzelnen Erben ergangene Entscheidung lediglich eine relative Rechtswirkung unter den Parteien schafft (RG 30. 4. 1908 IV 588/07). Zur Vollstreckung in den ungeteilten Nachlaß braucht aber der Gläubiger ein gegen alle Miterben, wenn auch auf Einzelklagen, ergangenes Urteil; andernfalls kann er nur die Anteile der verurteilten Miterben in Anspruch nehmen (ZPO § 747; RG **68**, 221; **71**, 371). Ein mit der Gesamtschuldklage belangter Miterbe kann die *Befriedigung* des Gläubigers *verweigern*, solange und soweit sich der Gläubiger *durch Aufrechnung* gegen eine fällige Forderung der Erbengemeinschaft *befriedigen* kann. Dies gilt bei einer Klage auf künftige Leistung auch dann, wenn die Aufrechnungsbefugnis bei der Erbengemeinschaft besteht und beim Gläubiger nur deshalb fehlt, weil seine eigene Forderung noch nicht fällig ist. Die *Leistungsverweigerung* führt in diesen Fällen *nicht* zu einer Verurteilung Zug um Zug, sondern in Höhe der Gegenforderung zur Klagabweisung (BGH **39**, 122 = WM **63**, 122 = LM § 2058 Nr. 3 mit Anm. von *Mattern*).

Zur Frage der Fortsetzung eines gegen den Testamentsvollstrecker geführten Rechtsstreits bei Wegfall der Testamentsvollstreckung während des Revisionsverfahrens BGH WM **64**, 1173.

Bei der Bemessung des **Streitwerts** ist, wenn ein Gläubiger-Miterbe eine Forderung, **12**
die ihm gegen den Nachlaß zusteht, gegen einen anderen Miterben verfolgt, der Anteil des klagenden Gläubiger-Miterben an der den Nachlaß belastenden Schuld außer Betracht zu lassen (RG **156**, 263; vgl. auch BGH LM ZPO § 6 Nr. 5 = MDR **58**, 676; § 2039 Rdn. 16).

Besonderer **Gerichtsstand** der Erbschaft nach ZPO § 28 auch wegen anderer als der **13**
in § 27 aufgezählten Nachlaßverbindlichkeiten, solange die mehreren Erben noch als Gesamtschuldner haften.

IV. Innenverhältnis der Miterben **14**

Die *Miterben untereinander* sind zunächst nur verpflichtet, zu der Berichtigung der Forderung eines Nachlaßgläubigers, der vor der Auseinandersetzung befriedigt werden will, *mitzuwirken* und bei der Auseinandersetzung für die Berichtigung der Nachlaßverbindlichkeiten aus dem Nachlasse zu sorgen (§§ 2038 Abs. 1 Satz 2, 2046). Ist eine Nachlaßverbindlichkeit bei der Auseinandersetzung nicht berichtigt und ist sie nachträglich von dem Gläubiger gegen einen Miterben auf Grund der gesamtschuldnerischen Haftung beigetrieben worden, so kann dieser von den übrigen Miterben anteilsmäßige Erstattung, aber nicht nach gleichen Anteilen (§ 426), sondern nach dem Verhältnisse der Erbanteile verlangen. Handelt es sich dabei um *ausgleichspflichtige* Miterben (§§ 2050ff), so richtet sich der Erstattungsanspruch nicht nach den quotenmäßigen Erbteilen, sondern danach, was den einzelnen Miterben unter Berücksichtigung der Ausgleichspflicht bei der Auseinandersetzung zugeflossen ist (ihr reeller Erwerb aus der Erbschaft; vgl. § 2055 Rdn. 7).

Hat ein Miterbe ein Vermächtnis in RM erfüllt, so ist sein Ausgleichsanspruch gegen die anderen Miterben im Verhältnis 1:1 in DM *umzustellen* (OLG Stuttgart NJW **56**, 269).

§ 2059

Bis zur Teilung des Nachlasses kann jeder Miterbe die Berichtigung der Nachlaßverbindlichkeiten aus dem Vermögen, das er außer seinem Anteil an dem Nachlasse hat, verweigern. Haftet er für eine Nachlaßverbindlichkeit unbeschränkt, so steht ihm dieses Recht in Ansehung des seinem Erbteil entsprechenden Teiles der Verbindlichkeit nicht zu.

Das Recht der Nachlaßgläubiger, die Befriedigung aus dem ungeteilten Nachlasse von sämtlichen Miterben zu verlangen, bleibt unberührt.

E II 1933; P **5** 868—875.

Miterbenhaftung bis zur Teilung

Übersicht

1 **I. Allgemeines**

Die gesamtschuldnerische Haftung der mehreren Erben (§ 2058) entsteht zwar, vorbehaltlich § 1958, schon mit dem Erbfall. Sie ist aber dadurch gemildert, daß die Nachlaßgläubiger, wenn sie Befriedigung aus dem noch ungeteilten Nachlasse verlangen, gleichzeitig oder nacheinander (RG **68**, 222) gegen sämtliche Miterben vorgehen müssen (Abs. 2) und die Zwangsvollstreckung in den Nachlaß nur auf Grund eines gegen alle Erben erlangten Urteils betreiben können (ZPO § 747; VGH Bremen JR **51**, 113).

2 Solange durch das Bestehen der gesamthandlich gebundenen Erbengemeinschaft (§ 2032 Rdn. 4) die Zusammengehörigkeit des Nachlasses als eines Ganzen und die Trennung von dem eigenen Vermögen der Miterben gewahrt ist, erscheint die Beschränkung der Haftung auf den Anteil am Nachlasse auch ohne amtliche Nachlaßabsonderung für die Interessen der Nachlaßgläubiger unbedenklich (*Planck/Ebbecke* Anm. 1; Prot. II **5**, 871). Selbst wenn ein Miterbe *unbeschränkt* haftet, braucht er vor der Teilung dem Nachlaßgläubiger aus seinem Eigenvermögen zunächst nicht gesamtschuldnerisch, sondern nur für die seinem Erbteil entsprechende Quote der Nachlaßverbindlichkeit aufzukommen (Abs. 1 Satz 2). Die Nachlaßgläubiger sind sonach, falls sie nicht nach Abs. 2 in den ungeteilten Nachlaß vorgehen wollen, darauf angewiesen, den ungeteilten Anteil des Miterben an dem Nachlasse zu pfänden und sich überweisen zu lassen oder im Zwangswege zu veräußern (ZPO §§ 859, 857 Abs. 5; vgl. aber auch Rdn. 6). — Haftung *nach der Teilung* § 2060.

3 *Der Gläubiger* des Erblassers, der selbst *Miterbe* ist, braucht die Klage nur gegen die *übrigen* Miterben zu richten (RG WarnRspr. 08 Nr. 221; er ist aber *nicht* gehindert, gegen die Erbengemeinschaft Gesamthandklage zu erheben (RG **93**, 196; BGH LM § 2046 Nr. 1; vgl. Rdn. 11). Wenden sich die Nachlaßgläubiger gegen einen *einzelnen Miterben*, so steht ihnen nur der Zugriff in seinen *Anteil am Nachlaß* offen (Abs. 1 Satz 1). In dem einen wie dem andern Falle sind die Miterben berechtigt, die Befriedigung aus ihrem *Eigenvermögen bis zur Teilung zu verweigern*, und zwar ohne daß, auch wenn

der Nachlaß nicht dürftig (§§ 1990, 1992) ist, der Miterbe eine Haftungsbeschränkung durch Nachlaßverwaltung, Nachlaßkonkurs oder Nachlaßvergleichsverfahren herbeizuführen braucht. Er kann bei ungeteilter Erbengemeinschaft außerdem regelmäßig *Vorwegbefriedigung* wegen seiner Forderung verlangen, z. B. sich in der Weise befriedigen, daß er als Mieter eines zum Nachlaß gehörenden Grundstücks bis zur Höhe seiner Forderung keine Miete zahlt (OLG Marienwerder HRR **40**, 290). Besteht die Erbengemeinschaft aus *zwei Miterben* und hat einer von ihnen eine Forderung gegen den Erblasser, so kann er sie auch schon *vor* der Auseinandersetzung des Nachlasses *gegen den anderen Miterben* zu dem Teile geltend machen, zu dem dieser Miterbe geworden ist (BGH LM § 2046 Nr. 1 = NJW **53**, 501 (L) = JZ **53**, 313 (L)). Vgl. auch § 2058 Rdn. 6f.

4 Ein *Miterbenschuldner* kann vor der Auseinandersetzung einen Miterbengläubiger mit Wirkung für sich selbst befriedigen (OGH **1**, 42 = MDR **48**, 395).

5 **II. Teilung des Nachlasses**

Die Teilung des Nachlasses ist *vollzogen*, wenn die Erbengemeinschaft des § 2032 durch Vereinbarung der Erben oder deklarative Entscheidung des Richters (§ 2042 Rdn. 14) aufgehoben worden ist und die Nachlaßgegenstände den einzelnen Miterben überwiesen sind. Gleichgültig ist, ob nach Vorschrift des § 2046 Abs. 1 zuvor die Nachlaßverbindlichkeiten berichtigt worden sind. Der Nachlaß ist im Sinne des Gesetzes auch dann geteilt, wenn die Erbengemeinschaft nur in Ansehung einzelner Nachlaßgegenstände (Grundstücke, Handelsgeschäft), sei es nach Vereinbarung der Erben (§ 2042 Rdn. 3) oder auf Anordnung des Erblassers (§ 2044 Rdn. 1), fortgeführt wird.

Anderseits bedeutet die *Verteilung einzelner*, auch wertvoller *Nachlaßgegenstände* nicht ohne weiteres die Teilung des Nachlasses als solchen (RG **89**, 407). Entscheidend ist *nicht* die *subjektive* Auffassung der Beteiligten (so die zweite Auflage dieses Kommentars), sondern der Umstand, ob bereits ein so erheblicher Teil der Nachlaßgegenstände aus der Erbengemeinschaft in das Einzelvermögen der Miterben übergeführt ist, daß die Erbengemeinschaft in ihren wesentlichen Bestandteilen als Ganzes aufgelöst erscheint und das, was in ihr zurückgeblieben ist, sich als etwas von dem ursprünglichen Gemeinschaftsvermögen Verschiedenes darstellt (HRR **38** Nr. 1602). Wann dies eintritt, ist eine nicht immer leicht zu entscheidende Tatfrage; vgl. hierzu auch *Bräcklein* NJW **67**, 431.

6 Bedenklich ist es aber, wenn RG **89**, 408 (*gegen Hagen* JheringsJ **42**, 135 Anm. 95 und *Kretschmar* ZBlFG **15**, 337; vgl. auch *Staudinger/Lehmann* § 2059 Rdn. 6 Abs. 2; ferner *Erman/Bartholomeyczik* Anm. 8; *Palandt/Keidel* Anm. 3) die *Nachlaßgegenstände*, die vor der endgültigen *Nachlaßteilung* einzelnen Miterben *zugewiesen* worden sind, dem unmittelbaren Zugriffe der Gläubiger entziehen will, weil sie nicht zu dem „Anteile des Miterben am Nachlasse", sondern zu dem Vermögen gehörten, das der Miterbe außer seinem Anteile am Nachlasse habe. Wenn das Gesetz von dem „Anteil an dem Nachlasse" vor der Teilung spricht, so denkt es dabei an den Regelfall, daß der gesamte Nachlaß noch in der Gemeinschaft der Miterben steht und das Recht der Miterben sich in einem Anteile an dieser Gemeinschaft erschöpft. Soweit aber einzelne Nachlaßgegenstände schon aus der Erbengemeinschaft ausgeschieden und Sonderrechte einzelner Miterben an ihnen begründet worden sind, treten diese Sonderrechte, also im Falle des Eigentums die Gegenstände selbst, an die Stelle des Anteils am Nachlasse und sind sie dem Zugriffe der Gläubiger auch vor der endgüligen Teilung des Nachlasses unterworfen. Zu dem *Eigenvermögen* des Miterben, das vor dem Zugriffe der Gläubiger geschützt werden soll, gehören sie nicht, zumal da, wie die angeführte Reichsgerichtsentscheidung selbst annimmt, der Miterbe gemäß §§ 1978 Abs. 2, 1991 Abs. 1 verpflichtet ist, sie auf Verlangen der Gläubiger zum Nachlasse zurückzugewähren. Die Gläubiger auf diesen

Anspruch zu verweisen, dessen Begründung und Durchsetzung nicht zweifelsfrei ist (vgl. Rdn. 13), würde eine erhebliche Gefährdung ihrer Forderungen bedeuten.

7 Die Teilung kann auch in der *Überlassung des Aktiv-Nachlasses als Ganzen an einen Miterben* gegen Abfindung der übrigen durch Zuweisung von einzelnen Nachlaßgegenständen bestehen. Dagegen ist es keine Teilung, wenn ein Miterbe die Anteile der sämtlichen übrigen Miterben gegen ein nicht aus dem Nachlasse entnommenes Entgelt erwirbt und dadurch die Erbschaft als Ganzes in seiner Hand vereinigt (RG 27. 9. 1907 VII 504/06). In diesem Falle wird aber weder dem Erwerber der sämtlichen Anteile noch den übrigen Miterben das Verweigerungsrecht aus § 2059 Abs. 1 noch zustehen, da die Voraussetzung dafür, das Bestehen einer Erbengemeinschaft (Rdn. 2), weggefallen ist. Ebenso liegt es, wenn infolge Ausgleichung bei der Auseinandersetzung der gesamte Aktivnachlaß einem Miterben zugefallen oder wenn er zur Tilgung von Schulden verbraucht worden ist. Wegen der Art der Haftung in diesen Fällen (ob gesamtschuldnerisch oder anteilig) vgl. § 2060 Rdn. 1 ff; wegen der Zulässigkeit der Nachlaßverwaltung § 2062 Rdn. 3. Wirkung der Teilung auf die *Pflichtteilslast* § 2319.

8 **III. Verweigerungsrecht des Miterben (Abs. 1 Satz 1)**

Abs. 1 Satz 1 billigt jedem Miterben als *Einrederecht* eine Verweigerungsrecht entsprechend §§ 1990 Abs. 1, 1992 zu, aber nur mit aufschiebender Wirkung *bis zur Teilung.* Zur Begründung der Einrede muß also behauptet werden, der Nachlaß sei noch nicht geteilt (RG 13. 1. 1912 V 276/11; vgl. unten Rdn. 14). Die Verurteilung des Miterben als Gesamtschuldner wird dadurch nicht gehindert. Das Verweigerungsrecht stellt ein *Mittel* dar, die *Haftung des Erben auf den Nachlaß* (hier: Nachlaßanteil) *zu beschränken;* sie kann daher in der Zwangsvollstreckung nur geltend gemacht werden, wenn es dem als solchen verurteilten Miterben in dem Urteile vorbehalten worden ist (ZPO § 780; ein die Bestimmung einschränkender Zusatz, den die zweite Kommission — Prot. 5, 875 — beschlossen hatte, ist vom Bundesrat gestrichen worden). Der allgemeine Vorbehalt der Haftungsbeschränkung genügt; es braucht *nicht besonders ausgesprochen* zu werden, daß die Beschränkung *auf den Anteil,* und zwar bis zur Teilung, vorbehalten wird (RG **71,** 371). Ist nur auf Leistung „aus dem Erbteile" geklagt und verurteilt worden, so kann auch ohne Vorbehalt nur in den Erbteil vollstreckt werden. Im übrigen kann der Miterbe auf Grund des Vorbehalts gegen eine in sein Eigenvermögen gerichtete Zwangsvollstreckung im Wege der §§ 781, 785, 767 ZPO Einwendung erheben. Wird auf Grund der vollstreckbaren Ausfertigung eines gegen den Erblasser ergangenen Urteils vollstreckt, die gemäß ZPO § 727 erteilt worden ist, so kann die Einwendung ohne Vorbehalt im Urteil erhoben werden.

9 **IV. Verweigerungsrecht bei unbeschränkter Haftung (Abs. 1 Satz 2)**

Der unbeschränkt haftende Miterbe hätte an sich als Gesamtschuldner (§ 2058) dem Nachlaßgläubiger für dessen ganze Forderung schon vor der Teilung mit seinem Eigenvermögen aufzukommen. Zur Milderung der hierin liegenden Härte gibt ihm aber das Gesetz bis zur Teilung das *beneficium divisionis;* er braucht bis dahin die Befriedigung des Gläubigers aus seinem Eigenvermögen nur *für einen seinem Erbteil entsprechenden Bruchteil* der Forderung zu dulden; hierfür ist die ideelle Erbquote, nicht der Anteil am Überschusse maßgebend; letzterer ergibt sich aus einer etwaigen Ausgleichspflicht, die vor der Teilung noch gar nicht durchgeführt sein kann (vgl. §§ 2055, Rdn. 7ff, 2060 Rdn. 1). Es handelt sich auch hier, ungeachtet der im übrigen bereits bestehenden Unbeschränkbarkeit, um eine freilich eigenartige Beschränkung der Haftung des Erben (ZPO § 780) in der Form des Verweigerungsrechts ohne amtliche Nachlaßabsonderung (Rdn. 8). Der Miterbe kann gleichwohl als Gesamtschuldner zur Zahlung des ganzen Betrages verurteilt werden. Der allgemeine Vorbehalt des § 780 genügt auch in diesem Falle; doch ist, wenn die im übrigen unbeschränkte Haftung schon feststeht, der Vorbehalt auf Antrag des Gläubigers entsprechend einzuschränken, also z. B. wenn die Forderung 3000, der Erbteil 1/3 beträgt, dahin, daß dem Beklagten bis zur Teilung die Beschränkung der Haftung für mehr als 1000 DM auf seinen Anteil am Nachlasse vorbehalten wird. Hat der Miterbe überhaupt keinen Vorbehalt im Urteile erwirkt, so kann er, auch wenn er im allgemeinen noch nicht unbeschränkt haftet, gegenüber der Zwangsvollstreckung desjenigen Gläubigers, der das Urteil erwirkt hat, auch die Haftungsbeschränkung aus § 2059 Abs. 1 Satz 2 nicht mehr geltend machen.

Eine auf *unteilbare Leistung* (§ 431) gerichtete Nachlaßverbindlichkeit kann für die Beitreibung aus dem eigenen Vermögen des Miterben nur ihrem Geldwerte nach in Betracht kommen und in dieser Gestalt der Teilung nach Maßgabe des Erbanteils unterworfen sein.

V. Befriedigung der Nachlaßgläubiger aus dem ungeteilten Nachlaß (Abs. 2) **10**

Die Nachlaßgläubiger können *vor* der Teilung *statt* gegen die *einzelnen* Miterben als Gesamtschuldner (§§ 2058, 2059 Abs. 1 Satz 1 u. 2) *auch gegen den ungeteilten Nachlaß* vorgehen. Das Recht hierzu wird, wie Abs. 2 ausdrücklich hervorhebt, durch die in Abs. 1 Satz 1 und 2 vorgesehenen Beschränkungen für das Vorgehen gegen die einzelnen Miterben nicht berührt. Erforderlich und *genügend* ist ein *gegen alle Erben* ergangenes *Urteil* (ZPO § 747). Dazu können die Urteile dienen, die *gegen die einzelnen Miterben als Gesamtschuldner* in einem oder mehreren Prozessen erwirkt worden sind, sofern nicht etwa die Verurteilung ausdrücklich nur auf Leistung „aus dem Erbteil" lautet; der Vorbehalt der Haftungsbeschränkung steht nicht entgegen (RG **71**, 371).

Der Gläubiger kann aber auch, um gegen den ungeteilten Nachlaß vorzugehen, die **11** gegen die Erbengemeinschaft als solche gerichtete **Gesamthandklage** erheben. Diese Klage muß gegen sämtliche Teilnehmer der Erbengemeinschaft (Miterben, Übernehmer von Erbteilen) einheitlich gerichtet werden und begründet unter ihnen *notwendige Streitgenossenschaft* (ZPO § 62; RG **71**, 371; RG **157**, 33 = JW **38**, 1183[40], im letzteren Falle für die Klage eines Hypothekengläubigers gegen *sämtliche* Miterben auf Duldung der Zwangsvollstreckung in ein Nachlaßgrundstück; vgl. ferner BGH LM Nr. 2 zu ZPO § 62 = NJW **54**, 1200 für eine Klage auf Auflassung; BGH 25. 5. 1955 IV ZR 282/54). Wie das Reichsgericht (RG **157**, 33, 35) dargelegt hat, ist bei der Gesamthandklage nach § 2059 Abs. 2 die begehrte Duldung einer Verfügung über einen einzelnen Gegenstand des ungeteilten Nachlasses gleichzustellen, die ebenfalls nur von allen Miterben gemeinsam getroffen werden könnte (§§ 2033 Abs. 2, 2040). Daß der Nachlaßgläubiger selbst zu den Miterben gehört, steht der Erhebung der Gesamthandklage *nicht* entgegen (RG **93**, 196; BGH LM § 2046 Nr. 1).

Auch die Gesamthandklage braucht aber nicht notwendig gegen alle Miterben *zusammen* erhoben zu werden. Soweit die Verbindlichkeit geltend gemacht wird, eine Verfügung vorzunehmen, z. B. ein Grundstück aufzulassen, genügt eine Klage gegen den oder die widerstrebenden Miterben, wenn die anderen Miterben die erforderlichen Erklärungen abgegeben haben oder wenn feststeht, daß sie zur Abgabe bereit sind (RG **111**, 138; **112**, 132; *Kipp/Coing Staudinger/Lehmann Rdn. 2).*

Ob eine *Gesamthandklage* oder *Gesamtschuldklage* erhoben worden ist, ist, wenn es **12** nicht ausdrücklich erklärt wird, im Wege der *Auslegung* zu ermitteln (BGH NJW **63**, 1611 = WM **63**, 762 (*Klage auf Auflassung gegen Miterben*); ferner BGH JZ **64**, 722). Nach RG 7. 11. 1916 III 208/16 ist die Klage eines Nachlaßgläubigers, auch wenn sie gegen sämtliche Miterben gerichtet ist, nur dann als Gesamthandklage anzusehen, wenn sie *unzweideutig* auf Befriedigung nur aus dem ungeteilten Nachlaß, ihr Antrag dementsprechend auf ein Zahlungsurteil zur Vermeidung der Zwangsvollstreckung in diesen gerichtet ist. Für die Annahme einer Gesamthandklage soll die Klagebehauptung nicht genügen, daß der Nachlaß noch ungeteilt sei, da auch bei ungeteiltem Nachlaß eine Gesamt*schuld*klage gegen sämtliche Miterben erhoben werden könne (vgl. RG **68**, 221). Dem ist nicht zu folgen. Bei ungeteiltem Nachlaß spricht keine Vermutung für eine Gesamtschuldklage, vielmehr dürfte die Annahme näher liegen, daß Befriedigung aus dem Nachlaß verlangt werde (so auch RG WarnRspr. **35** Nr. 125). Ein *Übergang* von der Gesamtschuldklage zur Gesamthandklage, auf den der Richter gegebenenfalls gemäß ZPO § 139 hinzuwirken hat, soll *nicht als Klagänderung*, sondern als Einschränkung des Klageantrags (ZPO § 268 Nr. 2) gelten (RG **93**, 198). Auch der Miterbe, der Gläubiger ist, kann die Gesamthandklage erheben (OLG Stuttgart NJW **59**, 1735); er braucht sie nur gegen die anderen Miterben zu richten und kann sodann nach ZPO § 747 in den Nachlaß vollstrecken (RG *Gruchot* **57**, 158; RG 13. 6. 1918 IV 386/17). Ist ein *Testamentsvollstrecker* bestellt worden, so kann in Nachlaßbestandteile, die seiner Verwaltung unterstellt sind, nur auf Grund eines gegen ihn ergangenen Urteils vollstreckt werden.

13 Auch *gegenüber der Gesamthandklage* können die Miterben, sofern jene nicht ausdrücklich nur auf Leistung aus dem Nachlasse gerichtet ist, den *Vorbehalt der Haftungsbeschränkung* verlangen, da andernfalls auch das auf eine solche Klage ergangene Urteil dazu dienen könnte, gegen ihre Anteile am Nachlasse und gegen ihr Eigenvermögen vorzugehen. Bei Nachlaßverwaltung oder Nachlaßkonkurs kann während ihrer Dauer weder die Klage auf Grund des Gesamtschuldverhältnisses noch die Gesamthandklage gegen die Miterben erhoben werden. Für das Nachlaßvergleichsverfahren s. VerglO § 49.

Zum ungeteilten Nachlasse gehören auch die Forderungen gegen die Miterben aus der von ihnen geführten Verwaltung des Nachlasses, falls amtliche Nachlaßabsonderung herbeigeführt ist (§ 1978) oder ein Miterbe von dem Rechte aus § 1991 Gebrauch gemacht hat. Daß solche Ansprüche auch geltend gemacht werden könnten, wenn ohne amtliche Nachlaßabsonderung und ohne die Voraussetzungen der § 1990, 1992 die Miterben nur das Verweigerungsrecht aus § 2059 Abs. 1 geltend gemacht haben (so anscheinend RG **89**, 408), kann mangels gesetzlicher Grundlage nicht anerkannt werden.

14 **VI. Beweislast**

Steht fest, daß die Personen, die der Nachlaßgläubiger in Anspruch genommen hat, Miterben sind, so stellt sich die Klage gegen sie als Gesamtschuldner zunächst als begründet dar (§§ 1967, 2058); deshalb hat der Miterbe, der das Verweigerungsrecht aus § 2059 Abs. 1 geltend machen will, dessen Voraussetzungen darzutun, also zu *beweisen*, daß noch *keine Teilung* stattgefunden hat (RG WarnRspr. 14 Nr. 300; dahingestellt RG 13. 1. 1912 V 276/11; dort ist jedoch anerkannt, daß der Miterbe die *Ungeteiltheit behaupten* muß; aM *Planck/Ebbecke* Anm. 3 zu § 2058 mit Nachweisen). Ist im Urteil der allgemeine Vorbehalt des § 780 ZPO enthalten, so kann der Beweis, die besonderen Voraussetzungen des Verweigerungsrechts nach § 2059 Abs. 1 lägen vor, noch anläßlich der Zwangsvollstreckung geführt werden. Behauptet der Gläubiger, daß der Miterbe unbeschränkt hafte und deshalb *nur Satz 2* angewandt werden könne, so hat er den Eintritt der Unbeschränkbarkeit der Haftung nachzuweisen. Die Höhe der Erbquote, die nach Satz 2 in Betracht kommt, muß der Miterbe, wenn sie bestritten ist, gleichfalls beweisen, weil er nur dadurch den Umfang seines Verweigerungsrechts darlegen kann (so auch *Staudinger/Lehmann* Rdn. 12; aM *Jaeger*, Erbenhaftung 26).

§ 2060

Nach der Teilung des Nachlasses haftet jeder Miterbe nur für den seinem Erbteil entsprechenden Teil einer Nachlaßverbindlichkeit:

1. **wenn der Gläubiger im Aufgebotsverfahren ausgeschlossen ist; das Aufgebot erstreckt sich insoweit auch auf die im § 1972 bezeichneten Gläubiger sowie auf die Gläubiger, denen der Miterbe unbeschränkt haftet;**
2. **wenn der Gläubiger seine Forderung später als fünf Jahre nach dem im § 1974 Abs. 1 bestimmten Zeitpunkte geltend macht, es sei denn, daß die Forderung vor dem Ablaufe der fünf Jahre dem Miterben bekannt geworden oder im Aufgebotsverfahren angemeldet worden ist; die Vorschrift findet keine Anwendung, soweit der Gläubiger nach § 1971 von dem Aufgebote nicht betroffen wird;**
3. **wenn der Nachlaßkonkurs eröffnet und durch Verteilung der Masse oder durch Zwangsvergleich beendigt worden ist.**

E II 1934; P 5 875—879.

Miterbenhaftung nach der Teilung

Übersicht

I. Allgemeines

1 Mit der Teilung entfällt die Haftung zur gesamten Hand. Der *Grundsatz gesamtschuldnerischer Haftung* mehrerer Erben (§ 2058) bleibt aber auch **nach** *der Teilung* des Nachlasses (§ 2059 Rdn. 5—7) in Kraft. Er wird nur in den *Ausnahmefällen* der Nr. 1—3 des § 2060 und des § 2061 insofern durchbrochen, als der einzelne Erbe nicht für den ganzen Betrag der Nachlaßverbindlichkeit, sondern nur **für den seinem Erbteil entsprechenden Bruchteil der Schuld** haftet. Der in den §§ 2059 Abs. 1 Satz 2 (vgl. Rdn. 9), 2060 und 2061 gleichlautend wiederkehrende Ausdruck kann nicht verschieden gemeint sein. Auch hier ist deshalb im Verhältnis zu den Nachlaßgläubigern wie in § 2059 (Rdn. 9) die *ideelle Erbquote,* nicht der durch etwaige Ausgleichungen beeinflußte Anteil am Überschusse maßgebend; nur im Verhältnisse der Miterben untereinander kommt das Ergebnis der Ausgleichung in Betracht (vgl. § 2055 Rdn. 9).

2 Können die Miterben ihre Haftung noch auf den Nachlaß beschränken, dann kann hiernach der Gläubiger, hinsichtlich dessen die Voraussetzungen der §§ 2060, 2061 zutreffen, *von dem Miterben, der infolge der Ausgleichung aus dem Nachlasse nichts erhalten* hat, **nichts** und von den Miterben, die den ganzen Nachlaß erhalten haben, nur einen ihren ideellen Erbanteilen entsprechenden Bruchteil seiner Forderung erlangen. Damit fällt er mit dem Bruchteile, der dem Erbteile des leer ausgegangenen Miterben entspricht, ungeachtet vorhandener Zulänglichkeit des Nachlasses aus. Beispiel: Nachlaß 3000, Miterben A, B, C je zu 1/3; C hat bei der Auseinandersetzung infolge Ausgleichung nichts, A und B haben je 1500 erhalten. Ein ausgeschlossener Gläubiger, der 1500 zu fordern hat, kann von C, wenn dieser die Beschränkung seiner Haftung auf den Nachlaß herbeiführt, nichts, von A und B unter der gleichen Voraussetzung hinsichtlich ihrer Haftungsbeschränkung nur je 1/3 = 500, zusammen 1000, erlangen, fällt also mit

500 aus. Dieses Ergebnis ist nicht sonderlich befriedigend, aber hinzunehmen (vgl. auch *Palandt/Keidel* Anm. 2; *Erman/Bartholomeyczik* Rdn. 2). *Planck* und *Strohal* (bei *Planck* 3. Aufl. zu § 2061 Erl. 6) suchen es auf zwei verschiedenen Wegen zu vermeiden, die jedoch *beide nicht* zum Ziele führen. *Planck* meint, wegen des im inneren Verhältnisse der Miterben zu berücksichtigenden Ergebnisses der Ausgleichspflicht sei der leer ausgegangene Miterbe verpflichtet, dem Gläubiger den Erstattungsanspruch abzutreten, den er gegen seine Miterben haben würde, falls er an den Gläubiger einen seinem ideellen Erbteile entsprechenden Betrag zahlen müßte; diesen hat er aber in Wirklichkeit nicht, da er dem Gläubiger nichts zu zahlen hat. *Strohal* will die Grundsätze der Haftung des Übernehmers eines Vermögens für die Schulden (§§ 419, 1086 usw.) auf die Haftung der Miterben, die den Nachlaß erhalten haben, entsprechend anwenden; diese haben jedoch von dem leer ausgegangenen Miterben nicht dessen Erbteil übernommen, sondern nur das, was ihnen zustand, aus dem Nachlasse erhalten. In der 9. Aufl. dieses Kommentars wurde die Ansicht vertreten, es werde richtiger sein, sich mit dem Ergebnisse abzufinden; es sei auch nicht unannehmbar, wenn man bedenke, daß es sich bei Zulänglichkeit des Nachlasses nur um solche Gläubiger handeln könne, die ihre ungünstige Stellung der Versäumung rechtzeitiger Meldung zuzuschreiben hätten (§§ 2060 Nr. 1 u. 2, 2061). Befriedigender wäre der bei *Staudinger/Lehmann* Anm. 4 a. E. gewiesene Weg: Der Gläubiger könne den Erbteil des C pfänden und mit den Ansprüchen aus dem Innenverhältnis der Miterben auch die Rechte aus § 2046, sonach auch den Anspruch auf Befriedigung der Nachlaßgläubiger aus dem Nachlaß geltend machen; hierbei sei für die Beitragspflicht der einzelnen Erben nicht der ideelle Anteil am Nachlaß, sondern der tatsächliche Anteil unter Berücksichtigung der Ausgleichspflicht maßgebend; soweit die Miterben die Beitragspflicht nicht vor der Teilung erfüllt hätten, müßten sie ihr nachträglich nachkommen. Gegen diese Lösung ist jedoch einzuwenden, daß § 2046 nur für das Verhältnis der Miterben zueinander gilt; in dem gegebenen Beispiel wird C — nach der Teilung — keinen Anspruch auf eine weitergehende Befriedigung des Nachlaßgläubigers mehr haben, weil die Frage, ob der Gläubiger 1000 oder 1500 DM erhält, ihn nicht berührt. Die Rechtslage ist bei dieser Pfändung nicht grundsätzlich anders als bei der von *Planck* vorgeschlagenen Abtretung.

3 Die Frage der *Teilhaft,* d. h. der Haftung mehrerer Erben je nur für einen Bruchteil der Nachlaßverbindlichkeiten (pro rata crediti), ist von der Frage der *beschränkten Haftung,* d. h. der Haftung nur mit den Mitteln des Nachlasses (cum viribus hereditatis) streng zu sondern (Vorbem. 2 zu § 2058).

Neben dem Erwerber eines Erbteils bleibt auch der veräußernde Miterbe im Falle der §§ 2060, 2061 anteilig haftbar, und zwar sind beide für den dem Erbteile entsprechenden Bruchteil der Forderung Gesamtschuldner (§ 421).

4 *Hat ein Miterbe den ganzen Nachlaß ohne Teilung* erhalten (vgl. § 2059 Rdn. 7), so muß er jedenfalls auch ausgeschlossenen und verspäteten Gläubigern (§§ 2060, 2061) gesamtschuldnerisch für die ganze Forderung haften, während bei den übrigen Miterben, obwohl der Wortlaut des Gesetzes („nach der Teilung") nicht zutrifft, nur anteilige Haftung anzunehmen sein wird; sie können nicht schlechter gestellt werden, als wenn sie etwas aus dem Nachlasse erhalten hätten (für nur anteilige Haftung aller Miterben wegen § 2007 *Planck* 3. Aufl. Anm. 6; anders anscheinend *Planck/Ebbecke* 4. Aufl. zu § 2059 Anm. 4 Abs. 2). Praktisch kommt allerdings die Haftung derjenigen Miterben, die aus dem Nachlasse nichts erhalten, nur in Betracht, wenn sie nicht mehr in der Lage sind, sie auf den Nachlaß zu beschränken.

Im Falle des § 2060 entsteht von Gesetzes wegen der Tatbestand, daß eine ursprünglich für den Erblasser eingetragene *einheitliche Hypothek* zur Sicherung von Forderungen gegen mehrere Schuldner dient, die nicht (genauer: nicht mehr) in einer Verpflichtungsgemeinschaft stehen. Vgl. über die Frage, ob eine solche Hypothek gültig bestellt werden kann, zu § 1113 Rdn. In RG **126**, 277 hat der 5. Zivilsenat des Reichsgerichts seine frühere ablehnende Auffassung aufgegeben, unter anderem mit der Begründung, es könne nicht angenommen werden, daß bei Eintritt der Voraussetzungen des § 2060 die bisherige dingliche Sicherung aufhöre.

II. Ausschluß der Gläubiger im Aufgebotsverfahren (Nr. 1) 5

1. Aufgebot der Nachlaßgläubiger (§§ 1970—1974)

Entsprechende Wirkung des Privataufgebots § 2061. Der von einem Erben gestellte Antrag und das von ihm erwirkte Ausschlußurteil kommen mit dem nach ZPO § 997 Abs. 1 Satz 2 dem Gläubiger besonders anzudrohenden Rechtsnachteil der anteiligen Haftung auch den übrigen Erben zustatten, vorbehaltlich der Vorschriften des BGB über die unbeschränkte Haftung; nach diesen steht einem Miterben, der unbeschränkt haftet, das Verweigerungsrecht gegenüber einem ausgeschlossenen Gläubiger (§ 1973) nicht zu (§ 2013). Der Antrag begründet zugleich die aufschiebende Einrede aus § 2015. Aufschub der Auseinandersetzung (§ 2045) kommt hier „nach Teilung des Nachlasses" nicht mehr in Frage. Ob der Miterbe die Forderung des ausgeschlossenen Gläubigers gekannt hat oder nicht, ist hier ebenso gleichgültig wie nach § 1973 (Rdn. 12 dazu). Anders unten Rdn. 7. Daß das Aufgebot vor der Teilung durchgeführt sein müßte, ergibt weder § 2060 Nr. 1 noch ZPO § 997; die Miterben können daher noch nachträglich die bloß anteilige Haftung durch das Aufgebot herbeiführen, auch wenn sie bereits geteilt haben (ebenso *Erman/Bartholomeyczik* Rdn. 3; aM *Staudinger/Lehmann* Rdn. 5 Abs. 5 wesentlich auf Grund bloßer Billigkeitserwägungen, die nicht immer zutreffen; *Planck/Ebbecke* Anm. 3 erklärt zwar die vorherige Einleitung, aber nicht die Durchführung des Aufgebotsverfahrens als erforderlich für die Ausschlußwirkung des ZPO § 997; vgl. auch Rdn. 9).

2. Erstreckung des Aufgebots (Nr. 1 Halbsatz 2) 6

Pflichtteilsrechte, Vermächtnisse und Auflagen werden, was das Verweigerungsrecht aus § 1973 und die damit verbundene Beschränkung der Erbenhaftung auf den Nachlaß angeht, nach § 1972, **Gläubiger, denen der Erbe unbeschränkt haftet,** werden nach § 2013 von dem Aufgebote der §§ 1970ff nicht betroffen. Dagegen kann die *Teilhaftung der Miterben* auch solchen Gläubigern gegenüber durch ein Aufgebot herbeigeführt werden. Zu diesem Zwecke ist auch der unbeschränkt haftende Miterbe zu dem Antrage auf Erlaß des entsprechenden Aufgebots (Rdn. 5) berechtigt (ZPO § 997 Abs. 2). — Nur den in § 1971 *genannten dinglich berechtigten Gläubigern* kann, auch wenn sie im übrigen durch Ausschlußurteil im Aufgebotsverfahren ausgeschlossen sind, *soweit sie sich auf die Befriedigung aus den ihnen verhafteten Gegenständen beschränken,* die Teilhaftung ebensowenig wie die Haftungsbeschränkung aus § 1973 entgegengehalten werden, was wohl als selbstverständlich hier (anders im Falle der Nr. 2, vgl. Rdn. 8) nicht besonders hervorgehoben ist.

III. Verspätete Geltendmachung der Forderung (Nr. 2) 7

1. Fünfjahrefrist (Nr. 2 Halbs. 1)

Dem Ausschlusse eines Gläubigers im Aufgebotsverfahren (Nr. 1 Rdn. 5) steht, wie für die Begründung der Erschöpfungseinrede nach §§ 1973, 1974, so auch für den Eintritt der nur anteiligen Haftung des Miterben die verspätete Geltendmachung der Forderung gleich. Sie gilt als verspätet und der Miterbe haftet daher nur noch anteilig, wenn sie *später als fünf Jahre* nach dem *Erbfalle* (§ 1922 Rdn. 2) erfolgt; nach § 1974 Abs. 1 Satz 2 beginnt jedoch die Frist, wenn der Erblasser für tot erklärt oder seine Todeszeit festgestellt wird, nicht vor dem Eintritt der Rechtskraft des Beschlusses über die *Todeserklärung* oder die Feststellung der Todeszeit (s. § 1974 Rdn. 11). Die Frist kann auch außergerichtlich, durch Mahnung usw., gewahrt werden. Die gesamtschuldnerische Haftung bleibt aber, auch wenn der Gläubiger seine Forderung nicht innerhalb der Frist geltend gemacht hat, bestehen, wenn der Miterbe innerhalb der Frist von der Forderung **Kenntnis erhalten hat** oder die Forderung in einem von einem der Miterben veranlaßten **Aufgebotsverfahren angemeldet war**; in letzterem Falle kommt es nicht auf die persönliche Kenntnis des in Frage stehenden Miterben an (§ 1974 Rdn. 10). Im übrigen ist aber persönliche Kenntnis des Miterben erforderlich; deshalb kann für dieselbe Forderung ein Miterbe gesamtschuldnerisch, der andere nur noch anteilig haften. Dabei ist der beiderseitige Irrtum über das Erlöschen einer Forderung so zu behandeln wie die Unkenntnis vom Bestehen der Forderung überhaupt. Eine verspätete Geltendmachung mit der sich aus § 2060 Nr. 2 ergebenden Folge kann daher auch dann vorliegen, wenn der Gläubiger infolge Rechtsirrtums über die Forderung erst 5 Jahre nach deren vermeintlicher Tilgung den Rest geltend macht (KG NJW **67**, 1137). Die Anmeldung auf eine *nach § 2061 ergangene Aufforderung hin* steht der Anmeldung in einem Aufgebotsverfahren nicht gleich; über ihre Wirkung vgl. § 2061 Rdn. 3.

8 **2. Gläubiger nach § 1971 (Nr. 2 Halbs. 2)**

Daß den **in § 1971 genannten dinglich Berechtigten,** soweit sie sich auf die Befriedigung aus den ihnen verhafteten Gegenständen beschränken, wie der Ausschluß im Aufgebotsverfahren (vgl. Rdn. 6) so auch die verspätete Geltendmachung ihrer Forderungen nicht entgegengehalten werden kann, um eine Teilhaftung der Miterben zu begründen, ist vom Gesetze hier (anders wie in jenem Falle) besonders hervorgehoben worden. — Dagegen wird gegenüber **Pflichtteils-, Vermächtnis- und Auflageberechtigten** dadurch, daß sie ihre Forderungen erst nach Ablauf der in § 1974 Abs. 1 bestimmten Frist geltend machen, wie gegenüber andern Nachlaßgläubigern (vgl. Rdn. 7), die Teilhaftung der Miterben nach der Teilung begründet; hätte dies entsprechend Nr. 1 Halbsatz 2 (vgl. Rdn. 6) gleichfalls ausgeschlossen sein sollen, dann hätte es auch in Nr. 2 besonders hervorgehoben werden müssen. Gleiches gilt mangels einer dem § 2013 entsprechenden Vorschrift gegenüber den Nachlaßgläubigern, denen der Erbe *unbeschränkt haftet.*

9 **IV. Nachlaßkonkurs (Nr. 3)**

Das Gesetz läßt die **Eröffnung des Nachlaßkonkurses** (im Gegensatze zur *Nachlaßverwaltung* und zum *Nachlaßvergleichsverfahren,* § 2062 Halbsatz 2, VerglO § 113 Nr. 3) auch nach der Teilung des Nachlasses zu (KO § 216 Abs. 2) und gewährt sogar dem unbeschränkt haftenden Miterben das Recht, die Konkurseröffnung zu beantragen (KO § 217 Abs. 1). § 2060 Nr. 3 muß deshalb auch den nachträglichen Nachlaßkonkurs im Auge haben. Da das Gesetz selbst nicht unterscheidet, ist es unzulässig, die Teilhaftung mit der überwiegenden Meinung (vgl. *Planck* 3. Aufl. Anm. 2c, *Staudinger/Lehmann* Anm. 7a; anders *Planck/Ebbecke* 4. Aufl. Anm. 5 und *Palandt/Keidel* Anm. 2c) nur für den Fall eintreten zu lassen, daß der Konkurs bereits vor der Teilung eröffnet worden ist (wie hier *Erman/Bartholomeyczik* Rdn. 5). Es wäre auch unbillig, wenn bei einem Konkurse, der infolge nachträglich bekannt gewordener Forderungen nach der Teilung eintritt, die Miterben die aus dem Nachlasse empfangenen Überschüsse herausgeben müßten, aber der Rechtswohltat der anteiligen Haftung verlustig gingen; diese steht sogar den unbeschränkt haftenden Miterben zu, wenn der Konkurs vor der Teilung eröffnet worden ist. *Lehmann* meint aaO, der Hinweis auf diese Unbilligkeit sei wenig überzeugend, weil schon die anteilige Haftung des unbeschränkt haftenden Erben vor der Teilung verfehlt sei; damit ist aber gerade anerkannt, daß die hier vertretene Ansicht nach dem *geltenden Recht* allein folgerichtig ist.

Für Verzögerungen des Eröffnungsantrags bleiben die Erben aus § 1980 verantwortlich. Ob die *Masse* unter die Gläubiger *aufgeteilt* oder ob hiervon etwas für die Erben übriggeblieben ist, macht keinen Unterschied. Auch im ersteren Falle liegt „Teilung des Nachlasses" vor (§ 2059 Rdn. 5). Die Teilhaftung tritt im Falle des *Zwangsvergleichs* (KO § 230) nur ein, soweit der Vergleich selbst nichts anderes bestimmt. **10**

Ein Zwangsvergleich, der im **Nachlaßvergleichsverfahren** geschlossen worden ist, wirkt nach VerglO § 113 Nr. 4 auf die Haftung des Erben für die Nachlaßverbindlichkeiten wie ein im Konkursverfahren geschlossener Zwangsvergleich. Er sichert den Miterben daher, soweit der Vergleich selbst nichts anderes bestimmt, ebenfalls die Rechtswohltat der anteiligen Haftung. **11**

V. Beweislast **12**

Wird ein Miterbe als Gesamtschuldner auf die ganze Forderung verklagt und macht er geltend, daß er nach §§ 2060, 2061 nur anteilig hafte, so hat er *zunächst zu beweisen*, daß die *Teilung* erfolgt ist (entsprechend im Falle des § 2059 Rdn. 14). Sodann hat er darzutun, zu Nr. 1: daß der Gläubiger ausgeschlossen ist, zu Nr. 2: daß die Fünfjahrefrist verstrichen ist, wogegen dem Gläubiger der Nachweis früher erlangter Kenntnis des Miterben oder Anmeldung offensteht, zu Nr. 3: Beendigung des Nachlaßkonkurses in der dort angegebenen Weise. Bestehen die Umstände, welche die nur anteilige Haftung begründen, z. Z. der Verhandlung des Rechtsstreits bereits, so ist der Miterbe auf seine Einwendung hin nur zur Zahlung eines Teiles der Forderung zu verurteilen, der seinem Erbteile entspricht. Ist er als Gesamtschuldner verurteilt, so kann er, falls nachträglich solche Umstände eintreten, die nur anteilige Haftung noch im Zwangsvollstreckungsverfahren im Wege des § 767 Abs. 2 ZPO geltend machen. Wegen vorher eingetretener Umstände ist eine solche Einwendung im Zwangsvollstreckungsverfahren ausgeschlossen. Der Vorbehalt der Haftungsbeschränkung im Urteile (ZPO § 780, s. § 2059 Rdn. 8) greift hier nicht durch, da es sich nicht um Absonderung des Eigenvermögens vom Nachlasse handelt.

§ 2061

Jeder Miterbe kann die Nachlaßgläubiger öffentlich auffordern, ihre Forderungen binnen sechs Monaten bei ihm oder bei dem Nachlaßgericht anzumelden. Ist die Aufforderung erfolgt, so haftet nach der Teilung jeder Miterbe nur für den seinem Erbteil entsprechenden Teil einer Forderung, soweit nicht vor dem Ablaufe der Frist die Anmeldung erfolgt oder die Forderung ihm zur Zeit der Teilung bekannt ist.

Die Aufforderung ist durch den Bundesanzeiger und durch das für die Bekanntmachungen des Nachlaßgerichts bestimmte Blatt zu veröffentlichen. Die Frist beginnt mit der letzten Einrückung. Die Kosten fallen dem Erben zur Last, der die Aufforderung erläßt.

E II 1935; P 5 877—879.

Öffentliche Aufforderung der Nachlaßgläubiger durch Miterben

Übersicht

1 **I. Privataufgebot**

Durch das sog. Privataufgebot sichert der einzelne Miterbe sich und zugleich den übrigen Erben die *Teilhaftung*. Für die davon verschiedene Frage der *Haftungsbeschränkung* (Vorbem. 3 vor § 2058) ist dagegen nur das *förmliche Aufgebotsverfahren* (§§ 1970 ff) bedeutsam. Auch der unbeschränkt haftende Erbe ist zum Privataufgebot berechtigt; vgl. zu § 2060 Rdn. 5. Ein Rechtsnachteil braucht, abweichend von ZPO § 997, nicht angedroht zu werden. — Aufschub der Auseinandersetzung § 2045.

2 **II. Eintritt der Teilhaftung**

Aufforderung, Fristablauf und Teilung (§ 2059 Rdn. 5ff) zusammen lassen erst die Teilhaftung eintreten (§§ 2059 Rdn. 9, 2060 Rdn. 1 ff), und zwar auch zugunsten der unbeschränkt haftenden Erben. War die Teilung schon vor Fristablauf vorgenommen, so tritt der Erfolg erst mit dem Fristablauf ein. Es ist auch hier (vgl. § 2060 Rdn. 5) nicht gesagt und deshalb nicht anzunehmen, daß das Aufforderungsverfahren vor der Teilung eingeleitet oder durchgeführt sein müßte (ebenso *Erman/Bartholomeyczik* Rdn. 2; aM die 2. Aufl. dieses Komm., während *Staudinger/Lehmann* Rdn. 4, *Planck/Ebbecke* Anm. und *Palandt/Keidel* Anm. 2 zwar den vorherigen Erlaß der Aufforderung, aber nicht den Ablauf der Anmeldefrist für erforderlich erklären).

3 Es bleibt bei der gesamtschuldnerischen Haftung der Erben (§ 2058), wenn der Nachlaßgläubiger seine Forderung bei dem Miterben, der das Aufgebot erlassen hat, oder bei dem Nachlaßgericht — nicht bei einem beliebigen Miterben — *anmeldet*. Die ordnungsmäßige Anmeldung wirkt gegen alle Erben. Dagegen schließt die *Kenntnis* der Forderung die Teilhaftung nur bei demjenigen Miterben aus, in dessen Person sie, und zwar *zur Zeit der Teilung*, bestand. Dieser Zeitpunkt bleibt entscheidend, wenn die Teilung auch erst geraume Zeit nach Ablauf der Frist vollzogen wird. Anderseits kann die verfrühte Teilung dem Miterben nicht zugute kommen, wenn er noch vor Fristablauf Kenntnis erlangt; so abweichend vom gerichtlichen Aufgebotsverfahren, bei dem die Kenntnis oder Unkenntnis des Miterben bedeutungslos ist (§ 2060 Rdn. 5). Das Privataufgebot wirkt auch gegen die Pflichtteilsberechtigten usw. (§ 1972); es berührt aber die dinglich Berechtigten (§ 1971) hinsichtlich der Befriedigung aus den ihnen verhafteten Gegenständen nicht, obgleich das hier nicht, wie in § 2060 Nr. 2 (vgl. Rdn. 6, 8 zu § 2060), ausdrücklich gesagt ist. Wegen der Fälle, in denen keine Teilung stattfindet, vgl. § 2060 Rdn. 4.

4 **III. Bekanntmachungsblätter (Abs. 2 Satz 1)**

Vgl. wegen der Bekanntmachungsblätter, die an Stelle des **Deutschen Reichsanzeigers** getreten sind: DRZ **47,** 151, 335; ZJBlBrZ **48,** 158; Gesetz über Bekanntmachungen vom 17. 5. 1950 (BGBl 183) (danach **Bundesanzeiger** maßgebend); für Berlin Gesetz vom 9. 1. 1951 (VOBl 241).

5 **IV. Fristberechnung (Abs. 2 Satz 2)**

Vgl. §§ 187, 188, 193. Die Frist ist eine **Ausschlußfrist;** daher ist Hemmung durch Stillstand der Rechtspflege oder höhere Gewalt (§ 203) ausgeschlossen (vgl. Rdn. 6 vor § 186; RG **128,** 47; **158,** 140).

6 **V. Kosten (Abs. 2 Satz 3)**

Nur die **Kosten** des *gerichtlichen* Aufgebotsverfahrens sind von vornherein Nachlaßverbindlichkeiten (§ 1967 Rdn. 10), nicht auch diejenigen des *privaten* Aufgebots. Der Miterbe, der das Privataufgebot erlassen hat, kann jedoch einen Erstattungsanspruch nach den Grundsätzen der Geschäftsführung (§ 683) haben.

Gebühr für die Entgegennahme der Anmeldung von Forderungen durch das Nachlaßgericht im Falle des § 2061: KostO § 112 Abs. 1 Nr. 3.

VI. Beweislast 7

Vgl. § 2060 Rdn. 12. Der Erbe, der sich nach der Teilung auf Teilhaftung aus § 2061 beruft, hat außer der Teilung den ordnungsmäßigen Erlaß der Aufforderung, der Gläubiger seine rechtzeitige Anmeldung oder die Kenntnis des betreffenden Erben z. Z. der Teilung zu beweisen.

§ 2062

Die Anordnung einer Nachlaßverwaltung kann von den Erben nur gemeinschaftlich beantragt werden; sie ist ausgeschlossen, wenn der Nachlaß geteilt ist.

P **6** 342—344.

Nachlaßverwaltung bei mehreren Erben

I. Gemeinschaftlicher Antrag (Halbsatz 1) 1

Der **Antrag auf Anordnung der Nachlaßverwaltung** (§ 1981) steht, ebenso wie der Antrag auf Eröffnung des Nachlaßvergleichsverfahrens (VerglO § 113 Nr. 1 Satz 3), den Miterben **nur gemeinschaftlich,** nicht wie der Antrag auf Eröffnung des Nachlaßkonkurses (KO § 217) jedem Miterben zu. Der Antrag ist deshalb unzulässig, wenn auch nur ein Miterbe *allen* (nicht bloß einzelnen) Nachlaßgläubigern gegenüber unbeschränkt haftbar geworden ist und dadurch das Antragsrecht nach § 2013 verloren hat. Ein Mehrheitsbeschluß ist nicht bindend, da es sich nicht um einen Akt der Verwaltung handelt (§ 2038 Rdn. 1). Das Einverständnis und die Antragsberechtigung sämtlicher Miterben muß noch z. Zt. der *Entscheidung* über den Antrag bestehen (KG HRR **32** Nr. 956). Auch die Beschwerde gegen die Zurückweisung des Antrags muß von sämtlichen Erben eingelegt werden (KG aaO). Ist die Nachlaßverwaltung in einer hiernach unzulässigen Weise angeordnet worden, so kann der Beschluß von den widersprechenden Miterben trotz FGG § 76 Abs. 1 mit Beschwerde angefochten werden (Denkschrift zum FGG S. 45, 46). Zu einem Antrage der *Nachlaßgläubiger* gemäß § 1981 Abs. 2 kann schon das Verhalten eines einzelnen Miterben Anlaß geben.

Hat die Nachlaßverwaltung ihren Zweck erreicht, so braucht der „Antrag“, sie *aufzuheben,* nicht von allen Miterben gestellt zu werden; denn hierbei handelt es sich nur um eine Anregung, die das Nachlaßgericht schon von Amts wegen verfolgen muß (OLG Frankfurt JZ **53,** 53 und OLG Hamm JMBlNRW **55,** 230 = DRsp I (170) 19f gegen OLG München JFG **14,** 61). Jeder einzelne Miterbe kann auch gegen die Ablehnung einer solchen Anregung Beschwerde einlegen (OLG Hamm aaO). 2

II. Ausschluß nach Teilung (Halbsatz 2): 3

Die Nachlaßverwaltung ist nach Teilung des Nachlasses ausgeschlossen (§ 2059 Rdn. 5ff), abweichend von § 1981, der für den Alleinerben keine zeitliche Schranke enthält, und von KO § 216 Abs. 2, der auch nach der Teilung den Nachlaßkonkurs zuläßt, aber übereinstimmend mit VerglO § 113 Nr. 3, der den Antrag auf Eröffnung des Nachlaßvergleichsverfahrens nach der Teilung ausschließt. Die Nachlaßverwaltung kann dann auch von einem Nachlaßgläubiger nicht mehr beantragt werden. Ist die Erbengemeinschaft ohne Teilung aufgehoben worden, z. B. durch Vereinigung sämtlicher Erbteile in der Hand eines Miterben (§ 2059 Rdn. 7), so ist die Nachlaßverwaltung nicht ausgeschlossen (RG 27. 9. 1907 VII 504/06). Über einen *Erbteil* kann weder Nachlaßverwaltung angeordnet noch Nachlaßkonkurs eröffnet werden (KO § 235), infolgedessen auch nicht das Nachlaßvergleichsverfahren zur Abwendung des Nachlaßkonkurses; wohl ist Pfändung des Erbteils zulässig (§ 2033 Rdn. 11). *Nach der Teilung* können hiernach die Miterben die beschränkte Haftung nur verwirklichen, indem sie beantragen, den Nachlaßkonkurs zu eröffnen (KO §§ 216 Abs. 2, 217), oder das Aufgebotsverfahren einleiten (§§ 1970ff) oder die Unzulänglichkeitseinrede (§§ 1990—1992) erheben. Wegen Herbeiführens der nur *anteiligen* Haftung nach der Teilung vgl. §§ 2060 Rdn. 5, 7, 9; 2061 Rdn. 2.

§ 2063

Die Errichtung des Inventars durch einen Miterben kommt auch den übrigen Erben zustatten, soweit nicht ihre Haftung für die Nachlaßverbindlichkeiten unbeschränkt ist.

Ein Miterbe kann sich den übrigen Erben gegenüber auf die Beschränkung seiner Haftung auch dann berufen, wenn er den anderen Nachlaßgläubigern gegenüber unbeschränkt haftet.

E I 2146 II 1936; M 5 676, 677; P 5 741, 747,805.

Inventarerrichtung bei mehreren Erben

1 **I. Wirkung der Inventarerrichtung für die übrigen Erben (Abs. 1)**

Zur **Inventarerrichtung** §§ 1993 ff. Gleiches gilt im Verhältnis zwischen Ehegatten § 2008 Abs. 1 Satz 3, Vor- und Nacherben § 2144 Abs. 2, Erbschaftskäufer und Verkäufer § 2383 Abs. 2, beim Antrag auf Erlaß des Aufgebots ZPO § 997. Die Bestimmung der Inventarfrist muß gegenüber jedem Miterben besonders und braucht nicht einheitlich zu erfolgen. Das Inventar, das auch nur ein Erbe, jedoch über den ganzen Nachlaß (§ 2001 Rdn. 1) rechtzeitig und getreu errichtet hat, wendet die *unbeschränkte Haftung* von allen Miterben ohne Bezugnahme gemäß § 2004 ab. Das gilt jedoch nicht, soweit der eine oder andere infolge Fristablaufs (§ 1994) oder ungetreuer Errichtung (§ 2005) oder Eidesverweigerung (§ 2006 Abs. 3) oder endlich infolge vorbehaltloser Verurteilung (ZPO § 780) schon unbeschränkt haftet.

2 Ist das Inventar nur durch *einen* Miterben errichtet worden und den anderen lediglich gemäß § 2063 zustatten gekommen, so kann diesen letzteren gegenüber nicht gesagt werden, daß sie es „an der erforderlichen Sorgfalt hätten fehlen lassen" und deshalb gemäß § 260 Abs. 2 von einem Auskunftsberechtigten zur Abgabe der dort vorgesehenen Versicherung an Eidesstatt (früher: Offenbarungseid) im Prozeßwege angehalten werden könnten (vgl. §§ 2006 Rdn. 1, 2174 Rdn.). Anders ist es jedoch, wenn das Inventar durch einen Notar angefertigt und eingereicht worden ist, den sämtliche Miterben, wenn auch unter Vermittlung eines von ihnen, beauftragt haben (RG **129,** 246).

3 **II. Beschränkte Haftung unter Miterben (Abs. 2)**

Die unklar gefaßte Vorschrift betrifft den Fall, daß ein *Miterbe oder mehrere von ihnen,* aber nicht alle (als **„die übrigen Erben"** bezeichnet) eine *Forderung gegen den Nachlaß* haben, die vor dem Erbfalle gegen den Erblasser oder nachher entstanden sein kann, z. B. einen Ersatzanspruch wegen Aufwendungen für den Nachlaß (§ 1978 Abs. 3). Ein **Miterbe,** der wegen einer solchen Nachlaßverbindlichkeit *in Anspruch genommen* wird, soll sich demgegenüber **auf die Beschränkung seiner Haftung auf den Nachlaß auch dann berufen können,** wenn er die Möglichkeit dazu gegenüber der Gesamtheit der Gläubiger (**„den anderen Nachlaßgläubigern"**) bereits durch Versäumung der ihm gesetzten Inventarfrist oder ungetreues Inventar (§§ 1994, 2005) verloren hat. Das bedeutet nicht, daß er einem Miterben, der Nachlaßgläubiger ist, ohne weiteres nur mit dem Nachlasse hafte; sondern nur, daß der eingetretene Verlust der *Beschränkungsmöglichkeit* diesem gegenüber unbeachtlich ist. Somit hat er, solange der Nachlaß noch ungeteilt ist, gegenüber einem Miterben, der wegen einer Nachlaßforderung in sein Eigenvermögen vorgeht, die *Verweigerungseinrede* aus § 2059 Abs. 1, und zwar nicht nur für den seinen Erbteil übersteigenden Teil (ebenda Satz 2), sondern *für die ganze Forderung;* er kann jedoch diese Einrede in der Zwangsvollstreckung nur dann erheben, wenn sie ihm im Urteile vorbehalten ist, da ZPO § 780 durch § 2063 Abs. 2 nicht berührt wird. Nach der Teilung kann er, wenn der Nachlaß z. Z. der Teilung (§ 1990 Rdn. 10) dürftig oder unzulänglich war, von den Einreden aus §§ 1990, 1992 Gebrauch machen, auch sich auf ein früheres Aufgebotsverfahren, bei dem der Miterbe als Gläubiger ausgeschlossen worden ist (§§ 1973, 1974), eine vorher angeordnete Nachlaßverwaltung oder einen durchgeführten Nachlaßkonkurs (§§ 1975 Rdn. 1, 1989 Rdn. 1) oder ein durchgeführtes Nachlaßvergleichsverfahren (§ 1989 Rdn. 10) berufen. Er kann aber auch jetzt noch die Konkurseröffnung über den Nachlaß (KO § 216 Abs. 2), nicht mehr dagegen die Nachlaßverwaltung (§ 2062 Rdn. 3) oder das Nachlaßvergleichsverfahren (VerglO § 113 Nr. 3) herbeiführen; er kann ferner das Aufgebot der Nachlaßgläubiger (§§ 1970ff) beantragen, was aber nur zum Ziele führt, wenn der Gläubiger sich in dem Aufgebotsverfahren nicht meldet. Verwendet er keines dieser Beschränkungsmittel, so haftet er auch dem Gläubiger, der Miterbe ist, mit seinem eigenen Vermögen; ob er gesamtschuldnerisch oder anteilig haftet, bestimmt sich nach den §§ 2060, 2061. Haftet er als Gesamtschuldner, so kann er dem Gläubiger, der Miterbe ist, den Anteil an der Nachlaßverbindlichkeit abziehen, der gemäß der Auseinandersetzung unter Berücksichtigung etwaiger Ausgleichspflichten, auf diesen entfällt; er kann auch von den übrigen Miterben Erstattung des hiernach zuviel Geleisteten verlangen (§ 2058 Rdn. 13). In RG **110**, 96 ist freilich angenommen worden, die Haftung der Miterben untereinander sei von vornherein und endgültig beschränkt; ebenso anscheinend schon RG **93**, 197.

Hat der Erblasser über einen Gegenstand, hinsichtlich dessen einer oder mehrere **4**
oder auch sämtliche Miterben verfügungsberechtigt sind, *unberechtigterweise zugunsten eines Miterben verfügt,* so tritt danach durch die Beerbung keine Konvaleszenz der unwirksamen Verfügung auf Grund des § 185 Abs. 2 ein, da keine unbeschränkte Haftung der Miterben untereinander und infolgedessen keine Vereinigung von Recht und Pflicht stattfindet; der oder die verfügungsberechtigten Miterben können deshalb den Gegenstand aus dem Nachlasse dinglich zurückfordern (RG **110**, 94, 96). Das gilt auch dann, wenn der Erblasser als *Vorerbe* unentgeltlich über einen Erbschaftsgegenstand in solcher Weise verfügt hat; dann ist die Verfügung zwar zunächst wirksam; sie wird aber mit dem Eintritt des Falles der Nacherbschaft gemäß § 2113 unwirksam (RG **110**, 95); vgl. zu dieser Frage auch BGH JZ **53**, 599 = LM § 2113 Nr. 1.

DRITTER ABSCHNITT

Testament

1 **I. Allgemeines**

Nachdem in den beiden ersten Abschnitten des V. Buches die Erbfolge und die Rechtsstellung des Erben behandelt worden sind, enthalten die beiden nächsten Abschnitte die Bestimmungen über die Verfügung von Todes wegen, durch die der Erblasser die Erbfolge abweichend von der gesetzlichen Erbfolge seinem Willen entsprechend regeln kann. Zwei Arten letztwilliger Verfügungen kennt das Gesetz, die einseitige Verfügung von Todes wegen, das Testament, und die vertragsmäßige, den Erbvertrag.

2 **II. Inhalt des Dritten Abschnitts**

Der dritte Abschnitt behandelt das Testament. Sein möglicher Inhalt ist zu §§ 1937 bis 1940 erörtert. Daß es eine Erbeinsetzung enthält, ist nicht notwendig. Von den verschiedenen Arten des Testaments, den Voraussetzungen und Formen der Errichtung und Aufhebung sowie von der amtlichen Verwahrung und Eröffnung handeln die §§ 2229–2264, beim gemeinschaftlichen Testament die §§ 2265–2267, 2272, 2273.

3 **III. Gesetz über die Errichtung von Testamenten und Erbverträgen v. 31. 7. 1938**

Die genannten Vorschriften waren zeitweilig durch das Gesetz über die Errichtung von Testamenten und Erbverträgen v. 31. 7. 1938, RGBl. I 973, (TestG) § 50 Abs. 3 Nr. 1 aufgehoben. Die §§ 2229–2264 in ihrer ursprünglichen Fassung bleiben jedoch nach § 51 TestG anwendbar auf Erbfälle, die sich vor dem 4. August 1938, dem Inkrafttreten des Testamentsgesetzes, ereignet haben, und abgesehen davon in jedem Fall auf die Errichtung oder Aufhebung eines Testaments oder eines Erbvertrages vor diesem Zeitpunkt. Jedoch dürfen nach Abs. 3 dieser Bestimmung bei Erbfällen, die sich nach Inkrafttreten des TestG ereignen, an die Gültigkeit des Testaments- oder Erbvertrages keine höheren Anforderungen gestellt werden, als sie nach dem TestG für eine Verfügung der betreffenden Art zulässig sind. Damit kommt den Erleichterungen, die das TestG bezüglich der Form der letztwilligen Verfügungen brachte, für die nach dem Inkrafttreten dieses Gesetzes eintretenden Frbfälle rückwirkende Kraft zu.

An die Stelle der genannten Vorschriften des BGB, die zum Teil nur formell aufgehoben und mit unverändertem sachlichem Inhalt übernommen wurden, traten die folgenden Vorschriften des TestG:

BGB §§	TestG §§
2064	1 Abs. 1
2229	1 Abs. 2, 3, § 2 Abs. 1
2230	3
2231	4, 21 Abs. 1–3
2232	5
2233	6
2234	7
2235	8
2236	9
2237	10
2238	11
2239	12
2240	13 Abs. 1
2241	13 Abs. 2, 3
2242	16
2243	17
2244	18
2245	19
2246	20
2247	21 Abs. 4
2248	22
2249	23
2250	24
2251	25

BGB §§	TestG §§
2252	26
2253	32
2254	33 Abs. 1
2255	33 Abs. 2
2256	34 Abs. 1–3
2257	35
2258	36
2259	39
2260	40
2261	41
2262	42
2263	43
2264	47
2265	28 Abs. 1
2266	28 Abs. 3
2267	28 Abs. 2
2272	34 Abs. 4
2273	44
2274	29 Abs. 1
2275	29 Abs. 2–4
2276	30
2277	31
2300	45

IV. Gesetz zur Wiederherstellung der Gesetzeseinheit ... v. 5. 3. 1953 4

Durch das Gesetz vom 5. 3. 1953, BGBl. I 33, ist das TestG mit Ausnahme des eben erörterten § 51 aufgehoben worden. Die in diesem Gesetz enthaltenen Vorschriften sind wieder in das BGB eingefügt worden, so daß seit dem 1. April 1953 der § 2064 und die §§ 2229—2267, 2272—2277 in allerdings zum Teil neuer Fassung wieder gelten. An die Stelle der nachstehend aufgeführten Paragraphen des Testamentsgesetzes sind die folgenden Paragraphen des BGB getreten, von denen die §§ 2234—2246 durch das Beurkundungsgesetz v. 28. 8. 1969 wieder aufgehoben sind:

TestG §§	BGB §§
1 Abs. 1	2064
1 Abs. 2	2229 Abs. 1
1 Abs. 3	2229 Abs. 2
2 Abs. 1	2229 Abs. 3
2 Abs. 2	2229 Abs. 4
3	2230
4	2231
5	2232
6	2233
7	2234
8	2235
9	2236
10	2237
11	2238
12	2239
13 Abs. 1	2240
13 Abs. 2–5	2241
14	2241 a
15	2241 b
16	2242
17	2243
18	2244
19	2245
20	2246
21	2247
22	2248
23	2249
24	2250
25	2251
26	2252
27	–
28 Abs. 1	2265
28 Abs. 2	2267
28 Abs. 3	2266
29 Abs. 1	2274
29 Abs. 2–4	2275
30	2276
31	2277
32	2253
33 Abs. 1	2254
33 Abs. 2	2255
34 Abs. 1–3	2256
34 Abs. 4	2272
35	2257
36	2258
37	2258 a, 2300
38	2258 b, 2300
39	2259
40	2260
41	2261
42	2262
43	2263
44	2273
45	2300
46	2263 a, 2300 a
47	2264
48–50	–
51	–
52	–

ERSTER TITEL

Allgemeine Vorschriften

Vorbemerkungen

Übersicht

Vor § 2064

1 **I. Testierfreiheit**

Der erste Titel enthält allgemeine Vorschriften über letztwillige Verfügungen. Die Testierfreiheit gibt dem Erblasser eine sehr weit reichende Macht, über sein Hab und Gut zu verfügen. Er muß sich jedoch mit seinen Anordnungen im Rahmen des für ihn geltenden Rechts halten. Er kann nicht bestimmen, nach welcher Rechtsordnung sich die Erbfolge und erbrechtliche Ansprüche richten sollen (BGH LM EGBGB Art. 24 Nr. 2; aA *Dölle,* Rabels ZBd. 30, 205 ff; vgl. dazu *Scheuermann,* Statutenwechsel im internationalen Erbrecht 1969, 133). Das Prinzip der Testierfreiheit, wie es im BGB verwirklicht ist, ist weitgehend eine Folge der Anerkennung des Privateigentums und des Rechts der Persönlichkeit, den eigenen Willen hinsichtlich des Eigentums durchzusetzen.

Wegen dieses engen Zusammenhangs stellt das Gesetz in § 2064 den Grundsatz auf, daß nur der eigene, von ihm selbst geäußerte Wille des Erblassers Anspruch erheben kann, als letztwillige Verfügung zu gelten. Aus dem gleichen Grunde muß dieser Wille von dem Erblasser selbst in allen seinen wesentlichen Teilen vollständig gebildet sein. § 2065 Abs. 2 verwehrt dem Erblasser die Möglichkeit, seinen Letzten Willen durch Willensentschlüsse Dritter ergänzen zu lassen.

2 Die letztwillige Verfügung hat nicht selten für die Allgemeinheit und besonders für die Angehörigen des Erblassers weittragende Folgen. Wenn daher das Gesetz dem Erblasser die Freiheit einräumt, über sein Hab und Gut von Todes wegen zu verfügen und damit tief in die Belange seiner Familienangehörigen einzugreifen, so soll er auch allein dafür die sittliche Verantwortung übernehmen. Ebensowenig wie der Erblasser sich seiner Testierfreiheit begeben kann, kann er diese daraus für ihn folgende Verant-

wortung auf einen Dritten abwälzen. Er bleibt mit ihr belastet, mindestens insoweit, als der Eintritt der gesetzlichen Erbfolge die Folge davon ist, daß der Erblasser keine letztwilligen Bestimmungen getroffen hat.

II. Auslegungsregeln **3**

Trotz der sich aus § 2065 Abs. 2 ergebenden Pflicht des Erblassers, seinen Letzten Willen in allen wesentlichen Teilen selbst zu bilden, bleibt es doch hier wie überall im Rechtsleben möglich, daß der Erblasser seinen Letzten Willen unklar äußert. In diesem Fall ist durch Auslegung zu ermitteln, was der Erblasser gewollt hat.

1. Gesetzliche Auslegungsregeln **4**

Das Gesetz hat hier für verschiedene, insbesondere den Kreis der Personen betreffende Unklarheiten, die sich erfahrungsgemäß häufig ergeben, bestimmte Auslegungsregeln aufgestellt. Diese sind in den §§ 2066—2072 enthalten. Teilweise handelt es sich dabei um Bestimmungen, durch die klargestellt wird, welche Personen unter einem bestimmten Begriff, den der Erblasser gebraucht hat, z. B. gesetzlicher Erbe, Verwandte, Kinder, Abkömmlinge eines Dritten usw. zu verstehen sind, §§ 2066, 2067, 2068, 2070. Zum Teil handelt es sich um eine Klarstellung darüber, wer für den Fall, daß innerhalb eines bestimmten bedachten Personenkreises nach Errichtung des Testaments eine Veränderung eingetreten ist, als bedacht anzusehen ist, § 2069. Schließlich handelt es sich um Bestimmungen darüber, welche Personen einem bestimmten, vom Erblasser bedachten Personenkreis zuzurechnen sind, § 2071. Dabei werden insbesondere auch die Fälle geregelt, in denen die Unklarheit darauf beruht, daß die Zuwendung infolge einer Fristbestimmung oder einer Bedingung den Bedachten erst in einem nach dem Erbfall liegenden Zeitpunkt zukommen soll, §§ 2066 Satz 2, 2070.

2. Analoge Anwendung **5**

Die hier angeführten Auslegungsregeln beruhen auf Erfahrungssätzen. Es kann zweifelhaft sein, ob derartige gesetzliche Auslegungsregeln, die Niederschlag einer für einen bestimmten Tatbestand geltenden Lebenserfahrung sind, überhaupt auf andere Tatbestände analog angewandt werden können. Die Frage ist praktisch nicht bedeutsam. Der Richter hat in ähnlich liegenden Fällen stets zu prüfen, ob dort eine entsprechende Lebenserfahrung gilt. Ist diese Frage zu bejahen und ergeben sich aus dem Testament oder andern für die Auslegung zu berücksichtigenden Umständen keine Anhaltspunkte dafür, daß der Erblasser den von ihm verwandten Begriff anders verstanden hat, als er erfahrungsgemäß allein verstanden wird, dann ist von diesem allgemeinen Begriffsinhalt auszugehen. Das ergibt sich aus den allgemeinen Auslegungsgrundsätzen und Sätzen der Beweiswürdigung. Eine analoge Anwendung anderer Vorschriften ist dann unmöglich.

III. Mehrdeutige Bezeichnungen **6**

Für den Fall, daß bei einer mehrdeutigen Bezeichnung des Bedachten sich nicht ermitteln läßt, welche von mehreren bestimmten Personen der Erblasser gemeint hat, ordnet das Gesetz in § 2073 an, daß diese Personen als zu gleichen Teilen bedacht gelten. Damit wird dem Willen des Erblassers, der sonst unbeachtet bleiben müßte, da die Testamentsbestimmung wegen der in ihr enthaltenen Unklarheit ungültig wäre, wenigstens teilweise Geltung verschafft.

7 **IV. Bedingungen und Zeitbestimmungen**

1. Allgemeine Vorschriften

Letztwillige Verfügungen können ebenso wie andere rechtsgeschäftliche Erklärungen bedingt oder befristet getroffen werden. Hinsichtlich der Bedingungen und der Zeitbestimmungen gelten die §§ 158 ff des allgemeinen Teils des BGB.

Eine Folge der Zulässigkeit bedingter und befristeter letztwilliger Verfügungen sind die Rechtseinrichtungen der Ersatzberufung (§§ 2096 ff, 2190) und der Nachberufung (§§ 2100 ff, 2191).

8 **2. Aufschiebend bedingte oder befristete Berufung**

Hat der Erblasser eine Person unter einer aufschiebenden Bedingung oder von einem bestimmten Zeitpunkt an zum Erben berufen und ist zur Zeit des Erbfalls die Bedingung noch nicht eingetreten oder der Zeitpunkt noch nicht erreicht, so würde unbestimmt sein, wer bis zum Eintritt der Bedingung oder bis zur Erreichung des Zeitpunktes Erbe ist. Eine solche Ungewißheit verträgt sich mit dem im Gesetz durchgeführten Grundsatz der Universalsukzession, die im Augenblick des Erbfalls eintritt, nicht. Das Gesetz bestimmt daher, daß, wenn in diesen Fällen der Erblasser selbst keine Bestimmung darüber getroffen hat, wer in der Zwischenzeit Erbe sein soll, die gesetzlichen Erben Vorerben werden und daß der bedingt oder befristet Bedachte die Stellung eines Nacherben hat (§ 2105).

9 **3. Auflösend bedingte oder befristete Berufung**

Entsprechendes gilt nach § 2104, wenn der Erblasser eine Person nur bis zu einem bestimmten Zeitpunkt oder auflösend bedingt als Erbe berufen hat. Sie hat in diesen Fällen die Stellung eines Vorerben. Nacherben sind mangels anderer letztwilliger Bestimmungen des Erblassers diejenigen Personen, die gesetzliche Erben des Erblassers sein würden, wenn er zur Zeit des Eintritts des Nacherbfalls gestorben wäre. Jedoch gehört der Fiskus nicht zu den gesetzlichen Erben im Sinne dieser Bestimmung.

10 **4. Ersatzberufung**

Eine Ausnahme gilt für die Berufung eines Ersatzerben nach § 2096. Hierbei handelt es sich um eine Erbeinsetzung, die unter der Bedingung erfolgt, daß der zunächst berufene Erbe vor oder nach dem Erbfall wegfällt. Auch wenn diese Bedingung sich erst nach dem Erbfall erfüllt, tritt kein Fall der Vor- und Nacherbfolge ein, sondern der Anfall der Erbschaft an den Ersatzberufenen wird auf den Zeitpunkt des Erbfalls zurückbezogen (vgl. § 2096 Rdn. 1, 8).

11 **5. Auslegungsregeln**

Für drei Zweifelsfragen, die im Zusammenhang mit einer bedingten letztwilligen Zuwendung auftreten können, hat der Gesetzgeber Auslegungsregeln gegeben.

§ 2074 bezieht sich auf den Fall, daß der unter einer aufschiebenden Bedingung Bedachte den Eintritt der Bedingung nicht erlebt. Hier soll die Zuwendung im Zweifel als nicht erfolgt gelten.

§ 2075 bezieht sich auf den Fall, daß eine Zuwendung unter der Bedingung erfolgt ist, daß der Bedachte etwas in seinem Willen Stehendes während eines Zeitraumes von unbestimmter Dauer tut oder unterläßt. Im Zweifel ist die Bedingung als eine auflösende anzusehen.

§ 2076 regelt den Fall, daß der Eintritt der Bedingung, an den die Zuwendung geknüpft ist, dadurch vereitelt wird, daß der Dritte, dessen Vorteil die Bedingung bezweckt, seine zum Eintritt der Bedingung erforderliche Mitwirkung versagt. Die Bedingung gilt dann im Zweifel als eingetreten.

6. Unmögliche, widersinnige, unerlaubte Bedingungen 12

a) Unmögliche Bedingungen. Keine besonderen Vorschriften enthält das Gesetz über die unmöglichen, widersinnigen und unerlaubten Bedingungen. Die unmögliche auflösende Bedingung ist ohne Bedeutung.

Bei der unmöglichen aufschiebenden Bedingung kommt es darauf an, ob die Unmöglichkeit schon bestand, als die letztwillige Verfügung errichtet wurde, oder ob der Eintritt der Bedingung erst später unmöglich geworden ist. 13

Die in § 2195 für die Auflage getroffene Bestimmung, nach der die Unwirksamkeit einer Auflage die Unwirksamkeit der unter der Auflage gemachten Zuwendung nur zur Folge hat, wenn anzunehmen ist, daß der Erblasser die Zuwendung nicht ohne die Auflage gemacht haben würde, kann auf den Fall der Unmöglichkeit des Eintritts einer aufschiebenden Bedingung nicht entsprechend angewandt werden. 14

Die Auflage ist eine letztwillige Verfügung, die grundsätzlich selbständig neben der Verfügung steht, durch welche dem mit der Auflage Beschwerten etwas zugewandt wird. Beide Verfügungen sind daher in ihrem Bestand voneinander rechtlich unabhängig. 15

Die Bedingung ist dagegen ein Teil der an sie geknüpften letztwilligen Verfügung. Diese hängt in ihrem rechtlichen Bestand grundsätzlich von dem Eintritt der Bedingung ab. Eine unter einer aufschiebenden Bedingung gemachte letztwillige Verfügung ist daher jedenfalls dann unwirksam, wenn der Eintritt dieser Bedingung schon in dem Zeitpunkt der Testamentserrichtung unmöglich war und dem Erblasser dieser Umstand bekannt war. 16

Hat dagegen der Erblasser die Unmöglichkeit des Eintritts der Bedingung nicht gekannt oder ist der Eintritt der Bedingung erst nach der Testamentserrichtung unmöglich geworden, dann ist durch Auslegung des Testaments zu ermitteln, welches rechtliche Schicksal diese Verfügung nach dem Willen des Erblassers haben soll. Es kann sein, daß der Erblasser die Bedingung in der Absicht gesetzt hat, daß die Verfügung ohne ihren Eintritt in keinem Fall wirksam werden soll. Möglich ist auch, daß nach dem Willen des Erblassers die Bedingung in dem Augenblick als eingetreten angesehen werden soll, in dem ihre Erfüllung unmöglich geworden ist. 17

Unter Umständen kann in solchen Fällen auch im Wege der ergänzenden Testamentsauslegung ein anderes als das ursprünglich vom Erblasser gesetzte Ereignis als Bedingung ermittelt werden. Eine ergänzende Testamentsauslegung ist in diesen Fällen zulässig, wenn der Erblasser mit der von ihm gesetzten Bedingung einen bestimmten Erfolg herbeiführen wollte, der, nachdem die gesetzte Bedingung unmöglich ist, bei Eintritt einer anderen Bedingung in gleicher Weise verwirklicht würde. 18

b) Widersinnige Bedingungen. Eine unverständliche oder widersinnige letztwillige Bedingung macht dem Wesen der Bedingung entsprechend die mit ihr verbundene Verfügung in der Regel unwirksam. Das gilt sowohl für die aufschiebende wie für die auflösende Bedingung. Denn auch im letzteren Fall läßt sich der wahre Wille des Erblassers nicht ermitteln. Soweit es allerdings bei der auflösenden unverständlichen Bedingung möglich ist festzustellen, was der Erblasser mit dieser bedingten Verfügung mindestens gewollt hat, ist diesem Willen Geltung zu verschaffen (so auch *Planck/Flad* 4. Aufl. Vorbem. 2 b vor §§ 2074—2076). 19

c) Unerlaubte Bedingungen. Unerlaubte Bedingungen, d. h. Bedingungen, die ge- 20 setz- oder sittenwidrig sind, machen die Verfügung, mit der sie verbunden sind, nach den für die unmögliche Bedingung entwickelten Grundsätzen in der Regel unwirksam.

21 Welche Bedingungen sittenwidrig sind, ist nach den bei § 138 ausgeführten Rechtssätzen zu bestimmen. Sittenwidrig und unwirksam sind u. a. Verfügungen, mit deren Bedingungen der Erblasser darauf abzielt, in einer sittlich zu mißbilligenden Weise auf rein persönliche Entschließungen des Bedachten einzuwirken. Das ist z. B. der Fall, wenn der Erblasser die Zuwendung davon abhängig macht, daß der Bedachte ein bestimmtes Glaubensbekenntnis annimmt, seine Kinder in einem anderen als dem von ihm gewählten Glaubensbekenntnis erziehen läßt oder eine bestimmte Staatsangehörigkeit erwirbt.

Ähnliches gilt, wenn die Erfüllung der Bedingung zu einer übermäßigen Beschränkung der persönlichen Freiheit des Bedachten führt.

22 Im Einzelfall wird es oft schwierig sein, zu entscheiden, wann ein unzulässiger Eingriff in die persönliche Entschließungsfreiheit des einzelnen vorliegt oder wann eine Beschränkung der persönlichen Freiheit des Bedachten ein solches Ausmaß erreicht hat, daß sie mit dem Sittengesetz nicht mehr vereinbar ist. Stets sind alle Umstände des Falles, insbesondere auch die vom Erblasser verfolgten Zwecke zu berücksichtigen.

Eine Einflußnahme auf die persönliche Entschließungsfreiheit des Bedachten kann sittlich erlaubt sein, wenn sie in dessen richtig verstandenem Interesse erfolgt.

Sittenwidrig und unwirksam ist eine Verfügung, deren Bedingung darauf zielt, ein verbotenes oder sittenwidriges Verhalten des Bedachten zu fördern oder herbeizuführen. Dabei ist die Frage, ob das Verhalten verboten oder sittenwidrig ist, nicht nach den Verhältnissen und Anschauungen zur Zeit des Erbfalles, sondern nach den Verhältnissen, in denen das Verhalten Wirklichkeit werden soll, zu beurteilen.

23 Unwirksam ist schließlich eine Verfügung, deren Bedingung nur den Zweck hat, es der Willkür des Bedachten zu überlassen, ob die Verfügung wirksam sein soll (vgl. § 2065 Rdn. 2—5).

7. Verwirkungsklausel

Über die Verwirkungsklausel vgl. § 2074 Rdn. 5 ff.

24 8. Zuwendung an Verlobte oder Ehegatten

§ 2077 beruht auf der Erwägung, daß der Erblasser eine Zuwendung an seinen Verlobten oder Ehegatten in der Regel nur gelten lassen will, wenn die Ehe oder das Verlöbnis gültig gewesen und bis zu seinem Tode gedauert hat. § 2077 begründet die allerdings widerlegbare Vermutung, daß der Erblasser die Zuwendung unter einer entsprechenden Bedingung gemacht hat.

25 V. Die Anfechtung letztwilliger Verfügungen

1. Allgemeines

Der Erblasser selbst braucht bei der einseitigen letztwilligen Verfügung kein Anfechtungsrecht, da er die Verfügung jederzeit widerrufen kann. Sie muß aber, wenn sie durch Irrtum oder Drohung beeinflußt ist und der Erblasser sie selbst nicht mehr beseitigen und richtigstellen konnte, anfechtbar sein. Wegen der hier gegebenen eigenen Verhältnisse ist ihre Anfechtung in den §§ 2078—2083 besonders geregelt.

26 2. Anfechtungsgründe

§§ 2078, 2079 enthalten Bestimmungen über die Anfechtungsgründe. Da die letztwillige Verfügung nicht einer anderen Person gegenüber abzugeben ist, die darauf vertrauen können muß, ihr Verhalten nach der abgegebenen Erklärung einrichten zu können, konnte der Gesetzgeber der Anfechtung der letztwilligen Verfügung einen breiteren Raum gewähren, als es für die Anfechtung rechtsgeschäftlicher Erklärungen unter Lebenden möglich ist. Diese Erweiterung besteht in doppelter Hinsicht.

Einmal gestattet § 2078 Abs. 2 auch die Anfechtung wegen jedes Irrtums im Be- 27
weggrund, der für die Errichtung der Verfügung bestimmend gewesen ist.

Zum anderen ist das Anfechtungsrecht gänzlich auf den Willen des Erblassers abgestellt. Im § 119 entfällt das Anfechtungsrecht schon dann, wenn anzunehmen ist, daß der Erklärende seinen Willen bei Kenntnis der Sachlage und verständiger Würdigung des Falles ebenso geäußert hätte. Die subjektive Denk- und Anschauungsweise des Erklärenden bleibt, soweit sie der verständigen Würdigung des Falles entgegensteht, außer Betracht. Anders bei der Anfechtung der letztwilligen Verfügung. Hier kann, da das Vertrauen Dritter nicht berührt wird, für die Fragen, wie der Erblasser bei Kenntnis der Sachlage verfügt hätte, vollständig auf seine subjektive Denk- und Anschauungsweise abgestellt werden.

§ 2079 regelt einen besonderen Fall des Irrtums im Beweggrund, daß der Erblasser einen Pflichtteilsberechtigten, der ihm zur Zeit der Testamentserrichtung nicht bekannt war, übergangen hat.

3. Der Anfechtungsberechtigte 28

Dieser mußte gleichfalls besonders bestimmt werden. Nach den allgemeinen Bestimmungen würde nur der Erbe, auch derjenige, der erst durch die Anfechtung zur Erbschaft berufen wird, anfechtungsberechtigt sein.

Diese Regelung genügt nicht, um in allen Fällen die mit Willensmängeln behafteten letztwilligen Verfügungen zu beseitigen. Deswegen gewährt das Gesetz das Anfechtungsrecht teilweise entgegen der allgemeinen Regel nicht nur dem Erben, sondern ganz allgemein demjenigen, dem die Aufhebung der letztwilligen Verfügung unmittelbar zustatten kommt.

Bezieht sich der Irrtum nur auf eine bestimmte Person, so soll sie allein anfech- 29
tungsberechtigt sein. Es wäre unbillig, wenn andere aus diesem Irrtum dadurch, daß sie anfechten, Vorteile ziehen wollten, obwohl der durch den Irrtum allein Betroffene sich mit der Verfügung, so wie sie erklärt ist, abfinden will. Aus denselben Gründen kann im Falle des § 2079 nur der übergangene Pflichtteilsberechtigte anfechten.

4. Form und Frist der Anfechtung 30

Sie regeln die §§ 2081, 2082. Soweit eine Verfügung angefochten werden soll, durch die ein Erbe eingesetzt, ein gesetzlicher Erbe von der Erbschaft ausgeschlossen, ein Testamentsvollstrecker ernannt oder eine dieser Verfügungen wieder aufgehoben ist, ist die Anfechtung entgegen der in § 143 enthaltenen allgemeinen Regel dem Nachlaßgericht gegenüber zu erklären. Dasselbe gilt für die Anfechtung einer Auflage oder einer Verfügung, die zwar eine Verpflichtung, aber kein Recht für einen anderen begründet.

Im übrigen ist die Anfechtung nach § 143 Abs. 4 Satz 1 demjenigen gegenüber zu erklären, der durch die Verfügung unmittelbar einen rechtlichen Vorteil erlangt hat.

Die Anfechtungsfrist ist nicht entsprechend der allgemeinen für die Irrtumsanfech- 31
tung getroffenen Bestimmung des § 121 geregelt, sondern ähnlich wie die Frist für die Anfechtung wegen arglistiger Täuschung. Sie braucht nicht unverzüglich zu erfolgen. Der Anfechtende hat eine Überlegungsfrist von einem Jahr.

32 **5. Einrederecht**

Eine Einrede steht dem Anfechtungsberechtigten, dem durch die anfechtbare Verfügung eine Leistung auferlegt ist, gegenüber dem Verlangen des Leistungsberechtigten auch noch nach dem Verlust des Anfechtungsrechts zu.

33 **VI. Die Auslegung letztwilliger Verfügungen**

1. Allgemeines

Trotz des für die Erklärung einer letztwilligen Verfügung bestehenden Formzwangs braucht der Letzte Wille doch nicht in bestimmten Worten oder durch den Gebrauch bestimmter Formeln geäußert zu werden. Jede formgerecht abgegebene Erklärung, die den Willen des Erblassers, wenn auch nur unter Berücksichtigung anderer außerhalb der Testamentsurkunde gelegener Umstände genügend deutlich erkennen läßt, gilt. Der Auslegung kommt daher auf dem Gebiete der letztwilligen Verfügung einer erhebliche praktische Bedeutung zu.

34 **2. Allgemeine Vorschriften und Auslegungsgrenzen**

Anzuwenden ist in erster Linie die allgemeine für Willenserklärungen geltende Vorschrift des § 133. Danach gilt für die Auslegung grundsätzlich das Willensdogma, das jedoch, um die notwendige Sicherheit bei der Feststellung des Letzten Willens des Erblassers zu erreichen, nach zwei Richtungen eingeschränkt ist. Einer letztwilligen Verfügung, die einen klaren und unzweideutigen Willen des Erblassers enthält, darf auch im Wege der Auslegung kein anderer Sinn beigelegt werden (vgl. § 2084 Rdn. 3 bis 5). Schließlich darf die Auslegung keinem Willen Geltung verschaffen, der in der Testamentsurkunde überhaupt keinen, auch keinen unvollkommenen Ausdruck gefunden hat.

35 **3. Gesetzliche Auslegungsregeln**

Neben den allgemeinen Auslegungsregeln der §§ 2066—2077 enthält das Gesetz in diesem Abschnitt in den §§ 2084 ff Bestimmungen, die auf dem Gedanken beruhen, die Absichten des Erblassers, die in einer formgerechten letztwilligen Verfügung Ausdruck gefunden haben, soweit als möglich zu verwirklichen.

Deswegen soll nach § 2084, wenn der Inhalt der Verfügung verschieden gedeutet werden kann, die Auslegung gelten, die zur Verwirklichung des von dem Erblasser erstrebten Erfolges führen würde.

Nach § 2085 soll grundsätzlich die Unwirksamkeit einzelner Bestimmungen eines Testaments die Gültigkeit der übrigen nicht berühren.

Schließlich soll die Gültigkeit eines Testaments nach § 2086 nicht dadurch in Frage gestellt werden, daß der Erblasser nicht mehr dazu gekommen ist oder davon abgesehen hat, die Ergänzung einer letztwilligen Verfügung, die er sich vorbehalten hatte, vorzunehmen.

§ 2064

Der Erblasser kann ein Testament nur persönlich errichten.

E I 1911 II 1937; M 5 246, 247; P 5 317.

Testamentserrichtung

Übersicht

I. Persönliche Errichtung des Testaments 1

1. Keine Vertretung

Die gleiche Bestimmung gilt auch für den Erbvertrag (§ 2274) und den Erbverzicht (§ 2347). Die Notwendigkeit persönlicher Errichtung des Testaments besagt, daß der Erblasser die von ihm gewollten letztwilligen Verfügungen schlechterdings nur mit eigenem Mund oder eigener Hand erklären, daß er sich hierbei weder im Willen selbst noch in der Erklärung des Willens von anderen (Boten oder irgendwelchen Mittelspersonen, auch nicht von seinem gesetzlichen Vertreter) vertreten lassen kann (BGH **15**, 200; dazu Anm. LM BGB § 2106 Nr. 1). Er kann deshalb den Erben nicht wirksam ermächtigen, seinerseits ein das Erbvermögen belastendes Vermächtnis anzuordnen (RG WarnRspr. 1911 Nr. 42).

2. Inanspruchnahme fremder Hilfe 2

Dies schließt nicht aus, daß er sich bei seinen letztwilligen Verfügungen beraten läßt (FGG § 13) und daß er sich insbesondere zur Beurkundung oder zur vorbereitenden Niederschrift der letztwilligen Erklärungen (§ 2238 Abs. 1) fremder Hilfe bedient.

3. Gemeines Recht und ALR 3

Durch § 2064 BGB wurde das Pupillar- und Quasipupillartestament des gemeinen Rechts und der §§ 521 ff II 2 PrALR beseitigt.

II. Höferecht 4

Von den hier dargelegten Grundsätzen ergeben sich Ausnahmen im Höferecht der brit. Zone. Nach § 8 Abs. 2 Satz 2 HöfeO kann bei einem Ehegattenhof unter den dort gegebenen Umständen der Ehegatte, von dem der Hof stammt, allein den Hoferben bestimmen und damit zugleich letztwillig über einen Teil des Eigentums des anderen Ehegatten verfügen (vgl. dazu BGH **1**, 124; LM HöfeO § 8 Nr. 2). Nach § 8 Abs. 3 HöfeO kann der Ehegatte, der nur Hofvorerbe geworden ist, wenn keine gemeinsame oder nach § 8 Abs. 2 Satz 2 wirksame Bestimmung des weiteren Hoferben getroffen ist, den weiteren Hoferben aus dem Kreis der Personen bestimmen, die als Hoferben desjenigen Ehegatten bestimmt werden könnten, von dem der Hof stammt. Er kann die Verfügung des Erblassers ergänzen und seinen eigen Nacherben bestimmen (vgl. dazu BGH **1**, 124; **22**, 317; **23**, 263; LM HöfeO § 8 Nr. 2).

§ 2065

Der Erblasser kann eine letztwillige Verfügung nicht in der Weise treffen, daß ein anderer zu bestimmen hat, ob sie gelten oder nicht gelten soll.

Der Erblasser kann die Bestimmung der Person, die eine Zuwendung erhalten soll, sowie die Bestimmung des Gegenstandes der Zuwendung nicht einem anderen überlassen.

E I 1765, 1770 Satz 1, 1777 Satz 1 II 1938; M **5** 30, 34—36, 41, 42; P **5** 15—21, 23, 30, 39, 40.

Neueres Schrifttum:

Bunke, Auswahl und Bestimmung der Erben durch Dritte, RhNK **62,** 536; *Schäfer*, Die Mindestanforderungen an die Bestimmtheit des Erblasserwillens bei der letztwilligen Verfügung, BWNotZ **62,** 188; *Barz*, Gestaltung in der erbrechtlichen Praxis heute, Deutscher Notartag **65,** 52/65 ff; *Haegele*, Möglichkeiten und Grenzen der Bestimmung von Erben und Vermächtnisnehmern durch einen Dritten, Rpfleger **65,** 355; *Westermann*, Die Auswahl des Nachfolgers im frühzeitigen Unternehmertestament. In: Festschrift für Möhring 183 ff; *Mikat*, Gleichheitsgrundsatz und Testierfreiheit. In: Festschrift für Nipperdey zum 70. Geburtstag, Band 1, 581 ff; *Immel*, Die höchstpersönliche Willensentscheidung des Erblassers. Zur Problemgeschichte des § 2065 BGB. Köln 1965; *Grossfeld*, Höchstpersönlichkeit der Erbenbestimmung und Auswahlbefugnis Dritter, JZ **68,** 113; *Baldus*, Die alternative Erbenberufung. Ein Beitrag zur Auslegung der §§ 2065 Abs. 2, 2073 BGB, JR **69,** 179; *Sünner*, Drittbestimmung bei letztwilligen Zuwendungen nach englischem und deutschem Recht, Regensburger Dissertation 1969; *Dobroschke*, Die Unternehmensnachfolge Minderjähriger, Betrieb **67,** 803, dazu auch *Sudhoff*, Betrieb **66,** 649, 1719; *Klunzinger*, Die erbrechtliche Ermächtigung zur Auswahl des Betriebsnachfolgers durch Dritte, BB **70,** 1197; *Keuk*, Der Erblasserwille post mortem. Zur Unzulässigkeit der testamentarischen Potestativbedingung, FamRZ **72,** 9; *Haegele*, Zulässigkeit der Bezeichnung eines Erben oder Vermächtnisnehmers durch einen Dritten, Zs. f. d. Not. in Baden-Wttbg. **72,** 74;

Unzulässigkeit der Vertretung im Willen

Übersicht

1 **I. Allgemeines**

Abs. 1 setzt eine in sich vollständige Willenserklärung voraus, deren Gültigkeit aber von der Bestimmung eines Dritten abhängig gemacht wird. Abs. 2 handelt von der Ergänzung einer an sich unvollständigen Willenserklärung durch Dritte. In beiden Fällen ist die Verfügung, ohne daß sie angefochten zu werden braucht, unwirksam, weil sie gegen den Grundsatz der Bestimmtheit und Selbständigkeit des Letzten Willens verstößt (*Flad* ZAkDR **38,** 431 ff).

2 Als der **„andere"** (im Gegensatz zum Erblasser) kommt insbesondere auch der Beschwerte in Betracht.

3 **II. Bestimmung eines andern über die Geltung der letztwilligen Verfügung**

1. Wollensbedingungen

Hierunter fällt auch die in das nackte Wollen oder auch das verständige Wollen oder das billige Ermessen eines andern gesetzte Bedingung. Ebenso der Vorbehalt der Zustimmung, z. B. des Gewalthabers, oder die Anordnung einer Testamentsvollstreckung für den Fall, daß sie von einem Dritten verlangt werden sollte (KGJ **42,** 223).

2. Änderung des gemeinschaftlichen Testaments durch den überlebenden Ehegatten 4

Der überlebende Ehegatte kann im gemeinschaftlichen Testament nicht wirksam ermächtigt werden, letztwillige Anordnungen des Zuerstverstorbenen, die sich auf dessen Nachlaß beziehen, zu ändern oder zu widerrufen (RG **79**, 32, wo die Beurteilung des Falles dadurch beeinträchtigt erscheint, daß im Gegensatz zu anderen weiter unten angeführten Entscheidungen die Möglichkeit einer Verfügung des erstversterbenden Gatten unter der Bedingung, daß der Überlebende nicht anders verfüge, nicht erwogen ist; dasselbe gilt für die Entscheidung RG WarnRspr. 1939 Nr. 47). Jedoch steht RG **79**, 32 den Entscheidungen nicht entgegen, nach denen zulässig ist, einen Nacherben unter der Bedingung einzusetzen, daß der Vorerbe über den Nachlaß nicht anders verfügt. Der in der Amtlichen Sammlung wiedergegebene Wortlaut dieser Entscheidung, nach dem ein solcher Widerspruch angenommen werden könnte, ist wegen der dort vorgenommenen Kürzungen mißverständlich, vgl. BGH **2**, 35, 36.

3. Testamentsauslegung durch Dritte 5

Um eine unzulässige Vertretung im Willen des Erblassers handelt es sich auch, wenn dieser dem Testamentsvollstrecker oder sonst einem andern die für die Beteiligten und den Richter maßgebende Auslegung des Letzten Willens überträgt (RG **66**, 103; § 2084 Rdn. 40).

4. Streitentscheidung durch Schiedsgerichte 6

Grundsätzlich ist hiervon, obwohl die Abgrenzung in der Praxis Schwierigkeiten machen kann, der Fall zu unterscheiden, daß im Testament zur Entscheidung von Streitigkeiten über die Gültigkeit oder Anfechtbarkeit von Testamentsbestimmungen und über die Auslegung des Testaments ein Schiedsgericht angeordnet wird, das nicht an die Stelle des Erblassers, sondern des ordentlichen Richters tritt (ZPO §§ 1048, 1040). Einer solchen Anordnung steht § 2065 nicht entgegen (BayObLGZ NF **30**, 75); zum Schiedsrichter kann auch ein Testamentsvollstrecker bestellt werden (RG **100**, 76; Rdn. 6 vor § 1937).

5. Potestativbedingungen 7

Es ist ferner möglich, die Gültigkeit der Verfügung von dem Handeln oder Unterlassen eines Dritten abhängig zu machen, auch wenn es in seine Willkür gestellt ist (Potestativbedingungen); es sei denn, daß das Handeln oder Unterlassen (Beispiel von *Raape* AcP **140**, 233: „Meine Nichte soll Erbin sein, falls meine Frau nicht binnen gewisser Frist seit dem Erbfall in einem an das Nachlaßgericht gesandten Schreiben widerspricht") nur auf eine Vertretung des Erblassers im reinen Wollen hinauslaufen soll.

Die Frage, welche an das Tun oder Unterlassen eines Dritten geknüpften Bedingungen zulässig sind, entscheidet sich danach, was der Erblasser damit, daß er die Bedingung setzte, bezweckte. 8

Um eine zulässige Bedingung und nicht um eine bloße Vertretung im Willen handelt es sich, wenn der Erblasser die Gültigkeit einer Verfügung von einem Verhalten einer Person abhängig macht, an dem er in irgendeiner Weise interessiert ist, so daß die Zuwendung erfolgt, um dieses Verhalten zu fördern oder zu verhindern. 9

Um eine zulässige Bedingung handelt es sich gleichfalls, wenn der Erblasser den 10
Inhalt seiner letztwilligen Verfügung auf die Sachlage abstellen wollte, die durch das als Bedingung gesetzte Tun oder Unterlassen verwirklicht werden würde (vgl. BGH **15**, 199). So kann, auch in einem gemeinschaftlichen Testament, ein Nacherbe unter der aufschiebenden oder auflösenden Bedingung eingesetzt werden, daß der Vorerbe nicht an-

ders über den Nachlaß von Todes wegen verfüge (BGH **2,** 35; BGH LM BGB § 2065 Nr. 2, 6; NJW **72,** 1987; RG **95,** 278 = JW **20,** 286 mit zustimmender Anm. von *Kipp;* JW **10,** 820; **25,** 2121 mit zustimmender Anm. von *Siber;* Recht **16** Nr. 253; SeuffArch. **76** Nr. 163; DR **42,** 1368; Bay ObLGZ NF **17** A 18; **2,** 275; KG DR **39,** 1443 mit Anm. von *Vogels;* vgl. auch *Herrmann* AcP **155,** 434; dagegen *Maenner* LZ **25,** 572—574; dahingestellt gelassen RG WarnRspr. 1938 Nr. 103).

11 Dementsprechend kann auch der überlebende Ehegatte, der auf Grund einer letztwilligen Verfügung seines verstorbenen Ehegatten Vorerbe geworden ist, unter den vom Erblasser zu Nacherben eingesetzten Abkömmlingen den Hoferben auswählen, wenn ihm der Erblasser in seinem Testament diese Befugnis erteilt. Die Anordnung des Erblassers verleiht dem Ehegatten keine Testierbefugnis, sondern ermächtigt ihn, die Nacherbschaft zu beseitigen und zum Vollerben zu werden. Als solcher kann er nach § 7 HöfeOBrZ unter den Abkömmlingen den Hoferben frei bestimmen (BGH LM BGB § 2065 Nr. 2; vgl. dazu unten Rdn. 16). Nicht gefolgt werden kann BGH **59,** 220; vgl. dazu Rdn. 16 am Ende.

12 Ebenso kann der Erblasser den Vorerben ermächtigen, über einzelne Nachlaßgegenstände unentgeltlich zu verfügen. Diese Gegenstände werden dem Vorerben dann als Vorausvermächtnis unter der aufschiebenden Bedingung zugewandt, daß er in der genannten Weise über sie verfügt. Der in dieser Weise bedingt eingesetzte Vorerbe kann bereits vor Eintritt des Erbfalls die Erklärungen abgeben, nach denen er Vollerbe wird. Die dagegen in BGH LM BGB § 2065 Nr. 6 geäußerten Bedenken sind nicht begründet. Die Bedingung, unter der eine Person als Erbe berufen ist, kann auch dann vor oder nach dem Eintritt des Erbfalls eintreten, wenn sie in einer Handlung besteht, die auf dem freien Willen des Berufenen beruht.

13 **6. Besondere Fälle**

Es ist nicht zu beanstanden, wenn dem Dritten bloß die Entscheidung darüber übertragen ist, ob eine vom Erblasser gesetzte Bedingung der Gültigkeit eingetreten ist, z. B. ob der bedingt Bedachte sich wohlverhalten habe (KG OLG **43,** 394). Ebenso kann dem Testamentsvollstrecker die Entscheidung darüber übertragen werden, ob die Bedingung der nachgewiesenen Eignung für die Verwaltung eines Grundstücks eingetreten ist (BGH WM **70,** 930).

So ist an sich auch ein Vermächtnis gültig, wenn der Erbe nur für einen bestimmten nicht eingetretenen Fall, dessen nähere Voraussetzungen der Erblasser selbst bestimmt hatte, nach seinem Gutbefinden von der Auszahlungspflicht entbunden war (RG Recht 07 Nr. 1855).

14 **III. Bestimmung der Person des Bedachten und des Gegenstandes der Zuwendung durch Dritte (Abs. 2)**

1. Anwendungsbereich

Die Zuwendung von Todes wegen umfaßt die Erbeinsetzung, das Vermächtnis und das Schenkungsversprechen (§ 2301 Abs. 1). Erbeinsetzung ist auch die Berufung des Nach- oder Ersatzerben. Sie kann nicht dem Erben überlassen werden (KG OLG **42,** 127). Die Vorschrift des § 2065 ist durch § 2192 auch auf die Auflage übertragen. Sie greift auch dann ein, wenn der Erblasser einen andern, z. B. den Testamentsvollstrecker, über seinen Willen mündlich unterrichtet hat (Düsseldorf JW **25,** 2147).

15 **2. Bestimmung der Person des Bedachten**

Nicht hierher gehört der Fall, daß nach dem Willen des Erblassers die Person des

Bedachten erst durch den Eintritt gewisser Umstände (Geburt eines Sohnes, vgl. auch § 2105) bestimmt werden oder das Los darüber entscheiden soll, wer von mehreren bestimmten Personen Erbe werden soll (RG SeuffArch **91** Nr. 106); noch weniger der Fall, daß die Bestimmung erst im Wege der Auslegung zu ermitteln ist.

Auch der Fall, daß der Erblasser seinen Ehegatten als Erben einsetzt, und für den Fall, daß dieser noch Kinder adoptieren sollte, diese zu Nacherben beruft, fällt nicht unter § 2065 Abs. 2. Gegen die Gültigkeit einer solchen Bestimmung bestehen keine Bedenken (BayObLG NJW **66,** 662, dem in der Begründung allerdings nicht gefolgt werden kann, vgl. zutreffend *Immel*, NJW **66,** 1222).

Mit Recht hat das Reichsgericht RG **159,** 296 (= DR **39,** 310 mit Anm. von *Vogels*) **16**
es ferner für zulässig erklärt, daß sich der Erblasser damit begnügt, einen begrenzten Kreis von Personen zu bezeichnen, aus dem der Erbe nach bestimmten sachlichen Gesichtspunkten, z. B. seiner Eignung für eine besondere Aufgabe, durch einen Dritten bindend ausgewählt werden soll, sofern nur der Personenkreis so eng begrenzt ist und die Gesichtspunkte für die Auswahl so genau festgelegt sind, daß für eine Willkür des Dritten kein Raum bleibt, sondern die Entscheidung auf sein Urteil über das Vorliegen jener Voraussetzungen abgestellt ist. Vgl. dagegen die ablehnende Stellungnahme von *Kipp/Coing* § 18 III 4. Der IV. Zivilsenat des Bundesgerichtshofs hat in dem BGH **15,** 199 mit Anm. LM BGB § 2061 Nr. 1 veröffentlichten Urteil strengere Anforderungen als das Reichsgericht in der oben angeführten Entscheidung gestellt und ausgesprochen, die für die Auswahl der Person des Bedachten oder der Bestimmung des Gegenstandes der Zuwendung maßgebenden Angaben müßten so genau sein, daß es jeder mit genügender Sachkunde ausgestatteten Person möglich sei, den Bedachten oder den Gegenstand der Zuwendung auf Grund dieser Angaben zu bezeichnen, ohne daß ihr eigenes Ermessen dabei mitbestimme oder mitbestimmend sei. Danach soll dem Dritten nur die Bezeichnung, aber nicht die Auswahl des Bedachten überlassen werden können. Diese Begrenzung ist zu eng. Die Einschränkung, die § 2065 durch die Rechtsprechung erfährt, hat ihre Bedeutung gerade darin, daß die Entscheidung dem auf einer Ermessensentscheidung beruhenden Werturteil des Dritten überlassen bleibt. Der Erblasser überläßt sie diesem, weil er die Verhältnisse zur Zeit des Erbfalls noch nicht zu überblikken vermag. Er gibt nur die Grenzen und die Richtlinien an, nach denen sie zu treffen ist. Diese müssen allerdings so klar umrissen sein, daß die Entscheidung des Dritten der Sache nach noch als eine solche des Erblassers erscheint. Eine solche Anordnung verstößt nicht gegen den Sinn des § 2065 Abs. 2 (gegen die enge Auslegung des BGH: *Rötelmann*, NJW **58,** 953; Lange, § 25 I und *Westermann* in Festschrift für *Möhring*, 183; für die vielleicht engere, auf BGH **15,** 199 beruhende und auch an dieser Stelle in der 11. Auflage gewählte Formulierung: *von Lübtow* I S. 145).

Die Bezeichnung des Bedachten ist von dem Dritten dem Nachlaßgericht, gegebenenfalls dem Landwirtschaftsgericht gegenüber zu erklären. Es ist nicht notwendig, daß sie auch den Ausgeschlossenen, zum Kreise der möglichen Bedachten Gehörenden erklärt wird (*Palandt/Keidel*, § 2065 Anm. 2; *Soergel/Eder*, § 2065 Anm. 1; *Rötelmann*, DNotz **58,** 432; aA: Erklärung auch gegenüber dem Ausgeschlossenen, Celle, DNotZ **58,** 432).

Die Bestimmung ist unwirksam, wenn hinreichend bestimmte Angaben über die Gesichtspunkte, nach denen die Auswahl des Bedachten erfolgen soll, fehlen. Denn der Erblasser kann sie nicht dem freien Ermessen eines Dritten überlassen (OLG Hamm, JMBl NRW **62,** 211; OLG Celle, MDR **65,** 578). Sie ist gleichfalls unwirksam, wenn der Erblasser keine Person benannt hat, die die Auswahl nach den von ihm angegebenen Gesichtspunkten treffen soll (BGH LM BGB § 2065 Nr. 5).

Über die Auswahl des Hofvorerben durch einen Dritten vgl. Hamm, DNotZ **51**, 369; Celle, RDL **53**, 211; NJW **58**, 953.

Der Erblasser, der eine **Vor- und Nacherbschaft** angeordnet hat, kann die Bestimmung des Nacherben nicht schlechthin dem Vorerben überlassen. Es ist in der Regel auch nicht zulässig, daß er seine gesetzlichen Erben als Nacherben beruft, es aber dem Vorerben überläßt, nach seinem Belieben hiervon abweichende Bestimmungen über die Nacherbfolge zu treffen. Ein solches Testament wäre nur vollgültig, wenn dem Vorerben damit uneingeschränkt das Recht eingeräumt werden sollte, Vollerbe zu werden und nach seinem Belieben über den Nachlaß des Erblassers als eigenen Nachlaß gänzlich frei zu verfügen. Ein dahingehender Wille wird in der Regel nicht angenommen werden können. Es ist vielmehr anzunehmen, daß der Erblasser den Vorerben allein ermächtigen wollte, innerhalb des Kreises der gesetzlichen Erben nähere Bestimmungen über die Nacherbfolge zu treffen. Das ist nicht möglich. Die dahingehende Bestimmung ist unwirksam. Die übrigen Bestimmungen des Testaments sind im Zweifel gültig, so daß die gesetzlichen Erben nach Maßgabe ihrer gesetzlichen Erbteile als Nacherben berufen sind. Bedenklich daher KG DNotZ **56**, 195. Es ist in dem vom Kammergericht entschiedenen Fall nicht ohne weiteres anzunehmen, daß der Erblasser seiner Ehefrau gestatten wollte, über sein Vermögen völlig frei zu verfügen und eventuell auch die Kinder zu übergehen.

Nicht gefolgt werden kann auch BGH **59**, 220. Nach dieser Entscheidung soll der Erblasser die Verfügungsbefugnis des Vorerben dahin einschränken können, daß er den Nachlaß innerhalb der vom Erblasser bestimmten Nacherben anders verteilen und auch einzelne von der Nacherbfolge ausschließen und ihnen statt dessen ein Vermächtnis zuwenden kann. In diesem Fall handelt es sich nicht darum, daß der als Vorerbe Berufene bedingt als Vollerbe eingesetzt ist. Ihm wird vielmehr das Recht eingeräumt, die letztwillige Verfügung des Erblassers in der Weise zu ändern, daß er Anordnungen über die Person und den Gegenstand der Zuwendung (vgl. dazu unten Rdn. 18) trifft, die nach § 2065 Abs. 2 nur der Erblasser persönlich treffen kann. Zutreffend OLG Hamm, DNotZ **67**, 315: Der Erblasser kann den Vorerben nicht wirksam ermächtigen, die Höhe der von ihm den Nacherben zugewandten Erbteile zu ändern (ebenso *Erman/Hense*, § 2065 Rdn. 1; *Palandt/Keidel*, Anm. 2 b; *von Lübtow* I S. 145 f).

17 Unwirksam ist eine letztwillige Verfügung, in der die Erblasserin ein Altersheim und ein Hundeasyl einer bestimmten Stadt zu Erben eingesetzt hat, wenn in der Stadt mehrere Institute dieser Art vorhanden sind. Dem Testamentsvollstrecker kann die Wahl unter den in Frage kommenden Instituten nicht überlassen werden (so zutreffend KGJR **53**, 422). Falls die Erblasserin an zwei ganz bestimmte Institute gedacht hätte, wäre § 2073 anzuwenden gewesen.

Unwirksamkeit einer ähnlichen Bestimmung wegen Unbestimmtheit vgl. KG Rpfl. **68**, 287, dazu unten Rdn. 20.

18 **3. Bestimmung des Gegenstandes der Zuwendung**

Unter den Bestimmungen über den Gegenstand der Zuwendung sind diejenigen Bestimmungen zu verstehen, in denen das Ausmaß der Zuwendung als solcher allgemein bestimmt ist. Bei der einfachen Erbeinsetzung gehören dazu alle Bestimmungen, aus denen sich die Höhe der Quote ergibt, zu der der Bedachte als Erbe eingesetzt ist (vgl. dazu oben Rdn. 16 a. E.). Bei der Vor- und Nacherbschaft rechnen dazu auch die Bestimmungen über den Zeitpunkt des Eintritts des Nacherbfalls. Der Erblasser kann es daher nicht einem Dritten überlassen, den Zeitpunkt des Eintritts des Nacherbfalls zu bestimmen (BGH **15**, 199; dazu Anm. LM BGB § 2106 Nr. 1; § 2106 Rdn. 4).

Durch § 2065 wird auch nicht ausgeschlossen, daß dem Testamentsvollstrecker für gewisse Zuwendungen ein gewisser Spielraum gelassen wird (RG WarnRspr. 1912 Nr. 174). **19**

IV. Ausnahmefälle. Insbesondere Vermächtnisse und Auflagen **20**

Ausnahmsweise kann bei Vermächtnissen und gemäß §§ 2192, 2193 bei Auflagen die Bestimmung der Person des Bedachten oder doch die Auswahl unter gewissen mehreren Bedachten (§§ 2151—2153, auch § 2072) und ebenso unter gewissen Voraussetzungen die Bestimmung des Gegenstandes der Zuwendung (§§ 2154—2156) gewissen Dritten überlassen sein. Während daher die Erbeinsetzung „irgendeiner" für Kriegsbeschädigte gegründeten Stiftung als gegen § 2065 Abs. 2 verstoßend nichtig ist (KG RJA **16**, 257; ähnlich Rpfleger **68**, 287), könnte ein Vermächtnis an eine so bezeichnete Stiftung gemäß § 2152 gültig sein.

Bestimmung der Person des Testamentsvollstreckers §§ 2198—2200.

Erbauseinandersetzung nach billigem Ermessen eines Dritten § 2048 (vom Kammergericht JW **37**, 2200 durch eine dem § 2084 entsprechende Auslegung auf ein Testament des Inhalts, daß nach der Bestimmung eines Dritten von zwei als Erben bezeichneten Personen die eine den vorhandenen Grundbesitz und die andere einen vom Erblasser bestimmten Barbetrag erhalten soll, auch für den Fall angewendet, daß der Nachlaß ausschließlich aus dem Grundbesitz besteht).

§ 2066

Hat der Erblasser seine gesetzlichen Erben ohne nähere Bestimmung bedacht, so sind diejenigen, welche zur Zeit des Erbfalls seine gesetzlichen Erben sein würden, nach dem Verhältnis ihrer gesetzlichen Erbteile bedacht. Ist die Zuwendung unter einer aufschiebenden Bedingung oder unter Bestimmung eines Anfangstermins gemacht und tritt die Bedingung oder der Termin erst nach dem Erbfall ein, so sind im Zweifel diejenigen als bedacht anzusehen, welche die gesetzlichen Erben sein würden, wenn der Erblasser zur Zeit des Eintritts der Bedingung oder des Termins gestorben wäre.

E I 1771 Abs. 2 II 1939; M **5** 37; P **5** 32, 33.

Neueres Schrifttum:

Böhm, Der Einfluß des Gesetzes über die rechtliche Stellung nichtehelicher Kinder auf erbrechtliche Auslegungs- und Ergänzungsregeln, FamRZ **72**, 180.

Berufung der gesetzlichen Erben

Übersicht

1 **I. Berufung der gesetzlichen Erben**

Vorausgesetzt ist, daß der Erblasser die Personen der Bedachten als „seine gesetzlichen Erben" oder doch mit einem gleichwertigen Ausdruck (Intestaterben, Erben schlechthin, falls er überhaupt noch keine Erben berufen hat) bezeichnet.

Sie sind ohne nähere Bestimmung bedacht, wenn es an jeder Angabe des Namens, Wohnorts oder sonstiger Merkmale bestimmter Personen und an einem Anhalt für Bemessung der Erbteile fehlt. Vgl. dazu unten Rdn. 4

Nach positiver, den Willen des Erblassers ergänzender Vorschrift gelten diejenigen Personen, und zwar als Testamentserben, als berufen, die ohne Testament nach der gesetzlichen Erbfolge gemäß §§ 1924 ff berufen sein würden, vgl. aber auch § 2078 Rdn. 70, 71 (RG 70, 391).

Bei Änderung der gesetzlichen Erbfolge zwischen Testamentserrichtung und Erbfall ist zunächst durch Auslegung zu ermitteln, ob sich der Kreis der vom Erblasser Bedachten „gesetzlichen Erben" nach neuem oder altem Recht richten soll, und ebenso ihr Beteiligungsverhältnis an dem Nachlaß (RG LZ **17**, 746; Recht **23** Nr. 35; *Staudinger/Seybold*, § 2066 Rdn. 2; *Erman/Hense*, § 2066 Rdn. 2; *Palandt/Keidel*, § 2066 Anm. 2; vgl. dazu auch unten Rdn. 3. Ergeben sich keine Anhaltspunkte für eine bestimmte Auslegung, dann ist das zur Zeit des Erbfalls geltende Recht maßgebend. Das bedeutet, daß dann als Erbe auch die berufen sind, die durch nichteheliche Abstammung mit dem Erblasser verwandt sind, soweit sie nach dem jetzt geltenden Recht erbberechtigt sind, sei es auch, daß ihnen nur ein Erbersatzanspruch nach § 1934 a zusteht. Die sich hiernach ergebende Berufung als Erbe kann indes nach § 2078 Abs. 2 angefochten werden, wenn erwiesen ist, daß der Erblasser diese gesetzlichen Erben von der Erbfolge ausgeschlossen hätte, wenn er damit gerechnet hätte, daß sie erbberechtigt sein könnten (vgl. § 2078 Rdn. 42).

2 **II. Maßgebender Zeitpunkt**

1. für die Bestimmung der Person der Bedachten

Die Zeit des Erbfalls — nicht der Testamentserrichtung — ist schon nach § 1923 maßgebend. Ähnlich bei der Ausgleichspflicht § 2052.

Nach den Übergangsbestimmungen des Art. 12 § 10 Abs. 1 NehelG kommen nichteheliche Kinder als gesetzliche Erben nicht in Betracht, wenn der Erblasser vor dem 1. Juli 1970 verstorben ist. Nichteheliche Kinder, die vor dem 1. Juli 1949 geboren sind, und deren Abkömmlinge gehören nach Abs. 2 der Bestimmung auch dann nicht zu den gesetzlichen Erben des Vaters oder seiner Verwandten, wenn der Erbfall nach dem 1. Juli 1970 eingetreten ist.

3 **2. für die Bestimmung der Höhe der Zuwendung**

Die in Betracht kommenden Personen sind nach dem Verhältnis ihrer gesetzlichen Erbteile bedacht. Die Höhe der gesetzlichen Erbteile bestimmt sich gleichfalls nach dem zur Zeit des Erbfalls geltenden Recht, wenn die Testamentsauslegung keinen anderen Willen ergibt. Das ist wichtig, wenn ein Ehegatte, der bei seinem Tode im Güterstand der Zugewinngemeinschaft gelebt hat, ein Testament vor dem 1. Juli 1958 errichtet hat. Wenn sich nicht durch Auslegung des Testaments ein anderer Wille des Erblassers und damit eine nähere Bestimmung des Erbteils entnehmen läßt, sind die Erbteile unter Berücksichtigung des sich aus § 1371 ergebenden erhöhten gesetzlichen Erbteils des überlebenden Ehegatten zu bestimmen. Bei der hiernach gebotenen Auslegung können die außerhalb der Testamentsurkunde gelegenen Umstände, die nach § 2084 bei der Testamentsauslegung zu berücksichtigen sind, entscheidend sein. Ergeben diese Umstände, daß der Ehefrau nur der normale, nicht erhöhte gesetzliche Erbteil zugewandt werden sollte, dann ist es möglich, das Testament in diesem Sinne auszulegen. Dieser Wille hat dann den erforderlichen Ausdruck schon dadurch in der Testamentsurkunde gefunden, daß der Erblasser allgemein auch seiner Ehefrau den gesetzlichen Erbteil zugewandt hat (KG FamRZ **61**, 447; vgl. *Rupp* NJW **58**, 12). Ebenso gilt § 1931 Abs. 4 für die Höhe des Erbteils des Ehegatten, wenn die Eheleute in Gütertrennung gelebt haben und der Erbfall nach dem 1. Juli 1970 eingetreten ist.

Bei den als Erben Berufenen, denen infolge nichtehelicher Abstammung nach § 1934 a nur ein Erbersatzanspruch zusteht, ist gleichfalls in erster Linie durch Auslegung des Testaments zu ermitteln, ob sie Miterbe sein sollen oder ob der Erblasser ihnen nur einen dem Erbersatzanspruch entsprechenden Geldanspruch zuwenden wollte. Ergeben sich keine Anhaltspunkte für eine bestimmte Auslegung, dann sind sie nach § 2066 als Miterben berufen. *Böhm*, FamRZ **72**, 180, gewährt ihnen auch dann nur einen Geldanspruch in Höhe des Wertes ihres Erbteils. Dem kann nicht zugestimmt werden. Denn auch die durch nichteheliche Abstammung mit dem Erblasser verbundenen gesetzlichen Erben sind, wenn sie nach § 2066 berufen sind, Testamentserben und damit Miterben. Die Verweisung auf den Erbersatzanspruch könnte auch Schwierigkeiten bereiten und den anderen Erben nachteilig sein, wenn diese sich nicht auseinandersetzen wollen oder wenn der Erblasser die Auseinandersetzung ausgeschlossen hat, um bestimmte Nachlaßgegenstände (Grundstücke, ein gewerbliches Unternehmen usw.) zu erhalten, sie aber veräußert werden müßten, wenn der Erbersatzanspruch befriedigt werden müßte.

III. Auslegungsfragen 4

Eine Testamentsbestimmung, daß der Nachlaß unter die Kinder und die von einem vorverstorbenen Kinde abstammenden mehreren Enkelkinder gleichmäßig zu verteilen sei, ist nicht eindeutig in dem Sinne, daß die Verteilung nach Kopfteilen zu erfolgen habe, kann vielmehr je nach den Umständen (§ 2084 Rdn. 34, 35) auch dahin ausgelegt werden, daß nach Stämmen zu teilen sei (München JFG **16**, 246). Hat der Erblasser diejenigen Personen, welche bei seinem Tode seine gesetzlichen Erben geworden wären, dem Namen nach als seine Erben bezeichnet, ohne die Erbteile ausdrücklich zu bestimmen oder sonst einen Anhalt für ihre Bemessung zu geben, so ist nicht § 2066, sondern § 2091 anwendbar (KG JW **38**, 2475).

Die Bestimmung eines gemeinschaftlichen Testaments, daß nach dem Tode des 5
Überlebenden der beiderseitige Nachlaß „an unsere gesetzlichen Erben" fallen soll, kann dahin ausgelegt werden, daß die im Zeitpunkt des Todes des längstlebenden Ehegatten vorhandenen gesetzlichen Erben beider Ehegatten nach Kopfteilen berufen sein sollen. Vielfach kann es aber näher liegen, die Bestimmung dahin auszulegen, daß die in dem angegebenen Zeitpunkt vorhandenen gesetzlichen Erben des Mannes und der Frau je zur Hälfte nach Maßgabe ihrer gesetzlichen Erbteile als Erben berufen sein sollen (vgl. BGH LM BGB § 2270 Nr. 2).

IV. Aufschiebend bedingte oder befristete Berufung der gesetzlichen Erben (Satz 2) 6

In Übereinstimmung mit §§ 158 Abs. 1, 163, 2074 gilt bei bedingter oder befristeter Erbeinsetzung als mutmaßlicher und bis zum Beweise des Gegenteils („im Zweifel") maßgeblicher Wille des Erblassers, daß für die Erbfolge die künftige Gestaltung der Verhältnisse zur Zeit des Eintritts der Bedingung oder des Anfangstermins maßgebend sein soll. So auch bei der Nacherbfolge § 2104.

Während es sich bei dem oben Rdn. 1—3 erörterten Satz 1 der Bestimmung um einen den unvollständig geäußerten Willen ergänzenden Rechtssatz handelt, enthält Satz 2 eine Auslegungsregel, die nur im Zweifel gilt, falls die Auslegung des Testaments keinen anderen Willen erkennen läßt.

7 **V. Berufung der gesetzlichen Erben eines Dritten**

Sind die gesetzlichen Erben eines Dritten bedacht, so ist § 2066 entsprechend anzuwenden. Das bedeutet, daß in diesem Falle auch Satz 1 dieser Bestimmung nur als Auslegungsregel gilt und nur anzuwenden ist, wenn die Auslegung des Testaments keinen anderen Willen des Erblassers ergibt (OLG Köln, FamRZ **70**, 605). Die gegen dieses Urteil eingelegte Revision ist vom Bundesgerichtshof zurückgewiesen worden.

8 **VI. Berufung der Erben eines Dritten als Ersatzerben**

Zweifelsfragen ergeben sich, wenn der Erblasser für den Fall des Wegfalls des zunächst Bedachten dessen Erben als Ersatzerben berufen hat. In diesem Fall muß ermittelt werden, ob der Erblasser darunter die gesetzlichen Erben des zunächst Bedachten oder die tatsächlich zur Erbfolge gelangenden Personen bedacht hat. Im letzteren Fall würde der Wirksamkeit dieser Bestimmung § 2065 entgegenstehen, wenn der Erblasser für diesen Fall selbst keine letztwillige Verfügung treffen, sondern die Bildung seines Willens dem zunächst Bedachten überlassen wollte. Das trifft zu, wenn ihm der Verbleib des dem zunächst Bedachten Zugewandten gleichgültig ist. Will der Erblasser dagegen, daß der fragliche Teil seines Nachlasses den Erben des zunächst Bedachten anfallen soll, weil sie dessen Rechtsnachfolger werden, dann liegt kein Verstoß gegen § 2065 vor. Denn der Erblasser hat in diesem Fall die Bestimmung des unter Umständen Bedachten nicht von dem Belieben einer dritten Person abhängig machen wollen, sondern bestimmt angeordnet, derjenige, der nach den Vorschriften des bürgerlichen Rechts der Erbe des zunächst Bedachten werde, solle auch von ihm bedacht sein (*Planck/Flad* 4. Aufl., § 2066 Anm. 2 a). Ein dahingehender Wille des Erblassers ist z. B. anzunehmen, wenn der Nachlaß des Erblassers im wesentlichen in der Teilhaberschaft an einem Unternehmen besteht, das er gemeinsam mit dem zunächst Bedachten betreibt. Hier kann sein Wunsch dahin gehen, im Interesse des Unternehmens dieses in eine Hand zusammenzuführen.

§ 2067

Hat der Erblasser seine Verwandten oder seine nächsten Verwandten ohne nähere Bestimmung bedacht, so sind im Zweifel diejenigen Verwandten, welche zur Zeit des Erbfalles seine gesetzlichen Erben sein würden, als nach dem Verhältnis ihrer gesetzlichen Erbteile bedacht anzusehen. Die Vorschrift des § 2066 Satz 2 findet Anwendung.

E I 1771 II 1940; M 5 36, 37; P 5 32, 33.

Berufung der Verwandten

1 **I. Verwandte**

Die gesetzliche Erbfolge der Verwandten ist geregelt in den §§ 1924—1930. Der überlebende Ehegatte und die Verschwägerten sind somit „im Zweifel" nicht bedacht.

Wegen der Berufung bei nichtehelicher Verwandtschaft mit dem Erblasser in diesem Falle gilt das zu § 2066 Rdn. 2, 3 Gesagte entsprechend. Daß den nichtehelichen Abkömmlingen nur ein dem Erbersatzanspruch entsprechender Anspruch zusteht, wenn sie beim Tode des Vaters oder seiner Verwandten mit ehelichen Abkömmlingen des Erblassers zusammentreffen, (so *Böhm*, FamRZ **72**, 183) kann nicht gesagt werden (vgl. § 2066 Rdn. 3).

2 Auch die Bezeichnung „nächste Verwandte" schließt die Verwandten der entfernteren Ordnungen an sich nicht aus. Doch ist es Auslegungsfrage, ob und inwieweit der Kreis der Bedachten mit Rücksicht auf Gradesnähe etwa enger gezogen werden sollte.

Sind nicht die „Verwandten" oder „nächsten Verwandten" schlechthin, sondern gewisse Verwandtengruppen genannt (Enkel, Geschwister, Vettern), so entscheidet freie Auslegung (KG JFG **10**, 65), insbesondere auch, ob und wie halbbürtige Geschwisterkinder bedacht sind. (Abweichend RG WarnRspr. 1939 Nr. 9, das dort, ohne entscheidendes Gewicht darauf zu legen, eine entsprechende Anwendung des gemeinsamen Grundgedankens der §§ 2066, 2067 dann für zulässig erklärt, wenn eine geschlossene Gruppe der zu den gesetzlichen Erben gehörenden Personen ohne Angabe ihres Beteiligungsverhältnisses zu Erben berufen ist.) Über die Auslegung eines Testaments, in dem der Erblasser auf den nicht durch Vermächtnisse vergebenen Rest seines Nachlasses seine „Geschwister bzw. deren Kinder und Hinterbliebene" berufen hatte, s. BayObLGZ NF **30**, 206. **3**

II. Berufung der Verwandten ohne nähere Bestimmung **4**

Vgl. dazu § 2066 Rdn. 1.

III. Berufung der Verwandten eines Dritten **5**

Die Bestimmung ist entsprechend anzuwenden, wenn der Erblasser die Verwandten oder nächsten Verwandten eines Dritten bedacht hat (vgl. § 2066 Rdn. 7; nach RG **50**, 386 soll hier freie Auslegung gelten). Nach der Volksauffassung kann in diesem Fall, besonders wenn der Dritte zur Zeit der Testamentserrichtung noch nicht verheiratet war, unter dem Begriff Verwandte auch dessen Ehefrau verstanden werden, die an sich nicht zu dessen Verwandten im Rechtssinne gehört.

IV. Änderung der gesetzlichen Erbfolge nach Testamentserrichtung **6**

Der Kreis der gesetzlichen Erben bestimmt sich grundsätzlich nach dem zur Zeit der Erbfolge geltenden Recht. Anders nur, wenn eine Auslegung des Testaments ergibt, daß nach dem Willen des Erblassers das zur Zeit der Testamentserrichtung geltende Recht maßgebend sein soll. Nichteheliche Abkömmlinge, die zu den gesetzlichen Erben des Erblassers gehören, sind daher auch dann berufen, wenn das Testament vor dem 1. Juli 1970 errichtet worden ist. Es gilt § 2066 Rdn. 2, 3 Gesagte.

V. Anwendung des § 2066 Satz 2 **7**

Hat der Erblasser seine Verwandten oder seine nächsten Verwandten aufschiebend bedingt oder unter der Bestimmung eines Anfangstermins bedacht, dann gilt die Auslegungsregel des § 2066 Satz 2. Danach ist maßgebend für die Bestimmung der Person der Bedachten und der Höhe der Zuwendung der Zeitpunkt des Eintritts der Bedingung oder des Termins (vgl. dazu § 2066 Rdn. 6).

§ 2068

Hat der Erblasser seine Kinder ohne nähere Bestimmung bedacht und ist ein Kind vor der Errichtung des Testaments mit Hinterlassung von Abkömmlingen gestorben, so ist im Zweifel anzunehmen, daß die Abkömmlinge insoweit bedacht sind, als sie bei der gesetzlichen Erbfolge an die Stelle des Kindes treten würden.

E I 1772 II 1941; M **5** 37, 38; P **5** 33—35.

Berufung der Kinder

I. Ohne nähere Bestimmung. Vgl. dazu § 2066 Rdn. 1. **1**

2 **II. Kinder des Erblassers**

Es handelt sich im Gegensatz zu § 2070 um die eigenen Kinder des Erblassers, seien es leibliche oder ihnen nach § 1757 gleichstehende angenommene Kinder, und im Gegensatz zu § 2069 darum, daß das Kind vor der Testamentserrichtung, und zwar durch den Tod, weggefallen ist. Ob der Erblasser hierbei den Tod des betreffenden Kindes gekannt hat oder nicht, macht keinen Unterschied.

3 Die Vorschrift gilt nicht, wenn das Erbrecht eines Kindes vor der Testamentserrichtung in anderer Weise als durch den Tod erledigt ist: Ausschließung durch Testament (§ 1938), Erbverzicht (§ 2349). Anfechtungsrecht übergangener pflichtteilsberechtigter Abkömmlinge § 2079. Die Vorschrift gilt auch dann, wenn der Erblasser nur eine Gruppe seiner Kinder, z. B. die Söhne, bedacht hat.

4 „Im Zweifel" (Auslegungsregel) denkt der Erblasser, wenn er von Kindern spricht, nicht bloß an Söhne und Töchter, sondern an Abkömmlinge schlechthin. An Stelle des verstorbenen Kindes treten dann seine Abkömmlinge nach Stämmen (§ 1924 Abs. 3).

5 **III. Nichteheliche Kinder und deren Abkömmlinge**

Zu den vom Erblasser berufenen Kindern gehören auch seine erb- oder erbersatzberechtigten nichtehelichen Kinder. Ebenso zählen zu den Abkömmlingen der bedachten verstorbenen Kinder männlichen Geschlechts deren nichteheliche Abkömmlinge, wenn sie zur Zeit des Erbfalls nach §§ 1924 ff zu den gesetzlichen Erben des Erblassers gehören. Es gilt das § 2066 Rdn. 2, 3 Gesagte.

6 **IV. Kinder eines Dritten**

§ 2068 ist entsprechend anzuwenden, wenn der Erblasser die Kinder eines Dritten bedacht hat. Vgl. § 2066 Rdn. 7; § 2067 Rdn. 4.

§ 2069

Hat der Erblasser einen seiner Abkömmlinge bedacht und fällt dieser nach der Errichtung des Testaments weg, so ist im Zweifel anzunehmen, daß dessen Abkömmlinge insoweit bedacht sind, als sie bei der gesetzlichen Erbfolge an dessen Stelle treten würden.

E I 1773 II 1942; M 5 37, 38; P 5 33—35.

Neueres Schrifttum:

Höfer, Zur Anwendung von § 2069 bei Pflichtteilsverlangen nach Erbschaftsausschlagung, NJW **61**, 588.

Wegfall des bedachten Abkömmlings

Übersicht

I. Zuwendung an einen Abkömmling des Erblassers 1

1. Art und Inhalt der die Zuwendung anordnenden Bestimmung

Die Bestimmung bezieht sich nur auf die Fälle, in denen der Erblasser einen seiner eigenen natürlichen oder adoptierten Abkömmlinge bedacht hat. Dieser kann namentlich bedacht sein oder durch Auslegung (§ 2068) als bedacht ermittelt werden. Für diesen Fall wird eine Auslegungsregel (RG **99**, 86; **142**, 173; LZ **23**, 451) des Inhalts gegeben, daß der Erblasser stillschweigend eine Ersatzberufung (§§ 2096, 2190) zugunsten derjenigen Abkömmlinge des Bedachten erklärt habe, welche nach § 1924 Abs. 3 gesetzlich an dessen Stelle berufen wären, mögen sie auch zur Zeit der Testamentserrichtung noch nicht geboren, ihr im Testament bedachter Elternteil damals vielleicht noch gar nicht verheiratet gewesen sein (RG SeuffArch **77** Nr. 191).

Diese Regel gilt auch in den Fällen, in denen der Erblasser überhaupt nicht mit der Möglichkeit des vorzeitigen Wegfalls des eingesetzten Erben gerechnet hat (RG **99**, 86; LZ **23**, 451; SeuffArch **77** Nr. 191). Sie ist ebenfalls anzuwenden, wenn der näher bezeichnete Abkömmling zwar schon vor der Testamentserrichtung gestorben ist, aber wenigstens nach der Vorstellung des Erblassers noch gelebt hat (§ 2053 Rdn. 1, § 2107). 2

§ 2069 ist auch anzuwenden, wenn ein unter einer aufschiebenden Bedingung bedachter Abkömmling vor Eintritt der Bedingung wegfällt. Auch dann sind im Zweifel die Abkömmlinge des Weggefallenen bedacht. § 2074 hat keinen Vorrang vor § 2069. Vielmehr kommt es für § 2074 darauf an, ob die ersatzweise berufenen Abkömmlinge den Eintritt der Bedingung erlebt haben (BGH LM BGB § 2069 Nr. 1). 3

§ 2069 stellt eine Vermutung nur für den Sonderfall auf, daß der eingesetzte Erbe seinerseits ein Abkömmling des Erblassers war. Über diesen Rahmen hinaus läßt sich die Vermutungsvorschrift nicht anwenden. So kann, wenn der Erblasser seine Geschwister bedacht hat und einer von ihnen wegfällt, eine Anwachsung nach § 2094 BGB in Betracht kommen (BGH Urt. v. 27. 11. 1967, III ZR 126/65). Jedoch kann auch in diesen Fällen die Auslegung dazu führen, daß vom Erblasser eine dem § 2069 BGB entsprechende Regelung gewollt war, daß er die Zuwendung nicht gerade der von ihm bezeichneten Person machen wollte, sondern daß sie dem ganzen Stamm gelten sollte und die bedachte Person nur als erste ihres Stammes benannt war (BGH NJW **73**, 240; RG **99**, 82; OGH **4**, 222). So kann es sein, wenn der Erblasser seine beiden Schwestern zu je 1/3 und die Kinder eines verstorbenen Sohnes gleichfalls zu 1/3 als Erben eingesetzt hat. Verstirbt eine der Schwestern nach Errichtung des Testaments, so kann, wenn nicht andere Umstände dagegen sprechen, angenommen werden, daß nach dem Willen des Erblassers deren Kinder als Ersatzerben berufen sein sollen. 4

2. Verzicht des Abkömmlings auf sein gesetzliches Erbrecht 5

Die Vorschrift ist auch anwendbar, wenn der in dem Testament bedachte Abkömmling, bevor er bedacht wurde, auf sein künftiges gesetzliches Erbrecht verzichtet hatte. § 2349 steht dem nicht entgegen, da der weggefallene Abkömmling nicht als gesetzlicher, sondern als Testamentserbe berufen war und § 2069 die gesetzliche Erbfolge nur unterstellt (KG JFG **23**, 255). Dasselbe gilt, wenn der bedachte Abkömmling, nachdem er bedacht worden ist, auf sein gesetzliches Erbrecht verzichtet (vgl. § 2352 Rdn. 6, 7).

3. Verzicht des Abkömmlings auf das Erbrecht nach der Errichtung des Testaments 6

Anders ist zu entscheiden, wenn der in dem Testament bedachte Abkömmling dadurch wegfällt, daß er nach der Testamentserrichtung durch Vertrag mit dem Erblasser auf alle Erbansprüche verzichtet und wenn der Verzicht seinen Grund in einer vollständigen Abfindung des Verzichtenden hat. In diesem Fall ist anzunehmen, daß nach dem Willen des Erblassers die Abkömmlinge des abgefundenen Erben nicht als Ersatzerben bedacht sein sollen (KG JFG **20**, 160. Soweit dort unter Hinweis auf § 2349 ausgeführt ist, daß die Abkömmlinge des Verzichtenden nach § 2069 nicht als Ersatzerben berufen sind, kann dem nicht zugestimmt werden. Vgl. § 2352 Rdn. 8; *Baumgärtel* DNotZ **59**, 66 ff).

7 **II. Wegfall des unmittelbar Bedachten nach der Testamentserrichtung**

Im Gegensatz zu § 2068 ist vorausgesetzt, daß der unmittelbar Bedachte erst nach der Testamentserrichtung, vielleicht erst nach dem Erbfall, wegfällt, sei es durch Tod (wie in § 2068), Erbverzicht (vgl. aber KG HRR **39**, 1163) oder auf eine der andern in § 2094 Rdn. 3 (RG **95**, 98 f) bezeichneten Arten (Dresden JFG **2**, 166; KGJW **38**, 1600: Eintritt des Falles einer Verwirkungsklausel § 2074 Rdn. 5 ff). Den Fall, daß der unmittelbar bedachte Abkömmling stirbt, nachdem ihm die Zuwendung angefallen ist, trifft sie nicht. Es lassen sich daher aus ihr auch keine Schlüsse dafür ziehen, ob der unmittelbar bedachte Abkömmling als Voll- oder nur als Vorerbe berufen ist (BGH 19. 6. 1959 V ZB 19/58 insoweit nicht veröffentlicht).

8 § 2069 gilt nicht, wenn der als Erbe (Nacherbe) berufene Abkömmling ausschlägt und den Pflichtteil verlangt, da andernfalls derselbe Stamm doppelt berücksichtigt würde, was nicht im Sinne der Vorschrift liegt (BGH **33**, 60).

9 Sie gilt auch beim Erbvertrag (§ 2279) und dem gemeinschaftlichen Testament, auch wenn es sich um Abkömmlinge des zuerst versterbenden Ehegatten handelt (BayObLG RJA **4**, 17; KGJ **51**, 101; für die hier geltenden Besonderheiten vgl. § 2269 Rdn. 22, 25—27). Jedoch ist eine zulässige, rechtswirksame Enterbung eines in einem gemeinschaftlichen Testament oder Erbvertrag bedachten Abkömmlings kein Wegfall im Sinne des § 2069. Dessen Abkömmlinge treten nicht an seine Stelle (BGH LM BGB § 2069 Nr. 4).

10 Ein nach § 2069 Berufener ist nicht übergangen und daher nicht nach § 2079 anfechtungsberechtigt (RG SeuffArch **77** Nr. 191; JW **25**, 2756).

11 Der als Erbe eingesetzte Abkömmling kann, wenn der Erblasser die gesetzliche Erbfolge ausgeschlossen hat, nicht das ihm durch letztwillige Verfügung Zugewandte ausschlagen, um damit für sich die gesetzliche Erbfolge zu eröffnen und so den Eintritt des nach § 2069 nach ihm Bedachten auszuschließen. § 1948 setzt voraus, daß der Erbe, nachdem er seine Berufung zum Testamentserben ausgeschlagen hat, sogleich als gesetzlicher Erbe berufen ist. Das ist nicht der Fall, wenn durch letztwillige Verfügung ein Ersatzerbe berufen ist. Als solche kommen auch die nach § 2069 berufenen Abkömmlinge des Erben in Betracht.

12 **III. Rechtsnatur und Rechtsfolge**

§ 2069 enthält keine gesetzliche Vermutung, sondern eine Auslegungsregel. Im Zweifel sind die Abkömmlinge des Weggefallenen, und zwar nur die natürlichen, bedacht. Die vom Weggefallenen adoptierten sind nicht bedacht, da sie bei einer gesetzlichen Erbfolge nicht anstelle des weggefallenen Abkömmlings den Erblasser beerben würden (BayObLG NJW **61**, 1678). Anders, wenn der Erblasser die Abkömmlinge eines von ihm Bedachten ausdrücklich als Ersatzerben berufen hat (BayObLG NJW **60**, 965). Der Gegenbeweis dahin, daß die Vorschrift nicht dem wirklichen Willen des Erblassers entsprochen hat, ist zulässig. Er wird allerdings noch nicht durch den Nachweis geführt, daß dem Erblasser der Fortfall des bedachten Abkömmlings bekannt war und daß er trotzdem seine letztwillige Verfügung nicht geändert und die Abkömmlinge des Fortgefallenen bedacht hat. Selbst wenn dem Erblasser die gesetzlichen Bestimmungen nicht bekannt waren, kann er doch die Vorstellung gehabt haben, daß ohne weiteres die Abkömmlinge der von ihm bedachten Kinder an deren Stelle treten.

IV. Besonderheiten im Falle der Berufung eines Abkömmlings zum Nacherben 13

Bei einer Nacherbfolge gilt die Regel in dem Sinne, daß, wenn der als Nacherbe eingesetzte Abkömmling vor Eintritt des Erbfalls wegfällt, diejenigen seiner Abkömmlinge Ersatznacherben werden, welche zur Zeit des Nacherbfalls (nicht des Erbfalls) nach § 1924 Abs. 3 an seine Stelle treten würden (BGH **33**, 61; LM BGB § 2108 Nr. 1; KG HRR **33**, 732; OLG Bremen NJW **70**, 1923). Hat das durch gemeinschaftliches Testament zum Nacherben berufene Kind des überlebenden Ehegatten die Nacherbschaft ausgeschlagen und seinen Pflichtteil gefordert, so wird die Anwendung des § 2069 im Zweifel dem Willen des Erblassers widersprechen (BGH **33**, 60; KG DR **41**, 2242; vgl. dazu auch Celle NdsRpfl **53**, 69 und Düsseldorf NJW **56**, 1880; BayObLG MDR **63**, 54; OLG Frankfurt MDR **71**, 48).

Eine tatsächliche Vermutung dahin, daß die Ausschlagung durch den Nacherben 14
auch dessen Abkömmlinge von der Erbschaft ausschließen soll, besteht, wenn der Erblasser den als Nacherben eingesetzten Abkömmling für den Fall seiner Unzufriedenheit mit dem Testament auf den Pflichtteil beschränkt hat (KG JFG **20**, 17). Das gilt auch dann, wenn sämtliche Kinder mit der Nacherbeinsetzung unzufrieden sind und die Erbschaft ausschlagen, so daß eine Benachteiligung der verschiedenen Stämme durch den Eintritt der Ersatzerbfolge der Abkömmlinge nicht erfolgen würde (KG DNotZ **42**, 147).

Stirbt der Nacherbe erst nach dem Eintritt des Erbfalls, aber vor Eintritt des Nach- 15
erbfalls, so gilt die Auslegungsregel des § 2108 Abs. 2. Nach § 2108 Abs. 1 ist das Anwartschaftsrecht des Nacherben im Zweifel vererblich. Es besteht keine Rechtsvorschrift, nach der anzunehmen wäre, daß diese Vererblichkeit des Anwartschaftsrechts des Nacherben vom Erblasser deswegen als nicht gewollt anzunehmen ist, weil nach § 2069 die Abkömmlinge ersatzweise berufen sind. § 2108 Abs. 1 Satz 1 ist gegenüber § 2069 lex specialis (vgl. RG **169**, 38 ff; vgl. auch BGH LM BGB § 2108 Nr. 1, ebenso Urt. v. 14. 2. 73, IV ZR 125/71, § 2108 Rdn. 5 ff).

§ 2069 kann nur eingreifen, wenn der Erblasser die Vererblichkeit des Anwart- 16
schaftsrechts des Nacherben nicht wollte. Hat daher der Erblasser zu erkennen gegeben, daß er ein Einrücken familienfremder Personen in die Erbengemeinschaft an Stelle der von ihm in erster Linie berufenen Erben vermeiden wollte, so greift nicht mehr die Auslegungsregel des § 2108 Abs. 2, sondern die des § 2069 durch (KG DNotZ **43**, 117).

V. Ersatzberufung von Abkömmlingen anderer Personen 17

Auch wenn eine nicht zu den Abkömmlingen des Erblassers gehörige Person, insbesondere ein anderer naher Angehöriger, bedacht ist, kann in der Einsetzung dieser Person die Grundlage gefunden werden, von der aus im Wege der Auslegung unter Zuhilfenahme anderweitiger, außerhalb des Testaments liegender Umstände ein weitergehender, auf Ersatzberufung der Abkömmlinge des Bedachten gerichteter Wille des Erblassers als im Testament enthalten ermittelt wird (RG JW **11**, 544 Nr. 27; Gruchot **61**, 324; SeuffArch. **75** Nr. 37; BGH 19. 6. 1959 V ZB 19/58 insoweit nicht veröffentlicht; KG MDR **54**, 39); auf dem Wege ergänzender Testamentsauslegung (§ 2084 Rdn. 26 ff) kann eine solche stillschweigende Ersatzberufung unter Umständen selbst dann angenommen werden, wenn der Erblasser an die Möglichkeit des Wegfalls des Bedachten nicht gedacht hat (RG **99,** 82; HRR **28,** 959; BGH 25. 5. 1955 IV ZR 41/55; 18. 3. 1959 V ZR 198/57 betr. Geschwister des weggefallenen Abkömmlings; Oldenburg NdsRpfl. **50,** 73).

18 **VI. Nicht individuelle Bedenkung von Abkömmlingen**

§ 2069 kann anzuwenden sein, wenn der Erblasser die Auswahl des Bedachten rechtswirksam einem Dritten überlassen hat (§ 2151 und ebenso § 2065 Rdn. 16), sofern zu dem Kreis der in Betracht Kommenden Abkömmlinge gehören (BGH LM BGB § 2069 Nr 5).

§ 2070

Hat der Erblasser die Abkömmlinge eines Dritten ohne nähere Bestimmung bedacht, so ist im Zweifel anzunehmen, daß diejenigen Abkömmlinge nicht bedacht sind, welche zur Zeit des Erbfalls oder, wenn die Zuwendung unter einer aufschiebenden Bedingung oder unter Bestimmung eines Anfangstermins gemacht ist und die Bedingung oder der Termin erst nach dem Erbfall eintritt, zur Zeit des Eintritts der Bedingung oder des Termins noch nicht erzeugt sind.

E I 1774 II 1943; M **5** 38, 39; P **5** 35.

Bedenken der Abkömmlinge eines Dritten

1 **I. Bedenken ohne nähere Bestimmung**

Vgl. § 2066 Rdn. 1.

2 **II. Abkömmlinge eines Dritten**

Die Vorschrift bezieht sich darauf, daß Abkömmlinge eines Dritten bedacht sind im Gegensatz zu den §§ 2068, 2069, die nur die eigenen Abkömmlinge betreffen. Bei Bedenkung eigener Abkömmlinge, z. B. derjenigen, welche aus der Ehe einer Tochter des Erblassers noch geboren werden sollten (KG JFG **10,** 63), entscheidet freie Auslegung darüber, ob auch solche Abkömmlinge gemeint sind, die erst nach dem Erbfall erzeugt werden. Ist eine Erbeinsetzung in diesem Sinne zu verstehen, so könnte sie zugunsten von Personen, die erst später erzeugt werden, nach § 1923, § 2101 (Rdn. 1) nur als Nacherbeinsetzung wirken.

3 **III. Inhalt der Regel**

Die Auslegungsregel des Gesetzes („im Zweifel") geht davon aus, daß die Absicht des Erblassers, der Abkömmlinge eines Fremden bedenkt, nicht auf Begründung einer Nacherbfolge, eines in seinem Anfall hinausgeschobenen Vermächtnisses (§ 2178) oder eines Nachvermächtnisses (§ 2191) zugunsten solcher Abkömmlinge gerichtet ist, die in dem für maßgebend erklärten Zeitpunkt nicht mindestens erzeugt sind.

4 Die Regel wird, obschon immer nur im Zweifelsfall, trotz § 2084 auch dann anzuwenden sein, wenn in dem entscheidenden Zeitpunkt Abkömmlinge des Dritten überhaupt noch nicht erzeugt oder nicht mehr vorhanden sind, aber später erzeugt werden (str.). Die Hinausschiebung bis zur Zeit des Eintritts der Bedingung oder des Anfangstermins entspricht dem § 2066 Satz 2 (vgl. § 2066 Rdn. 6).

§ 2071

Hat der Erblasser ohne nähere Bestimmung eine Klasse von Personen oder Personen bedacht, die zu ihm in einem Dienst- oder Geschäftsverhältnisse stehen, so ist im Zweifel anzunehmen, daß diejenigen bedacht sind, welche zur Zeit des Erbfalls der bezeichneten Klasse angehören oder in dem bezeichneten Verhältnisse stehen.

E I 1775 II 1944; M **5** 39, 42; P **5** 35, 36.

Bedenken eines bestimmten Personenkreises

Unter einer **Klasse von Personen** sind zu verstehen z. B. die Schüler einer von dem Erblasser als Lehrer geleiteten Klasse oder die Mitglieder eines Vereins. Solche Mitglieder können im Wege der Auslegung, insbesondere bei fehlender Rechtsfähigkeit des Vereins, auch dann als bedacht angesehen werden, wenn die Zuwendung auf den Verein selbst lautet (§ 2084 Rdn. 39).

Als Personen, die zu dem Erblasser in einem **Dienst- oder Geschäftsverhältnisse** stehen, kommen Hausgehilfen, Gewerbegehilfen, Privatbeamte u. dgl. in Betracht.

Vgl. dazu § 2066 Rdn. 1. Immerhin muß der Kreis der Bedachten so fest umgrenzt sein, daß die Einordnung bestimmter Personen möglich ist.

Die **Zeit des Erbfalls** gilt, und zwar in Abweichung von den Fällen §§ 2066 Satz 2 (vgl. dort Rdn. 6) und 2070 (vgl. dort Rdn. 4) auch bei bedingter oder befristeter Zuwendung, als der maßgebende Zeitpunkt (Auslegungsregel „im Zweifel“), wenn nicht ein anderer, z. B. auf frühere Angestellte hinweisender Wille des Erblassers bewiesen werden kann.

§ 2072

Hat der Erblasser die Armen ohne nähere Bestimmung bedacht, so ist im Zweifel anzunehmen, daß die öffentliche Armenkasse der Gemeinde, in deren Bezirk er seinen letzten Wohnsitz gehabt hat, unter der Auflage bedacht ist, das Zugewendete unter Arme zu verteilen.

E I 1776 II 1945; M **5** 39, 40; P **5** 35, 37.

Bedenken der Armen ohne nähere Bestimmung

Erbeinsetzung und Vermächtnis zugunsten der „Armen“ schlechthin werden umgedeutet in die Zuwendung an eine bestimmte öffentliche Kasse (Armenkasse ist der örtliche Träger der Sozialhilfe im Sinne des Bundessozialhilfegesetzes mit der Satzung vom 18. 9. 1969, BGBl. 1688) mit der Auflage, das Zugewendete nach ihrem Ermessen unter beliebige Arme — nicht bloß der letzten Wohnsitzgemeinde — zu verteilen, § 2193. Eigene verfolgbare Rechte erwachsen daher den Armen nicht, die Vollziehung kann nur gemäß § 2194 verlangt werden.

Ohne nähere Bestimmung § 2066 Rdn. 1. Wohnsitz §§ 7—11. Für den Fall, daß der Erblasser zur Zeit seines Todes mehrere Wohnsitze hatte (§ 7 Abs. 2), s. § 2073.

Auch wenn die Armen nur auf die Zinsen angewiesen sind, kann das Kapital selbst als der Armenkasse zugewendet gelten (RG **52**, 283).

§ 2073

Hat der Erblasser den Bedachten in einer Weise bezeichnet, die auf mehrere Perso-

nen paßt, und läßt sich nicht ermitteln, wer von ihnen bedacht werden sollte, so gelten sie als zu gleichen Teilen bedacht.

E I 1768 II 1946; M **5** 32, 33; P **5** 22.

Mehrdeutige Bezeichnung des Bedachten

Vorausgesetzt ist, daß der Erblasser einen bestimmten Bedachten im Auge gehabt, ihn auch unter irgendeiner näheren Bestimmung (§ 2066 Rdn. 1) an sich genügend bezeichnet hat, daß aber, weil die Merkmale auf mehrere Personen passen, eine Ungewißheit des Bedachten bestehen bleibt, z. B. mein Enkel Karl, die Luisenstiftung, wenn mehrere Enkel, mehrere Stiftungen dieses Namens bestehen.

Die Bezeichnung „paßt" nur dann auf mehrere, wenn für sie die gleichen, nicht bloß ähnlichen Voraussetzungen zutreffen.

Zunächst sind die gewöhnlichen Auslegungsmittel zu erschöpfen (§ 133). Erst wenn sie versagen, greift das Gesetz im Widerspruch mit der wahren Absicht des Erblassers mit der Fiktion ein, daß Teilung der Zuwendung unter die mehreren gewollt sei.

Verschieden hiervon der Fall, daß der Erblasser von vornherein mehrere wahlweise bedacht hat, §§ 2151, 2152.

Ist der Bedachte so unvollkommen bezeichnet, daß seine Persönlichkeit schlechterdings nicht zu ermitteln ist, so ist die Zuwendung wirkungslos (RG **96,** 17; KGJ **42,** 136; KG OLGZ **68,** 329).

§ 2074

Hat der Erblasser eine letztwillige Zuwendung unter einer aufschiebenden Bedingung gemacht, so ist im Zweifel anzunehmen, daß die Zuwendung nur gelten soll, wenn der Bedachte den Eintritt der Bedingung erlebt.

E I 1761 II 1947; M **5** 24, 25; P **5** 11—13.

Neueres Schrifttum:

Hilgers, Die bedingte Erbeinsetzung, RhNK **62,** 381; *Natter,* Die Verwirkungsklausel in letztwilligen Verfügungen, DRZ **46,** 163; *Kohler,* Das Nießbrauchsvermächtnis als Ersatz des Berliner Testaments, NJW **47/48,** 361/364; *Kehrer,* Strafklauseln in letztwilligen Verfügungen, BWNotZ **57,** 173; *Haegele,* Bedingte, namentlich unter einer Verwirkungs- oder Strafklausel stehende testamentarische Anordnungen; JurBüro **69,** 1; *Binz,* Die erbrechtliche Verwirkungsklausel, Mainzer Dissertation 1968; *Birk,* Die Problematik der Verwirkungsklausel in letztwilligen Verfügungen. Die allgemeine Verwirkungsklausel, DNotZ **72,** 284.

Bedingte Zuwendungen

Übersicht

I. Bedingung und Zeitbestimmung im allgemeinen 1

Die allgemeinen Vorschriften über Bedingung und Zeitbestimmung (§§ 158—163) gelten grundsätzlich auch für Verfügungen von Todes wegen. Insbesondere sind Erbeinsetzungen und Vermächtnisse unter aufschiebenden wie auflösenden Bedingungen, unter Bestimmung eines Anfangs- wie eines Endtermins zulässig. Bei Erbeinsetzungen kommt dann Nacherbfolge in Frage (§§ 2103—2105, 2139), Anfall des Vermächtnisses §§ 2174, 2176, 2177.

Über gewisse Arten von Bedingungen enthält das Gesetz auch für das Erbrecht 2
keine besonderen Vorschriften (Mot. **5,** 16—23). Das trifft zu für die uneigentlichen Bedingungen (notwendige, die auf Verhältnisse der Gegenwart oder Vergangenheit abgestellt sind, oder Rechtsbedingungen), ferner für die unmöglichen, widersinnigen und unerlaubten Bedingungen.

Eine unerlaubte Bedingung wird, mag sie als aufschiebende oder auflösende gesetzt 3
sein, nach §§ 134, 138 regelmäßig die unter ihr getroffene letztwillige Verfügung (Einzelverfügung, § 2085) nichtig machen (vgl. dazu Rdn. 20 vor § 2064).

Über die vom nackten Wollen oder vom Handeln eines Dritten abhängig gemachten Zuwendungen vgl. § 2065 Rdn. 7—10.

Endlich sind Zuwendungen unter der Bedingung, daß der Bedachte dem Erblasser 4
von Todes wegen oder unter Lebenden etwas zuwende (kaptatorische Verfügungen) an sich nicht verboten.

II. Verwirkungsklauseln 5

1. Begriff

Verwirkungsklauseln sind Bestimmungen, nach denen das Zugewendete entzogen oder der Bedachte auf den Pflichtteil beschränkt wird, falls die Verfügung angegriffen oder angefochten wird. Sie sind zulässig.

2. Wirkung der Klausel 6

Die testamentarische Verwirkungsklausel gegenüber Erben kann als auflösend bedingte Erbeinsetzung mit der Folge des Eintritts der Nacherbfolge aufzufassen sein. Sie kann aber auch die aufschiebend bedingte Pflicht des Erben enthalten, das Zugewandte an einen Vermächtnisnehmer herauszugeben (BayObLG NJW **62,** 1060).

Wie im allgemeinen durch freie richterliche Auslegung zu ermitteln ist, ob überhaupt eine Bedingung gesetzt ist und welche Wirkung ihr nach dem Willen des Erblassers zukommen soll, so gilt dies auch für die Frage, welche Handlungen durch die Verwirkungsklausel getroffen werden sollen (RG JW **24,** 1717); insbesondere dafür, ob die Klausel nur auf Fälle zu beziehen ist, in denen der Bedachte einen Nichtigkeitsgrund (§ 2078 Rdn. 1 ff) oder Anfechtungsgrund (§ 2078 Rdn. 24 ff, 35 ff) geltend macht, oder ob sie auch solche Fälle treffen soll, in denen er die Bestimmungen des Testaments zwar formell unangetastet läßt, ihnen aber materiell zuwiderhandelt (RG LZ **22,** 197), z. B. dadurch, daß er das Zugewendete oder einen Teil davon auf einen vom Erblasser Ausgeschlossenen überträgt (BGH Urt. v. 1. 7. 1965, III ZR 50/64 siehe WM **72,** 925).

Bei der Auslegung der Verwirkungsklausel ist der Zweck, den der Erblasser mit ihr verfolgt hat, entscheidend zu berücksichtigen. Die Absicht des Erblassers kann dahin gegangen sein, jeden Streit über die Wirksamkeit des Testaments auszuschließen. In diesem Fall kann unter Umständen schon die bloße Behauptung, das Testament sei unwirksam, den Verlust der Zuwendung zur Folge haben.

letztwillige Verfügung kann die Klausel auslösen, wenn sie nur den Bestand des Letzten Willens des Erblassers sichern soll (BGH Urt. v. 24. 4. 1952 IV ZR 116/51).

7 Handlungen eines Erben, die sich zwar äußerlich als Angriffe gegen das Testament darstellen, aber als solche nicht ernstlich gemeint sind, sondern ihm nur dazu dienen sollen, sich noch nach Ablauf der Ausschlagungsfrist den ihm im Testament auferlegten Verpflichtungen zu entziehen und sich die ihm nachträglich als vorteilhafter erscheinende Stellung eines Pflichtteilsberechtigten zu verschaffen, können diesen Erfolg nicht herbeiführen (RG LZ **32,** 1049; vgl. jedoch RG SeuffArch **70** Nr. 18; § 2075 Rdn. 8).

8 Auslegungsfrage ist es auch, ob der Erblasser durch eine Verwirkungsklausel nur den unzufriedenen Erben selbst oder auch dessen Stamm von der Erbfolge hat ausschließen wollen (RG WarnRspr. 1917 Nr. 181; KG DR **39,** 1085).

9 Die Klausel bleibt unwirksam, falls sie durch eine Anfechtung selbst vernichtet wird. Das kann nach § 2085 auch als Folgeerscheinung der Anfechtung anderer Verfügungen des Testaments eintreten (RG JW **37,** 2201).

Über die Verwirkungsklausel im gemeinschaftlichen Testament vgl. § 2271 Rdn. 33.

10 **3. Mit der Klausel verfolgbare Zwecke**

Der Erblasser kann den Erben durch eine Verwirkungsklausel nicht beliebig in seiner Verfügungsfreiheit beschränken. Die Klausel muß sich innerhalb der durch Gesetz und gute Sitten gebotenen Grenzen halten.

11 Grundsätzlich kann der Erblasser dem Erben aufgeben, das ihm Zugewandte anderweitig zu veräußern. Dieses Gebot kann er durch eine Verwirkungsklausel sicherstellen. § 137 steht dem nicht entgegen.

12 Zweifelhaft ist, ob dem Bedachten unter einer Verwirkungsklausel aufgegeben werden kann, über das ihm Zugewandte in einem bestimmten Sinn letztwillig zu verfügen, oder ob hierin ein unzulässiger Eingriff in die Testierfreiheit liegt. Die Antwort kann nicht für alle Fälle gleichlautend gegeben werden. Wesentlich ist, welche Zwecke der Erblasser mit dieser Bestimmung verfolgt. Nichtig ist eine Verwirkungsklausel, die darauf zielt, den Letzten Willen des Erben in eine dem Willen des Erblassers entsprechende Richtung zu drängen.

13 Eine nach §§ 2104, 2191 angeordnete Nacherbfolge oder ein Nachvermächtnis kann von dem Erblasser durch eine Verwirkungsklausel geschützt werden. Nichtig ist diese Klausel insoweit, als dadurch die in §§ 2109, 2210 zwingend vorgeschriebenen zeitlichen Grenzen umgangen werden sollen.

14 **4. Angriffe gegen die letztwillige Verfügung**

a) Ausschlagung der Erbschaft. Unter einer Verwirkungsklausel des Inhalts, daß der den Letzten Willen des Erblassers mit Erfolg anfechtende Erbe nur den Pflichtteil erhalten und sein Erbteil den übrigen Erben anwachsen solle, kann auch die Ausschlagung der Erbschaft durch einen unter Beschränkung eingesetzten Erben in Verbindung mit dem Verlangen des Pflichtteils gemäß § 2306 fallen (KG JFG **17,** 240).

15 **b) Streit über Echtheit, Inhalt und Gültigkeit letztwilliger Verfügungen.** Der Streit über die Echtheit oder den Sinn des Testaments oder den Bestand des Nachlasses (RG JW **24,** 1718 Nr. 9: Klage gegen einen Miterben auf Leistung des Offenbarungseides hinsichtlich des Nachlaßverzeichnisses) fällt nicht ohne weiteres unter die Klausel. Ebenso fällt hierunter nicht ohne weiteres eine Klage auf Feststellung der Nichtigkeit

des Testaments wegen Geschäftsunfähigkeit des Erblassers. In diesen Fällen geht der Erbe nicht gegen das Testament vor, um den dort erklärten Willen des Erblassers zu Fall zu bringen, sondern um ihn, so wie er in Wahrheit erklärt ist, festzustellen und durchzusetzen. Eine Verwirkungsklausel, die allein den Fall treffen will, daß der Erbe den Willen des Erblassers mißachtet, würde hier nicht zum Zuge kommen.

Anders kann es sein, wenn der Erblasser die Verwirkungsklausel in der Absicht ge- **16**
setzt hat, damit überhaupt jeden Streit unter den Miterben oder über seine letztwillige Verfügung auszuschließen. Auch in diesem Fall führt aber das eben bezeichnete Vorgehen des Erben nicht ohne weiteres zum Verlust seines Erbrechts kraft der Verwirkungsklausel. Denn es kann dem Erblasser nicht gestattet werden, durch eine Verwirkungsklausel zu bewirken, daß ein formungültiges Testament oder ein wegen Geschäftsunfähigkeit nichtiges Testament praktisch Geltung erlangt. Klagen, die auf Feststellung der Formnichtigkeit oder der Nichtigkeit mangels Testierfähigkeit des Erblassers zielen, können daher, auch wenn sie keinen Erfolg haben, die in der Verwirkungsklausel vorgesehenen Rechtsfolgen nur auslösen, wenn sie von dem Erben leichtfertig angestrengt worden sind. Haben die Klagen Erfolg, dann ist damit zugleich die Nichtigkeit der Verwirkungsklausel festgestellt.

c) Bewußter und unbewußter Ungehorsam. Regelmäßig ist bewußter Ungehorsam **17**
gegen den Letzten Willen zu erfordern; solcher liegt nicht vor, wenn ein mit der Klage gegen die Miterben aus einem andern Grunde beauftragter Rechtsanwalt die Anfechtung ohne Wissen und Willen des unter der Verwirkungsklausel stehenden Erben erklärt (RG JW **16**, 1193). Nach OLG Stuttgart (OLGZ **68**, 246) hat die Verwirkungsklausel in der Regel die Bedeutung einer Strafsanktion, so daß regelmäßig eine böswillige Auflehnung gegen den Willen eines Erblassers vorliegen muß. Der bewußte Ungehorsam allein genügt dann nicht (vgl. auch BayObLGZ **62**, 56; **63**, 75; **66**, 49). Hiergegen äußert mit Recht Bedenken *Erman/Hense*, § 2075 Rdn. 3.

Es macht regelmäßig keinen Unterschied, ob die gegen den Bestand der Verfügung **18**
gerichteten Angriffe im Wege der Klage oder eines Antrags des Erben, ihm für die Durchführung einer auf Ungültigkeit des Testaments gestützten Klage das Armenrecht zu bewilligen (KG JW **36**, 2744), oder zur Entkräftung eines auf das Testament gestützten Anspruchs im Wege der Einrede erhoben werden (RG Recht **16** Nr. 1549).

III. Aufschiebende Bedingung

Vgl. § 158 Abs. 1.

1. Grund der Vorschrift **19**

Daß der Erbe jedenfalls den Erbfall erlebt haben muß, bestimmt schon § 1923 Abs. 1. Ist er zu diesem Zeitpunkt nur aufschiebend bedingt berufen, so würde sich die ihm hierdurch eröffnete Anwartschaft, Erbe oder doch Nacherbe zu werden (§ 2105 Abs. 1), gemäß § 1952 auf seine Erben vererben. Da dies regelmäßig nicht dem Willen des Erblassers entspricht, so legt ihn das Gesetz dahin aus („im Zweifel"), daß der Bedachte, um Erbe zu werden, nicht bloß den Erbfall, sondern auch den Eintritt der Bedingung erlebt haben müsse. Erst damit vollzieht sich der Anfall der Erbschaft im Sinne von § 1942. Stirbt er vor diesem Zeitpunkte, so gilt die Bedingung als ausgefallen, und von einem Übergang der erloschenen Anwartschaft auf seine Erben kann nicht mehr die Rede sein.

Auch der nur bedingt eingesetzte Erbe kann, ohne den Eintritt der Bedingung abzuwarten, die Erbschaft annehmen oder ausschlagen, sobald der Erbfall eingetreten ist (§ 1946).

20 2. Der Bedachte

a) Ersatzerbe und Ersatzvermächtnisnehmer als Bedachte. Der Bedachte, der den Eintritt der Bedingung erlebt haben muß, ist nicht in jedem Fall der in der letztwilligen Verfügung in erster Linie als Bedachter Aufgeführte. Der Ersatzerbe und der Ersatzvermächtnisnehmer sind unter der aufschiebenden Bedingung berufen, daß der zunächst Bedachte wegfällt (§§ 2096, 2190). Daß der zuerst Bedachte wegfällt, ist ein gesetzliches Begriffserfordernis jeder Ersatzberufung, die ja gerade für den Weggefallenen einen Ersatz schaffen will. Der Wegfall des zuerst Bedachten kann deshalb nicht als aufschiebende Bedingung im Sinne des § 2074 aufgefaßt werden.

21 Das Ersatzvermächtnis (§ 2190) gilt daher als dem Ersatzvermächtnisnehmer schon mit dem Zeitpunkt angefallen, in dem der zunächst Bedachte, wenn er nicht ausgeschlagen hätte, es erworben haben würde (§ 2180 Abs. 3). Der Wegfall des zunächst Bedachten ist keine aufschiebende Bedingung im Sinne des § 2177. Allerdings muß der Vermächtnisnehmer den Erbfall erlebt haben (§ 2160).

22 Ist die Zuwendung aufschiebend bedingt, dann kommt es, wenn der zunächst Berufene weggefallen ist, darauf an, ob der ersatzweise Bedachte den Eintritt der Bedingung erlebt hat (vgl. hierzu § 2096 Rdn. 1).

23 **b) Abkömmlinge des ersatzweise Bedachten.** Falls der vom Erblasser bedachte Abkömmling vor Eintritt der Bedingung weggefallen ist, ist nach § 2069 zu prüfen, ob dessen Abkömmlinge ersatzweise bedacht sind. Trifft das nicht zu, gilt die Zuwendung im Zweifel nicht. Sind die Abkömmlinge nach § 2069 ersatzweise bedacht, dann kommt es allein darauf an, ob sie den Eintritt der Bedingung erlebt haben (BGH LM BGB § 2069 Nr. 1; vgl. auch § 2069 Rdn. 3).

24 **c) Aufschiebend bedingte Berufung des Nacherben.** Die Auslegungsregel des § 2074 gilt auch für den unter einer aufschiebenden Bedingung eingesetzten Nacherben (§ 2108 Abs. 2).

25 IV. Zuwendung unter Anfangstermin

Ist für die Zuwendung ein Anfangstermin bestimmt (§ 163), so handelt es sich bei der Erbeinsetzung immer um den Fall der Nacherbfolge (§ 2105 Abs. 1). Das Erbrecht geht dann im Falle des § 2108 Abs. 2 Satz 1 regelmäßig auf die Erben des Berufenen über. Bei Vermächtnissen ist damit nach § 2177 (Rdn. 2) auch der Anfall hinausgeschoben. Ob ein ungewisser Termin der Bedingung gleichzustellen sei, ist Tatfrage.

§ 2075

Hat der Erblasser eine letztwillige Zuwendung unter der Bedingung gemacht, daß der Bedachte während eines Zeitraums von unbestimmter Dauer etwas unterläßt oder fortgesetzt tut, so ist, wenn das Unterlassen oder das Tun lediglich in der Willkür des Bedachten liegt, im Zweifel anzunehmen, daß die Zuwendung von der auflösenden Bedingung abhängig sein soll, daß der Bedachte die Handlung vornimmt oder das Tun unterläßt.

E I 1764 II 1948; M 5 28, 29; P 5 14, 15.

Unterlassen oder Tun für unbestimmte Dauer als Bedingung

Übersicht

I. Abgrenzung zu § 2074 1

Ist das **Unterlassen oder Tun als Bedingung der Zuwendung** für bestimmte Dauer vorgeschrieben (drei Jahre nicht Alkohol trinken), so ist der Fall des § 2074 gegeben. Bei **unbestimmter Dauer** (wenn der Bedachte sich nicht scheiden läßt, sich nicht verheiratet, allsonntäglich zur Kirche geht, dem Testamente nicht zuwiderhandelt) wäre die Zuwendung nach § 2074 auf unabsehbare Zeit, vielfach bis zum Tode des Bedachten, hinausgeschoben. Dies entspricht regelmäßig nicht dem Willen des Erblassers.

II. Auf Unentschlossenheit des Erblassers beruhende Bedingungen 2

Unzulässig ist die Bedingung, wenn der Erblasser sie nur aus eigener Unentschlossenheit beigefügt hat, um dem Bedachten die Entscheidung darüber zu überlassen, ob die Verfügung gelten soll. Angenommen werden kann eine solche Absicht des Erblassers, wenn sich ergibt, daß ihm das Tun oder Unterlassen, an das er die Wirksamkeit seiner Verfügung geknüpft hat, an sich gleichgültig ist, und wenn er auch den Inhalt seiner Verfügung nicht gerade auf die durch den Eintritt der Bedingung verwirklichte Sachlage abstellen wollte (vgl. § 2065 Rdn. 8—10; BGH **15**, 199).

III. Umdeutung in eine auflösende Bedingung 3

Das Gesetz deutet deshalb mittels einer Auslegungsregel („im Zweifel") die aufschiebende in eine **auflösende Bedingung entgegengesetzten Inhalts** um, jedoch nur, wenn die Erfüllung der Bedingung in die **Willkür** des Bedachten gestellt ist (Potestativbedingung). § 2075 ist nicht anwendbar, wenn der Eintritt der Bedingung nicht allein von der Willkür des Bedachten abhängt, sondern die Mitwirkung eines Dritten erfordert, z. B. die Vereinbarung der Gütertrennung als Bedingung für die Zuwendung (KG OLGZ **68**, 244). Die Zuwendung fällt nach § 2075 dem Bedachten sogleich mit dem Erbfall an, ihre Wirkung endigt aber gemäß § 158 Abs. 2 mit dem Eintritte der auflösenden Bedingung, d. h. mit dem Augenblicke des Zuwiderhandelns oder des Nichtmehrhandelns.

IV. Rechtsfolgen bei Eintritt der Bedingung 4

1. bei bedingter Erbeinsetzung

Handelt es sich um eine in dieser Weise bedingte Erbeinsetzung, so ist, wenn der Erblasser keine Bestimmung darüber getroffen hat, wer im Falle des Zuwiderhandelns Erbe werden soll, ein Fall des § 2104 gegeben.

2. bei bedingtem Vermächtnis 5

Bei einem auflösend bedingten Vermächtnis ist der vermachte Gegenstand nach Eintritt der Bedingung an den mit dem Vermächtnis Beschwerten zurückzugewähren. Das Recht des Vermächtnisnehmers endigt nur dann von selbst mit dem Eintritt der Bedingung, wenn die in Erfüllung des Vermächtnisanspruchs erfolgte Zuwendung selbst rechtlich zulässig unter einer auflösenden Bedingung erfolgt war (§ 158 Abs. 2).

6 Der Beschwerte hat jedoch unter Umständen, wenn der Vermächtnisnehmer in der Zwischenzeit nach § 161 über den vermachten Gegenstand verfügt hat, nur einen Schadensersatzanspruch nach § 160 Abs. 2.

7 **3. Sicherheitsleistung und Herausgabe von Nutzungen**

Sicherheit für Wiederherstellung des früheren Zustandes, Herausgabe der Zuwendung hat der Bedachte nicht zu leisten. Darüber, ob der Bedachte auch die in der Zwischenzeit gezogenen Nutzungen herauszugeben hat (§ 159), entscheidet der zu ermittelnde Wille des Erblassers.

8 **V. Zuwiderhandlung gegen Testamentsinhalt als auflösende Bedingung**

Unter § 2075 kann auch der Fall zu bringen sein, daß der Erblasser seine Kinder zu Erben ernannt, sie bei einer Zuwiderhandlung gegen das Testament aber auf den Pflichtteil gesetzt hat. Die Kinder haben dann, trotz § 2306 Abs. 1 Satz 2, auch nach der Annahme der Erbschaft die Wahl, ob sie unter den angeordneten Beschwerungen Erben bleiben oder durch Herbeiführung der auflösenden Bedingung ihre Erbeigenschaft beseitigen und sich mit dem Pflichtteil begnügen wollen (RG SeuffArch. 70 Nr. 18; vgl. jedoch RG LZ **32**, 1049; § 2074 Rdn. 7).

§ 2076

Bezweckt die Bedingung, unter der eine letztwillige Zuwendung gemacht ist, den Vorteil eines Dritten, so gilt sie im Zweifel als eingetreten, wenn der Dritte die zum Eintritte der Bedingung erforderliche Mitwirkung verweigert.

E I 1763 II 1949; M **5** 27, 28; P **5** 13, 14.

Bedingungen zum Vorteil eines Dritten

Übersicht

1 **I. Allgemeines**

1. Bedingung, Vermächtnis oder Auflage zugunsten eines Dritten

Vor Anwendung des § 2076 ist zunächst zu prüfen, ob die Bedingung, an die die Zuwendung geknüpft ist, nicht in Wahrheit ein Vermächtnis zugunsten des Dritten ist oder eine Auflage, mit der die Zuwendung beschwert ist. In diesem Fall ist die Zuwendung gültig, auch wenn das Vermächtnis oder die Auflage nicht erfüllt werden kann. Das folgt aus dem in § 2085 enthaltenen Grundsatz, nach dem die einzelnen letztwilligen

Verfügungen hinsichtlich ihrer rechtlichen Gültigkeit grundsätzlich selbständig sind. Für die Auflage ist dieser Grundsatz in § 2195 nochmals besonders niedergelegt. Der mit dem Vermächtnis Beschwerte verliert seine Zuwendung also nicht dadurch, daß der mit dem Vermächtnis Bedachte dieses ausschlägt.

2. Böswillige Vereitelung des Eintritts der Bedingung 2

Der allgemeine Grundsatz des § 162, wonach böswillige Vereitelung der Bedingung als Eintritt der Bedingung gilt, findet auch bei den Verfügungen von Todes wegen Anwendung.

3. Kein Eintritt der Bedingung durch bloße Erfüllungsbereitschaft 3

Im übrigen wird der wirkliche Eintritt der Bedingung durch bloße Erfüllungsbereitschaft des Bedachten nicht ersetzt, wenn sie nicht nach freier Auslegung vom Erblasser als genügend erachtet worden ist.

II. Vorteil eines Dritten als mittelbarer Zweck der Zuwendung 4

Eine den Willen des Erblassers ergänzende, aber widerlegbare Vorschrift gibt § 2076 nur für den Fall, daß die Zuwendung nicht bloß wie jede Zuwendung unmittelbar den Vorteil des Bedachten, sondern zugleich mittelbar den Vorteil eines Dritten bezweckt (X soll 100 erhalten, wenn er dem Z die Benutzung seiner Giebelmauer gestattet). Dieser Zweck darf regelmäßig als gewollt gelten, wenn der Vorteil selbst außer Zweifel steht. Verschieden von dem hier vorausgesetzten Tatbestand ist die Zuwendung an X unter einer Auflage zugunsten des Z (§§ 1940, 2195).

Nach dem in § 2076 enthaltenen Rechtsgedanken soll die bedingte Zuwendung von 5
einem Dritten, dessen Vorteil der Erblasser mit dieser Bedingung bezweckt hat, nicht dadurch vereitelt werden können, daß jener den Vorteil zurückweist und seine Mitwirkung zur Ausführung der Bedingung verweigert.

III. Mangelnde Erfüllungsbereitschaft und andere Ursachen für den Nichteintritt der Bedingung 6

§ 2076 ist nur anzuwenden, wenn der Eintritt der Bedingung allein aus diesem Grunde vereitelt worden ist. Die Bestimmung kann nicht angewandt werden, wenn auch der Bedachte überhaupt nicht gewillt war, die Bedingung zu erfüllen oder wenn sie auch aus anderen Gründen nicht erfüllt werden konnte.

IV. Gültigkeit der bedingten Zuwendung bei unverschuldeter Unmöglichkeit der Verwirklichung der Bedingung 7

Durch Auslegung des Testaments ist zu ermitteln, ob die bedingte Zuwendung auch dann gültig bleibt, wenn die Bedingung von dem Bedachten ohne sein Verschulden nicht erfüllt werden kann. Dafür ist zu ermitteln, welchen Zweck die Zuwendung an den Bedachten nach dem Willen des Erblassers haben soll und welche Vorstellung er sich von der Bedeutung der Bedingung gemacht hat. Es kann sein, daß der Erblasser die Zuwendung nur vorgenommen hat, damit der Bedachte die Bedingung erfülle. Dann ist die Erfüllung der Bedingung der eigentliche Zweck der Zuwendung. Regelmäßig wird die Zuwendung dann nicht wirksam bleiben sollen, wenn die Bedingung nicht erfüllt werden kann.

Anders ist zu entscheiden, wenn die Erfüllung der Bedingung nach dem Willen des 8
Erblassers nur ein Nebenzweck ist und der Hauptzweck seiner Verfügung darin besteht,

dem Bedachten etwas zukommen zu lassen. Das kann angenommen werden, wenn der Erblasser seine nahen Verwandten oder ihm sonst nahestehende Personen bedacht hat.

9 **V. Durch Zahlung an Miterben bedingtes Vorausvermächtnis**

Die Bestimmung, eines der zu gleichen Teilen als Erben eingesetzten Kinder des Erblassers solle ein Nachlaßgrundstück zu einem bestimmten Preis erhalten, ist als Vorausvermächtnis ausgelegt worden, das unter der Bedingung zugewandt ist, daß der Bedachte einen entsprechenden Teil des genannten Preises an jeden Miterben zahle. Diese Auslegung hat der Bundesgerichtshof gebilligt und entschieden, ein Fall des § 2076 liege vor, wenn einer der Miterben sich weigere, bei der Auflassung des Grundstücks Zug um Zug gegen Zahlung des entsprechenden Betrages an ihn mitzuwirken (BGH Urt. v. 19. 6. 1952 IV ZR 205/51).

10 **VI. Rechtsnatur der zur Bedingung gemachten Leistung**

Die an den Dritten zur Erfüllung einer Bedingung gemachte Leistung ist nicht selbst Zuwendung (§ 1939 Rdn. 7).

§ 2077

Eine letztwillige Verfügung, durch die der Erblasser seinen Ehegatten bedacht hat, ist unwirksam, wenn die Ehe nichtig oder wenn sie vor dem Tode des Erblassers aufgelöst worden ist. Der Auflösung der Ehe steht es gleich, wenn der Erblasser zur Zeit seines Todes auf Scheidung oder Aufhebung der Ehe zu klagen berechtigt war und die Klage erhoben hatte, sofern im Falle der Scheidung oder Aufhebung der Ehegatte als schuldig anzusehen wäre.

Eine letztwillige Verfügung, durch die der Erblasser seinen Verlobten bedacht hat, ist unwirksam, wenn das Verlöbnis vor dem Tode des Erblassers aufgelöst worden ist.

Die Verfügung ist nicht unwirksam, wenn anzunehmen ist, daß der Erblasser sie auch für einen solchen Fall getroffen haben würde.

E I 1783 II 1950; M 5 53—55; P 5 58, 59.

Zuwendungen unter Ehegatten und Verlobten

Übersicht

I. Unwirksamkeit der Verfügung infolge Nichtigkeit oder Auflösung der Ehe (Abs. 1 Satz 1) 1

Die Unwirksamkeit der Verfügung zugunsten des Ehegatten wird auf den mutmaßlichen Willen des Erblassers zurückgeführt. Die Verfügung braucht daher nicht angefochten zu werden. Nach Abs. 3 ist sie wirksam, wenn als Wille des Erblassers festgestellt werden kann, daß sie auch für die in Abs. 1 und 2 genannten Fälle gelten soll.

Der Ehegatte oder Verlobte braucht nicht ausdrücklich in dieser Eigenschaft bedacht zu sein. Es genügt, wenn er in Erwartung des Zustandekommens der Ehe bedacht und die Zuwendung nach Eheschließung nicht widerrufen ist (BGH FamRZ **61,** 364).

Das Ehegesetz kennt keine Anfechtung der Ehe mit rückwirkender Kraft. Es bestimmt die Nichtigkeit für die Fälle der §§ 16—22, dagegen die Auflösung nicht bloß als Folge der Scheidung (§ 41) und der Wiederverheiratung nach vorausgegangener Todeserklärung (§ 38), sondern auch als Folge der (die frühere Nichtigkeitserklärung bei der Anfechtung ersetzenden) Aufhebung (§§ 28, 29).

Ist die Ehe oder das Verlöbnis bereits vor dem Erbfall durch Tod des Bedachten aufgelöst, so werden die ihm gemachten Zuwendungen schon nach §§ 1923, 2108, 2160 hinfällig.

Entziehung des Pflichtteils § 2335.

II. Unwirksamkeit der Verfügung infolge Berechtigung zur Klage auf Scheidung oder Aufhebung der Ehe (Abs. 1 Satz 2) 2

Der Bedingungssatz stimmt in seiner neuen wie in seiner alten Fassung wörtlich überein mit dem (durch § 27 der 1. DV-EheG neu gefaßten) § 1933, wonach unter den gleichen Voraussetzungen das gesetzliche Erbrecht des überlebenden Ehegatten ausgeschlossen ist.

Wegen der Voraussetzungen im einzelnen vgl. § 1933 Rdn. 3 und 4.

Für die Frage, ob der Erblasser berechtigt war, auf Scheidung oder Auflösung seiner Ehe zu klagen, kommt es auf den Zeitpunkt seines Todes an. Ob die Klage, als sie von dem Erblasser erhoben wurde, begründet war, ist unerheblich. Es muß jedoch eine Klage oder Widerklage erhoben worden sein. Daß ein Mitschuldantrag gestellt worden ist, genügt nicht (OLG Hamm, JMBl. NRW **64,** 280). Anders, wenn der Beklagte, der den Mitschuldantrag gestellt hat, nicht auch die Abweisung der Klage beantragt hat.

Die letztwillige Verfügung bleibt daher wirksam, wenn das Recht des Erblassers, auf Scheidung oder Aufhebung seiner Ehe zu klagen, erst im Laufe des Rechtsstreits durch Verzeihung oder aus anderem Grunde (§§ 49, 30 Abs. 2, 31 Abs. 2, 32 Abs. 2, 33 Abs. 2, 34 Abs. 3 EheG) verlorengegangen ist.

Sie ist unwirksam, wenn die anfangs unbegründete Klage im Laufe des Rechtsstreits durch eine Verfehlung des überlebenden Ehegatten ihre Rechtfertigung gefunden hatte. Dabei ist es unerheblich, ob der Erblasser selbst von dieser Verfehlung Kenntnis erlangt hatte. Auch in diesem Falle ist die Verfügung ohne Anfechtung unwirksam.

Die Berechtigung der Scheidungs- oder Aufhebungsklage hat das **Nachlaßgericht,** wenn es von dem überlebenden Ehegatten um die Erteilung eines Erbscheins angegangen wird, unter Mitberücksichtigung der Ergebnisse des Rechtsstreits, nach den §§ 2358, 2359 selbständig zu **prüfen** (BayObLG JFG **6,** 169).

III. Unwirksamkeit einer Verfügung infolge Lösung des Verlöbnisses (Abs. 2). 3

Verlöbnis §§ 1297 ff. Auch der ungerechtfertigte Rücktritt bewirkt Auflösung. Für die hierdurch vereitelten Erbaussichten ist nur im Rahmen des § 1298 Ersatz möglich. Hat das Verlöbnis zur Ehe geführt, so bleibt Abs. 1 anwendbar, wenn die dort genannten Voraussetzungen zutreffen.

Auf „eheähnliche“ oder Freundschaftsverhältnisse ist § 2077 auch nicht entsprechend anzuwenden (RG JW **27,** 1202).

4 **IV. Vom Erblasser gewolltes Weitergelten der Verfügung (Abs. 3)**

1. Inhalt der Vorschrift und Beweislast

Abs. 3 stellt für das Weitergelten der Verfügung nur auf einen hypothetischen Willen ab. Die Verfügung gilt aber ebenso, wenn der Erblasser selbst mit der Möglichkeit einer Auflösung seiner Ehe gerechnet hat und sie auch für diesen Fall gelten lassen wollte (BGH FamRZ **60,** 28; teilweise veröffentlicht Betrieb **59,** 790).

Für die nach Abs. 3 zu entscheidende Frage ist allein auf den Willen abzustellen, den der Erblasser für den Fall der Auflösung seiner Ehe gehabt hat oder gehabt hätte. Es kommt nicht darauf an, wie sein Wille gewesen wäre, wenn er bedacht hätte, daß er später eine andere Frau heiraten und mit dieser Kinder haben würde. Dieser Umstand begründet nur das Anfechtungsrecht nach § 2079 (BGH aaO). Ebenso kommt es nicht darauf an, wie der geschiedene Ehegatte sich nach der Scheidung verhalten hat. Hieraus können nur Gründe für die Anfechtung der weiter geltenden Verfügung erwachsen (BGH FamRZ **61,** 364).

5 Die **Beweislast** für die in Abs. 3 bestimmten Voraussetzungen trifft den früheren Ehegatten oder Verlobten, der behauptet, die Aufrechterhaltung der Zuwendung entspreche dem Willen des Erblassers.

War der Ehegatte ausdrücklich auch für den Fall der Scheidung mit Zuwendungen bedacht, so ist Tatfrage, ob der Erblasser nur die bei Errichtung der Verfügung ihm bekannten oder allgemein auch spätere Eheverfehlungen nachsehen wollte.

Maßgebend ist die Einstellung des Erblassers zur Zeit der Testamentserrichtung (*Erman/Hense* § 2077 Rdn. 2; BGH FamRZ **60,** 28; aA *Foer* AcP **153,** 492, 512; kritisch auch *Keuk*, Erblasserwille S. 53 ff, s. dazu auch *von Lübtow* I, 293, *Lange* § 34 II 5 c; gegen die hier vertretene Meinung jetzt auch *Kipp/Coing* § 23 V 4).

6 **2. Weitergelten im Falle der Wiederheirat des geschiedenen Ehegatten**

Die letztwillige Verfügung kann in ihrem alten ursprünglichen Sinn aufrechterhalten werden, wenn der Erblasser seine von ihm geschiedene Ehefrau wieder geheiratet hat und für die Ehe die Voraussetzungen des § 2077 nicht gegeben sind. Anders bezüglich eines früher errichteten gemeinschaftlichen Testaments (vgl. § 2268 Rdn. 2).

7 **3. Heirat eines anderen Ehegatten nach Ehescheidung**

a) Keine Geltung der Verfügung für den zweiten Ehegatten. Hat der Erblasser nach der Scheidung eine andere Frau geheiratet, so bezieht sich eine Zuwendung, die er seiner Ehefrau in einem vor der Scheidung seiner ersten Ehe errichteten Testament gemacht hat, auch nur auf die erste, von ihm geschiedene Frau, da für die durch Auslegung des Testaments zu treffende Feststellung, welche Ehefrau bedacht ist, nur auf die Umstände zur Zeit der Testamentserrichtung abgestellt werden kann. Die zugunsten der geschiedenen Ehefrau getroffene, nach § 2077 Abs. 1 Satz 1 unwirksame Verfügung kann daher nicht für die zweite Frau gelten (RG **134,** 277, 281).

8 **b) Nichterheblichkeit für die Feststellung des Willens nach Abs. 3.** Auch für die Frage, ob die Zuwendung für den ersten geschiedenen Ehegatten weitergelten soll, ist auf den Willen des Erblassers zur Zeit der Testamentserrichtung abzustellen. Daraus, daß der Erblasser nach der Scheidung eine andere Frau geheiratet hat, kann daher in aller Regel nicht auf einen dem Abs. 3 entgegenstehenden Willen geschlossen werden.

V. Gemeinschaftliches Testament und Erbvertrag 9

Entsprechende Bestimmungen beim gemeinschaftlichen Testament § 2268 und beim Erbvertrag § 2279.

§ 2078

Eine letztwillige Verfügung kann angefochten werden, soweit der Erblasser über den Inhalt seiner Erklärung im Irrtume war oder eine Erklärung dieses Inhalts überhaupt nicht abgeben wollte und anzunehmen ist, daß er die Erklärung bei Kenntnis der Sachlage nicht abgegeben haben würde.

Das gleiche gilt, soweit der Erblasser zu der Verfügung durch die irrige Annahme oder Erwartung des Eintritts oder Nichteintritts eines Umstandes oder widerrechtlich durch Drohung bestimmt worden ist.

Die Vorschriften des § 122 finden keine Anwendung.

E I 1779—1781 II 1951; M **5** 45—50; P **5** 44—52, 62, 63.

Neueres Schrifttum:

1. Nichtigkeit von Verfügungen von Todes wegen: *Schumacher,* Sittenwidrige Testamente, FamRZ **56,** 261; *Gernhuber,* Testierfähigkeit, Sittenordnung und Familie, FamRZ **60,** 326; *Böhmer,* Sittenwidrige Beeinträchtigung des Vertragserben durch letztwillige Zuwendungen des Erblassers, FamRZ **61,** 253, 420; *Keuk,* Der Erblasserwille post testamentum und die Auslegung des Testaments, Bonn, 1965; *Müller-Freienfels,* Rechtsprechung beim sogenannten „Mätressentestament", JZ **68,** 441; *Bartholomeyczik,* Der maßgebende Zeitpunkt für die Bestimmung der Sittenwidrigkeit nichtiger Verfügungen von Todes wegen. In Festschrift zum 150jährigen Bestehen des Oberlandesgerichts Zweibrücken, 1969, 26 ff; *Weimar,* Nach welchem Zeitpunkt ist die Sittenwidrigkeit eines Rechtsgeschäfts zu beurteilen?, MDR **68,** 110; *Speckmann,* Terminologisches zur Rechtsprechung in der Frage der Sittenwidrigkeit letztwilliger Zuwendungen bei ehebrecherischen Beziehungen, JZ **69,** 733; *Ramm,* Abschied vom „Mätressen-Testament", JZ **70,** 129; *Speckmann,* Zur Frage der Teilnichtigkeit einer sittenwidrigen testamentarischen Zuwendung, JZ **70,** 401; *Steffen,* Neues vom Bundesgerichtshof zum „Geliebten-Testament", DRiZ **70,** 347; *Husmann,* Die Testierfähigkeit im Lichte der Grundrechte und des Sittengesetzes, NJW **71,** 404; *Speckmann,* Nochmals: Testierfreiheit und Nichtigkeit bzw. Teilnichtigkeit des „Geliebten-Testaments", NJW **71,** 924; *Simshäuser,* Zur Sittenwidrigkeit der „Geliebten-Testamente". Kritische Bemerkungen zur höchstrichterlichen Rechtsprechung. Bielefeld 1971; *Johannsen,* Die Rechtsprechung des Bundesgerichtshofs auf dem Gebiete des Erbrechts, Nichtigkeit wegen Sittenwidrigkeit, WM **71,** 918.

2. Die Testamentsanfechtung

Brox, Die Einschränkung der Irrtumsanfechtung, **60,** 136; *Huken,* Die Anfechtung von Verfügungen von Todes wegen, RhNotK **63,** 533.

Anfechtung wegen Irrtums

Übersicht

A. Nichtigkeit von Verfügungen von Todes wegen 1

I. Die Nichtigkeitsgründe im allgemeinen

Auf die Verfügungen von Todes wegen sind die Vorschriften des allgemeinen Teils über Rechtsgeschäfte anzuwenden. Daraus, daß letztwillige Verfügungen keine empfangsbedürftigen Willenserklärungen sind, können sich Abweichungen ergeben. So kommen die Nichtigkeitsgründe des § 116 Satz 2 (geheimer Vorbehalt) und § 117 (Scheingeschäft) nicht in Betracht.

Eine letztwillige Verfügung liegt nur dann vor, wenn der Erblasser die Erklärung mit dem Willen abgegeben hat, dadurch eine für seinen Tod gültige Anordnung zu treffen. Ein Schriftstück, das sich inhaltlich als letztwillige Verfügung darstellt, ist dies nicht, wenn es nach dem Willen des Errichtenden nur ein Entwurf sein sollte.

Die Nichtigkeit einer letztwilligen Verfügung kann darauf beruhen, daß der Erblasser nicht testierfähig war (§§ 104, 105, 2229, 2230. Vgl. über die Nichtigkeit eines im Zustande vorübergehender Störung der Geistestätigkeit auf Grund falscher Vorstellungen errichteten Testaments RG LZ **20**, 299). Die Nichtigkeit kann ferner darauf beruhen, daß die gesetzliche Form nicht beachtet ist (§ 125), daß die Verfügung ihrem Inhalt nach etwas völlig Unbestimmtes, Widersinniges, rechtlich oder tatsächlich Unmögliches, Unerlaubtes oder Unsittliches anordnet (§§ 134, 138).

§ 48 Abs. 2 des Testamentsgesetzes vom 31. 3. 1938 (RGBl. I, 973) enthielt eine spezielle Bestimmung darüber, unter welchen Voraussetzungen eine Verfügung von Todes wegen nichtig war. Sie ist durch das Kontrollratsgesetz Nr. 37 aufgehoben worden. Jetzt gilt auch für Verfügungen von Todes wegen wieder die allgemeine Norm des § 138. Sie schränkt die Testierfreiheit ein (vgl. dazu *Johannsen*, WM **71**, 918 ff).

Von der Nichtigkeit zu unterscheiden ist die **Unwirksamkeit.** Eine unwirksame Verfügung von Todes wegen ist an sich gültig. Sie kann nur nicht wirksam werden, da z. B. den in ihr getroffenen Anordnungen andere vom Erblasser früher getroffene und ihn bindende entgegenstehen (bindende Verfügungen in einem gemeinschaftlichen Testament oder Erbvertrag). Fallen diese weg, dann kann die bis dahin unwirksame Verfügung wirksam werden.

II. Nichtigkeit wegen Sittenwidrigkeit 2

1. Allgemeines

Inhalt einer Verfügung von Todes wegen sind in der Hauptsache Zuwendungen, Erbeinsetzungen und Anordnung von Vermächtnissen. Diese sind an sich selbst wertneutral. Die sie enthaltenden Bestimmungen können daher nur sittenwidrig und damit nichtig sein wegen des mit ihnen verfolgten Zwecks, wegen ihrer Auswirkungen oder wegen der Art und Weise ihres Zustandekommens.

2. Sittenwidrigkeit des mit der Verfügung verfolgten Zweckes 3

a) Zuwendungen an die Geliebte. Die Fälle, die die Gerichte in diesem Zusammenhang am meisten beschäftigen und die auch am umstrittensten sind, sind die, in denen der Erblasser seiner Geliebten etwas zugewandt hat. Eine Zuwendung von Todes wegen oder eine unentgeltliche Zuwendung unter Lebenden verstößt gegen die allgemein herrschenden Moralvorstellungen und ist daher nichtig, wenn ihr einziger Zweck der ist, den Empfänger damit für die geschlechtliche Hingabe zu belohnen oder ihn dadurch, daß ihm eine solche Zuwendung gemacht oder in Aussicht gestellt wird, zu veranlassen, das intime Verhältnis weiter aufrechtzuerhalten. Darüber, daß solche Verfügungen, mit denen allein solche Zwecke verfolgt werden, nichtig sind, besteht in Rechtsprechung und im rechtswissenschaftlichen Schrifttum Einhelligkeit (vgl. BGH LM BGB § 138 C d mit weiteren Nachweisen; BGHZ **53**, 369; Müller-Freienfels, JZ **68**, 441, 444). Dabei spielt es keine Rolle, ob es sich um ehebrecherische oder nur ehewidrige Beziehungen (BGH Urt. v. 25. 5. 1964 III ZR 231/62) oder um geschlechtliche Beziehungen zwischen ledigen Personen handelt, ebensowenig, ob die Verfügung von einem Mann oder von einer Frau errichtet worden ist. Liebesbeweise zu kaufen oder zu verkaufen gilt auch heute noch als unmoralisch und verwerflich.

4 Derartige Fälle werden selten vorkommen. Denn in aller Regel werden dort, wo intime Beziehungen zu einer Person längere Zeit hindurch unterhalten werden, auch innere Bindungen zwischen den Beteiligten bestehen, die mehr und mehr und schließlich so viel an Gewicht gewinnen, daß nicht angenommen werden kann, mit der letztwilligen Zuwendung würden nur oder doch überwiegend moralisch verwerfliche Zwecke verfolgt. Die Tatsache allein, daß ein lediger Erblasser mit einer Person anderen Geschlechts intime Beziehungen unterhalten oder vielleicht mit ihr in einem eheähnlichen Verhältnis zusammengelebt hat, führt nicht dazu, daß eine Verfügung von Todes wegen, durch die die eine der anderen etwas zugewandt hat, sittenwidrig und nichtig ist.

5 Die Rechtsprechung des Bundesgerichtshofs nahm, jedenfalls anfänglich, einen erheblich strengeren Standpunkt ein. Sie ging davon aus, daß die Zuwendung des Erblassers an eine Geliebte, mit der er jahrelang zusammengelebt hatte, ohne Rücksicht auf ihren Inhalt schon wegen des zu mißbilligenden Beweggrundes grundsätzlich gegen die guten Sitten verstoße, wenn für sie das durch sexuelle Beziehungen geprägte und deshalb von der Sittenordnung mißbilligte Verhältnis zwischen dem Erblasser und der Geliebten bestimmend gewesen war, auch wenn dieses Verhältnis nicht ausschließlich von der Sexualsphäre beherrscht wurde. Eine so motivierte Zuwendung wurde als unsittlich angesehen, wenn nicht ausnahmsweise achtenswerte Beweggründe bei der Errichtung der Verfügung im Vordergrund gestanden hatten (BGH **20**, 71, 73ff; LM BGB § 138 Cd Nr. 2, 9, 14 und 15; gegen die letztgenannte Entscheidung insbesondere *Müller-Freienfels*, JZ **68**, 441; *Breithaupt*, NJW **68**, 932; *Speckmann*, JZ **69**, 733; *Ramm*, JZ **70**, 130; vgl. auch *Johannsen*, WM **71**, 919). Für die Fälle, in denen ausnahmsweise keine Nichtigkeit angenommen wurde, vgl. BGH LM § 138 Cd Nr. 9 und Urt. v. 21. 12. 1960, V ZR 76/60 und v. 11. 7. 1962, V ZR 228/60 (teilweise wiedergegeben und abgehandelt in WM **71**, 919).

Abgewandt von der früheren strengen Auffassung hat sich der III. Zivilsenat in dem BGH **53**, 369 veröffentlichten Beschluß. Zutreffend heißt es dort, daß der sittliche Vorwurf, der dem Erblasser oder der Bedachten wegen ihrer Lebensführung zu machen ist, für sich allein genommen keinen entscheidenden Einfluß auf die Testierfreiheit des Erblassers oder die Erbwürdigkeit der Bedachten haben kann. Da der Senat weiter anerkennt, daß der Letzte Wille des Erblassers auch dort zu beachten ist, wo er in seiner Motivierung keine besondere Achtung verdient, ist anzunehmen, daß im Gegensatz zu der früheren Rechtsprechung Zuwendungen an eine Geliebte durch letztwillige Verfügungen gültig sind und daß sie nur **ausnahmsweise nichtig** sein können, wenn weitere besondere Umstände hinzukommen. Das gilt auch dann, wenn die Beziehungen, die zwischen den Beteiligten bestanden, ehebrecherischer Natur waren (zu diesem Beschluß siehe auch die Anm. von *Kreft*, LM FGG § 14 Nr. 2; *Speckmann*, NJW **70**, 1839; *Bosch*, FamRZ **70**, 373 und *Steffen*, DRiZ **70**, 347).

6 **b) Einwirkung auf die persönliche Entschließungsfreiheit des Bedachten.** Eine letztwillige Verfügung ist nichtig, wenn durch sie in sittenwidriger Weise auf die persönliche Entschließungsfreiheit des Bedachten eingewirkt werden soll. Das wäre z. B. der Fall, wenn der Erblasser eine Zuwendung davon abhängig machen würde, daß der Bedachte ein bestimmtes Glaubensbekenntnis annimmt, einer bestimmten politischen Partei beitritt oder eine bestimmte Staatsangehörigkeit erwirbt oder aufgibt. Dagegen ist eine

Verfügung, durch die eine Zuwendung gemacht oder eine Person von der Erbfolge ausgeschlossen wird mit Rücksicht auf ihr Glaubensbekenntnis, ihre Parteizugehörigkeit oder ihre Staatsangehörigkeit, nicht nichtig. Denn dadurch wird auf die Entschließungsfreiheit dieser Person nicht eingewirkt.

Auch eine Einflußnahme auf die persönliche Entschließungsfreiheit des Bedachten kann sittlich erlaubt sein, wenn sie in dessen richtig verstandenem Interesse erfolgt oder wenn sie nur einer durch den Eintritt der Bedingung herbeigeführten Sachlage gerecht werden will, z. B., wenn der Erblasser das seiner Nichte ausgesetzte Vermächtnis für den Fall erhöht, daß sie heiratet. Sittenwidrig wäre dagegen eine Zuwendung für den Fall, daß die Bedachte eine bestimmte andere Person, mit der sie nicht einmal heimlich verlobt ist, heiratet. 7

Trotz Einwirkung auf die persönliche Entschließungsfreiheit des Bedachten kann die Entschließung wegen der ihr zugrunde liegenden, sittlich anzuerkennenden Beweggründe gültig sein. Eine Erbeinsetzung unter der Bedingung, daß der als Alleinerbe eingesetzte Sohn sich scheiden läßt, ist für gültig angesehen worden, weil der Erblasser, der Eigentümer eines Hofes war, die Ehefrau des Sohnes wegen ihres unsittlichen Lebenswandels für nicht würdig halten konnte, als Bäuerin auf dem Hof zu wirtschaften (BGH LM BGB § 138 Cd Nr. 5).

c) **Einzelfälle.** Eine Verfügung, durch die der Erblasser seine unmündigen, mittellosen Kinder enterbt, ist als sittenwidrig angesehen worden, weil er damit seinen schon früher betätigten Entschluß verwirklichte, sich gänzlich von seinen Kindern loszusagen und sie zugunsten seiner Verlobten zu verstoßen (BGH LM BGB § 138 Cd Nr. 7). 8

3. Nichtigkeit wegen Sittenwidrigkeit der durch die Verfügung herbeigeführten Folgen 9

Eine Verfügung von Todes wegen kann auch wegen der durch sie herbeigeführten Folgen nichtig sein. Jede Erbeinsetzung, die von der gesetzlichen Erbfolge abweicht, und jede in einer Verfügung von Todes wegen enthaltene Beschwerung setzt die gesetzlichen Erben zurück. Das führt indes grundsätzlich nicht dazu, daß die Verfügung deswegen nichtig ist. Das geltende Recht wird von dem Grundsatz der Testierfreiheit beherrscht. Danach kann der Erblasser frei über seinen Nachlaß verfügen. Er kann seine gesetzlichen Erben aus jedem beliebigen Grunde von der Erbfolge ausschließen, auch weil er Anhänger einer radikalen politischen Richtung ist und er die gegnerische Haltung des von ihm Enterbten nicht billigt (BGH LM BGB § 2078 Nr. 4).

Die nächsten Angehörigen werden nur dadurch geschützt, daß ihnen Pflichtteilsansprüche zustehen. Diese kann ihnen der Erblasser nur unter den besonderen Voraussetzungen der §§ 2333 bis 2335 entziehen. Eine in einer letztwilligen Verfügung getroffene Anordnung, durch die ein gesetzlich Erbberechtigter zurückgesetzt wird, ist daher aus diesem Grunde allein niemals nichtig. Auch nicht, wenn der Zurückgesetzte zu den nächsten, pflichtteilsberechtigten Angehörigen gehört. Anders ist es, wenn der Erblasser es planmäßig darauf angelegt hat, seine nächsten pflichtteilsberechtigten Angehörigen, seine Abkömmlinge zu verstoßen, obwohl sie ihm dazu keinen Anlaß gegeben haben, und wenn die Verfügung, durch die sie von der Erbfolge ausgeschlossen werden, nur der letzte Akt dieses schon früher zur Ausführung gebrachten Entschlusses ist (BGH LM BGB § 138 Cd Nr. 7).

Das gilt auch dann, wenn der Erblasser anstelle der zurückgesetzten Person eine Geliebte bedacht hat. AA der III. Zivilsenat des Bundesgerichtshofs in der LM BGB § 138 Cd Nr. 15 veröffentlichten Entscheidung für den Fall, daß die Geschwister des Erblassers zurückgesetzt wurden, sofern nicht besonders achtenswerte Motive für die 10

Bevorzugung der Geliebten erwiesen sind (siehe kritisch zu dieser Entscheidung *Müller-Freienfels*, JZ **68**, 441; *Breithaupt*, NJW **68**, 932; *Speckmann*, JZ **69**, 733; *Ramm*, JZ **70**, 130).

Weniger weitgehend BGH **53**, 369, wonach dieser Grundsatz nur noch gilt, wenn es sich um die Zurücksetzung pflichtteilsberechtigter Angehöriger, insbesondere der Ehefrau und der Abkömmlinge handelt. Danach soll die bedachte Geliebte beweisen müssen, daß der Erblasser achtenswerte Beweggründe hatte, die diese Zurücksetzung rechtfertigen. (Wegen der Beweislastverteilung, die in dieser Entscheidung verkannt worden ist, siehe untern Rdn. 18, 19.) Aus diesen Erwägungen können wegen Benachteiligung der Ehefrau nach dem WM **71**, 443 veröffentlichten Urteil des III. Zivilsenats auch Schenkungen nichtig sein, die der Erblasser unter Lebenden seiner Geliebten gemacht hat; s. auch das zur Veröffentlichung bestimmte Urteil des V. Zivilsenats v. 29. 6. 1973 V ZR 187/71. Wegen der Zurücksetzung von Geschwistern siehe weiter BGH Urt. v. 20. 10. 1966, III ZR 213/64, abgehandelt WM **71**, 921, wegen der Zurücksetzung von Enkelkindern, BGH WM **70**, 909. Sonach können die Motive, die den Erblasser veranlaßt haben, die durch die Verfügung Begünstigte zu bedenken, von erheblichem Gewicht sein. Sie sind es, wenn er durch die Verfügung ein früher begangenes Unrecht wiedergutmachen oder seiner Verantwortung gerecht werden wollte (dazu BGH LM BGB § 138 Cd Nr. 2).

11 Soweit es sich darum handelt, daß Personen übergangen sind, die nicht zu den gesetzlichen Erben des Erblassers gehören, aber „moralische Ansprüche" darauf gehabt hätten, von ihm bedacht zu werden, kann die Nichtigkeit der sie benachteiligenden Verfügung nur erwogen werden, wenn der Erblasser früher eine Verfügung zugunsten dieser Personen errichtet hatte, die bei einer Nichtigkeit der Verfügung, durch die sie widerrufen wird, wieder in Kraft treten würde.

12 Schon immer hat die höchstrichterliche Rechtsprechung auch darauf abgestellt, ob es den als Erben berufenen Angehörigen zugemutet werden kann, die Zuwendung, die der Erblasser einem oder einer Dritten gemacht hat, unter den gegebenen Umständen hinzunehmen und anzuerkennen (RG WarnRspr. 1929 Nr. 39; RG DR **40**, 2167; OGH **3**, 158, 161). Dieser Auffassung hat sich auch der IV. Zivilsenat des Bundesgerichtshofs angeschlossen (BGH **20**, 71, 76). Eine letztwillige Verfügung ist aus diesem Grunde jedoch nicht allein deswegen nichtig, weil der Erblasser neben seinen Angehörigen, auch wenn dazu seine Ehefrau gehört, seine Geliebte als Miterbin berufen oder ihr ein Vermächtnis zugewandt hat, das von den Erben zu erfüllen ist (zweifelnd *Bosch* in der Anmerkung FamRZ **70**, 373, zu den auf dieser Ansicht beruhenden Entscheidungen des III. Zivilsenats, BGH **52**, 17 und **53**, 369).

13 **4. Nichtigkeit wegen sittenwidrigen Zustandekommens der Verfügung**

Die Verfügung von Todes wegen kann wegen der Art ihres Zustandekommens nichtig sein. Das gilt vorwiegend für Erbverträge. Ein solcher ist nichtig, wenn er dem Vertragserben außergewöhnliche Vorteile bietet und dieser die Unerfahrenheit des Erblassers ausgenutzt hat, um diesen zu veranlassen, mit ihm den Erbvertrag zu schließen (BGH LM BGB § 138 Bc Nr. 1 mit Anmerkung *Ascher* — Entscheidung nur teilweise veröffentlicht —; ähnlich die Urteile vom 30. 9. 1954, IV ZR 68/54; 25. 5. 1955, V ZR 282/54; 4. 9. 1959, V ZR 146/58 und 26. 2. 1970, III ZR 218/67, sämtlich näher abgehandelt WM **71**, 928 f). Dasselbe gilt, wenn der Vertragserbe eine psychische Zwangslage des Erblassers für sich ausgenutzt hat (BGH **50**, 63, 70 mit Anmerkung *Mattern*, LM BGB § 138 Aa Nr. 19).

5. Maßgeblicher Zeitpunkt für die Beurteilung der Sittenwidrigkeit 14

Soweit es sich darum handelt, daß die Verfügung wegen der von dem Erblasser damit verfolgten Zwecke nichtig ist, hat der IV. Zivilsenat des Bundesgerichtshofs das entscheidende Kriterium für ihre Sittenwidrigkeit in der in ihr zum Ausdruck kommenden und eine Verwirklichung erstrebenden unredlichen Gesinnung des Erblassers gesehen, die er bei ihrer Errichtung hatte. Demzufolge hat er ausschließlich auf die Verhältnisse abgestellt, die zu der Zeit bestanden, als die Verfügung errichtet wurde. Eine Verfügung, die danach nichtig war, sollte später nicht deswegen als gültig erachtet werden können, weil sich die Verhältnisse inzwischen geändert hatten (BGH **20**, 71 mit Anmerkung LM BGB § 138 Cd Nr. 6). Auch der V. Zivilsenat hat sich zu dieser Auffassung bekannt (BGH LM BGB § 138 Cd Nr. 11, besprochen von *Böhmer*, FamRZ **61**, 253). Ebenso RG 166, 395, 400; OLG Celle NJW **56**, 265; OLG Köln, OLGZ **68**, 419; *Erman/Hense*, 5. Aufl. vor § 2064 Rdn. 14; *Birk*, FamRZ **64**, 120. Dagegen hat das Reichsgericht in späteren Entscheidungen (DR **43**, 91 und **44**, 494) auf den Zeitpunkt des Erbfalls abgestellt, in der Erwägung, es sei entscheidend auf den Inhalt der Verfügung abzustellen, wie er sich bei dem Erbfall auswirkte.

Wenn auch für die Fälle, in denen eine Verfügung von Todes wegen allein wegen des mit ihr verfolgten Zweckes nichtig ist, die Ansicht des Bundesgerichtshofs dogmatisch richtig sein mag, ist doch im Hinblick auf den Charakter und die Aufgabe einer solchen Verfügung, die die Verhältnisse nach dem Tode regeln soll, mit dem Reichsgericht davon auszugehen, daß die Verhältnisse zur Zeit des Erbfalls maßgeblich sind. Erweist sich die Verfügung zu dieser Zeit als nicht mehr zu mißbilligen, vielleicht sogar als durchaus billigenswert, dann ist es nicht die Aufgabe der Rechtsprechung, dem jetzt nicht mehr anstößig erscheinenden Willen des Erblassers den Erfolg zu versagen und dadurch den Erblasser zum Schaden der Bedachten zu bestrafen, weil er in früherer Zeit sittlich zu mißbilligende Zwecke verfolgt hat (ebenso *Bartholomeyczik*, Lehrbuch 9. Aufl. § 23 I 2 e; *Gernhuber*, FamRZ **60**, 326, 334; *Lange*, § 34 V 5; *von Lübtow* I S. 312; *Keuk*, Erblasserwille S. 21 ff).

Ändern sich die Verhältnisse erst, nachdem der Erbfall eingetreten ist, dann kann dies nicht dazu führen, daß die Verfügung, die nach den zur Zeit des Erbfalls gegebenen Verhältnissen nichtig war, nachträglich rückwirkend Gültigkeit erlangt. Jedoch ist in solchen Fällen zu prüfen, ob denjenigen, die sich auf die Nichtigkeit der Verfügung berufen, der Einwand der unzulässigen Rechtsausübung entgegengesetzt werden kann (vgl. BGH LM BGB § 138 Cd Nr. 11 mit Besprechung *Böhmer*, FamRZ **61**, 253 betreffend ein zwischen dem Erblasser und seiner Geliebten abgeschlossenes Rechtsgeschäft unter Lebenden; ebenso *Bartholomeyczik*, § 23 I 2 e). 15

Soweit die Verfügung sittenwidrig und nichtig ist wegen der **Folgen**, die ihre Durchführung hervorruft, müssen auch allein die Folgen berücksichtigt werden, die sich tatsächlich nach den zur Zeit des Erbfalls geltenden Verhältnissen einstellen würden. Die Verhältnisse zur Zeit der Testamentserrichtung können nicht maßgebend sein, da es sinnwidrig wäre, Folgen, die in Wirklichkeit überhaupt nicht eintreten würden, als Grund für die Sittenwidrigkeit und Nichtigkeit anzunehmen. 16

Für die Beurteilung der Sittenwidrigkeit können nur die **sittlichen Anschauungen** maßgebend sein, die zu der Zeit gelten, in dem das Gericht über den betreffenden Anspruch zu entscheiden hat. Ein Anspruch aus einer Verfügung, die nach den zur Zeit der Errichtung des Testaments oder zur Zeit des Erbfalls herrschenden Sittenanschauungen sittlich einwandfrei war, kann nicht mit Erfolg gerichtlich geltend gemacht werden, wenn er nach den zur Zeit der Entscheidung herrschenden Sittenanschauungen sittlich verwerflich ist. Kein Gericht kann einen Anspruch zusprechen, der nach dem von 17 ihm zu beachtenden Sittengesetz zu mißbilligen ist. Umgekehrt besteht auch kein Grund, einen Anspruch, der mit dem herrschenden Sittengesetz vereinbar ist, nur deswegen zu versagen, weil er nach einer früher geltenden überholten Anschauung sittlich zu mißbilligen war (*Lange* § 34 V 5; *von Lübtow* I S. 313).

18 **6. Beweislast**

Es gelten auch dort, wo es sich um die Nichtigkeit einer Verfügung von Todes wegen zugunsten der Geliebten handelt, die allgemeinen Beweislastregeln. Danach muß derjenige, der sich auf die Nichtigkeit der Verfügung beruft, die Tatsachen darlegen und beweisen, die nach § 138 als Voraussetzung dafür zu fordern sind. Die Rechtsprechung des Reichsgerichts, die des Obersten Gerichtshofs und auch die des Bundesgerichtshofs wie die der Oberlandesgerichte haben früher andere Grundsätze gelten lassen. Sie gingen dahin, daß bei bestehenden ehewidrigen Beziehungen zwischen dem Erblasser und der letztwillig Bedachten diese das Vorliegen auch anderer, achtenswerter Motive des Erblassers für seine Person zu beweisen habe (BGH LM BGB § 138 Cd Nr. 2; BGH WM **70,** 909; nicht mehr ganz auf dieser Linie BGH **53,** 369 ebenso *von Lübtow* I S. 312; im alten Sinne: RG DR **42,** 1341; OGH **1,** 249; OLG Düsseldorf, FamRZ **70,** 105; vgl. dazu *Johannsen,* WM **71,** 924).

19 In dem WM **71,** 1153 veröffentlichten Urteil vom 27. 5. 1971, III ZR 53/69, hat der Bundesgerichtshof sich jetzt zu dem oben dargelegten Grundsatz bekannt. Der Senat hat zutreffend ausgeführt, daß der Beweis auch durch tatsächliche Vermutungen und Erfahrungssätze geführt werden könne. Es gebe aber keine tatsächliche Vermutung und keinen allgemeinen Erfahrungssatz dahin, daß eine Frau, wenn sie einen Ehebruchspartner zu ihrem Erben beruft, ihn damit für den Geschlechtsverkehr mit ihr belohnen wolle. Das gilt auch, wenn ein Erblasser seine Geliebte bedacht hat.

20 **7. Umfang der Nichtigkeit**

Eine sittenwidrige Verfügung von Todes wegen ist nach § 138 nur insoweit nichtig, als ihr der Makel der Sittenwidrigkeit anhaftet. Der Umfang der Nichtigkeit hängt von dem jeweiligen Nichtigkeitsgrund ab. In den wohl seltenen Ausnahmefällen, in denen der Erblasser sie ausschließlich getroffen hat, um dadurch die bedachte Person für die geschlechtliche Hingabe zu belohnen oder sie dadurch zu bestimmen, das Verhältnis mit ihm fortzusetzen, ist sie insgesamt nichtig. In anderen Fällen ist jede einzelne Bestimmung auf ihre Gültigkeit besonders zu prüfen. Nach § 2085 sind im Zweifel die sittlich nicht zu beanstandenden Bestimmungen gültig.

21 Es kann sein, daß nur einzelne Bestimmungen, durch die die Geliebte gegenüber den anderen Erben bevorzugt wird, sittlich zu mißbilligen sind (BGH LM BGB § 138 Cd Nr. 2). Darüber hinaus kann aber auch eine sittlich nicht tragbare Zurücksetzung nächster Familienangehöriger, der Ehefrau oder der Kinder, dazu führen, daß die Erbeinsetzung der Bedachten nur teilweise, zu einem Bruchteil nichtig ist. Die Zurückgesetzten können dann den dadurch freigewordenen Bruchteil als gesetzliche Erben erhalten (BGH **52,** 17 mit Anmerkungen *Kreft,* LM BGB § 138 Cd Nr. 16; ablehnend: *Reinicke,* NJW **69,** 1343 und *Ramm,* JZ **70,** 129; kritisch: *Bosch,* FamRZ **69,** 323; gegen *Ramm: Speckmann,* JZ **70,** 401; s. weiter *Speckmann,* NJW **71,** 924 und *Johannsen,* WM **71,** 925. Ebenso bereits früher BGH Urt. v. 15. 6. 1955, IV ZR 80/55 = FamRZ **63,** 287 mit Anmerkung *Bosch,* wie hier auch *Lange* § 34 V 4 und *von Lübtow* I S. 310).

22 Die Nichtigkeit, sei es des ganzen Testaments oder einer Einzelverfügung im Testament oder des vom Nichtigkeitsgrunde betroffenen Teiles der Einzelverfügung, tritt ohne weiteres ein und kann jederzeit von jedem Beteiligten, so auch in Form der Fest-

stellungsklage (§ 256 ZPO; BGH Urt. v. 16. 10. 1957 IV ZR 132/57), geltend gemacht werden.

Durch Vergleich der Beteiligten können nichtige Bestimmungen nicht mit erbrechtlicher Wirkung in Kraft gesetzt oder durch andere erbrechtliche Bestimmungen ersetzt, sondern nur schuldrechtliche Verbindlichkeiten begründet werden (RG **72**, 210; auch JW **11**, 804: Wirkung eines Anerkenntnisvertrags, § 781, auf solche nichtige letztwillige Verfügungen, die, wie die Teilungsanordnungen dem Erben nur eine schuldrechtliche Verpflichtung auferlegen). 23

B. Die Anfechtung der Verfügung von Todes wegen 24

I. Anfechtung wegen Erklärungsirrtums (Abs. 1)

1. Verhältnis zu § 119 Abs. 1

Die Willensmängel des Irrtums und der Drohung führen nur zur Anfechtbarkeit und als deren Folge (§ 142 Abs. 1) zur Nichtigkeit der letztwilligen Verfügung. § 2078 gibt ein Anfechtungsrecht, wenn entweder der wirkliche Wille des Erblassers in der letztwilligen Verfügung keinen richtigen Ausdruck gefunden hat (Abs. 1) oder wenn der von dem Erblasser geäußerte Wille fehlerhaft zustande gekommen ist (Abs. 2). In wörtlicher Übereinstimmung mit § 119 Abs. 1 unterscheidet das Gesetz beim Irrtum — dem Unkenntnis gleichsteht — zwischen Irrtum über den Inhalt der Erklärung, insbesondere über das Wesen der Erklärung als einer Verfügung von Todes wegen (der Erblasser kleidet unverbindliche briefliche Wünsche in die Form des Privattestaments), und Irrtum, der zur Abgabe einer Erklärung anderen als des gewollten Inhalts veranlaßt (sich verschreiben, versprechen).

2. Arten des Irrtums 25

a) Erklärungsirrtum. Ein Erklärungsirrtum im Sinne des § 2078 Abs. 1 liegt nicht vor, wenn behauptet wird, der Erblasser habe infolge seiner durch das Alter bedingten geistigen Verfassung die Bedeutung der von ihm erklärten letztwilligen Verfügung nicht erkannt. In diesem Fall würde es sich um die Nichtigkeit des Testaments wegen Testierunfähigkeit des Erblassers nach § 2229 Abs. 4 handeln. Der Tatbestand des § 2078 Abs. 1 kann nur vorliegen, wenn der testierfähige Erblasser in bezug auf die Errichtung einer letztwilligen Verfügung einen bestimmten in seiner Bedeutung von ihm voll erkannten Willen gehabt hat, der in der abgegebenen Erklärung infolge eines Irrtums nicht zutreffend ausgedrückt ist. Ist der Erblasser dagegen unfähig, bestimmte, in ihrer Bedeutung von ihm erkannte Willensentschlüsse zu fassen, so sind die dennoch von ihm in der letztwilligen Verfügung abgegebenen Erklärungen nach § 2229 Abs. 4 nichtig (BGH Urt. v. 12. 4. 1951 IV ZR 22/50).

b) Irrtum über den Inhalt der Erklärung. Wegen Irrtums über den Inhalt der Erklärung läßt RG LZ **20**, 340 die Anfechtung eines notariellen Testaments zu, in dem ein Nießbrauchvermächtnis statt der gewollten Vorerbfolge angeordnet war. Beim Erbvertrag liegt ein Irrtum über den Inhalt der Erklärung vor, wenn der Erblasser sich über dessen rechtliche Tragweite nicht klar war, insbesondere wenn er nicht wußte, daß er später durch Testament keine abweichenden Verfügungen mehr treffen konnte (OLG Hamm, MDR **66**, 928). 26

3. Verhältnis der Anfechtung zur Auslegung der Willenserklärung 27

Für Anfechtung ist kein Raum, wenn es sich lediglich um eine ungenaue oder unrichtige, aber im Wege der Auslegung richtigzustellende Ausdrucksweise des Erblassers handelt; Auslegung, und zwar auch die ergänzende Testamentsauslegung, geht der Anfechtung vor (RG SeuffArch. **76** Nr. 145; JW **25,** 359 Nr. 12; **27,** 1203).

28 Es ist daher, wenn die Nichtigkeit einer letztwilligen Verfügung infolge Anfechtung geltend gemacht wird, stets zunächst zu prüfen, welchen Inhalt die Verfügung notfalls nach einer ergänzenden Auslegung überhaupt hat. Ausgehend von dem so ermittelten Verfügungsinhalt, ist dann festzustellen, ob ein Anfechtungsgrund nach § 2078 gegeben ist (BGH LM BGB § 2100 Nr. 1; OGH **1,** 156). Dieses logisch gebotene Verfahren führt praktisch zu allein brauchbaren Ergebnissen, da damit der wirkliche Wille des Erblassers durchgesetzt werden kann, während bei der Anfechtung, wenigstens wenn diese die ganze Verfügung des Erblassers ergreift, ohne Rücksicht auf dessen Willen entweder die gesetzliche oder die Erbfolge auf Grund einer früher errichteten letztwilligen Verfügung eintritt.

29 **4. Grund des Irrtums**

Für die Anwendung des § 2078, namentlich auch in den Fällen des Abs. 2, ist ohne Bedeutung, wodurch der Erblasser, insbesondere ob er durch Täuschung in den Irrtum versetzt worden ist (RG **59,** 40: Verhältnis zu § 2339 Nr. 3) und ob der Irrtum dem tatsächlichen oder dem Rechtsgebiet angehört (RG Gruchot **67,** 667; WarnRspr. 1934 Nr. 128 und JW **38,** 1900: irrige Vorstellung eines rechtlichen Erfolgs).

30 **5. Umfang der Anfechtung**

Immer wird die letztwillige Verfügung durch Anfechtung nur beseitigt, soweit sie vom Irrtum oder von der Drohung beeinflußt war. Es ist deshalb zugleich in Hinblick auf § 2085 von Amts wegen zu prüfen, ob die Tragweite einer ohne Einschränkung erklärten Anfechtung eines Testaments nicht auf eine einzelne darin enthaltene Verfügung oder einen Teil einer Einzelverfügung zu beschränken ist (RG **70,** 394; Gruchot **48,** 982).

31 So ist es zulässig, die Anfechtung oder ihre Wirkung auf die Testamentsbestimmung zu beschränken, durch die ein Vorerbe von den in § 2136 angeführten Beschränkungen und Verpflichtungen befreit wird, oder auf die Unterstellung des Vorerben unter diese Beschränkungen und Verpflichtungen, die der Erblasser durch die Unterlassung des Ausspruchs der Befreiung vorgenommen hat (KG JFG **13,** 129).

32 Eine auf § 2079 gegründete Anfechtung schließt nicht zugleich auch die Anfechtung wegen Irrtums aus § 2078 in sich (RG JW **11,** 656; Recht 07 Nr. 1671); über die Möglichkeit der Verbindung der beiden Anfechtungsgründe s. § 2079 Rdn. 18.

33 **6. Die subjektive Denk- und Anschauungsweise des Erblassers als Schranke des Anfechtungsrechts nach Abs. 1**

Abweichend von § 119 Abs. 1 ist die irrtümlich getroffene Verfügung nicht darauf zu prüfen, ob sie der Erblasser „bei verständiger Würdigung des Falls" abgegeben haben würde. Das Gesetz läßt keinen objektiven Maßstab, sondern nur die subjektive Denk- und Anschauungsweise des Erblassers entscheiden. Daß ihm ein Irrtum in der Person des Bedachten gleichgültig gewesen sei, wird nicht leicht nachzuweisen sein.

34 Unbedeutende Irrungen in der Summe und dem Gegenstande der Zuwendung, bei Teilungs- und anderen Anordnungen, werden die Wirksamkeit der Verfügung kaum beeinträchtigen. Hierbei kann das Verhalten des Erblassers selbst, der von dem Anfechtungsgrunde noch Kenntnis erhalten hat, von Bedeutung sein (RG **77,** 170). Daß er den Widerruf der Verfügung unterlassen hat, schließt jedoch die Anfechtung nicht aus.

II. Anfechtung wegen fehlerhafter Willensbildung — Irrtum im Beweggrund — (Abs. 2) 35

1. Wesen des Irrtums

Als Anfechtungsgrund läßt das Gesetz auch den gemeinhin (aber unter Widerspruch von *Reichel*, AcP **138**, 207 Anm. 10, 11) als Irrtum im Beweggrund bezeichneten Irrtum über den Eintritt oder Nichteintritt eines Umstandes gelten, den es sonst grundsätzlich nicht anerkennt. § 2078 Abs. 2 ist jedoch deswegen keine Ausnahmevorschrift gegenüber den §§ 119 ff. Sie berücksichtigt nur die für letztwillige Verfügungen bestehenden besonderen Verhältnisse (BGH Urt. v. 25. 5. 1955 IV ZR 282/54). In diesem Fall, ebenso wie in dem der Anfechtung wegen Drohung (Rdn. 56, 57) ist Anfechtungsgrund die Tatsache, daß der in der letztwilligen Verfügung zum Ausdruck gelangte Wille des Erblassers fehlerhaft gebildet worden ist. Während im Falle des § 2078 Abs. 1 ein Unterschied zwischen dem wirklichen und dem erklärten Willen besteht, stimmen in den Fällen des § 2078 Abs. 2 wirklicher und erklärter Wille überein. Die Willensbildung ist aber fehlerhaft, weil sachwidrige oder fremde Einflüsse bei dem Willensentschluß allein oder mitbestimmend gewesen sind.

Eine Anfechtung ist nur möglich, wenn der Erblasser zu der Zeit, als er die Verfügung errichtete, irrige Vorstellungen oder Erwartungen gehabt hat. Es kann daher nicht angefochten werden, wenn er eine früher errichtete Verfügung, durch die er die Erbfolge abweichend von der gesetzlichen geregelt hatte, vergessen hatte und in dem Glauben verstorben ist, es werde die gesetzliche Erbfolge eintreten (BGH **42**, 327 mit Anm. *Kreft*, LM BGB § 2078 Nr. 9). Ebensowenig kann der Eintritt der gesetzlichen Erbfolge teilweise angefochten werden, weil der Erblasser sich eine falsche Vorstellung davon gemacht und es deswegen unterlassen hat, einzelne der gesetzlichen Erben, z. B. die nichtehelichen Abkömmlinge, von der Erbfolge auszuschließen. Desgleichen können nach der Rechtsprechung des Bundesgerichtshofs nur solche irrigen Vorstellungen, die der Erblasser bei der Errichtung der Verfügung wirklich gehabt hat, zur Anfechtung führen, nicht aber die, die er gehabt hätte, wenn ihm die Sachlage vollständig bekannt gewesen wäre (BGH LM BGB § 2078 Nr. 8; vgl. dazu aber unten Rdn. 49). In vielen der hierunter fallenden Fällen wird aber eine Anfechtung schon wegen Unkenntnis der tatsächlich gegebenen Sachlage durchgreifen.

2. Ursachen, Arten und Bedeutung des Irrtums 36

Es ist gleichgültig, ob der Irrtum von selbst aufgetreten oder von einem Dritten durch arglistige Täuschung hervorgerufen ist (Rdn. 29).

Der Irrtum kann den Erblasser dazu verleitet haben, einen vermeintlich der Vergangenheit oder Gegenwart angehörenden Umstand zur Zeit der Verfügung als eingetreten anzunehmen (Tod eines früher eingesetzten Erben, besondere Bedürftigkeit des Bedachten). Oder einen Umstand als künftig, sei es noch zu seinen Lebzeiten oder später (RG **86**, 210; LZ **23**, 603), eintretend oder nicht eintretend in Betracht zu ziehen, der sich wider sein Erwarten demnächst nicht verwirklicht oder verwirklicht. Es kann auch sein, daß der Umstand sich, ohne daß der Erblasser hiervon weiß, schon zur Zeit der Errichtung der Verfügung verwirklicht oder nicht verwirklicht hatte (daß sich der Bedachte mit der X verheiraten oder nicht verheiraten werde; der Irrtum kann dahin gehen, daß die von dem Vater oder Ehemann auf den Nießbrauch oder ein Vorerbrecht an ihren Erbteilen beschränkten Kinder oder die Witwe von den Erträgnissen dieses Vermögens allein oder in Verbindung mit ihren sonstigen Einkünften ihren standesmäßigen Unterhalt bestreiten können, vgl. *Neukirch* JW **22**, 19). 37

38 Als Irrtum im Beweggrund kommt auch der Irrtum über den Eintritt solcher vom Erblasser zur Zeit der Testamentserrichtung nicht erwarteter Umstände sowie der Nichteintritt solcher von ihm erwarteter Umstände in Betracht, die, wie seine künftige Heirat oder die Unterhaltung eines Hauses in gutem baulichen Zustande, von seinem Belieben abhängen (so in zuletzt ständiger Rechtsprechung RG **50**, 240; **148**, 218; JW **36**, 250 gegen JW **27**, 1203 Nr. 17).

39 Kein Irrtum im Beweggrund liegt vor, wenn der Erblasser einen Angehörigen von der Erbfolge ausgeschlossen hat, weil er dessen politische oder weltanschauliche Einstellung, über die er sich eine zutreffende Vorstellung machte, mißbilligte. Die Verfügung entspricht dann dem wirklichen, durch keine falschen Vorstellung beeinflußten Willen des Erblassers zur Zeit der Testamentserrichtung. Sie ist auch dann nicht anfechtbar, wenn die eigene politische oder weltanschauliche Einstellung des Erblassers zu mißbilligen wäre. Es ist Sache des Erblassers, wie er seinen Nachlaß vergeben will und von welchen Erwägungen er sich dabei leiten läßt. Seine Testierfreiheit findet nur an den gesetzlichen Geboten und dem Sittengesetz (§ 138) eine Grenze (BGH LM BGB § 2078 Nr. 4). Wegen der möglichen Anfechtung aus anderem Grunde in einem solchen Fall vgl. unten Rdn. 47.

40 Irrtum im Beweggrund (Abs. 2, falsche Vorstellung über die Höhe des Nachlasses) kann zugleich einen Irrtum über den Inhalt (Abs. 1) herbeiführen (RG WarnRspr. 1912 Nr. 88).

41 Falls der Erblasser bei seinem Tode im Güterstand der Zugewinngemeinschaft lebte, kann die Tatsache, daß sein Ehegatte das ihm Zugewandte ausschlägt und nach § 1371 Abs. 2 und 3 den kleinen, normalen Pflichtteil und den Anspruch auf Ausgleich des Zugewinns geltend macht, ein Umstand sein, mit dessen Eintritt der Erblasser nicht gerechnet hat. Dieser Umstand kann daher ein Anfechtungsrecht begründen. Falls der Erblasser seine zweite Ehefrau, deren Kind aus erster und seine beiden Kinder aus erster Ehe zu gleichen Teilen als Erben berufen hat, kann daraus geschlossen werden, daß er nicht damit rechnete, seine zweite Ehefrau werde sich dadurch, daß sie die Erbschaft ausschlägt und Ansprüche aus § 1371 Abs. 2, 3 geltend macht, mehr verschaffen, als er ihr zugedacht hatte. Geht die zweite Ehefrau in dieser Weise vor, dann kann die Zuwendung an das ersteheliche Kind der Ehefrau anfechtbar sein, so daß die Kinder des Erblassers Alleinerben werden.

42 Ein Anfechtungsgrund kann auch dadurch entstehen, daß die gesetzlichen Bestimmungen in der Zeit zwischen der Testamentserrichtung und dem Erbfall in solcher Weise geändert werden, daß der Nachlaß infolgedessen wirtschaftlich anders verteilt wird, als der Erblasser es sich vorgestellt und gewollt hatte. Anfechtbar können aus diesem Grunde letztwillige Verfügungen eines Ehegatten sein, die vor dem 1. Juli 1958, dem Tag des Inkrafttretens des Gleichberechtigungsgesetzes, errichtet worden sind, falls der Erblasser bei seinem Tode im Güterstand der Zugewinngemeinschaft lebte. Das kann zutreffen, wenn der Erblasser seinem Ehegatten ein Vermächtnis zugewandt hat, das im Wert hinter dem Wert des großen Pflichtteils zurückbleibt, der nach dem nach § 1371 um ein Viertel erhöhten gesetzlichen Erbteil errechnet wird. Der überlebende Ehegatte kann, wenn er neben Abkömmlingen des gesetzlichen Erben berufen wäre, dann u. U. doppelt so viel beanspruchen, als der Erblasser ihm zugedacht hatte. Dieser Umstand kann es rechtfertigen, das Vermächtnis anzufechten (vgl. § 2304 Rdn. 9, 10; § 2307 Rdn. 14, 15).

Ebenso kann das durch das Gesetz über die rechtliche Stellung der nichtehelichen Kinder vom 19. August 1969 (BGBl. I 1243) begründete Pflichtteilsrecht der nichtehelichen Kinder die Möglichkeit für die Anfechtung früherer letztwilliger Verfügungen schaffen, so wenn der Erblasser den Erben mit Vermächtnissen beschwert hat, weil er davon ausging, ihm würde der Nachlaß im übrigen ungekürzt verbleiben, und wenn diese Annahme jetzt wegen der Pflichtteilsansprüche nichtehelicher Kinder nicht mehr zutreffend ist. Auch wenn der Erblasser, um für seine nichtehelichen Kinder zu sorgen, ihrer Mutter Zuwendungen gemacht hat, in der Annahme, sie hätten sonst keine Ansprüche, kann diese Verfügung angefochten werden.

Anfechtungsgrund kann auch eine unsittliche oder im Widerspruch zu einem gesetzlichen Verbot stehende irrige Annahme oder Erwartung des Erblassers sein, falls nicht die Verfügung aus diesem Grund bereits nichtig ist. **43**

3. Irrige bestimmte Vorstellungen und Nichteintritt selbstverständlicher Erwartungen des Erblassers **44**

Die herrschende Lehre und Rechtsprechung verlangt nicht, daß der Erblasser sich hinsichtlich derjenigen Sachlage, die entgegen seiner Erwartung später tatsächlich eingetreten ist, eine bestimmte Vorstellung gemacht hat (RG JW **25,** 356 Nr. 10).

Hat er den später eingetretenen Umstand überhaupt nicht bedacht, so steht dies der irrigen Annahme, d. h. der positiven Vorstellung von dem Nichteintritte des Umstandes nicht gleich (RG **86,** 206 gegen **77,** 174). **45**

Eine auf die Zukunft gerichtete Annahme oder Erwartung kann aber auch unbewußt bestehen, dann nämlich, wenn sie zu den Vorstellungen gehört, die dem Erblasser als Selbstverständlichkeiten erscheinen (BGH LM BGB § 2078 Nr. 8; RG WarnRspr. 1931 Nr. 50). So kann ein Erblasser als Ehemann einer schwangeren Frau stillschweigend und unbewußt von der Erwartung der Geburt eines lebenden Kindes ausgegangen sein (Anm. *Kipp,* JW **25,** 356). Ebenso kann ein Erblasser, der in der Zeit vor merkbarer Inflation über sein Vermögen verfügte, ohne sich eines besonderen Vertrauens zu den Währungsverhältnissen bewußt zu sein, mit der Fortdauer des in dieser Hinsicht bestehenden Zustandes als etwas Selbstverständlichem gerechnet, also den Nichteintritt einer wesentlichen Veränderung dieser Verhältnisse erwartet haben (RG LZ **23,** 603). Gegenüber der Geldentwertung wird häufig durch die der Anfechtung vorgehende Auslegung geholfen werden können (RG JW **25,** 359 Nr. 12; **27,** 1203; vgl. Rdn. 27, 28 und § 2084 Rdn. 33). **46**

Die Verfügung, durch die ein Erblasser einen Angehörigen von der Erbfolge ausgeschlossen hat, weil er dessen politische Einstellung mißbilligte, kann angefochten werden, wenn der Erblasser später seine eigene politische Einstellung geändert und sich die von dem von der Erbfolge Ausgeschlossenen vertretene Ansicht zu eigen gemacht hat. Es kann in einem solchen Fall angenommen werden, daß der Erblasser unbewußt als selbstverständlich davon ausgegangen ist, er werde seine politische Einstellung nicht ändern (BGH LM BGB § 2078 Nr. 4). **47**

Eine letztwillige Verfügung, die eine Ehefrau zugunsten einer anderen Frau getroffen hat, kann in der Regel angefochten werden, wenn die Bedachte nach Errichtung der letztwilligen Verfügung ehewidrige Beziehungen zu dem Gatten der Erblasserin angeknüpft hat. Denn es kann davon ausgegangen werden, daß diese bei der Errichtung der letztwilligen Verfügung als selbstverständlich davon ausging, ihr Eheglück werde durch das Verhalten der Bedachten nicht getrübt werden. **48**

Nicht ohne weiteres anfechtbar ist die letztwillige Verfügung dagegen, wenn die bedachte Frau sich selbst tadelfrei verhalten hat, die Ehe der Erblasserin aber dadurch getrübt worden ist, daß ihr Ehemann versuchte, ehewidrige Beziehungen mit jener Frau anzuknüpfen. In diesem Fall müssen, damit ein Irrtum im Sinne des § 2078 angenommen werden kann, Umstände dargetan sein, aus denen folgt, daß die Erblasserin, als sie die letztwillige Verfügung errichtete, mit dem Nichteintritt einer solchen Trübung ihrer Ehe als selbstverständlich rechnen konnte (vgl. BGH Urt. v. 22. 10. 1953 IV ZR 67/53, auszugsweise in LM BGB § 2078 Nr. 3). Wegen der getäuschten Erwartung, es werde zwischen dem Erblasser und dem Bedachten bis zum Tode des Erblassers ein ungetrübtes Verhältnis bestehen (BGH LM BGB § 2078 Nr. 8); die Ehe zwischen dem bedachten Schwiegersohn und der Tochter des Erblassers werde von Bestand sein (BGH Urt. v. 17. 9. 1970 III ZR 158/67); der bedachte langjährige Angestellte werde sich auch künftig wohl verhalten (BGH Urt. v. 14. 1. 1971 III ZR 86/68). Sehr weitgehend BGH WM **71,** 1153: Irrtum über Wohlverhalten in einem Fall, in dem die Erblasserin dadurch zu Tode gekommen war, daß der Bedachte infolge Trunkenheit am Steuer einen Verkehrsunfall verursacht hatte. Anders und im allgemeinen zutreffend OLG Hamm MDR **68,** 499.

49 Gegen diese Rechtsprechung äußert *Coing (Kipp/Coing* § 24 II 2 b) Bedenken. Er will der positiv vorhandenen, aber unrichtigen Vorstellung des Erblassers später eintretende Umstände, die der Erblasser überhaupt nicht ins Auge gefaßt hat, gleichstellen, wenn ihre Kenntnis den Erblasser veranlaßt hätte, anders als geschehen zu testieren. *Lange* (§ 35 III c) spricht von „irrealen Vorstellungen" als Anfechtungsgrundlage. *Von Lübtow,* (Band I, 321) stellt darauf ab, ob sich feststellen läßt, daß das Vorhandensein der fehlenden richtigen Vorstellungen ein entscheidendes Gegenmotiv gegen die getroffene Verfügung gebildet haben würde. Auch *Bartholomeyczik,* § 24 I 3 c, setzt sich dafür ein, Irrtum und Nichtwissen bei der Anfechtung gleich zu behandeln. Der Bundesgerichtshof hat hingegen noch in dem LM BGB § 2078 Nr. 8 veröffentlichten Urteil an der bisher in der Rechtsprechung vertretenen Auffassung festgehalten. Diese auch noch in der 11. Auflage vertretene Ansicht wird aufgegeben. Der neueren Lehre ist beizutreten. Allerdings dürften beide Auffassungen praktisch zu gleichen Ergebnissen kommen. Sie sind aber mit der von *Coing* und den eben Genannten vertretenen Meinungen leichter und überzeugender zu begründen. Sollte diese Lehre in Grenzfällen der Anfechtung weiteren Raum gewähren, als es nach der bisher von der Rechtsprechung vertretenen der Fall ist, so wäre das zu begrüßen. Angefochten werden kann danach auch, wenn sich ergibt, daß der Erblasser bestimmte Umstände überhaupt nicht bedacht hat und wenn weiter erwiesen ist, daß er, wenn er sie bedacht hätte, nicht so verfügt hätte, wie es geschehen ist. Gerade in diesen Fällen ist aber sorgfältig zu prüfen, ob dem wahren Willen des Erblassers mit der ergänzenden Testamentsauslegung Geltung verschafft werden kann.

50 **4. Ursächlicher Zusammenhang zwischen Irrtum und Verfügung**

a) Ursächlicher Zusammenhang. Die Anfechtung greift nur durch, wenn der Erblasser durch derartige irrtümliche Gründe zur letztwilligen Verfügung überhaupt oder zu einzelnen darin getroffenen Anordnungen bestimmt oder doch wesentlich mitbestimmt ist, wenn also zwischen Irrtum und Verfügung ein ursächlicher Zusammenhang besteht (RG **50,** 240, bes. **59,** 33; HRR **38, 441**; ferner WarnRspr. 1914 Nr. 125: Mitberufung eines zu erwartenden, später totgeborenen Kindes). Das gilt nach der herrschenden Rechtsprechung auch, wenn die Anfechtung auf eine irrige selbstverständliche Erwartung des Erblassers gegründet wird (vgl. BGH Urt. v. 2. 12. 1959 V ZR 31/59); BayObLG NF **24,** 270 = JFG **3,** 144: Irrtum über die Fortdauer der Vermögenslage; RG JW **27,** 1203: Irrtum über den Fortbestand der Währung.

Nach der neuen, auch hier vertretenen Ansicht müssen die ins Auge gefaßten, übersehenen Tatsachen solcher Art sein, daß sie den Erblasser bei seiner Denk- und Anschauungsweise veranlaßt hätten, nicht so zu verfügen, wie er es getan hat. Darauf, wie ein verständiger Mensch unter diesen Umständen verfügt hätte, kommt es nicht an (*Kipp/Coing,* § 24 II 2 c).

Falls ein Irrtum für den Inhalt der Bestimmung mitbestimmend gewesen ist, kann diese auch dann angefochten werden, wenn der Erblasser die Sachlage, auf der die Bestimmung beruht, im übrigen zutreffend beurteilt hat (BGH Urt. v. 16.1.1957 IV ZR 177/56; RG **59**, 33, 39; **172**, 83; OGH JR **50**, 244).

Anfechtungsgrund ist immer nur der eigentlich bestimmende Beweggrund für die **51** getroffene Verfügung. A vermacht der B eine Rente, weil er irrtümlich annimmt, sie habe das von ihrem Vater ererbte Vermögen verloren und leide daher Not. Tatsächlich hat sie ihr väterliches Vermögen nicht verloren. Sie befindet sich aber in einer Notlage, weil sie, was dem A nicht bekannt war, an einer unheilbaren Krankheit leidet und daher laufend erhebliche Ausgaben hat, die sie nicht bestreiten kann. Die letztwillige Verfügung des A kann nicht wegen Irrtums angefochten werden. Ursächlich für ihre Errichtung war nicht die irrige Vorstellung von dem Vermögensverlust, sondern die Vorstellung von der Notlage der A. Diese entsprach den Tatsachen. Daß sie auf unrichtigen Voraussetzungen beruhte, ist unerheblich.

Eine letztwillige Verfügung kann regelmäßig nicht deswegen angefochten werden, weil der Hauptnachlaßgegenstand, z. B. ein Grundstück, nach Eintritt des Erbfalles entgegen den Vorstellungen des Erblassers von den Erben veräußert worden oder im Erbgang an andere Personen übergegangen ist, als der Erblasser erwartet hatte. Zweck der letztwilligen Verfügung ist es, die Erbfolge beim Tode des Erblassers zu regeln. Sein hierauf zielender Wille ist verwirklicht. Daß der Erbe über das ererbte Vermögen unter Lebenden und von Todes wegen frei verfügen kann, ist dem Erblasser regelmäßig bekannt. Vorstellungen über das weitere Schicksal des Nachlasses können daher in der Regel nicht bestimmend für den Inhalt der Verfügung gewesen sein. Ebenso BGH LM BGB § 2078 Nr. 11. Anders wäre es, wenn der Erbe dem Erblasser, bevor dieser das Testament errichtete, bestimmte Versprechungen über das weitere Schicksal des Vermögens gemacht hätte, die nicht eingehalten worden sind. In diesem Fall könnte eine Anfechtung möglich sein. §§ 313, 2302 stehen dieser Ansicht nicht entgegen.

b) Beweis. Der Beweis für den ursächlichen Zusammenhang wird erleichtert, wenn **52** der Erblasser in der Verfügung selbst seinen Beweggrund, etwa in Form der Voraussetzung angegeben hat. Nach der Lebenserfahrung und dem gewöhnlichen Lauf der Dinge kann davon ausgegangen werden, daß der angegebene Grund den Erblasser auch zu seiner letztwilligen Anordnung bestimmt hat und daß, wenn dieser Grund nicht gegeben ist, ein rechtserheblicher Irrtum vorliegt (BGH LM BGB § 2078 Nr. 10; RG **172**, 84; BGH Urt. v. 26.11.1953 IV ZR 110/53). Jedoch ist auch in diesen Fällen stets zu prüfen, ob die Verhältnisse zu einer anderen Beurteilung führen (BGH Urt. v. 16.1.1957 IV ZR 177/56). Der Erfahrungssatz, daß die Verfügung auf den in ihr angegebenen Gründen beruht, ist schon widerlegt, wenn die Partei, die sich auf die Gültigkeit der Verfügung beruft, Tatsachen darlegt und beweist, die den Schluß rechtfertigen, daß die Verfügung möglicherweise nicht auf den in ihr angegebenen Motiven beruht (BGH Urt. v. 26.11.1953 IV ZR 110/53). Der Beweis kann aber auch, wenn der Erblasser seine Beweggründe nicht angegeben hat, durch andere Umstände erbracht werden.

5. Die subjektive Denk- und Anschauungsweise des Erblassers als Schranke des Anfechtungsrechts nach Abs. 2 **53**

Ebenso wie für die in Abs. 1 geregelten Tatbestände gilt auch für die Fälle des Abs. 2, daß das Anfechtungsrecht nur besteht, wenn anzunehmen ist, daß der Erblasser die Erklärung bei Kenntnis der Sachlage nicht abgegeben haben würde.

Obwohl im Einzelfall der Irrtum nach Abs. 2 für die Errichtung der Verfügung bestimmend war, kann sich doch ergeben, daß der Erblasser aus anderen Gründen, die nachweislich für die angefochtene Verfügung nicht bestimmend waren, bei Kenntnis der wahren Sachlage dieselbe Verfügung getroffen hätte. In diesem Fall besteht kein Anfechtungsrecht.

54 Für die Ermittlung des anzunehmenden Willens des Erblassers ist von der zur Zeit der Testamentserrichtung wirklich vorhanden gewesenen Sachlage auszugehen, und zwar so, wie sie bei der Geltendmachung der Anfechtung offenbar geworden ist.

55 Es kommt nicht darauf an, ob dem Erblasser selbst diese Sachlage in allen Einzelheiten bekannt war. Ist der Erblasser durch die irrige Annahme von Umständen zu seiner Verfügung bestimmt worden und ist anzunehmen, daß er die Verfügung bei Kenntnis dieses Irrtums unter Berücksichtigung der ihm bekannten Sachlage nicht errichtet hätte, so besteht dennoch kein Anfechtungsrecht, wenn auf Grund anderer Umstände, die dem Erblasser nicht bekannt waren, anzunehmen ist, daß er, wenn er auch sie gekannt hätte, in gleicher Weise verfügt hätte. Ein Widerrufstestament war angefochten, weil die Erblasserin zum Widerruf durch die irrige Vorstellung bestimmt worden war, der Bedachte habe ohne Vollmacht über ihre Konten verfügt. Hier war zu prüfen, ob die Erblasserin ihre Verfügung nicht auch widerrufen hätte, wenn sie das Bestehen der Vollmacht gekannt hätte, da sie möglicherweise über den Umfang der über ihre Konten getroffenen Verfügungen enttäuscht gewesen wäre (BGH Urt. v. 18. 2. 1959 V ZR 2/58).

Demgegenüber kann nicht eingewandt werden, die letztwillige Verfügung beruhe dann im Rechtssinne auf Beweggründen, die den Erblasser tatsächlich nicht bestimmt haben, und ein anders motivierter Wille als der vom Erblasser geäußerte würde dann rechtlich gelten. Entscheidend ist, daß der rechtliche Erfolg der Verfügung dem auf Grund der objektiven Sachlage anzunehmenden Willen des Erblassers entspricht.

Aus der Tatsache allein, daß ein Erblasser eine auf irrtümlichen Erwägungen beruhende Zuwendung nach Erkenntnis seines Irrtums nicht widerrufen hat, kann nicht ohne weiteres gefolgert werden, er hätte die Verfügung auch bei Kenntnis des wirklichen Sachverhalts getroffen. In der Regel ist nicht auszuschließen, daß er durch irgendwelche äußeren Umstände an der Änderung seiner Verfügung gehindert worden ist (BGH Urt. v. 13. 4. 1970 III ZR 140/68).

56 **III. Anfechtung wegen Drohung**

Die Anfechtbarkeit der durch Drohung erzwungenen letztwilligen Verfügung entspricht den allgemeinen Grundsätzen (§ 123 Abs. 1).

Erbunwürdigkeit des Drohenden § 2339 Nr. 3.

57 Widerrechtlichkeit des mit der Drohung verfolgten Zwecks genügt, so die Drohung einer Familienangehörigen oder der Haushälterin, den hilfsbedürftigen Erblasser zu verlassen, wenn er nicht oder nicht über das von ihm ursprünglich beabsichtigte Maß hinaus zu ihren Gunsten verfüge (Hamburg HansRGZ **34,** B 670; RG JW **02** Beil. 286 Nr. 242).

58 **IV. Anfechtung des Widerrufs einer letztwilligen Verfügung**

Als anfechtbare letztwillige Verfügung kommt auch der Widerruf einer letztwilligen Verfügung in Betracht, mag er durch Testament (§ 2254) oder in anderer Weise (§§ 2255, 2256, 2272) vorgenommen sein (RG **102,** 69; KG RJA **11,** 180 f; Dresden JW **34,** 2635; dagegen für andere Fälle als die des § 2254 *Maenner* LZ **25,** 509).

59 Der Widerruf eines öffentlichen Testaments, der in dessen Rücknahme aus der amtlichen Verwahrung liegt (§ 2256), kann sowohl mit der Begründung angefochten werden, daß der Erblasser die rechtliche Bedeutung der Rücknahme als Widerruf nicht gekannt habe (KG DR **40,** 1684), als auch mit der Begründung, daß der Erblasser zur Rücknahme und damit zum Widerruf durch einen Irrtum im Beweggrund veranlaßt

worden sei (KG DR **42**, 143). Ein Irrtum darüber, daß die Rücknahme eines öffentlichen Testaments als Widerruf gilt, dürfte wegen der in § 2256 Abs. 1 Satz 2 vorgeschriebenen Belehrung nur noch selten vorkommen. Bedenklich KG NJW **70**, 612.

V. Die Anfechtung als unzulässige Rechtsausübung 60

1. Grundsatz

Die Geltendmachung eines an sich bestehenden Anfechtungsrechts kann sich im Einzelfall als unzulässige Rechtsausübung darstellen. *Coing* (*Kipp/Coing* § 24 Anm. 33) nimmt eine unzulässige Rechtsausübung in allen Fällen an, in denen das Ergebnis der Anfechtung zu dem Willen des Erblassers in noch größerem Widerspruch steht als die angefochtene Verfügung. Dem ist für besonders kraß liegende Fälle beizutreten. Nach *Planck/Flad* 4. Aufl. § 2078 Anm. 3 soll in diesem Fall der Tatbestand des § 2078 Abs. 2 überhaupt nicht gegeben sein. Der Begriff der unzulässigen Rechtsausübung würde zu sehr erweitert, wenn die Anfechtung in jedem Fall als unzulässig angesehen würde, in dem die angefochtene Verfügung dem Willen des Erblassers besser gerecht wird als die nach ihrer Anfechtung eintretenden Rechtsfolgen.

2. Mitverursachung der zur Anfechtung berechtigenden Umstände durch den Anfechtungsberechtigten 61

Eine unzulässige Rechtsausübung liegt vor, wenn derjenige, dem die Anfechtung unmittelbar zustatten kommt, der Anfechtungsberechtigte selbst in sittlich zu mißbilligender Weise zur Verwirklichung des Anfechtungstatbestandes beigetragen hat. Der Erblasser hat seine Ehefrau als Erbin eingesetzt in der Erwartung, sie werde ihm auch während seiner Abwesenheit die Treue halten. Sie hat aber mit dem Bruder des Erblassers die Ehe gebrochen. Es wäre unzulässig, wenn dieser die Verfügung anfechten könnte, um dadurch als gesetzlicher Erbe selbst zur Erbfolge zu gelangen. Eine andere Frage ist, ob andere Geschwister aus diesem Grund das Testament anfechten können. Ist der Ehebrecher neben der Ehefrau der einzige gesetzliche Erbe, dann kann angenommen werden, daß der Erblasser bei Kenntnis der wahren Sachlage trotz der allgemeinen Erwartung in bezug auf die Treue seiner Ehefrau doch nicht anders verfügt hätte.

3. Mitverursachung der zur Anfechtung berechtigenden Umstände durch den Erblasser 62

a) Beim Erbvertrag und gemeinschaftlichem Testament. Ein Erbvertrag kann nach § 2078 Abs. 2 nicht angefochten werden, wenn der Erblasser selbst die Voraussetzungen für das Anfechtungsrecht durch sein eigenes gegen Treu und Glauben verstoßendes Verhalten verschuldet hat (BGH **4**, 91). Das gilt auch für den Erben, wenn dieser nach dem Tod des Erblassers anfechten will. Das Anfechtungsrecht ist jedoch nicht schon deswegen ausgeschlossen, weil der Erblasser irgendwie schuldhaft gehandelt hat. Es sind vielmehr strenge Anforderungen zu stellen, und es muß auch das Verhalten des Vertragsgegners, das Gewicht und die Bedeutung eines auch ihn treffenden Verschuldens berücksichtigt werden (BGH Urt. v. 26. 4. 1961 V ZR 184/60).

Ficht der Erblasser oder der überlebende Ehegatte eine bindend gewordene Verfügung eines gemeinschaftlichen Testaments an, so kann ebenso wie der Anfechtende auf Feststellung der Nichtigkeit der angefochtenen Verfügung auch der Bedachte, der die Wirksamkeit der Anfechtung bestreitet, auf Feststellung ihrer Gültigkeit klagen (BGH **37**, 331 für die Anfechtung eines in einem gemeinschaftlichen Testament angeordneten Vermächtnisses).

63 **b) Bei einseitigen letztwilligen Verfügungen.** Der vom Bundesgerichtshof aufgestellte Grundsatz gilt aber nicht uneingeschränkt, wenn es sich um die Anfechtung einer einseitigen letztwilligen Verfügung handelt. Dabei ist zu beachten, daß der Erblasser diese jederzeit frei widerrufen konnte. Mit Rücksicht darauf kann in der Geltendmachung eines Anfechtungsgrundes, der durch das eigene Verhalten des Erblassers verursacht ist, in der Regel keine unzulässige Rechtsausübung gesehen werden. Aus der Tatsache, daß der Erblasser, dem das Verhalten des Erben bekanntgeworden ist, keinen Anlaß genommen hat, seine letztwillige Verfügung zu widerrufen, wird aber in der Regel geschlossen werden können, daß der für die Anfechtung notwendige ursächliche Zusammenhang zwischen Irrtum und Verfügung fehlt, mindestens aber, daß der Erblasser auch bei Kenntnis der wahren Sachlage in gleicher Weise verfügt hätte.

64 **VI. Kein Schadensersatzanspruch des anfechtbar Bedachten**

Der Bedachte, der infolge der Anfechtung die ihm gemachte Zuwendung verliert, hat keinen Anspruch auf Ersatz des negativen Interesses.

65 **VII. Die Wirkungen der Anfechtung**

1. Nichtigkeit der angefochtenen Verfügung

Die Anfechtung führt dazu, daß die angefochtene Verfügung oder der von dem Anfechtungsgrund betroffene Teil der Verfügung nichtig wird (§ 142 Abs. 1; s. aber über die mittelbar weitere Wirkung der Anfechtung eines wechselseitigen Testaments RG **130**, 213 in Rdn. 18 zu § 2271).

66 Die Anfechtung führt nicht zur Nichtigkeit des ganzen Testaments, sondern sie ergreift von vornherein nur diejenigen Verfügungen, für die der Anfechtungsgrund besteht. Das sind die Verfügungen, bezüglich deren ein Erklärungs- oder Motivirrtum vorliegt oder zu denen der Erblasser durch Drohung bestimmt worden ist. Sie allein, nicht das Testament als ganzes, bilden den Gegenstand der Anfechtung (BGH Urt. v. 18. 2. 1959 V ZR 2/58).

67 Alle anderen Verfügungen des Testaments werden von der Anfechtung nicht erfaßt. Ihre Wirksamkeit oder Unwirksamkeit bestimmt sich nach § 2085.

68 Die Anfechtung kann nicht dem wahren, nicht erklärten Willen des Erblassers Geltung verschaffen (RG LZ **20**, 340). Sie kann insbesondere nicht demjenigen, welchen der Erblasser aus Irrtum zu bedenken unterlassen und deshalb gar nicht erwähnt oder ausgeschlossen hat, nachträglich die ihm eigentlich zugedachte Zuwendung verschaffen. Er könnte nur kraft gesetzlicher Erbfolge Erbe werden, und auch diese ist ausgeschlossen, wenn der ganze Nachlaß gültig vergeben bleibt.

69 **2. Teilweise Unwirksamkeit einer angefochtenen Verfügung**

a) Möglichkeit der nur teilweisen Unwirksamkeit. Die angefochtene einzelne Verfügung des Testaments oder Erbvertrags wird nicht immer ganz unwirksam. In § 2078 Abs. 2 ist die Wirkung der Anfechtung insofern eingeschränkt, als die Verfügung nur angefochten werden kann, soweit der Anfechtungsgrund ursächlich für ihren Bestand ist. Es kann daher sein, daß die Verfügung durch die Anfechtung nur eingeschränkt wird, im übrigen aber bestehen bleibt, ohne daß § 2085 geprüft werden müßte. Diese Vorschrift kann hier nicht unmittelbar angewandt werden, da sie nur das Verhältnis mehrerer in einem Testament enthaltener Verfügungen betrifft. Sie ist auch nicht entsprechend anzuwenden, da der gültig bleibende Teil der Verfügung gerade deswegen bestehen bleibt, weil der Anfechtungsgrund sich nicht auf ihn erstreckt. Wäre im Sinne des § 2085 anzunehmen, daß der nach der Anfechtung als gültig angesehene Teil der

Verfügung von dem Erblasser ohne den ungültig gewordenen Teil nicht getroffen worden wäre, so wäre das nur ein Beweis dafür, daß der Anfechtungsgrund sich auch auf den als gültig angesehenen Teil der Verfügung erstreckt und daß dieser in Wahrheit von der Anfechtung mitergriffen wird.

b) Fälle teilweiser Unwirksamkeit 70

aa) Rückführung des erklärten zu weitgehenden auf den wirklichen Willen. Die vom Erblasser gebrauchte zu allgemeine Bezeichnung der Erben („meine gesetzlichen Erben") kann so durch Anfechtung auf den wirklich gewollten engeren Kreis dieser Erben (nur die vollbürtigen, nicht auch die halbbürtigen Geschwister) beschränkt und die Erbeinsetzung insoweit aufrechterhalten werden. Die Wirkung der Anfechtung ist dann die, daß die Gesamtbezeichnung „gesetzliche Erben" auf den vom Erblasser gewollten Umfang zurückgeführt wird und die vollbürtigen Geschwister zu testamentarischen Alleinerben berufen sind (RG **70,** 391). Es ist nicht etwa so, daß diese nur nach dem Verhältnis ihrer gesetzlichen Erbteile zu Testamentserben berufen sind und daß hinsichtlich der nach dem Wortlaut des Testaments an die Halbgeschwister fallenden Erbteile nunmehr infolge der Anfechtung die gesetzliche Erbfolge eintritt. Der Wille des Erblassers ging dahin, daß die vollbürtigen Geschwister allein erben sollten, und zwar unter Berücksichtigung der Auslegungsregeln des § 2066 so, als wenn sie allein seine gesetzlichen Erben wären. Dieser Wille hat auch, nachdem die von ihm gewählte Gesamtbezeichnung durch die Anfechtung auf den Kreis der von ihm als Erben gewollten Personen beschränkt worden ist, einen klaren Ausdruck gefunden. Für die Bemessung der Erbteile kann daher die Auslegungsregel des § 2091 nicht in Betracht kommen.

bb) Unmöglichkeit, dem nichterklärten weitergehenden Willen Geltung zu verschaffen. 71 Anders wäre zu entscheiden, wenn der Erblasser in demselben Falle angenommen hätte, daß seine vollbürtigen Geschwister A, B und seine nicht erbberechtigten nichtehelichen Kinder E und F seine gesetzlichen Erben seien, während tatsächlich A und B und seine halbbürtigen Geschwister C und D seine gesetzlichen Erben sind. Hier erstreckt sich in bezug auf C und D die gewählte Gesamtbezeichnung über den von von dem Erblasser mit ihr gemeinten Personenkreis hinaus. Der erklärte Wille geht insoweit weiter als der wirkliche. Hinsichtlich E und F bleibt dagegen der erklärte Wille hinter dem wirklichen zurück. Der erklärte Wille enthält ein Mehr und ein Weniger des Gewollten. Durch die Anfechtung kann das Mehr des erklärten Willens beseitigt und insoweit der erklärte Wille mit dem gewollten in Übereinstimmung gebracht werden. Dagegen kann die Anfechtung dem Mehr des wirklichen Willens keinen Eingang in den erklärten Willen verschaffen. Sie kann immer nur zu einer Einengung des erklärten Willens, nicht aber zu einer Erweiterung führen. Da die im Wege der Anfechtung an sich mögliche Einschränkung der Gesamtbezeichnung hier den Erklärungsirrtum nicht im vollen Umfang ausräumt und eine Erweiterung des erklärten Willens über seinen Wortlaut hinaus im Wege der Anfechtung nicht möglich ist, kann diese hier nur dazu führen, daß die letztwillige Verfügung über die Erbeinsetzung als ganze nichtig ist (vgl. ähnlich für den etwas anders liegenden Fall Hamm NRWJMBl **51,** 9).

cc) Umwandlung der Berufung zum Vorerben in die Berufung zum befreiten Vorerben. 72 Die teilweise Anfechtung einer letztwilligen Verfügung ist in folgendem vom Kammergericht entschiedenen Fall zutreffend für zulässig erklärt worden. Der Erblasser hatte seine Witwe in der irrigen Annahme, sie könne allein von den Zinsen seines Vermögens leben, zur nicht befreiten Vorerbin eingesetzt. Die Witwe hat das Testament angefochten, da sie infolge der Geldentwertung nicht in der Lage war, ihren Unterhalt aus den Einkünften des Nachlasses zu bestreiten. Das Kammergericht hat dargelegt, daß ohne Rücksicht darauf, ob die Witwe nur die in dem Testament enthaltene Beschränkung ihrer Vorerbenstellung angefochten hat oder ob die Anfechtung unbeschränkt ausgesprochen sei, diese in jedem Fall nur bewirke, daß die Witwe befreite Vorerbin sei (JFG **13**, 129).

73 **dd) Beseitigung der Verfügung über die Bezeichnung der Nacherben.** Enthält ein Testament eine Bestimmung, durch die eine Person als Vorerbe und eine andere als Nacherbe berufen ist, so bewirkt die Anfechtung, falls der Anfechtungsgrund nur die Berufung des Nacherben betrifft, unmittelbar nur die Nichtigkeit dieses Teils der Verfügung. Wird die Anordnung über die Vor- und Nacherbschaft als eine letztwillige Verfügung angesehen, so bestimmt sich nach § 139, ob auch der Teil, der die Anordnung der Berufung des Vorerben betrifft, nichtig ist (vgl. § 2085 Rdn. 8). Im folgenden Fall ist angenommen worden, daß nur die Berufung der Nacherben nichtig ist. Der Erblasser, ein Jude, hatte seine Ehefrau als Vorerbin eingesetzt. Zum Nacherben hatte er nur eines seiner beiden Kinder berufen. Das zweite Kind hatte er übergangen, da dieses ausgewandert war und er fürchtete, das diesem Kind in Deutschland anfallende Vermögen würde auf Grund der nationalsozialistischen Judengesetze beschlagnahmt werden. Dadurch, daß die Verfügung infolge der Anfechtung nur insoweit nichtig war, als sie die Berufung der Nacherben enthielt, war § 2104 anzuwenden, und beide Kinder wurden Nacherben (BGH Urt. v. 15. 10. 1953 IV ZR 93/53).

74 **ee) Beseitigung von Bedingungen und Befristungen einzelner Verfügungen.** Ebenso kann, wenn für eine Zuwendung irrig eine auflösende Bedingung oder Befristung gesetzt worden ist, diese Bedingung oder Befristung durch Anfechtung beseitigt werden, so daß die Verfügung jetzt unbedingt oder unbefristet gilt.

75 Eine aufschiebend bedingte oder befristete Zuwendung kann dagegen nicht durch Anfechtung zu einer unbedingten oder unbefristeten gemacht werden.

76 **3. Wirkung der Anfechtung auf die von Dritten erworbenen Rechte**

Da die Anfechtung die Erbenstellung des auf Grund der angefochtenen Verfügung zur Erbschaft Berufenen beseitigt, sind die von diesem vorgenommenen Verfügungen über Erbschaftsgegenstände Verfügungen eines Nichtberechtigten. Der Rechtserwerb Dritter, die von ihm Gegenstände erworben haben, richtet sich nach den allgemeinen Vorschriften über die Wirksamkeit von Verfügungen eines Nichtberechtigten (§§ 892, 893, 932, 936, 1032, 1207).

Der Dritte wird, wenn der Scheinerbe durch einen Erbschein legitimiert ist, weiter durch §§ 2366, 2367 geschützt.

77 Zutreffend weist *Planck/Flad* 4. Aufl. vor § 2078 Anm. 2 b ß darauf hin, daß der Gutglaubensschutz nach § 142 Abs. 2 nicht schon entfällt, wenn der Dritte infolge bloßer Fahrlässigkeit die Anfechtbarkeit des Testaments nicht kannte. Nach §§ 892, 893, 2366, 2367 entfällt der Gutglaubensschutz nur kei Kenntnis der Unrichtigkeit der Eintragung oder des Erbscheins und im Fahrnisrecht außerdem noch bei grob fahrlässiger Unkenntnis der Nichtberechtigung. § 142 Abs. 2 schränkt in jenen Fällen den gutgläubigen Erwerb nur insoweit weiter ein, als die Kenntnis der Anfechtbarkeit des Testaments der Kenntnis der Unrichtigkeit der Eintragung oder des Erbscheins gleichzuachten ist, im Fahrnisrecht die Kenntnis oder grob fahrlässige Unkenntnis der Anfechtbarkeit der Kenntnis oder grob fahrlässigen Unkenntnis der Nichtberechtigung.

78 **4. Wirkung auf eine früher erklärte Ausschlagung der Erbschaft**

Eine in der angefochtenen Verfügung enthaltene Berufung zur Erbschaft gilt als nicht erfolgt. Die von dem Erben auf Grund der angefochtenen Verfügung vorher erklärte Ausschlagung ist daher durch die Anfechtung gegenstandslos geworden. Falls der

Erbe nach der Anfechtung aus anderem Grunde zur Erbschaft berufen ist, muß er erneut ausschlagen. Die frühere Erklärung kann sich nach § 1949 auf den jetzt zur Wirksamkeit gelangten neuen Berufungsgrund wegen der veränderten Sachlage nicht erstrecken. Der Erbe kann nicht mehr ausschlagen, wenn er die Verfügung selbst angefochten und damit zu erkennen gegeben hat, daß er die Erbschaft aus dem jetzt wirksam werdenden Berufungsgrund annimmt.

VIII. Nachträgliche Beseitigung des Anfechtungsgrundes 79

1. Bestätigung durch den Erblasser

Eine Bestätigung der anfechtbaren Verfügung (§ 144) durch den Erblasser, der selbst nicht Anfechtungsberechtigter ist, ist dem geltenden Recht unbekannt (unter dem Gesichtspunkt künftiger Gesetzgebung s. 1. Denkschrift des Erbrechtsausschusses der AkDR **124**, 127). Doch kann sich der Erblasser in einer neuen letztwilligen Verfügung darauf beschränken, die ältere trotz ihrer Anfechtbarkeit aufrechtzuerhalten.

2. Bestätigung durch den Anfechtungsberechtigten und Verzicht auf das Anfechtungsrecht 80

Ob der Anfechtungsberechtigte die Verfügung, obwohl er nicht ihr Urheber ist, auch gemäß § 144 einseitig formlos bestätigen kann, ist eine Streitfrage, die (mit *Planck/Flad*, Vorbem. 2 b g vor § 2078; von *Lübtow* I S. 337; *Bartholomeyczik* § 24 III 3 a; *Staudinger/Seybold* §§ 2078/2079 Rdn. 11; *Brox* Rdn. 237 und BayObLG NF **30**, 269 gegen *Kipp/Coing* § 24 VII 2) zu bejahen ist. Der Anfechtungsberechtigte kann aber auch durch Vertrag mit dem Anfechtungsgegner auf sein Anfechtungsrecht verzichten. Solche Verträge haben in der Regel die Rechtsnatur eines Vergleichs oder eines Anerkenntnisses. Über ihre Wirkung gilt folgendes:

a) Wirkung des Verzichts gegenüber Dritten. Die Erklärung des Anfechtungsberechtigten wirkt auch gegenüber Dritten, wenn in dem Vergleich oder Anerkenntnisvertrag sein Wille zum Ausdruck kommt, allgemein auf das Anfechtungsrecht zu verzichten und damit die anfechtbare Verfügung zu bestätigen. 81

b) Regelung der Erbfolge durch Vergleich 82

aa) Möglicher Inhalt des Vergleichs. Wird in dem Vergleich das Erbrecht selbst geregelt, so ist zu beachten, daß die Parteien es nicht in der Hand haben, durch ihre Vereinbarungen selbst eine Erbeinsetzung vorzunehmen. Der wirkliche Erbe kann immer nur, soweit das Gesetz es ihm gestattet, über sein Erbrecht oder die sich daraus ergebenden Ansprüche verfügen.

Er kann die Erbschaft ausschlagen. Eine dahingehende Erklärung ist jedoch nach § 1945 dem Nachlaßgericht gegenüber abzugeben. Der andere Vertragsteil wird dadurch aber nur dann Erbe, wenn er infolge der Ausschlagung nach § 1953 Abs. 2 zum Erben berufen ist. 83

Der Erbe kann schlielich auf seinen Erbschaftsherausgabeanspruch verzichten, ohne allerdings dadurch dem Erbschaftsbesitzer die Erbenstellung verschaffen zu können. 84

Er kann seinen Miterbenanteil nach § 2033 übertragen, die ganze Erbschaft oder auch einen Bruchteil der Erbschaft nach §§ 2371, 2385 veräußern.

bb) Form. Ein Vergleich, durch den der Erbe und der Anfechtungsberechtigte sich dahin einigen, daß sie die Erbschaft untereinander nach Anteilen in bestimmter Weise aufteilen, muß daher, um wirksam zu sein, nach § 2033 oder §§ 2371, 2385 notariell beurkundet werden. 85

86 Dieselbe Form muß praktisch auch gewahrt werden, wenn der Anfechtende, nachdem er das Testament angefochten hat, das Erbrecht des Gegners anerkennt. Dieses Anerkenntnis wäre nur dann formlos gültig, wenn die Anfechtung tatsächlich unbegründet war. Andernfalls liegt in dem Anerkenntnis die Erklärung, die Erbschaft oder den Erbteil, der dem Anfechtenden infolge der Anfechtung bereits angefallen war, auf den Gegner zurückübertragen zu wollen, die nur in notariell beurkundeter Form abgegeben werden kann.

87 cc) **Rücknahme der Anfechtungserklärung.** Die Wirkung einer einmal erfolgten Anfechtung kann nicht durch Rücknahme der Anfechtungserklärung beseitigt werden. Ist ein Miterbenanteil Gegenstand der Vereinbarung, dann hat sie nicht nur schuldrechtliche, sondern als Verfügung nach § 2033 dingliche Wirkung. Falls ein Dritter im Erbschaftsbesitz ist, ist zu prüfen, ob in dem Anerkenntnis des Erbrechts zugleich die Abtretung des Erbschaftsherausgabeanspruchs enthalten ist. Eine Haftung des Anerkennenden nach § 2376 Abs. 1 kommt nicht in Frage (*Planck/Flad* 4. Aufl. vor § 2078 Anm. 3b).

88 **dd) Anerkenntnis einer ein Vermächtnis anordnenden Verfügung.** Wird die Gültigkeit einer ein Vermächtnis anordnenden letztwilligen Verfügung anerkannt, dann kann der anerkannte Anspruch auf das Vermächtnis, wenn dem Anerkenntnis ein Vergleich zugrunde liegt, unmittelbar auf diesen (§ 782), andernfalls auf das Anerkenntnis selbst gestützt werden, wenn die Form des § 781 gewahrt ist.

89 Das Anerkenntnis der Nichtigkeit einer Vermächtnisverfügung ist stets formlos gültig, da auch der Verzicht auf den Anspruch keiner Form bedarf.

90 **3. Rechtsstreit über die Wirksamkeit einer Anfechtung**

Die Anfechtung erfolgt nach § 2081 durch eine Erklärung gegenüber dem Nachlaßgericht oder in den von dieser Bestimmung nicht betroffenen Fällen nach § 143 durch Erklärung gegenüber demjenigen, der aus der angefochtenen Verfügung unmittelbar einen rechtlichen Vorteil erlangen würde (vgl. § 2081 Rdn. 1 ff, 12 ff). Die Streitfrage, ob die Anfechtung begründet ist, kann in dem Verfahren auf Erteilung des Erbscheins, letztlich aber nur in einem ordentlichen Zivilprozeßverfahren entschieden werden.

91 Die Klage kann auf Feststellung der Rechtswirksamkeit oder Nichtigkeit der angefochtenen Verfügung gehen, sofern nicht das Feststellungsinteresse wegen der Möglichkeit, auf Leistung zu klagen, entfällt. Eine in dieser Weise auf Feststellung gerichtete Klage geht inhaltlich dahin, daß das Bestehen oder Nichtbestehen von Rechten aus der angefochtenen letztwilligen Verfügung für den Kläger oder Beklagten festgestellt werden soll (BGH Urt. v. 16. 10. 1957 IV ZR 132/57).

92 Die Klage kann von jedem einzelnen der nach der angefochtenen Verfügung berufenen Miterben erhoben werden. Ebenso kann sie nur gegen eine der Personen angestrengt werden, die als Erben berufen wären, wenn die Anfechtung begründet wäre. Wird gegen mehrere geklagt, dann muß das Feststellungsinteresse gegenüber jedem Beklagten besonders geprüft werden. Es fehlt gegenüber denjenigen, die das Erbrecht des Klägers nicht bestreiten (BGH Urt. v. 16. 10. 1957 IV ZR 132/57).

93 Falls mehrere Miterben klagen oder falls eine Klage gegen mehrere, die das Erbrecht des Klägers bestreiten, erhoben wird, besteht weder auf seiten der Kläger noch auf seiten der Beklagten eine notwendige Streitgenossenschaft, denn es ist zwar unlogisch, aber doch möglich, über das Erbrecht einer Person im Verhältnis zu mehreren anderen Personen inhaltlich verschiedene Feststellungen zu treffen (BGH **23**, 73 mit Anm. LM ZPO § 62 Nr. 3).

Der Streitwert einer Klage auf Feststellung der Nichtigkeit eines Testaments bemißt sich nicht nach dem Wert des ganzen Nachlasses, sondern nach dem Interesse des Klägers an der begehrten Feststellung (BGH LM ZPO § 3 Nr. 11). 94

IX. Anfechtungsberechtigter. Anfechtung von Erbverträgen 95

Person des Anfechtungsberechtigten § 2080 Abs. 1, 2. Anfechtung des Erbvertrags §§ 2281 ff, eines gemeinschaftlichen Testaments § 2271 Rdn. 42 ff.

X. Anfechtung nach den Rückerstattungsgesetzen 96

Einen besonderen Anfechtungstatbestand enthalten die Rückerstattungsgesetze (Art. 79 AmREG; Art. 66 BrREG; Art. 68 REAOBln) für den Fall, daß in letztwilligen Verfügungen oder Erbverträgen aus der Zeit vom 30. Januar 1933 bis zum 8. Mai 1945 bestimmte nahe Angehörige von der Erbfolge ausgeschlossen worden sind, um ihren Erbteil einem vom Erblasser aus Gründen der Rasse, Religion usw. erwarteten Zugriff des Staates zu entziehen. Die Anfechtung mußte jedoch bis zu einem bestimmten, inzwischen verstrichenen Zeitpunkt, erfolgt sein.

Die Bestimmungen der Rückerstattungsgesetze sind gegenüber § 2078 Spezialvorschriften, so daß, wenn die für die Anfechtung nach den Rückerstattungsgesetzen bestimmte Frist verstrichen ist, keine Anfechtung wegen des hierunter fallenden Sachverhalts nach § 2078 Abs. 2 möglich ist (BGH LM REG [BrZ] Art. 66 Nr. 1; BayObLG NJW **54,** 1725; Köln RzW **54,** 357; Frankfurt NJW **52,** 105; **53,** 310 mit ablehnenden Anmerkungen von *Zimmer* NJW **52,** 472 und **53,** 310; aA KG NJW **54,** 118; *Kipp/Coing* § 24 II 4; vgl. auch *Burkhardt* NJW **52,** 590). Anders, wenn ein unter § 2078 fallender Irrtum vorliegt, der über den Tatbestand der Rückerstattungsanfechtung hinausgeht. 97

§ 2079

Eine letztwillige Verfügung kann angefochten werden, wenn der Erblasser einen zur Zeit des Erbfalles vorhandenen Pflichtteilsberechtigten übergangen hat, dessen Vorhandensein ihm bei der Errichtung der Verfügung nicht bekannt war oder der erst nach der Errichtung geboren oder pflichtteilsberechtigt geworden ist. Die Anfechtung ist ausgeschlossen, soweit anzunehmen ist, daß der Erblasser auch bei Kenntnis der Sachlage die Verfügung getroffen haben würde.

E I 1782 II 1952; M **5** 50—53; P **5** 52—58.

Neueres Schrifttum:

Reinicke, Die Wirkungen der Testamentsanfechtung durch den übergangenen Pflichtteilsberechtigten, NJW **71,** 1961.

Anfechtung wegen Übergehens unbekannter Pflichtteilsberechtigter

Übersicht

1 **A. Allgemeines**

I. Grund der Vorschrift

§ 2079 gibt dem in einer letztwilligen Verfügung unabsichtlich übergangenen Pflichtteilsberechtigten ein Anfechtungsrecht. Der gesetzgeberische Grund hierfür ist die Annahme, daß eine letztwillige Verfügung, in der ein Pflichtteilsberechtigter übergangen ist, weil der Erblasser dessen Vorhandensein bei der Errichtung der Verfügung nicht kannte oder nicht kennen konnte, da er erst später Pflichtteilsberechtigter geworden ist, auf dieser Unkenntnis des Erblassers und damit auf einem Irrtum im Beweggrund beruht.

2 **II. Verhältnis zu § 2078 Abs. 2**

Die Vorschrift betrifft somit an sich schon unter § 2078 Abs. 2 fallende Tatbestände, die jedoch eine von dieser allgemeinen abweichende Regelung erfahren haben. Der dem § 2079 entsprechende § 1782 des 1. Entwurfs ist daher auch als Unterfall des dem § 2078 entsprechenden § 1781 bezeichnet worden (Mot. **5,** 50).

3 Die besondere Regelung, die die unter § 2079 fallenden Tatbestände in dieser Bestimmung gefunden haben, besteht darin, daß das Gesetz davon ausgeht, der Erblasser habe sich bei der Errichtung des Testaments in einem Irrtum befunden, und daß die Ursächlichkeit dieses Irrtums für die Errichtung des Testaments vermutet wird und daher von dem Anfechtungsberechtigten nicht bewiesen zu werden braucht.

4 Sie besteht weiter darin, daß, solange nicht das Gegenteil bewiesen ist, gleichfalls davon auszugehen ist, der Erblasser hätte bei Kenntnis der Sachlage die Verfügung nicht getroffen (vgl. Rdn. 26 ff).

5 **B. Übergehung eines Pflichtteilsberechtigten**

I. Übergehen im Gegensatz zum Ausschluß von der Erbfolge

Ein Übergehen des Pflichtteilsberechtigten (§ 2303) liegt vor, wenn ihm im Testament, und zwar unabsichtlich, keine Zuwendung gemacht wird (RG LZ **23,** 451). Die Übergehung steht im Gegensatz zur Ausschließung (§ 1938). Die Ausschließung setzt die Absicht des Erblassers voraus, dem Pflichtteilsberechtigten nichts zuzuwenden.

Hat der Erblasser mehrere Testamente hinterlassen, dann ist der Pflichtteilsberechtigte nur übergangen, wenn er in keinem bedacht worden ist (*von Lübtow* I, S. 324; OLG Celle, NJW **69,** 101).

1. Ausschluß von der Erbfolge 6

Auch die bei der Testamentserrichtung dem Erblasser unbekannten oder noch nicht vorhanden gewesenen Pflichtteilsberechtigten können ausgeschlossen sein, wenn die Absicht des Erblassers dahin ging, allgemein etwa sonst noch vorhandene, ihm unbekannte Pflichtteilsberechtigte oder einzelne bestimmte oder alle nach Errichtung des Testaments hinzutretenden Pflichtteilsberechtigten von der Erbschaft auszuschließen.

Dieser Wille muß, damit das Anfechtungsrecht nach § 2079 ausgeschlossen ist, in 7
dem Testament selbst zum Ausdruck gelangt sein. Das Testament braucht zwar keine ausdrückliche Bestimmung in diesem Sinne zu enthalten. Es genügt, wenn sich der dahingehende Wille des Erblassers durch Auslegung aus dem Testament entnehmen läßt.

Sofern aber dem Testament kein dahingehender Wille des Erblassers entnommen 8
werden kann, können seine Äußerungen aus einer späteren Zeit nicht den Schluß rechtfertigen, er habe die Pflichtteilsberechtigten ausschließen wollen. Sie können aber unter Umständen geeignet sein, den Beweis nach Satz 2 zu führen, daß der Erblasser auch bei Kenntnis der Sachlage die Verfügung getroffen hätte.

Bei der Übergehung fehlt es an der Absicht, den Übergangenen auszuschließen. Er 9
geht aber infolge anderweiter Vergebung des Nachlasses tatsächlich leer aus und behält nur den Pflichtteilsanspruch (RG **59**, 62).

2. Zuwendungen an einen Pflichtteilsberechtigten in Unkenntnis von dessen Pflichtteilsberechtigung oder vor Entstehen dieser Berechtigung 10

Der Pflichtteilsberechtigte ist nicht übergangen, wenn ihm in dem Testament überhaupt eine Zuwendung, sei es auch nur in der Form eines Vermächtnisses, gemacht worden ist. Es ist nicht erforderlich, daß der Erblasser diese Zuwendung in Kenntnis der Pflichtteilsberechtigung gemacht hat. Übergangen ist der Pflichtteilsberechtigte selbst dann nicht, wenn ihm die Zuwendung in einer letztwilligen Verfügung gemacht wurde, die der Erblasser errichtet hat, bevor der Bedachte überhaupt pflichtteilsberechtigt wurde (RG **50**, 238; WarnRspr. 1926 Nr. 17; JW **25**, 2756; KGJ **38** A 119; KG OLG **26**, 312; *von Lübtow* I S. 324; *Erman/Hense* § 2079 Rdn. 2; aA *Lange* § 35 V 2 d; *Bartholomeyczik* § 24 I 3 d bb ß).

Es kann nicht verkannt werden, daß diese Rechtsauffassung nicht ganz vereinbar ist mit der, die das Anfechtungsrecht auch bejaht, wenn der Erblasser eine ihm bekannte Person übergangen hat, von der er nicht wußte, daß sie pflichtteilsberechtigt war (vgl. Rdn. 24). In diesem wie in jenem Fall beruht der das Anfechtungsrecht begründende Fehler bei der Willensbindung darauf, daß dem Erblasser das Pflichtteilsrecht der betreffenden Person unbekannt war. Dennoch muß aus Gründen der Rechtssicherheit daran festgehalten werden, daß als Voraussetzung des Anfechtungsrechts ein Übergehen im rein objektiven Sinn vorliegen muß.

In der Regel handelt es sich bei den hier in Betracht kommenden Fällen darum, daß eine Person, die der Testator bedacht hat, dadurch pflichtteilsberechtigt geworden ist, daß dieser sie später geheiratet hat. Wenn der Testator dann sein Testament nicht ändert, ist die Annahme begründet, daß er es bei der Zuwendung hat bewenden lassen wollen. Es würde in der Regel dem Willen des Erblassers nicht entsprechen, wenn die Verfügung in diesem Fall nach § 2079 angefochten werden könnte.

Wo die eben erwähnte Annahme nicht zutrifft, kann unter Umständen eine An- 11
fechtung aus § 2078 Abs. 2 möglich sein. Dieser Anfechtungstatbestand ist z. B. gegeben, wenn der Erblasser eine Person bedacht hat, von der er nicht wußte, daß sie mit ihm verwandt war, und wenn die getroffene Verfügung von dieser irrigen Annahme beeinflußt ist.

12 **3. Berufung des Pflichtteilsberechtigten als gesetzlicher Erbe für einen Teil des Nachlasses**

Übergangen ist der Pflichtteilsberechtigte auch, wenn der Erblasser nur über einen Teil seines Nachlasses verfügt hat, so daß bezüglich des Restes nach § 2088 die gesetzliche Erbfolge eintritt, an der auch der Pflichtteilsberechtigte teilnimmt.

13 **4. Vermächtnisse und Auflagen als alleiniger Inhalt der Verfügung**

Die letztwillige Verfügung, die nur Vermächtnisse und Auflagen enthält, die ein Erblasser nicht getroffen hätte, wenn er sich der Tatsache bewußt gewesen wäre, auch diesen pflichtteilsberechtigten Erben zu haben, kann gleichfalls nach § 2079 angefochten werden (*Planck/Flad* 4. Aufl. § 2079 Anm. 2 a).

14 **II. Der Pflichtteilsberechtigte**

Daß der übergangene Pflichtteilsberechtigte infolge anderweiter Vergabe des Nachlasses leer ausgeht, pflegt dem Willen des Erblassers nicht zu entsprechen. Das Gesetz gewährt deshalb mit dem Anfechtungsrecht dem Übergangenen ein Mittel, sich mehr als den Pflichtteil, regelmäßig den vollen gesetzlichen Erbteil zu verschaffen.

15 **1. Vorhandensein zur Zeit des Erbfalls**

Der Pflichtteilsberechtigte muß jedoch zur Zeit des Erbfalls, wenn auch nur als Erzeugter, und zwar als Pflichtteilsberechtigter (über die entfernteren Abkömmlinge und die Eltern vgl. § 2309) vorhanden gewesen sein.

Ist er zu dieser Zeit wieder verstorben oder noch nicht einmal erzeugt, so stehen ihm oder seinen Erben nach §§ 1923, 2303 weder Erb- noch Pflichtteilsrechte zu.

16 **2. Kinder aus nachträglich geschlossenen Ehen**

Pflichtteilsberechtigt ist auch das Kind, das der Erblasser mit einer Frau erzeugt hat, wenn die nachträgliche Eheschließung der Eltern des Kindes nach dem Tode des Erblassers unter den in § 1 des Gesetzes über die Rechtswirkungen des Ausspruchs einer nachträglichen Eheschließung vom 29. 3. 1951, BGBl.I 215, ausgesprochen ist. Die Mutter des Kindes selbst hat durch die nachträgliche Eheschließung kein Erbrecht erlangt. Sie kann daher das Testament des Erblassers nicht nach § 2079 anfechten.

17 **3. Pflichtteilsberechtigung eines Abkömmlings infolge Wegfalls eines Vorfahren**

Ist ein Abkömmling erst infolge Wegfalls eines Vorfahren pflichtteilsberechtigt geworden, so wird er meist nach § 2069 als bedacht und deshalb nicht übergangen zu gelten haben (§ 2069 Rdn. 10).

Die Anfechtung ist dagegen grundsätzlich möglich, wenn § 2069 nicht durchgreift. Der Erblasser hat seinen leichtsinnigen, zur Zeit der Testamentserrichtung noch unverheirateten Sohn ausdrücklich auf den Pflichtteil gesetzt. Vor Eintritt des Erbfalls stirbt der Sohn, der sich inzwischen verheiratet hat und aus dessen Ehe Abkömmlinge vorhanden sind. Diese pflichtteilsberechtigten Abkömmlinge können das Testament anfechten.

18 Dasselbe muß gelten, wenn sie zur Zeit der Testamentserrichtung bereits vorhanden waren. Jedoch wird in diesen Fällen häufig nach § 2079 Satz 2 anzunehmen sein, daß der Erblasser die Verfügung auch bei Kenntnis der Sachlage getroffen hätte. Nicht übergangen ist das Kind des verstorbenen Sohnes, wenn der Erblasser dem ganzen Sohnesstamm nur den Pflichtteil zugewendet hatte. § 2079 schließt das Recht des Pflichtteilsberechtigten nicht aus, eine letztwillige Verfügung auch aus § 2078 anzufechten,

wenn dessen besondere Voraussetzungen gegeben sind (KGJ **38** A 122; RG JW **25,** 2756 Nr. 7). Jedoch schließt die auf § 2079 gegründete Anfechtung nicht zugleich die Anfechtung wegen Irrtums nach § 2078 in sich (RG JW **11,** 656).

4. Entstehen der Pflichtteilsberechtigung durch willkürliche Handlungen des Erblassers 19

Die Anfechtung wird nicht dadurch ausgeschlossen, daß die Pflichtteilsberechtigung einer zur Zeit der Testamentserrichtung bereits lebenden Person später durch einen Willensakt des Erblassers begründet worden ist, z. B. Legitimation, §§ 1719, 1736, Annahme an Kindes Statt, § 1757, oder Eheschließung. So kann der Ehegatte ein gemeinschaftliches Testament, das er mit seinem ersten Ehegatten errichtet hat, anfechten, wenn er sich nach dessen Tod wieder verheiratet hat (vgl. dazu näher § 2271 Rdn. 44).

III. Übergehen aus Irrtum oder Unkenntnis 20

1. Irrtum oder Unkenntnis

a) Tatsächliche Unkenntnis. Das Anfechtungsrecht ist weiter davon abhängig, daß der Pflichtteilsberechtigte, aus Irrtum oder Unkenntnis des Erblassers übergangen, nicht bedacht ist. Sonst könnte nur bewußte Übergehung, d. h. Ausschließung (Rdn. 5 ff) in Frage kommen.

Die Unkenntnis kann darauf beruhen, daß der Erblasser vom Vorhandensein des Pflichtteilsberechtigten überhaupt nichts gewußt oder ihn bereits verstorben geglaubt hat. 21

Daß der Erblasser von einer bestimmten Vorstellung hierüber beherrscht gewesen sei, ist nicht nötig. Jedoch begründen bloße Zweifel daran, ob der Pflichtteilsberechtigte noch lebt, nicht schon die Unkenntnis des Erblassers von dem Vorhandensein des Pflichtteilsberechtigten. Diese kann nur angenommen werden, wenn der Erblasser irrig annimmt, der Pflichtteilsberechtigte sei verstorben. Dieser Annahme steht aber nicht entgegen, daß der Erblasser auch mit der Möglichkeit rechnet, seine Annahme sei irrig. In dem vom Reichsgericht in JW **07,** 203 entschiedenen Fall ist daher angenommen worden, die Bemerkung, „da mein Ehemann vor 25 Jahren nach Amerika ausgewandert und voraussichtlich nicht mehr am Leben ist", schließe als bloße Mutmaßung die Unkenntnis der Erblasserin davon, daß er noch am Leben war, nicht aus. Vgl. die vom OLG Freiburg getroffenen gegenteiligen Feststellungen in einem Fall, wo eine Ehefrau, nachdem ihr Mann im Krieg war, in einem Testament ihre Mutter zur Alleinerbin eingesetzt hatte (DRZ **49,** 235). Wie im Einzelfall zu entscheiden ist, hängt von den tatsächlichen Umständen ab. 22

Wenn der Erblasser irrig den Tod des Pflichtteilsberechtigen annimmt, aber doch an die Möglichkeit eines Irrtums denkt, kann unter Umständen die Annahme gerechtfertigt sein, der Erblasser hätte die Verfügung auch bei Kenntnis der Sachlage getroffen, so daß die Anfechtung nach Satz 2 ausgeschlossen ist. 23

b) Auf Tatsachen- oder Rechtsirrtum beruhende Unkenntnis. Die Anfechtung ist auch möglich, wenn der Erblasser zwar die Person des Pflichtteilsberechtigten, vielleicht sogar seine das Pflichtteilsrecht begründenden verwandtschaftlichen Beziehungen zu ihm gekannt hat, aber aus tatsächlichem oder aus Rechtsirrtum (Celle OLG **34,** 313; RG WarnRspr. 1927 Nr. 35) sein Pflichtteilsrecht als nicht bestehend oder, z. B. infolge der Annahme eines Verzichts (§ 2346), als wieder erloschen angesehen hat. 24

25 **2. Nach Errichtung der letztwilligen Verfügung entstandene Pflichtteilsberechtigung**

Unkenntnis wird vom Gesetz immer vermutet, wenn das Pflichtteilsrecht des Übergangenen erst nach Errichtung der letztwilligen Verfügung entstanden ist. So insbesondere, wenn er erst nach dieser Zeit geboren oder legitimiert (§§ 1719, 1723, 1736) oder an Kindes Statt angenommen (§§ 1741, 1757) oder Ehegatte des Erblassers geworden ist (§ 2303 Abs. 2). Die Pflichtteilsberechtigung kann auch auf einer Gesetzesänderung beruhen. Anfechten können daher auch diejenigen, deren Pflichtteilsrecht erst auf Grund des Gesetzes über die rechtliche Stellung der nichtehelichen Kinder vom 19. 8. 1969 (BGBl. I 1243) pflichtteilsberechtigt geworden sind.

Läßt der Erblasser in Kenntnis der neuen Sachlage das nunmehr anfechtbar gewordene Testament auch jetzt noch bei Kräften, so kann nach Satz 2 die Anfechtung ausgeschlossen sein (RG 77, 170; WarnRspr. 1918 Nr. 212).

26 **IV. Umfang der Anfechtung**

1. Grund für die Begrenzung der Anfechtungsmöglichkeit durch Satz 2

Nach Satz 2 ist die Anfechtung ausgeschlossen, soweit anzunehmen ist, daß der Erblasser auch bei Kenntnis der Sachlage die Verfügung getroffen haben würde. Das in § 2079 geordnete Anfechtungsrecht dient — abweichend von § 2078 — dem Schutz des Pflichtteils- und Anfechtungsberechtigten. Deswegen soll nur der die Übergehung des Pflichtteilsberechtigten betreffende Irrtum unschädlich gemacht werden.

27 **2. Kenntnis der Sachlage**

Unter Kenntnis der Sachlage ist nach Satz 2 nur die aus der Kenntnis der Pflichtteilsberechtigung sich ergebende Sachlage zu verstehen. Das Reichsgericht und ihm folgend der Bundesgerichtshof (RG WarnRspr. 1912 Nr. 117; BGH LM BGB § 2079 Nr. 1) haben daraus gefolgert, es dürfte nicht berücksichtigt werden, wenn die Sachlage sich auch in anderer Beziehung geändert habe. Die nach § 2079 Satz 2 vorzunehmende Prüfung sei nur darauf zu richten, wie der Erblasser z. Zt. der Testamentserrichtung verfügt haben würde, wenn er zwar hinsichtlich der Person des Pflichtteilsberechtigten die später eingetretene oder damals vorhanden gewesene Sachlage richtig überschaut hätte, im übrigen aber diejenigen Umstände hätte auf sich wirken lassen, die ihn zur Zeit der Errichtung der Verfügung hierzu bestimmt hätten. Dieser Auffassung kann nicht beigetreten werden. Die Anfechtung greift auch dann nicht durch, wenn sich ergibt, daß der Erblasser die Verfügung bei Kenntnis der zur Zeit des Erbfalls gegebenen Sachlage ebenso getroffen haben würde. Die Anfechtung kann nicht dahin führen, daß eine dem Willen des Erblassers entsprechende Verfügung beseitigt wird, insbesondere dann nicht, wenn sich ergibt, daß der Erblasser, nachdem er von dem Pflichtteilsrecht Kenntnis erlangt hatte, die Verfügung neu getroffen hätte, wenn er gewußt hätte, daß die frühere Verfügung anfechtbar war (im Ergebnis ebenso *Lange*, § 35 IV a).

28 **3. Teilweise Nichtigkeit**

Satz 2 besagt zugleich, daß die Anfechtung nicht notwendig zur Nichtigkeit des ganzen angefochtenen Testaments führt. Unter „letztwilliger Verfügung" ist zwar in § 2079 anders als in § 2078 der Regelung des § 1937 entsprechend das ganze Testament zu verstehen, so daß der übergangene Pflichtteilsberechtigte grundsätzlich das ganze Testament anfechten muß.

29 Seine Anfechtung wirkt aber nach Satz 2 soweit nicht, als anzunehmen ist, daß der Erblasser die Verfügung auch bei Kenntnis der Sachlage getroffen hätte. Es ist daher

in jedem Falle zu prüfen, ob der unterrichtete und alle Möglichkeiten bedenkende Erblasser die angefochtene Verfügung vollinhaltlich ebenso oder nur in einem zugunsten des Pflichtteilsberechtigten beschränkten Umfange („**soweit**") getroffen haben würde; je nach der Sachlage kann es deshalb genügen, die den Pflichtteilsberechtigten verkürzenden Anordnungen nicht ganz zu streichen, sondern nur entsprechend zu mindern (RG **59,** 63; KG Recht **23** Nr. 1247). In einem Fall, in dem der Erblasser seine gesetzlichen, nicht pflichtteilsberechtigten Erben durch Einsetzung eines Dritten übergangen hat, wirkt die Anfechtung des irrtümlich übergangenen Pflichtteilsberechtigten dahin, daß er neben den Testamentserben zur Miterbschaft berufen ist, und zwar mit einer Quote, die im Falle des Eintritts der gesetzlichen Erbfolge dem gesetzlichen Erbteil des Anfechtenden entsprechen würde (Köln NJW **56,** 1522; *Planck/Flad* 4. Aufl. § 2079 Anm. 3; *Bartholomeyczik* § 24 IV 2; *Brox* Rdn. 238; aA *von Lübtow* I S. 339; *Reinicke* NJW **71,** 1961; BayObLG NJW **71,** 1565).

C. Geltendmachen des Pflichtteilsrechts 30

Der anfechtungsberechtigte Pflichtteilsberechtigte braucht nicht anzufechten. Er kann auch seinen Pflichtteilsanspruch geltend machen. Darin kann eine die spätere Anfechtung ausschließende Bestätigung des Testaments nach § 144 liegen (§ 2078 Rdn. 80).

Falls ein Ehegatte anfechtungsberechtigt ist, der mit dem Erblasser bei dessen Tode **31** im Güterstand der Zugewinngemeinschaft gelebt hat, verschafft er sich durch die Anfechtung den nach § 1371 Abs. 1 um ein Viertel erhöhten gesetzlichen Erbteil. Würde er nicht anfechten, stünde ihm nur der normale, kleine Pflichtteil zu. Daneben hätte er nach § 1371 Abs. 2 den Anspruch auf Ausgleich eines etwaigen Zugewinns. Diesen Anspruch hat er nicht, wenn er anficht; denn in der Anfechtung wird regelmäßig die Annahme des gesetzlichen Erbteils liegen. Damit erfolgt nach § 1371 Abs. 1 die erbrechtliche Abfindung, durch die der Anspruch auf Ausgleich des Zugewinns ausgeschlossen wird.

Der wegen des Pflichtteils in Anspruch genommene Erbe kann diese Last nach **32** Maßgabe der §§ 2318 ff teilweise auf die Vermächtnisnehmer abwälzen (RG WarnRspr. 1927 Nr. 35).

D. Beweislast 33

Der übergangene Pflichtteilsberechtigte braucht, um seine sich nach der Anfechtung ergebenden Ansprüche geltend zu machen, nur zu beweisen, daß er rechtzeitig angefochten hat und daß der Tatbestand des § 2079 Satz 1 erfüllt ist.

Da der Gesetzgeber von der Vermutung ausgeht, daß in diesen Fällen die angefochtene Verfügung auf dem Irrtum des Erblassers beruht (vgl. Rdn. 3), ist es Sache des Gegners, zu beweisen, daß oder inwieweit der Erblasser auch bei Kenntnis der Sachlage in derselben Weise verfügt hätte, um damit die Klage ganz oder teilweise zu Fall zu bringen.

Auch wenn der Pflichtteilsberechtigte die Nichtigkeit des ganzen Testaments geltend macht, ist es Sache des Gegners, darzulegen und zu beweisen, daß die Anfechtung wegen Satz 2 nur beschränkt zulässig ist.

§ 2080

Zur Anfechtung ist derjenige berechtigt, welchem die Aufhebung der letztwilligen Verfügung unmittelbar zustatten kommen würde.

Bezieht sich in den Fällen des § 2078 der Irrtum nur auf eine bestimmte Person und ist diese anfechtungsberechtigt oder würde sie anfechtungsberechtigt sein, wenn sie zur Zeit des Erbfalls gelebt hätte, so ist ein anderer zur Anfechtung nicht berechtigt.

Im Falle des § 2079 steht das Anfechtungsrecht nur dem Pflichtteilsberechtigten zu.

E I 1784 II 1953; M 5 55—57; P 5 59—66.

Übersicht

1 **I. Die nach Abs. 1 anfechtungsberechtigten Personen**

1. Unmittelbares Zustattenkommen der Aufhebung der Verfügung

Da der Erblasser die von ihm errichtete Verfügung nach § 2253 jederzeit frei widerrufen kann, gewährt das Gesetz ihm kein Anfechtungsrecht. Dritte können die Verfügung nur anfechten, soweit ihnen die Aufhebung unmittelbar, also nicht erst „beim Wegfall eines anderen" (§ 2341) zustatten kommt. Die Anfechtung der letztwilligen Verfügung kann dem hierdurch Benachteiligten nur dann zustatten kommen, wenn sie den erlittenen Nachteil auch wirklich auszugleichen vermag. Dies ist nicht der Fall, wenn der Erblasser zwar dem Fremden X eine Zuwendung machen wollte, sich aber durch Irrtum oder Drohung hiervon hat abhalten lassen. Die Anfechtung (des X) kann niemals den Erfolg haben, einem zwar gehegten, aber überhaupt nicht erklärten Willen des Erblassers Geltung zu verschaffen (RG LZ **20**, 340).

Das Anfechtungsrecht kann auch davon abhängen, ob der Erblasser vor seinem Tode mit dem überlebenden Ehegatten im Güterstand der Zugewinngemeinschaft gelebt hat. Der Erblasser hat seine einzigen Angehörigen als Erben eingesetzt, und zwar seinen Ehegatten zu 5/8 und seinen Bruder zu 3/8 . Er wollte beide gleichstellen, hat sie aber infolge eines Irrtums über Vorempfänge unterschiedlich bedacht. Eine frühere letztwillige Verfügung ist nicht vorhanden. Lebte er nicht im Güterstand der Zugewinngemeinschaft, dann könnte der Bruder anfechten. Bei der dann eintretenden gesetzlichen Erbfolge würden Ehefrau und Bruder je zu 1/2 als Erben berufen sein. Lebte der Erblasser im Güterstand der Zugewinngemeinschaft, dann könnte der Bruder nicht anfechten, da die Anfechtung ihm nicht zustatten kommen würde. Denn bei der gesetzlichen Erbfolge wäre mit Rücksicht auf § 1371 Abs. 1 BGB die Ehefrau zu 3/4 und der Bruder nur zu 1/4 berufen.

2 **2. Die als Anfechtungsberechtigte in Betracht kommenden Personen**

Hiernach sind — in Ansehung der ganzen oder eines Teiles der letztwilligen Verfügung (§§ 2078 Rdn. 30, 31, 2079 Rdn. 26—29) — anfechtungsberechtigt: die gesetzlichen Erben, soweit Fremde; der früher Berufene, soweit ein später eingesetzter Erbe; der Ersatzerbe, soweit der Haupterbe; der Alleinerbe und die Miterben, soweit Miterben überhaupt oder soweit sie zu höheren Anteilen anfechtbar berufen sind.

Bei Vermächtnissen kommt die Aufhebung dem Beschwerten, bei anfechtbarem Widerruf dem Bedachten zustatten.

Die durch Verbot der Auseinandersetzung (§ 2044), durch Teilungsanordnungen (§ 2048), durch Bestellung eines Testamentsvollstreckers Beschwerten, die im Pflichtteil Beschränkten (§§ 2305, 2336) sind an der Beseitigung solcher anfechtbaren Beschränkungen, der bestellte Testamentsvollstrecker ist an der Aufhebung des Widerrufs seiner Bestellung unmittelbar interessiert. Die nächsten Interessenten an den in familienrechtlicher Beziehung getroffenen Anordnungen (Rdn. 2 vor § 1937) ergeben sich von selbst.

Maßgebend für das Interesse ist die Zeit des Erbfalls.

3. Anfechtungsberechtigte im Falle der Ausschlagung durch den zunächst Berechtigten oder im Falle seiner Erbunwürdigkeitserklärung 3

Da die Wirkung der Ausschlagung auf den Zeitpunkt des Erbfalls zurückverlegt wird (§ 1953 Rdn. 1), so muß bei der Erbeinsetzung und dem Vermächtnis (§ 2180 Abs. 3), wenn der eigentlich Anfechtungsberechtigte ausschlägt, auch der statt seiner Berufene als unmittelbar beteiligt und deshalb anfechtungsberechtigt gelten.

Ob der zunächst Berechtigte sogleich ausgeschlagen oder erst angefochten und dann ausgeschlagen hat, macht keinen Unterschied, vorausgesetzt, daß die Anfechtung nicht als Annahme zu gelten hat (§ 1943), ohne daß diese mit Erfolg angefochten ist (§ 1954).

Unter dieser Voraussetzung bricht mit der Ausschlagung auch die Legitimation des Ausschlagenden zur Anfechtung nachträglich, aber mit Rückbeziehung auf die Zeit des Erbfalls zusammen.

Das gleiche hat zu gelten, wenn der Nächstberechtigte für erbunwürdig erklärt wird (§ 2344).

II. Die nach Abs. 2 Anfechtungsberechtigten 4

Abs. 2 regelt das Anfechtungsrecht in den Fällen, in denen der Irrtum sich nur auf eine bestimmte Person bezieht. Es wäre unbillig, in diesen Fällen Dritten wegen des sie gar nicht betreffenden Irrtums ein Anfechtungsrecht zu gewähren. Anfechtungsberechtigt ist nur der von dem Irrtum Betroffene, und, falls er nach dem Erblasser verstorben ist, auch seine Erben. Wenn der Erblasser aus Irrtum seinen Bruder A nur deshalb nicht bedacht hat, weil er ihn verstorben glaubte, so ist nur A, und wenn er nach dem Erblasser stirbt, so sind nur A.s Kinder und Erben aus § 2078 anfechtungsberechtigt. Sie sind es aber nicht, wenn A schon vor dem Erblasser verstorben ist, obwohl sie im Falle erfolgreicher Anfechtung unmittelbar als gesetzliche Erben in Betracht kämen. Denn auf die Kinder hatte sich der Irrtum des Erblassers nicht bezogen.

III. Die zur Anfechtung wegen Drohung Berechtigten 5

Im Fall der Drohung gilt die Beschränkung des Abs. 2 nicht. Doch ist nach Abs. 1 nur anfechtungsberechtigt, wem die Anfechtung zustatten kommt (Rdn. 1).

IV. Die nach Abs. 3 anfechtungsberechtigten Pflichtteilsberechtigten 6

Daß nur der Pflichtteilsberechtigte als anfechtungsberechtigt erklärt ist, will besagen, daß im Falle des § 2079 lediglich Pflichtteilsberechtigte, nicht auch sonstige Dritte als Personen in Betracht kommen, denen nach Abs. 1 die Aufhebung unmittelbar zustatten kommen würde. Das eigene Anfechtungsrecht des Erblassers gegenüber einem für ihn bindend gewordenen gemeinschaftlichen Testamente wird hierdurch nicht ausgeschlossen (§ 2271 Rdn. 43, 44).

7 **V. Zusammentreffen mehrerer Anfechtungsberechtigter**

Von mehreren Berechtigten ist jeder für sich zur Ausübung des Anfechtungsrechts befugt, soweit die Voraussetzung des Abs. 1 auf ihn zutrifft. Ficht einer von ihnen wirksam an, dann wirkt die Anfechtung absolut und kommt allen übrigen zugute (BGH LM BGB § 2080 Nr. 1; *Kipp/Coing*, § 24 IV 1 b; *Bartholomeyczik*, § 24 II 2; *Lange* § 35 VI 1 a; *von Lübtow*, I, S. 329). Über das Anfechtungsrecht mehrerer Erben oder mehrerer Vermächtnisnehmer, die mit demselben Vermächtnis beschwert sind, s. § 2148 Rdn. 5.

8 **VI. Vererblichkeit, Übertragbarkeit und Pfändbarkeit des Anfechtungsrechts**

Das einmal entstandene Anfechtungsrecht, das beim Tode des Erblassers noch nicht erloschen ist, geht zusammen mit der Erbschaft auf den Erben über (mißverständlich die 11. Auflage an dieser Stelle); ebenso *von Lübtow* I, S. 329; *Bartholomeyczik*, § 24 II 5; *Erman/Hense, § 2080 Rdn. 3; Kipp/Coing*, § 24 I V 1 c; *Lange*, § 35 VI 2).

Dagegen ist das nackte Recht unter Lebenden nicht übertragbar, da die Entscheidung darüber, ob hiervon Gebrauch zu machen sei, nur demjenigen zusteht, auf dessen Person die Voraussetzungen des § 2080 zutreffen. Nur nach seiner Person bestimmt sich auch der Fristenlauf. Wohl aber kann die Ausübung einem Dritten überlassen werden.

Hat der Berechtigte das im Wege der Anfechtung erst zu verwirklichende Recht (das Recht auf den Nachlaßanteil § 2033, die Vermächtnisforderung) übertragen, so muß auch das hierzu dienende Anfechtungsrecht als mit übertragen gelten.

Umgekehrt kann mit Abtretung des Anfechtungsrechts zugleich die Abtretung des damit erst zu erstreitenden Rechtes gemeint sein.

9 Das Anfechtungsrecht gehört, wenn der nach § 2080 Anfechtungsberechtigte in Konkurs fällt, wie sich aus § 9 KO ergibt, nicht zur Masse. Kann nur der Gemeinschuldner persönlich darüber entscheiden, ob er eine ihm angefallene Erbschaft annehmen oder ausschlagen will, dann muß dies um so mehr hinsichtlich der Anfechtung gelten, die erst die Voraussetzung für den Anfall der Erbschaft schafft.

10 Aus dieser Bestimmung und aus den §§ 851, 852, 857 ZPO folgt weiter, daß das Anfechtungsrecht unpfändbar ist, solange seine Ausübung nicht zusammen mit einem pfändbaren Gegenstand, dessen Verwertung die Anfechtung voraussetzt, einem Dritten übertragen ist. Falls das Anfechtungsrecht zusammen mit dem erst durch Anfechtung zu verwirklichenden Recht, z. B. einem Anspruch aus einem Vermächtnis, gepfändet ist, kann dennoch der Schuldner nicht wider seinen Willen genötigt werden, die Anfechtung zu erklären.

§ 2081

Die Anfechtung einer letztwilligen Verfügung, durch die ein Erbe eingesetzt, ein gesetzlicher Erbe von der Erbfolge ausgeschlossen, ein Testamentsvollstrecker ernannt oder eine Verfügung solcher Art aufgehoben wird, erfolgt durch Erklärung gegenüber dem Nachlaßgerichte.

Das Nachlaßgericht soll die Anfechtungserklärung demjenigen mitteilen, welchem die angefochtene Verfügung unmittelbar zustatten kommt. Es hat die Einsicht der Erklärung jedem zu gestatten, der ein rechtliches Interesse glaubhaft macht.

Die Vorschrift des Abs. 1 gilt auch für die Anfechtung einer letztwilligen Verfügung, durch die ein Recht für einen anderen nicht begründet wird, insbesondere für die Anfechtung einer Auflage.

E II 1954; P 5 66—68, 70—72; 6 344.

Form der Anfechtung

Übersicht

I. Die Anfechtungserklärung 1

1. Allgemeines

Der 1. Entwurf enthielt keine besonderen Vorschriften darüber, wie eine letztwillige Verfügung anzufechten sei. Danach sollten die allgemeinen Vorschriften gelten. Im BGB ist die Anfechtung für die wichtigsten Fälle besonders geregelt und für sie ebenso wie in § 1955 für die Anfechtung der Annahme oder Ausschlagung der Erbschaft, die Abgabe der Erklärung gegenüber dem Nachlaßgericht vorgeschrieben.

Der Grund hierfür besteht darin, daß bei den in Betracht kommenden Fällen in der Regel ein größerer Personenkreis durch die Anfechtung betroffen wird und daß auch nicht selten Zweifel daran bestehen, wer nach § 143 Anfechtungsgegner sein würde.

Abweichend von der Regel des § 143 Abs. 1, wonach die Anfechtung dem jeweiligen Anfechtungsgegner gegenüber zu erklären ist, schreibt das Gesetz daher im Interesse der Rechtssicherheit (RG **143**, 352) in den Fällen des Abs. 1 u. 3 Erklärung gegenüber dem Nachlaßgericht vor (so auch § 1955).

2. Keine Angabe des Anfechtungsgrundes 2

Das Gesetz verlangt nicht, daß der Anfechtungsgrund angegeben wird. Das Gesetz fordert diese Angabe weder in dem Sinne, daß abstrakt die einzelnen Fälle der §§ 2078, 2079 unterschieden, noch in dem Sinne, daß die konkreten Tatsachen, auf die die Anfechtung gegründet wird, angegeben werden müssen (vgl. RG **65**, 88).

Es ist deshalb auch, wenn in der Erklärung nur ein Grund oder nur ein „Umstand" (§ 2078 Abs. 2) vorgebracht wird, das Vorbringen weiterer Gründe oder Umstände im Prozeß nicht ausgeschlossen. Dabei kann es sich jedoch nur um solche Gründe handeln, die bereits bestanden, als die Anfechtung erklärt wurde. Anfechtungsgründe, die erst später entstehen, erfordern eine neue Anfechtungserklärung (OGH **3**, 378).

3. Form 3

Die Erklärung bedarf keiner besonderen Form, muß aber, um wirksam zu werden, dem Nachlaßgericht zugegangen sein (§ 130).

4. Für die Anfechtung nach Abs. 1 in Betracht kommende Verfügungen 4

Erbeinsetzung §§ 2087 ff einschließlich der Einsetzung eines Nacherben § 2100, Ausschließung § 1938, Ernennung eines Testamentsvollstreckers und Bestimmung seines Wirkungskreises §§ 2197 ff, Aufhebung solcher Verfügungen §§ 2253 ff (RG Gruchot **65**, 480: Anwendung des § 2081 auf den Fall des § 2255).

5. Gebühr

Für die Entgegennahme der Anfechtungserklärung KostO § 112 Abs. 1 Nr. 4, § 115.

5 **II. Mitteilungspflicht des Nachlaßgerichts**

1. Bedeutung für die Wirksamkeit der Erklärung

Die Mitteilungspflicht besteht übereinstimmend mit §§ 1953, 1957 u. a. Die Wirksamkeit der Anfechtung selbst ist hiervon nicht abhängig. In der Entgegennahme der Anfechtungserklärung und ihrer Mitteilung erschöpft sich regelmäßig die Tätigkeit des Nachlaßgerichts. Eine Entscheidung darüber, ob die Anfechtung gültig ist, steht ihm nur aus besonderem Anlaß zu, z. B. wenn die Erteilung eines Erbscheins beantragt wird (München JFG **16,** 244).

6 **2. Rechtliches Interesse an der Einsicht**

Das Nachlaßgericht hat die Einsicht der Anfechtungserklärung jedem zu gestatten, der ein rechtliches Interesse glaubhaft macht. Das Gesetz, das den Begriff rechtliches Interesse an den verschiedensten Stellen, z. B. in §§ 66, 256, 299 ZPO, § 57 FGG, §§ 810, 1953, 2010, 2081, 2146, 2228 und 2384 BGB verwendet, enthält keine Bestimmung dieses Begriffs. Die Auslegung muß daher an den allgemeinen Sprachgebrauch anknüpfen. Danach erfordert das rechtliche Interesse mehr als das berechtigte Interesse, das der Gesetzgeber z. B. in § 34 FGG voraussetzt. Das rechtliche Interesse muß sich stets aus der Rechtsordnung selbst ergeben. Es muß sich um ein Interesse handeln, das aus einem gegenwärtig bestehenden, auf Rechtsnormen beruhenden oder durch sie geregelten Verhältnis einer Person zu einer anderen Person oder zu einer Sache erwachsen ist (BGH LM VerschG § 16 Nr. 1). Ist diese Voraussetzung gegeben, dann wird ein rechtliches Interesse im Sinne des § 2081 Abs. 2 Satz 2 in der Regel zu bejahen sein.

7 **III. Anfechtung von Verfügungen, die keine Rechte begründen (Abs. 3)**

Die Anfechtung ist nach Abs. 3 auch dann dem Nachlaßgericht gegenüber zu erklären, wenn durch die angefochtene Verfügung keine Rechte für einen anderen begründet worden sind.

Nur Verpflichtungen, keine Rechte werden begründet durch die Auflage (§ 1940), durch das Verbot der Auseinandersetzung (§ 2044) und durch familienrechtliche Anordnungen (Rdn. 2 vor § 1937). Auch durch die Aufhebung derartiger Verfügungen wird kein Recht begründet.

8 Dasselbe gilt von Beschränkungen und Entziehung des Pflichtteils (§§ 2305, 2336). Auch hier geschieht in Ermangelung eines Berechtigten die Anfechtung gegenüber dem Nachlaßgerichte. Auch wenn die Pflichtteilsentziehung aufgehoben wird, wird durch diese Verfügung der Pflichtteilsanspruch nicht begründet. Es wird dem Berechtigten nur der gesetzlich begründete Anspruch belassen (*Planck/Flad* 4. Aufl. § 2081 Anm. 2 b; *von Lübtow* I S. 330 bezüglich der Entziehung des Pflichtteilsanspruchs und der Aufhebung dieser Verfügung; aA *Kipp/Coing* § 24 V 1 a).

9 **IV. Anfechtung durch Erklärung gegenüber dem anderen Teil (Vermächtnis, Rechte begründende Teilungsanordnungen. § 143)**

Die Regel des § 143 Abs. 1 (mit Abs. 4 Satz 1) bleibt in der Hauptsache nur bestehen, wenn es sich um die Anfechtung von Vermächtnis- und (Rechte begründenden) Teilungsanordnungen (§ 2048) oder um die Anfechtung der Aufhebung solcher Anordnungen handelt.

Anfechtungsgegner ist in diesen Fällen nach § 143 Abs. 4 Satz 1 jeder, der durch die angefochtene Verfügung unmittelbar einen rechtlichen Vorteil erlangt hat.

Auch die Anfechtung eines vor einem Richter nach § 2231 Nr. 1 errichteten Testaments kann nicht nach § 143 Abs. 4 Satz 2 durch Erklärung gegenüber dem Gericht erfolgen. Denn dieses Testament ist keine Erklärung, die dem Gericht gegeniiber abgegeben worden ist.

Wird die Anfechtungserklärung in solchem Falle statt an den Anfechtungsgegner **10**
(also bei Anfechtung eines Vermächtnisses den Bedachten) fälschlich an das Nachlaßgericht gerichtet, so wird sie immerhin mit dem Zugang an den Anfechtungsgegner wirksam, wenn das Nachlaßgericht sie — seiner Pflicht gemäß und entsprechend dem vermutlichen Willen des Erklärenden — dem Anfechtungsgegner mitteilt.

Befindet sich der Bedachte im Konkurs, so kommt es nach KO §§ 1, 6 darauf an, **11**
ob der Erbfall vor oder nach der Konkurseröffnung eingetreten ist. Im ersten Fall ist die Anfechtung des Vermächtnisses dem Konkursverwalter, im zweiten Fall dem Bedachten selbst zu erklären (*Reichel*, AcP **138,** 214).

V. Anfechtung mehrerer Anordnungen eines Testaments **12**

Enthält das Testament mehrere letztwillige Verfügungen und ist es in seinem ganzen Umfang anfechtbar oder sollen mehrere Verfügungen dieses Testaments angefochten werden, so ist nicht immer eine einheitliche Anfechtung möglich. Einheitlich angefochten werden können durch Erklärung gegenüber dem Nachlaßgericht nur die unter Abs. 1 und 3 fallenden Verfügungen. Im übrigen müssen die Verfügungen, soweit sie nicht nach § 2085 von der Nichtigkeit ergriffen werden, durch Erklärung gegenüber dem durch sie jeweils Begünstigten angefochten werden.

§ 2082

Die Anfechtung kann nur binnen Jahresfrist erfolgen.

Die Frist beginnt mit dem Zeitpunkt, in welchem der Anfechtungsberechtigte von dem Anfechtungsgrunde Kenntnis erlangt. Auf den Lauf der Frist finden die für die Verjährung geltenden Vorschriften der §§ 203, 206, 207 entsprechende Anwendung.

Die Anfechtung ist ausgeschlossen, wenn seit dem Erbfalle dreißig Jahre verstrichen sind.

E I 1785 II 1955; M **5** 68, 69; **6,** 396.

Anfechtungsfrist

Übersicht

1 A. Die Jahresfrist nach Abs. 1

Die (abweichend von § 121 Abs. 1 bestimmte) Jahresfrist ist sowohl dem Anfechtungsgegner im Falle des § 143 als dem Nachlaßgerichte gegenüber (§ 2081) maßgebend. Fristberechnung §§ 187, 188.

2 B. Der Fristbeginn (Abs. 2 Satz 1)

Die Frist beginnt nach Abs. 2 mit dem Zeitpunkt, in dem der Anfechtungsberechtigte von dem Anfechtungsgrund Kenntnis erlangt. Die Frist kann niemals vor dem Erbfall zu laufen beginnen. Für die Anfechtung der von dem längstlebenden Ehegatten in einem gemeinschaftlichen Testament getroffenen Bestimmungen beginnt sie daher frühestens im Zeitpunkt des Todes dieses Ehegatten. Das gilt auch dann, wenn der Anfechtungsberechtigte von diesen Verfügungen und den ihnen zugrunde liegenden irrigen Vorstellungen schon nach dem Tode des zuerst verstorbenen Ehegatten Kenntnis erlangt hat. Unrichtig Frankfurt MDR **59**, 393. Hier wird nicht beachtet, daß es sich bei der anfechtbaren Verfügung um eine solche des überlebenden Ehegatten handelt, daß nur dieser zu seinen Lebzeiten selbst berechtigt ist, seine Verfügungen anzufechten und daß die in § 2080 bezeichneten Personen nach dem entsprechend anzuwendenden § 2285 die Verfügung nicht mehr anfechten können, wenn das Anfechtungsrecht des Erblassers zur Zeit des Erbfalls erloschen ist (vgl. § 2271 Rdn. 53—55).

3 I. Anfechtungsgrund

Anfechtungsgrund sind nicht nur die Tatsachen, die die letztwillige Verfügung anfechtbar machen, d. h. die Drohung, die den Irrtum nach § 2078 begründenden Tatsachen und der Umstand, daß der Erblasser hierdurch zur Errichtung der Verfügung bestimmt worden ist oder im Falle des § 2079 die Tatsache, daß ein Pflichtteilsberechtigter erst nach Errichtung der Verfügung bekannt geworden oder neu hinzugetreten ist und daß er in der Verfügung übergangen ist. Der Begriff Anfechtungsgrund muß, um den praktischen Bedürfnissen gerecht zu werden, weiter ausgelegt werden.

4 Der 1. Entwurf gebrauchte an Stelle dieses Begriffs den Begriff „die das Anfechtungsrecht begründenden Tatsachen". Zu diesen gehören auch das Vorhandensein einer gültigen letztwilligen Verfügung, des Anfechtungsgegenstandes, und der Eintritt des Erbfalls. Ein Antrag, an Stelle des Begriffs „die das Anfechtungsrecht begründenden Tatsachen" den Begriff „Anfechtungsgrund" zu setzen, wurde von der 2. Kommission abgelehnt und die Fassung des Entwurfs ausdrücklich gebilligt (Prot. **5**, 68 III A; vgl. auch RG **107**, 193). Es ist nicht ersichtlich, wie dennoch die jetzige Fassung des Gesetzes zustande gekommen ist. Jedenfalls kann der Begriff „Anfechtungsgrund" nach dem Willen des Gesetzgebers nicht anders verstanden werden als der ursprünglich gewählte Begriff „die das Anfechtungsrecht begründenden Tatsachen". Zur Kenntnis des Anfechtungsgrundes gehört daher auch die Kenntnis von dem Eintritt des Erbfalls, dem Vorhandensein einer gültigen letztwilligen Verfügung und von ihrem Inhalt.

5 II. Kenntnis des Anfechtungsgrundes

1. Zuverlässige Kenntnis vom Vorhandensein des Anfechtungsgrundes

Von allen diesen Umständen muß der Anfechtungsberechtigte ausreichende Kenntnis erlangt, d. h. sie in zuverlässiger Weise erfahren haben (RG Gruchot **59**, 481; **65**, 480). Die bloße subjektive Überzeugung von dem Bestehen des Anfechtungsgrundes stellt allein noch keine Kenntnis des Anfechtungsgrundes dar. Sie besagt nicht, daß der Anfechtungsberechtigte die den Anfechtungsgrund bildenden Tatsachen in zuverlässiger Weise erfahren hat; dazu gehört, daß ihm irgendwelche Umstände zuverlässig bekannt geworden sind, auf die die Überzeugung von dem Vorliegen des Anfechtungsgrundes gegründet werden kann. Bloße Vermutungen, die nicht auf zuverlässig bekannt gewordene Tatsachen gegründet sind, genügen auch dann nicht, wenn sie sich bei dem Anfechtungsberechtigten zur Überzeugung von dem Vorliegen des Anfechtungsgrundes verdichtet haben. Falls der Anfechtungsberechtigte eine zuverlässige Kenntnis vom Anfechtungsgrund erlangt hat, wird der Lauf der Frist nicht dadurch hinausgeschoben, daß der Anfechtungsberechtigte aus besonderen Gründen nicht in der Lage ist, das Vorhandensein des Anfechtungsgrundes zu beweisen (Mißverständlich *Staudinger/Seybold* 11. Aufl. § 2082 Rdn. 2).

Der Fristbeginn ist nicht wie in § 1944 Abs. 2 auf die Verkündung der Verfügung abgestellt. Es genügt, daß der Anfechtungsberechtigte irgendwie von ihrem Inhalt unterrichtet worden ist (RG **66**, 31).

2. Auf Tatsachenirrtum beruhende Unkenntnis **6**

Die Anfechtungsfrist läuft daher nicht, solange der Anfechtungsberechtigte infolge eines Tatsachenirrtums keine Kenntnis von dem Anfechtungsgrund hat.

Ein Irrtum, der die Unkenntnis einer zum Anfechtungsgrund gehörenden Tatsache zur Folge hat, kann sich auch aus einer unzutreffenden rechtlichen Beurteilung ergeben. Nimmt der Anfechtungsberechtigte infolge falscher Schlußfolgerungen an, daß das anfechtbare Testament nicht gültig sei, so kennt er eine zum Anfechtungsgrund gehörende Tatsache nicht. Dabei handelt es sich um einen Tatsachenirrtum und nicht um einen Rechtsirrtum, wenn der Irrtum über die Gültigkeit oder den Inhalt des Testaments nur auf Unkenntnis von Tatsachen oder irriger Annahme des Vorhandenseins in Wahrheit nicht vorliegender Tatsachen beruht, z. B. wenn der Anfechtungsberechtigte das Testament für nichtig oder unwirksam ansieht, weil er irrtümlich annimmt, es sei nicht eigenhändig geschrieben, der Erblasser sei bei der Testamentserrichtung geisteskrank gewesen oder er habe das Testament durch eine spätere Verfügung widerrufen. In diesen Fällen beurteilt der Anfechtungsberechtigte zwar die Rechtslage, die Gültigkeit oder Ungültigkeit des Testaments, falsch. Diese Falschbeurteilung beruht aber ausschließlich auf einer irrigen Vorstellung des tatsächlichen Geschehens und nicht auf Unkenntnis oder unrichtiger Auslegung der gesetzlichen Bestimmungen. Ebenso ist es, wenn der Anfechtende irrig annimmt, ein gemeinschaftliches Testament sei unwirksam, da der verstorbene Erblasser (der längstlebende Ehegatte) dieses bereits zu seinen Lebzeiten angefochten habe, während dieses in Wahrheit nicht angefochten oder die von ihm erklärte Anfechtung unwirksam war (abweichend insoweit BGH FamRZ **70**, 79, 81; dazu kritisch *Johannsen*, WM **72**, 651; zutreffend KG NJW **68**, 1141; vgl. auch OLG Hamm, MDR **71**, 584).

Ein Tatsachenirrtum ist in der Regel auch der Irrtum über den Inhalt oder die Auslegung einer letztwilligen Verfügung (vgl. unten Rdn. 16).

3. Auf Rechtsirrtum beruhende Unkenntnis **7**

a) Rechtsirrtum. Ein wirklicher Rechtsirrtum liegt nur dann vor, wenn der Anfechtungsberechtigte trotz vollständiger und richtiger Kenntnis der Tatsachen infolge Unkenntnis oder irriger Auslegung der gesetzlichen Bestimmungen zu falschen Schlußfolgerungen gelangt. Hinsichtlich der Gültigkeit des Testaments würde ein wirklicher Rechtsirrtum vorliegen, wenn der Anfechtungsberechtigte annimmt, das Testament sei nichtig oder unwirksam aus Gründen, die nach der geltenden Rechtsordnung diese Rechtsfolge nicht herbeiführen.

Dabei spielt es keine Rolle, ob die tatsächlichen Voraussetzungen für diese Gründe wirklich vorgelegen haben, ob also der Rechtsirrtum auch noch auf einem Tatsachenirrtum beruht. Ein solcher weiterer Tatsachenirrtum wäre in jedem Fall bedeutungslos, da in diesem Falle auch das Vorhandensein der etwa irrig angenommenen Tatsache nicht zu der angenommenen Rechtsfolge führen kann.

8 b) **Bedeutung des Rechtsirrtums für den Fristbeginn.** Daß der Rechtsirrtum für den Lauf der Anfechtungsfrist bedeutsam sein kann, wird in Schrifttum und Rechtsprechung nahezu einhellig angenommen.

Wenig Klarheit besteht aber in der Rechtsprechung darüber, in welchen Fällen ein Rechtsirrtum den Lauf der Anfechtungsfrist nicht beginnen läßt.

Abzulehnen ist auf jeden Fall der vom Oberlandesgericht Dresden in JFG **1**, 163 und **5**, 174 vertretene Standpunkt, nach dem die Frist nach § 2082 selbst dann nicht zu laufen beginnt, wenn der Anfechtungsberechtigte trotz Kenntnis aller sein Anfechtungsrecht begründenden Tatsachen aus Unkenntnis der gesetzlichen Bestimmungen von seinem Anfechtungsrecht nicht unterrichtet ist. Die Kenntnis des Anfechtungsgrundes umfaßt nicht die Kenntnis des Anfechtungsrechts.

9 Der Anfechtungsgrund kann einer Person bekannt sein, auch ohne daß ihr bekannt ist, daß aus diesen Tatsachen das Recht zur Anfechtung folgt. § 2082 Abs. 2 Satz 1 verlangt nur die Kenntnis des Anfechtungsgrundes. Die Frist kann daher auch zu laufen beginnen, wenn dem Anfechtungsberechtigten infolge Unkenntnis oder irriger Auslegung des Gesetzes sein Anfechtungsrecht unbekannt ist (vgl. RG **107**, 193; **132**, 1; Recht **20** Nr. 424).

Ein Rechtsirrtum kann daher nur dann bedeutsam sein, wenn der Irrtum die Unkenntnis einer zum Anfechtungstatbestand gehörenden Tatsache zur Folge hat (RG **132**, 1; Recht **20** Nr. 424; JW **35**, 2716).

10 Der Rechtsirrtum kann aber auch nicht in allen so gelagerten Fällen bedeutsam sein. Da die Kenntnis der gesetzlichen Bestimmungen über das Anfechtungsrecht keine Voraussetzung für den Beginn der Anfechtungsfrist ist, muß folgerichtig auch jeder Rechtsirrtum, der auf der Unkenntnis dieser Bestimmungen beruht, ohne Einfluß auf den Beginn der Anfechtungsfrist sein. Ein Rechtsirrtum, der nur eine rechtsirrtümliche Beurteilung des Anfechtungstatbestandes darstellt, kann daher den Lauf der Anfechtungsfrist nicht hemmen. Der Rechtsirrtum kann sonach allenfalls erheblich sein, wenn er außerhalb der rechtlichen Beurteilung des Anfechtungstatbestandes selbst liegt, wenn er seinen Grund nicht in der Unkenntnis der gesetzlichen Bestimmungen über das Anfechtungsrecht hat (RG **107**, 194; **132**, 4; JW **35**, 2716 Nr. 5; KG DNotZ **33**, 580 f; JW **37**, 2976).

11 Diese von der Rechtsprechung entwickelten Grundsätze sind nicht in allen Entscheidungen genügend beachtet worden. Der Irrtum über die Gültigkeit des Testaments ist entgegen der in RG **107**, 193 vertretenen Ansicht nicht in jedem Fall für den Beginn der Anfechtungsfrist bedeutsam. RG **132**, 1 ff führt aus, er sei unbeachtlich, wenn der Anfechtungsberechtigte die Ungültigkeit aus Umständen herleitet, die ihrerseits erst das Anfechtungsrecht begründen. Im Widerspruch dazu steht RG JW **35**, 2716 Nr. 5, sofern dort gesagt sein soll, die Anfechtungsfrist habe nicht zu laufen begonnen, wenn der Anfechtungsberechtigte geglaubt habe, das frühere gemeinschaftliche Testament sei durch die Wiederheirat des einen Ehegatten „erledigt" gewesen. Zutreffend KG DNotZ **33**, 580.

Falls der Anfechtungsberechtigte die ihn beeinträchtigende Verfügung falsch auslegt und annimmt, der Erblasser habe darin selbst bestimmt, die Verfügung solle bei Eintritt bestimmter Umstände (z. B. seiner Wiederheirat oder der Geburt eigener Nachkommen) nicht gelten, befindet er sich in einem Tatsachenirrtum (Rdn. 6). Es ist unerheblich, daß diese Umstände sein Anfechtungsrecht begründen. Solange der Anfechtungsberechtigte sich in diesem Tatsachenirrtum befindet, läuft die Anfechtungsfrist nach Abs. 2 nicht.

Nicht ganz klar ist Koblenz NJW **47/48,** 628. Unzutreffend wäre es, wenn im Sinne des Leitsatzes gesagt sein sollte, daß ein Rechtsirrtum, der nicht die Gültigkeit, sondern nur die Auslegung des Testaments betreffe, allgemein unbeachtlich sei. Die unrichtige Auslegung eines Testaments führt grundsätzlich zu einem Tatsachenirrtum. Um einen Rechtsirrtum kann es sich nur handeln, wenn die falsche Vorstellung von dem Inhalt des Testaments auf der irrigen Annahme gesetzlicher Auslegungsregeln beruht.

Die Zweifelhaftigkeit der Unterscheidungen in der Rechtsprechung läßt der Beschluß des Kammergerichts (JW **37,** 2976) deutlich erkennen. Dort hatte der überlebende Ehegatte angenommen, ein mit seinem früheren Ehegatten errichtetes gemeinschaftliches Testament sei durch die Geldentwertung ungültig geworden. Diesen Irrtum hat das Kammergericht für beachtlich erklärt. Diese Entscheidung entspricht der Rechtsprechung über den Irrtum, wenn der Sachverhalt so lag, daß die Vorstellungen des Testators über die Geldentwertung nicht den Tatbestand des § 2078 Abs. 2 erfüllten. Wäre das der Fall gewesen, dann wäre der Irrtum unbeachtlich gewesen.

Das Ergebnis der Entscheidung von derartig kleinen, schwer feststellbaren tatsäch- **12**
lichen Unterschieden abhängig zu machen, die sich in der Regel nur aus der Vorstellung des Testators ergeben, ist wenig billig. Man wird daher besser entgegen der bisherigen Rechtsprechung den reinen Rechtsirrtum grundsätzlich für unerheblich halten müssen.

Dieser Standpunkt dürfte auch nicht zu Schwierigkeiten führen, wenn im Sinne der oben gemachten Ausführungen stets zwischen dem unbeachtlichen wirklichen reinen Rechtsirrtum und der beachtlichen auf einem Tatsachenirrtum beruhenden falschen Beurteilung der Rechtslage unterschieden wird. Gegen die Zulässigkeit dieser Unterscheidung *von Lübtow* I S. 333 Anm. 82).

Eine praktisch brauchbare und auch rechtlich vertretbare Abgrenzung schlägt *Coing (Kipp/Coing)* § 24 V 4 b vor. Danach soll die rechtsirrtümliche Beurteilung des den Tatsachen nach richtig bekannten Anfechtungstatbestandes zu Lasten des Berechtigten gehen. Denn dieser mag sich Rechtsrat einholen. Ein anderer Irrtum aber, der ihn hindert, an die Notwendigkeit solcher Informationen zu denken, soll den Lauf der Frist hemmen. Die Unterscheidung von Rechts- und Tatsachenirrtum als solchem wird abgelehnt.

Im Falle des § 2079 fehlt es an der Kenntnis des Anfechtungsgrundes, solange der **13**
Anfechtungsberechtigte ein späteres, ihn berücksichtigendes Testament infolge einer auf einem Tatsachenirrtum beruhenden falschen Beurteilung der Rechtslage für rechtswirksam hält.

III. Hemmung des Fristlaufs (Abs. 2 Satz 2) **14**

§ 203: Stillstand der Rechtspflege und höhere Gewalt (über die Hemmung der Frist infolge des Kriegszustandes vgl. 11. Aufl. § 202 Anm. 24—39); § 206: Mangel der Vertretung des Geschäftsunfähigen usw. (RG **143,** 350: ein Ehegatte, den der vorverstorbene Ehegatte als Erben eingesetzt hat, ist gehindert, als gesetzlicher Vertreter eines nach der Errichtung des Testaments aus der Ehe hervorgegangenen Kindes die Anfechtung nach §§ 2079, 2081 Abs. 1 zu erklären); § 207: wenn das Anfechtungsrecht zu einem Nachlasse gehört oder gegen den Nachlaß des Anfechtungsgegners zusteht. Über die unrichtige Behandlung einer Rechtsangelegenheit durch den beurkundenden Notar als höhere Gewalt OLG Köln, OLGZ **67,** 496.

15 **C. Die dreißigjährige Frist nach Abs. 3**

Die dreißigjährige Frist (entsprechend § 195) greift ohne Rücksicht auf die Kenntnis vom Anfechtungsgrund durch.

16 **D. Beweislast**

Nach der wohl herrschenden Lehre (vgl. die 9. Aufl. in Anm. 3 und *Planck/Flad*, 4. Aufl. § 2082 Anm. 2) hat der Gegner des Anfechtenden zu beweisen, in welchem Zeitpunkt der Anfechtende von dem Anfechtungsgrund Kenntnis erlangt hat. Der Anfechtende muß beweisen, daß die Anfechtung innerhalb der in Abs. 2 bestimmten Jahresfrist erfolgt ist.

Diese Unterscheidung findet im Gesetz keine Stütze. Der Anfechtende hat, wie die Fassung des § 2082 Abs. 1 ergibt, zu beweisen, daß die Anfechtung rechtzeitig innerhalb der Jahresfrist erfolgt ist. Den Beweis kann er nicht mit der bloßen Behauptung führen, er habe von dem Anfechtungsgrund erst in einem Zeitpunkt Kenntnis erlangt, der weniger als ein Jahr vor der Abgabe der Anfechtungserklärung liegt. Vielmehr muß er auch beweisen, wann er von dem Anfechtungsgrund Kenntnis erlangt hat (vgl. dazu die näheren Ausführungen zu § 1954 Rdn. 15, die hier ebenso gelten).

17 Die in Abs. 3 bestimmte Frist von 30 Jahren ist eine echte Ausschlußfrist; als solche hat ihr Verstreichen derjenige zu beweisen, der Rechte daraus herleiten will.

§ 2083

Ist eine letztwillige Verfügung, durch die eine Verpflichtung zu einer Leistung begründet wird, anfechtbar, so kann der Beschwerte die Leistung verweigern, auch wenn die Anfechtung nach § 2082 ausgeschlossen ist.

E II 1956; P 5 70.

Einrede gegenüber Ansprüchen auf Leistung aus anfechtbaren Verfügungen

1 **I. Grund für das Bestehen der Einrede**

Der durch eine anfechtbare letztwillige Verfügung beschwerte Erbe oder Vermächtnisnehmer wird in der Regel, solange der Bedachte die Leistung von ihm nicht fordert, keinen Anlaß haben, die Verfügung anzufechten. Macht der Bedachte sein Recht erst geltend, nachdem die Anfechtungsfrist verstrichen ist, so wäre es unbillig, wenn der früher Anfechtungsberechtigte jetzt leisten müßte. Dem Anfechtungsberechtigten, dem durch die anfechtbare Verfügung eine Leistung (Vermächtnis, Auflage, Einwerfung eines Vorempfangs) auferlegt ist, gewährt das Gesetz daher noch nach Versäumung der Anfechtungsfrist ein zeitlich unbeschränktes, durch Einrede geltend zu machendes Leistungsverweigerungsrecht (ähnlich §§ 821, 853). Diese Einrede leitet sich aus dem Anfechtungsrecht her. Daraus folgt, daß in einem Fall, in dem der Gläubiger gegen den Testamentsvollstrecker klagt, dieser dem Anspruch die Einrede aus § 2083 nur mit Zustimmung des Erben entgegensetzen kann, da der Erbe, nicht aber der Testamentsvollstrecker das Testament anfechten kann (BGH LM BGB § 2205 Nr. 8).

II. Keine Einrede gegenüber Ansprüchen aus Erbeinsetzung, Teilungsanordnung und Berufung als Nacherbe 2

Auf Erbeinsetzungen oder Teilungsanordnungen ist die Vorschrift nicht anwendbar. Auch nicht auf die Einsetzung eines Nacherben; denn die nach § 2130 dem Vorerben obliegende Herausgabepflicht ist keine für sich bestehende Leistungspflicht, sondern nur die gesetzliche Folge davon, daß er mit dem Eintritt der Nacherbfolge aufhört, Erbe zu sein.

Zutreffend weist *Planck/Flad* 4. Aufl. § 2083 Anm. 2 darauf hin, daß die Bestimmung in folgendem Fall analog anzuwenden ist: Ein Miterbe wird nach der Erbauseinandersetzung von einem anderen Miterben in Anspruch genommen, da ihm auf Grund einer anfechtbaren, bei der Auseinandersetzung unbeachtet gebliebenen letztwilligen Verfügung die Pflicht auferlegt worden ist, einen Vorempfang zur Ausgleichung zu bringen.

III. Einrede während des Laufs der Anfechtungsfrist 3

Ob das Leistungsverweigerungsrecht auch während des Laufes der Anfechtungsfrist ohne besondere Anfechtungserklärung gegeben ist, wird (mit *Reichel* AcP **138**, 219) zu bejahen sein, ist aber für die hauptsächlich in Betracht kommenden Fälle der Anfechtung gemäß § 143 Abs. 1, 4 (§ 2081 Rdn. 9 ff) ohne praktische Bedeutung, da in der mit Berufung auf einen Anfechtungsgrund erhobenen Einrede immer die gegenüber dem Anfechtungsgegner erklärte Anfechtung zu finden sein wird.

IV. Einrede bei Vermächtnis- und Pflichtteilsunwürdigkeit 4

Vermächtnis- und Pflichtteilsunwürdigkeit nach § 2339 Abs. 1 wird gleichfalls durch Anfechtung geltend gemacht. Nach § 2345 kann, wenn die Anfechtungsfrist versäumt ist, gegenüber dem Anspruch auf das anfechtbare Vermächtnis oder den anfechtbaren Pflichtteil gleichfalls eine Einrede geltend gemacht werden.

§ 2084

Läßt der Inhalt einer letztwilligen Verfügung verschiedene Auslegungen zu, so ist im Zweifel diejenige Auslegung vorzuziehen, bei welcher die Verfügung Erfolg haben kann.

E I 1778 II 1957; M **5** 43—45; P **5** 43, 44.

Neueres Schrifttum:

Brox, Die Einschränkung der Irrtumsanfechtung, 1960; *Flume*, Rechtsgeschäft und Privatautonomie. In: Festschrift zum Deutschen Juristentag 1960, I, 135/190; *Foer*, Die Berücksichtigung des Willens des Testators bei der Auslegung mehrdeutiger Verfügungen von Todes wegen, AcP **153**, 492; *Picenoni*, Die Auslegung von Testament und Erbvertrag, 1955; *Coing*, Die Bedeutung der Zweckgebundenheit juristischer Personen bei der Auslegung von Verfügungen von Todes wegen. In: Festschrift für *Nipperdey*, I, 229 ff; *Keuk*, Der Erblasserwille post testamentum und die Auslegung des Testaments, 1965; *Haegele*, Zur Auslegung testamentarischer Verfügungen, Das Juristische Büro **70**, 835; *Bartz*, Testamentsauslegung bei Vermögenserwerb des Erblassers nach Testamentserrichtung, NJW **72**, 1174.

Testamentsauslegung

Übersicht

1 **I. Allgemeine Auslegungsgrundsätze**

1. Erforschung des wirklichen Willens

a) Willensdogma. Aufgabe der Auslegung ist es zunächst, den zur Zeit der Testamentserrichtung vorhanden gewesenen in der Verfügung zum Ausdruck gelangten wirklichen Willen des Erblassers zu ermitteln.

Das Gesetz läßt für die Auslegung letztwilliger Verfügungen das Willensdogma gelten. Dieser Grundsatz, der bei der Auslegung rechtsgeschäftlicher Erklärungen unter Lebenden durch § 157 eingeschränkt wird, gilt hier in erheblich weiterem Umfange. Da bei der Testamentsauslegung anders als im Vertragsrecht nicht darauf Rücksicht genommen zu werden braucht, wie dritte Personen die Erklärung verstehen honnten, kann der in § 157 aufgestellte, die Interessen des Vertragsgegners berücksichtigende Grundsatz hier außer Betracht bleiben (RG JW **12,** 344 Nr. 8; BayZ **20,** 208).

2 **b) Nichtauslegungsfähige eindeutige Erklärungen.** Umstritten ist, ob es zulässig ist, einer nach dem allgemeinen Sprachgebrauch klar und eindeutigen Erklärung im Wege der Auslegung einen anderen Sinn zu geben oder ob hier eine Grenze für die Auslegung besteht. Der Gesetzgeber hat, wie die Vorschrift über die Anfechtung wegen eines Irrtums über den Inhalt der Erklärung (§ 2078 Abs. 1) erkennen läßt, das Willensdogma auch für die Testamentsauslegung nicht völlig uneingeschränkt gelten lassen. Der Auslegung eine Grenze zu ziehen, kann auch ein Gebot der Rechtssicherheit und des ihr dienenden Formzwangs sein. Die Formvorschriften sollen auch ermöglichen, daß der in dem Testament niedergelegte Wille von Unbeteiligten zuverlässig festgestellt werden kann. Das Testament kann daher wohl in jeder Sprache abgefaßt werden. Es ist aber nicht unbedenklich, wenn der Erblasser sich einer von der allgemeinen abweichenden Sprachweise bedienen darf, deren Sinn sich aus der formgerecht errichteten Testamentsurkunde nicht ergibt und der nur einigen Eingeweihten bekannt ist. Deswegen hat der Bundesgerichtshof im Anschluß an die Rechtsprechung des Reichsgerichts für die Auslegung eine solche Grenze gezogen (BGH NJW **51,** 959; LM BGB § 2084 Nr. 7; RG **70,** 393; WarnRspr. 1913 Nr. 329; 1918 Nr. 123; DR **39,** 936). Als nicht auslegungsfähig

sind von der Rechtsprechung auch die Begriffe bezeichnet worden, die in den Kreisen, denen der Erblasser angehört, einen klaren und eindeutigen Sinn haben (BGH WM **56**, 496). Der Bundesgerichtshof hat diesen Grundsatz jedoch nicht streng durchgeführt. Eine von dem nach dem allgemeinen Sprachgebrauch eindeutigen Sinn abweichende Auslegung ist für zulässig erklärt worden, wenn sich aus dem Inhalt des Testaments selbst Anhaltspunkte dafür ergaben, daß der Erblasser diesen Begriff in einem bestimmten anderen Sinn verwandt hat (BGH LM BGB § 2084 Nr. 10). In einer anderen Entscheidung, bei der es sich darum handelte, daß der Erblasser seine Frau und seinen Sohn „je zur Hälfte“ als Erben eingesetzt hatte, wurde trotz des klaren Wortlauts über die Erbquoten für zulässig erklärt, daß das Testament entsprechend der darin enthaltenen Aufteilung der einzelnen Nachlaßgegenstände dahin ausgelegt wurde, daß die Witwe zu 5/7 und der Sohn zu 2/7 als Erbe berufen war (BGH LM BGB § 2084 Nr. 12). Ein Urteil vom 31. Januar 1973, IV ZR 34/72, ergibt, daß diese Grundsätze nur in sehr engen Grenzen gelten sollen.

An der auch von mir in der 11. Auflage vertretenen Ansicht, daß den im allgemeinen Sprachgebrauch eindeutigen Begriffen im Wege der Auslegung kein anderer Sinn beigelegt werden kann, kann ich nicht festhalten. Ihre Auslegung kann ergeben, daß der Erblasser sie in einem anderen Sinn gebraucht hat. Auszugehen ist jedoch stets davon, daß der Erblasser sie in dem ihnen nach dem Sprachgebrauch zukommenden Sinn verwandt hat. Ein anderer Sinn kann ihnen nur beigelegt werden, wenn sich dafür in der Testamentsurkunde ein Anhaltspunkt findet, und wenn es als ausgeschlossen erscheint, daß mit einer vom Sprachgebrauch abweichenden Auslegung der Erblasserwille verfälscht werden könnte (im Ergebnis ebenso *Coing*, § 21 III 2; *Lange*, § 33 III 3 b; *von Lübtow*, I S. 268). **3**

c) Auslegungsfähige Rechtsbegriffe. In der Gesetzessprache verwandte Rechtsbegriffe, z. B. Vor- und Nacherbschaft, Ersatzerbe, Nutznießung u. a., haben für die Allgemeinheit keinen unzweideutigen und klaren Sinn. Sie sind daher einer Auslegung zugänglich, und der Nachweis, daß der Erblasser diesen Begriffen eine andere Bedeutung als das Gesetz beigelegt hat, ist möglich (BGH LM BGB § 2100 Nr. 1 und 2). Zulässig und notwendig kann es auch sein, einen Rechtsbegriff als ungeschrieben zu betrachten, wenn die Verfügung andernfalls keinen Sinn hat oder dem Willen des Erblassers zuwiderlaufen würde. So hat der Bundesgerichtshof für die Verfügung „ich setze meinen Bruder und dessen Tochter, meine Nichte, zum gesetzlichen Erbteil als Erbe ein“, die Auslegung gelten lasse, daß der Bruder und die Nichte nach § 2091 als zu gleichen Teilen eingesetzt gelten (Urt. v. 18. 2. 1959 V ZR 199/57). **4**

Bei einem zu notariellem Protokoll erklärten Testament kann allerdings in der Regel davon ausgegangen werden, daß der Notar den Inhalt des Testaments vorher eingehend mit dem Erblasser besprochen und ihm die fraglichen Rechtsbegriffe erläutert hat. Dann ist auch die Annahme gerechtfertigt, daß der Erblasser seinen Willen unter Benutzung der zutreffenden Rechtsbegriffe niedergelegt hat, so daß diese das besagen, was der Erblasser wirklich gewollt hat. Diese Annahme entfällt aber, wenn der sonstige Testamentsinhalt nicht dem Sinn der darin verwandten Begriffe entspricht (BGH RdL **53**, 66; 14. 6. 1951 IV ZR 10/50). Bei der Auslegung kommt es dann nicht darauf an, wie der beurkundende Notar, sondern wie der Erblasser den von ihm gebrauchten Rechtsbegriff verstanden hat (BGH LM BGB § 2100 Nr. 1). Entsprechendes gilt, wenn eine privatschriftlich errichtete letztwillige Verfügung die wörtliche Abschrift eines Entwurfs ist, den ein Rechtsanwalt angefertigt und zuvor mit dem Erblasser erörtert hat. Dann kann angenommen werden, daß die in der Verfügung enthaltenen Begriffe „Vorerbe“ und „Nacherbe“ so gemeint sind, wie sie nach dem Gesetz verstanden wer- **5** den müssen (BGH Urt. v. 23. 11. 1960 V ZR 142/59 in BGH **33,** 314 jedoch insoweit nicht veröffentlicht).

6 **d) Stillschweigende Willenserklärungen.** Auch in einem formgerechten Testament mitenthaltene stillschweigende Willenserklärungen sind wirksam, und zwar unabhängig davon, ob der Wille des Erblassers dem das Testament beurkundenden Richter oder Notar erkennbar war und ihm bewußt geworden ist; immerhin kann die Auffassung, die die Urkundsperson von der Willensrichtung des Erblassers gewonnen hat, für den Beweis dieser Willensrichtung bedeutungsvoll sein (RG JW **10,** 61).

Mit den normalen Mitteln der Auslegung, der Berücksichtigung von Umständen, die außerhalb der Testamentsurkunde liegen, kann auch ermittelt werden, ob eine in einem Testament getroffene Anordnung nur unter einer Bedingung gelten soll (BGH Urt. v. 25. 6. 1964 III ZR 236/62; mißverständlich insoweit *Staudinger/Seybold,* vor §§ 2074 bis 2076 Rdn. 1). Nicht möglich ist es, einen vom Erblasser erklärten und festgestellten Willen mit Mitteln der Auslegung in sein Gegenteil zu verkehren. Dazu berechtigt auch § 2084 BGB nicht (BGH in dem eben angeführten Urteil).

7 **e) Anknüpfung an den Inhalt der Testamentsurkunde.** Die Auslegung muß ferner an der vorliegenden Willenserklärung irgendeinen, wenn auch noch so geringen Anhaltspunkt finden. Sie darf nicht dazu führen, einem Willen Geltung zu verschaffen, für den sich aus dem Testament nicht ergibt, daß er zur Zeit der Testamentserrichtung bei dem Erblasser vorhanden war.

Das gilt auch, wenn der Erblasser in späterer Zeit einen solchen Willen geäußert hat. Dieser erst später gefaßte Wille kann nur durch Errichtung eines neuen Testaments Geltung erlangen.

Mit Hilfe der Testamentsauslegung kann daher auch grundsätzlich keine auf Irrtum beruhende Entschließung des Erblassers seinem wahren Willen entsprechend berichtigt werden. Denn dieser hat infolge des Irrtums keinen Ausdruck im Testament gefunden. Hier besteht nur die Möglichkeit, das Testament anzufechten. Soweit wie die Auslegung auch die ergänzende, möglich ist, ist die Irrtumsanfechtung schon logisch undenkbar und umgekehrt.

8 **f) Berücksichtigung außerhalb der Testamentsurkunde gelegener Umstände.** Bei der Auslegung können auch sonstige formlose, sogar wegen Formmangels oder aus anderen Gründen nichtige Äußerungen des Erblassers und andere außerhalb des Testaments liegende Umstände für die Willenserforschung verwertet werden (RG JW **13,** 991; **18,** 172; Recht **20** Nr. 419, 422; **25** Nr. 900; HRR **31,** 1319). Dazu gehört das ganze Verhalten des Erblassers, soweit es irgendwie mit den in seinem Testament enthaltenen Erklärungen im Zusammenhang steht, Äußerungen des Erblassers gegenüber Personen und Handlungen, die er vorgenommen hat (BGH LM BGB § 133 B Nr. 1). Ebenso kann der Inhalt anderer, früher errichteter, widerrufener oder später geänderter oder auch formungültiger Verfügungen berücksichtigt werden (BGH Urt. v. 29. 4. 1971 III ZR 9/68). Sie zu berücksichtigen ist auch dann nicht ausgeschlossen, wenn zwischen der auszulegenden Verfügung und ihnen noch ein weiteres Testament bestanden hat, über dessen Inhalt nichts bekannt ist (BGH Urt. v. 21. 6. 1954 IV ZR 221/53). Schließlich können auch aus der allgemeinen Lebenserfahrung Anhaltspunkte für die Auslegung entnommen werden (BGH Urt. v. 25. 6. 1964 III ZR 236/62).

9 Die Tatsachen, die sich unabhängig von dem Willen des Erblassers erst nach seinem Tode ereignen, lassen denkgesetzlich keine Schlüsse auf den Willen und die Willensrichtung des Erblassers zur Zeit der Testamentserrichtung zu. Sie können daher für die gewöhnliche Auslegung nicht in Betracht gezogen werden. Möglicherweise geben sie aber Anlaß, eine ergänzende Testamentsauslegung vorzunehmen (BGH LM BGB § 2084 Nr. 5 s. dazu unten Rdn. 19 ff).

g) Auslegung von gemeinschaftlichen Testamenten. Bei der Auslegung eines gemeinschaftlichen Testaments ist zu beachten, daß die darin von beiden Ehegatten gemeinsam getroffenen Bestimmungen auf dem Willen beider Ehegatten beruhen. Es ist daher in diesen Fällen stets zu prüfen, ob eine nach dem Verhalten des einen Gatten mögliche Auslegung auch dem Willen des anderen entsprochen hat. Läßt sich das nicht feststellen, dann wird die Bestimmung in der Regel so auszulegen sein, wie es nach ihrem Wortlaut angenommen werden muß (BGH NJW **51**, 959; LM BGB § 242 A Nr. 7). Entsprechendes gilt für die Auslegung von Erbverträgen. Hier ist auch die Willensrichtung der nicht von Todes wegen verfügenden Vertragsbeteiligten zu berücksichtigen (BGH Urt. v. 28. 5. 1958 IV ZR 328/57). In einem gemeinschaftlichen Testament und besonders in einem Berliner Testament (§ 2269) können für den Fall des Todes des längstlebenden Ehegatten getroffene Verfügungen verschieden ausgelegt und einen verschiedenen Inhalt haben, je nachdem, welcher Ehegatte überlebt (BGH FamRZ **61**, 76). **10**

h) Vorhandensein mehrerer nebeneinander geltender Testamente. Beim Vorhandensein mehrerer, nebeneinander geltender Testamente (vgl. § 2258; RG WarnRspr. 1931 Nr. 12) läßt sich die Frage, ob und welche Rechte bestimmten Personen am Nachlasse zustehen, nur auf Grund sämtlicher Testamente beurteilen, die in ihrer Gesamtheit den letzten Willen enthalten. **11**

i) Berücksichtigung der durch die Währungsreform bedingten Änderung der Verhältnisse. Nach § 2 WährG tritt, wenn in einer letztwilligen Verfügung die Rechnungseinheit Reichsmark oder Rentenmark verwendet worden ist, an deren Stelle die Rechnungseinheit Deutsche Mark. Diese Bestimmung macht eine Auslegung des Testaments, die zu abweichenden Ergebnissen führt, nicht unmöglich. **12**

§ 2 WährG soll in erster Linie dazu dienen, den Währungswechsel technisch und münzrechtlich durchzuführen. Hat der Erblasser z. B. in einem vor dem Währungsstichtag errichteten Testament eine Teilungsanordnung dahin getroffen, daß ein Miterbe einen Nachlaßgegenstand erhalten soll, der mit einem bestimmten in Reichsmark angegebenen Betrag anzurechnen sei, so ist, falls der Erbfall nach dem Währungsstichtag eintritt, an die Stelle des Reichsmarkbetrages der entsprechende D-Mark-Betrag nach § 2 WährG zu setzen, wenn der Betrag nur eine bestimmte feste Geldsumme, die als Ausgleich für die Übernahme des Gegenstandes auf den Erbteil angerechnet werden soll, angibt.

Die Auslegung des Testaments kann ergeben, daß nicht nur schlechthin die genannte Geldsumme unabhängig von den Wertverhältnissen angerechnet werden soll, sondern daß damit ein Wertausgleich nach bestimmten Vorstellungen, die der Erblasser sich gemacht hatte, herbeigeführt werden soll. In solchem Falle ist durch Auslegung, und zwar notfalls durch ergänzende Testamentsauslegung zu ermitteln, in welcher Weise der übernommene Gegenstand auf den Erbteil anzurechnen ist.

Bei dieser Auslegung sind nicht nur die nach der Testamentserrichtung eingetretenen, unvorhergesehenen und von dem Erblasser nicht erwarteten Veränderungen seiner Vermögensverhältnisse, sondern auch die Zwecke, die der Erblasser mit den verschiedenen Bestimmungen seines Testaments verfolgt hat, zu berücksichtigen. **13**

Zu beachten ist insbesondere, ob die mit bestimmten Zuwendungen verfolgten Zwecke nach dem durch Auslegung zu ermittelnden Willen des Erblassers den Vorrang vor denen anderer Verfügungen genießen.

Entsprechendes gilt für die Zuwendung eines in Reichsmark bezifferten Vermächtnisses. Ein reines festbeziffertes Reichsmarkvermächtnis ist, wenn der Erbfall vor dem Währungsstichtag eingetreten ist, nach § 18 Abs. 1 Nr. 3 UmstG im Verhältnis von 1 RM : 1 DM umzustellen. Tritt der Erbfall nach dem Währungsstichtag ein, so führt § 2 **14**

WährG praktisch gleichfalls zu demselben Ergebnis. Ein anderes Umstellungsverhältnis kann in diesen Fällen durch eine ergänzende Testamentsauslegung nicht ermittelt werden (BGH Urt. v. 21.5.1953 IV ZR 228/52).

§ 2 WährG und § 18 Abs. 1 Nr. 3 UmstG können dagegen nicht angewandt werden, wenn die Auslegung ergibt, daß das Vermächtnis den Charakter einer Wertschuld hat. Dann ist durch ergänzende Testamentsauslegung der Wert des Vermächtnisses zu ermitteln (BGH Urt. v. 17.12.1953 IV ZR 101/53). Das Vermächtnis ist eine Wertschuld, wenn es zwar durch Geld zu erfüllen ist, sein Umfang aber nicht durch eine bestimmte Zahl von Geldeinheiten festliegt, sondern von außerhalb des Testaments liegenden veränderlichen oder künftigen Umständen abhängt.

15 **k) Besondere Fälle.** RG WarnRspr. 1927 Nr. 35 (durch Auslegung ermittelte Anordnung im Sinne des § 2324); LZ **27,** 531 (eigenhändiges Testament in Briefform ohne namentliche Bezeichnung des Empfängers, aber mit einem Hinweis auf ihn, der durch Umstände außerhalb der Urkunde ergänzt werden kann); LZ **32,** 388 (Mehrdeutigkeit des Ausdrucks „Nutzungswert" in einer testamentarischen Übernahmebestimmung, § 2049); BGH LM BGB § 2100 Nr. 1 (Mehrdeutigkeit des Begriffs Ersatzerbe); LM BGB § 2100 Nr. 2 (Mehrdeutigkeit des Begriffs Nutznießung); LM BGB § 2084 Nr. 7 (Begriff Gesamtvermögen ist nicht auslegungsfähig); LM BGB § 2084 Nr. 10 (Mehrdeutigkeit des Begriffs „Geschäft mit sämtlichen Aktiven und Passiven"); Oldenburg NdsRpfl **51,** 198 (ein Testament, in dem der Ehemann seine Kinder als Erben eingesetzt und seiner Ehefrau den Nießbrauch am Nachlaß mit der Befugnis eingeräumt hat, auch über die Substanz des Nachlasses frei zu verfügen, kann unter Umständen die Einsetzung der Ehefrau zur Vorerbin und der Kinder zu Nacherben enthalten); vgl. auch § 2096 Rdn. 12 als ein Beispiel dafür, daß die Auslegung auch vor einer von einem Urkundsbeamten geförmelten, juristisch-technisch eindeutigen Erklärung nicht haltzumachen braucht.

16 **2. Erforschung des mutmaßlichen Willens**

Den wirklichen Willen des Erblassers festzustellen, wird oft schwierig sein. Der in § 2084 aufgestellte, unten näher zu erläuternde Grundsatz der benigna interpretatio gestattet es, in solchen Fällen den mutmaßlichen Willen des Erblassers zu ermitteln und maßgeblich sein zu lassen. Das ist der Wille, den der Erblasser mutmaßlich bei der Testamentserrichtung wirklich gehabt hat. Voraussetzung für die Feststellung eines mutmaßlichen Willens ist das Vorhandensein einer mehrdeutigen letztwilligen Erklärung und die Unmöglichkeit, den wirklichen Willen zweifelsfrei festzustellen. Zunächst muß versucht werden, diesen zu ermitteln. Gelingt das, dann ist für die Feststellung eines mutmaßlichen Willens kein Raum. § 2084 BGB erlaubt es nicht, an die Stelle eines in der letztwilligen Verfügung wirklich geäußerten unvernünftigen Willens durch Auslegung einen besseren und vernünftigeren zu setzen. Der nach § 133 BGB festgestellte tatsächliche Wille kann durch Auslegung nicht in sein Gegenteil verkehrt werden (BGH Urt. v. 25.6.1964 III ZR 236/62).

17 Um den mutmaßlichen Willen festzustellen, muß geprüft werden, was der Erblasser, als er das Testament errichtete, vernünftigerweise gewollt haben kann. Anhaltspunkte dafür sind aus dem Testament, den sonstigen Umständen und auch aus der allgemeinen Lebenserfahrung zu entnehmen.

18 Auch die unterschiedlichen steuerlichen Auswirkungen können berücksichtigt werden (BayObLG NJW **60,** 1765).

Falls in einem Testament zwei Sätze enthalten sind, die logisch nicht miteinander vereinbar sind, ist nicht deswegen das ganze Testament unwirksam. Es muß vielmehr aufgeklärt werden, ob das Testament unter Berücksichtigung des einen oder des anderen

Satzes dem Willen des Erblassers mehr entspricht. Läßt sich eine solche Feststellung treffen, dann gilt die dem Willen des Erblassers am meisten entsprechende Fassung. Die ihr widersprechende Erklärung bleibt unberücksichtigt (BGH Urt. v. 28. 10. 1954 IV ZR 116/54).

Das BGB gibt in den §§ 2066 ff Auslegungsregeln, die auf Erfahrungssätzen beruhen. Ein allgemeiner Erfahrungssatz, daß ein Erblasser, der seine Ehefrau zur Alleinerbin eingesetzt hat, zu einer Zeit, als er in erster Ehe verheiratet war, damit seine jeweilige Ehefrau hat einsetzen wollen, besteht nicht. Die zweite Ehefrau ist daher auf Grund dieses Testaments nicht erbberechtigt, wenn der Erblasser nach dem Tode der ersten Ehefrau wieder geheiratet hat (RG **134**, 277).

3. Ergänzende Testamentsauslegung 19

a) Zulässigkeit, Umfang, Wesen. Da die letztwillige Verfügung nicht vor dem Erbfalle wirksam wird, können in der Zwischenzeit hinsichtlich des Personenkreises der Bedachten oder hinsichtlich eines vermachten Gegenstandes Änderungen vorkommen. Das Gesetz gibt für einzelne solche Fälle Auslegungsregeln (§§ 2067—2071, 2169 Abs. 3, 2172 Abs. 2, 2173).

In den durch diese Regeln gewiesenen Richtungen ist auch in anderen Fällen sachlicher oder persönlicher Veränderung durch ergänzende Auslegung zu ermitteln, was nach der durch Auslegung aus dem Testament feststellbaren Willensrichtung des Erblassers zu der Zeit, als die Verfügung von ihm getroffen wurde, als von ihm gewollt anzusehen ist, sofern er vorausschauend das spätere Ereignis bedacht haben würde (BGH **22**, 357; RdL **56**, 299; RG **99**, 82; **110**, 306; Gruchot **62**, 250; LZ **29**, 1408).

Die ergänzende Testamentsauslegung ist nicht nur zulässig, wenn hinsichtlich des 20
Kreises der bedachten Personen oder bezüglich der zugewandten Gegenstände nachträglich eine Veränderung eingetreten ist. Sie kann vielmehr immer in Betracht kommen, wenn nach der Testamentserrichtung Ereignisse eingetreten sind, deren Kenntnis für die Entschließung des Erblassers bedeutsam gewesen wäre. So hat der Bundesgerichtshof die ergänzende Testamentsauslegung auch in dem Fall für möglich erklärt, daß die durch letztwillige Verfügung erfolgte Bestimmung eines Anerben infolge Aufhebung der Anerbengesetze gegenstandslos geworden war (BGH LM BGB § 2078 Nr. 3).

Die ergänzende Testamentsauslegung kann grundsätzlich alle Veränderungen berücksichtigen, die in der Zeit zwischen der Errichtung der Verfügung und dem Eintritt des Erbfalls eingetreten sind. Soweit die Verfügung Bestimmungen für die Zeit nach dem Erbfall enthält, können auch Veränderungen berücksichtigt werden, die in der Zeit nach dem Erbfall bis zu dem Augenblick, in dem die Verfügung wirksam wird, eingetreten sind. Das gilt insbesondere für die Auslegung von Vermächtnissen und Auflagen, die erst nach dem Erbfall fällig werden oder erfüllt werden sollen (BGH WM **71**, 533 für ein Vermächtnis. Siehe dazu auch *Johannsen*, WM **72**, 67). Dementsprechend können bezüglich der Regelung einer Nacherbfolge auch solche Veränderungen berücksichtigt werden, die zwischen dem Eintritt des Erbfalls und dem des Nacherbfalls erfolgt sind (BGH LM BGB § 2084 Nr. 5).

Bei der ergänzenden Testamentsauslegung handelt es sich nicht mehr darum, daß 21
der (erwiesenermaßen oder auch nur mutmaßlich) wirkliche Wille des Erblassers zur Geltung gebracht werde, sondern um die Berücksichtigung eines unwirklichen (sog. irrealen oder hypothetischen) Willens, eines Willens, der vermutlich wirklich wäre, wenn der Erblasser bei der Testamentserrichtung die künftige Entwicklung wenigstens als möglich vorausgesehen hätte. Zu einer ergänzenden Testamentsauslegung kann es daher nur dann kommen, wenn das Testament lückenhaft ist, wenn zu dem betreffenden Punkt durch Auslegung des Testaments kein wirklicher oder mutmaßlicher Wille des

Erblassers festgestellt werden kann. Die ergänzende Auslegung darf nicht dazu führen, daß von einem hypothetischen Willen ausgegangen wird, der im Widerspruch steht zu einem von dem Erblasser erklärten, durch Auslegung zu ermittelnden wirklichen oder mutmaßlichen Willen, der den gegebenen Umständen in anderer Weise Rechnung trägt (BGH Urt. v. 6. 5. 1959 V ZR 97/58).

22 **b) Aus dem Testament feststellbare Willensrichtung des Erblassers als Voraussetzung.** In den Vorschriften, die die ergänzende Testamentsauslegung regeln, wird ein entsprechender, auf die Ergänzung gerichteter Wille des Erblassers widerlegbar vermutet. Bei der unabhängig von diesen Vorschriften möglichen Testamentsauslegung muß statt dessen festgestellt werden, daß der Wille des Erblassers tatsächlich in Richtung auf die Ergänzung ging (BGH **22,** 357). Die ergänzende Auslegung muß an einen aus dem Testament hervorgehenden Willen anknüpfen und diesen im Sinne der daraus erkennbaren Willensrichtung des Erblassers weiterdenken und -führen. Für die Ermittlung dieses Willens und seiner Richtung können auch außerhalb des Testaments liegende Umstände und die Lebenserfahrung herangezogen werden (BGH LM BGB § 2078 Nr. 3). Eine derartige Willensergänzung kann nur vorgenommen werden, wenn die für die Zeit der Testamentserrichtung an Hand des Testaments, gegebenenfalls unter Zuhilfenahme von Umständen außerhalb des Testaments oder der allgemeinen Lebenserfahrung, festzustellende Willensrichtung des Erblassers dafür eine genügende Grundlage bietet (RG **134,** 280; **142,** 175; vgl. § 2067 Rdn. 4 und oben Rdn. 17). Eine ergänzende Testamentsauslegung ist nicht möglich, wenn sich in dem Testament selbst für die Willensrichtung kein Anhalt findet, sondern auf sie nur aus anderen Umständen geschlossen werden kann.

Das Ergebnis, zu dem die ergänzende Testamentsauslegung führt, muß in der Testamentsurkunde einen „wenn auch noch so unvollkommenen Anknüpfungspunkt" finden (BGH LM BGB § 2108 Nr. 1). Erklärungen des Erblassers, insbesondere die von ihm bezüglich seiner Erbfolge geäußerten Absichten aus einer späteren Zeit, die mit dem von ihm in seinem Testament erklärten Willen nicht in Zusammenhang gebracht werden können, können nicht zur Ergänzung seines Testaments im Wege der Auslegung führen (vgl. *Johannsen,* LM BGB § 2169 Nr. 1). Sie können nicht bewirken, daß ein in dem Testament hinsichtlich der in Frage kommenden Umstände erklärter wirklicher oder mutmaßlicher Wille des Erblassers geändert wird. Die wertvollsten Anhaltspunkte ergeben das Verhalten des Erblassers, vor allem seine Äußerungen, nachdem ihm das Bestehen der Lücke in seinem Testament bewußt geworden ist, oder Äußerungen, die er auch ohne dies in bezug auf die nachträglich eingetretene veränderte Lage gemacht hat (siehe dazu *Johannsen,* WM **72,** 67).

23 Es wäre verfehlt bei der Erforschung der Willensrichtung des Erblassers nur von der Denk- und Anschauungsweise auszugehen, die er zu der Zeit hatte, als er das Testament errichtete. Widersinnig wäre es, mit Hilfe der ergänzenden Testamentsauslegung einen Willen zu ermitteln, der dem widerspricht, den der Erblasser zur Zeit seines Todes wirklich gehabt hat.

24 Durch die ergänzende Testamentsauslegung kann sowohl eine vom Erblasser tatsächlich nicht getroffene Anordnung Geltung erlangen. Ebenso kann sie aber auch dazu führen, daß eine vom Erblasser angeordnete Bestimmung als widerrufen zu behandeln ist. Das BayObLG (NJW **67,** 729) hat darüber hinaus in einem besonderen Fall gebilligt, daß ein Testament, das nur die Einsetzung einer Person zum Alleinerben enthielt, ergänzend dahin ausgelegt wurde, daß die Erbeinsetzung in Anbetracht der veränderten Umstände gegenstandslos sei, so daß die gesetzliche Erbfolge eintrat. Diese Entscheidung ist bedenklich (siehe dazu WM **72,** 68; keine Bedenken bestehen gegen KG NJW **71,** 1992. Dazu *Bartz,* NJW **72,** 1174).

Bei der ergänzenden Auslegung eines gemeinschaftlichen Testaments ist wiederum zu beachten, daß die gemeinsam getroffenen Verfügungen auf dem Willen beider Ehegatten beruhen. Es ist daher die Willensrichtung beider Ehegatten zu ermitteln. Aus dem späteren Verhalten des überlebenden Ehegatten allein können in der Regel keine Schlüsse gezogen werden (BGH LM BGB § 242 A Nr. 7; vgl. oben Rdn. 10).

II. Grundsatz der wohlwollenden Auslegung **25**

1. Unmittelbare Anwendung

§ 2084 gibt die allgemeine Auslegungsregel des § 133 in besonderer Beziehung auf das Erbrecht wieder. Er gilt nur für den Zweifelsfall, also nicht, wenn den Richter zulässige Willenserforschung in den Stand setzt, die eine von zwei sich darbietenden Auslegungen für zutreffend oder unzutreffend zu erklären (RG Recht **19** Nr. 1527; vgl. auch WarnRspr. 1916 Nr. 111: einer ihrem Wortlaute nach für einen bestimmten, nicht eingetretenen Fall getroffenen Verfügung wird nach dem Gesamtinhalte des Testaments weitergehende Bedeutung beigelegt).

Nach dem klaren Wortlaut des § 2084 kann diese Bestimmung nur angewandt **26** werden, wenn es sich darum handelt, einer rechtsgeschäftlichen Erklärung Erfolg zu verschaffen. Das auszulegende Schriftstück muß erwiesenermaßen eine solche sein. § 2084 ist daher nicht anzuwenden, wenn es zweifelhaft ist, ob überhaupt eine rechtsgeschäftliche Erklärung vorliegt oder z. B. nur der Entwurf eines Testaments oder ein unverbindlicher Wunsch des Erblassers. Ob es sich bei dem Schriftstück um eine rechtsgeschäftliche Erklärung handelt, ist nach § 133 BGB zu beurteilen (BGH LM BGB § 2084 Nr. 13; ebenso BGH Urt. v. 14. 5. 1964 III ZR 89/63 mit dem ausdrücklichen Bemerken, daß die Entscheidung LM BGB § 2084 Nr. 3 dieser Rechtsauffassung nicht entgegensteht; vgl. auch RG LZ **27,** 523; HRR 31 Nr. 1319; KG NJW **59,** 1441 und BayObLG MDR **63,** 503).

Die Vorschrift geht nicht darauf aus, den Bedachten zu begünstigen, sondern hat **27** den Sinn, daß, wenn einerseits eine Auslegung möglich ist, nach der die letztwillige Verfügung hinfällig werden würde, andererseits eine Auslegung, nach der sie aufrechterhalten werden könnte, der zweiten Auslegung der Vorzug zu geben sei (RG Gruchot **53,** 97; WarnRspr. 1919 Nr. 198); für die Anwendung der Vorschrift ist deshalb kein Raum, wenn die Verfügung sowohl nach der einen als auch nach der andern Auslegung einen nur mehr oder minder weitgehenden Erfolg hat (RG SeuffArch. **75** Nr. 107: Streit über die Ersteckung des Vermächtnisses eines „Schreibtischs mit Inhalt" auf die Brief- und Buchhypotheken, über die die Hypothekenbriefe und Eintragungsbenachrichtigungen im Schreibtisch aufbewahrt werden; BGH Urt. v. 30. 4. 1953 IV ZR 161/52, wo auch zutreffend ausgesprochen ist, daß die eine der beiden Möglichkeiten nicht deswegen keinen Erfolg im Sinne des § 2084 hat, weil die in ihr angeordnete Rechtsfolge sich ohnehin nach den gesetzlichen Bestimmungen ergibt; sowie Karlsruhe JFG **9,** 87: Streit über die Einsetzung des überlebenden Ehegatten zum Vollerben oder bloßen Vorerben). Dagegen ist bei verschiedenen Auslegungsmöglichkeiten einer letztwilligen Verfügung nach § 2084 diejenige vorzuziehen, die den von dem Erblasser gewollten Erfolg auf dem einfachsten und am wenigsten Kosten verursachenden Weg eintreten läßt (KG HRR **40,** 1428).

2. Entsprechende Anwendung **28**

Die Vorschrift betrifft unmittelbar nur die Auslegung des Inhalts einer letztwilligen Verfügung. Doch kann sie entsprechend auch dann angewendet werden, wenn die rechtliche Natur der Verfügung selber zweifelhaft ist (RG Recht **19** Nr. 602, 603; LZ **24,** 161; Privatschenkungsurkunde oder eigenhändiges Testament; WarnRspr. 1938

Nr. 51: Vermächtnisanordnung im Testament zugunsten namentlich genannter und „evtl. noch weiterer aus der Traubibel zu ersehender Patenkinder"; BGH LM BGB § 2084 Nr. 3: unwirksame Erklärung betreffend eine Zuwendung durch Rechtsgeschäft unter Lebenden oder eigenhändiges Testament. Diese Entscheidung darf nicht dahin mißverstanden werden, daß § 2084 auch dann entsprechend angewandt werden könnte, wenn es überhaupt zweifelhaft ist, ob die Erklärung des Erblassers auf einen rechtsgeschäftlichen Erfolg gerichtet war).

Auch in diesen Fällen der entsprechenden Anwendung müssen über die rechtliche Natur der Verfügung Zweifel bestehen. Ergibt sich, daß der Erklärende keine letztwillige Verfügung treffen, sondern ein Rechtsgeschäft unter Lebenden vornehmen wollte, z. B. ein Schenkungsversprechen abgeben, das nach § 518 wegen Formmangels nichtig ist, dann kann § 2084 nicht entsprechend angewandt werden. Jedoch kann eine Umdeutung nach § 140 in Frage kommen (dazu unten Rdn. 30).

29 Die ihrer rechtlichen Natur nach zweifelhafte rechtsgeschäftliche Erklärung kann als letztwillige Verfügung nur Geltung erlangen, wenn sie in einer für diese vorgeschriebenen Form abgegeben ist. Danach kann eine in einem gerichtlichen Vergleich abgegebene Erklärung keine letztwillige Verfügung sein. Der gerichtliche Vergleich ersetzt die Schriftform nicht für solche Erklärungen, die nicht Bestandteil eines Vergleichs sein können. Dazu rechnen nach RG **48,** 182, 187 alle einseitigen Erklärungen. Der Bundesgerichtshof hat dies dahingestellt sein lassen. Er rechnet dazu aber jedenfalls ein Testament, und zwar auch das, das nur den Widerruf eines früheren Testaments enthält (BGH Urt. v. 6. 5. 1959 V ZR 97/58).

30 **III. Umdeutung der Verfügung nach § 140**

Dort, wo eine Auslegung nach § 2084 nicht zum Ziele führt, kann doch eine Umdeutung der Erklärung nach § 140 in Frage kommen. Das ist allerdings nur möglich, wenn die Erklärung dadurch keinen anderen als den vom Erblasser gewollten Inhalt erhält (BGH FamRZ **62,** 464). Je nach Lage des Falles kann so § 2084 oder § 140 die Grundlage dafür geben, die Anordnung einer gesetzlich nicht zulässigen Pflegschaft in die Bestellung eines Testamentsvollstreckers (RG WarnRspr. 1913 Nr. 239), die Anordnung einer im gegebenen Falle rechtlich unmöglichen Testamentsvollstreckung in eine treuhänderische Geschäftsinhaberschaft (KG JFG **18,** 276), die Anordnung einer nach § 137 unwirksamen dinglichen Verfügungsbeschränkung in die Anordnung einer Vor- und Nacherbfolge oder einer Testamentsvollstreckung (RG SeuffArch **78** Nr. 3), die testamentarische Anordnung der Errichtung eines Familienfideikommisses nach dem gesetzlichen Verbot der Fideikommißerrichtung in die Anordnung einer Nacherbschaft oder eines Nachvermächtnisses (RG DNotV **31,** 500 Nr. 7; vgl. PrALR I 12 § 55), die Zuwendung an einen nicht rechtsfähigen Verein in eine Zuwendung an dessen einzelne Mitglieder (RG JW **11,** 115) oder in ein Vermächtnis an die jeweiligen Mitglieder (KG JFG **13,** 133) umzudeuten (vgl. auch KG JW **38,** 2273).

31 **IV. Auslegungsverfahren**

1. Aufgabe des Richters

Die Auslegung einer letztwilligen Verfügung ist eine vom Richter zu erfüllende Aufgabe. Als solche hat sie mit der Beweisführung und Beweislast an sich nichts zu tun. Bei der Auslegung einer letztwilligen Verfügung ist der Richter an die Auffassung der einen oder anderen Partei nicht gebunden. Er hat seine Feststellung unabhängig von den von den Parteien vertretenen Ansichten zu treffen (RG **134,** 279; JW **16,** 405). Ebenso ist die Auslegung durch den Testamentsvollstrecker für den Richter nicht maßgebend (§ 2065 Rdn. 5; RG WarnRspr. 1939 Nr. 9).

Auch wenn die Parteien eine Bestimmung übereinstimmend in einer bestimmten Weise auslegen, ist der Richter hieran nicht gebunden; es sei denn, daß die Parteien sich darüber geeinigt haben, daß sie die Bestimmungen in ihrem Verhältnis zueinander in diesem Sinne gelten lassen wollen. Durch eine solche formlose Einigung ist es jedoch nicht möglich, das Erbrecht selbst abweichend von dem Inhalt des Testamentes zu regeln; denn die Parteien haben es nicht in der Hand, durch ihre Vereinbarungen eine Erbeinsetzung vorzunehmen, die im Testament nicht erfolgt ist (vgl. § 2078 Rdn. 82). 32

Dadurch wird indes nicht ausgeschlossen, daß die Parteien in Rechtsstreitigkeiten, die nicht das Erbrecht als solches betreffen, über die Vorfrage, ob eine bestimmte Person Erbe, Vermächtnisnehmer oder pflichtteilsberechtigt ist, übereinstimmend einen Standpunkt vertreten können, den das Gericht seiner Entscheidung zugrunde legen kann. Insoweit können diese geläufigen Rechtsbegriffe in einem Rechtsstreit auch zugestanden und daher in das unstreitige Parteivorbringen des Tatbestandes aufgenommen werden (BGH LM BGB § 260 Nr. 1). Eine Partei kann daher, wenn sie in einem solchen Rechtsstreit in den Tatsacheninstanzen stets übereinstimmend mit dem Prozeßgegner als Grundlage für den Rechtsstreit die nach dem Inhalt der Testamentsurkunde denkgesetzlich mögliche Ansicht vertreten hat, eine Person sei Alleinerbe, im Revisionsrechtszug nicht vorbringen, das Testament sei anders auszulegen, die betreffende Person sei nur Vermächtnisnehmerin (BGH Urt. v. 4. 11. 1954 IV ZR 134/53).

Das Bestreben des Richters muß es sein, „im Rahmen der Erklärung zu einem vernünftigen und billigen Ergebnis zu gelangen" (1. Denkschrift des Erbrechtsausschusses der AkDR 106). Er darf einerseits die Auslegung von ihrer Grundlage, dem im Testament niedergelegten Willen des Erblassers nicht loslösen; andererseits darf er, solange das Gegenteil nicht erhellt, davon ausgehen, daß der Verfügende als ein sich seiner Verantwortung gegenüber seiner Familie bewußter Erblasser verfügen wollte. Es verstößt nicht gegen § 133, wenn der Richter, um zu einem solchen Ergebnis zu kommen, einen in einem Testament enthaltenen Satz ganz außer Betracht läßt, wenn er in einem logisch unvereinbaren Widerspruch zu anderen Sätzen des Testaments steht (BGH Urt. v. 28. 10. 1954 IV ZR 116/54). 33

2. Aufgabe des Revisionsgerichts 34

Die Auslegung einer letztwilligen Verfügung gehört, da es sich darum handelt festzustellen, welche Erklärung der Erblasser abgegeben hat, in den Aufgabenbereich des Tatrichters. Dessen Feststellung kann von dem Revisionsgericht nur im Rahmen der §§ 549, 550 ZPO nachgeprüft werden. Es kann daher, abgesehen von Verfahrensverstößen, mit der Revision nur gerügt werden, daß die Auslegung gegen gesetzliche Auslegungsregeln, Denkgesetze oder allgemeine Erfahrungssätze verstößt (BGH LM BGB § 133 B Nr. 1).

Nach der Rechtsprechung des III. und V. Zivilsenats des Bundesgerichtshofs ist es 35
eine Rechtsfrage und daher vom Revisionsgericht nachzuprüfen, ob eine letztwillige Verfügung überhaupt auslegungsfähig ist, insbesondere ob der Wortlaut klar und eindeutig ist, so daß eine vom Wortsinn abweichende Auslegung nicht möglich ist (BGH **32**, 60, 63; Urt. v. 21. 12. 1960 V ZR 76/60 und BGH WM **71**, 54). Der IV. Zivilsenat hält es für eine Tat- und Rechtsfrage (BGH LM BGB § 2084 Nr. 10). Letzterem ist beizutreten, wenn wie hier (vgl. oben Rdn. 3) davon ausgegangen wird, daß es nicht ausgeschlossen ist, eine Verfügung auch anders auszulegen, als sie ihrem klaren und eindeutigen Wortlaut nach zu verstehen ist. Dann gelten auch für die revisionsgerichtliche Überprüfung der Auslegung die allgemeinen, oben wiedergegebenen Regeln.

36 In Ausnahmefällen kann auch das Revisionsgericht eine Verfügung selbst auslegen. So wenn der Richter der Tatsacheninstanz es versäumt hat, die Verfügung auszulegen und daher insoweit eine Lücke besteht (BGH Urt. v. 16. 1. 1963 V ZR 47/61, vgl. auch entsprechend BGH **40**, 126 für die Auslegung eines Rechtsgeschäfts unter Lebenden). Voraussetzung dafür, daß das Revisionsgericht selbst auslegen kann, ist, daß der dafür in Betracht kommende Tatsachenstoff vollständig vorgetragen und erwiesen oder unstreitig ist. Soweit noch ein neuer Vortrag möglich ist oder Beweise zu erheben sind, muß die Aufgabe dem Richter der Tatsacheninstanz überlassen bleiben.

Das Revisionsgericht kann die Bestimmung ferner dann selbständig anders als der Richter der vorhergehenden Instanz auslegen, wenn dieser nicht alle für die Auslegung in Betracht kommenden Umstände berücksichtigt hat und seine Überlegungen daher lückenhaft sind (BGH LM VHG § 1 Nr. 28 betreffend die Auslegung durch das Gericht der weiteren Beschwerde im FGG-Verfahren; LM BGB § 133 A Nr. 2 betreffend die Auslegung einer Urkunde durch das Revisionsgericht).

37 **3. Aufgabe der Parteien. Beweislast**

Die Auslegung ist eine vom Richter zu erfüllende Aufgabe. Als solche hat sie mit der Beweisführung und Beweislast selbst unmittelbar nichts zu tun. Für die Auslegung in dem einen oder anderen Sinne können Vermutungen sprechen (vgl. oben Rdn. 5). Auch wenn der Erblasser seinen Willen, ohne dabei Rechtsbegriffe verwandt zu haben, klar und eindeutig erklärt hat, spricht eine Vermutung dafür, daß die Erklärung, so wie sie nach ihrem Wortlaut zu verstehen ist, den wahren Willen des Erblassers wiedergibt (BGH 14. 5. 1964 III ZR 154/63).

Aufgabe der Partei ist es, dem Gericht das Material für die von ihr erstrebte Auslegung zu unterbreiten. Soweit dafür außerhalb der Testamentsurkunde liegende Umstände in Betracht kommen, spielt auch die Darlegungs- und Beweislast eine Rolle (BGH LM BGB § 133 B Nr. 1; § 242 A Nr. 7).

38 **VI. Auslegung im Ausland errichteter Testamente**

Bei Auslegung einer von einem Deutschen im Ausland errichteten Verfügung von Todes wegen kommen, obwohl hierfür nach EG Art. 24 an sich deutsches Recht gilt, doch die Besonderheiten der ausländischen Sprache und des ausländischen Rechtsgebrauchs in Betracht (RG LZ **24**, 741; vgl. auch WarnRspr. **39** Nr. 46).

§ 2085

Die Unwirksamkeit einer von mehreren in einem Testament enthaltenen Verfügungen hat die Unwirksamkeit der übrigen Verfügungen nur zur Folge, wenn anzunehmen ist, daß der Erblasser diese ohne die unwirksame Verfügung nicht getroffen haben würde.

E I 1787 II 1958; M **5** 60; P **5** 69.

Teilweise Unwirksamkeit

Übersicht

I. 1. Grundsatz der Selbständigkeit der Einzelverfügungen 1

Der Grundsatz des § 139, daß teilweise Nichtigkeit in der Regel das ganze Rechtsgeschäft nichtig mache, ist für das Verhältnis der mehreren in einem Testament getroffenen Verfügungen in das Gegenteil verkehrt. Hier gilt die grundsätzliche Selbständigkeit der Einzelverfügungen. Steht hiernach die Unwirksamkeit der einen Verfügung fest, so ist derjenige, welcher die Unwirksamkeit auch der übrigen Verfügungen behauptet, beweispflichtig dafür, daß sie der Erblasser ohne die unwirksame Verfügung nicht getroffen haben würde (RG **63,** 29; **116,** 151).

2. Unwirksamkeit 2

Die in § 2085 vorausgesetzte Unwirksamkeit begreift in sich nicht bloß die Nichtigkeit, z. B. wegen Formmangels (RG **63,** 23: von fremder Hand, oder Recht **21** Nr. 582: mit der Maschine geschriebene Verfügung in einem sonst eigenhändigen Testament), sondern auch das Hinfälligwerden der Verfügung aus andern Gründen: Ausschlagung, Ausfall der Bedingung usw.

3. Anwendung des Grundsatzes in besonderen Fällen 3

Besondere Anwendung des Grundsatzes beim Vermächtnis § 2161, bei der unter einer Auflage gemachten Zuwendung § 2195, bei Zuwendungen an Urkundspersonen § 2235, bei Beurteilung der Tragweite des Widerrufs § 2258.

Zuwendung und Auflage sind im Verhältnis zueinander selbständige Verfügungen. Teilweise Unwirksamkeit der Zuwendung hat deshalb nicht notwendig den Wegfall der damit verknüpften Auflage zur Folge, wenn nicht vom Erblasser die Abhängigkeit der Auflage vom Bestande der Zuwendung gewollt war (RG Gruchot **52,** 1087).

Ein Nachtragstestament kann trotz Nichtigkeit des ersten Testaments bei Kräften 4
bleiben (RG WarnRspr. 1908 Nr. 74). Bei Formungültigkeit des auf ein formgerechtes Testament gesetzten, dieses abändernden Nachtrags kommt weder § 2085 noch § 2255 in Betracht; das ursprüngliche Testament gilt fort, vorbehaltlich seiner möglicherweise nach § 2078 bestehenden Anfechtbarkeit (RG SeuffArch **87** Nr. 46).

§ 2085 ist grundsätzlich nicht anwendbar, wenn in einem Testament eine nach der gesetzlichen Erbfolge nicht als Erbe in Betracht kommende Person zum Alleinerben eingesetzt und zugleich der Ehegatte des Erblassers auf den Pflichtteil verwiesen wird. Die Verweisung des Ehegatten auf den Pflichtteil ist dann in der Regel keine ihrer Art nach selbständige Verfügung, sondern drückt nur das aus, was als gesetzliche Folge durch Einsetzung des Alleinerben ohnehin eintreten würde. Der Ehegatte ist daher als gesetzlicher Erbe zur Erbschaft berufen, wenn die Einsetzung des Alleinerben nichtig ist. Anders wäre es, wenn sich ergibt, daß die Verweisung des Ehegatten auf den Pflichtteil nach dem Willen des Erblassers unabhängig von der Einsetzung des Alleinerben gelten soll (RG DR **41,** 1000).

§ 2085 ist nicht anzuwenden, wenn nur der Inhalt einzelner Testamentsbestimmun- 5
gen, nicht aber der des ganzen Testaments festgestellt werden kann. Grundsätzlich muß derjenige, der ein Erbrecht auf Grund eines Testaments in Anspruch nimmt, den ganzen Inhalt des Testaments vortragen und beweisen. Denn es würde dem Willen des Erblassers nicht entsprechen, daß der als Erbe Berufene auch dann Erbe wird, wenn die seinem Erbteil etwa auferlegten Belastungen und Beschwerungen nicht zum Zuge kommen können, da über den sie betreffenden Testamentsinhalt nichts mehr festgestellt werden kann. Nur wenn sich aus dem insoweit erkennbaren Gesamtwillen des Erblassers ergibt, daß der feststellbare Teil der Verfügungen auch ohne den nicht feststellbaren Teil gelten soll, können die aus dem feststellbaren Teil sich ergebenden Ansprüche geltend gemacht

werden. Diese Annahme ist begründet, wenn sich aus dem feststellbaren Inhalt des Testaments ergibt, daß die sich daraus ergebenden Rechte auch wirtschaftlich nicht wesentlich durch andere Bestimmungen aus dem nicht feststellbaren Teil beeinträchtigt werden (BGH LM BGB § 2085 Nr. 1).

§ 2085 kann in der Regel nicht angewandt werden, wenn in einer privatschriftlich getroffenen Verfügung einzelne Worte oder Zahlen vom Erblasser nicht eigenhändig niedergeschrieben sind. Dies hat regelmäßig die Nichtigkeit dieser Verfügung zur Folge (RG SeuffBl. **78**, 210).

6 **II. Unwirksamkeit eines Teils einer Verfügung**

Wenn nur ein Teil einer Verfügung nichtig oder unwirksam ist, besteht Streit darüber, ob bezüglich der Gültigkeit der anderen Teile § 139 oder § 2085 entsprechend anzuwenden ist. In der Rechtsprechung des Bundesgerichtshofs ist die Frage noch nicht abschließend entschieden. § 2085 und nicht § 139 ist danach anzuwenden, wenn es sich um eine Regelung handelt, die mehrere Anordnungen umfaßt, die in einem nur wirtschaftlichen oder auch einem möglichen, aber nicht zwingend gebotenen rechtlichen Zusammenhang stehen. Eine einzige Verfügung, bei deren Teilnichtigkeit anstelle von § 2085 der § 139 zur Anwendung kommen könnte, liegt nur vor, wenn der Zusammenhang der Teile rechtlich zwingend geboten ist (BGH LM § 2085 Nr. 2). Ein solcher Zusammenhang besteht, wenn der Erblasser mehreren Erben ein Vermächtnis aufgelegt hat, das einigen gegenüber unwirksam ist, oder wenn er eine Person als Alleinerben eingesetzt und seine Ehefrau auf den Pflichtteil beschränkt hat, was sich ohnedies aus dem Gesetz ergibt. Ob in solchen Fällen § 139 und nicht § 2085 anzuwenden ist, ist zunächst offengelassen worden (so BGH LM § 2085 Nr. 2; Urt. v. 15. 10. 1953 IV ZR 93/53. In diesem Urteil ist entschieden, daß die Anordnung der Vorerbschaft wirksam bleiben kann, wenn die gleichzeitig erfolgte Nacherbeneinsetzung wegen eines Grundes angefochten ist, der nur diesen Teil der Verfügung ergreift). Später hat dann der V. Zivilsenat ausgesprochen, daß eine Testamentsvollstreckung, die für den ganzen Nachlaß angeordnet ist, die aber bezüglich der Erbteile einzelner Miterben unwirksam ist, den anderen gegenüber wirksam sein kann, wenn eine solche Teiltestamentsvollstreckung dem Willen des Erblassers entspricht (BGH LM BGB § 2085 Nr. 3). Danach scheint der V. Zivilsenat hier § 139 angewandt zu haben. Eine spätere Entscheidung des III. Zivilsenats betrifft einen Fall, in dem der Erblasser eine Person als Alleinerbin berufen hatte, wobei diese Berufung zu einer höheren Quote als 1/2 sich als nichtig erwies. Hier ist wiederum die Frage, ob die teilweise Gültigkeit der Verfügung (Erbeinsetzung zu 1/2) nach § 139 oder § 2085 zu beurteilen ist, offen geblieben.

7 Die Stimmen, die in diesen Fällen § 2085 entsprechend anwenden wollen, mehren sich (dafür: *Siber*, Reichsgerichtspraxis III, 370 ff; *Kipp/Coing*, § 21 IV; *Lange*, § 33 IV 2 b; *von Lübtow*, I 280, *Bartholomeyczik*, § 22 III 3 und *Brox*, Rdn. 259). Wenn auch beachtliche Gründe für die Anwendung des § 2285 sprechen können, muß doch beachtet werden, daß es aus der Sicht des Erblassers etwas ganz anderes ist, ob voneinander selbständige Verfügungen gültig bleiben, wenn die eine oder andere von ihnen nichtig ist, oder ob eine einheitliche Verfügung teilweise aufrechterhalten wird. Wenn mehrere Erben durch eine Verfügung beschwert sind, kann es durchaus zweifelhaft sein, ob sie bei teilweiser Unwirksamkeit im übrigen gelten soll. Der Gesichtspunkt einer Gleichbehandlung der Beschwerten hat ebensoviel Gewicht wie die Erwägung, die Verfügung teilweise aufrechtzuerhalten. Ebenso ist die Testamentsvollstreckung für den ganzen Nachlaß wirtschaftlich etwas anderes als eine solche für nur einzelne Erbteile. Wegen dieser Unterschiede ist es daher angebracht, die teilweise Gültigkeit nach § 139 zu beurteilen (ebenso *Planck/Flad*, Anm. zu § 2085; *Palandt/Keidel*, § 2085 Anm. 1; *Erman/Hense*,

§ 2085 Rdn. 1; *Staudinger/Seybold*, § 2085 Rdn. 1; *Ehard/Eder* in *Soergel/Siebert*, § 2085 Rdn. 2).

III. Gemeinschaftliches Testament 8

Wegen der wechselbezüglichen Verfügungen in einem gemeinschaftlichen Testament s. § 2270, wegen der beiderseitigen vertragsmäßigen Verfügungen § 2298.

§ 2086

Ist einer letztwilligen Verfügung der Vorbehalt einer Ergänzung beigefügt, die Ergänzung aber unterblieben, so ist die Verfügung wirksam, sofern nicht anzunehmen ist, daß die Wirksamkeit von der Ergänzung abhängig sein sollte.

E I 1767 II 1859; M 5 31, 32; P 5 21.

Vorbehalt einer Ergänzung

I. Grund der Vorschrift 1

Während Unvollständigkeit der Einigung im Zweifel das Zustandekommen des Vertrags hindert (§ 154), gilt im Gegenteil die letztwillige Verfügung als jetzt schon wirksam, obgleich der Erblasser durch einen Vorbehalt in der Verfügung selbst angedeutet hat, daß sie in der vorliegenden Gestalt seinen endgültigen letzten Willen noch nicht enthalte.

Die in § 2086 getroffene Bestimmung entspricht der Lebenserfahrung, daß das, was der Erblasser zunächst einmal als seinen letzten Willen niedergeschrieben hat, auf alle Fälle gelten soll, auch wenn es nicht zu den beabsichtigten Ergänzungen kommt.

Sie rechtfertigt sich aber auch daraus, daß die Verfügung, soweit sie getroffen ist, eine formell ordnungsgemäß errichtete letztwillige Verfügung darstellt. Der Umstand, daß die Ergänzung unterblieben ist, kann ihre Wirksamkeit nicht weiter beeinträchtigen, als dieses nach § 2085 geschehen würde, wenn die Ergänzung zwar getroffen, aber aus irgendeinem Grunde unwirksam wäre.

II. Ergänzungsvorbehalt im Testament 2

§ 2086 gilt auch dann, wenn der Erblasser den Vorbehalt nicht ausdrücklich gemacht, aber in seinem eigenhändigen Testament Raum freigelassen hat, um ergänzende Anordnungen später hineinzuschreiben (RG LZ **14**, 1116). Unter Umständen kann bloßen Unvollständigkeiten der Verfügung durch Auslegung nachgeholfen werden (Offenlassen der Summe bei einem Vermächtnis RG JW **12**, 39).

Formgültig getroffene letztwillige Bestimmungen, für die der Vorbehalt einer Ergänzung weder ausdrücklich gemacht, noch sonst aus dem Testament zu entnehmen ist, gelten, auch wenn sich aus Äußerungen des Erblassers gegenüber dritten Personen ergibt, daß die Bestimmungen nur zusammen mit anderen noch zu treffenden Verfügungen wirksam sein sollten.

III. Abweichender Wille des Erblassers 3

Der Beweis, daß die letztwillige Verfügung als jetzt schon wirksam nicht gewollt sei, liegt demjenigen ob, welcher sich auf die Unwirksamkeit beruft.

4 IV. Fehler bei der Testamentserrichtung

1. Unvollständige Testamentsbestimmungen

Nicht nur unvollständig, sondern unfertig ist die letztwillige Verfügung, wenn ihr ein wesentlicher Bestandteil fehlt. Der Erblasser hat den Namen desjenigen, den er bedenken wollte, noch offengelassen. Eine solche Verfügung ist unwirksam, auch wenn aus Äußerungen, die der Erblasser später gemacht hat, zu entnehmen ist, wen er hat bedenken wollen.

5 **2. Unvollendeter Errichtungsakt**

Formnichtigkeit tritt ein, wenn die Verfügung unvollendet geblieben ist, da der Errichtungsakt überhaupt noch nicht zu Ende geführt worden ist.

6 **3. Nach § 2232 übergebene unvollständige Schrift**

Die in der übergebenen Schrift enthaltenen Erklärungen gelten, wenn der Erblasser bei einem nach § 2232 errichteten Testament versehentlich nicht die ganze Schrift übergeben hat. Die in dem nicht übergebenen Schriftteil enthaltenen Erklärungen sind formnichtig. Sie können aber zur Auslegung der übergebenen Schriften verwertet werden. Die in der überreichten Schrift enthaltenen Erklärungen können nach § 2085 unwirksam werden, wenn anzunehmen ist, daß der Erblasser sie nicht ohne die in der nicht überreichten Schrift enthaltenen Erklärungen getroffen hätte.

ZWEITER TITEL

Erbeinsetzung

1 **I. Berufung als Erbe**

Im republikanischen und im klassischen römischen Recht mußte die Erbeinsetzung unter bestimmten Formeln erfolgen. Dort konnte es nicht zweifelhaft sein, ob eine Erbeinsetzung erfolgt war. Diese Formstrenge war zu starr. Sie konnte sich nicht lange halten und mußte einer freieren Auffassung weichen. Da nach dem Recht des BGB der Wille, eine Person zum Erben einzusetzen, in beliebiger Weise im Testament geäußert werden kann, ist es ein Hauptanliegen der Testamentsauslegung, zu ermitteln, ob eine letztwillige Verfügung eine Erbeinsetzung enthält. § 2087 kommt der Auslegung mit einer grundsätzlichen Regel zur Hilfe. Danach ist die Zuwendung des Vermögens als Ganzes oder die Zuwendung eines Bruchteils des Vermögens grundsätzlich als Erbeinsetzung anzusehen, während umgekehrt die Zuwendung nur einzelner Vermögensgegenstände grundsätzlich selbst dann nicht als Erbeinsetzung anzusehen ist, wenn der Bedachte als Erbe bezeichnet ist. Der so Bedachte ist im Zweifel nur Vermächtnisnehmer.

II. Nebeneinanderbestehen von gesetzlicher und testamentarischer Erbfolge 2

Das römische Recht war von dem Grundsatz der Ausschließlichkeit der testamentarischen Berufung beherrscht. Hatte der Erblasser über seinen Nachlaß auch nur teilweise letztwillig verfügt, so war damit die gesetzliche Erbfolge ausgeschlossen. Das BGB hat diesen Grundsatz, der der deutschen Rechtsauffassung nicht entsprach, nicht übernommen und im § 2088 ausdrücklich bestimmt, daß Erbfolge kraft letztwilliger Verfügung und gesetzliche Erbfolge nebeneinander bestehen können. Neben der testamentarischen Erbfolge tritt die gesetzliche ein, wenn der Erblasser nicht über seinen ganzen Nachlaß verfügen wollte. Dieser Wille des Erblassers ist durch Auslegung seiner Verfügung zu ermitteln. Die Möglichkeit, daß der Erblasser über seinen ganzen Nachlaß verfügen wollte, daß aber die Bruchteile, auf die die einzelnen Miterben eingesetzt sind, das Ganze nicht erschöpfen, kann nicht ausgeschlossen werden. Für diesen Fall, ebenso wie für den umgekehrten, daß die den Miterben zugewandten Bruchteile zusammen mehr als ein Ganzes ergeben, gibt das Gesetz in den §§ 2089, 2090 Auslegungsregeln.

III. Ersatzerben und Anwachsung 3

Falls der Erblasser die gesetzliche Erbfolge ausschließen wollte, würde es schwierig sein, seinen letzten Willen zu verwirklichen, wenn nach Errichtung der letztwilligen Verfügung, sei es vor oder nach dem Erbfall, einer der eingesetzten Erben wegfällt. Das Gesetz gibt in § 2096 dem Erblasser die Möglichkeit, für diesen Fall einen anderen ersatzweise zum Erben zu berufen. Diese Bestimmung wird ergänzt durch die §§ 2069 und 2102, nach denen im Zweifel die Abkömmlinge eines vom Erblasser eingesetzten Abkömmlings als dessen Ersatzerbe und der Nacherbe als Ersatzerbe für den Vorerben gilt. Das Gesetz achtet den Willen des Erblassers, die gesetzliche Erbfolge auszuschließen, auch, wenn er nicht durch Benennung eines Ersatzerben für den Wegfall eines zum Erben Berufenen Vorsorge getroffen hat. In diesem Fall tritt nach § 2094 eine Anwachsung ein. Der Erbteil des weggefallenen Erben wächst den übrigen Erben an. Die gesetzliche Erbfolge muß eintreten, wenn alle Erben und Ersatzerben weggefallen sind.

Eine besondere Stellung genießen die Erben, die auf einen und denselben Bruchteil der Erbschaft, einen gemeinschaftlichen Erbteil, eingesetzt sind. Der Kreis dieser Erben bildet hinsichtlich der Erhöhung, Kürzung, Bemessung, der Anwachsung und der gegenseitigen Ersatzberufung eine besondere Gemeinschaft (§§ 2093, 2094 Abs. 1 Satz 2, 2098 Abs. 2).

§ 2087

Hat der Erblasser sein Vermögen oder einen Bruchteil seines Vermögens dem Bedachten zugewendet, so ist die Verfügung als Erbeinsetzung anzusehen, auch wenn der Bedachte nicht als Erbe bezeichnet ist.

Sind dem Bedachten nur einzelne Gegenstände zugewendet, so ist im Zweifel nicht anzunehmen, daß er Erbe sein soll, auch wenn er als Erbe bezeichnet ist.

E I 1788 II 1960; M **5** 61; P **5** 72, 73; **6** 347, 348.

Neueres Schrifttum:

Lindemann, Erben nach Gegenständen, DNotZ **51**, 215; *Mattern*, Einzelzuwendungen von Todes wegen, DNotZ **63**, 450; Einzelzuweisungen auf den Todesfall, BWNotZ **65**, 1; *Wendelstein*, Gegenständliche Verteilung des Nachlasses im Testament, BWNotZ **66**, 274).

Erbeinsetzung durch Zuwendung des ganzen Vermögens

Übersicht

1 **I. Zuwendung des ganzen Vermögens oder eines Bruchteils des Vermögens (Abs. 1)**

1. Erbeinsetzung

a) Allgemeines. Für die Frage, ob in der Zuwendung des ganzen Vermögens oder eines Teils des Vermögens eine Erbeinsetzung liegt, kommt es nur auf den durch Auslegung zu ermittelnden Willen des Erblassers an. Die von dem Erblasser gewählte gesetzestechnische Bezeichnung spielt keine ausschlaggebende Rolle (§ 133). Nach Abs. 1 ist der Bedachte als Erbe eingesetzt und damit Gesamtrechtsnachfolger geworden, wenn der Erblasser verfügt hat, daß sein Vermögen als Ganzes oder nach Bruchteilen des Ganzen auf eine oder mehrere andere Personen übergehen soll. Diese Bestimmung des Abs. 1 ist nicht nur, wie die des Abs. 2, eine Auslegungsregel. Sie ist aber auch nicht zwingendes Recht, das keine andere Auslegung zuließe, sondern wie § 2103 eine Ergänzungsregel oder Dispositivschrift (RG HRR **37,** 297 a; KGJ **38** A 71). Sie gilt, wenn der Erblasser nichts anderes bestimmt hat.

2 **b) Beschränkung der Erbeinsetzung auf einen Teil des Nachlasses.** Die Erbeinsetzung kann sich auch auf einen Teil des Nachlasses beschränken mit der Folge, daß zum anderen Teil die vom Gesetz Berufenen Erben werden; eine solche Verbindung von testamentarischer und gesetzlicher Erbfolge erfordert aber, daß sich aus dem Testament der bruchteilsmäßige Anteil des oder der Testamentserben an dem zum gemeinschaftlichen Vermögen der sämtlichen Erben werdenden Gesamtnachlaß bestimmen läßt (§ 2088, BayObLG NF **34,** 98).

3 **c) Alternative Erbeinsetzung.** Unter alternativer Erbeinsetzung ist zu verstehen, daß mehrere Personen in der Weise zu Erben eingesetzt sind, daß nur die eine oder die andere Erbe werden soll. Ob und mit welchem Inhalt eine alternative Erbeinsetzung wirksam ist, unterliegt freier Auslegung. Im Anschluß an das römische Recht bestimmte der erste Entwurf in § 1769 Abs. 1 (Mot. **5,** 33), daß die in dieser Weise bedachten Personen als zu Miterben eingesetzt gelten sollten. Die zweite Kommission hat diese Vorschrift wieder gestrichen (Prot. **5,** 24). Die Auslegung kann unter Heranziehung des in § 2073 enthaltenen Gedankens ergeben, daß die alternative Erbeinsetzung im Sinne des § 1769 Abs. 1 des ersten Entwurfs auszulegen ist. Möglich ist aber auch anzunehmen, daß eine Ersatzerbschaft angeordnet oder daß durch die Benennung der zweiten Person die Erbeinsetzung der erstgenannten aufgehoben werden soll. Falls im Wege der Auslegung kein bestimmtes Ergebnis ermittelt werden kann, ist die Bestimmung unwirksam.

2. Zuwendung eines Bruchteils des Vermögens als Vermächtnis 4

Wenn der Erblasser dem Bedachten einen Bruchteil seines Vermögens zugedacht hat, handelt es sich rechtlich nur dann um ein Vermächtnis, wenn die Auslegung ergibt, daß der Bedachte nicht Erbe sein, sondern nur einen Anspruch gegen den Erben erlangen sollte. Es handelt sich dann um ein Quotenvermächtnis, dessen Zulässigkeit nicht bezweifelt werden kann.

Der gesamte Nachlaß kann jedoch nach dem im BGB herrschenden Grundsatz der 5
Universalsukzession nicht einer Person in der Weise als Vermächtnis zugewandt werden, daß dadurch die Erbfolge ausgeschlossen wird (aA *von Lübtow*, I S. 355). Es muß daher auch in den Fällen, in denen der Erblasser keine der genannten Personen als Erbe einsetzen, sondern ihnen nur schuldrechtliche Ansprüche (Ansprüche aus Vermächtnissen) gegen seinen Nachlaß einräumen wollte, die ein von ihm benannter Treuhänder (Testamentsvollstrecker) erfüllen sollte, das Testament im Sinne von Erbeinsetzungen ausgelegt werden (BGH LM EGBGB Art. **24** Nr. 2). Der Erblasser kann aber die ihm angefallene Erbschaft eines Dritten einer anderen Person als Vermächtnis zuwenden. Ein solches Vermächtnis bewirkt keine Gesamtrechtsnachfolge. Vielmehr muß der Erbe die einzelnen von dem Vermächtnis erfaßten Gegenstände auf den Vermächtnisnehmer übertragen. Diesem wiederum ist auferlegt, die Nachlaßverbindlichkeiten aus dem ihm übertragenen Nachlaß des Dritten zu berichtigen. Im Verhältnis zwischen dem Vermächtnisnehmer und dem Erben sind die Bestimmungen über den Erbschaftskauf entsprechend anzuwenden.

II. Zuwendung einzelner Nachlaßgegenstände (Abs. 2) 6

1. Grundsatz des Abs. 2. Vermächtnis

Mit der Zuwendung einzelner Gegenstände (Sachen oder Rechte § 90) oder mit Zuwendung des Pflichtteils (RG **61**, 15) will der Erblasser, wenn er sich über die rechtliche Bedeutung seiner Verfügung klar ist, nur Forderungen an seinen Nachlaß begründen (§§ 1939, 2174, 2304, 2317). So legt das Gesetz seinen Willen „im Zweifel" sogar dann aus, wenn er sich hierbei der technischen Bezeichnung „Erbe" oder „Nacherbe" (BayObLG NF **30**, 198; **31**, 464) bedient hat.

2. Erbeinsetzung durch Zuwendung eines einzelnen Nachlaßgegenstandes 7

a) Bezeichnung des ganzen Vermögens nach besonders wichtigen Vermögensstükken. Auch wenn der Erblasser seine letztwillige Verfügung so gefaßt hat, daß einer Person nur einzelne Nachlaßgegenstände zugewandt sind, kann er doch den Willen gehabt haben, diese damit als Erbe einzusetzen (BGH FamRZ **72**, 561). Das wird in der Regel anzunehmen sein, wenn das ganze Vermögen nur nach besonders wichtigen Vermögensstücken bezeichnet wird (mein Hof, mein Geschäft, meine Wertpapiere, KG OLG **44**, **88**) oder wenn das Vermögen nach Gruppen von Gegenständen ganz aufgeteilt wird (bewegliches, unbewegliches Vermögen, BayObLG NF **11**, 172). Dabei ist es unerheblich, wenn der Erblasser einzelne Vermögensgegenstände nicht erwähnt hat, da er an sie nicht gedacht hat. Eine Erbeinsetzung ist regelmäßig anzunehmen, wenn der Erblasser von der irrigen Voraussetzung ausging, daß die Gegenstände, die er den einzelnen Personen zugewandt hat, seinen Nachlaß im wesentlichen erschöpfen. Wenn er kleinere Vermögensgegenstände unerwähnt gelassen hat, ist in der Regel nicht anzunehmen, daß insoweit andere Personen Erbe werden sollen.

b) Zuwendung einzelner Vermögensstücke an eine Person. Ob eine letztwillige 8
Verfügung, die nur die Zuwendung eines einzelnen Vermögensgegenstandes an eine bestimmte Person ausspricht, als Erbeinsetzung anzusehen ist, wird von dem Verhältnis

des Wertes dieses Gegenstandes zum sonstigen Vermögen des Erblassers abhängen. Maßgeblich sind dafür die Vorstellungen, die der Erblasser zur Zeit der Testamentserrichtung von dem Verhältnis dieser Werte hatte (BGH Urt. v. 21.6.1954 IV ZR 221/53). Die Zuwendung eines Vermögensgegenstandes ist eine Erbeinsetzung, wenn dieser die anderen, nicht im Testament genannten Gegenstände, an Wert so sehr übertrifft, daß anzunehmen ist, der Erblasser habe im wesentlichen in diesem zugewandten Gegenstand seinen Nachlaß erblickt (BayObLGZ **58**, 250; **65**, 464; KG OLG **44**, 88; *Staudinger/Seybold*, § 2087 Rdn. 4). Eine Erbeinsetzung liegt insbesondere vor, wenn der Erblasser im Wege der Einzelzuweisung über den gesamten Nachlaß verfügt hat (vgl. dazu jedoch unten Rdn. 14). Da es auf die Vermögensverhältnisse des Erblassers z. Z. der Testamentserrichtung ankommt, wird die Auslegung, daß in der Zuwendung eines bestimmten Vermögensstücks eine Erbeinsetzung zu erblicken ist, daher nicht dadurch in Frage gestellt, daß dem Erblasser nach Errichtung der letztwilligen Verfügung noch erhebliches weiteres Vermögen angefallen ist (BGH FamRZ **72**, 561; KG NJW **58**, 504). Anders kann es sein, wenn sein Verhalten im Zusammenhang mit diesem Vermögenserwerb es zweifelhaft erscheinen läßt, ob er, als er das Testament errichtete, durch die Zuwendung des Vermögensstücks eine Erbeinsetzung vornehmen wollte. Zu beachten ist, daß maßgebend für die Auslegung immer nur der bei der Testamentserrichtung vorhanden gewesene Wille des Erblassers ist. Späteren Willensänderungen kann im Wege der Auslegung keine Gültigkeit verschafft werden.

9 Soweit Höfe- oder Anerbenrecht gilt, hat der Hof bei der Beurteilung der Frage, ob in der Zuwendung eines zum hoffreien Vermögen des Bauern gehörigen einzelnen Gegenstandes eine Einsetzung des Bedachten zum Erben dieses Vermögens liegt, außer Betracht zu bleiben (KG JFG **18**, 214).

10 c) **Berufung einzelner Personen als Erben und Zuwendung bestimmter Gegenstände an andere.** Auch wenn der Erblasser in einem Testament bestimmte Personen als Erben eingesetzt und anderen einzelne Gegenstände zugewandt hat, kann sein Wille dahin gegangen sein, daß auch diese Personen die ihnen zugewandten Gegenstände im Rahmen einer Gesamtrechtsnachfolge erhalten sollen. Sie sind dann gleichfalls Miterben. Das Verhältnis des Wertes des dem einzelnen zugewandten Gegenstandes zum Gesamtnachlaß ergibt den Bruchteil, zu dem er an der Gesamtrechtsnachfolge in das Vermögen des Erblassers beteiligt ist. Dabei kann sich ergeben, daß die Bedachten nach dem Willen des Erblassers zu anderen Quoten eingesetzt sind, als er es ausdrücklich in der Verfügung bestimmt hat (BGH LM BGB § 2084 Nr. 12). Die Anordnung des Erblassers hat weiter die Bedeutung einer Teilungsanordnung, so daß der bestimmte Gegenstand dem Miterben bei der Teilung zuzuweisen ist, ohne daß er weitere Ansprüche bei der Auseinandersetzung geltend machen kann (RG DNotZ **42**, 182).

11 d) **Zuwendung eines Geldbetrages.** Auch die Zuwendung eines Geldbetrages kann unter Umständen als Bruchteil der zu einem gewissen Wert veranschlagten Erbschaft gemeint sein.

12 e) **Zuwendung eines Grundstücks an eine Person und des übrigen Nachlasses an andere.** Selbst in der Zuwendung eines bestimmten Grundstücks an die eine und des gesamten übrigen Nachlasses an die andere von zwei als Erben bezeichneten Personen kann unter besonderen Umständen eine Erbeinsetzung beider Bedachten gefunden werden (RG HRR **37**, 809; zumal wenn beide Bedachte ausdrücklich zu „Erben" ernannt sind: RG WarnRspr. 1938 Nr. 157). Gegebenenfalls sind dann die Erbteile nach dem Wertverhältnis der vom Erblasser den einzelnen Miterben gemäß § 2048 zugeteilten Vermögensstücke oder Sachgesamtheiten zu bestimmen (RG WarnRspr. **1913** Nr. 240; LZ **32**, 1050; KGJ **52**, 65; abzulehnen BayObLG **34**, 278 insoweit, als dort gesagt ist, daß für

die Wertberechnung stets die zur Zeit der Testamentserrichtung, nicht die zur Zeit des Erbfalls bestehenden Vermögensverhältnisse des Erblassers maßgebend seien; es handelt sich auch hierbei um eine von der Lage des einzelnen Falles abhängige Auslegungsfrage).

3. Zuwendung der einzelnen Nachlaßgegenstände als Anordnung für die Auseinandersetzung 13

Die erschöpfende Zuwendung von Vermögensstücken an die gesetzlichen Erben kann auch bedeuten, daß der Erblasser es bei der gesetzlichen Erbfolge auch hinsichtlich der sich aus ihr ergebenden Bruchteile belassen und sich auf eine Anordnung der Auseinandersetzung (Teilung § 2048) mit der Maßgabe beschränken will, daß, falls einem Miterben mehr zugeteilt ist, als ihm nach der gesetzlichen Erbfolge gebührt, insoweit ein Vorausvermächtnis (§ 2150) vorliegt (KGJ **52,** 70; vgl. auch KG JW **37,** 2200).

III. Auslegung in besonderen Fällen 14

Es ist auch möglich, daß von zwei je auf bestimmte Vermögensstücke Eingesetzten der eine als Alleinerbe, der andere lediglich als Vermächtnisnehmer anzusehen ist (RG HRR **30,** 1806; LZ **32,** 1050). So liegt es nahe, eine Person, der der Hauptnachlaßgegenstand zugewiesen ist, als Alleinerben anzusehen und andere, die nur Gegenstände von geringerem Wert erhalten haben, als Vermächtnisnehmer (BGH Urt. v. 24. 4. 1972 IV ZR 132/70).

Ein Testament, durch das der Erblasser seinen Ehegatten als Alleinerben eingesetzt 15
hat mit der Bestimmung, dieser solle unter Lebenden und von Todes wegen frei über den Nachlaß verfügen können, und in dem weiter verfügt ist, soweit der Ehegatte über die Nachlaßgegenstände nicht verfügt habe, sollten diese bei dessen Tod an bestimmte Verwandte fallen, enthält die Berufung des Ehegatten als alleinigen Vollerben und die Anordnung von Vermächtnissen zugunsten der anderen Verwandten. Diese sind beim Tode des damit beschwerten Ehegatten fällig. Vermacht sind die Nachlaßgegenstände, die beim Tode des Beschwerten noch vorhanden sind und über die dieser nicht letztwillig verfügt hat (Bremen DNotZ **56,** 149; ähnlich auch Oldenburg DNotZ **58,** 95; vgl. § 2137 Rdn. 1).

Hat der Erblasser, was zulässig ist, den Erbteil eines Miterben im Wege der Tei- 16
lungsanordnung auf eine bestimmte Summe beschränkt, so daß dieser Miterbe durch Zahlung der Summe abgefunden sein soll, so ist die Fälligkeit dieser Abfindung regelmäßig nicht von der Durchführung der Auseinandersetzung abhängig (RG SeuffArch. 77 Nr. 149). Für einen Auseinandersetzungsvertrag ist überhaupt kein Raum, wenn die Teilungsanordnung den Nachlaß vollständig verteilt, so daß die schuldrechtliche Bindung der Miterben, sich die betreffenden Nachlaßbestandteile wechselseitig zu überlassen, unmittelbar durch das Testament begründet wird (RG HRR **30,** 1806).

Zuwendung einer dem Erblasser selbst angefallenen Erbschaft oder des Bruchteils 17
einer solchen Erbschaft oder des Anteils an einer fortgesetzten Gütergemeinschaft ist regelmäßig Vermächtnis (RG WarnRspr. 1917 Nr. 122); Erbeinsetzung kann aber z. B. dann gewollt sein, wenn der Erblasser außer dem Gegenstande der Zuwendung kein weiteres Vermögen hinterläßt oder diesen Gegenstand doch bei Errichtung des Testaments im wesentlichen als einen voraussichtlichen ganzen Nachlaß betrachtet hat (BayObLG NF **19** A 146; **34,** 98).

Die Zuwendung eines Bruchteils vom Reinertrage des Nachlasses stellt sich re- 18
gelmäßig als ein Vermächtnis dar. Dagegen ist es Nacherbfolge, wenn dem Erben auferlegt ist, die Erbschaft ganz oder zu einem ideellen Anteil an einen Dritten herauszugeben, § 2103.

Über die Bedeutung der Einsetzung auf ein bestimmtes Vermögensstück nach gemeinem Recht vgl. KG DR **39**, 250.

§ 2088

Hat der Erblasser nur einen Erben eingesetzt und die Einsetzung auf einen Bruchteil der Erbschaft beschränkt, so tritt in Ansehung des übrigen Teiles die gesetzliche Erbfolge ein.

Das gleich gilt, wenn der Erblasser mehrere Erben unter Beschränkung eines jeden auf einen Bruchteil eingesetzt hat und die Bruchteile das Ganze nicht erschöpfen.

E I 1790 II 1961; M **5** 63, 64; P **5** 73, 74.

Gesetzliche Erbfolge infolge Beschränkung der Erben auf einen Bruchteil

1 I. Das BGB lehnt mit dieser Vorschrift den römischrechtlichen, der deutschen Rechtsanschauung fremden Satz ab: nemo pro parte testatus pro parte intestatus decedere potest. Vorausgesetzt ist, daß der oder die mehreren eingesetzten Erben auf — für jeden besonders oder gemeinschaftlich — ausgeworfene Bruchteile beschränkt sind, die den Nachlaß nicht erschöpfen und nach der Ansicht des Erblassers nicht erschöpfen sollten. Sonst schlägt § 2089 ein.

2 II. Nach dem Wortlaut des Abs. 2 gilt dieser nur, wenn jeder der mehreren Erben auf einen Bruchteil eingesetzt ist. Diese Fassung ist zu eng. Nach ihrem Sinn und Zweck gilt die Bestimmung auch, wenn die mehreren Erben zusammen auf einen Bruchteil eingesetzt sind.

3 III. Gehört der eingesetzte zugleich zu den gesetzlichen Erben, so ist es Auslegungsfrage, ob und wieweit er in letzterer Eigenschaft nochmals zur Erbfolge gelangen soll (BayObLGZ **65**, 166). Die Verfügung des Erblassers kann so auszulegen sein, daß der mit einem Bruchteil bedachte Erbe auf keinen Fall mehr als den in der Verfügung genannten Bruchteil erhalten soll. Sie stellt sich dann zugleich als eine teilweise Ausschließung von der Erbschaft dar, so daß der Bedachte, auch wenn er das ihm Zugewandte ausschlägt, als gesetzlicher Erbe zu keinem höheren Bruchteil berufen sein kann.

4 IV. Es kann aber auch so liegen, daß der letztwillig Bedachte nur für den Fall, daß er die Zuwendung annimmt, von der im übrigen eintretenden Erbfolge ausgeschlossen sein soll. Diese Annahme wird in der Regel zutreffend sein, wenn der Erblasser einen seiner Abkömmlinge zu einem Bruchteil als Erbe eingesetzt hat. Es ist dann anzunehmen, daß der Rest seines Vermögens den anderen Abkömmlingen als gesetzlichen Erben anfallen soll.

5 V. Wenn in diesem Fall jedoch die als gesetzliche Erben berufenen Abkömmlinge wegfallen, so daß nunmehr gesetzliche Erben der zweiten Ordnung zum Zuge kommen würden, kann in der Regel als Wille des Erblassers angenommen werden, daß jetzt die zu Bruchteilen eingesetzten Abkömmlinge, auch wenn sie das ihnen Zugedachte nicht ausgeschlagen haben, von der gesetzlichen Erbfolge nicht ausgeschlossen sein sollen.

§ 2089

Sollen die eingesetzten Erben nach dem Willen des Erblassers die alleinigen Erben sein, so tritt, wenn jeder von ihnen auf einen Bruchteil der Erbschaft eingesetzt ist und die Bruchteile das Ganze nicht erschöpfen, eine verhältnismäßige Erhöhung der Bruchteile ein.

E I 1794 II 1964; M 5 65, 66; P 5 74.

Erhöhung der Bruchteile

Die Berufenen sind die alleinigen Erben, wenn sie nach dem Willen des Erblassers nicht, wie im Falle des § 2088, auf Bruchteile beschränkt sind.

Die Erhöhung erfolgt **nach dem Verhältnis,** in dem die bestimmten **Bruchteile** zueinander stehen, nicht nach Kopfteilen. Es sind eingesetzt A zu 1/3, B zu 1/4, C zu 1/8 oder auf den gemeinschaftlichen Nenner gebracht A zu 8/24, B zu 6/24, C zu 3/24. Sie erben (8 + 6 + 3 = 17) je 8/17, 6/17 und 3/17.

Ebenso beim Vermächtnis § 2157. Gemeinschaftlicher Erbteil § 2093.

§ 2090

Ist jeder der eingesetzten Erben auf einen Bruchteil der Erbschaft eingesetzt und übersteigen die Bruchteile das Ganze, so tritt eine verhältnismäßige Minderung der Bruchteile ein.

E I 1793 II 1963; M 5 65; P 5 74.

Minderung der Bruchteile

Es sind A zu 1/2, B zu 1/3, C zu 1/4 eingesetzt oder auf den gemeinschaftlichen **1**
Nenner gebracht A zu 6/12, B zu 4/12, C zu 3/12. Sie erben (6 + 4 + 3 = 13) je 6/13, 4/13 und 3/13. Ebenso beim Vermächtnis § 2157. Gemeinschaftlicher Erbteil § 2093. Siehe auch § 2092 Abs. 2. Daß die Auslegung zu einem anderen Ergebnis führt, ist nicht ausgeschlossen.

Das Testament beruht auf einem einheitlichen Errichtungsakt. Es wird daher nur **2**
unter ganz besonderen Umständen zutreffen, daß die Einsetzung eines Erben an späterer Stelle der Verfügung die teilweise Aufhebung der vorher erfolgten Einsetzung bedeutet. Diese Annahme kann berechtigt sein, wenn das Testament durch Übergabe einer Schrift (§ 2238) errichtet ist und die Erbeinsetzungen in verschiedenen Teilen dieser Schrift vorgenommen sind, die zu verschiedenen, länger auseinanderliegenden Zeiten niedergeschrieben sind.

Wird der Nachlaß nach und nach in aufeinander folgenden Testamenten vergeben, **3**
so kommt auch § 2258 in Betracht.

§ 2091

Sind mehrere Erben eingesetzt, ohne daß die Erbteile bestimmt sind, so sind sie zu gleichen Teilen eingesetzt, soweit sich nicht aus den §§ 2066 bis 2069 ein anderes ergibt.

E I 1792 II 1962; M 5 64, 65; P 5 74.

Unbestimmte Erbteile

1 Sind die Erbteile unbestimmt gelassen und kann durch Auslegung ein anderer Wille des Erblassers nicht ermittelt werden (so insbesondere aus der Gruppierung der Erben nach Stämmen, RG WarnRspr. 1918 Nr. 123, „Frau und Kinder“ oder anderen auf das gesetzliche Erbrecht deutenden Bezeichnungen, so ergänzt das Gesetz den erklärten Willen dahin, daß Teilung nach Köpfen gewollt sei (so insbesondere, wenn die Erben hintereinander namentlich aufgeführt sind). Unbestimmt sind die Erbteile auch, wenn die Verweisung auf das gesetzliche Erbrecht keine Klarheit bringt, z. B. wenn der Erblasser bestimmt hat, er setze seinen Bruder und dessen Tochter, seine Nichte „zum gesetzlichen Erbteil“ als Erben ein (BGH Urt. v. 18. 2. 1959 V ZR 199/57).

2 Hat der Erblasser mehrere Erben ohne Angabe von Bruchteilen eingesetzt, aber den Nachlaß erschöpfend unter sie verteilt, so ist § 2091 unanwendbar; die Erbteile bestimmen sich vielmehr nach dem Verhältnisse der Werte der den einzelnen Erben zugewiesenen Vermögensstücke zum Werte des Gesamtnachlasses (§ 2087 Rdn. 10, 12 aber auch 13).

3 Es behandeln § 2066: Einsetzung der „gesetzlichen Erben“, § 2067: der „Verwandten“, § 2068: der „Kinder“, § 2069: eines eigenen Abkömmlings. Für Einsetzung der Enkel stellt das BGB keine Regel auf. Ebenso beim Vermächtnis § 2157. Gemeinschaftlicher Erbteil § 2093. Unbestimmtheit infolge eines nicht ergänzten Vorbehalts § 2086.

§ 2092

Sind von mehreren Erben die einen auf Bruchteile, die anderen ohne Bruchteile eingesetzt, so erhalten die letzteren den freigebliebenen Teil der Erbschaft.

Erschöpfen die bestimmten Bruchteile die Erbschaft, so tritt eine verhältnismäßige Minderung der Bruchteile in der Weise ein, daß jeder der ohne Bruchteile eingesetzten Erben so viel erhält wie der mit dem geringsten Bruchteile bedachte Erbe.

E I 1795 II 1965; M 5 66—68; P 5 74, 75.

Bestimmte und unbestimmte Erbteile

1 Eingesetzt sind A zu 1/3, B zu 1/4, C und D ohne Bruchteile. Es erhalten C und D die freigebliebenen 5/12, und zwar gemäß § 2091 zu gleichen Teilen, somit jeder 5/24 der Erbschaft.

2 Eingesetzt sind A zu 3/4, B zu 1/3, C und D ohne Bruchteile. Es erhalten zunächst C und D jeder soviel wie B, also je 1/3. Gemäß § 2090 sind sodann die auf 3/4, 1/3, 1/3 und 1/3 = 9/12, 4/12, 4/12, 4/12 anzunehmenden Erbteile in 9/21, 4/21, 4/21, 4/21 = 21/21 umzuwandeln.

3 Sind die Erben ausdrücklich auf den nach Abzug der bestimmten Bruchteile verbleibenden Überrest eingesetzt, so ist die Erbeinsetzung im Falle des Abs. 2 widersinnig und könnte nur gehalten werden, wenn damit Ersatz- oder Nacherbenberufung gewollt ist.

4 Ebenso beim Vermächtnis § 2157. Das Vorausvermächtnis gilt für den damit bedachten Erben als reines Vermächtnis (§ 2150) und erleidet deshalb keine Minderung. Gemeinschaftlicher Erbteil § 2093.

2093

Sind einige von mehreren Erben auf einen und denselben Bruchteil der Erbschaft eingesetzt (gemeinschaftlicher Erbteil), so finden in Ansehung des gemeinschaftlichen Erbteils die Vorschriften der §§ 2089 bis 2092 entsprechende Anwendung.

E I 1796 II 1966; M 5 68, 69; P 5 75.

Gemeinschaftlicher Erbteil

I. Der gemeinschaftliche Erbteil, dessen Begriffsbestimmung hier gegeben wird, be- 1
gründet nach dem mutmaßlichen Willen des Erblassers eine besondere Gemeinschaft der darauf berufenen Erbengruppen, die vermöge des Anwachsungsrechts (§§ 2094, 2095) und der Bevorzugung in der Ersatzerbfolge (§ 2098 Abs. 2) auch beim Wegfall einzelner daran beteiligter Erben aufrechterhalten bleibt. Es können nicht nur mehrere Erbengruppen nebeneinander, sondern auch innerhalb einer Gruppe Untergruppen gebildet sein, die dann entsprechend der hier gegebenen Regel zu behandeln sind.

Ob der Erblasser die mehreren Erben auf einen und denselben Erbteil berufen 2
wollte, ist durch freie Auslegung zu ermitteln. Die bloße Zusammenfassung mehrerer in einem Satze (A, B und C sollen 1/6 erben) oder unter einer Gesamtbezeichnung (meine Brüder sollen die Hälfte erben) wird in der Regel nicht genügen. Eher wird die Zusammenfassung verschiedener Erbengruppen unter gemeinsamen laufenden Nummern einen Anhalt bieten. Dagegen wird gemeinschaftlicher Erbteil anzunehmen sein, wenn mehrere als wahre Erben (§ 2087 Rdn. 7 ff) auf denselben Gegenstand (A und B auf das Gut, C und D auf das Kapitalvermögen) berufen sind. Gemeinschaftlichkeit des Erbteils kann auch beabsichtigt sein, wenn der Erblasser daneben noch die auf die einzelnen entfallenden Unterbruchteile bestimmt hat (A, B und C sollen zusammen ein Drittel, und zwar A 2/9, B und C je 1/18 erben).

II. Die **Unterbruchteile** der mehreren auf denselben Bruchteil eingesetzten Erben 3
sind, wenn der Erblasser nicht anders verfügt hat oder wenn nicht §§ 2066—2069 eingreifen, unter sich gleich (§ 2091). In den besonderen Fällen der §§ 2089, 2090, 2092 bestimmen sie sich nach den dort gegebenen Vorschriften. — Gemeinschaftliches Vermächtnis § 2157.

§ 2094

Sind mehrere Erben in der Weise eingesetzt, daß sie die gesetzliche Erbfolge ausschließen, und fällt einer der Erben vor oder nach dem Eintritte des Erbfalls weg, so wächst dessen Erbteil den übrigen Erben nach dem Verhältnis ihrer Erbteile an. Sind einige der Erben auf einen gemeinschaftlichen Erbteil eingesetzt, so tritt die Anwachsung zunächst unter ihnen ein.

Ist durch die Erbeinsetzung nur über einen Teil der Erbschaft verfügt und findet in Ansehung des übrigen Teiles die gesetzliche Erbfolge statt, so tritt die Anwachsung unter den eingesetzten Erben nur ein, soweit sie auf einen gemeinschaftlichen Erbteil eingesetzt sind.

Der Erblasser kann die Anwachsung ausschließen.

E I 1797, 1798 Abs. 1 II 1967; M 5 69—72; P 5 75, 76.

Anwachsung unter Miterben

Übersicht

1 **I. Voraussetzungen und Wirkungen der Anwachsung**

Das BGB spricht von Anwachsung im technischen Sinne nur bei der gewillkürten Erbfolge, wendet aber den Grundsatz des § 2094 auch auf den Fall der Erhöhung des Erbteils bei der gesetzlichen Erbfolge an (§ 1935).

2 **1. Voraussetzungen**

Voraussetzung ist, daß die gesetzliche Erbfolge ausgeschlossen ist (§ 1938), sei es, daß der Erblasser die Erbschaft ganz vergeben oder bei nicht erschöpfender Vergebung doch zu erkennen gegeben hat, daß die eingesetzten seine alleinigen Erben sein sollten (§ 2089).

Weiter wird vorausgesetzt, daß einer der eingesetzten Erben vor dem Erbfall (durch Tod § 1923, auch Totgeburt eines erwarteten Kindes RG WarnRspr. 1914 Nr. 125, Erbverzicht § 2352) oder nach dem Erbfall (durch Ausschlagung § 1953, Erbunwürdigkeitserklärung § 2344, Nichterleben der aufschiebenden Bedingung § 2074 oder Nichterteilung der nach Art. 86 EG erforderlichen staatlichen Genehmigung, RG **95,** 98) weggefallen ist. Von dem Wegfall eines Erben kann nur gesprochen werden, wenn der Betreffende überhaupt zunächst einmal gültig als Erbe eingesetzt war. Das trifft bei der von Anfang an nichtigen Erbeinsetzung nicht zu. Eine von vornherein z. B. nach § 2235 Abs. 2 nichtige Erbeinsetzung ist als nicht geschrieben zu behandeln, so daß gegebenenfalls § 2089 anzuwenden ist (wie hier *Planck/Flad,* § 2094 Anm. 2b; *Siber,* Reichsgerichtspraxis III, 381 Anm. 35; *Palandt/Keidel,* § 2094 Anm. 2b; *Bartholomeyczik,* § 29 III 1; *Staudinger/Seybold,* § 2094 Rdn. 3; *Ebhard/Eder* in *Soergel/Siebert,* § 2094 Rdn. 4; *von Lübtow* I S. 361; aA *Kipp/Coing,* § 45 I 3 b — bei Nichtigkeit analoge Anwendung des § 2094; *Lange,* § 25 VII b mit Anm. 2, 4; KG JFG **18,** 164; NJW **56,** 1523; *Brox,* Rdn. 322). Bei Wegfall des Erben infolge Anfechtung ist § 2094 anwendbar (RG **95,** 98), da in diesem Fall bis zur Anfechtung eine wirksame Erbeinsetzung bestanden hat.

3 **2. Wirkungen**

Ist dieser Wegfall vom Erblasser nicht bereits vorgesehen, so ergänzt das Gesetz seinen mutmaßlichen Willen dahin, daß auch in den Erbteil des Weggefallenen die gesetzliche Erbfolge ausgeschlossen, dieser freigewordene Erbteil vielmehr den übrigen eingesetzten Erben zugewendet sein solle. Der in dieser Weise anwachsende Erbteil gilt nach § 1953 Abs. 2 als bereits mit dem Erbfall angefallen und geht, wenn einer der eingesetzten Erben nach dem Erblasser verstirbt, zusammen mit dem ursprünglichen Erbteil auf dessen Erben über (§ 1952).

Beide Erbteile, der ursprüngliche und der angewachsene, bilden, abgesehen von den Sondervorschriften der §§ 2007, 2095, zusammen einen einheitlichen Erbteil. Die Annahme oder Ausschlagung des ursprünglichen ergreift mit Notwendigkeit auch den erst später anwachsenden Erbteil (§ 1951 Abs. 2). Über Wegfall eines Erben durch Eintritt einer auflösenden Bedingung s. § 2104 Rdn. 12.

II. Anwachsung nach dem Verhältnis der Erbteile **4**

Es sind eingesetzt A zu 1/2, B zu 1/3, C zu 1/6. A fällt weg. Von seinem Erbteil (1/2) wachsen an 2/3 (oder 1/3 der ganzen Erbschaft) dem B, 1/3 (oder 1/6 der ganzen Erbschaft) dem C. Es erben somit B 1/3 + 1/3 = 2/3, C 1/6 + 1/6 = 1/3 der Erbschaft. B und C teilen mithin die Erbschaft, wie wenn A überhaupt nicht bedacht wäre (§ 2089).

III. Einsetzung auf einen gemeinschaftlichen Erbteil (Abs. 1 Satz 2) **5**

Die im Sinne des § 2093 auf einen gemeinschaftlichten Erbteil eingesetzten Personen bilden gegenüber den anderen Miterben eine besondere Gemeinschaft, die ähnlich wie nach § 2093 auch hinsichtlich des Anwachsungsrechts besonders behandelt wird. Fällt einer der zu dieser besonderen Gemeinschaft gehörigen Erben fort, so findet die Anwachsung zunächst nur innerhalb dieser besonderen Gemeinschaft statt. Sein Erbteil wächst den übrigen zu der besonderen Gemeinschaft gehörigen Personen an. Wenn sämtliche zu dieser besonderen Gemeinschaft gehörigen Miterben weggefallen sind, findet die Anwachsung unter den übrigen Miterben statt.

Ebenso wie in § 2093 können auch hier mehrere Gruppen, die ihrerseits wieder in Untergruppen geteilt sein können, nebeneinander bestehen. Es sind eingesetzt A zu 1/3, B zu 1/4, C und D gemeinschaftlich auf 5/12. Es fallen weg erst D, sodann C. Der Anteil des D (5/24) wächst zunächst an dem C, dessen Erbteil sich hierdurch auf 5/12 der Erbschaft erhöht. Diese 5/12 wachsen demnächst mit 5/12 x 4/7 = 5/21 dem A, mit 5/12 x 3/7 = 5/28 dem B an. Es erben somit A 1/3 + 5/21 = 4/7, B 1/4 + 5/28 = 3/7 der Erbschaft.

IV. Zusammentreffen von gewillkürter und gesetzlicher Erbfolge (Abs. 2) **6**

Im Falle des Abs. 2 (§ 2088 Abs. 2), des Zusammentreffens der gewillkürten und der gesetzlichen Erbfolge, gilt die Anwachsung in der Regel nicht als gewollt. Der durch Wegfall eines eingesetzten Erben frei werdende Erbteil vererbt sich weiter nach der gesetzlichen Erbfolge. Nur innerhalb der auf einen gemeinschaftlichen Erbteil (§ 2093) berufenen Erbengruppe findet Anwachsung statt. Ob und inwieweit schon in der Beschränkung der eingesetzten Erben auf einen Teil der Erbschaft die Berufung dieser Erben auf einen gemeinschaftlichen Erbteil zu finden sei, ist Auslegungsfrage.

V. Ausschließung der Anwachsung durch den Erblasser (Abs. 3) **7**

1. Form und Umfang

Der Erblasser kann die Anwachsung nur durch letztwillige Verfügung ausschließen. Dies braucht nicht mit ausdrücklichen Worten zu geschehen (RG WarnRspr. 1914 Nr. 125). Erforderlich ist aber, daß sich der Erblasser der Möglichkeit des Wegfalls eines Miterben bewußt ist und gerade für diesen Fall eine von der gesetzlichen abweichende Regelung treffen will.

Die Anwachsung ist immer ausgeschlossen im Falle der Berufung von Ersatzerben (§ 2099), zu denen nach § 2069 Rdn. 1 auch die nachrückenden Abkömmlinge gehören, oder eines Nacherben (§ 2102).

Die Anwachsung kann auch nur bezüglich eines einzelnen Miterben ausgeschlossen sein. Sei es, daß er ausdrücklich auf den ihm zugewendeten Erbteil beschränkt oder, was dem regelmäßig gleichzustellen sein wird, nur auf den „Pflichtteil“, und zwar entgegen der Regel des § 2304 als einen Erbteil eingesetzt ist (RG WarnRspr. 1928 Nr. 47). Oder daß sein Erbteil ausdrücklich von der Anwachsung ausgenommen und damit für den Fall des Freiwerdens den gesetzlichen Erben zugewendet ist.

8 **2. Anfall des frei gewordenen Erbteils**

Bezüglich des frei gewordenen Erbteils tritt, wenn die Anwachsung ausgeschlossen ist, die gesetzliche Erbfolge ein. Wenn die Anwachsung für nur einen Miterben ausgeschlossen ist, tritt sie bezüglich der anderen ein.

9 **3. Beweislast**

Den Beweis, daß die Anwachsung ausgeschlossen ist, hat die Partei zu führen, die sich darauf beruft (RG WarnRspr. 1928 Nr. 47). § 2094 Abs. 1 und 2 enthalten dispositive Rechtsnormen, die dem vermutlichen Willen des Erblassers Geltung verschaffen sollen. Wer demgegenüber behauptet, der Erblasser habe einen entgegenstehenden Willen in seinem Testament zum Ausdruck gebracht, muß das beweisen. Der anwachsende Erbteil ist auch Bestandteil der Nacherbschaft (§ 2110), gilt aber beim Erbschaftskauf im Zweifel als nicht mit veräußert (§ 2373). Anwachsung bei Vermächtnissen §§ 2158, 2159, beim Erbvertrag § 2279 Anm.

§ 2095

Der durch Anwachsung einem Erben anfallende Erbteil gilt in Ansehung der Vermächtnisse und Auflagen, mit denen dieser Erbe oder der wegfallende Erbe beschwert ist, sowie in Ansehung der Ausgleichungspflicht als besonderer Erbteil.

E I 1799 II 1968; M 5 73, 74; P 5 76; 6 90.

Angewachsener Erbteil als besonderer Erbteil

1 **I. Selbständigkeit der Erbteile bezüglich der auf ihnen ruhenden Vermächtnisse und Auflagen**

Die Vorschrift stimmt wörtlich überein mit § 1935 (Erhöhung des gesetzlichen Erbteils). Der Grundsatz der Einheitlichkeit beider Erbteile (§ 2094 Rdn. 3) ist insofern streng durchgeführt, als die Annahme oder Ausschlagung des einen stets auch den andern Erbteil ergreift und als der Erbe für die Nachlaßverbindlichkeiten im allgemeinen unterschiedlos mit beiden Erbteilen haftet (§ 1935 Rdn. 5).

Es würde aber zu unbilliger Beschwerung des Erben führen, wenn er genötigt wäre, zur Tilgung der nur auf dem einen Erbteil ruhenden, diesen überschwerenden Verbindlichkeiten auch den andern freien Erbteil mit zu verwenden. Dies verhütet § 2095, allerdings nur in Beziehung auf Vermächtnisse und Auflagen, die nach §§ 2161, 2192 auch bei Wegfall des damit zunächst Beschwerten wirksam bleiben. Voraussetzung ist nach § 2007 ferner, daß die mehreren Erbteile verschieden beschwert sind (Sonderfall bei *Planck/Flad* Anm. 1).

2 § 2095 dient nicht nur dem Schutz des Erben, sondern gleichfalls dem der verschiedenen Vermächtnisnehmer. Wenn der Erbe seine Haftung beschränkt hat und die Erbschaft zur Befriedigung der Vermächtnisnehmer nicht ausreicht, dient jeder der beiden Erbteile in erster Linie zur Befriedigung der auf ihm ruhenden Vermächtnisse und Auflagen. Über die besonderen Haftungsgrundsätze bei Vermächtnissen und Auflagen s. § 1992.

Der § 2095 ist namentlich dann von Bedeutung, wenn der Erbe mit beiden Erbteilen nur beschränkt oder mit dem einen beschränkt, mit dem andern unbeschränkt haftet.

Aber auch der schlechthin unbeschränkt haftende Erbe kann in den Fällen des § 2060 wenigstens so viel erreichen, daß sich nach der Teilung seine Leistungspflicht bezüglich der auf dem ursprünglichen und dem anwachsenden Erbteil ruhenden Vermächtnisse und Auflagen nur auf einen nach der Quote eines jeden dieser Erbteile zu bemessenden Betrag beschränkt. Nur in Höhe dieser Quote haftet er sodann unbeschränkt auch mit dem eigenen Vermögen (§ 2060 Anm.).

§ 2095 ist entsprechend anzuwenden, wenn Vermächtnisse und Auflagen, die auf einem von vornherein nicht wirksam vergebenen Erbteil ruhen, wirksam bleiben (so auch *Planck/Flad* 4.Aufl. § 2094 Anm. 2 b).

II. Selbständigkeit der Erbteile hinsichtlich der Ausgleichpflichten 3

Das Anwachsungsrecht gilt nur für die gewillkürte, die Ausgleichungspflicht regelmäßig nur für die gesetzliche Erbfolge. Es kann sich deshalb hier nur um die letztwillige Berufung von Abkömmlingen nach § 2052 handeln. Daß zugleich mit dem Erbteile des Wegfallenden auch seine Ausgleichungspflicht dem andern Erben anwächst, ergibt § 2051. Aus § 2056 folgt, daß ungeachtet der Vereinigung beider Erbteile in einer Hand bei der Auseinandersetzung sowohl der mit der Ausgleichungspflicht überschwerte (ursprüngliche oder anwachsende) Erbteil, wie auch die darauf lastenden Vorempfängnisse ganz außer Betracht zu bleiben haben.

III. Abweichende Anordnungen des Erblassers 4

Der Erblasser kann abweichende Anordnungen treffen. Er kann zugunsten von Vermächtnissen und Auflagen bestimmen, daß sie nicht bloß von dem ursprünglichen, sondern auch von dem durch etwaige Anwachsung vergrößerten Erbteile zu tragen seien. Ebenso bezüglich der Ausgleichungspflicht.

Der Erbe darf jedoch hierdurch nicht im Pflichtteil verkürzt werden (§§ 2306 Abs. 1, 2318, 2316), und er kann selbstverständlich die Beschränkung seiner Haftung dagegen geltend machen (§ 2007).

Gleiche Grundsätze beim Vermächtnis § 2159. Entsprechende Anwendbarkeit beim Verkauf unter Miterben, § 2034 Abs. 1.

§ 2096

Der Erblasser kann für den Fall, daß ein Erbe vor oder nach dem Eintritte des Erbfalls wegfällt, einen anderen als Erben einsetzen (Ersatzerbe).

E I 1800 II 1969; M 5 74, 75, 77—79; P 5 76.

Ersatzberufung

I. Rechtsnatur der Ersatzberufung und Voraussetzungen für den Anfall an den Er- 1
[illegible]

Die E[illegible]setzung eines Ersatzerben ist an sich Erbeinsetzung unter der aufschiebenden Bedingung des Wegfalls des zunächst Berufenen oder auch für den Fall, daß dieser nicht wirksam berufen ist. Sie würde nach § 2074 an sich voraussetzen, daß der Ersatzerbe den Wegfall erlebt. Allein um eine eigentliche, d. h. um eine willkürlich und rechtsgeschäftlich vom Erblasser gesetzte Bedingung handelt es sich bei der Berufung eines Ersatzerben überhaupt nicht (§ 2074 Rdn. 20). Da überdies die Wirkung des Anfalls auf die Zeit des Erbfalls zurückbezogen wird (s. Rdn. 8), so genügt es regelmäßig, daß der Ersatzerbe den Erbfall wenigstens als Erzeugter erlebt hat (§ 1923).

2 Stirbt der Ersatzberufene nach dem Erbfall, aber vor Wegfall des zunächst Berufenen, so geht das Ersatzerbrecht auf die Erben des Ersatzerben über (§ 1952), wenn nicht nach dem Willen des Erblassers das Erleben des Wegfalls durch den Ersatzerben als besonders aufgestellte Bedingung anzusehen ist (KG RJA **12,** 23).

3 Dagegen ist kein Raum für die Ersatzerbfolge, wenn der zunächst Berufene nach dem Erblasser, aber vor Ablauf der Ausschlagungsfrist verstirbt. Die Erbschaft (das Ausschlagungsrecht) geht dann auf die Erben des zunächst Berufenen über, § 1952. Erst wenn diese ausschlagen, tritt die Ersatzberufung in Kraft.

4 Der Ersatzerbe ist auch dann zur Erbschaft berufen, wenn die Einsetzung des zunächst berufenen Erben von Anfang an unwirksam war oder wenn der Erblasser sie selbst in einer späteren letztwilligen Verfügung widerrufen hat. Desgleichen kann ein Ersatzerbe für den Fall berufen sein, daß der zunächst Berufene nur unter einer Bedingung eingesetzt ist, die nicht eingetreten ist (aA BayObLG NJW **60,** 965).

5 Die Ersatzberufung kann auch auf den Fall beschränkt sein, daß der zunächst Berufene nur aus einem bestimmten Grunde wegfällt. Dann kann es sich um eine echte Bedingung mit der Wirkung aus § 2074 handeln.

Nach der Auslegungsregel des § 2069 gelten die Abkömmlinge eines vom Erblasser eingesetzten eigenen Abkömmlings, falls dieser nach der Testamentserrichtung wegfällt, als stillschweigend berufene Ersatzerben. Ebenso gilt der Nacherbe zugleich als zum Ersatzerben für den Vorerben berufen, § 2102.

6 **II. Berufung mehrerer Ersatzerben**

Der Erblasser kann mehrere Ersatzerben neben- oder hintereinander berufen. Der an zweiter oder späterer Stelle berufene Ersatzerbe rückt auch dann ein, wenn seine nächsten Vordermänner schon vor dem zuerst Berufenen weggefallen waren.

7 **III. Rechtsstellung des zur Erbschaft berufenen Ersatzerben**

1. Allgemeines

Der Ersatzerbe kann Fremder oder Miterbe, er kann auf den ganzen Nachlaß oder einen Nachlaßanteil, an Stelle eines gewillkürten oder eines gesetzlichen Erben (§ 2051 Abs. 2) berufen sein. Es kann unter Umständen auch nur gewollt sein, daß der ersatzweise Berufene an Stelle eines Pflichtteilsberechtigten in den diesem zugewendeten Pflichtteil einrücken solle.

8 **2. Zeitpunkt des Anfalls der Erbschaft**

Die Erbschaft fällt ihm an mit dem Wegfall des Erben, jedoch nicht vor Eintritt des Erbfalls. Fällt der Erbe erst später weg, sei es infolge Ausschlagung § 1953, Erbunwürdigkeitserklärung § 2344, Todes vor Eintritt der mit der Wirkung der Unvererblichkeit des Erbrechts gesetzten Bedingung § 2074, erfolgreicher Anfechtung der Erbeinsetzung § 2078 Rdn. 24 ff oder Nichterteilung der nach Art. 86 EG erforderlichen staatlichen Genehmigung, so wird doch der Verlust des Erbrechts auf den Zeitpunkt des Erbfalls zurückbezogen; es wird in allen diesen Fällen so angesehen, als ob der zunächst Berufene bereits vor dem Erbfall gestorben wäre (RG **95,** 98).

9 **3. Beschwerungen und Ausgleichpflichten des Zunächstberufenen**

Die dem zunächst Berufenen auferlegten Beschwerungen gehen auf den Ersatzerben über (§§ 2161, 2192). Ebenso die Ausgleichungspflicht (§ 2051 Abs. 2). Auch an Teilungsanordnungen (§ 2048) ist er gebunden.

4. Bedingte Einsetzung des Zunächstberufenen 10

Ob eine Berufung von derselben Bedingung abhängig sein soll, die dem zunächst Berufenen gesetzt war, ist Auslegungsfrage. Die Frage wird in der Regel zu bejahen sein, wenn die Bedingung in einer Handlung besteht, die der Erbe vornehmen soll, um einen von dem Erblasser gewünschten Erfolg herbeizuführen und wenn der Ersatzerbe die Handlung in gleicher Weise vornehmen kann.

5. Anfall eines Vorausvermächtnisses 11

Das Vorausvermächtnis (§ 2150) fällt dem Ersatzerben an, wenn es vom zunächst Bedachten nicht schon erworben war und nach § 2190 als dem Ersatzerben zugewendet anzusehen ist (s. auch §§ 2110 Abs. 2, 2373).

Auf den Voraus des überlebenden Ehegatten (§ 1932) hat der an seiner Statt berufene Erbe mangels des hierfür vorausgesetzten persönlichen Verhältnisses zum Erblasser im Zweifel keinen Anspruch.

Ersatznacherbe § 2108 Rdn. 16, Ersatzerbe beim Erbvertrag § 2279, Ersatzvermächtnis § 2190. Über das Verhältnis des § 2096 zu § 2108 Abs. 2 s. § 2108 Rdn. 9.

IV. Auslegung einer Berufung zum Ersatzerben als Nacherbeinsetzung 12

Eine dem Wortlaut des § 2096 angepaßte Testamentsbestimmung kann, soweit sie sich auf den Wegfall des Erben nach dem Eintritt des Erbfalls bezieht, von Personen, die mit dem Sprachgebrauch des BGB nicht vertraut sind, auch auf den Fall bezogen werden, daß mehrere Personen in zeitlicher Aufeinanderfolge zu Erben berufen werden, also auf den Fall der Nacherbfolge. Läßt sich daher aus Umständen außerhalb des Testaments feststellen, daß der Erblasser eine Nacherbeinsetzung gewollt habe, so kann eine Auslegung des Testaments in diesem Sinn nicht mit der Begründung (§ 2084 Rdn. 2, 3) abgelehnt werden, daß sie an der völlig unzweideutigen Willenserklärung keinen auch noch so geringen Anhalt finde (RG HRR **32,** 1055; BGH LM BGB § 2100 Nr. 1; § 2084 Rdn. 4).

§ 2097

Ist jemand für den Fall, daß der zunächst berufene Erbe nicht Erbe sein kann, oder für den Fall, daß er nicht Erbe sein will, als Ersatzerbe eingesetzt, so ist im Zweifel anzunehmen, daß er für beide Fälle eingesetzt ist.

E I 1801 II 1970; M 5 75; P 5 76.

Auslegungsregel. Ebenso beim Ersatzvermächtnis § 2190

§ 2098

Sind die Erben gegenseitig oder sind für einen von ihnen die übrigen als Ersatzerben eingesetzt, so ist im Zweifel anzunehmen, daß sie nach dem Verhältnis ihrer Erbteile als Ersatzerben eingesetzt sind.

Sind die Erben gegenseitig als Ersatzerben eingesetzt, so gehen Erben, die auf einen gemeinschaftlichen Erbteil eingesetzt sind, im Zweifel als Ersatzerben für diesen Erbteil den anderen vor.

E I 1803 II 1971; M 5 76, 77; P 5 77.

Gegenseitige Ersatzberufung

1 **I. Erben als Ersatzerben (Abs. 1)**

A, B, C sind zu $1/2$, $1/3$ und $1/6$ eingesetzt und gegenseitig, oder es sind B und C für A als Ersatzerben berufen. A fällt weg. B und C rücken (wie im Falle der Anwachsung § 2094) in die Hälfte des A nach Verhältnis ihrer eigenen Erbteile (2 : 1) ein. Es erben deshalb B $1/3 + (2/3$ von $1/2 =) \; 1/3 = 2/3$, C $1/6 + (1/3$ von $1/2 =) \; 1/6 = 1/3$ der Erbschaft.

Sind nur einige der übrigen Miterben für einen oder mehrere Miterben als Ersatzerben eingesetzt (A und B für C und D), so rücken A und B gemäß § 2091 zu gleichen Teilen in die freiwerdenden Erbteile des C oder D ein.

2 Das Gesetz gibt nur eine Auslegungsregel (im Zweifel). Die Vorschrift findet keine Anwendung, wenn von den mehreren Erben nur einige für einen Miterben oder wenn neben dem Erben noch ein Dritter als Ersatzerbe berufen ist. In diesem letztgenannten Fall ist durch Auslegung zu ermitteln, ob die Ersatzerben nach Kopfteilen berufen sind oder ob der Fremde einen Kopfteil erhalten soll und der Rest unter die Miterben nach dem Verhältnis ihrer Erbteile aufzuteilen ist.

3 **II. Die auf einen gemeinschaftlichen Erbteil eingesetzten Erben (Abs. 2)**

A ist zu $1/2$, B, C und D sind zusammen auf $1/2$, alle vier sind gegenseitig als Ersatzerben eingesetzt. B fällt weg. Dann rücken (wie im Falle der Anwachsung § 2094) nur C und D in den freiwerdenden Erbteil des B ein. A ist nicht beteiligt. Seine Ersatzberufung wird erst wirksam, wenn auch C und D weggefallen sind.

4 **III. Annahme und Ausschlagung des Erbteils und des Ersatzerbteils**

Den Erbteil anzunehmen, den Ersatzerbteil aber auszuschlagen oder umgekehrt, ist nur gestattet, wenn beide Berufungen auf verschiedenen Gründen (z. B. Testament und Erbvertrag) beruhen oder wenn der Erblasser eine verschiedenartige Erklärung zugelassen hat (§ 1951 Abs. 1, 2 u. 3).

5 **IV. Gegenseitige Ersatzberufung und Anwachsung**

Die gegenseitige Ersatzberufung und die Anwachsung, die nach dem Gesetz ohne die Ersatzberufung eintreten würden, führen im wesentlichen zu denselben Ergebnissen. Ein Unterschied besteht darin, daß der Ersatzerbteil nicht nur wie der angewachsene Erbteil hinsichtlich der Vermächtnisse, Auflagen und der Ausgleichspflicht, sondern in jeder Hinsicht als besonderer Erbteil gilt. Der durch die Ersatzberufung angefallene Erbteil wird daher nach § 2007 auch hinsichtlich der Haftung für die Nachlaßverbindlichkeiten als besonderer Erbteil behandelt.

Während die Annahme und Ausschlagung des ursprünglichen Erbteils notwendig auch den angewachsenen Erbteil ergreift (§ 2094 Rdn. 3), kann der Ersatzerbteil unter Umständen für sich angenommen oder ausgeschlagen werden (Vgl. Rdn. 4)). Ersatzvermächtnis § 2190.

§ 2099

Das Recht des Ersatzerben geht dem Anwachsungsrechte vor.

E I 1798 Abs. 2 II 1972; M 5 73; P 5 76.

Ersatzerbe § 2096, **Anwachsungsrecht** § 2094. Die Einsetzung eines Ersatzerben bedeutet deshalb immer Ausschließung der Anwachsung (§ 2094 Abs. 3). Ob der für mehrere Erben berufene Ersatzerbe bei Wegfall schon eines oder erst aller Miterben einrücken soll, so daß zunächst innerhalb der Miterben die Anwachsung erfolgt, ist Auslegungsfrage. Ersatzvermächtnis § 2190.

DRITTER TITEL

Einsetzung eines Nacherben

Vorbemerkung

Neueres Schrifttum:

Oswald, Der Vorerbe in der Vermögensbesteuerung, DNotZ **60**, 476; *Kempf*, Die Anwartschaften des Nacherben und des Ersatznacherben, NJW **61**, 1797; *Beck*, Grenzen der Teilungsanordnung — Teilungsanordnung und Nacherbenfolge, DNotZ **61**, 565, *Langenbach*, Die Rechtsnachfolge des Vorerben in die personen- und vermögensrechtliche Mitgliedstellung des Gesellschafters einer Personalhandelsgesellschaft, RhNK **65**, 81; *Seifert*, Vor- und Nacherbe bei der Erbschaftssteuer, BB **65**, 200; *Picot*, Vor- und Nacherbschaft an der Gesellschafterstellung in einer Personalhandelsgesellschaft, Diss. Münster 1960; *Bühler*, Zum Inhalt der Vermächtnisanwartschaft im Vergleich zur Anwartschaft des Nacherben, BWNotZ **67**, 174; *Becher*, Kein Anwartschaftsrecht des Ersatznacherben, NJW **69**, 1463; *Ruhloff*, Nießbrauchvermächtnis oder Vor- und Nacherbschaft im Unternehmertestament. Diss. Göttingen 1968; *Johannsen*, Die Rechtsprechung des BGH auf dem Gebiete des Erbrechts — Einsetzung eines Nacherben, WM **70**, 2; **73**, 537; *Buschmann*, Erbfolge und Nacherbfolge bei letztwilliger Zuwendung von Grundstücken, BlGrdstBauWR **70**, 107; *Haegele*, Rechtsfragen zur Vor- und Nacherbschaft, RPfleger **71**, 4; *Petzold*, Vorerbschaft und Nießbrauchsvermächtnis, RhNK **72**, 649.

Übersicht

I. Geschichtliche Entwicklung 1

Im römischen Recht galt der Grundsatz semel heres semper heres. Danach war es grundsätzlich nicht möglich, daß mehrere Personen nacheinander Erbe wurden. Praktisch wurde dieser Grundsatz aber durch die Einrichtung des Universalfideikommisses eingeschränkt. Wenn auch die Stellung des Fideikommissars in späterer Zeit der eines Erben angenähert wurde, blieb jener doch Vermächtnisnehmer. Auch das gemeine Recht wich von diesem Grundsatz nicht ab.

Das ALR, das sächsische Recht und auch das österreichische schufen hier Wandel. Sie gaben den römisch-rechtlichen Grundsatz auf und erkannten ein zeitlich beschränktes Erbrecht an, so daß eine mehrmalige Gesamtrechtsnachfolge nach dem Tode des Erblassers möglich wurde.

Das BGB ist dem aus praktischen Erwägungen gefolgt und hat zu diesem Zweck die Rechtseinrichtung der Vor- und Nacherbschaft geschaffen.

2 **II. Zeitliche Grenze für die Bindung des Nachlasses**

Da es aus volkswirtschaftlichen Gründen bedenklich ist, ein Vermögen über einen längeren Zeitraum hinaus festzulegen, hatten schon die älteren Rechte Beschränkungen angenommen. Das BGB hat aus denselben Erwägungen eine zeitliche Grenze für die Bindung des Nachlasses gesetzt und sich im Grundsatz dazu bekannt, daß die Bindung nicht länger als ein Menschenalter dauern soll. Hierauf beruht § 2109.

3 **III. Grund für den Eintritt der Nacherbfolge**

1. Anordnung durch letztwillige Verfügung

Die Nacherbfolge tritt regelmäßig nur auf Grund einer letztwilligen Verfügung des Erblassers ein.

4 **2. Konstruktive Nacherbfolge**

In einigen Fällen ist auch ohne eine dahingehende ausdrückliche Bestimmung kraft Gesetzes das Rechtsverhältnis einer Vor- und Nacherbschaft anzunehmen. Sie werden als konstruktive Nacherbfolge bezeichnet. Es sind dies Fälle, in denen der vom Erblasser geäußerte letzte Wille lückenhaft ist. Um ihm Geltung verschaffen zu können, hat der Gesetzgeber die Lücke geschlossen und dabei auf die Rechtseinrichtung der Vor- und Nacherbschaft zurückgegriffen. Im einzelnen handelt es sich dabei um Folgendes:

Der Erblasser hat eine zur Zeit des Erbfalls noch nicht erzeugte Person als Erben eingesetzt (§ 2101). Er hat bestimmt, eine Person solle nur bis zu einem bestimmten Zeitpunkt oder erst von einem bestimmten Zeitpunkt an Erbe sein (§§ 2104, 2105), ohne zu bestimmen, wer vor- oder nachher Erbe sein soll. Das Gesetz legt den letzten Willen dahin aus, daß eine Vor- und Nacherbschaft angeordnet ist.

Die fehlende Bestimmung über die Person der Vor- oder Nacherben wird zugleich dahin ergänzend getroffen, das die gesetzlichen Erben des Erblassers hierzu berufen sind. Somit beruht die konstruktive Nacherbfolge in Wahrheit auch auf einer letztwilligen Anordnung des Erblassers, die der Gesetzgeber nur umgedeutet und ergänzt hat, damit sie wirksam sein kann.

5 **IV. Die Rechtsstellung des Vorerben während der Dauer seiner Berechtigung**

1. Verfügungsberechtigung des Vorerben

Das Wesen der Vor- und Nacherbschaft besteht darin, daß sowohl der Vorerbe als auch der Nacherbe Gesamtrechtsnachfolger des Erblassers sind. Daraus folgt, daß der Vorerbe während der Zeit, in der er Erbe ist, grundsätzlich auch berechtigt ist, über den Nachlaß zu verfügen (§ 2112).

6 **2. Einschränkung der Verfügungsmacht und Verantwortlichkeit des Vorerben**

Seine Verfügungsmacht ist im Interesse des Nacherben eingeschränkt. Er kann nicht unentgeltlich über Nachlaßgegenstände verfügen. Er kann auch nicht über Grundstücke, Rechte an Grundstücken oder bestimmte ihnen gleichgestellte Rechte verfügen (§ 2113). Eine Ausnahme enthält § 2114.

Auch sonst hat das Gesetz dem Vorerben im Interesse des Nacherben bestimmte Pflichten auferlegt, die er bei der Verwaltung des Nachlasses zu erfüllen hat (§§ 2116 bis 2119). Jedoch hat er, da er mit der Verwaltung des Nachlasses sein eigenes Vermögen verwaltet, nach § 2131 dem Nacherben gegenüber in Ansehung der Verwaltung nur für diejenige Sorgfalt einzustehen, die er in eigenen Angelegenheiten anzuwenden pflegt.

Der Erblasser kann durch Auflagen, mit denen er den Vorerben beschränkt, dessen Rechte noch weiter einschränken. Diese Auflagen beschränken allerdings die Verfügungsmacht des Vorerben nicht unmittelbar, sondern begründen für ihn nur schuldrechtliche Pflichten (BGH LM BGB § 2100 Nr. 2; unten § 2112 Rdn. 1).

3. Vom Erblasser verfügte freiere Stellung des Vorerben 7

Der Erblasser kann dem Vorerben aber auch eine freiere Stellung einräumen, indem er ihn nach § 2136 von einem wesentlichen Teil seiner Beschränkungen und Pflichten befreit. Er kann jedoch dem Vorerben keine Herrschaftsbefugnisse einräumen, die über den hiernach zulässigen Rahmen hinausgehen. Das würde dem Wesen der Rechtseinrichtung der Vor- und Nacherbschaft widersprechen. Der Erblasser kann daher den Vorerben weder nach § 2222 zum Testamentsvollstrecker für den Nacherben einsetzen, noch kann er den Vorerben bevollmächtigen, den Nacherben vor Eintritt des Nacherbfalls in Ansehung der ihm zustehenden Rechte zu vertreten (vgl. § 2112 Rdn. 1, 6—9).

4. Nachlaß als Sondervermögen 8

Mit Rücksicht auf die Rechte des Nacherben bildet der Nachlaß in der Hand des Vorerben in gewisser Hinsicht ein Sondervermögen. Das zeigt sich besonders in der Zwangsvollstreckung und im Konkurs (§ 2115, § 128 KO). Es gilt deswegen auch nach § 2111 der Grundsatz der dinglichen Ersetzung. Aus gleichem Grunde fällt auch nach § 2143 die mit dem Erbfall eingetretene Konfusion von Rechten und Verbindlichkeiten im Augenblick des Nacherbfalls wieder fort.

V. Das Anwartschaftsrecht des Nacherben vor Eintritt des Nacherbfalls 9

Schon vor Eintritt des Nacherbfalls hat der Nacherbe eine feste Anwartschaft, die übertragbar und in der Regel auch vererblich ist. Auf Grund dieser Anwartschaft hat der Vorerbe dem Nacherben gegenüber bestimmte Pflichten, und dieser kann von jenem bestimmte Maßnahmen fordern, die der Sicherung seines Rechts dienen (§§ 2116, 2118, 2121, 2122 Satz 2, 2123).

Besondere Rechte stehen dem Nacherben zu, wenn Grund zu der Annahme besteht, daß der Vorerbe durch seine Verwaltung die Rechte des Nacherben erheblich verletzt. Der Nacherbe kann nach § 2127 Auskunft über den Bestand der Erbschaft verlangen. § 2128 gibt ihm das Recht auf Sicherheit, das nach §§ 2128 Abs. 2, 1052, 2129 dazu führen kann, daß der Vorerbe das Recht verliert, den Nachlaß zu verwalten und über Nachlaßgegenstände zu verfügen.

Anderseits hat auch der Nacherbe Pflichten gegenüber dem Vorerben. Er ist nach § 2120 verpflichtet, den Verfügungen des Vorerben zuzustimmen, die zur ordnungsmäßigen Verwaltung des Nachlasses erforderlich sind und die der Vorerbe nicht ohne Zustimmung des Nacherben vornehmen kann.

VI. Die Rechtslage nach Eintritt des Nacherbfalls 10

1. Nacherbe als Gesamtrechtsnachfolger

Mit Eintritt des Nacherbfalls hört der Vorerbe auf, Erbe zu sein. Der Nacherbe wird von diesem Augenblick an Gesamtrechtsnachfolger des Erblassers (§ 2139). Er haftet daher jetzt auch für die Nachlaßverbindlichkeiten. § 2144 enthält besondere Bestimmungen über seine Haftung. Die Haftung des Vorerben müßte folgerichtig enden. Das Gesetz läßt sie jedoch nach § 2145 insoweit bestehen, als der Nacherbe nicht haftet oder die Verbindlichkeiten im Verhältnis von Vor- und Nacherben jenem zur Last fallen.

11 **2. Verfügungen des Vorerben nach Eintritt des Nacherbfalls**

Nicht immer erlangt der Vorerbe von dem Eintritt des Nacherbfalls sofort Kenntnis. Für ihn und auch für dritte Personen können sich Schwierigkeiten ergeben, wenn er infolge Unkenntnis von dem Eintritt des Nacherbfalls weiter über Nachlaßgegenstände verfügt. Das Gesetz trifft deswegen in § 2140 eine Übergangsvorschrift. Danach bleibt der Vorerbe verfügungsberechtigt, bis er von dem Eintritt des Nacherbfalls Kenntnis erlangt oder hiervon Kenntnis erlangt haben müßte. Den Interessen der Nachlaßgläubiger dient § 2146, der den Vorerben verpflichtet, den Eintritt des Nacherbfalls unverzüglich dem Nachlaßgericht anzuzeigen.

12 **3. Lasten, Verwendungen, Ersatzpflichten des Vorerben**

Der mit dem Nacherbfall eintretende Eigentumswechsel macht es notwendig, besondere Bestimmungen darüber zu treffen, wer die Aufwendungen für Nachlaßgegenstände und die darauf ruhenden Lasten zu tragen hat. Desgleichen waren Bestimmungen zu treffen über den Ersatz von Verwendungen, über eine Ersatzpflicht des Vorerben für den Fall, daß er Früchte im Übermaß gezogen oder Nachlaßgegenstände für sich verwandt hat, und über seine Herausgabepflicht. Sie sind in den §§ 2124, 2125, 2126, 2130, 2132 bis 2135, 2137 und 2138 enthalten. Die von dem Gesetzgeber hierin getroffene Regelung beruht auf dem Gedanken, daß der Vorerbe während der Dauer seiner Berechtigung Herr des Nachlasses war, daß ihm die in dieser Zeit gezogenen Nutzungen verbleiben, daß er aber den Stamm des Vermögens dem Nacherben herauszugeben hat. Als dem Herrn des Nachlasses können ihm Verschlechterungen und Abnutzungen, die durch die ordnungsgemäße Benutzung von Nachlaßgegenständen herbeigeführt sind, nicht zur Last gelegt werden (§ 2132). Seiner Rechtsstellung entspricht es, daß ihm nur die normalen Nutzungen, die die Nachlaßgegenstände während der Dauer seiner Berechtigung abwerfen, gebühren. Übermaßfrüchte kann er daher nach § 2133 nur zu dem Teil beanspruchen, der einem gewöhnlichen ordnungsmäßigen Fruchtgenuß entspricht. In diesem Umfang stehen sie ihm auch nur dann zu, wenn der Wert dieser Früchte bei einer ordnungsmäßigen Wirtschaftsführung nicht zur Wiederherstellung der Sache zu verwenden ist. Da dem Vorerben die Nutzungen verbleiben, hat er auch während der Dauer seiner Berechtigung dem Nacherben gegenüber die gewöhnlichen Erhaltungskosten zu tragen (§ 2124), während anderseits, da er den Stamm des Vermögens herausgeben muß, weder die außerordentlichen Lasten (§ 2126) noch Aufwendungen, die er für erforderlich halten durfte und die nicht zu den gewöhnlichen Erhaltungskosten gehören (§ 2124 Abs. 2), ihm zur Last fallen können. Er kann diese aus dem Nachlaßvermögen bestreiten oder, wenn er sie aus seinem Vermögen bestritten hat, beim Eintritt des Nacherbfalls von dem Nacherben Ersatz verlangen. Im übrigen regelt sich die Ersatzpflicht des Nacherben für Verwendungen des Vorerben nach den Vorschriften der Geschäftsführung ohne Auftrag (§ 2125). Da dem nicht befreiten Vorerben nur die gewöhnlichen Nutzungen gebühren, ist er bei Eintritt des Nacherbfalls nach § 2134 ersatzpflichtig, wenn er Nachlaßgegenstände für sich verwandt hat.

13 **4. Pflicht des Vorerben, den Nachlaß herauszugeben**

Die Pflicht des Vorerben, den Nachlaß bei Eintritt des Nacherbfalls an den Nacherben herauszugeben, ist in den §§ 2130, 2137 und 2138 näher geregelt.

§ 2100

Der Erblasser kann einen Erben in der Weise einsetzen, daß dieser erst Erbe wird, nachdem zunächst ein anderer Erbe geworden ist (Nacherbe).

E I 1804 Satz 1 II 1973; M 5 81—83; P 5 78.

Begriff des Nacherben

Übersicht

A. Wesen der Vor- und Nacherbschaft im allgemeinen 1

Vorerbe und Nacherbe sind in zeitlicher Aufeinanderfolge wahre Erben, Gesamtrechtsnachfolger (§ 1922) einer und derselben Erbschaft. Der Nacherbe ist nicht etwa Erbe des Vorerben.

Die Erteilung einer Vollmacht durch den Vorerben ist deshalb unwirksam, wenn sie erst nach Eintritt der Nacherbfolge zur Geltung kommen soll (KGJ 50, 159); auch wenn sie nicht ausschließlich für die Zeit nach Eintritt des Nacherbfalls erteilt ist, ermächtigt sie den Bevollmächtigten zur Vertretung des Nacherben nach Eintritt des Nacherbfalls jedenfalls dann nicht, wenn ihr nicht ein dem Nacherben gegenüber wirksames Rechtsverhältnis zugrunde liegt (§ 168; KG JFG 5, 308; vgl. dazu § 2112 Rdn. 6 bis 9). Vorerbe und Nacherbe haften für die Nachlaßverbindlichkeiten (§§ 2144, 2145).

B. Die Rechtsstellung des Vorerben 2

I. Verwaltungs-, Besitz- und Fruchtziehungsrecht

Der Vorerbe hat während der Dauer seines Rechts die Verwaltung des Nachlasses. Er ist zum Besitz und zum Gebrauch der Nachlaßgegenstände berechtigt und hat das Recht, die Früchte zu ziehen. Er ist nicht bloß Nutzungsberechtigter am Nachlaß (§§ 2111 Rdn. 12—15, 2133), wie beim Nießbrauch an der Erbschaft (§ 1089). Er hat vielmehr das Verfügungsrecht über die Erbschaftsgegenstände (§§ 2112, 2129, 2140), soweit er darin nicht zugunsten des Nacherben dinglich (§§ 2113 ff) oder schuldrechtlich (§§ 2116 ff) beschränkt ist.

3 Ebensowenig wie der Erblasser dem Vorerben die Verfügungsmacht über die Nachlaßgegenstände mit unmittelbarer Wirkung gänzlich entziehen kann, kann er den Erwerb des Vorerben an den Früchten und sonstigen Nutzungen des Nachlasses mit dinglicher Wirkung zugunsten des Nacherben ausschließen. Er kann aber den Vorerben mit Vermächtnissen und Auflagen zugunsten des Nacherben belasten und auf diese Weise den Fruchtgenuß des Vorerben beschränken oder diesen verpflichten, über Nachlaßgegenstände nicht zu verfügen.

4 **II. Übertragung und Pfändung des Rechts des Vorerben**

Auf die Übertragung und Pfändung des Rechts des Vorerben finden die gleichen Vorschriften Anwendung, die für die Übertragung und Pfändung des Vollerbrechts gelten.

Ist der Vorerbe Miterbe, so steht ihm die Verfügung über seinen Anteil an der Vorerbschaft zu, und auch die Pfändung dieses Anteils ist zulässig (11. Aufl. § 2033 Anm. 11), wiewohl unvorgreiflich dem Rechte des Nacherben (§ 2115, ZPO § 773). Der pfändende Gläubiger bleibt deshalb praktisch auf die Nutzungen des Erbteils oder, wenn der Vorerbe Alleinerbe ist, des gepfändeten Erbschaftsgegenstandes beschränkt (ZPO §§ 857 Abs. 4, 863).

Obwohl praktisch nur die Nutzungen gepfändet werden können, genießt der Vorerbe doch nicht den Pfändungsschutz nach § 850 b Nr. 3 ZPO, da er Fruchtziehungsberechtigter und außerdem während der Dauer seines Rechts Eigentümer der Substanz ist (vgl. *Planck/Flad* 4. Aufl. Vorbem. 4a vor § 2100; aA Dresden JW **19,** 119 mit kritischer Anm. *Herzfelder*). Wegen des Pfändungsschutzes im Falle der Anordnung einer Nacherbfolge als Pflichtteilsbeschränkung in guter Absicht siehe § 863 ZPO.

5 **III. Konkurs des Vorerben**

Im Konkurs des Vorerben gehört die Erbschaft zur Masse. Der Konkursverwalter darf aber nach § 128 KO die zur Erbschaft gehörigen Gegenstände nicht veräußern, wenn die Veräußerung nach § 2115 im Falle des Eintritts der Nacherbfolge dem Nacherben gegenüber unwirksam ist. Praktisch ist damit der Nacherbe ebenso geschützt, als wenn ihm ein Aussonderungsrecht zustände. Der Masse kommen, wenn die Verwertung nicht zugunsten eines nach § 2115 Satz 2 bevorrechtigten Gläubigers erfolgt, nur die Nutzungen bis zum Eintritt des Nacherbfalls zugute.

6 **C. Die Rechtsstellung des Nacherben**

I. Eintritt des Nacherbfalls

Der Nacherbe wird erst Erbe mit Eintritt des „Falles der Nacherbfolge" (§ 2139). Er ist ebenso wie vorher der Vorerbe Erbe des Erblassers, nicht des Vorerben (BGH **57,** 186). Ist er vor dem Erblasser gestorben, so wird der Vorerbe bei Eintritt des Erbfalls Vollerbe. Stirbt der Vorerbe vor dem Nacherbfall, so geht sein Recht auf seinen Erben über, bleibt diesem aber nur bis zum Eintritt des Nacherbfalls (RG Recht **28** Nr. 298).

7 **II. Nacherbe als Ersatzerbe**

Kommt es nicht zur Erbfolge des Vorerben, weil dieser vor dem Erblasser verstorben ist oder weil das das Erbrecht des Nacherben bedingende Ereignis schon vor dem Erbfall eintrat, so kommt es auch nicht zur Nacherbfolge. In diesen Fällen wird der Nacherbe regelmäßig als Ersatzerbe eintreten (§ 2102).

III. Rechte des Nacherben vor Eintritt des Nacherbfalls 8

1. Anwartschaftsrecht des Nacherben

Vor dem Eintritt des Nacherbfalls steht dem Nacherben aber bereits eine Anwartschaft auf die Erbschaft, ein „Recht" zu, das auch schon vor dem Eintritt der Nacherbfolge gewisse Wirkungen äußert (RG **65**, 145; **139**, 347), auf seine Erben übergeht und Gegenstand rechtsgeschäftlicher Verfügungen und der Pfändung sein kann. Daß es im Konkurs zur Konkursmasse des Nacherben gehört, braucht nicht besonders hervorgehoben zu werden. Die Befugnis, die Erbschaft auszuschlagen (§ 2142), verbleibt aber nach § 9 KO dem Nacherben.

2. Auskunftsansprüche 9

Er kann auch die dem Erben nach §§ 2027, 2028 zustehenden Ansprüche auf Auskunftserteilung schon vor Eintritt des Nacherbfalls geltend machen, um sein Recht zu sichern, wenn der Vorerbe dies nicht genügend wahrnimmt.

3. Schuldrechtliche Verträge über den Nachlaß 10

Nach Eintritt des Erbfalls und vor Eintritt des Nacherbfalls kann der Nacherbe bereits schuldrechtliche Verträge über die ihm anfallende Erbschaft schließen. § 312 steht dem nicht entgegen, da der Vertrag nicht den Nachlaß eines noch lebenden Dritten betrifft.

4. Verfügungen über das Anwartschaftsrecht 11

a) Rechtliche Möglichkeit. Der Nacherbe kann ferner vor Eintritt des Nacherbfalls sein Nacherbenrecht in entsprechender Anwendung des § 2033 mit dinglicher Wirkung übertragen, so daß der Erwerber in die Rechtsstellung des Nacherben einrückt. Die Verfügung bedarf der Form des auch bei Vorhandensein nur eines Nacherben sinngemäß anzuwendenden § 2033 Abs. 1 (RG **101**, 185; **103**, 358; *Gruchot* **52**, 680). Für schuldrechtliche Verträge gelten die §§ 2371, 2385, für die Pfändung ZPO §§ 851, 857 (hierzu KGJ **42**, 234; **42**, 242; OLG **26**, 332; JFG **6**, 273). Ebenso kann die Anwartschaft aus einer bedingten Nacherbfolge übertragen werden. Der Erblasser kann jedoch die Übertragung des Nacherbrechts ebenso wie nach § 2308 dessen Vererblichkeit ausschließen (RG **170**, 168). Dadurch, daß der Erblasser einen Ersatznacherben berufen hat, wird die Übertragbarkeit des Nacherbrechts nicht ausgeschlossen. Auch ergibt sich hieraus kein Wille des Erblassers, der auf Ausschließung der Übertragbarkeit gerichtet wäre (Köln NJW **55**, 633). Die Zustimmung des Ersatznacherben ist für die Übertragung des Nacherbenanwartschaftsrechts nicht erforderlich (BayObLG NJW **70**, 1794).

Dagegen kann der Nacherbe seinen gegen den Vorerben gerichteten Anspruch auf künftige Herausgabe des Nachlasses nicht selbständig abtreten. Dieser Anspruch dient der Verwirklichung des Nacherbenrechts und ist daher mit diesem unlöslich verbunden (ebenso *Kipp/Coing* § 50 I 3 c, aA *Planck/Flad* 4. Aufl. Vorbem. 4 b vor § 2100).

b) Rechtswirkungen der Abtretung. Ist das Anwartschaftsrecht auf einen Dritten übertragen, dann ist der Vorerbe nach Maßgabe der §§ 2113 ff, 2120 an die Zustimmung des Dritten gebunden. Mit Eintritt des Nacherbfalls erwirbt dieser unmittelbar die Erbschaft. Er kann annehmen oder ausschlagen und haftet den Gläubigern (RG **83**, 434, 436; **90**, 234, 235; **101**, 185; **103**, 354; **170**, 163, 168; Recht **23** Nr. 1248; KG OLG **40**, 120). 12

c) Übertragung des Rechts auf den Vorerben. Eine Übertragung seines Rechts auf den Vorerben liegt in dem Verzicht des Nacherben auf sein Recht zugunsten des Vorerben. Dieser Verzicht kann daher nur in Form des § 2033 erklärt werden (KG DNotZ **54**, 389). 13

Die Übertragung des Nacherbenrechts auf den Vorerben kann unter Umständen wegen Verstoßes gegen die guten Sitten nichtig sein. Nichtigkeit hat das Reichsgericht in folgendem Fall angenommen. Der Erblasser hatte seine Ehefrau zur Erbin eingesetzt und bestimmt, daß sie im Falle ihrer Wiederheirat hinsichtlich drei Viertel des Nachlasses nur Vorerbin, die gemeinsame Tochter insoweit Nacherbin sein solle. Am Tage der Volljährigkeit der Tochter veranlaßte die Mutter diese, zu ihren Gunsten auf ihr Nacherbenrecht zu verzichten und heiratete sodann (RG DNotZ **42**, 145).

14 Durch die Annahme der Übertragung erlangt der Vorerbe, wenn alle Nacherben ihm ihr Recht übertragen haben, die Rechtsstellung des Nacherben hinzu. Damit wird er in der Regel dieselbe Rechtsstellung wie ein Vollerbe erhalten.

Er erlangt diese Rechtsstellung unter Umständen nicht, wenn der Erblasser die Vererblichkeit des Nacherbenrechts ausgeschlossen und für den Nacherben einen Ersatznacherben bestimmt hat. Es sei denn, der Ersatznacherbe habe der Übertragung zugestimmt (OLG Frankfurt, DNotZ **70**, 691). Dadurch, daß der Nacherbe seine Stellung auf den Vorerben überträgt, kann er die Rechtsstellung des Ersatznacherben nicht beeinträchtigen. Fällt daher der Nacherbe vor Eintritt des Nacherbfalls fort, so wird der Ersatzerbe Nacherbe, auch wenn der zuerst berufene Nacherbe seine Anwartschaft auf den Vorerben übertragen hat (KG JW **37**, 1553; **38**, 3118). Deswegen darf auch der Ersatznacherbenvermerk im Grundbuch nicht vor Eintritt des Nacherbfalls gelöscht werden (OLG Hamm, NJW **70**, 1606 mit Anm. *Lehmann*, NJW **70**, 2028). Entsprechendes gilt, wenn der Erblasser für den Nacherben einen weiteren Nacherben bestimmt hat (Hamm NRWJMBl. **53**, 80). Man kann in diesem Fall jedoch nicht, wie es in dem angeführten Beschluß des OLG Hamm heißt, von einem Aufrücken des zweiten Nacherben sprechen. Denn dieser erhält die Erbschaft, auch wenn der erste Nacherbe sein Recht auf den Vorerben übertragen hat, erst, wenn die Bedingungen für den zweiten Nacherbfall eingetreten sind.

15 **D. Anordnung der Nacherbfolge im Testament**

I. Einsetzung als Nacherbe

1. Durch Zuwendung des Nießbrauchs an eine Person

Die Einsetzung des Nacherben kann, wie die Einsetzung jedes Erben, nur durch Verfügung von Todes wegen erfolgen (§§ 1937, 1941). Bleibt nach der Verfügung unklar, ob es sich um Vor- und Nacherbschaft oder um Zuwendung des bloßen Nießbrauchs am Erbteil, z. B. der eingesetzten Kinder handelt, so ist entscheidend, ob der in der Form des Nießbrauchs Bedachte, wenn auch unter weitgehenden Verfügungsbeschränkungen, nicht dennoch Herr des Nachlasses und ein anderer erst nach ihm Erbe sein soll, oder ob er darauf angewiesen sein soll, von dem anderen, allein als Erbe Eingesetzten die Einräumung des Nießbrauchs zu fordern, § 2174 (RG JW **11**, 283; **18**, 434 mit Anm.; WarnRspr 1927 Nr. 57; 1939 Nr. 47; Dresden JFG **3**, 156).

16 In der Bestimmung des Erblassers, seine Witwe solle die Nutznießung des Nachlasses haben und befugt sein, über Nachlaßgrundstücke zu verfügen, nach ihrem Tode solle der Nachlaß auf Verwandte übergehen, liegt regelmäßig die Anordnung einer Vor- und Nacherbschaft (KG HRR **41**, 376). Das Oberlandesgericht Celle hat die Anordnung einer Nacherbschaft zutreffend in der Bestimmung erblickt: A solle Erbe sein, falls er jedoch unverheiratet und kinderlos versterbe, bevor er ein bestimmtes Alter erreicht habe, solle seine Schwester den Nachlaß erhalten (NdsRpfl **49**, 176).

17 Selbst dann, wenn einer Person praktisch nur die Nutznießung am Nachlaß zugewandt ist, kann sie rechtlich Vorerbe sein. Der Erblasser hat es in der Hand, das Verfügungsrecht des Vorerben durch diesen schuldrechtlich verpflichtende Auflagen weiter zu beschränken, als es durch das Gesetz in den §§ 2113 bis 2115 geschehen ist. Dem Vorerben brauchen nicht mehr Rechte belassen zu werden, als sie für die Nutznießung des Nachlasses und dessen Verwaltung erforderlich sind.

Auch der nach den Anordnungen des Erblassers auf den Nießbrauch und die Verwaltung Beschränkte kann, wenn er nach dem Willen des Erblasser sein Erbe sein soll, Vorerbe sein (BGH LM BGB § 2100 Nr. 2).

Über Auslegungszweifel beim gemeinschaftlichen Testament vgl. 11. Aufl. § 2269 Anm. 5, 8. Auch im Falle des § 2104 wird die Einsetzung der gesetzlichen Erben vom Gesetz wenigstens fingiert.

2. Durch in dem Testament ausgesprochene Verbote 18

Auslegungsfrage ist, ob in dem an den Erben gerichteten Verbote, letztwillig zu verfügen, eine Nacherbeneinsetzung seiner gesetzlichen Erben enthalten ist (§ 2103 Rdn. 2); ebenso, ob die Testamentsbestimmung, daß der Erbe den Grundbesitz an keinen anderen als an seine Nachkommen veräußern dürfe, als Nacherbeinsetzung der Nachkommen oder als ein Vermächtnis oder, was am nächsten liegt, als eine bloße Auflage aufzufassen ist (KG HRR **35**, 184).

3. Durch in dem Testament ausgesprochene Erwartungen und Anordnungen 19

Die Bestimmung, der Erblasser erwarte, daß der eingesetzte Erbe den ihm zugewandten Teil des Nachlasses bei seinem Tode einer dritten Person zukommen lasse, kann, wenn sich genügend Anhaltspunkte für einen dahingehenden Willen des Erblassers ergeben, als Anordnung einer Nacherbschaft ausgelegt werden (BGH Urt. v. 11. 10. 1951 IV ZR 17/50). Das gleiche gilt, wenn der Erblasser angeordnet hat, das einem Erben Zugewandte solle, falls dieser nach Eintritt des Erbfalls versterbe, anderen Miterben „anwachsen" (BGH aaO).

Die Auferlegung der Verpflichtung, einen Bruchteil der reinen Erbschaft herauszugeben, ist regelmäßig nicht als Anordnung einer Nacherbschaft, sondern eines Vermächtnisses zu verstehen (§ 2087 Rdn. 18).

II. Einsetzung des Nacherben auf die ganze oder einen Bruchteil der Erbschaft. Einsetzung mehrerer Nacherben hintereinander 20

Der Nacherbe kann auf das Ganze oder nur auf einen Bruchteil der Erbschaft berufen sein (§ 2087). Mehrere Erben können, wiewohl mit der zeitlichen Grenze des § 2109, als sich nacheinander folgend bestimmt werden. Der erste Nacherbe steht dann nach Eintritt des ersten Falles der Nacherbfolge dem folgenden Nacherben wieder als Vorerbe gegenüber usw. Ersatznacherbe § 2096.

III. Bedingte und befristete Nacherbeinsetzung 21

Der Nacherbe kann auch unter einer auflösenden oder aufschiebenden Bedingung oder unter Bestimmung eines Endtermins eingesetzt werden. Die Bedingung kann auch in einem Tun oder Unterlassen des bedachten Vorerben bestehen. Zulässig ist es, jemand zum Nacherben zu berufen unter der Bedingung, daß der Vorerbe nicht anders über den Nachlaß verfügt (BGH **2**, 35; RG **95**, 278; SeuffArch. **76** Nr. 163; WarnRspr. **1910** Nr. 390; *Herrmann* AcP **155**, 434; vgl. auch § 2065 Rdn. 4). Der Vorerbe kann dann durch eine letztwillige Verfügung, die er nach dem Eintritt des Erbfalls trifft, auch letztwillig über die zur Vorerbschaft gehörenden Gegenstände verfügen und damit die Nacherbschaft zu Fall bringen.

Eine bedingte Nacherbeinsetzung hat der Bundesgerichtshof angenommen in einem Fall, in dem der Erblasser es dem als Vorerben berufenen überlebenden Ehegatten überlassen hatte, aus den als Nacherben berufenen gemeinschaftlichen Kindern dasjenige zu bestimmen, das den Hof erben sollte (BGH LM BGB § 2065 Nr. 2). Der Bundesgerichtshof hat angenommen, die Nacherbschaft entfalle, wenn der überlebende Ehegatte den Hof einem Kind zuwendet. Dieses erhalte den Hof dann als Teil seines Nachlasses, sei es als Vermächtnis oder als Erbe kraft einer Teilungsanordnung. Diese Annahme ist nur gerechtfertigt, wenn der Erblasser dem Vorerben ein freies Verfügungsrecht über den Hof einräumen wollte. Andernfalls würde die Bestimmung gegen § 2065 verstoßen (dazu siehe § 2065 Rdn. 16).

22 In der Entscheidung BGH LM BGB § 2065 Nr. 6 ist die Frage aufgeworfen worden, ob der als Vorerbe Berufene die ihm vom Erblasser gestattete anderweitige letztwillige Verfügung schon vor Eintritt des Erbfalls treffen kann. Der III. Zivilsenat hat insoweit ernste Zweifel geäußert, ohne jedoch die Frage zu entscheiden. Die Bedenken greifen durch. Die vor Eintritt des Erbfalls getroffene letztwillige Verfügung des Vorerben, durch die er über die ihm noch nicht angefallene Vorerbschaft verfügt, wäre eine Verfügung über den Nachlaß des Erblassers, die nach § 2065 nur dieser treffen kann.

Die Nacherbschaft kann auch bedingt für den Fall angeordnet werden, daß der Vorerbe vor einem bestimmten Zeitpunkt verstirbt. Erlebt er diesen, dann ist er Vollerbe (BGH WM **72**, 662).

§ 2101

Ist eine zur Zeit des Erbfalls noch nicht erzeugte Person als Erbe eingesetzt, so ist im Zweifel anzunehmen, daß sie als Nacherbe eingesetzt ist. Entspricht es nicht dem Willen des Erblassers, daß der Eingesetzte Nacherbe werden soll, so ist die Einsetzung unwirksam.

Das gleiche gilt von der Einsetzung einer juristischen Person, die erst nach dem Erbfall zur Entstehung gelangt; die Vorschrift des § 84 bleibt unberührt.

E I 1758 Abs. 2 II 1974; M **5** 12, 13; P **5** 7—10; **6** 90; KB 317.

Noch nicht erzeugte Person und noch nicht existierende Stiftung als Nacherbe

1 **I. Einsetzung einer zur Zeit des Erbfalls noch nicht erzeugten Person als Erbe (Abs. 1)**

1. Rechtsnatur und Zweck der Vorschrift

Nach § 1923 kann nicht Erbe werden, wer zur Zeit des Erbfalls nicht wenigstens erzeugt war (anders beim Vermächtnis § 2178). Die Berufung einer solchen Person als Erbe (oder Ersatzerbe) muß deshalb unwirksam bleiben, wenn sie schlechterdings nur als Erbeinsetzung gewollt ist. Das Gesetz wandelt aber durch Auslegungsvorschrift („im Zweifel") die äußerlich unwirksame Erklärung in eine wirksame um (§ 140), indem es sie in eine Nacherbeinsetzung umdeutet, für deren Bestand Leben oder Erzeugtsein des Bedachten zur Zeit des Erbfalls nicht Voraussetzung ist (RG JW **29**, 2596; § 2108 Rdn. 1).

2 Da es sich um eine Auslegungsregel handelt, ist eine Berufung des noch nicht Erzeugten als Nacherbe anzunehmen, sowohl wenn nicht festgestellt werden kann, ob der

Erblasser ihn als Erben oder als Nacherben einsetzen wollte, als auch wenn feststeht, daß der Erblasser nur an eine Erbeinsetzung und nicht an eine Einsetzung als Nacherbe gedacht hat. Nur wenn die Auslegung der letztwilligen Verfügung ergibt, daß eine Berufung als Nacherbe unter keinen Umständen mit dem Willen des Erblassers vereinbar ist, kann § 2101 Abs. 1 Satz 1 nicht angewandt werden, und die Verfügung ist nach Satz 2 unwirksam.

2. Praktische Bedeutung der Bestimmung für die Einsetzung der Kinder eines Angehörigen 3

Praktisch bedeutsam ist die Vorschrift vor allem, wenn der Erblasser allgemein die Kinder eines nahen Angehörigen zu Erben eingesetzt hat und entgegen § 2070 anzunehmen ist, daß er damit auch die Kinder gemeint hat, die später noch geboren werden. In diesen Fällen ist anzunehmen, daß die als Erben eingesetzten Kinder auch Vorerben bezüglich des Erbteils der noch nicht Erzeugten sind. Denn dadurch, daß der Erblasser seinen gesamten Nachlaß den in dem Testament bezeichneten Personen vermacht hat, hat er zu erkennen gegeben, daß er die gesetzliche Erbfolge ausschließen will. Sobald nach dem Erbfall ein Kind geboren wird, fällt diesem ein Erbteil als Nacherbe an. In Ansehung eines Teils seiner Erbschaft ist dieser Nacherbe wiederum nur Vorerbe, da sein Erbteil, wenn später noch weitere Geschwister geboren werden, eine entsprechende Minderung erfahren muß. „Die Xsche Nachkommenschaft" kann hiernach als Nacherbe berufen sein, auch die Eintragung oder Umschreibung einer Hypothek auf ihren Namen ist zulässig (RG **61**, 355; **65**, 277; JW **11**, 362).

3. Eintritt der Nacherbfolge durch Geburt des Bedachten 4

Der Fall der Nacherbfolge, gegebenenfalls auch einer zweiten Nacherbfolge (RG WarnRspr 1909 Nr. 30), tritt mit der Geburt des oder der mehreren solchergestalt Bedachten ein (§ 2106 Abs. 2). Die Frage der Nacherbfolge ist mithin erst dann erledigt, der Kreis der in Betracht kommenden Personen erst dann geschlossen, wenn gewiß ist, daß eine Geburt nicht mehr zu erwarten steht. Bis dahin besteht ein Schwebezustand.

Bis zum Eintritt des Falles der Nacherbfolge sind, soweit nicht andere Personen als zur Erbfolge berufen anzusehen sind, Vorerben die gesetzlichen Erben (§ 2105 Abs. 2; vgl. *Planck/Flad* § 2101 Anm. 3). Pflegschaft für die noch unbekannten Nacherben § 1913, Testamentsvollstrecker § 2222.

II. Einsetzung einer zur Zeit des Erbfalls noch nicht existierenden juristischen Person als Erbe (Abs. 2) 5

Entstehung einer juristischen Person, d. h. Erlangung der Rechtsfähigkeit beim Verein §§ 21—23, bei der Stiftung § 80. Mit der Entstehung tritt der Anfall der Nacherbschaft ein (§ 2106 Abs. 2; auf wohlwollender Auslegung, § 2084 Rdn. 26, 27, beruhender Anwendungsfall KG JW **38**, 2273). Bei einer Stiftung, die vom Erblasser in der Verfügung von Todes wegen selbst begründet, aber erst nach seinem Tode genehmigt ist, fingiert das Gesetz, sie sei schon vor dem Tode entstanden (§§ 83, 84). Da bis zur Genehmigung eine Stiftung, von der die Erbschaft angenommen werden könnte, nicht vorhanden ist, auch ein Vorerbe nicht eintritt, so muß die Verwaltung des Nachlasses bis dahin gemäß §§ 1960 ff von einem Nachlaßpfleger geführt werden. — Halbs. 1 des Abs. 2 hat von Stiftungen nur solche im Auge, die auch vom Stifter noch nicht begründet oder die von anderen Personen als dem Stifter in Erwartung des Entstehens eingesetzt sind.

6 **III. Beweislast**

Beweispflichtig dafür, daß eine Nacherbeinsetzung nicht beabsichtigt war, ist derjenige, welcher die Unwirksamkeit der Einsetzung behauptet. Kein Beschwerderecht des Vorerben gegen Anordnung der Pflegschaft (KG OLG **8**, 323; BayObLG OLG **8**, 325.

§ 2102

Die Einsetzung als Nacherbe enthält im Zweifel auch die Einsetzung als Ersatzerbe.

Ist zweifelhaft, ob jemand als Ersatzerbe oder als Nacherbe eingesetzt ist, so gilt er als Ersatzerbe.

E I 1802 II 1975; M **5** 75, 76; P **5** 76, 77.

Neueres Schrifttum:

Diederichsen, Ersatzerbfolge oder Nacherbfolge — Auslegungsregeln, Vermutungen und Fiktionen, NJW **65,** 671.

Nacherbe als Ersatzerbe

1 **I. Berufung des Nacherben als Ersatzerbe nach Abs. 1**

1. Inhalt und Grund der Vorschrift

Es handelt sich um eine Auslegungsregel. Sie gibt der erklärten Berufung des Z zum Nacherben nach dem X als Vorerben den nicht erklärten Inhalt: Z werde zugleich zum Ersatzerben für den etwa wegfallenden Erben X berufen.

Die Auslegungsregel kann nicht nur in dem Falle angewandt werden, daß der Nacherbe nach dem Tod des Vorerben zur Nacherbschaft berufen ist. Sie ist grundsätzlich in jedem Fall der Vor- und Nacherbschaft anzuwenden. Sie beruht auf dem Gedanken, daß der Erblasser in der Regel den Rechtserwerb des Nacherben nur mit Rücksicht auf den Vorerben hinausschieben will. Fällt der Vorerbe weg, dann besteht meistens kein Anlaß, dem Nacherben nicht sofort die Erbschaft zukommen zu lassen.

In jedem Fall ist zu prüfen, ob nach dem wirklichen oder mutmaßlichen Willen des Erblassers der Nacherbe nicht Ersatzerbe sein soll, so daß für die Auslegungsregel kein Raum bleibt. Trifft das zu, dann treten an die Stelle des weggefallenen die anwachsungsberechtigten Miterben, andernfalls die gesetzlichen Erben als Vorerben nach § 2105 (*von Lübtow* II S. 874; *Planck/Flad* § 2102 Anm. 2; *Palandt/Keidel* § 2102 Anm. 2; *Erman/Hense* § 2102 Rdn. 1, 2; *Staudinger/Seybold* § 2102 Rdn. 2). In Fällen, in denen eine Anwachsung in Betracht kommen kann, ist bei der gebotenen Erforschung des mutmaßlichen Willens des Erblassers auch zu berücksichtigen, daß dann hinsichtlich der angeordneten Nacherbfolge nach § 2110 im Zweifel ein einheitlicher Erbfall besteht, während bei einer Ersatzerbschaft die Erbteile im Zweifel getrennt behandelt werden müßten und bei Eintritt des Nacherbfalls verschiedene Wege gehen könnten (BGH Urt. v. 8. 3. 1965, III ZR 218/63 für einen Fall, in dem ein verheirateter Erblasser seine beiden Söhne zu Vorerben und gegenseitig zu Nacherben eingesetzt hatte, wobei der eine von ihnen die Vorerbschaft ausgeschlagen und seinen Pflichtteil verlangt hatte).

2 Anders ist es häufig, wenn der Eintritt der Nacherbfolge an einen bestimmten Zeitpunkt oder an eine Bedingung geknüpft ist. In diesen Fällen ist zu prüfen, ob der Wille des Erblassers dahin ging, daß der Nacherbe die Erbschaft erst zu dem genannten Zeitpunkt oder bei Eintritt der Bedingung erhalten soll.

2. Voraussetzungen für das Wirksamwerden der Ersatzberufung 3

Die Ersatzberufung ist nur wirksam, wenn der als Nacherbe Eingesetzte zur Zeit des Erbfalls mindestens erzeugt ist (§ 2096 Rdn. 1). Trifft dies nicht zu, so könnte er nur Nacherbe werden, und zwar gemäß § 2106 Abs. 2 mit seiner Geburt. Bis dahin oder bis zum Eintritt eines sonstigen die Nacherbfolge eröffnenden Ereignisses wären, da der im Testament berufene Vorerbe weggefallen ist, die gesetzlichen Erben die Vorerben (§ 2105).

Lebt der als Nacherbe Berufene bereits zur Zeit des Erbfalls, so wird er, wenn der als Vorerbe Berufene wegfällt, unmittelbar gewöhnlicher Erbe.

3. Ausschluß des Anwachsungsrechts der Miterben 4

Eine Anwachsung unter Miterben ist nach § 2099 insoweit ausgeschlossen, als für die einzelnen Miterben Nacherben bestimmt sind, die nach § 2102 Abs. 2 zugleich Ersatzerben sind.

4. Ersatzberufung trotz Ausschlagung der Nacherbschaft 5

In einem Testament, in dem die Ehegatten einander gegenseitig zu Vorerben und die gemeinsamen Kinder zu Nacherben eingesetzt haben, sind danach die Kinder Nacherben des zuerst versterbenden Ehegatten und als Ersatzerben Erben des Letztversterbenden. Schlägt ein Kind die Erbschaft nach dem Tode des erstversterbenden Ehegatten aus, so bezieht sich diese Erklärung nur auf die Nacherbschaft nach dem zuerst verstorbenen Ehegatten (KG DR **41**, 2242). Das Kind bleibt Erbe des überlebenden Ehegatten. Wenn das Kind in diesem Fall nach dem Tode des zuerst Verstorbenen den Pflichtteil verlangt hat, ist zu prüfen, ob das Testament dahin auszulegen ist, daß das Kind damit abgefunden und dann auch nicht als Erbe des Längstlebenden berufen ist. Eine solche Auslegung hat der Bundesgerichtshof durch das eben erwähnte Urteil vom 8. 3. 1965, III ZR 218/63 in Anlehnung an die in BGH **33**, 60 enthaltenen Rechtsgedanken gebilligt.

Über die Möglichkeit der Auslegung eines gemeinschaftlichen Testaments, in dem Ehegatten sich gegenseitig zu Vorerben und als Nacherben die Verwandten des Mannes bezüglich seines Vermögens und die der Frau bezüglich ihres Vermögens eingesetzt haben, siehe OLG Karlsruhe, FamRZ **70**, 255.

II. Zweifel über die Berufung als Ersatzerbe oder Nacherbe (Abs. 2) 6

Das Gesetz geht davon aus, daß die Erbschaft im Zweifel dem einmal als Erben Berufenen endgültig verbleiben soll. Er soll im Zweifel nicht mit einer Nacherbschaft beschwert sein. Ist es zweifelhaft, ob der als Ersatzerbe Bestimmte auch Nacherbe sein soll, falls er nicht als Ersatzerbe zur Erbschaft berufen ist, dann gilt er nach der Auslegungsregel des Abs. 2 nur als Ersatzerbe.

Hat z. B. der Erblasser als Erben berufen den X und in einer nach Abs. 2 Zweifel begründenden Weise „an Stelle des X oder nach ihm" die sämtlichen Kinder des Z, so rücken, wenn X weggefallen ist, nur die lebenden oder doch bereits erzeugten Kinder des Z als Ersatzerben ein. Die noch nicht erzeugten gelten hier nicht (wie nach § 2101 Abs. 1) als Nacherben, sondern nur als Ersatzerben berufen. Diese Berufung ist nach § 1923 unwirksam. Ist X wirklich Erbe geworden, so ist er, da die Kinder des Z nicht als Nacherben zu gelten haben, gewöhnlicher, unbeschwerter Erbe, während die Ersatzberufung der Z'schen Kinder durch den Erbantritt des X hinfällig geworden ist.

Über einen Fall, in dem eine „Substitution" gegen die für Zweifelsfälle gegebene Regel aus dem Zusammenhange des Testaments im Sinne der Anordnung nicht nur der

Ersatz-, sondern auch der Nacherbfolge auszulegen war, weil sich nur so der vom Erblasser verfolgte Zweck erreichen ließ, s. RG LZ **22**, 465.

7 Die Bestimmung gilt auch, wenn der Erblasser seine Ehefrau als Erbin eingesetzt hat und zweifelhaft ist, ob die gleichfalls erwähnten Kinder als Ersatz- oder Nacherben eingesetzt sind. Eine gegenteilige allgemeine Lebenserfahrung, die in diesem Fall die Regel des § 2102 Abs. 2 entkräftet, besteht nicht (OGH MDR **49**, 483).

8 Aus Abs. 2 folgt auch, daß Abs. 1 nicht auch umgekehrt gelten kann. Wohl kann der Erblasser, wenn er eine Person als Ersatzerbe bezeichnet hat, damit eine Nacherbschaft gemeint haben (vgl. § 2096 Rdn. 12). Kann die Bestimmung nicht zweifelsfrei dahin ausgelegt werden, dann enthält die Ersatzberufung keine Berufung als Nacherbe.

9 **III. Entsprechende Anwendung** von Abs. 1 und 2 beim Nachvermächtnis § 2191.

§ 2103

Hat der Erblasser angeordnet, daß der Erbe mit dem Eintritt eines bestimmten Zeitpunkts oder Ereignisses die Erbschaft einem anderen herausgeben soll, so ist anzunehmen, daß der andere als Nacherbe eingesetzt ist.

E I 1805 II 1976; M **5** 83, 84; P **5** 78.

Anordnung einer Nacherbfolge durch Pflicht zur Herausgabe der Erbschaft

Die Anordnung, die Erbschaft oder einen Teil der Erbschaft (§ 1922) **einem anderen herauszugeben** (§ 2130), enthält nach ergänzender Bestimmung des Gesetzes eine Nacherbeinsetzung. Doch kann die Auslegung im einzelnen Falle, insbesondere dann, wenn nach dem wahren Willen des Erblasser nur ein Wertanteil der Erbschaft herauszugeben ist, zu der Annahme einer bloßen Vermächtnisanordnung führen (§ 2087 Rdn. 18, BayObLGZ NF **22** A 94; **31**, 281).

Die Herausgabe kann einem gewillkürten oder einem gesetzlichen Erben auferlegt sein. Immerhin muß erkennbar sein, daß der hiermit Beschwerte wenigstens vorübergehend Erbe (Vorerbe) sein soll (RG LZ **23**, 321). Die Anordnung, A solle Erbe sein, habe aber die Erbschaft sofort an X herauszugeben, verneint damit zugleich das angebliche Erbrecht des A und ist nichtig, wenn sie nicht als unmittelbare Erbeinsetzung des X, möglicherweise in Verbindung mit der Ernennung des A zum Testamentsvollstrecker, gehalten werden kann.

Es ist Auslegungsfrage, ob in dem Verbot, über die Erbschaft letztwillig zu verfügen, oder in dem Gebot, einen bestimmten Dritten als Erben zu ernennen, eine Herausgabeverpflichtung und damit eine Nacherbschaft zugunsten der gesetzlichen Erben oder des Dritten gefunden werden kann (§ 2100 Rdn. 19).

§ 2104

Hat der Erblasser angeordnet, daß der Erbe nur bis zu dem Eintritt eines bestimmten Zeitpunkts oder Ereignisses Erbe sein soll, ohne zu bestimmen, wer alsdann die Erbschaft erhalten soll, so ist anzunehmen, daß als Nacherben diejenigen eingesetzt sind, welche die gesetzlichen Erben des Erblassers sein würden, wenn er zur Zeit des Eintritts

des Zeitpunkts oder des Ereignisses gestorben wäre. Der Fiskus gehört nicht zu den gesetzlichen Erben im Sinne dieser Vorschrift.

E I 1807 II 1917; M **5** 86, 87; P **5** 79, 80.

Neueres Schrifttum:

Kanzleiter, Der „unbekannte" Nacherbe, DNotZ **70,** 326; *Böhm,* Der Einfluß des Gesetzes über die Rechtsstellung nichtehelicher Kinder auf erbrechtliche Auslegungs- und Ergänzungsregeln, FamRZ **72,** 180, 184.

Konstruktive Berufung als Nacherbe

Übersicht

A. Berufung des gesetzlichen Erben (Satz 1) 1

I. Voraussetzung und Zweck der Vorschrift

Beschränkt sich der Erblasser darauf, das Erbrecht des eingesetzten Erben durch Bestimmung eines Anfangs- oder Endtermins, einer aufschiebenden oder auflösenden Bedingung zeitlich zu begrenzen, so will er jedenfalls eine Vor- und Nacherbfolge. Seine Verfügung ist aber unvollständig, wenn er entweder a) die Nacherben (§ 2104) oder b) die Vorerben (§ 2105) weder ausdrücklich noch in sonstiger durch Auslegung (§ 2084 Rdn. 1 ff; KG OLG **43,** 398) zu ermittelnder Weise bezeichnet hat. Das Gesetz ergänzt für beide Fälle (a und b) seinen Willen dahin, daß damit die gesetzlichen Erben gemeint seien (konstruktive Nacherbfolge).

II. Als Nacherben berufene gesetzliche Erben 2

1. Zeitpunkt für die Ermittlung der gesetzlichen Erben

Die Person und die Erbteile der als Nacherben in Betracht kommenden gesetzlichen Erben bestimmen sich nicht nach dem sonst für die gesetzliche Erbfolge maßgebenden Zeitpunkt des Todes des Erblassers (§ 1922), sondern auf Grund der Fiktion, daß der Erblasser selbst den Eintritt der Nacherbfolge (§ 2139) erlebt hätte. So auch im Falle des § 2066 Satz 2. Es können mithin schließlich ganz andere als die eigentlichen gesetzlichen Erben des Erblassers Nacherben werden.

Sie bleiben während der Schwebezeit unbekannt und können deshalb ihre mit der

Nacherbeneigenschaft verbundenen Rechte und Pflichten nur durch einen Pfleger (§ 1913) oder Testamentsvollstrecker (§ 2222) ausüben.

3 **2. Ausschluß, Verzicht, Erbunwürdigkeit eines gesetzlichen Erben**

Die Bestimmung beruht auf der Vermutung, daß die in ihr getroffene Regelung dem Willen des Erblassers entspricht. Daraus folgt, daß gesetzliche Erben, die nach § 1938 durch den Erblasser von der gesetzlichen Erbfolge ausgeschlossen sind oder die gemäß §§ 2346, 2349 auf ihr gesetzliches Erbrecht verzichtet haben, auch nicht nach § 2104 als Nacherben berufen sind. Die gleiche Wirkung hat, wie sich aus § 2340 Abs. 2 Satz 2 ergibt, die Erbunwürdigkeitserklärung eines gesetzlichen Erben.

4 **3. Ausschlagung der Berufung als gesetzlicher Erbe**

Der gesetzliche Erbe, der seinen Anteil an der Erbschaft ausgeschlagen hat, wird dadurch nicht gehindert, bei Eintritt des Nacherbfalls den ihm gebührenden Anteil an der Nacherbschaft anzunehmen (§ 1951 Abs. 1).

5 **III. Wegfall eines vom Erblasser berufenen Nacherben oder Unwirksamkeit seiner Berufung**

1. Wegfall des Nacherben

Die Benennung eines Nacherben schließt die Anwendung des § 2104 regelmäßig auch dann aus, wenn der Benannte schon vor dem Erblasser verstorben ist (RG JW **07**, 259). Der Nacherbe braucht nicht ausdrücklich benannt zu sein. Es genügt, wenn seine Berufung im Wege der Testamentsauslegung festgestellt werden kann (vgl. Rdn. 1).

Wenn aber nach dem erklärten Willen des Erblassers der Vorerbe auf jeden Fall nur bis zu einem bestimmten Zeitpunkt Erbe sein soll, kann auch beim Tode des eingesetzten Nacherben vor dem Erblasser die Annahme gerechtfertigt sein, daß als Ersatznacherben die gesetzlichen Erben nach Maßgabe des § 2104 eintreten sollen (RG JW **07**, 259; KG DNotV **33**, 286).

6 **2. Unwirksamkeit der Berufung des Nacherben**

Dieselbe Annahme kann unter der angegebenen Voraussetzung auch in den Fällen gerechtfertigt sein, in denen die Unwirksamkeit der Einsetzung eines benannten Nacherben auf anderen vor dem Erbfall eingetretenen Gründen, z. B. einem Verstoß gegen § 2235 Abs. 2 beruht (KG HRR **38**, 1399 = ZAkDR **39**, 30 m. Anm. *Lange*), oder wenn die Berufung des Nacherben durch Anfechtung des Testaments fortgefallen ist, ohne daß damit zugleich die Anordnung der Vorerbschaft hinfällig geworden ist (BGH Urt. v. 15. 10. 1953 IV ZR 93/53).

7 **IV. Besonderheiten bei Ehegattentestamenten**

Haben sich Ehegatten in einem gemeinschaftlichen Testament als Vorerben eingesetzt, aber nur für den Fall, daß aus der Ehe Kinder hervorgehen, bestimmt, daß die Kinder Nacherben sein sollen, so kommt bei Kinderlosigkeit der Ehe § 2104 nur in Betracht, wenn aus dem Testament der Wille der Erblasser hervorgeht, daß der überlebende Ehegatte auf jeden Fall, also gleichviel, ob Kinder aus der Ehe hervorgehen oder nicht, die Erbschaft nur bis zum festgesetzten Zeitpunkt behalten soll (KG JFG **2**, 151).

8 Hat in einem gemeinschaftlichen Testament jeder der beiden Ehegatten den anderen als seinen Erben eingesetzt und haben die Ehegatten bestimmt, daß nach dem Tode des Längstlebenden die gesetzlichen Erben des Erstverstorbenen dessen Nacherben sein sollen, so kann die Bestimmung entsprechend dem § 2104 dahin ausgelegt werden, daß

sich der Kreis der zu Nacherben berufenen gesetzlichen Erben des Erstverstorbenen nach dem Zeitpunkt des Ablebens des Letztversterbenden richtet (KG DNotZ **35**, 826; München JFG **14**, 471).

Wenn Ehegatten einander in einem gemeinschaftlichen Testament nicht unbeschränkt zu Vollerben eingesetzt haben und dem Testament zu entnehmen ist, daß die Beschränkung zugunsten der gemeinsamen Kinder erfolgt ist, ohne daß diese ausdrücklich zur Erbschaft berufen sind, ist nicht ohne weiteres ein Fall des § 2104 gegeben. Vielmehr ist zunächst zu prüfen, ob der Wille der Erblasser dahin ging, daß nach dem Tode des Längstlebenden der beiderseitige Nachlaß an die Kinder fallen soll, so daß die Auslegungsregel des § 2269 anzuwenden wäre, die den überlebenden Ehegatten besser stellt (BGH Urt. v. 3.4.1952 IV ZR 128/51). **9**

V. Befristete oder auflösend bedingte Einsetzung einzelner anwachsungsberechtigter Miterben **10**

Sind von mehreren anwachsungsberechtigten **Miterben** einer oder einige nur auf Zeit oder auflösend bedingt als Erben eingesetzt, so wird sowohl die entsprechende Anwendung des § 2094 wie die Auslegung des Letzten Willens regelmäßig dazu führen, daß der erledigte Erbteil den übrigen Miterben als Nacherben anwachsen und nicht den gesetzlichen Erben zukommen soll.

B. Fiskus als einziger gesetzlicher Erbe (Satz 2) **11**

Sind zur Zeit des Eintritts der Nacherbfolge andere gesetzliche Erben als der Fiskus überhaupt nicht vorhanden oder ist ihr Erbrecht durch Ausschließung, Erbverzicht, Erbunwürdigkeit weggefallen, so verbleibt, da der Fiskus als Nacherbe nach Abs. 2 nicht in Frage kommt, die Erbschaft dem Vorerben oder seinen Erben.

Der Fiskus kann wohl nach § 2105 Vorerbe werden. Vgl. für das Vermächtnis § 2149.

C. Eintritt der auflösenden Bedingung oder des Endtermins vor dem Tode des Erblassers **12**

Die gesetzliche Erbfolge tritt ein, falls die auflösende Bedingung oder der Endtermin schon vor dem Tode des Erblassers eingetreten ist. Sofern jedoch in diesem Fall der Fiskus Erbe werden würde, ist nach dem in § 2104 Satz 2 ausgedrückten Rechtsgedanken die auflösende Bedingung oder Befristung zu streichen (vgl. *Planck/Flad* 4. Aufl. § 2104 Anm. 6).

§ 2105

Hat der Erblasser angeordnet, daß der eingesetzte Erbe die Erbschaft erst mit dem Eintritt eines bestimmten Zeitpunkts oder Ereignisses erhalten soll, ohne zu bestimmen, wer bis dahin Erbe sein soll, so sind die gesetzlichen Erben des Erblassers die Vorerben.

Das gleiche gilt, wenn die Persönlichkeit des Erben durch ein erst nach dem Erbfall eintretendes Ereignis bestimmt werden soll oder wenn die Einsetzung einer zur Zeit des Erbfalls noch nicht erzeugten Person oder einer zu dieser Zeit noch nicht entstandenen juristischen Person als Erbe nach § 2101 als Nacherbeinsetzung anzusehen ist.

E I 1808 II 1978; M 5 87, 88; P 5 80.

Neueres Schrifttum:

Böhm, Der Einfluß des Gesetzes über die Rechtsstellung nichtehelicher Kinder auf erbrechtliche Auslegungs- und Ergänzungsregeln, FamRZ **72,** 180, 185.

Konstruktive Berufung als Vorerbe

1 **I. Voraussetzungen und Zweck der Bestimmung**

Das BGB kennt keine ruhende Erbschaft. Es muß daher für den Fall, daß die Erbschaft dem eingesetzten Erben im Augenblick des Erbfalls noch nicht anfallen kann (Abs. 2) oder nach dem Willen des Erblassers noch nicht anfallen soll (Abs. 1), eine Regelung treffen, wenn der Erblasser selbst keinen Vorerben eingesetzt hat.

Ein solcher Fall kann auch vorliegen, wenn die Berufung des Vorerben durch Testamentsanfechtung fortgefallen ist, ohne daß damit zugleich die Anordnung der Nacherbschaft hinfällig geworden ist.

Der Fall des Abs. 1 ist namentlich gegeben, wenn der Erbe unter einer aufschiebenden Bedingung eingesetzt ist (§ 2074). Fehlt es für die Zeit des Schwebens der Bedingung an einem Erben, so treten die gesetzlichen Erben inzwischen als Vorerben ein (§ 1942 Rdn. 1, 12).

2 **II. Als Vorerben berufene gesetzliche Erben**

Durch eine sog. Dispositivvorschrift (RG JW **35,** 1845) ergänzt das Gesetz die unterbliebene Bestimmung der Vorerben, wie § 2104 diejenige der Nacherben, indem es die gesetzlichen Erben, aber abweichend von § 2104, nach dem hierfür allgemein geltenden Zeitpunkt des Erbfalls (§ 1922) als berufen ansieht.

Hierzu gehört auch der Fiskus § 1936. Er ist Vorerbe, wenn der Erblasser alle Verwandten von der Erbfolge ausgeschlossen hat.

3 **III. Als Vorerben berufene Miterben**

Ist von mehreren eingesetzten Erben der X unter einer aufschiebenden Bedingung oder von einem Anfangstermin ab als Erbe eingesetzt, dann kann auch ein dahingehender Wille des Erblassers möglich sein, daß nicht die gesetzlichen, sondern die übrigen eingesetzten Miterben Vorerben hinsichtlich des Erbteils des X sein sollen.

4 **IV. Bestimmung der Person des Erben durch ein künftiges Ereignis**

Durch ein künftiges Ereignis bestimmt ist z. B. der künftige Ehemann der X. Tritt das Ereignis schon vor dem Erbfall ein, so kommt es sogleich zur gewöhnlichen Erbfolge.

Auch dann wird der Eingesetzte sofort Erbe, wenn der Erblasser bei der Erbeinsetzung eine bestimmte, ihm jedoch unbekannt gebliebene Person im Auge hatte und diese nur nach einem der Vergangenheit angehörigen Ereignis bestimmt hat, z. B. seinen Lebensretter (§ 1960 Abs. 1).

5 **V. Einsetzung einer bereits erzeugten Person oder einer vom Erblasser errichteten Stiftung**

Die bereits erzeugte Person wird mit der Geburt (§ 1923 Abs. 2), die vom Erblasser selbst errichtete Stiftung mit der Genehmigung (§ 84) unter Rückbeziehung auf den Erbfall sogleich gewöhnlicher Erbe.

§ 2106

Hat der Erblasser einen Nacherben eingesetzt, ohne den Zeitpunkt oder das Ereignis zu bestimmen, mit dem die Nacherbfolge eintreten soll, so fällt die Erbschaft dem Nacherben mit dem Tode des Vorerben an.

Ist die Einsetzung einer noch nicht erzeugten Person als Erbe nach § 2101 Abs. 1 als Nacherbeinsetzung anzusehen, so fällt die Erbschaft dem Nacherben mit dessen Geburt an. Im Falle des § 2101 Abs. 2 tritt der Anfall mit der Entstehung der juristischen Person ein.

E I 1809 II 1979; M 5 88, 89; P 5 80, 81.

Zeitpunkt des Eintritts der Nacherbfolge

I. Bestimmung durch den Erblasser 1

Innerhalb der Grenzen des § 2109 steht es dem Erblasser frei, den Zeitpunkt des Eintritts der Nacherbfolge zu bestimmen. Die Bestimmung geschieht in der Regel in der Weise, daß der Erblasser verfügt, die Nacherbfolge solle zu einem bestimmten Termin oder bei Eintritt einer bestimmten Bedingung eintreten. Die Bedingung kann auch in dem Tun oder Unterlassen eines Dritten bestehen.

Ist der Termin oder die Bedingung für die Nacherbfolge zur Zeit des Todes des 2
Vorerben noch nicht eingetreten, so geht die Erbschaft, belastet mit der Pflicht zur künftigen Herausgabe an den Nacherben, zunächst auf die Erben des Verstorbenen über (§ 2100 Rdn. 6).

Das Erleben eines Zeitpunktes durch den Nacherben oder der Eintritt eines Ereig- 3
nisses kann aber auch in dem Sinne als Bedingung der Nacherbfolge bestimmt sein, daß hiervon zwar die Berufung als Nacherbe, nicht aber zugleich auch der Anfall der Nacherbschaft abhängig sein soll, z. B. X soll Nacherbe werden, wenn er bis ... ein Amt erlangt hat. — Selbstverständlich soll er die Erbschaft erst nach dem Tode des Vorerben erhalten.

II. Keine Bestimmung des Zeitpunktes durch Dritte 4

Der Erblasser kann es dagegen nicht einem Dritten, z. B. dem Testamentsvollstrekker überlassen, zu bestimmen, in welchem Zeitpunkt der Nacherbfall eintreten soll. Durch diesen Zeitpunkt wird zugleich der Umfang der dem Vorerben und dem Nacherben gemachten Zuwendung bestimmt. Diese Bestimmung kann aber der Erblasser nach § 2065 keinem Dritten überlassen. Die Bestimmung, daß der Eintritt der Nacherbfolge von dem Tun oder Unterlassen eines Dritten abhängig sein soll, ist daher gleichfalls unwirksam, wenn der Erblasser über den Zeitpunkt des Eintritts der Nacherbfolge sich selbst nicht schlüssig war und diese Entscheidung durch die von ihm getroffene Bedingung einem Dritten überlassen wollte (BGH **15,** 199, dazu Anm. LM BGB § 2106 Nr. 1; § 2065 Rdn. 18; *Planck/Flad* 4. Aufl. § 2106 Anm. 5; *Staudinger/Seybold* § 2106 Rdn. 6; *Soergel/Eder* § 2106 Rdn. 1; *Erman/Hense* § 2106 Rdn. 3; *Palandt/Keidel* § 2106 Anm. 1; *von Lübtow* II S. 878; aA *Hachenburg* DNotV **06,** 332).

III. Fehlen einer Bestimmung des Erblassers (Abs. 1) 5

Hat der Erblasser den Zeitpunkt des Eintritts der Nacherbfolge nicht bestimmt, so ergänzt das Gesetz durch Abs. 1 seinen Willen. Beim Tod des Vorerben tritt die Nacherbfolge ein. Der Tod des Vorerben ist somit der regelmäßige Zeitpunkt für den Eintritt der Nacherbfolge, an dem die Erbschaft dem Nacherben anfällt (§ 2139). Verstirbt der

Nacherbe vor dem Eintritt des Nacherbfalls, dann geht sein Anwartschaftsrecht nach § 2108 Abs. 2 im Zweifel auf seine Erben über.

6 Die Anordnung einer Nacherbfolge kann auch darin bestehen, daß der Erblasser verfügt, der als Erbe Berufene solle die Erbschaft später an einen Dritten herausgeben. Sofern der Erblasser die Bestimmung des Zeitpunktes, zu dem die Erbschaft herausgegeben werden soll, dem Belieben des Vorerben überlassen hat, hängt es von den Umständen des Falles ab, ob diese Bestimmung gegen § 2065 verstößt (vgl. oben Rdn. 4; § 2065 Rdn. 18). Falls der Vorerbe danach den Zeitpunkt der Nacherbfolge bestimmen kann, würde damit die Anordnung der Nacherbfolge als solche nicht unwirksam sein. Sie tritt dann nach Abs. 1 beim Tode des Vorerben ein.

7 **IV. Einsetzung einer noch nicht erzeugten Person oder einer noch nicht entstandenen juristischen Person als Erbe (Abs. 2)**

Abs. 2 ergänzt den Willen des Erblassers nur für den Fall, daß er die noch nicht erzeugte Person oder die noch nicht entstandene juristische Person schlechthin als Erben eingesetzt hat. Diese Einsetzung wird nach § 2101 in eine Nacherbeinsetzung umgedeutet.

8 Ist der noch nicht erzeugte Z ausdrücklich als Nacherbe nach dem X berufen, so ist nach Abs. 1 als Wille des Erblassers zu vermuten, daß Z erst nach dem Tode des X Nacherbe werden solle. Sicherungsrechte der noch nicht erzeugten Nacherben schon vor der Geburt RG **65,** 283. Diese Rechte können nur im Rechtswege gegen den Vorerben, nicht durch Verwaltungsanordnungen des Vormundschaftsgerichts gewahrt werden (Hamburg OLG **32,** 55). Vgl. auch § 2101 Rdn. 3, 4.

§ 2107

Hat der Erblasser einem Abkömmlinge, der zur Zeit der Errichtung der letztwilligen Verfügung keinen Abkömmling hat oder von dem der Erblasser zu dieser Zeit nicht weiß, daß er einen Abkömmling hat, für die Zeit nach dessen Tode einen Nacherben bestimmt, so ist anzunehmen, daß der Nacherbe nur für den Fall eingesetzt ist, daß der Abkömmling ohne Nachkommenschaft stirbt.

E I 1811 II 1980; M **5** 89, 90; P **5** 82, 83.

Vermuteter Fortfall der Anordnung der Nacherbfolge

1 **I. Bedeutung der Vorschrift**

Das Gesetz geht, ähnlich wie bei der unwissentlichen Übergehung eines Pflichtteilsberechtigten (§ 2079, s. auch § 2069), davon aus, der Erblasser wolle seine entfernteren Abkömmlinge nicht hinter einen Fremden zurücksetzen. Die Vorschrift regelt einen an sich unter § 2078 Abs. 2 fallenden Tatbestand. Jedoch braucht der als Vorerbe berufene Abkömmling, der sich auf § 2107 beruft, nicht zu beweisen, daß der Erblasser sich tatsächlich in einem Irrtum befunden hat. Dieser Irrtum wird unterstellt. Die Bestimmung macht auch dann, wenn der Erblasser tatsächlich in dem angenommenen Irrtum gewesen ist, die Anfechtung entbehrlich. Sie führt ferner zu anderen Rechtsfolgen als eine Anfechtung. Die in der Verfügung unbedingt erklärte Nacherbeneinsetzung wird in eine bedingte umgedeutet. Der Abkömmling bleibt auf Grund der Verfügung als Erbe berufen. Tritt die Bedingung nicht ein, dann ist er zu der Quote, zu der er als Vorerbe berufen ist, ein durch eine Nacherbfolge unbeschwerter Vollerbe. Hätte er angefochten, dann würde er auf Grund der angefochtenen Verfügung nicht erben. Er könnte nur als gesetzlicher Erbe oder auf Grund einer anderen durch die Anfechtung zur Geltung gelangten letztwilligen Verfügung berufen sein.

II. Unterstellter Irrtum des Erblassers über das Vorhandensein von Abkömmlingen des Vorerben 2

Auszugehen ist von der Zeit der Errichtung der letztwilligen Verfügung. Vorausgesetzt wird, daß der als Vorerbe berufene Abkömmling zu dieser Zeit selbst keine Abkömmlinge hat oder daß dem Erblasser das Vorhandensein solcher Abkömmlinge unbekannt ist. Das Gesetz unterstellt, der Erblasser habe seine Verfügung in der Annahme getroffen, der als Vorerbe berufene Abkömmling habe selbst keine Abkömmlinge und werde auch versterben, ohne Abkömmlinge zu hinterlassen. Diese unterstellte Annahme muß sich dadurch als Irrtum erweisen, daß der als Vorerbe berufene Abkömmling seinerseits Abkömmlinge hinterläßt.

III. Nacherbfolge für die Zeit nach dem Tode des Vorerben 3

Der Nacherbe muß ausdrücklich oder stillschweigend (§ 2106 Abs. 1) für die Zeit nach dem Tode des Vorerben bestimmt sein. Die „Annahme" greift deshalb nicht Platz, wenn der Nacherbe für einen andern Zeitpunkt oder für den Fall des Eintritts eines bestimmten Ereignisses (§ 2105) eingesetzt oder wenn eine noch nicht erzeugte Person oder eine noch nicht entstandene juristische Person zum Nacherben bestimmt worden ist, da dann der Zeitpunkt der Geburt des Nacherben usw. entscheidet (§ 2106 Abs. 2). In diesen Fällen gilt als genügend deutlich ausgedrückt, daß der etwa nachgeborene oder der unbekannte Abkömmling — unbeschadet natürlich seines Pflichtteilsrechts — ganz von der Erbschaft ausgeschlossen sein soll.

IV. Abkömmlinge des Vorerben 4

Der von dem Vorerben hinterlassene Nachkomme muß Abkömmling im Sinne des Gesetzes sein. Das ist auch ein von dem Vorerben an Kindesstatt angenommenes Kind. Dabei ist es unerheblich, ob das Kind vor oder nach der Testamentserrichtung angenommen worden ist. Selbst eine Annahme nach Eintritt des Erbfalls kann dazu führen, daß die Anordnung der Nacherbfolge nach § 2107 fortfällt.

Ein dieser Vorschrift entgegenstehender Wille des Erblassers wird aber anzunehmen sein, wenn das Kind nur angenommen worden ist, um die Bestimmung des Erblassers über die Nacherbfolge zu vereiteln (*Planck/Flad* 4. Aufl. § 2107 Anm. 2b; *Kipp/Coing* § 47 III 4).

Der von dem Vorerben hinterlassene Abkömmling braucht weder dem Erblasser noch dem Vorerben gegenüber erbberechtigt zu sein. Es kommt daher nicht darauf an, ob er die Erbschaft des Vorerben ausgeschlagen hat, hiervon ausgeschlossen ist, darauf verzichtet hat oder für erbunwürdig erklärt ist.

Die Abkömmlinge des Vorerben müssen bei seinem Tode leben. Es genügt auch, daß sie in diesem Augenblick erzeugt sind, wenn sie demnächst lebend geboren werden.

V. Fortfall der Rechte des Nacherben 5

Da die Nachkommen beim Tode des Vorerben leben müssen, wird die Rechtsstellung des Nacherben dadurch, daß dem Vorerben ein Abkömmling geboren wird, noch nicht berührt. Trotz der scheinbar entgegenstehenden Fassung ist der eingesetzte Nacherbe nicht aufschiebend, sondern auflösend bedingt berufen. § 2074 kommt deshalb nicht in Frage. Jener erwirbt vielmehr das „Nacherbenrecht" schon mit dem Erbfall als vererbliches Recht (§ 2108 Rdn. 5).

Der Nacherbe verliert sein Recht erst, wenn der Abkömmling zur Zeit des Todes des Vorerben noch lebt. Hat der Nacherbe die Erbschaft bereits angetreten, so ist er dem Erbschaftsanspruch der Erben des Vorerben ausgesetzt.

6 **VI. Unbeschwertes Erbrecht des Vorerben**

Der Vorteil, den § 2107 bezweckt, tritt in der Person des Vorerben ohne Rücksicht darauf ein, ob er auch dem hinterlassenen Abkömmling zugute kommt. Daraus, daß die angeordnete Nacherbfolge entfällt, folgt, daß der Vorerbe unbeschränkter Herr des Nachlasses war, der über diesen unter Lebenden wie von Todes wegen frei verfügen konnte. Der hinterlassene Abkömmling tritt nicht etwa an die Stelle des zum Nacherben Eingesetzten. § 2107 beruht daher auf anderen Erwägungen als § 2069.

7 **VII. Testamentsanfechtung durch den Vorerben nach § 2078 Abs. 2**

§ 2107 schließt nicht in jedem Fall eine Anfechtung des Testaments durch den Vorerben nach § 2078 Abs. 2 aus. Sie ist möglich, wenn der Erblasser tatsächlich die in § 2107 unterstellte irrige Vorstellung bei der Testamentserrichtung gehabt hat und wenn darüber hinaus anzunehmen ist, daß er bei Kenntnis der Sachlage auch die nach § 2107 anzunehmende Erklärung nicht abgegeben hätte. Es muß anzunehmen sein, daß er bei richtiger Kenntnis der Sachlage anders verfügt hätte, als seine Erklärung nach § 2107 lautet. Wegen der Rechtsfolge, zu denen die Anfechtung führt, vgl. oben Rdn. 1.

8 **VIII. Abweichende Bestimmungen des Erblassers**

§ 2107 ist eine den Willen des Erblassers ergänzende und umdeutende Bestimmung. Sie enthält dispositives Recht. Der Erblasser kann daher abweichende Bestimmungen treffen. Ein dahin gehender Wille des Erblassers muß zur Zeit der Testamentserrichtung vorhanden gewesen sein, und er muß durch Auslegung aus dem Testament ermittelt werden können. Der Umstand, daß der Erblasser, nachdem er das Testament errichtet hat, von dem Vorhandensein der Abkömmlinge des Vorerben Kenntnis erhalten und seine Verfügung dennoch nicht geändert hat, kann die Anwendung des § 2107 nicht ausschließen. Hierzu genügen auch formlose Erklärungen des Erblassers aus späterer Zeit nicht. Sie können aber mit anderen Umständen zusammen als Anhaltspunkte für einen dem § 2107 entgegenstehenden Willen des Erblassers zur Zeit der Testamentserrichtung in Betracht kommen. Ob auf einen § 2107 ausschließenden Willen des Erblassers daraus geschlossen werden kann, daß der Erblasser von der Schwangerschaft eines weiblichen Abkömmlings wußte, ist Tatfrage.

9 **IX. Wegfall des Vorerben**

§ 2107 kann nicht angewandt werden, wenn der Vorerbe vor oder nach Eintritt des Erbfalls wegfällt. Dieser Bestimmung ist nicht zu entnehmen, wer an die Stelle des weggefallenen Vorerben tritt. § 2069 kann gleichfalls nicht angewandt werden. Diese Vorschrift ist nur anzuwenden, wenn der Erblasser selbst nichts anderes bestimmt hat. Nach § 2102 Abs. 1 enthält aber die Einsetzung als Nacherbe im Zweifel die Einsetzung als Ersatzerbe (*Planck/Flad* 4. Aufl. § 2107 Anm. 3). Der Abkömmling des Vorerben kann jedoch die Verfügung des Erblassers nach § 2078 Abs. 2 oder § 2079 anfechten.

§ 2108

Die Vorschriften des § 1923 finden auf die Nacherbfolge entsprechende Anwendung.

Stirbt der eingesetzte Nacherbe vor dem Eintritte des Falles der Nacherbfolge, aber nach dem Eintritte des Erbfalls, so geht sein Recht auf seine Erben über, sofern nicht ein anderer Wille des Erblassers anzunehmen ist. Ist der Nacherbe unter einer aufschiebenden Bedingung eingesetzt, so bewendet es bei der Vorschrift des § 2074.

E I 1810, 2026 Abs. 2 II 1981; M **5** 89, 489; P **5** 81, 82, 614.

Neueres Schrifttum:

Wöhrmann, Die Vererbung des Nacherbrechts, RdL **60,** 225; *Kempf,* Die Anwartschaft des Nacherben und des Ersatznacherben, NJW **61,** 797; *Schmidt,* Die Nachfolge in das Anwartschaftsrecht des Nacherben und die Erteilung des Erbscheins nach Eintritt des Nacherbfalls, BW NotZ **66,** 139; *Haegele,* Zur Vererblichkeit des Anwartschaftsrechts des Nacherben, Rpfleger **67,** 161; *Böhm,* Der Einfluß des Gesetzes über die Rechtsstellung nichtehelicher Kinder auf erbrechtliche Auslegungs- und Ergänzungsregeln, FamRZ **72,** 180, 186.

Vererblichkeit des Anwartschaftsrechts des Nacherben

Übersicht

I. Entsprechende Anwendung des § 1923 (Abs. 1) 1

Die entsprechende Anwendung des § 1923 führt dazu, daß Nacherbe nur werden kann, wer zur Zeit des Eintritts der Nacherbfolge (§ 2139), also beim Eintritt des hierfür bestimmten Zeitpunkts oder Ereignisses (§§ 2103—2105) oder beim Tode des Vorerben (§ 2106) lebt oder doch mindestens erzeugt ist, wenn er demnächst lebend geboren wird. Nicht erforderlich ist dagegen, daß er bereits zur Zeit des Erbfalls gelebt hat oder wenigstens erzeugt war (§ 2101; RG JW **29,** 2596).

Entsprechend § 1923 Abs. 2 gilt der zur Zeit des Eintritts der Nacherbfolge nur erst 2
erzeugte Nacherbe schon als vor diesem Zeitpunkte geboren.

Bis zur Geburt des Nacherben besteht ein Schwebezustand, in dem es ungewiß ist, ob der Nacherbfall eintritt oder die Erbschaft dem Vorerben verbleibt. Für die Dauer des Schwebezustandes kann nach § 1960 Abs. 1 Satz 2 eine Nachlaßpflegschaft angeordnet werden. Dagegen kommt eine Rückbeziehung nicht in Frage, wenn in dem Falle des § 2101 nach § 2106 Abs. 2 gerade mit der Geburt der Eintritt der Nacherbfolge begründet wird (*Ebbecke,* Recht **14,** 182 gegen *Planck/Flad* Anm. 4 b γ). Siehe auch § 2109 Rdn. 9.

Wenn die als Nacherbe eingesetzte Person zur Zeit des Nacherbfalls noch nicht er- 3
zeugt ist, ist im Zweifel anzunehmen, daß sie als zweiter Nacherbe eingesetzt ist (§ 2101; RG WarnRspr 1909 Nr. 30).

4 **II. Tod des Nacherben vor dem Erbfall**

Stirbt der eingesetzte Nacherbe vor dem Erblasser, so wird seine Berufung von selbst hinfällig; der eingesetzte Erbe tritt nunmehr als Erbe zu vollem Rechte in die Erbfolge ein (RG JW 07, 259).

5 **III. Vererblichkeit der Anwartschaft (Abs. 2 Satz 1)**

Hat der Nacherbe, gleichviel ob er als erster oder späterer Nacherbe eingesetzt ist (KG DNotZ **55,** 408), den Erblasser überlebt, so hat er damit unentziehbare Rechte, eine Anwartschaft (BGH **37,** 319, 326), erworben. Diese kann als Bestandteil seines Nachlasses auf seine Erben übergehen (RG **65,** 144; **103,** 354).

Im Falle des § 2104 kann die Vererblichkeit begriffsmäßig nicht in Frage kommen, da die Person des Nacherben erst mit dem Eintritt der Nacherbfolge feststeht.

6 **1. Rechtsfolgen der Vererblichkeit**

Da die Anwartschaft vererblich ist, kann der Nacherbe seine Erben auch in Ansehung des ihnen beim Eintritte des Nacherbfolgefalls anfallenden Vermögens durch die Anordnung einer verwaltenden Testamentsvollstreckung beschränken und dieses Vermögen auch einer weiteren Nacherbfolge unterwerfen (RG **103,** 354).

7 **2. Voranfall an den in der Verfügung bezeichneten Nacherben**

Den Erwerb dieser Anwartschaft hat *Strohal* I § 27 Anm. 20 als Voranfall bezeichnet. Hiervon ist jedoch nur in den Fällen zu sprechen, in denen der Nacherbe eine vererbliche Anwartschaft erlangt hat. Die dem Vorerben mit Rücksicht auf den Nacherben auferlegten Beschränkungen und Verpflichtungen haben mit dem Voranfall nichts zu tun. Regelmäßig fällt der Voranfall mit dem Erbfall zusammen. Er kann niemals vor dem Erbfall liegen. Nach dem Erbfall liegt er, wenn der Nacherbe erst nach dem Erbfall erzeugt, aber vor dem Nacherbfall geboren wird oder wenn die Nacherbfolge aufschiebend bedingt und die Bedingung bei dem Erbfall noch nicht eingetreten ist.

8 **3. Ausschluß der Vererblichkeit**

a) Durch ausdrückliche Bestimmung des Erblassers. Die Vererblichkeit ist jedoch ausgeschlossen, wenn ein gegenteiliger Wille des Erblassers besonders erklärt ist oder aus den Umständen erhellt. Abs. 2 stellt danach keinen ergänzenden Rechtssatz, sondern eine bloße Auslegungsregel auf (RG **106,** 355; **142,** 173). Wer die Unübertragbarkeit der Anwartschaft behauptet, ist für den darauf gerichteten Willen des Erblassers beweispflichtig. Dieser kann auch dahin gehen, daß die Vererblichkeit des Nacherbrechts beschränkt sein soll auf einen Teil der Erben, z. B. auf die Abkömmlinge, nicht aber auch deren Erben (BGH LM BGB § 2108 Nr. 1 mit weiteren Hinweisen).

9 **b) Durch ausdrückliche oder stillschweigende Bestimmung eines Ersatznacherben.** Im Anschluß an *Schiedermair,* DR **42,** 1188 ist anzunehmen, daß die Vererblichkeit ausgeschlossen ist, wenn der Erblasser ausdrücklich eine Ersatznacherbfolge angeordnet hat. Die in der 11. Auflage und auch noch WM **70,** 7 vertretene gegenteilige Auffassung wird aufgegeben. Ein gegenteiliger Wille des Erblassers muß derjenige beweisen, der sich darauf beruft (ebenso *Kipp/Coing* § 47 IV 2 b; *Bartholomeyczik* § 41 IV 2 b; *von Lübtow* II S. 882; offen geblieben in BGH LM BGB § 2108 Nr. 1; beiläufig ohne weitere Begründung bejaht BGH Urt. v. 14. 2. 1973, IV ZR 125/71; a. A. RG **95,** 97, 98 f; **142,** 171, 174; **169,** 38, 40 ff.

Die Vererblichkeit wird dagegen nicht ohne weiteres dadurch ausgeschlossen, daß der Erblasser als Nacherben einen Abkömmling berufen hat, der im Zweifel nach § 2069 als Ersatznacherbe gilt. In diesem Fall ist viel mehr nach dem übrigen Inhalt der Verfügung und auf Grund sonstiger zur Auslegung geeigneter Umstände, die zu einer ergänzenden Testamentsauslegung führen können, zu prüfen, ob der Erblasser durch die Ersatzberufung zum Ausdruck bringen wollte, daß die Erbanwartschaft nicht auf die Nacherben übergehen soll (BGH LM BGB § 2108 Nr. 1; § 2084 Nr. 5; Urt. v. 19. 5. 1952, IV ZR 213/51 und vom 14. 2. 1973, IV ZR 125/71; RG **95,** 97; **142,** 174; **169,** 38; DR **42,** 1187). Dabei kann zu prüfen sein, ob der Erblasser dem Nacherben die Erbanwartschaft auch als Kreditgrundlage zukommen lassen und dessen Dispositionsfreiheit einschließlich der testamentarischen Zuwendung an seine Ehefrau oder Familienfremde nicht einschränken wollte. Das würde für die Vererblichkeit sprechen. Dagegen würde sprechen, wenn er den Nachlaß dem Familienbesitz, insbesondere für die Abkömmlinge erhalten wollte (BGH Urt. v. 14. 2. 1973, IV ZR 125/71; *von Lübtow* II S. 883). Daraus, daß der Erblasser einen Abkömmling als Nacherben bedacht hat, ohne für die Zeit nach dem Tod eine Bestimmung zu treffen, kann allein noch nicht geschlossen werden, daß der Nacherbe keine vererbliche Anwartschaft auf die Erbschaft erlangen sollte (vgl. § 2069 Rdn. 15). Doch wird in diesem Falle der Wille des Erblassers, den Nachlaß nicht den Erben, sondern den Abkömmlingen des Nacherben zuzuwenden, häufig im Vordergrund stehen (BGH LM BGB § 2108 Nr. 1). Zur Feststellung eines solchen Willens bedarf es besonderer Umstände (BGH Urt. v. 14. 2. 1973, IV ZR 125/71). Das Reichsgericht hat in der genannten Entscheidung RG **169,** 38 dagegen angenommen, es spreche in diesem Fall für einen auf die Vererblichkeit des Nacherbenrechts gerichteten Willen des Erblassers, wenn dieser nach dem zunächst berufenen Nacherben keine weitere Nacherbfolge angeordnet, sondern es hingenommen hat, daß sein Nachlaß dann als Teil des Nachlasses des Nacherben auf dessen Erben übergeht. Demgegenüber weist der Bundesgerichtshof mit Recht darauf hin, daß es nach der Lebenserfahrung für den Erblasser bei der Entscheidung der Frage, ob das Vermögen nach dem Tode des als Nacherben berufenen Abkömmlings weiter in der Familie bleiben oder von diesem nach eigenem Gutdünken weitergegeben werden soll, durchaus darauf ankommt, ob der Nacherbe vor oder nach dem Nacherbfall verstirbt (BGH LM BGB § 2108 Nr. 1).

Der Umstand, daß der Erblasser seine Ehefrau in der ihr eingeräumten Vorerben- **10**
stellung weitgehend beschränkt hat, kann als Anzeichen für seinen Willen verwertet werden, daß die Rechte seiner zu Nacherben berufenen Kinder bei deren vorzeitigem Versterben auf ihre Abkömmlinge als Ersatznacherben übergehen sollen (KG DR **42,** 1749).

c) Durch Anordnung einer weiteren Nacherbfolge. Zutreffend weist *Planck/Flad* **11**
4. Aufl. § 2108 Anm. 3 darauf hin, daß die Vererblichkeit des Nacherbenrechts als ausgeschlossen angesehen werden kann, wenn der Erblasser für den Nacherben einen weiteren Nacherben bestimmt, aber einen Zeitpunkt, in dem der zweite Nacherbfall eintreten soll, nicht angegeben hat. Da dem ersten Nacherben der Nachlaß nur für die Dauer seines Lebens gehören soll, rückt der zweite auf, wenn jener vor Eintritt des Nacherbfalls stirbt. Er rückt nicht dadurch auf, daß der erste Nacherbe sein Recht auf den Vorerben überträgt (vgl. § 2100 Rdn. 14).

4. Vererblichkeit und Anwachsungsrecht unter Miterben **12**

Im Falle des Todes des eingesetzten Nacherben geht die Vererblichkeit des Anwartschaftsrechts, soweit kein entgegengesetzter Wille des Erblassers erhellt (RG **106,** 357), der Anwachsung unter Miterben (§ 2094) vor (BGH Urt. v. 6. 12. 1951 IV ZR 173/50; KGJFG **15,** 309; vgl. auch KGJW **19,** 836 für preußisches Recht und *v. Blume* das.).

13 **IV. Übertragung des Anwartschaftsrechts unter Lebenden**

Mit der Möglichkeit eines Übergangs der Anwartschaft von Todes wegen ist zugleich anerkannt, daß sie auch durch Rechtsgeschäft unter Lebenden übertragen (oder verpfändet) werden kann (BGH Urt. v. 14. 2. 1973, IV ZR 125/71; RG **170**, 163, 168; s. dazu § 2100 Rdn. 4).

14 **V. Einsetzen des Nacherben unter einer aufschiebenden Bedingung (Abs. 2 Satz 2)**

1. Aufschiebende Bedingung

Unter der aufschiebenden Bedingung ist nicht die gesetzliche Bedingung jeder Nacherbeinsetzung: Erleben des Eintritts der Nacherbfolge, sondern der Fall verstanden, daß das Nacherbewerden außerdem vom Eintritt oder Nichteintritt irgendeines Ereignisses abhängig gemacht ist.

Deshalb läßt sich auch die Berufung eines Ersatznacherben nicht im technischen Sinne als Einsetzung eines Nacherben unter einer aufschiebenden Bedingung (Wegfall des zunächst berufenen Nacherben) bezeichnen. (Vgl. § 2074 Rdn. 20, 21 § 2096 Rdn. 1.) Vielmehr hat auch der Ersatznacherbe, obwohl er erst mit dem Ersatzfall in die Stellung des Nacherben einrückt (§ 2113 Rdn. 40), gleich diesem im Zweifel schon mit dem Erbfall eine Anwartschaft auf die Nacherbschaft erworben, die sich auf seine Erben vererbt, wenn er vor Wegfall des zunächst berufenen Nacherben verstirbt (KG RJA **12**, 22).

15 **2. Vererblichkeit der Anwartschaft**

Nach Abs. 2 Satz 1 ist das Anwartschaftsrecht des Nacherben, das mit dem Erbfall entstanden ist, grundsätzlich vererblich. Die Vererblichkeit ist nur ausgeschlossen, wenn ein anderer Wille des Erblassers anzunehmen ist. Umgekehrt ist es, wenn der Erblasser die Nacherbfolge von einer von ihm willkürlich gesetzten aufschiebenden Bedingung abhängig gemacht hat. Abs. 2 Satz 2 läßt es für diesen Fall bei § 2074 bewenden.

Der Nacherbe erwirbt auch in diesem Fall mit dem Erbfall ein Anwartschaftsrecht (Hamm NRWJMBl. **59**, 173). Die Anwartschaft des Nacherben ist doppelt bedingt. Wie bei jeder Nacherbfolge ist das Recht des Nacherben zunächst an die Bedingung geknüpft, daß er den Eintritt des Nacherbfalls erlebt oder mindestens zu dieser Zeit erzeugt ist (Rdn. 1), ferner aber auch an die vom Erblasser gesetzte willkürliche Bedingung.

16 Hat der Nacherbe den Erbfall erlebt und ist die vom Erblasser gesetzte Bedingung bereits zu seinen Lebzeiten eingetreten, so kann von einer Vererblichkeit des Anwartschaftsrechts keine Rede sein, wenn mit der Verwirklichung dieser Bedingung zugleich der Nacherbfall eintritt.

Löst die Bedingung den Nacherbfall noch nicht aus, soll dieser erst später eintreten, dann bestimmt sich die Vererblichkeit des Anwartschaftsrechts nach der allgemeinen Regel des § 2108 Abs. 2 Satz 1. Sie ist nur ausgeschlossen, wenn ein dahingehender Wille des Erblassers anzunehmen ist.

17 Tritt die Bedingung nicht zu Lebzeiten des als Nacherben Berufenen ein, dann ist die Anwartschaft nach § 2074 im Zweifel nicht vererblich. Sie vererbt sich nur, wenn anzunehmen ist, daß der Erblasser die Vererblichkeit des Rechts des Nacherben gewollt hat. Diese Annahme ist berechtigt, wenn der Erblasser einen Abkömmling als Vorerben und für den Fall, daß dieser ohne Abkömmlinge verstirbt, einen anderen Abkömmling als Nacherben eingesetzt hat (Braunschweig MDR **56**, 296). Ein dahingehender Wille des Erblassers kann auch gegeben sein, wenn der Nacherbfall zugleich mit der Erfüllung der Bedingung eintreten soll. Falls der Erblasser eine Nacherbfolge für den Fall der

Wiederheirat seiner von ihm als Erbin eingesetzten Witwe angeordnet hat, kann von ihm gewollt sein, daß die Nacherbfolge auch eintreten soll, wenn die Witwe erst wieder heiratet, nachdem der als Nacherbe Berufene verstorben ist. Andererseits kann sich aus der Art der Bedingung ergeben, daß die Berufung als Nacherbe nur gelten soll, wenn der als Nacherbe Berufene den Eintritt der Bedingung erlebt.

Die Anwartschaft kann nicht vererblich sein, wenn allein der als Nacherbe Berufene **18**
die Bedingung herbeiführen kann. A ist als Nacherbe für den Fall berufen, daß er sich verheiratet. In diesem Fall bleibt der Anfall der Nacherbschaft bis zum Tode des bedingt Berufenen in der Schwebe.

Im Falle der Einsetzung eines Nacherben unter der aufschiebenden Bedingung, daß der Vorerbe nicht anders über den Nachlaß verfügt (§ 2065 Rdn. 10), bleibt der Anfall in der Schwebe, bis mit dem Tode des Vorerben gewiß wird, ob er eine die Nacherbschaft beseitigende Verfügung von Todes wegen getroffen hat.

3. Übertragung des Anwartschaftsrechts unter Lebenden **19**

Auch wenn bei einer aufschiebend bedingten Nacherbfolge das Anwartschaftsrecht nicht vererblich ist, kann der als Nacherbe Berufene vor Eintritt der Bedingung über sein Anwartschaftsrecht unter Lebenden für den Fall des Eintritts der Bedingung verfügen (RG 170, 163, 168).

IV. Einsetzung einer juristischen Person als Nacherbe **20**

Ist eine juristische Person als Nacherbe eingesetzt, so muß sie spätestens zur Zeit des Eintritts der Nacherbfolge bestanden haben und noch bestehen. Doch genügt, daß die Stiftung erst nach diesem Zeitpunkt staatlich genehmigt wird, wenn sie vom Erblasser selbst errichtet ist, § 84.

§ 2108 ist nicht entsprechend anzuwenden, wenn eine als Nacherbe eingesetzte juristische Person vor Eintritt des Nacherbfalls erloschen ist. In diesem Fall wird der Eintritt der Nacherbfolge unmöglich. Soweit ein Ersatznacherbe bestimmt ist, wird dieser Nacherbe. Andernfalls verbleibt die Erbschaft dem Vorerben als Vollerben.

§ 2109

Die Einsetzung eines Nacherben wird mit dem Ablaufe von dreißig Jahren nach dem Erbfall unwirksam, wenn nicht vorher der Fall der Nacherbfolge eingetreten ist. Sie bleibt auch nach dieser Zeit wirksam:

1. **wenn die Nacherbfolge für den Fall angeordnet ist, daß in der Person des Vorerben oder des Nacherben ein bestimmtes Ereignis eintritt, und derjenige, in dessen Person das Ereignis eintreten soll, zur Zeit des Erbfalls lebt;**
2. **wenn dem Vorerben oder einem Nacherben für den Fall, daß ihm ein Bruder oder eine Schwester geboren wird, der Bruder oder die Schwester als Nacherbe bestimmt ist.**

Ist der Vorerbe oder der Nacherbe, in dessen Person das Ereignis eintreten soll, eine juristische Person, so bewendet es bei der dreißigjährigen Frist.

E I 1813 II 1982; M **5** 90—92; P **5** 83—89, 214, 215, 237—240; **6** 91, 92.

Dauer der Wirksamkeit einer Nacherbeneinsetzung

Übersicht

1 **I. Dreißigjährige Frist nach Abs. 1 Satz 1**

Das Gesetz geht von dem Grundsatz aus, daß es dem Erblasser versagt sein soll, seinen Nachlaß nach seinem Tode längere Zeit als ein Menschenalter, dreißig Jahre, zu binden. Die Einsetzung eines Nacherben wird daher, wenn nicht einer der besonders genannten Ausnahmefälle gegeben ist, grundsätzlich unwirksam, wenn der Nacherbfall nicht dreißig Jahre nach dem Tode des Erblassers eingetreten ist. Der Erblasser kann daher, von den erwähnten Ausnahmen abgesehen, die Nacherbfolge nicht durch Umstände bedingen, die erst später als dreißig Jahre nach seinem Tode eintreten. Derselbe Grundsatz findet sich in ähnlicher Weise in § 2044 für den Ausschluß der Auseinandersetzung, in §§ 2162, 2163 für das aufschiebend bedingte oder befristete Vermächtnis und in § 2210 für die Testamentsvollstreckung (vgl. auch §§ 567, 1202).

2 Ist die Nacherbfolge an die Geburt des Nacherben geknüpft, dann genügt es nach § 1923, wenn der Nacherbe innerhalb der dreißigjährigen Frist erzeugt ist.

3 In allen Fällen des § 2109 ist gleichgültig, wie oft innerhalb des zulässigen Zeitraums der Fall der Nacherbfolge eintritt. Der einrückende Nacherbe tritt dann dem hinter ihm berufenen Nacherben als Vorerbe gegenüber.

4 Haben sich die vorgesehenen Umstände innerhalb des dreißigjährigen oder des in den Fällen der Nr. 1 u. 2 zulässigen längeren Zeitraums nicht verwirklicht, so verbleibt der Nachlaß dem berufenen (oder letztberufenen) Vorerben zu vollem unbeschränkten Erbrecht und vererbt sich nach ihm auf seine Erben weiter. Die für einen späteren als den gesetzlich zulässigen äußersten Zeitpunkt angeordnete Nacherbeinsetzung ist von vornherein unwirksam; es müßte denn im Wege der Auslegung (§ 2084) gelingen, eine Verkürzung der Frist auf das zulässige Maß als aushilfsweise vom Erblasser gewollt zu ermitteln.

Fristberechnung §§ 187, 188.

5 **II. Fideikommisse**

Die landesrechtlichen Vorschriften über Familienfideikommisse waren durch EG Art. 59 aufrechterhalten; nach WRV Art. 155 Abs. 2 waren die Fideikommisse aufzulösen. Die Auflösung erfolgte nach Landesrecht, und zwar in den meisten Ländern allmählich; teilweise so, daß der letzte Fideikommißbesitzer nach Art eines Vorerben in der Verfügung über das in seiner Hand frei gewordene Vermögen beschränkt blieb und der nächste Folger die Stellung eines Nacherben erhielt, unter Umständen auch noch eine zweite Nacherbfolge eintreten sollte (*Schulz* JW **29**, 1929; **30**, 2349). Sofern das Vermögen nach den die Auflösung des Fideikommisses regelnden Bestimmungen noch an einen späteren Folgeberechtigten überging, war der Inhaber des Vermögens dadurch gehindert, hierüber letztwillig zu verfügen. Er konnte dann auch nicht wirksam bestimmen, daß das Vermögen nach dem Tode des zuletzt Folgeberechtigten an einen anderen als Nacherben fallen solle.

Das Gesetz über das Erlöschen der Familienfideikommisse und sonstiger gebundener Vermögen v. 6.7. 1938, RGBl. I 825, führt die Auflösung alles außerhalb des Erbhofrechts gebundenen Besitzes zu einem beschleunigten Ende. Es erklärt die bei Beginn des 1. Januar 1939 noch bestehenden Familienfideikommisse, Hausvermögen, Stammgüter u. dgl. für diesen Zeitpunkt als erloschen, auch diejenigen, deren Auflösung bereits durch einen Familienbeschluß oder sonstwie für einen späteren Zeitpunkt angeordnet war. Es greift auch da ein, wo bei der bisherigen Auflösung Reste der fideikommissarischen Bindung in Formen des allgemeinen Rechts bestehen geblieben oder neue Bindungen von Grund und Boden entstanden waren. Mit dem Fideikommiß usw. sind auch die Anwartschafts- und Anfallrechte sowie die Nacherbenrechte erloschen (*Koehler* DJ **38**, 1227; *Heinemann* DR **38**, 325). Das Kontrollratsgesetz Nr. 45 hat in Art. X Abs. 2 die Auflösung der Fideikommisse bestätigt. 6

III. Ausnahmen von der dreißigjährigen Frist 7

1. Nach Abs. 1 Satz 2 Nr. 1

Nr. 1 stellt zwei Erfordernisse auf, die beide zusammentreffen müssen.

Die Nacherbfolge muß auf ein in der Person des jeweils in Betracht kommenden Vorerben oder Nacherben eintretendes Ereignis abgestellt sein. Dies trifft zu, wenn das Ereignis in einem Tun oder Unterlassen oder Erleiden des Betreffenden besteht. So vor allem Tod des Vorerben und Potestativbedingungen (Z soll Nacherbe sein, wenn er die N heiratet, wenn der Vorerbe X sich wieder verheiratet). Jedenfalls muß das Ereignis die Person des Vor- oder Nacherben in irgendwelchen rechtlichen oder wirtschaftlichen, z. B. in Familienbeziehungen, zu beeinflussen geeignet sein (Geburt eines Kindes).

Die rein äußerliche Verbindung eines für den Betreffenden völlig gleichgültigen Ereignisses mit seiner Person (Z soll Nacherbe sein, wenn er den Ausbruch des Ätna erlebt) kann dem Gesetz nicht genügen (ebenso *Soergel/Eder* § 2109 Anm. 2; *Palandt/Keidel* § 2109 Anm. 1a; *Erman/Hense* § 2109 Rdn. 2; *Lange* § 26 2 mit Anm. 7; aM *Planck/Flad* Anm. 3a Abs. 2; *Kipp/Coing* § 48 II 2a). In solchen Fällen ist das Ereignis nicht in der Person des Vor- oder Nacherben eingetreten.

Das Ereignis braucht den Eintritt der Nacherbfolge nicht unmittelbar herbeizuführen, es genügt, daß der Nacherbe damit nur die Anwartschaft auf den künftigen (z. B. bis zum Tode des Vorerben hinausgeschobenen) Anfall der Erbschaft erlangen soll. 8

Der betreffende Vor- oder Nacherbe muß zugleich zur Zeit des Erbfalls gelebt haben. Nach § 1923 genügt jedoch auch hier, daß er beim Tode des Erblassers bereits erzeugt war. Daß der erste Vorerbe den Erbfall erlebt haben muß, folgt schon aus § 1923. 9

2. Nach Absatz 1 Satz 2 Nr. 2 10

Nr. 2 sieht in dem behandelten Falle von jeder Fristsetzung und auch davon ab, daß (außer dem ersten Vorerben) irgendeine der sonst in Betracht kommenden Personen (Nacherben, Nacherbengeschwister) schon zur Zeit des Erbfalls gelebt haben müsse. Die zeitliche Beschränkung ergibt sich hier aus der Lebensdauer der Eltern des Vor- oder Nacherben, für den ein noch nicht geborener Bruder oder eine noch nicht geborene Schwester als Nacherbe bestimmt ist.

Die Geschwister des Vorerben oder Nacherben müssen mit ihm durch (eheliche oder nichteheliche) Geburt verbunden sein. Dies trifft auch zu auf Halbgeschwister und Legitimierte (§§ 1719, 1736), nicht aber auf angenommene Kinder (§ 1763).

Der Wille des Erblassers ist dafür maßgebend, ob die als Nacherben bestimmten Geschwister sogleich mit der Geburt des betreffenden Geschwisterteils (§ 2106 Abs. 2) einrücken sollen oder nacheinander (je nach dem Tode des älteren Geschwisterteils) 11 oder erst mit dem Eintritte eines bestimmten Ereignisses (Erreichung eines gewissen Lebensalters).

Regelmäßig werden die lebenden Geschwister den nachgeborenen nur den auf sie entfallenden Anteil der Erbschaft als Nacherben herauszugeben haben.

Die Bestimmung ermöglicht dem Erblasser, seinen Nachlaß einer ganzen Generation zukommen zu lassen, sei es, daß alle Geschwister als Erben eingesetzt werden (vgl. § 2101 Rdn. 3) oder daß z. B. nach dem Willen des Erblassers der Nachlaß dem jeweils lebenden ältesten Geschwisterteil anfallen soll.

12 **IV. Einsetzung mehrerer Nacherben hintereinander**

Sind mehrere Nacherben hintereinander berufen, so kann geschehen, daß der für den betreffenden Nacherbfolgefall in Betracht kommende zweite oder spätere Vorerbe (früherer Nacherbe) erst nach dem Tode des Erblassers erzeugt ist (so § 2101). Dies ist innerhalb von dreißig Jahren jedenfalls kein Hindernis dafür, daß er Nacherbe wird.

Aber auch nach ihm (als nunmehrigem Vorerben) kann es zu einer weiteren Nacherbfolge kommen. Und zwar selbst dann, wenn sich das maßgebende Ereignis auch erst nach Ablauf von dreißig Jahren in der Person des jetzt einrückenden Nacherben verwirklicht, falls nur dieser neue Nacherbe schon zur Zeit des Erbfalls gelebt hat.

13 **V. Ersatznacherbfolge**

Die Grundsätze der Nr. 1 treffen auch zu, wenn eine Ersatznacherbfolge angeordnet ist (§ 2096).

14 **VI. Beweislast**

Die Voraussetzungen der in Nr. 1 u. 2 getroffenen Ausnahmebestimmungen von der Regel des Satz 1 sind von demjenigen zu beweisen, welcher sich auf die Wirksamkeit der Nacherbeinsetzung beruft.

15 **VII. Juristische Person als Vor- oder Nacherbe (Abs. 2)**

Zu einer innerhalb 30 Jahre nach dem Erbfall eintretenden Nacherbfolge können auch juristische Personen bedingt oder unbedingt berufen werden, soweit nicht landesgesetzliche Vorschriften entgegenstehen, EG Art. 86.

§ 2110

Das Recht des Nacherben erstreckt sich im Zweifel auf einen Erbteil, der dem Vorerben infolge Wegfalls eines Miterben anfällt.

Das Recht des Nacherben erstreckt sich im Zweifel nicht auf ein dem Vorerben zugewendetes Vorausvermächtnis.

E I 1814 II 1983; M 5 92, 93; P 5 89, 90.

Wegfall eines Miterben des Vorerben

1 **I. Erstrecken des Nacherbenrechts auf den angefallenen Anteil (Abs. 1)**

Abs. 1 und 2 enthalten Auslegungsregeln. Das Gegenteil ist von dem zu beweisen, der Rechte daraus herleitet.

Der Nacherbe rückt „im Zweifel" in den gesamten Erbteil des Vorerben ein, auch insoweit er sich infolge Wegfalls eines Miterben durch Erhöhung des gesetzlichen Erbteils (§ 1935) oder durch Anwachsung (§ 2094) oder durch Berufung des Vorerben zum Ersatzerben eines Miterben (§ 2096) erweitert hat. Ob der Miterbe vor oder nach Eintritt des Falles der Nacherbfolge (§ 2139) weggefallen ist, macht keinen Unterschied. Rückbeziehende Wirkung der Ausschlagung § 1953, der Erbunwürdigkeitserklärung § 2344, des Nichterlebens der aufschiebenden Bedingung § 2074 sowie in den Fällen des § 2078 und des EG Art. 86 Satz 2 Fall 2 (§ 2096 Rdn. 8 RG **95,** 98 f).

II. Vorausvermächtnis § 2150 2

Da es sich auch in Abs. 2 um eine Auslegungsregel handelt, fragt sich beim Vorausvermächtnis, ob sein Gegenstand auf den Nacherben als Vermächtnisnehmer (Nachvermächtnisnehmer § 2191) übergehen oder ob ihn der Nacherbe als solcher, also als Gesamtnachfolger des Erblassers (nicht des Vorerben), erhalten soll; s. darüber *Flad,* Deutsches Gemein- und Wirtschaftsrecht, 1937, 233 ff.

Dem Abs. 2 entsprechende, von Abs. 1 abweichende Regelung beim Erbschaftskauf § 2373.

Das einem Alleinerben zugewandte Vorausvermächtnis hat die unmittelbar dingliche Wirkung, daß der Vorerbe hinsichtlich des Gegenstandes des Vorausvermächtnisses nicht mit der Nacherbschaft beschwert ist. Er ist insoweit Vollerbe. Demzufolge haften, wenn Gegenstand des Vorausvermächtnisses ein Handelsgeschäft ist, nach § 27 HGB für die von dem Vorerben eingegangenen Geschäftsverbindlichkeiten nach dessen Tode nicht der Nacherbe, sondern die Erben des Vorerben (BGH **32,** 60). 3

Im Erbschein muß, wenn nicht die Vermutung des Abs. 2 widerlegt ist, angegeben werden, daß das Recht des Nacherben sich nicht auf diesen Gegenstand erstreckt (KG DR **40** 455 = JFG **21,** 122). Ebenso ist die Eintragung des Nacherbenvermerks bei einem Grundstück, das dem Vorerben als Vorausvermächtnis zugewandt ist, unzulässig (München HRR **42,** 716 = JFG **23,** 300). 4

§ 2111

Zur Erbschaft gehört, was der Vorerbe auf Grund eines zur Erbschaft gehörenden Rechtes oder als Ersatz für die Zerstörung, Beschädigung oder Entziehung eines Erbschaftsgegenstandes oder durch Rechtsgeschäft mit Mitteln der Erbschaft erwirbt, sofern nicht der Erwerb ihm als Nutzung gebührt. Die Zugehörigkeit einer durch Rechtsgeschäft erworbenen Forderung zur Erbschaft hat der Schuldner erst dann gegen sich gelten zu lassen, wenn er von der Zugehörigkeit Kenntnis erlangt; die Vorschriften der §§ 406 bis 408 finden entsprechende Anwendung.

Zur Erbschaft gehört auch, was der Vorerbe dem Inventar eines erbschaftlichen Grundstücks einverleibt.

E I 1825 II 1984; M **5** 109—111; P **5** 100, 114, 115; **6** 168, 319, 324—326.

Neueres Schrifttum:

Böhm, Surrogation trotz Unwirksamkeit einer Verfügung? Diss. Hamburg 1973.

Dingliche Ersetzung

Übersicht

1 **I. Die dingliche Ersetzung im allgemeinen**

§ 2111 enthält eine Bestimmung, die ähnlich in § 2019 für den Erbschaftsanspruch und in § 2041 für das Recht der Erbengemeinschaft getroffen ist. Die Gegenstände, die kraft dinglicher Ersetzung zur Erbschaft gehören, werden, auch im Falle befreiter Vorerbschaft (RG WarnRspr. **1920** Nr. 203), ohne weiteres Bestandteile der Erbschaftsmasse. Sie unterliegen je nach ihrer Art den sich aus den §§ 2112 ff ergebenden Verfügungsbeschränkungen sowie gegebenenfalls der Eintragungspflicht nach GBO § 51 (München HRR **38,** 1285) und gehen mit auf den Nacherben über (RG WarnRspr. **1913** Nr. 427).

2 Dagegen kann der Vorerbe nicht Gegenstände seines freien Vermögens mit dinglicher Wirkung der Erbschaft zuweisen, da er keine Rechtsgeschäfte mit sich selbst abschließen kann (KGJ **40,** 183; JFG **7,** 272; vgl. RG **92,** 142 zu § 1370). Die Vorschrift ist eine auf Zweckmäßigkeitsgründen beruhende Ausnahmevorschrift, die nicht ausdehnend ausgelegt werden kann (RG HRR **28,** 1592).

II. Gründe der Ersetzung

Von den drei Gründen, auf denen die Ersetzung beruhen kann, stimmen die beiden ersten überein mit § 2041.

3 **1. Erwerb auf Grund eines Rechts oder als Ersatz**

Zum Erwerb auf Grund eines Rechts gehört Verbindung, Vermischung (§§ 946 ff), die Schatzhälfte (§ 984), die Anlandung (EG Art. 65), die Ersitzung vermöge des zur Erbschaft gehörigen Besitzes (§§ 857, 937 ff), die Annahme einer dem Erblasser angefallenen Erbschaft (§ 1952), nicht aber Erwerb des Eigentums am Grundstücke des Erblassers auf Grund eines Ausschlußurteils nach § 927 (RG **76,** 360).

Was als Ersatz für die Zerstörung des Nachlaßgegenstandes anzusehen ist, ist nach wirtschaftlichen und nicht nach rechtlich formalen Gesichtspunkten zu beurteilen. Ersatz sind daher auch die Lastenausgleichsansprüche, die erst nach dem Erbfall für den Vorerben entstanden sind für Vermögenswerte, die der Erblasser verloren hat (BGH **44,** 336 mit Anm. *Kreft,* LM BGB § 2111 Nr. 3; BGH LM BGB § 2041 Nr. 3 und § 2164 Nr. 1). Dabei ist als Ausgleichsleistung auch der Zinszuschlag nach § 250 Abs. 3 LAG anzusehen. Auch er gebührt bei Eintritt des Nacherbfalls dem Nacherben (BGH LM BGB § 2041 Nr. 3).

4 **2. Rechtsgeschäftlicher Erwerb mit Mitteln der Erbschaft**

a) Erwerb des Vorerben. Erwerb des Vorerben durch Rechtsgeschäft mit Mitteln der Erbschaft wie 11. Aufl. § 2019 Anm. 3. Nur was der Vorerbe so erwirbt, gehört zur

Erbschaft, nicht auch, was ein anderer sich auf solche Weise beschafft. Eine Darlehnsforderung fällt deshalb nicht hierunter, wenn das Darlehn zwar aus Mitteln des Nachlasses gewährt, aber weder vom Vorerben selbst noch in dessen Namen gegeben wurde (RG WarnRspr. **1937** Nr. 37).

b) Tilgung einer Belastung des Nachlaßgrundstücks. Um ein Surrogat dieser Gruppe handelt es sich dagegen, wenn eine Eigentümergrundschuld dadurch entsteht, daß eine auf dem Nachlaßgrundstück ruhende Hypothek mit Erbschaftsmitteln bezahlt wird. Erfolgt die Zahlung aus eigenen Mitteln des Vorerben, so ist die Eigentümergrundschuld in der Regel nicht Surrogat. Als solche fällt sie aber in den Nachlaß, wenn ihr Erwerb durch den Vorerben wesentlich darauf beruht, daß er infolge der Vorerbfolge Eigentümer des Grundstücks geworden ist; die erforderlich gewesene Aufwendung hat ihm der Nacherbe zu ersetzen (*Planck/Flad* § 2126 Anm. 2; aM KG RJA **16**, 118 sowie JFG **8**, 355 mit der auch in JFG **2**, 159 vertretenen, nicht zu billigenden Begründung, daß auf Grund eines zur Erbschaft gehörenden Rechts nur ein Erwerb gemacht sei, der auf Grund des Rechts ohne vermittelndes Rechtsgeschäft des Vorerben erzielt worden sei; desgl. Hamburg JFG **2**, 431; *Lange* § 43 III 2 d; *von Lübtow* II S. 887; *Erman/Hense* § 2011 Rdn. 4). 5

c) Erwerb im Wege der Zwangsversteigerung. Der Erwerb des Eigentums an einem Grundstück durch Zuschlag in einer Zwangsversteigerung ist kein Erwerb „durch Rechtsgeschäft" im Sinne des BGB (RG HRR **28**, 1592). Auch wenn der Vorerbe die Zwangsversteigerung auf Grund einer zur Vorerbschaft gehörenden Hypothek betreibt, wird das Grundstück durch Zuschlag an ihn nicht Bestandteil der Vorerbschaft (RG **136**, 353). *Kipp/Coing* § 49 II 2a will in diesem Fall § 2111 entsprechend anwenden. Ebenso *Lange* § 43 2d. 6

d) Mittel der Erbschaft. Mittel der Erbschaft im Sinne des § 2111 sind auch die Rechte, die dem Vorerben in seiner Eigenschaft als Miterbe in bezug auf die einzelnen Gegenstände des ungeteilten Nachlasses zustehen. Das Recht des Nacherben erstreckt sich daher auf die Gegenstände, die dem Vorerben bei der Auseinandersetzung zugeteilt werden (BGH LM BGB § 242 Ca Nr. 13). Das gleiche gilt bezüglich des Anspruchs auf Abfindung, den der Vorerbe gegen seinen Miterben hat, der einen Erbschaftsgegenstand übernommen hat. Bei einer für diesen Anspruch eingetragenen Hypothek ist die Nacherbfolge einzutragen (KG OLG **8**, 321; KGJ **40**, 190). Ob ein Gegenstand durch Rechtsgeschäft mit Mitteln der Erbschaft erworben ist, ist nach wirtschaftlichen Gesichtspunkten zu beurteilen (BGH **40**, 115, 123 mit Anm. *Nirk*, LM BGB § 2111 Nr. 2): für den Fall einer Eigentümergrundschuld, die dadurch entstanden ist, daß eine zum Nachlaß gehörende Darlehenshypothek, die auf einem Grundstück des Vorerben lastete, im Zuge der Erbauseinandersetzung durch Verrechnung mit dem Auseinandersetzungsguthaben gebilligt worden ist). 7

Wird ein Erwerb teilweise mit Mitteln der Erbschaft gemacht (z. B. dem Vorerben bei der Auseinandersetzung mit seinen Miterben auf seinen Erbteil ein Nachlaßgrundstück mit der Bestimmung zugeteilt, daß er die auf dem Grundstücke lastenden Hypotheken als Selbstschuldner übernimmt), so gehört der Erwerb zu dem entsprechenden Teile zur Erbschaft (RG **89**, 53; **90**, 97). 8

e) Einbringen von Erbschaftsgegenständen in eine Gesellschaft. Kapitalerhöhungen. Werden Erbschaftsgegenstände in eine Gesellschaft eingebracht, so fällt ein entsprechender Anteil an dem Anspruch auf das künftige Auseinandersetzungsguthaben in den Nachlaß (RG WarnRspr. **1920** Nr. 203). Die bei einer Kapitalerhöhung ausgegebenen neuen Anteile unterliegen dem Nacherbenrecht, wenn die Gesellschaftsanteile der die Kapitalerhöhung vornehmenden GmbH zur Erbschaft gehören (KG OLG **44**, 97). 9

10 **f) Veräußerung der ganzen Erbschaft oder des beschwerten Erbteils.** Das für eine Veräußerung der ganzen Erbschaft erzielte Entgelt ist, soweit nicht §§ 2112 ff die Veräußerung ausschließen, Gegenstand des Nacherbenrechts. Dagegen bezieht sich bei einer Veräußerung des Miterbenanteils nach § 2033 die Nacherbschaft nach wie vor auf den veräußerten Anteil selbst und nicht auf das Entgelt (ebenso *Planck/Flad* 4. Aufl. § 2111 Anm. 2 a; *Kipp/Coing* § 49 II 2 b; *von Lübtow* II S. 887).

11 **g) Beziehung des Rechtsgeschäfts zum Nachlaß.** Nicht erforderlich ist es, daß sich das Rechtsgeschäft „auf den Nachlaß bezieht" (11. Aufl. § 2041 Anm. 2, 3). Der Vorerbe kann mithin, sobald er ursprüngliche Erbschaftsgegenstände oder deren Surrogate, auch verbrauchbare Sachen zum Zwecke des Erwerbs aufwendet, die Zugehörigkeit des Erworbenen durch seinen Willen überhaupt nicht hindern. Dies trifft auch auf bedingte Erwerbungen zu. Hierzu gehört der Versicherungsanspruch, wenn die Prämie aus Mitteln der Erbschaft bezahlt ist. Auch wenn dies nicht geschieht, wird die Versicherung von Erbschaftssachen als zugunsten auch des Nacherben genommen zu gelten haben. Ersatzfrage s. § 2124. Fällige Versicherungsansprüche gehören zu dem als Ersatz für die Zerstörung usw. gemachten Erwerbe.

12 **III. Nutzungen der Nachlaßgegenstände**

Im Gegensatze zum Erbschaftsbesitzer (§ 2020) gebühren dem Vorerben als wahrem Erben und Träger der zur Erbschaft gehörigen Rechte endgültig die Nutzungen (§ 100). Dem entspricht, daß er auch die gewöhnlichen Erhaltungskosten zu tragen hat (§ 2124). Nutzung eines Waldes § 2123, ordnungswidriger und übermäßiger Fruchtbezug § 2133. Darüber, ob Bezugsrechte bei Kapitalerhöhungen einer Aktiengesellschaft oder Gesellschaft m.b.H. zu den Nutzungen gehören, vgl. 11. Aufl. § 99 Anm. 15, § 100 Anm. 5, § 1068 Anm. 3; KG JFG **2,** 159; OLG **44,** 97; oben Rdn. 9. Über die Nutzungen eines zum Nachlaß gehörenden Unternehmens vgl. Baur JZ **58,** 465.

13 Das Recht auf die Nutzungen beginnt mit dem Erbfall und endet mit dem Eintritt der Nacherbfolge. Es verbleibt dem Vorerben, auch wenn ihm durch Bestellung eines Testamentsvollstreckers die Verwaltung entzogen ist (§ 2209). Soweit der Erblasser nichts anderes bestimmt hat, hat der Testamentsvollstrecker dem Vorerben die Nutzungen herauszugeben.

14 Der Erblasser kann jedoch durch Anordnung von Vermächtnissen zugunsten des Nacherben oder durch Auflagen den Vorerben — unbeschadet seines Pflichtteilsrechts — schuldrechtlich verpflichten, dem Nacherben schon vor Eintritt der Nacherbfolge die Nutzungen herauszugeben (RG WarnRspr. **1912** Nr. 174). Für eine etwaige Verteilung ist § 101 maßgebend, soweit nicht ein anderer Wille des Erblassers erhellt. So bei Dividenden und Gewinnanteilen (RG WarnRspr. **1908** Nr. 71).

15 Obwohl freies Eigentum des Vorerben, gelten die Früchte den Nachlaßgläubigern gegenüber doch als Bestandteile des Nachlasses.

16 **IV. Die Schutzvorschrift des Abs. 1 Satz 2**

Stimmt wörtlich überein mit § 2019, s. dort 11. Aufl. Anm. 4. Vgl. auch §§ 2129 Rdn. 5, 6, 2140 Rdn. 3).

17 **V. Einverleibung in das Grundstücksinventar (Abs. 2)**

Entsprechende Bestimmungen finden sich bei der Pacht § 588, beim Nießbrauch § 1048 und nach altem Recht bei der Nutznießung des Mannes § 1378 aF. Vorausgesetzt ist, daß der Vorerbe die einverleibten Inventarstücke aus eigenen Mitteln beschafft hat, da sonst schon Abs. 1 durchgreift. Erforderlich ist, daß das Inventar tatsächlich und nicht nur buchmäßig einverleibt ist. Inwieweit er Ersatz verlangen kann, bestimmen §§ 2124, 2125. Eine „Einrichtung" und damit ein Recht zur Wegnahme kommen nicht in Frage, da es sich hier nur um den Ersatz oder die Vermehrung eines bereits vorhandenen Inventars handelt.

§ 2112

Der Vorerbe kann über die zur Erbschaft gehörenden Gegenstände verfügen, soweit sich nicht aus den Vorschriften der §§ 2113 bis 2115 ein anderes ergibt.

E I 1815, 1828 Abs. 1, 2 II 1985; M **5** 93, 94, 114—116; P **5** 97—99.

Verfügungsrecht des Vorerben

Übersicht

I. Die Rechtsstellung des Vorerben im allgemeinen 1

Der Vorerbe ist wahrer Erbe. Er kann deshalb grundsätzlich gleich dem gewöhnlichen Erben über die Erbschaftsgegenstände auch mit Wirkung gegenüber dem Nacherben verfügen. Doch sind ihm dabei im Interesse des hierdurch gefährdeten Nacherben dingliche (§§ 2113—2115) und schuldrechtliche (§§ 2116 ff, 2130) Beschränkungen auferlegt. Zwischen Vor- und Nacherben besteht insoweit ein gesetzliches Schuldverhältnis (RG **59**, 202). Von den meisten dieser Beschränkungen kann ihn der Erblasser befreien (§ 2136). Anderseits kann ihm die Verwaltung und damit die Verfügungsmacht durch gerichtliche Anordnung auch ganz entzogen werden (§ 2129). Der Erblasser kann dem Vorerben auch über den Rahmen der gesetzlich bestehenden Beschränkungen hinaus weitere auferlegen. Diese haben keine unmittelbare Wirkung, sondern verpflichten den Vorerben nur schuldrechtlich (BGH LM BGB § 2100 Nr. 2).

II. Schuldrechtliche Verpflichtungsgeschäfte in bezug auf Nachlaßgegenstände 2

Die Vorschrift bezieht sich nur auf **Verfügungen** im Sinne von § 185, nicht auf die Begründung bloß schuldrechtlicher Verhältnisse. Der Vorerbe kann sich in bezug auf die seiner Verfügung entzogenen Gegenstände z. B. durch Abschluß von Kaufverträgen wirksam verpflichten (RG JW **12**, 188; Recht **21** Nr. 1631).

3 Die von dem Vorerben eingegangenen Verbindlichkeiten haben zugleich die rechtliche Natur von Nachlaßverbindlichkeiten, für die auch der Nacherbe nach Eintritt des Nacherbenfalls haftet, wenn der Vorerbe sie, vom Standpunkt eines sorgfältigen Verwalters aus beurteilt, zur ordnungsmäßigen Verwaltung des Nachlasses eingegangen ist (BGH **32,** 60 mit Anm. *Mattern* LM BGB § 1967 Nr. 1; RG **90,** 91; **112,** 131; JW **27,** 1196; Gruchot **72,** 330; § 1967 Rdn. 13). Dabei können die einzelnen Maßnahmen, die zur Eingehung der Verbindlichkeit geführt haben, nicht für sich allein gewertet werden. Sie sind vielmehr als Teil der Gesamtverwaltung des Nachlasses zu beurteilen. Eine Maßnahme, die für sich gesehen durchaus geboten ist (Anschaffung von Düngemittel und Saatgut für ein landwirtschaftliches Besitztum), kann außerhalb des Rahmens der ordnungsmäßigen Verwaltung des Nachlasses liegen, wenn dieser eine andere Art der Bewirtschaftung erfordert, z. B. die Verpachtung des Betriebes (BGH Urt. v. 24. 1. 1973, IV ZR 140/71 = WM **73,** 361). Jedoch sind die aus dieser Entscheidung sich ergebenden Grundsätze vorsichtig anzuwenden. Sie dürfen nicht dazu führen, daß das Risiko einer schlechten Wirtschaftsführung zu Lasten der Gläubiger geht. Sie gelten für den Fall einer seit vielen Jahren gegebenen offen liegenden Mißwirtschaft.

4 **III. Verfügungen über Nachlaßgegenstände durch Urteil**

Von einer Verfügung durch Urteil spricht man, wenn der Vorerbe mit den sich aus §§ 894 ff ZPO ergebenden Wirkungen zur Abgabe einer Willenserklärung über ein zur Erbschaft gehörendes Recht verurteilt wird. Diese Verfügungen stehen den rechtsgeschäftlichen gleich.

5 Zu beachten ist, daß die Verfügungsmacht des Vorerben grundsätzlich nur bis zum Eintritt des Nacherbfalls besteht (vgl. dagegen § 2140). Daraus folgt, daß eine Wegnahme durch den Gerichtsvollzieher, die nach § 897 ZPO in Ansehung einer zur Erbschaft gehörigen Sache zu erfolgen hat, auch nach Rechtskraft des Urteils nicht mehr zulässig ist, wenn inzwischen der Nacherbfall eingetreten ist (vgl. *Planck/Flad* 4. Aufl. § 2112 Anm. 5).

6 **IV. Vollmacht**

1. Vom Erblasser erteilte Vollmacht

a) Vertretung des Vorerben. Eine vom Erblasser erteilte und über seinen Tod hinauswirkende Vollmacht ermächtigt den Bevollmächtigten, vor Eintritt des Nacherbfalls den Vorerben zu vertreten. Der Bevollmächtigte ist aber durch das Recht des Nacherben ebenso beschränkt wie der von ihm vertretene Vorerbe selbst.

7 **b) Vertretung des Nacherben.** Nach KG OLG **18,** 338 und KGJ **36** A 166; **43,** 157 soll die Vollmacht den Bevollmächtigen aber zugleich ermächtigen, auch den Nacherben zu vertreten und für diesen die zu den Verfügungen etwa notwendigen Zustimmungen zu erklären. Demgegenüber hat *Heldrich* JherJb **79,** 328 Anm. 1 darauf hingewiesen, daß der Nacherbe vor Eintritt des Nacherbfalls an dem Rechtsverhältnis, auf dem die Fortdauer der Vollmacht nach § 168 beruhen kann, noch gar nicht beteiligt ist. Dem ist zuzustimmen. Die Rechtspersönlichkeit des Erblassers wird vor Eintritt des Nacherbfalls allein durch den Vorerben fortgesetzt. Der Bevollmächtigte kann daher auch nur diesen vertreten. Daß zu bestimmten Rechtsgeschäften die Zustimmung des Nacherben erforderlich ist, ist eine Folge der durch das Gesetz begründeten Rechtseinrichtung der Vor- und Nacherbschaft. Der Erblasser kann, solange der Vorerbe noch Erbe ist, für den Nacherben keinen Bevollmächtigten bestellen, sondern nur einen Testamentsvollstrecker nach § 2222. Dauert die von dem Erblasser erteilte Vollmacht bei Eintritt des Nacherbfalls noch an, so ermächtigt sie jetzt den Bevollmächtigten, den Nacherben zu vertreten.

c) Dem Vorerben erteilte Vollmacht. Hat der Erblasser dem Vorerben Vollmacht erteilt, dann ist diese mit Eintritt des Erbfalls gegenstandslos geworden. Sie gibt dem Vorerben, wie auch das Kammergericht für seine Rechtsansicht anerkennt, nicht die Befugnis, den Nacherben hinsichtlich seiner ihm vor Eintritt des Nacherbfalls zustehenden Rechte zu vertreten. Das würde den Zwecken, die der Gesetzgeber mit der Einrichtung der Vor- und Nacherbschaft verfolgt, widerstreiten. 8

2. Vom Vorerben erteilte Vollmacht 9

Eine vom Vorerben erteilte Vollmacht kann den Bevollmächtigten nach Eintritt des Nacherbfalls grundsätzlich nicht ermächtigen, den Nacherben zu vertreten, da der Vorerbe nicht in die Rechte des Nacherben eingreifen kann. Sein Recht endet mit dem Eintritt des Nacherbfalls. Er kann auch dem Bevollmächtigten nicht mehr Rechte übertragen, als ihm selber zustehen. Die Vollmacht ist daher unwirksam, wenn sie ausdrücklich oder ihrer Natur nach erst nach dem Eintritt des Nacherbfalls gelten soll (KGJ **50**, 159). Das gleiche gilt für die Zeit nach dem Eintritt des Nacherbfalls, wenn ihr ein dem Nacherben gegenüber wirksames Rechtsverhältnis nicht zugrunde liegt (KG HRR **28**, 130). Dagegen bleibt sie wirksam, soweit sie auf einem Rechtsverhältnis beruht, das der Vorerbe im Rahmen der ordnungsmäßigen Verwaltung des Nachlasses begründet hat, das durch seinen Tod nicht beendet und für den Nacherben verbindlich ist (in HRR **28**, 130 angedeutet, aber nicht entschieden). Sie bleibt auch wirksam, wenn der Nacherbe dem der Vollmacht zugrunde liegenden Rechtsgeschäft zugestimmt hat (KG NJW **57**, 754).

V. Tatsächliche Eingriffe in Nachlaßgegenstände 10

Rein tatsächliche Eingriffe (Zerstörungen, Beschädigungen) machen den Vorerben nach § 2130 ersatzpflichtig.

VI. Vom Vorerben allein vorzunehmende Verfügungen und Rechtsgeschäfte 11

1. Verfügungen über den Vorerbteil

Die Verfügungsmacht des Vorerben ist nur beschränkt in Ansehung einzelner zur Erbschaft gehörender Gegenstände, Sachen und Rechte (§ 90). Dagegen kann der Vorerbe, wenn er Miterbe ist, seinen Vorerbteil selbst gemäß § 2033 frei veräußern. Das Recht des Nacherben bleibt hiervon unberührt. Mit diesem bleibt der Erbteil auch in der Hand des Erwerbers belastet (§ 2100 Rdn. 4; § 2111 Rdn. 10; s. auch § 2376 Abs. 1).

2. Begründung einer Gütergemeinschaft 12

Ebensowenig stellt sich die vertragsmäßige Einführung der Gütergemeinschaft als eine den Beschränkungen der §§ 2113 f unterliegende Verfügung über die dem einen Ehegatten als Vorerben gehörenden Gegenstände zugunsten des anderen Ehegatten dar (KG HRR **29**, 2085).

3. Verlangen nach Auseinandersetzung 13

Als Miterbe kann der Vorerbe, gleichviel ob er allein oder ob auch andere Miterben mit der Nacherbschaft belastet sind, jederzeit Auseinandersetzung verlangen (§ 2042). Ein als Alleinerbe Eingesetzter, der zum Teil Vollerbe und zum Teil nur Vorerbe ist, kann daher auch eine Auseinandersetzung in der Weise herbeiführen, daß er den Teil des Nachlasses, der seiner Quote als Vollerbe entspricht, zur freien Verfügung übernimmt (BayObLG NJW **58**, 1683). Vgl. hierzu RG **75**, 366. Nur soweit bei der Durchführung der Auseinandersetzung Verfügungen im Sinne von §§ 2113 ff nötig werden, muß der Nacherbe mitwirken.

14 **4. Annahme einer Erbschaft. Fortführung und Eintragung eines Handelsgeschäfts**

Dem Vorerben allein steht unbeschadet seiner Verantwortung aus § 2130 die Entschließung zu über die Annahme einer dem Erblasser angefallenen Erbschaft (§ 1952). Ebenso über die Fortführung eines Handelsgeschäfts (HGB §§ 22, 31; KG OLG **4,** 456). Er kann nach § 2112 seine Eintragung in das Handelsregister verlangen. Die Anordnung der Nacherbfolge ist dagegen nicht ins Handelsregister einzutragen (München JFG **22,** 89).

15 **VII. Verfügungen des Vorerben von Todes wegen**

Durch Verfügung von Todes wegen kann der Vorerbe die Erbschaft und damit die Vorerbenstellung für sich allein oder zusammen mit seinem eigenen Vermögen einem Dritten zuwenden. Diese Verfügung wird gegenstandslos, wenn der Eintritt der Nacherbfolge mit dem Tode des Vorerben zusammentrifft. Sie bleibt jedoch unbeschadet aller Rechte des Nacherben in der Zwischenzeit so lange wirksam, als der Anfall der Nacherbschaft noch weiter hinausgeschoben ist (§ 2106 Rdn. 1—3, 6).

16 Ein dem Erben von dem Vorerben auferlegtes Vermächtnis, das sich auf Gegenstände bezieht, die der Nacherbschaft unterliegen, ist nach § 2169 in der Regel dahin auszulegen, daß dem Bedachten die Vorteile zukommen sollen, die sonst der Beschwerte von diesem Gegenstand haben würde.

17 **VIII. Prozeßführung des Vorerben**

Die Prozeßführung ist an sich und abgesehen von der verfügenden Wirkung gewisser Urteile, die zur Abgabe von Willenserklärungen verpflichten (ZPO §§ 894, 895), nicht Verfügung, der Vorerbe ist an sich hierin nicht beschränkt (RG JW **18,** 434).

18 Das rechtskräftige Urteil kommt nach ZPO § 326 auch dem Nacherben zugute, wenn es zu seinen Gunsten ausgefallen ist und über eine Nachlaßverbindlichkeit oder über einen der Nacherbfolge unterliegenden Gegenstand ergeht. Nach dem Sinn und Zweck dieser Bestimmung gilt Entsprechendes, wenn der Vorerbe einen Rechtsstreit iiber die Gültigkeit des Testaments geführt hat, in dem auch die Nacherbschaft angeordnet ist. Das Urteil über die Gültigkeit dieses Testaments wirkt auch zugunsten des Nacherben. Wenn der Vorerbe über den der Nacherbfolge unterliegenden Streitgegenstand ohne Zustimmung des Nacherben verfügen kann, wirkt das Urteil auch gegen den Nacherben (vgl. auch § 1380).

Unterbrechung des Verfahrens bei Eintritt der Nacherbfolge ZPO §§ 242, 246 (hierzu RG **75,** 363), vollstreckbare Ausfertigung § 728 Abs. 1.

19 **IX. Verfügungsbeschränkungen durch Bestellung eines Testamentsvollstreckers**

Der Erblasser kann die Verfügungsmacht des Vorerben durch Anordnung einer Testamentsvollstreckung (§§ 2211 ff, siehe auch § 2222) ganz oder teilweise ausschließen (KG OLG **26,** 346; **44,** 93). Eintragungen im Grundbuch § 51 GBO (§ 2113 Rdn. 42 bis 48).

20 Zu Testamentsvollstreckern neben den Vorerben können auch die Nacherben mit der Wirkung eingesetzt werden, daß sie bei der Verwaltung und Verfügung über Nachlaßgegenstände mitzuwirken haben (KG OLG **40,** 136; **44,** 92).

21 Dagegen kann der alleinige Vorerbe, solange er Vorerbe ist, nicht zugleich Testamentsvollstrecker sein, auch nicht Testamentsvollstrecker für den Nacherben nach § 2222. Eine solche Bestimmung würde dem Wesen der Rechtseinrichtung der Vor- und Nacherbschaft widersprechen und dem Vorerben eine freiere Stellung einräumen, als dies nach § 2136 überhaupt möglich ist (RG **77,** 177; KG OLG **40,** 136; aA *Kipp* § 95 VI; wie hier Jedoch jetzt *Kipp/Coing* § 67 I 9 d; *von Lübtow* II S. 936).

§ 2113

Die Verfügung des Vorerben über ein zur Erbschaft gehörendes Grundstück oder Recht an einem Grundstück oder über ein zur Erbschaft gehörendes eingetragenes Schiff oder Schiffsbauwerk ist im Falle des Eintritts der Nacherbfolge insoweit unwirksam, als sie das Recht des Nacherben vereiteln oder beeinträchtigen würde.

Das gleiche gilt von der Verfügung über einen Erbschaftsgegenstand, die unentgeltlich oder zum Zwecke der Erfüllung eines von dem Vorerben erteilten Schenkungsversprechens erfolgt. Ausgenommen sind Schenkungen, durch die einer sittlichen Pflicht oder einer auf den Anstand zu nehmenden Rücksicht entsprochen wird.

Die Vorschriften zugunsten derjenigen, welche Rechte von einem Nichtberechtigten herleiten, finden entsprechende Anwendung.

E I 1828, 1839 II 1986; M 5 114—116, 129, 130; P 5 97—104, 109—112, 130; 6 129, 130.

Verfügungsbeschränkungen

Übersicht

Zu Abs. 1 Befreiung zulässig § 2136.

1 **A. Unwirksamkeit von Verfügungen über Grundstücke, Rechte an Grundstücken usw. (Abs. 1)**

I. Grundstücke, Rechte an Grundstücken usw. als Gegenstand des Verfügungsverbots

Die Grundstücke und Rechte an Grundstücken bilden nach allgemeiner Auffassung den Stamm eines Vermögens. Nach dem Willen des Gesetzgebers soll dieses der Substanz nach und nicht nur dem Werte nach für den Nacherben erhalten bleiben. Deswegen wird den Vorerben die Verfügungsmacht darüber entzogen. Die Verfügungsbeschränkungen gelten nur für den Vorerben. Sie gelten für den Testamentsvollstrecker, der nur den Erbteil des Vorerben zu verwalten hat. Für einen Testamentsvollstrecker, dem die Verwaltung des ganzen Nachlasses obliegt, der zugleich für den Vor- und Nacherben eingesetzt ist, gelten sie nicht (BGH **40**, 115). Den Grundstücken sind gleichgestellt Erbbaurechte (ErbbauVO v. 15. 1. 1919, RGBl. 72, § 11) und die EG Art. 63, 196 erwähnten Rechte. Denselben Verfügungsbeschränkungen wie das Grundstück unterliegt, falls dieses enteignet wird, das dadurch an seine Stelle tretende Surrogat (BGH RdL **56**, 189). Rechte an Grundstücken 11. Aufl. § 873 Anm. 27. Wegen der Hypothekenforderungen, Grundschulden und Rentenschulden s. auch § 2114 Rdn. 2. Durch die DV zum Schiffsrechtegesetz v. 21. 12. 1940, RGBl. I 1609, sind die §§ 2113 ff erweitert und eingetragene Schiffe und Schiffsbauwerke den Grundstücken und Rechten an Grundstücken gleichgestellt worden.

2 Gleichgültig ist, ob das Grundstück usw. schon von Anfang an zur Erbschaft gehört oder erst im Wege der Surrogation (§ 2111) Bestandteil geworden ist. Jedoch muß das Grundstück selbst ebenso wie die in Abs. 2 erwähnten Erbschaftsgegenstände im Zeitpunkt der Vornahme des Rechtsgeschäfts ein Nachlaßgegenstand sein. Besteht der Nachlaß nur in dem Anteil an einem Vermögen, dann sind die einzelnen Vermögensgegenstände, Grundstücke, bewegliche Sachen und Rechte selbst keine Nachlaßgegenstände (RG **79**, 345, 355; **136**, **19**, 21). In BGH **26**, 378 (der Fall betrifft die westfälische Gütergemeinschaft) ist daraus geschlossen worden, die als alleinige Vorerbin eingesetzte Ehefrau, die mit ihrem Mann in Gütergemeinschaft gelebt habe, könne, wenn die Gemeinschaft durch den Tod des einen Ehegatten aufgelöst worden sei, über die zum bisherigen Gesamtgut gehörenden Grundstücke auch unentgeltlich verfügen. Entsprechend für den Güterstand der Errungenschaftsgemeinschaft BGH LM BGB § 2113 Nr. 8. Anders dagegen ohne Auseinandersetzung mit den vorgenannten Entscheidungen BGH LM BGB § 892 Nr. 9 siehe dazu *Batsch,* NJW **70**, 1314. Den Nacherben sei sie nur nach § 2138 verantwortlich. Im Gegensatz dazu vertreten Breslau OLG **24**, 85; *Staudinger/Seybold* 11. Aufl. § 2111 Rdn. 7; *Köster* DNotZ **53**, 246; *Staudenmaier* NJW **65**, 380 die Ansicht, daß in diesem Fall auch die zum Gesamtgut gehörenden Gegenstände denselben Verfügungsbeschränkungen wie die Nachlaßgegenstände unterliegen. Dem § 2113 zuwiderlaufende Verfügungen über Gegenstände des Gesamtguts sind nach dieser Ansicht bei Eintritt des Nacherbfalls in vollem Umfang unwirksam; siehe auch die

wiederum andere Meinung von *Prölls* JZ 70, 95. Das Kammergericht JFG 1, 358 hat die Ansicht vertreten, das Recht am früheren Gesamtgut müsse als in seine Bruchteile zerlegt gedacht werden. Der überlebende Ehegatte könne über seinen Bruchteil ohne Beschränkung des § 2113 verfügen. Die Verfügung werde bei Eintritt des Nacherbfalls nur in Ansehung des ererbten mit dem Nacherbrecht belasteten Bruchteils unwirksam. Demzufolge müßte eine Verfügung des befreiten Vorerben auch dem Nacherben gegenüber wirksam sein, wenn sie nur zur Hälfte unentgeltlich erfolgt. Diese Ansicht hatte das Berufungsgericht in dem vom Bundesgerichtshof entschiedenen Fall vertreten. Sie ist vom Bundesgericht mit Recht mißbilligt worden. Es kann aber nicht verkannt werden, daß der Rechtsstandpunkt des Bundesgerichtshofs dem Nacherben nur einen geringen Schutz bietet. Andererseits würde der überlebende Ehegatte und Vorerbe nach der Ansicht, die die Verfügung auch dem Nacherben gegenüber ganz unwirksam sein läßt, in seiner wirtschaftlichen Handlungsfreiheit in sehr erheblichem Maße eingeengt werden. Diese starke Beschränkung dürfte der Erblasser jedenfalls dann nicht gewollt haben, wenn er eine befreite Vorerbschaft angeordnet hat, und sie läßt sich auch nicht mit der Tatsache vereinbaren, daß die Gütergemeinschaft durch den Tod aufgelöst worden ist.

II. Der Begriff Verfügung 3

Verfügung über ein Grundstück (vgl. auch §§ 1445, 1821 Nr. 1) ist Übertragung des Eigentums, Dereliktion (§ 928) und Belastung mit einem Rechte (§ 873); Verfügung über ein Recht am Grundstück ist Aufhebung des Rechtes, Übertragung, Belastung mit einem Rechte, Änderung des Rechtsinhalts (§§ 873—877), nicht aber Vermietung und Verpachtung (§ 2135).

III. Vereitelung oder Beeinträchtigung des Rechts des Nacherben 4

Die dem Abs. 1 zuwiderlaufende Verfügung ist nur insoweit unwirksam, als sie das Recht des Nacherben vereiteln oder beeinträchtigen würde. Das Recht des Nacherben geht dahin, den Nachlaß bei Eintritt des Nacherbfalls in dem Zustand ausgehändigt zu erhalten, in dem er sich bei einer ordnungsmäßigen Verwaltung durch den Vorerben befinden muß. Die Frage, ob das Recht des Nacherben durch eine Verfügung vereitelt oder beeinträchtigt wird, beantwortet sich für Abs. 1 nach rechtlichen und nicht nach wirtschaftlichen Gesichtspunkten. Der Nacherbe hat ein Recht darauf, die in § 2113 Abs. 1 aufgeführten Gegenstände bei Eintritt des Nacherbfalls zu erhalten, soweit nicht der Erblasser selbst bezüglich dieser Gegenstände Verpflichtungen eingegangen ist, die der Vorerbe zu erfüllen hatte. Eine Beeinträchtigung des Rechts des Nacherben liegt daher auch dann vor, wenn der Vorerbe entgeltlich über ein Grundstück verfügt hat und ein ausreichendes Entgelt in den Nachlaß gelangt ist oder wenn er das Grundstück gegen ein anderes, gleichwertiges oder auch wertvolleres vertauscht hat. Entscheidend ist, daß auch in diesen Fällen dem Nacherben das Nachlaßgrundstück selbst entgeht. Nur für die Fälle des Abs. 2 kommt es auf die Entgeltlichkeit an. Für diese Bestimmung ist die Frage nach der Beeinträchtigung des Rechts des Nacherben nach anderen Gesichtspunkten zu beantworten (vgl. Rdn. 31 ff). Abs. 1 und 2 enthalten selbständige nebeneinander stehende Ausnahmen von der Regel des § 2112 (RG 133, 263, 267).

Die Vereitelung oder Beeinträchtigung des Nacherbenrechts (§§ 161 Abs. 1, 883 5
Abs. 2) wird daher im Falle der Veräußerung oder Belastung eines Grundstücks regelmäßig (s. aber für den Fall der Bestellung eines dinglichen Vorkaufsrechts KG HRR 30, 984) gegeben sein, wenn die Verfügung nicht in Erfüllung einer bereits vom Erblasser eingegangenen Verbindlichkeit (Auflassung eines von ihm verkauften Hauses) vorgenommen wird. *Von Lübtow* II S. 893 Anm. 34 und *Lange*, § 26 IV 4 nehmen eine Vereitelung oder Beeinträchtigung auch an, wenn die Verfügung zur Erfüllung einer Ver-

bindlichkeit vorgenommen wird. Wie hier *Staudinger/Seybold* § 2113 Rdn. 13; § 2120 Rdn. 2; ***Bartholomeyczik*** § 41 VI 2 a; *Soergel/Eder,* § 2113 Anm. 3. Auch die Übereignung eines Grundstücks an den damit bedachten Vermächtnisnehmer kann eine Beeinträchtigung der Rechte des Nacherben zur Folge haben. Über die Wirksamkeit einer solchen Übereignung vgl. unten Rdn. 50.

6 Bei einer Verfügung über ein Recht am Grundstück verhält es sich in der Regel ebenso. Keine Beeinträchtigung des Rechts des Nacherben liegt indes vor, wenn durch die Verfügung eine bloß formale Rechtsänderung (Verwandlung der Buchhypothek in Briefhypothek oder umgekehrt) oder sogar eine Besserung z. B. in der Rangstellung (§ 880) herbeigeführt oder etwa eine Hypothekenforderung an einen Gläubiger des Erblassers, für den sie gepfändet und dem sie zur Einziehung überwiesen worden war, abgetreten worden ist (KG HRR **34,** 172; JFG **15,** 189).

7 Ebenso liegt keine Beeinträchtigung des Nacherbenrechts vor, wenn der Vorerbe die Löschung einer Eigentümergrundschuld bewilligt, die er mit eigenen Mitteln zurückgezahlt hat, oder wenn es sich um die rangletzte auf dem Grundstück ruhende Belastung handelt (München JFG **21,** 81; LG Hildesheim MDR **61,** 692).

8 **IV. Wirksamkeit und Unwirksamkeit der Verfügungen**

1. Unwirksamkeit gegenüber dem Nacherben

Die Unwirksamkeit der Verfügung beruht nicht auf einem gesetzlichen Veräußerungsverbot (§ 135). Sie ist bedingt (durch den Fall des Eintritts der Nacherbfolge) und zugleich ihrem Umfang nach begrenzt (soweit sie das Recht des Nacherben vereiteln oder beeinträchtigen würde). In § 1828 des ersten Entwurfs hieß es, die Verfügung „wird" unwirksam. Die Fassung des Gesetzes, die Verfügung „ist" unwirksam, gibt zu erkennen, daß die Verfügung von Anfang an mit einem Mangel behaftet ist, dessen Wirkungen allerdings nur unter den vom Gesetz weiter geforderten Voraussetzungen in Erscheinung treten.

9 Die Unwirksamkeit ist keine nur relative, sondern in dem Sinne absolut, daß jeder Dritte, der daran ein rechtliches Interesse hat, sich auf sie berufen kann (RG WarnRspr. **1914** Nr. 126). Sie ergibt sich im Nacherbfall von selbst, ohne daß der Nacherbe sie besonders geltend machen müßte (BGH **52,** 269). Sie ist daher auch, wenn die Tatsachen, aus denen sie folgt, vorgetragen sind, im Prozeß von Amts wegen zu berücksichtigen, ohne daß der Nacherbe sich darauf berufen muß. Die Verfügung ist deshalb von Anfang an voll wirksam, wenn sie auf die Dauer des Rechtes des Vorerben beschränkt ist. Sie wird ferner voll wirksam, sobald feststeht, daß es überhaupt nicht zur Nacherbfolge kommen wird.

10 Das Reichsgericht hat eine vom Alleinerben getroffene Verfügung im Ganzen für unwirksam erklärt, in der der Verfügende (überlebende Ehegatte) auf einen Bruchteil des Nachlasses (zu $^{1}/_{8}$) als Vollerbe und im übrigen (zu $^{7}/_{8}$) unter Berufung der 7 Kinder des Erblassers zu Nacherben als bloßer Vorerbe eingesetzt war (RG Recht **30** Nr. 1501). Der Bundesgerichtshof hat den Fall anders entschieden, in dem ein Grundstück dem Vorerben bereits vor dem Erbfall zur Hälfte gehörte und er die andere Miteigentumshälfte als Vorerbe erwarb. Der Bundesgerichtshof hat entschieden, daß die Verfügung, durch die das Grundstück zwei anderen zu Miteigentum übertragen wurde, wirksam sei, daß jedoch bei Eintritt des Nacherbfalls der Erwerb des Miteigentums in der Person jedes der beiden Miteigentümer den Nacherben gegenüber zur Hälfte unwirksam sei (BGH WM **73,** 41).

Der Eigentümer eines Grundstücksbruchteils, der den Rest des Grundstücks als nicht befreiter Vorerbe hinzuerwirbt, kann trotz § 1114 den ihm schon vorher gehörenden Bruchteil gesondert mit einem Grundpfandrecht belasten (BayObLG NJW **68**, 1431).

Nicht nur den Nacherben gegenüber, sondern überhaupt unwirksam ist die Bestellung eines Erbbaurechts durch den Vorerben ohne Zustimmung des Nacherben. Das ergibt sich aus der Natur des Erbbaurechts, das nach § 1 Abs. 4 Satz 1 der ErbbauVO nicht durch eine auflösende Bedingung beschränkt werden kann. Diese Vorschrift ist entsprechend anzuwenden auf die sich aus § 2113 Abs. 1 ergebende zeitliche Beschränkung der Wirksamkeit der Bestellung (BGH **52**, 269 mit Anm. *Mattern*, LM ErbbauVO § 1 Nr. 5; aA *Hönn*, NJW **70**, 138; *Winkler*, DNotZ **70**, 651).

2. Uneingeschränkte Wirksamkeit bei Zustimmung des Nacherben 11

Die Zustimmung des Nacherben macht die Verfügung voll wirksam (§ 185; BGH **40**, 115; RG **65**, 219; WarnRspr. **1914** Nr. 126). Die Zustimmung kann dem Dritten wie dem Vorerben gegenüber erklärt werden. Die Zustimmung des Ersatznacherben ist nicht erforderlich (BGH **40**, 115; RG **145**, 316).

Die für den minderjährigen Nacherben erklärte Zustimmung bedarf der vormundschaftsgerichtlichen Genehmigung. Das Reichsgericht hat die Annahme einer in der Zeit der Geldentwertung an den nicht befreiten Vorerben zum Nennbetrag zurückgezahlten Hypothekenschuld für unwirksam erklärt, weil der zustimmende Pfleger des Nacherben hierzu keine vormundschaftsgerichtliche Genehmigung hatte (RG LZ **28**, 893). 12

Zur Einwilligung kann der Nacherbe unter Umständen gezwungen werden (§ 2120).

3. Uneingeschränktes Wirksamwerden der Verfügung nach § 185 Abs. 2 13

Die Verfügung wird in entsprechender Anwendung des § 185 Abs. 2 gleichfalls voll wirksam, wenn der Vorerbe das mit dem Rechte des Nacherben belastete Grundstück oder Recht zum freien Eigentum erwirbt oder wenn der Nacherbe unbeschränkt haftender Erbe des Vorerben wird (OLG Schleswig, SchlHA **53**, 287; OLG München DNotZ **71**, 544). Hat der Vorerbe die Verfügung indessen zugunsten eines der mehreren Mitnacherben getroffen und wird er von allen diesen beerbt, so wird die Verfügung nach § 185 Abs. 2 Satz 1 Fall 3 nicht wirksam, weil dann im Verhältnis der Miterben untereinander die unbeschränkte Haftung nach § 2063 Abs. 2 ausgeschlossen ist (BGH LM BGB § 2113 Nr. 1; RG **110**, 94).

V. Geltendmachen der Unwirksamkeit 14

Nach Eintritt des Nacherbfalls kann der Nacherbe die Unwirksamkeit geltend machen. Wenn mehrere Nacherben berufen sind, kann dies nach § 2039 jeder von ihnen auch für die anderen tun (BGH FamRZ **71**, 643). Der Nacherbe kann die Unwirksamkeit der ihn benachteiligenden Verfügung unter Umständen schon vor Eintritt der Nacherbfolge durch Feststellungsklage gegen den Vorerben oder den beteiligten Dritten geltend machen (BGH **52**, 269; RG **139**, 343, 347; HRR **28**, 1629; Düsseldorf HRR **36**, 404; aA Celle MDR **54**, 547).

Schadensersatzansprüche stehen ihm vor Eintritt der Nacherbfolge nicht zu; bis dahin hat er wegen eines seine Rechte schädigenden Verhaltens des Vorerben nur die Befugnisse aus §§ 2127—2129 (RG WarnRspr. **1937** Nr. 133). 15

Mit dem Eintritt der Nacherbfolge endigt die Wirkung der dem Abs. 1 zuwiderlaufenden Verfügung und tritt der frühere Rechtszustand wieder ein (§§ 163, 158). Mit diesem Zeitpunkt kann deshalb die Unwirksamkeit von jedem, nicht bloß vom Nacherben geltend gemacht werden (RG WarnRspr. **1914** Nr. 126; aM *Güthe/Triebel*, GBO 6. Aufl. 16

Vorbem. 78 Abs. 7 vor § 13), jedoch unbeschadet der während der Schwebezeit von Dritten erlangten Rechte (Abs. 3).

17 **B. Unwirksamkeit unentgeltlicher Verfügungen (Abs. 2)**

I. Allgemeines

Die unentgeltliche Verfügung über Erbschaftsgegenstände jeder Art, Sachen und Rechte (§ 90), nicht bloß Grundstücke, ist auch dem befreiten Vorerben nicht gestattet. Sie macht ihn nach § 2138 Abs. 2 gegenüber dem Nacherben schadensersatzpflichtig. Der Erblasser kann den Vorerben nicht von dem Verfügungsverbot des § 2113 Abs. 2 befreien (RG **133**, 267). Er kann jedoch hinsichtlich einzelner bestimmter Gegenstände anordnen, daß der Vorerbe sie dem Nacherben nicht herauszugeben braucht oder daß er über sie unentgeltlich verfügen kann. Darin liegt die Zuwendung dieser Gegenstände als Vorausvermächtnis, evtl. unter der Bedingung, daß der Vorerbe von dieser Befugnis Gebrauch macht. Eine allgemeine Klausel, z. B. die Ehefrau als Vorerbin solle über den gesamten Nachlaß frei nach ihrem Willen verfügen können, gibt der Vorerbin jedoch nicht das Recht, über Nachlaßgegenstände unentgeltlich zu verfügen (BGH **7**, 275).

18 Die Vorschrift bezieht sich auf Verfügungen jeder Art. Auch Befreiungen von Verbindlichkeiten, die in Schenkungsabsicht erfolgen, zählen hierher.

Keine Verfügung liegt vor, wenn der Vorerbe es absichtlich unterläßt, eine Sache für den Nachlaß zu erwerben, oder wenn er die Verjährungsfrist für Ansprüche, die zum Nachlaß gehören, verstreichen läßt.

19 Eine unentgeltliche Verfügung im Sinne des § 2113 Abs. 2 liegt nicht vor, wenn der Vorerbe eine zur Vorerbschaft gehörende Erbschaft ausschlägt, die der Erblasser noch nicht angenommen hatte (*Planck/Flad* 4. Aufl. § 2113 Anm. 2) oder eine Forderung zur Einziehung gegen eine nicht übermäßige Provision abtritt (RG WarnRspr. **1937** Nr. 37).

20 Der Vorerbe verfügt nicht unentgeltlich, wenn er die Löschung einer zur Eigentümergrundschuld gewordenen Hypothek bewilligt, um damit eine von dem Erblasser bewilligte Löschungsvormerkung zu erfüllen. Der Gegenwert für seine Verfügung besteht darin, daß die Erben von der Verpflichtung, die sich aus der Vormerkung für sie ergab, befreit werden. Diese Verpflichtung traf auch den Nacherben (Saarbrücken DNotZ **50**, 66; vgl. weiter Rdn. 57).

Unerheblich ist, in welchem Zeitpunkt die Gegenleistung zu erbringen ist. Eine Verfügung über ein Grundstück ist nicht unentgeltlich, wenn die Kaufpreisforderung bis zum Tode des Vorerben gestundet ist. Es spielt dann auch keine Rolle, daß der Erwerber sich die Mittel für die Erfüllung der Forderung erst durch die Belastung des erworbenen Grundstücks verschafft (OLG Hamm NJW **69**, 1492).

Eine unentgeltliche Verfügung liegt nicht vor, wenn der Vorerbe eine bereits verjährte Forderung erfüllt oder anerkennt (BGH NJW **73**, 1690). Jedoch kann darin ein Verstoß gegen die Pflicht, den Nachlaß ordnungsgemäß zu verwalten, liegen.

21 **II. Unentgeltliche Verfügungen**

1. Bemessung des Wertes einer Gegenleistung

Als Gegenleistung, die der Verfügung den Charakter einer unentgeltlichen nimmt, kommt grundsätzlich nur eine solche in Betracht, die in den Nachlaß fließt. Zahlt der Erwerber das Entgelt entsprechend dem mit dem Vorerben abgeschlossenen Rechtsgeschäft an einen Dritten, ohne daß dadurch, wie es dem Dritten bekannt ist, der Nachlaß einen wirtschaftlichen Vorteil erlangt (z. B. daß damit eine Nachlaßverbindlichkeit getilgt würde), dann handelt es sich um eine unentgeltliche Verfügung im Sinne dieser Vorschrift.

Es genügt, daß ohne Gegenleistung, vielleicht nur in Erwartung einer solchen verfügt ist. Die Verfügung ist indessen nicht schon dann ganz oder teilweise unentgeltlich, wenn der Vorerbe für das, was er aus der Erbschaft opfert, bei objektiver Betrachtung kein oder kein volles Entgelt erhält. Es muß hinzukommen, daß auch der Vorerbe nach seiner eigenen Einschätzung kein oder kein volles Entgelt erhält. Jedoch kann hierfür das subjektive Ermessen des Vorerben nicht allein entscheidend sein. So ist die Bestellung eines Wohnrechts für die berufstätige Tochter der Vorerbin, die diese betreut hatte, für die bis dahin gewährte und die künftige Versorgung als unentgeltliche Verfügung angesehen worden, da bisher nicht an eine Entlohnung der nur verhältnismäßig geringen Dienste gedacht worden war und sich künftig auch nichts Wesentliches ändern sollte (BGH FamRZ **71**, 643). Unentgeltlich oder teilweise unentgeltlich ist die Verfügung schon dann, wenn das in den Nachlaß gelangte Entgelt objektiv kein oder kein volles Entgelt darstellt und wenn auch der Vorerbe unter dem für ihn (wie für den Testamentsvollstrecker § 2116 Abs. 1, 11. Aufl. § 2205 Anm. 4) maßgebenden Gesichtspunkt der ordnungsmäßigen Verwaltung (§§ 2120, 2130) mit Rücksicht auf seine künftige Herausgabepflicht das von der andern Seite Geleistete nicht als entsprechenden Gegenwert hätte ansehen dürfen (BGH **7**, 274, 278; **5**, 173, 182; RG **81**, 364; **105**, 248; **125**, 245; HRR **30**, 984 a; SeuffArch. **91** Nr. 52; JW **37**, 743; **38**, 525; WarnRspr. **1938** Nr. 37; DR **39**, 1949; **45**, 57).

Für die Frage, ob eine vereinbarte Gegenleistung ein ausreichendes Entgelt dar- **22**
stellt, ist abzustellen auf die Verhältnisse, die zur Zeit der Vornahme des Rechtsgeschäfts bestanden. Ist ein Nachlaßgegenstand gegen die Vereinbarung eines Altenteils oder die Gewährung einer lebenslänglichen Leibrente veräußert worden, dann ist entscheidend, welchen Wert diese Rente im Zeitpunkt der Vornahme des Rechtsgeschäfts hatte.

Für die Berechnung des Wertes des Altenteils oder der Leibrente kann von der sich aus § 24 Abs. 2 Kostenordnung angegebenen Lebenserwartung des Berechtigten ausgegangen werden. Jedoch kann je nach den Umständen des einzelnen Falles von einer größeren oder geringeren Lebenserwartung ausgegangen werden; denn die in § 24 Abs. 2 KostO angegebenen Zahlen sind nur die auf einer allgemeinen Lebenserfahrung beruhenden Durchschnittszahlen. Der Bundesgerichtshof hat hierzu ausgesprochen, daß der Umstand allein, daß eine Person noch körperlich gesund sei und aus einer Familie stamme, deren Glieder zum Teil älter als 90 Jahre geworden seien, in der Regel bei einer 88jährigen nicht dazu führen könne, ihr eine Lebenserwartung von mehr als zwei Jahren zuzusprechen (BGH Urt. v 27. 6. 1956 IV ZR 81/56). Als Wert der auf Grund des Altenteils zu erbringenden Sachleistungen ist nicht der Selbstkostenpreis des Verpflichteten, sondern der höher liegende Verkehrswert zu Grunde zu legen (BGH LM § 2325 Nr. 1). Für die Notwendigkeit einer ausreichenden dinglichen Sicherung dieser Rechte siehe OLG Hamm, MDR **71**, 665.

Ist die Gegenleistung danach ein ausreichendes Entgelt, dann ist es unerheblich, ob später tatsächlich viel geringere Aufwendungen zu erbringen sind, weil der Altenteilsoder Rentenberechtigte bald nach dem Abschluß des Rechtsgeschäfts verstorben ist (BayObLG DNotZ **58**, 89).

2. Leistung des Entgelts an einen oder die Gesamtheit der Nacherben **23**

Ein Gegenwert, der nicht dem Vorerben oder der Gesamtheit der Nacherben zufließt, sondern in das freie Vermögen eines einzelnen Nacherben gelangt, ist kein Entgelt im Sinne dieser Vorschrift (RG **125**, 246). Unentgeltlich ist daher auch die Belastung eines Nachlaßgrundstücks zur Sicherung eines einem von mehreren Nacherben gewährten Darlehens (RG **159**, 390).

24 Eine entgeltliche Verfügung liegt auch nicht vor, wenn das an sich angemessene Entgelt für den übereigneten Gegenstand als Abfindung an diejenigen Personen gezahlt werden soll, die in dem Zeitpunkt, in dem die Verfügung vorgenommen wird, als Nacherben in Betracht kommen, falls es möglich ist, daß bei Eintritt des Nacherbfalls andere Personen als Nacherben berufen sein werden.

25 Eine solche Verfügung ist auch nicht deswegen entgeltlich, weil der Vorerbe sie für eine entgeltliche gehalten hat. Subjektive Erwägungen des Vorerben kommen nur in dem oben Rdn. 21 angeführten begrenzten Umfang in Frage, soweit es sich darum handelt, den Wert der veräußerten Gegenstände und des eingetauschten Entgelts zu bemessen. Sie scheiden aus, soweit es sich darum handelt, ob eine bestimmte Gegenleistung überhaupt rechtlich als Entgelt im Sinne des § 2113 Abs. 2 angesehen werden kann (BGH **7,** 274, 278 f; 27. 6. 1956 IV ZR 81/56). Dementsprechend wird auch eine Leistung, für die der Leistende gar keine Gegenleistung erhält, auch nicht dadurch entgeltlich, daß sie in dem irrigen Glauben an eine Gegenleistung bewirkt wird (RG **105,** 246; Gruchot **68,** 67: Erfüllung einer vermeintlichen Nachlaßverbindlichkeit; DR **39,** 1949).

26 **3. Leistung des Entgelts zu bloßem Nutzen des Vorerben**

Anderseits ist zu beachten, daß eine Verfügung des befreiten Vorerben nicht deshalb unentgeltlich im Sinne dieser Bestimmung ist, weil der Gegenwert ihm allein zugute kommt; auch eine solche Verfügung kann ordnungsmäßiger Verwaltung entsprechen, wenn sie dem Vorerben in wirtschaftlich gerechtfertigter Weise den Lebensunterhalt, auch durch Hingabe von Nachlaßwerten, zu verschaffen bezweckt (§§ 2137, 2138; KG HRR **30,** 984; Braunschweig MDR **56,** 612). Der befreite Vorerbe darf Nachlaßgegenstände für sich verwenden. Ihm ist insbesondere erlaubt, sie zu veräußern, um aus dem Erlös seinen Lebensunterhalt zu bestreiten. Aus diesem Grunde ist eine von einem befreiten Vorerben vorgenommene Veräußerung eines Nachlaßgegenstandes auch dann entgeltlich im Sinne des § 2113 Abs. 2, wenn der Erlös ausschließlich dem Vererben persönlich zugute kommt (BGH LM BGB § 2136 Nr. 2; BayObLG DNotZ **58,** 89). Es wäre in diesen Fällen formalistisch zu fordern, daß der Vorerbe das Entgelt zunächst dem Nachlaßvermögen zuführe. Er könnte es diesem Vermögen sofort wieder entnehmen, um es für sich zu verwenden. Selbst wenn dieser Ansicht nicht gefolgt wird, würde jedenfalls durch die von ihm getroffene Verfügung das Recht des Nacherben nicht vereitelt oder beeinträchtigt sein (vgl. Rdn. 33).

Der befreite Vorerbe kann daher im Gegensatz zum nicht befreiten ein zum Nachlaß gehörendes Grundstück gegen ein ihm einzuräumendes Altenteil oder eine ihm zu zahlende Leibrente auch dem Nacherben gegenüber wirksam veräußern.

Die Verfügung, die der nicht befreite Vorerbe über eine Nachlaßforderung dadurch trifft, daß er mit ihr gegen eine ihn persönlich treffende Schuld aufrechnet, ist unentgeltlich, da kein Gegenwert in den Nachlaß gelangt. Der Nacherbe kann die Forderung nach Eintritt des Nacherbfalls geltend machen, sofern nicht, was meistens der Fall sein wird, Absatz 3 zutrifft.

27 **4. Einzelfälle unentgeltlicher Verfügungen**

a) Verfügungen über Grundstücke und Grundstücksrechte während der Inflationszeit. Von dem gekennzeichneten grundsätzlichen Standpunkt aus ist auch der Verkauf eines Hauses zu einem den niedrigen Grundstückspreisen der Inflationszeit entsprechenden Preise (RG JR **26** Nr. 940; KG JW **25,** 379; JFG **3,** 278) sowie der in zahlreichen Entscheidungen (so KG JW **24,** 2043 Nr. 1; OLG **44,** 56; JFG **2,** 388; Hamburg JW **25,** 396; JFG **2,** 433; **2,** 436; LG Krefeld JW **25,** 503; RG HRR **28,** 1629) behandelte Fall zu beurteilen, daß der Vorerbe (oder Testamentsvollstrecker) in der Inflationszeit über eine Hypothek gegen Auszahlung in Papiermark durch vorbehaltlose Quittung, Löschungsbewilligung oder Abtretung verfügt; vgl. auch RG **117**, 97.

b) Verfügungen über Grundstücke in der Zeit zwischen Kapitulation und Währungsreform. Die Frage, ob der Verkauf eines Grundstücks gegen Reichsmark in der Zeit zwischen der Kapitulation und der Währungsreform als unentgeltliche Verfügung im Sinne des § 2113 Abs. 2 anzusehen ist (so Celle MDR **48**, 142; LG Hamburg MDR **47**, 118), kann nicht allgemein beantwortet werden. Die Verfügung ist nicht schon deswegen unentgeltlich, weil sie sich nachträglich als unvorteilhaft für den Nachlaß erweist oder weil die Erwartungen, die der Vorerbe hinsichtlich der künftigen Reform des Geldwesens hegte, nicht eingetreten sind. Zu beachten ist, daß insoweit, als der Käufer in Anrechnung auf den Kaufpreis Grundstücksbelastungen übernommen hat, auch objektiv ein Wertausgleich eingetreten ist. Im übrigen kommt es wesentlich auf die Vorstellungen an, die der Vorerbe sich über die Entgeltlichkeit des Geschäfts gemacht hat (vgl. BGH **5**, 173, 182 f). **28**

c) Grundstücksübereignung gegen Einräumung eines Nießbrauchs. Die Übereignung eines Nachlaßgrundstücks unter Vorbehalt des Nießbrauchs für die Lebenszeit des Vorerben ist eine unentgeltliche Verfügung im Sinne des § 2113 Abs. 2. Der Nießbrauch ist nur eine Beschränkung des Eigentums, das wirtschaftlich gesehen nicht im vollen Umfang auf den Erwerber übergeht. Das, was der Vorerbe in Form des Nießbrauchs für sich zurückbehält, ist kein eigentliches Entgelt. Denn es stammt, wirtschaftlich gesehen, ohnehin aus dem zum Nachlaß gehörigen Vermögen (so auch im Ergebnis mit nicht voll zutreffender Begründung KG OLG **35**, 371. Soweit diese Entscheidung auch eine an die Vorerben zu zahlende lebenslängliche Rente nicht als Entgelt ansehen will, kann ihr nicht uneingeschränkt zugestimmt werden; BGH Urt. v. 13. 3. 1952 IV ZR 101/51). **29**

5. Teilweise unentgeltliche Verfügungen **30**

Erfolgt die Verfügung des Vorerben nur teilweise unentgeltlich, zum überwiegenden Teile dagegen entgeltlich (zu unterscheiden von dem Fall der Einkleidung der Schenkung in ein scheinbar entgeltliches Geschäft, RG WarnRspr. **1938** Nr. 37), so soll nach RG LZ **32**, 94 entsprechend der zu §§ 527, 531 Abs. 2 für alle Fälle einer gemischten Schenkung 11. Aufl. § 516 Anm. 25) entwickelten Rechtsprechung (RG **68**, 326; SeuffArch. **78** Nr. 15; WarnRspr. **1933** Nr. 180 u. a.) der Nacherbe vom Erwerber des Gegenstandes nicht dessen Herausgabe gegen Rückerstattung der für ihn geleisteten Zahlung, sondern nur die Ausgleichung zwischen Leistung und Gegenleistung durch eine weitere Zahlung fordern können. Dem kann nicht zugestimmt werden. Bei den §§ 527, 531 Abs. 2 handelt es sich nicht darum, ob der Schenker berechtigt war, die Schenkung vorzunehmen, sondern nur darum, wie eine Bereicherung zurückzuerstatten ist. Dagegen handelt es sich bei teilweiser Unentgeltlichkeit einer Verfügung des Vorerben (wie des Testamentsvollstreckers) um seine Berechtigung zur Vornahme des Geschäfts. Die Verfügung ist allein unwirksam, weil der Vorerbe nicht berechtigt war, das Geschäft, wie es geschlossen ist, vorzunehmen (so für ein Verpflichtungsgeschäft des Testamentsvollstreckers RG HRR **37**, 11). Dementsprechend hat auch das Reichsgericht in dem in DR **45**, 57 veröffentlichten Urteil den oben wiedergegebenen Standpunkt abgelehnt und entschieden, daß auch die teilweise unentgeltliche Verfügung unwirksam ist. Dieser Auffassung hat sich auch der Bundesgerichtshof in ständiger Rechtsprechung angeschlossen (BGH **5**, 173, 182; **7**, 274, 279; LM BGB § 2113 Nr. 1; 27. 6. 1956 IV ZR 81/56).

31 **III. Vereitelung oder Beeinträchtigung der Rechte des Nacherben**

Auch in den Fällen des Abs. 2 ist die unentgeltliche Verfügung nur wirksam, soweit dadurch das Recht des Nacherben vereitelt oder beeinträchtigt wird. Das ist bei der unentgeltlichen Verfügung die Regel. Sie wird daher im allgemeinen nur wirksam bleiben, wenn entweder der Nacherbe zugestimmt hat oder wenn es überhaupt nicht zur Nacherbfolge kommt.

32 Jedoch sind auch Fälle möglich, in denen eine Verfügung, die an sich unentgeltlich im Sinne des § 2113 Abs. 2 ist, dennoch das Recht des Nacherben nicht beeinträchtigt, da dieser verpflichtet ist, den durch die Verfügung herbeigeführten Erfolg hinzunehmen. Bei einer Verfügung, die nur nach Abs. 2 unwirksam ist, ist zu beachten, daß der Nacherbe, anders als in den Fällen, in denen die Verfügung auch gegen Abs. 1 verstößt, kein Recht auf den in Frage stehenden Gegenstand hat. Eine Beeinträchtigung seines Rechts besteht daher nicht schon darin, daß er diesen Gegenstand nicht erwirbt. Sie liegt dann nur vor, wenn objektiv betrachtet das wirtschaftliche Ergebnis der Verfügung für den Gesamtnachlaß die Rechte des Nacherben beeinträchtigt hat. Ein mit der Verfügung in Zusammenhang stehender wirtschaftlicher Vorteil für den Nachlaß kann in diesem Fall bei einer unentgeltlichen Verfügung die Beeinträchtigung der Nacherbenrechte ausschließen (BGH **7**, 274, 277, 279). Während es für die Frage nach der Vereitelung oder Beeinträchtigung des Rechts des Nacherben im Abs. 1 auf eine rechtliche Betrachtungsweise ankommt (vgl. Rdn. 4), ist für die nur nach Abs. 2 unwirksame Verfügung die wirtschaftliche Betrachtungsweise geboten. Es kommt darauf an, ob der Vorerbe durch die Verfügung gegen die ihm dem Nacherben gegenüber obliegende Pflicht zur Verwaltung des Nachlasses verstoßen hat.

33 In den Fällen, in denen der befreite Vorerbe berechtigt ist, Nachlaßgegenstände für sich zu verwenden, liegt überhaupt schon keine unentgeltliche Verfügung vor, wenn das Entgelt allein ihm persönlich zugute kommt (vgl. Rdn. 26). Selbst wenn hierin eine unentgeltliche Verfügung gesehen würde, würde dadurch jedenfalls das Recht des Nacherben nicht beeinträchtigt worden sein, da der Vorerbe berechtigt war, das Entgelt, nachdem es dem Nachlaß zugeführt war, diesem wieder zu entnehmen.

In einer auf preußischem Recht beruhenden Entscheidung hat das Reichsgericht angenommen, bei einer befreiten Vorerbschaft könne die Beeinträchtigung des Nacherbenrechts, die darin liegt, daß das Nachlaßgrundstück für ein einem von mehreren Nacherben gewährtes Darlehen belastet worden ist, dadurch ausgeglichen werden, daß der begünstigte Nacherbe im Hinblick hierauf die Nacherbschaft ausschlägt. Dementsprechend war die Quote der anderen Nacherben größer geworden (RG **159**, 393). Ob die wirtschaftliche Abwägung für das Recht des Bürgerlichen Gesetzbuches so weit gehen kann, dürfte fraglich sein.

34 **IV. Erlaubte Schenkungen**

Schenkungen, durch die einer sittlichen Pflicht oder einer auf den Anstand zu nehmenden Rücksicht entsprochen ist, sind nach Abs. 2 Satz 2 auch dem Vorerben gestattet. Diese Schenkungen genießen im BGB durchweg einen Vorzug vor anderen Schenkungen (vgl. § 534; keine Rückforderung und kein Widerruf; die ähnlich lautenden Bestimmungen des § 1425 für Schenkungen aus dem Gesamtgut einer Gütergemeinschaft, des § 1641 für Schenkungen der Eltern in Vertretung des Kindes und entsprechend für Schenkungen des Vormunds § 1804, des § 2205 für unentgeltliche Verfügungen des Testamentsvollstreckers und des § 2330 bezüglich der Nichtberücksichtigung dieser Schenkungen für den Pflichtteilsergänzungsanspruch).

Die in Satz 2 getroffene Ausnahme bezieht sich nur auf Schenkungen, die durch Verfügung unter Lebenden vorgenommen worden sind (BayObLGZ NF **25**, 4). Es genügt nicht, daß die Schenkung als solche einer sittlichen Pflicht oder einer auf den Anstand zu nehmenden Rücksicht entspricht, sondern es muß hinzukommen, daß die Bewirkung der Schenkung aus dem Stamme der Erbschaft durch sittliche Pflichten oder Anstandsrücksichten gerechtfertigt wird. Das trifft nicht zu, wenn der als Vorerbe eingesetzte überlebende Ehemann seiner Hausdame, zu der er nähere Beziehungen unterhält, Schmuckstücke schenkt, die seiner verstorbenen Ehefrau gehört haben und die bei seinem Tode seinen Kindern als Nacherben zufallen würden (BGH Urt. v. 21. 5. 1953 IV ZR 228/52).

Keine sittliche oder Anstandspflicht besteht für den zum Vorerben berufenen überlebenden Elternteil, eine Ausgleichung unter den Kindern wegen ihrer bereits empfangenen Ausstattungen (vgl. §§ 2050, 2052) schon durch Rechtsgeschäft unter Lebenden vorzunehmen (RG LZ **22**, 410; WarnRspr. **1942** Nr. 89).

V. Auskunftsanspruch 35

Im Rahmen der ihm nach § 2130 Abs. 2 obliegenden Rechenschaftspflicht hat der Vorerbe dem Nacherben Auskunft darüber zu erteilen, welche Verfügungen er über die Nachlaßgegenstände getroffen hat. Tritt der Nacherbfall mit dem Tode des Vorerben ein, dann hat sein Erbe die Auskunft zu erteilen. Dazu ist dieser oft nicht in der Lage. In diesem Fall ist es für den Nacherben schwer oder unmöglich, seine Rechte aus § 2113 Abs. 2 durchzusetzen. Deswegen gewährt der Bundesgerichtshof ihm einen Auskunftsanspruch gegen den Beschenkten, wenn eine gerechte Abwägung der beiderseitigen Interessen es rechtfertigt, ihm diesen Anspruch zuzuerkennen. Das ist der Fall, wenn gewisse Anhaltspunkte dafür vorliegen, daß der Vorerbe eine solche Verfügung vorgenommen hat und wenn eine Auskunft von dem Vorerben oder seinem Rechtsnachfolger nicht erlangt werden kann (BGH **58**, 237 mit Anm. LM § 2314 Nr. 7).

C. Gutglaubensschutz (Abs. 3) 36

Die Vorschrift des Abs. 3 stimmt überein mit § 161 Abs. 3, dort 11. Aufl. Anm. 7 und ZPO § 325 Abs. 2. Der gutgläubige Erwerber muß darüber in Unkenntnis sein, daß der vom Vorerben veräußerte Gegenstand zur Erbschaft gehört, oder den Vorerben irrig für befreit gehalten haben.

Bei einer Verfügung über ein Grundstück oder Rechte an einem Grundstück kann 37
guter Glaube nur in Betracht kommen, wenn entweder der Vorerbe als Inhaber des Rechts im Grundbuch eingetragen ist, ohne daß ein Nacherbenvermerk beigefügt wurde, oder wenn ein Erbschein erteilt ist, aus dem die Anordnung der Nacherbfolge nicht hervorgeht. Liegt weder das eine noch das andere vor, sondern ist der Erblasser noch als Eigentümer eingetragen, dann kann der Erwerber sich nicht auf guten Glauben berufen (BGH LM BGB § 892 Nr. 9; *von Lübtow* II S. 897 Anm. 55 a).

Guter Glaube ist in der Regel nicht anzunehmen, wenn der Erwerber eines Gegenstandes weiß, daß dieser zu einer der Nacherbfolge unterliegenden Erbmasse gehört. Bei beweglichen Sachen genügt es, wenn ihm die aufgeführten Tatsachen infolge grober Fahrlässigkeit unbekannt sind.

Der Schutz kommt auch dem Empfänger der unentgeltlichen Leistung (Rdn. 17 ff, 38
30) zugute, doch bleibt er dem Bereicherungsanspruch aus § 816 Abs. 1 ausgesetzt. Ein noch weitergehender Schutz besteht für den Erwerber, wenn dem Vorerben ein Erbschein erteilt worden ist, in dem die Nacherbfolge nicht erwähnt ist, §§ 2366, 2363.

39 **D. Anwendung im Falle mehrfacher Nacherbfolge und Ersatznacherbenberufung**

I. Mehrfache Nacherbfolge

Die Beschränkungen des Vorerben durch die §§ 2113—2119 gelten auch zugunsten eines zweiten Nacherben. Soweit eine Verfügung des Vorerben der Zustimmung „des Nacherben" bedarf, bindet die Zustimmung des voreingesetzten Nacherben nicht den zweiten Nacherben, so daß auch dessen Zustimmung erforderlich ist.

40 **II. Ersatznacherbenberufung**

Dagegen rückt ein Ersatznacherbe erst mit dem Ersatzfall in die Rechtsstellung des Nacherben ein; bis dahin ist zu einer rechtsgültigen Verfügung die Zustimmung desjenigen Nacherben erforderlich und endgültig genügend, an dessen Stelle später der zum Erben werdende Ersatznacherbe tritt (BGH **40**, 115, 119; RG **145**, 316; *Kipp/Coing* § 49 IV 8; *Lange* § 26 VII 4 b; *von Lübtow* II S. 892; *Erman/Hense* § 2113 Rdn. 3; *Bartholomeyczik* § 41 VI 2 a bb).

41 Der an Stelle eines nur bedingt eingesetzten Nacherben für den Fall des Ausfalls der Bedingung anderweit berufene Nacherbe ist nicht Ersatznacherbe (§ 2096), sondern ebenfalls bedingt eingesetzter Nacherbe. Zur vollen Wirksamkeit einer Verfügung des Vorerben ist deshalb gegebenenfalls die Zustimmung beider unter entgegengesetzten Bedingungen berufenen Nacherben erforderlich (KG JW **36**, 3562).

42 **E. Grundbucheintragungen**

I. Eintragung des Nacherbenvermerks im Grundbuch

1. Einzutragende Tatsachen

Nach § 51 GBO ist ins Grundbuch zugleich mit der Eintragung des Vorerben auch das Recht des Nacherben und, sofern nach dem ersten Nacherben noch weitere berufen sind, auch deren Recht einzutragen. Obwohl die Zustimmung des Ersatznacherben zu Verfügungen des Vorerben, durch die das Recht des Nacherben beeinträchtigt wird, nicht erforderlich ist, ist dennoch auch die Anordnung der Ersatznacherbfolge einzutragen. Denn auch der Ersatzerbe muß für den Fall, daß der Nacherbe wegfällt, dagegen geschützt werden, daß Dritte, denen der Wegfall des Nacherben bekannt ist, gutgläubig erwerben (KG JW **38**, 1411; vgl. entsprechend für die Aufnahme der Ersatzberufung in den Erbschein RG **142**, 172). Ins Grundbuch ist gegebenenfalls ferner einzutragen, daß und in welchem Umfang der Vorerbe von den Verfügungsbeschränkungen befreit ist. Die angeführten Tatsachen sind von Amts wegen einzutragen. Falls der Nacherbe sein Nacherbenrecht auf eine andere Person übertragen hat, ist diese einzutragen.

43 Die Eintragung des Nacherbenvermerks setzt nicht voraus, daß die Person des Nacherben bereits feststeht oder daß der Nacherbe schon geboren ist (KGJ **28** A 85). Kann die Person des Nacherben nicht individuell angegeben werden, so ist der Vermerk so zu fassen, daß das Nacherbenrecht der als Nacherbe in Frage kommenden Personen erkennbar wird.

44 **2. Grundbuchberichtigung bei unterbliebener Eintragung**

Die Kenntnis von dem Nacherbenrecht erlangt das Grundbuchamt regelmäßig aus dem vorgelegten Erbschein oder dem Testament. Falls das Grundstück durch dingliche Ersetzung (§ 2111) in den Nachlaß gelangt ist, kann das Grundbuchamt in der Regel nicht ohne weiteres dem § 51 GBO genügen. Eine Eintragung des Vorerben ohne den Nacherbenvermerk macht das Grundbuch unrichtig. Der Nacherbe kann nach § 22 GBO verlangen, daß das Grundbuch berichtigt wird.

Das Grundbuchamt hat den Nacherbenvermerk, wenn ihm das Nacherbenrecht nachträglich bekannt wird, nach § 51 GBO von Amts wegen nachträglich einzutragen. Hierdurch darf jedoch die Rechtsstellung Dritter, die inzwischen Rechte erworben haben, nicht beeinträchtigt werden.

3. Verzicht des Nacherben auf die Eintragung 45

Der Nacherbe kann auf die Eintragung des Nacherbenvermerks verzichten. Der Verzicht des Nacherben (oder des für ihn ernannten Testamentsvollstreckers, KG HRR **30**, 1734) auf die Eintragung oder die von ihm bewilligte Löschung der Eintragung des Nacherbenrechts hat nicht den Verlust dieses Rechts zur Folge, sondern nur, daß er den sich aus der Eintragung nach § 892 Abs. 1 Satz 2 ergebenden Schutz gegen beeinträchtigende Verfügungen des Vorerben gegenüber einem gutgläubigen Erwerber einbüßt (KG RJA **17**, **64**). Mit Rücksicht auf diese Rechtsbeeinträchtigung ist für den Verzicht auf die Eintragung des Nacherbenvermerks anders als in den Rdn. 40 behandelten Fällen auch die Zustimmung des Ersatznacherben notwendig (Köln NJW **55**, 633; Hamm DNotZ **55**, 538; aA die für den entschiedenen Fall im Ergebnis zutreffende Entscheidung Düsseldorf JR **52**, 405). In der Bewilligung der Löschung des Nacherbenvermerks kann, wenn sie im Zusammenhang mit einer Verfügung des Vorerben über das Grundstück oder Grundstücksrecht erklärt wird, die Zustimmung des Nacherben zu dieser Verfügung liegen (KG DRiZRspr. **31** Nr. 490). Hierfür ist die Zustimmung des Ersatznacherben nicht erforderlich (Rdn. 40).

4. Wirkung der Eintragung des Nacherbenvermerks 46

Durch die Eintragung des Nacherbenrechts entsteht kein Recht am Grundstück oder an dem zur Erbschaft gehörenden Rechte am Grundstück (RG **83**, 436), auch keine dingliche Belastung im Sinne von ZPO § 24 (RG **102**, 103). Zwischen dem eingetragenen Nacherbenrecht und den Rechten am Grundstück besteht auch kein Rangverhältnis im Sinne des § 879 (11. Aufl. Anm. 15 das.; KG JFG **13**, 111; **16**, 234).

Ist das Nacherbenrecht eingetragen, so steht der Eintragung von Verfügungen des Vorerben, auch unentgeltlichen Verfügungen, da eine Sperre des Grundbuchs nicht eintritt (§ 892), nichts entgegen (KG SeuffArch. **69** Nr. 253; JW **36**, 3562 Nr. 32 a. E.; München JFG **14**, 340; RG **148**, 392); ausgenommen, wenn es sich um Löschungen auf Grund einer Verfügung des Vorerben handelt, da das Grundbuchrecht bedingt wirkende Löschungen nicht kennt (RG **65**, 219; **102**, 338; gegen diese Ausnahme *Maenner* LZ **25**, 13 ff). 47

5. Löschung des Nacherbenvermerks im Grundbuch 48

Der Nacherbenvermerk ist zu löschen, wenn die eingetragenen Nacherben die Löschung bewilligt oder ihr zugestimmt haben. Falls nicht alle bekannt sind, muß für die unbekannten nach § 1913 ein Pfleger bestellt werden, der die Zustimmung für diese erklären kann. Die Zustimmung der bekannten Nacherben ist weiterhin erforderlich (OLG Hamm, NJW **69**, 1490). Der Nacherbenvermerk ist ferner zu löschen, wenn dem Grundbuchamt nachgewiesen wird, daß der Eintritt des Nacherbfalls ausgeschlossen ist oder daß das in Frage stehende Recht endgültig aus dem der Nacherbschaft unterliegenden Nachlaß ausgeschieden ist. Das trifft zu, wenn der Vorerbe mit Wirkung auch für den Nacherben über das Recht verfügt hat, z. B. das von dem Erblasser einem Dritten vermachte Grundstück diesem übereignet hat (vgl. unten Rdn. 50) oder wenn der Nacherbe der Veräußerung zugestimmt hat. Das gilt auch dann, wenn diese Zustimmung dadurch erklärt worden ist, daß der Nacherbe in die Löschung des Nacherbenvermerks eingewilligt hat (Rdn. 45). In diesem Fall ist der Nacherbenvermerk zusammen mit der Eintragung der Rechtsänderung ins Grundbuch auch dann zu löschen, wenn ein Ersatznacherbe berufen ist. Denn die mit Zustimmung des Nacherben erfolgte Veräußerung ist auch dem Ersatznacherben gegenüber wirksam, so daß auch für ihn durch den Nacherbenvermerk kein Recht mehr geschützt werden könnte (Hamm DNotZ **55**, 538). Abgesehen davon kann der Nacherbenvermerk im Grundbuch nur gelöscht werden, wenn die Löschung nicht nur vom Nacherben, sondern auch von dem evtl. berufenen Ersatznacherben bewilligt ist. Es liegt hier ebenso wie beim Verzicht auf die Eintragung des Nacherbenvermerks (vgl. Rdn. 45 und die dort angeführten Entscheidungen).

49 **II. Eintragung von Rechtsänderungen auf Grund von Verfügungen des Vorerben ohne vorherige Eintragung des Nacherbenvermerks**

1. Allgemeine Voraussetzungen für die Zulässigkeit

Nach § 40 GBO kann eine Eintragung in das Grundbuch, die die Übertragung oder Aufhebung eines Rechts zum Gegenstand hat, auch erfolgen, wenn der Vorerbe nicht eingetragen ist. In diesem Fall kann das Recht des Nacherben nicht eingetragen werden (*Planck/Flad* 4. Aufl. § 2113 Anm. 4 e). Das Grundbuchamt darf dann auf Grund einer Verfügung auch des befreiten Vorerben eine Rechtsänderung in das Grundbuch nur eintragen, wenn die Einwilligung des Nacherben in die Verfügung gemäß GBO § 29 ihm nachgewiesen oder offenkundig ist oder wenn ihre Notwendigkeit nach der ganzen Sachlage ausgeschlossen ist. So geeignetenfalls auch, wenn es sich um eine Löschungsbewilligung des befreiten Vorerben handelt (RG **69**, 260).

50 **2. Auf letztwilligen Anordnungen des Erblassers beruhende Verfügungen**

Ein Nachlaßgrundstück kann der Vorerbe an den hiermit bedachten Vermächtnisnehmer ohne Zustimmung des Nacherben übereignen. Das gleiche gilt, wenn er das Grundstück übereignet, um damit eine Teilungsanordnung zu erfüllen. Denn es ist anzunehmen, daß der Erblasser den Vorerben für diese Verfügungen nach § 2136 von den Beschränkungen des § 2113 Abs. 1 befreit hat.

51 Eine solche Befreiung kann hinsichtlich einzelner Beschränkungen und auch hinsichtlich einzelner Nachlaßgegenstände erfolgen. Sie braucht nicht ausdrücklich erklärt zu sein, sondern kann sich aus Sinn und Zweck der letztwilligen Anordnung ergeben (KG JFG **22**, 98; vgl. auch § 2136 Rdn. 9).

52 Sie berechtigt den Vorerben aber nicht, in anderer Weise über das Nachlaßgrundstück ohne Zustimmung des Nacherben zu verfügen, als es im Testament vorgesehen ist.

53 **3. Nachweis der Entgeltlichkeit der Verfügung**

a) Allgemeines. Da der Vorerbe nach Abs. 2 nur entgeltlich über Nachlaßgegenstände verfügen darf, darf eine Rechtsänderung im Grundbuch ohne vorherige Eintragung des Nacherbenvermerks nicht eingetragen werden, wenn sie auf einer unentgeltlichen Verfügung des Vorerben beruht. Im allgemeinen läßt sich mit den im Grundbuchverfahren zulässigen Beweismitteln, außer durch eine beglaubigte Erklärung des Nacherben, nicht mit Sicherheit feststellen, ob die Verfügung des Vorerben eine entgeltliche oder unentgeltliche und ob sie deshalb nach Abs. 2 auch dem befreiten Vorerben verboten ist. So ausführlich RG **61**, 228; **65**, 214 und **70**, 333 (*Meikel/Imhof/Riedel*, GBO 6. Aufl. § 13 V 146; dagegen *Güthe/Triebel*, GBO 6. Aufl. Vorbem. 78 Abs. 9 vor § 13). Die Frage ist gegenstandslos, wenn der Nacherbe, sei es auch vertreten durch den Vorerben, die Veräußerung des Grundstücks selbst mit vorgenommen hat (RG WarnRspr. **1912**, Nr. 399).

b) Eintragungsbewilligung als Bestandteil eines zweiseitigen entgeltlichen Rechtsgeschäfts. Die Rechtsprechung, wie sie sich seit 1909 entwickelt hat, sieht die Unentgeltlichkeit einer Verfügung des befreiten Vorerben indessen regelmäßig als durch die Sachlage ausgeschlossen an, wenn die Eintragungsbewilligung des Vorerben Bestandteil eines zweiseitigen entgeltlichen Geschäfts ist (KGJ **38** A 223; **40,** 174) oder die von ihm erklärte Auflassung auf einem zweiseitigen entgeltlichen Geschäfte beruht (KG RJA **11,** 123; **16,** 330; München JFG **18,** 173; RG SeuffArch. **78** Nr. 192; s. aber auch Dresden JFG **4,** 291: Einbringung eines Grundstücks in eine unter nahen Verwandten begründete offene Handelsgesellschaft). 54

c) Nachweis durch einseitige Erklärungen des Vorerben. Die Rechtsprechung läßt auch eine einseitige Erklärung eines solchen Vorerben zum Nachweis der Entgeltlichkeit genügen, wenn die Richtigkeit dieser Erklärung durch andere in der Form von GBO § 29 nachgewiesene Umstände bestätigt wird (KGJ **40,** 180; **41,** 176; OLG **30,** 201; noch weitergehend BayObLG JW **23,** 1037: der Grundbuchrichter werde einer Erklärung des Vorerben, daß die Verfügung entgeltlich sei, Vertrauen schenken dürfen, wenn nicht besondere Anhaltspunkte für die Unrichtigkeit der Erklärung gegeben seien; vgl. auch BayObLG NJW **56,** 992: Das Grundbuchamt könne bei der Beurteilung der Verfügung des befreiten Vorerben auch die allgemeine Lebenserfahrung berücksichtigen. Danach werde regelmäßig davon ausgegangen werden können, daß ein Geschäft, das sich nach seiner urkundlichen Fassung als entgeltlich kennzeichne, nicht Schein, sondern Wirklichkeit sei). 55

d) Nachweis über die Verwendung des Entgelts. Einen Nachweis darüber, wie der an den befreiten Vorerben gezahlte Kaufpreis für das von ihm veräußerte Grundstück verwandt worden ist, kann das Grundbuchamt selbst dann nicht verlangen, wenn der Erblasser letztwillig bestimmt hat, daß der Kaufpreis in bestimmter Weise verwandt werden soll. Es genügt, wenn dargetan ist, daß ein entsprechendes Entgelt an den Nachlaß gelangt ist. Das Grundbuchamt hat grundsätzlich nicht zu prüfen, wie der Vorerbe den erzielten Erlös angelegt hat. Anders wäre es, wenn feststeht, daß die Zahlung nur zum Schein erfolgt ist und der Kaufpreis sogleich dem Käufer wieder zurückgezahlt wurde (München JFG **20,** 214). 56

4. Löschung von Eigentümergrundschulden und rangletzten Hypotheken 57

Eine auf dem Nachlaßgrundstück eingetragene Eigentümergrundschuld ist auf Antrag eines befreiten Vorerben zu löschen, ohne daß der Nacherbe zuzustimmen hat, wenn dieses Grundstücksrecht im Zuge eines entgeltlichen Rechtsgeschäfts aufgegeben wird. Darüber, wann in diesen Fällen ein entgeltliches Rechtsgeschäft anzunehmen ist, vgl. KGJ **41,** 180; **43,** 263; DRiZRspr. **30** Nr. 79; HRR **33,** 1660; Hamburg JFG **2,** 431; Saarbrücken DNotZ **50,** 66.

Die Zustimmung des Nacherben ist in keinem Fall, auch nicht für den nichtbefreiten Vorerben erforderlich, wenn der Vorerbe die Hypothek mit eigenen Mitteln, also nicht mit Mitteln des Nachlasses, zurückgezahlt hat. Die dadurch entstandene Eigentümergrundschuld gehört nicht zum Nachlaß (s. § 2111 Rdn. 5). 58

Der Nacherbe braucht gleichfalls in keinem Fall zuzustimmen, wenn die zu löschende Hypothek die rangletzte auf dem Nachlaßgrundstück ruhende Belastung ist, da durch ihre Löschung die Rechte der Nacherben nicht beeinträchtigt werden können (KG JFG **15,** 187 unter Aufgabe der früher in KGJ **35** A 305 vertretenen gegenteiligen Meinung; München JFG **21,** 81). 59

§ 2114

Gehört zur Erbschaft eine Hypothekenforderung, eine Grundschuld, eine Rentenschuld oder eine Schiffshypothekenforderung, so steht die Kündigung und die Einziehung dem Vorerben zu. Der Vorerbe kann jedoch nur verlangen, daß das Kapital an ihn nach Beibringung der Einwilligung des Nacherben gezahlt oder daß es für ihn und den Nacherben hinterlegt wird. Auf andere Verfügungen über die Hypothekenforderung, die Grundschuld, die Zinsenschuld oder die Schiffshypothekenforderung finden die Vorschriften des § 2113 Anwendung.

E I 1818—1821, 1828 II 1987; M 5 96—98, 114—116; P 5 104.

Kündigung und Einziehung von Hypothekenforderungen, Grund- und Rentenschulden

Befreiung zulässig § 2136.

1 **I. Allgemeines**

Die Vorschrift trifft auch gegenüber dem persönlichen Schuldner zu, der nicht Eigentümer ist (§ 1143). Sie findet auch Anwendung, wenn der Schuldner freiwillig leistet oder die Leistung auf Grund einer ihm obliegenden vertraglichen Verpflichtung erbringt. Zahlungen, die er in Kenntnis des Nacherbenrechts leistet, sind den Nacherben gegenüber unwirksam (BGH FamRZ **70**, 192; RG HRR **28**, 1629). Dagegen ist der Vorerbe in Ansehung anderer Forderungen, insbesondere solcher auf Zinsrückstände nach § 2112 nicht beschränkt.

2 **II. Kündigung**

Hypothek §§ 1113 ff, Grundschuld §§ 1191 ff, Rentenschuld §§ 1199 ff sind Rechte am Grundstück. Die Verfügung hierüber, wozu auch Kündigung und Einziehung gehören, unterliegt deshalb an sich den Beschränkungen des § 2113. Der Vorerbe ist jedoch (in weiterem Maße als der Nießbraucher §§ 1077, 1080) insofern freier gestellt, als ihm die Kündigung unter der aus § 2131 sich ergebenden Verantwortung selbständig überlassen ist. Demgemäß ist auch die vom Schuldner dem Vorerben gegenüber erklärte Kündigung voll wirksam.

3 **III. Einziehung**

Auch die Einziehung, unter deren Begriff auch der Antrag auf Zwangsversteigerung des mit der Nachlaßhypothek belasteten Grundstücks fällt (RG **136**, 353), ist nicht (wie beim Nießbrauche § 1078) von der Mitwirkung des Nacherben abhängig. Das Zahlungsverlangen ist aber inhaltlich in der Weise beschränkt, daß den Rechten des Nacherben kein Abbruch geschehen kann. Seine Einwilligung, d. h. vorherige Zustimmung (§ 183), ist auf Verlangen und regelmäßig schon im Hinblick auf GBO § 29 in öffentlich beglaubigter Form zu erteilen, § 2120. Sie kann zum Zwecke der Befreiung auch vom Schuldner beansprucht werden.

Hinterlegung § 372. Der hinterlegte Betrag wird im Falle des § 378 Surrogat der Erbschaft (§ 2111); zur Verfügung hierüber ist die Zustimmung des Nacherben erforderlich (§ 2116 Abs. 2).

4 **IV. Andere Verfügungen** als Kündigung und Einziehung § 2113 Rdn. 3. Hierzu gehört auch die Aufrechnung, wenn sie vom Vorerben erklärt wird.

§ 2115

Eine Verfügung über einen Erbschaftsgegenstand, die im Wege der Zwangsvollstreckung oder der Arrestvollziehung oder durch den Konkursverwalter erfolgt, ist im Falle des Eintritts der Nacherbfolge insoweit unwirksam, als sie das Recht des Nacherben vereiteln oder beeinträchtigen würde. Die Verfügung ist unbeschränkt wirksam, wenn der Anspruch eines Nachlaßgläubigers oder ein an einem Erbschaftsgegenstande bestehendes Recht geltend gemacht wird, das im Falle des Eintritts der Nacherbfolge dem Nacherben gegenüber wirksam ist.

E I 1829 II 1988; M 5 117; P 5 112—114; 6 92, 93.

Verfügungen im Wege der Zwangsvollstreckung oder des Konkursverwalters

Übersicht

I. Verfügungen im Wege der Zwangsvollstreckung oder Vollziehung eines Arrestes 1

1. Grundgedanke und Gegenstand der Bestimmung

Wie die vom Vorerben vorgenommenen Verfügungen im Falle des § 2113, so sind auch die gegen ihn ergehenden Verfügungen unwirksam, wenn sie im Wege der Zwangsvollstreckung oder Arrestvollziehung stattfinden. Sie sind es auch dann, wenn der Vorerbe nach §§ 2136, 2137 befreit ist. Geschützt sind nach dieser Vorschrift alle Arten von Erbschaftsgegenständen, also auch bewegliche Sachen und Rechte, die zur Erbschaft gehören.

Auch soweit der Vorerbe über die zum Nachlaß gehörigen Gegenstände ohne Zu- 2
stimmung des Nacherben verfügen kann, können seine Gläubiger doch grundsätzlich wegen ihrer Forderungen keine Befriedigung aus diesen Gegenständen suchen.

Dieser Regelung liegt der Gedanke zugrunde, daß es ungerechtfertigt wäre, wenn die Gläubiger des Vorerben wegen ihrer gegen diesen gerichteten Forderungen letztlich auf Kosten des Nacherben befriedigt würden, zumal der Vorerbe, auch wenn er über die Erbschaftsgegenstände ohne Zustimmung des Nacherben verfügen kann, diesem doch nach §§ 2130, 2131 verantwortlich ist.

ZPO § 773 verbietet mit Rücksicht auf § 2115 die Veräußerung und Überweisung der zu einer Vorerbschaft gehörenden Gegenstände und gibt dem Nacherben ein Widerspruchsrecht.

2. Verurteilung zur Abgabe von Willenserklärungen und Herausgabe von Gegenständen 3

Unter Verfügungen im Wege der Zwangsvollstreckung sind nach dem Sprachgebrauch des Gesetzes und den Absichten des Gesetzgebers nur Verfügungen im Rahmen der Zwangsvollstreckung wegen Geldforderungen zu verstehen (vgl. *Strohal* I § 28 Anm. 32; *Kretschmar* ZBlFG **12,** 1; *Staudinger/Seybold* 11. Aufl. § 2115 Rdn. 2; *Planck/Flad* 4. Aufl. § 2115 Anm. 1). § 2115 ist daher nicht anzuwenden, wenn der Schuldner zur Abgabe einer Willenserklärung nach §§ 894, 895 ZPO oder zur Herausgabe von Sachen verurteilt worden ist oder wenn die Übergabe einer Sache nach § 897 ZPO durch die Wegnahme durch den Gerichtsvollzieher zu ersetzen ist. In diesen Fällen handelt es sich der Sache nach um eine rechtsgeschäftliche Verfügung des Vorerben. Das Urteil oder die Vollstreckungshandlung ersetzt nur die Erklärung oder die Tätigkeit, die der Schuldner selbst abzugeben oder vorzunehmen verpflichtet ist.

Zulässig ist daher auch die von einem Miterben betriebene Versteigerung zur Aufhebung der Gemeinschaft nach § 180 ZVG (BayObLG NJW **65,** 1966; OLG Hamm, NJW **69,** 516; *Erman/Hense,* § 2115 Rdn. 2; vgl. dagegen OLG Celle, NJW **68,** 801 für den Fall, daß der Antrag von einem Gläubiger des Miterben gestellt wird).

4 **3. Aufrechnungsverbot für den Nachlaßschuldner**

Der Zwangsvollstreckung muß folgerichtig auch die Aufrechnung als eine Form der Selbstbefriedigung gleichgestellt werden. In Fortbildung des § 394 ist deshalb dem Nachlaßschuldner, der zugleich persönlicher Gläubiger des Vorerben ist, verwehrt, mit dieser Forderung gegen seine Nachlaßschuld aufzurechnen (RG **80,** 32; *Planck/Flad* § 2115 Anm. 1; *Staudinger/Seybold* § 2115 Rdn. 6; *Bartholomeyczik* § 41 VI 4; *von Lübtow* II S. 501).

5 **II. Verfügungen des Konkursverwalters**

Im Konkurs über das Vermögen des Vorerben ist das dem Konkursverwalter zustehende Verfügungsrecht (KO § 6 Abs. 2) mit Bezug auf die Erbschaftsgegenstände beschränkt. Freie Verfügung ist ihm auch nicht zur Erfüllung eines zweiseitigen Vertrags (KO § 17) eingeräumt. Die Veräußerung der Erbschaftsgegenstände ist ihm durch KO § 128 noch besonders untersagt. Der Nacherbe kann hiergegen den Schutz des Konkursgerichts anrufen (KO § 83), hat aber kein Aussonderungsrecht aus KO § 43, da der Erbschaftsgegenstand immerhin bis zum Eintritt der Nacherbfolge dem Gemeinschuldner als wahren Erben gehört.

6 Zu den Verfügungen des Konkursverwalters, auf die sich § 2115 bezieht, zählen auch die Befriedigung von Konkursgläubigern mit Mitteln des Nachlasses, die Erfüllung der vom Vorerben eingegangenen Verpflichtungen zur Veräußerung von Nachlaßgegenständen, die Belastung von Erbschaftsgegenständen und die den §§ 2113, 2114 widersprechenden Verfügungen über Hypothekenforderungen, Grund- und Rentenschulden, die zum Nachlaß gehören.

7 Die dem Vorerben nach § 2114 zustehenden Rechte kann auch der Konkursverwalter ausüben. Das vom Konkursverwalter eingezogene Kapital gehört dann nach dem Grundsatz der dinglichen Ersetzung (§ 2111) zum Nachlaß. Es ist nach § 2115 der Verfügung des Konkursverwalters entzogen.

8 **III. Unwirksamkeit der Verfügungen**

Die Unwirksamkeit der Verfügung ist wie die der gegen § 2113 verstoßenden eine bedingte und begrenzte (§ 2113 Rdn. 8). Die Zwangsvollstreckung als solche ist zulässig. Dem Nacherben steht insoweit kein Widerspruchsrecht zu, als es sich um die Begründung von Pfandrechten gemäß ZPO §§ 804, 829, 846 ff, 857 ff, 930 oder um Eintragung einer Sicherungshypothek nach § 866 ff (KG RJA **4,** 59; aM *Güthe/Triebel,* GBO 6. Aufl. Vorbem. 78 Abs. 7 vor § 13) oder nur um Beschlagnahme des Grundstücks nach ZVG

§§ 20 ff handelt. Überhaupt nicht betroffen durch § 2115 sind Vollstreckungshandlungen, die sich auf die dem Vorerben zustehenden Nutzungen (§ 2111 Rdn. 12—15) beschränken (RG **80**, 7). Siehe jedoch ZPO § 863. Auch die Zwangsverwaltung nach ZVG §§ 146 ff kann durchgeführt werden. Nur die Veräußerung und Überweisung ist ausgeschlossen (ZPO § 773). Erst wenn es zur Nacherbfolge kommt, kann der Nacherbe Beseitigung aller Vollstreckungsmaßregeln verlangen. Vorher hat er nach § 2128 gegebenenfalls das Recht auf Sicherheitsleistung.

IV. Unbeschränkt wirksame Verfügungen nach Satz 2 9

Die genannten Verfügungen sind unbeschränkt wirksam, wenn sie die Durchsetzung eines Rechts bezwecken, das auch der Nacherbe gegen sich gelten lassen muß. Das trifft einmal für die Ansprüche der Nachlaßgläubiger zu. Das Recht des Nacherben wie jedes anderen Erben muß unbedingt den Ansprüchen der Nachlaßgläubiger weichen. Darüber, welche Gläubiger Nachlaßgläubiger sind, vgl. § 1967 Rdn. 5 ff.

Unbeschränkt wirksam sind die Verfügungen ferner, wenn damit ein an einem Erbschaftsgegenstand bestehendes Recht geltend gemacht wird, das im Falle des Eintritts der Nacherbfolge auch dem Nacherben gegenüber wirksam ist. Diese Voraussetzung ist in jedem Fall gegeben, wenn bereits der Erblasser dieses Recht begründet hat. Hat der Vorerbe das Recht begründet, dann muß diese Verfügung auch dem Nacherben gegenüber wirksam sein. Das trifft zu für alle Verfügungen, in die der Nacherbe eingewilligt hat (§ 2120) oder die der Vorerbe in Beziehung auf Grundstücke oder Rechte an Grundstücken ohne Benachteiligung des Nacherben (§ 2113 Abs. 1) oder in Beziehung auf andere Gegenstände, als befreiter Vorerbe auch in Beziehung auf Grundstücke oder Rechte an Grundstücken, entgeltlich vorgenommen hat (§ 2113 Abs. 2; RG **133**, 263: Duldung der Zwangsvollstreckung in ein Grundstück durch den Nacherben wegen einer vom befreiten Vorerben für eine persönliche Schuld aufgenommenen Sicherungshypothek). Dasselbe gilt für die Zwangsvollstreckung wegen der rückständigen Zinsen von Hypotheken und Grundschulden und aus Reallasten (§§ 1107, 1108, 1118), sofern das Grundrecht dem Nacherben gegenüber wirksam ist.

Unter den gleichen Voraussetzungen sind auch die Verfügungen des Konkursverwalters unbeschränkt wirksam. 10

Ein besonderer Duldungstitel gegen den Nacherben ist in den Fällen des Satzes 2 nicht erforderlich (LG Glogau JW **38**, 458 mit Anm. *Fraeb*). 11

Ist das Recht am Erbschaftsgegenstand erst im Wege der Zwangsvollstreckung gegen den Vorerben erlangt (Pfandrecht, Sicherungshypothek), so ist seine fernere Geltendmachung durch Satz 1 (Rdn. 8) ausgeschlossen. 12

V. Gutglaubensschutz 13

Die Vorschrift zum Schutze des Erwerbes vom Nichtberechtigten (§ 2113 Rdn. 36—38) ist hier nicht aufgenommen, da die Vorschriften über den öffentlichen Glauben des Grundbuchs und über den gutgläubigen Erwerb beweglicher Sachen nur den rechtsgeschäftlichen Erwerb, nicht aber den Erwerb im Wege der Zwangsvollstrekkung oder Arrestvollziehung schützen. Hiernach erlangt auch der gutgläubig, d. h. ohne Kenntnis des Nacherbenrechts, mit der Zwangsvollstreckung vorgehende Gläubiger keine gegen den Nacherben wirksamen Rechte.

Kommt es jedoch zu einer wirklichen Veräußerung, so gelten die allgemeinen, die Veräußerung betreffenden Vorschriften, und der Erwerber wird nach §§ 1244, 932 ff, 892 geschützt. Der nach § 892 geschützte Erwerber erwirbt daher, auch wenn der Konkursverwalter das Grundstück entgegen § 128 KO veräußert, Eigentum. 14

15 Ebenso ist ein gutgläubiger Erwerb an Fahrnis bei freihändiger Veräußerung durch den Konkursverwalter oder den Gerichtsvollzieher möglich. Desgleichen bei einer öffentlichen Versteigerung (*Planck/Flad* 4. Aufl. § 2115 Anm. 4; *Jäger* KO § 128 Rdn. 9; *Mentzel/Kuhn* § 128 Anm. 2; *Bohle/Stamschräder* § 128 Anm. 2; aA *Kipp/Coing* § 49 IV 6). Bei der Zwangsversteigerung gilt dies sogar dann, wenn dem Ersteher das Nacherbenrecht bekannt war, sofern es nicht eingetragen oder rechtzeitig angemeldet war (ZVG § 37 Nr. 4, 5, §§ 44 f, 52, 90 f). — Ähnliche Vorschriften in §§ 135, 161, 184, 353, 499, 883.

16 **VI. Ansprüche des geschädigten Nacherben**

Wegen des Rechtsverlustes, den der Nacherbe dadurch erleidet, daß der Gerichtsvollzieher oder das Vollstreckungsgericht entgegen § 773 ZPO über Nachlaßgegenstände verfügt hat, steht ihm im Falle eines Verschuldens der Vollstreckungsorgane ein Schadensersatzanspruch wegen Amtspflichtverletzung zu. Er kann aber auch gegen den nichtbefreiten Vorerben einen Erstattungsanspruch nach § 1234 oder gegen den die Zwangsvollstreckung betreibenden Gläubiger Bereicherungsansprüche geltend machen.

§ 2116

Der Vorerbe hat auf Verlangen des Nacherben die zur Erbschaft gehörenden Inhaberpapiere nebst den Erneuerungsscheinen bei einer Hinterlegungsstelle oder bei der Reichsbank, bei der Deutschen Zentralgenossenschaftskasse oder bei der Deutschen Girozentrale (Deutschen Kommunalbank) mit der Bestimmung zu hinterlegen, daß die Herausgabe nur mit Zustimmung des Nacherben verlangt werden kann. Die Hinterlegung von Inhaberpapieren, die nach § 92 zu den verbrauchbaren Sachen gehören, sowie von Zins-, Renten- oder Gewinnanteilscheinen kann nicht verlangt werden. Den Inhaberpapieren stehen Orderpapiere gleich, die mit Blankoindossament versehen sind.

Über die hinterlegten Papiere kann der Vorerbe nur mit Zustimmung des Nacherben verfügen.

E I 1822 II 1989; M 5 98—100; P 5 99, 106—109; 6 93, 94.

Hinterlegung von Wertpapieren

Befreiung zulässig § 2136.

1 **I. Hinterlegung von Inhaberpapieren (Abs. 1 Satz 1)**

Der Vorerbe ist bezüglich der Inhaberpapiere (§§ 793 ff, 1195; Inhaberaktien, AktG §§ 10, 24) und Erneuerungsscheine (§ 805) nur schuldrechtlich und nur insoweit gebunden, als der Nacherbe das Verlangen nach Hinterlegung gestellt hat. Schadensersatzpflicht nach § 2130. Legitimationspapiere (§ 808), z. B. Sparkassenbücher, gehören nicht zu den Inhaberpapieren.

2 Hinterlegungsstellen früher nach Landesgesetz EG Art. 144—146, jetzt nach HinterlegungsO §§ 1, 27, 31 ff. Die im Gesetzestext neben den Hinterlegungsstellen und der Reichsbank genannten beiden Stellen sind eingefügt durch die NotVO v. 18. 3. 1933, RGBl. I 109, Kap. XI Art. 1. Die Bestimmung ist insoweit, als darin die Reichsbank und die Deutsche Zentralgenossenschaftskasse genannt sind, gegenstandslos geworden, da die genannten Institute nicht mehr bestehen. Der Bank Deutscher Länder und den Landeszentralbanken sowie der Deutschen Genossenschaftskasse, die teilweise Aufgaben dieser Institute übernommen haben, ist durch Gesetz zwar nicht die Eigenschaft eines

Instituts im Sinne des § 2116 beigelegt worden. Da sie aber die wesentlichen Befugnisse und Aufgaben der oben genannten Institute übernommen haben, muß angenommen werden, daß der Vorerbe auch bei ihnen hinterlegen kann (bestr., wie hier *Staudinger/Seybold* 11. Aufl. zu §§ 2116—2118 Rdn. 1).

Die Deutsche Girozentrale — Deutsche Kommunalbank — hatte ihren Sitz 1945 in Berlin und war nach dem Zusammenbruch zunächst auf Grund des Bersarin-Befehls v. 28. 4. 1945, BlnVOBl. 2, Nr. 6 Abs. 1 und 2, und später durch die Ruhensanweisung des Berliner Magistrats v. 5. 6. 1945, VOBl. 18, ein ruhendes Berliner Kreditinstitut. Da die Geschäftsräume im Ostsektor von Berlin lagen, ist nach der Beschlagnahmeanordnung der russischen Besatzungsmacht v. 31. 10. 1947 der Sitz der Bankanstalt im November 1947 nach West-Berlin verlegt worden. Auf die Bankanstalt ist das Berliner Altbankengesetz v. 10. 12. 1953, GVBl. 1483, anwendbar. Gemäß § 4 dieses Gesetzes hat der Berliner Senator für Wirtschaft und Kredit unter dem 21. Dezember 1955, Abl. 1247, die Niederlassung Berlin zum Neugeschäft zugelassen.

Im übrigen hat durch Erlaß v. 3. 10. 1949 der Finanzminister des Landes Nordrhein-Westfalen die Deutsche Girozentrale — Deutsche Kommunalbank —, Berlin, als verlagertes Institut gem. § 3 der 35. DV-UmstG anerkannt. Als Sitz für die Geschäftstätigkeit der Deutschen Girozentrale — Deutschen Kommunalbank — im Währungsgebiet gilt gem. § 2 Abs. 1 der Verordnung Düsseldorf (vgl. BAnz. Nr. 23 v. 15. 11. 1949).

Die in dem soeben genannten Erlaß der Deutschen Girozentrale — Deutschen Kommunalbank — auferlegten Beschränkungen sind durch Erlaß des Ministers für Wirtschaft und Verkehr des Landes Nordrhein-Westfalen v. 29. 4. 1954 aufgehoben worden. Die Bank hat daher seitdem ihre Geschäftstätigkeit im Bundesgebiet wieder in vollem Umfang aufgenommen.

Die gleiche Art der Hinterlegung ist vorgesehen beim Nießbrauch § 1082 und für die vormundschaftliche Verwaltung §§ 1814, 1818, 1897, 1915, unter Umständen auch für die Verwaltung des Kindesvermögens §§ 1667, 1686.

Die Hinterlegung hat mit der Bestimmung zu erfolgen, daß die Herausgabe nur 3
mit Zustimmung des Nacherben verlangt werden kann. Gibt die Hinterlegungsstelle die Wertpapiere heraus, ohne daß der Nacherbe zustimmt, so wird sie dadurch diesem gegenüber nicht befreit. Der Nacherbe kann aber nach § 2120 verpflichtet sein, dem Herausgabeverlangen zuzustimmen, wenn die Rücknahme der Wertpapiere aus der Verwahrung zur ordnungsmäßigen Verwaltung des Nachlasses erforderlich ist.

II. Ausnahmen nach Abs. 1 Satz 2 4

Die Inhaberpapiere sind verbrauchbare Sachen, wenn ihr bestimmungsmäßiger Gebrauch in dem Verbrauch oder in der Veräußerung besteht, z. B Banknoten, das Betriebskapital eines Bankgeschäfts (s. auch § 1084).

III. Hinterlegung von Orderpapieren (Abs. 1 Satz 3) 5

Orderpapiere mit Blankoindossament HGB §§ 363, 365; WG Art. 11, 13, 14, 16, 77. Der Vorerbe kann mithin jedenfalls, solange der Nacherbe das Hinterlegungsverlangen nicht gestellt hat, die Hinterlegungspflicht dadurch abwenden, daß er das Blankoindossament ausfüllt.

IV. Zustimmung des Nacherben (Abs. 2) 6

Ist es einmal zur Hinterlegung gekommen, so ist, solange sie dauert, jede ohne Zustimmung des Nacherben (§§ 182—184) vorgenommene Verfügung von Anfang an und nicht bloß wie im Falle der §§ 2113 Rdn. 8, 2115 Rdn. 8 bedingungsweise unwirksam. Verpflichtung des Nacherben zur Zustimmung § 2120.

7 Der Vorerbe ist nur so lange in seiner Verfügungsmacht beschränkt, wie die Wertpapiere tatsächlich hinterlegt sind. Er erlangt die volle Verfügungsmacht auch, wenn ihm die Wertpapiere bestimmungswidrig ohne Zustimmung des Nacherben ausgehändigt werden.

8 **V. Gutgläubiger Erwerb hinterlegter Papiere**

Ein gutgläubiger Erwerb an den hinterlegten Papieren durch Abtretung des Herausgabeanspruchs durch den Vorerben kann nach § 934 nur dadurch eintreten, daß die Hinterlegungsstelle den Besitz an den Papieren auf den Erwerber überträgt. Da der Herausgabeanspruch des Vorerben von der Zustimmung des Nacherben abhängig ist, kann er den mittelbaren Besitz im Sinne des § 934 nicht auf den Erwerber übertragen.

§ 2117

Der Vorerbe kann die Inhaberpapiere, statt sie nach § 2116 zu hinterlegen, auf seinen Namen mit der Bestimmung umschreiben lassen, daß er über sie nur mit Zustimmung des Nacherben verfügen kann. Sind die Papiere von dem Reiche oder einem Bundesstaat ausgestellt, so kann er sie mit der gleichen Bestimmung in Buchforderungen gegen das Reich oder den Bundesstaat umwandeln lassen.

E I 1822 Abs. 1 II 1990; M **5** 99, 106—108; **6** 93, 94.

Befreiung zulässig § 2136.

Umschreibung auf den Namen

Umschreibung auf den Namen § 806, EG Art. 101. ReichsschuldbuchG v. 31. 5. 1910, RGBl. 840, §§ 1, 4, 10, 18; Reichsschuldenordnung v. 13. 2. 1924, RGBl. I 95, § 21 idF v. 5. 7. 1934, RGBl. I 574, und v. 29. 12. 1936, RGBl. I 1156; vgl. Ges. v. 13. 7. 1948, WiGBl. 73; VO v. 13. 12. 1949, BGBl. 1950, 1; Staatsschuldbuch EG Art. 97. Entsprechende Vorschriften für die Verwaltung durch den Vormund oder den Pfleger §§ 1815, 1897, 1915 und den Inhaber der elterlichen Gewalt § 1667.

§ 2118

Gehören zur Erbschaft Buchforderungen gegen das Reich oder einen Bundesstaat, so ist der Vorerbe auf Verlangen des Nacherben verpflichtet, in das Schuldbuch den Vermerk eintragen zu lassen, daß er über die Forderungen nur mit Zustimmung des Nacherben verfügen kann.

E II 1191; P **5** 99, 106—108; **6** 93, 94.

Befreiung zulässig § 2136.

Buchforderungen

Wie nach § 1816 (§§ 1897, 1915, 1667). ReichsschuldbuchG §§ 3, 10, 18; vgl. Anm. zu § 2117. Trifft auch zu, wenn die Buchforderungen erst nachträglich zur Erbschaft erworben sind (§ 2111). Die Eintragung des Vermerks bewirkt keine Verfügungsbeschränkung für den Vorerben nach § 399 (*Planck/Flad* 4. Aufl. § 2118 Anm. 2).

§ 2119

Geld, das nach den Regeln einer ordnungsmäßigen Wirtschaft dauernd anzulegen ist, darf der Vorerbe nur nach den für die Anlegung von Mündelgeld geltenden Vorschriften anlegen.

E II 1992; P 5 104, 105.

Befreiung zulässig § 2136.

Neueres Schrifttum:
Ordemann, Die mündelsichere Anlage von Nachlaßgeldern durch den Vorerben, MDR **67,** 642; *Coing,* Die Anlagevorschriften des deutschen Erbrechts in Festschrift für *Kaufmann* (72), 127.

Anlegung von Geld

1 Der Vorerbe ist etwas freier gestellt als die Inhaber der elterlichen Gewalt (§ 1642) und der Vormund oder Pfleger (§§ 1806, 1897, 1915), indem er nicht verpflichtet ist, Geld dauernd anzulegen, soweit es nicht zur Bestreitung von Ausgaben bereitzuhalten ist. Darüber, ob das Geld dauernd anzulegen ist, entscheiden nicht die eigenen Gepflogenheiten des Vorerben (§ 2131), sondern die Regeln einer ordnungsmäßigen Wirtschaft (11. Aufl. § 2038 Anm. 4). Jedenfalls aber hat er, wenn er einmal eine dauernde Anlage vornimmt, hierbei auf mündelmäßige Sicherheit (§§ 1807, 1808, EG Art. 212) Bedacht zu nehmen, hierzu RG **73,** 4.

2 Die Genehmigung des Nacherben zur Rücknahme des Geldes wie in § 1809 braucht er bei der Anlegung nicht auszubedingen. Auch seine Zustimmung zur Anlegung wie in § 1810 braucht er nicht einzuholen (s. jedoch § 2128).

3 In der Anlegung von Geldern zu bloß vorübergehenden Zwecken (Bankguthaben, Ansammlung von Betriebsmitteln) ist er nur nach Maßgabe der §§ 2131, 277 beschränkt. Keinesfalls ist er genötigt, vom Erblasser überkommene unsichere Anlagen in mündelmäßige umzuwandeln.

4 § 2119 bezieht sich sowohl auf das bei Eintritt des Erbfalls im Nachlaß vorhandene Geld als auch auf Gelder, die erst später infolge dinglicher Ersetzung (§ 2111) zum Nachlaß gelangt sind. Der Vorerbe hat daher Kapital, das der Erblasser angelegt hatte und das an den Vorerben zurückgezahlt wird, wenn die Voraussetzungen des § 2119 vorliegen, auch dann mündelsicher anzulegen, wenn der Erblasser selbst eine andere Anlage gewählt hatte.

Ähnlich beim Nießbrauch § 1079 und beim Pfandrecht an Forderungen § 1288.

§ 2120

Ist zur ordnungsmäßigen Verwaltung, insbesondere zur Berichtigung von Nachlaßverbindlichkeiten, eine Verfügung erforderlich, die der Vorerbe nicht mit Wirkung gegen den Nacherben vornehmen kann, so ist der Nacherbe dem Vorerben gegenüber verpflichtet, seine Einwilligung zu der Verfügung zu erteilen. Die Einwilligung ist auf Verlangen in öffentlich beglaubigter Form zu erklären. Die Kosten der Beglaubigung fallen dem Vorerben zur Last.

E I 1823, 1828 Abs. 3, 1831 II 1993; M 5 107, 108, 116, 117, 120; P 5 109, 112; 6 94.

Pflicht des Nacherben, in Verfügungen des Vorerben einzuwilligen

1 **I. Notwendigkeit der Einwilligung**

1. Im Falle des Bestehens von Verfügungsbeschränkungen

Ordnungsmäßige Verwaltung § 2038 11.Aufl. Anm. 4, 6, § 2113 Rdn. 21. Gedacht ist vorzugsweise an die Notwendigkeit einer Versilberung von Nachlaßgegenständen, um Mittel zur Bezahlung von Nachlaßschulden zu gewinnen. Diese Versilberung ist mit Wirkung gegen den Nacherben dem nichtbefreiten Vorerben allein nicht gestattet, wenn es sich handelt um Grundstücke oder Rechte an Grundstücken (§§ 2113 Abs. 1, 2114) oder um die Verfügung über Papiere oder Buchforderungen, die gemäß §§ 2116 bis 2118 hinterlegt oder umgeschrieben sind. Die Veräußerung eines Grundstücks kann nicht nur erforderlich sein, um Mittel für die Befriedigung von Nachlaßverbindlichkeiten zu erhalten, sondern auch aus anderen Gründen. Bei einer drohenden Enteignung kann es geboten sein, das Grundstück zu veräußern, wenn dadurch ein Erlös erzielt wird, der die zu erwartende Entschädigung erheblich übersteigt (BGH MDR **72**, 496). Die **Einwilligung des Nacherben** (auch eines zweiten Nacherben, nicht eines Ersatznacherben, § 2113 Rdn. 39—41) oder des für ihn bestellten Testamentsvollstreckers (§ 2222), die gemäß § 183 im voraus zu erklären ist, aber auch als Genehmigung (§ 184) die Verfügung nachträglich wirksam macht, ist in solchen Fällen unentbehrlich und darf nicht verweigert werden. Sie kann nach § 182 sowohl dem Vorerben als auch dem Vertragsgegner gegenüber erklärt werden.

2 **2. Zur Ermöglichung von Grundbucheintragungen**

Die ordnungsmäßige Verwaltung einer Erbschaft kann unter Umständen, z. B. zur grundbuchmäßigen Erledigung eines Geschäfts oder mit Rücksicht auf ein Verlangen des Vertragsgegners des Vorerben, die Zustimmung des Nacherben selbst dann erfordern, wenn es sich um ein entgeltliches Geschäft des befreiten Vorerben handelt, das dieser an sich ohne jene Zustimmung wirksam vornehmen könnte. Auch dann begründet entsprechende Anwendung des § 2120 die Pflicht des Nacherben gegenüber dem Vorerben, ihm die notwendig werdende Zustimmung zu erteilen (RG **148**, 390; SeuffArch. **78** Nr. 192).

3 **3. Mit Rücksicht auf besondere Interessen des Vorerben**

Auch wenn eine Nachlaßverbindlichkeit unmittelbar in der Vornahme einer Verfügung nach § 2113 Abs. 1, z. B. in der Auflassung eines bereits vom Erblasser verkauften Grundstücks, besteht, bedarf es zwar materiell der Einwilligung des Nacherben nicht, immerhin hat der Vorerbe ein berechtigtes Interesse, daß durch die Zustimmung des Nacherben diesem gegenüber das Bestehen der Nachlaßverbindlichkeit und damit die Erforderlichkeit der Verfügung festgestellt wird.

Dem Grundbuchamt gegenüber wird (mit KG HRR **34**, 172) die Vorlegung einer äußerlich und inhaltlich einwandfreien Verpflichtungsurkunde des Erblassers für genügend zu erachten sein (§ 2113 Rdn. 50—52).

4 **II. Keine Einwilligung zu ordnungsmäßiger Verwaltung widersprechenden Verfügungen**

Auch einem befreiten Vorerben gegenüber kann dem Nacherben nicht angesonnen werden, bei einem Rechtsgeschäft mitzuwirken, das außerhalb des Rahmens einer ordnungsmäßigen Verwaltung der Erbschaft liegt (RG **148**, 391; dazu *Vogler* JW **36**, 40 I) oder durch das gar die Vereitelung des dem Nacherben nach §§ 2130, 2138 zustehenden Herausgabeanspruchs bezweckt wird (RG **70**, 332).

III. Rechte Dritter aus der Verpflichtung zur Erteilung der Einwilligung 5

Die erörterte Verpflichtung des Nacherben besteht nur gegenüber dem Vorerben, nicht also auch gegenüber dem Dritten, der an der Wirksamkeit der Verfügung interessiert ist. Der Vorerbe kann aber an den Dritten seinen Anspruch auf Einwilligung abtreten.

Macht der Nacherbe gegen den dritten Erwerber eines Erbschaftsgegenstandes die 6
Unwirksamkeit geltend, so darf ihm der Dritte, falls er nicht ohnedies durch § 2113 Abs. 3 in seinem Erwerbe geschützt ist, mit der Einrede (exceptio doli) begegnen, daß er gemäß § 2120 die Verfügung nachträglich zu genehmigen habe. Ebenso kann, wer ein Grundstück vom befreiten Vorerben entgeltlich erworben hat und geltend machen will, daß der Nacherbenvermerk (§ 51 GBO) dadurch gegenstandslos geworden sei, gegen den einen gegenteiligen Standpunkt vertretenden Nacherben unmittelbar auf Einwilligung in die Löschung klagen (RG JR **26** Nr. 939).

IV. Beweislast für das Bestehen der Verpflichtung 7

Der Beweis, daß der Nacherbe zur Einwilligung verpflichtet sei, ist vom Vorerben (oder gegebenenfalls dem dritten Erwerber) zu führen.

V. Entsprechende Anwendung für die Eingehung von Nachlaßverbindlichkeiten 8

Die Vorschrift gilt in dem RG **90**, 96 dargelegten Sinne entsprechend, wenn zur ordnungsmäßigen Verwaltung die Eingehung einer Nachlaßverbindlichkeit erforderlich ist.

VI. Beglaubigung der Einwilligungserklärung 9

Die Einwilligung ist auf Verlangen in öffentlich beglaubigter Form zu erklären. Die Einwilligung zur Veräußerung eines Grundstücks ist in entsprechender Anwendung des § 313 nur wirksam, wenn sie notariell beurkundet ist (BGH MDR **72**, 496).

Form der öffentlichen Beglaubigung § 129, Zuständigkeit und Verfahren BeurkG §§ 39, 40, 63.

Die **Kosten** fallen dem Vorerben zur Last. Sie gehören also nicht zu den Nachlaßverbindlichkeiten § 1967, sondern zählen zu den Erhaltungskosten § 2124 Abs. 1.

§ 2121

Der Vorerbe hat dem Nacherben auf Verlangen ein Verzeichnis der zur Erbschaft gehörenden Gegenstände mitzuteilen. Das Verzeichnis ist mit der Angabe des Tages der Aufnahme zu versehen und von dem Vorerben zu unterzeichnen; der Vorerbe hat auf Verlangen die Unterzeichnung öffentlich beglaubigen zu lassen.

Der Nacherbe kann verlangen, daß er bei der Aufnahme des Verzeichnisses zugezogen wird.

Der Vorerbe ist berechtigt und auf Verlangen des Nacherben verpflichtet, das Verzeichnis durch die zuständige Behörde oder durch einen zuständigen Beamten oder Notar aufnehmen zu lassen.

Die Kosten der Aufnahme und der Beglaubigung fallen der Erbschaft zur Last.

E I 1815, 993, 1042 II 1994; M **5** 103; P **5** 93, 94, 98; **3** 394—396.

Verzeichnis der Erbschaftsgegenstände

1 **I. Aufstellung des Verzeichnisses**

1. Verlangen des Nacherben nach Aufstellung des Verzeichnisses

Es ist mitzuteilen nur auf Verlangen des Nacherben, das im Prozeßwege durchzusetzen ist (Stuttgart OLG **8,** 274) und nur während der Dauer der Vorerbschaft, nicht mehr nach Eintritt des Nacherbfalls gestellt werden kann (RG **98,** 25). Der Vorerbe kann von dieser Pflicht nicht nach § 2136 befreit werden.

2 Sind mehrere Nacherben nebeneinander oder nacheinander eingesetzt, so kann jeder einzelne dieses Recht, wie die Rechte aus §§ 2122, 2123, 2127, 2128, selbständig geltend machen (so für den ersten Fall RG **98,** 26; SeuffArch. **74** Nr. 34).

3 Einem Ersatznacherben stehen diese Sicherungsrechte vor dem Wegfall des zunächst berufenen Nacherben nicht zu (RG **145,** 316).

4 Ist der Vorerbe zugleich Gewalthaber des Nacherben, so ist er schon nach §§ 1640, 1686 zur Aufnahme und Einreichung des Verzeichnisses an das Vormundschaftsgericht verpflichtet (RG **65,** 142).

5 **2. Aufzuführende Gegenstände**

Das Verzeichnis der Erbschaftsgegnestände (so auch beim Nießbrauch § 1035) umfaßt nur die Aktiven der Erbschaft, Sachen und Rechte (§ 90). Es braucht nicht, wie das Inventar (§ 2001 Abs. 2), eine Beschreibung und Wertangabe zu enthalten.

6 **3. Maßgebender Zeitpunkt und Beweiskraft**

Das Verzeichnis ist nach dem Stand der Erbschaft zur Zeit der Aufstellung und Erteilung des Verzeichnisses abzufassen. Die früher herrschende Lehre hielt den Zeitpunkt des Erbfalls für maßgebend. Dem kann nicht gefolgt werden. Das Gesetz selbst enthält keine ausdrückliche Angabe darüber, auf welchen Zeitpunkt das Verzeichnis abzustellen ist. Zu den zur Erbschaft gehörenden Gegenständen, die in das Verzeichnis aufzunehmen sind, gehören indes auch die Surrogate nach § 2111. Die Bestimmung des Abs. 3 deutet gleichfalls darauf hin, daß der Zeitpunkt der Aufnahme des Verzeichnisses maßgebend ist (ebenso RG **164,** 208 mit zustimmender Anmerkung von *Vogels* in DR **40,** 1684; *Planck/Flad* 4. Aufl. § 2121 Anm. 1; *Erman/Hense* § 2121 Rdn. 1; *Staudinger/Seybold* § 2121 Rdn. 2; *Lange* § 26 V 6 a).

7 Seine Beweiskraft ist, da die Vermutung des § 2009 hier nicht gilt, nach allgemeinen Grundsätzen zu beurteilen.

8 **4. Mitwirkung des Nacherben (Abs. 2)**

Der Nacherbe ist zur Anwesenheit nur berechtigt, nicht aber verpflichtet, auch nicht auf Verlangen des Vorerben. Ebensowenig ist er zur Mitwirkung oder auch nur zur Äußerung über die Richtigkeit und zur Mitunterzeichnung verpflichtet.

9 **5. Spätere Veränderungen im Bestand des Nachlasses**

Das Verzeichnis braucht nur einmal aufgestellt zu werden. Über spätere Veränderungen im Bestande der Erbschaft (Anfall eines Miterbenanteils § 2110, Surrogation § 2111) hat der Vorerbe nur im Falle des § 2127 Auskunft zu erteilen, und nur insoweit ist er nach § 260 zur Bekräftigung verpflichtet (KG OLG **21,** 325; Braunschweig OLG **26,** 337; Rostock OLG **32,** 57).

6. Beglaubigung § 129; BeurkG §§ 39, 40, 63. 10

II. Aufnahme durch Behörde oder Beamten (Abs. 3) 11

Die Zuständigkeit bestimmt sich nach BNotO § 20, sonst nach Landesrecht. Der Nacherbe kann sich auch damit begnügen, daß der Vorerbe die Behörde nur zuzieht (§ 2002).

III. Kosten (Abs. 4) 12

Die Kosten sind Nachlaßverbindlichkeit § 1967. Dies schließt nicht aus, daß sie den Vorerben im Verhältnis zu Dritten als eigene Verbindlichkeit treffen. Hat der Vorerbe das Verzeichnis aus eigener Bewegung aufgestellt, so können die Kosten als Verwendungen nach §§ 2124, 2125 in Betracht kommen. Gebühr für die Aufnahme des Nachlaßverzeichnisses: KostO § 52.

§ 2122

Der Vorerbe kann den Zustand der zur Erbschaft gehörenden Sachen auf seine Kosten durch Sachverständige feststellen lassen. Das gleiche Recht steht dem Nacherben zu.

E I 1815, 992 II 1995; M **5** 103; P **5** 94, 99.

Feststellung des Zustandes der Nachlaßgegenstände

Befreiung nach § 2136 nicht zulässig. Wie beim Nießbrauch § 1034 sowie bei dem Güterstand, der Zugewinngemeinschaft mit Bezug auf das Anfangsvermögen § 1377 Abs. 2. Die Feststellung des Zustandes der Sachen (§ 2111) kann (aber immer nur während der Dauer der Vorerbschaft, RG **98**, 26) auch wiederholt und ohne die Voraussetzungen der §§ 2127, 2128 verlangt werden, solange das Verlangen nicht in Schikane ausartet (§ 226). Vorzeigungspflicht des Vorerben § 809. Verfahren FG §§ 15, 164.

§ 2123

Gehört ein Wald zur Erbschaft, so kann sowohl der Vorerbe als der Nacherbe verlangen, daß das Maß der Nutzung und die Art der wirtschaftlichen Behandlung durch einen Wirtschaftsplan festgestellt werden. Tritt eine erhebliche Änderung der Umstände ein, so kann jeder Teil eine entsprechende Änderung des Wirtschaftsplans verlangen. Die Kosten fallen der Erbschaft zur Last.

Das gleiche gilt, wenn ein Bergwerk oder eine andere auf Gewinnung von Bodenbestandteilen gerichtete Anlage zur Erbschaft gehört.

E II 1996; P **5** 127, 128; **6** 344.

Befreiung zulässig § 2136.

Wald- und Bergwerksnutzung wie beim Nießbrauch vgl. § 1038. Die Kosten sind Nachlaßverbindlichkeit § 1967.

§ 2124

Der Vorerbe trägt dem Nacherben gegenüber die gewöhnlichen Erhaltungskosten.

Andere Aufwendungen, die der Vorerbe zum Zwecke der Erhaltung von Erbschaftsgegenständen den Umständen nach für erforderlich halten darf, kann er aus der Erbschaft bestreiten. Bestreitet er sie aus seinem Vermögen, so ist der Nacherbe im Falle des Eintritts der Nacherbfolge zum Ersatze verpflichtet.

E I 1815, 997—999 II 1997; M **5** 103, 104; P **5** 100, 115—121.

Kosten für die Erhaltung der Nachlaßgegenstände

1 **I. Pflicht des Vorerben, die gewöhnlichen Erhaltungskosten zu tragen (Abs. 1)**

1. Begriff gewöhnlicher Erhaltungskosten

Die gewöhnlichen Erhaltungskosten sind in Gegensatz gestellt zu anderen Aufwendungen zum Zwecke der Erhaltung (Abs. 2), zu Verwendungen (§ 2125) und zu den außerordentlichen Lasten (§ 2126). Es fallen deshalb darunter, obschon sie nicht eigentlich der Erhaltung, sondern der Verwaltung der Erbschaft dienen (Prot. 5, 119), die gewöhnlichen Lasten wie Abgaben, Renten, Zinsen der Nachlaßschulden, die üblichen Versicherungsprämien usw.

2 Eigentliche Erhaltungskosten sind Aufwendungen für Erhaltung der Sache in ihrem wirtschaftlichen Bestande einschließlich der zur gewöhnlichen Unterhaltung gehörenden Ausbesserungen und Erneuerungen (§ 1041, auch §§ 582, 601), somit auch die zur Fortführung eines gewerblichen oder landwirtschaftlichen Betriebs im bisherigen Umfange notwendigen Ausgaben. Dazu rechnen u. a. die Ausgaben für die Beschaffung der Rohstoffe, Gehälter, Löhne usw. Im Einzelfall kann auch der Umstand, ob Erhaltungskosten aus den regelmäßigen jährlichen Nutzungen bestritten werden können, für ihre Zuordnung zu den gewöhnlichen oder den außerordentlichen Erhaltungskosten erheblich sein; so konnten Kosten der Ausbesserung einer Hausfassade als außerordentliche Aufwendungen angesehen werden, wenn infolge der Zwangswirtschaft die Hauserträgnisse für diese Kosten auch bei Zugrundelegung eines mehrjährigen Bewirtschaftungszeitraums nicht ausreichten (Frankfurt a.M. JW **24**, 987).

3 **2. Kostentragungspflicht des Vorerben**

Der Vorerbe hat diese Kosten im Hinblick auf die ihm gebührenden Nutzungen (§ 2111 Rdn. 12 ff) auf die Dauer seines Rechts selbst zu tragen (§ 103). Diese Pflicht trifft ihn ohne Rücksicht darauf, ob die Nutzungen die Kosten decken oder nicht.

4 Daß der Vorerbe die Kosten dem Nacherben gegenüber zu tragen hat, bedeutet, daß er hierfür nicht Ersatz oder Befreiung nach § 257 verlangen kann und daß er auch nach Eintritt der Nacherbfolge dafür aufzukommen hat (§ 2145 Abs. 1), soweit nicht nach §§ 2130, 592, 593 für das letzte Jahr ein Ausgleich stattfindet.

5 Vernachlässigt er die Erhaltung der Erbschaft, so macht er sich gemäß §§ 2130, 2131 schadensersatzpflichtig.

6 Der Erblasser kann ihn von der Verpflichtung nach Abs. 1 nicht befreien (§ 2136). Dagegen kann er sich vom Nacherben ermächtigen lassen, Aufwendungen, die nicht unter Abs. 2 fallen, aus der Erbschaft zu bestreiten (BayObLGZ NF **21** A 5).

II. Zu Lasten des Nachlasses gehende andere Aufwendungen (Abs. 2) 7

1. Andere Aufwendungen als die gewöhnlichen Erhaltungskosten

Zu den anderen Aufwendungen gehören Kosten für außergewöhnliche Ausbesserungen und Erneuerung von Erbschaftsgegenständen (§§ 1042, 1043), wobei auch an Sachinbegriffe (Landgut, Herde, Handelsgeschäft) zu denken ist. Auch die Kosten des im Interesse der Erbschaft über einen Erbschaftsgegenstand nicht leichtfertig geführten Rechtsstreits fallen (abweichend § 1387 Nr. 1) der Erbschaft zur Last.

Über Notwendigkeit und Umfang der Aufwendungen zu entscheiden, steht wie 8
beim Beauftragten (§ 670) in dem gutgläubig ausgeübten Ermessen des Vorerben.

2. Bestreiten mit Nachlaßmitteln 9

Er kann die Aufwendungen aus der Erbschaft oder ihren Surrogaten (§ 2111) bestreiten, somit auch Erbschaftsgegenstände hierzu in Geld umsetzen und in den Fällen des § 2120 die erforderliche Einwilligung des Nacherben erzwingen.

3. Ersatzpflicht des Nacherben (Abs. 2 Satz 2) 10

Aus seinem Vermögen bestreitet der Vorerbe die Aufwendungen auch dann, wenn er hierzu die Nutzungen der Erbschaft verwendet (§ 2111 Rdn. 12).

Die Ersatzpflicht des Nacherben entsteht erst mit der Nacherbfolge (§ 2139). Bis 11
dahin verbleiben dem Vorerben die Nutzungen der Erbschaft, er kann deshalb auch erst von diesem Zeitpunkt ab Verzinsung verlangen (§ 256). Anspruch auf Befreiung von Verbindlichkeiten § 257.

Der Ersatzanspruch ist nicht wie gegenüber dem Eigentumsanspruch (§ 1001) 12
davon abhängig, daß der Nacherbe den betreffenden Erbschaftsgegenstand erlangt. Auch Verwendungen auf untergegangene Gegenstände sind zu ersetzen (s. jedoch § 2138 Rdn. 4).

Die Ersatzpflicht ist aber Nachlaßverbindlichkeit und unterliegt deshalb in jedem 13
Falle der Beschränkung der Haftung, auch wenn der Nacherbe sonst unbeschränkt haftet, § 2144 Abs. 3.

Zurückbehaltungsrecht des Vorerben § 273.

§ 2125

Macht der Vorerbe Verwendungen auf die Erbschaft, die nicht unter die Vorschrift des § 2124 fallen, so ist der Nacherbe im Falle des Eintritts der Nacherbfolge nach den Vorschriften über die Geschäftsführung ohne Auftrag zum Ersatze verpflichtet.

Der Vorerbe ist berechtigt, eine Einrichtung, mit der er eine zur Erbschaft gehörende Sache versehen hat, wegzunehmen.

E I 1815, 1010 II 1998; M 5 103, 104; P 5 100, 115—121.

Ersatz sonstiger Verwendungen

I. Verwendungen auf die Erbschaft 1

Die Verwendungen sind hier in Gegensatz gestellt zu den gewöhnlichen und außergewöhnlichen Erhaltungskosten des § 2124. Im übrigen ist die Bestimmung dem Nießbrauch nachgebildet § 1049. Es handelt sich somit

a) um Ausgaben im Interesse der Erbschaft, die über den Erhaltungszweck hinausgehen, z. B. Verbesserungen in der Kulturart, Um- und Erweiterungsbauten, Vermehrung des Betriebskapitals,

b) um Ausgaben, die zwar dem Erhaltungszwecke dienen, aber (wie die Ausbesserung einer veralteten Maschinenanlage) vom Vorerben nicht hätten für erforderlich erachtet werden dürfen.

Die Verwendungen können auf einzelne Gegenstände, aber auch auf die Erbschaft im ganzen gemacht sein, z. B. die Kosten eines Rechtsstreits, der zur Feststellung des Erbrechts geführt wird.

2 **II. Ersatzpflicht des Nacherben**

Der Nacherbe ist, wie nach § 2124 Abs. 2 nicht vor Eintritt der Nacherbfolge, jedoch nicht gleich dem Auftraggeber, sondern nach den Vorschriften über die **Geschäftsführung ohne Auftrag** ersatzpflichtig. Danach steht dem Vorerben wie nach § 2124 Abs. 2 bei den Verwendungen zu Erhaltungszwecken der volle Ersatzanspruch aus §§ 683, 670 zu, soweit die Verwendungen dem Interesse und dem wirklichen oder dem mutmaßlichen Willen des Nacherben entsprechen oder soweit dem Vorerben § 679 zur Seite steht und es sich um Maßnahmen handelt, die der Vorerbe den Umständen nach für erforderlich halten durfte (§§ 670, 683). Trifft dies nicht zu, so haftet der Nacherbe nach § 684 jedenfalls, soweit er bereichert ist. Im übrigen gilt von dem Ersatzanspruch das § 2124 Rdn. 10—13 Gesagte.

3 **III. Wegnahmerecht des Vorerben**

Das Wegnahmerecht (§ 258) steht dem Geschäftsführer an sich nicht zu, ist deshalb dem Vorerben besonders eingeräumt. Der Vorerbe ist zur Wegnahme nur berechtigt, nicht verpflichtet.

§ 2126

Der Vorerbe hat im Verhältnis zu dem Nacherben nicht die außerordentlichen Lasten zu tragen, die als auf den Stammwert der Erbschaftsgegenstände gelegt anzusehen sind. Auf diese Lasten finden die Vorschriften des § 2124 Abs. 2 Anwendung.

E I 1815, 1003 Nr. 1 II 1999; M 5 103, 104; P 5 100, 115—120.

Pflicht, die Lasten zu tragen

1 **I. Die gewöhnlichen und außerordentlichen nicht auf den Stammwert gelegten Lasten**

Indem der Vorerbe davon befreit wird, die außerordentlichen Lasten zu tragen (ebenso beim Besitz § 995, beim Nießbrauch § 1047 und beim Erbschaftskauf § 2379), ist mittelbar zugleich seine Verpflichtung anerkannt, die ordentlichen öffentlichen oder privatrechtlichen Lasten (§ 103) als Gegensatz für die ihm zufließenden Nutzungen selbst zu tragen (§ 2124 Rdn. 1). Dies gilt auch von den außerordentlichen Lasten, soweit sie, wie z. B. früher die Einquartierungslast, nicht auf den Stammwert gelegt sind.

2 **II. Die auf den Stammwert gelegten außerordentlichen Lasten**

Als den Stammwert ergreifende Lasten (Mot. 3, 516) kommen in Betracht:

die Beerdigungskosten, die Pflichtteilsansprüche, Kosten einer Testamentseröffnung und einer gerichtlichen Nachlaßfürsorge;

fällig werdende Hypotheken und Grundschulden, Zwangsaufwendungen für Neu- und Umbauten, Straßenanliegerbeiträge u dgl.;

die der Erbschaft als Ganzem — nicht dem Vorerben für seine Person — auferlegten Vermächtnisse und Auflagen (RG Recht 09 Nr. 694: Auslegungsfrage, ob ein Rentenvermächtnis im Verhältnisse zwischen dem Vorerben und dem Nacherben nur die Einkünfte oder das Stammvermögen belasten soll);

die Besitzsteuer nach dem BesitzsteuerG v. 3.7.1913, RGBl. 524; der Wehrbeitrag nach dem WehrbeitragsG v. 3.7.1913, RGBl. 505, und die außerordentlichen Kriegsabgaben, soweit sie vom Vermögen und nicht vom Einkommen erhoben wurden (KG JW **20,** 564);

das Reichsnotopfer nach dem Ges. v. 31.12.1919, RGBl. 2189, § 54;

der Zuschlag zur Vermögenssteuer nach dem Ges. v. 8.4.1922, RGBl. I 335, § 32;

die Vermögenssteuer nach dem Ges. v. 10.8.1925, RGBl. I 233, und in der Fassung v. 22.5.1931, RGBl. I 161, 237, § 19 (anders nach dem VermögenssteuerG v. 16.10.1934, RGBl. I 1052, in dem eine dem § 19 entsprechende Bestimmung „im Hinblick auf den geringen Steuersatz" weggelassen ist, ebenso das Vermögenssteuergesetz in der Fassung vom 10.6.1965 BGBl. III 611—6);

die Industriebelastung nach dem AufbringungsG v. 30.8.1924, RGBl. II 269, mit der 2. DV v. 4.12.1925, RGBl. II 1135, § 20 (nicht mehr die Aufbringungsumlage nach der VO v. 3.7.1937, RGBl. I 765, durch die, unter Aufhebung aller älteren Durchführungsvorschriften und damit auch des § 20 AufbringungsG, die volle Anpassung jener Umlage an die Vermögenssteuer herbeigeführt wurde);

die Erbschaftsteuer nach dem ErbschaftsteuerG v. 1.4. 1959, BGBl. I 187, §§ 7, 15 Abs. 4 (über das frühere Recht vgl. *Hirschwald* und *Kretzschmar* JW **21,** 73, 569, 570);

die nach § 17 EStG zu entrichtende Steuer bei der Veräußerung von Anteilen an einer Kapitalgesellschaft, die eine wesentliche Beteiligung ausmacht (BGH MDR **68,** 566).

Die Abgaben nach den Gesetzen über die Besteuerung der Betriebe und über die Erhebung einer Rhein-Ruhr-Abgabe v. 11.8.1923, RGBl. I 774, sollten vom Ertrag erhoben werden und gehören deshalb nicht hierher (BayObLGZ NF **22** A 325).

Für den **Lastenausgleich** bestimmt § 73 LAG vom 14.8.1952, BGBl. I 446, daß die 3 Hälfte der Vierteljahresbeträge als eine auf den Stammwert des Vermögens gelegte, außerordentliche Last im Sinne der Vorschriften des bürgerlichen Rechts anzusehen ist. Im Falle der Ablösung der Ausgleichsabgabe nach § 199 LAG oder ihrer sofortigen Fälligkeit nach §§ 50 bis 52, 63, 200 LAG gilt der gesamte Ablösungs- oder Zeitwert als eine auf den Stammwert des Vermögens gelegte außerordentliche Last. Der Vor- und Nacherbe können etwas anderes vereinbaren.

Das Oberlandesgericht Celle (MDR **51,** 687) hatte für die nach dem Soforthilfege- 4 setz vom 8.8.1949, WiGBl. 205, zu leistende **Soforthilfeabgabe** entschieden, diese sei keine auf den Stammwert des Vermögens gelegte außerordentliche Last. Dem kann nicht beigetreten werden. Auch auf diese Abgabe ist § 73 LAG entsprechend anzuwenden, da die Abgabe nach dem LAG an die Stelle der Soforthilfeabgabe getreten ist und diese nach § 32 LAG auf die Abgabeschuld nach dem LAG anzurechnen ist. Ebenso BGH LM LAG § 73 Nr. 1. Zuständig für die Entscheidung eines Streits zwischen Vor- und Nacherben über die Verpflichtung, diese Last für einen Hof im Sinne der HöfeO der Britischen Besatzungszone zu tragen, ist das ordentliche und nicht das Landwirtschaftsgericht (BGH LM LVO § 1 Nr. 6).

5 **III. Ersatzanspruch des Vorerben**

Der Vorerbe kann derartige Lasten aus der Erbschaft bestreiten und hat, insoweit er sie aus seinem Vermögen bestreitet, den Ersatzanspruch (§ 2124 Rdn. 9—13).

§ 2127

Der Nacherbe ist berechtigt, von dem Vorerben Auskunft über den Bestand der Erbschaft zu verlangen, wenn Grund zu der Annahme besteht, daß der Vorerbe durch seine Verwaltung die Rechte des Nacherben erheblich verletzt.

E II 2000; P **5** 96, 97.

Befreiung zulässig § 2136.

Auskunft über den Bestand der Erbschaft

1 **I. Inhalt der Auskunft**

Das Recht, Auskunft zu verlangen, schließt nach § 260 das Recht in sich, Vorlegung eines (privatschriftlichen) Verzeichnisses des derzeitigen Bestandes und gegebenenfalls dessen eidesstattliche Bekräftigung zu verlangen. Hat der Vorerbe bereits nach § 2121 ein Verzeichnis vorgelegt, so genügt die Angabe der seitdem eingetretenen Veränderungen.

2 Der Nacherbe kann von dem den Vorerben beschränkenden Testamentsvollstrekker nur unter denselben Voraussetzungen Auskunft verlangen, unter denen er sie auch von dem Vorerben verlangen könnte (RG Recht **13**, Nr. 221).

3 **II. Gefährdung der Rechte des Nacherben**

Das Recht des Nacherben besteht in dem Anspruch auf Herausgabe der Erbschaft in der in § 2130 vorausgesetzten Beschaffenheit. Daraus folgt, daß nicht ordnungsmäßige Verwaltung, auch wenn sie nicht böswillig ist, das Verlangen rechtfertigt, wenn sie zugleich eine erhebliche Verletzung der Rechte des Nacherben (auf sorgsame Verwaltung) enthält.

Die Besorgnis muß durch die Art der Verwaltung begründet sein (vgl. § 2128 Rdn. 1—3). Ungünstige Vermögenslage des Vorerben (§ 2128 Rdn. 4) reicht für sich allein nicht aus.

4 Die Gefährdung braucht nicht derart zu sein, daß dadurch der Nachlaß als solcher gefährdet ist. Es genügt, wenn diese Voraussetzung hinsichtlich eines erheblichen Teils des Nachlasses eingetreten ist.

5 Obwohl der Vorerbe nicht verpflichtet ist, in dem nach § 2121 aufzustellenden Verzeichnis die Nachlaßverbindlichkeiten aufzuführen, kann, wenn er sie dennoch aufnimmt, die Besorgnis einer erheblichen Verletzung der Rechte des Nacherben dadurch begründet sein, daß seine Angaben über die Nachlaßverbindlichkeiten unzutreffend sind (RG Recht **22** Nr. 86).

6 **III. Geltendmachen des Auskunftsanspruchs**

Das Verlangen ist nötigenfalls im Klagewege geltend zu machen. Es kann nur während der Dauer der Vorerbschaft gestellt werden, nach deren Beendigung dem Nacherben das Recht auf § 260 ohne weiteres zusteht (RG **98**, 26).

Von mehreren, auch nacheinander berufenen Nacherben steht das Recht jedem besonders zu (§ 2121 Rdn. 2). 7

Für den noch unbekannten Nacherben hat sein nach § 1913 bestellter Pfleger zu sorgen.

Ist nach § 2222 ein Testamentsvollstrecker bestellt, so ist dieser zu dem Auskunftsverlangen ausschließlich berechtigt.

Die Auskunft kann, wenn ein neuer Grund gegeben ist, wiederholt verlangt werden. 8
Für die Voraussetzungen ist der Nacherbe beweispflichtig.

§ 2128

Wird durch das Verhalten des Vorerben oder durch seine ungünstige Vermögenslage die Besorgnis einer erheblichen Verletzung der Rechte des Nacherben begründet, so kann der Nacherbe Sicherheitsleistung verlangen.

Die für die Verpflichtung des Nießbrauchers zur Sicherheitsleistung geltenden Vorschriften des § 1052 finden entsprechende Anwendung.

E I 1815, 1005, 1006 II 2001; M 5 104; P 5 100, 121—125.

Sicherung der Rechte des Nacherben

Befreiung zulässig § 2136.

I. Besorgnis der Gefährdung der Rechte des Nacherben 1

1. Das die Besorgnis begründende Verhalten des Vorerben

Der Vorerbe ist, wie der Nießbraucher (§ 1051), nicht allgemein, sondern nur unter den besonderen Voraussetzungen des § 2128 zur Sicherheitsleistung verpflichtet. Ähnlich § 1981 Abs. 2. Daneben bleibt das Recht des Nacherben bestehen, auf Befolgung des § 2119 zu dringen (RG **73**, 7). Das Verhalten des Vorerben braucht weder arglistig noch überhaupt pflichtwidrig zu sein (RG SeuffArch. **74** Nr. 34), muß aber objektiv die vom Gesetz erforderte Besorgnis rechtfertigen. So insbesondere bei unordentlicher Verwaltung des der Nacherbschaft unterliegenden Vermögens (§§ 2127, 2130), bei unrichtigen Angaben in einem Nachlaßverzeichnisse, das der Vorerbe mit oder ohne gesetzlichen Zwang aufgestellt hat (RG Recht **22** Nr. 86), regelmäßig auch bei eigenmächtiger Vornahme von Verfügungen, die nach §§ 2113 f im Falle des Eintritts der Nacherbfolge unwirksam sind, jedoch trotz dieser rechtlichen Unwirksamkeit die Stellung des zum Erben gewordenen Nacherben bis zur Berichtigung des Grundbuchs oder der Beseitigung der sonst eingetretenen Folgen wenigstens tatsächlich beeinträchtigen.

Eine solche gegen §§ 2113 f verstoßende Verfügung reicht indessen zur Begrün- 2
dung der Besorgnis einer erheblichen Verletzung dann nicht aus, wenn sie zur ordnungsmäßigen Verwaltung der Erbschaft erforderlich war, so daß der Nacherbe nach § 2120 seine Einwilligung zu ihrer Vornahme hätte erteilen müssen (RG **149**, 65).

Unter Umständen kann die Besorgnis auch bei schlechter Verwaltung eines anderen 3
als des der Nacherbschaft unterliegenden Vermögens, insbesondere des eigenen freien Vermögens des Vorerben begründet sein (RG JW **20**, 380; WarnRspr. **22** Nr. 17).

2. Ungünstige Vermögenslage des Vorerben 4

Ob die ungünstige Vermögenslage schon bei Anfall der Erbschaft vorhanden war oder erst später eintritt, ist gleichgültig. Sie allein genügt aber nicht. Es muß auch hier dazukommen, daß, etwa wegen drohenden Zugriffs der Gläubiger des Vorerben oder zu befürchtender Veräußerung von Nachlaßgegenständen, eine, und zwar erhebliche, Verletzung der Nacherbenrechte zu besorgen ist. Diese Besorgnis muß objektiv bestehen; daß eine Verletzung der Rechte des Nacherben bereits eingetreten ist, wird nicht gefordert.

5 **II. Vom Vorerben zu leistende Sicherheit**

Das Verlangen kann (bei einer Mehrheit von Nacherben von jedem einzelnen, § 2121 Rdn. 2) unmittelbar auf Sicherheitsleistung gemäß §§ 232 ff gerichtet werden und setzt nicht voraus, daß der Vorerbe hierzu bereits rechtskräftig verurteilt oder daß ihm zuvor nach § 2129 die Verwaltung entzogen ist (RG **59**, 200).

6 Die Sicherheit ist vom Vorerben nicht bloß mit der Erbschaft, sondern auch mit dem eigenen Vermögen zu leisten. Wie Sicherheit zu leisten ist, bestimmen §§ 232 ff.

7 Die Höhe der Sicherheit wird vom Prozeßgericht festgesetzt. Sie wird grundsätzlich nach dem Wert des Nachlasses, der nach Eintritt des Nacherbfalls dem Nacherben herauszugeben ist, zu bemessen sein (*Planck/Flad* 4. Aufl. § 2128 Anm. 2). Dabei ist auch zu beachten, inwieweit nach § 2111 Surrogate an die Stelle früher vorhanden gewesener Nachlaßgegenstände getreten sind. Dazu für das Höferecht, Veräußerung eines Hofes durch die Hofvorerbin OLG Celle OLGZ **69**, 22.

Über die Geltendmachtung des Anspruchs auf Sicherheitsleistung durch Ausübung eines Zurückbehaltungsrechts nach § 273 vgl. RG **59**, 200.

8 **III. Entziehung der Verwaltung und Bestellung eines Verwalters (Abs. 2)**

Der Anspruch gegen den Vorerben steigert sich gemäß § 1052 bis zur Entziehung der Verwaltung und Bestellung eines Verwalters mit den weiteren Folgen des § 2129, wenn es zur rechtskräftigen Verurteilung dazu gekommen ist, die Sicherheit zu leisten, und wenn die ihm hierfür zu bestimmende Frist verstrichen ist.

9 Auf Grund des rechtskräftigen Urteils betr. die Sicherheitsleistung und des Nachweises, daß die schon im Urteil (ZPO § 255 Abs. 2) oder durch besonderen Beschluß des Vollstreckungsgerichts (ZPO § 764) bestimmte Frist abgelaufen ist, hat der Nacherbe beim Vollstreckungsgericht die Entziehung der Verwaltung und zugleich deren Übertragung auf einen vom Gericht zu bestellenden Verwalter zu beantragen (§ 1052 11. Aufl. Anm. 1, 2; *Weber* SächsArch. 1933, 1).

10 Die Anordnung ist aufzuheben, wenn die Sicherheit nachträglich geleistet wird.

11 **IV. Sicherungsmaßregeln durch Arrest oder einstweilige Verfügung**

Allgemeine Sicherungsmaßregeln zugunsten des Nacherben im Wege des Arrestes oder der einstweiligen Verfügung sind durch § 2128 nicht ausgeschlossen. Sie können sich bis zur vorläufigen Entziehung der Verwaltung steigern (ZPO §§ 940, 938; Celle HRR **34** Nr. 1683) und sind auch dann möglich, wenn der Erblasser Befreiung angeordnet oder den Nacherben nur auf den Überrest eingesetzt hat (§§ 2136, 2137).

§ 2129

Wird dem Vorerben die Verwaltung nach den Vorschriften des § 1052 entzogen, so verliert er das Recht, über Erbschaftsgegenstände zu verfügen.

Die Vorschriften zugunsten derjenigen, welche Rechte von einem Nichtberechtigten herleiten, finden entsprechende Anwendung. Für die zur Erbschaft gehörenden Forderungen ist die Entziehung der Verwaltung dem Schuldner gegenüber erst wirksam, wenn

er von der getroffenen Anordnung Kenntnis erlangt oder wenn ihm eine Mitteilung von der Anordnung zugestellt wird. Das gleiche gilt von der Aufhebung der Entziehung.

E II 2002; P 5 124, 126; 6 319.

Befreiung zulässig § 2136.

Entziehung der Verwaltung

I. Verlust des Verfügungsrechts und Herausgabe der Erbschaft 1

Die Entziehung der Verwaltung (§ 2128 Rdn. 8—10) hat schlechthin den Verlust des Verfügungsrechts zur Folge. Sie tritt ein mit der Vollstreckbarkeit der sie anordnenden Entscheidung. Zugleich ist der Vorerbe dem bestellten Verwalter zur Herausgabe der Erbschaft verpflichtet, behält aber den Anspruch auf die Nutzungen (§ 2111 Rdn. 13).

Die erforderlichen Verfügungen, wo nötig mit Zustimmung des Nacherben, sind 2
vom Verwalter zu treffen. Doch wird auch eine vom Vorerben getroffene Verfügung durch Genehmigung des hieran allein interessierten Nacherben wirksam (§ 185 Abs. 2).

Die Verfügungsbeschränkung ist, wenn auch nicht von Amts wegen wie GBO § 51, 3
so doch auf Antrag des Nacherben oder des bestellten Verwalters im Grundbuch einzutragen (GBO §§ 22, 13).

II. Schutz gutgläubiger Dritter 4

Dritte, denen nicht bekannt ist, daß der Vorerbe die Verfügungsmacht verloren hat, werden nach den entsprechend anzuwendenden Vorschriften zugunsten derjenigen, die Rechte von einem Nichtberechtigten herleiten, geschützt. Vgl. dazu § 2113 Rdn. 36. Der gute Glaube muß sich auf die Unkenntnis von dem Wegfall der Verfügungsmacht des Vorerben beziehen. In Ansehung von Grundstücken und Rechten an Grundstücken ist er ausgeschlossen, wenn der Wegfall der Verfügungsmacht des Vorerben im Grundbuch eingetragen ist.

III. Mitteilung an den Schuldner (Abs. 2 Satz 2) 5

Die Bestimmung des Abs. 2 Satz 2 entspricht dem für den Nießbrauch geltenden § 1070 Abs. 2 und dem für das Pfandrecht an Rechten geltenden § 1275. Die regelmäßig vom Verwalter oder vom Nacherben ausgehende Mitteilung an den Schuldner ist mit Zustellung, auch Ersatzzustellung (ZPO §§ 181—184), auch dann wirksam, wenn der Schuldner keine Kenntnis erlangt.

Nicht geschützt ist der Dritte, der vom Vorerben eine Forderung durch Abtretung 6
erwirbt, soweit ihm nicht §§ 892, 893 zustatten kommen. Auch auf Erbschein kann er sich nicht berufen (§ 2366), da der Erbschein über das Fortbestehen des Verfügungsrechts nicht Auskunft zu erteilen bestimmt ist.

IV. Aufhebung der Entziehung der Verwaltung 7

Gutgläubige Dritte und die Schuldner der zur Erbschaft gehörenden Forderungen werden in gleicher Weise geschützt, wenn die Entziehung der Verfügungsbefugnis wieder aufgehoben wird. Auch diese Vorschrift entspricht der in § 1070 für den Nießbrauch getroffenen. Die Entziehung der Verwaltung ist aufzuheben, wenn der Vorerbe nachträglich Sicherheit leistet, § 1052 Abs. 3.

§ 2130

Der Vorerbe ist nach dem Eintritte der Nacherbfolge verpflichtet, dem Nacherben die Erbschaft in dem Zustande herauszugeben, der sich bei einer bis zur Herausgabe fortgesetzten ordnungsmäßigen Verwaltung ergibt. Auf die Herausgabe eines landwirtschaftlichen Grundstücks findet die Vorschrift des § 592, auf die Herausgabe eines Landguts finden die Vorschriften der §§ 592, 593 entsprechende Anwendung.

Der Vorerbe hat auf Verlangen Rechenschaft abzulegen.

E I 1815, 1007 II 2003; M **5** 101, 102; P **5** 95, 96, 100, 128.

Herausgabe der Erbschaft

Übersicht

Befreiung zulässig § 2136.

1 **I. Der Anspruch auf Herausgabe der Erbschaft**

1. Haftung des Vorerben für eine ordnungsmäßige Verwaltung des Nachlasses

a) Rechtsgrundlagen der Haftung. Die Fassung des § 2130 Satz 1 zeigt, daß der Herausgabeanspruch nicht nur auf Herausgabe schlechthin geht, sondern zugleich ein haftungsrechtliches Element enthält. Der Vorerbe hat auf Grund des Anspruchs die Erbschaft einmal so herauszugeben, wie er sie in dem Augenblick besitzt, in dem der Anspruch geltend gemacht wird. Er ist ferner aber auch dafür verantwortlich, daß die herauszugebende Erbschaft sich in dem Zustand befindet, der sich bei einer bis zur Herausgabe forgesetzten ordnungsmäßigen Verwaltung ergeben würde. Auch diese Verantwortlichkeit wird mit dem Herausgabeanspruch nach § 2130 geltend gemacht.

2 **b) Maßstab für die Haftung.** Die Herausgabepflicht, die so als Maßstab für die Bemessung der Haftung des Vorerben angeordnet ist, bestimmt sich ebenso wie in § 591 bei der Pacht nach einem objektiven Maßstab, nach dem Ergebnis der bis zur Herausgabe fortgesetzten ordnungsmäßigen Verwaltung. Was dem Vorerben hiernach im einzelnen obliegt (§ 2038 11. Aufl. Anm. 4, 6), bestimmt sich nach allgemeinen Lebensanschauungen. Der Nacherbe kann nicht eine einzelne Verwaltungshandlung des Vorerben herausgreifen und für ihre Verletzung Schadensersatz fordern, sondern er muß auf das Gesamtergebnis der Verwaltung sehen (Prot. **5**, 96; BGH MDR **73**, 749 = WM **73**, 361, dazu § 2112 Rdn. 3; RG WarnRspr. **1937** Nr. 133). Wenn ein gewerbliches Unternehmen zum Nachlaß gehört und der Vorerbe nicht die erforderliche Eignung für dessen Leitung besitzt, kann es geboten sein, das Unternehmen zu verpachten oder durch einen Verwalter bewirtschaften zu lassen. Unter Umständen kann es auch dem Nacherben zur Verwaltung für den Vorerben überlassen werden (BGH MDR **73**, 749 = WM

73, 361). Soweit das Gesamtergebnis der Verwaltung hinter demjenigen zurückbleibt, daß sich unter Berücksichtigung des gesetzlich vorgeschriebenen Maßstabes ergibt, kann der Nacherbe Wertausgleich fordern.

c) Befreiung von der Haftung. Der Vorerbe kann sich von der objektiv gegen ihn begründeten Haftung durch den Nachweis befreien, daß er auch in eigenen Angelegenheiten nicht sorgfältiger zu verfahren pflege (§ 2131), wenn ihm nicht grobe Fahrlässigkeit zur Last fällt (§ 277). **3**

2. Der eigentliche Anspruch auf Herausgabe **4**

a) Zusammentreffen mit dem Erbschaftsherausgabeanspruch. Der Herausgabeanspruch ist aber seiner Natur nach schuldrechtlich und entsteht erst mit Eintritt der Nacherbfolge (§ 2139). Nimmt der Vorerbe darüber hinaus die Erbenstellung auch für die Zeit nach Eintritt des Nacherbfalls für sich in Anspruch, so ist er nunmehr Erbschaftsbesitzer im technischen Sinn und auch dem Erbschaftsanspruch des Nacherben ausgesetzt (§§ 2018 ff). Die Vorschriften über den Erbschaftsanspruch können aber nicht schlechthin angewandt werden. Die besondere Stellung des Vorerben insbesondere in der Zeit vor Eintritt des Nacherbfalls und auch § 2140 sind dabei zu berücksichtigen.

b) Umfang der Herausgabepflicht. Der Herausgabeanspruch umfaßt auch die Surrogate der Erbschaft (§ 2111) sowie solche körperlichen Gegenstände, die, ohne selbst ursprüngliche Erbschaftsgegenstände oder Ersatzstücke solcher zu sein, vermöge ihrer Beziehung auf Erbschaftsgegenstände lediglich dazu dienen können, dem Vorerben oder seinem Erben eine Rechtsstellung zu verleihen, die nach dem Nacherbfalle nicht ihnen, sondern dem Nacherben zukommt, im übrigen aber wertlos sind (RG **163,** 51: Ausfertigung einer vollstreckbaren Schuldurkunde über eine Nachlaßforderung). Der Vorerbe muß auch in die Umschreibung von Vollstreckungstiteln auf den Nacherben willigen. **5**

Daraus, daß der Vorerbe den Nachlaß so herauszugeben hat, wie er ihn besitzt, folgt, daß der Nacherbe gebunden ist, wenn der befreite Vorerbe vor Eintritt des Nacherbfalls ein Grundstück aufgelassen hat, die Umschreibung aber bis zum Eintritt des Nacherbfalls noch nicht erfolgt ist (KG DNotZ **42,** 108 = DR **41,** 2196). **6**

Der Nacherbe haftet allgemein in seiner Eigenschaft als Erbe für die Verbindlichkeiten, die der Vorerbe bei der ordnungsmäßigen Verwaltung des Nachlasses eingegangen ist. Ohne Rücksicht darauf, ob dadurch zugleich eine Eigenverbindlichkeit des Vorerben begründet worden ist, sind sie auch Nachlaßverbindlichkeiten (RG **90,** 91; **112,** 129, 131; **146,** 343, 345). Das Eingehen einer Verbindlichkeit widerspricht nicht schon deshalb der ordnungsmäßigen Verwaltung des Nachlasses, weil sie mit Nachlaßmitteln nicht beglichen werden kann, sondern es kommt auf alle Umstände des einzelnen Falles an, insbesondere darauf, ob es nach wirtschaftlichen Gesichtspunkten gerechtfertigt war, die Verbindlichkeit einzugehen. Die Aufnahme von Darlehen zum Wiederaufbau eines zerstörten Wohnhauses konnte in den Jahren nach dem 2. Weltkrieg auch dann einer ordnungsmäßigen Verwaltung des Nachlasses entsprechen, wenn die zu erwartenden Mieteinnahmen keine angemessene Verzinsung der Aufwendungen gewährleisteten und der bei einem Verkauf des Grundstücks zu erzielende Erlös diese Aufwendungen nicht gedeckt hätte (BGH LM § 2136 Nr. 1).

Falls zum Nachlaß ein Handelsgeschäft gehört, das der Nacherbe unter der bisherigen Firma weiterführt, haftet er für die von dem Vorerben begründeten Geschäftsverbindlichkeiten nach § 27 HGB. Deswegen kommt es für diese Verbindlichkeiten nicht darauf an, ob sie im Rahmen einer ordnungsmäßigen Verwaltung des Nachlasses begründet worden sind (BGH **32,** 60 mit Anm. *Mattern,* LM BGB § 1967 Nr. 1). Der Nacherbe kann nach Art. 2 EGHGB die Haftung für sie auch nicht beschränken.

7 Der Herausgabeanspruch ist kein Anspruch auf Erbauseinandersetzung. Soweit eine Umstellung in Frage steht, kann daher nicht § 18 Abs. 1 Nr. 3 UmstG angewandt werden. Vielmehr ist bei jedem einzelnen zur Erbschaft gehörenden Anspruch, der einer Umstellung unterliegt, zu prüfen, wie er nach den für ihn geltenden gesetzlichen Bestimmungen umgestellt worden ist.

8 Auch im Falle der Befreiung (§ 2136) kann der Vorerbe von der Herausgabeverpflichtung selbstverständlich nicht ganz entbunden werden. Sie beschränkt sich nach § 2138 nur auf die noch vorhandenen Erbschaftsgegenstände.

9 c) **Prüfung der Empfangsberechtigung.** Die Prüfung der Empfangsberechtigung ist Sache des bisherigen Vorerben. Gibt er die Erbschaft einem Nichtberechtigten heraus, so kann er sich dem wahren Nacherben gegenüber nicht etwa auf § 2140 berufen (RG WarnRspr. **1918** Nr. 213).

10 **II. Rechte und Pflichten des Vorerben im übrigen**

Ersatzanspruch des Vorerben wegen seiner Verwendungen §§ 2124, 2125, Zurückbehaltungsrecht § 273, Verpflichtung zum Wertersatz § 2134, Verteilung der Früchte und Lasten §§ 101—103. Schutz des Vorerben gegen ordnungswidrige Verwaltung vor Eintritt der Nacherbfolge §§ 2127—2129. Tritt die Nacherbfolge durch den Tod des Vorerben ein, so trifft die Herausgabepflicht an seiner Stelle seinen Erben (RG Recht 20 Nr. 421).

11 **III. Herausgabe eines landwirtschaftlichen Grundstücks oder Landguts**

Gehört ein landwirtschaftliches Grundstück zu der herauszugebenden Erbschaft, so ist § 592, gehört ein Landgut dazu, so sind §§ 592, 593 entsprechend anzuwenden. Entsprechendes bestimmt § 1055 Abs. 2 für den Nießbrauch. Maßgebender Zeitraum ist bei der Erbschaftsherausgabe das mit dem Erbfall beginnende Erntejahr.

12 **IV. Rechenschaftspflicht (Abs. 2)**

Die Rechenschaftspflicht umfaßt nach § 259 und ebenso die Herausgabepflicht nach § 260 gegebenenfalls die Pflicht zur eidesstattlichen Bekräftigung. Bei der Rechnungslegung scheiden die Einnahmen aus, soweit sie Nutzungen sind (§ 2111 Rdn. 12—14). Ebensowenig kommen unter den Ausgaben die vom Vorerben zu tragenden gewöhnlichen Erhaltungskosten in Frage (§ 2124 Abs. 1).

13 Die Rechenschaftspflicht bezieht sich im wesentlichen nur auf die Substanz. An die Rechnung des Vorerben, der Herr der Erbschaft ist und nur nach Art eines Verwalters beurteilt wird, dürfen nicht gleich strenge Anforderungen wie an den eigentlichen Verwalter fremden Gutes gestellt werden.

§ 2131

Der Vorerbe hat dem Nacherben gegenüber in Ansehung der Verwaltung nur für diejenige Sorgfalt einzustehen, welche er in eigenen Angelegenheiten anzuwenden pflegt.

E I 1815, 991 II 2004; M 5 102; P 5 96, 99.

Befreiung zulässig § 2136.

Haftung für Sorgfalt in eigenen Angelegenheiten

Der subjektive Maßstab der Sorgfalt in eigenen Angelegenheiten (vgl. auch §§ 690, 708, 1359, 1664) kommt von vornherein nicht in Betracht, soweit das Gesetz dem Vorerben bestimmte Verhaltungsmaßregeln vorschreibt (§§ 2116—2119, 2123, 2133, auch RG **73**, 6), oder ihn schlechthin zum Wertersatz verpflichtet (§ 2134). Ferner nicht, wenn es sich um ein grobfahrlässiges (§ 277) oder gar um ein arglistiges, auf Benachteiligung des Nacherben abzielendes Verhalten handelt. Für letzteren Fall kann ihm auch vom Erblasser die Haftung nicht erlassen werden (§ 2138 Abs. 2). Im übrigen steht dem aus § 2130 an sich haftpflichtigen Vorerben der Gegenbeweis offen, daß er auch in eigenen Angelegenheiten nicht anders zu verfahren pflege.

§ 2132

Veränderungen oder Verschlechterungen von Erbschaftssachen, die durch ordnungsmäßige Benutzung herbeigeführt werden, hat der Vorerbe nicht zu vertreten.

E I 1815, 1007 Abs. 1 II 2006 Abs. 2; M **5** 93; P **5** 101, 128.

Veränderungen oder Verschlechterungen von Erbschaftsgegenständen

Übereinstimmend mit dem Grundsatze des § 2130, auch bei der Miete § 548, der Leihe § 602 und dem Nießbrauch § 1050. Damit ist zugleich anerkannt, daß der Vorerbe für Veränderungen und Verschlechterungen einzustehen hat, soweit er den Beweis nicht führen kann, daß sie durch ordnungsmäßige oder doch mindestens seinen sonstigen Gepflogenheiten entsprechende Benutzung (§ 2131) verursacht sind. Für den befreiten Vorerben (§ 2136) entfällt jede Beweispflicht.

§ 2133

Zieht der Vorerbe Früchte den Regeln einer ordnungsmäßigen Wirtschaft zuwider oder zieht er Früchte deshalb im Übermaße, weil dies infolge eines besonderen Ereignisses notwendig geworden ist, so gebührt ihm der Wert der Früchte nur insoweit, als durch den ordnungswidrigen oder den übermäßigen Fruchtbezug die ihm gebührenden Nutzungen beeinträchtigt werden und nicht der Wert der Früchte nach den Regeln einer ordnungsmäßigen Wirtschaft zur Wiederherstellung der Sache zu verwenden ist.

E I 1815, 988 Abs. 2 II 2005; M **5** 101; P **5** 127, 128.

Befreiung zulässig § 2136.

Übermäßiger Fruchtbezug

I. Begriff Übermaßfrüchte 1

Die Vorschrift ist der entsprechenden Bestimmung beim Nießbrauch (§ 1039) nachgebildet. Daß dem Vorerben die bei ordnungsmäßiger Verwaltung (§ 2130 Rdn. 1—3) gezogenen Nutzungen eigentümlich gehören, ergibt § 2111 (Rdn. 12—14). Hier ist vorausgesetzt, daß im Vergleich zu den gewöhnlichen Nutzungen ein Übermaß von Früchten gezogen wird, entweder infolge ordnungswidriger Bewirtschaftung

(Raubbau, Verkauf des zur Fortführung der Wirtschaft nötigen Strohes usw.) oder notgedrungen infolge eines besonderen zufälligen Ereignisses (Windbruch usw.). Auch diese übermäßigen Früchte würden nach §§ 100, 953 an sich dem Vorerben gebühren, wenn das Gesetz nicht einen Ausgleich träfe.

2 **II. Pflicht zur Herausgabe des Mehrertrags**

1. Grundsatz

Der Vorerbe bleibt auf die tatsächlich im Übermaß gezogenen Früchte nur insoweit berechtigt, als sie dem Ergebnis der gewöhnlichen, ordnungsmäßigen Bewirtschaftung entsprechen. Den Mehrertrag hat er bei Eintritt der Nacherbfolge mit der Erbschaft grundsätzlich an den Nacherben herauszugeben oder zu ersetzen.

3 **2. Anrechnung der Beeinträchtigung im ordnungsmäßigen Fruchtgenuß**

Der Vorerbe ist zur Herausgabe des Mehrertrags insoweit nicht verpflichtet, als er selbst einen Ausfall an Früchten infolge ordnungswidrigen oder übermäßigen Fruchtbezugs erleidet. (Der Morgen Wald trägt normal 100, hat infolge Windbruchs getragen im 1. Jahre 1000, im 2., 3. und 4. Jahre nur 25. Dem Vorerben gebühren auf 4 Jahre 400, er hat gezogen 1075 und hat dem Nacherben deshalb herauszugeben 675.)

4 **3. Aufwendungen des Nacherben zur Wiederherstellung der Sache**

Diese Kürzung ist jedoch („und nicht") insoweit ausgeschlossen, d. h., der übermäßige Fruchtbezug (1000 infolge Windbruchs) ist an den Nacherben insoweit unverkürzt herauszugeben, als er zur Wiederherstellung der Sache zu verwenden ist. Beträgt somit der Aufforstungsaufwand 900, so hat der Vorerbe ohne Anspruch auf Ersatz wegen des Fruchtausfalls im 2. bis 4. Jahre dem Nacherben die vollen 900 herauszugeben.

5 **4. Wiederherstellung der Sache durch den Vorerben**

Hat der Vorerbe die Wiederherstellung selbst vorgenommen, so hat er insoweit, als er durch die mehr gezogenen Früchte nicht gedeckt ist, den Ersatzanspruch wegen Verwendungen aus §§ 2124, 2125.

6 **5. Verschuldeter übermäßiger Fruchtbezug**

Beruht der übermäßige Fruchtbezug auf einem nach §§ 2130 bis 2132 vom Vorerben zu vertretenden Verschulden, so ist er dem Nacherben (wie in § 2134) für den hiernach nicht ausgeglichenen Schaden ersatzpflichtig.

Zur **Sicherheitsleistung** (wie in § 1039) ist er nicht verbunden, wenn nicht § 2128 einschlägt.

§ 2134

Hat der Vorerbe einen Erbschaftsgegenstand für sich verwendet, so ist er nach dem Eintritte der Nacherbfolge dem Nacherben gegenüber zum Ersatze des Wertes verpflichtet. Eine weitergehende Haftung wegen Verschuldens bleibt unberührt.

E I 1815, 1007 Abs. 1 II 2006 Abs. 1; M 5 93; P 5 100, 128, 129.

Befreiung zulässig § 2136.

Eigennützige Verwendung von Erbschaftsgegenständen

I. Verwendung eines Erbschaftsgegenstandes 1

Vorausgesetzt ist die Verwendung eines Erbschaftsgegenstandes (oder eines dafür erlangten Surrogats § 2111), die dem Vorerben die ihm durch § 2130 auferlegte Verpflichtung zur Herausgabe des Gegenstandes unmöglich macht. An die Stelle des Gegenstandes tritt in diesem Falle wie bei der Surrogation eine Forderung gegen den Vorerben auf Wertersatz.

Hauptfall ist die Verwendung von Geld und anderen verbrauchbaren Sachen §§ 92, 2
1377 Abs. 2). Auch andere Sachen können durch Verbindung oder Vermischung mit eigenen Sachen des Vorerben oder durch eine von ihm vorgenommene Verarbeitung (§§ 946, 948, 950) vom Vorerben verwendet und dadurch untergegangen sein. Erbschaftsgegenstände sind auch die zum Nachlaß gehörenden Forderungen und Rechte. Rechnet der nicht befreite Vorerbe mit einer Nachlaßforderung gegen eine ihn privat treffende Verbindlichkeit auf, so ist dies eine unentgeltliche Verfügung, die bei Eintritt des Nacherbfalls dem Nacherben gegenüber unwirksam ist (vgl. § 2113 Rdn. 26). Ist sie wirksam, weil ein Erbschein das Nacherbenrecht nicht ausweist (§ 2367), dann ist der Vorerbe ersatzpflichtig.

II. Wertersatz 3

Maßgebend für die Höhe des Wertersatzes ist die Zeit der Verwendung. Er kann nicht vor Eintritt der Nacherbfolge gefordert werden.

III. Haftung wegen Verschuldens 4

Die Schadensersatzpflicht wegen Verschuldens im Umfange der §§ 280, 249 ff ist schon durch die Tatsache der Verwendung begründet, wenn hierin ein Akt ordnungswidriger Verwaltung zu finden ist, § 2130, und der Erbe sich auch nicht mit der Einrede aus § 2131 befreien kann.

Böswillige Verminderung der Erbschaft § 2138 Abs. 2.

Auch die Art der Verwendung kann eine schuldhafte sein, z. B. Schädigung des Nachlaßgrundstücks durch Herausnahme und Verwendung eines Balkens.

IV. Verwendung durch den in Not geratenen Vorerben 5

Ist ein nichtbefreiter Vorerbe, insbesondere die Witwe des Erblassers, durch die von diesem nicht vorgesehene Wirtschaftskatastrophe (**Geldentwertung**) in Not geraten, so kann ergänzende Testamentsauslegung (§ 2084 Rdn. 19 ff) den Vorerben unter Umständen trotz §§ 2130, 2134 berechtigen, das Kapital anzugreifen oder von dem es verwaltenden Testamentsvollstrecker die zur Abwendung der Notlage erforderlichen Zuschüsse zu fordern; es kommt für die Auslegungsfrage darauf an, ob der Erblasser in erster Linie den Vorerben sicherstellen oder dem Nacherben das Kapital erhalten wollte (vgl. einerseits Hamburg ZBlFG **22**, 346, auch München JW **22**, 1343 u. LG Berlin JW **22**, 1346 Nr. 1, anderseits Hamburg SeuffArch. **78** Nr. 38).

§ 2135

Hat der Vorerbe ein zur Erbschaft gehörendes Grundstück oder eingetragenes Schiff vermietet oder verpachtet, so finden, wenn das Miet- oder Pachtverhältnis bei dem Eintritte der Nacherbfolge noch besteht, die Vorschriften des § 1056 entsprechende Anwendung.

E I 1815, 1008 II 2007; M 5 104, 105; P 5 101, 129.

Miet- oder Pachtverhältnis

1 Der Nacherbe tritt mit Eintritt der Nacherbfolge an Stelle des Vorerben in die aus dem Miet- oder Pachtverhältnis sich ergebenden Pflichten des Vermieters oder Verpächters ein, der Vorerbe bleibt aber innerhalb der Grenzen des § 571 als Bürge haftbar. Dem Nacherben kommt die vom Mieter oder Pächter geleistete Sicherheit zugute, § 572.

2 Verfügungen des Vorerben über Miet- oder Pachtzins sind im Umfange des § 573 Satz 1, Rechtsgeschäfte zwischen Mieter oder Pächter und dem Vorerben und Aufrechnung gegen die Miet- oder Pachtzinsforderung des Nacherben mit einer dem Mieter oder Pächter gegen den Vorerben zustehenden Forderung nach Vorschrift der §§ 574, 575 wirksam.

3 Die Anzeige des Vorerben an den Mieter oder Pächter, daß die Nacherbfolge eingetreten sei, ist für den Vorerben bindend, § 576.

4 Die gleichen Wirkungen treten in Beziehung auf den Nacherben ein, der das vermietete Grundstück einem folgenden Nacherben herauszugeben hat, § 579. Kündigungsrecht des Nacherben gegenüber dem Mieter oder Pächter §§ 1056 Abs. 2, 565, 566, Recht des Mieters oder Pächters, den Nacherben hierüber zur Erklärung aufzufordern § 1056 Abs. 3.

5 Nach § 2120 kann der Nacherbe dazu angehalten werden, in eine über den Eintritt der Nacherbfolge hinaus wirksame Verlängerung des Pacht- oder Mietvertrags einzuwilligen, wenn sie durch die Umstände geboten ist.

§ 2136

Der Erblasser kann den Vorerben von den Beschränkungen und Verpflichtungen des § 2113 Abs. 1 und der §§ 2114, 2116 bis 2119, 2123, 2127 bis 2131, 2133, 2134 befreien.

E I 1824 II 2008; M 5 103, 109; P 5 109.

Befreite Vorerbschaft

Übersicht

1 **I. Grenzen für die Möglichkeit der Befreiung**

Die Zulässigkeit einer Befreiung des Vorerben von den hier erwähnten Beschränkungen und Verpflichtungen (s. auch § 2137) ist bereits bei den einzelnen Paragraphen hervorgehoben und erläutert. Daraus ergibt sich, daß auch bei weitestgehender Befreiung der Vorerbe nicht unentgeltlich über Erbschaftsgegenstände verfügen darf (§ 2113 Abs. 2).

Zutreffend hat der Bundesgerichtshof angenommen, die Testamentsbestimmung, die als Vorerbin eingesetzte Ehefrau solle von allen gesetzlichen Beschränkungen eines Vorerben befreit sein und über den gesamten Nachlaß frei nach ihrem Willen verfügen können, gebe der Ehefrau nicht das Recht, über einen Nachlaßgegenstand unentgeltlich zu verfügen (BGH **7**, 274).

Der Erblasser kann ferner Verfügungen im Wege der Zwangsvollstreckung oder durch den Konkursverwalter nicht für wirksam erklären (§ 2115). Er kann den Vorerben nicht von der Inventarpflicht (§§ 2121, 2122), auch nicht von der Verpflichtung zur Tragung der gewöhnlichen Erhaltungskosten (§ 2124 Abs. 1) befreien. Doch kann er ihm in letzterer Beziehung die aus §§ 2130, 2131, 2134 sich ergebende Vertretungspflicht erlassen.

Völlige Befreiung des Vorerben von allen Schranken ist auch dadurch nicht zu erreichen, daß er unzulässigerweise zum Testamentsvollstrecker für den Nacherben (§ 2222) oder vom Erblasser für sich und seine Erben zum Bevollmächtigen in allen seinen Angelegenheiten bestellt wird (RG **77**, 177; KGJ **43**, 157; **52**, 78; § 2222 11. Aufl. Anm. 1). **2**

Der Erblasser kann auch nicht die sich aus § 2111 ergebenden Rechtsfolgen der dinglichen Ersetzung ausschließen. Daß dem Vorerben die Haftung für Arglist nicht erlassen werden kann, ist in der Anm. zu § 2131 schon erwähnt, vgl. auch § 2138 Abs. 2. **3**

II. Ausnahme einzelner Gegenstände von der Herausgabepflicht **4**

Der Erblasser kann anordnen, daß der Vorerbe einzelne Nachlaßgegenstände bei Eintritt des Nacherbfalls dem Nacherben nicht herauszugeben braucht. Hinsichtlich dieser Gegenstände ist dann ein Vorausvermächtnis zugunsten des Vorerben anzunehmen.

III. Erlaubnis zur unentgeltlichen Verfügung über einzelne Nachlaßgegenstände **5**

In der Bestimmung des Erblassers, der Vorerbe dürfe über einzelne Gegenstände unentgeltlich verfügen, kann gleichfalls die Zuwendung dieser Gegenstände als Vorausvermächtnis liegen. *Hachenburg* DNotV **06**, 330 nimmt für besonders liegende Fälle an, der Nacherbe sei durch eine Auflage verpflichtet, den unentgeltlichen Verfügungen zuzustimmen, *Kipp/Coing* § 51 III 1 b nimmt an, der Erblasser könne den Nacherben durch besonderes Vermächtnis verpflichten, der unentgeltlichen Verfügung des Vorerben zuzustimmen oder ihn von dem Ersatzanspruch wegen dieser Verfügung zu befreien. Gegen diese Auffassung äußern Bedenken *Dernburg* V § 61 Anm. 6; *Jastrow* DNotV **06**, 103; *Planck/Flad* 4. Aufl. § 2136 Anm. 2.

IV. Gestattung letztwilliger Verfügungen über den Nachlaß oder einzelne Nachlaßgegenstände **6**

Grundsätzlich kann der Erblasser dem Vorerben auch nicht gestatten, über den Nachlaß oder einzelne dazu gehörige Gegenstände letztwillig zu verfügen. Eine Bestimmung dahin, daß der Vorerbe über den ganzen Nachlaß letztwillig verfügen kann, wird in der Regel dahin auszulegen sein, daß die Nacherbfolge nur unter der Bedingung angeordnet ist, daß der Vorerbe nicht über den Nachlaß letztwillig verfügt. Er ist, wenn er in dieser Weise verfügt, Vollerbe. Der Nacherbfall tritt, da die dafür gesetzte Bedingung sich nicht erfüllt hat, nicht ein.

7 Falls dem Vorerben gestattet ist, letztwillig über einzelne Nachlaßgegenstände zu verfügen, kann es sich insichtlich dieser Gegenstände um ein Vorausvermächtnis zugunsten des Vorerben handeln.

8 **V. Vollständige oder nur teilweise Befreiung**

Die Befreiung kann sich auf alle (§ 2137 Abs. 1) oder nur auf einzelne Beschränkungen und Verpflichtungen erstrecken. Sie kann auch hinsichtlich einzelner Gegenstände und weiter in bezug auf einzelne bestimmte Verfügungen über einzelne Gegenstände erklärt werden. Eine Befreiung für eine bestimmte Verfügung über einen einzelnen Gegenstand ist in der Regel anzunehmen, wenn der Erblasser ein Nachlaßgrundstück einer dritten Person vermacht hat. Der Vorerbe kann dieses Vermächtnis erfüllen, ohne daß der Nacherbe zustimmen müßte (KG DR **40,** 2256 = DJ **41,** 258).

9 **VI. Durch Testamentsauslegung zu ermittelnde Befreiung**

Die Befreiung braucht nicht ausdrücklich erklärt zu werden. Es genügt, wenn der dahin gehende Wille überhaupt irgendwie, wenn auch nur andeutungsweise im Testament zum Ausdruck gelangt (RG **69,** 259; WarnRspr. **1931** Nr. 113; Dresden OLG **26,** 338; KG HRR **39,** 1165). Vielfach wird, wenn Ehegatten einander gegenseitig in erster Linie (z. B. gemäß § 2269) zum Vollerben berufen haben und zugleich unter einer Bedingung, deren Ausfall sich ihrer Natur nach erst beim Tode des Längstlebenden entscheiden kann (Wiederverheiratung, kinderloses Versterben) eine Nacherbfolge angeordnet haben, beim Fehlen entgegenstehender Umstände angenommen, daß der Berufene in seiner Eigenschaft als bedingter Vorerbe von den gesetzlichen Beschränkungen eines solchen, soweit möglich, befreit sein solle (KGJ **42,** 109; JFG **13,** 155; **17,** 154 gegen Stuttgart JFG **6,** 162; vgl. auch *Weihe* DNotZ **39,** 247 ff). Aus der Tatsache allein, daß die Ehegatten, die sich gegenseitig zu Vorerben eingesetzt haben, kinderlos waren, kann noch keineswegs auf einen auf eine befreite Vorerbschaft gerichteten Willen geschlossen werden (BGH NJW **51,** 345). Schlüsse auf einen solchen Willen können auch nicht daraus gezogen werden, daß für den Erbteil eines Abkömmlings nur für den Fall, daß er heiratet oder kinderlos verstirbt, eine Nacherbfolge bestimmt ist (BGH Urt. v. 22. 10. 1958 V ZR 29/58) oder daß der als Alleinerbe Berufene zu einem Teil als Vorerbe und zu einem anderen als Vollerbe berufen ist (BayObLG NJW **58,** 1683). Es kann jedenfalls in ländlichen Verhältnissen nicht als Regel angesehen werden, daß kinderlose Ehegatten, die sich in einem gemeinschaftlichen Testament gegenseitig als „Alleinerben" eingesetzt und eine Nacherbschaft angeordnet haben, damit eine befreite Vorerbschaft gewollt haben (BGH NJW **54,** 354). Dagegen hat der Bundesgerichtshof eine befreite Vorerbschaft in einem Fall angenommen, in dem der Erblasser verfügt hatte, er überlasse seiner Ehefrau das ihm gehörige gesamte Vermögen zu persönlichem Eigentum und setze sie als Alleinerbin ein. Im Falle der Wiederheirat der Ehefrau sollten jedoch diese und die Kinder im Verhältnis ihrer gesetzlichen Erbteile Erben sein. Die Auslegung stützt sich aber nicht darauf, daß die Nacherbfolge nur bedingt angeordnet war, sondern auf den Wortlaut des Testaments, in dem von der Ehefrau als alleinigen Erbin die Rede ist, der der Ehemann sein gesamtes Vermögen überließ (BGH FamRZ **61,** 275). Die Anordnung einer befreiten Vorerbschaft ist in einem Fall angenommen worden, in dem die Ehegatten sich gegenseitig zu Alleinerben und für die Zeit nach dem Tode des Erstberufenen Verwandte zu Nacherben eingesetzt hatten, wobei erhebliches Gewicht dem Umstand beigelegt worden ist, daß der Vorerbe erheblich zum Erwerb des Vermögens, das der Erblasser hinterlassen hatte, beigetragen hatte (BayObLGZ **60,** 432).

Die Bezeichnung des Erstbedachten als Universal- oder Alleinerbe ergibt allein noch keinen Anhalt für eine befreite Vorerbschaft (BGH FamRZ **70**, 192; KG HRR **39**, 1165).

VII. Eintragung im Grundbuch 10

Im Grundbuch ist neben dem Rechte des Nacherben auch die Befreiung des Vorerben von Amts wegen einzutragen, GBO § 51 (§ 2113 Rdn. 42). Im Erbschein ist nicht nur völlige Befreiung des Vorerben, sondern auch eine Teilbefreiung zu beurkunden (§ 2363 11. Aufl. Anm. 4).

VIII. Vom Erblasser angeordnete über die gesetzlichen hinausgehende Beschränkungen 11

Der Erblasser kann andererseits dem Vorerben durch Vermächtnisse und Auflagen Beschränkungen auferlegen, die über die gesetzlich vorgesehenen hinausgehen. Diese Beschränkungen schränken zwar die Verfügungsmacht des Vorerben über die Nachlaßgegenstände nicht ein. Sie verpflichten ihn aber schuldrechtlich. Zuwiderhandlungen können den Vorerben schadensersatzpflichtig machen.

Das Wesen der Vorerbschaft besteht nicht darin, daß dem Vorerben die Verfügung 12
über den Nachlaß im eigenen Interesse, zum eigenen Nutzen und Vorteil zustehen muß. Es ist nicht erforderlich, daß ihm mehr Rechte belassen werden, als sie für die Nutznießung am Nachlaß und dessen Verwaltung erforderlich sind (BGH LM BGB § 2100 Nr. 2). Auch die Nutznießung des Vorerben kann durch Vermächtnisse zugunsten des Nacherben oder anderer Personen mehr oder weniger weit beschränkt werden. Schließlich kann auch der Erblasser die Verwaltung ganz oder für eine bestimmte Zeit einem Testamentsvollstrecker übertragen (§§ 2205, 2209, 2338 Abs. 1). Das gilt auch dann, wenn der Erblasser eine befreite Vorerbschaft angeordnet hat. Das Verwaltungs- und Verfügungsrecht des Testamentsvollstreckers verdrängt dann das des befreiten Vorerben, solange der Testamentsvollstrecker den Nachlaß nicht an den Vorerben herausgegeben hat (BayObLG NJW **59**, 1920).

§ 2137

Hat der Erblasser den Nacherben auf dasjenige eingesetzt, was von der Erbschaft bei dem Eintritte der Nacherbfolge übrig sein wird, so gilt die Befreiung von allen im § 2136 bezeichneten Beschränkungen und Verpflichtungen als angeordnet.

Das gleiche ist im Zweifel anzunehmen, wenn der Erblasser bestimmt hat, daß der Vorerbe zur freien Verfügung über die Erbschaft berechtigt sein soll.

E I 1839, 1841 II 2009; M 5 129, 130, 132; P 5 150—158.

Einsetzung auf den Überrest und Berechtigung zu freier Verfügung

I. Einsetzung auf den Überrest 1

Die Bestimmung sagt nichts darüber, ob in den Fällen, in denen eine letztwillige Verfügung eine dem Wortlaut des § 2137 entsprechende Bestimmung enthält, eine Vor- und Nacherbschaft gewollt ist. Darauf ist das Testament zunächst zu prüfen. Eine testamentarische Bestimmung, durch die der Erblasser seine Witwe als Universalerbin berufen und weiter verfügt hatte, das, was bei deren Tod von seinem Nachlaß noch vorhanden sei, solle seinen Neffen zufallen, ist vom Oberlandesgericht Oldenburg dahin ausgelegt worden, daß die Ehefrau Vollerbin sei. Dem Neffen sei der Überrest des Nachlasses als ein beim Tode der Erbin fälliges Vermächtnis zugewandt (DNotZ **58,** 95). Diese Auslegung ist möglich. Ebenso Bremen DNotZ **56,** 149; vgl. auch Hamm DNotZ **63,** 559; § 2087 Rdn. 14. Ist eine Nacherbfolge gewollt und ist der Nacherbe auf den Überrest eingesetzt, dann ist kraft der ergänzenden keine andere Auslegung zulassenden Gesetzesbestimmung vom Erblasser auch gewollt, daß der Vorerbe von allen Beschränkungen und Verpflichtungen befreit sein soll. Soweit allerdings dem Erblasser die Möglichkeit einer Befreiung des Vorerben überhaupt entzogen ist (§ 2136 Rdn. 1—3), bleibt er auch bei der Einsetzung auf den Überrest gebunden. Ebenso verbleibt es bei dem Grundsatze der Surrogation nach § 2111 (s. § 2138 Rdn. 3).

2 **II. Berechtigung zur freien Verfügung über die Erbschaft (Abs. 2)**

Räumt der Erblasser dem Vorerben „freie Verfügung" ein (s. über diesen Begriff KGJ **44,** 77), so stellt das Gesetz nur eine gewöhnliche Auslegungsregel auf. Nur im Zweifel ist anzunehmen, daß der Vorerbe von allen in § 2136 bezeichneten Beschränkungen befreit sein soll. Durch Auslegung des Testaments kann ein anderer Wille des Erblassers ermittelt werden. Der Wille des Erblassers kann insbesondere auf Befreiung bloß von den eigentlichen Verfügungsbeschränkungen (§§ 2113 Abs. 1, 2114) gerichtet sein (vgl. KG Recht **29** Nr. 2006).

3 Mit der Ernennung eines auch während der Dauer der Vorerbschaft zur Verwaltung des Nachlasses und zur Verfügung über ihn berechtigten Testamentsvollstreckers (§§ 2205, 2211) ist eine Testamentsbestimmung aus § 2137 Abs. 2 nicht unvereinbar; sie hat dann allerdings nur für die Fälle Bedeutung, daß der Testamentsvollstrecker dem Vorerben Nachlaßgegenstände gemäß § 2217 zur freien Verfügung überläßt oder daß die Testamentsvollstreckung infolge Ablehnung des Amtes durch den Ernannten oder infolge Kündigung nicht in Wirksamkeit tritt oder endigt (RG WarnRspr. **1938** Nr. 123).

Eintragung im Grundbuch GBO § 51, Angabe im **Erbschein** § 2363.

§ 2138

Die Herausgabepflicht des Vorerben beschränkt sich in den Fällen des § 2137 auf die bei ihm noch vorhandenen Erbschaftsgegenstände. Für Verwendungen auf Gegenstände, die er infolge dieser Beschränkung nicht herauszugeben hat, kann er nicht Ersatz verlangen.

Hat der Vorerbe der Vorschrift des § 2113 Abs. 2 zuwider über einen Erbschaftsgegenstand verfügt oder hat er die Erbschaft in der Absicht, den Nacherben zu benachteiligen, vermindert, so ist er dem Nacherben zum Schadensersatze verpflichtet.

E I 1840 II 2010; M **5** 130—132; P **5** 150—158.

Herausgabe im Falle des § 2137

1 **I. Umfang der Herausgabepflicht (Abs. 1 Satz 1)**

Für den Umfang der Herausgabepflicht mit den aus § 260 sich ergebenden weiteren Verpflichtungen ist nicht, wie nach § 2130 der bei ordnungsmäßiger Verwaltung sich ergebende, sondern der tatsächliche Zustand der Erbschaft, der „Überrest", in der Hand des Vorerben bei Eintritt der Nacherbfolge maßgebend. (Anscheinend für eine weitergehende Herausgabepflicht RG **148,** 391; dagegen *Vogler* JW **36,** 41 II.)

2 Der Nacherbe hat daher, soweit nicht Abs. 2 durchgreift, keinen Anspruch auf Ersatz desjenigen, was der Vorerbe zu seinem Nutzen verwandt hat. Das gilt auch dann, wenn das eigene Vermögen des Vorerben durch die Verwendung noch bereichert ist.

Daraus allein, daß der Vorerbe aus früherer Zeit herrührende Verbindlichkeiten mit Mitteln der Erbschaft beglichen hat oder daß er an Erbschaftsgegenständen durch Verbindung, Vermischung, Verarbeitung Eigentum erworben hat, kann der Nacherbe keine Ersatzansprüche herleiten.

Selbstverständlich sind auch die nach § 2111 an Stelle der ursprünglichen Erbschaftsgegenstände getretenen und noch vorhandenen Surrogate herauszugeben. Ein gesetzliches Recht des Vorerben, irgend etwas von der Erbschaft für sich zurückzubehalten (wie nach römischem Recht die quarta Falcidia), besteht nicht. **3**

II. Ersatzanspruch des Vorerben wegen Verwendungen **4**

Der Ersatzanspruch wegen Verwendungen (§§ 2124 Abs. 2, 2125) steht dem Vorerben nur zu, soweit es wirklich zur Herausgabe der Erbschaft (wenn hierauf im ganzen Verwendungen erfolgt sind, § 2125 Rdn. 1) oder der einzelnen von der Verwendung betroffenen Erbschaftsgegenstände kommt. Sein Ersatzanspruch bleibt jedoch bestehen, soweit die Gegenstände etwa durch Zufall untergegangen sind („infolge dieser Beschränkung").

III. Unentgeltliche Verfügungen und Arglist des Vorerben (Abs. 2) **5**

Auch der auf den Überrest eingesetzte Vorerbe ist nicht zu unentgeltlichen Verfügungen oder zu Verfügungen ermächtigt, die zum Zwecke der Erfüllung eines selbst erteilten Schenkungsversprechens erfolgen, § 2113 Abs. 2. Ebensowenig kann ihm die Haftung für Arglist erlassen werden (§§ 276 Abs. 2, 226; ebenso bei der Gütergemeinschaft §§ 1456, 1519, 1549).

IV. Schadensersatz im Falle des Abs. 2 **6**

Schadensersatz §§ 249 ff, 280. Schon vor Eintritt der Nacherbfolge ist der Schutz durch allgemeine Sicherungsmaßregeln (§ 2128 Rdn. 11) und selbst eine Feststellungsklage (§ 2113 Rdn. 14) nicht ausgeschlossen.

Der Schadensersatzanspruch, für dessen Umfang die Zeit des Eintritts der Nacherbfolge maßgebend ist, steht nicht bloß aushilfsweise zu. Soweit der Nacherbe die Unwirksamkeit der unentgeltlichen Verfügung auch gegen den dritten Erwerber geltend machen kann, ist er nicht gehindert, bis zum völligen Ausgleich des Schadens (§ 251) neben- oder nacheinander sowohl gegen den Dritten als gegen den Vorerben vorzugehen. **7**

Die nach Abs. 2 bestehende Schadensersatzpflicht kann über die bloße Pflicht, den Wert zu ersetzen, erheblich hinausgehen. Es kann daher, auch wenn der Nacherbe den Gegenstand, über den der Vorerbe unentgeltlich verfügt hat, von dem Dritten zurückerhalten hat, noch ein weiterer Schadensersatzanspruch gegen den Vorerben bestehen. Dieser Anspruch ist z. B. gegeben, wenn der Nacherbe Kosten aufgewandt hat, um den Gegenstand wiederzuerlangen, oder wenn er dadurch, daß der Gegenstand sich bei Eintritt des Nacherbfalls nicht im Nachlaßvermögen befand, Schaden erlitten hat. **8**

Für eine Schmälerung des Nachlasses, die dadurch eingetreten ist, daß der Gegenstand schon vor Eintritt des Nacherbfalls dem Nachlaßvermögen entzogen war, kann der Nacherbe den befreiten Vorerben in der Regel nicht in Anspruch nehmen, da dieser den Nachlaß nur in seinem tatsächlichen Zustand herauszugeben hat und für die unsachgemäße Verwaltung des Nachlasses nicht haftbar ist. **9**

Bloß vorsätzliches Handeln genügt für die Schadensersatzpflicht aus Abs. 2 Halbs. 2 nicht. Es muß eine gegen den Erben gerichtete Benachteiligungsabsicht festgestellt werden. Eine Ersatzpflicht kann auch nach § 826 gegeben sein. Vgl. dazu BGH **26,** 378, 383; *Planck/Flad* § 2138 Anm. 4. **10**

§ 2139

Mit dem Eintritte des Falles der Nacherbfolge hört der Vorerbe auf, Erbe zu sein, und fällt die Erbschaft dem Nacherben an.

E I 1804 Satz 2 II 2011; M **5** 82, 83; P **5** 78.

Anfall der Erbschaft an den Nacherben

1 **I. Übertragung von Rechten auf den Nacherben vor Eintritt des Nacherbfalls**

Vor Eintritt der Nacherbfolge kann sich der Vorerbe seiner Erbenstellung und damit der Schuldenhaftung (§ 2145) nicht durch Rechtsgeschäft mit dem Nacherben zu dessen Gunsten entäußern (RFH JW **23,** 138). Doch kann er dem Nacherben gegenüber auf die Ausübung des Vorerbrechts verzichten und ihm den Nachlaß herausgeben (RG Recht **16** Nr. 831).

2 Bei einer Mehrheit von Nacherben kann die vorzeitige Auflassung eines Nachlaßgrundstücks an sie nicht in der Weise erfolgen, daß sie als Nacherben zur gesamten Hand eingetragen werden sollen; denn vor Eintritt der Nacherbfolge besteht zwischen den Nacherben keine Erbengemeinschaft und deshalb auch kein Gesamthandverhältnis, solange ein solches (Gesellschaftsverhältnis) nicht durch einen von ihnen unter sich geschlossenen Vertrag begründet wird (München JW **38,** 2409).

3 Die schuldrechtliche Veräußerung an den Nacherben durch Erbschaftskauf (§§ 2371 ff) oder die dingliche Übertragung des dem Vorerben als Miterben zustehenden Nachlaßanteils (§ 2033) ist ihm nicht verwehrt. Dagegen kann nicht nur der Mitnacherbe, sondern auch der Alleinnacherbe seine Anwartschaft vor Eintritt der Nacherbfolge mit dinglicher Wirkung veräußern, und zwar auch an den Vorerben (§ 2108 Rdn. 13).

4 **II. Eintritt des Nacherbfalls**

Wann der Fall der Nacherbfolge eintreten und damit die Erbschaft dem Nacherben „anfallen" soll, hat in erster Linie der Erblasser zu bestimmen. Er kann die Bestimmung des Zeitpunktes, zu dem der Nacherbfall eintreten soll, keinem Dritten und auch nicht dem Testamentsvollstrecker überlassen (BGH **15,** 199; § 2106 Rdn. 4). Falls der Erblasser keine Bestimmung getroffen hat, ergibt sich der Zeitpunkt aushilfsweise aus dem Gesetz (Tod des Vorerben, Geburt des Nacherben oder Entstehung der juristischen Person, § 2106). Einsetzung des Nacherben unter einer aufschiebenden Bedingung § 2108 Rdn. 14. Vorausgesetzt ist, daß der Nacherbe oder daß doch seine Erben den Eintritt der Nacherbfolge erlebt (§ 2108 Rdn. 1) und die Nacherbschaft nicht bereits ausgeschlagen haben (§ 2142).

In entsprechender Anwendung des § 162 Abs. 2 tritt der Nacherbfall nicht ein, wenn der Nacherbe ihn vorsätzlich herbeigeführt hat (Mitwirkung bei der Tötung eines rassisch verfolgten Vorerben, BHG LM BGB § 2339 Nr. 2).

5 **III. Anfall der Erbschaft an den Nacherben**

a) Übergang von Besitz und Eigentum an den Erbschaftsgegenständen. Der **Anfall der Erbschaft** tritt wie im Falle der gewöhnlichen Erbfolge (§§ 1922 11. Aufl. Anm. 1, 20, 21, 25, 26, 1942 Rdn. 1) unmittelbar kraft des Gesetzes ein, d. h., das Vermögen des Erblassers — nicht des Vorerben — geht nunmehr mit einem Rechtsakt als Ganzes (RG **65,** 144) auf den Nacherben über. Eine Rückbeziehung auf den Zeitpunkt des Erbfalls tritt nicht ein. Rechtspositionen, die der Vorerbe gehabt hat, bleiben erhalten und gehen, soweit aus ihnen Rechte herzuleiten sind, auf seine Erben über. Das bedeutet, daß diese, wenn die Auschlagungsfrist noch läuft, die Vorerbschaft ausschlagen können (BGH **44,**

152 mit Anm. LM § 2139 Nr. 2; vgl. auch § 1952 Rdn. 8; aA *von Lübtow,* II S. 685 und JZ **69,** 502). Das kann unter Umständen von Bedeutung sein, wenn ein Ehegatte von seinem verstorbenen Ehegatten zum Vorerben eingesetzt worden ist und es sich darum handelt, statt dessen den Pflichtteil und güterrechtlichen Zugewinnausgleich zu verlangen. Der Nacherbe erwirbt also, vorbehaltlich des Ausschlagungsrechts, schon vor der Herausgabe (§ 2130 Rdn. 1 ff) das Eigentum an den zur Erbschaft gehörigen Sachen und die mit der Erbschaft verbundenen Gläubigerrechte, und er tritt in die Nachlaßverbindlichkeiten ein (§ 2144).

Auch der Besitz geht nach § 857 grundsätzlich ohne weiteres auf den Nacherben über. Soweit jedoch der Vorerbe den Besitz schon tatsächlich ausgeübt hatte, ist hierzu Besitzübertragung durch den Vorerben oder seine Erben erforderlich. **6**

Auf den Nacherben geht danach der dem Vorerben zustehende mittelbare Besitz über, da der Herausgabeanspruch dem Nacherben zusteht. Testamentsvollstrecker und Nachlaßpfleger vermitteln den Besitz mit Eintritt des Nacherbfalls für den Nacherben. Soweit der Vorerbe den Besitz nur nach § 857 erlangt und ihn noch nicht tatsächlich ergriffen hat, geht er gleichfalls unmittelbar auf den Nacherben über. **7**

Anspruch des Nacherben auf Herausgabe des dem Vorerben erteilten Erbscheins § 2363 Abs. 2.

Das Grundbuch, in dem der Vorerbe als Eigentümer eingetragen ist, wird mit dem Eintritt des Nacherbfalls unrichtig. Der Nacherbe kann die Berichtigung des Grundbuchs verlangen. Hierzu braucht er dem Grundbuchamt keinen sein Vollerbrecht ausweisenden Erbschein vorzulegen, wenn sein Nacherbrecht im Grundbuch eingetragen ist. Es genügt, wenn er die Sterbeurkunde des Vorerben vorlegt (KG JFG **1,** 366). Ist das Recht des Nacherben im Grundbuch noch nicht oder ist noch der Erblasser als Eigentümer eingetragen, dann muß der Nacherbe sein volles Erbrecht durch Vorlegung eines ihn als Vollerben ausweisenden Erbscheins oder nach § 35 Abs. 1 Satz 2 GBO nachweisen (Frankfurt NJW **57,** 265). **8**

b) Auswirkungen der Nacherbfolge im Prozeß und Nachlaßkonkurs. Prozessual bewirkt der Eintritt der Nacherbfolge unter Umständen Unterbrechung des zwischen dem Vorerben und einem Dritten anhängigen Rechtsstreits, ZPO §§ 242, 246. Der Nacherbe kann den Rechtsstreit aufnehmen, ist aber vor der Annahme zur Fortsetzung nicht verpflichtet, ZPO § 239 Abs. 5. Wirksamkeit des Urteils ZPO §§ 326, 728. Vgl. hierzu § 2112 Rdn. 18. **9**

Stellung des Nacherben im Nachlaßkonkurse KO § 231.

IV. Fortbestehen von Rechten und Pflichten des Vorerben **10**

Der Grundsatz, daß der Vorerbe mit Eintritt des Nacherbfalls aufhört, Erbe zu sein, ist teilweise eingeschränkt. Nach § 2142 Abs. 2 bleibt der Vorerbe Erbe, wenn der Nacherbe die Erbschaft ausschlägt und der Erblasser für diesen Fall nichts anderes bestimmt hat. Der Vorerbe ist auch nach Eintritt des Nacherbfalls berechtigt, über die Erbschaftsgegenstände zu verfügen, bis er vom Eintritt des Nacherbfalls erfährt oder bis er hiervon Kenntnis erlangt haben müßte (§ 2140). Für gewisse Nachlaßverbindlichkeiten haftet der Vorerbe auch nach Eintritt des Nacherbfalls (§ 2145).

Eine vom Vorerben erteilte Vollmacht berechtigt auch dazu, den Nacherben nach Eintritt des Nacherbfalls zu vertreten, wenn das Rechtsgeschäft, das der Vollmacht zugrunde liegt, über den Eintritt des Nacherbfalls hinaus wirkt und auch den Nacherben bindet (§ 2112 Rdn. 9).

§ 2140

Der Vorerbe ist auch nach dem Eintritte des Falles der Nacherbfolge zur Verfügung über Nachlaßgegenstände in dem gleichen Umfange wie vorher berechtigt, bis er von dem Eintritte Kenntnis erlangt oder ihn kennen muß. Ein Dritter kann sich auf diese Berechtigung nicht berufen, wenn er bei der Vornahme eines Rechtsgeschäfts den Eintritt kennt oder kennen muß.

KB 317.

Verfügungsrecht des Vorerben nach Eintritt der Nacherbfolge

1 Entsprechende Vorschriften finden sich im ehelichen Güterrecht (§§ 1472, 1497), für die elterliche (§ 1698 a) und vormundschaftliche Verwaltung (§§ 1893, 1915). Ähnlich bei der Vollmacht § 169, dem Auftrage § 674, der Gesellschaft § 729. Das Verfügungsrecht des gutgläubigen Vorerben (§§ 2112 ff) bleibt auch nach Eintritt der Nacherbfolge zu seinen eigenen Gunsten (mit Rücksicht auf seine Verantwortlichkeit gegenüber dem Nacherben) und bei gutem Glauben des Dritten auch zu dessen Gunsten (Wirksamkeit der Verfügung) bestehen.

Kenntnis erlangen § 1944 Rdn. 3 ff., Kennenmüssen § 122 Abs. 2.

2 Ist der Vorerbe in bösem Glauben, so ist auch der gutgläubige Erwerber nicht geschützt, es sei denn, daß er sich auf den öffentlichen Glauben des Grundbuchs (§§ 892, 893), bei beweglichen Sachen auf § 932 oder auf einen die Vorerbeneigenschaft nichtkennzeichnenden Erbschein (§ 2366) berufen kann.

3 Augenscheinlich hat das Gesetz nicht bloß dingliche Verfügungen im technischen Sinne (§ 2112 Rdn. 2), sondern (vgl. Satz 2) auch rechtsgeschäftliche, bloß schuldrechtliche Verpflichtungen im Auge. Dies führt zur entsprechenden Anwendung der zum Schutze des Schuldners getroffenen Bestimmungen der §§ 406—408, 412. Jedoch wird insoweit (mit *Planck/Flad* Anm. 2) überall das Kennenmüssen des Schuldners der Kenntnis gleichzustellen sein (*Staudinger/Seybold* § 2140 Rdn. 4; *Erman/Hense* § 2140 Rdn. 1).

4 Verfügt, nachdem mit dem Tode des Vorerben der Fall der Nacherbfolge eingetreten ist, sein Erbe über einen Gegenstand, ohne zu wissen, daß dieser zu einer Nacherbschaft gehört, so ist § 2140 auch nicht entsprechend anwendbar (RG WarnRspr. **1918** Nr. 213); s. auch § 2130 Rdn. 4.

§ 2141

Ist bei dem Eintritte des Falles der Nacherbfolge die Geburt eines Nacherben zu erwarten, so finden auf den Unterhaltsanspruch der Mutter die Vorschriften des § 1963 entsprechende Anwendung.

E I 2027 II 2014; M **5** 489, 490; P **5** 618.

Unterhaltsansprüche der Mutter des Nacherben

Ist der Nacherbe bei Eintritt des Nacherbfalls schon erzeugt, dann gilt er nach § 1923 als vor dem Erbfall geboren. Der Nacherbfall tritt zu dem in der letztwilligen Verfügung angegebenen Zeitpunkt ein. Die Mutter des noch nicht geborenen Nacherben hat in entsprechender Anwendung des § 1963 einen Unterhaltsanspruch.

Falls eine noch nicht erzeugte Person als Erbe eingesetzt ist, ist nach § 2101 Abs. 1 im Zweifel anzunehmen, daß sie als Nacherbe eingesetzt ist. In diesem Fall tritt der Nacherbfall nach § 2106 Abs. 2 erst mit der Geburt des Nacherben ein. Dennoch ist anzunehmen, daß die Mutter des Nacherben auch in diesem Fall einen Unterhaltsanspruch haben soll. Sie kann in entsprechender Anwendung des § 1963 Unterhalt vom Beginn der Schwangerschaft an beanspruchen.

§ 2142

Der Nacherbe kann die Erbschaft ausschlagen, sobald der Erbfall eingetreten ist.

Schlägt der Nacherbe die Erbschaft aus, so verbleibt sie dem Vorerben, soweit nicht der Erblasser ein anderes bestimmt hat.

E I 1832 II 2012; M **5** 120—123; P **5** 131.

Ausschlagung durch den Nacherben

I. Der Erbfall als frühester Zeitpunkt für die Erklärung 1

Aus § 1946 folgt schon, daß der Nacherbe die Erbschaft annehmen oder ausschlagen kann, sobald der Erbfall eingetreten ist. § 2142 stellt nochmals ausdrücklich klar, daß dieses auch für den Nacherben gilt. Daraus, daß in dieser Bestimmung die Annahme der Erbschaft nicht erwähnt wird, kann nicht geschlossen werden, daß die Annahme erst nach Eintritt des Nacherbfalls erklärt werden könne. Das Gesetz zwingt nicht zu dieser Auslegung. Überwiegende Gründe, insbesondere der Billigkeit und des Verkehrs, sprechen dafür, Anahme und Ausschlagung gleich zu behandeln, vor allem aber das Bedürfnis, denjenigen gegen eine spätere Ausschlagung des Nacherben zu sichern, welchem der Nacherbe seine Anwartschaft veräußert oder verpfändet hat (§ 2108 Rdn. 13; RG **80**, 377; *Mantey* Gruchot **60**, 937; gegen diesen *Predari* ebenda 959).

Auch der unter aufschiebender Befristung oder Bedingung (§§ 2105, 2108) oder der 2
erst an zweiter und fernerer Stelle berufene Nacherbe kann sogleich nach dem Erbfall ausschlagen oder annehmen

II. Annahme der Nacherbschaft 3

Die Annahme kann nach allgemeinen Grundsätzen (§ 1943 Rdn. 3, 6, 8—10) auch durch ein Verhalten erfolgen, das den Willen, die Erbschaft zu behalten, erkennen läßt (pro herede gestio). Ein solches Verhalten liegt in der Veräußerung oder Verpfändung der Anwartschaft durch den Nacherben, dagegen für sich allein noch nicht in der Wahrnehmung von Rechten und Pflichten, die unabhängig davon, ob der Nacherbe die Erbschaft bereits angenommen hat, während der Dauer der Vorerbschaft zwischen dem Nacherben und dem Vorerben bestehen, §§ 2116 ff, 2127 f, 2120 (RG **80**, 383, 385).

III. Ausschlagungsfrist 4

Die Ausschlagungsfrist beginnt nach § 1944 mit dem Zeitpunkte, zu welchem der Nacherbe von dem Anfall und dem Grunde der Berufung Kennntis erlangt hat, also nicht früher, als der Fall der Nacherbfolge eingetreten ist. In dem besonderen Falle des § 2306 ist der Fristbeginn zugunsten des Pflichtteilsberechtigten, der als Nacherbe eingesetzt ist, sogar noch weiter hinausgeschoben (RG **59**, 341; LZ **25**, 1071).

Für den Fristenlauf bleibt gemäß § 1944 Abs. 3 der letzte Wohnsitz des Erblassers, 5
nicht etwa des Vorerben maßgebend.

Ob der Nacherbe von dem Rechte der Ausschlagung schon nach Eintritt des Erb- 6
falls Gebrauch machen will, steht bei ihm. Doch kann er durch § 2306 und die ihm drohende dreijährige Verjährung des Pflichtteilsanspruchs (§ 2332) als Pflichtteilsberechtigter genötigt sein, schon vor Eintritt der Nacherbfolge auszuschlagen (RG **59**, 346).

Da RG **66,** 30 den Beginn der Verjährung nicht von der amtlichen Verkündung der beeinträchtigenden Verfügung abhängig sein läßt, kann der Pflichtteilsberechtigte der Regel des § 1944 Abs. 2 zuwider sogar schon vor der Verkündung sich zur Ausschlagung gezwungen sehen.

7 **IV. Hinfälligwerden der Nacherbfolge infolge Auschlagung (Abs. 2)**

Die Auschlagung des Nacherben macht die Nacherbfolge hinfällig, wie wenn sie nicht angeordnet wäre. Dasselbe gilt, wenn der Nacherbe schon vor dem Erbfall durch Tod (§ 2108 Rdn. 4), Erbverzicht (§ 2352), oder nach dem Erbfall, sei es vor oder nach Eintritt der Nacherbfolge, durch Erbunwürdigkeitserklärung (§§ 2340 Abs. 2, 2344) oder sonst mit rückbeziehender Wirkung (§ 2110 Rdn. 1) weggefallen ist (KG HRR **33,** 1202).

Unter mehreren Nacherben greift in den Fällen des § 2094 das Anwachsungsrecht Platz.

Vertragsmäßiger Verzicht auf die Nacherbschaft zwischen Vor- und Nacherben ist nur schuldrechtlich wirksam; s. aber über die Möglichkeit und die Wirkung der Übertragung der Anwartschaft des Alleinnacherben auf den Vorerben § 2139 Rdn. 3, § 2108 Rdn. 13.

8 **V. Anderweitige Bestimmung des Erblassers nach Abs. 2**

Eine anderweitige Bestimmung des Erblassers liegt insbesondere in der Berufung eines Ersatznacherben (§ 2096), auch in der stillschweigenden Berufung der Abkömmlinge eines weggefallenen Abkömmlings (§ 2069 Rdn. 1; RG WarnRspr. **1913** Nr. 241).

Eine anderweite Bestimmung des Erblassers durch stillschweigende Berufung der Abkömmlinge des weggefallenen Abkömmlings kann nicht ohne weiteres angenommen werden, wenn der Abkömmling dadurch weggefallen ist, daß er die Nacherbschaft ausgeschlagen hat, und wenn er den Pflichtteil fordert. Die stillschweigende Ersatzberufung würde dann zu einer Bevorzugung des Stammes des ausschlagenden Abkömmlings führen, die der Erblasser im Zweifel nicht gewollt hat (Celle NdsRpfl. **53,** 69; Düsseldorf NJW **56,** 1880; vgl. auch § 2069 Rdn. 13, 14).

Sind die Nacherben im Falle des § 2104 durch das Gesetz bestimmt, so rücken im Falle der Ausschlagung der zunächst Berufenen gemäß § 1953 die entfernteren gesetzlichen Erben nach. Erst wenn alle ausgeschlagen haben, ist die Nacherbfolge vereitelt, da der Fiskus als Nacherbe nicht in Frage kommt.

§ 2143

Tritt die Nacherbfolge ein, so gelten die infolge des Erbfalls durch Vereinigung von Recht und Verbindlichkeit oder von Recht und Belastung erloschenen Rechtsverhältnisse als nicht erloschen.

E I 1833 II 2013; M **5** 107, 123; P **5** 131.

Wiederaufleben der durch Konfusion erloschenen Rechte

1 Der Vorerbe erlangt mit dem Aufhören seines Erbrechts (§ 2139) seine frühere Rechtsstellung als Gläubiger oder Schuldner des Erblassers gegenüber der nun in der Hand des Nacherben befindlichen Erbschaft ohne weiteres zurück (§§ 158 Abs. 2, 163). Auch die damit verbunden gewesenen Nebenrechte (Pfand, Bürgschaft) leben im vollen Umfange wieder auf. Die Vorschrift ist gegenstandslos, wenn die beiden Vermögens-

massen, Vorerbschaft und sonstiges Vermögen des Vorerben, schon vorher getrennt waren, z. B. durch Anordnung der Nachlaßverwaltung oder des Nachlaßkonkurses oder wenn der Erblasser einen Testamentsvollstrecker bestellt hatte (BGH **48**, 214, 221).

Der Vorerbe kann, soweit ein Feststellungsinteresse gegeben ist, schon vor Eintritt des Nacherbfalls gegen den Nacherben auf Feststellung dahin klagen, daß ihm bei Eintritt des Nacherbfalls die zur Zeit infolge Konfusion erloschene Forderung gegen den Nacherben zusteht. Die als Vorerbin ihres verstorbenen Ehemannes berufene Witwe kann daher auch gegen den Nacherben auf Feststellung des Rechtsverhältnisses klagen, das dadurch entstanden ist, daß der Mann eingebrachtes Gut der Frau für sich verwandt hat (BGH LM BGB § 2100 Nr. 5). **2**

Ist eine Geldforderung dadurch erloschen, daß der Schuldner vor oder während der Inflationszeit Vorerbe des Gläubigers wurde, so lebte die Forderung, ihre Aufwertungsfähigkeit vorausgesetzt, mit dem nach der Inflationszeit eingetretenen Nacherbfall in aufgewerteter Form wieder auf (RG JW **29**, 2593 betr. den Anspruch einer von ihrem Manne als Vorerben und von ihren Kindern als Nacherben beerbten Frau auf Rückgewähr ihres dem Manne zur eigenen Verwendung überlassenen eingebrachten Gutes). **3**

Entsprechendes gilt für Reichsmark-Forderungen, wenn der Erbfall vor dem Stichtag der Währungsreform und der Nacherbfall später eingetreten ist. Die Forderung lebt umgestellt in D-Mark wieder auf. Die Umstellung ist dabei nicht nach § 18 Abs. 1 Nr. 3 erfolgt, sondern nach den für die betreffende Forderung geltenden Vorschriften. **4**

Die Verjährung der in Betracht kommenden Ansprüche ist während der Dauer des Vorerbenverhältnisses nach § 202 Abs. 1 gehemmt. **5**

Die Ausführungen Rdn. 1—5 gelten auch dann, wenn der Vorerbe dem Nacherben nur einen Bruchteil der Erbschaft herauszugeben hat. Denn die damit entstehende Erbengemeinschaft hat zur Folge, daß sich Erbschaft und eigenes Vermögen des Vorerben nun gesondert gegenüberstehen, 11. Aufl. § 2032 Anm. 6. Vgl. auch §§ 1976, 1991, 2175, 2377. **6**

§ 2144

Die Vorschriften über die Beschränkung der Haftung des Erben für die Nachlaßverbindlichkeiten gelten auch für den Nacherben; an die Stelle des Nachlasses tritt dasjenige, was der Nacherbe aus der Erbschaft erlangt, mit Einschluß der ihm gegen den Vorerben als solchen zustehenden Ansprüche.

Das von dem Vorerben errichtete Inventar kommt auch dem Nacherben zustatten.

Der Nacherbe kann sich dem Vorerben gegenüber auf die Beschränkung seiner Haftung auch dann berufen, wenn er den übrigen Nachlaßgläubigern gegenüber unbeschränkt haftet.

E I 1836 II 2015; M **5** 126; P **5** 149, 829.

Haftung des Nacherben

Übersicht

1 **I. Haftung des Nacherben für die Nachlaßverbindlichkeiten (Abs. 1)**

1. Beschränkung der Haftung

Da Vorerbe und Nacherbe beide wahre Erben sind, haften auch beide für die Nachlaßverbindlichkeiten. Nachlaßverbindlichkeiten sind auch die vom Vorerben im Rahmen der ordnungsmäßigen Verwaltung eingegangenen Verpflichtungen (siehe dazu § 2112 Rdn. 3 und insbesondere auch für die Haftung des Nacherben für die vom Vorerben durch die Führung eines Handelsgeschäfts eingegangenen Verbindlichkeiten § 2130 Rdn. 6). Die Grundsätze über Beschränkung der Haftung des Erben (§§ 1975 bis 1992) finden daher, soweit nicht §§ 2144, 2145 Abweichendes bestimmen, auf beide unmittelbare Anwendung.

2 Insbesondere ist der Nacherbe berechtigt, auch seinerseits das Aufgebotsverfahren zu beantragen (§ 1970 Rdn. 7) und die vom Vorerben daraus bereits erlangten Rechte geltend zu machen (ZPO §§ 998, 997). Die Fünfjahresfrist des § 1974 beginnt jedoch auch hier mit dem Erbfall.

3 **2. Nachlaßkonkurs**

Der Nachlaßkonkurs kann jetzt nicht mehr vom Vorerben, der aufgehört hat, Erbe zu sein (KO § 217), aber jederzeit vom Nacherben, von einem Nachlaßgläubiger nur innerhalb zweier Jahre seit dem endgültigen Erwerbe der Erbschaft durch den Nacherben beantragt werden (KO § 220; so jetzt auch *Jaeger/Weber* 8. Aufl. §§ 217—220 Rdn. 19, der in der 5. Aufl. die Frist schlechthin mit der Annahme der Erbschaft durch den Vorerben beginnen ließ. Wie hier auch *Mentzel/Kuhn* § 220 Anm. 1; *Böhle/Stamschräder* § 220 Anm. 1; *Planck/Flad* § 2144 Anm. 6; *Staudinger/Seybold* § 2144 Rdn. 9; *Palandt/Keidel* § 2144 Anm. 3; *Erman/Hense* § 2144 Rdn. 2).

4 **3. Nachlaßverwaltung**

Befand sich bei Eintritt der Nacherbfolge die Erbschaft unter Nachlaßverwaltung, so dauert sie fort, wenn sie von einem Nachlaßgläubiger beantragt war und die Gründe des § 1981 Rdn. 13 auch für den Nacherben zutreffen. Sie ist dagegen aufzuheben, wenn der Antrag vom Vorerben gestellt war (§ 1988 Rdn. 5). Seinerseits kann der Nacherbe die Anordnung der Verwaltung jederzeit auch von neuem (§ 1981 Rdn. 1), die Nachlaßgläubiger können sie innerhalb zweier Jahre seit dem endgültigen Erwerbe der Erbschaft durch den Nacherben beantragen (§ 1981 Rdn. 17). Nachlaßvergleichsverfahren: VerglO § 113 Nr. 1.

5 **4. Unzulänglichkeitseinrede**

Bei Geltendmachung der Unzulänglichkeitseinrede (§§ 1990—1992) bleiben die dem Vorerben nur für seine Person oder aus den Nutzungen der Erbschaft auferlegten Beschwerungen ganz außer Betracht. Sie sind im Verhältnis zum Nacherben überhaupt nicht Nachlaßverbindlichkeiten. Ebensowenig gehören hierzu die Kosten der Beerdigung des Vorerben und der seinen Angehörigen gebührende Dreißigste (§§ 1968, 1969), die vielmehr den Erben des Vorerben zur Last fallen.

Im übrigen hat der Nacherbe alle Nachlaßverbindlichkeiten im Sinne des § 1967, und zwar in dem durch etwaige Säumnis oder durch Verschulden des Vorerben gesteigerten Umfange (Zinsen, rückständige und Verzugszinsen, Vertragsstrafen) vorbehaltlich seines Rückgriffs aus §§ 2130, 2131 zu vertreten. Beschränkte Wirkung des gegen den Vorerben ergangenen Urteils ZPO § 326 (§ 2112 Rdn. 18). 6

Verbindlichkeiten, die der Vorerbe zur Verwaltung des Nachlasses eingegangen ist, sind zunächst Eigenverbindlichkeiten für ihn. Sie sind aber zugleich Nachlaßverbindlichkeiten, soweit der Nacherbe sie gegen sich gelten lassen muß, weil sie vom Standpunkt einer ordnungsgemäßen Verwaltung des Nachlasses aus eingegangen werden durften (vgl. oben Rdn. 1 u. § 1967 Rdn. 13). 7

II. Gegenstände, mit denen der Nacherbe haftet 8

Der Nacherbe haftet nicht mit dem ursprünglichen, sondern nur mit dem gemäß § 2130 ihm herauszugebenden Nachlasse. Als aus der Erbschaft erlangt gelten dieser Herausgabeanspruch selbst (s. auch 11. Aufl. § 2383 Anm. 3) sowie etwaige gegen den Vorerben aus §§ 2130—2134, 2138 Abs. 2 zu erhebende Schadensersatzansprüche, gegebenenfalls gekürzt durch die Ersatzansprüche des Vorerben wegen Verwendungen aus §§ 2124, 2125. Nur derartige Ansprüche stehen dem Nacherben gegen den Vorerben „als solchen" zu. Sonstige zwischen beiden bestehende Schuldverhältnisse kommen den Nachlaßgläubigern gegenüber nicht in Betracht.

III. Nachlaßinventar (Abs. 2) 9

1. Wirkung eines vom Vorerben errichteten Inventars für den Nacherben

Das Inventar des Vorerben kommt dem Nacherben zustatten, da seine Inventarpflicht mit derjenigen des Vorerben inhaltlich identisch ist. So auch im Falle des § 2008 Rdn. 11. Schon hieraus ergibt sich, daß das vom Nacherben zu legende Inventar in Übereinstimmung mit § 2001 die beim Eintritt des Erbfalls vorhandenen Nachlaßgegenstände, nicht das aus der Erbschaft Erlangte (Rdn. 8) anzugeben hat (str.; vgl. Rdn. 13—15).

Hat der Vorerbe ein ordnungsmäßiges Inventar errichtet, so darf dem Nacherben die Inventarfrist aus § 1994 überhaupt nicht bestimmt werden. Ein dahingehender Antrag des Nachlaßgläubigers ist zurückzuweisen. Wird eine Inventarfrist dennoch bestimmt, so kann der Nacherbe die Verfügung auf Grund des § 2144 Abs. 2 mit der sofortigen Beschwerde anfechten (FGG § 77). 10

Die Zweifelsfrage, ob die unbeschränkte Erbenhaftung in diesem Fall selbst dann nicht eintritt, wenn der Nacherbe, ohne gegen die Verfügung vorzugehen, die Frist einfach verstreichen läßt, dürfte zu bejahen sein. Daraus, daß dem Nacherben nach § 2144 Abs. 2 das von dem Vorerben errichtete Inventar zustatten kommt, folgt, daß er die ihm gesetzte Inventarfrist nicht versäumen kann, so daß die Folgen des § 1994 Abs. 1 Satz 2 nicht eintreten können (ebenso *Planck/Flad* 4. Aufl. § 2144 Anm. 5 a). Nur die neue Inventarfrist aus § 2005 Abs. 2 könnte in Frage kommen, sie kann aber damit allein, daß sich der Bestand der Erbschaft seit dem Erbfall verändert habe, nicht begründet werden (*Staudinger/Seybold* § 2144 Rdn. 15; *Erman/Hense* § 2144 Rdn. 3). 11

Hatte der Vorerbe durch ungetreue Inventarerrichtung nach § 2005 Abs. 1 die Haftungsbeschränkung verwirkt, so kann das nicht einmal dem Vorerben nützende Inventar auch dem Nacherben nicht „zustatten kommen". Da der Nacherbe nicht wissen kann, ob nicht das Inventar des Vorerben an dem Mangel des § 2005 Abs. 1 leidet und deshalb für ihn nutzlos ist, so gebietet die Vorsicht, sich nicht auf das Inventar des Vor- 12 erben zu verlassen, vielmehr ein eigenes Inventar zu errichten oder sich mindestens auf das Inventar des Vorerben zu berufen und damit, sofern er gutgläubig ist, der Inventarpflicht gemäß § 2004 zu genügen.

13 **2. Das vom Nacherben zu errichtende Inventar**

Hatte der Vorerbe überhaupt kein Inventar gelegt, so ist die selbständige Inventarpflicht des Nacherben aus § 1994 begründet. Das Inventar ist, da für den Nacherben keine besonderen Bestimmungen in diser Hinsicht erlassen sind, vielmehr ein von dem Vorerben errichtetes Inventar dem Nacherben zustatten kommt, nach der allgemeinen Regel des § 2001 auf den Zeitpunkt des Erbfalls, nicht des Nacherbfalls abzustellen (ebenso *Planck/Flad* 4. Aufl. § 2144 Anm. 5 b; *Kipp/Coing* § 52 I 3 a; *Staudinger/ Seybold* 11. Aufl. § 2144 Rdn. 13; *Erman/Hense* § 2144 Rdn. 3; aA *Herzfelder* in der 9. Aufl. § 2144 Anm. II 2 Abs. 2).

14 Der Nachlaßgläubiger muß wissen, welche Gegenstände zur Zeit des Erbfalls zum Nachlaß gehört haben. Nur dann kann er übersehen, ob der Vorerbe seiner Verwaltungspflicht genügt hat, was er dem Nacherben herauszugeben hatte, welche Ersatzansprüche der Nacherbe gegen den Vorerben nach §§ 2130—2134 oder mindestens nach § 2138 Abs. 2 hat oder ob er noch nach § 1978 Abs. 1 Ansprüche gegen den Vorerben hat.

15 Soweit die Nachlaßgläubiger, um diese Fragen beurteilen zu können, den gegenwärtigen Stand des Nachlaßvermögens kennen müssen, kommt ihnen die dem Nacherben nach §§ 1978, 1991 obliegende Auskunftspflicht zustatten. Der Nacherbe kann sich die für die Errichtung des Inventars erforderliche Kenntnis dadurch verschaffen, daß er nach § 2130 Abs. 2 den Vorerben veranlaßt, Rechenschaft abzulegen. Falls der Erblasser den Vorerben von dieser Pflicht befreit hat, muß der Nacherbe rechtzeitig ein Verzeichnis nach § 2121 verlangen.

16 **IV. Haftungsbeschränkung gegenüber Ansprüchen des Vorerben**

Auch die dem Vorerben gegenüber dem Nacherben aus §§ 2124 Abs. 2 bis 2126, 2121 Abs. 4 zustehenden Ersatzansprüche sind Nachlaßverbindlichkeiten. Ebenso die gemäß § 2143 wieder aufgelebten Forderungen des Vorerben gegen den Nachlaß. Insoweit kann der Nacherbe, gleich dem Miterben, der beschränkten Haftung niemals verlorengehen. Immerhin hat er sie besonders geltend zu machen und den Vorbehalt im Urteil nach ZPO § 780 zu erwirken (11. Aufl. § 2063 Anm. 3).

§ 2145

Der Vorerbe haftet nach dem Eintritte der Nacherbfolge für die Nachlaßverbindlichkeiten noch insoweit, als der Nacherbe nicht haftet. Die Haftung bleibt auch für diejenigen Nachlaßverbindlichkeiten bestehen, welche im Verhältnisse zwischen dem Vorerben und dem Nacherben dem Vorerben zur Last fallen.

Der Vorerbe kann nach dem Eintritte der Nacherbfolge die Berichtigung der Nachlaßverbindlichkeiten, sofern nicht seine Haftung unbeschränkt ist, insoweit verweigern, als dasjenige nicht ausreicht, was ihm von der Erbschaft gebührt. Die Vorschriften der §§ 1990, 1991 finden entsprechende Anwendung.

E I 1837 Abs. 1 II 2016; M 5 126, 127; P 5 149, 150, 829.

Haftung des Vorerben nach Eintritt des Nacherbfalls

Übersicht

I. Grundsätzliches Erlöschen der Haftung des nicht unbeschränkt haftenden Vorerben 1

Die Haftung des Vorerben ist mit dem Aufhören seiner Vorerbeneigenschaft (§ 2139), falls er nicht bereits unbeschränkt haftbar geworden ist, grundsätzlich erloschen. Er verliert damit für die gegen den Nachlaß zu erhebenden Ansprüche die Passivlegitimation. Noch im Zwangsvollstreckungsverfahren kann er geltend machen, daß sie nicht mehr vorhanden ist (ZPO §§ 767, 769).

Verbindlichkeiten, die aus Rechtsgeschäften hervorgegangen sind, die der Vorerbe 2 zur ordnungsmäßigen Verwaltung des Nachlasses geschlossen hat, sind auch, soweit sie Nachlaßverbindlichkeiten sind, zugleich Eigenverbindlichkeiten des Vorerben. Der Vorerbe kann daher aus ihnen auch nach Eintritt des Nacherbfalls weiter in Anspruch genommen werden (Vgl. § 1967 Rdn. 13; § 2144 Rdn. 7). Diese Haftung des Vorerben wird nicht dadurch berührt, daß er von dem Nacherben verlangen kann, von diesen Verbindlichkeiten befreit zu werden.

II. Fortbestand der Haftung des nicht unbeschränkt haftenden Vorerben nach Abs. 1 Satz 1 3

Die Haftung für Nachlaßverbindlichkeiten bleibt ausnahmsweise auf dem noch nicht unbeschränkt haftbar gewordenen Vorerben liegen, soweit sie nicht gemäß § 2144 auf den Nacherben übergegangen ist. Daß und inwieweit der Nacherbe nicht haftet, ist von dem gegen den Vorerben klagenden Gläubiger zu beweisen.

Der Nacherbe haftet nicht für reine Eigenverbindlichkeiten des Vorerben, wofür 4 dieser von vornherein nur mit seinem Vermögen haftet. Hierher gehören die Ansprüche wegen Verletzung der in § 1978 vorgesehenen Verwaltungspflicht (Rdn. 14), ferner die dem Nacherben aus Verschulden des Vorerben (§§ 2131, 2134, 2138) entstandenen Ansprüche und schließlich rechtsgeschäftliche Verpflichtungen, die der Vorerbe, wenn auch in Beziehung auf den Nachlaß, so doch als persönlicher Schuldner eingegangen ist (§ 1967 Rdn. 12, § 2112 Rdn. 3), ohne daß der Nachlaß auch nur mit der Verpflichtung, ihn hiervon zu befreien, belastet wäre (so z. B. aus Rechtsgeschäften zu Zwecken der gewöhnlichen Erhaltung § 2124 Abs. 1, Beglaubigungskosten § 2120, Sachverständigenkosten § 2122).

Die Haftung des Nacherben kann ferner ausgeschlossen sein, weil der Nacherbe 5 nur beschränkt haftet und der Nachlaßgläubiger infolge der Erschöpfung des Nachlasses in der Hand des Nacherben ganz oder teilweise leer ausgeht. „Insoweit" dies der Fall ist, kann der Vorerbe auch nach vollständiger Herausgabe des Nachlasses mit dem Betrage der hiervon gezogenen Nutzungen (§ 2111 Rdn. 12) haftbar gemacht werden (Rdn. 13).

Endlich kommt eine Haftung des Nacherben von vornherein nicht in Frage, soweit es sich um letztwillige Beschwerungen lediglich des Vorerben handelt (§ 2144 Rdn. 5).

6 **III. Der unbeschränkt haftende Vorerbe**

Haftete der Vorerbe selbst unbeschränkt, so erstreckt sich seine Haftung, ohne daß hieran durch den Eintritt der Nacherbfolge etwas geändert würde, nach wie vor auf die ganze betreffende Nachlaßschuld, also ohne Rücksicht darauf, wieviel davon aus der Erbschaft in der Hand des Nacherben beizutreiben wäre. Sie mindert sich nur um dasjenige, was tatsächlich vom Nacherben erlangt ist.

7 **IV. Unbeschränkt haftender Vorerbe und unbeschränkt haftender Nacherbe**

Ist außer dem Vorerben auch der Nacherbe unbeschränkt haftbar geworden, so gilt dasselbe. Der Gläubiger kann sich dann nach seiner Wahl an den Vorerben oder den Nacherben halten. Vgl. dazu mit näherer Begründung *Planck/Flad* Anm. 3 c (str.). Gegenüber den Ersatzansprüchen des Vorerben kommt dem Nacherben auch in diesem Falle die Ausnahmevorschrift des § 2144 Abs. 3 zustatten.

8 **V. Beschränkt haftender Vorerbe und unbeschränkt haftender Nacherbe**

Der nicht unbeschränkt haftende Vorerbe wird grundsätzlich von seiner Haftung frei, soweit der Nacherbe unbeschränkt haftbar geworden ist. Aber auch in diesem Fall haftet der Vorerbe mit dem, was ihm aus dem Nachlaß verblieben ist (vgl. Rdn. 13), falls von dem Nacherben nichts zu erlangen ist (vgl. *Planck/Flad* § 2145 Anm. 3 a; *Kipp/Coing* § 52 II 1 cβ; *Staudinger/Seybold* 11. Aufl. § 2145 Rdn. 7; aA *Herzfelder* in der 9. Aufl. § 2144—2145 Anm. II 4 Abs. 4).

9 **VI. Haftung für die dem Vorerben zur Last fallenden Nachlaßverbindlichkeiten (Abs. 1 Satz 2)**

Abs. 1 Satz 2 läßt die Haftung des Vorerben für diejenigen Nachlaßverbindlichkeiten bestehen, die im Verhältnis zwischen dem Vor- und dem Nacherben dem ersteren zur Last fallen. Es ist sinnvoll und einfacher, in diesem Fall dem Nachlaßgläubiger zu ermöglichen, seinen Anspruch gleich gegen den Vorerben geltend zu machen.

10 Der Nachlaßgläubiger verliert dadurch aber nicht sein Recht, auch den Nacherben in Anspruch zu nehmen. Dieser kann die Verbindlichkeit auch freiwillig erfüllen. Falls der Nacherbe geleistet hat, steht ihm ein Ersatzanspruch gegen den Vorerben zu.

11 Eigenverbindlichkeiten des Vorerben im Sinne von Rdn. 2 kommen von vornherein für den Nacherben nicht in Frage. Im Verhältnisse zwischen Vorerben und Nacherben hat der Vorerbe allein, als Gegensatz für die ihm gebührenden Nutzungen, für Zinsen und Lasten als gewöhnliche Erhaltungskosten aufzukommen (§ 2124 Rdn. 1, 2). Sie können aber, soweit sie rückständig geblieben sind, auch vom Nacherben, je nachdem unter seiner beschränkten oder unbeschränkten Haftung beigetrieben werden.

12 **VII. Haftung des nur beschränkt weiter haftenden Vorerben (Abs. 2)**

Der Vorerbe hat nach Eintritt der Nacherbfolge den Nachlaß an den Nacherben herauszugeben. Er kann deshalb, soweit er für Nachlaßverbindlichkeiten noch in Anspruch genommen werden darf, seine Haftungsbeschränkung nicht mehr dadurch geltend machen, daß er die Gläubiger auf den Nachlaß und damit auf den Nacherben verweist. Er kann, da für ihn Nachlaßkonkurs, Nachlaßvergleichsverfahren und Nachlaßverwaltung nicht mehr in Frage kommen (§ 2144 Rdn. 3, 4), die Beschränkung seiner Haftung nur dadurch geltend machen, daß er ohne Rücksicht auf den Umfang des Nachlasses sich nach §§ 1990, 1991 auf die Unzulänglichkeit der in seiner Hand verbliebenen Nachlaßgegenstände beruft.

Während Abs. 1 bestimmt, für welche Ansprüche der noch nicht unbeschränkt haftende Vorerbe nach dem Eintritt des Nacherbfalls weiter haftet, bestimmt Abs. 2, mit welchem Vermögen er haftet. Eine Haftung mit seinem ganzen Vermögen kann für Nachlaßverbindlichkeiten nur in Betracht kommen, wenn er unbeschränkt haftbar geworden wäre. Wenn er nur beschränkt haftet, muß er aber mit denjenigen Vermögensteilen haften, die zum Nachlaß gehören oder doch aus diesem herrühren und nach Eintritt des Nacherbfalls ihm verblieben sind. Dieses Vermögen kann dem Zugriff der Gläubiger nicht dadurch entzogen werden, daß der Erblasser eine Nacherbschaft angeordnet hat. Dies sind vor allem die von der Erbschaft gezogenen und die etwa noch vorhandenen Nutzungen (§ 2111) und im Falle der befreiten Vorerbschaft Verwendungen, die er aus der Erbschaft seinem eigenen Vermögen zugeführt hat (§ 2134). **13**

Die Bezugnahme auf § 1991 und damit §§ 1978, 1979 ergibt ferner zugleich, daß der Vorerbe, selbst der befreite Vorerbe auch insoweit für die Nachlaßverbindlichkeiten, und zwar aus eigenem Vermögen, aufzukommen hat, als er für ordnungswidrige Verwaltung, insbesondere für eine Verschleuderung des Nachlasses verantwortlich geworden ist (§ 1978 Rdn. 4). Diese Ansprüche werden zugunsten der Gläubiger als ein noch bei dem Vorerben vorhandenes Aktivum des Nachlasses behandelt (§ 1978 Rdn. 11). Damit identische Ansprüche können unter den Gesichtspunkten der §§ 2130—2134, 2138 Abs. 2 auch dem Nacherben gegen den Vorerben zustehen und insofern auch Bestandteile des in der Hand des Nacherben befindlichen Nachlasses bilden. Die Nachlaßgläubiger sind aber nicht genötigt, sich auf dem Umwege der Pfändung beim Nacherben an diese Ansprüche zu halten, sondern können sich, falls ihnen der Vorerbe überhaupt haftet, soweit seine Haftung reicht, auch unmittelbar an seinem Vermögen erholen. **14**

Auch der Vorerbe hat sich die Geltendmachung der beschränkten Haftung gemäß ZPO § 780 zu sichern, wenn er den Nachweis seiner Befreiung nicht schon im Prozesse führen will. **15**

Haftung des Vorerben für die Verbindlichkeiten eines von ihm fortgeführten Handelsgeschäfts HGB § 27. Wegen der Haftung des Nacherben s. auch § 2130 Rdn. 6.

§ 2146

Der Vorerbe ist den Nachlaßgläubigern gegenüber verpflichtet, den Eintritt der Nacherbfolge unverzüglich dem Nachlaßgericht anzuzeigen. Die Anzeige des Vorerben wird durch die Anzeige des Nacherben ersetzt.

Das Nachlaßgericht hat die Einsicht der Anzeige jedem zu gestatten, der ein rechtliches Interesse glaubhaft macht.

E II 2017; P 5 149, 150.

Anzeige des Eintritts des Nacherbfalls

Verpflichtet zur Anzeige ist der Vorerbe, nach seinem Tode seine Erben. Verstoß hiergegen macht den Vorerben den Nachlaßgläubigern schadensersatzpflichtig. Unverzüglich § 121. Nachlaßgericht FGG §§ 72, 73 mit VO v. 31. 5. 1934, RGBl. I 472, § 14; EG Art. 147 mit VO v. 10. 6. 1936, RGBl. I 488. **1**

Das Nachlaßgericht ist nicht wie in § 1953 Abs. 3 zur Mitteilung an die Interessenten verpflichtet. Zu diesen gehören die Nachlaßgläubiger, aber mit Rücksicht auf §§ 2111, 2129 auch die Nachlaßschuldner und Dritte (§ 2140). Ähnlich § 2010 und die dort Rdn. 1 angeführten Vorschriften **2**

Gebühr für die Entgegennahme der Anzeige KostO § 112 Nr. 5, 115.

www.ingramcontent.com/pod-product-compliance
Lightning Source LLC
LaVergne TN
LVHW080749300926
849162LV00008BA/1779